Die überragenden Entscheidungen dieses Jahrhunderts

Leichtathletik

1900	Alvin Kraenzlein (USA) holt vier Olympia-Goldmedaillen.
1901	Weitsprung-Weltrekord durch den Briten Peter O'Connor (7,61 m).
1902	---
1903	---
1904	Thomas F. Kiely (Irland) gewinnt ersten olympischen Zehnkampfwettbewerb.
1905	Fred Lorz (USA) gewonnt den Boston Marathon.
1906	Knut Lindberg (Schweden) mit 10,6 sec inoffizieller 100-m-Weltrekordler.
1907	---
1908	Ray C. Ewry (USA) gewinnt seine achte Olympia-Goldmedaille.
1909	Der Münchener Hanns Braun läuft deutschen 400-m-Rekord mit 49,0 sec.
1910	---
1911	Franzose Jean Bouin wird 10000-m-Weltrekordler.
1912	Jim Thorpe erster Zehnkampf-Olympiasieger heutiger Version.
1913	Der Charlottenburger Georg Mickler wird 1000-m-Weltrekordler.
1914	Hochsprung-Weltrekord durch Edward Beeson (USA) mit 2,01 m.
1915	Brite Norman Taber wird als erster Meilen-Weltrekordler registriert.
1916	---
1917	Schwede John Zander wird 1500-m-Weltrekordler.
1918	---
1919	---
1920	Brite Albert George Hill wird Mittelstrecken-Doppel-Olympiasieger.
1921	Erster Länderkampf des DLV (gegen die Schweiz).
1922	Erste Frauen-Weltspiele in Paris.
1923	Paavo Nurmi hält alle Weltrekorde auf Strecken ab 1500 m.
1924	Nurmi vierfacher Goldmedaillengewinner bei Olympia.
1925	Erster Mehrländerkampf des DLV.
1926	Otto Peltzer wird dreifacher Weltrekordler (800 y, 800 und 1500 m).
1927	Peltzer holt auch 1000-m-Weltrekord.
1928	Lina Radke-Batschauer Olympiasiegerin und Weltrekordlerin über 800 m.
1929	SC Charlottenburg läuft Weltrekord über 4 × 100 m für Vereinsstaffeln.
1930	Fünfter Länderkampfsieg des DLV gegen Frankreich.
1931	Weitspringerin Selma Grieme (Breslau) springt Europarekord mit 5,99 m.
1932	USA holen alle Leichtathletik-Goldmedaillen in Los Angeles.
1933	Frauen des VfB Breslau laufen 3-×-800-m-Weltrekord für Vereinsstaffeln.
1934	DLV holt sieben Goldmedaillen bei erster EM.
1935	Jesse Owens stellt an einem Tag vier Weltrekorde auf.
1936	DLV holt sechzehn Olympiamedaillen.
1937	Luz Long wird Weitsprung-Europarekordler (7,90 m).
1938	DLV-Frauen holen fünf EM-Goldmedaillen.
1939	Rudolf Harbig läuft zwei Fabel-Weltrekorde.
1940	Dreizehnter und vorerst letzter Frauen-Länderkampf des DLV.
1941	Deutsche 4-×-800-m-Staffel läuft Weltrekord.
1942	Anneliese Steinhäuer (ASV Köln) erzielt Speerwurf-Weltrekord.
1943	Fanny Blankers-Koen erzielt zwei Weltrekorde in Sprungwettbewerben.
1944	---
1945	Schwede Gunder Hägg läuft seinen fünfzehnten Weltrekord.
1946	Brite Sydney Wooderson holt als Langstrecken-Neuling EM-Titel über 5000 m.
1947	Jamaikaner Herbert McKenley wird 400-m-Weltrekordler.
1948	Fanny Blankers-Koen wird vierfache Olympiasiegerin.
1949	Emil Zatopek läuft zweimal 10000-m-Weltrekord.
1950	Fanny Blankers-Koen wird dreifache Europameisterin.
1951	Erster DLV-Länderkampf nach Aufhebung der Sperre.
1952	Emil Zatopek wird dreifacher Olympiasieger.
1953	DLV gewinnt alle acht Männer-Länderkämpfe.
1954	Roger Bannister läuft die erste »Traummeile«.
1955	Roger Moens verbessert Harbigs 800-m-Weltrekord.
1956	Bobby Morrow holt drei Sprint-Goldmedaillen.
1957	DLV-Team Sieger des ersten Sechs-Länder-Kampfes.
1958	Manfred Germar zweifacher Europameister.
1959	Martin Lauer wird 110-m-Hürden-Weltrekordler.
1960	Armin Hary wird Weltrekordler und Olympiasieger.
1961	Iolanda Balas verbessert viermal den Hochsprung-Weltrekord.
1962	Jutta Heine wird Europameisterin über 200 m.
1963	DLV-Team siegt im ersten europäischen Zehnkampf-Ländervergleich.
1964	Willi Holdorf wird Zehnkampf-Olympiasieger.
1965	UdSSR gewinnt ersten Europacup-Endkampf vor DLV-Team.
1966	Irena Szewinska holt drei EM-Titel.
1967	Kurt Bendlin wird Zehnkampf-Weltrekordler.
1968	Olympische Spiele bringen mehrere Super-Weltrekorde.
1969	Liesel Westermann verbessert zweimal Diskuswurf-Weltrekord.
1970	Weitsprung-Weltrekord durch Heide Rosendahl.
1971	DLV gewinnt bei EM siebzehn Medaillen.
1972	DLV stellt sechs Olympiasieger.
1973	Renate Stecher durchbricht 11-Sekunden-Schallmauer.
1974	Karl Honz einziger Europameister des DLV.
1975	Zwei DLV-Athleten werfen Hammerwurf-Weltrekord.
1976	Annegret Richter wird Olympiasiegerin.
1977	DDR gewinnt Europa- und ersten Weltcup.
1978	DLV holt vier EM-Goldmedaillen.
1979	Pietro Mennea erzielt 200-m-Fabel-Weltrekord.
1980	Birgit Friedmann erste Weltmeisterin über 3000 m.
1981	Weltrekordjagd der Briten Coe und Ovett.
1982	DLV holt acht EM-Goldmedaillen.
1983	Willi Wülbeck und Patriz Ilg werden Weltmeister.
1984	Carl Lewis erreicht bei seinem ersten Weitsprung-Wettkampf des olympischen Jahres 8,81 m.

Radsport

1900	Erste UCI-Weltmeisterschaften in Paris.
1901	Maurice Garin (F) Sieger der 1200 km langen Nonstopfahrt Paris–Brest–Paris.
1902	Thaddäus Robl (München) erneut Steherweltmeister.
1903	Maurice Garin (F) gewinnt die erste Tour de France.
1904	Vier Erstplazierte der Tour de France wegen Unsportlichkeit disqualifiziert.
1905	Stundenweltrekord von Lucien Petit-Breton (F) auf 41,110 km verbessert.
1906	Neue Radrennbahn in München-Milbertshofen eingeweiht.
1907	Walter Rütt mit Jan Stol (NL) als erster Deutscher Sechstagerennen-Sieger (in New York).
1908	Lucien Petit-Breton erster Gewinner der Belgien-Rundfahrt.
1909	Luigi Ganna (I) erster Sieger des Giro d'Italia.
1910	Tour de France führt erstmals über die Pyrenäen.
1911	Hans Ludwig (D) Sieger der ersten Deutschland-Rundfahrt.
1912	Deutschland wieder Mitglied der UCI.
1913	Walter Rütt wird Weltmeister der Profi-Sprinter.
1914	Weltmeisterschaften wegen Kriegsbeginn nach erstem Wettbewerb abgebrochen.
1915	Tour-de-France-Sieger François Faber (L) fällt an der Front bei Careny.
1916	---
1917	Tour-de-France-Sieger Octave Lapize (F) als Jagdflieger gefallen.
1918	---
1919	Einführung des Gelben Trikots bei der Tour de France.
1920	Philippe Thys (B) als erster Fahrer dreimaliger Tour-de-France-Sieger.
1921	Schwede Gunnar Sköld erster Amateur-Straßenweltmeister.
1922	Adolf Huschke (D) gewinnt die Deutschland-Rundfahrt.
1923	Deutschland wird wieder in die UCI aufgenommen.
1924	Franz Krupkat/Richard Huschke stellen mit 4544,2 km Sechstage-Weltrekord auf.
1925	Einführung der elektrischen Zeitmessung.
1926	»Bund Deutscher Radfahrer«als Alleinvertretung der Aktiven gegründet.
1927	Alfredo Binda (I) erster Straßenweltmeister der Profis.
1928	Walter Sawall (Berlin) Steherweltmeister der Profis.
1929	Blersch/Schreiber (Frankfurt) erste Weltmeister im Zweier-Radball.
1930	Erich Möller (Hannover) Steherweltmeister der Profis.
1931	Walter Sawall zum zweiten Mal Steherweltmeister der Profis.
1932	Kurt Stöpel erster Deutscher im Gelben Trikot bei Tour de France.
1933	Max Bulla (A) Sieger der ersten Tour de Suisse.
1934	Gustav Kilian/Heinz Vopel (Dortmund) Sechstage-Sieger in Cleveland (USA).
1935	Gustave Deloor (B) erster Sieger der Spanien-Rundfahrt.
1936	Toni Merkens (Köln) nach WM-Titel im Vorjahr auch Sprint-Olympiasieger.
1937	Walter Lohmann (Bochum) wird Steherweltmeister der Profis.
1938	Erich Metze (D) zum zweiten Mal Steherweltmeister der Profis.
1939	Weltmeisterschaften wegen Kriegsbeginn abgebrochen.
1940	Fausto Coppi (I) gewinnt erstmals Giro d'Italia.
1941	Erich Bautz (Dortmund) zum zweiten Mal Deutscher Straßenmeister.
1942	Fausto Coppi fährt neuen Stundenweltrekord.
1943	Weltmeister Marcel Kint (B) gewinnt Klassiker Paris–Roubaix.
1944	Rik van Steenbergen (B) gewinnt die Flandern-Rundfahrt.
1945	Paul Maye (F) gewinnt zwei Klassiker (Paris–Roubaix und Paris–Tours).
1946	Gino Bartali (I) gewinnt zum dritten Mal Giro d'Italia.
1947	Erich Bautz Sieger der Deutschland-Rundfahrt.
1948	Emile Rogiers (B) gewinnt erste Holland-Rundfahrt.
1949	Erstes deutsches Nachkriegs-Sechstagerennen in München.
1950	Jean Robic (F) erster Querfeldein-Weltmeister der Profis.
1951	29. und letzter Sechstagesieg von Kilian/Vopel.
1952	Heinz Müller (Schwenningen) wird Straßenweltmeister der Profis.
1953	34jähriger Fausto Coppi Straßenweltmeister der Profis.
1954	Louis Bobet (F) wird Tour-de-France-Sieger und Straßenweltmeister.
1955	Louis Bobet zum dritten Mal in Folge Tour-de-France-Sieger.
1956	Jacques Anquetil (F) und Ercole Baldini (I) verbessern Stundenweltrekord.
1957	Rik van Steenbergen zum dritten Mal Straßenweltmeister der Profis.
1958	Roger Rivière (F) verbessert den Stundenweltrekord.
1959	Rudi Altig (D) wird Weltmeister der Amateur-Verfolgungsfahrer.
1960	Rolf Wolfshohl (D) wird erstmals Querfeldein-Weltmeister der Profis.
1961	Rudi Altig (Verfolger) und Karl-Heinz Marsell (Steher) Weltmeister der Profis.
1962	Deutscher Bahn-Vierer der Amateure wird Verfolgungs-Weltmeister.
1963	Rolf Wolfshohl zum dritten Mal Querfeldein-Weltmeister.
1964	Deutscher Bahn-Vierer der Amateure wird Weltmeister und Olympiasieger.
1965	Rolf Wolfshohl gewinnt die Spanien-Rundfahrt.
1966	Rudi Altig wird auf dem Nürburgring Straßenweltmeister der Profis.
1967	Engländer Tom Simpson stirbt auf Pyrenäen-Etappe der Tour de France.
1968	Rudi Altig gewinnt Klassiker Mailand–San Remo.
1969	Eddy Merckx (B) gewinnt drei Klassiker.
1970	Jürgen Tschan (Mannheim) gewinnt Paris–Tours.
1971	Horst Gnas (Nürnberg) erstmals Steherweltmeister der Amateure.
1972	Deutscher Bahn-Vierer wird Olympiasieger.
1973	Horst Gnas zum dritten Mal in Folge Steherweltmeister der Amateure.
1974	Eddy Merckx gewinnt seine fünfte Tour-de-France und seine dritte Straßen-WM.
1975	Dieter Kemper (Dortmund) Steherweltmeister der Profis.
1976	Deutschland stellt zwei Olympiasieger und zwei Weltmeister.
1977	Dietrich Thurau bei Tour de France fünfzehn Tage im Gelben Trikot.
1978	Deutsche Fahrer erringen bei Weltmeisterschaften drei Titel.
1979	Dietrich Thurau gewinnt Lüttich–Bastogne–Lüttich.
1980	Wilfried Peffgen (Köln) wird erneut Steherweltmeister der Profis.
1981	Herman van Springel (B) gewinnt zum siebenten Mal Bordeaux–Paris.
1982	Fredy Schmidtke (Köln) wird Weltmeister der Amateure im Zeitfahren.
1983	Patrick Sercu (B) beendet mit 88 Sechstagesiegen seine Laufbahn.
1984	Francesco Moser verbessert Stundenweltrekord innerhalb weniger Tage zweimal.

Die überragenden Entscheidungen dieses Jahrhunderts

Tennis und Tischtennis

1900	USA erster Sieger im Davis-Cup-Wettbewerb.
1901	Franzose Max Decugis erstmals Internationaler Deutscher Tennismeister.
1902	USA erneut Davis-Cup-Sieger (gegen England).
1903	Erster Sieg eines Ausländers bei US-Tennismeisterschaften.
1904	Beals G. Wright (USA) Olympiasieger im Herreneinzel.
1905	Gebrüder Doherty zum achten Mal Gewinner des Herrendoppels in Wimbledon.
1906	Herreneinzel in Wimbledon zum dreißigsten Mal von Engländer gewonnen.
1907	Australier Brooks erster ausländischer Sieger in Wimledon.
1908	Otto Froitzheim (D) Silbermedaillengewinner im Herreneinzel.
1909	Friedrich W. Rahe (D) erreicht in Wimbledon das Semifinale.
1910	Siegesserie des Neuseeländers Wilding in Wimbledon beginnt.
1911	William Larned gewinnt seine siebente US-Einzelmeisterschaft.
1912	Dora Köring/Heinz Schomburgk erste deutsche Olympiasieger im Tennis.
1913	Erste Davis-Cup-Begegnung auf Hartplatz: Deutschland schlägt Frankreich 4:1.
1914	Suzanne Lenglen wird Weltmeisterin auf Hartplatz.
1915	---
1916	---
1917	Lucy Slone gewinnt erste US-Meisterschaft der Frauen für Farbige.
1918	Tully Holmes gewinnt erste US-Meisterschaft für Farbige.
1919	Südafrikaner Raymond macht Aufschlag-As populär.
1920	Erster Sieg eines Amerikaners in Wimbledon.
1921	Suzanne Lenglen wird dreifache Hartplatz-Weltmeisterin.
1922	Neuer Centre Court in Wimbledon erstmals benutzt.
1923	Europazone im Davis-Cup eingeführt.
1924	Helen Wills und Vincent Richards letzte Tennis-Olympiasieger.
1925	René Lacoste/Suzanne Lenglen gewinnen erstmals ausgespielte Franz. Meisterschaften.
1926	Suzanne Lenglen geht als erste Frau ins Profilager.
1927	Frankreich holt erstmals den Davis-Cup.
1928	Jean Borotra gewinnt drei US-Meistertitel.
1929	Deutsches Damendoppel wird Tischtennis-Weltmeister.
1930	William T. Tilden nach zehn Jahren wieder Wimbledon-Sieger.
1931	Cilly Aussem holt einzigen deutschen Wimbledon-Sieg in Einzelkonkurrenz.
1932	Deutschland gewinnt Europazone im Davis-Cup.
1933	Gottfried von Cramm und Hilde Krahwinkel gewinnen Mixed-Titel in Wimbledon.
1934	Deutsche Damenmannschaft wird Tischtennis-Weltmeister.
1935	Viktor Barna (H) zum fünften Mal Tischtennis-Weltmeister.
1936	Frankreich erster Gewinner des Tennis-Königspokals.
1937	Gottfried von Cramm und Henner Henkel gewinnen Doppel bei US-Meisterschaften.
1938	Donald Budge erster Gewinner des »Grand Slam«.
1939	Deutsche Damenmannschaft wird zum zweiten Mal Tischtennis-Weltmeister.
1940	Centre Court von Wimbledon durch Bomben beschädigt.
1941	---
1942	---
1943	---
1944	---
1945	---
1946	USA gewinnen ersten Davis-Cup nach dem Krieg.
1947	Jack Kramer geht nach sechzehn Monaten ohne Niederlage zu den Profis.
1948	Gottfried von Cramm gewinnt erste Internationale Deutsche Meisterschaft nach dem Krieg.
1949	Jack Kramer gründet seinen »Tenniszirkus«.
1950	Althea Gibson erste farbige Teilnehmerin bei US-Tennismeisterschaften.
1951	Deutschland bei erster Nachkriegsteilnahme im Finale der Europazone im Davis-Cup.
1952	Frank Sedgman nach Siegen in Wimbledon und Forest Hills ins Profilager.
1953	Maureen Conolly gewinnt als erste Frau den »Grand Slam«.
1954	Louise Brough/Margaret Osborne-du Pont zum 5. Mal Doppelsiegerinnen in Wimbledon.
1955	Angelica Rozeanu (R) zum sechsten Mal in Folge Tischtennis-Weltmeisterin.
1956	Gottfried von Cramm (mit Budge Patty) zum letzten Mal Internationaler Deutscher Meister.
1957	Althea Gibson erste farbige Wimbledon-Siegerin.
1958	Peruaner Alejandro Olmedo im siegreichen US-Davis-Cup-Team.
1959	Toomas Lejus (SU) gewinnt Wimbledon-Juniorenturnier.
1960	Die Ära des Ken Rosewall im Profitennis beginnt.
1961	Italien zum zweiten Mal in Davis-Cup-Herausforderungsrunde.
1962	Rod Laver gewinnt den »Grand Slam«.
1963	US-Damen erste Sieger des Tennis-Federation-Cups.
1964	Wilhelm Bungert Internationaler Deutscher Tennismeister.
1965	Margaret Court gewinnt zum zweiten Mal »Grand Slam« im Mixed.
1966	Indien erreicht Herausforderungsrunde im David-Cup.
1967	Wilhelm Bungert verliert Wimbledon-Finale gegen Newcombe.
1968	Deutsche Damenmannschaft Tischtennis-Europameister.
1969	Längstes Wimbledon-Match (Herrendoppel) dauert fünf Stunden und zwölf Minuten.
1970	Margaret Court gewinnt den »Grand Slam«.
1971	Ken Rosewall erster WCT-Weltmeister.
1972	Abschaffung der Herausforderungsrunde im Davis-Cup.
1973	Bob Lutz und Stan Smith (USA) erste WCT-Doppel-Weltmeister.
1974	Erstmals Tiebreak in Wimbledon eingeführt.
1975	Ilie Nastase (R) zum vierten Mal Gewinner des Masters-Turniers.
1976	John Newcombe holt seinen sechzehnten Doppeltitel bei »Grand-Slam«-Turnieren.
1977	100jähriges Jubiläum in Wimbledon.
1978	Jimmy Connors gewinnt zum zweiten Mal das Masters-Finale.
1979	Billie Jean King holt ihren zwanzigsten Wimbledon-Titel.
1980	Tracy und John Austin (USA) erstes siegreiches Geschwisterpaar im Wimbledon-Mixed.
1981	John McEnroe stoppt Björn Borg nach 41 Wimbledon-Einzeln ohne Niederlage.
1982	Sylvia Hanika gewinnt Masters-Finale gegen Martina Navratilova.
1983	Martina Navratilova Weltsportlerin des Jahres.
1984	Martina Navratilova gewinnt den »Grand Slam«.

Zweikampfsportarten

1900	Erster fehlgeschlagener Comebackversuch eines Box-Weltmeisters aller Klassen.
1901	Joe Walcott (USA) erster farbiger Box-Weltmeister im Weltergewicht.
1902	Bei Boxkampf in den USA werden 42 Niederschläge gezählt – absoluter Rekord.
1903	Jack Root (USA) erster Box-Weltmeister im Halbschwergewicht.
1904	Samuel Berger (USA) erster Box-Olympiasieger im Schwergewicht.
1905	Franz Blonner erster deutscher Ringer-Europameister im Schwergewicht (klass. Stil).
1906	Gunnar Moir (England) erster Box-Europameister im Schwergewicht.
1907	Erstmals Kampf um Box-Weltermeisterschaft auf europäischem Boden.
1908	Jack Johnson erster farbiger Box-Weltmeister aller Klassen.
1909	Hans Schwarz (D) Weltmeister der Berufsringer im Schwergewicht.
1910	Gustav Sperling (D) Ringer-Weltmeister im Schwergewicht (klassischer Stil).
1911	Otto Flint gewinnt erste Berufsboxmeisterschaft auf deutschem Boden.
1912	Für USA startender Frank Otto Mintell gewinnt als Frank Mantell Box-WM im Mittelgewicht.
1913	A. W. Turner (Hamburg) erster Deutscher Amateurboxmeister im Schwergewicht.
1914	Georges Carpentier (F) »weißer Box-Weltmeister« aller Klassen.
1915	---
1916	---
1917	---
1918	---
1919	Jack Dempsey wird Box-Weltmeister aller Klassen.
1920	Heinrich Bock (D) Ringer-Weltmeister im Schwergewicht (klassischer Stil).
1921	Erstmals Eine-Million-Dollar-Einnahme bei Boxkampf.
1922	Deutsche Box-Staffel trägt ersten Amateur-Länderkampf aus.
1923	»Runde des Jahrhunderts« im Kampf Dempsey gegen Firpo.
1924	Ferdinand Muss (D) Ringer-Europameister im Schwergewicht (klassischer Stil).
1925	Deutsche Staffel holt zweimal Silber bei erster Amateur-Box-Europameisterschaft.
1926	Colonia Köln erster Deutscher Mannschaftsmeister der Amateurboxer.
1927	Deutschland holt vier Titel bei zweiter Amateur-Box-Europameisterschaft.
1928	Kurt Leucht Ringer-Olympiasieger im Bantamgewicht (klassischer Stil).
1929	Richard Schikat (D) Weltmeister der Freistil-Berufsringer im Schwergewicht.
1930	Max Schmeling wird Box-Weltmeister aller Klassen.
1931	Hein Müller erster deutscher Box-Europameister im Schwergewicht.
1932	Jakob Brendel Ringer-Olympiasieger im Bantamgewicht (klassischer Stil).
1933	Max Schmeling von Max Baer gestoppt.
1934	Hans Gasch (D) erringt bei erster Judo-Europameisterschaft einen Titel.
1935	Kurt Hornfischer (D) zum dritten Mal Ringer-Europameister im Schwergewicht (klass. Stil).
1936	Max Schmeling schlägt Joe Louis in Nichttitelkampf k. o.
1937	Henry Armstrong (USA) erster Box-Weltmeister in drei Klassen (Feder, Welter und Leicht).
1938	Max Schmeling verliert WM-Kampf gegen Joe Louis durch K. o.
1939	Max Schmeling wird Europameister im Schwergewicht.
1940	Bette Martin in Kalifornien als erster weiblicher Box-Referee registriert.
1941	---
1942	Hein ten Hoff Amateur-Box-Europameister gegen Richard Grupe.
1943	---
1944	---
1945	---
1946	Bei Joe-Louis-Kampf erstmals über 100 Dollar für Platz genommen.
1947	Jersey Joe Walcotts erster Griff nach Box-Weltmeisterschaft mißlingt.
1948	25. Titelverteidigung von Joe Louis.
1949	Gustav Eder gibt Titel als Deutscher Meister im Weltergewicht nach neunzehn Jahren zurück.
1950	Schnellster K. o. in deutschem Ring durch Heinz Neuhaus nach fünfzehn Sekunden.
1951	Hein ten Hoff wird Box-Europameister im Schwergewicht.
1952	Rocky Marciano und Archie Moore erringen ihre Box-WM-Titel.
1953	Dieter Wemhöner wird Box-Europameister der Amateure im Mittelgewicht.
1954	Rocky Marciano stoppt beide Comebackversuche von Exchampion Ezzard Charles.
1955	Edgar Basel, Harry Kurschat und Erich Schöppner Amateur-Box-Europameister.
1956	Wolfgang Behrendt (DDR) Box-Olympiasieger im Bantamgewicht.
1957	Manfred Homberg und Manfred Graus Amateur-Box-Europameister.
1958	Sugar Ray Robinson zum fünften Mal Box-Weltmeister.
1959	Horst Rascher und Manfred Homberg Amateur-Box-Europameister.
1960	Cassius Clay Box-Olympiasieger im Halbschwergewicht.
1961	Wilfried Dietrich Ringer-Weltmeister im Schwergewicht (Freistil).
1962	Gustav Scholz verliert ersten Box-WM-Kampf auf deutschem Boden.
1963	Sonny Liston vereitelt erneutes Comeback von Floyd Patterson.
1964	Anton Geesink (NL) erster Judo-Olympiasieger der All-Kategorie.
1965	Sugar Ray Robinsons Rücktritt nach 25 Jahren Boxsport.
1966	Fritz Stange (D) Ringer-Weltmeister im Fliegengewicht (klassischer Stil).
1967	Bundesdeutsche Mannschaft wird Judo-Europameister.
1968	Deutsche Judoka holen bei EM drei Titel.
1969	Peter Weiland Box-Eurpameister im Schwergewicht.
1970	Klaus Glahn (D) zum dritten Mal Judo-Europameister im Schwergewicht.
1971	Klaus Glahn zum dritten Mal WM-Zweiter.
1972	Dieter Kottysch (D) Box-Olympiasieger im Halbmittelgewicht.
1973	George Foreman Box-Weltmeister aller Klassen.
1974	Muhammad Alis Comeback als Weltmeister aller Klassen.
1975	Franco Udella (I) erster Box-Weltmeister im Halbfliegengewicht.
1976	Eckard Dagge Box-Weltmeister im Halbmittelgewicht.
1977	Adolf Seeger (D) zum zweiten Mal Ringer-Weltmeister im Mittelgewicht (Freistil).
1978	Muhammad Ali zum dritten Mal Box-Weltmeister aller Klassen.
1979	Peter Hussing Amateur-Box-Europameister im Schwergewicht.
1980	Tiófilo Stevenson (C) zum dritten Mal Box-Olympiasieger im Schwergewicht.
1981	Martin Knosp (D) Ringer-Weltmeister im Weltergewicht (Freistil).
1982	Barbara Claaßen (D) Judo-Weltmeisterin.
1983	Larry Holmes als Box-Weltmeister unbesiegt abgetreten.
1984	Deutscher Profiboxer René Weller verteidigt mehrmals seinen EM-Titel.

Faßbender
Sporttagebuch des 20. Jahrhunderts

Heribert Faßbender
Herausgeber

SPORT TAGEBUCH des 20. Jahrhunderts

Peter Gödeke Martin Chromik Thomas Kommer

Econ Verlag
Düsseldorf · Wien

Idee und Konzeption: Dr. Frank-Lothar Hinz
Redaktionelle Bearbeitung und Lektorat: Hans Dieter Wirtz
Bildredaktion: Winfried Schmidt
Schutzumschlag und Gestaltung: Lutz Kober, Hamburg

1. Auflage 1984

Gesetzt aus der Times der Firma Hell
Satz: Dörlemann-Satz, Lemförde
Druck und Bindearbeiten: Richterdruck, Würzburg
Printed in Germany
ISBN 3-430-13250-9

Vorwort

Im Juli des Jahres 1900 bestaunten Besucher der Pariser Weltausstellung auf einem Nebenschauplatz eine Premiere: In wallende Gewänder gekleidete Damen ermittelten im Tennis die erste Olympiasiegerin der Neuzeit. Bei den Olympischen Spielen 1984 stand in Los Angeles erstmals der Marathonlauf für Frauen auf dem Programm.

Zwei Notizen aus dem Sportgeschehen des 20. Jahrhunderts, in dessen Verlauf sich Ereignisse und Höhepunkte in immer mehr Sportarten derart summierten, daß aus heutiger Sicht ein auch nur einigermaßen vollständiger Überblick kaum noch möglich erscheint.

Die vielen sportlichen Sternstunden waren jedoch den Versuch wert, sie in der nun vorliegenden Form festzuhalten.

Mit dem »Sporttagebuch des 20. Jahrhunderts« wollten wir neben der Chronologie der Ereignisse vornehmlich die Menschen darstellen, die hinter den meßbaren Ergebnissen erkennbar werden. Dabei sind Persönlichkeitsbilder entstanden, die über das rein Sportliche hinausgehen.

Sportstars wurden auch dann noch weiter beobachtet und beschrieben, nachdem sie längst aus den Schlagzeilen der Sportpresse wieder verschwunden waren.

Um die Fülle des vorliegenden Materials für den sportinteressierten Leser überhaupt darstellen zu können, mußten die Autoren auch »Mut zur Lücke« haben. Daher ist manche Information nur in Kurzform auf den Tabellenseiten am Anfang und am Schluß zu finden. Diese lückenlose und bis zur letzten Möglichkeit aktualisierte Statistik gibt dem »Sporttagebuch« jenen enzyklopädischen Charakter, der es zu einem wertvollen Nachschlagewerk von noch lange anhaltender Gültigkeit macht. Zusammen mit den ausführlichen Text- und Bildbeiträgen der einzelnen Kapitel wird ein wirklich umfassendes Bild des Sports in unserem Jahrhundert angeboten.

Auf fast 700 Seiten wird der interessierte Leser immer wieder überraschende Streifzüge durch die Geschichte des Sports unternehmen und Zusammenhänge erkennen können, die ihm bisher unbekannt waren. Auch der Fernsehzuschauer kann sich bei aktuellen Übertragungen schnell über die Vorgeschichte des jeweiligen Geschehens informieren.

Heribert Faßbender

INHALT

TENNIS 8

Der kleine Ball und das große Geld · Wimbledon und die Geburt des Davis-Cups · Die »vier Musketiere« · Beeindruckende Rekordserien · Die Ära der Australier · Von Court bis Navratilova · Der große Björn Borg

BOXEN 42

Von der edlen Kunst der Selbstverteidigung zum Fight um Dollarmillionen · Die »Meister aller Klassen«: Von John L. Sullivan bis Larry Holmes · Auch andere schrieben Ringgeschichte · Die deutschen Kämpfer

MOTORSPORT 92

Männer, Marken und Motoren: Der Rausch der Geschwindigkeit · 78 Jahre Grand-Prix-Rennsport · Von Nuvolari bis Piquet · Le Mans und Monte Carlo · Spektakel ohne Knautschzone · Von Surtees bis Roberts

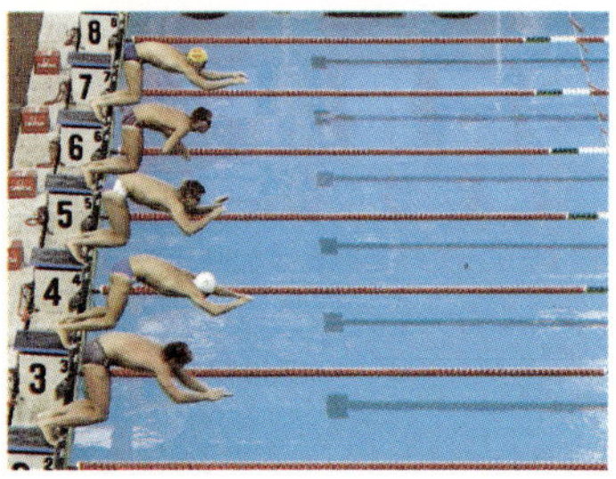

SCHWIMMEN 130

In vier Stilarten im nassen Element zu Hause: Die Asse im Wasser · Immer wieder neue Bestleistungen: Die endlose Jagd nach Rekorden · Der legendäre Johnny Weissmüller · Die große Parade der Superstars

REITSPORT 150

Das Glück dieser Erde finden sie auf dem Rücken ihrer Pferde: Könner im Parcours · Bedeutende Turniere, hervorragende Pferde, exzellente Reiter im Sattel · Traumpaare, Sensationen, Karrieren und Schicksale

LEICHTATHLETIK 166

Schneller, höher, weiter: Der ewige Kampf um Meter und Sekunden · Von den Sprint- zu den Langstrecken · Der Kampf über die Hürden · Die technischen Disziplinen · Die »Könige der Athleten« · Herausragende Athletinnen

HANDBALL 238

Vom Großfeld in die Halle: Eine Sportart ging attraktiven Weg · Deutsche im Feldhandball nicht zu schlagen · Die Spiele in der Halle: Akrobatik am 6-Meter-Kreis · Die großen Mannschaften und ihre Stars

RADSPORT 260

Bei Hitze und Regen im Sattel: Die Giganten der Landstraße · Die »Tour der Leiden«: Triumphe und Tragödien beim härtesten Etappenrennen der Welt · Bahnradsport: Schnelle Sprints und großes Stehvermögen

RUDERN 300

Mit Skull und Riemen bis zur Erschöpfung: Athleten auf dem Wasser · Die starken Männer in den schmalen Booten: Deutsche Ruderer von Beginn an auf Goldkurs · »Ruder-Professor« Karl Adam und seine Achter

WINTERSPORT 310

Bei Minusgraden Kampf um Meter, Sekunden und Punkte · Der Siegeszug der Alpinen · Die Sprünge von der Schanze · Hohe Kunst mit schmalen Kufen · Die Eishockey-Cracks · Die waghalsigen Rennen in den Eiskanälen

FUSSBALL 368

Die Faszination der Massen: Kämpfer, Künstler, Kanoniere auf dem grünen Rasen · Legenden um Mannschaften und Stars · Der lange Weg nach Montevideo · Die Welt- und Europameisterschaften · Die Europapokale

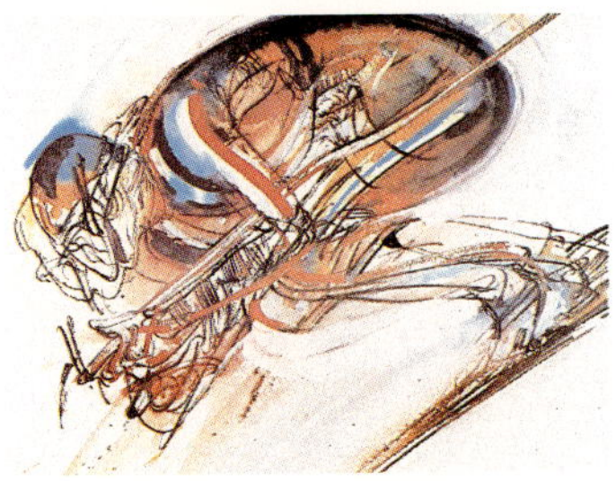

WINTEROLYMPIADEN 462

Feuer über dem Schnee und Kampf um Gold in Wäldern und Bergen · Von Chamonix bis Sarajewo · Von dem Norweger Thorleif Haug bis zu dem Finnen Juha Mieto: Strahlende Olympiasieger und unglückliche Verlierer

SOMMEROLYMPIADEN 512

Das größte Sportfest der Welt lockt alle vier Jahre die Nationen zum Schauplatz · Von Athen bis Los Angeles · Die ganz Großen werden noch einmal lebendig · Athleten zwischen Sport und Politik

TENNIS

Der kleine Ball und das große Geld: Exklusiv blieben nur die Prämien

Nach zwei Stunden und zwölf Minuten und erneut nach drei Stunden und 24 Minuten stand es wie bereits vor Spielbeginn: unentschieden. Im dritten Satz gewann McEnroe den Tiebreak überlegen mit 7:2, im vierten Connors mit 7:4. Die Entscheidung fiel nach 222 Minuten, als Connors bei einem 1:1- Gleichstand im fünften Satz McEnroes Service erneut durchbrach und das Match anschließend mit seinem immer sicherer werdenden Aufschlag souverän nach Hause brachte. Die Schlacht der beiden Tennis-Giganten endete um 18.24 Uhr Ortszeit und nach genau 255 Minuten.

Ingo Baum in den „Westfälischen Nachrichten“ vom 4. Juli 1982

Wimbledon und die Geburt des Davis-Cups

Das faszinierende Spiel mit dem kleinen Ball

Die Geschichte des weißen Sports ist eng mit dem Namen Wimbledon verknüpft, und nicht wenige behaupten mit geradezu gelassener Selbstverständlichkeit: Tennis – das ist Wimbledon. Aber auch der Davis-Cup hat viel zur Popularität des Tennissports beigetragen.

Die Idee eines tennisbegeisterten Harvard-Studenten brachte um die Jahrhundertwende Leben in die erstarrte Tennisszene diesseits und jenseits des Atlantiks. Vor allem die seit 1877 im Londoner Vorort Wimbledon ausgetragenen Englischen Meisterschaften bedurften einer Auffrischung durch erweiterte Teilnehmerfelder. Aber auch die seit 1881 in Newport durchgeführten US-Meisterschaften hatten den Weg aus der Isolation des Ostküstenraumes der Vereinigten Staaten nötig.

Er belebte die Tenniswelt: Dwight F. Davis

Der 21jährige Dwight F. Davis machte dem Tennisverband der USA daher die Austragung eines internationalen Wettbewerbs schmackhaft und präsentierte im Frühjahr 1900 auch gleich den Siegespreis: einen 217 Unzen (etwa 36 Pfund) schweren Silberpokal, den er »International Lawn Tennis Challenge Trophy« taufte. Der Einfachheit halber wurde das Ungetüm aus einer Bostoner Silberschmiedewerkstatt dann nur noch Davis-Cup genannt.
Der wurde erstmals im August 1900 zwischen den USA und Großbritannien auf dem Gelände des Longwood Cricket Club in Boston ausgespielt. In der siegreichen US-Mannschaft stand auch Stifter und Initiator Davis, der mit dieser Begegnung die von da an jährliche Tennis-Weltmeisterschaft für Mannschaften eingeläutet hatte, die bis heute weltweite Aufmerksamkeit auf sich zieht. Das Vordringen von Dwight Davis und seines Doppelpartners Holcombe Ward bis in die Herausforderungsrunde des Wimbledon-Turniers 1901 gab dann einen weiteren entscheidenden Impuls zur Internationalisierung des Tennissports. Denn ihre siegreichen Gegner, die einheimischen Gebrüder Doherty, nahmen von dieser Stunde an die Spieler aus Übersee so ernst, daß sie zu deren Meisterschaften und zur nächsten Davis-Cup-Begegnung über den Ozean fuhren.

Idole der Jahrhundertwende: Die Dohertys

Hugh Laurence – genannt Laurie – und Reginald Frank – genannt Reggie – Doherty schrieben Wimbledon-Geschichte, als sie zwischen 1897 und 1906 die Titel in Einzel und Doppel förmlich hamsterten und bis auf eine Ausnahme (→ Wimbledon-Statistik) den Gegnern keine Chance ließen. Reggie Doherty wurde viermal, von 1897 bis 1900, Wimbledon-Sieger, Laurie fünfmal, von 1902 bis 1906. Gemeinsam holten sich die in Wimbledon geborenen Brüder achtmal den Sieg im Doppel: 1897 bis 1901 und 1903 bis 1905. Dazwischen lag ein in die Annalen der Tennisgeschichte eingegangener Erfolg bei den US-Meisterschaften im Jahre 1902, als das englische Brüderpaar die Kombination Davis/Ward schlagen konnte.
Laurie Doherty brachte 1903 das Kunststück fertig und holte sich auch den Einzeltitel der US-Meisterschaften (6:0, 6:3, 10:8 gegen William Larned). Es war der erste Erfolg eines Ausländers bei diesen Titelkämpfen, und er blieb es bis 1926. Im Doppel verteidigte das Brüderpaar seinen Vorjahrstitel in Newport und fügte den US-Boys eine weitere Schmach zu: Der Davis-Cup ging nach Siegen der Dohertys und ihrer Mannschaftskameraden 1903 erstmals nach England.
Diese Erfolge lösten in Europa einen wahren Tennisboom aus. Zu den nächsten Wimbledon-Tur-

Davis-Cup: Häßlich und begehrt

Die von Dwight F. Davis (links oben) für das beste Tennisteam gestiftete Trophäe trägt auch den Beinamen »Häßlichste Salatschüssel der Welt«. Dennoch ist der Davis-Cup (links unten) die wertvollste Auszeichnung für den Sieg in einem Tennis-Mannschaftswettbewerb. Die Gebrüder Reggie und Laurie Doherty (oben von links) aus England holten das Monstergebilde 1903 erstmals in ihre Heimat.

nieren strömten Teilnehmer und Zuschauer in immer neuen Rekordzahlen. 1903 wurden beispielsweise 30000 Besucher gezählt, 1904 meldeten sich 62 Cracks für das Einzel, 28 Herrendoppel traten an, und 42 Damen bewarben sich um die Meisterwürde. Die Aktiven kamen auch aus Belgien, Holland, Österreich, Neuseeland und Amerika. Als die Doherty-Brüder nach dem Turnier des Jahres 1906 abtraten, war Wimbledon schon zu einem Tennis-Mekka für die Stars aus der ganzen Welt geworden.

Star der »Golden Twenties«: William T. Tilden

Auch nach den Dohertys haben Tenniscracks mit ihren Erfolgen in Wimbledon manchmal über Jahre das Geschehen bestimmt und sind zur Tennislegende geworden, wie der Neuseeländer Anthony F. Wilding (→ Statistik). Zu den bis heute unvergessenen und im Vergleich mit anderen Großen des Tennis immer wieder genannten Stars gehört auch der Amerikaner William Tatem, genannt »Big Bill«, Tilden (geb. am 10. Februar 1893 in Germantown/Pennsylvania).
Der aus gutbürgerlichem Hause – Vater Geschäftsmann, Mutter Pianistin – stammende Tilden war der erste Aktive, der sich ernsthafte analytische Gedanken über seinen Sport machte, was sich in einigen Veröffentlichungen niederschlug. Die Geschichtsschreibung des Tennissports billigte ihm zu, aus dem Spiel eine Wissenschaft gemacht zu haben.
Neben seinem perfekten Können auf den Plätzen rückten ihn persönliche Ausstrahlung und schmunzelnd aufgenommener Snobismus in die Galerie der in den goldenen zwanziger Jahren in den Vereinigten Staaten vom Publikum verehrten Sportstars, wie Box-Idol Jack Dempsey, Baseball-König Babe Ruth oder Golf-Crack Bobby Jones. Die Geschichten über seine Extravaganzen auf und am Rande der Center Courts füllten die Gazetten seiner Zeit in gleichem Maße wie die über seine Erfolge. Europa lernte diesen Mann 1920 kennen, als er als erster Amerikaner das Wimbledon-Turnier gewann und im folgenden Jahr dieses Kunststück wiederholte (→ Wimbledon-Statistik). Danach wollte er sich den Strapazen der Ozeanüberquerung nicht mehr unterziehen und ließ die Tenniswelt wissen: »Wenn es auf der Welt jemand gibt, der besser ist als ich, dann soll er zu mir in die USA kommen und das beweisen.«
Erst 1930 ließ er sich wieder in Wimbledon als Einzelspieler sehen – 1927 hatte er immerhin an der Seite seines Landsmannes Frank Hunter das Doppel gewonnen – und feierte als mittlerweile 37jähriger den dritten Sieg im Tennis-Mekka. In der Zwischenzeit beherrschte er die heimische Tennisszene nach Belieben und sammelte Titel wie andere Leute Briefmarken. Ende 1930 trat er vom »Amateursport« zurück – im Grunde war er nie etwas anderes als Profi gewesen – und zog tingelnd und tennisspielend durch die Staaten.
Weltweit in die Schlagzeilen geriet er noch einmal nach dem Zweiten Weltkrieg, als er wegen seiner homosexuellen Veranlagung mit dem Gesetz in Konflikt gekommen war und zweimal zu Freiheitsstrafen verurteilt wurde. In der puritanischen Gesellschaft des Nachkriegs-Amerika war er danach verfemt. Er starb als ein von den früheren Fans Geächteter am 5. Juni 1953 in Los Angeles an Herzversagen.

William T. Tildens Erfolgsserie außerhalb Wimbledons sieht so aus:

USA – Einzel					
1920 gegen William M. Johnston	6:1	1:6	7:5	5:7	6:3
1921 gegen William M. Johnston	6:1	6:3	6:1		
1922 gegen William M. Johnston	4:6	3:6	6:2	6:3	6:4
1923 gegen William M. Johnston	6:4	6:1	6:4		
1924 gegen William M. Johnston	6:1	9:7	6:2		
1925 gegen William M. Johnston	4:6	11:9	6:3	4:6	6:3
1929 gegen Frank Hunter	3:6	6:3	4:6	6:2	6:4

USA – Doppel
1918, 1921 und 1922 mit Vinnie Richards
1923 mit Brian Norton
1927 mit Frank Hunter

USA – Mixed
1913 und 1914 mit Mary K. Browne
1922 und 1923 mit Molla Mallory

Die »Göttliche« und der »Musketier«

Frankreichs Tennis-Königin Suzanne Lenglen war eine begehrte Doppelpartnerin, vor allem für ihre Landsleute, die »vier Musketiere«. Mit Jean René Lacoste – hier bei einem Schaukampf in Roehampton – trat sie in Wimbledon jedoch nie gemeinsam auf. Sie errang überhaupt nur einen ihrer Mixed-Titel im Tennis-Mekka mit einem Landsmann (Jean Borotra), ansonsten kamen die Partner aus Australien.

Frankreichs Tennis-Glorie: Die vier Musketiere

In die Lücke, die der Amerikaner Tilden durch seine Wimbledon-Abstinenz hinterließ, stießen gleich vier junge Männer, die wegen ihrer Herkunft aus Frankreich und ihres gemeinsamen Auftretens in den Tenniszentren der Welt bald nur noch als die »vier Musketiere« bezeichnet wurden. Mit ihnen erlebte die französische Sportwelt eine

glanzvolle Tennisära, die sich bis heute nicht wiederholen sollte. Ihre Duelle untereinander und mit den Amerikanern faszinierten jahrelang die Sportwelt in Europa und den USA; in den Siegerlisten aller großen Turniere stieß man bis 1933 häufig auf ihre Namen.
Der älteste der vier Tennismusketiere war Jacques »Toto« Brugnon (geb. am 11. Mai 1895 in Paris). Seine Karriere wurde von der Tatsache begünstigt, daß er vom Vater der seinerzeit besten Spielerin der Welt (→ Suzanne Lenglen) als Doppelpartner ausgewählt wurde. Toto Brugnon wurde ein ausgesprochener Spezialist für das Spiel mit dem Partner, und so konnte die Tenniswelt ihn nicht nur in vier Wimbledon-Endspielen des Herrendoppels siegen sehen, sondern auch seine Erfolge im Herrendoppel und im Mixed bei den Französischen und Australischen Meisterschaften feiern. Von 1921 bis 1934 gehörte er dem französischen Davis-Cup-Team an, das nach zwei Niederlagen, 1925 und 1926, dann die Amerikaner vom Sockel stürzte und von 1927 bis 1932 sechsmal in Folge ungeschlagen blieb (→ Davis-Cup-Statistik).

Jacques »Toto« Brugnons Doppelerfolge außerhalb Wimbledons:

Frankreich – Doppel
1927 mit Henri Jean Cochet
1928 mit Jean Borotra
1930 mit Henri Jean Cochet
1932 mit Henri Jean Cochet
1934 mit Jean Borotra
Frankreich – Mixed
1925 und 1926 mit Suzanne Lenglen
Australien – Doppel
1928 mit Jean Borotra

Der »Fliegende Baske« gewinnt in Wimbledon

Der heute noch bekannteste der vier Musketiere ist Jean Borotra, geboren am 13. August 1898 in einem Pyrenäendorf namens Arbonne nahe der spanischen Grenze. Wegen seines aufwendigen Stils wurde er der »Fliegende Baske« genannt, denn zuweilen hechtete er den Bällen wie ein Fußballkeeper hinterher.
Borotra war ein sportgestählter junger Mann, als er während seiner Armeezeit im Range eines Offiziers mit dem Tennis in Berührung kam. Die Überlieferung berichtet, daß er den täglichen 12-Kilometer-Schulweg schon als sportliche Übung auffaßte; letzten Schliff erhielt er beim spanischen Nationalsport Pelota.
Der dritte der Musketiere hieß Henri Jean Cochet, geboren am 14. Dezember 1901 in Villeurbanne bei Lyon. Er hatte einen klassischen Start in die Tenniskarriere, denn als Balljunge wurde er vom Vater, Platzwart einer Tennisanlage, schon früh mit diesem Sport in Berührung gebracht.
Das Quartett der Großen Vier wurde komplettiert durch Jean René Lacoste, der am 2. Juli 1904 in Paris geboren wurde. Als Sohn eines Fabrikanten gehörte Tennis selbstverständlich zu der Erziehung eines Mitglieds der gehobenen Pariser Gesellschaft.
Die drei Letztgenannten brillierten während ihrer Laufbahn vor allem als Einzelspieler und setzten neue Marksteine in der Tennisgeschichte. Nach verunglückter Premiere in Wimbledon 1922, als alle vorzeitig auf der Strecke blieben, gab es 1924 schon das erste rein französische Wimbledon-Finale zwischen Borotra und Lacoste, und ein Jahr darauf standen sogar alle drei französischen Einzelkönner im Halbfinale. Im Roland-Garros-Stadion von Paris konnte zwischen 1925 und 1932 kein einziger Ausländer einen Titel gewinnen, und selbst »Big Bill« Tilden, der sich für kaum schlagbar hielt, verlor einige Matchs gegen die Franzosen. So im Davis-Cup-Finale 1928 und 1929, in Roland Garros 1927 und 1930 sowie im Wimbledon-Halbfinale 1927 in einem legendären Fünf-Satz-Spiel gegen Cochet. 1927 mußte sich der Amerikaner sogar zu Hause in Forest Hills gegen Lacoste und anschließend im Davis-Cup-Kampf gegen den gleichen Gegner geschlagen geben. Lediglich Jean Borotra konnte nie gegen den Amerikaner gewinnen.
Zu den Husarenstreichen der Franzosen gehörten die Schocks von 1926, 1927 und 1928, die sie den zu Hause als unschlagbar geltenden US-Männern mit dem Gewinn der Meisterschaften in Forest Hills versetzten.
Cochet und Borotra blieben von den vieren am längsten aktiv. Man sah sie zuletzt 1955 (Cochet in London bei einem Hallenturnier) und 1958 (Borotra bei den Internationalen Deutschen Meisterschaften in Hamburg) als über fünfzig- bzw. fünfzigjährige alte Herren. Neben den Wimbledon-Erfolgen – bei Borotra zwei Einzel, drei Doppel und ein Mixed, bei Cochet zwei Einzel und zwei Doppel, bei Lacoste zwei Einzel und ein Doppel – gab es eine ganze Reihe internationaler Titel für die drei. Zum Thema Wimbledon muß aber Borotras dortige Bilanz unterstrichen werden: Er bestritt 65 Einzel, von denen er 55 gewann, 88 Doppel bei 57 Siegen und 68 Mixed bei 40 Erfolgen.

Der »Fliegende Baske« begeisterte
So kannten und schätzten ihn die Besucher in Wimbledon: Jean Borotra, wegen seines aufwendigen Stils und der Kopfbedeckung als der »Fliegende Baske« gerühmt.

Exkurs: Die Austragungsstätten

In den 20er Jahren, als die vier Musketiere Frankreich an die Spitze der Tenniswelt brachten, wurden die zum »Grand Slam« zählenden Turniere endgültig heimisch. So wurden die US-Meisterschaften von 1924 an im neuen Tennisstadion von Forest Hills unweit von New York ausgetragen. Die Anlage war 1923 fertiggestellt worden. Allerdings wurden nur Herren- und Dameneinzel sowie das Mixed in Forest Hills gespielt, während die Doppelkonkurrenzen auf dem Gelände des Longwood Cricket Club in Boston über die Bühne gingen. Mit Einführung der US-Open – der Offenen US-Meisterschaften im Jahre 1968 – wurden alle Wettbewerbe in Forest Hills ausgetragen. Seit 1978 gehen die US-Open in Flushing Meadow bei New York vonstatten.
Das Wimbledon-Turnier wurde ab Juni 1922 im neuen Gelände an der Church Road ausgetragen, wo der Center Court, der heute noch benutzt wird, mit erhebli-

»DIE GOETTLICHE« ENTZUECKT DIE TENNISFANS

Die Siegesbilanz der drei Franzosen im Überblick:

JEAN BOROTRA:

Frankreich – Einzel					
1931 gegen Gilbert Bousson	2:6	6:4	7:5	6:4	

Frankreich – Doppel	Frankreich – Mixed
1925 und 1929 mit René Lacoste	1927 mit M. Bordes
1928 und 1934 mit »Toto« Brugnon	1934 mit C. Rosambert
1936 mit Marcel Bernard	

Australien – Einzel					
1928 gegen R. O. Cummings	6:4	6:1	4:6	5:7	6:3

Australien – Doppel	Australien – Mixed
1928 mit »Toto« Brugnon	1928 mit D. Akhurst

HENRI JEAN COCHET:

USA – Einzel					
1928 gegen Frank Hunter	4:6	6:4	3:6	7:5	6:3

Frankreich – Einzel					
1926 gegen René Lacoste	6:2	6:4	6:3		
1928 gegen René Lacoste	5:7	6:3	6:1	6:3	
1930 gegen »Big Bill« Tilden	3:6	8:6	6:3	6:1	
1932 gegen Giorgio de Stefani	6:0	6:4	4:6	6:3	

Frankreich – Doppel	Frankreich – Mixed
1927, 1930 und 1932 mit »Toto« Brugnon	1928 und 1929 mit E. Bennett

JEAN RENÉ LACOSTE:

USA – Einzel					
1926 gegen Jean Borotra	6:4	6:0	6:4		
1927 gegen »Big Bill« Tilden	11:9	6:3	11:9		

Frankreich – Einzel					
1925 gegen Jean Borotra	7:5	6:1	6:4		
1927 gegen »Big Bill« Tilden	6:4	4:6	5:7	6:3	11:9
1929 gegen Jean Borotra	6:3	2:6	6:0	2:6	8:6

Frankreich – Doppel
1925 und 1929 mit Jean Borotra

chem Kostenaufwand entstanden war. In Frankreich führten Überlegungen wegen eines würdigen Austragungsortes für die Herausforderungsrunde des Davis-Cups zum Bau eines Tennisstadions in Auteuil bei Paris, das im Gedenken an einen im Krieg gefallenen Spieler den Namen »Stade Roland Garros« erhielt und in dem noch heute die Französischen Meisterschaften ausgespielt werden.

Die Meisterschaften von Australien werden wechselseitig in Sydney, Melbourne, Adelaide und Brisbane ausgetragen.

Rekordserie einer Französin: Suzanne Lenglen

Bevor die Erfolgsserie der vier Musketiere auf den Tennisplätzen in Europa und den USA begann, hatte eine ebenfalls aus Frankreich stammende Frau bereits kaum faßbare Rekordmarken in Wimbledon gesetzt. Die am 24. Mai 1899 in Compiègne geborene Suzanne Lenglen sammelte zwischen 1919 und 1925 nicht weniger als fünfzehn Titel bei den Tennismeisterschaften in Wimbledon – sechs im Einzel, sechs im Doppel, drei im Mixed – und brachte dabei das Kunststück fertig, als erster Aktiver bei einem Turnier alle drei möglichen Konkurrenzen zu gewinnen – und das gleich dreimal: 1920, 1922 und 1925 (→ Übersicht: Wimbledon-Sieger in allen drei Konkurrenzen). In der an auffallenden Erscheinungen reichen Tennisgeschichte wurde sie als erste Primadonna dieser Sportart anerkannt; Beinamen wie »die Göttliche« oder »die Diva« schmückten Berichte der Presse ihrer Zeit. Es wird berichtet, daß Könige darum stritten, ihr bevorzugter Mixed-Partner zu sein.

Schon als junges Mädchen war sie von ihrem Vater Charles zielbewußt auf eine große Tenniskarriere vorbereitet worden. Der ehrgeizige und wohlhabende Monsieur Lenglen ließ seine Tochter in einer Villa in Cannes aufwachsen, die zum Treffpunkt der internationalen Society wurde. Aber er forderte von dem Mädchen tägliches stundenlanges Training – mit dem Ergebnis, daß sie bereits als Fünfzehnjährige Weltmeisterin auf Hartplätzen wurde. Vater Charles suchte auch die Partner für seine Tochter aus; so kamen »Toto« Brugnon und Elizabeth Ryan zu Meisterehren.

Charles Lenglen initiierte auch den legendären Schaukampf zwischen seiner Tochter und dem neuen Tennisstern Helen Wills auf dem Platz eines Hotels in Cannes, der einer Filmgesellschaft das Honorar von 100 000 Dollar wert war, um ihn zu veranstalten – soviel hatte sie auch für den Boxkampf zwischen Jack Dempsey und Georges Carpentier aufgewendet.

Der 6:3/8:6-Sieg in diesem Spektakel war einer der letzten Höhepunkte in Suzannes Leben. Nach dem Wimbledon-Turnier 1926 trat sie als erste Frau ins Profilager über und führte später eine Tennisschule. Sie starb schon am 4. Juni 1938 an Leukämie.

Neben ihren Erfolgen in Wimbledon hat sie 1925 und 1926 je drei Französische Meisterschaften gewonnen, und zwar im Doppel mit Didi Vlasto, im Mixed mit »Toto« Brugnon. Im Einzel schlug sie 1925 Kitty McKane 6:1, 6:2, 1926 Mary Browne 6:1, 6:0.

Der Arbeitersohn in Wimbledon: Fred Perry

Aus der Phalanx der Weltklassespieler in den Jahren nach dem Rücktritt der Franzosen ragten wieder zwei Mehrfachsieger her-

Kondition durch Fußballtraining

Wimbledon-Seriensieger Fred Perry galt als einer der ersten Athleten auf dem Tennisplatz. Seine Kondition holte er sich beim Training mit Londoner Fußballprofis.

Fred Perrys Erfolgsserie sieht folgendermaßen aus:

USA – Einzel					
1933 gegen Jack Crawford	6:3	11:13	4:6	6:0	6:1
1934 gegen Wilmer Allison	6:4	6:3	3:6	1:6	8:6
1936 gegen Donald Budge	2:6	6:2	8:6	1:6	10:8
USA – Mixed					
1932 mit Sarah Palfrey					
Frankreich – Einzel					
1935 gegen Gottfried von Cramm	6:3	3:6	6:1	6:3	
Frankreich – Doppel					
1933 mit Pat Hughes					
Australien – Einzel					
1934 gegen Jack Crawford	6:3	7:5	6:1		
Australien – Doppel					
1934 mit Pat Hughes					

aus, die ihre Titel an allen klassischen Tennisschauplätzen sammelten. Zunächst betrat der Engländer Frederick J. (»Fred«) Perry, geboren am 18. Mai 1909 in Stockport, die Szene, und er sorgte für ein bemerkenswertes Novum: Erstmals kam ein künftiger Meisterspieler nicht aus dem sozialen Milieu der oberen Klasse, sondern aus dem ganz gewöhnlichen Volk. Perrys Vater verdiente seinen Lebensunterhalt als einfacher Handwerker und war auch in der Gewerkschaftsbewegung sehr aktiv.

Auch die sportliche Vorbildung des Neuen verblüffte die Tenniswelt. Fred Perry hatte nämlich schon Weltmeisterschaftslorbeer errungen – aber im Spiel mit dem Zelluloidball. Der Tischtennis-Weltmeister von 1929 wagte den Schritt auf die Tennisplätze und sah sich bald bestätigt. Schon 1931 gehörte er dem englischen Davis-Cup-Team an, und in Wimbledon erreichte er ein Jahr darauf bereits das Viertelfinale.

Der große Durchbruch kam dann 1933. Dem Sieg in Forest Hills gegen den großartigen Australier Jack Crawford folgte der Triumph im Davis-Cup. Perry und der Cambridge-Student Henry Wilfred (»Bunny«) Austin bezwangen in Paris die ermüdeten Musketiere, die allerdings nicht mehr komplett angetreten waren. Das 3:2 sorgte in England dennoch für Tenniseuphorie, ging der Davis-Cup doch erstmals seit 1912 wieder auf die Insel, wo er dank Perrys Können auch noch bis 1936 blieb. Der athletische Arbeitersohn errang in seinen 52 Davis-Cup-Einsätzen bis 1936 stolze 45 Siege.

Er krönte seine kurze Laufbahn als Amateur dann mit drei spektakulären Wimbledon-Erfolgen hintereinander – zwischen 1934 und 1936 – und fügte gleichsam als Beiwerk die Meisterschaften von Frankreich, Australien und den USA hinzu. Perry, der sich seine überragende Kondition beim gemeinsamen Training mit den Fußballern des FC Arsenal London holte, wurde damit zum erfolgreichsten englischen Tennisspieler aller Zeiten. Die sportbegeisterte Öffentlichkeit seiner Heimat nahm ihm deshalb den Übertritt ins Profilager im Herbst 1936 sehr übel. Er sollte Englands Tennisehre noch eine Weile vor seine finanzielle Sicherheit stellen. Perry bemühte sich angesichts der feindlichen Stimmung sogar zeitweise um die amerikanische Staatsbürgerschaft.

»Grand Slam« die Krönung

Alle vier großen Meisterschaften in einem Jahr gewann als erster Tenniscrack Donald Budge. Der »Grand Slam« krönte die Karriere des Mannes aus Kalifornien.

Ein Fußballer-Sohn wurde der Nachfolger: Donald Budge

Den Platz von Fred Perry nahm entgegen den Erwartungen der Tenniswelt nicht der zweimal knapp an ihm gescheiterte deutsche Tennisbaron (→) Gottfried von Cramm ein, sondern ein Angloamerikaner: der als Sohn schottischer Auswanderer am 13. Juni 1915 in Oakland (Kalifornien) geborene John Donald Budge. Sportliches Talent war ihm gleichsam in die Wiege gelegt worden, allerdings auf einem ganz anderen Gebiet. Vater Donald hatte zu Hause bei den Glasgow Rangers noch Fußball gespielt, und sein Sprößling betätigte sich auch zunächst in typischen Kampfsportarten. Baseball und vor allem American Football hießen dessen Leidenschaften.

Bruder Lloyd war dagegen Tennisfan, und er zog in gemeinsamer Bemühung mit dem Vater den fünfzehnjährigen Donald schließlich zum weißen Sport hinüber. Dort kamen ihm die in den anderen Sportarten angeeigneten Fähigkeiten zugute, so daß Donald schon nach kurzer Anlaufzeit zu den besseren Spielern der USA gehörte. Sein erster Wimbledon-Auftritt endete 1935 im Halbfinale, als ihn von Cramm bezwingen konnte. Dann folgten nach Perrys Rückzug die beiden Erfolgsjahre 1937 und 1938, wo auf allen Plätzen und in allen Konkurrenzen ein schier unwiderstehlicher Donald Budge zu sehen war. Dem dreifachen Triumph in Wimbledon (→ Übersicht: Wimbledon-Sieger in allen drei Konkurrenzen) sowie dem Sieg 1937 in Forest Hills

Donald Budges Erfolgsbilanz neben Wimbledon:

USA – Einzel					
1937 gegen Gottfried von Cramm	6:1	7:9	6:1	3:6	6:1
1938 gegen Gene Mako	6:3	6:8	6:2	6:1	
USA – Doppel					
1936 und 1938 mit Gene Mako					
USA – Mixed					
1937 mit Sarah Fabyan					
1938 mit Alice Marble					
Frankreich – Einzel					
1938 gegen Roderich Menzel	6:3	6:2	6:4		
Australien – Einzel					
1938 gegen John Bromwich	6:4	6:2	6:1		

»GRAND SLAM« FUER BUDGE + WILLS-MOODY SOUVERAEN

Ein Jahrzehnt zu stark für andere

»Miß Pokerface« nannten die ständig besiegten anderen Tennisdamen Helen Wills-Moody – hier in einer Studie aus dem Jahre 1924 – Titelsammlerin über ein Jahrzehnt.

folgte die Krönung eines Tennislebens im Jahre darauf: Donald Budge erreichte als erster Spieler den »Grand Slam«, den Gewinn der vier wichtigsten Titel innerhalb eines Jahres.
An der Seite von Gene Mako machte er sich dann auf, den Davis-Cup wieder in die USA zurückzuholen, was 1937 auch gelang. In seinen 29 Spielen bei elf Cup-Begegnungen feierte Budge bis zum Rücktritt 25 Siege. Wie andere vor ihm, trat er auf dem Höhepunkt seines Ruhms zu den Berufsspielern über. Schon Ende 1938 sah man ihn im New Yorker Madison Square Garden, wo er eine Serie von Matchs gegen den früheren Wimbledon-Sieger Ellsworth Vines startete. Am Ende lag Budge mit 21:18 Erfolgen vorn. Gegen Fred Perry erreichte er sogar ein Ergebnis von 18:11. Er setzte also als Profi da fort, wo er als Amateur aufgehört hatte.

Nur wenn sie fehlte, gewannen andere: Helen Wills-Moody

Mehr Einzeltitel als Perry und Budge zusammen erkämpfte in dem etwa gleichen Zeitraum die Amerikanerin Helen Wills-Moody. Die Tochter einer wohlhabenden Arztfamilie, geboren am 6. Oktober 1905 in Berkeley (Kalifornien), entwickelte neben etlichen künstlerischen Talenten – man kannte sie auch als Malerin, Autorin und Schauspielerin – ihre Liebe zum Tennissport zur Perfektion und stellte zwischen 1927 und 1938 einen bis heute unerreichten Rekord von acht siegreich beendeten Wimbledon-Finals im Einzel auf. Daß es nicht noch mehr wurden, verhinderten Krankheit – Helen Wills, ab 1930 verheiratete Moody, laborierte lange an einem Bandscheibenleiden – und ihr Faible für die schönen Künste, denen sie sich 1936 und 1937 malend und schreibend gänzlich widmete. So konnten auch gelegentlich andere Damen Wimbledon-Lorbeer ernten.
Viele Beobachter vermißten an ihr das Charisma ihrer Vorgängerin Suzanne Lenglen, dafür gaben aber die Erfolge der Amerikanerin eine deutliche sportliche Antwort. Neben der achtmaligen Krönung in Wimbledon siegte sie auch siebenmal in Forest Hills, viermal in Paris und holte mit Partnern und Partnerinnen weitere bedeutende Meisterschaften.

Die Erfolgsbilanz der Helen Wills-Moody sieht so aus:

USA – Einzel

1923 gegen Molla Mallory	6:2	6:1	
1924 gegen Molla Mallory	6:1	6:2	
1925 gegen Kitty McKane	3:6	6:0	6:2
1927 gegen Betty Nuthall	6:1	6:4	
1928 gegen Helen Jacobs	6:2	6:1	
1929 gegen P. H. Watson	6:4	6:2	
1931 gegen E. F. Whittingstall	6:4	6:1	

USA – Doppel	USA – Mixed
1922 mit J. B. Jessup	1924 mit Vinnie Richards
1924 und 1928 mit Hazel Wightman	1928 mit J. B. Hawkes
1925 mit Mary Browne	

Frankreich – Einzel

1928 gegen E. Bennett	6:1	6:2
1929 gegen Simone Mathieu	6:3	6:4
1930 gegen Helen Jacobs	6:2	6:1

Frankreich – Doppel

1930 mit Elizabeth Ryan

Der ganz große Erfolg fehlte bei Gottfried von Cramm

Das Können und manchmal auch das Glück von Perry und Budge verhinderten in den 30er Jahren eine deutsche Erfolgsära im Tennissport. Alle Experten stellten Gottfried von Cramm und zum Teil auch Henner Henkel auf eine Stufe mit den anderen Wimbledon-Siegern, aber in den nüchternen Siegerlisten steht ihr Name mit wenigen Ausnahmen nur an zweiter Stelle.
Der am 7. Juli 1909 in Nettlingen (Niedersachsen) geborene von Cramm galt bei dem Publikum als eine Art Sonnyboy des Tennissports. Herkunft, Auftreten und äußeres Erscheinungsbild schienen ihn in der Tat auf der Sonnenseite des Lebens festzuhalten. Aber schon sein Beiname »Weltmeister ohne Titel«, den ihm Tennisexperten gaben, verweist auf die Probleme des Sportlers von Cramm. Dreimal hintereinander stand er im Wimbledon-Finale, dreimal scheiterte er auch. 1935 und 1936 fegte ihn Perry jeweils ohne Satzverlust vom Platz, obwohl der Tennisbaron vorher mit Budge, Austin und Crawford die Creme des damaligen Tennis ausgeschaltet hatte, und 1937 hatte er wieder mit Crawford (Viertel-) und Austin (Halbfinale) den schwereren Weg, um dann an Budge zu scheitern, der ihn im gleichen Jahr auch in Forest Hills im Finale besiegte.
Die Fünf-Satz-Schlachten des Jahres 1937 gegen Budge gingen in die Tennisgeschichte ein, das Davis-Cup-Match dieses Jahres wurde sogar als eines der besten und dramatischsten Tennistreffen aller Zeiten beschrieben. Aber Budge siegte in dieser Davis-Cup-Runde im Interzonenfinale ebenso wie in Wimbledon und Forest Hills. Daß Gottfried von Cramm aber dennoch Wimbledon-Sieger war, ging angesichts der großen Kämpfe im Einzel in den USA, Frankreich und eben England fast unter. 1933 nämlich hatte er das Mixed an der Seite von Hilde Krahwinkel gewonnen und für den zweiten deutschen Wimbledon-Erfolg der Tennisgeschichte gesorgt.
1938 geriet der Tennisbaron, der in der ganzen Welt stets als einer der besten Botschafter Deutschlands angesehen wurde, in die Mühlen des NS-Regimes und verschwand in einem Gestapo-

Die denkwürdigen Spiele Gottfried von Cramms:

Wimbledon – Doppel					
1937 im Halbfinale verloren gegen Budge/Mako	6:4	6:4	2:6	4:6	3:6
USA – Einzel					
1937 gegen Donald Budge	1:6	9:7	1:6	6:3	1:6
USA – Doppel					
1937 mit Henner Henkel gegen Budge/Mako	6:4	7:5	6:4		
Frankreich – Einzel					
1934 gegen Jack Crawford	6:4	7:9	3:6	7:5	6:3
1935 gegen Fred Perry	3:6	6:3	1:6	3:6	
1936 gegen Fred Perry	6:0	2:6	6:2	2:6	6:0
Frankreich – Doppel					
1937 gewonnen mit Henner Henkel					

Gefängnis. Später wurde ihm die Ausreise nach Schweden gestattet, wo er seinen Sport weiter ausüben konnte.
Nach dem Krieg war er dann noch bis 1956 aktiv und gewann zahlreiche nationale Meisterschaften; seit 1932 konnte er insgesamt 25 deutsche und neunzehn ausländische Titel erringen. Zwischen 1932 und 1937 führte er Deutschland viermal zum Sieg in der Europazone im Davis-Cup-Wettbewerb.
Als Privatmann geriet er nach dem Krieg durch seine Eheschließung mit der US-Multimillionärin Barbara Hutton in die Schlagzeilen. Die Verbindung hielt nur eineinhalb Jahre und brachte ihm wenig Positives. Gottfried von Cramm starb am 9. November 1976 an den Folgen eines Verkehrsunfalls bei Alexandrien.

Früher Tod auf dem Schlachtfeld: Henner Henkel

Von Cramms hervorragender Doppelpartner Henner Henkel (geb. am 9. Oktober 1915 in Posen) konnte als Einzelspieler nur eine der klassischen Meisterschaften gewinnen: 1937 machte er es dem Baron nach und holte nach einem 6:1, 6:4, 6:3 gegen Bunny Austin den Titel von Frankreich. In Wimbledon stand er 1937 im Viertelfinale, in den folgenden Jahren sogar unter den letzten Vier. Dort stoppten ihn Austin (1938) und der Amerikaner Elwood T. Cooke (1939).
An der Seite des Österreichers Georg von Metaxa drang er 1938 sogar ins Doppelfinale vor, aber da hieß die Endstation wieder einmal Budge/Mako. Auch sein zweites Finale dieses Jahres endete mit einer Niederlage. Im Mixed stand er an der Seite von Sarah Fabyan gegen den Dreifachsieger von 1938, Donald Budge, und dessen Partnerin Alice Marble auf verlorenem Posten (→ Wimbledon-Statistik).
So blieben ihm die Davis-Cup-Erfolge an der Seite von Cramms und siebzehn Deutsche Meistertitel zwischen 1934 und 1941 als Trost. Der Krieg beendete dann vorzeitig Leben und Karriere dieses deutschen Topspielers. Henner Henkel fiel am 13. Januar 1943 an der Ostfront.

Deutsches Fräuleinwunder in Wimbledon: Cilly Aussem

In der langen Liste der Wimbledon-Sieger steht nur einmal ein deutscher Name. Die Kölnerin Cilly Aussem gewann 1931 das

Wimbledon-Einzel fehlte deutschem Spitzenspieler
Der deutsche Tennisbaron Gottfried von Cramm, rechts mit seiner ersten Frau, lief während seiner Karriere einem Ziel vergeblich nach: dem Sieg im Finale des Herreneinzels in Wimbledon, das er dreimal hintereinander erreichte.

Damenfinale und sorgte für den einzigen deutschen Wimbledon-Erfolg in einer Solokonkurrenz.
Das am 4. April 1909 in der Domstadt geborene zierliche Persönchen war mit fünfzehn Jahren Deutsche Jugendmeisterin und wurde von einer ehrgeizigen Mutter zu höheren Leistungen getrieben. An der Französischen Riviera ließ diese ihrer Tochter regelrechten Tennisdrill geben, der glücklicherweise von »Big Bill« Tilden in die richtigen Bahnen gelenkt werden konnte. Er beorderte die Mutter nach Hause – so wurde erzählt – und nahm sich des Talentes an. Mit durchschlagendem Erfolg, denn an seiner Seite holte sie sich 1930 ihren ersten internationalen Meistertitel. Die beiden siegten in Roland Garros im Mixed.
Kurz darauf gelang Cilly Aussem eine eindrucksvolle Wimbledon-Premiere. Sie schlug im Viertelfinale immerhin Helen Jacobs. Im Spiel um den Eintritt ins Finale stürzte sie beim Stand von 3:6, 6:0, 4:4 gegen Elizabeth Ryan so unglücklich, daß die Begegnung abgebrochen werden mußte.
Im Jahr darauf erschien sie topfit bei den ersten Turnieren und wurde im Juni 1931 Internationale Meisterin von Frankreich durch einen 8:6/6:1-Finalsieg gegen Betty Nuthall. Kurz darauf sprach man in Wimbledon vom deutschen Fräuleinwunder. Cilly Aussem und Hilde Krahwinkel beherrschten die Damenkonkurrenz, in der nur Helen Wills-Moody fehlte, und bestritten ein rein deutsches Finale, das mit dem Sieg der Rheinländerin endete.
Der labile Gesundheitszustand der Kölnerin verhinderte weitere Großtaten auf den Tennisplätzen. Nur 1934 gelang ihr mit dem Erreichen des Viertelfinales von Wimbledon noch einmal ein achtbares Resultat.
Dafür fand sie privates Lebensglück an der Seite des italienischen Grafen Murari della Corte. Die Ehe mit dem Adligen aus Verona endete mit ihrem frühen Tod am 22. März 1963 in Portofino.

Zehn Jahre Spitze: Hilde Krahwinkel-Sperling

Cilly Aussems Endspielgegnerin von 1931, die am 26. November 1908 in Essen geborene Hilde Krahwinkel, war von wesentlich robusterer Konstitution und mischte ein ganzes Jahrzehnt in Wimbledon an der Spitze mit. Sie stand sogar in fünf Endspielen auf dem Rasen des Tennis-Mekka, von denen sie eines, das im Mixed mit dem Tennisbaron im Jahre 1933, siegreich beenden konnte.
Bereits 1930 stand sie in ihrem ersten Wimbledon-Finale: mit dem Engländer Daniel Prenn im Mixed, das allerdings verlorenging. Auch bei der vierten Endspielteilnahme schlug der Griff nach dem Titel fehl: 1935 erwiesen sich die zweimaligen Wimbledon-Siegerinnen Katharine Stammers und Freda James der Paarung Hilde Krahwinkel-Sperling – sie hatte Ende 1933 den dänischen Geschäftsmann Sperling geheiratet – und Simone Mathieu als überlegen. Im gleichen Jahr gelang der Deutsch-Dänin mit Gottfried von Cramm im Mixed immerhin der Einzug ins Halbfinale – eine Leistung, die sie 1936 mit dem Neuseeländer Malfroy noch einmal wiederholte.
Am beeindruckendsten aber ist ihre Bilanz im Dameneinzel in Wimbledon: 1931 und 1936 Finalistin; 1933, 1935, 1938 und 1939 im Halbfinale; 1932 und 1937 im Viertelfinale. Gestoppt wurde sie stets von Wimbledon-Königinnen: dreimal von Helen Jacobs, zweimal von Helen Wills-Moody, zweimal auch von Alice Marble.
Hilde Krahwinkel-Sperling – sie

Aus besseren deutschen Tennistagen

Henner Henkel und Cilly Aussem nach dem Sieg im Mixed der Internationalen Deutschen Meisterschaften 1935. Sie zählten in den 30er Jahren zur Weltspitze.

Ernsthafte Konkurrenz für die Asse

Wer in Wimbledon gewinnen wollte, mußte erst Hilde Krahwinkel-Sperling schlagen. Achtmal führte der Sieg im Dameneinzel nur über die vielfache Deutsche Meisterin.

Maureen Conollys kurze Erfolgsbilanz sieht so aus:

USA – Einzel			
1951 gegen Shirley Fry	6:3	1:6	6:4
1952 gegen Doris Hart	6:3	7:5	
1953 gegen Doris Hart	6:2	6:4	
Frankreich – Einzel			
1953 gegen Doris Hart	6:2	6:4	
1954 gegen G. Bucaille	6:4	6:1	
Frankreich – Doppel			
1954 mit N. Hopman			
Frankreich – Mixed			
1954 mit Lewis Hoad			
Australien – Einzel			
1953 gegen J. Sampson	6:3	6:2	
Australien – Doppel			
1953 mit J. Sampson			

Noch keine zwanzig, aber schon »Grand-Slam«

Mit siebzehn Wimbledon-Siegerin, mit neunzehn Gewinnerin des »Grand Slam«, mit zwanzig Invalide: Das Schicksal war Maureen Conolly nur eine kurze Zeit hold. Von der Bühne des Lebens mußte sie schon mit 34 abtreten.

starb am 14. Februar 1981 – galt dafür auf Hartplätzen als kaum zu schlagen. Dreimal in Folge holte sie zwischen 1935 und 1937 den Titel in Paris, jedesmal gegen Simone Mathieu; in ihrer bis 1952 andauernden Laufbahn gewann sie auf den Hartplätzen der ganzen Welt 123 Meistertitel (darunter 31 deutsche und 51 dänische) und gilt als eine der erfolgreichsten Spielerinnen der Tennisgeschichte.

US-Girls gehen auf Titeljagd

In den ausgedünnten Starterfeldern der Nachkriegszeit dominierten auf den Tennisplätzen Europas die Aktiven aus den USA, wo auch während des Krieges Meisterschaften ausgetragen worden waren. Dieser Formvorsprung bescherte ihnen nahezu alle Nachkriegstitel in Paris und Wimbledon, nachdem sie in Forest Hills ohnehin unter sich blieben. Bei den Männern war der Andrang von Klassespielern aus den USA so groß, daß zum Beispiel in Wimbledon der Turniersieger jährlich wechselte; die US-Girls traten dagegen mit einigen überragenden Spielerinnen an, die durch ihre Überlegenheit eine eigenartige Kontinuität in die Siegerlisten brachten.

Margaret Osborne-du Pont, Louise Brough und Doris Hart gewannen zwischen 1946 und 1958 bei den vier zum »Grand Slam« zählenden Turnieren neunzig Titel, eine ganze Anzahl auch gemeinsam als Doppelpartnerinnen. Einschließlich der ab 1941 in Forest Hills gesammelten Meisterschaften kamen die »Glorreichen Drei« auf 107 internationale Meisterschaften (Osborne-du Pont 37, Brough 35, Hart 35). Margarete Osborne-du Pont und Louise Brough standen beispielsweise in Wimbledon fünfmal gemeinsam auf dem Siegertreppchen des Doppels und gar ein dutzendmal in Forest Hills. Auch im Finale von Paris ernteten sie dreimal gemeinsam Titellorbeeren.

»Grand Slam« für Maureen Conolly

In ihre Phalanx brach 1951 ein sechzehnjähriges Mädchen ein, das alle Rekorde hätte brechen können, wenn ihr das Schicksal dazu Zeit gelassen hätte. Maureen Conolly gewann in diesem Jahr das Damenfinale von Forest Hills. Das am 17. September 1934 in San Diego (Kalifornien) geborene Mädchen startete damit eine ebenso einprägsame wie kurze Karriere.

Sie war ein von Kindesbeinen an hart und ausdauernd trainiertes Tennis-Wunderkind, das bereits mit vierzehn Jahren als jüngste Junioren-Meisterin der USA in die Sportgeschichte einging. Ihr einziges Streben auf dem Platz war der Erfolg; Niederlagen machten sie fast krank.

Ab 1952 konnte sie die an den Fingern einer Hand abzählen, denn bis zum frühen Ende ihrer Karriere im Herbst 1954 gab es nur vier, und das bei Turnieren der zweiten Kategorie. Ihre Wimbledon-Premiere führte gleich zum Gewinn des Titels, den sie zweimal verteidigte. Das bedeutete keine Verlustpartie in drei Turnieren von 1952 bis 1954. Als erste Tennisspielerin der Welt erreichte sie 1953 den »Grand Slam« durch Erfolge auf allen vier Schauplätzen, und 1954 schien sie wieder auf dem Weg dorthin, als ihre Karriere durch einen Sturz beim morgendlichen Ausritt jäh beendet wurde. Sie erlitt einen komplizierten Trümmerbruch des Beins, der langwierig und nur ungenügend verheilte. So mußte sie schon im Alter von zwanzig Jahren von der Bühne des Tennissports abtreten.

Später versuchte sie mit einer Tennisschule, in der sie sich der Nachwuchsschulung widmete, ihrem Sport nahe zu bleiben. Sie wurde aber nur 34 Jahre alt. Am 21. Juni 1969 starb sie in ihrer Heimat an Krebs.

Ihr Siegeszug begann 1950

Die Ära der Australier

Mit Beginn der 50er Jahre trat eine neue Tennismacht auf die von den US-Cracks beherrschte Szene und begründete gleich eine neue Ära im Herrentennis. Die Siegertypen kamen aus dem fünften Kontinent und sorgten mit fünfzehn Davis-Cup-Erfolgen zwischen 1950 und 1967 dafür, daß der Name Australien im Tennissport fortan einen besonderen Klang hatte. Aber auch als Einzelkämpfer sorgten die Männer aus dem Land der Känguruhs auf allen Schauplätzen für Furore.

Die beiden ersten waren Frank Sedgman (geb. am 29. Oktober 1927 in Mount Albert/Victoria) und Kenneth McGregor (geb. am 2. Juni 1929 in Adelaide). Sie bildeten vor allem ein nahezu unschlagbares Doppel, das 1951 als erstes Team auch den »Grand Slam« erreichte. 1952 schien dieser Triumph erneut greifbar nahe, aber nach drei Siegen scheiterten sie in Forest Hills an der Kombination Vic Seixas (USA) und Mervyn Rose (Australien). Danach akzeptierten sie ein Profiangebot und überließen anderen das Feld.

Die Asse aus dem fünften Kontinent

Einzeln stark, gemeinsam schier unschlagbar: Australiens Asse, die den »Grand Slam« im Doppel erreichten: Kenneth McGregor (oben) und Frank Sedgman in Einzelstudien.

Würdige Nachfolger: Die »magischen Zwillinge«

Schon in ihrem letzten Erfolgsjahr als Amateure bekamen Sedgman und McGregor ihre Nachfolger zu Gesicht. Bei den Turnieren 1952 drangen ihre noch nicht einmal siebzehnjährigen Landsleute Kenneth (»Ken«) Rosewall und Lewis Hoad in den Doppelkonkurrenzen von Paris, Wimbledon und Forest Hills bis ins Halbfinale vor.

Im Jahr darauf gehörte Rosewall (geb. am 2. November 1934 in Sydney) und Hoad (geb. am 23. November 1934 in Glebe/Neusüdwales) die Tenniswelt. Die wegen der nahezu identischen Geburtsdaten allgemein nur als »magische Zwillinge« bezeichneten Australier, die ein genauso starkes Doppel wie ihre Vorgänger bildeten, holten 1953 die Titel von Frankreich und England und setzten auch die Davis-Cup-Serie gegen die USA fort. In den folgenden Jahren zierten ihre Namen alle Siegerlisten der großen Turniere in Einzel- und Doppelkonkurrenzen.

Zwei Freunde jagten sich die Titel ab

Sie galten als Freunde und errangen im Doppel große Erfolge. Doch in Einzel-Konkurrenzen bekämpften sich Ken Rosewall (rechts) und sein Landsmann Lewis Hoad (unten) gnadenlos.

Mit einer Ausnahme: Ken Rosewall jagte vergeblich einem Sieg in Wimbledon nach, obwohl er viermal im Finale stand. Bei diesen Bemühungen wurde er zur Tennislegende, denn zwischen erster (1954) und letzter (1974) Finalteilnahme lag eine für sportliche Dimensionen zwanzig Jahre lange Ewigkeit, in der er Generationen von Wimbledon-Siegern kommen und gehen sah. Rosewall spielte noch gegen Jaroslav Drobny und schon gegen Jimmy Connors! Daß er sich als erster den »künstlichen« Titel eines WCT-Weltmeisters holte, blieb ihm nur ein schwacher Trost.

Die besondere Tragik des Ken Rosewall – der als einer der elegantesten Spieler in der Geschichte des Tennis gilt – im Bemühen um Wimbledon-Lorbeer lag auch darin, daß ihn ausgerechnet sein Doppelpartner Lewis Hoad 1956 im Finale stoppte. Dafür verhinderte er im Herbst dieses Jahres, daß sein Freund Hoad den »Grand Slam« erreichte. Denn im Finale von Forest Hills nahm Rosewall Revanche und fügte Hoad die einzige Niederlage dieses Jahres in den »Grand-Slam«-Turnieren bei.

Beide lockte dann das Geld des Profilagers; Hoad ging aber erst nach seinem zweiten Wimbledon-Sieg zu Jack Kramers Tenniszirkus. Als von 1968 Profis und Pseudoamateure bei Turnieren gemeinsam das Racket schwangen, bewies Rosewall noch einmal seine Klasse. Im Stade Roland Garros gewann er das erste dieser neuen Spektakel – fünfzehn Jahre nach dem letzten Sieg. Er legte den Schläger erst aus der Hand, als er das 45. Lebensjahr erreicht hatte.

Erreichte zweimal den »Grand Slam«: Rod Laver

Im schier unerschöpflichen Reservoir an Klassespielern in Australien fiel das Ausscheiden von Rosewall und Hoad aus der Amateur- und damit Davis-Cup-Szene kaum auf. Bis auf den Ausrutscher von 1958 beherrschten die »Aussies« dort weiter das Geschehen und holten auch in Forest Hills und Wimbledon weiter ihre Titel.

Aus der Fülle von Klasseathleten aus dem fünften Kontinent, die zwischen 1960 und 1971 das Geschehen in ihrer Heimat, in Wimbledon und Forest Hills maßgeblich bestimmten, ragten Rod Laver und Roy Emerson, nach Zahl der gewonnenen Titel auch John Newcombe, noch besonders hervor.

Rodney George (»Rod«) Laver, geboren am 9. August 1938 in Rockhampton (Queensland), vollbrachte in diesem Jahrzehnt eine einmalige Großtat: Er erreichte zweimal, 1962 und 1969, den »Grand Slam«. Wie sein Landsmann und Wimbledon- sowie Forest-Hills-Gewinner Neale Fraser war Rod Laver Linkshänder und wurde durch seinen Spielarm berühmt-berüchtigt: Messungen ergaben bei Laver die gleichen Unterarmmaße wie bei Boxweltmeister Rocky Marciano – und das bei einem Körpergewicht von 68 Kilogramm!

Der Farmerssohn Rod Laver war mit elf Jahren für den Tennissport entdeckt worden und tat ab seinem fünfzehnten Lebensjahr nichts anderes mehr. Mit achtzehn sah er in Wimbledon den von ihm bewunderten Lewis Hoad, mit zwanzig stand er selbst erstmals im Endspiel im Tennis-Mekka. Er verlor zwar gegen seinen routinierten Teamgefährten Neale Fraser, aber danach hieß der Wimbledon-Sieger zweimal Rod Laver. Besonders 1962 fegte er wie ein Orkan über die Tennis-

plätze in aller Welt und gewann die Meisterschaften von England, den USA, Frankreich, Australien, Italien sowie Deutschland und schaffte damit als zweiter Spieler nach Donald Budge den »Grand Slam«. Danach wechselte er wie so viele vor ihm ins Profilager. Nachdem die ohnehin fließenden Grenzen 1968 aufgehoben waren, bewies er ungebrochene Klasse: Er gewann das erste »Offene« Wimbledon-Turnier der Tennisgeschichte und war bei allen Turnieren 1969 wieder nicht zu schlagen: Als erster Tennisspieler erreichte er zum zweiten Mal den »Grand Slam«.
Laver mischte bis Juni 1977 in der Spitzenklasse mit, zog dann aber nach der vorzeitigen Wimbledon-Niederlage gegen Dick Stockton die Konsequenzen und trat vom Wettkampfsport zurück. Man sah ihn dann nur noch bei einigen Einladungsturnieren.
Für seine Nachfolger hinterließ er eine Wimbledon-Bilanz von 31 Siegen in Folge, die erst ein Björn Borg übertreffen sollte.

Hielt sich im Doppel schadlos: Roy Emerson

Das Erbe Rod Lavers nach dessen Wechsel zu den Profis trat der Mann an, der von ihm 1962 bei drei »Grand-Slam«-Turnieren und in Rom geschlagen worden war: Roy Emerson, der für kurze Zeit zum erfolgreichsten Doppelspieler der Nachkriegszeit wurde. Der am 3. November 1936 in Blackburn (Queensland) geborene Emerson betrieb zunächst Leichtathletik und kam erst relativ spät zum Tennissport. Er war bereits 24 Jahre alt, als er sich erstmals in die Siegerliste eines bedeutenden Turniers eintragen konnte. Sein Spiel war geprägt von athletischem Einsatz und einem sogenannten »Kanonenaufschlag«, den kaum ein Gegner erreichte. Er fühlte sich auf Hartplätzen wie auf Rasen zu Hause und sammelte deshalb in Paris und Rom ebenso die Titel wie in Wimbledon, Australien und den USA. Als Doppelspieler stellte er besondere Klasse dar und holte mit fünf verschiedenen Partnern fünfzehn der großen Meisterschaften. Dabei stellte er in Paris einen tollen Rekord auf und holte sechsmal in Folge den Titel. Auch im Davis-Cup gehörte er zu den Stützen der Mannschaft, die zwischen 1959 und 1967 die »häßlichste Salatschüssel der Welt« achtmal verteidigte. Er gab von seinen vierzig Spielen in dieser Zeit nur ganze vier ab.

Steigerte den Doppel-Rekord: John Newcombe

Der jüngste, aber nicht weniger erfolgreiche der drei Australier im siebenten Jahrzehnt seit 1900 war John Newcombe (geb. am 23. Mai 1944 in Sydney). Er verbesserte den gerade von Roy Emerson aufgestellten Rekord im Gewinnen von Doppelmeisterschaften sogar noch und brachte es auf sechzehn Siege bei »Grand-Slam«-Turnieren, darunter fünf auf dem »heiligen Rasen« von Wimbledon – und alle mit dem gleichen Partner: seinem Landsmann Anthony (»Tony«) Roche. Dennoch wurde ihm von Tennisexperten ein gleichrangiger Platz neben Laver und Emerson verwehrt, deren Ausstrahlung anscheinend die Fachleute mehr beeindruckte.
Seinen ersten Einzeltitel gewann John Newcombe 1967 in Wimbledon ausgerechnet gegen den einzigen Deutschen, der seit Gottfried von Cramm wieder das Finale erreicht hatte: Wilhelm Bungert.

Genialer Solist und idealer Partner

Australiens Tennisglorie der 60er Jahre wurde von einem genialen Solisten und einem großartigen Doppelpartner mitgeprägt. Rod Laver (oben) erreichte als erster Spieler zweimal den »Grand Slam«, Roy Emerson war mit verschiedenen Mitspielern bei allen großen Turnieren erfolgreich.

ERGEBNISSE + VON FRANK SEDGMAN BIS JOHN NEWCOMBE

Die Bilanz von Frank Sedgman und Kenneth McGregor neben den Wimbledon-Siegen 1951 und 1952 sieht so aus:

FRANK SEDGMAN:

USA – Einzel

1951 gegen Vic Seixas	6:4	6:1	6:1	
1952 gegen Gardnar Mulloy	6:1	6:4	6:3	

USA – Doppel

1950 mit John Bromwich

1951 mit Kenneth McGregor

USA – Mixed

1951 und 1952 mit Doris Hart

Frankreich – Doppel

1951 und 1952 mit Kenneth McGregor

Australien – Einzel

1949 gegen John Bromwich	6:3	6:2	6:2	
1950 gegen Kenneth McGregor	6:3	6:4	4:6	6:1

Australien – Doppel

1951 und 1952 mit Kenneth McGregor

Australien – Mixed

1949 und 1950 mit Doris Hart

KENNETH McGREGOR:

USA und Frankreich vgl. Frank Sedgman

Australien – Einzel

1952 gegen Frank Sedgman	7:5	12:10	2:6	6:2

Neben den beiden Wimbledon-Erfolgen im Doppel gewannen Ken Rosewall und Lewis Hoad folgende Titel:

KEN ROSEWALL:

USA – Einzel

1956 gegen Lewis Hoad	4:6	6:2	6:3	6:3
1970 gegen Tony Roche	2:6	6:4	7:6	6:3

USA – Doppel

1956 mit Lewis Hoad

1969 mit Fred Stolle

USA – Mixed

1956 mit Margaret Osborne-du Pont

Frankreich – Einzel

1953 gegen Vic Seixas	6:3	6:4	1:6	6:2
1968 gegen Rod Laver	6:3	6:1	2:6	6:2

Frankreich – Doppel

1953 mit Lewis Hoad

1968 mit Fred Stolle

Australien – Einzel

1953 gegen Mervyn Rose	6:0	6:3	6:4
1955 gegen Lewis Hoad	9:7	6:4	6:4
1971 gegen Arthur Ashe	6:1	7:5	6:3
1972 gegen Mal Anderson	7:6	6:3	7:5

Australien – Doppel

1953 und 1956 mit Lewis Hoad

1972 mit Owen K. Davidson

LEWIS HOAD:

Frankreich – Einzel

1956 gegen Sven Davidson	6:4	8:6	6:3

Frankreich – Mixed

1954 mit Maureen Conolly

Australien – Einzel

1956 gegen Ken Rosewall	6:4	3:6	6:4	7:5

Australien – Doppel

1957 mit Neale Fraser

Stolz auf den Wimbledon-Pokal

Lewis Hoad konnte den »Challenge Cup« in Wimbledon zweimal holen.

Rod Laver holte neben Wimbledon folgende Titel:

USA – Einzel

1962 gegen Roy Emerson	6:2	6:4	5:7	6:4	
1969 gegen Tony Roche	7:9	6:1	6:3	6:2	

Frankreich – Einzel

1962 gegen Roy Emerson	3:6	2:6	6:3	9:7	6:2
1969 gegen Ken Rosewall	6:4	6:3	6:4		

Frankreich – Doppel

1961 mit Roy Emerson

Frankreich – Mixed

1961 mit Darlene Hard

Australien – Einzel

1960 gegen Neale Fraser	5:7	3:6	6:3	8:6	8:6
1962 gegen Roy Emerson	8:6	0:6	6:4	6:4	
1969 gegen Andrés Gimeno	6:3	6:4	7:5		

Australien – Doppel

1960 und 1961 mit R. Mark

1969 mit Roy Emerson

Roy Emersons imponierende Turnierbilanz sieht so aus:

USA – Einzel

1961 gegen Rod Laver	7:5	6:3	6:3
1964 gegen Fred Stolle	6:4	6:1	6:4

USA – Doppel

1959 und 1960 mit Neale Fraser

1965 und 1966 mit Fred Stolle

Frankreich – Einzel

1963 gegen Pierre Darmon	3:6	6:1	6:4	6:4
1967 gegen Tony Roche	6:1	6:4	2:6	6:2

Frankreich – Doppel

1960 und 1962 mit Neale Fraser

1961 mit Rod Laver

1963 mit Manuel Santana

1964 mit Ken Fletcher

1965 mit Fred Stolle

Australien – Doppel

1962 mit Neale Fraser

1966 mit Fred Stolle

1969 mit Rod Laver

Australien – Einzel

1961 gegen Rod Laver	1:6	6:3	7:5	6:4	
1963 gegen Ken Fletcher	6:3	6:3	6:1		
1964 gegen Fred Stolle	6:3	6:4	6:2		
1965 gegen Fred Stolle	7:9	2:6	6:4	7:5	6:1
1966 gegen Arthur Ashe	6:4	6:8	6:2	6:3	
1967 gegen Arthur Ashe	6:4	6:1	6:4		

John Newcombes Bilanz sah am Ende der Karriere so aus:

USA – Einzel

1967 gegen Clark Graebner	6:4	6:4	8:6		
1973 gegen Jan Kodes	6:4	1:6	4:6	6:2	6:2

USA – Doppel

1967 mit Tony Roche

1971 mit Roger Taylor

1973 mit Owen K. Davidson

Frankreich – Doppel

1967 und 1969 mit Tony Roche

1973 mit Tom Okker

Australien – Einzel

1973 gegen Onni Parun	6:3	6:7	7:5	6:1
1975 gegen Jimmy Connors	7:5	3:6	6:4	7:5

Australien – Doppel

1965, 1967, 1971 und 1976 mit Tony Roche

1973 mit Mal Anderson

Nach dem Sieg etwas Übermut

John Newcombe kam dreimal in den Besitz der wertvollen Trophäe.

Begeisterung um Wilhelm Bungert und Christian Kuhnke

Newcombes Wimbledon-Finalgegner von 1967, der am 1. April 1939 in Mannheim geborene und für Düsseldorf spielende Wilhelm Bungert, erreichte nach dem Krieg als einziger deutscher Spieler Weltklasseformat und knüpfte an die Popularität eines Gottfried von Cramm an.
Er machte erstmals Schlagzeilen, als er in Wimbledon 1961 und 1962 Rod Laver – jeweils ungesetzt und in erster bzw. zweiter Runde – begeisternde Fünf-Satz-Kämpfe lieferte und sich dem Rotschopf aus Australien nur denkbar knapp geschlagen geben mußte.
Im Jahr darauf entfachte er schon Tennisbegeisterung, als er ins Viertelfinale des Wimbledon-Turniers vorrückte und dort keinen Geringeren als Roy Emerson mit 8:6, 3:6, 6:3, 4:6 und 6:3 eliminierte. Auf dem Weg ins Finale scheiterte er dann an dem in diesem Jahr überraschend starken Amerikaner Chuck McKinley. Daraufhin wurde er 1964 erstmals in Wimbledon gesetzt, rechtfertigte das Vertrauen und kam wieder ins Halbfinale, wo er sich diesmal Roy Emerson mit 3:6, 13:15 und 0:6 geschlagen geben mußte. Der lupenreine Amateur Wilhelm Bungert erreichte bei seiner nächsten Wimbledon-Teilnahme im Jahre 1967 dann sogar das Finale, wo er von John Newcombe gestoppt wurde. In den langen Wettkampfpausen verlangten Studium und dann Aufbau einer eigenen kleinen Sportartikelfirma seine Aufmerksamkeit und verhinderten vermutlich den ganz großen Erfolg.
Etliche Zeit später lösten er und sein Teamkamerad Christian Kuhnke dann in Deutschland ungekannte Tennisbegeisterung aus, als sie zum ersten Mal in der Sportgeschichte ein deutsches Tennisteam in die Herausforderungsrunde – also das Endspiel – des Davis-Cup-Wettbewerbs führten.
Der am 14. April 1939 in Berlin geborene Kuhnke konnte nicht Bungerts Erfolgsbilanz als Einzelspieler erreichen. Sein bestes internationales Resultat war 1963 das Erreichen des Viertelfinales in Wimbledon. Der Student und spätere Jurist galt wie Bungert als echter Edelamateur.
In der Davis-Cup-Runde 1970 schlugen die beiden zunächst die Sowjetunion in Düsseldorf und standen dann schon gegen Indien in Poona, wo es ebenfalls einen überraschenden Erfolg gab. Für das letzte Spiel vor der Herausforderung wurde im Düsseldorfer Rheinstadion ein Tennisplatz aus Beton errichtet, um auf dem schnellen Untergrund die beiden Weltklassespieler aus Spanien, Manuel Santana und Manuel Orantes, in den Griff zu bekommen. Das gelang zwar, aber der Traum vom Pokalgewinn endete dann in Cleveland (Ohio) an Arthur Ashe, Cliff Richey, Bob Lutz/Stan Smith. Am Ende hieß es 5:0 für die USA.
Die Herausforderungsrunde im Davis-Cup wurde zwei Jahre später dann abgeschafft. Seitdem spielt der Cupverteidiger von der ersten Runde an mit.

Kurz vor dem Ziel gestoppt

Seit Wilhelm Bungert (rechts) im Wimbledon-Finale und mit Partner Christian Kuhnke (unten) im Davis-Cup gestoppt wurde, herrscht im deutschen Herrentennis Stille.

Athletin auf dem Tennisplatz: Margaret Court

Zeitgleich mit Rod Laver und Roy Emerson wurde Australiens Tennisglorie durch eine Frau vergrößert, über deren Erfolgsserie die Sportwelt nur noch staunen konnte. Die am 16. Juli 1942 in Albury (Neusüdwales) geborene Margaret Smith gewann unter ihrem Mädchennamen und, nach ihrer Heirat mit dem Sohn des westaustralischen Industrieministers Barry Court im Jahre 1967, als Margaret Court innerhalb von zwölf Jahren unter anderem 24 Einzeltitel bei den vier großen Turnieren und erreichte 1970 als zweite Frau nach Maureen Connolly das große Ziel, den »Grand Slam«, den sie noch viermal (1962, 1965, 1969 und 1973) durch Verlust einer der Meisterschaften ganz knapp verfehlte.
Im Gemischten Doppel erreichte sie das Traumziel jedes Tennisspielers sogar zweimal: 1963 mit ihrem Landsmann Ken Fletcher und 1967 mit verschiedenen Partnern (→ Übersicht »Grand Slam«). Sie soll mit zwölf Jahren mit dem Tennisspiel begonnen haben, als sie von einer Mitschülerin einen alten Schläger geschenkt bekam. Danach ging sie in diesem Sport völlig auf und kam zu ihrem Glück in die Hände eines erstklassigen Trainers: Frank Sedgman gab ihr in geduldiger Arbeit alles mit, was er während seiner großen Zeit als Aktiver erlernt hatte. Margaret Court galt während ihrer langen Laufbahn als besttrainierte Athletin der Welt, die ein für den Frauensport ungemein kraftvolles Tennis spielte.
Sie war noch keine achtzehn Jahre alt, als sie 1960 erstmals Meisterin ihres Heimatkontinents wurde. Und von diesem Zeitpunkt an lieferte sie auf allen Plätzen der Welt begeisternde Partien und ganze Serien von denkwürdigen Endspielen gegen die anderen großen Tennisdamen ihrer Zeit, wie Billie Jean King, Evonne Goolagong und selbst noch Chris Evert. Bis 1976 blieb die Australierin dem Wettkampfsport erhalten, unterbrochen nur wegen Eheschließung 1967 und zweimaliger Mutterschaft in den Jahren 1971 und 1974.

Australiens weibliches Tenniswunder
Margaret Court sammelte auf den Center Courts der Welt die Siegestrophäen wie reife Früchte. Mehr als ein Jahrzehnt beherrschte sie die Szene im Tennis fast allein.

Und so sah Margaret Courts lange Erfolgsserie, die längste im Frauentennis überhaupt, aus (→ auch Wimbledon-Statistik):

USA – Einzel				
1962 gegen Darlene Hard	9:7	6:4		
1965 gegen Billie Jean King	8:6	7:5		
1969 gegen Nancy Richie	6:2	6:2		
1970 gegen Rosemary Casals	6:2	2:6	6:2	

USA – Doppel
1963 mit Rosy Ebbern
1968 mit Maria Esther Bueno
1970 mit Judith Dalton
1973 und 1975 mit Virginia Wade

USA – Mixed
1961 mit R. Mark
1962 und 1965 mit Fred Stolle
1963 mit Ken Fletcher
1964 mit John Newcombe
1969, 1970 und 1972 mit Marty Riessen

Frankreich – Einzel			
1962 gegen Lesley Turner	6:3	3:6	7:5
1964 gegen Maria Esther Bueno	5:7	6:1	6:2
1969 gegen Ann Jones	6:1	4:6	6:3
1970 gegen Helga Niessen	6:2	6:4	
1973 gegen Chris Evert	6:7	7:6	6:4

Frankreich – Doppel
1964 und 1965 mit Lesley Turner
1966 mit Judy Tegart
1973 mit Virginia Wade

Frankreich – Mixed
1963, 1964 und 1965 mit Ken Fletcher
1969 mit Marty Riessen

Australien – Einzel				
1960 gegen J. Lehane	7:5	6:2		
1961 gegen J. Lehane	6:1	6:4		
1962 gegen J. Lehane	6:0	6:2		
1963 gegen J. Lehane	6:2	6:2		
1964 gegen Lesley Turner	6:3	6:2		
1965 gegen Maria Esther Bueno	5:7	6:4	5:2	(Aufgabe B.)
1966 gegen Nancy Richie	kampflos			
1969 gegen Billie Jean King	6:4	6:1		
1970 gegen Kerry Melville	6:1	6:3		
1971 gegen Evonne Goolagong	2:6	7:6	7:5	
1973 gegen Evonne Goolagong	6:4	7:5		

Australien – Doppel
1961 mit S. Reitano
1962 und 1963 mit Rosy Ebbern
1965 mit Lesley Turner
1969 mit Judy Tegart
1970 mit Judith Dalton
1971 mit Evonne Goolagong
1973 mit Virginia Wade

Australien – Mixed
1963 und 1964 mit Ken Fletcher

Die drei Großen nach Margaret Court:

Billie Jean King, Chris Evert-Lloyd, Martina Navratilova

Schon zu der Zeit der erfolgreichen Australierin meldete sich die erste der drei großen Nachfolgerinnen an, die ihr Erbe antreten und ab Mitte der 60er Jahre die Welt im Damentennis beherrschen sollten.

Da war zunächst die Amerikanerin Billie Jean King, die fast ein Jahrzehnt lang in der internationalen Tennisszene dominierte. Dann machte sich eine Landsmännin von ihr daran, sie vom Thron der weltbesten Tennisspielerin zu stoßen: Chris Evert. Doch fast gleichzeitig meldete die Tschechoslowakin Martina Navratilova ihre Ansprüche an . . .

Die »Queen von Wimbledon«: Billie Jean King

In der ersten Runde des Wimbledon-Turniers 1962 unterlag die haushohe Favoritin Margaret Smith einer achtzehnjährigen Kalifornierin namens Billie Jean Moffitt mit 6:1, 3:6 und 5:7, die dann noch bis ins Viertelfinale vordrang. Das war der Beginn eines über Jahre währenden Duells um die Vorherrschaft im Damentennis. Die am 22. November 1943 in Long Beach geborene kleine Kämpferin konnte bei ihrer Wimbledon-Premiere ein Jahr zuvor bereits überraschend das Damendoppel an der Seite von Karen Hantze für sich entscheiden und hatte damit den Grundstein für die längste Wimbledon-Serie aller Zeiten gelegt, die ihr bis 1979 die kaum faßbare Zahl von zwanzig Titeln einbrachte (→ Wimbledon-Statistik).

Die seit 1965 mit dem Juristen Larry King verheiratete ehemalige Geschichtsstudentin war als Tochter eines Feuerwehrmannes zur Welt gekommen und stand – geprägt durch Kindheitserfahrungen im Los Angeles Tennis Club – dem snobistischen Treiben der US-Tennisszene von Anfang an feindlich gegenüber. Sie übernahm mit großem Engagement die Rolle der Feministin im Tennissport und schuf sich durch offen ausgesprochene unangenehme Wahrheiten – wie »Geld ist das einzige, was die Leute respektieren« – und Aktionen zur Emanzipation der Tennisdamen, die letztlich zu wesentlich höheren Dotierungen führten, eine Menge Feinde.
Im sportlichen Bereich steckte sie sämtliche Rückschläge weg und kam stets wieder an die Spitze,

Außer Wimbledon gewann Billie Jean King folgende Titel:

USA – Einzel			
1967 gegen Ann Jones	11:9	6:4	
1971 gegen Rosemary Casals	6:4	7:6	
1972 gegen Kerry Melville	6:3	7:5	
1974 gegen Evonne Goolagong	3:6	6:3	7:5

USA – Doppel
1964 mit Karen Susman
1967 und 1974 mit Rosemary Casals
1978 und 1980 mit Martina Navratilova

USA – Mixed
1967, 1971 und 1973 mit Owen K. Davidson
1976 mit Phil Dent

Frankreich – Einzel		
1972 gegen Evonne Goolagong	6:3	6:3

Frankreich – Doppel
1972 mit Betty Stoeve

Frankreich – Mixed
1967 mit Owen K. Davidson
1970 mit Bob Hewitt

Australien – Einzel		
1968 gegen Margaret Court	6:1	6:2

Australien – Mixed
1968 mit R. D. Crealy

Die große alte Dame des weißen Sports

Wenige Monate vor ihrem 40. Geburtstag stand sie wieder einmal in einem Wimbledon-Finale: Billie Jean King, mit zwanzig Siegen im Tennis-Mekka noch als Aktive eine Legende.

vor allem bei den All-England-Meisterschaften, was ihr den Beinamen »Queen von Wimbledon« einbrachte. Auch Anfang der 70er Jahre, als eine neue Tenniskönigin mit der Schafsscherertochter Evonne Goolagong (spätere Cawley) aus Australien entstanden schien, obsiegte Billie Jean King letztendlich. Dabei half ihr jedoch, daß das von den Ureinwohnern des fünften Kontinents, den Aboriginals, abstammende zierliche Mädchen privaten Angelegenheiten (Heirat und Mutterschaft) eindeutigen Vorzug gab und danach nicht mehr die gleiche Klasse wie vorher repräsentierte.

Billie Jean King überstand auch zwei Knieoperationen (1968 und 1978) und fand jedesmal wieder Anschluß an die Spitze, wenn es auch Finalerlebnisse nur noch im Doppel gab. Nach Wimbledon 1979 stand sie aber auch 1980 in Forest Hills (mit Martina Navratilova) auf dem Siegertreppchen, und 1983 bestritt sie – nun fast vierzig Jahre alt – in Wimbledon, wo man 85 Erfolge im Einzel für sie registriert hat, an der Seite ihres Landsmannes Steve Denton erneut ein Finale. Dieses ging jedoch gegen John Lloyd und Wendy Turnbull verloren.

Der große Kampf der Nachfolgerinnen: Evert und Navratilova

Das Phänomen Billie Jean King läßt sich am besten damit erklären, daß sie immer noch mit ihren eigentlich als Nachfolgerinnen gedachten Konkurrentinnen spielt, die mehr als zehn Jahre jünger sind. Mitte der 70er Jahre schien eine Wachablösung auf dem Thron der Tenniskönigin bereits perfekt, als die Amerikanerin Chris Evert in Wimbledon und Forest Hills eine neue Dauerserie zu starten schien, aber der kontinuierliche Erfolg war nur von kurzer Dauer. Schon bald stand mit der Exil-Tschechoslowakin Martina Navratilova eine neue Kronprinzessin bereit, die zuletzt auch den Anspruch als Nummer 1 im Damentennis durch entsprechende Erfolge erfüllen konnte.

In der Gesamtzahl der gewonnenen wichtigen Meisterschaften steht die am 21. Dezember 1954 in Fort Lauderdale (Florida) geborene Chris Evert sogar noch vor Billie Jean King und deutlich vor der Navratilova (→ Übersicht »Grand Slam«). Tennisbegabung wurde ihr quasi von Geburt an mitgegeben, denn Papa Jim Evert arbeitete als Tennislehrer und drückte ihr bereits im zarten Alter von fünf Jahren ein Racket in die Hand. Chris trainierte von Kindesbeinen an mit dem ein Jahr älteren Bruder und ihrem Vater. Sie stieg mit achtzehn Jahren ins Profigeschäft ein und kam 1973 bereits auf eine Preisgeldsumme von 152 000 Dollar.

Die ehrgeizige Chris Evert – seit April 1979 mit dem britischen Davis-Cup-Spieler John Lloyd verheiratet – stand von 1974 bis 1976 bereits an Nummer eins der Weltrangliste und holte in Paris, Wimbledon und Forest Hills ihre Titel, wobei sich ihre beidhändig geschlagene Rückhand als wirksamste Waffe erwies.

Ende der 70er Jahre erwuchs ihr mit der Exil-Tschechoslowakin Martina Navratilova eine ernsthafte Konkurrentin, die ihr zumindest in Wimbledon vorerst den Rang abgelaufen hat. Die am 18. Oktober 1956 in Prag gebore-

Mit privaten Partnern kein Glück
Die hübsche Chris Evert und ihr Landsmann Jimmy Connors grüßten 1974 in Wimbledon als Verlobte – und das Schlagwort vom Traumpaar machte die Runde. Doch aus der Verbindung zweier Wimbledon-Sieger wurde nichts. Fünf Jahre danach heiratete Chris den Engländer John Lloyd – doch die Sportlerehe wurde im Frühjahr 1984 wieder geschieden.

Die Erfolgsbilanz von Chris Evert-Lloyd außerhalb Wimbledons:

USA – Einzel			
1975 gegen Evonne Goolagong	5:7	6:4	6:2
1976 gegen Evonne Cawley-Goolagong	6:3	6:0	
1977 gegen Wendy Turnbull	7:6	6:2	
1978 gegen Pam Shriver	7:5	6:4	
1980 gegen Hana Mandlikova	5:7	6:1	6:1
1982 gegen Hana Mandlikova	6:3	6:1	
Australien – Einzel			
1982 gegen Martina Navratilova	6:3	2:6	6:3
Frankreich – Einzel			
1974 gegen Olga Morotsowa	6:1	6:2	
1975 gegen Martina Navratilova	2:6	6:2	6:1
1979 gegen Wendy Turnbull	6:2	6:0	
1980 gegen Virginia Ruzici	6:0	6:3	
1983 gegen Mima Jausovec	6:1	6:2	
Frankreich – Doppel			
1974 mit Olga Morotsowa			
1975 mit Martina Navratilova			

BEHERRSCHT ZUR ZEIT DIE TENNISSZENE: MARTINA NAVRATILOVA

Das Millionen-Ding der Tschechin

Unter den vielen Großverdienern im Tennissport ist sie mit Abstand der Star: Martina Navratilova scheffelt seit ihrer Abkehr von der tschechischen Heimat die Dollars nur so. Sie wird – wenn ihre Gesundheit weiterhin mitmacht – als erste Frau mehr als sieben Millionen Dollar an Preisgeldern verdienen.

ne Navratilova hatte die US-Meisterschaften 1975 zur Abkehr von ihrer Heimat genutzt und die Behörden um politisches Asyl gebeten. Einbürgerungsanträge wurden zunächst abgelehnt, so daß sie eine Zeitlang als staatenlos, jedoch mit ständigem Wohnsitz in den USA, galt. Seit 1981 hat sie die amerikanische Staatsbürgerschaft.
Auch sie wurde in eine Tennisfamilie hineingeboren, in der Großmutter und Mutter sowie Vater Tennis als Leistungs- bzw. Freizeitsport betrieben. Nach ihrer Flucht hat sie einmal erklärt, sie habe ihr Land verlassen, um die beste Tennisspielerin der Welt zu werden. Auf der Einnahmeseite ist ihr das bereits gelungen, was bei der Fülle gesponserter Wettbewerbe heute fast tägliche Beschäftigung bedeuten kann. Nachdem sie 1981 einen Preisgeldrekord von 865 437 Dollar aufgestellt hatte, konnte sie diesen 1982 sogar auf 1 475 055 Dollar steigern. 1983 gingen bis Ende Oktober dreizehn Turniersiege an sie, sie verlor dabei nur ein einziges Match: in Paris im Achtelfinale gegen ihre Landsmännin Kathy Horvath. Einschließlich der Superprämien von Wimbledon und Flushing Meadow waren bis Ende September 5 589 756 Dollar an Preisgeldern auf ihr Konto geflossen.
Nachdem sie 1982 noch drei ihrer 93 Einzel abgeben mußte – unter anderem das Endspiel im Winter-Masters-Finale gegen die Münchenerin Sylvia Hanika –, stand 1983 bei 83 Einzeln nur eine Niederlage zu Buche – eben die gegen Kathy Horvath.
Seit diesem Mißerfolg in Paris gewann sie 54mal in Folge sowie insgesamt achtzehn Turniere, wobei sie nur wenige Sätze abgeben mußte. Darunter waren auch die US- und Australien-Open, so daß ihr nur noch der Gewinn der Französischen Meisterschaft im Juni 1984 zum »Grand Slam« und der ausgesetzten Eine-Million-Dollar-Prämie fehlte.
Doch das 55. Spiel konnte sie nicht siegreich gestalten: Beim Grand-Prix-Turnier Mitte Januar 1984 in Oakland wurde sie im Finale von ihrer früheren Landsmännin Hana Mandlikova erstmals wieder besiegt und verfehlte damit den absoluten Rekord ihrer großen Gegenspielerin Chris Evert-Lloyd, die in 56 Matchs hintereinander nicht bezwungen werden konnte.
Aber ihre Gesamtbilanz gegen Chris Evert-Lloyd verbesserte sich im Jahr 1983 weiter. Seit dem Finale der Australischen Tennismeisterschaften vom Dezember 1982, wo Chris Evert-Lloyd im 48. Duell der beiden ihren zwanzigsten Erfolg feiern konnte, hatte die blonde Amerikanerin nur noch das Nachsehen. Vor allem die US-Open 1983 zeigten eine derart überlegene Navratilova, daß sogar die Evert konstatierte: »Es gibt in der nächsten Zeit keine Spielerin, die sie schlagen könnte.«
Martina Navratilova hatte Chris Evert-Lloyd in nur 63 Minuten vom Platz gefegt, nachdem sie vorher für ihre sieben Siege auf dem Kunststoffplatz bei New York nur sechs Stunden und vier Minuten benötigt hatte. So konzentriert wie sie bereitet sich keine andere Spielerin auf große Aufgaben vor. Ein Ernährungswissenschaftler stellt für die früher pummelige und in große Eisportionen verliebte Exil-Tschechin einen speziellen Speiseplan zusammen, der als Grundlage für das intensivste und härteste Training im gegenwärtigen Damentennis dient.

Die Erfolgsbilanz von Martina Navratilova außerhalb Wimbledons:

USA – Einzel			
1983 gegen Chris Evert-Lloyd	6:1	6:3	
USA – Doppel			
1977 mit Betty Stoeve			
1978 und 1980 mit Billie Jean King			
1983 mit Pam Shriver			
Frankreich – Einzel			
1982 gegen Andrea Jaeger	7:5	6:1	
Frankreich – Doppel			
1975 mit Chris Evert-Lloyd			
1982 mit Pam Shriver			
Australien – Einzel			
1981 gegen Chris Evert-Lloyd	6:7	6:4	7:5
1983 gegen Kathy Jordan	6:2	7:6	
Australien – Doppel			
1980 mit B. Nagelsen			
1982 und 1983 mit Pam Shriver			

Der Kühle aus dem Norden

Borgs Traumkarriere mit achtzig Millionen vergoldet

In der über hundertjährigen Geschichte des Tennissports hat es zu allen Zeiten überragende Spieler gegeben, die die Zuschauer in ihren Bann zogen. Namen wie »Big Bill« Tilden, Donald Budge oder Rod Laver – um nur einige zu nennen – garantierten volle Ränge. Aber erst im Zeitalter des Fernsehens konnte einer so groß werden wie der schwedische Eisberg.

Am 31. März, dem Gründonnerstag des Jahres 1983, endete auf dem Center Court des Fürstentums Monaco eine Traumkarriere: Der Schwede Björn Borg unterlag in der zweiten Runde des Tennisturniers von Monte Carlo dem unbekannten Franzosen Henri Leconte mit 6:4, 5:7, 6:7 und verabschiedete sich danach endgültig vom Wettkampfsport. Mit dem Rücktritt des erfolgreichsten Tennisspielers der Nachkriegszeit ging eine Ära im weißen Sport zu Ende, die von dem kühlen Schweden entscheidend mitgeprägt wurde.

»Eis-Borg« nannten ihn seine Kritiker, weil er anscheinend unberührt von äußeren Einflüssen auf den Tennisplätzen in aller Welt sein Pensum herunterspielte, ohne sich irgendwelchen erkennbaren Gefühlsregungen hinzugeben. Mit einer Ausnahme:

Traumkarriere ging für viele zu früh zu Ende

Björn Borg – Tennisidol einer Generation – trat nach Meinung vieler Fans zu früh von der Szene ab. Aber es gibt kein Zurück!

Millionen Zuschauer an den Bildschirmen wurden fünfmal Zeuge, wenn der Schwede nach Finalsiegen in Wimbledon mit dem berühmt gewordenen theatralischen Kniefall auf dem Rasen des Tennis-Mekkas seinen Erfolg feierte.

Ob er der beste Tennisspieler aller Zeiten gewesen ist, wie einige Tennis-Weise glauben, muß dahingestellt bleiben. Nur ein direkter Vergleich etwa mit »Big Bill« Tilden oder Rod Laver hätte dar-

KEIN ERFOLG BEI US-OPEN + 41 WIMBLEDON-SIEGE IN SERIE

über Aufschluß geben können. Dem Schweden fehlt in seiner grandiosen Erfolgsserie auf jeden Fall der Triumph des (→) »Grand Slam«, und die US-Open konnte er trotz neunmaligen Anlaufs auch nie gewinnen. Viermalige Finalteilnahme blieb in Forest Hills bzw. Flushing Meadow sein bestes Ergebnis.

Tennistrauma für die Konkurrenz: Die Rückhand

Aus dem reichhaltigen Repertoire des Könners Borg stellte die beidhändige Rückhand für seine Konkurrenten ein Trauma dar.

Es begann mit einem Geschenk des Vaters

Der am 6. Juni 1956 in Soedertaelje geborene Björn Borg verdankt einem Geschenk des Vaters den Weg zum Tennissport. Papa Rune Borg konnte 1967 nach einem gewonnenen Tischtennis-Turnier zwischen einer Angel und einem Tennisschläger als Siegespreis wählen – er nahm das Racket und schenkte es seinem Sohn. Der elfjährige Björn, eigentlich mehr ein Eishockeyfan und -spieler, begann ernsthaft zu trainieren, und sein Fleiß, zu dem ein nahezu einmaliges Talent für diesen Sport kam, zahlte sich aus. Bereits vier Jahre später stand er als Fünfzehnjähriger im schwedischen Davis-Cup-Team.

Mit dem Gewinn der Orange-Bowl-Juniorenmeisterschaft in Miami Beach begann dann 1971

Björn Borgs Spielserie in Wimbledon
Bilanz ab 1976: 42 Spiele, 41 Siege in Serie, Niederlage im 42. Spiel

1973						
+	Lall	6:3	6:4	9:8		
+	Hombergen	6:4	6:2	6:4		
+	Meiler	6:4	6:4	3:6	2:6	6:3
+	Baranyi	6:3	6:2	6:8	5:7	6:1
−	Taylor	6:1	6:8	3:6	6:3	7:5
1974						
+	Stilwell	6:1	4:6	6:4	6:1	
+	Case	3:6	6:1	8:6	7:5	
−	El Shafei	6:2	6:3	6:1		
1975						
+	Andrew	6:2	6:4	6:4		
+	Holecek	3:6	6:3	6:4	9:8	
+	Fillol	0:6	6:4	6:4	6:3	
+	Riessen	6:2	8:6	4:6	6:1	
−	Ashe	2:6	6:4	8:6	6:1	
1976						
+	Lloyd	6:3	6:3	6:1		
+	Riessen	6:2	6:2	6:4		
+	Dibley	6:4	6:4	6:4		
+	Gottfried	6:2	6:2	7:5		
+	Vilas	6:3	6:0	6:2		
+	Tanner	6:4	9:8	6:4		
+	Nastase	6:4	6:2	9:7		
1977						
+	Zugarelli	6:4	6:2	9:7		
+	Edmondson	3:6	7:9	6:2	6:4	6:1
+	Pilic	9:7	7:5	6:3		
+	Fibak	7:5	6:4	6:2		
+	Nastase	6:0	8:6	6:3		
+	Gerulaitis	6:4	3:6	6:3	3:6	8:6
+	Connors	3:6	6:2	6:1	5:7	6:4
1978						
+	Amaya	8:9	6:1	1:6	6:3	6:3
+	McNamara	6:2	6:2	6:4		
+	Mayer	7:5	6:4	6:3		
+	Fillol	6:4	6:2	6:8	6:4	
+	Masters	6:2	6:4	8:6		
+	Okker	6:4	6:4	6:4		
+	Connors	6:2	6:2	6:3		
1979						
+	Gormann	3:6	6:4	7:5	6:1	
+	V. Amritraj	6:7	4:6	6:3	6:2	6:2
+	Pfister	6:4	6:1	6:3		
+	Teacher	6:4	5:7	6:4	7:5	
+	Okker	6:2	6:1	6:3		
+	Connors	6:2	6:3	6:2		
+	Tanner	6:7	6:1	3:6	6:3	6:4
1980						
+	El Shafei	6:3	6:4	6:4		
+	Glickstein	6:3	6:1	7:5		
+	Frawley	6:4	6:7	6:1	7:5	
+	Taroczy	6:1	7:5	6:2		
+	G. Mayer	7:5	6:3	7:5		
+	Gottfried	6:2	4:6	6:2	6:0	
+	McEnroe	1:6	7:5	6:3	6:7	8:6
1981						
+	Rennert	7:6	6:3	6:1		
+	Purcell	6:4	6:1	6:3		
+	Gehring	6:4	7:5	6:0		
+	Gerulaitis	7:6	7:5	7:6		
+	McNamara	7:6	6:2	6:3		
+	Connors	0:6	4:6	6:3	6:0	6:4
−	McEnroe	4:6	7:6	7:6	6:4	

ein Erfolgsweg ohne Vergleich. Der Junior Björn Borg holte sich das Turnier in Florida auch 1972 und fügte im gleichen Jahr den Siegespreis des Wimbledon-Juniorenturniers nach einem 6:3, 4:6, 7:5 gegen den Briten Buster Mottram hinzu. Im folgenden Jahr ging dann der Stern des blonden Knaben aus dem hohen Norden in Wimbledon auf. Der Sechzehnjährige verbreitete eine Aura, die mit der der Beatles verglichen wurde. Im altehrwürdigen Tennis-Mekka mußten Ordner kreischende Teenager zurückhalten, die ihrer Begeisterung für den Schweden freien Lauf ließen.
Zwischen dem ersten Match von Björn Borg 1973 in Wimbledon – Gegner war der Inder Pramjit Lall – und seinem letzten großen Kampf an gleicher Stätte, im Juli 1981 gegen John McEnroe aus New York, liegen acht Jahre Tennisgeschichte, geschrieben und geprägt von einem Spieler, der zum Idol wurde.

Nach sagenhafter Siegesserie fehlte die Motivation

Bis zu seinem Rücktritt bestritt Björn Borg innerhalb von zehn Jahren 89 Grand-Prix-Turniere, von denen er 62 siegreich beendete. Dabei stehen fünf aufeinanderfolgende Wimbledon-Siege ganz obenan; sechs erste Plätze in Paris, zwei in Rom, zwei Gewinne des Masters-Turniers, einer im WCT-Finale und einer im Davis-Cup mit den Schweden runden dieses Bild ab. Wenige Tage nach dem letzten Wimbledon-Triumph führte er seine langjährige Begleiterin Mariana Simionescu in Bukarest zum Standesamt, die aber entgegen vielverbreiteter Meinung nichts mit seinem Rücktritt zu tun hatte. Vielmehr hatte der erst 27jährige Borg einen Sättigungsgrad erreicht, der keinerlei Motivation mehr Raum ließ. Mit geschätzten 80 Millionen Dollar Gesamteinnahmen aus der totalen Vermarktung seines Tennislebens hat er sogar die auf 60 Millionen geschätzten Superstars des Jahrhunderts, wie Pelé und Muhammad Ali, übertroffen. Borg wurde zum höchstbezahlten Werbeträger der Sportszene, der zum Schluß jede Handbewegung in Dollars umsetzte. Der 1,84 m große Rechtshänder, der mit der härtesten Schlägerbespannung spielte – Saitendruck bis 34 Kilogramm – und seinen Gegnern mit einer nahezu unerreichbaren, beidhändig geschlagenen Rückhand ein wahres Tennistrauma bereitete, benötigte keine Show-Elemente, um ein zugkräftiger Werbepartner zu werden. Können und Ausstrahlung genügten, um ihn in den Kreis der großen Persönlichkeiten des Sports im 20. Jahrhundert, wie Jesse Owens, Pelé, Muhammad Ali oder Eddy Merckx, einzureihen.

Die Begleitumstände seines Abschieds vom Tennissport trüben leider das Gesamtbild des Erfolgsmenschen Björn Borg. »In mir brennt kein Feuer mehr«, hat er zuletzt bekannt, wohl wissend, daß er den falschen Moment zum Rücktritt gewählt hatte. Das verlorene Wimbledon-Finale von 1981 wäre ein würdiger Abschluß gewesen. Zwar wurde damit eine einmalige Siegesserie beendet – nach 41 gewonnenen Einzeln in Folge seit 1976 die erste Niederlage –, aber erst eine neuerliche Niederlage gegen den US-Kraftprotz John McEnroe am 13. September 1981 im Finale in Flushing Meadow dämpfte seine Lust am Tennisspiel endgültig.
So wurde das Jahr 1982 dann eine einzige Auseinandersetzung mit den Veranstaltern, die den besten Spieler der nahen Vergangenheit ohne Qualifikationsspiele nicht zu den großen Turnieren zuließen und so einen Rücktritt auf Raten einleiteten. Sehnen und Muskeln waren nach amtlicher Auskunft beim Borg des Jahres 1982 weiterhin in allerbester Verfassung – aber nicht mehr der Wille.

Er konnte mit vollen Händen im Geld wühlen

Der kühle Schwede verdiente mit und durch seinen Sport etwa 80 Millionen Dollar. In der Spielerstadt Las Vegas erhielt er 1979 zünftiges Preisgeld in Form einer Karre voller Dollars.

Die Einzelspiele (Finals) Björn Borgs bei internationalen Meisterschaften:

Wimbledon:					
1976 gegen Ilie Nastase	6:4	6:2	9:7		
1977 gegen Jimmy Connors	3:6	6:2	6:1	5:7	6:4
1978 gegen Jimmy Connors	6:2	6:2	6:3		
1979 gegen Roscoe Tanner	6:7	6:1	3:6	6:3	6:4
1980 gegen John McEnroe	1:6	7:5	6:3	6:7	8:6
1981 gegen John McEnroe	6:4	6:7	6:7	4:6	
USA:					
1976 gegen Jimmy Connors	4:6	6:3	6:7	4:6	
1978 gegen Jimmy Connors	4:6	2:6	2:6		
1980 gegen John McEnroe	6:7	1:6	7:6	7:5	4:6
1981 gegen John McEnroe	6:4	2:6	4:6	3:6	
Frankreich:					
1974 gegen Manuel Orantes	2:6	6:7	6:0	6:1	6:1
1975 gegen Guillermo Vilas	6:2	6:3	6:4		
1978 gegen Guillermo Vilas	6:1	6:1	6:3		
1979 gegen Victor Pecci	6:3	6:1	6:7	6:4	
1980 gegen Vitas Gerulaitis	6:4	6:1	6:2		
1981 gegen Ivan Lendl	6:1	4:6	6:2	3:6	6:1
Italien:					
1974 gegen Ilie Nastase	6:4	6:2	9:7		
1978 gegen Adriano Panatta	1:6	6:3	6:1	4:6	6:3
WCT-Finale:					
1974 gegen John Newcombe	6:4	3:6	3:6	2:6	
1975 gegen Arthur Ashe	6:3	4:6	4:6	0:6	
1976 gegen Guillermo Vilas	1:6	6:1	7:5	6:1	
1979 gegen John McEnroe	5:7	6:4	2:6	6:7	
Masters-Finale:					
1975 gegen Ilie Nastase	2:6	2:6	1:6		
1977 gegen Jimmy Connors	4:6	6:1	4:6		
1980 gegen Vitas Gerulaitis	6:2	6:2			
1981 gegen Ivan Lendl	6:4	6:2	6:2		

Prägten das Herrentennis in den letzten Jahren:

Jimmy Connors und John McEnroe

Schon während seiner Glanzzeit mußte sich der Schwede Björn Borg mit zwei Spielern immer wieder auseinandersetzen, die hartnäckig seine Vorherrschaft zu unterminieren suchten.

Zunächst war da der Amerikaner Jimmy Connors, der zwei Jahre vor dem Schweden erstmals in Wimbledon siegreich blieb, und zwar gegen den 39jährigen »Oldtimer«, den Australier Ken Rosewall. Gegen Ende seiner Karriere mußte sich dann der fünfmalige Wimbledon-Gewinner immer mehr den heftigen Attacken des New Yorkers John McEnroe, Sohn eines angesehenen Rechtsanwalts, erwehren.

Harte Dollars sind ihm alles: Jimmy Connors

Als er für sein Land im Davis-Cup spielen sollte, lehnte er ab. Gleichzeitig konnte er nämlich bei Fernsehveranstaltungen in Las Vegas bei Spielen gegen die Altmeister Laver, Newcombe und Orantes pro Sieg eine halbe Million Dollar kassieren. James Scott (»Jimmy«) Connors erwies sich als würdiger Vertreter der amerikanischen Konsumgesellschaft, in der sich der Sport gut vermarkten läßt.

Der am 2. September 1952 in East St. Louis (Illinois) geborene Connors wurde von Kindesbeinen an darauf gedrillt, im Tennisgeschäft Erfolg zu haben. Es wird berichtet, daß Mutter Gloria, eine Tennislehrerin, den Jungen auf Aggressivität abrichtete und ihn lehrte, seine Gegner zu hassen. Nachdem sie ihm die Grundschule des Sports beigebracht hatte, zog sie mit ihm nach Los Angeles, wo er von Pancho Gonzales und Sancho Segura hart ausgebildet wurde.

Jimmy Connors gewann mit zehn Jahren seinen ersten Titel: die Junioren-Meisterschaft von Süd-Illinois. Mit neunzehn unterschrieb er einen Profivertrag und beendete das Spieljahr 1972 mit 75 Siegen.

In Wimbledon hatte er in diesem Jahr das Viertelfinale erreicht, genausoweit kam er auch 1973. Dann folgte sein großes Jahr: das Jahr 1974, wo er mit Wimbledon, Forest Hills und Australien drei »Grand-Slam«-Turniere gewann und als Nummer 1 der Weltrangliste geführt wurde. Ein Jahr später stand er an den gleichen Orten wieder in den Endspielen, verlor diesmal aber alle drei: in Wimbledon gegen Arthur Ashe, in Melbourne gegen John Newcombe und in Forest Hills gegen Manuel Orantes.

Der Mann, der den ganz großen Erfolg von Connors verhinderte, hieß aber Björn Borg. Zwar wurde er in Forest Hills zweimal von Connors besiegt, aber in Wimbledon schlug er ihn 1977 und 1978 im Finale sowie 1979 und 1981 im Halbfinale.

Dafür hielt er sich 1982 nach Borgs Abstinenz an John McEnroe schadlos und kämpfte ihn in Wimbledon nieder.

Dollars stehen bei ihm hoch im Kurs

Für Jimmy Connors ist Tennisspielen eine äußerst ernste Angelegenheit der Geldbeschaffung. Sie geht vielem vor.

Haupteigenschaft Selbstbewußtsein: US-Boy John McEnroe

Der schwarze Mann für alle

Zum absoluten Buhmann in der Tennisszene ist John McEnroe avanciert. Sein überschäumendes Temperament hat ihm bei Schiedsrichtern und Publikum eine Menge Antipathien eingetragen und schon sehr viel Geld gekostet.

Als er 1978 an vierter Stelle der Weltrangliste stand, sagte er einem Journalisten: »Ich bin nicht der viertbeste Tennisspieler der Welt, sondern einer der vier besten!« John McEnroe, am 16. Februar 1959 als Sohn eines US-Soldaten in Wiesbaden geboren, hatte sein Image als zorniger junger Mann, als »Bad Boy« der amerikanischen Öffentlichkeit, schon geprägt, als er so sein übergroßes Selbstbewußtsein demonstrierte. In den folgenden Jahren machte er mehr Schlagzeilen durch Zornausbrüche auf den Tennisplätzen als durch gleichzeitige hervorragende Leistungen, die ihm immerhin bei vielen Experten den Platz als Borg-Nachfolger einbrachten. McEnroe hat den Schweden zweimal in Flushing Meadow und einmal im Wimbledon-Finale geschlagen, er steht dreimal als WCT-Weltmeister zu Buche und kommt im Doppel mit Partner Peter Fleming bald an die Erfolge großer Vorgänger heran. Dennoch drohte dem Wimbledon-Sieger 1983 schon vor dem Turnier Ungemach. Oberschiedsrichter Fred Heyle drohte bereits drei Wochen vorher an: »Es deutet alles darauf hin, daß McEnroe aus dem Turnier geworfen wird.« Heyle hatte McEnroes Auftritt bei den Französischen Meisterschaften kurz vorher erlebt, wo der Amerikaner wieder total aus der Rolle fiel und eine weitere seiner zahlreichen Geldstrafen auferlegt bekam. Was der US-Boy wegen ungebührlicher Auftritte auf Center Courts aufbringen mußte, können Normalverdiener nicht als Jahresgehalt erwarten. In London ist den Verantwortlichen immer noch der Auftritt von 1981 in Erinnerung, wo McEnroe auf dem »geheiligten Rasen« von Wimbledon vierzehn Tage wütete wie der berühmte Elefant im Porzellanladen und der »All England Lawn Tennis and Croquet Club« ihm verweigerte, als Ehrenmitglied aufgenommen zu werden, was für jeden Wimbledon-Sieger automatisch erfolgt. Im Jahr darauf wurde dieser Vorgang dann doch vollzogen, und der im Finale unterlegene »Rüpel vom Dienst« zeigte sich sogar ganz moderat.

Mit seinem Verhalten beschäftigen sich inzwischen zahlreiche Psychiater und gaben bisher verschiedene Erklärungen ab. In der Tennisszene stellt er jedenfalls in seiner Art eine einmalige Erscheinung dar und übertrifft Vorgänger (wie Ilie Nastase), die auch gelegentlich exzentrisch auf Entscheidungen reagierten, um Längen.

Jimmy Connors errang bisher folgende Meisterschaften:

USA – Einzel				
1974 gegen Ken Rosewall	6:1	6:0	6:1	
1976 gegen Björn Borg	6:4	3:6	7:6	6:4
1978 gegen Björn Borg	6:4	6:2	6:2	
1982 gegen Ivan Lendl	6:3	6:2	4:6	6:4
1983 gegen Ivan Lendl	6:3	6:7	7:5	6:0
USA – Doppel				
1975 mit Ilie Nastase				
Australien – Einzel				
1974 gegen Phil Dent	7:6	6:4	4:6	6:3

John McEnroes bisherige Bilanz außerhalb Wimbledons sieht so aus:

USA – Einzel					
1979 gegen Vitas Gerulaitis	7:5	6:3	6:3		
1980 gegen Björn Borg	7:6	6:1	6:7	5:7	6:4
1981 gegen Björn Borg	4:6	6:2	6:4	6:3	
USA – Doppel					
1979, 1981 und 1983 mit Peter Fleming					

Was bedeutet WCT, was bedeutet Masters?

Die Aufhebung der strikten Trennung von Amateuren und Professionals und Einführung von sogenannten Offenen Tennisturnieren, an denen Amateure und Profis teilnehmen und gegeneinander spielen durften, bedeutete im März 1968 eine schwerwiegende Zäsur in dieser Sportart. Verschiedenartige Interessen von Amateurverbänden, Profimanagern und Veranstaltern bildeten seitdem ständigen Konfliktstoff. Der Internationale Tennisverband versäumte es, für klare Kompetenzverteilung zu sorgen, und gab seine Zustimmung zu völlig neuen Wettbewerben, die – neben den klassischen Turnieren – mit hohen Geldpreisen Spieler, Publikum und Werbebranche lockten. So entstand 1970 ein Tennis-Grand-Prix, der in Turnierform mit einem Finale durchgeführt wird und von Sponsoren den nötigen finanziellen Rückhalt erfährt.
Zu dem Wettbewerb gehören die größten Turniere auf der Welt. Je nach ihrer Bedeutung bekommen Spieler Punkte für Teilnahme und Plazierung. Die acht Punktbesten eines Turnierjahres ermitteln in einer Endrunde, dem Masters-Finale, einen Endsieger, Masters-Gewinner genannt. Der Sponsor sichert gleichbleibend hohe Preisgelder. Das früher im Mai/Juni und im Freien durchgeführte Masters-Finale hat sich in den letzten Jahren in die erste Januarhälfte und in die Hallen verlagert. Bei den Damen gab es zeitweilig wegen zwei vorhandener Sponsoren zwei Masters-Turniere.
In Terminkollision kam der neue Wettbewerb schon ab 1971, als in Texas eine Gesellschaft zur Ermittlung des Tennis-Weltmeisters gegründet wurde. Diese WCT (World Championship Tennis) läßt 32 ausgesuchte, in den Ranglisten möglichst weit vorn plazierte Spieler in einer Serie von zwanzig Turnieren die acht Besten ermitteln, die wiederum in einer Finalrunde den WCT-Weltmeister ausspielen (seit 1973 auch im Doppel). Die Endrunde findet immer in Dallas statt; zu verdienen gab es 1971 für den Sieger 50000 Dollar, 1983 kassierte John McEnroe schon eine Million an Geld- und Sachwerten. WCT- und Masters-Wettbewerb erinnern an den Skizirkus des Weltcup-Winters mit den enormen Umsätzen für die Sportindustrie.

Was heißt »Grand Slam«?

Zum klassischen »Grand Slam« zählen der Gewinn der Meisterschaften von Frankreich, England, Australien und den USA innerhalb eines Jahres durch den gleichen Spieler.
Im Herreneinzel gelang das bisher nur 1938 dem Amerikaner Donald Budge und 1962 sowie 1969 dem Australier Rod Laver. Im Dameneinzel schafften es ebenfalls nur zwei Spielerinnen: 1953 die Amerikanerin Maureen Conolly und 1970 die Australierin Margaret Court. Im Herrendoppel gewannen die Australier Frank Sedgman und Ken McGregor 1951 die vier großen Turniere. Im Damendoppel siegte die Brasilianerin Maria Esther Bueno 1960 an allen vier Schauplätzen, allerdings mit verschiedenen Partnerinnen: mit Christine Truman (England) in Australien, mit der Amerikanerin Darlene Hard in Paris, Wimbledon und Forest Hills. Im Gemischten Doppel erreichte Margaret Smith-Court 1963 mit ihrem Landsmann Ken Fletcher den »Grand Slam« und brachte dieses Kunststück 1965 noch einmal fertig, allerdings mit verschiedenen Partnern: in Paris und Wimbledon mit Ken Fletcher, in Australien mit John Newcombe und in Forest Hills mit Owen K. Davidson. Dieser Australier erreichte das große Ziel auch im Gemischten Doppel, als er 1967 in seiner Heimat mit Lesley Turner und an den drei übrigen Schauplätzen mit der zwanzigmaligen Wimbledonsiegerin Billie Jean King gewann.
Heute sind die strengen Bestimmungen für den »Grand Slam« aufgeweicht. Die Siege bei den vier Turnieren müssen nicht mehr innerhalb eines Kalenderjahres erreicht werden, es genügt, wenn ein Aktiver die vier Titel von Australien, USA, Frankreich und England gleichzeitig hält. Chris Evert-Lloyd kam diesem Ziel als erste nahe: Sie gewann Flushing Meadow (September 1982), Australien (Dezember 1982) und Frankreich (Juni 1983). Ein Sieg in Wimbledon hätte ihr den »Grand Slam« neuen Musters und die Eine-Million-Dollar-Prämie des Internationalen Tennisverbandes gesichert.

Wimbledon ist oft auch Modenschau
Die All-England-Meisterschaften haben – neben dem großen Sport – für die Zuschauer auch einen wichtigen Nebenaspekt: Wer setzt neue Akzente in der Tennismode? Die Brasilianerin Maria Esther Bueno erregte mit ihrer Kreation beim Titelgewinn 1964 jedenfalls beträchtliches Aufsehen.

Was bedeutet Tiebreak?

In Forest Hills wurde 1970 erstmals eine Satzverkürzung eingeführt, um überlange Spiele zu vermeiden: der sogenannte Tiebreak. Über den Satzgewinn entscheidet dabei ein Vorsprung von nur einem Spiel anstatt der lange üblichen zwei. In Forest Hills wurde der Tiebreak nach dem Stand von 6:6 gespielt, das Satzende lautete demnach also 7:6. Wimbledon übernahm diese Regelung ab 1971, begann aber erst beim Stand von 8:8 mit der neuen Zählweise. Ab 1974 wird in Wimbledon der Tiebreak ebenfalls nach dem 6:6 gespielt. Beim Tiebreak wird jeder Fehler als ein Punkt gezählt, der Spielpunkt wird bei mindestens sieben Punkten vergeben. Allerdings braucht der Gewinner des Spielpunktes mindestens zwei Punkte Vorsprung.
Im Wimbledon-Finale 1980 zwischen Björn Borg und John McEnroe endete der Tiebreak im vierten Satz 16:18. 1973 spielte Borg gegen Premjit Lall (Indien) 6:3, 6:4 und 9:8, der Tiebreaks endete 20:18. Der längste Satz vor Einführung des Tiebreaks in Wimbledon wurde 1968 im Herrendoppel zwischen Alejandro Olmedo/Pancho Segura und Gordon Forbes/Abe Segal gespielt und endete bei 32:30.

DIE GROSSE TENNIS-STATISTIK

Endspiele im Davis-Cup

Jahr	Ort	Sieger	Verlierer	Resultat
1900	Boston	USA	Großbritannien	3:0
1902	New York	USA	Großbritannien	3:2
1903*	Boston	Großbritannien	USA	4:1
1904	Wimbledon	Großbritannien	Belgien	5:0
1905	Wimbledon	Großbritannien	USA	5:0
1906	Wimbledon	Großbritannien	USA	5:0
1907*	Wimbledon	Australien	Großbritannien	3:2
1908	Melbourne	Australien	USA	3:2
1909	Sydney	Australien	USA	5:0
1911	Christchurch/NZ	Australien	USA	5:0
1912*	Melbourne	Großbritannien	Australien	3:2
1913*	Wimbledon	USA	Großbritannien	3:2
1914*	New York	Australien	USA	3:2
1915–1918	nicht ausgetragen			
1919	Sydney	Australien	Großbritannien	4:1
1920*	Auckland/NZ	USA	Australien	5:0
1921	New York	USA	Japan	5:0
1922	New York	USA	Australien	4:1
1923	New York	USA	Australien	4:1
1924	Philadelphia	USA	Australien	5:0
1925	Philadelphia	USA	Frankreich	5:0
1926	Philadelphia	USA	Frankreich	4:1
1927*	Philadelphia	Frankreich	USA	3:2
1928	Paris	Frankreich	USA	4:1
1929	Paris	Frankreich	USA	4:1
1930	Paris	Frankreich	USA	3:2
1931	Paris	Frankreich	Großbritannien	3:2
1932	Paris	Frankreich	USA	3:2
1933*	Paris	Großbritannien	Frankreich	3:2
1934	Wimbledon	Großbritannien	USA	4:1
1935	Wimbledon	Großbritannien	USA	5:0
1936	Wimbledon	Großbritannien	Australien	3:2
1937*	Wimbledon	USA	Großbritannien	4:1
1938	Philadelphia	USA	Australien	3:2
1939*	Philadelphia	Australien	USA	3:2
1940–1945	nicht ausgetragen			
1946*	Melbourne	USA	Australien	5:0
1947	New York	USA	Australien	4:1
1948	New York	USA	Australien	5:0
1949	New York	USA	Australien	4:1
1950*	New York	Australien	USA	4:1
1951	Sydney	Australien	USA	3:2
1952	Adelaide	Australien	USA	4:1
1953	Melbourne	Australien	USA	3:2
1954*	Sydney	USA	Australien	3:2
1955*	Adelaide	Australien	USA	5:0
1956	New York	Australien	USA	5:0
1957	Melbourne	Australien	USA	3:2
1958*	Brisbane	USA	Australien	3:2
1959*	New York	Australien	USA	3:2
1960	Sydney	Australien	Italien	4:1
1961	Melbourne	Australien	Italien	5:0
1962	Brisbane	Australien	Mexiko	5:0
1963*	Adelaide	USA	Australien	3:2
1964	Cleveland/Ohio	Australien	USA	3:2
1965	Sydney	Australien	Spanien	4:1
1966	Melbourne	Australien	Indien	4:1
1967	Brisbane	Australien	Spanien	4:1
1968*	Adelaide	USA	Australien	4:1
1969	Cleveland/Ohio	USA	Rumänien	5:0
1970	Cleveland/Ohio	USA	Deutschland	5:0
1971	Charlotte/N. C.	USA	Rumänien	3:2
1972	Bukarest	USA	Rumänien	3:2
1973	Cleveland/Ohio	Australien	USA	5:0
1974	–	Südafrika	Indien	nicht angetreten
1975	Stockholm	Schweden	ČSSR	3:2
1976	Santiago	Italien	Chile	4:1
1977	Sydney	Australien	Italien	3:1**
1978	Palm Springs	USA	Großbritannien	4:1
1979	San Francisco	USA	Italien	5:0
1980	Prag	ČSSR	Italien	4:1
1981	Cincinnati	USA	Argentinien	3:1**
1982	Grenoble	USA	Frankreich	4:1
1983	Melbourne	Australien	Schweden	3:2

* Pokalwechsel
** letztes Einzel nicht ausgetragen

Phil Dent und John Newcombe

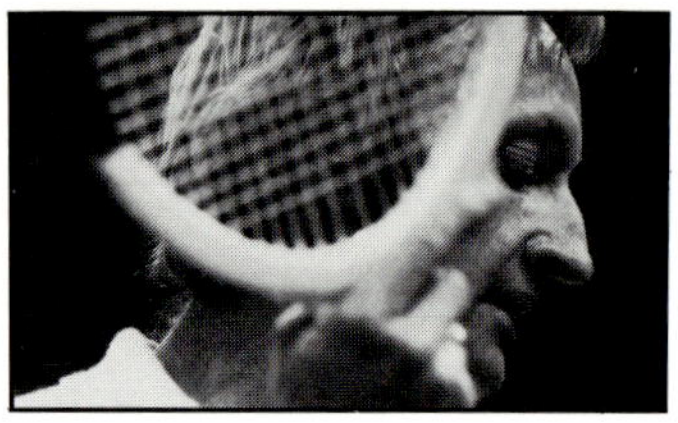

Der große Sieger Rod Laver

Schwarzes Glück: Althea Gibson

Auch auf dem Platz gepflegt

Gewinner der meisten »Grand-Slam«-Turniere

HERREN

	AUS	F	GB	USA	TOTAL
Roy Emerson (AUS)	6	2	2	2	12
Björn Borg (S)	–	6	5	–	11
Rod Laver (AUS)	3	2	4	2	11
William T. Tilden (USA)	–	–	3	7	10
Jimmy Connors (USA)	1	–	2	5	8
Fred Perry (GB)	1	1	3	3	8
Ken Rosewall (AUS)	4	2	–	2	8
Henri Jean Cochet (F)	–	4	2	1	7
Jean René Lacoste (F)	–	3	2	2	7
John Newcombe (AUS)	2	–	3	2	7
Donald Budge (USA)	1	1	2	2	6
Jack Crawford (AUS)	4	1	1	–	6
Laurence Doherty (GB)	–	–	5	1	6
Anthony F. Wilding (NZ)	2	–	4	–	6
John McEnroe (USA)	–	–	2	3	5
Frank Sedgman (AUS)	2	–	1	2	5
Tony Trabert (USA)	–	2	1	2	5

Gewinner der meisten »Grand-Slam«-Turniere

DAMEN

	AUS	F	GB	USA	TOTAL
Margaret Smith-Court (AUS)	11	5	3	5	24
Helen Wills-Moody (USA)	–	4	8	7	19
Chris Evert-Lloyd (USA)	1	5	3	6	15
Billie Jean Moffitt-King (USA)	1	1	6	4	12
Maureen Conolly (USA)	1	2	3	3	9
Suzanne Lenglen (F)	–	2	6	–	8
Martina Navratilova (USA)	2	1	4	1	8
Maria Esther Bueno (BR)	–	–	3	4	7
Louise Brough (USA)	1	–	4	1	6
Doris Hart (USA)	1	2	1	2	6
Margaret Osborne-du Pont (USA)	–	2	1	3	6
Pauline Betz (USA)	–	–	1	4	5
Althea Gibson (USA)	–	1	2	2	5
Evonne Goolagong-Cawley (AUS)	3	1	1	–	5
Helen Jacobs (USA)	–	–	1	4	5
Alice Marble (USA)	–	–	1	4	5

Rekordsieger von Wimbledon

Name	Titel	Einzel	Doppel	Mixed	Zeitraum
Billie Jean King (USA)	20	6	10	4	1961–1979
Elizabeth Ryan (USA)	19	–	12	7	1914–1934
Suzanne Lenglen (F)	15	6	6	3	1919–1925
Louise Brough (USA)	13	4	5	4	1946–1955
Laurence Doherty (GB)	13	5	8	–	1897–1906
Reginald Doherty (GB)	12	4	8	–	1897–1905
William Renshaw (GB)	12	7	5	–	1881–1889
Doris Hart (USA)	10	1	4	5	1947–1955
Margaret Smith-Court (AUS)	10	3	2	5	1963–1975
Martina Navratilova (USA)*	9	4	5	–	1976–1983
John Newcombe (AUS)	9	3	6	–	1965–1974
Helen Wills-Moody (USA)	9	8	–	1	1927–1938

* erst seit 1981 USA, vorher staatenlos

Wimbledon-Sieger in allen drei Konkurrenzen

Name	Jahr	Doppel mit	Mixed mit
Suzanne Lenglen (F)	1920	Elizabeth Ryan	Gerald Patterson
Suzanne Lenglen	1922	Elizabeth Ryan	Patrick O'Hara Wood
Suzanne Lenglen	1925	Elizabeth Ryan	Jean Borotra
Donald Budge (USA)	1937	Gene Mako	Alice Marble
Donald Budge	1938	Gene Mako	Alice Marble
Alice Marble (USA)	1939	Sarah Fabyan	Bobby Riggs
Bobby Riggs (USA)	1939	Elwood Cooke	Alice Marble
Louise Brough (USA)	1948	Margaret du Pont	John Bromwich
Louise Brough	1950	Margaret du Pont	Eric Sturgess
Doris Hart (USA)	1951	Shirley Fry	Frank Sedgman
Frank Sedgman (AUS)	1952	Ken McGregor	Doris Hart
Billie Jean King (USA)	1967	Rosemary Casals	Owen K. Davidson
Billie Jean King	1973	Rosemary Casals	Owen K. Davidson

Endspiele (bis 1921 Herausforderungsrunde) in Wimbledon

Herreneinzel					
1900 Reginald Doherty (GB) – Sydney Smith (GB)	6:8	6:3	6:1	6:2	
1901 Arthur W. Gore (GB) – Reginald Doherty	4:6	7:5	6:4	6:4	
1902 Laurence Doherty (GB) – Arthur W. Gore	6:4	6:3	3:6	6:0	
1903 Laurence Doherty – Frank Riseley (GB)	7:5	6:3	6:0		
1904 Laurence Doherty – Frank Riseley	6:1	7:5	8:6		
1905 Laurence Doherty – Norman Brooks (AUS)	8:6	6:2	6:4		
1906 Laurence Doherty – Frank Riseley	6:4	4:6	6:2	6:3	
1907 Norman Brooks	kampflos				
1908 Arthur W. Gore	kampflos				
1909 Arthur W. Gore – George Ritchie (GB)	6:8	1:6	6:2	6:2	6:2
1910 Anthony Wilding (NZ) – Arthur W. Gore	6:4	7:5	4:6	6:2	
1911 Anthony Wilding – Herbert Roper Barrett (GB)	6:4 zurückgezogen	4:6	2:6	6:2	
1912 Anthony Wilding – Arthur W. Gore	6:4	6:4	4:6	6:4	
1913 Anthony Wilding – M. E. McLoughlin (USA)	8:6	6:3	10:8		
1914 Norman Brooks – Anthony Wilding	6:4	6:4	7:5		
1915–1918 nicht ausgetragen					
1919 Gerald Patterson (AUS) – Norman Brooks	6:3	7:5	6:2		
1920 William Tilden (USA) – Gerald Patterson	2:6	6:3	6:2	6:4	
1921 William Tilden – Brian Norton (ZA)	4:6	2:6	6:1	6:0	7:5
1922 Gerald Patterson – Randolph Lycett (GB)	6:3	6:4	6:2		
1923 William Johnston (USA) – Frank Hunter (USA)	6:0	6:3	6:1		
1924 Jean Borotra (F) – René Lacoste (F)	6:1	3:6	6:1	3:6	6:4
1925 René Lacoste – Jean Borotra	6:3	6:3	4:6	8:6	
1926 Jean Borotra – Howard Kinsey (USA)	8:6	6:1	6:3		
1927 Henri Cochet (F) – Jean Borotra	4:6	4:6	6:3	6:4	7:5
1928 René Lacoste – Henri Cochet	6:1	4:6	6:4	6:2	
1929 Henri Cochet – Jean Borotra	6:4	6:3	6:4		
1930 William Tilden – Wilmer Allison (USA)	6:3	9:7	6:4		
1931 Sydney Wood (USA)	kampflos				
1932 Ellsworth Vines (USA) – Bunny Austin (GB)	6:4	6:2	6:0		
1933 Jack Crawford (AUS) – Ellsworth Vines	4:6	11:9	6:2	2:6	6:4
1934 Fred Perry (GB) – Jack Crawford	6:3	6:0	7:5		
1935 Fred Perry – Gottfried von Cramm (D)	6:2	6:4	6:4		
1936 Fred Perry – Gottfried von Cramm	6:1	6:1	6:0		
1937 Donald Budge (USA) – Gottfried von Cramm	6:3	6:4	6:2		
1938 Donald Budge – Bunny Austin	6:1	6:0	6:3		
1939 Robert Riggs (USA) – Elwood Cooke (USA)	2:6	8:6	3:6	6:3	6:2
1940–1945 nicht ausgetragen					
1946 Yvon Petra (F) – Thomas Brown (USA)	6:2	6:4	7:9	5:7	6:4
1947 Jack Kramer (USA) – Thomas Brown	6:1	6:3	6:2		
1948 Robert Falkenburg (USA) – John Bromwich (AUS)	7:5	0:6	6:2	3:6	7:5
1949 Frederick Schroeder (USA) – Jaroslav Drobny (CS)*	3:6	6:0	6:3	4:6	6:4
1950 John Patty (USA) – Frank Sedgman (AUS)	6:1	8:10	6:2	6:3	
1951 Richard Savitt (USA) – Ken McGregor (AUS)	6:4	6:4	6:4		
1952 Frank Sedgman – Jaroslav Drobny (ET)	4:6	6:2	6:3	6:2	
1953 Vic Seixas (USA) – Kay Nielsen (DK)	9:7	6:3	6:4		
1954 Jaroslav Drobny – Ken Rosewall (AUS)	13:11	4:6	6:2	9:7	
1955 Anthony Trabert (USA) – Kay Nielsen	6:3	7:5	6:1		
1956 Lewis Hoad (AUS) – Ken Rosewall	6:2	4:6	7:5	6:4	
1957 Lewis Hoad – Ashley Cooper (AUS)	6:2	6:1	6:2		
1958 Ashley Cooper – Neale Fraser (AUS)	3:6	6:3	6:4	13:11	
1959 Alejandro Olmedo (PE) – Rod Laver (AUS)	6:4	6:3	6:4		
1960 Neale Fraser – Rod Laver	6:4	3:6	9:7	7:5	
1961 Rod Laver – Chuck McKinley (USA)	6:3	6:1	6:4		
1962 Rod Laver – Martin Mulligan (AUS)	6:2	6:2	6:1		
1963 Chuck McKinley – Fred Stolle (AUS)	9:7	6:1	6:4		
1964 Roy Emerson (AUS) – Fred Stolle	6:4	12:10	4:6	6:3	

Ziel einer Völkerwanderung

Das Tennisgelände im Londoner Vorort Wimbledon ist jedes Jahr Ziel Zehntausender begeisterter Tennisfans aus aller Welt.

1965 Roy Emerson – Fred Stolle	6:2	6:4	6:4		
1966 Manuel Santana (E) – Dennis Ralston (USA)	6:4	11:9	6:4		
1967 John Newcombe (AUS) – Wilhelm Bungert (D)	6:3	6:1	6:1		
1968 Rod Laver - Tony Roche (AUS)	6:3	6:4	6:2		
1969 Rod Laver – John Newcombe	6:4	5:7	6:4	6:4	
1970 John Newcombe – Ken Rosewall	5:7	6:3	6:2	3:6	6:1
1971 John Newcombe – Stan Smith (USA)	6:3	5:7	2:6	6:4	6:4
1972 Stan Smith – Ilie Nastase (R)	4:6	6:3	6:3	4:6	7:5
1973 Jan Kodes (CS) – Aleksandr Metreweli (SU)	6:1	9:8	6:3		
1974 Jimmy Connors (USA) – Ken Rosewall	6:1	6:1	6:4		
1975 Arthur Ashe (USA) – Jimmy Connors	6:1	6:1	5:7	6:4	
1976 Björn Borg (S) – Ilie Nastase	6:4	6:2	9:7		
1977 Björn Borg – Jimmy Connors	3:6	6:2	6:1	5:7	6:4
1978 Björn Borg – Jimmy Connors	6:2	6:2	6:3		
1979 Björn Borg – Roscoe Tanner (USA)	6:7	6:1	3:6	6:3	6:4
1980 Björn Borg – John McEnroe (USA)	1:6	7:5	6:3	6:7	8:6
1981 John McEnroe – Björn Borg	4:6	7:6	7:6	6:4	
1982 Jimmy Connors – John McEnroe	3:6	6:3	6:7	7:6	6:4
1983 John McEnroe – Chris Lewis (NZ)	6:2	6:2	6:2		

* Drobny hatte ab 1950 die ägyptische, ab 1960 britische Nationalität.

Zum 100jährigen kamen sie alle wieder

Als Wimbledon eines der denkwürdigsten Jubiläen der Sportgeschichte feierte, waren die Stars von einst natürlich dabei: 57 noch lebende Wimbledon-Sieger wurden 1977 von dem Herzog und der Herzogin von Kent empfangen und mit Erinnerungsmedaillen ausgezeichnet.

Dameneinzel

1900 Blanche Hillyard (GB) – Charlotte Cooper (GB)	4:6	6:4	6:4
1901 Charlotte Sterry, geb. Cooper (GB) – Blanche Hillyard	6:2	6:2	
1902 Muriel Robb (GB) – Charlotte Sterry	7:5	6:1	
1903 Dorothea Douglass (GB)	kampflos		
1904 Dorothea Douglass – Charlotte Sterry	6:0	6:3	
1905 May Sutton (USA) – Dorothea Douglass	6:3	6:4	
1906 Dorothea Douglass – May Sutton	6:3	9:7	
1907 May Sutton – Dorothea Lambert Chambers, geb. Douglass (GB)	6:1	6:4	
1908 Charlotte Sterry	kampflos		
1909 Penelope Boothby (GB)	kampflos		
1910 Dorothea Lambert Chambers – Penelope Boothby	6:2	6:2	
1911 Dorothea Lambert Chambers – Penelope Boothby	6:0	6:0	
1912 Ethel Larcombe (GB)	kampflos		
1913 Dorothea Lambert Chambers	kampflos		
1914 Dorothea Lambert Chambers – Ethel Larcombe	7:5	6:4	
1915–1918 nicht ausgetragen			
1919 Suzanne Lenglen (F) – Dorothea Lambert Chambers	10:8	4:6	9:7
1920 Suzanne Lenglen – Dorothea Lambert Chambers	6:3	6:0	
1921 Suzanne Lenglen – Elizabeth Ryan (USA)	6:2	6:0	
1922 Suzanne Lenglen – Molla Mallory (USA)	6:2	6:0	
1923 Suzanne Lenglen – Kitty McKane (GB)	6:2	6:2	
1924 Kitty McKane – Helen Wills (USA)	4:6	6:4	6:4
1925 Suzanne Lenglen – Joan Fry (GB)	6:2	6:0	
1926 Kitty Godfree, geb. McKane (GB) – Lili d'Alvarez (E)	6:2	4:6	6:3
1927 Helen Wills – Lili d'Alvarez	6:2	6:4	
1928 Helen Wills – Lili d'Alvarez	6:2	6:3	
1929 Helen Wills – Helen Jacobs (USA)	6:1	6:2	
1930 Helen Wills-Moody (USA) – Elizabeth Ryan (USA)	6:2	6:2	
1931 Cilly Aussem (D) – Hilde Krahwinkel (D)	6:2	7:5	
1932 Helen Wills-Moody – Helen Jacobs	6:3	6:1	
1933 Helen Wills-Moody – Dorothy Round (GB)	6:4	6:8	6:3
1934 Dorothy Round – Helen Jacobs	6:2	5:7	6:3
1935 Helen Wills-Moody – Helen Jacobs	6:3	3:6	7:5
1936 Helen Jacobs – Hilde Sperling, geb. Krahwinkel (DK)	6:2	4:6	7:5
1937 Dorothy Round – Jadwiga Jedrzejowska (PL)	6:2	2:6	7:5
1938 Helen Wills-Moody – Helen Jacobs	6:4	6:0	
1939 Alice Marble (USA) – Katherine Stammers (GB)	6:2	6:0	
1940–1945 nicht ausgetragen			
1946 Pauline Betz (USA) – Louise Brough (USA)	6:2	6:4	
1947 Margaret Osborne (USA) – Doris Hart (USA)	6:2	6:4	
1948 Louise Brough – Doris Hart	6:3	8:6	
1949 Louise Brough – Margaret du Pont, geb. Osborne (USA)	10:8	1:6	10:8
1950 Louise Brough – Margaret du Pont	6:1	3:6	6:1
1951 Doris Hart – Shirley Fry (USA)	6:1	6:0	
1952 Maureen Conolly (USA) – Louise Brough	7:5	6:3	
1953 Maureen Conolly – Doris Hart	8:6	7:5	
1954 Maureen Conolly – Louise Brough	6:2	7:5	
1955 Louise Brough – Beverley Fleitz (USA)	7:5	8:6	
1956 Shirley Fry – Angela Buxton (GB)	6:3	6:1	
1957 Althea Gibson (USA) – Darlene Hard (USA)	6:3	6:2	
1958 Althea Gibson – Angela Mortimer (GB)	8:6	6:2	
1959 Maria Esther Bueno (BR) – Darlene Hard	6:4	6:3	
1960 Maria Esther Bueno – Sandra Reynolds (ZA)	8:6	6:0	
1961 Angela Mortimer – Christine Truman (GB)	4:6	6:4	7:5
1962 Karen Susman (USA) – Vera Sukova (CS)	6:4	6:4	
1963 Margaret Smith (AUS) – Billie Jean Moffitt (USA)	6:3	6:4	
1964 Maria Esther Bueno – Margaret Smith	6:4	7:9	6:3
1965 Margaret Smith – Maria Esther Bueno	6:4	7:5	
1966 Billie Jean King, geb. Moffit (USA) – Maria Esther Bueno	6:3	3:6	6:1
1967 Billie Jean King – Ann Jones (GB)	6:3	6:4	
1968 Billie Jean King – Judy Tegart (AUS)	9:7	7:5	
1969 Ann Jones – Billie Jean King	3:6	6:3	6:2
1970 Margaret Court, geb. Smith (AUS) – Billie Jean King	14:12	11:9	
1971 Evonne Goolagong (AUS) – Margaret Court	6:4	6:1	
1972 Billie Jean King – Evonne Goolagong	6:3	6:3	
1973 Billie Jean King – Chris Evert (USA)	6:0	7:5	
1974 Chris Evert – Olga Morotsowa (SU)	6:0	6:4	
1975 Billie Jean King – Evonne Cawley, geb. Goolagong (AUS)	6:0	6:1	
1976 Chris Evert – Evonne Cawley	6:3	4:6	8:6
1977 Virginia Wade (GB) – Betty Stoeve (NL)	4:6	6:3	6:1
1978 Martina Navratilova (staatenlos) – Chris Evert	2:6	6:4	7:5
1979 Martina Navratilova – Chris Evert-Lloyd (USA)	6:4	6:4	
1980 Evonne Cawley – Chris Evert-Lloyd	6:1	7:6	
1981 Chris Evert-Lloyd – Hana Mandlikova (CS)	6:2	6:2	
1982 Martina Navratilova (USA) – Chris Evert-Lloyd	6:1	3:6	6:2
1983 Martina Navratilova – Andrea Jaeger (USA)	6:0	6:3	

Herrendoppel

1900 Laurence Doherty/Reginald Doherty (beide GB) – H. A. Nisbet/H. R. Barrett (beide GB)	9:7	7:5	4:6	3:6	6:3
1901 Doherty/Doherty – D. F. Davis/H. Ward (beide USA)	4:6	6:2	6:3	9:7	
1902 Frank Riseley/Sydney Smith (beide GB) – Doherty/Doherty	4:6	8:6	6:3	4:6	11:9
1903 Doherty/Doherty – Riseley/Smith	6:4	6:4	6:4		
1904 Doherty/Doherty – Riseley/Smith	6:3	6:4	6:3		
1905 Doherty/Doherty – Riseley/Smith	6:2	6:4	6:8	6:3	
1906 Riseley/Smith – Doherty/Doherty	6:8	6:4	5:7	6:3	6:3
1907 Norman Brooks (AUS)/Anthony Wilding (NZ)	kampflos				
1908 George Ritchie (GB)/Anthony Wilding (NZ)	kampflos				
1909 Arthur W. Gore/Herbert Roper Barrett (beide GB)	kampflos				
1910 Ritchie/Wilding – Gore/Barrett	6:1	6:1	6:2		
1911 Max Decugis/André Gobert (beide F) – Ritchie/Wilding	9:7	5:7	6:3	2:6	6:2
1912 Charles Dixon/Herbert Roper Barrett (beide GB) – Decugis/Gobert	3:6	6:3	6:4	7:5	
1913 Dixon/Barrett – H. Kleinschroth/F. W. Rahe (beide D)	6:2	6:4	4:6	6:2	
1914 Brooks/Wilding – Dixon/Barrett	6:1	6:1	5:7	8:6	
1915–1918 nicht ausgetragen					
1919 Patrick O'Hara Wood/Ronald Thomas (beide AUS)	kampflos				
1920 Charles Garland/Richard Williams (beide USA)	kampflos				
1921 Randolph Lycett/Maxwell Woosnam (beide GB)	kampflos				
1922 James Anderson (AUS)/Randolph Lycett (GB) – P. O'Hara Wood/G. L. Patterson (beide AUS)	3:6	7:9	6:4	6:3	11:9
1923 Lesley Godfree/Randolph Lycett (beide GB) – E. Flaquer/C. de Gomar (beide E)	6:3	6:4	3:6	6:3	
1924 Frank Hunter/Vincent Richards (beide USA) – W. M. Washburn/R. Williams (beide USA)	6:3	3:6	8:10	8:6	6:3
1925 Jean Borotra/René Lacoste (beide F) – R. Casey/J. Hennessy (beide USA)	6:4	11:9	4:6	1:6	6:3
1926 Toto Brugnon/Henri Cochet (beide F) – H. Kinsey/V. Richards (beide USA)	7:5	4:6	6:3	6:2	
1927 Frank Hunter/William Tilden (beide USA) – Brugnon/Cochet	1:6	4:6	8:6	6:3	6:4
1928 Brugnon/Cochet – J. B. Hawkes/G. L. Patterson (beide AUS)	13:11	6:4	6:4		
1929 William Allison/John van Ryan (beide USA) – I. G. Collins/J. C. Gregory (beide GB)	6:4	5:7	6:3	10:12	6:4
1930 Allison/van Ryan – J. Doeg/G. Lott (beide USA)	6:3	6:3	6:2		
1931 George Lott/John van Ryan (beide USA) – Brugnon/Cochet	6:2	10:8	9:11	3:6	6:3
1932 Jean Borotra/Toto Brugnon (beide F) – G. Hughes/F. Perry (beide GB)	6:0	4:6	3:6	7:5	7:5
1933 Borotra/Brugnon – R. Nunoi/J. Satoh (beide J)	4:6	6:3	6:3	7:5	
1934 George Lott/Lester Stoefen (beide USA) – Borotra/Brugnon	6:2	6:3	6:4		
1935 Jack Crawford/Adrian Quist (beide AUS) – Allison/van Ryan	6:3	5:7	6:2	5:7	7:5
1936 George Hughes/Charles Tuckey (beide GB) – C. E. Hare/F. H. D. Wilde (beide GB)	6:4	3:6	7:9	6:1	6:4
1937 Donald Budge/Gene Mako (beide USA) – Hughes/Tuckey	6:0	6:4	6:8	6:1	
1938 Budge/Mako – H. Henkel (D)/G. von Metaxa (A)	6:4	3:6	6:3	8:6	
1939 Elwood Cooke/Robert Riggs (beide USA) – Hare/Wilde	6:3	3:6	6:3	9:7	
1940–1945 nicht ausgetragen					
1946 Thomas Brown/Jack Kramer (beide USA) – G. E. Brown/D. Pails (beide AUS)	6:4	6:4	6:2		
1947 Robert Falkenburg/Jack Kramer (beide USA) – A. J. Mottram/O. W. Sidwell (beide AUS)	8:6	6:3	6:3		
1948 John Bromwich/Frank Sedgman (beide AUS) – Th. Brown/G. Mulloy (beide USA)	5:7	7:5	7:5	9:7	
1949 Pancho Gonzales/Frank Parker (beide USA) – G. Mulloy/F. Schroder (beide USA)	6:4	6:4	6:2		
1950 John Bromwich/Adrian Quist (beide AUS) – G. E. Brown/O. W. Sidwell (beide AUS)	7:5	3:6	6:3	3:6	6:2
1951 Ken McGregor/Frank Sedgman (beide AUS) – J. Drobny (ET)/E. Sturgess (ZA)	3:6	6:2	6:3	3:6	6:3
1952 McGregor/Sedgman – V. Seixas (USA)/E. Sturgess (ZA)	6:3	7:5	6:4		
1953 Lewis Hoad/Ken Rosewall (beide AUS) – R. Hartwig/M. Rose (beide AUS)	6:4	7:5	4:6	7:5	
1954 Rex Hartwig/Mervyn Rose (beide AUS) – V. Seixas/T. Trabert (beide USA)	6:4	6:4	3:6	6:4	
1955 Rex Hartwig/Lewis Hoad (beide AUS) – N. Fraser/K. Rosewall (beide AUS)	7:5	6:4	6:3		
1956 Hoad/Rosewall – N. Pietrangeli/O. Sirola (beide I)	7:5	6:2	6:1		
1957 Gardnar Mulloy/Budge Patty (beide USA) – N. Fraser/L. Hoad (beide AUS)	8:10	6:4	6:4	6:4	
1958 Sven Davidson/Ulf Schmidt (beide S) – A. Cooper/N. Fraser (beide AUS)	6:4	6:4	8:6		
1959 Roy Emerson/Neale Fraser (beide AUS) – R. Laver/R. Mark (beide AUS)	8:6	6:3	14:16	9:7	
1960 Rafael Osuna (MEX)/Dennis Ralston (USA) – M. G. Davies/R. K. Wilson (beide GB)	7:5	6:3	10:8		
1961 Emerson/Fraser – B. Hewitt/F. Stolle (beide AUS)	6:4	6:8	6:4	6:8	8:6
1962 Bob Hewitt/Fred Stolle (beide AUS) – B. Jovanovis/N. Pilic (beide YU)	6:3	5:7	6:2	6:4	
1963 Rafael Osuna/Antonio Palafox (beide MEX) – J. C. Barclay/P. Darmon (beide F)	4:6	6:2	6:2	6:2	
1964 Hewitt/Stolle – R. Emerson/K. Fletcher (beide AUS)	7:5	11:9	6:4		
1965 John Newcombe/Tony Roche (beide AUS) – K. Fletcher/B. Hewitt (beide AUS)	7:5	6:3	6:4		
1966 Ken Fletcher/John Newcombe (beide AUS) – W. W. Bowrey/O. K. Davidson (beide AUS)	6:3	6:4	3:6	6:3	
1967 Bob Hewitt*/Frew McMillan (beide ZA) – Emerson/Fletcher	6:2	6:3	6:4		
1968 Newcombe/Roche – K. Rosewall/F. Stolle (beide AUS)	3:6	8:6	5:7	14:12	6:3
1969 Newcombe/Roche – T. Okker (NL)/M. Riessen (USA)	7:5	11:9	6:3		
1970 Newcombe/Roche – Rosewall/Stolle	10:8	6:3	6:1		
1971 Roy Emerson/Rod Laver (beide AUS) – A. Ashe/D. Ralston (beide USA)	6:4	9:7	6:8	6:4	6:4
1972 Hewitt/McMillan – St. Smith/E. van Dillen (beide USA)	6:2	6:2	9:7		
1973 Jimmy Connors (USA)/Ilie Nastase (R) – J. R. Cooper/N. Fraser (beide AUS)	3:6	6:3	6:4	8:9	6:1
1974 Newcombe/Roche – B. Lutz/St. Smith (beide USA)	8:6	6:4	6:4		
1975 Vitas Gerulaitis/Sandy Mayer (beide USA) – C. Dowdeswell (ROH)/A. J. Stone (AUS)	7:5	8:6	6:4		
1976 Brian Gottfried (USA)/Raul Ramirez (MEX) – R. Case/G. Masters (beide AUS)	3:6	6:3	8:6	2:6	7:5
1977 Ross Case/Geoff Masters (beide AUS) – J. Alexander/P. Dent (beide AUS)	6:3	6:4	3:6	8:9	6:4
1978 Hewitt/McMillan – P. Fleming/J. McEnroe (beide USA)	6:1	6:4	6:1		
1979 Peter Fleming/John McEnroe (beide USA) – Gottfried/Ramirez	4:6	6:4	6:2	6:2	
1980 Peter McNamara/Paul McNamee (beide AUS) – Lutz/Smith	7:6	6:3	6:7	6:4	

* Bob Hewitt spielte ab 1967 für Südafrika

Wichtige Männer für die Spiele

Tennis-Profischiedsrichter Frank Hammond gehört zu den wichtigen Männern am Rande der Spielfelder, ohne die in Wimbledon nichts geht.

Nach fünf Tagen noch guter Laune

Selbst tropische Hitze kann wahren Tennisfans in Wimbledon nichts anhaben: Diese beiden Studenten halten sich am fünften Tag mit Bier fit.

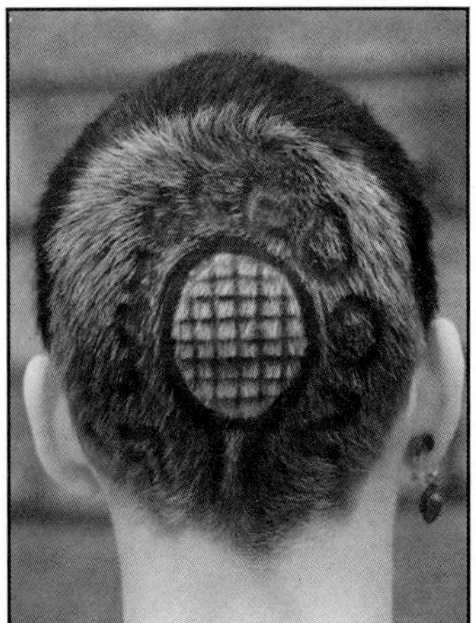

Begeisterung treibt oft Blüten

Für manchen Besucher des Tennis-Mekkas ist das Gesehenwerden genauso wichtig wie das Sehen. Schließlich sollen die Kreationen wirken.

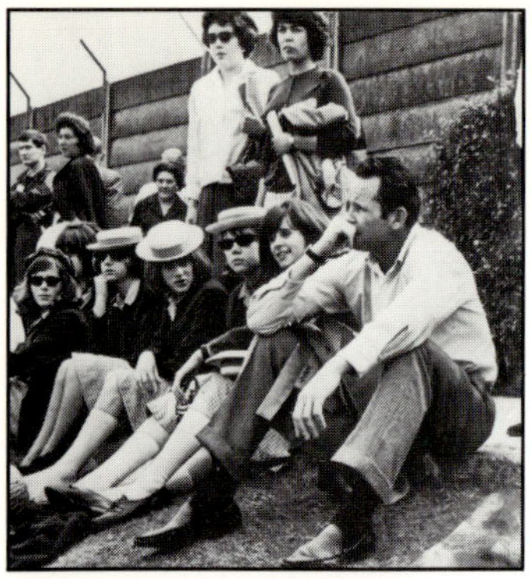

Unfreiwilliger Zuschauerplatz

Der Südafrikaner Abe Segal (rechts) wurde 1964 wegen der Apartheidpolitik boykottiert.

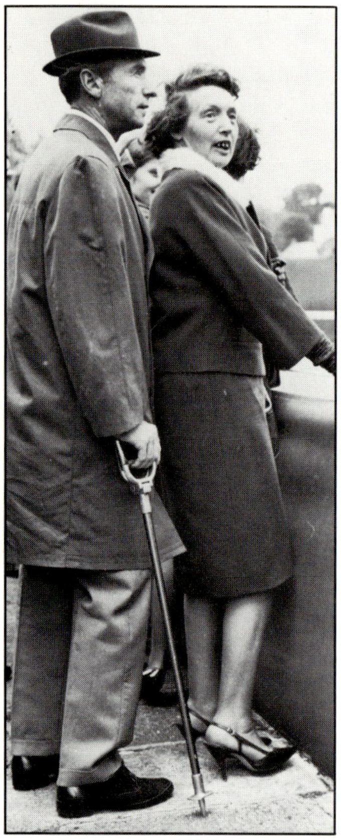

Ihm genügte auch ein Stehplatz

Englands Fußball-Idol Stan Matthews beobachtet mit seiner Frau ein Spiel seines Sohnes.

Sie hielt es kaum auf ihrem Stuhl

Frances Taylor (Mitte) drückt ihrem Mann Roger kräftig die Daumen.

1981 Fleming/McEnroe – Lutz/Smith	6:4	6:4	6:4
1982 McNamara/McNamee – Fleming/McEnroe	6:3	6:2	6:4
1983 Fleming/McEnroe – T. Gullikson/T. Gullikson (beide USA)	6:4	6:3	6:4

Mixed

Im Mixed wurde seit 1900 fortlaufend gespielt, es erhielt ebenfalls erst 1913 den Status der Meisterschaft.			
1913 Hope Crisp/Agnes Tuckey (beide GB) – J. C. Parke/E. Larcombe (beide GB)	3:6	5:3	(aufgegeben)
1914 James Cecil Parke/Ethel Larcombe (beide GB) – A. Wilding (NZ)/M. Broquedis (F)	4:6	6:4	6:2
1915–1918 nicht ausgetragen			
1919 Randolph Lycett (GB)/Elizabeth Ryan (USA) – A. D. Prebble/D. Lambert Chambers (beide GB)	6:0	6:0	
1920 Gerald Patterson (AUS)/Suzanne Lenglen (F) – Lycett/Ryan	7:5	6:3	
1921 Lycett/Ryan – M. Woosnam/P. L. Howkins (beide GB)	6:3	6:1	
1922 Patrick O'Hara Wood (AUS)/Suzanne Lenglen (F) – Lycett/Ryan	6:4	6:3	
1923 Lycett/Ryan – L. S. Deane/D. C. Sheperd-Barron (beide GB)	6:4	7:5	
1924 John Gilbert/Kitty McKane (beide GB) – L. A. Godfree/D. C. Sheperd-Barron (beide GB)	6:3	3:6	6:3
1925 Jean Borotra/Suzanne Lenglen (beide F) – H. L. de Morpurgo (I)/E. Ryan (USA)	6:3	6:3	
1926 Leslie Godfree/Kitty Godfree, geb. McKane (beide GB) – H. O. Kinsey/M. K. Browne (beide USA)	6:3	6:4	
1927 Frank Hunter/Elizabeth Ryan (beide USA) – Godfree/Godfree	8:6	6:0	
1928 Patrick Spence (ZA)/Elizabeth Ryan (USA) – J. Crawford/D. Akhurst (beide AUS)	7:5	6:4	
1929 Frank Hunter/Helen Wills (beide USA) – I. G. Collins/J. Fry (beide GB)	6:1	6:4	
1930 Jack Crawford (AUS)/Elizabeth Ryan (USA) – D. Prenn (GB)/H. Krahwinkel (D)	6:1	6:3	
1931 George Lott/Virginia Harper (beide USA) – I. G. Collins/J. C. Ridley (beide GB)	6:3	1:6	6:1
1932 Enrique Maier (E)/Elizabeth Ryan (USA) – H. C. Hopman (AUS)/J. Sigart (B)	7:5	6:2	
1933 Gottfried von Cramm/Hilde Krahwinkel (beide D) – N. G. Farquharson (ZA)/M. Heeley (GB)	7:5	8:6	
1934 Ryuki Miki (J)/Dorothy Round (GB) – H. W. Austin/D. C. Sheperd-Barron (beide GB)	3:6	6:4	6:0
1935 Fred Perry/Dorothy Round (beide GB) – H. C. Hopman/N. Hopman (beide AUS)	7:5	4:6	6:2
1936 Perry/Round – D. Budge/S. Fabyan (beide USA)	7:9	7:5	6:4
1937 Donald Budge/Alice Marble (beide USA) – Y. Petra/S. Mathieu (beide F)	6:4	6:1	
1938 Budge/Marble – H. Henkel (D)/S. Fabyan (USA)	6:1	6:4	
1939 Robert Riggs/Alice Marble (beide USA) – F. H. Wilde/N. B. Brown (beide GB)	9:7	6:1	
1940–1945 nicht ausgetragen			
1946 Thomas Brown/Louise Brough (beide USA) – G. E. Brown/D. Bundy (beide AUS)	6:4	6:4	
1947 John Bromwich (AUS)/Louise Brough (USA) – C. F. Long/N. W. Bolton (beide AUS)	1:6	6:4	6:2
1948 Bromwich/Brough – F. Sedgman (AUS)/D. Hart (USA)	6:2	3:6	6:3
1949 Eric Sturgess/Sheila Summers (beide ZA) – Bromwich/Brough	9:7	9:11	7:5
1950 Eric Sturgess (ZA)/Louise Brough (USA) – G. E. Brown/P. C. Todd (beide AUS)	11:9	6:1	6:4
1951 Frank Sedgman (AUS)/Doris Hart (USA) – M. Rose/N. W. Bolton (beide AUS)	7:5	6:2	
1952 Sedgman/Hart – E. Morea (RA)/T. D. Long (USA)	4:6	6:3	6:4
1953 Vic Seixas/Doris Hart (beide USA) – E. Morea (RA)/S. Fry (USA)	9:7	7:5	
1954 Seixas/Hart – K. Rosewall (AUS)/M. du Pont (USA)	5:7	6:4	6:3
1955 Seixas/Hart – E. Morea (RA)/L. Brough (USA)	8:6	2:6	6:3
1956 Vic Seixas/Shirley Fry (beide USA) – G. Mulloy/A. Gibson (beide USA)	2:6	6:2	7:5
1957 Mervyn Rose (AUS)/Darlene Hard (USA) - N. Fraser (AUS)/A. Gibson (USA)	6:4	7:5	
1958 Bob Howe/Lorraine Coghlan (beide AUS) – K. Nielsen (DK)/A. Gibson (USA)	6:3	13:11	
1959 Rod Laver (AUS)/Darlene Hard (USA) – N. Fraser/M. E. Bueno (BR)	6:4	6:3	
1960 Laver/Hard – B. Howe (AUS)/M. E. Bueno (BR)	13:11	3:6	8:6
1961 Fred Stolle/Lesley Turner (beide AUS) – B. Howe (AUS)/E. Buding (D)	11:9	6:2	
1962 Neale Fraser (AUS)/Margaret du Pont (USA) – D. Ralston (USA)/A. Haydon (GB)	2:6	6:3	13:11
1963 Ken Fletcher/Margaret Smith (beide AUS) – B. Hewitt (AUS)/D. Hard (USA)	11:9	6:4	
1964 Stolle/Turner – Fletcher/Smith	6:4	6:4	
1965 Fletcher/Smith – T. Roche/J. Tegart (beide AUS)	12:10	6:3	
1966 Fletcher/Smith – D. Ralston/B. J. King (beide USA)	4:6	6:3	6:3
1967 Owen K. Davidson (AUS)/Billie Jean King (USA) – K. Fletcher (AUS)/M. E. Bueno (BR)	7:5	6:2	
1968 Ken Fletcher/Margaret Court, geb. Smith (beide AUS) – A. Metreweli/O. Morotsowa (beide SU)	6:1	14:12	
1969 Fred Stolle (AUS)/Ann Jones (GB) – Roche/Tegart	6:3	6:2	
1970 Ilie Nastase (R)/Rosemary Casals (USA) – Metreweli/Morotsowa	6:3	4:6	9:7
1971 Davidson/King – M. Riessen (USA)/M. Court (AUS)	3:6	6:2	15:13
1972 Nastase/Casals – K. G. Warwick/E. Goolagong (beide AUS)	6:4	6:4	
1973 Davidson/King – R. Ramirez (MEX)/J. S. Newberry (USA)	6:3	6:2	
1974 Davidson/King – M. J. Farell/L. J. Charles (beide GB)	6:3	9:7	
1975 Marty Riessen (USA)/Margaret Court (AUS) – A. J. Stone (AUS)/B. Stoeve (NL)	6:4	7:5	
1976 Tony Roche (AUS)/Françoise Durr (F) – D. Stockton/R. Casals (beide USA)	6:3	2:6	7:5
1977 Bob Hewitt/Greer Stevens (beide ZA) – F. McMillan (ZA)/B. Stoeve (NL)	3:6	7:5	6:4
1978 Frew McMillan (ZA)/Betty Stoeve (NL) – R. Ruffels (AUS)/B. J. King (USA)	6:2	6:2	
1979 Hewitt/Stevens – McMillan/Stoeve	7:5	7:6	
1980 John Austin (AUS)/Tracy Austin (USA) – M. Edmondson/D. Fromholtz (beide AUS)	1:6	7:6	6:3
1981 McMillan/Stoeve – Austin/Austin	4:6	7:6	6:3
1982 Kevin Curren (ZA)/Anne Smith (USA) – J. Lloyd (GB)/W. Turnbull (AUS)	2:6	6:3	7:5
1983 John Lloyd (GB)/Wendy Turnbull (AUS) – St. Denton/B. J. King (beide USA)	6:7	7:6	7:5

Damendoppel

Von 1899 bis 1907 wurden in Wimbledon Damendoppel durchgeführt, die keinen offiziellen Charakter hatten. Bei der erneuten Aufnahme 1913 erhielten sie den Status der All England Championships.

1913 Margaret McNair/Penelope Boothby (beide GB) – Ch. Sterry/D. Lambert Chambers (GB)	4:6	2:4	(aufgegeben)
1914 Agnes Morton (GB)/Elizabeth Ryan (USA) – E. Larcombe/G. Hannam (beide GB)	6:1	6:3	
1915–1918 nicht ausgetragen			
1919 Suzanne Lenglen (F)/Elisabeth Ryan (USA) – D. Lambert Chambers/E. Larcombe (beide GB)	4:6	7:5	6:3
1920 Lenglen/Ryan – Lambert Chambers/Larcombe	6:4	6:0	
1921 Lenglen/Ryan – A. E. Beamish/G. Peacock (beide ZA)	6:1	6:2	
1922 Lenglen/Ryan – K. McKane/A. D. Stocks (beide GB)	6:0	6:4	
1923 Lenglen/Ryan – J. Austin/E. L. Colyer (beide GB)	6:3	6:1	
1924 Hazel Wightman/Helen Wills (beide USA) – B. C. Covell/K. McKane (beide GB)	6:4	6:4	
1925 Lenglen/Ryan – A. V. Bridge/C. G. McIlquham (beide GB)	6:2	6:2	
1926 Mary Browne/Elizabeth Ryan (beide USA) – L. A. Godfree/E. L. Colyer (beide GB)	6:1	6:1	
1927 Helen Wills/Elizabeth Ryan (beide USA) – E. L. Heine/G. Peacock (beide ZA)	6:3	6:2	
1928 Catherine Watson/Margaret Saunders (beide GB) – E. Bennet/E. H. Harvey (beide GB)	6:2	6:3	
1929 Catherine Watson/Peggy Michell (beide GB) – B. C. Covell/D. C. Sheperd-Barron (beide GB)	6:4	8:6	
1930 Helen Wills-Moody/Elizabeth Ryan (beide USA) – E. Cross/S. Palfrey (beide USA)	6:2	9:7	
1931 Dorothy Sheperd-Barron/Phyllis Mudford (beide GB) – D. Metaxa (F)/J. Sigart (B)	3:6	6:3	6:4
1932 Doris Metaxa (F)/Josane Sigart (B) – H. Jacobs/E. Ryan (beide USA)	6:4	6:3	
1933 Simone Mathieu (F)/Elizabeth Ryan (USA) – F. James/A. M. York (beide GB)	6:2	9:11	6:4
1934 Mathieu/Ryan – D. B. Andrus (USA)/S. Henrotin (F)	6:3	6:3	
1935 Freda James/Katharine Stammers (beide GB) – S. Mathieu (F)/H. Krahwinkel-Sperling (DK)	6:1	6:4	
1935 James/Stammers – S. Fabyan/H. Jacobs (beide USA)	6:2	6:1	
1937 Simone Mathieu (F)/Billie Yorke (GB) – M. R. King/J. B. Pittman (beide GB)	6:3	6:3	
1938 Alice Marble/Sarah Fabyan (beide USA) – Mathieu/Yorke	6:2	6:3	
1939 Marble/Fabyan – H. Jacobs (USA)/B. Yorke (GB)	6:1	6:0	
1940–1945 nicht ausgetragen			
1946 Louise Brough/Margaret Osborne (beide USA) – P. Betz/D. Hart (beide USA)	6:3	2:6	6:3
1947 Doris Hart/May Todd (beide USA) – Brough/Osborne	3:6	6:4	7:5
1948 Louise Brough/Margaret du Pont, geb. Osborne (beide USA) – Hart/Todd	6:3	3:6	6:3
1949 Brough/du Pont – G. Moran/M. Todd (beide USA)	8:6	7:5	
1950 Brough/du Pont – S. Fry/D. Hart (beide USA)	6:4	5:7	6:1
1951 Shirley Fry/Doris Hart (beide USA) – Brough/du Pont	6:3	13:11	
1952 Fry/Hart – L. Brough/M. Conolly (beide USA)	8:6	6:3	
1953 Fry/Hart – M. Conolly/J. Sampson (beide USA)	6:0	6:0	
1954 Brough/du Pont – Fry/Hart	4:6	9:7	6:3
1955 Angela Mortimer/Anne Shilcock (beide GB) – S. J. Bloomer/P. E. Ward (beide GB)	7:5	6:1	
1956 Angela Buxton (GB)/Althea Gibson (USA) – F. Muller/D. G. Seeney (beide AUS)	6:1	7:5	
1957 Althea Gibson/Darlene Hard (beide USA) – K. Hawton/T. D. Lond (beide AUS)	6:1	6:2	
1958 Maria Esther Bueno (BR)/Althea Gibson (USA) – M. du Pont/M. Varner (beide USA)	6:3	7:5	
1959 Jeanne Marie Arth/Darlene Hard (beide USA) – B. Fleitz (USA)/Ch. Truman (GB)	2:6	6:2	6:3
1960 Maria Esther Bueno (BR)/Darlene Hard (USA) – S. Reynolds/R. Schuurman (beide ZA)	6:4	6:0	
1961 Karen Hantze/Billie Jean Moffitt (beide USA) – J. Lehane/M. Smith (beide AUS)	6:3	6:4	
1962 Billie Jean Moffitt/Karen Susman, geb. Hantze (beide USA) – R. A. Ebbern/M. Smith (beide AUS)	5:7	6:3	7:5
1963 Bueno/Hard – Ebbern/Smith	8:6	9:7	
1964 Margaret Smith/Lesley Turner (beide AUS) – Moffitt/Susman	7:5	6:2	
1965 Maria Esther Bueno (BR)/Billie Jean Moffitt (USA) – F. Durr/J. Lieffrig (beide F)	6:2	7:5	
1966 Maria Esther Bueno (BR)/Nancy Richey (USA) – M. Smith/J. Tegart (beide AUS)	6:3	6:4	6:4
1967 Rosemary Casals/Billie Jean King, geb. Moffitt (beide USA) – Bueno/Richey	9:11	6:4	6:2
1968 Casals/King – F. Durr (F)/A. Jones (GB)	3:6	6:4	7:5
1969 Margaret Court, geb. Smith/Judith Tegart (beide AUS) – P. S. Hogan/K. A. Melville (beide USA)	9:7	6:2	
1970 Casals/King – F. Durr (F)/V. Wade (GB)	6:2	6:3	
1971 Casals/King – M. Court/E. Goolagong (beide AUS)	6:3	6:2	
1972 Billie Jean King (USA)/Betty Stoeve (NL) – D. E. Dalton (AUS)/F. Durr (F)	6:2	4:6	6:3
1973 Casals/King – F. Durr (F)/B. Stoeve (NL)	6:1	4:6	7:5
1974 Evonne Goolagong (AUS)/Margaret Michel (USA) – H. F. Gourlay/K. M. Krantzcke (beide AUS)	2:6	6:4	6:3
1975 Kazuyo Kiyomura/Kazuko Sawamatsu (beide J) – Durr/Stoeve	7:5	1:6	7:5
1976 Chris Evert (USA)/Martina Navratilova (staatenlos) – King/Stoeve	6:1	3:6	7:5
1977 Joanne Russel (USA)/Helen Cawley (AUS) – M. Navratilova (staatenlos)/B. Stoeve (NL)	6:3	6:3	
1978 Kerry Reid/Wendy Turnbull (beide AUS) – M. Jausovec (YU)/V. Ruzici (R)	4:6	9:8	6:3
1979 Billie Jean King (USA)/Martina Navratilova (staatenlos) – B. Stoeve (NL)/W. Turnbull (AUS)	5:7	6:3	6:3
1980 Kathy Jordan/Anne Elizabeth Smith (beide USA) – R. Casals (USA)/W. Turnbull (AUS)	1:6	7:5	6:1
1981 Martina Navratilova/Pam Shriver (beide USA) – Jordan/Smith	6:3	7:6	
1982 Navratilova/Shriver – Jordan/Smith	6:4	6:1	
1983 Navratilova/Shriver – Casals/Turnbull	6:2	6:2	

Der Teezüchter

Frank Hadow machte 1878 Ferien von seiner Teeplantage in Ceylon, spielte in London mit und wurde Wimbledon-Sieger.

Sportlicher Pastor

Am spielfreien Sonntag mußte er in der Heimatgemeinde Dienst tun, am Montag war er Wimbledon-Sieger des Jahres 1879: Prediger John T. Hartley.

Modische Eleganz der Tennisladys

Ein Schnappschuß vor der Jahrhundertwende: Lottie Dott und May Langrishe (hinten) gewannen in diesem Aufzug 1886 das Damendoppel.

Schnell und trickreich:

Die Spiele mit dem Zelluloidball

Als eine Art Verwandter des Tennis entwickelte sich der Tischtennissport im 19. Jahrhundert in Ostasien. Nach Erfindung von Zelluloidball und entsprechender Schläger begann sich dieser Sport Anfang des 20. Jahrhunderts in Europa zu entwickeln. Erste Turniere wurden bereits im Jahre 1901 in Berlin und Wien gespielt.

Bei den seit 1927 ausgetragenen Weltmeisterschaften – Tischtennis war nie olympische Disziplin – konnte bisher kein Aktiver des Deutschen Tischtennis Bundes (DTTB) einen Titel im Einzel erringen. Im Damendoppel gelang dies 1929 Erika Metzger/Mona Müller-Rüster in Budapest; sowohl 1934 in Paris als auch 1939 in Kairo holten dann die deutschen Damen mit der Mannschaft die WM-Titel zwei und drei für Deutschland.

Ganz dicht am Ziel: Eberhard Schöler

Ganz kurz vor dem großen Ziel stand 1969 der erfolgreichste deutsche Tischtennisspieler aller Zeiten, Eberhard Schöler. Der am 22. Dezember 1940 in Platow (Pommern) geborene Schöler führte im Finale der Weltmeisterschaft 1969 in München gegen den Japaner Shigeo Itoh schon mit 2:0 Sätzen, ehe er dem Asiaten doch noch mit 2:3 unterlag. 1965 und 1967 hatte Schöler jeweils den dritten Platz belegt.
Der nach den Kriegs- und Nachkriegswirren nach Düsseldorf gekommene junge Sportler hatte sich zunächst mehr für Fußball und Leichtathletik interessiert und kam erst mit neunzehn Jahren zum Tischtennissport. Er schloß sich zunächst Tusa Düsseldorf an und wurde mit dieser Mannschaft 1962 Deutscher Vereinsmeister. Von diesem Jahr an bis 1969 holte er auch ununterbrochen den Einzeltitel. Nach seinem Wechsel zum PSV Borussia Düsseldorf blieb er weiter erfolgreich und kam auf insgesamt 32 Deutsche Meisterschaften, darunter neun Einzeltitel. Viermal gewann er die Internationale Deutsche TT-Meisterschaft.
1966 heiratete er die englische Spitzenspielerin Diane Rowe, die mit ihrer Zwillingsschwester Rosalind zweimal Doppel-Weltmeisterin geworden war (1951 und 1954). Schöler wurde 1971 mit seiner Frau dann noch WM-Dritter im gemischten Doppel. Die beiden errangen viele Erfolge auf nationaler und internationaler Ebene. Nach seinem Rückzug vom aktiven Sport im Jahre 1979 blieb der Wahl-Düsseldorfer als Trainer seines Vereins und für den Verband weiterhin tätig.

»Mister Pokerface«
Der Abwehrkünstler Eberhard Schöler blieb bisher Deutschlands mit Abstand erfolgreichster TT-Spieler. Zumindest auf nationaler Ebene war der Mann mit den eisernen Nerven unschlagbar.

Die bisherigen Tischtennis-Weltmeister

		Herren	Damen
1927	London	Roland Jakobi (H)	Maria Mednyanszki (H)
1928	Stockholm	Zoltan Mechlovita (H)	Maria Mednyanszki (H)
1929	Budapest	Fred Perry (GB)	Maria Mednyanszki (H)
1930	Berlin	Viktor Barna (H)	Maria Mednyanszki (H)
1931	Budapest	Miklos Szabados (H)	Maria Mednyanszki (H)
1932	Prag	Viktor Barna (H)	Annus Sipos (H)
1933	Baden (bei Wien)	Viktor Barna (H)	Annus Sipos (H)
1934	Paris	Viktor Barna (H)	Mari Kettnerowa (TCH)
1935	London	Viktor Barna (H)	Mari Kettnerowa (TCH)
1936	Prag	Stanislav Kolar (TCH)	Ruth Aarons (USA)
1937	Baden	Richard Bergmann (A)	Trude Pritzi (A)
1938	London	Bohumil Vana (TCH)	Trude Pritzi (A)
1939	Kairo	Richard Bergmann (GB)	Vlasta Depetrisova (TCH)
1947	Paris	Bohumil Vana (CS)	Gizi Farkas (H)
1948	London	Richard Bergmann (GB)	Gizi Farkas (H)
1949	Stockholm	Johnny Leach (GB)	Gizi Farkas (H)
1950	Budapest	Richard Bergmann (GB)	Angelica Rozeanu (R)
1951	Wien	Johnny Leach (GB)	Angelica Rozeanu (R)
1952	Bombay	Hiroji Satoh (J)	Angelica Rozeanu (R)
1953	Bukarest	Ferenc Sido (H)	Angelica Rozeanu (R)
1954	London	Ichiro Ogimura (J)	Angelica Rozeanu (R)
1955	Utrecht	Toshihaki Tanaka (J)	Angelica Rozeanu (R)
1956	Tokio	Ichiro Ogimura (J)	Tomi Okawa (J)
1957	Stockholm	Toshihaki Tanaka (J)	Fujie Eguchi (J)
1959	Dortmund	Chuang Tse Tung (TJ)	Kimiy Matzusaki (J)
1961	Peking	Chuang Tse Tung (TJ)	Chiu Chang Hui (TJ)
1963	Prag	Chuang Tse Tung (TJ)	Kimiy Matzusaki (J)
1965	Laibach	Chuang Tse Tung (TJ)	Naoko Fukazu (J)
1967	Stockholm	Nobuhiko Hasegawa (J)	Sachiko Morisawa (J)
1969	München	Shigeo Itoh (J)	Toshiko Kowada (J)
1971	Nagoya	Stellan Bengtsson (S)	Lin Hui Ching (TJ)
1973	Sarajewo	Hsi En Ting (TJ)	Hu Yu Lan (TJ)
1975	Kalkutta	Istvan Jonyer (H)	Pak Yun Sun (NK)
1977	Birmingham	Mitsuro Konno (J)	Pak Yun Sun (NK)
1979	Pjöngjang	Seiji Ono (J)	Ke Hsin Ai (TJ)
1981	Novi Sad	Guo Yao Hua (TJ)	Tong Ling (TJ)
1983	Tokio	Guo Yao Hua (TJ)	Can Yan Hua (TJ)

WICHTIGE ERGEBNISSE DES TISCHTENNISSPORTS

Die Sieger im Europapokal

	Herren	Damen
1961	CSM Cluj (R)	–
1962	GSTK Zagreb (YU)	–
1963	Vasútépitö Törekvés (H)	–
1964	CSM Cluj (R)	Vointa Arad (R)
1965	CSM Cluj (R)	Vointa Arad (R)
1966	CSM Cluj (R)	DSC Duisburg-Kaiserberg (D)
1967	CSM Cluj (R)	Progresul (R)
1968	Slavia Prag (CS)	BSG Außenhandel (DDR)
1969	Slavia Prag (CS)	BSG Außenhandel (DDR)
1970	Spartacus Budapest (H)	Statisztika Budapest (H)
1971	Spartacus Budapest (H)	Statisztika Budapest (H)
1972	TTC Ormesby (GB)	Statisztika Budapest (H)
1973	GSTK Zagreb (YU)	Statisztika Budapest (H)
1974	GSTK Zagreb (YU)	Statisztika Budapest (H)
1975	Sparta Prag (CS)	Sparta Prag (CS)
1976	GSTK Zagreb (YU)	Statisztika Budapest (H)
1977	Sparta Prag (CS)	Statisztika Budapest (H)
1978	Sparta Prag (CS)	Statisztika Budapest (H)
1979	Spartacus Budapest (H)	Statisztika Budapest (H)
1980	BVSC Budapest (H)	Statisztika Budapest (H)
1981	Spartacus Budapest (H)	Statisztika Budapest (H)
1982	SSV Reutlingen (D)	Statisztika Budapest (H)
1983	Vasutas Budapest (H)	Statisztika Budapest (H)
1984	TTC Jülich (D)	Statisztika Budapest (H)

Die Sieger im Messepokal

	Herren	Damen
1965	Sportbund Stuttgart (D)	–
1966	Slavia Prag (CS)	Slavia Prag (CS)
1967	Sparta Prag (CS)	Lokomotive Raca Preßburg (CS)
1968	Stadion Prag (CS)	Épitök Budapest (H)
1969	Spartacus Budapest (H)	Épitök Budapest (H)
1970	GSTK Zagreb (YU)	Épitök Budapest (H)
1971	VZKG Ostrau (CS)	DSC Duisburg-Kaiserberg (D)
1972	GSTK Zagreb (YU)	FTC Budapest (H)
1973	BVSC Budapest (H)	FTC Budapest (H)
1974	Spartacus Budapest (H)	FTC Budapest (H)
1975	BVSC Budapest (H)	Épitök Budapest (H)
1976	Spartacus Budapest (H)	Weiß-Rot-Weiß Kleve (D)
1977	Spartak Subotica (YU)	Sparta Prag (CS)
1978	BVSC Budapest (H)	Mladost Zagreb (YU)
1979	BVSC Budapest (H)	Weiß-Rot-Weiß Kleve (D)
1980	SSV Reutlingen (D)	Mladost Zagreb (YU)
1981	Spartak Subotica (YU)	DSC Duisburg-Kaiserberg (D)
1982	ATSV Saarbrücken (D)	BSE Budapest (H)
1983	BVSC Budapest (H)	BSE Budapest (H)

Die Deutschen Mannschaftsmeister

	Herren	Damen
1933	Kieler TTK	–
1934	Gelb-Weiß Berlin	Kurpfalz Ludwigshafen
1935	TTC Berlin-Friedenau	Reemtsma Dresden
1936	Osram Berlin	Osram Berlin
1937	Hamburger SV	Osram Berlin
1938	Hamburger SV	Osram Berlin
1939	Post SV Wien	Post SV Wien
1947	MTV München	–
1948	MTV München	Eintracht Frankfurt
1949	MTV München	Union Wuppertal
1950	MTV München	Union Wuppertal
1951	MTV München	MTV München
1952	TSV Milbertshofen	Eintracht Frankfurt
1953	MTV München	Eintracht Frankfurt
1954	MTV München	Rot-Weiß Hamburg
1955	TTC Mörfelden	Rot-Weiß Hamburg
1956	TTC Mörfelden	Eintracht Frankfurt
1957	TTC Mörfelden	Eintracht Frankfurt
1958	TSV Milbertshofen	Eintracht Frankfurt
1959	TTV Metelen	Eintracht Frankfurt
1960	TTC Mörfelden	TK Hannover
1961	PSV Borussia Düsseldorf	Kieler TTK
1962	DJK TuSA Düsseldorf	DTC Duisburg-Kaiserberg
1963	DJK TuSA Düsseldorf	DTC Duisburg-Kaiserberg
1964	DJK TuSA Düsseldorf	Kieler TTK
1965	DJK TuSA Düsseldorf	DTC Duisburg-Kaiserberg
1966	VfL Osnabrück	DTC Duisburg-Kaiserberg
1967	DJK TuSA Düsseldorf	DTC Duisburg-Kaiserberg
1968	VfL Osnabrück	DTC Duisburg-Kaiserberg
1969	PSV Borussia Düsseldorf	DTC Duisburg-Kaiserberg
1970	PSV Borussia Düsseldorf	DSC Duisburg-Kaiserberg
1971	PSV Borussia Düsseldorf	DSC Duisburg-Kaiserberg
1972	Mettmanner TV	DSC Duisburg-Kaiserberg
1973	TTG Altena-Nachrodt	VfL Osnabrück
1974	PSV Borussia Düsseldorf	Kieler TTK
1975	PSV Borussia Düsseldorf	DSC Duisburg-Kaiserberg
1976	VfB Altena	DSC Duisburg-Kaiserberg
1977	SSV Reutlingen	DSC Duisburg-Kaiserberg
1978	PSV Borussia Düsseldorf	DSC Duisburg-Kaiserberg
1979	PSV Borussia Düsseldorf	TSV Kronshagen
1980	PSV Borussia Düsseldorf	Weiß-Rot-Weiß Kleve
1981	PSV Borussia Düsseldorf	DSC Duisburg-Kaiserberg
1982	PSV Borussia Düsseldorf	DSC Duisburg-Kaiserberg
1983	ATSV Saarbrücken	TSV Kronshagen
1984	ATSV Saarbrücken	DSC Duisburg-Kaiserberg

Die bisherigen Tischtennis-Mannschaftsweltmeister

	Herren	Damen
1927	Ungarn	–
1928	Ungarn	–
1929	Ungarn	–
1930	Ungarn	–
1931	Ungarn	–
1932	Tschechoslowakei	–
1933	Ungarn	–
1934	Ungarn	Deutschland
1935	Ungarn	Tschechoslowakei
1936	Österreich	Tschechoslowakei
1937	USA	USA
1938	Ungarn	Tschechoslowakei
1939	Tschechoslowakei	Deutschland
1947	ČSSR	England
1948	ČSSR	England
1949	Ungarn	USA
1950	ČSSR	Rumänien
1951	ČSSR	Rumänien
1952	Ungarn	Japan
1953	England	Rumänien
1954	Japan	Japan
1955	Japan	Rumänien
1956	Japan	Rumänien
1957	Japan	Japan
1959	Japan	Japan
1961	VR China	Japan
1963	VR China	Japan
1965	VR China	VR China
1967	Japan	Japan
1969	Japan	UdSSR
1971	VR China	Japan
1973	Schweden	Süd-Korea
1975	VR China	VR China
1977	VR China	VR China
1979	Ungarn	VR China
1981	VR China	VR China
1983	VR China	VR China

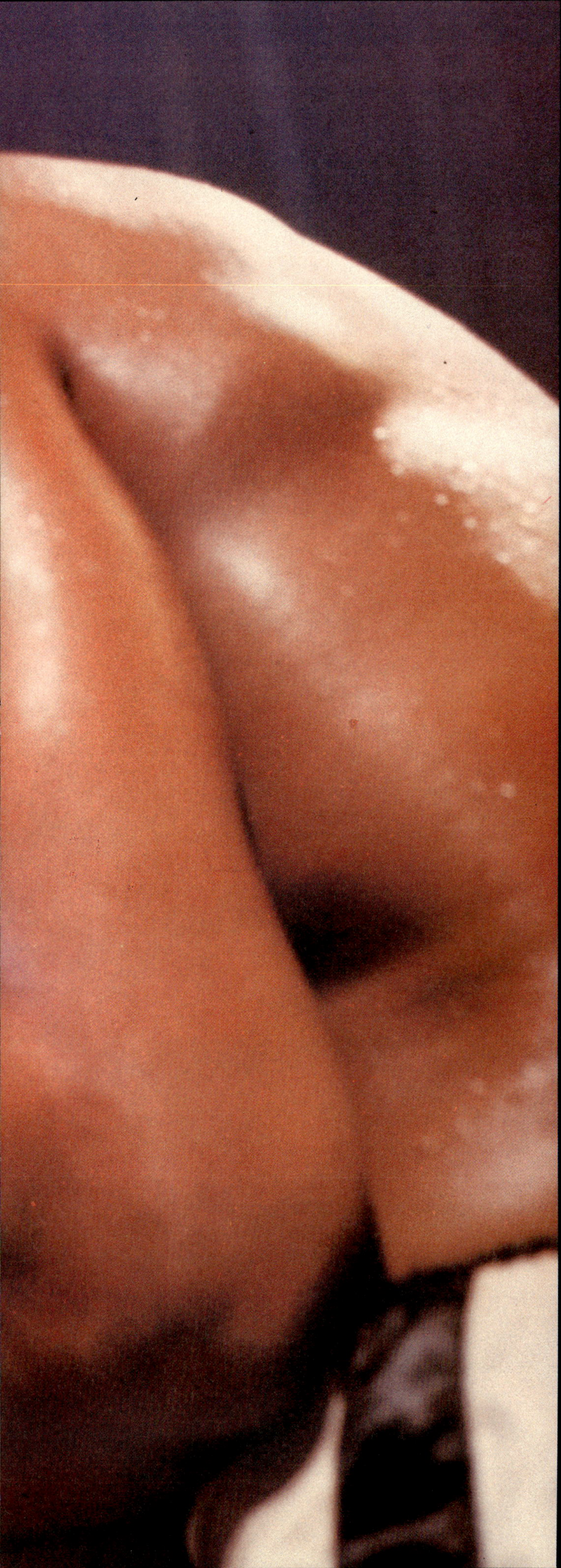

BOXEN

Von der edlen Kunst der Selbstverteidigung zum Fight um Dollarmillionen

Verdutzt schaute George Foreman seinen Trainer Dick Sadler an und fragte: Ist schon alles vorbei? Der Schlag, eine kurze Rechte zum Kinn, die Muhammad Ali übermächtigen Kräften zuschrieb, war auch nicht sonderlich hart gewesen, traf aber einen müden, deprimierten, hilflosen Champion, der von der Hysterie, dem Mut, der Kraft und einem völlig neuen Ali-Stil physisch und psychisch fix und fertig war. Als der schwarze Herkules auf den Rücken fiel, blickte er wie vernebelt zu seinen Helfern in die Ecke.

Hartmut Scherzer im „Kicker-Sportmagazin“ vom 31. Oktober 1974

»Meister aller Klassen«

Die Schwergewichtler beherrschen die Boxszene

Neben Werfen, Laufen und Springen gilt der Faustkampf als eine der ältesten Sportarten. Für das Jahr 688 vor Christus läßt sich Boxen als Sport erstmals terminieren, als die Griechen es in ihr olympisches Programm aufnahmen.

Erst nach weit über tausend Jahren – gegen Ende des 4. Jahrhunderts nach Christus fanden die letzten Olympischen Spiele der Antike statt – schließt sich die Lücke. Aus dem 17. Jahrhundert liegen wieder Überlieferungen von öffentlich ausgetragenen Faustkämpfen vor. Sie stammen aus England, das als Mutterland des modernen Boxsports gilt. Als seine Stammväter werden James Figg (1695 bis 1734) und Jack Broughton (1704 bis 1789) angesehen. Beide stellten erste Regularien auf, Broughton versuchte sogar das Tragen von Handschuhen zu popularisieren. Seine am 10. Oktober 1743 veröffentlichten Regeln wurden fast hundert Jahre lang befolgt, ehe sie 1838 von den sogenannten »London Prize Ring Rules« abgelöst wurden.
Erst 1866 wurden die noch heute geltenden Boxregeln eingeführt. Die als »Queensberry-rules« in die Sportgeschichte eingegangenen Regeln sind nach John Sholto Douglas Marquis of Queensberry benannt, der sie in diesem Jahr veröffentlichte.
Ein Boxkampf wurde danach in Runden von je drei Minuten Dauer eingeteilt, zwischen denen eine Pause von sechzig Sekunden einzuhalten war. Es durfte nur noch mit Handschuhen geboxt werden, und die Erholungszeit von zehn Sekunden nach einem Niederschlag wurde verbindlich. Noch nicht festgelegt wurde die Länge der Kämpfe bzw. die Begrenzung auf heute übliche Rundenzahlen. Bis in die 20er Jahre unseres Jahrhunderts wurde dies vorher von den Kämpfern bzw. ihren Vertretern ausgehandelt.

Anfangs noch mit bloßer Faust: John L. Sullivan

Von der Veröffentlichung bis zur allgemeinen Wirksamkeit der neuen Boxregeln war es noch ein weiter Weg. Erst ein Vierteljahrhundert, nachdem sie bekanntgemacht wurden, kam es zum ersten WM-Kampf um den Titel »Meister aller Klassen«, in dem beide Fighter Handschuhe trugen.
Einer davon war der Titelverteidiger, der von irischen Vorfahren abstammende John L. Sullivan aus Roxbury (US-Bundesstaat Massachusetts). Er gilt als erster Weltmeister der modernen Boxsportgeschichte, weil er noch nach alten Regeln den Titel gewann und später als erster Champion mit Handschuhen zum Titelfight antrat. Sullivan (geb. am 15. Oktober 1858), der mit allerlei Kraftakten auf Jahrmärkten auftrat und nebenbei auch Boxkämpfe austrug, kam am 7. Februar 1882 als Herausforderer zu seinem ersten Titelkampf. Der Weltmeister hieß Paddy Ryan und hatte sich diese Ehre zwei Jahre zuvor in einem Kampf über 87 Runden (!) geholt. Das bedeutete: Ryan konnte sich erst dann als Weltmeister feiern lassen, nachdem beide Fighter in diesem Titelkampf insgesamt 86mal zu Boden gegangen waren, denn die Runden wurden damals von Niederschlag zu Niederschlag gezählt; eine Runde konnte somit viele Minuten, aber auch nur einige Sekunden dauern. Die Zuschauer kamen jedenfalls voll auf ihre Kosten.
Sullivan besiegte Ryan nach 9 Runden in einer Kampfzeit von 11 Minuten und 10 Sekunden und wurde Weltmeister im Schwergewicht. In den folgenden Jahren schlug er in den USA alles, was sich ihm in den Weg stellte. Im Herbst 1887 wagte er dann eine Reise nach Europa und vermarktete seinen Ruhm in zahlreichen Schaukämpfen, bei denen schwere Handschuhe getragen wurden. Ein Jahr später forderte ihn der Ire Jake Kilrain zum Kampf um den WM-Titel heraus. Der Kampf kam schließlich am 8. Juli 1889 in Richburg (Mississippi) zustande und ging in die Boxgeschichte ein. Der Champion hatte zugestimmt, nach »Londoner Regeln«, also ohne Handschuhe, zu kämpfen, obwohl das mittlerweile verboten war und in einigen Staaten auch polizeilich verfolgt wurde. So prügelte man sich bei 49 Grad Celsius 75 Runden – die reine Kampfzeit betrug 2 Stunden, 16 Minuten und 23 Sekunden – um die 10 000 Dollar Siegprämie, dann lag der Ire bewußtlos am Boden. Danach wurden beide Akteure in Polizeigewahrsam genommen und mußten erst unterschiedlich hohe Kautionen zahlen, bevor man sie wieder

Sullivans erfolgreiche Titelfights

7. 2. 1882	in Mississippi City: K.-o.-Sieg nach 9 Runden gegen Paddy Ryan
8. 7. 1889	in Richburg (Miss.): K.-o.-Sieg nach 75 Runden gegen Jake Kilrain

Corbetts erfolgreiche Titelfights

7. 9. 1892	in New Orleans: K.-o.-Sieg 21. Runde gegen John L. Sullivan
25. 1. 1894	in Jacksonville (Florida): K.-o.-Sieg 3. Runde gegen Charley Mitchell

Im dritten Titelfight Handschuhe
So sah ein Zeichner den ersten WM-Kampf im Schwergewicht, der von beiden Kämpfern mit Handschuhen bestritten wurde. Titelverteidiger Sullivan (links) trug sie zum ersten Mal.

auf freien Fuß setzte. Der letzte Kampf nach Londoner Regeln, auch »Prize-Fights« genannt, hatte also ein unrühmliches Nachspiel.
Als drei Jahre später der nächste Herausforderer bereitstand, zog John Lawrence Sullivan Handschuhe an, um den Titel zu verteidigen. Das nutzte aber auch nichts mehr. Das süße Leben, das er seit der Schlacht mit Kilrain geführt hatte, erwies sich als stärkerer Gegner. Zwar konnte er seine Anhänger an diesem 7. September 1892 mit einer tapferen Leistung überzeugen, aber der acht Jahre jüngere Herausforderer James J. Corbett schlug ihn in der 21. Runde zu Boden, und Sullivan erhob sich nicht mehr, um weiterzukämpfen. Im ersten Titelkampf nach Queensberry-Regeln gab es also einen neuen Weltmeister.
Für Sullivan blieb es die einzige Niederlage seiner Laufbahn, die nach dem K. o. durch Corbett nur noch drei weitere Kämpfe hatte. Er zog sich vom Boxsport zurück und wurde Anhänger einer Antialkoholikerbewegung, für die er werbend durch die Vereinigten Staaten zog. Er starb am 2. Februar 1918.

Man nannte ihn »Gentleman Jim«: James J. Corbett

Der neue Weltmeister James J. Corbett hatte wie sein Vorgänger irische US-Einwanderer als Vorfahren. Der am 1. September 1866 in San Francisco geborene Champion war zunächst vom Elternhaus für einen bürgerlichen Lebensweg vorbereitet worden. Als zweiter Kassierer und Buchhalter führte er ein eher beschauliches Dasein, das nur in Wunschträumen die Boxidole der Zeit nacherlebte. Mit neunzehn Jahren beschloß der junge Mann dann plötzlich, sich fortan dem Boxsport zu widmen. Aber er stürzte sich nicht wild ins Kampfgetümmel, sondern bereitete seine Auftritte im Ring mit kühler Berechnung vor. Corbett trainierte hart und verbissen, aber mit Akribie, bis er ein Repertoire von Schlägen und Abwehrtechniken beherrschte, wie es keiner der Fighter seiner Tage vorzuweisen hatte. Er stellte sich ein regelrechtes Aufbauprogramm zusammen, das ihn zunächst gegen schwächere Gegner führte, an denen er seine Boxkunst ausprobierte. Der stets elegant gekleidete junge Mann, mit dem man sich glänzend unterhalten konnte, fiel aus dem Rahmen der Gestalten, die das Bild der Boxszene jener Tage beherrschten. An der Westküste hieß der neue Kämpfer bald nur noch »Gentleman Jim«. Er vervollkommnete seinen eleganten, eher auf technischem Können denn roher Schlagkraft aufgebauten Boxstil immer mehr, so daß nach weiteren Erfolgen der Wunsch nach einem Titelfight wach wurde. Aber Sullivan wollte erst einen richtigen Leistungsbeweis sehen, ehe er sich dem Emporkömmling stellen wollte. Den erbrachte Corbett am 18. Februar 1890 erstmals, als er Jake Kilrain nach 6 Runden in einem Kampf ohne Handschuhe k. o. schlug. Aber erst nachdem er am 21. Mai 1891 in einer sagenhaften Ringschlacht von 61 Runden den Austral-Neger Peter Jackson besiegt hatte, ging Sullivan ihm nicht mehr aus dem Weg. Der Sieg Corbetts in diesem Titelfight war gleichzeitig der Triumph der Technik über die Schlagkraft, der Beginn wirklicher Boxkunst.
Corbett hatte neben dem Boxen ein scheinbar unvereinbares Hobby: die Schauspielerei. Schon während seiner Regentschaft als Weltmeister war er auf Bühnen zu bewundern, beinahe mehr als im Boxring, den er nur noch selten betrat. So sind nach dem Gewinn des Titels nur noch wenige Kämpfe von ihm überliefert. Der Verlust der WM-Krone kam für ihn jedoch überraschend: Gegen den Mittelgewichtler Bob Fitzsimmons führte er am 17. März 1897 klar nach Punkten, als ihn ein regelrechter Glückstreffer seines Gegners in der 14. Runde von den Beinen riß.
Nur wenige Tage darauf stand er wieder auf der Bühne, körperlich unversehrt und immer noch gutaussehend – eine Ausnahmeerscheinung unter den Kämpfern seiner Zeit. Zweimal versuchte er Jahre danach, gegen den amtierenden Weltmeister den Titel wieder zurückzugewinnen – vergebens. Es war aber das erste Mal, daß ein Exweltmeister versuchte, ein Comeback zu feiern. Corbett wurde 67 Jahre alt; er starb am 18. Februar 1933.

Gentlemen bitten zur Box-Matinee
Schon im vorigen Jahrhundert zog die »edle Kunst der Selbstverteidigung« die Briten in Bann, wie dieser Stich eines Sparrings in Londons »Five Courts« zeigt.

Als Champion aller Klassen zu leicht: Bob Fitzsimmons

Der Mann, der »Gentleman Jim« Corbett vom Boxthron stieß, war alles andere als ein strahlender Schwergewichts-Champion. Bob Fitzsimmons (geb. am 4. Juni 1862) hatte am Tage des Titelkampfes schon seine 35 Jahre auf dem Buckel, und außerdem gehörte er mit seinen 75 Kilo in die Mittelgewichtsklasse. Aber er beherrschte sein Fach hervorragend und konnte sich seit Jahren auch gegen die ganz schweren Männer erfolgreich behaupten.
Von Geburt war der neue Weltmeister Engländer. Seine Wiege stand in einem kleinen Ort namens Helston in der Grafschaft Cornwall, wo er auch die ersten Kinderjahre verbrachte. Dann wanderte seine Familie nach Australien aus, wo der Junge Bob das Schmiedehandwerk erlernte. Spätere Berufsstationen waren die eines Stellmachers und eines Straßenbauers, aber auch andere körperlich schwere Tätigkeiten führte er aus. In der Freizeit verschrieb er sich dem Boxsport. Er hatte das Glück, als Amateur dem richtigen Manager aufzufallen, der ihn zehn Jahre lang aufbaute und in Australien von Sieg zu Sieg führte. Als es im fünften Kontinent keine Gegner mehr für Fitzsimmons gab, wagte er – mittlerweile schon 28 Jahre alt – den Sprung nach Amerika.
Er kämpfte sich durch den Dschungel des US-Boxsports und bekam tatsächlich die Chance zu einem Weltmeisterschaftskampf – im Mittelgewicht, wo er hingehörte. Am 14. Januar 1891 schlug er in New Orleans Amerikas Boxidol dieser Jahre, Mittelgewichts-Champion Jack Dempsey, in der 14. Runde k. o. Dempsey trug den Beinamen »The Nonpareille«, der »Unvergleichliche«, und galt als einer der größten Kämpfer seiner Zeit. Nach diesem Erfolg strebte Fitzsimmons hartnäckig einen Titelkampf um die Schwergewichts-

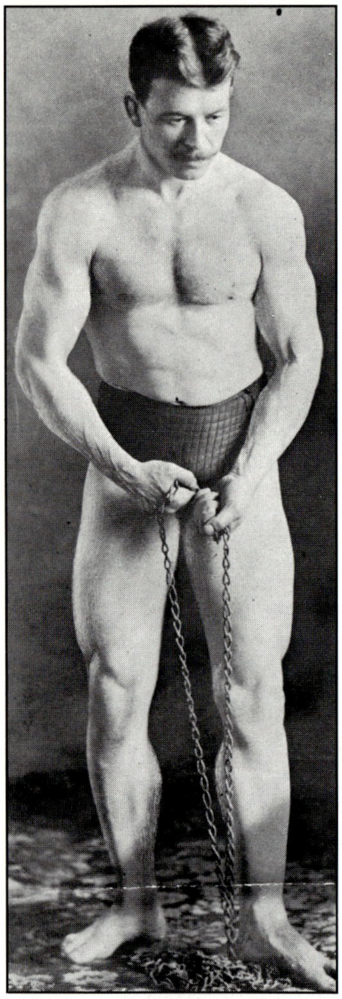

»Aus« vor der Jahrhundertwende

Für den Anglo-Amerikaner Bob Fitzsimmons erfüllte sich der Traum vom Weltmeister zweier Jahrhunderte nicht. Er verlor den Titel noch 1899.

krone an; er wollte nun Weltmeister aller Klassen werden.
Corbett nahm die Herausforderung schließlich an, um den lästigen Mitbewerber endlich loszuwerden. Er stand zu diesem Zeitpunkt im Zenit seines Könnens, war zwanzig Pfund schwerer und vier Jahre jünger als der Mann von dem fünften Kontinent. Der Kampf vom 17. März 1897 stellte dann aber alle Berechnungen auf den Kopf. Fitzsimmons zeigte ungeahnte Nehmerqualitäten, suchte jedoch immer seine Chance, obwohl er hoffnungslos unterlegen schien. In der 14. Runde landete er dann einen harten Körpertreffer auf den Solarplexus, den Corbett nicht verdaute. Die Sensation von Carson City (Nevada) war perfekt: Der neue Weltmeister aller Klassen hieß Bob Fitzsimmons.

Der lange Weg zum Thron hatte ihn aber müde gemacht. Der Titelkampf war schon der 22. seit seiner Ankunft in den Staaten; nun ruhte er sich aus. Zwei Jahre lang stand er überhaupt nicht im Ring, versuchte, den kostbaren Titel so lange wie möglich ohne Kampf zu halten. Dann aber schlug auch seine Stunde im vorletzten Jahr des zu Ende gehenden Jahrhunderts. Am 9. Juni 1899 wurde er von dem Boxriesen James J. Jeffries in der 11. Runde geschlagen.
Der 37jährige Fitzsimmons aber boxte weiter und versuchte als zweiter Fighter das Comeback auf den WM-Thron. Aber Jeffries schlug ihn 1902 schon in der 8. Runde k. o. Doch Fitz, wie man ihn in der Öffentlichkeit kurz nannte, kam vom Seilgeviert nicht los. Mit 41 (!) Jahren wurde er noch einmal Weltmeister, diesmal im Halbschwergewicht. Am 23. November 1903 besiegte er den Titelverteidiger George Gardner in San Francisco nach 20 Runden durch Punktwertung und behielt die Meisterschaft bis 1905. In seiner Heimat Australien sah man ihn dann noch als glatzköpfigen Box-Opa im Ring, im Alter von 52 Jahren. Er starb am 22. Oktober 1917 in Chicago an einer Lungenentzündung.

Der Riese auf dem WM-Thron: James J. Jeffries

Als Fitzsimmons noch den Meistergürtel der Halbschweren trug, war sein Nachfolger als Weltmeister aller Klassen schon wieder im Zivilleben. James J. Jeffries (geb. am 15. April 1875) hatte eine fünfjährige Traumkarriere beendet und war als erster Champion zunächst ungeschlagen zurückgetreten.
Im kleinen Fleckchen Carroll (Ohio) war er zu einem hünenhaften Kerl herangewachsen, den die Arbeit des Kesselschmieds erst richtig gestählt hatte. Als 21jähriger betrat er erstmals den Boxring, 187 Zentimeter hoch gewachsen und 102 Kilo schwer. Dieser Bilderbuch-Athlet lehrte seine Gegner schnell das Fürchten, denn er konnte seinen mächtigen Körper sehr gut beherrschen und war im Ring unwahrscheinlich schnell.
Der Titelkampf mit Fitzsimmons am 9. Juni 1899 auf Coney Island war die logische Konsequenz seines Erfolgsweges. Doch die Amerikaner sahen ihn vor dem Fight keineswegs als den sicheren Sieger an. Der Herausforderer verfügte zwar über gewaltige Schlagkraft, aber zuletzt waren Techniker wie Corbett und eben Fitzsim-

Jeffries' erfolgreiche Titelfights

9. 6. 1899	in Coney Island (New York): K.-o.-Sieg 11. Runde gegen Bob Fitzsimmons
3. 11. 1899	in Coney Island: PS nach 25 Runden gegen Tom Sharkey
11. 5. 1900	in Coney Island: K.-o.-Sieg 23. Runde gegen James J. Corbett
15. 11. 1901	in San Francisco: K.-o.-Sieg 5. Runde gegen Gus Ruhlin
25. 7. 1902	in San Francisco: K.-o.-Sieg 8. Runde gegen Bob Fitzsimmons
14. 8. 1903	in San Francisco: K.-o.-Sieg 10. Runde gegen James J. Corbett
26. 8. 1904	in San Francisco: K.-o.-Sieg 2. Runde gegen Jack Munroe; danach Rücktritt

Er opferte seinen Rekord dem Rassenhaß

Fast ein Vierteljahrhundert nach dem verlorenen Kampf gegen Jack Johnson (oben links) hatte Exchampion James J. Jeffries (oben) noch Spaß genug, um sich mit einem Stier auf seiner Ranch in Burbank herumzuschlagen.

mons dominierend gewesen. Der gegen Jeffries eher schmächtig wirkende Titelverteidiger schien diese These zunächst zu bestätigen. Aber Goliath Jim steckte das Trommelfeuer der Schläge gegen seinen Kopf 10 Runden lang weg und schickte Fitzsimmons in dieser 10. Runde zum zweiten Mal (erstmals in Runde 2) schwer getroffen zu Boden. Im nächsten Durchgang wiederholte sich das Spiel; diesmal stand Fitzsimmons dann nicht wieder auf.

Der neue Champion verteidigte noch im gleichen Jahr seinen Titel in einem über 25 Runden vereinbarten Kampf gegen Tom Sharkey nach Punkten und schlug in den folgenden Jahren seine Gegner, darunter die Exweltmeister Corbett und Fitzsimmons, alle vorzeitig. Nach seinem letzten K.-o.-Sieg erklärte er im August 1904 seinen Rücktritt, weil es seiner Meinung nach keine gleichwertigen Gegner mehr gab. In den 22 Begegnungen seit Beginn seiner Boxkarriere konnte er nicht bezwungen werden (→ Statistik).

Bevor er abtrat, schenkte er der Boxwelt quasi einen Nachfolger. Er arrangierte einen Kampf zwischen Jack Root und seinem Schüler Marvin Hart, fungierte selbst als Ringrichter und erklärte Sieger Hart zum neuen Weltmeister. Dieser taucht deswegen in einigen Statistiken nicht auf.

Jahre später verspielte Jeffries seinen Ruhm und den makellosen Kampfrekord, als er sich – angespornt von weißen Rassenfanatikern – dem ersten schwarzen Champion im Schwergewicht stellte, um den Titel wieder in weiße Hände zurückzuholen. Der mittlerweile 35jährige wurde hart bestraft und hat seit jenem 4. Juli 1910 eine K.-o.-Niederlage in seinem Kampfrekord (→ Jack Johnson).

Jeffries sah in seinem Leben noch viele Nachfolger auf dem WM-Thron. Er starb 78jährig am 3. März 1953 auf seiner Farm in Burbank.

Burns' erfolgreiche Titelfights

23. 2. 1906	in Los Angeles: PS nach 20 Runden gegen Marvin Hart
28. 11. 1906	in Los Angeles: Remis nach 20 Runden gegen Jack O'Brien
8. 5. 1907	in Los Angeles: PS nach 20 Runden gegen Jack O'Brien
4. 7. 1907	in Colma (Calif.): K.-o.-Sieg 1. Runde gegen Bill Squires
2. 12. 1907	in London: K.-o.-Sieg 10. Runde gegen Gunnar Moir
10. 2. 1908	in London: K.-o.-Sieg 4. Runde gegen Jack Palmer
17. 3. 1908	in Dublin: K.-o.-Sieg 1. Runde gegen Jem Roche
18. 4. 1908	in Paris: K.-o.-Sieg 5. Runde gegen Jewey Smith
13. 6. 1908	in Paris: K.-o.-Sieg 8. Runde gegen Bill Squires
24. 8. 1908	in Sydney: K.-o.-Sieg 13. Runde gegen Bill Squires
2. 9. 1908	in Melbourne: K.-o.-Sieg 6. Runde gegen Bill Lang

Floh vor dem starken Gegner: Tommy Burns

Der Weltmeister von Jeffries' Gnaden, Marvin Hart, erfüllte die Forderung seines Lehrmeisters, den Titel gegen jeden Herausforderer zu verteidigen, nur einmal, denn schon im ersten Kampf verlor er die zweifelhafte Würde. Am 23. Februar 1906 besiegte ihn Tommy Burns in Los Angeles über 20 Runden nach Punkten.

Der am 17. Juni 1881 als Noah Brusso in Hanover (Pennsylvania) geborene Frankokanadier wirkt in der stolzen Galerie der Weltmeister etwas blaß, nicht zuletzt wegen seiner Körpermaße. Mit nur 170 Zentimetern Größe war er der Zwerg unter den Schwergewichtsmeistern, zumal er auch nur 81 Kilo auf die Waage brachte. Nachdem die Boxwelt seinen Titel anerkannt hatte, vermarktete er seinen Ruhm äußerst geschickt. Zehnmal innerhalb von zwei Jahren verteidigte er den Meistergürtel gegen leichte Gegner aus aller Welt, allein dreimal gegen den australischen Meister Bill Squires. Er wird vor allem deswegen in den Annalen der Boxgeschichte gerühmt, weil er US-Amerika das Monopol als Veranstalterland für Titelkämpfe beschnitt.

Dabei war seine Reise um die Welt nichts anderes als eine Flucht vor dem stärksten Heraus-

Heile Boxwelt der Weißen brach völlig zusammen

Die Tips seines schwergewichtigen Trainers (oben) halfen Tommy Burns nicht, als der erste Schwarze nach dem Gürtel des Weltmeisters aller Klassen griff. Gegen Jack Johnson (rechts) befand er sich nur im Rückwärtsgang.

forderer, dem Neger Jack Johnson. In den USA schien ein Kampf um die WM-Krone im Boxen zwischen einem Schwarzen und einem Weißen angesichts der Rassentrennung noch undurchführbar, und so kam es schließlich in Sydney am zweiten Weihnachtstag des Jahres 1908 zum Titelfight zwischen Burns und Johnson. Der Weltmeister wurde 13 Runden lang jämmerlich verprügelt, in der 14. Runde schritt die Polizei ein und machte dem ungleichen Gefecht ein Ende, indem sie den Kampf einfach abbrach. Nach kurzer Irritation wurde dann Jack Johnson vom Ringrichter zum neuen Titelträger erklärt.
Tommy Burns, der am 10. Mai 1955 in den Staaten gestorben ist, boxte danach bis 1920 weiter, wobei er noch sechs Kämpfe austrug. In seinem Rekord stehen bei sechzig Kämpfen nur fünf Niederlagen, darunter der einzige K. o. in Sydney.

Johnsons erfolgreiche Titelfights
26. 12. 1908 in Sydney: Abbruchsieg 14. Runde gegen Tommy Burns
19. 5. 1909 in Philadelphia: Remis nach 6 Runden gegen Jack O'Brien
30. 6. 1909 in Pittsburgh: Remis nach 6 Runden gegen Tony Ross
9. 9. 1909 in San Francisco: Remis nach 10 Runden gegen Al Kaufmann
16. 10. 1909 in Colma (Calif.): K.-o.-Sieg 12. Runde gegen Stanley Ketchel
4. 7. 1910 in Reno (Nevada): K.-o.-Sieg 15. Runde gegen James J. Jeffries
4. 7. 1912 in Las Vegas: PS nach 9 Runden gegen Jim Flynn
28. 11. 1913 in Paris: K.-o.-Sieg 2. Runde gegen André Sproul
19. 12. 1913 in Paris: Remis nach 10 Runden gegen Jim Johnson
27. 6. 1914 in Paris: PS nach 20 Runden gegen Frank Moran
24. 7. 1914 in Paris: PS nach 20 Runden gegen Frank Moran

Hafturlaub zum Besuch eines Kampfes
Wenig zu lachen hatte Jack Johnson als erster Farbiger auf dem WM-Thron. Zum Besuch eines Kampfes kam er einmal sogar aus dem Gefängnis – aber nur als Hafturlauber begrüßt.

Vom weißen Amerika gehaßt: Jack Johnson

Der Sieg des Negers Jack Johnson gegen den weißen Weltmeister im fernen Australien bedeutete für die Rassisten in den USA einen schweren Schock. Sein Erfolg widerlegte die These von der Minderwertigkeit und Schwäche der als Menschen zweiter Klasse verachteten »Nigger«. In den Südstaaten dagegen wird dieser Triumph eines früheren Weggenossen von den unterdrückten Schwarzen als Fanal für offenen Aufruhr gegen die verhaßten Herren aufgefaßt. Farmen gehen in Flammen auf, es kommt zu blutigen Zusammenstößen.
Der erste Neger auf dem Thron des Champions aller Klassen wurde am 31. März 1878 in Galveston (Texas) geboren. Seine Jugend verlief so freudlos wie die vieler Rassengenossen im Süden der Vereinigten Staaten. Ein sozialer Aufstieg durch das Boxen, wie er später manch schwarzem Fighter gelang, war damals noch ausgeschlossen. Vielleicht hat er deswegen erst als 21jähriger die Handschuhe angezogen, um den dornenreichen Weg bis zum Titelkampf zu gehen. Er sah sich jedenfalls nach dem Sieg gegen Burns einer Welt von Feinden gegenüber, die nur ein Ziel hatte: die Schmach eines schwarzen Weltmeisters so schnell wie möglich zu tilgen.
Aber wer sollte den neuen Champion, den Amerikas »Box-Papst« Nat Fleischer für den größten Schwergewichtsboxer aller Zeiten hielt, was er bis zu seinem Tode 1972 immer wieder publizierte, schlagen? Nachdem es ein paar Gegner der gleichen Gewichtsklasse im Verlauf des Jahres 1909 vergeblich versucht hatten (→ Statistik), beorderten die Veranstalter Mittelgewichts-Weltmeister Stanley Ketchel, einen hart schlagenden Klassemann, an die Front, um endlich den verhaßten Schwarzen abzuschießen. Doch die Gesetze der Natur ließen sich auch durch großen Rassenhaß nicht verrücken. Der sechzig Pfund leichtere Ketchel wurde am 16. Oktober 1909 in Kalifornien in der 12. Runde auf die Bretter geschickt, und Johnson konnte triumphieren. Mittlerweile hatte er gemerkt, daß er seinen Gegnern boxerisch haushoch überlegen war, und spielte das durch betont lässiges und provozierendes Verhalten im Ring auch aus. Die weißen Amerikaner schäumten vor Wut, Johnsons farbige Landsleute aber trugen die Köpfe höher.
Auf der Suche nach einem potentiellen Bezwinger des verhaßten Schwarzen aktivierten die Boxpromoter schließlich das Idol vergangener Jahre, den ungeschlagen zurückgetretenen James J. Jeffries. Der hatte aber nicht nur seit sechs Jahren keinen Kampf mehr bestritten, sondern war eben auch um diese sechs Jahre älter, nämlich 35, geworden. Doch die Appelle der Öffentlichkeit, die ihn als weißen Patrioten hochjubelten, der die Ehre des weißen Amerika retten sollte, wogen schließlich schwerer als die sportliche Vernunft. Jeffries stimmte dem Kampf zu.
Amerika wurde daraufhin von einer Emotionswelle überspült, die manchem Polizeichef die Sorgenfalten auf die Stirn trieben. Erstmals in der Boxgeschichte machte das Schlagwort vom »Kampf des Jahrhunderts« die Runde. Das Zusammentreffen der beiden Hünen, die auch über große boxerische Fähigkeiten verfügten, elektrisierte nicht nur ausgesprochene Sportfans. Die Veranstalter hatten sinnigerweise den Nationalfeiertag des Jahres 1910, den 4. Juli, als Kampftermin bestimmt. Das Spektakel ging in Reno (Nevada) über die Bühne. Erstmals wurden Rekordumsätze bei einem Boxkampf gemacht: Genau 15760 Zuschauer umsäumten den Ring; sie hatten 270775 Dollar in die Kassen der Promoter gezahlt.
Die Hoffnungen der Rassenfanatiker erhielten dann einen harten Dämpfer. Was neutrale Beobachter befürchtet hatten, wurde für Jeffries bittere Wirklichkeit. Er konnte zwar boxerisch immer noch einiges bieten, aber die Zeit hatte ihre Spuren hinterlassen. Da boxte ein mit 35 Jahren weit über dem Zenit seines früheren Leistungsvermögens stehender Veteran gegen einen in Topform befindlichen Athleten und zahlte entsprechend Lehrgeld. Johnson boxte ihn 14 Runden lang aus, schickte ihn in der 15. zweimal zu Boden und schlug ihn im gleichen Durchgang noch k. o. – der WM-Titel blieb in schwarzer Hand.
Dieser Kampfausgang hatte im ganzen Land schreckliche Folgen. Bei schweren Rassenunruhen gab es mehrere Todesopfer, zahlreiche Brandstiftungen durch aufrührerische Schwarze hielten die Polizei in Atem. Der Gegenschlag der weißen Herren führte zu einer regelrechten Verfolgung aller Schwarzen, vor allem in den Südstaaten. Jetzt trat das Privatleben des Weltmeisters durch negative Schlagzeilen in

das Blickfeld der Öffentlichkeit. Der mittlerweile wohlhabende Johnson hatte gleich mehrere Tabus der amerikanischen Rassengesellschaft verletzt. Nach der Scheidung von seiner farbigen Frau heiratete er eine Weiße, die unter rätselhaften Umständen ums Leben kam – der Polizeibericht sprach schließlich von Selbstmord. Als Johnson danach wieder eine junge Weiße ehelichte, kam er mit den Rassengesetzen in Konflikt. Er wurde angeklagt und zu einer Freiheitsstrafe verurteilt, konnte jedoch durch Stellung einer Kaution auf freiem Fuß bleiben.

Die Polizei blieb jedoch sein ständiger Begleiter. Als er seinen Titel gegen die neue weiße Schwergewichtshoffnung Jim Flynn am 4. Juli 1912 in Las Vegas verteidigen sollte, säumten erstmals mehr schwarze als weiße Zuschauer den Ring. Als die Rassengenossen Johnsons gegen den weißen Boxer vorzugehen drohten, brach die Polizei den Kampf ab. Da Johnson bis dahin der überlegene Mann im Ring war, wurde ihm ein Punktsieg zuerkannt.

Danach wurde seine Stellung in den USA durch weitere Eskapaden im Privat- und Geschäftsleben unhaltbar, und so verließ der Weltmeister sein Heimatland Richtung Europa. Dort tingelte er durch die Boxringe, verteidigte seinen Titel mehrmals, während in den USA ein »weißer Weltmeister« ermittelt wurde, der aber in keiner offiziellen Rangliste auftaucht.

Am Ende seiner Laufbahn boxte Johnson dann doch noch gegen einen Landsmann um den WM-Titel. Für eine stattliche Börse stellte er sich der neuen »weißen Hoffnung« Amerikas, Jess Willard. Aus Sicherheitsgründen fand der Kampf auf Kuba statt. Über 20 000 Zuschauer wurden am 5. April 1915 in Havanna dann Zeuge eines Geschehens, das in der Boxwelt seitdem als »schmutziger Lorbeer« berüchtigt ist. Der trotz seiner 37 Jahre offensichtlich noch gut disponierte Johnson ließ sich in der 26. Runde des Kampfes – 45 waren als Distanz vereinbart worden – nach einem Treffer auszählen. Den Zuschauern schien er gar nicht so schwer angeschlagen zu sein, und viele hatten den Eindruck, daß er seine Chance zum Knockdown nicht gesucht hatte. Das Wort von Schiebung machte die Runde.

Nach dem Kampf gab es allerlei Gerüchte in der amerikanischen Öffentlichkeit. Es wurde von einer angeblichen Vereinbarung berichtet, nach der Johnson im Falle einer Niederlage keine Strafverfolgung mehr in den USA zu fürchten gehabt hätte. Als Johnson dann auch noch öffentlich bekannte, das Ende des Kampfes sei abgesprochen gewesen, stand für die Boxwelt fest: Der Kampf in Havanna war die größte Schiebung des Jahrhunderts. Es hat nicht an Versuchen gefehlt, Johnson wieder zu rehabilitieren. Vor allem Johnson-Fan Nat Fleischer hat bis an sein Lebensende nicht an den »schmutzigen Lorbeer« geglaubt. Aber wirklich Licht in das Geschehen jener Tage konnte niemand bringen. Amerika hatte auf jeden Fall endlich seinen herbeigesehnten weißen Weltmeister und vergaß den schwarzen Vorgänger schnell. Johnson boxte nach einer Pause auch nach dem Weltkrieg weiter und kam insgesamt auf 97 Kämpfe, von denen er lediglich fünf verloren hat. Ein neuer Titelkampf oder eine Ausscheidung dazu blieb ihm jedoch für immer verwehrt. Er verunglückte bei einem Verkehrsunfall am 10. Juni 1946 in Raleigh (North Carolina) tödlich.

Der Titelträger im Zwielicht: Jess Willard

Die Umstände des Kampfausgangs in Havanna ließen den neuen Weltmeister nicht gerade im Glorienschein dastehen. Der am 29. Dezember 1881 in Pottawatomie (Kansas) geborene Jess Willard mußte vielmehr zeit seines Lebens den Makel mit sich herumtragen, nicht auf ehrliche Weise auf den Thron gehoben worden zu sein. Als er den Meistergürtel umgelegt bekam, war er schon 32 Jahre alt und hatte gerade dreißig Kämpfe bestritten. Seine boxerischen Fähigkeiten wurden als recht bescheiden beschrieben, dafür konnte er aber körperliche Vorzüge in den Ring führen: Bei 199 Zentimetern Größe und 114 Kilo Gewicht blieb seinen Gegnern oft nur der Rückzug.

Der Kraftprotz, der vornehmlich in Texas bekannt war und auch mit Vorliebe als Cowboy auftrat, wurde jedenfalls für das Spektakel von Havanna verpflichtet, machte aber danach einen unglücklichen Eindruck als Weltmeister. Ein einziges Mal verteidigte er den Titel, und das nur, weil die New Yorker Boxbestimmungen keinen Sieger nach Punkten vorsahen. Es gab nur die Alternative K.-o.-Sieg oder Kampfausgang ohne Entscheidung. Willard würgte sich gegen seinen Gegner über die festgesetzten 10 Runden und behielt durch das Urteil »ohne Entscheidung« den Titel (→ Statistik). Danach zeigte er sich drei Jahre lang nur bei einigen Schaukämpfen, bis er dann endlich den Titel wieder aufs Spiel setzte und am 4. Juli 1919 in Toledo (Ohio) von Amerikas neuem Boxidol Jack Dempsey demontiert wurde.

Vier Jahre später versuchte er als 42jähriger noch einmal ein Comeback, zog sich nach der K.-o.-Niederlage gegen den bärenstarken Argentinier Luis Angel Firpo aber dann endgültig ins Privatleben zurück. Er war als wohlhabender Farmer noch lange bekannt und starb im Alter von 87 Jahren am 15. Dezember 1968 in Los Angeles.

Nach Zentimetern war er der »Größte«

Der »Giant Cowboy« Jess Willard maß 199 Zentimeter vom Scheitel bis zur Sohle. Im Reigen der Weltmeister aller Klassen blieb er in dieser Hinsicht bis heute der »Größte«.

Willards erfolgreiche Titelfights

5. 4. 1915	in Havanna: K.-o.-Sieg 26. Runde gegen Jack Johnson
25. 3. 1916	in New York: Remis nach 10 Runden gegen Frank Moran

Boxidol der »Golden Twenties«: Jack Dempsey

Der Mann, der den Boxriesen Jess Willard am Nationalfeiertag des ersten Jahres nach Kriegsende drei Runden lang so verprügelte, daß dieser nicht mehr aufstehen konnte, wurde am 24. Juni 1895 in Manassa (Colorado) als William Harrison Dempsey geboren. Sein Vater, ein einfacher Arbeiter, mußte außer ihm noch zehn andere Kinder durchbringen. Entsprechend verliefen die Jugendjahre des William Harrison. Als Tramp durchquerte er jahrelang die Vereinigten Staaten, verdingte sich hier mal als Tellerwäscher, dort als Bergwerksarbeiter. Zuletzt verdiente er das Geld für notwendige Mahlzeiten als Rummelplatz-Boxer. Das war im Jahre 1914. Im Jahr darauf begann er ernsthaft mit dem Boxsport und wurde gleich in den ersten Kämpfen für die Gegner zu einer Gefahr. Das harte Leben als Tramp hatte ihn gestählt und unerbittlich gemacht. Kein anderer kämpfte mit solch totalem Vernichtungswillen wie er. Seine immense Schlagkraft, gepaart mit einem Schuß Brutalität, machte ihn zu einem boxenden Phänomen im Ring.

Nachdem sich die ersten Erfolge eingestellt hatten und er einen gewissen Bekanntheitsgrad erreichte, gab er sich den Vornamen Jack und hieß nun genauso wie der seinerzeit von ganz Amerika verehrte Mittelgewichts-Weltmeister Jack Dempsey. Von den ersten 27 Kämpfen als Profi gewann er gleich siebzehn durch K.o. – bald kannte man ihn im ganzen Land. Der Weg zum Titelkampf gestaltete sich für Dempsey aber nicht einfach. US-Amerikas führender Boxpromoter Tex Rickard sah in ihm nicht den geeigneten Herausforderer für den körperlich überlegenen Jess Willard. Erst eine geschickte Pressekampagne des Dempsey-Managers und Sportjournalisten Jack Kearns schuf schließlich die Basis für den ersehnten Kampf.

Die 19650 zahlenden Zuschauer am Ring in Toledo (Ohio) erlebten nur ein kurzes Boxspektakel. Dempsey fegte wie ein Tornado über Willard hinweg, der bereits in der 1. Runde nach dem fünften Niederschlag ausgezählt wurde. So jedenfalls schien es der Menge – und auch Dempsey, der schon zur Siegesfeier rüstete, als sich der Zeitnehmer Gehör verschaffen konnte. Er teilte allen mit, daß er den Schlußgong dieser 1. Runde vor dem »Aus« des Ringrichters geläutet habe, was im allgemeinen Trubel wohl untergegangen war. Also ging der Fight weiter, der zu einer einzigen Bestrafung des Weltmeisters wurde. Nach der 3. Runde blieb Willard apathisch in seiner Ecke sitzen – Jack Dempsey war neuer Träger des Titels »Weltmeister aller Klassen«.

Spätestens von diesem Tag an lag ihm Amerika zu Füßen. Die Eigenschaften dieses Kämpfers – enorme Schnelligkeit, schier übermenschliche Härte gegen sich und die Gegner, nahezu unglaubliche Schlagkraft und ein immer spürbarer Killerinstinkt im Ring – machten ihn zum Idol des Boxsports des beginnenden neuen Jahrzehnts, das nicht nur in Amerika als die »Golden Twenties« in die Geschichte einging.

»Manassa Mauler«, das Rauhbein aus Manassa, »Man Killer« und »Schmiedehammer« – mit solchen Attributen schmückte ihn Amerikas Presse fortan und hatte in den nächsten Jahren oft Gelegenheit, in Superlativen von seinen Kämpfen zu berichten.

Beispielsweise vom Fight gegen den Franzosen Georges Carpentier am 2. Juli 1921 in Jersey City. Der clevere Tex Rickard hatte diese Paarung kühl rechnend zusammengestellt, war dann aber vom finanziellen Erfolg selbst überrascht. In einer eigens errichteten Freiluftarena drängten sich 80000 Zuschauer, die die sagenhafte Summe von 1789238 Dollar in die Kassen fließen ließen. Titelverteidiger Dempsey erhielt davon stattliche 300000 Dollar als Börse, Carpentier konnte immerhin auch noch 200000 Dollar einstreichen. Erstmals in der Geschichte des Boxsports konnte ein Promoter mehr als eine Million als Einnahme registrieren – Tex Rickards Spürsinn für das Außergewöhnliche hatte sich bezahlt gemacht.

Jeder wollte sehen, wie sich das Rauhbein aus Colorado des eleganten Franzosen, einem hochdekorierten Leutnant der französischen Luftwaffe, erwehren würde. Aber Amerikas Boxidol enttäuschte seine Fans nicht. In der 4. Runde war der »Kampf des Jahrhunderts«, wie er in der Öffentlichkeit nur noch genannt worden war, schon beendet. Carpentier lag geschlagen am Boden.

Gut zwei Jahre später mußten die Dempsey-Verehrer erstmals bei einem Kampf des Weltmeisters zittern. Über 80000 Zuschauer glaubten am 14. September 1923

Am Ring saßen über 120000 Zuschauer

Beim ersten Kampf zwischen Gene Tunney (rechts) und Jack Dempsey kamen soviel Zuschauer wie nie wieder in der Geschichte des Boxsports zusammen: Über 120000 zahlten Eintritt.

in den Polo Grounds von New York schon an das Ende des »Manassa Maulers«. Der Gegner hieß Luis Angel Firpo, stammte aus Argentinien und trug den schmückenden Beinamen »Stier der Pampas«. Er überragte Dempsey um ein paar Zentimeter und brachte 30 Pfund mehr Gewicht mit in den Ring. Firpo schlug den Titelverteidiger schon kurz nach Kampfbeginn zu Boden, doch Dempsey erholte sich schnell und zwang den Argentinier mit einem ständigen Schlaghagel ein ums andere Mal auf die Bretter. Aber Firpo stand zum Erstaunen der Menge immer wieder auf und traf dann mit einer Art Verzweiflungsschlag seinen Gegner so hart, daß dieser durch die Seile auf einen Pressetisch am Ring fiel. Zwei Journalisten schoben ihn schnell wieder in das Seilviereck, wo Dempsey rechtzeitig vor dem »Aus« des Ringrichters die Fäuste wieder hochbekam und sich bis zum Gong rettete. Wegen ihrer Dramatik gingen diese drei Minuten als »Runde des Jahrhunderts« in die Boxsportgeschichte ein. Es folgten danach nur noch 57 Sekunden, dann hatte Dempsey mit fürchterlichen Schlägen den Argentinier k. o. geschlagen.
Dieses Geschehen, das von den 82 000 zahlenden Zuschauern mit der zweiten Millioneneinnahme für Tex Rickard honoriert wurde – genau 1 188 603 Dollar klingelten in den Kassen –, hatte auch boxsportliche Folgen: Von nun an mußte nach einem Niederschlag der andere Kämpfer die neutrale Ringecke aufsuchen und das Zählen des Ringrichters bis zum erneuten Schlagabtausch abwarten. Darüber hinaus trat die Regel in Kraft, daß jeder Kämpfer disqualifiziert werden mußte, der mit fremder Hilfe in den Ring zurückgekehrt war. Dempsey hat bei diesem Kampf übrigens zum ersten Mal eine halbe Million Dollar als Börse kassiert.
Nun begann Dempsey, das Leben von den angenehmeren Seiten schätzen zu lernen. Die nächsten Schlagzeilen lieferte er Amerikas Presse durch die Heirat mit der bekannten Filmschauspielerin Estelle Taylor, die alles daransetzte, ihn zur Aufgabe des Faustkampfes zu überreden. Nach drei Jahren sportlicher Untätigkeit und geschwächt vom bequemen Leben folgte er dann dem Drängen von Manager und Promotor. Er trat zum Titelkampf gegen den durch Siege über bekannte Schwergewichtler qualifizierten Gene Tunney an.
120 757 Zuschauer strömten am 23. September 1926 im Sesquicentennial Stadium von Philadelphia zusammen, um endlich ihr Idol wieder im Ring zu bewun-

Gegner und Freunde: Jack Dempseys Weggefährten

Auf seine Ehefrau Estelle (links) konnte sich der Champion ebenso verlassen wie auf Manager Jack Kearns (oberes Bild, Mitte). Den Gegnern – Gene Tunney (links) und Georges Carpentier (unten links) – verging oftmals das Lachen.

dern. Es blieb die größte Menschenmenge, die jemals einen Boxkampf direkt miterlebt hat. Sie zahlte 1 895 733 Dollar in Tex Rikkards Kassen; Dempseys anteilige Gage betrug sagenhafte 718 868 Dollar. Der Herausforderer mußte mit der Garantiesumme von 200 000 Dollar zufrieden sein.
Als Titelverteidiger hatte Dempsey 10 Runden als Distanz bestimmt. Er war wohl von seiner konditionellen Verfassung nicht sehr überzeugt, andererseits vertraute er seiner Schlagkraft – und mit ihm ganz Amerika. Der Titelverteidiger galt trotz der langen Ringpause als haushoher Favorit. Der neue Mann aber hatte vor Dempseys Aura keinerlei Respekt und demonstrierte größtes boxerisches Können. In einer überlegen geführten Partie gewann er klar nach Punkten und war damit neuer Weltmeister.
Amerikas Öffentlichkeit war entsetzt und schrie nach Revanche. Die war im ersten Kampfvertrag bereits vereinbart und innerhalb eines Jahres fällig. Man erwartete vom besiegten Champion die Rehabilitation. Jetzt kannte er doch Tunneys Kampfweise und Stärken, konnte sich darauf einstellen. Und so kamen sie fast alle wieder.
Am 22. September 1927 saßen und standen 104943 Zuschauer auf dem Soldiers Field von Chicago um den Ring und bescherten dem Veranstalter einen neuen Einnahmerekord: 2 658 660 Dollar. Tex Rickards Kalkulation mit höheren Eintrittspreisen war aufgegangen. An den Kampfbörsen konnte man die neue Konstellation im Schwergewicht merken. Titelverteidiger Tunney verdiente mit 990 445 Dollar so viel Geld wie noch nie ein anderer Fighter zuvor. Für Dempsey gab es auch noch einige hunderttausend Dollar Garantie.
Der Kampf brachte keine neue Erkenntnis. Wieder zeigte sich Tunney – leichtfüßig und elegant – als der überlegene Boxer. Nur in der 7. Runde erlebten die Zuschauer einen dramatischen Höhepunkt, der fast ihr Idol Dempsey wieder zum Weltmeister gemacht hätte. Tunney ging da nach den ersten guten Treffern Dempseys zu Boden. In der Erregung dieses Augenblicks vergaß Dempsey die neuen Regeln: Er blieb beim niedergeschlagenen Gegner stehen. Der Ringrichter unterbrach das Zählen und beorderte Dempsey in die neutrale Ekke; wertvolle Sekunden vergingen, dann erst zählte er weiter. Tunney hatte so 14 Sekunden Zeit, um sich zu erholen. Der erste »Long Count«, das lange Zählen, in einem WM-Kampf hatte ihn gerettet. Er erreichte das Ende der Runde, erholte sich in der Pause und gewann den Kampf am Schluß so souverän wie den ersten Titelfight.
Der geschlagene Exweltmeister zog sich danach vom Meisterschaftsboxen zurück und trat fortan nur noch in Schaukämpfen auf. Der große Name Dempsey zog dabei immer noch riesige Zuschauermassen an. Daneben investierte er einen Teil seiner Börsen in gutgehende Geschäfte, machte weiter harte Dollars als Ringrichter, Boxlehrer und Reporter. Als er sich 1940 nach 26jähriger Laufbahn endgültig von der Boxszene zurückzog, schätzte man seine Gesamteinnahmen auf 10 Millionen Dollar. Auf dem Broadway in New York eröffnete er dann ein Restaurant, das zum Treffpunkt für internationale Sportstars wurde. Mit achtzig Jahren endete dann dieser Lebensabschnitt im Jahre 1975, als das Lokal geschlossen wurde.
Der vitale Jack Dempsey ließ sich in den Folgejahren noch einige Male in der New Yorker Szene sehen und war bei WM-Kämpfen im Schwergewicht gerngesehener Ehrengast. Erst spät mußte er dem Alter Tribut zollen, als zunehmende Herzrhythmusstörungen auftraten. Noch mit 86 Jahren wurde ihm ein Herzschrittmacher eingepflanzt, der sein Leben aber nur um ein Jahr verlängerte. Am 31. Mai 1983 schloß der Champion, den Boxexperten als einen der größten Schwergewichtler aller Zeiten einstufen, in seinem New Yorker Appartement für immer die Augen.

Dempseys erfolgreiche Titelfights

4. 7. 1919	in Toledo (Ohio): K.-o.-Sieg 3. Runde gegen Jess Willard
6. 9. 1920	in Brenton Harbour (Michigan): K.-o.-Sieg 3. Runde gegen Billy Miske
14. 12. 1920	in New York: K.-o.-Sieg 12. Runde gegen Bill Brennan
2. 7. 1921	in Jersey City (New Jersey): K.-o.-Sieg 4. Runde gegen Georges Carpentier
4. 7. 1923	in Shelby (Montana): PS nach 15 Runden gegen Tom Gibbons
14. 9. 1923	in New York: K.-o.-Sieg 2. Runde gegen Luis Angel Firpo

Der kühle Rechner im Ring: Gene Tunney

Schon die Herkunft hob ihn von seinen Vorgängern deutlich ab: James Joseph Tunney kam am 25. Mai 1898 in Greenwich Village als Sohn eines ehemaligen irischen Seemannes und Hafenarbeiters, der es zu einem gewissen Wohlstand gebracht hatte, auf die Welt. Daß er bereits im zarten Alter von elf Jahren verkündete, einst Boxweltmeister zu werden, gehört nicht in den Bereich der Fama. Gene, wie sich der Junge bald in Abweichung seines frommen Taufnamens nannte, trat mit vierzehn Jahren einem Amateurboxklub in New York bei und lernte gewissenhaft seine Lektionen. Zwischen 1912 und 1917 arbeitete er auf Vermittlung seines Vaters in einem Hafenbüro. Neben Arbeit und Sport beschäftigte er sich auch mit Literatur und Musik. Er galt als nicht gerade harter Bursche, fiel aber durch Beharrlichkeit und großen Ehrgeiz auf. Als er 1917 eingezogen wurde, fand er in der Armee Zeit genug, seine boxerischen Fähigkeiten auszubauen. Er fand einen Sportlehrer in der Army, der ihm eine breite Palette technischer Fertigkeiten beibrachte. Erster Lohn von Tunneys Bemühungen war die Erringung der Militärmeisterschaft.
Nach dem Krieg verfolgte er beharrlich sein seit frühester Ju-

Tunneys erfolgreiche Titelfights

23. 9. 1926	in Philadelphia: PS nach 10 Runden gegen Jack Dempsey
22. 9. 1927	in Chicago: PS nach 10 Runden gegen Jack Dempsey
26. 7. 1928	in New York: K.-o.-Sieg 11. Runde gegen Tom Heeney; kurz darauf Rücktritt

Freund der schönen Künste

Er konnte Shakespeare zitieren und pflegte in der Freizeit das Harfespiel: Gene Tunney, der Weltmeister, der das Boxen wie eine wirkliche Kunst zelebrierte.

gend bestehendes Ziel: einen Kampf um die Weltmeisterschaft im Schwergewicht zu bekommen. Dabei war er mit 85 bis 87 Kilo kein ausgesprochen schwerer Mann. Seinen ersten Titel holte er auch eine Klasse darunter: Er wurde US-Meister im Halbschwergewicht, als er am 13. Januar 1922 den Titelverteidiger und Exweltmeister Battling Levinsky schlug. Im folgenden Frühjahr verlor er den Titel wieder und wurde dabei von seinem Herausforderer Harry Greb schwer geschlagen. Was danach folgte, war typisch für den Boxer Tunney. Mit unbändigem Ehrgeiz trainierte er für eine Revanche, vervollkommnete seine Technik, tat viel für die konditionelle Fitneß. Am 23. Februar 1923 bekam er Greb wieder vor die Fäuste und holte sich den Titel zurück.

Ein Jahr später wechselte er ins Schwergewicht und stand nach seinen Siegen gegen Carpentier und Tom Gibbons als Herausforderer für den Champion Jack Dempsey bereit. Es war sein Pech, daß Amerika ihn nicht feierte, als er den Titel gewann und verteidigte. Die übergroße Popularität Dempseys stand wie eine Mauer zwischen ihm und dem Publikum, das den Draufgänger Dempsey liebte und feierte, den Boxästheten Tunney aber nur kühl aufnahm. Der Mann, der das Boxen zu einer Kunst machte und vollendete, was Corbett begann, trat schließlich ab, weil mit ihm kein Geld mehr zu verdienen war. Gegen den Neuseeländer Tom Heeney kamen so wenig Zuschauer, daß Veranstalter Tex Rickard erstmals ein Minus bei einem Kampf machte. Tunney zog die Konsequenzen und trat zurück – der erste Weltmeister, der ungeschlagen von der Bühne abtrat.

Er hatte die Hälfte seiner sechzig Kämpfe durch K.o. gewonnen und nur eine Niederlage im Rekord, und zwar die gegen Harry Greb.

Im Leben als Exchampion blieb er aber weiter auf Erfolgskurs. Die Heirat mit Polly Lauder, Tochter eines Multimillionärs, öffnete ihm den Weg in höchste Kreise der US-Wirtschaft. Die Aufsichtsräte großer Konzerne rechneten es sich bald als Ehre an, ihn in ihrer Mitte zu haben. Tunney wurde ein wohlhabender Mann, der bis ins hohe Alter in der Geschäftswelt tätig blieb.

Deutschlands Sportidol Nr. 1: Max Schmeling

Nach Tunneys Rücktritt blieb der Thron des Schwergewichts-Weltmeisters zwei Jahre verwaist. Der Mann, der ihn dann bestieg, kam aus Deutschland und blieb bis heute das Sportidol seiner Landsleute: Max Schmeling. Er kam am 28. September 1905 in Klein-Lukkow in der Uckermark (Brandenburg) auf die Welt. Sein Vater verdiente sein Geld als Seemann, zuletzt als Steuermann bei einer großen Reederei. Nach dem Schulbesuch brachte er Sohn Max bei einer Annoncenexpedition als Lehrling unter. Die Familie war inzwischen nach Hamburg übergesiedelt. Nach der Lehre arbeitete Max vorübergehend auf dem Bau – als Rohrbieger.

Als Achtzehnjähriger begann er sich ernsthaft mit dem Boxsport zu beschäftigen und hatte als Amateur schnell erste Erfolge. Bei den Deutschen Amateurmeisterschaften 1924 in Chemnitz stand er bereits im Finale des Halbschwergewichts und unterlag dem Berliner Otto Nispel nur knapp nach Punkten. Noch im gleichen Jahr wechselte er ins Lager der Berufsboxer und feierte zur Premiere am 2. August in Düsseldorf einen K.-o.-Sieg in der 6. Runde gegen den Einheimischen Kurt Czapp. Trotz zahlreicher Siege – vor allem in seiner neuen Wahlheimat Köln – kam er in der Folgezeit nicht entscheidend voran. Im Frühjahr 1926 ging er deshalb nach Berlin, wo er von Arthur Bülow unter die Fittiche genommen wurde. Der führte ihn schon im Sommer dieses Jahres zum Titelkampf im Halbschwergewicht, den Max Schme-

Der Neue aus Köln erobert Berliner Publikum

Von seinen fünfzehn Kämpfen des Jahres 1927 bestritt der vom Rhein an die Spree gewechselte Max Schmeling vier in der neuen Wahlheimat. Das untere Bild zeigt ihn vor dem K.-o.-Sieg gegen den Franzosen Francis Charles.

ling am 24. August in Berlin durch K. o. in der 1. Runde gegen Max Diekmann gewann.
Ein Jahr später hieß auch der Europameister im Halbschwergewicht Max Schmeling. Der belgische Titelverteidiger Fernand Delarge fiel am 19. Juni 1927 in Dortmund in der 14. Runde unter Schmelings Schlägen in den K. o. – zum ersten Mal trug ein Deutscher den Europatitel dieser Gewichtsklasse.
Aber Max Schmeling hatte Probleme mit dem Limit. Schon ein Jahr später gehörte er ins Schwergewicht, stellte sich Titelverteidiger Franz Diener zum Kampf, gewann am 4. April 1928 in Berlin über 15 Runden nach Punkten und war somit Deutscher Meister aller Klassen. Da er in der Heimat und in Europa keine geeigneten Gegner mehr sah, wagte er den Sprung über den großen Teich in die Vereinigten Staaten. Für die amerikanischen Veranstalter war dieser Deutsche aber ein unbeschriebenes Blatt. Vor allem Tex Rickard, ungekrönter Promoterkönig, zeigte ihm die kalte Schulter.
Aber Max Schmeling hatte die richtigen Berater. Trainer Max Machon und Manager Joe Jacobs verschafften ihm den ersten Kampf in der US-Boxmetropole New York. Am 24. November 1928 schlug der Deutsche den US-Boy Joe Monte in der 8. Runde k. o. – für eine Börse von bescheidenen 1000 Dollar. Das neue Jahr 1929 begann Max Schmeling mit drei Siegen gegen US-Schwergewichtler, die er innerhalb von vier Wochen errang: Am 4. Januar gab es einen Punktsieg gegen Joe Sekyra, Pietro Corri ging am 22. Januar in der 1. Runde k. o., Johnny Risco fiel am 1. Februar in der 9. Runde. Danach und nach einigen Aktionen der Imagepflege sprach man in New York von dem deutschen Schwergewichtler Schmeling.
Er rückte bei Tex Rickard, Chef des Madison Square Gardens, in den Kreis der vier Titelaspiranten, die um das Erbe Gene Tunneys streiten sollten. Zwei Amerikaner – Jack Sharkey und William Young Stribbling – und zwei Europäer – Max Schmeling und der Spanier Paolino Uzcudun – standen sich dann gegenüber, um die beiden Kämpfer für den Titelfight zu ermitteln. Schmeling und Uzcudun trafen am 27. Juni 1929 im New Yorker Yankee-Stadion aufeinander. Die Auseinandersetzung des »Schwarzen Ulan vom Rhein« mit dem »Baskischen Holzfäller« – die US-Presse war um zugkräftige Beinamen der Schwergewichtschamps nie verlegen – lockte immerhin 40 000 Zuschauer an, die einige hunderttausend Dollar in die Kassen fließen ließen – kein schlechtes Geschäft für den Promoter.
Für Schmeling ist der Punktsieg nach 15 Runden gegen den starken Spanier unerhört wichtig: Jetzt kommt man kaum noch an ihm vorbei, wenn es um die Titelvergabe geht. Und man gibt ihm die Chance. Am 12. Juni 1930 soll ein neuer Weltmeister gekürt werden. Max Schmeling und der gegen Stribbling erfolgreiche Jack Sharkey ermitteln ihn vor 80 000 Zuschauern im New Yorker Yankee-Stadion. Die Einnahme ist recht beachtlich, so daß Max Schmeling mit 180 000 Dollar die bis dahin größte Börse seiner Laufbahn erhält. Der Kampfverlauf bringt dann ein Novum in der Geschichte des Boxsports. Nachdem Sharkey die ersten 3 Runden ziemlich deutlich gewonnen hat, trifft er kurz vor Ende der 4. Runde seinen Gegner mit einem Tiefschlag. Schmeling geht zu Boden, der Ringrichter beginnt zu zählen. Bei 6 kommt der Schlußgong, und Schmeling wird völlig paralysiert in seine Ecke gebracht. Manager Joe Jacobs wird bei Ringrichter und Kampfgericht aktiv und verlangt die Disqualifikation Sharkeys. Nach kurzer Diskussion wird das sensationelle Urteil gefällt: Sharkey disqualifiziert, Sieger des Kampfes und neuer Weltmeister Max Schmeling. Es war der erste Titelkampf um die Weltmeisterschaft, der durch Disqualifikation eines Kämpfers beendet wurde.
Der Deutsche konnte sich über den Titel wegen der damit verbundenen Umstände vorerst nicht freuen. Selbst in der Heimat schlug ihm wegen des umstrittenen Ausgangs Ablehnung entgegen. Max Schmeling wollte in der

»Ulan vom Rhein« ohne Respekt

Die gefürchtete Rechte von Joe Louis nahm Max Schmeling vor dem Kampf lächelnd zur Kenntnis. Während des Fights war von ihr nicht allzuviel zu bemerken.

SCHMELING VERLIERT TITEL GEGEN SHARKEY

ersten Enttäuschung sogar den Titel zurückgeben, als er die Reaktionen zu spüren bekam. Joe Jacobs aber hielt ihn bei der Stange und stachelte seinen Ehrgeiz an. Im nächsten Kampf sollte er Amerika und der Welt beweisen, aus welchem Holz er geschnitzt war.
So stellte sich Max Schmeling am 3. Juli 1931 in Cleveland (Ohio) William Young Stribbling zur Titelverteidigung. Vor 37000 Zuschauern demontierte er den gefürchteten K.-o.-König, der von fast 300 Kämpfen 127 vorzeitig gewonnen hatte, in 15 Runden völlig. Danach erst war die Boxwelt mit dem Champion aus Deutschland einverstanden.
Und er gab auch Jack Sharkey Gelegenheit zur Revanche. Am 21. Juni 1932 strömten 70000 Menschen in die »Bowl«, das Stadion auf Long Island (New York), um das Spektakel zu erleben. Und wieder endete der Kampf mit einem ominösen Urteil. Das Kampfgericht gab den Punktsieg an Jack Sharkey, obwohl nach Ansicht aller Experten am Ring nur der Deutsche den Sieg verdient hatte. Diesmal reagierte die Boxwelt zugunsten Schmelings. Vor allem in den USA standen ihm nach dem allgemein als gestohlen angesehenen WM-Titel alle Türen offen.
Er bekommt noch im gleichen Jahr eine neue Chance, schlägt Mickey Walker in New York k. o. und trifft dann im Juni 1933 auf den neuen Mann im US-Schwergewicht, Max Baer. Dem Sieger winkt ein Weltmeisterschaftskampf. Schmeling erleidet an diesem 8. Juni 1933 einen herben Rückschlag. Er wird von Max Baer klar ausgeboxt und geht in der 10. Runde k.o. Als er auch den nächsten Kampf in Hamburg gegen Steve Hamas verliert, glaubt alle Welt an das Ende seiner Karriere.
Aber Schmeling gibt nicht auf. Sein Comeback gelingt im Kampf am 26. August 1934 in Hamburg gegen den Bochumer Walter Neusel. In einer legendären Ringschlacht triumphiert er in der 9. Runde durch K. o. und wagt sich danach an einen größeren Brocken. Die Revanche gegen Steve Hamas gelingt durch einen K.-o.-Sieg, und als er anschließend auch noch Paolino Uzcudun nach Punkten besiegt, ist er wieder im internationalen Gespräch. Der Weg zu einem erneuten WM-Titelkampf scheint gesichert.

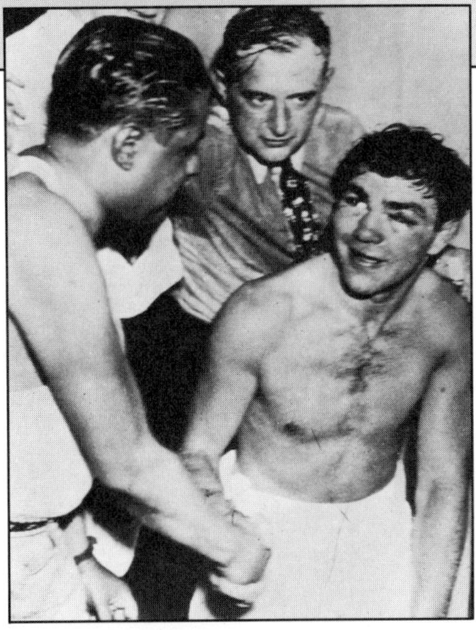

Höhepunkt einer Karriere
Jubelnd riß Max Schmeling die Arme hoch, als Ringrichter Donovan nach dem Niederschlag in Runde 12 das »Aus« über Joe Louis sprach (oben). In der Kabine nahm er anschließend die Gratulationen seiner Betreuer entgegen, das Gesicht zwar gezeichnet, aber glücklich.

In der Schwergewichtsszene hat sich in diesen Jahren seit seiner Niederlage gegen Sharkey eine Menge getan. Von Sharkey spricht zu Beginn des Jahres 1936 niemand mehr, seine Zeit als Weltmeister ist längst abgelaufen, inzwischen wechselte der Titel mehrfach den Besitzer (→ folgende Kapitel). Und in den USA ist ein neuer Boxstern aufgegan-

DER LEGENDAERE KAMPF GEGEN JOE LOUIS

gen, der nur ein Handicap hat: Er ist ein Schwarzer. Da er aber in mittlerweile 27 Kämpfen 23 K.-o.-Siege errungen hat, können die Veranstalter nicht mehr an ihm vorbei. Der mittlerweile 31jährige Deutsche soll diesem Joe Louis, den man wegen seiner Schlagkraft nur noch den »Braunen Bomber« nennt, nun als letztes Opfer vor dem Titelkampf gegen den Weltmeister James J. Braddock dienen.
Am 19. Juni 1936 schlägt dem Deutschen seitens der 40000 Zuschauer im New Yorker Yankee-Stadion auch nur Mitleid entgegen. Als der Kampf beginnt, ist es in Deutschland 3.06 Uhr morgens. Hier sitzen Millionen am Rundfunkgerät, für die es keine Frage ist, wann Joe Louis ihr Idol k. o. schlägt. Es kommt aber wieder einmal alles anders. Schmeling präsentiert sich ohne jeden Respekt vor dem »Braunen Bomber«, der in der 4. Runde nach einem schweren Treffer des Deutschen erstmals in seiner Laufbahn zu Boden muß. Von diesem Zeitpunkt an beherrscht Schmeling den Gegner, kommt nicht mehr in Gefahr und krönt seine überragende Leistung mit dem K. o. für Joe Louis in der 12. Runde.
Das Unwahrscheinliche ist eingetreten, der haushohe Favorit besiegt. Jetzt winkt dem Deutschen ein Titelkampf, und den Experten ist klar, daß er in dieser Verfassung in der Lage sein dürfte, das ungeschriebene Gesetz vom »They never come back« zu durchbrechen und als erster Schwergewichtler erneut den WM-Thron zu besteigen. Zunächst läuft auch alles darauf hinaus. Am 12. August dieses Jahres wird in New York der Vertrag für einen Titelkampf mit Braddock unterzeichnet, der im Herbst stattfinden soll. Als sich Braddock kurz vor dem Termin krank meldet, ahnt Schmeling noch nichts Böses. Neuer Kampftermin wird der 8. Juni 1937. Zum Wiegetermin am 3. Juni erscheint jedoch nur der Deutsche. Aus Braddocks Lager kommt wieder eine Krankmeldung, die nur neunzehn Tage später als Lüge entlarvt wird. Da verteidigt Braddock nämlich seinen Titel gegen Joe Louis. Max Schmeling ist das Opfer der Box-Mafia geworden, die einen Weltmeister aus Hitler-Deutschland nicht gebrauchen kann.
Nachdem Joe Louis den Titel gewonnen hat, ist er bereit, ihn gegen den Herausforderer aus Deutschland zu verteidigen. Der Kampf kommt am 22. Juni 1938 wieder im New Yorker Yankee-Stadion zustande. Dem mittlerweile 32 Jahre alten Schmeling wird jedoch eine gewissenhafte Vorbereitung durch unliebsame Begleitumstände unmöglich gemacht. Die amerikanische Presse lädt ihren Haß auf Nazi-Deutschland auf ihn ab, die Zuschauer im Stadion machen seinen Weg zum Ring zu einem Spießrutenlaufen. In dieser Atmosphäre hat er gegen den 23jährigen Joe Louis überhaupt keine Chance. Nach 2 Minuten und 4 Sekunden ist der Kampf schon beendet. Joe Louis hat mit einem wahren Schlaghagel dem Gegner überhaupt keine Chance gelassen. Einer der Treffer ist in der Nierengegend gelandet. Im Krankenhaus stellt man später fest, daß bei Schmeling ein Wirbelfortsatz gebrochen ist. Das scheint endgültig das Ende der Karriere des ehemaligen Weltmeisters Schmeling zu sein, den auch die 250000 Dollar Börse nicht über die schwere Niederlage hinwegtrösten kann.
Kaum gesundet, denkt er wieder an große Kämpfe. Noch Ende 1938 fühlt er wegen eines dritten Kampfes gegen Joe Louis vor und bekommt den eventuell für 1940 in Aussicht gestellt. Vorher holt er sich noch einmal einen anderen Titel. Am 2. Juli 1939 schlägt er in Stuttgart Adolf Heuser in der 1. Runde k. o. und wird neuer Europameister im Schwergewicht. Einige Wochen danach kämpft man nicht mehr im Ring, sondern auf den Schlachtfeldern des Zweiten Weltkriegs . . .
Der seit dem 6. Juli 1933 mit der beliebten Filmschauspielerin Anny Ondra verheiratete Exweltmeister kämpfte im Zweiten Weltkrieg als Fallschirmjäger, wurde verwundet und stand nach dem Zusammenbruch ohne jede Habe da. Mit über vierzig Jahren kehrte er 1947 noch einmal in den Ring zurück, um sich von den Börsen eine neue Existenz aufzubauen. Nach einer Niederlage gegen Richard Vogt am 31. Oktober 1948 in Berlin zog er die Handschuhe dann endgültig aus. Er hatte siebzig Kämpfe bestritten, 39 durch K. o. und siebzehn nach Punkten gewonnen, viermal gab es ein Unentschieden, zehnmal eine Niederlage.
Nach dem Ende seiner aktiven Laufbahn faßte er schnell Fuß im Zivilleben. Harte Arbeit und zäher Behauptungswille führten zu neuem Wohlstand, den er aber nicht zurückgezogen genießen konnte und kann. Seine immense Popularität ließ und läßt ihn nicht zur Ruhe kommen, denn bis heute ist er bei vielen öffentlichen Anlässen ein gerngesehener Gast. Max Schmeling – die unbestrittene Nummer 1 unter Deutschlands Sportlern.

Schmelings erfolgreiche Titelfights

12. 6. 1930	in New York: Disqualifikationssieg 4. Runde gegen Jack Sharkey
3. 7. 1931	in Cleveland: K.-o.-Sieg 15. Runde gegen William Young Stribbling

Ein Beispiel für vorbildliche Trainingsarbeit

Der Vergleich mit dem »Baskischen Holzfäller« drängt sich bei diesem Schnappschuß aus dem Trainingslager bei Berlin auf, wo Max Schmeling unter Anleitung seines Trainingskameraden Hermann Herse hart arbeitet.

Über ein halbes Jahrhundert privates Glück

Für die Generation ihrer Zeit bildeten Max Schmeling und Filmstar Anny Ondra ein Traumpaar. Das obere Bild zeigt das glückliche Ehepaar anläßlich Schmelings 75. Geburtstags, den der beliebteste deutsche Sportler 1980 feierte.

Nur eine Zwischenlösung: Jack Sharkey

Als Nachfolger zweier Superfighter auf dem WM-Thron hatte Jack Sharkey trotz des mit dem Titel verbundenen Ruhmes keine dankbare Aufgabe. Beim amerikanischen Publikum kam der aus Litauen stammende Fighter nicht so recht an. Als Joseph Paul Zukauskas war er am 6. Oktober 1902 in Binghamton (New York) zur Welt gekommen und hatte wie andere Einwanderersprößlinge keinen leichten Weg zum Erfolg. Er verdiente als Seemann seinen Lebensunterhalt und beschloß nach der harten Schule in diesem Gewerbe mit 22 Jahren, Berufsboxer zu werden.
Nach drei Jahren gehörte er immerhin zu den bekannten Leuten in der US-Schwergewichtsszene und wurde 1927 sogar als Aufbaugegner für Jack Dempsey verpflichtet, der ihn vor dem Rückkampf gegen Tunney in der 7. Runde ausknockte. Nach Tunneys Rücktritt gehörte Sharkey durch Siege gegen William Young Stribbling und den Briten Phil Scott zum engen Kreis der Titelanwärter. Die im zweiten Anlauf gegen Max Schmeling errungene Meisterwürde brachte ihm nicht zuletzt wegen des umstrittenen Punkturteils wenig Freunde, die er jedoch durch einen Erfolg bei der ersten Titelverteidigung zurückzugewinnen hoffte. Als Gegner hatte er sich den Italiener Primo Carnera auserkoren, den er im Sommer 1931 als Vorbereitung auf den zweiten Schmeling-Kampf in Brooklyn schon einmal nach Punkten besiegt hatte.
Der Kampf am 29. Juni 1933 beendete dann nach exakt einjähriger Dauer die Herrschaft Sharkeys als Weltmeister aller Klassen. In der 6. Runde schickte ihn das »Riesenbaby aus Italien«, wie Carnera wegen seiner Körpermaße genannt wurde, in das Reich der Träume.
Für Sharkey begann danach das Boxerleben wieder in der Rolle als Statist abseits großer Börsen. Zum Abschluß seiner Karriere mußte er auch noch als Prügelknabe für einen Großen herhalten. Nach der unerwarteten K.-o.-Niederlage gegen Schmeling brauchte Joe Louis einen Aufbaugegner, und man gab ihm Sharkey. Am 18. August 1936, nur wenige Wochen nach dem Schmeling-Kampf, knockte Louis in der 3. Runde den Exchampion aus, der danach seinen Rücktritt vom Boxsport bekanntgab. Sharkey hatte von 55 Kämpfen 38 gewonnen, davon fünfzehn durch K.o., und war selbst viermal k.o. gegangen.

Das »Riesenbaby aus Italien«: Primo Carnera

Der neue Mann auf dem WM-Thron hat die Phantasie der Weltöffentlichkeit zu seiner Zeit und auch danach aus mannigfachen Gründen angeregt, wobei seine boxerischen Fähigkeiten durchaus nicht dominierten.
Der am 26. Oktober 1906 in Sequals geborene Italiener verdiente sein Geld nämlich als Freistilringer und war nicht zuletzt wegen seiner Körpermaße in diesem Showgeschäft zu Hause. Bei 197 Zentimetern Größe schleppte er 121 Kilo mit sich herum, ein ungeschlachter, tolpatschiger Geselle, den skrupellose Geschäftemacher in den Boxring trieben. Dort setzte man ihm im Boxjargon als Fallobst deklarierte leichte Gegner vor, die er reihenweise k.o. schlug. In der Rangliste rückte sein Name so immer weiter nach oben. Daß die Mafia hinter seiner Laufbahn als Boxprofi stand, konnte nie schlüssig bewiesen werden. Der seltsame Weg des Riesen aus Italien inspirierte jedenfalls den amerikanischen Schriftsteller Budd Schulberg zu seinem weltberühmten und auch verfilmten Roman »Schmutziger Lorbeer«.
Vor dem Titelkampf gegen Sharkey wäre Primo Carnera fast vom Boxsport zurückgetreten. Nach fürchterlichen Schlägen des Italieners verlor der Amerikaner Ernie Schaaf in der 13. Runde des am 10. Februar 1933 im Madison Square Garden ausgetragenen Kampfes das Bewußtsein und starb wenige Tage später im Krankenhaus an Gehirnblutung. Der sensible Riese Carnera wollte danach die Handschuhe an den Nagel hängen, wurde aber von seinen »Beratern« zum Weiterkämpfen getrieben. Sie wollten das investierte Kapital jetzt wieder hereinbekommen. Carnera sah von seinen Börsen dagegen kaum einen Pfennig. Der WM-Kampf mit Sharkey brachte ihm nur 30 000 Dollar Börse. Immerhin verteidigte er seinen Titel dann zweimal erfolgreich und ernährte seinen mittlerweile stark angewachsenen Troß an Managern, Beratern und anderen an dem lukrativen Geschäft beteiligten Dunkelmännern.

Carneras erfolgreiche Titelfights

29. 6. 1933	in New York: K.-o.-Sieg 6. Runde gegen Jack Sharkey
22. 10. 1933	in Rom: PS nach 15 Runden gegen Paolino Uzcudun
1. 3. 1934	in Miami: PS nach 15 Runden gegen Tommy Loughran

Die Gegner sind geläufiger

Oft führten die Urteile der Kämpfe, an denen Sharkey beteiligt war, zu erheblichen Kontroversen. Heute sind die Namen seiner großen Gegner geläufiger als der des ehemaligen Weltmeisters.

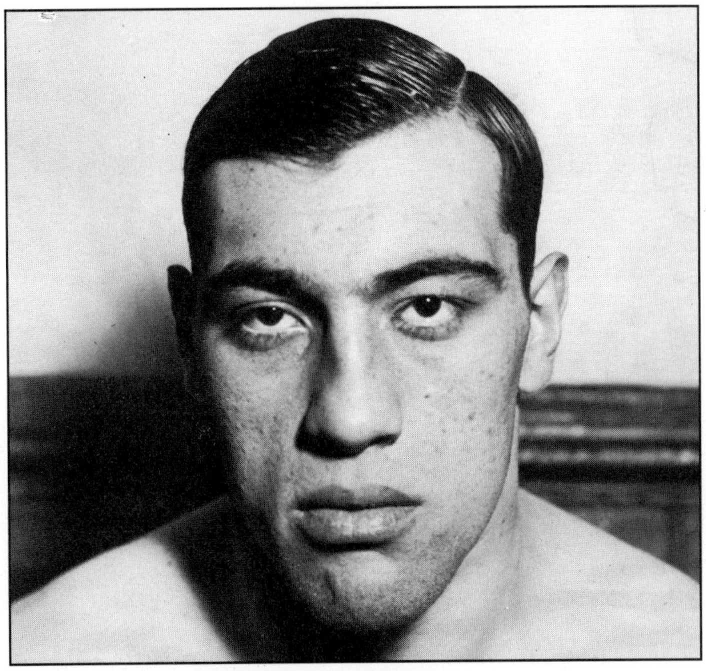

Ein Werkzeug für skrupellose Manager

Primo Carnera schrieb ungewollt eines der dunkelsten Kapitel der Boxsportgeschichte. Seine Manager vermarkteten sogar den Ringtod eines Gegners ohne Skrupel.

Seinen nächsten Gegner lernte er dann bei gemeinsamer Filmarbeit näher kennen. Carnera wirkte in einer Hollywood-Produktion mit, bei der Max Baer seinen Gegner mimte. Baer war nach dem Sieg gegen Schmeling aus dem WM-Titelrennen zunächst ausgebootet worden und hatte sich danach den eher süßen Seiten des Lebens zugewandt. Nach der gemeinsamen Filmarbeit forderte Max Baer den Italiener dann zum Titelkampf, der am 14. Juni 1934 auch zustande kam. In der »Bowl« von New York kamen immerhin 55000 Zuschauer zu diesem Spektakel, das zu einer einzigen Demaskierung des Weltmeisters aller Klassen wurde. Max Baer demonstrierte gegen den ungeschlacht durch den Ring stampfenden Carnera vollendete Boxkunst und gab den Gegner mehr als einmal der Lächerlichkeit preis. Elfmal mußte Carnera die Bretter aufsuchen, dann hatte der Ringrichter Erbarmen und brach den Kampf in der 11. Runde ab. Europas zweiter Champion nach Max Schmeling war seinen zweifelhaften Ruhm wieder los.

Laut Kampfvertrag standen ihm 135000 Dollar Börse zu, die Carnera ebensowenig wie die Einnahmen aus dem Boxfilm je gesehen hat. Das Geld verschwand in den Taschen seines Trosses. Obwohl er als Boxer eigentlich erledigt war, mußte er wieder in den Ring. Seinen letzten Kampf hatte er gegen Joe Louis zu bestreiten, der ihn am 25. Juni 1935 im New Yorker Yankee-Stadion 6 Runden lang verprügelte und dann schwer k. o. schlug.

Erst danach durfte er seine zweifelhafte Boxkarriere beenden. Nach dem Zweiten Weltkrieg nahm er die amerikanische Staatsbürgerschaft an und ging in den Ring zurück, jedoch nicht als Boxer, sondern – als Catcher. Er wurde 1957 als über Fünfzigjähriger in diesem Metier sogar Weltmeister und trat danach noch etliche Jahre in der Szene der Freistilringer mit Kraftakten auf.

Als ihn eine schwere Krankheit heimsuchte, kehrte er nach Italien zurück, um in seiner Heimat zu sterben. Am 29. Juni 1967 schloß er in Sequals bei Venedig für immer die Augen, exakt 34 Jahre nach dem Titelkampf gegen Sharkey.

Auch als Champion ein Leichtfuß: Max Baer

Das einzig Beständige in der Schwergewichtsszene in der ersten Hälfte der 30er Jahre schien der Wechsel zu sein. Mit Max Baer hatte die Welt jedenfalls den dritten Titelträger innerhalb von drei Jahren. Der am 11. Februar 1909 in Omaha (Nebraska) geborene Sprößling deutsch-jüdischer Einwanderer verbrachte die Jugendjahre auf der Farm seines Vaters. Als Cowboy betrieb er in Nevada einen äußerst harten Job, der ihm zu einer imposanten Athletenfigur verhalf. Bei 189 Zentimetern Größe brachte er fast 100 Kilo auf die Waage – ein idealer Schwergewichtler.

Er begann früh mit dem Boxen und landete reihenweise K.-o.-Siege. Wie bei Carnera gab es auch bei einem seiner Kämpfe einen Todesfall im Ring, der sogar zu einer Anklage führte. Danach wollte er mit dem Boxen eigentlich aufhören, setzte die erfolgreich gestartete Karriere dann aber doch fort. Sein Rekord weist nach diesem Zwischenfall jedoch mehrere Niederlagen auf. Erst der Sieg gegen Max Schmeling brachte ihn wieder endgültig auf Erfolgskurs, der dann ja auch mit dem Titelgewinn gegen den grobschlächtigen Italiener gekrönt wurde.

Der neue Champion fühlte sich auf dem Thron recht sicher. Den einzig wirklich gefährlichen Gegner brauchte er nicht zu fürchten. Wegen seiner schwarzen Hautfarbe ließ man Joe Louis nicht an den Meistergürtel heran, also konnte Max Baer sich einen leichten Gegner zur Titelverteidigung aussuchen. Mit diesem Wissen führte er ein bequemes Leben; hartes, entbehrungsreiches Training kam nur selten vor.

Aber einmal mußte er seinen Meistergürtel ja wohl verteidigen. Das sollte am 13. Juni 1935 in New York geschehen. Als Gegner hatte man einen gewissen James J. Braddock ausgesucht, dessen beste Tage als Boxer schon eine Weile zurücklagen. Aber der dreißigjährige Lückenbüßer schaffte die größte Sensation in der Geschichte der Weltmeisterschaften im Schwergewicht und schlug den satten Titelverteidiger nach Punkten.

Sonnyboy Max Baer wollte sich schnell revanchieren und vorher einmal ernsthaft testen – so glaubte er jedenfalls. Am 24. September 1935 stieg er vor 90000 Zuschauern im Yankee-Stadion

Der Playboy
Am Tage vor dem Kampf gegen Joe Louis gab sich Max Baer wie immer recht lässig.

Der Lückenbüßer
Viel Masse, aber wenig Klasse: James J. Braddock, der Titelträger ohne Ansehen.

von New York gegen Joe Louis in den Ring, der ihn in seinem 25. Kampf in der 3. Runde schwer k.o. schlug. Damit war für Max Baer mit 26 Jahren die Boxkarriere praktisch beendet, obwohl er noch bis 1941 im Ring stand. Nie wieder bekam er einen großen Kampf. Sein beachtenswerter Rekord umfaßt bei 79 Kämpfen immerhin 65 Siege, davon 51 durch K.o., denen nur drei K.-o.-Niederlagen gegenüberstehen.
Er starb bereits am 21. November 1959 in Hollywood an einer Herzattacke.

Die Farce auf dem WM-Thron: James J. Braddock

Der vierte Titelträger innerhalb von vier Jahren wird in der Boxgeschichte nur als Farce angesehen. James J. Braddock, am 6. Dezember 1905 in New York geboren, wurde in den USA als »männliches Aschenputtel« verspottet, als er zu seinem WM-Titelkampf kam, den er nur gewann, weil der Gegner ihn maßlos unterschätzt hatte. Seine gute Zeit als Boxer lag schon lange zurück, denn immerhin wies die Bilanz seiner Kämpfe zu diesem Zeitpunkt schon zwanzig Niederlagen auf.
Nach dem Sieg gegen Max Baer lief er zwei Jahre lang vor dem nächsten Gegner davon. Erst ein Geschäft mit Joe Louis lockte ihn zur Titelverteidigung. Der versprach ihm zehn Prozent der Gagen, die er bei künftigen Titelkämpfen einnehmen würde. Braddock ließ sich damit tatsächlich bestechen und von Joe Louis am 22. Juni 1937 in Chicago zusammenschlagen. Nach knapp 8 Runden war die Tortur für ihn zu Ende – aber es hatte sich gelohnt. Weil Joe Louis den Titel so oft verteidigte wie kein Weltmeister vor ihm, wurde auch James J. Braddock durch die Zehn-Prozent-Vereinbarung ein wohlhabender Mann. Er starb am 30. November 1974 in New York, in der Boxgeschichte bekannt als Schwergewichts-Weltmeister mit dem schlechtesten Kampfrekord (21 Niederlagen in achtzig Kämpfen) und als der Mann, der Max Schmelings Comeback auf den WM-Thron durch Dauerflucht verhinderte.

Der »Braune Bomber«: Joe Louis

Die Mehrheit der 45 000 Zuschauer im Comiskey-Park von Chicago empfand den Sieg von Joe Louis gegen James J. Braddock am 22. Juni 1937 als eine Genugtuung für den jungen Schwarzen. Der jüngste Champion in der Geschichte des Schwergewichtsboxens – Joe Louis war gerade 23 Jahre alt geworden – schickte sich nämlich trotz schwarzer Hautfarbe an, Amerikas neues Boxidol zu werden. Die Schlagkraft eines Dempsey, gepaart mit technischem Können eines Tunney, schuf bei ihm Voraussetzungen, um den prestigebeladenen WM-Thron nach den umstrittenen und zweifelhaften Vorgängern der letzten vier Jahre wieder würdig zu besetzen.
Als er am 13. Mai 1914 im schwarzen Süden der Vereinigten Staaten das Licht der Welt erblickte, sah seine Zukunft alles andere als verheißungsvoll aus. Für das siebente Kind – die Eltern ließen es auf die Vornamen Joe Louis taufen – des armen Landarbeiters Munroe Barrow war die primitive Hütte an einem Feldweg bei Lafayette (Alabama) erstes Zuhause.
Als Vater Barrow bei den Ford-Werken in Detroit einen besserbezahlten Job fand, zog die Familie natürlich mit. In der Stadt kam Sohn Joe Louis dann mit dem Boxsport in Berührung. Er schloß sich als Jugendlicher einem Amateurboxklub an und stand 1932 erstmals in einem offiziellen Kampf im Ring – es gab eine Niederlage, die seinen Ehrgeiz aber nur noch mehr anstachelte. Bis 1934 bestritt er 54 Kämpfe im Amateurlager, von denen 43 mit K.-o.-Siegen endeten; nur viermal verlor er nach Punkten.
Der Manager, der durch diese Erfolge auf Joe Louis aufmerksam wurde, bedeutete für ihn ein Glücksfall. Er verhalf ihm in dem schwarzen Jack Blackburn vor allem zu einem Trainer, der aus dem ungeschliffenen Talent den Boxdiamanten machte, den später alle Welt bewunderte. Am 4. Juli 1934 begann Joe Louis mit einem K.-o.-Sieg in der 1. Runde seine Profikarriere – für eine Börse von 52 Dollar. Nach knapp einjährigem Wirken als Berufsboxer zahlten die Veranstalter ihm dann schon fünfstellige Summen. Er wurde inzwischen von Mike Jacobs gemanagt, der ihn mit allen Tricks dieses Geschäfts systematisch aufbaute. Als sein Schützling im Laufe des Jahres

Das weiße Amerika ließ ihn lange warten

Jung, hungrig auf den Erfolg und voller unbändiger Kraft: Joe Louis vor dem Titelkampf gegen den Weltmeister James J. Braddock, der knapp 8 Runden den Schlägen des Herausforderers nahezu hilflos ausgesetzt war.

LOUIS VERTEIDIGT SEINEN TITEL 25MAL ERFOLGREICH

1935 die Gegner reihenweise auf die Bretter schickte, tauchte das Schlagwort vom »Braunen Bomber« auf. Der Mann war in der desolaten Schwergewichtsszene jener Tage ein Lichtblick – trotz seiner schwarzen Hautfarbe.
Am 25. Juni 1935 erhielt er seinen ersten ganz großen Kampf. Im New Yorker Yankee-Stadion stand ihm Primo Carnera gegenüber. Allerdings nur 5 Runden lang. In der 6. Runde lag der Riese aus Italien geschlagen im Ringstaub. Ende September des gleichen Jahres erging es Max Baer nicht besser. Für ihn benötigte Joe Louis noch weniger Zeit: Er schickte ihn bereits in der 3. Runde ins Reich der Träume. Zwei Exweltmeister innerhalb kurzer Zeit ausgeknockt – hatte er da nicht das Anrecht auf einen Titelkampf? Doch um den Mann aus Alabama hatte sich inzwischen eine Clique von Beratern und Schnorrern gebildet, die bei den großen Machern der US-Boxszene, den mächtigen Veranstaltern, auf noch mehr Ablehnung stieß als die schwarze Hautfarbe des Boxers Joe Louis. Sein Manager mußte daher einen Umweg zum Titelfight wählen.
Der hätte um ein Haar den entscheidenden Rückschlag für die Karriere seines Schützlings gebracht. Die K.-o.-Niederlage gegen Max Schmeling war in den Plänen von Mike Jacobs nicht vorgesehen. Nur zwei Monate nach dem New Yorker Debakel vom 19. Juni 1936 feierte der »Braune Bomber« jedoch Wiederauferstehung. Durch einen weiteren K.-o.-Sieg gegen einen Exweltmeister – nämlich gegen Sharkey in der 3. Runde – kam er sofort wieder ins Gespräch und dann endlich durch die Zehn-Prozent-Abmachung mit dem Titelverteidiger zum lange angestrebten Kampf um die Weltmeisterschaft im Schwergewicht.
Nach dem Sieg gegen Braddock ging Joe Louis keinem Herausforderer aus dem Weg. Er schlug sie alle, auch Max Schmeling. Zwölf Jahre – von 1937 bis 1949 – blieb er im Besitz des Meistergürtels und verteidigte ihn 25mal erfolgreich – so oft wie noch keiner seiner Vorgänger. Mit 22 K.-o.-Siegen stellte er dabei einen weiteren Rekord auf. Am 1. März 1949 gab er seinen Rücktritt vom Boxsport bekannt – als ungeschlagener Weltmeister.

Louis' erfolgreiche Titelfights

22. 6. 1937	in Chicago: K.-o.-Sieg 8. Runde gegen James J. Braddock
30. 8. 1937	in New York: PS nach 15 Runden gegen Tommy Farr
23. 2. 1938	in New York: K.-o.-Sieg 3. Runde gegen Nathan Mann
1. 4. 1938	in Chicago: K.-o.-Sieg 5. Runde gegen Harry Thomas
22. 6. 1938	in New York: K.-o.-Sieg 1. Runde gegen Max Schmeling
25. 1. 1939	in New York: K.-o.-Sieg 1. Runde gegen John H. Lewis
17. 4. 1939	in Los Angeles: K.-o.-Sieg 1. Runde gegen Jack Ropper
28. 6. 1939	in New York: K.-o.-Sieg 4. Runde gegen Tony Galento
20. 9. 1939	in Detroit: K.-o.-Sieg 11. Runde gegen Bob Pastor
9. 2. 1940	in New York: PS nach 15 Runden gegen Arturo Godoy
29. 3. 1940	in New York: K.-o.-Sieg 2. Runde gegen Johnny Paychek
20. 6. 1940	in New York: K.-o.-Sieg 8. Runde gegen Arturo Godoy
16. 12. 1940	in Boston: K.-o.-Sieg 6. Runde gegen Al McCoy
31. 1. 1941	in New York: K.-o.-Sieg 5. Runde gegen Red Burman
17. 2. 1941	in Philadelphia: K.-o.-Sieg 2. Runde gegen Gus Dorazio
21. 3. 1941	in Detroit: K.-o.-Sieg 13. Runde gegen Abe Simon
8. 4. 1941	in St. Louis: K.-o.-Sieg 9. Runde gegen Tony Musto
23. 5. 1941	in Washington: Disqualifikationssieg 7. Runde gegen Buddy Baer
18. 6. 1941	in New York: K.-o.-Sieg 13. Runde gegen Billy Conn
29. 9. 1941	in New York: K.-o.-Sieg 6. Runde gegen Lou Nova
9. 1. 1942	in New York: K.-o.-Sieg 1. Runde gegen Buddy Baer
27. 3. 1942	in New York: K.-o.-Sieg 6. Runde gegen Abe Simon
19. 6. 1946	in New York: K.-o.-Sieg 8. Runde gegen Billy Conn
18. 9. 1946	in New York: K.-o.-Sieg 1. Runde gegen Tami Mauriello
5. 12. 1947	in New York: PS nach 15 Runden gegen Jersey Joe Walcott
25. 6. 1948	in New York: K.-o.-Sieg 11. Runde gegen Jersey Joe Walcott; Rücktritt am 1. 3. 1949

Ende mit Schrekken

Vom »Braunen Bomber« blieb am Ende nur ein Häufchen Elend: Joe Louis nach dem Niederschlag durch den neuen Mann im Ring, Rocky Marciano.

Kampfrekorde der Weltmeister bis Joe Louis

	Kämpfe	gewonnen	unentschieden	verloren	ohne Entscheidung
Sullivan	35	30 (16)	3	1	1
Corbett	33	19 (9)	6	5	3
Fitzsimmons	40	28 (23)	1	7	4
Jeffries	23	20 (16)	2	1	–
Burns	60	46 (36)	8	5	1
Johnson	97	68 (33)	10	5	14
Willard	35	23 (20)	1	6	5
Dempsey	129	114 (89)	5	6	4
Tunney	60	45 (30)	–	1	14
Schmeling	70	56 (39)	4	10	–
Sharkey	55	38 (15)	3	13	1
Carnera	97	85 (65)	–	12	–
Baer	79	65 (51)	–	13	1
Braddock	80	51 (26)	3	21	5

Doch das Schicksal verfuhr wenig gnädig mit ihm. Als der langjährige Champion Kassensturz machte, erlitt er einen Schock. Von den 4,7 Millionen Dollar, auf die man seine Einnahmen geschätzt hat, war kaum noch etwas vorhanden – im Gegenteil: Joe Louis hatte riesige Steuerschulden. Manche Gage war zum überwiegenden Teil in die Hände jener mysteriösen Hintermänner geflossen, die im damaligen Dschungel des Boxsports ihre Geschäfte machten. So mußte Joe Louis, der spätestens seit seinem persönlichen und finanziellen Engagement während des Zweiten Weltkrieges die ungeteilte Sympathie aller Amerikaner genoß – unter anderem stiftete er ganze Börsen für karitative Einrichtungen und wirkte im Range eines Sergeants bei der Truppenbetreuung in Europa mit –, noch einmal zurück in den Ring, um Dollars für seinen Lebensunterhalt zu verdienen. Aber die Zeit hatte auch beim »Braunen Bomber« ihre Spuren hinterlassen. Gegen seinen Nachfolger auf dem WM-Thron, den schwarzen Ezzard Charles, verlor er am 27. September 1950 in New York nach Punkten und scheiterte – wie schon so viele vor ihm – am Gesetz des »They never come back«. Als er dann einem noch schlagstärkeren Fighter, als er es jemals war, gegenübertrat, endete seine Karriere endgültig. Am 26. Oktober 1951 stand der 37jährige Joe Louis gegen Rocky Marciano auf verlorenem Posten und erlitt die zweite K.-o.-Niederlage seiner Laufbahn. Der Kampf endete in der 8. Runde – und der großartige Rekord des Boxers Joe Louis wies eine weitere K.-o.-Niederlage auf.
Zwischen 1934 und 1951 hatte er 76 Kämpfe bestritten, 59 durch K. o. und 14 nach Punkten gewonnen, dreimal hatte er verloren – gegen Max Schmeling, Ezzard Charles und Rocky Marciano.
Seinen Lebensabend verbrachte der finanziell nie wieder auf die Beine gekommene Exchampion – von schwerer Krankheit gezeichnet – in dem Hotel in Las Vegas, in dem er vorübergehend als Portier des Spielcasinos ein paar Dollar verdient hatte. Seit 1977 wollte das Herz nicht mehr richtig arbeiten; im Dezember 1980 setzte man ihm deshalb einen Schrittmacher ein. Am 12. April 1981 schloß er im Caesars-Palace-Hotel in Las Vegas für immer die Augen, einen Monat vor seinem 67. Geburtstag. Wenige Wochen vorher war ihm vom World Boxing Council (WBC) das Prädikat »Boxer des Jahrhunderts« zugesprochen worden. Joe Louis hat die Auszeichnung noch am 22. Februar in Las Vegas entgegengenommen.

Rockys Rechte verhinderte das Comeback
Ezzard Charles (links) wollte zweimal auf den Thron zurück. 1954 mühte er sich in zwei Kämpfen 23 Runden lang vergeblich gegen die Rechte Rocky Marcianos.

Die Boxszene nach dem Krieg

Einer überragte alle: Rocky Marciano

Nachdem Joe Louis am 1. März 1949 als ungeschlagener Weltmeister zurückgetreten war, sahen sich seine direkten Nachfolger, Ezzard Charles und Jersey Joe Walcott, in allererster Linie mit der ungebrochenen Popularität, die der »Braune Bomber« bei den Boxfans immer noch genoß, konfrontiert. Bis dann ein gewisser Rocky Marciano in den Boxring stieg . . .

Im Schatten des Vorgängers: Ezzard Charles

Mit seinem Vorgänger hatte er nur die Hautfarbe gemeinsam: Ezzard Charles, geboren am 7. Juli 1921 in Lawrenceville (Georgia), kam wie Joe Louis aus dem schwarzen Süden der Vereinigten Staaten. Es war sein Pech, auf einen Weltmeister zu folgen, dem Experten bis heute einmalige Klasse bescheinigen. Der neue Mann auf der obersten Sprosse der Erfolgsleiter stand während seiner kurzen Regentschaft ganz im Schatten seines Vorgängers.

Schon nach seinem Punktsieg über 15 Runden im Kampf um den vakanten Titel gegen Jersey Joe Walcott am 22. Juni 1949 in Chicago erfolgte der erste Rückschlag: Der dritte schwarze Weltmeister nach Jack Johnson und Joe Louis wurde nur von einem der in den USA miteinander konkurrierenden Boxverbände, der National Boxing Association (NBA), als Weltmeister anerkannt. Erst der Sieg gegen den alternden Exchampion Joe Louis brachte die allgemeine Anerkennung seiner Würde.

Dabei war Ezzard Charles ein hervorragender Fighter, der allerdings ins Halbschwergewicht gehörte. Dort feierte er nach dem Krieg auch seine größten Erfolge, als er gegen die späteren Weltmeister Joey Maxim und Archie Moore mehrfach antrat und jeden dreimal besiegte. Aber man ließ ihn nicht um den Titel in dieser Klasse kämpfen.

Sein Wechsel in die höchste Gewichtsklasse ebnete dann im Gefolge des Louis-Rücktritts den Weg auf den Schwergewichtsthron, den er zwei Jahre lang achtmal erfolgreich verteidigte (→ Statistik). Die neunte Titelverteidigung sollte dann seine letzte sein. Es war schon der dritte Kampf gegen den Oldtimer Joe Walcott, der an diesem 18. Juli 1951 in Pittsburgh den Weltmeister mit einem Glückstreffer in der ominösen 7. Runde von den Beinen holte.

Auch Charles scheiterte dann beim Versuch, den Titel zurückzugewinnen. Walcott gewann die Revanche, und gegen dessen Nachfolger Rocky Marciano hatte er überhaupt keine Chance, obwohl er im ersten Kampf über die volle Distanz kam. Beim zweiten Versuch wurde er jedoch in 8 Runden schwer geschlagen (→ Statistik).

Charles schaffte danach nicht den Absprung aus dem Boxring und akzeptierte als betagter 38jähriger noch jeden Gegner – erst nach dreizehn Niederlagen in Folge gab er auf. Trotz dieser schwarzen Serie konnte er einen stolzen Rekord präsentieren: von 129 Kämpfen 64 durch K. o. und 38 nach Punkten gewonnen, nur 26mal verloren, einmal unentschieden geboxt.

Seine Gesundheit aber hatte er durch die letzten schweren Jahre im Ring ruiniert. Fortschreitende Lähmungserscheinungen und Nervenversagen setzten seinem Leben schon mit 54 Jahren ein Ende. Er starb am 28. Mai 1975 in einem Chicagoer Krankenhaus.

Charles' erfolgreiche Titelfights

22. 6. 1949	in Chicago: PS nach 15 Runden gegen Jersey Joe Walcott
10. 8. 1949	in New York: K.-o.-Sieg 7. Runde gegen Gus Lesvenich
14. 10. 1949	in San Francisco: K.-o.-Sieg 8. Runde gegen Pat Valentino
15. 8. 1950	in Buffalo (New York): K.-o.-Sieg 14. Runde gegen Freddy Beshore
27. 9. 1950	in New York: PS nach 15 Runden gegen Joe Louis
5. 12. 1950	in Cincinnati (Ohio): K.-o.-Sieg 11. Runde gegen Nick Barone
12. 1. 1951	in New York: K.-o.-Sieg 10. Runde gegen Lee Oma
7. 3. 1951	in Detroit: PS nach 15 Runden gegen Jersey Joe Walcott
30. 5. 1951	in Chicago: PS nach 15 Runden gegen Joey Maxim

Der alte Mann und der Titel: Jersey Joe Walcott

So alt wie er war kein anderer Weltmeister aller Klassen gewesen. Als er im fünften Anlauf endlich den begehrten Titel gewonnen hatte, lag sein Boxerleben eigentlich schon hinter ihm. Jersey Joe Walcott stand zum Zeitpunkt seines Sieges gegen Charles immerhin im 38. Lebensjahr.

Der Mann mit dem Kunstnamen wurde am 31. Januar 1914 in Merchantville (New Jersey) geboren. Im Geburtsregister steht er als Arnold Raymond Cream verzeichnet. Als er in jungen Jahren mit dem Boxen begann, gab er sich den Namen Jersey Joe Walcott. Mit dem ersten Vornamen zollte er seinem Heimatstaat Tribut, das andere war eine Verbeugung vor seinem Boxidol: dem legendären Mittelgewichts-Weltmeister aus dem ersten Jahrzehnt des 20. Jahrhunderts, Joe Walcott.

Der Schwergewichtler Walcott gehörte in den Nachkriegsjahren zur Spitze, war aber kein überdurchschnittlicher Fighter. Ihm fehlte vor allem jene Ausstrahlung, die das Publikum begeistert. So galt er schon als ewiger Verlierer, als ihm doch noch der große Wurf gelang. Je zweimal hatte er gegen Joe Louis und Ezzard Charles den Ring als Verlierer verlassen, ehe im fünften Titelkampf seiner Laufbahn der Gegner den kürzeren zog. Das Glück des alternden Champions war aber nicht von langer Dauer. Zwar konnte er seinen ersten Kampf als Weltmeister – die Revanche gegen Ezzard Charles – siegreich beenden, aber schon der nächste Gegner bereitete ihm das Ende seiner kurzen Regentschaft. Die neue weiße Hoffnung im Schwergewicht, Rocky Marciano, holte ihn am 23. September 1952 in Philadelphia in der 13. Runde von den Beinen und blockierte wenige Monate später auch den Comeback-Versuch Walcotts, diesmal schon in der 1. Runde.

Danach beendete Walcott seine Laufbahn, in der er 67 Kämpfe ausgetragen hatte. Er konnte 49 davon gewinnen (dreißig durch K. o.) und wurde – bei einem Remis – siebzehnmal geschlagen. In Candem (New Jersey) war er später als Hilfssheriff tätig.

Walcotts erfolgreiche Titelfights

18. 7. 1951	in Pittsburgh: K.-o.-Sieg 7. Runde gegen Ezzard Charles
5. 6. 1952	in Philadelphia: PS nach 15 Runden gegen Ezzard Charles

Im »Rentenalter« doch noch oben

Den ersten Ansturm auf den Titel konnte Ezzard Charles 1951 in Detroit noch abwehren, aber wenige Monate später war Jersey Joe Walcott (rechts) doch am ersehnten Ziel.

Schlug hart wie ein Dampfhammer: Rocky Marciano

Der erste weiße Weltmeister nach fünfzehnjähriger Herrschaft der Farbigen auf dem WM-Thron setzte in der langen Reihe der Schwergewichtschampions noch einmal neue Akzente. Als Rocco Francis Marchegiano am 1. September 1923 in Brockton (Massachusetts) geboren und als Rocky, der Fels, von Amerikas Boxfans vergöttert, stellte er in der Tat ein Phänomen im Ring dar.

Er soll erst als Soldat im Zweiten Weltkrieg die Kraft seiner Fäuste entdeckt haben; seine Karriere als Boxprofi begann jedenfalls erst 1947, und da war er schon 24 Jahre alt. Dieser Spätstarter schien im Ring dann alles aufholen zu wollen, was er in den Jahren zuvor verpaßt zu haben glaubte. Seine Gegner fielen nämlich wie die Fliegen. In 22 Kämpfen stand der Wirbelwind Marciano ganze 62 Runden im Ring – so vernichtend war seine Schlagkraft. Dabei schienen seine körperlichen Voraussetzungen nicht gerade die idealsten für einen Schwergewichtler zu sein, denn mit nur 179 Zentimetern Größe und 83 Kilo Kampfgewicht war er eher ein idealer Halbschwergewichtler.

Aber Marciano machte diese äußeren Handicaps durch seinen unbeugsamen Willen wett. Im Vertrauen auf seine Schlagkraft, die seine Gegner offenbar unterschätzten, kreierte er einen völlig neuen Boxstil. Ohne jede Deckung – in der Boxersprache sagt man: offen wie ein Scheunentor – walzte er auf seinen Gegner los und deckte ihn mit einem wahren Schlaghagel zu. Dabei konnte er auch das einstecken, was von anderen ausgeteilt wurde. Diese rücksichtslose Härte gegen sich selbst und den Gegner faszinierte Amerikas Öffentlichkeit. Die neue weiße Hoffnung im Schwergewicht entsprach den Klischeevorstellungen vieler seiner Landsleute.

Dabei hätte ihn ein schon betagter Schwarzer fast gestoppt. Nach Marcianos Sieg gegen Joe Louis mußte Titelverteidiger Joe Walcott den Weißen als Herausforderer akzeptieren, den er wegen seines nur auf Schlagkraft aufgebauten Kampfstils verachtete. Der Kampf am 23. September 1952 begann auch mit einer Sensation. Walcott schickte Marciano bereits in der 1. Runde zu Boden, der sich von diesem Schock nicht mehr zu erholen schien. Nachdem er auf die Beine gekommen war, kämpfte er rundenlang wie ein Roboter, eintönig nach vorn marschierend und schlagend, dabei aber vom besseren Stilisten Walcott unter Kontrolle gehalten. Nach 12 Runden lag der Titelverteidiger uneinholbar nach Punkten vorne; Rokky Marciano schien seiner ersten Niederlage entgegenzusteuern. Doch im nächsten Durchgang traf er den müde gewordenen Champion mit der Gewalt eines Dampfhammers. Ein einziger Schlag entschied den Titelkampf – und der neue Weltmeister aller Klassen hieß Rocky Marciano.

In der Revanche stand Walcott dann nicht einmal die 1. Runde durch: Der am härtesten schlagende Schwergewichtler aller Zeiten hatte sich endgültig etabliert. Bei seinen Titelverteidigungen mußte der neue Champion nur einmal über die volle Distanz gehen (→ Statistik); die offene Kampfesweise forderte allerdings ihren Tribut. Marcianos Gesicht wirkte nach den vielen Treffern seiner Gegner wie eine zerklüftete Felslandschaft.

Ganz Amerika fragte sich, wie lange die Substanz dieses unermüdlichen Vorwärtsmarschierers noch reichen würde. Der Kampf gegen Archie Moore am 21. September 1955 setzte in dieser Hinsicht ein ernstes Zeichen. Zwar gab es den schon obligatorischen K.-o.-Sieg des Champions, aber »Old Archie« holte ihn zum zweitenmal in seiner Laufbahn vorher von den Beinen. So waren einige seiner Fans nicht überrascht, als Rocky Marciano am 27. April 1956 seinen Rücktritt vom Boxsport bekanntgab. Die Promoter versuchten – wie bei den anderen als Weltmeister unbesiegt zurückgetretenen Boxidolen Gene Tunney und Joe Louis –, durch lukrative Angebote ein Comeback zu provozieren. Aber Rocky Marciano blieb standhaft wie Tunney; er hatte seine Millionen gut angelegt und konnte der Boxwelt einen makellosen Rekord präsentieren. Von seinen 49 Kämpfen hatte er 43 durch K. o. und die restlichen sechs nach Punkten gewonnen. Kein Remis und schon gar keine Niederlage

Boxidol Amerikas ungeschlagen
Nicht nur wegen seiner boxerischen Qualitäten wurde Rocky Marciano zum Boxidol ganz Amerikas. Der Siegertyp verkörperte in den 50er Jahren alle Eigenschaften des idealen Sportsmannes.

verunzierten diese wirklich einmalige Bilanz. Rocky Marciano ist bis heute der einzige Schwergewichts-Weltmeister, der in seiner Laufbahn überhaupt nur Siege errungen hat.
Vor seinen kämpferischen Fähigkeiten hatte anscheinend auch eine Maschine Respekt. Bei der sogenannten Computer-Weltmeisterschaft, eines mehr spielerischen Vergleichs der Daten von sechzehn Weltmeistern erster Klasse, landete Rocky Marciano vor Jack Dempsey und Muhammad Ali auf dem ersten Platz. Diesen Triumph konnte er aber nicht mehr miterleben. Beim Absturz einer Verkehrsmaschine am 31. August 1969 in Newton (Iowa) war er unter den Todesopfern. Einen Tag vor seinem 46. Geburtstag.

Marcianos erfolgreiche Titelfights

23. 9. 1952 in Philadelphia: K.-o.-Sieg 13. Runde gegen Jersey Joe Walcott
15. 5. 1953 in Chicago: K.-o.-Sieg 1. Runde gegen Jersey Joe Walcott
24. 9. 1953 in New York: K.-o.-Sieg 11. Runde gegen Roland LaStarza
17. 6. 1954 in New York: PS nach 15 Runden gegen Ezzard Charles
17. 9. 1954 in New York: K.-o.-Sieg 8. Runde gegen Ezzard Charles
16. 5. 1955 in San Francisco: K.-o.-Sieg 9. Runde gegen Don Cockell
21. 9. 1955 in New York: K.-o.-Sieg 9. Runde gegen Archie Moore; Rücktritt am 27. 4. 1956

Er kam als erster wieder: Floyd Patterson

Um das Erbe des zurückgetretenen Rocky Marciano kämpften zwei Schwarze: Box-Methusalem Archie Moore und ein junger Mann namens Floyd Patterson. Sie hätten gut Vater und Sohn sein können, betrug doch ihr Altersunterschied immerhin 22 Jahre. Patterson gewann den Kampf am 30. November 1956 in Chicago in der 5. Runde durch K. o. und setzte sich als jüngster Weltmeister der Boxgeschichte auf den Schwergewichtsthron. Er zählte noch keine 22 Jahre.
Die Karriere des am 4. Januar 1935 in Waco (North Carolina) geborenen neuen Champions war zu diesem Zeitpunkt noch relativ jung. Der Sohn eines Dokkarbeiters stieß schon als Jugendlicher zum Boxsport und machte im Amateurlager Schlagzeilen. Mit sechzehn gewann er die »Golden Gloves«, US-Amerikas höchsten Amateurtitel, mit siebzehn die olympische Goldmedaille. Dabei imponierte er in Helsinki im Jahre 1952 als technisch beschlagener Mittelgewichtler, der schnellfüßig seinen Gegnern entkommen konnte.
In den folgenden Jahren wuchs er – sorgfältig gemanagt vom erfahrenen Cus D'Amato – zu einem weithin beachtlichen Halbschwergewichtler im Profilager heran. Wie viele schwarze Boxamateure hatte er den Olympiaruhm sogleich in klingende Münze umzusetzen versucht. Da in den USA aber im allgemeinen nur die oberste Gewichtsklasse die Chance zum großen Geldverdienen versprach, machte Floyd Patterson geduldig Pfunde, bis er mit den anderen schweren Männern die Fäuste kreuzen konnte. Sein Aufbauprogramm wurde durch den Manager so wohl dosiert, daß er keinen Schaden nehmen konnte. Nur der alte Ringfuchs und Exweltmeister im Halbschwergewicht, Joey Maxim, konnte ihn in dieser Phase nach Punkten schlagen. Der Rücktritt Marcianos eröffnete ihm früher als geplant die Chance zu einem Titelkampf. In der Ausscheidung gab es einen hauchdünnen Punktsieg gegen »Hurricane« Tommy Jackson, dem dann der kurzrundige Sieg gegen »Old Archie« im Titelfight folgte. Gemessen am Kampfstil seines Vorgängers Marciano wirkte Patterson wie ein ängstlicher Hase im Ring. Er war kein Offensivboxer; seine Aktionen wirkten äußerst rationell, und er legte größten Wert auf Verteidigung und Schutz des

Der Mann mit dem Glaskinn schaffte es
Floyd Patterson wirkte immer sympathisch und galt nicht – wie einige andere – als Killertyp. Ausgerechnet er durchbrach als erster das »They never come back« und schrieb somit Geschichte.

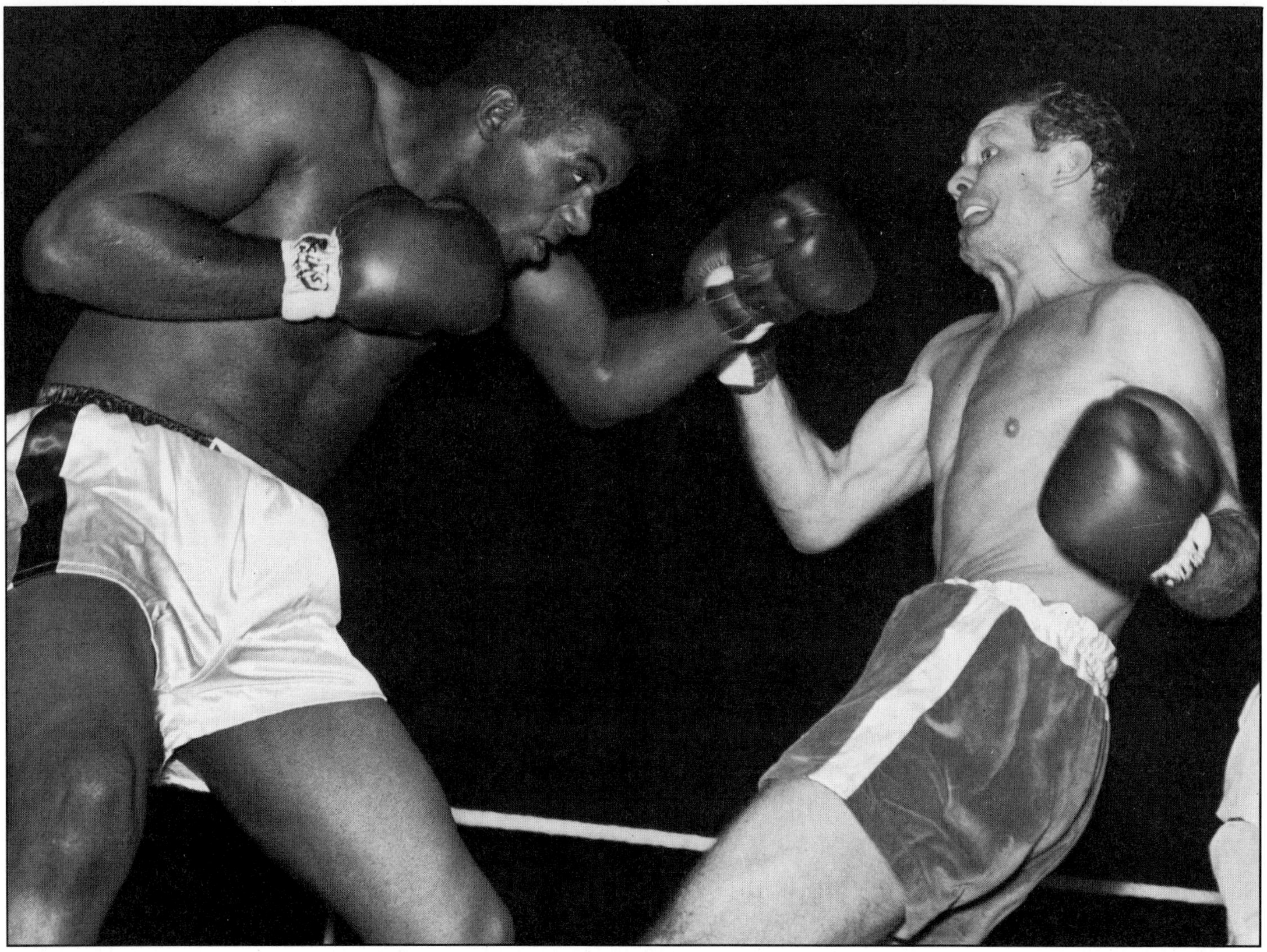

Den Europäern blieb er lange überlegen

Vier Jahre nach dem Verlust des Titels kreuzte Patterson im September 1966 mit Englands Meister Henry Cooper im Wembley-Pool die Fäuste und knockte ihn aus.

Kopfes. Kurze Zeit später folgte die Erklärung: Der neue Champion hatte ein in der Boxersprache sogenanntes Glaskinn. Das bedeutet, daß der Betreffende nach fast jedem Treffer an das Kinn mit dem Ringstaub Bekanntschaft macht.

So sah man den Weltmeister in seinen nächsten Kämpfen oft in seltsamer Haltung im Ring. Den Kopf ständig zwischen den Armen versteckt, fast immer in sogenannter Doppeldeckung stehend, wartete er auf seine Chance. Immerhin bewies er bei der ersten Titelverteidigung gegen »Hurricane« Jackson auch Schlagkraft und bewog den Ringrichter zum Abbruch des ungleichen Kampfes in der 10. Runde. Mit dem nächsten Kampf schrieb der gute Floyd Patterson dann ein wenig Boxgeschichte. Er stellte sich dem Olympiasieger von Melbourne, Pete Rademacher, zu einer Titelverteidigung und verhalf einem Neoprofi damit bei dessen erstem Auftreten in der Berufsboxszene gleich zu einem WM-Kampf. Und das wäre um ein Haar noch für ihn schiefgelaufen. Denn der Neuling traf gleich in der Anfangsphase Pattersons Glaskinn, so daß der auf die Bretter mußte. Danach boxte der Weltmeister vorsichtiger und bestrafte den vorwitzigen Amateur mit einem K.o. in der 6. Runde. Es war der achte Niederschlag in diesem Kampf für den glatzköpfigen Rademacher, von dem man im Profilager danach nichts mehr hörte.

Von Patterson war indes auch wenig Glanzvolles zu vermelden. Er trat nur gegen schwächere Leute an und galt als Feigling auf dem WM-Thron; vor allem der schlagstarke Kubaner Nino Valdes wartete vergeblich auf eine Chance. Die bekam dann ausgerechnet der neue Europameister, der Schwede Ingemar Johansson. Dessen einzige Qualifikation war ein K.-o.-Sieg in der 1. Runde gegen Eddie Machen am 14. September 1958 in Göteborg gewesen; in einem US-Ring hatte er überhaupt noch nicht gestanden. Dennoch wurde der Kampf mit einem gewaltigen Publicitywirbel vorbereitet. Schließlich mußten die 2½-Millionen-Börse (in DM) für den Titelverteidiger und deren Hälfte für Johansson eingenommen werden. Der Kampf wurde am 26. Juni 1959 im New Yorker Yankee-Stadion ausgetragen und in Amerika und Europa im Fernsehen und extra gemieteten Kinos übertragen. Erstmals konnte ein so großes Publikum eine Boxweltmeisterschaft live miterleben.

Das Geschehen im Ring trug dann alle Merkmale einer Riesensensation. Patterson galt als klarer Favorit, hatte er doch in sieben Profijahren bis zu diesem Fight von seinen 36 Kämpfen nur einen knapp nach Punkten verloren und 24 vorzeitig entschieden. Der Schwede war in seinen 21 Kämpfen noch ungeschlagen, aber gegen was für Gegner! Er hatte jedoch Glück. Nach langweiligem Kampfverlauf in den ersten anderthalb Runden traf seine Rechte den Titelverteidiger voll auf den Punkt, und Patterson mußte auf die Bretter. Er erholte sich von diesem Treffer nicht mehr und wurde in den nächsten Minuten insgesamt siebenmal von »Thors Hammer«, wie findige Sportjournalisten Johanssons Rechte getauft hatten, gefällt. Nach gut zwei Minuten der 3. Runde brach der Ringrichter das ungleiche Gefecht ab und erklärte den Europäer zum neuen Weltmeister.

Der sonnte sich ein Jahr lang in seinem Ruhm und sah der Revanche gelassen entgegen. Der entthronte Patterson aber trainierte

wie ein Besessener; er wollte den Titel zurückerobern, das scheinbar unumstößliche »They never come back« endlich brechen. Und der zwanzigste Schwergewichts-Weltmeister konnte dieses Kapitel der Boxgeschichte tatsächlich schreiben. Am 20. Juni 1960 wurden 31 892 Zuschauer im New Yorker Polo Ground und Millionen an den Fernsehschirmen in aller Welt Zeugen des historischen Ereignisses. Floyd Patterson, der für seinen Auftritt 770 000 Dollar kassierte, schlug den Schweden Ingemar Johansson, der 600 000 Dollar einstreichen durfte, in der 5. Runde entscheidend und eroberte als erster Schwergewichtler den verlorenen Titel zurück.
Das Ergebnis krönte auch die Bemühungen der Veranstalter. Noch nie war das Ballyhoo vor einem Kampf so gewaltig gewesen; Fernseh- und Werbegelder trieben die Gesamteinnahmen auf die neue Rekordhöhe von über 3 Millionen Dollar. Der vereinbarte dritte Kampf zwischen den beiden ließ noch einmal die Kassen klingeln und schien erneut Boxgeschichte zu machen. Denn an diesem 13. März 1961 in Miami Beach mußte Patterson kurz nach dem Kampfbeginn zu Boden und schien nach einem weiteren schweren Treffer geschlagen. Johansson war auf dem besten Wege, ebenfalls ein Comeback zu schaffen, bis sich Patterson überraschend fing und den Schweden noch in der gleichen 1. Runde zu Boden schlagen konnte. Nach diesem Auftakt ging es etwas ruhiger zu, bis die 6. Runde dann das Ende für den Schweden brachte, der damit für alle Zeiten aus dem WM-Geschäft war.
Floyd Patterson aber gedachte mit dem Titel noch viele harte Dollars zu verdienen. Als er am 25. September 1962 die Würde gegen den neuen starken Mann der Schwergewichtsszene, Charles »Sonny« Liston, aufs Spiel setzte, ließ er sich das Risiko mit einer fürstlichen Gage absichern. Durch den Verkauf der Fernseh- und Filmrechte hatten die Veranstalter inzwischen neue Dimensionen bei Einnahmen und Gagen erreicht. Diesmal konnten sie 4,5 Millionen Dollar auf der Habenseite verbuchen. Der Titelverteidiger bekam über 1 Million davon, der Herausforderer lag nur knapp darunter.
Der Kampf im Cominsky-Park von Chicago dauerte nur 126 Sekunden, dann hatte eine gewaltige Linke von Sonny Liston den Weltmeister gefällt. Aber es gab ja noch einen Rückkampf. Amerika hoffte auf ein zweites Comeback Pattersons und war bereit, es zu finanzieren. Als am 22. Juli 1963 in Las Vegas der Gong zur 1. Runde ertönte, saßen nur etwa 8000 Zuschauer am Ring. Aber Hunderte von Kinos und alle großen Fernsehstationen hatten sich die Übertragungsrechte gesichert und zahlten 5 Millionen Dollar in die Kassen der Veranstalter. Beide Boxer kassierten über 1 Million Dollar als Börse. Doch wieder kam niemand von den Zuschauern auf die Kosten. Sonny Liston schlug Patterson wieder in der 1. Runde k. o. und behielt den Titel.
Patterson gab auch danach nicht auf und war noch lange im Boxgeschäft zu sehen. Gut zwei Jahre später hat er noch einmal versucht, das »They never come back« zu durchbrechen. Gegen den dann amtierenden Weltmeister Cassius Clay verlor er ebenso wie gegen einen seiner nur zum Teil anerkannten Nachfolger, den WBA-Mann Jimmy Ellis im September 1968.
Obwohl er in seiner Glanzzeit über 7 Millionen Dollar eingenommen hatte, konnte er sich nicht vom Ring trennen. Noch 1972 sah man ihn boxen, erst dann machte er Schluß. Er hatte mittlerweile 64 Kämpfe auf dem Buckel, von denen er vierzig durch K. o. und fünfzehn nach Punkten gewonnen hatte. Einem Remis standen acht Niederlagen gegenüber, davon fünf durch K. o.

Pattersons erfolgreiche Titelfights

30. 11. 1956	in Chicago: K.-o.-Sieg 5. Runde gegen Archie Moore
29. 7. 1957	in New York: K.-o.-Sieg 10. Runde gegen Hurricane Jackson
22. 8. 1957	in Seattle: K.-o.-Sieg 6. Runde gegen Pete Rademacher
18. 8. 1958	in Los Angeles: K.-o.-Sieg 12. Runde gegen Roy Harris
1. 5. 1959	in Indianapolis: K.-o.-Sieg 11. Runde gegen Brian London
20. 6. 1960	in New York: K.-o.-Sieg 5. Runde gegen Ingemar Johansson*
13. 3. 1961	in Miami Beach: K.-o.-Sieg 6. Runde gegen Ingemar Johansson
4. 12. 1961	in Toronto: K.-o.-Sieg 4. Runde gegen Tom McNeely

* An diesem 20. 6. 1960 wurde zum ersten Mal das Gesetz des »They never come back« durchbrochen, nachdem Patterson ja am 26. 6. 1959 in New York seinen Titel gegen Johansson verloren hatte.

Weiße Hoffnung war nur Zwischenspiel
Ingemar Johansson (links) im Kampf um die Europameisterschaft gegen Henry Cooper, den er am 19. Mai 1957 ausknockte. Seine WM-Herrschaft war nur von kurzer Dauer.

Weltmeister ohne Fortune: Ingemar Johansson

Der Mann, der Floyd Pattersons Herrschaft als Weltmeister aller Klassen unterbrach, wurde am 22. September 1932 in Göteborg geboren und lief zeit seines Boxerlebens mit dem Makel des Feiglings herum. Selbst als er den Europameisterschaftstitel errang und dann sogar Weltmeister wurde, konnte er den Makel nicht tilgen, mit dem seine Karriere als Amateur ihren unrühmlichen Höhepunkt hatte.
Der junge Schwede war nämlich 1952 im Finale des olympischen Boxturniers wegen Feigheit (!) disqualifiziert worden, nachdem er vor seinem amerikanischen Gegner davongelaufen war, anstatt sich ihm zu stellen und mit ihm zu boxen. Dem Schweden wurde sogar die Silbermedaille aberkannt, die er ja noch ehrlich erkämpft hatte.
Als der Geschäftsmann Edwin Alquist diesen Mann dem Profisport zuführte, ernteten beide allgemeines Gelächter. Aber der kräftig gebaute Nordländer fand sich in der europäischen Boxszene zurecht und konnte schon in seinem fünfzehnten Fight um den kontinentalen Titel kämpfen. Er schlug Titelverteidiger Franco Cavicci in Bologna in der 13. Runde entscheidend und war seit diesem 30. September 1956 Europameister im Schwergewicht. Nachdem er auch den Ansturm der Briten Henry Cooper und Joe

Erskine abgewehrt hatte, schien er reif für höhere Aufgaben. Der Testfall kam in Gestalt des hinter Weltmeister Floyd Patterson als Nr. 1 der Weltrangliste geführten Eddie Machen, der gegen Johansson in Göteborg nicht einmal die 1. Runde überstand. Die folgenden Titelkämpfe gegen Floyd Patterson bildeten die Höhepunkte eines Boxerlebens, dem letztlich die notwendige Fortune fehlte.

In den USA hat man den Interims-Weltmeister zwischen Floyd Pattersons Herrschaftszeit nie ganz ernst genommen. In Europa blieb er jedoch noch einige Zeit unbestritten der beste Mann. Den während seiner Weltmeisterzeit niedergelegten Europatitel holte er sich am 17. Juni 1962 durch einen K.-o.-Sieg gegen seinen Nachfolger, den Engländer Dick Richardson, in der 8. Runde in Göteborg wieder zurück. Als ihn dessen Landsmann Brian London am 21. April 1963 aber am Rande einer K.-o.-Niederlage hatte, trat Johansson vom Boxsport zurück. Seine Börsen aus den Patterson-Kämpfen ermöglichten ihm einen guten Start als Geschäftsmann.

Er ging als Weltmeister mit den wenigsten Kämpfen in die Boxgeschichte ein. Nur 28mal stand er als Profi im Ring, nur zweimal verlor er: gegen Floyd Patterson.

Man nannte ihn »Häßlicher Bär«: Sonny Liston

Im für die meisten Beobachter undurchsichtigen Dschungel der amerikanischen Boxsportszene stellte er eine besonders finstere Gestalt dar: Charles »Sonny« Liston, der Mann, der aus dem Zuchthaus in den Boxring kam.

Sein Leben gehört in den Bereich der Legende; die einzigen nachprüfbaren Daten sind die seiner Kämpfe. Wann er zur Welt gekommen ist, kann niemand mehr genau feststellen. In seinem Paß war der 8. Mai 1932 als Geburtstag angegeben, Geburtsort – das ist sicher – war St. Francis County in Arkansas. Dort wuchs er mit 25 Geschwistern auf, und damit war sein Leben vorbestimmt. Im Hause des Tagelöhners Liston mit dem reichen Kindersegen gab es selten genug zu essen, der Nachwuchs »besorgte« sich den Lebensunterhalt oft selber. So fand sich Charles Liston, in völligem Gegensatz zu seinem Erscheinungsbild mit dem Spitznamen Sonny belegt, bald im Jugendgefängnis wieder und in logischer Konsequenz nach einem später begangenen Raubüberfall im Zuchthaus von Jefferson City (Missouri). Das bedeutete für den stets finster blickenden Analphabeten aber eine Wende im Leben. Hinter den Mauern der Haftanstalt lernte er unter Anleitung eines Priesters nicht nur das Boxen, sondern auch die Leute kennen, die seine Fertigkeiten im Ring in klingende Münze umzusetzen gedachten. Nach der Entlassung begann er jedenfalls eine offizielle Profikarriere – unter dem Management eines Gangstersyndikats, wie später ebenso offiziell festgestellt wurde.

Leben und Tod blieben undurchsichtig

Sonny Liston – hier im Kampf gegen Cassius Clay – galt als Personifizierung der dunklen Machenschaften in der US-Boxszene. Selbst sein Tod blieb ohne Klärung.

Listons erfolgreiche Titelfights

25. 9. 1962	in Chicago: K.-o.-Sieg 1. Runde gegen Floyd Patterson
22. 7. 1963	in Las Vegas: K.-o.-Sieg 1. Runde gegen Floyd Patterson

Seine Berater bauten ihn geschickt auf, obwohl das bei seinem Vernichtungswillen im Ring überhaupt nicht nötig schien. Anfang 1960 konnte Liston auf einen beachtlichen Rekord zurückblicken: Von 28 Kämpfen waren 27 gewonnen worden, nur eine Punktniederlage gegen Marty Marshall bildete den schwarzen Fleck. Die Bilanz wäre wahrscheinlich noch imposanter gewesen, wenn nicht eine neunmonatige Zwangspause dazwischengekommen wäre: Sonny mußte wieder hinter Gefängnismauern, nachdem er 1957 gegen einen Polizisten handgreiflich geworden war.

Ab Frühjahr 1960 mußte ihn die Boxszene aber ernsthaft ins Kalkül ziehen. Zwei K.-o.-Siege gegen Spitzenleute im Schwergewicht – am 21. März gegen Cleveland Williams und am 25. April gegen Roy Harris – machten ihn zum Anwärter auf einen Titelkampf gegen Floyd Patterson. Bis es soweit war, mußte der »Häßliche Bär«, wie man ihn in der US-Presse titulierte, aber noch eine Weile warten und einige Gegner k. o. schlagen, darunter den Deutschen Albert Westphal am 4. Dezember 1961 in Philadelphia.

Nach einer Serie von 23 K.-o.-Siegen trat er dann am 25. September 1962 in Chicago dem Weltmeister gegenüber. Floyd Patterson erschien noch geduckter als sonst, Liston wirkte wie ein Goliath und bereitete dem Champion auch ein schnelles Ende. Nach der – ebenfalls kurzrundigen – Revanche (→ Floyd Patterson) schien der Schwergewichtsthron für lange Zeit fest im Besitz des »Häßlichen Bären« und seiner Hintermänner.

Um so überraschender kam das Ende seiner Weltmeisterzeit. Er stellte sich am 25. Februar 1964 in Miami Beach einem jungen Herausforderer namens Cassius Clay, der durch kesse Sprüche vor dem Kampf für Stimmung in der Öffentlichkeit gesorgt hatte. Im Ring konnte der neue Mann dann tatsächlich überzeugen, entkam auf schnellen Füßen den gefürchteten Schlägen Listons und traf selbst einige Male. Aber niemand hatte einen wirklich schweren Schlag entdecken können. Jedenfalls kam Liston nach der 6. Runde nicht mehr aus der Ecke und gab den Kampf auf. Die Box-

welt witterte Unrat und ließ sich auch durch ein Attest, das dem Titelverteidiger eine Schulterverletzung bescheinigte, nicht gänzlich beruhigen. Den Boxbehörden genügte das jedoch, und Liston erhielt seine Börse ausgezahlt. Weltmeister aber war nun der junge Springinsfeld Cassius Clay.
Auch der Revanchekampf trug alle Merkmale eines dubiosen Geschehens. Diesmal stand man sich am 25. Mai 1965 in Lewiston (Maine) gegenüber und hatte als attraktives Dekor einen Exchampion dabei. Jersey Joe Walcott fungierte nämlich als Ringrichter, spielte aber eine unrühmliche Rolle. Denn Sonny Liston fiel nach etlichen Beschimpfungen seines Gegners wie vom Blitz gefällt in der 1. Runde um, obwohl niemand einen Schlag Clays gesehen hatte. Selbst bei späteren genauen Untersuchungen des Kampffilms war von einem Wirkungstreffer nichts zu erkennen. Der wortgewaltige Weltmeister Clay erfand daraufhin den »Phantomschlag«, mit dem er Liston getroffen haben wollte. Liston wurde jedenfalls bei diesem Kampf nicht im klassischen Sinn ausgezählt. Ringrichter Walcott rangelte erst mit Clay, um ihn in die Ecke zu drängen, und kümmerte sich dann um Liston, der auf einmal wieder auf den Beinen stand. Beide setzten sogar wieder zum Kampf an, als das Ende des Fights signalisiert wurde. Der Zeitnehmer gab an, Liston sei bis zwölf am Boden gewesen und mithin Clay K.-o.-Sieger.
Für die USA war Liston nach diesem erneuten mysteriösen Kampfausgang nicht mehr tragbar. Deshalb reiste er nach Europa und stellte sich dort in mehreren Kämpfen vor. Zu seinen Opfern gehörte dabei auch der Deutsche Meister Gerhard Zech, den er in Göteborg in der 7. Runde k.o. schlug.
Insgesamt trug Liston 54 Kämpfe aus, von denen er 39 durch K.o. und elf nach Punkten gewann. Er verlor dreimal durch K.o. und einmal nach Punkten.
Wie er sein Leben verlor, gehört zu den Geheimnissen um diesen Mann. Seine Frau fand ihn am 5. Januar 1971 in seiner Wohnung in Las Vegas tot auf. Die Obduktion ergab, daß er schon acht Tage tot gewesen sein mußte. Eine genaue Klärung der Todesursache hat es nie gegeben ...

Für viele »Der Größte«:

Cassius Clay alias Muhammad Ali

Als der junge Neger Cassius Marcellus Clay aus Kentucky nach den Siegen gegen Sonny Liston als neuer Weltmeister feststand, konnte noch niemand ahnen, daß damit quasi eine neue Zeitrechnung in der Geschichte der an Sensationen und Skurrilitäten gewiß nicht armen Schwergewichts-Weltmeisterschaft begonnen hatte.

Fast eineinhalb Jahrzehnte erlag ein großer Teil der Menschheit der faszinierenden Ausstrahlung des neuen Champions, verfolgte mit Spannung seine Aktivitäten innerhalb und außerhalb des Boxrings und engagierte sich wie sonst nur bei globalen weltpolitischen Ereignissen für oder gegen ihn.
Keiner seiner Vorgänger brachte die halbe Weltbevölkerung dazu, mitten in der Nacht vor die Fernsehschirme zu eilen, um ja nur keine Minute seiner Auftritte zu versäumen; Staatsmänner und Würdenträger in Ost und West fühlten sich gleichermaßen durch seine Anwesenheit geschmeichelt. Der neue Mann auf dem Schwergewichtsthron war durch ein gütiges Schicksal mit allen körperlichen und geistigen Vorzügen ausgestattet, die in der Welt des fortgeschrittenen 20. Jahrhunderts beste Voraussetzungen für eine Traumkarriere bedeuteten. Seine Aktivitäten außerhalb des Rings spalteten zwar seine große Anhängerschaft vorübergehend, werden jedoch mit Gewißheit dazu führen, daß er in der Galerie bedeutender Persönlichkeiten dieses Jahrhunderts einen entsprechenden Platz einnehmen wird.

Der sportliche Werdegang

Der am 17. Januar 1942 in Louisville (Kentucky) als Sohn des Schildermalers Clay geborene Cassius Marcellus soll schon als Junge von einer großen Boxerkarriere geträumt haben und ließ sich vom jüngeren Bruder auf Schnelligkeit trimmen, indem er versuchte, Steinen auszuweichen, die dieser nach ihm warf. Fest steht, daß er bereits als Zwölfjähriger mit systematischem Boxtraining begann und entsprechend früh in der Amateurklasse für Aufsehen sorgte. Sechsmal errang er den Meistertitel von Ken-

Merkt euch: »Ich bin der Größte.«
In dieser Pose lernte ihn die Welt kennen und schätzen: Cassius Clay, nach eigenen Angaben der größte Boxer, der je in einem Ring gestanden hat.

tucky, als Siebzehnjähriger wurde er 1959 mit dem höchsten Amateurtitel der USA, den Golden Gloves (Goldenen Handschuhen), in Chicago ausgezeichnet. Im Jahr darauf hieß der Gewinner der Golden Gloves wieder Cassius Clay, und bei den Olympischen Spielen holte sich der Achtzehnjährige die Goldmedaille im Halbschwergewicht. Das Finale im Rom war sein 108. Kampf als Amateur, hundertmal war er als Sieger aus dem Ring gegangen. Danach stand der Weg in eine Profikarriere offen, die mit echt amerikanischem Geschäftssinn gestartet wurde.

Eine Gruppe einflußreicher Geldleute schloß sich zur »Louisville Sponsoring Group« zusammen, die einzig dem Ziel diente, investierte Dollars als Vielfaches aus künftigen Einnahmen des Boxers Clay herauszuholen. Der Vertrag mit dieser Gruppe kam im Oktober 1960 zustande. An der Börse seines ersten Kampfes am 29. Oktober (2000 Dollar) konnte noch niemand recht verdienen. Auf jeden Fall besiegte der Neoprofi Clay in seiner Heimatstadt Louisville seinen Gegner, einen gewissen Tunney Hunsaker, über 6 Runden nach Punkten. Der Auftakt war geschafft. Der junge Mann aus Kentucky gewann auch die nächsten achtzehn Kämpfe – meistens überzeugend durch K. o. – und erregte vor allen Dingen Aufsehen durch seine exakten Voraussagen, wann das Ende des Kampfes für seinen jeweiligen Gegner kommen würde. Ein Herausforderer für den Weltmeister stand damit bereit.

Der bärenstarke Sonny Liston galt als Favorit, und Amerikas boxinteressierte Öffentlichkeit belächelte die verbalen Kraftakte des Herausforderers Clay, dem die Presse den wenig schmeichelhaften Beinamen »Großmaul« gab. Neutrale Beobachter empfanden es auch nur als geschickt arrangiertes, eben typisch amerikanisches Showgeschäft, als die beiden Kontrahenten bei einer Pressekonferenz scheinbar ernsthaft aufeinander losgingen und Clay beim Wiegen vor dem Kampf einen Anfall von Hysterie bekam. Der Titelfight selbst belehrte dann alle Spötter von der tatsächlich überragenden Boxkunst dieses Cassius Clay. Leichtfüßig um ihn herum tänzelnd, konnte er bei Sonny Liston

Auch der Deutsche bekam seine Chance

Zum ersten Titelkampf um die Krone des Boxsports auf deutschem Boden bemühte sich Muhammad Ali in das Frankfurter Waldstadion und besiegte dort Europameister Karl Mildenberger.

Der Titelkampf unter der Äquatorsonne

Als »Showdown in Schwarzafrika« ging die Ringschlacht zwischen Titelverteidiger George Foreman und Muhammad Ali in die Boxgeschichte ein. Im Bild der entscheidende Treffer.

Das Riesengeschäft lief im Fernen Osten

Weil kein Veranstalter in den USA die finanziellen Risiken mehr tragen mochte, kam es zum »Thriller von Manila«, in dem Ali Joe Frazier für die Niederlage von 1971 hart bestrafte.

Zum dritten Mal höchstes Ziel erreicht

Als Ali die Revanche gegen Leon Spinks (rechts) gewann, folgte ihm nur noch ein Teil der Boxwelt. Sein erneutes Comeback wurde lediglich von einem Verband anerkannt.

6 Runden lang so manchen Schlag anbringen und verletzte ihn durch verbale Attacken offensichtlich noch mehr. Warum Liston danach in der Ringecke sitzen blieb, gehört zu den Geheimnissen der Boxsportszene. Die Welt hatte auf jeden Fall seit diesem 25. Februar 1964 einen neuen Schwergewichtschampion, der durch seine Sprüche in den nächsten Monaten immer für eine Schlagzeile gut war. Die erste lieferte er drei Tage nach dem Titelgewinn, als er am 28. Februar bekanntgab, daß er bereits vor sechs Monaten zum Islam übergetreten war. Das wurde noch als neuer Gag dieses extrovertierten Showmannes aufgefaßt, zumal er am 4. Juni des gleichen Jahres eine sehr »weltliche« Hochzeit mit dem farbigen Mannequin Sonji Roi folgen ließ.

Clay spaltet Boxwelt in zwei Lager

Die unaufgeklärten Begleitumstände der WM-Revanche gegen Liston am 25. Mai 1965 hatten dann für den Weltmeister schwerwiegende Folgen. Schon der Rahmen dieses Spektakels trug außergewöhnliche Züge. Man hatte das Städtchen Lewiston im US-Bundesstaat Maine als Austragungsstätte auserkoren – weder vorher noch nachher gelangte dieser Ort zu solcher Bedeutung. In einer kleinen Halle saßen gerade 2500 Zuschauer am Ring, von deren Eintrittsgeldern kein Rahmenkampf hätte bezahlt werden können. Aber das Geld brachten ja die weltweiten Fernsehübertragungen.
Ob beim Blitz-K.-o. für Liston auch Geld im Spiel gewesen ist, konnte bis heute nicht bewiesen werden; die World Boxing Association (WBA) entzog jedenfalls am 19. Juni 1965 Cassius Clay und Sonny Liston die Boxlizenzen. Die WBA war Nachfolgeorganisation der National Boxing Association (NBA) und verstand sich als weltweiter Dachverband des Profiboxsports. Sie wurde zur damaligen Zeit in 35 US-Bundesstaaten anerkannt. Neben ihr bestand aber noch die New York State Athletic Commission (NYSAC), hinter der die mächtige Veranstaltergruppe des Madison

Engagement kostete auch Wohlwollen

So kannte ihn die Welt ebenfalls bestens: Der engagierte Kämpfer außerhalb des Rings, der für schwarze Bürgerrechte und gegen den Vietnamkrieg eintrat.

Square Gardens steckte, die außer in New York auch in einigen anderen Bundesstaaten als Dachorganisation anerkannt wurde. Mit dem World Boxing Council (WBC) kam Ende der 60er Jahre ein weiterer Dachverband hinzu, der sich nach und nach zur mächtigsten dieser im wesentlichen durch Veranstalter kontrollierten obersten Organisation der Berufsboxer entwickelte.

Die WBA führte jedenfalls Clay ab Sommer 1965 nicht mehr als Weltmeister, sondern ernannte Ernie Terrell zum Titelträger. Clay wurde nur in einigen Bundesstaaten und in Europa als regulärer Titelhalter anerkannt; er boxte deshalb nach der ersten Titelverteidigung gegen Patterson in Las Vegas im folgenden Jahr nur in der Alten Welt um den Meistergürtel, darunter auch gegen den Deutschen Karl Mildenberger.

Dieses Jahr 1966 hatte zunächst den endgültigen Bruch mit der weißen Bevölkerung der USA gebracht. Clay gab im Januar bekannt, daß er der militanten Black-Muslim-Sekte beigetreten war, die mit Gewalt für bessere Lebensbedingungen der Schwarzen in den USA agierte. Der Boxweltmeister als Symbol für »Black Power« – Amerika zeigte sich geschockt. Dies um so mehr, als der »Teilweltmeister« extreme Glaubensbekenntnisse zugunsten des Islam abgab. Zunächst folgte am 7. Januar die Scheidung von Ehefrau Sonji, mit der Begründung, ihre Kleidung und ihr Auftreten seien mit seinem islamischen Glauben nicht mehr vereinbar. Dann ließ er die Welt wissen, daß er ab sofort nur noch auf den Namen Muhammad Ali hören werde, den »Sklavennamen« Clay somit abgelegt habe. Am 17. Februar wandte er sich auf einer Pressekonferenz in Miami heftig gegen die amerikanische Fernostpolitik und den Vietnamkrieg, am 26. Oktober beendete er den Vertrag mit der »Louisville Sponsoring Group« und schloß ein neues Abkommen mit Herbert Muhammad, einem Drahtzieher der Black Muslims. Von da an flossen die immensen Börsen des Weltmeisters in die dunklen Kanäle der schwarzen Sekte.

Um diesen unbequemen Mann auch offiziell als Weltmeister loszuwerden, verschaffte man ihm wieder einen Kampf innerhalb der USA. Der gefährliche Mischling Cleveland Williams, in dessen Adern indianisches und negroides Blut floß, sollte ihn vom Thron stoßen. Zu diesem Kampf kamen 35 000 Zuschauer ins Astrodom von Houston (Texas), aber sie erlebten nur einen neuen Triumph von Cassius Clay, wie er in der Öffentlichkeit noch genannt wurde. Der Champion fügte seinen bekannten Showelementen im Ring dabei ein neues hinzu und taufte es anschließend »Ali-Shuffle«. Es handelte sich um eine unglaublich schnelle Schrittfolge, die man in einem Boxring nie und nimmer erwartete. Sein Gegner lag jedenfalls in der 3. Runde geschlagen am Boden.

Nun konnte die WBA ihn nicht mehr länger ignorieren. Sie gab die Erlaubnis zum Titelfight zwischen Muhammad Ali und dem Weltmeister von WBA-Gnaden, Ernie Terrell. Ali nutzte den Kampf zu einer Demonstration seines boxerischen Könnens und seiner neuen Einstellung. Sogar während der Aktionen verlangte er von Terrell, als Muhammad Ali angesprochen zu werden, und bestrafte ihn 15 Runden lang, ohne den möglichen entscheidenden Schlag anzubringen. Er wollte sich vor allem redend Luft verschaffen.

Von Gerichten gestoppt

Daß weit mehr als effektheischendes Showgebaren hinter seinem gesellschaftlichen Engagement steckte, erfuhr die Welt endgültig am 28. April 1967. Ali verweigerte an diesem Tag vor der Musterungskommission in Houston Wehrdienst und Fahneneid und nahm die Folgen in Kauf. Ihm wurden unmittelbar danach Boxlizenz und Titel aberkannt, am 25. Juni verurteilte ihn ein Gericht in Houston zu fünf Jahren Gefängnis wegen Wehrdienstverweigerung. Ali konnte gegen Kaution auf freiem Fuß bleiben und legte Berufung ein. Als Boxer aber schien er für alle Zeiten erledigt.

Er heiratete am 17. August dieses Jahres die erst siebzehnjährige, strenggläubige Muslime Belinda (Kalilah) Boyd und stellte sich dann ganz in den Dienst der Sekte. Als eine Art Pilger durchquerte er die Vereinigten Staaten, um für die Ideen der Schwarzen zu werben. Im Winterhalbjahr 1969/70 sah man ihn in einer Broadway-Inszenierung des Black-Power-Musicals »Buck White« als Sänger und Tänzer. Um die Boxweltmeisterschaft kämpften in der Zwischenzeit andere (→ Joe Frazier), und als der Kampf um eine neue Lizenz endgültig verloren schien, verkündete er am 3. Februar 1970 seinen offiziellen Rücktritt vom Boxsport.

Doch das Jahr hielt noch eine positive Überraschung für ihn bereit. Nach langem Rechtsstreit hob der Oberste Gerichtshof der USA am 20. Juni 1970 die fünfjährige Gefängnisstrafe auf, und am 28. September stellte ihm der Staat Georgia wieder eine Boxlizenz aus.

Gelungenes Comeback führt zum Titelkampf

Ali bereitete schnell sein Comeback vor, das mit einem K.-o.-Sieg gegen Jerry Quarry am 26. Oktober 1970 in Atlanta auch gelang. Noch im gleichen Jahr schlug er den bulligen Argentinier Oscar Bonavena (7. 12. in New York) in der 15. Runde entscheidend, und Amerika begann einem Kampf zwischen Ali und

dem amtierenden Weltmeister Joe Frazier entgegenzufiebern. Die politische Großwetterlage hatte sich inzwischen zugunsten Alis verändert. Das patriotische Amerika, das ihn 1967 wegen seiner Anti-Vietnam-Auftritte verachtet hatte, fand sich allmählich mit dem Scheitern dieses Abenteuers im Fernen Osten ab. Man zeigte sich gewillt, dem Charisma des großen Fighters Ali wieder Tribut zu zollen.
So kam es zum Kampf zweier unbesiegter Weltmeister am 8. März 1971 im Madison Square Garden, dem 19500 Zuschauer am Ring und geschätzte 300 Millionen an den Fernsehgeräten beiwohnten. Der als »Kampf der Giganten« hochgeputschte Fight brachte zumindest eine gigantische Einnahme, aus der beide Boxer die noch nie gezahlte Börse von je 2,5 Millionen Dollar erhielten. Für Ali bedeutete sie ein Trostpflaster, denn er mußte nach 15 schweren Runden erstmals eine Niederlage hinnehmen. Die drei Jahre Ringpause ließen sich auch durch die altbewährten Showeffekte und Sprüche im Ring nicht verdekken. Frazier siegte jedenfalls haushoch nach Punkten.
Das »They never come back« schien für Ali endgültig, als er seinen nächsten Kampf ebenfalls verlor. Der schlagstarke Ken Norton brach ihm dabei sogar den Kiefer. Aber der Exchampion gab noch nicht auf. Er wollte Revanche gegen die, die ihn besiegt hatten. Joe Frazier gab ihm dazu Anfang 1974 Gelegenheit, aber es ging nicht mehr um den Titel. Den trug inzwischen (→) George Foreman. Ali ging gegen Frazier am 29. Januar in New York wieder über die volle Distanz (sie betrug diesmal 12 Runden); das Urteil lautete diesmal jedoch »Punktsieger Muhammad Ali«. Immerhin zahlte man ihm eine stattliche 1,7-Millionen-Dollar-Börse, und von diesem Tag an stieg er nie mehr für weniger als 1 Million in den Ring. Für die 20748 Zuschauer im Madison Square Garden stand danach jedenfalls fest: Dieser Ali hat eine neue Chance verdient.

Mit 32 Jahren wieder ganz oben

Sieben Jahre nach seiner Verbannung aus dem Boxring wegen Wehrdienstverweigerung durchbrach Ali dann als zweiter Schwergewichtler das ungeschriebene Gesetz des »They never come back« und wurde durch einen K.-o.-Sieg in der 8. Runde gegen George Foreman erneut Weltmeister. Der Kampf wurde am 30. Oktober 1974 in Kinshasa (Zaire) ausgetragen und brachte durch Fernseh- und Werbeeinnahmen eine neue Rekordsumme, aus der jedem der beiden Boxer die sagenhafte Börse von 5 Millionen Dollar zufloß. Für den 32jährigen Ali bedeutete dieser Sieg gegen den Titelträger den größten Triumph seiner vierzehnjährigen Karriere, hatte der 98-Kilo-Koloß Foreman doch von seinen voraufgegangenen vierzig Kämpfen 37 durch zum Teil schnelle Niederschläge gewonnen. Der K.o. durch Ali war die erste Niederlage in seiner Profilaufbahn.
Für den neuen Weltmeister begann jetzt das große Geldverdienen. Er kassierte bei relativ mühelosen Titelverteidigungen im Laufe des Jahres 1975 viele Millionen, bis dann der als »Thriller von Manila« in die Boxgeschichte eingegangene dritte Kampf gegen Joe Frazier noch einmal neue Dimensionen setzte. Wegen der schier unglaublichen Kosten fand sich in den USA kaum mehr ein Veranstalter für derartige Kämpfe; so sah denn der Ferne Osten nach Zentralafrika diesen Titelkampf, der Ali 6 Millionen Dollar an Kampfbörse einbrachte. Nach einer wahren Ringschlacht durfte Frazier zur 15. Runde nicht mehr antreten, so schwer war er angeschlagen (→ Statistik).
In den USA erregte ein anderes Ereignis in diesem Herbst 1975 noch mehr Aufsehen, als Muhammad Ali nämlich seine Memoiren vorstellte. Das Buch mit dem Originaltitel »The Greatest – my own story« überraschte durch Stil und Inhalt. Es war weit oberhalb üblicher Sportlererinnerungen anzusiedeln und hielt bestimmten literarischen Ansprüchen stand. Kritiker sahen in ihm einen wesentlichen Beitrag zur amerikanischen Sport- und Sozialgeschichte.
Auf sportlichem und privatem Gebiet konnte Ali im folgenden Jahr 1976 ein derartiges Niveau nicht halten. Zur Überraschung seiner Umgebung trennte er sich im Frühjahr von seiner Frau Belinda, die ihm mittlerweile vier Kinder geschenkt hatte, und kündigte die Scheidung an. Im August gebar ihm seine neue Freundin, das Fotomodell Veronica Porche, bereits eine weitere Tochter. Er konnte die Mutter allerdings erst im Juni des folgenden Jahres zum Traualtar führen.
Kredit verspielte der Weltmeister auch durch einen nur als Show gewerteten Kampf im Juni 1976 gegen den japanischen Ringerkönig Antonio Inoki in Tokio. Die beiden Meister vermieden 15 Runden lang jede gefährliche Aktion und verbreiteten nur gähnende Langeweile.

Er besteigt zum dritten Mal den Thron

In seinen echten Titelkämpfen vermochte Ali immer weniger zu überzeugen. Sein fortschreitendes Alter ließ sich nicht mehr kaschieren, immer mehr Gegner verloren den Respekt vor ihm. Die Kritiker konnten sich des Eindrucks nicht erwehren, daß ihm – wie zum Beispiel beim Re-

Der Ring war ihm oft nur ein Forum

Genauso überzeugend wie seine boxerischen Auftritte gestaltete der Champ im Ring jene bekannten Momente der Selbstdarstellung, die einfach zu ihm gehörten.

vanchekampf gegen Ken Norton – ein kräftiger Punktebonus gewährt wurde.

Den Titel nahm ihm aber ausgerechnet ein Newcomer im Profigeschäft ab. Am 15. Februar 1978 verlor er in Las Vegas gegen den Farbigen Leon Spinks nach 15 Runden deutlich nach Punkten. Für den neuen Weltmeister war dies erst sein achter Berufsboxkampf.

Noch im Herbst kam es zur Revanche. Allerdings fand dieser Titelkampf nur noch nach WBA-Version statt, weil die andere Boxkommission Spinks nicht mehr als Titelhalter anerkannte. Er hatte sich nämlich geweigert, zunächst gegen den von der WBC als amtlichen Herausforderer anerkannten Ken Norton anzutreten. Muhammad Ali störte das Hickhack um diese Kompetenzen wenig. Er besiegte am 15. September in New Orleans Leon Spinks nach Punkten und war damit zum dritten Mal Weltmeister. Als erster Boxer konnte er so zum zweiten Mal das »They never come back« durchbrechen. Sein Gegner hatte immerhin elf Jahre weniger auf dem Buckel.

Im Juni 1979 verkündete Ali dann offiziell seinen Rücktritt vom Boxsport. Der Weltmeister nach WBA-Version gab dem Boxverband den Titel zurück und bekräftigte das in einer schriftlichen Erklärung. Aber ein Jahr später sah ihn die Welt erneut im Boxring. 8 Millionen Dollar Börse – die höchste, die je ein Boxer erhalten hat – verlockten ihn zu einem Kampf gegen den neuen Weltmeister Larry Holmes. Doch das Geschehen am 2. Oktober 1980 in Las Vegas erweckte bei seinen Fans in aller Welt nur noch Mitleid. Der 38jährige Ali hatte gegen einen in allen Belangen überlegenen Holmes nicht die Spur einer Chance und blieb nach 10 Runden erschöpft und demoralisiert in der Ecke sitzen.

Aber auch danach hatte der dreimalige Champion vom Boxen noch nicht genug. Er fügte sich und seinem Anhang aus großen Tagen noch eine weitere Demütigung zu. Niemand konnte sich erklären, warum er am 12. Dezember 1981 noch einmal in den Ring stieg. Gerüchte wollten von finanziellen Sorgen wissen, obwohl nicht alles von den auf 60 Millionen Dollar geschätzten Einnahmen des Boxers Ali in den dunklen Kanälen der Black Muslims verschwunden sein konnte. Ali stieg jedenfalls in Nassau auf den Bahamas gegen den Kanadier Trevor Berbick für einen 10-Runden-Kampf in den Ring und wurde fürchterlich verprügelt. Sein Begleiter seit Beginn der großen Karriere, Angelo Dundee, den die Welt bei allen Ali-Kämpfen als Betreuer geschätzt hatte, war froh, daß er den Größten nicht vom Boden aufheben mußte. Ali hatte für 1 Million Dollar den letzten Kredit verspielt. Sein langjähriger Leibarzt Dr. Ferdie Pacheci, den Ali 1978 entlassen hatte, weil er ihm aus gesundheitlichen Gründen vom Weiterboxen abriet, fürchtete nach diesem letzten Gefecht um die Gesundheit seines früheren Schützlings. Der äußerte gegenüber der Presse nur: »Es hätte schlimmer kommen können«, bekräftigte aber, nie wieder die Boxhandschuhe für einen Kampf anzuziehen.

Der 61. Kampf bescherte ihm die fünfte Niederlage, die 11 000 Zuschauer sahen einen 107 Kilo schweren alternden Mann, der wirklich am Ende war.

25mal hat Ali in seiner Laufbahn um den Titel geboxt, nur übertroffen von Joe Louis, der 27mal um Titellorbeer im Ring kämpfte. Aber Ali hat gegen fünf amtierende Weltmeister geboxt und dabei dreimal den Titel geholt: gegen Liston, Foreman und Spinks. Gegen Frazier und Holmes ist er gescheitert.

Der Nachwelt hinterließ er außer den Memoiren auch eine Filmversion seiner Lebensgeschichte, die 1977 in die Lichtspielhäuser kam und in der er die Hauptrolle spielte. Im US-Fernsehen sah man ihn 1978 im Fernsehspiel »Freedom Road« (Straße der Freiheit), in dem er die Rolle eines freigelassenen Sklaven verkörperte. Daß er mit den zu Fäusten geballten Händen nicht nur zuschlagen kann, erfuhr die amerikanische Öffentlichkeit zu Jahresbeginn 1979. In New York wurde eine Kunstausstellung eröffnet, die Gemälde von Muhammad Ali präsentierte. Die Werke im Stil der sogenannten Naiven fanden einige Resonanz bei der Kunstkritik.

Man darf sicher sein, daß dieser Boxweltmeister vergangener Tage noch einige Überraschungen zu bieten hat. Muhammad Ali – eine weltweit anerkannte Persönlichkeit auch außerhalb des Boxrings.

Für Klatschspalten gab es wenig Stoff

Das Privatleben Alis bot nur wenig Stoff für die Kolumnisten der Gesellschaftsblätter; um so mehr erregte die Affäre mit dem schwarzen Modell Veronica Aufsehen.

Muhammad Alis erfolgreiche Titelfights

25. 2. 1964 in Miami Beach: technischer K.-o.-Sieg 6. Runde gegen Sonny Liston*
25. 5. 1965 in Lewiston: K.-o.-Sieg 1. Runde gegen Sonny Liston*
22. 11. 1965 in Las Vegas: K.-o.-Sieg 12. Runde gegen Floyd Patterson*
29. 3. 1966 in Toronto: PS nach 15 Runden gegen George Chuvalo
21. 5. 1966 in London: K.-o.-Sieg 6. Runde gegen Henry Cooper
6. 8. 1966 in London: K.-o.-Sieg 3. Runde gegen Brian London
10. 9. 1966 in Frankfurt am Main: K.-o.-Sieg 12. Runde gegen Karl Mildenberger
14. 11. 1966 in Houston: K.-o.-Sieg 3. Runde gegen Cleveland Williams
6. 2. 1967 in Houston: PS nach 15 Runden gegen Ernie Terrell
22. 3. 1967 in New York: K.-o.-Sieg 7. Runde gegen Zora Folley; Aberkennung des Titels am 9. 5. 1967
30. 10. 1974 in Kinshasa: K.-o.-Sieg 8. Runde gegen George Foreman
24. 3. 1975 in Cleveland: K.-o.-Sieg 15. Runde gegen Chuck Wepner
16. 5. 1975 in Las Vegas: K.-o.-Sieg 11. Runde gegen Ron Lyle
1. 7. 1975 in Kuala Lumpur: PS nach 15 Runden gegen Joe Bugner
1. 10. 1975 in Manila: K.-o.-Sieg 14. Runde gegen Joe Frazier
20. 2. 1976 in San Juan: K.-o.-Sieg 5. Runde gegen Jean Pierre Coopmann
30. 4. 1976 in Landover: PS nach 15 Runden gegen Jimmy Young
24. 5. 1976 in München: K.-o.-Sieg 5. Runde gegen Richard Dunn
30. 9. 1976 in New York: PS nach 15 Runden gegen Ken Norton
17. 5. 1977 in Landover: PS nach 15 Runden gegen Alfredo Evangelista
30. 9. 1977 in New York: PS nach 15 Runden gegen Ernie Shavers

* Bei diesen drei Kämpfen startete er noch als Cassius Clay.

»Der Größte« warf seine Schatten:

Von Joe Frazier bis Larry Holmes

Für die Nachfolger des Jahrhundertboxers Muhammad Ali war es natürlich nicht gerade einfach, diesen Ausnahmeathleten vergessen zu machen. Zwar konnten sie durch einige spektakuläre Kämpfe die Aufmerksamkeit der Massen auf sich ziehen, doch die ganz große Ausstrahlung, mit der der dreimalige Weltmeister aller Klassen die Boxfans in der gesamten Welt faszinierte, ging von ihnen nicht aus.

Der gewaltige Fighter: Joe Frazier

Es war das Pech des am 12. Januar 1944 in Beaufort (South Carolina) geborenen Joe Frazier, daß seine beste Zeit als Boxer ausgerechnet mit der Muhammad Alis zusammenfiel. So wurde der phänomenale Fighter Frazier, der das Zeug zu einem großen Weltmeister gehabt hätte, immer nur als eine Art Ali-Ersatz angesehen, zumindest bis zu dem ersten Aufeinandertreffen der beiden.

Wie für andere Farbige auch war der Boxsport für Joe Frazier der Weg aus dem Nichts der Armut zu gesellschaftlicher Anerkennung und einem respektablen Wohlstand. Das jüngste von dreizehn Kindern eines Landarbeiters im schwarzen Süden der Staaten hatte die denkbar schlechtesten Startchancen. Joe mußte wie die anderen Geschwister schon als Kind auf die Plantagen, um zum Lebensunterhalt der Familie beizutragen. Die Flucht in die Stadt – in diesem Falle Philadelphia – bildete für ihn die erste Stufe zu einem besseren Leben. Joe fand im Schlachthof einen festen und regelmäßiges Geld einbringenden Job und konnte sich in der Freizeit seinem Jugendtraum widmen: ein guter Boxer zu werden.

Sein Glück in Philadelphia war der dortige Trainer einer Boxschule. Yank Durham machte aus dem über 100-Kilo-Koloß einen guten Amateur, der in vierzig Kämpfen nur zweimal nicht siegreich blieb. Das Schicksal stellte dann die Weichen für Frazier in eine günstige Richtung. Der für die US-Olympiastaffel qualifizierte Buster Mathis konnte wegen einer Verletzung nicht nach Tokio fahren, so daß Ersatzmann Frazier die Chance nutzte. Er holte sich die Goldmedaille im Schwergewicht und hatte damit eine mittlerweile traditionelle Ausgangsbasis für die ersehnte Profikarriere.

Nach einjähriger Vorbereitung stand er am 16. August 1965 in Philadelphia erstmals in einem Profikampf im Ring und siegte durch K.o. in der 1. Runde. Bis Ende 1967 legte er eine Serie von neunzehn siegreichen Kämpfen – davon siebzehn durch K.o. – hin und stand dann schon vor einem Titelfight. Der Weltmeister wurde ja kaltgestellt, und so boxten Joe Frazier und Buster Mathis am 4. März 1968 in New York um die Nachfolge des gesperrten Muhammad Ali. Aber Sieger Frazier (11. Runde durch K.o.) konnte sich seines Ruhmes nicht so recht freuen. Er wurde nur von der New Yorker Boxkommission als Weltmeister anerkannt und mußte zusehen, wie Jimmy Ellis als Sieger eines von der WBA veranstalteten Turniers zur Ermittlung des Ali-Nachfolgers am 17. April 1968 in Oakland nach 15 Runden gegen Jerry Quarry zum Weltmeister aller Klassen ausgerufen wurde. Der neue WBA-Champion verteidigte einige Monate darauf, am 14. September, seinen Titel dann gegen Floyd Patterson in Stockholm, und zwar mit einem Punktsieg nach 15 Runden. Aber selbst nach seinem K.-o.-

Im Schatten des »Größten« gelebt

Für Joe Frazier bedeutete die parallel verlaufende Karriere Muhammad Alis eine ständige Belastung. Selbst der Sieg gegen den »Größten« nahm ihm nicht alle Komplexe.

Sieg gegen den WBA-Mann Jimmy Ellis am 16. Februar 1970 und Anerkennung durch alle Boxverbände konnte sich Frazier nicht als wahrer Champion fühlen. Da war ja noch der unbesiegte Muhammad Ali. Für die Veranstalter gab es nach Aufhebung der Sperre des Exchampions daher kein Zögern, die beiden zusammenzubringen. Der Madison Square Garden erlebte am 8. März 1971 in seiner an Höhepunkten reichen Geschichte ein weiteres spektakuläres Boxschauspiel, als Joe Frazier es endlich allen Kritikern zeigte und mit seiner besten Leistung als Boxer den großen Muhammad Ali entzauberte. Nach einer wahren Ringschlacht von 15 Runden hieß der deutliche Punktsieger Joe Frazier, der selbst zwar, schwer gezeichnet, ärztliche Hilfe in Anspruch neh-

Fraziers erfolgreiche Titelfights

24. 6. 1968 in New York: K.-o.-Sieg 2. Runde gegen Manuel Ramos*
22. 4. 1969 in Houston: K.-o.-Sieg 1. Runde gegen Dave Zyglewicz*
23. 6. 1969 in New York: K.-o.-Sieg 7. Runde gegen Jerry Quarry*
16. 2. 1970 in New York: K.-o.-Sieg 5. Runde gegen Jimmy Ellis
18. 11. 1970 in Detroit: K.-o.-Sieg 2. Runde gegen Bob Foster
8. 2. 1971 in New York: PS nach 15 Runden gegen Muhammad Ali
15. 1. 1972 in New Orleans: K.-o.-Sieg 4. Runde gegen Terry Daniels
25. 5. 1972 in Omaha: K.-o.-Sieg 5. Runde gegen Rod Stander

* Diese drei Titelkämpfe wurden nur von der New Yorker Box-Kommission anerkannt.

men mußte, aber nun endlich als wahrer Weltmeister im Schwergewicht auftreten konnte.

Aber diese Auftritte bedeuteten schon den Anfang vom Ende. Joe Frazier genoß das Leben von der angenehmen Seite, umgab sich und seine Familie mit allerlei Luxus und versuchte sich im Showgeschäft. Der fünffache Vater – Frazier hatte seine Frau Florence mit sechzehn Jahren geheiratet – wurde als Leadsänger einer Rockband öfter als beim Training in den Camps gesehen. Das Jahr 1972 überstand er noch bei zwei Titelverteidigungen (→ Statistik), ehe ihn am 22. Januar 1973 in Kingston (Jamaika) das Schicksal in Gestalt des Kraftpakets George Foreman ereilte. Im dreißigsten Kampf seiner Laufbahn mußte er erstmals die Bitternis einer Niederlage erleben, als ihn der Herausforderer in der 2. Runde nach mehreren Niederschlägen endgültig ausknockte.

Einen neuen Anlauf machte der geschlagene Champion im Herbst dieses Jahres in Europa, als er in London gegen Europameister Joe Bugner einen Punktsieg nach 12 Runden erringen konnte. Aber dann stoppte ihn Muhammad Ali im Januar 1974 in der Revanche für seine erste Niederlage (→ Muhammad Ali), und Joe Frazier mußte wieder einmal von vorne anfangen. Er schlug im gleichen Jahr in New York Jerry Quarry schon in der 5. Runde k.o. und kämpfte sich den Weg zu einem erneuten Titelkampf mit einem K.-o.-Sieg in der 7. Runde gegen Jimmy Ellis 1975 in Melbourne frei. Da scheiterte er dann an Muhammad Ali im als »Thriller von Manila« in die Boxgeschichte eingegangenen weiteren »Jahrhundertkampf«. Joe Frazier schien am Ende der Karriere angelangt.

Gegen den Rat seiner Umgebung wollte er es aber noch einmal wissen und forderte George Foreman zum Revanchekampf heraus. Der 32jährige Frazier hatte sich den Kopf kahl scheren lassen, aber das martialische Aussehen half gegen den fünf Jahre jüngeren Foreman nichts. Am 16. Juni 1976 schlug dieser in Uniondale bei New York Frazier in der 5. Runde schwer k. o., so daß Frazier noch in der Kabine seinen Rücktritt erklärte. Er wollte sich in seine Villa nach Philadelphia zurückziehen, war er doch durch die großen Börsen finanziell abgesichert.

Warum er nach fünfeinhalb Jahren Zivillebens Ende 1981 noch einmal die Boxhandschuhe anzog, blieb sein Geheimnis. In Chicago erboxte sich der Weltmeister der 70er Jahre am 5. Dezember dieses Jahres gegen den unbekannten Floyd Cummings (31 Jahre) ein schmeichelhaftes Unentschieden. Das Fernsehen hatte sich geweigert, Szenen dieses Kampfes zu übertragen, für den Frazier die »Taschengeld-Börse« von 85 000 Dollar erhielt. Danach sprachen die Ärzte ein Machtwort, dem die Lizenzkommission folgte. Old Joes Comebackversuch war damit beendet.

Von seinen 37 Profikämpfen konnte er 32 gewinnen, davon 27 durch K. o., einmal boxte er unentschieden, viermal hat er verloren, und zwar je zweimal gegen Foreman und Ali.

Ein sensibler Typ komplettierte die großen Drei

Im mächtigen Körper George Foremans war ein sensibles Gemüt zu Hause. Dem dritten im Bunde der Superfighter in den 70er Jahren fehlte der Killerinstinkt seiner Gegner.

Erst Weltmeister, dann Prediger: George Foreman

Die Reihe der »Jahrhundertkämpfer« in diesen bewegten 70er Jahren der Boxsportgeschichte vervollständigte der schwarze Texaner George Foreman, geboren am 10. Januar 1949 in Houston. Seine Kämpfe gegen Ali und Frazier gehörten auf jeden Fall zu den umsatzträchtigsten Unternehmungen dieses Genres.

Der 1,91-Meter-Riese, fünftes von sieben Kindern eines Eisenflechters, machte nach der Schulentlassung 1963 als Arbeitsloser zunächst für zwei Jahre die Straßen seiner Heimatstadt unsicher, bis die Polizei den Eltern einen guten, weil das künftige Leben entscheidend beeinflussenden Rat gab. George schloß sich nämlich dem »Job Corps« an, einer Einrichtung, die mittellosen Jugendlichen eine Berufsausbildung vermittelt. So fand sich der sechzehnjährige Foreman bald im Bundesstaat Oregon wieder, um das Handwerk eines Maurers und Zimmermanns zu erlernen. Daneben büffelte der junge Mann und erreichte eine Graduierung, die ihn zu einem Studium der Sozialwissenschaften befähigt hätte.

In dem Ausbildungslager machte er auch erste Erfahrungen mit dem Boxsport und ließ sich durch die ersten Prügel, die er bei seiner Premiere als Amateur im Dezember 1966 bezog, nicht beirren. Nach hartem Training stand er im März 1967 bereits im Finale der US-Meisterschaft und kämpfte in Milwaukee um die »Golden Gloves«. Trotz der dortigen Niederlage bot man ihm eine Stelle als Sportinstrukteur im Job Corps an, die er zur weiteren Verfeinerung seiner Fertigkeiten nutzte.

Das Resultat war der Sieg bei den »Golden Gloves« im März 1968 und die Nominierung für die US-Olympiaauswahl. Diese unternahm vor den Spielen im August 1968 noch eine Europa- und Deutschlandtournee. Schwergewichtler Foreman kletterte zweimal gegen deutsche Gegner in den Ring. In Hannover wurde er gegen den Deutschen Meister

Foremans erfolgreiche Titelfights

22. 1. 1973	in Kingston: K.-o.-Sieg 2. Runde gegen Joe Frazier
1. 9. 1973	in Tokio: K.-o.-Sieg 1. Runde gegen Jose Roman
26. 3. 1974	in Caracas: K.-o.-Sieg 2. Runde gegen Ken Norton

Dieter Renz in der 3. Runde wegen Genickschlages disqualifiziert, obwohl er seinen Gegner vorher dreimal am Boden hatte. In Berlin schlug er Peter Hussing in der 1. Runde zweimal so schwer zu Boden, daß dessen Betreuer das Handtuch warf. Die Krönung seiner Amateurlaufbahn erfolgte im Oktober mit dem Gewinn der Goldmedaille in Mexiko.

Danach wagte er den Schritt ins Profilager, ging die neue Aufgabe aber sehr vorsichtig an. Erst im Juni 1969 bestritt er den ersten Profikampf, der mit dem K. o. des Gegners in der 3. Runde endete. Nach weiteren schnellen Siegen trat er 1970 schon gegen den Kanadier George Chuvalo an, den er auch in Runde 3 k. o. schlug. So reihte sich Erfolg an Erfolg, wobei das Jahr 1972 mit fünf spektakulären K.-o.-Siegen – alle in Runde 2 – besonders eindrucksvoll aussah.

Ein Titelkampf gegen Joe Frazier schien nur die logische Konsequenz. Auch dieser Fight dauerte nicht ganz 2 Runden. Foreman schlug den Titelverteidiger am 22. Januar 1973 in Kingston auf Jamaika sechsmal so schwer zu Boden, bis der Kampf abgebrochen und er zum neuen Weltmeister erklärt wurde. Es war sein 38. Kampf als Profi und sein 38. Sieg – nur dreimal hatten die Gegner den Schlußgong erreicht.

Der trotz seiner knapp 100 Kilo Kampfgewicht schnelle Champion konnte nur zweimal seinen Titel verteidigen. Dann kam der von der Boxwelt als »Showdown in Schwarzafrika« apostrophierte neuerliche »Kampf des Jahrhunderts« am 30. Oktober 1974 gegen Muhammad Ali, der auch Foremans Weltmeisterschaftskarriere beendete. Die K.-o.-Niederlage in der 8. Runde hat Foreman nie verwunden.

Er zog sich auf seine Farm in Texas zurück, brach mit seiner Frau und galt bald als verlorener Sonderling. Erst ein neuer Manager konnte ihn wieder zur Rückkehr in den Boxring bewegen, um die Revanche gegen seinen Bezwinger Muhammad Ali vorzubereiten. Erstes Opfer dieses Comebacks war Ron Lyle, der Anfang 1976 in der 5. Runde k.o. ging. Dann kam der zweite große Sieg gegen Frazier im Juni dieses Jahres, aber Foreman bekam Ali nicht mehr vor die Fäuste. Der verteidigte seinen Titel gegen andere und ging ihm aus dem Wege. Foreman fand keine Motivation mehr und kletterte im März 1977 mit 111 Kilo Kampfgewicht gegen Jimmy Young in den Ring, der den unbeweglichen Riesen prompt besiegte. Im Juni dieses Jahres erklärte Foreman dann seinen Rücktritt, als 29jähriger und Nummer 3 der Weltrangliste hinter Ali und Ken Norton. Er schloß sich als Bibelprediger einer Sekte an und verkündete, sich aus religiösen Gründen von seinen irdischen Besitztümern trennen zu wollen.

Von seinen 44 Kämpfen konnte er 39 durch K.o. sowie drei nach Punkten gewinnen. Er kassierte nur je eine Punkt- bzw. K.-o.-Niederlage. Von den auf 15 Millionen Dollar geschätzten Börsen hatte er sich drei große Besitzungen gekauft, darunter eine überdimensionale Farm in Texas.

Kürzeste Regentschaft als Champion: Leon Spinks

Mit der sich dem Ende zuneigenden Ära des Muhammad Ali geriet die Schwergewichtsboxszene Ende der 70er Jahre endgültig aus den Fugen. Mehr und mehr bestimmten die Interessen der hinter den beiden konkurrierenden Boxverbänden steckenden Veranstaltergruppen das weitere Geschehen. Erstes Opfer wurde Leon Spinks, der ungewollt den Rekord der kürzesten Regentschaft eines Weltmeisters aufstellte.

Die Fachwelt sprach von der Boxsensation des Jahrzehnts, als dieser Mann in der Nacht zum 16. Februar 1978 in Las Vegas durch einen Punktsieg nach 15 Runden über Muhammad Ali den Titel eroberte. Sein Pech nach diesem verdienten Sieg waren die Absichten des WBC. Der Boxverband hatte die Aberkennung von Alis Titel schon parat, als der Sensationssieg des Herausforderers alle Pläne über den Haufen warf. Der WBC hatte nämlich bestimmt: Ali verteidigt den Titel gegen den vom World Boxing Council nominierten Herausforderer Ken Norton, wenn nicht, verliert er am grünen Tisch den Meistergürtel. Den hatte nun Leon Spinks, und wieder kam der WBC mit der Forderung: Titelverteidigung gegen Ken Norton bis spätestens 5. Juni. Der neue Weltmeister ließ sich nicht beeindrucken und verkündete kurz nach dem Kampf gegen Ali, daß er diesem zunächst Revanche geben wolle. Denn Ali hatte Spinks schon unterstützt, als er noch ein wirklich armer Kerl gewesen war. Der WBC reagierte schnell. Am 17. März 1978, genau einen Monat nach dem Erfolg über Ali, wurde Spinks der Titel aberkannt und Ken Norton zum Weltmeister erklärt. Für den Konkurrenzverband WBA blieb Leon Spinks indes Weltmeister.

Der wurde am 11. Juli 1953 in den Slums von St. Louis als erstes von sieben Kindern eines Arbeiters geboren. Als die Familie derart angewachsen war, suchte der Vater das Weite; Mutter Kay konnte danach oft nur Mais oder Reis auf den Tisch bringen. Leon Spinks war ein schmächtiges Kerlchen, das auf dem Schulweg oft Prügel bezog und nicht zuletzt deshalb beschloß, Boxer zu werden.

Im Alter von fünfzehn Jahren stand er erstmals im Ring – als

Ein Champion ohne Lobby hat wenig Chancen

Leon Spinks (hier im Kampf gegen Ali) verspricht für die Drahtzieher hinter den Boxkulissen in den USA keine guten Geschäfte. Der unattraktive Champion faßt deshalb kaum Fuß.

Bantamgewichtler mit 53,5 Kilo Kampfgewicht. Das war der Ausgangspunkt zu einer imponierenden Karriere als Amateurboxer. Spinks boxte sich, körperlich ausreifend, die Boxklassen nach oben bis zu dem fulminanten Höhepunkt, dem Olympiasieg im Halbschwergewicht 1976 in Montreal. Sein Rekord als Amateur lautete nach diesem Triumph: 178 Siege in 185 Kämpfen.
In Montreal boxte auch Bruder Michael Spinks um Olympiagold, und die Mutter konnte die Erfolge ihrer Söhne unmittelbar miterleben. Muhammad Ali hatte die Reise finanziert.
Ali akzeptierte wohl auch aus Sympathie zur Familie Spinks den Neoprofi Leon als Gegner. Der hatte im Januar 1977 seinen ersten Kampf als Berufsboxer bestritten. Von sieben Begegnungen bis Ende des Jahres konnte er fünf siegreich beenden, die achte führte ihn in Las Vegas dann schon gegen den Weltmeister.
Spinks mußte in diesem Fight erstmals über die volle Rundendistanz gehen, bis dahin hatte er noch nicht einmal 10 Runden im Ring gestanden. Alle Zuschauer erwarteten ein Ende vor dem Schlußgong, aber sie hatten sich genau wie Ali vollkommen verrechnet. Der gerade 36 Jahre alt gewordene Titelverteidiger mußte dem jüngeren Mann Tribut zollen und verlor völlig verdient nach Punkten.
Der Sieger zeigte sich großmütig und gab Ali noch im gleichen Jahr Gelegenheit zur Revanche. Am 15. September 1978 ging es in New Orleans wieder über die vollen 15 Runden, und diesmal hieß der Gewinner Muhammad Ali, nun nur noch Weltmeister von WBA-Gnaden. Spinks hatte damit nach nur sieben Monaten auch im Ring seinen Weltmeisterschaftstitel verloren, der ihm am grünen Tisch teilweise ja schon vorher abgesprochen worden war.
In der Folgezeit begann er praktisch wieder von vorne, bekam auch durch einige Erfolge gegen die Konkurrenz noch einmal einen Titelfight. Doch der neue Weltmeister Larry Holmes zertrümmerte ihn am 13. Juni 1981 in Detroit förmlich und siegte in der 3. Runde entscheidend. Danach blieb Spinks nur noch ein Mitläufer. In der US-Rangliste stand er Mitte 1983 auf Platz 9, in der Weltrangliste auf Platz 14. Die großen Zeiten scheinen vorbei.

Fühlt sich als Ali-Nachfolger: Larry Holmes

Noch im Frühsommer 1978 präsentierte der WBC einen neuen Weltmeister, der seinen Ruhm auf sportliche Weise errungen hatte. Larry Holmes schlug am 10. Juni in Las Vegas den am grünen Tisch zum Champion erhobenen Ken Norton über 15 Runden nach Punkten und fühlte sich danach als wahrer Titelträger, weil WBA-Mann Muhammad Ali zuletzt nur noch gegen ungefährliche Gegner in den Ring gestiegen war. Eine saubere Klärung durch einen Titelkampf beider Champions wurde durch die Machenschaften der Veranstalter aber verhindert. Holmes jedenfalls sah sich am Ende eines mühseligen Weges zu Geld und Ruhm, der Parallelen zu denen anderer schwarzer Boxer aufweist.
Am 3. November 1949 wurde er in Cutberth (Georgia) geboren, wo sich seine Familie notdürftig am Leben hielt. Die Eltern verließen mit ihren elf Kindern deshalb schon bald den Süden und zogen nach Easton in Pennsylvania. Larry ging hier zur Schule und schlug sich danach, gerade vierzehn Jahre alt, mit allen möglichen Jobs durchs Leben. Sein Hauptberuf wurde dann Berufsboxer, den er seit 1973 ernsthaft ausübte. Außerdem hatte er die besten Lehrmeister: Die Champions Joe Frazier und Muhammad Ali verpflichteten den 1,90 Meter großen Mann gern als Sparringspartner. Bei ihnen holte sich Larry Holmes das Rüstzeug zum Meisterboxer.
Mit sechzehn Jahren sah man den Autowäscher und Schuhputzer als Amateur im Ring. Er trug 22 Kämpfe aus, von denen er neunzehn gewann; dann beschloß er, diesen Job ernsthaft anzupacken.

Am Ende geriet der große Larry noch ins Zwielicht

Das Auftreten neuer Verbände macht die internationale Boxszene immer schwerer durchschaubar – und der letzte große Fighter spielt das Spiel mit.

IN 45 KAEMPFEN 45 SIEGE: LARRY HOLMES

Er kam schnell ins Gespräch, weil er seine Gegner reihenweise auf die Bretter schickte. Manche trugen aus ihren Kämpfen mit Holmes schwere Schäden davon, wie Horace Robinson, dem seit dem 17. März 1977 ein Auge fehlt, oder Ibar Arrington, der seit dem 5. November 1977 an Gehirnschäden leidet. Auch Ken Norton wurde im Titelkampf von dem Weltmeister so schwer getroffen, daß er nie wieder zur alten Form zurückfand.

Einer der Höhepunkte in der Laufbahn von Larry Holmes war die Titelverteidigung gegen Muhammad Ali. In seinem neunten Weltmeisterschaftskampf zermürbte er am 2. Oktober 1980 in Las Vegas den allerdings schon reichlich angejahrten Exmeister 10 Runden lang derart, daß Ali nicht mehr zur 11. antreten wollte. Finanziell bedeutete dieser Kampf ebenfalls den Höhepunkt seiner Laufbahn, denn man schätzte seine Börse auf gut 4,5 Millionen Dollar.

Danach äußerte Holmes erstmals Gedanken an das Ende seiner Karriere: Er sprach von einem baldigen Rücktritt und wollte nur noch dreimal in den nächsten zwei oder drei Jahren in den Ring steigen. Doch bis Ende 1982 trug er noch fünf Titelfights aus, bei denen er dann – für viele überraschend – gelegentlich in Schwierigkeiten geriet. Am 7. November 1981 schlug ihn der auch noch unbesiegte Reynaldo Snipes in der 7. Runde bis 8 zu Boden, ehe er dann vom wie entfesselt loslegenden Weltmeister selbst noch schwer getroffen wurde. Auch gegen die weiße Hoffnung Gerry Cooney mußte sich der Titelverteidiger am 12. Juni 1982 mächtig mühen, ehe er seine 10-Millionen-Dollar-Börse durch einen entscheidenden Sieg verdient hatte. Am 26. November dieses Jahres mußte Larry Holmes dann in seinem 41. Kampf als Profi in 15 lange Runden gehen, um den 41. Sieg zu erringen. Sein Kontrahent Randall Cobb sah dabei sehr gut aus.

Der alternde Champion hatte die Zeichen der Zeit endgültig erkannt, als er am 20. Mai 1983 in Las Vegas bei seinem 43. Kampf und der fünfzehnten Titelverteidigung gegen die Nummer 10 der Weltrangliste, Tim Witherspoon, nur mit Hilfe des Kampfgerichts zu einem sehr schmeichelhaften Punktsieg über die von der WBC am 10. Dezember 1982 beschlossene verkürzte Titelkampfdistanz von 12 Runden kam. Er kündigte kurz darauf seinen Rücktritt vom Ring an, der Ende des Jahres erfolgen sollte. Vorher stellte er sich jedoch noch einmal einem Herausforderer: Gegen den bisher wenig hervorgetretenen Scott Frank konnte er am 10. September in Atlantic City einen Abbruchsieg in der 5. Runde feiern.

Im Dezember 1983 trat dann der in 45 Kämpfen unbesiegte Larry Holmes ab und gab seinen WBC-WM-Titel zurück – verdingte sich jedoch bei einem neugegründeten ominösen Verband, der als International Boxing Federation (IBF) künftig ebenfalls Titelkämpfe veranstaltet und Holmes sofort als Weltmeister führte.

Neuer Weltmeister des WBC ist seit dem 9. März 1984 Tim Witherspoon, der an diesem Tag im amerikanischen Spielerparadies Las Vegas Greg Page nach Punkten besiegte.

Holmes' erfolgreiche Titelfights

10. 6. 1978	in Las Vegas: PS nach 15 Runden gegen Ken Norton
10. 11. 1978	in Las Vegas: K.-o.-Sieg 7. Runde gegen Alfredo Evangelista
23. 3. 1979	in Las Vegas: K.-o.-Sieg 8. Runde gegen Osvaldo Ocasio
22. 6. 1979	in New York: K.-o.-Sieg 12. Runde gegen Mike Weaver
28. 9. 1979	in Las Vegas: K.-o.-Sieg 11. Runde gegen Ernie Shavers
3. 2. 1980	in Las Vegas: K.-o.-Sieg 6. Runde gegen Lorenzo Zanon
31. 3. 1980	in Las Vegas: K.-o.-Sieg 8. Runde gegen Leroy Jones
7. 7. 1980	in Minneapolis: K.-o.-Sieg 7. Runde gegen Scott Ledoux
2. 10. 1980	in Las Vegas: Abbruchsieg 10. Runde gegen Muhammad Ali
11. 4. 1981	in Las Vegas: PS nach 15 Runden gegen Trevor Berbick
13. 6. 1981	in Detroit: K.-o.-Sieg 3. Runde gegen Leon Spinks
7. 11. 1981	in Pittsburgh: Abbruchsieg 11. Runde gegen Reynaldo Snipes
12. 6. 1982	in Las Vegas: Abbruchsieg 13. Runde gegen Gerry Cooney
26. 11. 1982	in Houston: PS nach 15 Runden gegen Randall Cobb
27. 3. 1983	in Scranton: PS nach 12 Runden gegen Lucien Rodriguez
20. 5. 1983	in Las Vegas: PS nach 12 Runden gegen Tim Witherspoon
10. 9. 1983	in Atlantic City: Abbruchsieg 5. Runde gegen Scott Frank

Die Weltmeister nach WBA-Version

Muhammad Ali

15. 9. 1978 in New Orleans: PS nach 15 Runden gegen Leon Spinks; Rücktritt Juni 1979

John Tate

20. 10. 1979 in Pretoria: PS nach 15 Runden gegen Gerrie Coetzee

Mike Weaver

31. 3. 1980 in Knoxville: K.-o.-Sieg 15. Runde gegen John Tate

26. 10. 1980 in Sun City (Südafrika): K.-o.-Sieg 13. Runde gegen Gerrie Coetzee

4. 10. 1981 in Rosemont (Illinois): PS nach 15 Runden gegen James Tillis

Michael Dokes

10. 12. 1982 in Las Vegas: K.-o.-Sieg 1. Runde gegen Mike Weaver

20. 5. 1983 in Las Vegas: Remis nach 15 Runden gegen Mike Weaver

Gerrie Coetzee

23. 9. 1983 in Rockfield: K.-o.-Sieg 10. Runde gegen Michael Dokes

Sein zweiter Besuch in Old Germany

Zehn Jahre nach dem Kampf gegen Mildenberger ließ sich Ali noch einmal in Deutschland sehen, um in München gegen Richard Dunn eine schnelle Mark zu verdienen.

Übersicht über die Gewichtsklassen

Für Amateure und für Profis im Zuständigkeitsbereich der Europäischen Box-Union (EBU) gelten folgende Gewichtslimits:

Halbfliegengewicht	bis 48 kg
Fliegengewicht	bis 51 kg
Bantamgewicht	bis 54 kg
Federgewicht	bis 57 kg
Leichtgewicht	bis 60 kg
Halbweltergewicht	bis 63,5 kg
Weltergewicht	bis 67 kg
Halbmittelgewicht	bis 71 kg
Mittelgewicht	bis 75 kg
Halbschwergewicht	bis 81 kg
Schwergewicht	bis 90 kg
Superschwergewicht	über 90 kg

Das Superschwergewicht entfällt bei der EBU, das Halbmittelgewicht heißt Superweltergewicht, das Halbweltergewicht Superleichtgewicht.

Weltmeisterschaften im Profiboxen werden in folgenden Gewichtsklassen ausgetragen:

Junior-Fliegengewicht	bis 47,049 kg (106 englische Pfund)
Fliegengewicht	bis 50,802 kg (112 englische Pfund)
Bantamgewicht	bis 53,524 kg (118 englische Pfund)
Junior-Federgewicht	bis 55,338 kg (122 englische Pfund)
Federgewicht	bis 57,152 kg (126 englische Pfund)
Junior-Leichtgewicht	bis 59,020 kg (130 englische Pfund)
Leichtgewicht	bis 61,235 kg (135 englische Pfund)
Junior-Weltergewicht	bis 63,560 kg (140 englische Pfund)
Weltergewicht	bis 66,678 kg (147 englische Pfund)
Junior-Mittelgewicht	bis 69,816 kg (154 englische Pfund)
Mittelgewicht	bis 72,574 kg (160 englische Pfund)
Halbschwergewicht	bis 79,378 kg (175 englische Pfund)
Schwergewicht	über 79,378 kg (175 englische Pfund)

Nicht nur Schwergewichtler:

Auch andere schrieben Ringgeschichte

Neben den in der weltweiten Publikumsgunst dominierenden Heroen der Schwergewichtsklasse, an deren Dollarumsätze jahrzehntelang kein leichterer Fighter herankam, gab es in der Boxgeschichte eine ganze Reihe von Kämpfern in den anderen Gewichtsklassen, deren Leistungen mit denen der absoluten Champions durchaus konkurrieren konnten. Aber nur wenige erklommen den Gipfel globaler Popularität und werden wie die Weltmeister aller Klassen unvergessen bleiben.

Der Methusalem des Boxsports: Archie Moore

Einer von ihnen ist mit Sicherheit Archie Moore, der die längste Karriere eines Boxprofis hinter sich gebracht hat. In seinem Paß steht als Geburtsdatum der 13. Dezember 1913, aber sein Vater verkündete mehrmals, sein Sohn Archie sei mindestens fünf Jahre früher auf die Welt gekommen. Die Vermutungen der Boxexperten schwanken denn auch zwischen 1909 und 1916, wenn sie sich festlegen sollen, wann Archie in Benoit (Missouri) auf die Welt gekommen ist.
Fest steht dagegen, daß er nach dreijähriger Amateurlaufbahn 1936 mit dem Berufsboxen anfing. In seinem ersten Profijahr absolvierte er gleich siebzehn Kämpfe, von denen er immerhin dreizehn durch K. o. gewinnen konnte. Archie war ein fleißiger Fighter und stand auch im Folgejahr fünfzehnmal im Ring. Erste Lorbeeren erntete er dabei mit dem Gewinn der Mittelgewichts-Meisterschaften von Kansas, Oklahoma und Missouri.
Aber an das große Geld in wirklich großen Kämpfen kam er nicht heran. Er blieb ein nahezu kontinuierlich beschäftigter Fighter, der mit Ausnahme von 1950 – nur zwei Begegnungen – Jahr für Jahr seinen Rekord steigerte, ohne daß man ihn um einen Titel kämpfen ließ. Erst 1952 konnte man nicht mehr an ihm vorbeigehen. Vier Tage nach seinem offiziellen 39. Geburtstag trat er in St. Louis gegen den Weltmeister im Halbschwergewicht, Joey Maxim, an. Nach einer dramatischen Ringschlacht verließ Archie Moore an diesem 17. Dezember 1952 als neuer Titelträger im Halbschwergewicht den Ring. Noch zweimal verteidigte er gegen Maxim in den beiden folgenden Jahren seinen Titel – jeweils in 15 Runden langen Kämpfen wie schon beim ersten Mal.
Seine Laufbahn wollte der nur noch als Methusalem des Boxsports bezeichnete Archie Moore dann mit dem Gewinn des Schwergewichtstitels krönen. Aber er scheiterte als 41jähriger am 21. September 1955 an Rocky Marciano, der ihn in New York in der 9. Runde k. o. schlug, und ein Jahr später, am 30. November 1956, an Floyd Patterson, der im Kampf um den vakanten Titel in Chicago zu einem K.-o.-Sieg in der 5. Runde kam.
In seiner angestammten Gewichtsklasse konnte Old Archie aber keiner schlagen, so daß er seinen Titel zehn Jahre lang behielt und ihn bis ins hohe Alter von 48 Jahren trug. Seine letzte und gleichzeitig zehnte Titelverteidigung ging am 10. Juni 1961 in New York über die Bühne, als Archie Moore gegen den Italiener Giulio Rinaldi zu einem Punktsieg nach 15 Runden kam. Damals wurde der alte Mann des Boxsports nur noch von der New Yorker Boxkommission als Weltmeister anerkannt, die NBA setzte schon auf jüngere und beim Publikum attraktivere Kämpfer. Im Frühjahr 1962 verlor Old Archie auch den Titel der NYSAC am grünen Tisch und machte sich

Old Archie war noch als Aktiver bereits Legende

Box-Methusalem Archie Moore mußte wegen seines Alters immer mehr vor den Kämpfen arbeiten als seine Gegner. Hier bearbeitet er im Juni 1956 den Punchingball vor einem Fight gegen Yolande Pompey.

langsam Gedanken über einen Abschied vom Boxring. Er stand mittlerweile im 26. Profijahr zwischen den Seilen und ging auf die Fünfzig zu, aber erst eine schwere Niederlage brachte ihn endgültig zur Besinnung. Am 15. November 1962 fegte ihn in Los Angeles der neue Himmelsstürmer im Schwergewicht, Cassius Clay, in der 4. Runde aus dem Ring. Im Frühjahr des folgenden Jahres gab der Unterlegene dieses Kampfes seine Boxlizenz zurück. Archie Moore konnte beim Rücktritt auf die sagenhafte Zahl von 226 Profikämpfen verweisen, von denen er ebenso sagenhafte 192 gewonnen hatte. Die Zahl seiner K-o.-Siege ist Legende: 133.

Nach seinem Rücktritt widmete sich Archie Moore der Jugendbetreuung in seinem Heimatstaat. Trotz der langen Karriere ist er bei weitem nicht so wohlhabend geworden wie die Schwergewichtler seiner Zeit.

Kehrte viermal zurück: Sugar Ray Robinson

Ein anderer schwarzer Fighter hätte Archie Moores Kampfrekord vermutlich noch übertroffen, wenn er sich nicht zeitweise vom Boxsport zurückgezogen hätte. Aber auch er fand Eingang ins Rekordbuch der Boxgeschichte, weil er viermal das »They never come back« durchbrechen konnte und wieder Weltmeister wurde, wenn auch nur im Mittelgewicht, wo dieses Gesetz ja nicht sonderlich beachtet wird.

Als Sugar Ray Robinson ist dieser Mann heute noch in der Sportwelt ein Begriff, und nur die wenigsten kennen seinen bürgerlichen Namen: Als Walker Smith wurde er am 3. Mai 1920 in Detroit geboren und fand wie viele seiner Rassengenossen schon früh den Weg zum Boxsport. Als Zwanzigjähriger konnte er bereits auf eine erfolgreiche Amateurkarriere zurückblicken, die ihm in 95 Kämpfen immerhin 65 K.-o.-Siege gebracht hatte.

1940 wechselte er ins Berufsboxgeschäft über und mußte die Härte dieses Genres anerkennen. Als Mann einer leichten Gewichtsklasse – Sugar Ray gehörte mit knapp 67 Kilo ins Weltergewicht – waren für ihn üppige Börsen selten, die Konkurrenz dafür um so größer. Der hart schlagende junge Mann kämpfte sich aber in den nächsten Jahren nach oben, ohne das große Ziel eines Titelkampfes zu erreichen. In der Weltergewichtsklasse besetzte seit 1941 mit Marty Servo ein Klassemann den WM-Thron, der sich hütete, gegen den gefährlichen Newcomer seine Würde aufs Spiel zu setzen.

Erst als er 1946 seinen Titel zurückgab, kam die Zeit für Sugar Ray Robinson. Im Kampf um den vakanten Meistergürtel besiegte er am 20. Dezember in New York Tommy Bell über 15 Runden nach Punkten. Sugar Ray blieb bis 1950 Weltmeister im Weltergewicht und richtete dann sein Augenmerk auf die nächst höhere Gewichtsklasse. Er wollte nun auch die höchste Stufe im Mittelgewicht erklimmen. So legte er unbesiegt den Titel im Weltergewicht nieder und unterzog sich einem kaum faßbaren Härtetest als Vorbereitung auf die neuen Kämpfe in der schwereren Klasse. Während einer Europatournee Ende 1950 absolvierte er fünf siegreiche Kämpfe in 28 Tagen. Sein letztes Opfer wurde dabei am 25. Dezember in Frankfurt Hans Stretz, der nach dem sechsten Niederschlag in der 5. Runde am Ende war.

Sugar Ray fühlte sich jedenfalls bestens vorbereitet, als er am 14. Februar 1951 in Chicago auf Titelverteidiger Jake LaMotta traf. Der Kampf versprach einiges, und so zahlten immerhin 14800 Zuschauer Eintrittsgeld. LaMotta hatte sich den Titel am 16. Juni 1949 vom Franzosen Marcel Cerdan geholt. Der Revanchekampf mit dem großartigen Europäer kam nicht zustande, weil Cerdan auf dem Flug in die USA am 28. Oktober 1949 bei St. Miguel über den Azoren abstürzte und ums Leben kam.

Titelverteidiger LaMotta zeigte sich dem Ansturm von Sugar Ray Robinson dann nicht gewachsen. Er konnte sich von der 1. Runde an nur tapfer verteidigen und wurde in der 13. Runde vom Ringrichter aus dem Kampf genommen. Sugar Ray Robinson war erneut Weltmeister, diesmal im Mittelgewicht.

Der neue Champion vermarktete seine Würde wenige Monate später auf einer neuerlichen ausgedehnten Europareise, bei der er so oft wie möglich in den Ring stieg. Der Weltmeister zeigte sich als ausgesprochener Sonnyboy, der das Leben von den angenehmen Seiten zu genießen verstand. Die Klasse dieses Mannes verhinderte zunächst Rückschläge. Sugar Ray schlug sich in diesem Frühsommer 1951 in zwei Monaten erfolgreich durch sechs Ringe; unter anderem boxte er am 24. Juni in Berlin gegen Gerhard Hecht und wurde in der 2. Runde disqualifiziert, weil er unsauber geschlagen hatte. Es kam zu einem handfesten Skandal zwischen seinem Troß und dem Kampfgericht, dann wurde das Urteil revidiert und der Kampf »ohne Entscheidung« gewertet.

Die Schwäche des Weltmeisters gegenüber harten Dollars wurde auf dieser Reise dann sein Schicksal. Sugar Ray ließ sich von einem 30000-Pfund-Angebot aus London zu einer Titelverteidigung gegen Randolph Turpin verlocken. Das waren damals umgerechnet 400000 DM – eine Börse, die noch nie in England für einen Boxer ausgegeben worden war. Sichtlich müde von den vorausgegangenen Kämpfen, verlor der Weltmeister am 10. Juli 1951 in London vor 20000 Zuschauern seinen Titel gegen den Mulatten über 15 Runden klar und verdient nach Punkten.

Nur gut zwei Monate später hieß der Weltmeister im Mittelgewicht jedoch wieder Sugar Ray Robinson. Er schlug im Rückkampf am 12. September in New York Tur-

Dokument einer der ganz großen Boxsensationen

Ein Boxkönig in Bedrängnis: Sugar Ray Robinson (links) wird von Randolph Turpin in die Defensive gedrängt und verliert gegen den Mulatten seinen WM-Titel. Dabei wollte er nur schnell eine Börse kassieren.

pin in der 10. Runde k. o. Im folgenden Jahr verteidigte er seinen Titel zweimal erfolgreich und wagte sich dann erneut eine Stufe höher. Er forderte den Weltmeister im Halbschwergewicht, Joey Maxim, zum Titelkampf. Das Treffen kam am 25. Juni 1952 in New York zustande und endete für den Herausforderer mit einer herben Enttäuschung. Bei brütender Hitze zeigte er Konditionsschwierigkeiten und war nach der 13. Runde am Ende seiner Kräfte. Er bekam die Fäuste nicht mehr hoch, der Kampf wurde beendet, der Sieger hieß Joey Maxim durch technischen K. o.

Der geschlagene Sugar Ray zeigte sich derart deprimiert, daß er seinen Titel im Mittelgewicht zurückgab und seinen Rücktritt vom Boxsport ankündigte. Zwei Jahre lang zog er tatsächlich keine Handschuhe mehr an, dann ließ er sich zu einem Comeback überreden. Es fand seinen Höhepunkt am 9. Dezember 1955 in Chicago, als er den neuen Mittelgewichts-Champion Carl »Bobo« Olson schon in der 2. Runde ausknockte.

Von diesem Tag an gab es in der Mittelgewichtsklasse einen dramatischen Titelfight nach dem anderen, der von hochkarätigen Fightern mit wechselndem Erfolg bestritten wurde. Zunächst verlor Sugar Ray durch eine Punktniederlage über 15 Runden den Titel am 2. Januar 1957 in New York an Gene Fullmer. Aber schon im Rückkampf holte er sich zum dritten Mal die WM-Würde im Mittelgewicht, denn am 1. Mai in Chicago überstand Gene Fullmer nicht einmal die 5. Runde.

Sugar Ray konnte sich darüber gerade fünf Monate freuen, dann war er den Meistergürtel wieder los. Am 23. September 1957 unterlag er in New York dem Herausforderer Carmen Basilio über 15 Runden nach Punkten. Und er schaffte die Rückkehr noch ein viertes Mal. Mit fast 38 Jahren bezwang er im Rückkampf Carmen Basilio am 25. März 1958 in Chicago über 15 Runden nach Punkten und trug erneut den Titel Mittelgewichts-Weltmeister. Die National Boxing Association erkannte ihm diesen Titel aber 1959 ab und ließ Gene Fullmer und Carmen Basilio darum kämpfen. Fullmer schlug Basilio am 28. August 1959 in San Francisco k. o. und wurde somit Weltmeister von NBA-Gnaden.

Sugar Ray Robinson aber wurde von der NYSAC weiter als Titelträger geführt und boxte 1960 wieder um die Weltmeisterschaft. In Paul Bender fand er dann seinen endgültigen Bezwinger. Sowohl am 22. Januar in Boston als auch am 10. Juni an gleicher Stelle verlor er jeweils über 15 Runden nach Punkten und war damit aus dem WM-Geschäft – mit immerhin bereits vierzig Jahren.

Aber nach den unerforschlichen Gesetzen der US-Boxszene konnte er noch einmal um das große Geld boxen. Am 4. März 1961 standen sich in Las Vegas Gene Fullmer und Sugar Ray um den NBA-Titel gegenüber. Der elf Jahre jüngere Fullmer behielt über 15 Runden nach Punkten die Oberhand. Sugar Ray Robinson blieb noch bis 1965 aktiv und beendete dann im Alter von 45 Jahren eine 25jährige Profikarriere, in der er 175 Siege in 202 Kämpfen erringen konnte. Danach war er lange im Showgeschäft ebenso erfolgreich.

Übertrumpfte sogar die ganz Schweren: Sugar Ray Leonard

Ein gutes Dutzend Jahre nach dem Rücktritt des unvergessenen Sugar Ray Robinson hatte Amerika einen neuen Boxstern mit dem gleichen künstlichen Vornamen. Und der neue Mann machte in der gleichen Gewichtsklasse wie das große Vorbild Furore.

Dieser Mann wurde als Ray Charles Leonard am 17. Mai 1956 in Wilmington (Delaware) geboren, und zwar als eines von sechs Kindern eines Kistenträgers, der auf dem Gemüsemarkt des Ortes sein Geld verdienen mußte. Seine Mutter arbeitete als Hilfsschwester in einer Rehabilitationsanstalt.

Nachdem Ray Charles eingesehen hatte, daß er nicht die Fähigkeiten besaß, um in die Fußstapfen seines Namensvetters treten zu können, gab er sein Vorhaben, Bluessänger zu werden, auf und verschrieb sich mit fünfzehn Jahren dem Boxsport. Er etablierte sich bei den Amateuren schnell in der Spitzenklasse und erhielt bald den Namen »Sugar Ray«, weil vieles an ihm an das große Vorbild der 50er und 60er Jahre erinnerte. In der Einsamkeit von Prince George County bereitete sich Sugar Ray Leonard systematisch vor und krönte seine Karriere als Amateur mit dem Gewinn der olympischen Goldmedaille im Halbweltergewicht 1976 in Montreal. In 150 Kämpfen hatte er es auf 145 Siege gebracht.

Danach wollte er die Handschuhe an den Nagel hängen und studieren. Doch weil seine Eltern schwer erkrankten, mußte er mithelfen, die Familie zu ernähren. Was lag da näher, als ein vorliegendes Profiangebot anzunehmen?

Im Gegensatz zu vielen seiner Rassengenossen ließ sich der intelligente junge Mann nicht billig vermarkten. Er gründete eine eigene Firma, die »Sugar Ray Leonard Inc.«, deren alleiniger Aktieninhaber er selbst war. Veranstalter mußten mit dieser Firma Verträge abschließen. Aber der clevere Mister Leonard ging noch einen Schritt weiter, nachdem ein glücklicher Zufall bei seiner Premiere als Profi Pate gestanden hatte. Sein erster Kampf gegen Luis Bega, für den er 10 000 Dollar Börse kassieren durfte, war im Februar 1977 zur Hauptsendezeit im Fernsehen übertragen worden. Die großen Networks waren von der Ausstrahlung des Neoprofis so angetan, daß sie sich um die Übertragungsrechte künftiger Fights förmlich rissen. Leonard gab der mächtigen ABC den Zuschlag und vereinbarte, daß diese seine nächsten zehn Kämpfe übertragen dürfe, wenn ihm 1 Million Dollar garantiert werde.

Das Geschäft lohnte sich für beide, denn Leonards Kämpfe lockten die Zuschauer vor die Bild-

Auch Präsident Ronald Reagan gab sich die Ehre

Für den neuen Superstar der US-Boxszene standen alle Türen offen. Sugar Ray Leonard wurde im September 1981 vom Präsidenten der Vereinigten Staaten hochoffiziell im Weißen Haus empfangen.

schirme. Er schlug seine Gegner in den nächsten Monaten reihenweise und stand schon am 30. November 1979 im Kampf um den Weltmeistertitel im Weltergewicht. In Las Vegas traf er auf den amtierenden Champion Wilfredo Benitez aus Puerto Rico und konnte ihn in der 15. Runde entscheidend schlagen. Bei der ersten Titelverteidigung am 31. März 1980 in Landover gegen den Briten Dave Green kassierte er erstmals eine Millionen-Dollar-Börse.

Knapp drei Monate später erlitt er einen herben Rückschlag. Im Kampf gegen Roberto Duran aus Panama unterlag Leonard in Montreal am 20. Juni über 15 Runden nach Punkten. Amerikas Presse sprach vom größten Boxspektakel seit Alis Zeiten, so gewaltig waren Umsätze und Börsen dieses Weltergewichtskampfes. Aber die in diesem Geschäft übliche Rückkampfklausel rettete auch Leonards weitere Boxkarriere. Denn schon am 26. November standen sich die beiden wieder gegenüber; diesmal war New Orleans der Schauplatz. Die von Leonard faszinierte Prominenz zahlte für den Ringplatz 1000 Dollar (es gab 1800 Sitze dieser Kategorie!). Den beiden Fightern wurden 8 Millionen Dollar Börse gezahlt, womit sie in die Bereiche der großen Kämpfe der Schwergewichtler eingedrungen waren. Der Kampf selbst brachte ein unerwartetes Ergebnis. Duran sah von Anfang an äußerst schwach aus, wurde von Leonard förmlich durch den Ring geprügelt und gab in der 8. Runde völlig demoralisiert auf. Sugar Ray Leonard, der so durch den Ring tänzelte wie sein Namensvorbild, war wieder Weltmeister im Weltergewicht. Anerkannt allerdings nur vom World Boxing Council, der mächtigeren der beiden Boxorganisationen.

Wie sein Vorbild Sugar Ray Robinson wagte Leonard den Sprung in die höhere Gewichtsklasse. Am 27. Juni 1981 sahen 30000 Zuschauer in Houston und Millionen an den Bildschirmen den Kampf gegen den Weltmeister im Junior-Mittelgewicht nach WBA-Version, den Neger Ayub Kalule aus Uganda. Der wurde in der 9. Runde k.o. geschlagen, und Leonard sah sich im Besitz von zwei WM-Titeln des WBC: im Welter- und Junior-Mittelgewicht. Die richtige Krönung fehlte aber noch, denn der Weltmeister im Weltergewicht nach WBA-Version konnte sich bisher immer als wahrer Champion ausgeben.

Der Kampf der beiden Weltmeister kam im Herbst 1981 zustande. Noch nie in der an unglaublichen Geschehnissen so reichen Geschichte des Boxsports in den USA waren die Wellen des Ballyhoos vor einem Fight so hoch geschlagen wie diesmal. Das Treffen zweier Weltergewichtler elektrisierte die Boxwelt in einem Maße, daß selbst ein Muhammad Ali vor Neid erblassen mußte. Bevor der erste Gongschlag ertönte, stand bereits fest, daß das »Geschäft des Jahrhunderts« gelaufen war. Aus Fernseh-, Werbe- und anderen Rechten plus dem Obolus der 25000 Zuschauer am Ring in Las Vegas flossen umgerechnet 105 Millionen DM in die Kassen der Veranstalter. Beide Kämpfer, WBC-Meister Sugar Ray Leonard und WBA-Titelträger Thomas (»Tommy«) Hearns, kassierten jeweils 10 Millionen Dollar und stellten hiermit einen neuen Börsenrekord für einen Berufsboxkampf auf.

Der Kampf wurde vom Fernsehen in 45 Länder der Erde übertragen; man schätzt, daß um die 200 Millionen Menschen ihn gesehen haben. Sie kamen alle auf ihre Kosten, denn es entwickelte sich 13 Runden lang ein begeisterndes Duell zweier überragender Faustkämpfer. Hearns, in 32 Profikämpfen ungeschlagen, sah bis zur Hälfte der Distanz recht gut aus, wurde dann aber von Leonard förmlich überrollt. Nach 1 Minute und 45 Sekunden der 14. Runde war sein Widerstand dann gebrochen. Nach einem schweren Treffer von Leonard stand er nicht wieder auf.

Sugar Ray Leonard stand mit 25 Jahren auf einem nicht mehr zu steigernden Höhepunkt. Sowohl sportlich als auch finanziell ließen sich keine weiteren Ziele mehr erreichen. Zwar sprach Hearns kurz nach dem Kampf von einer Revanche, die er verdient hätte – sie kam aber nicht zustande.

Sugar Ray Leonard mußte sich 1982 einer Augenoperation unterziehen und legte danach mit dem Rücktritt vom Boxsport den Titel nieder. Aber es wird gemunkelt, daß er wiederkommen will ...

Der »Eiserne Gustav« hält den Rekord

Auch in der europäischen Boxszene gab es im Weltergewicht einen Aktiven, der über zwei Jahrzehnte im Ring stand und dabei noch heute gültige Kampfrekorde aufstellte: den Westfalen Gustav Eder, den sie wegen seines nimmermüden Einsatzes den »Eisernen Gustav« nannten, in Anspielung an jenen sagenhaften Berliner Droschkenkutscher der ausklingenden Wilhelminischen Epoche.

Er wurde am 25. Dezember 1907 in Gelleshagen bei Bielefeld geboren und stieß nach erfolgreicher Amateurlaufbahn 1928 zum Profiboxsport. Sein Debüt feierte er am 11. März desselben Jahres in Dortmund mit einem Punktsieg über 4 Runden gegen einen Kölner namens F. Ensel.

In den beiden folgenden Jahren wurde er nur von ausländischen Gegner bezwungen, avancierte aber in Deutschland zum führenden Mann in der Weltergewichtsklasse. Die Bestätigung erfolgte am 8. August 1930 mit dem Gewinn des Meistertitels, als Eder in Hamburg gegen H. Schulz aus Königsberg über 15 Runden nach Punkten gewann.

Noch im gleichen Jahr griff er erstmals zum Europatitel, mußte aber gegen den Belgier Gustave Roth am 3. Dezember in Frankfurt eine Punktniederlage nach 15 Runden hinnehmen. Ein Jahr später erging es ihm nicht besser; diesmal gewann der Belgier am 30. August in Berlin mit dem gleichen Ergebnis. Erst 1934 glückte dem »Eisernen Gustav« dann der große Wurf. Der neue Titelträger aus Belgien, N. Charlier, ging am 8. Juni in Berlin in der 11. Runde k.o. Gustav Eder verteidigte seinen Titel bis Ende 1935 achtmal erfolgreich, dann lockten ihn höhere Ziele in die USA. Er verlor seinen europäischen Titel am 30. April 1936 kampflos, weil er wegen der vorgesehenen USA-Tournee zu keiner Verteidigung in der Lage war.

Dort schlug er sich in sieben begeisternden Kämpfen mit der US-Spitzenklasse herum und bekam doch nicht die Chance zum WM-Titelkampf, obwohl er nur einmal knapp nach Punkten verlor. Enttäuscht kehrte er in die Heimat zurück und boxte gegen jeden, der ihm vor die Fäuste kam. An seiner dominierenden Stellung in Deutschland konnte niemand rütteln.

Erst 1938 bekam er wieder die Chance zu einem europäischen Titelkampf, scheiterte aber zweimal am Belgier F. Wouters. Zwei Jahre später versuchte er sich erstmals eine Klasse höher, sein Ansturm auf den deutschen Titel im Mittelgewicht wurde aber zunächst abgewehrt. Jupp Besselmann behielt in einem denkwür-

Er war die gesamte Kriegszeit als Profi aktiv

Mit Ausnahme des Jahres 1943 stand Gustav Eder (links) während der gesamten Kriegszeit im Ring. Hier ein Schnappschuß vom Dezember 1942 aus dem Kampf gegen Luc van Damme in Berlin.

digen Kampf am 16. August 1940 in Berlin nach dem Unentschieden über 12 Runden den Meistergürtel. Bis Ende 1942 konnte Eder noch 22 Kämpfe austragen, bevor der Krieg weitere Aktivitäten stark einengte. In den Folgejahren 1943, 1944 und 1945 gab es lediglich drei Gustav-Eder-Fights.
Aber schon 1946 belebten seine Kämpfe in Berlin und Hamburg die düstere Nachkriegsszenerie. Er war immer noch ein Idol der deutschen Boxsportanhänger und machte seinem Ruf alle Ehre, als er im Juni und August desselben Jahres seinen Weltergewichtstitel zweimal verteidigte. Mit einem Punktsieg gegen Erich Campe am 24. November 1946 holte er sich dazu noch den Meistertitel im Mittelgewicht, den er aber nur kurze Zeit behielt, denn schon sein nächster Gegner in dieser Klasse war zu stark. Gegen den Homberger Dieter Hucks kassierte er am 25. Januar 1947 in Hamburg die einzige K.-o.-Niederlage in seiner langen Laufbahn. Schon in der 1. Runde war der Kampf beendet.
Zwei Jahre lang wehrte er den Ansturm der viel jüngeren Konkurrenz auf den Weltergewichtstitel bei sechs erfolgreichen Titelverteidigungen noch ab, dann gab er den Gürtel kampflos zurück. Seinen letzten Kampf bestritt er am 17. Juni 1949 in Düsseldorf gegen Hans Schmitz. Er endete unentschieden.
Gustav Eder hatte 21 Jahre im Profiring gestanden und dabei von 1930 bis 1949 den Meistertitel seiner Gewichtsklasse inne. Von seinen insgesamt 162 Kämpfen gingen 34 um deutsche bzw. europäische Titel. Sein Kampfrekord weist ein einmaliges Geschehen auf: Zwischen dem 26. Januar 1934 und dem 27. November 1937 trug er 39 Kämpfe aus und traf dabei nicht einmal auf einen deutschen Gegner. Sie gehörten alle vielmehr der allerersten internationalen Klasse an.
Von seinen 162 Kämpfen hat er 121 gewonnen, davon 56 durch K.o., 24 endeten unentschieden, sechzehn gingen verloren, einer wurde »ohne Entscheidung« gewertet.
Nach seiner erfolgreichen Karriere blieb ihm das Publikum treu. Nahe dem Kurfürstendamm in Berlin wurde sein Lokal noch für viele Jahre beliebter Treffpunkt der Berliner Boxsportfreunde.

Spitzenklasse in Europa

Die starken Männer aus Deutschland

Außer Max Schmeling hat keiner der deutschen Schwergewichtler nach dem WM-Titel greifen können; nur einer bekam überhaupt noch einmal einen Kampf gegen den amtierenden Champion um den Meistergürtel, und das war Karl Mildenberger. Dafür hielten sich die besten deutschen Schwergewichtler mit Europameisterschaften schadlos und stellen bis heute hinter England die meisten Titelträger in der Alten Welt.

Dabei mußten sie einem Zeitvorsprung der Boxer von den britischen Inseln hinterherlaufen, denn als am 29. Oktober 1906 mit dem Briten Gunnar Moir der erste Schwergewichts-Champion Europas gekürt wurde, war der Boxsport im Kaiserreich noch verboten. Der erste Kampf um einen deutschen Meistertitel fand dann wegen der strengen Polizeigesetze hinter verschlossenen Türen statt. Am 7. November 1911 besiegte der Hamburger Otto Flint den Berliner Paul Mond in dessen Heimatstadt durch K.o. in der 2. Runde und wurde Meister im Mittelgewicht. Nachdem er an Gewicht zugelegt hatte, boxte er am 13. August 1919 in der schwersten Klasse und konnte sich nach einem K.-o.-Sieg in der 5. Runde gegen den Berliner W. Metz Meister im Schwergewicht nennen. Mit ihm begann eine der erfolgreichsten Phasen im deutschen Berufsboxsport.

Erster Europameister: Hein Müller

Deutschlands erster Schwergewichtler auf dem europäischen Thron war entgegen weitverbreiteter Ansicht nicht Max Schmeling, sondern der Kölner Hein Müller. Der am 6. Dezember 1903 am Rhein geborene Fighter konnte auf eine glanzvolle Amateurkarriere zurückblicken, als er Profi wurde. Er war nämlich 1925 Deutscher Meister im Weltergewicht, 1926 im Mittelgewicht und 1927 im Halbschwergewicht. Im gleichen Jahr gewann er auch die Europameisterschaft. In acht Länderkämpfen errang er acht Siege; er galt als einer der großen Kämpfer aus der Glanzzeit des Boxklubs Colonia 06 Köln.
Im Spätherbst 1927 trat er ins Profilager über und wurde schon im achtzehnten Kampf Deutscher Meister im Halbschwergewicht. Der Griff nach dem Europatitel scheiterte am 27. Juni 1929 in Turin, als er dem Titelverteidiger Michele Bonaglia durch K.o. in der 4. Runde unterlag.
Aber zwei Jahre später konnte ihn, mittlerweile ins Schwergewicht hineingewachsen, keiner mehr bremsen. Erst holte er sich den deutschen Titel durch einen Punktsieg nach 12 Runden in Dortmund gegen Hans Schönrath (1. Februar 1931), dann den europäischen durch einen Punktsieg nach 15 Runden gegen den Belgier Pierre Charles in Berlin (30. August 1931). Er verlor den Titel gegen den Belgier allerdings im folgenden Jahr wieder, als er ihm am 28. Mai in Brüssel nach 15 Runden einen Punktsieg überlassen mußte. Hein Müller, der insgesamt 46 Profikämpfe ausgetragen hat – 31 Siege, sechs Unentschieden, acht Niederlagen, einer ohne Entscheidung –, fiel am 29. April 1945 bei den letzten Kämpfen um Berlin.

Er war Schmelings Statthalter in Europa
Während sich Max Schmeling in den USA mit der Weltelite herumschlug, hielt Hein Müller als Europameister im Schwergewicht zu Hause die Stellung.

Fast zwanzig Jahre aktiv: Arno Kölblin

Während der Jahre, in denen die Freunde des Boxsports die legendären Kämpfe Max Schmelings gegen Joe Louis faszinierend verfolgten, hielt Arno Kölblin (geb. am 9. Oktober 1911 in Berlin) in Deutschland und Europa die Stellung. Der Berliner eroberte beim zweiten Versuch am 21. August 1936 in seiner Heimatstadt den deutschen Meistertitel, und zwar durch einen K.-o.-Sieg in der 10. Runde gegen seinen vorherigen Bezwinger Vincent Hower. Ein Jahr darauf wagte er sich auch an den belgischen Europameister Pierre Charles heran. In einem fast ausgeglichenen Kampf besiegte er ihn am 17. März 1937 in Berlin über 15 Runden nach Punkten und wurde Deutschlands zweiter Schwergewichts-Europameister.
Das folgende Jahr bescherte ihm dann zwei empfindliche Rückschläge. Zunächst büßte er seinen Europatitel am 4. März 1938 ein, als er in Berlin gegen den Österreicher Heinz Lazek in der 2. Runde disqualifiziert wurde, dann mußte er auch seinen deutschen Meistertitel hergeben, als er am 11. November von Walter Neusel in Berlin über 12 Runden nach Punkten geschlagen wurde.
Arno Kölblin boxte bis Ende 1942 weiter, ehe dann der Krieg seiner sportlichen Laufbahn eine Pause aufzwang. Von 1946 an stand er aber wieder im Ring und blieb bis 1950 aktiv, dann zog er die Handschuhe endgültig aus. Seit 1931 hatte er 78 Kämpfe bestritten, davon fünfzig gewonnen und zwanzig verloren, acht endeten unentschieden.

In den USA um den höchsten Titel: Adolf Heuser

Der am 3. Oktober 1907 in Buschdorf bei Bonn geborene Adolf Heuser wurde zu einer der tragischen Gestalten des deutschen Boxsports. In seiner Glanzzeit nach erfolgreicher Amateurkarriere gehörte er zu den populärsten Kämpfern; später wurde er nur noch bemitleidet, als er im fortgeschrittenen Alter an frühere Zeiten anknüpfen wollte.
Der Rheinländer brachte es fertig, im vierten Jahr seiner Profikarriere um die Europameisterschaft im Halbschwergewicht zu kämpfen, ohne Deutscher Meister zu sein. Als er am 25. Juni 1932 in Valencia Titelverteidiger Martinez de Alfara schon in der 1. Runde ausknockte, stand ihm die Boxwelt offen, und er wagte den Griff nach den Sternen. Er ging in die USA und boxte sich durch Siege gegen die besten Halbschwergewichtler einem Titelkampf entgegen. Als er am 10. März 1933 in New York zwischen die Seile stieg, stand zum zweiten Mal nach Max Schmeling ein Deutscher in einem Weltmeisterschaftskampf. Der clevere Titelverteidiger Maxie Rosenbloom behauptete zwar durch einen Punktsieg nach 15 Runden seine WM-Würde, aber manch neutraler Beobachter hatte den Deutschen auf dem Punktzettel vorne.
Seinen Europatitel mußte Heuser wegen des US-Engagements niederlegen, aber einige Jahre darauf holte er ihn sich zurück. In einem Kampf, der von der europäischen Boxkommission IBU sogar als Weltmeisterschaft gewertet wurde, schlug er am 25. März 1938 den Belgier Gustave Roth in Berlin in der 7. Runde k.o. und wurde Europameister sowie IBU-Weltmeister im Halbschwergewicht. Die Titel gingen 1939 kampflos verloren, weil Adolf Heuser in die schwerste Klasse hineingewachsen war.
Dort holte er sich die Europameisterschaft am 17. März 1939 in Berlin, als der Österreicher Heinz Lazek in der 5. Runde k.o. ging. Es war das Pech des Adolf Heuser, daß Max Schmeling nach seinem US-Abenteuer wieder in der Heimat aktiv wurde. Schon am 2. Juli 1939 wurde der Europameister von Schmeling in Stuttgart in der 1. Runde k.o. geschlagen. Ein Comeback gelang ihm drei Jahre darauf, als er 1942 vorübergehend den deutschen Titel in der schweren Klasse trug.
Heuser büßte durch den Weltkrieg seine gesamte Habe ein und stieg 1946 wieder in den Ring. Er bot aber nur noch einen Abglanz früherer Tage und konnte in den neunzehn Kämpfen bis 1949 nicht überzeugen. Die 125 schweren Profikämpfe hatten ihn gesundheitlich so ausgehöhlt, daß

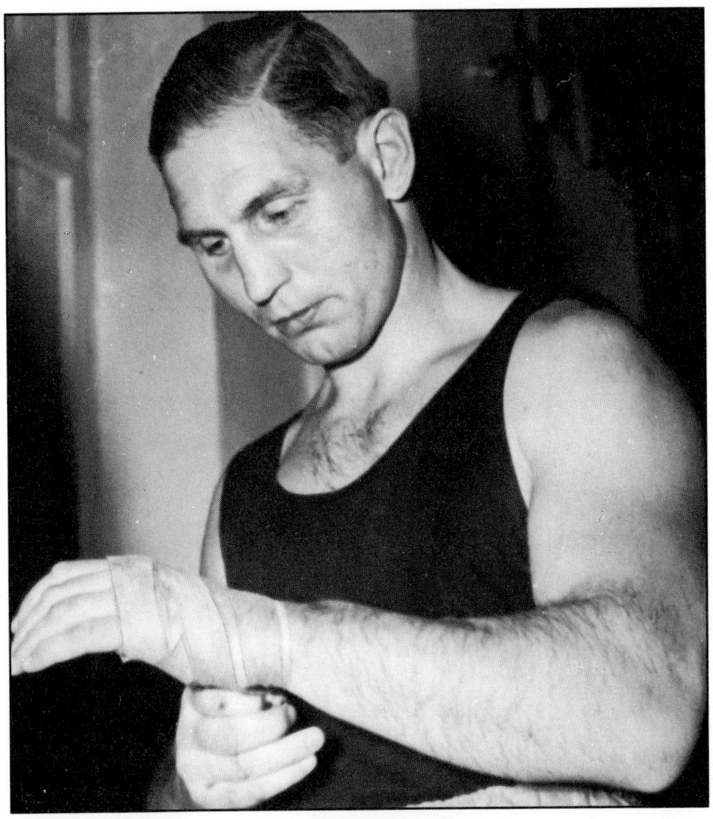

Vor und nach dem Krieg ein Klassemann
In Berlin war er in den 30er und 40er Jahren ein populärer Mann: Arno Kölblin, der sich auch vor jedem Training sorgfältig bandagierte und fast bis vierzig aktiv blieb.

Schmeling zertrümmerte seine Zukunft
Für Adolf Heuser stand die Boxwelt offen – bis er auf Max Schmeling traf. Der Blitz-K.o. in der ersten Runde im EM-Kampf von 1939 beendete dann seine Karriere.

er später nur noch dahinvegetierte. Heuser hatte sich in seiner Laufbahn 81mal ausländischen Gegnern gestellt und nur 44mal gegen Landsleute geboxt – ein einmaliger Rekord im deutschen Boxsport. Von seinen 125 Kämpfen hat er 86 gewonnen und 21 verloren, sechzehn endeten unentschieden, zwei ohne Entscheidung.

Erster Titelträger nach dem Krieg: Hein ten Hoff

Einer der erfolgreichsten deutschen Amateurboxer wagte kurz nach Kriegsende den Sprung ins Profilager und holte sich auch dort Meisterlorbeeren: Hein ten Hoff. Er wurde am 19. November 1919 in Oldenburg geboren und bestritt als Amateur 194 Kämpfe, von denen er 185 gewann, darunter 78 durch K. o. 1941 und 1944 war er Deutscher Amateurmeister im Schwergewicht, 1942 auch Europameister dieser Klasse, und von neunzehn Kämpfen im Nationaltrikot ging nur einer verloren.
Im September 1945 bestritt er seinen ersten Profikampf und holte sich am 3. August 1946 durch einen Punktsieg gegen Walter Neusel in Hamburg schon den Titel Deutscher Meister im Schwergewicht. Fünf Jahre später war er auch Europameister, nachdem er den Engländer Jack Gardner am 23. September 1951 in Berlin über 15 Runden nach Punkten besiegt hatte. Er konnte sich jedoch nicht lange des Titels freuen, denn schon am 12. Januar 1952 verlor er in Brüssel gegen den Belgier Karel Sys über 15 Runden nach Punkten. Danach scheiterte er auch an Heinz Neuhaus und zog sich nach einer K.-o.-Niederlage gegen den späteren Weltmeister Ingemar Johansson im Sommer 1955 vom Boxsport zurück.
Hein ten Hoff bestritt 43 Profikämpfe, von denen er 32 gewann und sieben verlor, vier endeten unentschieden.

Der Held der Westfalenhalle: Heinz Neuhaus

Hein ten Hoffs Nachfolger auf dem deutschen und europäischen Meisterthron wurde der Westfale Heinz Neuhaus. Der am 14. April 1926 in Iserlohn geborene Boxer kam nach kurzer Amateurlaufbahn zu den Profis und begann 1949, auf diese Art sein Geld zu verdienen. Die meisten seiner Kämpfe wurden in der Dortmunder Westfalenhalle veranstaltet, in der er zum umjubelten Lokalmatador der 50er Jahre aufstieg. Dort knöpfte er sensationellerweise dem Belgier Karel Sys den eben erst gewonnenen Europatitel ab, als er ihn am 9. März 1952 über 15 Runden nach Punkten besiegen konnte. Dortmund war auch der Schauplatz eines großartigen Kampfes, in dem es um den Europatitel von Neuhaus und den noch von ten Hoff gehaltenen deutschen Titel ging. Am 20. Juli 1952 schlug Neuhaus seinen Gegner schon in der 1. Runde entscheidend und trug fortan beide Meistergürtel. Den europäischen nahm ihm der Italiener Franco Cavicchi am 26. Juni 1955 in Bologna ab, als er mit Hilfe des Heimvorteils zu einem schmeichelhaften Punktsieg nach 15 Runden kam. Der deutsche Titel ging dann am 14. September 1957 verloren, als er dem neuen Stern an Westfalens Boxhimmel, dem Hagener Hans Kalbfell, in der 8. Runde entscheidend unterlag.
Im Jahr darauf beendete Neuhaus seine Profikarriere, in der er 58 Kämpfe bestritten hatte; 42

Die Deutschen Meister im Schwergewicht

1911	Otto Flint
1920	Hans Breitensträter
1924	Paul Samson-Körner
1925	Hans Breitensträter
1926	Franz Diener
1927	Rudi Wagner
1927	Franz Diener
1928	Max Schmeling
1928	Ludwig Haymann
1930	Hans Schönrath
1931	Hein Müller
1933	Vincent Hower
1936	Arno Kölblin
1938	Walter Neusel
1940	Heinz Lazek
1942	Walter Neusel
1946	Hein ten Hoff
1952	Heinz Neuhaus
1955	Gerhard Hecht
1956	Heinz Neuhaus
1957	Hans Kalbfell
1958	Albert Westphal
1961	Erich Schöppner
1963	Gerhard Zech
1968	Jürgen Blin
1968	Peter Weiland
1971	Horst Benedens
1973	Hartmut Sasse
1974	Conny Velensek
1974	Bernd August
1977	Kurt Lüdecke
1978	Bernd August
1984	Rainer Hartmann

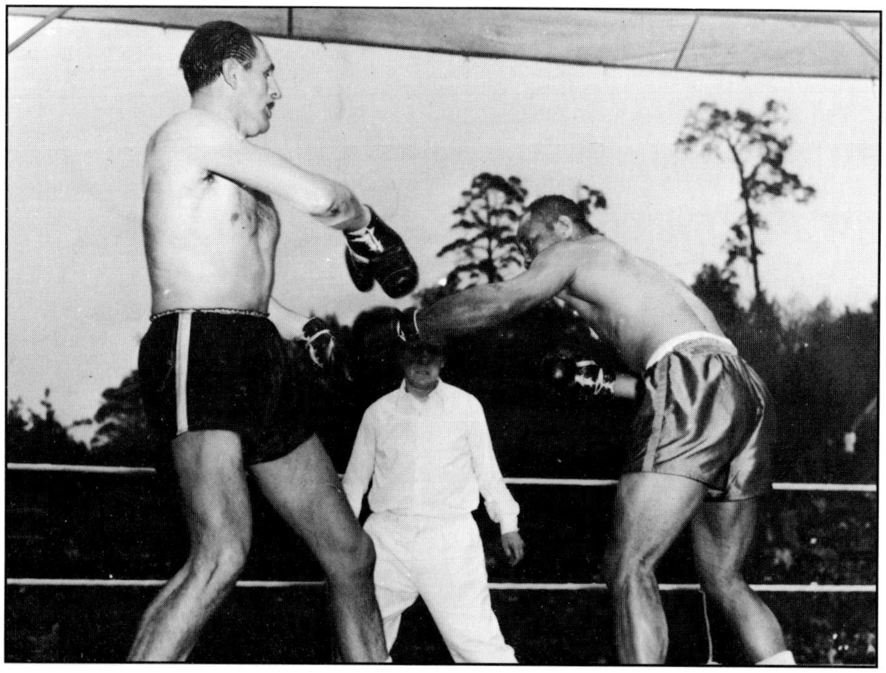

Danach war er reif für den EM-Titel

Im April 1951 schlug Hein ten Hoff (links) in der Berliner Waldbühne den US-Klassemann Gene Jones. So gestärkt, wagte er sich im Herbst dann an Europas Krone.

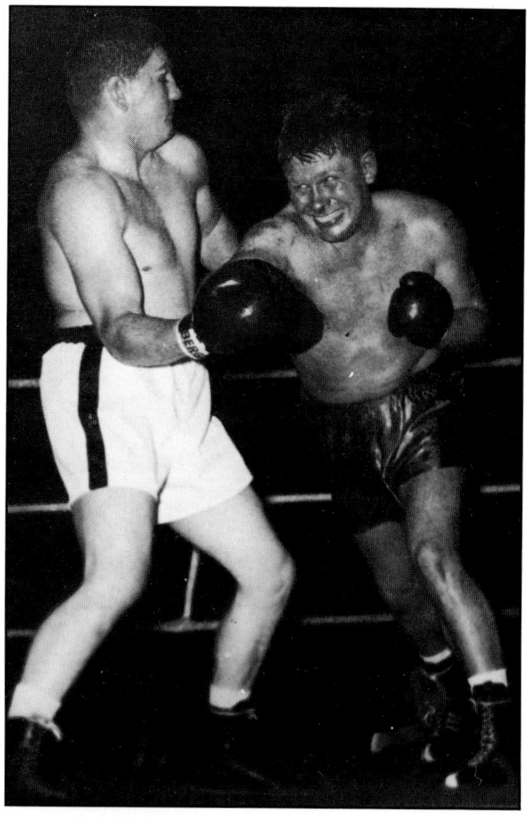

Die Westfalenhalle war für ihn wie eine feste Burg

Für Lokalmatadore bedeutete die heimische Arena stets einen Vorteil. Heinz Neuhaus (rechts) – hier im Kampf gegen Rex Lane (USA) – hatte in Dortmunds Boxpalast stets einen Punktebonus sicher.

Höhepunkt war der Kampf gegen Ali
Zu Beginn der 60er Jahre machte er sich auf, um in Europa für Furore zu sorgen: Karl Mildenberger. Neben sieben erfolgreichen Titelfights boxte er auch um die WM-Krone.

Der letzte Name in einer Liste großer Vorgänger
Der Name des Trittauer Metzgermeisters Jürgen Blin ziert als neunter und letzter die Liste der Europameister im Schwergewicht, die aus Deutschland kamen. Seitdem herrscht Stille in dieser Szene.

gingen siegreich aus, sieben endeten unentschieden, neun wurden verloren. Darunter war auch eine WM-Ausscheidung gegen den Kubaner Nino Valdes, der Neuhaus im November 1953 in Dortmund in der 4. Runde k. o. schlug, selbst aber wegen der dunklen Machenschaften der amerikanischen Veranstalter nie zum Titelkampf kam.

Trug vier Jahre den Titel: Karl Mildenberger

Es dauerte fast zehn Jahre, bis sich ein deutscher Boxprofi wieder mit dem europäischen Meistergürtel schmücken konnte. Der hieß Karl Mildenberger, war am 23. November 1937 in Kaiserslautern geboren und bestimmte einige Jahre lang die europäische Schwergewichtsszene. Der Pfälzer trat nach dem Gewinn der Deutschen Amateurmeisterschaft im Halbschwergewicht 1958 ins Profilager über und boxte sich schnell in die europäische Spitzenklasse. Ohne jemals um den deutschen Titel gekämpft zu haben, boxte er dann am 24. Februar 1962 in Dortmund gegen den Titelverteidiger Dick Richardson (England) um die Europameisterschaft. Der Versuch endete kläglich, denn Mildenberger ging schon in der 1. Runde k. o. Beim zweiten Versuch war ihm dann mehr Erfolg beschieden. Im Kampf um den vakanten Titel schlug er den Italiener Sante Amonti am 17. Oktober 1964 in Berlin in der 1. Runde entscheidend und wurde Europameister. Sechsmal verteidigte er in den folgenden Jahren seinen Titel erfolgreich und hatte den Höhepunkt seiner Laufbahn am 10. September 1966, als sich ihm Weltmeister Muhammad Ali zu einem Titelkampf stellte. Mildenberger machte bei diesem Kampf keine schlechte Figur, doch mußte er über Dauer die Überlegenheit Alis anerkennen: In der 12. Runde wurde der Fight durch Abbruch beendet.

Am 18. September 1968 verlor Mildenberger dann seinen Europatitel an den Briten Henry Cooper, der in der 8. Runde Sieger durch Disqualifikation wurde. Nach diesem Debakel in London erklärte »Karl der Große«, wie er in der Heimat genannt wurde, seinen Rücktritt. Er hatte es auf 62 Profikämpfe gebracht, von denen 53 erfolgreich geendet hatten; drei Unentschieden und sechs Niederlagen rundeten den Kampfrekord ab.

Die beiden Kurz-Europameister: Peter Weiland und Jürgen Blin

Nach Karl Mildenbergers Rücktritt verkümmerte dann die deutsche Schwergewichtsszene zusehends, obwohl es noch zwei Lichtblicke gab. Da konnte sich der am 31. März 1940 in Einfeld (Kreis Neumünster) geborene Peter Weiland für gut ein Vierteljahr mit dem Europatitel schmücken, nachdem er im Kampf um die vakante Meisterschaft am 6. Dezember 1969 den Franzosen Bernard Thebault in Kiel in der 1. Runde k. o. geschlagen hatte. Im April 1970 war er seinen Titel aber wieder los und unterlag dem schlagstarken Spanier José Miguel Ibar, genannt Urtain.

War Weiland eher ein »Zufalls-Europameister«, so wurde der Titelgewinn von Jürgen Blin als Ergebnis zäher Arbeit angesehen. Der am 24. April 1943 in Grossensee bei Hamburg geborene Blin wechselte nach dem Gewinn des Amateurtitels 1964 ins Profilager und galt als fleißiger Fighter, der sich mühsam hochdiente. Dreimal versuchte er, den Titel bei den Profis zu gewinnen, dann hatte er am 11. Mai 1968 sein Ziel erreicht. Nach einem Sieg gegen Peter Zech war er Deutscher Schwergewichtsmeister. Genauso beharrlich verfolgte er sein Ziel Europameisterschaft. Zunächst kassierte er Niederlagen gegen Urtain (23. Juni 1970 in

Barcelona) und dessen Nachfolger Joe Bugner (11. Mai 1971 in London). Als er dem amtierenden Weltmeister Muhammad Ali in einem Nichttitelkampf am 26. Dezember 1971 in Zürich durch K. o. in der 7. Runde unterlag, wollte er sich eigentlich vom Boxen zurückziehen. Aber ein halbes Jahr später hatte er sein Traumziel erreicht: Nach einem Punktsieg gegen Urtain, der zwischenzeitlich den Titel zurückgeholt hatte, wurde Jürgen Blin am 9. Juni 1972 in Madrid Europameister im Schwergewicht. Sein Glück dauerte jedoch nur bis zum 10. Oktober dieses Jahres, dann verlor er in London den Titel an Joe Bugner.

Die Europameister im Schwergewicht

1906	Gunnar Moir (England)
1909	Iron Hague (England)
1911	Bombardier Wells (England)
1913	Georges Carpentier (Frankreich)
1922	Battling Siki (Frankreich)
1923	Erminio Spalla (Spanien)
1926	Paolino Uzcudun (Spanien)
1929	Pierre Charles (Belgien)
1931	Hein Müller (Deutschland)
1932	Pierre Charles (Belgien)
1933	Paolino Uzcudun (Spanien)
1933	Primo Carnera (Italien)
1935	Pierre Charles (Belgien)
1937	Arno Kölblin (Deutschland)
1938	Heinz Lazek (Österreich)
1939	Adolf Heuser (Deutschland)
1939	Max Schmeling (Deutschland)
1943	Olle Tandberg (Schweden)
1943	Karel Sys (Belgien)
1946	Bruce Woodcock (England)
1950	Joe Weidinger (Österreich)
1951	Jack Gardner (England)
1951	Hein ten Hoff (Deutschland)
1952	Karel Sys (Belgien)
1952	Heinz Neuhaus (Deutschland)
1955	Franco Cavicchi (Italien)
1956	Ingemar Johansson (Schweden)
1960	Dick Richardson (England)
1962	Ingemar Johansson (Schweden)
1964	Henry Cooper (England)
1964	Karl Mildenberger (Deutschland)
1968	Henry Cooper (England)
1969	Peter Weiland (Deutschland)
1970	José Miguel Ibar Urtain (Spanien)
1970	Henry Cooper (England)
1971	Joe Bugner (England)
1971	Jack Bodell (England)
1971	José Miguel Ibar Urtain (Spanien)
1972	Jürgen Blin (Deutschland)
1972	Joe Bugner (England)
1976	Richard Dunn (England)
1976	Joe Bugner (England)
1977	Jean Pierre Coopmann (Belgien)
1977	Lucien Rodriguez (Frankreich)
1977	Alfredo Evangelista (Spanien)
1979	Lorenzo Zanon (Italien)
1980	John L. Garner (England)
1981	Lucien Rodriguez (Frankreich)

Die deutschen Halbschwer- und Mittelgewichtler

Boxidole liefern unvergessene Fights

In der Blütezeit des deutschen Profiboxsports in den 50er und 60er Jahren prägten auch einige Halbschwer- und Mittelgewichtler die europäische Szene, deren Kämpfe unvergeßlich bleiben. Ihr Auftreten schlug oftmals die Massen in den Bann. Davon zeugen nicht zuletzt die 40000 Zuschauer, die am 23. Juni 1962 ins Berliner Olympiastadion strömten ...

Hecht, Hoepner, Schöppner: Die drei Musketiere

Der erste der drei war Gerhard Hecht, geboren am 16. März 1923 in Berlin und seit 1947 Berufsboxer. Er konnte den deutschen Meistertitel seiner Klasse von 1952 bis 1955 behaupten und ging vor allem wegen seiner Boxschlachten mit seinem norddeutschen Zeitgenossen Willy Hoepner in die Boxgeschichte ein. Das Wechselspiel der Deutschen- bzw. Europäischen Meisterschaft zwischen den beiden faszinierte Deutschlands Boxanhänger.
Am 2. November 1951 hatte Hoepner den Ansturm von Hecht durch einen Punktsieg über 12 Runden in Hamburg noch abwehren können. Ein Jahr später, am 29. November 1952, ging der deutsche Titel nach ebenfalls 12 Runden in Berlin jedoch an Hecht. Nachdem dieser am 9. April 1954 durch einen Punktsieg gegen den Franzosen J. Hairabedian in Hamburg auch Europameister geworden war, setzte er beide Trophäen ein Jahr später gegen Hoepner aufs Spiel. Am 11. März 1955 sahen die Hamburger Zuschauer eine überraschende K.-o.-Niederlage von Gerhard Hecht gegen seinen Herausforderer, der schon in der 2. Runde den Kampf erfolgreich beenden konnte. Aber nur zwei Monate später sah alles wieder ganz anders aus. Hecht gewann die Revanche um den deutschen und den europäischen Titel gegen Hoepner am 12. Juni in Dortmund in der 13. Runde durch K. o. und war wieder der absolute Champion. Er krönte dieses Erfolgsjahr 1955 mit dem Gewinn des Schwergewichtstitels in der »Höhle des Löwen«. Am 6. November besiegte er in der Dortmunder Westfalenhalle Heinz Neuhaus über 12 Runden nach Punkten und hielt damit drei Titel. Die Europameisterschaft im Halbschwergewicht konnte er 1956 erfolgreich verteidigen, mußte aber im Rückkampf gegen Neuhaus am 17. November in Dortmund den Titel in der schweren Klasse nach einer Punktniederlage hergeben.
Im Jahr darauf gingen auch die beiden anderen Meisterschaften verloren. Zunächst gewann der Italiener Artemio Calzavara in Mailand nach einem Punktsieg über 15 Runden den Europatitel (12. Juli), anschließend der ewige Rivale Willy Hoepner am 28. September in Hamburg den deutschen, ebenfalls durch einen Punktsieg. Hecht machte 1958 noch zwei Kämpfe, die beide entscheidend verloren wurden, und trat danach von der Boxbühne ab. Er hatte 74 Kämpfe ausgetragen, von denen 53 siegreich endeten

Der Berliner war ein wahrer Hecht im Karpfenteich
Gerhard Hecht machte seinem Namen stets alle Ehre und nahm jeden Gegner an. Hier besiegt er Alex Buxton (vorne).

und dreizehn verlorengingen, sechs endeten unentschieden, zwei ohne Entscheidung.
Sein am 21. Februar 1921 in Neumünster geborener Rivale Willy Hoepner hängte im gleichen Jahr die Boxhandschuhe an den Nagel, nachdem er zweimal von dem neuen Mann im Halbschwergewicht besiegt wurde. Der hieß Erich Schöppner, stammte aus Witten und schlug ihn am 22. Februar in Dortmund im Kampf um den deutschen Titel schon in der 1. Runde k. o. Nachdem Hoepner am 30. Mai in Hamburg durch einen Disqualifikationssieg gegen Calzavara den Europatitel nach Deutschland zurückgeholt hatte, setzte er diesen ebenfalls gegen Schöppner aufs Spiel und verlor in Hamburg am 12. Dezember durch K. o. in der 5. Runde.
Der am 25. Juni 1952 in Witten (Ruhr) geborene Schöppner hatte als Amateur seine Laufbahn, die ihm auch zwei deutsche Meistertitel beschert hatte, mit dem Gewinn der Europameisterschaft 1955 gekrönt und war 1956 Profi geworden. Sein Amateurrekord lautete: 276 Kämpfe, davon 246 Siege, fünfzehn Unentschieden und fünfzehn Niederlagen.
Er verteidigte den von Hoepner gewonnenen Europatitel 1959 gegen die starken italienischen Herausforderer Rocco Mazzola und Sante Amonti und 1960 gegen den Bielefelder Helmut Ball. Im Jahr darauf versuchte er sich eine Klasse höher und wurde durch einen Punktsieg gegen Albert Westphal am 9. September Deutscher Meister im Schwergewicht. Diesen Titel verteidigte er noch im selben Jahr gegen Hans Kalbfell. Nachdem er seinen Europatitel 1962 am grünen Tisch verloren hatte, versuchte er ein Jahr später ein Comeback. Aber am 13. Mai 1963 in Rom stoppte ihn das italienische Rauhbein Giulio Rinaldi mit einem knappen Punktsieg nach 15 Runden. Nach dieser ersten Niederlage seiner Profilaufbahn zog sich Erich Schöppner vom Boxsport zurück. Den deutschen Meistertitel im Schwergewicht gab er kampflos ab. Er hatte nur vierzig Profikämpfe ausgetragen, davon 34 gewonnen und fünf unentschieden gestaltet.

Der alte Meister beglückwünscht seinen Nachfolger

Generationswechsel in der Westfalenhalle: Der alte Meister Willy Hoepner an der Seite seines Nachfolgers Erich Schöppner.

Am populärsten: Gustav »Bubi« Scholz

Im Berlin der Nachkriegsjahre startete ein junger Mann eine Boxkarriere, deren Popularitätskurve Dimensionen wie die von Max Schmeling, Deutschlands Boxidol Nr. 1, erreichte. Zur absoluten Krönung seiner Laufbahn fehlte lediglich ein Weltmeisterschaftstitel, aber auch ohne diese Trophäe wurde Gustav Scholz nach Max Schmeling zum gefeiertsten deutschen Boxer.
Er erblickte am 12. April 1930 in einem Berliner Arbeiterviertel das Licht der Welt und sah seine Kinder- und Jugendjahre durch Krieg und Nachkriegszeit verdorben. Wegen seiner eher schmächtigen körperlichen Statur bekam er von seinen Spielgefährten den Spitznamen »Bubi«, der später ein Markenzeichen wurde. Der ehrgeizige Knabe Scholz wollte es allen zeigen und nahm heimlich Boxunterricht, so gut das im Berlin dieser Tage möglich war. An eine reguläre Amateurlaufbahn war nicht zu denken, und so wurde er als achtzehnjähriger Junge sofort Profi. Dafür war ein hungriges Nachkriegs-Berlin das richtige Pflaster, und der neue Mann fand reichlich Beschäftigung. Seinen ersten Kampf trug er am 8. Oktober in seiner Heimatstadt aus und gewann nach 4 Runden gegen H. Eichler nach Punkten.
Der technisch hochbegabte Berliner reihte nach dieser Premiere Erfolg an Erfolg und stand am 19. Mai 1951 in seinem dreißigsten Profikampf um den deutschen Meistertitel im Weltergewicht im Ring. Nach 12 Runden bejubelten die Berliner einen neuen Champion: Gustav »Bubi« Scholz hatte W. Schneider nach Punkten besiegt. Zweimal verteidigte er im folgenden Jahr den Titel, dann mußte er ihn wegen Gewichtsschwierigkeiten zurückgeben.
Aber auch eine Klasse höher gab es genug Gegner im In- und Ausland, an denen Gustav Scholz sein Können beweisen konnte. Zu der besiegten Prominenz zählten 1954 und 1955 unter anderem der Holländer Wim Snork und der Mulatte Alex Buxton aus Großbritannien. Der Berliner steuerte geradewegs einem Titelkampf auf europäischer Ebene entgegen, als ihn das Schicksal jäh stoppte. Bei einer Untersuchung wurde festgestellt, daß der Boxer Gustav Scholz lungenkrank war. Für einen Berufssportler kam das einem endgültigen Aus gleich. Gustav Scholz verschwand von der Boxbühne und ging in ein Sanatorium.
Aber niemand hatte mit seinem zähen Behauptungswillen gerechnet. Nach knapp zweijähriger Pause stand er am 2. März 1957 wieder im Ring. Für eine Gage von 4500 Mark besiegte er in der Provinz – in Oldenburg – den Spanier Francesco Frances in der 4. Runde entscheidend. Gut drei Monate später zahlte ihm der Berliner Veranstalter schon 20000 Mark, als er gegen Peter Müller um die Meisterschaft im Mittelgewicht antrat. Den 9000 Zuschauern im Berliner Sportpalast bot sich am 29. Juni 1957 ein spektakuläres Boxschauspiel. Der ungestüm angreifende Titelverteidiger aus Köln wurde von Gustav Scholz eiskalt ausgeboxt, der im Schlaghagel des Gegners nur auf die entscheidende Konterchance wartete. In der 3. Runde traf er zweimal mit seiner Hauptwaffe, der später so sehr gefürchteten Linken; dann blieb Peter Müller über die Zeit am Boden liegen. Deutschland hatte einen neuen Meister im Mittelgewicht, den Berliner Gustav Scholz.
Im folgenden Jahr unterzog sich der neue Titelträger einem ganz ernsthaften Test. Er boxte in Paris gegen den amtierenden Europameister seiner Gewichtsklasse. Charles Humez setzte in diesem Kampf seine Meisterwürde aber noch nicht aufs Spiel. Es ging in dem 10-Runden-Fight nur ums Prestige. Gustav Scholz mußte in diesem seinem 69. Kampf erstmals eine Niederlage hinnehmen, aber das Punkturteil kam selbst nach Meinung französischer Fachleute nur mit einem kräftigen Meisterschaftsbonus für Humez zustande. Die Zuschauer feierten den Mann von der Spree jedenfalls als den moralischen Sieger. Seit diesem 10. März 1958 stand für Bubi Scholz auch fest, daß er nur ein Ziel hatte: so schnell wie möglich einen Revanchekampf.
Der kam schon am 4. Oktober dieses Jahres, und diesmal ging es auch um den Titel. 30000 Zuschauer strömten ins Berliner Olympiastadion, um den Griff ih-

Populär wie einst nur die Schweren: Gustav Scholz

Die Autogramme des Berliners wurden auch nach der Niederlage im WM-Kampf gegen Harold Johnson (unten) hoch gehandelt. »Bubi« war ein Boxidol.

Kühler Rechner im Ring – aber ein Mann zum Anfassen

Nicht nur für die Berliner blieb Gustav Scholz ein volksnaher Ringheld. Man nahm ihm ab, daß er aus ihrer Mitte kam und zu ihnen gehörte.

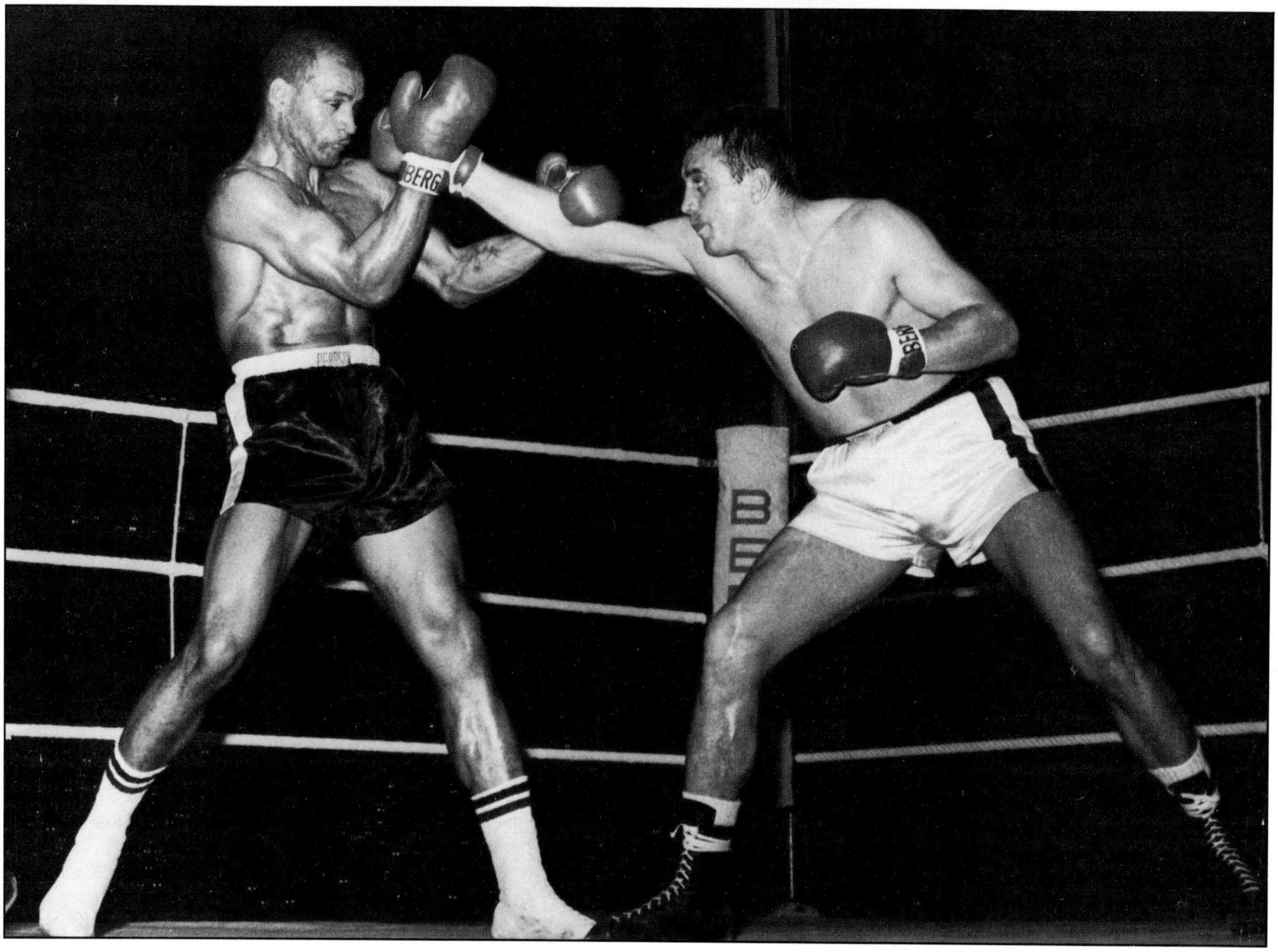

res Boxidols zur europäischen Krone im Mittelgewicht mitzuerleben. Sie sahen einen unvergeßlichen Fight, in dem Gustav Scholz den Europameister systematisch zermürbte. 10 Runden lang hielt dieser mit, und Scholz mußte etliche harte Schläge wegstecken, aber im 11. Durchgang setzte er sich erstmals deutlich durch. In der 12. Runde marschierte Gustav Scholz nur noch nach vorn. Der Franzose wurde mehrfach hart getroffen, ging aber nicht zu Boden. Dann drehte er jedoch plötzlich vom Kampfgeschehen ab, hob die Hand und fiel in die Seile. Nach sekundenlanger Verwirrung wurde allen am Ring klar: Charles Humez hatte aufgegeben, Gustav Scholz war Europameister im Mittelgewicht. Der Franzose zog nach diesem Debakel die Boxhandschuhe für immer aus. Er starb bereits im Alter von 52 Jahren im November 1979 nach einem Blutsturz.

Für diesen Kampf hatte der Berliner acht Pfund Gewicht abtrainieren müssen, und es wurde auch in den nächsten Jahren immer problematischer, das Mittelgewichts-Limit zu bringen. Doch Scholz unterzog sich weiter der mühevollen Prozedur des Gewichtmachens, denn er hatte ein großes Ziel: einen Titelkampf gegen NBA-Weltmeister Gene Fullmer. Der Amerikaner aber ging dem gefährlichen deutschen Rechtsausleger aus dem Weg, so daß Gustav Scholz im Frühjahr 1961 nach Verteidigungen seiner deutschen und europäischen Mittelgewichtstitel gegen seine Landsleute Hans-Werner (»Buttje«) Wohlers und Peter Müller beide niederlegte und beschloß, ins höhere Halbschwergewicht zu wechseln. Dort kam er schnell zu seinem Titelkampf. Der amtierende Weltmeister Harold Johnson (USA) war bereit, seine Würde auf deutschem Boden gegen den Herausforderer Scholz aufs Spiel zu setzen. Gleichsam als Aufgalopp dazu schlug er im April und Mai 1962 die US-Boys Jesse Bowdry und Steve Rivers in Berlin und Dortmund k.o. und stellte sich dann am 23. Juni desselben Jahres zum ersten Weltmeisterschaftskampf auf deutschem Boden im Berliner Olympiastadion dem Titelträger Harold Johnson. Über 40000 Zuschauer wollten diesen Fight sehen, Scholz erhielt mit 100000 DM die größte Börse seiner Laufbahn. Aber der Griff zum höchsten Titel blieb ihm versagt. Der Amerikaner zeigte sich ebenfalls als perfekter Boxer, in

Später auch als Geschäftsmann mit dem Glück im Bunde

Vom Boxring – unten eine Szene aus dem Kampf mit dem Holländer van Ostrum – ins Geschäftsleben: Bubi Scholz 1981 bei einer Manager-Kur.

der Defensive mindestens dem Deutschen gleichrangig. So entwickelte sich über 15 Runden ein eher ästhetisch ausgetragener Faustkampf, bei dem keiner einen wirklich harten Treffer landen konnte. Die Punktrichter entschieden sich am Ende für den Weltmeister, und Scholz mußte seine zweite Niederlage hinnehmen.

Der Europameister in dieser Gewichtsklasse hieß in diesem Jahr noch Erich Schöppner, aber die Manager der beiden überragenden deutschen Halbschwergewichtler ließen die beiden nicht gegeneinander antreten. So wartete Gustav Scholz bis zum Frühjahr 1964 auf einen Kampf um den Europatitel, dann stellte sich ihm der Schöppner-Nachfolger Giulio Rinaldi. In der Dortmunder Westfalenhalle kam es am 4. April zu einem unschönen Gefecht, in dem der Italiener alle möglichen unsauberen Mittel einsetzte. Nach einem Kopfstoß wurde er schließlich in der 8. Runde disqualifiziert, und Gustav Scholz war völlig zu Recht, weil nach Punkten führend, neuer Europameister.

Danach verabschiedete er sich vom Boxsport und gab den Titel unbesiegt zurück. Er hatte zwischen 1948 und 1964 im Ring gestanden und 96 Kämpfe ausgetragen. Dabei gab es 46 K.-o.- und 41 Punktsiege, sechs Unentschieden und nur zwei Punktniederlagen. Einmal gewann er durch Disqualifikation.

Alle nannten ihn nur »De Aap«: Peter Müller

Einer der Weggefährten von Gustav Scholz, mit dem er sich mehrfach farbige Kämpfe lieferte, konnte am Ende seiner Laufbahn auf eine noch längere Karriere zurückblicken, in der es neben Höhepunkten auch etliche Tiefen gab: der Kölner Peter Müller, wegen seiner Clownerien im Ring in ganz Deutschland als »De Aap« (der Affe) bekannt.

Er wurde am 24. Februar 1927 in Köln geboren und erlernte nach dem Schulbesuch den Beruf des Schweißers, konnte wegen der Zeitumstände keine normale Amateurkarriere aufbauen, bestritt dann doch sechzehn reguläre Amateurkämpfe, bevor er ins Profilager überwechselte.

Sein Profidebüt feierte er am 15. Mai 1947 in Hamburg mit einem K.-o.-Sieg in der 2. Runde gegen Walter Trittschak (Hannover). Noch im gleichen Jahr trat er gegen den alten Kämpen Herbert Nürnberg an und erreichte ein Unentschieden. Der vielbeschäftigte Peter Müller boxte sich schnell einem Titelkampf entgegen und stand am 14. Mai 1949 in seiner Heimatstadt mit dem Meister im Mittelgewicht, Karl Schmidt (Hamburg), im Ring. Müller siegte in der 3. Runde durch Disqualifikation und holte sich somit den Meistergürtel dieser Klasse. Schon im Sommer war er den Titel jedoch wieder los. Gegen den Erlanger Hans Stretz verlor er am 24. Juli in Berlin in der 2. Runde entscheidend.

Doch sein Comeback ließ nicht lange auf sich warten. Im folgenden Jahr drehte er den Spieß um und schlug seinerseits Hans Stretz k. o., diesmal in der 3. Runde am 10. September in Berlin. Der unermüdliche Kölner verteidigte seinen Titel danach gegen Karl Schmidt, Leo Starosch und Franz Szüzina, aber alles wartete auf ein erneutes Aufeinandertreffen mit dem schlagstarken Hans Stretz. Im Jahre 1952 kam es sogar zu zwei Begegnungen der ewigen Rivalen, beide endeten aber irregulär und schienen das Ende der Karriere des Boxers Peter Müller zu bedeuten.

Am 26. April 1952 wurde er von Ringrichter Max Pippow in der 3. Runde disqualifiziert, weil er auf Stretz weiter einschlug, als der zu Boden ging. Beobachter waren allerdings der Meinung, daß Pippow nicht konsequent genug reagiert hatte, als der Niederschlag erfolgte. Auf jeden Fall war Müller seinen Meistertitel wieder an Stretz los. Schon am 7. Juni kam es in Köln zur Revanche. Lokalmatador Peter Müller lockte

DAS ORIGINAL IM BOXRING HOLT FUENFMAL TITEL

12 000 Zuschauer ins Eisstadion und bot ihnen einen in deutschen Boxringen noch nie und nie wieder erlebten Skandal. Bei seinen ständigen ungestümen Angriffen auf Stretz wurde er von Ringrichter Max Pippow, den man unverständlicherweise wieder mit der Leitung des Kampfes beauftragt hatte, mehrfach unterbrochen. In der 8. Runde gingen dem Kölner nach einem erneuten Trennkommando Pippows die Nerven durch – und er streckte Pippow mit einer klassischen Rechten zu Boden. Danach lief er förmlich Amok und drosch auch auf Hans Stretz und Manager Fritz Gretzschel ein. Die Menge hatte ihre Sensation und feierte den Boxer wie einen großen Sieger.

Das Kampfgericht disqualifizierte ihn natürlich, und der Boxverband sprach anschließend eine lebenslange Sperre aus. Müller aber kämpfte weiter – nur nach anderen Regeln. Kahlköpfig sah man ihn in der Folgezeit bei den Catchern für Stimmung sorgen. Doch schon 1953 kehrte er in den Boxring zurück. Zunächst bedingt, dann endgültig begnadigt, setzte er seine Karriere fort. Während zweier Amerika-Tourneen 1954 und 1955 schlug er sich mit den besten Mittelgewichtlern außer Weltmeister Sugar Ray Robinson herum und unterlag den späteren Titelträgern Gene Fullmer und Carmen Basilio in jeweils 10-Runden-Kämpfen nur nach Punkten. Im Jahr darauf holte er sich seine dritte Mittelgewichts-Meisterschaft, ein Kunststück, das keinem anderen deutschen Berufsboxer gelungen war. Am 30. November 1956 schlug er Günther Haase in Berlin über 12 Runden nach Punkten und behielt den Titel, bis Gustav Scholz seinen Weg kreuzte.

Der neue Stern am deutschen Boxhimmel schlug ihn am 29. Juni 1957 in Berlin in der 3. und am 14. November 1959 ebenfalls in Berlin – dabei ging es auch um den Europatitel – schon in der 1. Runde entscheidend. Aber der Evergreen aus Köln war noch längst nicht am Ende. Er schien mit fortschreitendem Alter im Gegenteil immer besser zu werden. Als Gustav Scholz sich auf den WM-Kampf mit Johnson vorbereitete, griff »De Aap« mit inzwischen 35 Jahren erneut nach dem Mittelgewichtstitel. Und der Kölner schaffte es tatsächlich ein viertes Mal. Am 1. Juni 1962 besiegte er Hans-Werner Wohlers in Köln durch technischen K. o. in der 5. Runde und wurde begeistert gefeiert. In der Revanche gab es dann einen regulären K.-o.-Sieg für den Kölner, der danach höhere Ziele ansteuerte.

Er wollte auf seine alten Tage auch noch Europameister werden und forderte den Titelverteidiger Laszlo Papp heraus. Der dreifache Olympiasieger (→ Sommerspiele) aus Ungarn kam Müllers Forderung nach, schließlich hatte er ihn bereits zweimal in Nichttitelkämpfen besiegt.

Und auch der dritte Anlauf endete für PM, wie er auch genannt wurde, mit einem Desaster, denn der Ungar schlug ihn am 30. März 1963 in Dortmund in der 4. Runde entscheidend. Danach sah es so aus, als hätte der Ringveteran aus Köln vom Boxen endgültig genug, denn er legte den deutschen Meistertitel nieder und deutete seinen Rücktritt an.

Doch schon im folgenden Jahr feierte er einen glanzvollen Rekord. Er kehrte noch einmal in den Ring zurück und holte sich zum fünften Mal die Deutsche Meisterschaft im Mittelgewicht, und zwar durch einen K.-o.-Sieg in der 5. Runde gegen den Hamburger Heini Meinhardt. Der Lokalmatador konnte den Vorteil der vertrauten Umgebung am 10. April 1964 in Hamburg nicht nutzen und unterlag dem deutschen Box-Methusalem überraschend deutlich. Danach vollzog der einen Schritt, den nur der Kölner Gemütsmensch Peter Müller machen konnte. Nur eine Woche nach dem Sieg in Hamburg legte er den Titel wieder nieder, damit sein inzwischen nach oben gekommener Landsmann Jupp Elze darum kämpfen konnte. Der rechtfertigte auch das Vertrauen seines Vorbilds und wurde schon am 29. Mai dieses Jahres durch einen Sieg gegen Manfred Hass (Misburg) sein Nachfolger.

Der »Pitter« aber fühlte sich mit 38 Jahren noch einmal berufen, um Europas Meisterkrone zu boxen. Die Umordnung der Gewichtsklassen gab ihm die Gelegenheit, gegen den Titelträger im Super-Weltergewicht, den Italiener Bruno Visintin, anzutreten. Schauplatz war am 16. Oktober 1965 die Dortmunder Westfalenhalle, wo 10 000 Zuschauer einen der vorerst letzten großen Höhepunkte dieser Boxarena erlebten. Peter Müller lieferte seinem viel jüngeren Gegner ein mehr als ebenbürtiges Gefecht. Das Urteil »Punktsieg für Visintin« sprach seinen großartigen Leistungen Hohn, ließ sich aber nicht umstoßen. Für die meisten Beobachter am Ring hatte er den Kampf knapp gewonnen.

Danach hätte ihm ein Abschied vom Ring gut zu Gesicht gestanden, aber er ließ sich von seinem Manager Jupp Thelen noch zu einem Kölner Lokalduell um den deutschen Titel im Mittelgewicht überreden, das am 2. September 1966 über die Bühne ging. Da unterlag er seinem Nachfolger Jupp Elze, der 1968 wenige Tage nach einem verlorenen EM-Kampf gegen den Italiener Carlos Duran seinen Kopfverletzungen am 20. Juni erlag, in der 2. Runde durch K. o. und trat endgültig von der Boxbühne ab.

Kein anderer deutscher Boxer hat so oft im Ring gestanden wie er. Von 176 Kämpfen konnte PM 132 gewinnen, davon siebzig durch K. o., vierzehn endeten unentschieden, vier ohne Entscheidung.

»De Aap« schlug sich im Ring mit den ganz Großen

Kölns Box-Idol Peter Müller stellte sich in den USA den härtesten Brocken und lieferte ihnen – wie hier Gene Fullmer (rechts) – begeisternde Kämpfe, die er leider nicht immer siegreich beenden konnte.

Deutschlands zweiter Weltmeister: Eckhard Dagge

Ein Jahrzehnt nach dem Rücktritt Peter Müllers erklomm ein anderer Mittelgewichtler die höchste Sprosse der Erfolgsleiter im Boxsport und wurde als zweiter Deutscher nach Max Schmeling Boxweltmeister. Eckhard Dagge erreichte jedoch bei weitem nicht die Popularität seiner Vorgänger.

Daran trugen aber weniger der Fighter als vielmehr die Zeitumstände Schuld. Der Boxsport näherte sich in Deutschland seinem vorläufigen Tiefpunkt und hatte viel von seiner früheren Anziehungskraft verloren. Die Namen der großen Kämpfer waren schon Legende, hinzu kam eine wahre Inflation von WM-Titeln durch neue Gewichtsklassen und die Uneinigkeit der konkurrierenden Boxverbände WBC und WBA. Ein Champion hatte auch in den Medien viel weniger Stellenwert.

Dem am 27. Februar 1948 in Berlin geborenen gelernten Kaufmann Eckhard Dagge fehlte vor allem jene Ausstrahlung, die andere deutsche Boxidole auf die Zuschauer ausübten. Er legte im Ring ein gewisses Phlegma nie ab, boxte äußerst rationell und konnte nicht »explodieren«, obwohl sein Kampfrekord eine Reihe K.-o.-Siege enthält.

Nach achtzig Amateurkämpfen wurde er 1973 Profi und legte gleich im ersten Jahr eine beachtliche Serie hin. Nachdem er 1974 drei US-Boxer im heimischen Berliner Ring geschlagen hatte, erhielt er in seinem vierzehnten Profikampf schon die Chance zu einem Titelfight. Der lockte am 3. September des gleichen Jahres immerhin 10 200 zahlende Zuschauer in die Deutschlandhalle, wo Dagge gegen den amtierenden Europameister José Duran (Spanien) aber klar den kürzeren zog. Schon nach knapp 2 Runden war der Kampf durch K. o. beendet.

Ein dreiviertel Jahr später sahen die Besucher am gleichen Ort einen ganz neuen Eckhard Dagge. Diesmal schickte er José Duran in der 9. Runde auf die Bretter und konnte sich an diesem 24. Juni 1975 den Gürtel des Europameisters umlegen lassen. Er verteidigte seinen Titel im Herbst gegen den Österreicher Franz Csandl in Wien durch K. o. in der 7. Runde und sah sich nach höheren Aufgaben um. Zuvor stand aber eine weitere Titelverteidigung auf dem Programm. Am 16. Januar 1976 ging es wieder in Berlin gegen den Italiener Vito Antuofermo, und diesmal hatte Dagge nicht die richtigen Handschuhe an. Nach einer insgesamt enttäuschenden Leistung verlor er seinen EM-Titel an den Italiener.

Aber sein Manager Willy Zeller hatte die Fäden für einen Weltmeisterschaftskampf auf deutschem Boden schon gesponnen. Der Titelträger im Junior-Mittelgewicht nach WBC-Version, Elisha Obed von den Bahamas, war bereit, seinen Titel in Berlin zu verteidigen. Für den Manager endete das Unternehmen mit einer Pleite: Nur 6000 Zuschauer wollten den Kampf am 18. Juni 1976 in Berlin sehen, für Eckhard Dagge aber brachte er einen unerwarteten Triumph: Er wurde Weltmeister im Junior-Mittelgewicht durch einen Aufgabesieg in der 10. Runde. Bis dahin hatte Obed nach Punkten in Führung gelegen, war dann aber am Ende seiner Kräfte und gab völlig demoralisiert auf. Ärztliche Untersuchungen bestätigten, daß er wegen totaler Erschöpfung einen Kreislaufabfall erlitten hatte. Der 183 Zentimeter große Dagge hatte viele Körpertreffer landen können, die den erfahrenen Farbigen (45 von 65 Siegen durch K. o. errungen) völlig unterminierten.

Daß er ein würdiger Weltmeister war, bewies der Berliner bei seiner ersten Titelverteidigung gegen den Amerikaner Emile Griffith. Er besiegte den Weltklassemann aus den Staaten am 18. September 1976 in Berlin nach Punkten und kassierte trotz der nur 8000 zahlenden Zuschauer auch eine beachtliche Börse. Im folgenden Jahr gab es zunächst eine glückliche Titelverteidigung gegen den Engländer Maurice Hope – man trennte sich am 15. März in Berlin unentschieden –, dann sollte das große Geldverdienen beginnen. Für seinen nächsten Kampf kassierte Dagge mit 200 000 DM die höchste Börse seiner Laufbahn – es war aber auch die vorerst letzte. Denn in seinem 25. Profikampf ging der Weltmeister am 6. August 1977 erstmals klassisch k. o. und wurde in der 5. Runde ausgezählt. Vor 10 000 Zuschauern in Berlin war er das 36. K.-o.-Opfer des Herausforderers Rocco Mattioli geworden. Der Italo-Australier feierte im 53. Kampf seinen 48. Sieg und wurde neuer Weltmeister im Junior-Mittelgewicht.

Obwohl der 29jährige Dagge danach nicht ans Aufhören dachte, trat er im Mai 1978 doch vom Boxsport zurück, riskierte aber genau 1014 Tage danach am 12. Februar 1981 ein Comeback. Beim Sieg gegen den Österreicher Esperno Postl erlitt er jedoch eine schwere Augenbrauenverletzung. Auch der zweite Kampf nach dem Rücktritt brachte ihm einen neuerlichen gesundheitlichen Rückschlag. Beim Punktsieg gegen den farbigen Engländer George Walker am 11. April in Kiel erlitt er durch einen Kopfstoß des Gegners eine klaffende Rißwunde am Kopf, die im Krankenhaus genäht werden mußte. Eine Niederlage durch technischen K.o. gegen Brian Anderson (England) am 7. November 1981 in Kiel beendete dann seine Comebackversuche. Es war die fünfte im 32. Profikampf.

Der Weltmeister, der die Hallen nur zum Teil füllte

Die Karriere des Eckhard Dagge (links) kennzeichnete bereits die gespaltene Boxszene. Der Teil-Weltmeister war auch beim Publikum nur noch zum Teil ein willkommener Kämpfer.

MS
50
MARTINI

MOTOR SPORT

Männer, Marken und Motoren: Der Rausch der Geschwindigkeit

Der materialfressende Nürburgring fordert seine Opfer. Völlig zermürbt gibt Prinz Leiningen auf, Fagioli verliert aus unerfindlichen Gründen an Tempo und bleibt in der vorletzten Runde auf der Strecke. Im Bruderkampf Mercedes gegen Auto Union gibt es keine Statisten mehr, existieren keine Nebenspieler. Er ist zum reinen Zweikampf von Brauchitsch gegen Stuck geworden, zu einem ganz privaten innerdeutschen Kräftemessen.
Von Brauchitsch geht mit 2 min. 35 sec. Vorsprung vor Stuck in die letzte Runde. Auch Hans Stuck mit seinem großen Kämpferherzen kann an dem Sieg seines Widersachers nicht mehr rütteln. Er akzeptiert seinen zweiten Platz, und er steht Minuten später inmitten der Mercedes-Familie, um dem Sieger anerkennend auf die Schulter zu klopfen.

Thora Hornung: Bremsen – Schalten – Gas.
Die Nürburgring-Story

Von 90 zu 800 Pferdestärken

78 Jahre Grand-Prix-Rennsport

Das erste Autorennen der Welt fand am 28. Juli 1894 in Frankreich statt, und zwar von Paris nach Rouen. Damit war der Modus für die nächsten Jahre vorgezeichnet, denn Rennen gingen normalerweise auf öffentlichen Straßen und Wegen von einer Stadt zur anderen. Das Ende dieser Ära kam 1903, als beim Rennen von Paris nach Madrid nach mehreren Unfällen die Veranstaltung in Bordeaux abgebrochen werden mußte.

Der Trend ging jetzt vermehrt zu Rundstrecken-Rennen auf gesperrten Straßen; berühmteste Veranstaltungen waren die Gordon-Bennet-Rennen, benannt nach einem amerikanischen Zeitungsverleger.
Es handelte sich um Länderkämpfe, zu denen jedes Land eine bestimmte Anzahl von Autos melden durfte. Deutschland siegte 1903 in Irland mit dem Mercedes von Camille Jenatzy und durfte deshalb 1904 die Veranstaltung im eigenen Land ausrichten.
Gewählt wurde eine Strecke im Taunus. Jenatzy auf Mercedes belegte Rang zwei hinter Leon Thery auf Richard-Brasier, womit 1905 die Franzosen das wichtigste Rennen des Jahres veranstalten durften. 1905 gewann wieder Leon Thery auf Richard-Brasier.
Damit war aber auch schon die Zeit der Gordon-Bennet-Rennen vorbei, denn die Franzosen hatten sich für 1906 etwas ganz Neues ausgedacht: Sie wollten einen Grand Prix veranstalten, den ersten in der Geschichte des Automobil-Rennsports. Er wurde 1906 auf einem Rundkurs bei Le Mans ausgefahren und von dem Renault-Fahrer Ferencz Szisz aus Ungarn gewonnen.
Dieses Rennen war der Beginn des Rennsports, wie wir ihn noch heute kennen: Rennen auf abgesperrten Rundkursen unter der Bezeichnung Grand Prix (Großer Preis). Die Rennwagen mußten einem vorgegebenen technischen Reglement entsprechen, das manchmal nur ein Jahr, manchmal aber auch vier oder fünf Jahre galt.
Der Grand Prix in Frankreich blieb bis zum Ersten Weltkrieg der einzige. Erst nach dem Krieg kamen andere Länder hinzu, so daß es ab Mitte der 20er Jahre eine »Saison« von Grand-Prix-Rennen gab.
Eine Meisterschaft für Fahrer wurde allerdings in der Grand-Prix-Klasse erst 1935 ausgeschrieben: die Europameisterschaft.
Dagegen hatte es in den Jahren 1925 bis 1927 eine Weltmeisterschaft für Hersteller gegeben. Die Sieger hießen Alfa Romeo (1925), Bugatti (1926) und Delage (1927). Alfa Romeo, Bugatti, Delage – das waren auch die Firmen, die in den 20er Jahren die Grand-Prix-Rennen beherrschten. Aber auch Mercedes-Benz kam zu Erfolgen.
Für das Jahr 1934 schrieb der internationale Verband eine neue Formel aus. Die Vorgabe für die Konstrukteure war knapp: 750 kg Höchstgewicht. Die Formel galt von 1934 bis 1937, und in dieser Zeit waren zwei deutsche Firmen auf den Rennstrecken tonangebend: Auto Union und Mercedes-Benz.
1934 war Hans Stuck (→ Porträt) auf Auto Union der erfolgreichste Fahrer, 1935 wurde Rudolf Caracciola (→ Porträt) auf Mercedes-Benz Europameister, 1936 holte sich Bernd Rosemeyer (→ Porträt) auf Auto Union den Titel, und 1937 war es wieder Rudolf Caracciola.
Auch als die Formel 1938 geändert wurde (3000 ccm Maximal-Hubraum mit Kompressor und 4500 ccm Maximal-Hubraum ohne Kompressor lauteten jetzt die wichtigsten Kriterien), blieben die beiden deutschen Firmen bis zum Ausbruch des Zweiten Weltkrieges dominierend: 1938 gewann Rudolf Caracciola auf Mercedes-Benz zum dritten Mal den EM-Titel, 1939 war es Hermann Lang auf Mercedes-Benz.
Die Jahre von 1934 bis 1939 waren die Jahre der »Silberpfeile«,

Die Epoche der großen Straßenrennen
kam 1903 zu einem abrupten Ende, als es bei Paris–Madrid mehrere Unfälle gab. In Bordeaux erfuhr Louis Renault vom Tod seines Bruders Marcel (unten rechts). Es begann die Gordon-Bennet-Ära.

Kaiserpreis 1907: Jörns (Opel)

Bahnrennen 1902: Die Rennwagen sind hochbeinig.

Gordon-Bennet-Rennen 1903: Sieger Camille Jenatzy

Todesnachricht für Louis Renault

wie die deutschen Rennautos genannt wurden. Grund: Laut internationalem Reglement hatten deutsche Rennwagen die Farbe Weiß zu tragen (für die Italiener galt zum Beispiel Rot, für die Franzosen Blau). Es sollte bis 1954 dauern, ehe wieder weiße Rennwagen in den Grand-Prix-Rennen am Start stehen würden.
Das Ende des Zweiten Weltkrieges lag noch nicht einmal ein halbes Jahr zurück, da dröhnten schon wieder die Motoren. Bereits am 9. September 1945 fand im Bois de Boulogne in Paris das erste internationale Rennen statt, bei dem ausschließlich Vorkriegsmodelle an den Start gingen. Es siegte der Franzose Jean-Pierre Wimille auf Bugatti.
Und schon 1946 wurde wieder ein Europameister gekürt: Raymond Sommer aus Frankreich auf Maserati hieß der Titelträger. Er war gleichzeitig auch der letzte in einer Reihe, die 1935 mit Rudolf Caracciola begonnen hatte. Zwar gab es 1947 wieder eine »volle« Grand-Prix-Saison, aber ein Fahrer-Titel wurde nicht mehr ausgefahren. Alfa Romeo mit dem Typ 158 (1,5 Liter mit Kompressor) dominierte bis 1948 im Renngeschehen. 1949 legte das Werk eine schöpferische Pause ein. Das gab Ferrari die Möglichkeit, mit dem neuen Star Alberto Ascari die ersten Grand-Prix-Siege zu erringen.

Grand-Prix-Rennen – seit dem Ersten Weltkrieg
die Höhepunkte im internationalen Automobilsport. In ihnen starteten die besten Fahrer der Welt auf den besten Werks-Rennwagen – wie Alfa Romeo oder Mercedes-Benz.

Die neue Ära

1950 begann dann die Ära der Fahrer-Weltmeisterschaft, und zwar in der Form, die auch heute noch gültig ist. Der Weltverband schrieb diese WM für Rennwagen mit maximal 4500 ccm Hubraum ohne Kompressor oder 1500 ccm mit Kompressor aus.
Alfa Romeo vertraute nach wie vor auf die Vorkriegs-Entwicklung 158 mit 1500 ccm und Kompressor, während Ferrari auf den Sauger setzte. 1950 und 1951 ging der prestigeträchtigste Titel im Autorennsport an Alfa: Giuseppe Farina (Italien) hieß der Titelträger 1950; ein Jahr später war es der Argentinier Juan Manuel Fangio (→ Porträt), der für Alfa die WM holte. Allerdings hatte die Saison 1951 gezeigt, daß Alfa Romeo nicht mehr unangefochten das Grand-Prix-Geschehen beherrschte. Ferrari mit dem 4,5 Liter stellte mit Ascari und Jose Froilan Gonzales (Argentinien) die Fahrer auf den Ehrenplätzen. Alfa zog die Konsequenz: Der 158 war am Ende seiner Entwicklung angelangt. Es war abzusehen, daß der jetzt fünfzehn Jahre alte 1,5-Liter-Kompressor-Motor auf Dauer nicht gegen die 4,5-Liter-Sauger-Aggregate ankommen würde. Deshalb zog sich die bis dahin erfolgreichste Marke aus dem Grand-Prix-Sport zurück. Erst 1979 kehrte sie wieder ...
Da außer Ferrari aber nur die englische Firma BRM zu diesem Zeitpunkt über einen Formel-1-Renner verfügte, schrieb der Weltverband die Weltmeisterschaften 1952 sowie 1953 für Formel-2-Rennwagen aus, um größere Startfelder anzulocken. Gleichzeitig wurde für das Jahr 1954 eine neue Formel 1 festgelegt: maximal 2500 ccm Hubraum für Wagen ohne Kompressor, 750 ccm für Autos mit Kompressor lauteten die wichtigsten Vorschriften.
Die Jahre 1952 und 1953 waren also eine Übergangsphase, die Ferrari mit Alberto Ascari in beiden Jahren den WM-Titel brachte. Wie überlegen Ferrari und Ascari in diesen beiden Jahren agierten, geht allein aus der Tatsache hervor, daß Ferrari von den insgesamt fünfzehn Rennen (die 500 Meilen von Indianapolis in den USA sind hier nicht berücksichtigt, weil sie nach einer anderen Formel ausgefahren wurden) nicht weniger als vierzehn (!) gewann. Davon fuhr Ascari elfmal als Sieger durchs Ziel, neunmal gewann er sogar hintereinander. Überlegener war vorher und auch nachher nie mehr ein Fahrer im internationalen Grand-Prix-Sport. Auch keine Firma kann auf eine solch imponierende Serie verweisen.

Rennwagen und -fahrer 1926: Alfa P 2 und Giuseppe Campari

Alfa P 3, Louis Chiron (hinten)

Hermann Lang (Mercedes)

Hermann Lang auf der Avus in Berlin

Das Duell Fangio–Moss

1954 begann mit der 2,5-Liter-Formel-1 eine neue Epoche. Vorkriegs-Entwicklungen waren endgültig out. Und mit Daimler-Benz beteiligte sich erstmals seit 1939 wieder eine deutsche Firma am Grand-Prix-Sport. Der neue Mercedes W 196 wurde allerdings zum Saisonauftakt nicht fertig, sondern konnte erst beim Großen Preis von Frankreich in Reims ins Geschehen eingreifen. Deshalb war dem Werksfahrer Juan Manuel Fangio erlaubt worden, die ersten beiden Wertungsläufe in Argentinien und Belgien auf Maserati zu bestreiten. Fangio gewann beide ...
Dieser 4. Juli 1954, an dem Mercedes wieder ins Grand-Prix-Geschehen eingriff, zählt wohl zu den bedeutendsten Tagen in der deutschen Sportgeschichte. Denn just an diesem Tag wurden im Wankdorf-Stadion zu Bern die deutschen Fußballer durch ein 3:2 gegen die favorisierten Ungarn Weltmeister.

Auch das Nachkriegs-Debüt der Mercedes-Rennwagen war erfolgreich: Fangio gewann bei der Jungfernfahrt nach 500 Kilometern vor seinem Teamkollegen Karl Kling. Am Ende der Saison war Fangio Weltmeister, und Mercedes konnte vier der sechs WM-Läufe, an denen sich das Werk beteiligt hatte, für sich entscheiden.
1955 hieß der Weltmeister ebenfalls Juan Manuel Fangio auf Mercedes. Vizeweltmeister wurde der Engländer Stirling Moss (→ Porträt), ebenfalls auf Mercedes.
Aber über dem Jahr 1955 lag der Schatten des Unglücks von Le Mans. Die 84 toten Zuschauer führten zu Absagen von vier der geplanten zehn WM-Läufe. Lancia zog sich mitten in der Saison – noch vor Le Mans – aus der Formel 1 zurück, weil ihr Starfahrer Alberto Ascari bei einem Trainingsunfall tödlich verunglückt war.
Mercedes fuhr zwar nach Le Mans die Saison zu Ende, gab aber dann den Abschied vom Motorsport bekannt. Zu diesem Zeitpunkt hatte das renommierte Stuttgarter Werk neben der Formel-1-WM auch die Sportwagen-Weltmeisterschaft (zu der das 24-Stunden-Rennen von Le Mans gezählt hatte) und die Rallye-Europameisterschaft gewonnen.
Bis 1957 dominierten dann in der 2,5-Liter-Formel-1 die italienischen Firmen Ferrari und Maserati. Fangio holte sich 1956 auf Ferrari und 1957 auf Maserati seine WM-Titel Nummer vier und fünf – ein Rekord, der bis heute von keinem anderen Fahrer erreicht werden konnte.
Das Ende der Saison 1957 bedeutete auch das Ende des Engagements von Maserati, und auch Fangio deutete seinen Rückzug aus dem Rennsport an. Zwar ging er noch bei einigen Rennen im Jahre 1958 an den Start (seinen endgültig letzten Grand Prix fuhr er am 6. Juli in Reims), doch viele Beobachter hatten den Eindruck, daß er nur noch zum Privatvergnügen seine Runden drehte. Letztendlich stand er nicht mehr für eine volle Saison und damit für eine Titelverteidigung zur Verfügung.
1958 gewann zwar Ferrari mit Mike Hawthorn (England) den Titel bei den Fahrern, aber es deutete sich ein Umschwung im Grand-Prix-Sport an. Erstmals gewannen die Engländer auf breiter Front: So holte sich Vanwall den Konstrukteurs-Titel, und englische Rennwagen gewannen acht der zehn (!) Rennen. Stirling Moss belegte zum vierten Mal hintereinander den undankbaren zweiten Platz in der Endabrechnung.

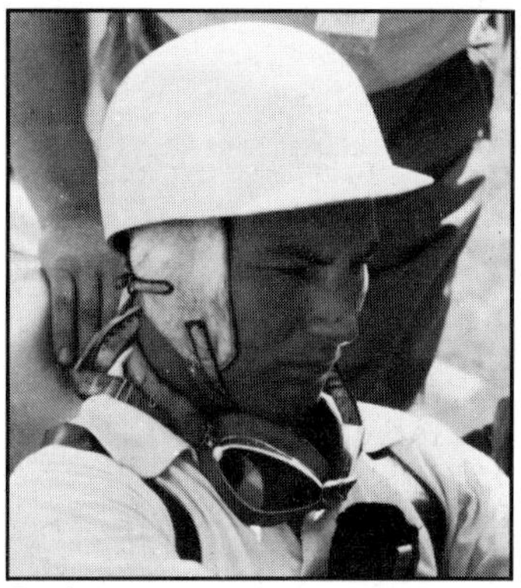

Stirling Moss

Juan Manuel Fangio

Berghe von Trips jäh gestoppt

Die beiden letzten Jahre der 2,5-Liter-Formel bestätigten dann nachhaltig die Wachablösung: Englische Rennwagen dominierten. Jack Brabham (→ Porträt) aus Australien auf Cooper-Climax wurde 1959 und 1960 Weltmeister. Ferrari war in die Defensive gedrängt.
Doch seit 1957 hatte sich ein deutscher Fahrer einen Namen bei der italienischen Nobelmarke gemacht: Wolfgang Graf Berghe von Trips. Er schaffte es, als erster deutscher Fahrer nach dem Zweiten Weltkrieg zur absoluten Spitzenklasse aufzusteigen. Zwar hatten Hans Herrmann aus Stuttgart und Karl Kling (ebenfalls Stuttgart) in den Mercedes-Jahren 1954/55 regelmäßig Formel-1-Rennen gefahren und auch gelegentlich Plazierungen unter den ersten Drei erreicht, aber das letzte Quentchen zum absoluten Weltklassepiloten fehlte beiden.
1961 trat ein neues Formel-1-Reglement in Kraft. 1500 ccm Hubraum und ein Mindestgewicht von 450 Kilogramm – das waren die wichtigsten Kriterien für die Konstrukteure. Es handelte sich praktisch um eine Aufwertung der seit 1957 gültigen Formel 2. Da Porsche in dieser Formel 2 sehr erfolgreich war, wagten die Zuffenhausener auch den Sprung in die Formel 1.
Porsche und Graf Berghe von Trips bei Ferrari – das steigerte das Interesse in Deutschland enorm. Trips lag vor dem vorletzten Punktelauf in Monza an der Spitze der WM-Wertung. Nur er oder sein amerikanischer Teamgefährte Phil Hill hatten noch Chancen auf den WM-Titel.
In der zweiten Runde nach dem Start war Graf Berghe von Trips tot – und mit ihm vierzehn Zuschauer. Bei einem Überholmanöver touchierte sein Ferrari den Lotus des Schotten Jim Clark (→ Porträt). Phil Hill gewann das Rennen. Erst bei der Siegerehrung erfuhr er, was passiert war. Er, ein enger Freund von Graf Trips, stammelte nur noch: »Ich wollte den Titel, aber nicht um diesen Preis.« Dann brach er zusammen.

Überlegen wie nie zuvor, so verlief die Saison

1955 für Mercedes-Benz. Die Firma aus Stuttgart gewann die Formel-1-WM, die Sportwagen-WM und die Rallye-EM. Auch beim GP der Niederlande (links) gab es einen Doppelsieg für Fangio (vorn) und Moss.

Jim Clark und Jack Brabham dominieren

Die Jahre bis 1965, dem Ende der 1,5-Liter-Formel-1, waren die Jahre des Jim Clark, wenn auch 1962 mit dem Engländer Graham Hill auf BRM und 1964 mit John Surtees (ebenfalls England) auf Ferrari andere Fahrer als Clark Weltmeister wurden. Aber der Lotus-Pilot konnte von 1962 bis 1965 genau neunzehn WM-Siege in 39 Rennen mit seinem Lotus-Climax gewinnen.

Die Kombination Clark/Lotus (Konstrukteur Colin Chapman) setzte Anfang 1962 eine Revolution im Autorennsport in Gang. Anstelle des bis dahin gängigen Rohrrahmens kreierte Chapman die sogenannte Monocoque-Bauweise, das heißt, die Fahrerzelle bestand aus einem Stück.

Clark und Lotus allerdings hatten dann 1966 schlechte Karten. Das Reglement war geändert worden: 3000 ccm Maximal-Hubraum ohne Aufladung oder 1500 ccm mit Aufladung – so lautete die Aufgabenstellung für die Konstrukteure. Diese Formel ist im Prinzip bis heute gültig, wenn auch im Laufe der Jahre Änderungen eintraten, die zum Beispiel das Mindestgewicht oder die Anzahl der Zylinder betrafen.

Lotus und Clark scheiterten 1966 an der Motoren-Frage. Lotus verfügte über keinen konkurrenzfähigen Drei-Liter-Motor. Clark siegte nur einmal, Weltmeister wurde – zum dritten Mal nach 1959 und 1960 – der Australier Jack Brabham, diesmal auf einem Auto eigener Konstruktion, dem Brabham mit dem australischen Repco-Motor.

Brabham gewann auch 1967 den Titel, allerdings mit Denis Hulme aus Neuseeland als Fahrer. In diesem Jahr wurden jedoch die Weichen für die nächsten fünfzehn Jahre im Grand-Prix-Sport gestellt. Ford gab der englischen Firma Cosworth den Auftrag zum Bau eines Grand-Prix-Motors. Dieser Motor – bis heute mit 155 Siegen der erfolgreichste überhaupt – stand 1967 Lotus exklusiv zur Verfügung. Clark steuerte ihn zu vier Siegen, konnte aber wegen vieler Ausfälle den WM-Titel nicht gewinnen.

Ohne den Ford-Motor geht nichts mehr

1968 begann jedoch für den Ford-Cosworth-Motor eine einzigartige Siegesserie: Bis 1982 konnten sich jene Fahrer, deren Fahrzeuge mit ebendiesem Motor angetrieben wurden, zwölfmal als Weltmeister feiern. Es siegten: Graham Hill (→ Porträt) aus England 1968 im Lotus, der Schotte Jackie Stewart (→ Porträt) 1969 im Matra sowie 1971 und 1973 im Tyrrell, Jochen Rindt aus Österreich 1970 im Lotus, der Brasilianer Emerson Fittipaldi 1972 im Lotus und 1974 im McLaren, James Hunt aus England 1976 im McLaren, der Amerikaner Mario Andretti 1978 im Lotus, Alan Jones aus Australien 1980 im Williams, der Brasilianer Nelson Piquet (→ Porträt) 1981 im Brabham und Keke Rosberg aus Finnland 1982 im Williams.

Nur in den Jahren 1975, 1977 (Niki Lauda [→ Porträt] aus Österreich) und 1979 (Jody Scheckter aus Südafrika) konnte diese stolze Serie durch Ferrari-Piloten unterbrochen werden.

Jim Clark, der den Ford-Formel-1-Motor 1967 im holländischen Zandvoort bei der Jungfernfahrt zum Sieg gefahren hatte, konnte zu der Erfolgs-Serie nichts mehr beitragen: 1968 verunglückte er im April bei einem Formel-2-Rennen in Hockenheim tödlich.

Ein anderer Lotus-Fahrer, der mit einer österreichischen Lizenz fahrende Mainzer Jochen Rindt, gewann zwar im Jahre 1970 den Titel, profitieren konnte er davon nicht mehr: Beim Training zum Großen Preis von Italien verunglückte er in Monza tödlich. Ironie des Schicksals: Keiner seiner Konkurrenten übertraf die von Rindt vorher erreichte Punktzahl.

Die Turbos etablieren sich

Die Drei-Liter-Formel brachte aber nicht nur den in der Grand-Prix-Geschichte wohl einmaligen Ford-Motor hervor, sie konnte auch mit weiteren Innovationen aufwarten: Da waren zum einen die Flügel, die mehr Anpreßdruck und damit höhere Kurvengeschwindigkeiten herbeiführten (zum ersten Mal 1968 von Brabham und Ferrari verwendet), da war zum zweiten der Einsatz von 1,5-Liter-Turbo-Motoren (Renault im Jahre 1977), und da war zum dritten der Einsatz von sogenannten Wing-Cars (Flügelau-

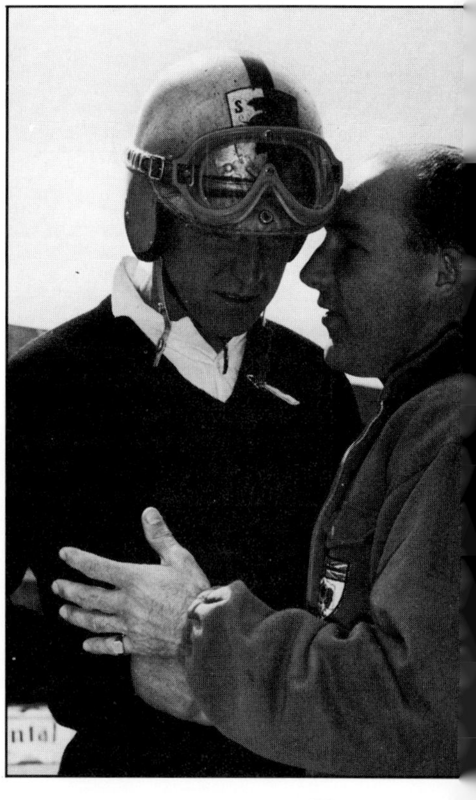

Ein tragisches Ende nahm die Jagd
nach dem WM-Titel für Graf Trips 1961 in Monza. Nach einer Kollision wurden er und vierzehn Zuschauer tödlich verletzt. Der Graf (ganz rechts im Gespräch mit Moss) führte vor diesem Rennen in der WM.

Sieger Großer Preis von Frankreich für Automobile

Jahr	Ort	Fahrer	Fabrikat	km/h
1906	Le Mans	Ferencz Szisz (H)	Renault	101,195
1907	Dieppe	Felice Nazzaro (I)	F.I.A.T.	112,680
1908	Dieppe	Christian Lautenschlager (D)	Mercedes-Benz	111,096
1911	Le Mans	Victor Hemery (F)	F.I.A.T.	91,246
1912	Dieppe	Georges Boillot (F)	Peugeot	110,232
1913	Amiens	Georges Boillot (F)	Peugeot	115,308
1914	Lyon	Christian Lautenschlager (D)	Mercedes-Benz	105,588
1921	Le Mans	Jim Murphy (USA)	Duesenberg	125,676
1922	Straßburg	Felice Nazzaro (I)	Fiat	127,277
1923	Tours	Henry Segrave (GB)	Sunbeam	121,277
1924	Lyon	Giuseppe Campari (I)	Alfa Romeo	114,208
1925	Monthlery	R. Benoist/A. Divo (F)	Delage	112,212
1926	Miramas	Jules Goux (F)	Bugatti	109,769
1927	Monthlery	Robert Benoist (F)	Delage	126,012
1928	St. Gaudens	William Grover (GB)	Bugatti	136,568
1929	Le Mans	William Grover (GB)	Bugatti	133,029
1930	Pau	Philippe Etancelin (F)	Bugatti	145,247
1931	Monthlery	L. Chiron/A. Varzi (MC/I)	Bugatti	125,589
1932	Reims	Tazio Nuvolari (I)	Alfa Romeo	145,383
1933	Monthlery	Giuseppe Campari (I)	Maserati	131,143
1934	Monthlery	Louis Chiron (MC)	Alfa Romeo	136,881
1935	Monthlery	Rudolf Caracciola (D)	Mercedes-Benz	124,571
1936	Monthlery	J. P. Wimille/R. Sommer (F)	Bugatti	125,288
1937	Monthlery	Louis Chiron (MC)	Talbot	132,729
1938	Reims	Manfred v. Brauchitsch (D)	Mercedes-Benz	162,756
1939	Reims	H. P. Müller (D)	Auto Union	169,766
1947	Lyon	Louis Chiron (MC)	Talbot	125,666
1948	Reims	Jean-Pierre Wimille (F)	Alfa Romeo	165,699
1949	Reims	Louis Chiron (MC)	Talbot	160,868
1950	Reims	Juan Manuel Fangio (RA)	Alfa Romeo	168,722
1951	Reims	L. Fagioli/J. M. Fangio (I/RA)	Alfa Romeo	178,593
1952	Rouen	Alberto Ascari (I)	Ferrari	128,958
1953	Reims	Mike Hawthorn (GB)	Ferrari	182,888
1954	Reims	Juan Manuel Fangio (RA)	Mercedes-Benz	186,638
1956	Reims	Peter Collins (GB)	Ferrari	196,802
1957	Rouen	Juan Manuel Fangio (RA)	Maserati	160,960
1958	Reims	Mike Hawthorn (GB)	Ferrari	201,898
1959	Reims	Tony Brooks (GB)	Ferrari	205,079
1960	Reims	Jack Brabham (AUS)	Cooper-Climax	212,113
1961	Reims	Giancarlo Baghetti (I)	Ferrari	192,874
1962	Rouen	Dan Gurney (USA)	Porsche	163,982
1963	Reims	Jim Clark (GB)	Lotus-Climax	201,660
1964	Rouen	Dan Gurney (USA)	Brabham-Climax	175,042
1965	Clermont	Jim Clark (GB)	Lotus-Climax	143,580
1966	Reims	Jack Brabham (AUS)	Brabham-Repco	220,135
1967	Le Mans	Jack Brabham (AUS)	Brabham-Repco	159,166
1968	Rouen	Jacky Ickx (B)	Ferrari	161,662
1969	Clermont	Jackie Stewart (GB)	Matra-Ford	157,251
1970	Clermont	Jochen Rindt (A)	Lotus-Ford	158,390
1971	Castellet	Jackie Stewart (GB)	Tyrrell-Ford	179,780
1972	Clermont	Jackie Stewart (GB)	Tyrrell-Ford	163,453
1973	Castellet	Ronnie Peterson (S)	Lotus-Ford	185,263
1974	Dijon	Ronnie Peterson (S)	Lotus-Ford	192,721
1975	Castellet	Niki Lauda (A)	Ferrari	187,654
1976	Castellet	James Hunt (GB)	McLaren-Ford	186,243
1977	Dijon	Mario Andretti (USA)	Lotus-Ford	183,006
1978	Castellet	Mario Andretti (USA)	Lotus-Ford	190,404
1979	Dijon	Jean-Pierre Jabouille (F)	Renault	191,315
1980	Castellet	Alan Jones (AUS)	Williams-Ford	203,016
1981	Dijon	Alain Prost (F)	Renault	190,392
1982	Castellet	Rene Arnoux (F)	Renault	201,200
1983	Castellet	Alain Prost (F)	Renault	199,866

Der Große Preis von Frankreich wurde mit Ausnahme der Jahre 1928, 1936, 1937 (jeweils Rennen für Sportwagen), 1952 und 1953 (Formel 2) immer für Grand-Prix- bzw. Formel-1-Rennwagen ausgefahren. Seit 1950 zählt er zur Fahrer-Weltmeisterschaft.
Ausgefallen, weil nicht ausgeschrieben: 1909 und 1910; wegen des Ersten Weltkriegs: 1915 bis 1920; wegen des Zweiten Weltkriegs: 1940 bis 1946; wegen des Le-Mans-Unfalls: 1955.

tos) mit Schürzen, 1978 von Lotus zum ersten Mal eingesetzt.
Flügel und Turbo-Motoren gibt es noch heute, aber die Wing-Cars mit ihren Schürzen sind seit 1983 verboten. Diese Autos erzeugten ein Luftvakuum zwischen den Rädern, sie wurden also auf den Boden »gepreßt« und erlaubten somit enorm hohe Kurvengeschwindigkeiten.
Niki Lauda sah das folgendermaßen: »In so einem Auto bist du nur Passagier. Du kannst es nicht mehr beherrschen.«
Nicht zuletzt auf Initiative des Österreichers, der sich Ende 1979 abrupt aus der Formel-1-Szene verabschiedet hatte, um dann Anfang 1982 wieder einzusteigen, wurden die Wing-Cars aus dem Verkehr gezogen.
Turbo-Motoren – das zeigte die Saison 1983 – werden die Zukunft der Formel 1 prägen. Der Saugmotor à la Ford ist »out«. 1983 holte sich zum ersten Mal ein Fahrer mit einem Turbo-Aggregat den höchsten Titel im Motorsport, und zwar der Brasilianer Nelson Piquet, der auf seinem Brabham mit dem BMW-Turbo-Motor im letzten Lauf, im Großen Preis von Südafrika, den bis dahin führenden Renault-Turbo-Piloten Alain Prost noch abfangen konnte.
Der Erfolg für den BMW-Motor ist erstaunlich, denn die Bayern brauchten nur 630 Tage vom ersten Start bis zum WM-Titel, während ja Renault bereits seit 1977 mit einem Turbo in der Formel 1 dabei ist.
Und dieser 1500-ccm-Vierzylinder-Motor bringt – je nach Ladedruck – fast 800 PS auf die Rennpiste . . . dabei begann die Geschichte des Grand Prix vor 78 Jahren – im Jahre 1906 in Le Mans – mit einem Renault, dessen Vierzylinder-Motor 90 PS leistete – bei einem Hubraum von 13 Litern!

Wissenswertes über Grand Prix und Formel 1

Die Formel 1 ist im internationalen Automobil-Rennsport die wichtigste Kategorie, die weltweit bekannt ist und in der es seit 1950 um die Fahrer-Weltmeisterschaft geht.
Den Begriff Formel 1 gibt es seit dem Zweiten Weltkrieg, und zwar als Bezeichnung für die wichtigste Rennwagenklasse. In ihr starten – im Gegensatz zu Touren- oder Sportwagen – einsitzige Autos (Monopostos) mit freistehenden Rädern.
Im Laufe der Jahre änderte sich das technische Reglement für die Formel-1-Rennwagen mehrmals. 1983 zum Beispiel waren den Konstrukteuren unter anderem folgende Kriterien vorgegeben: Hubraum maximal 3000 ccm ohne Turbolader oder 1500 ccm mit Turbolader; maximal 12 Zylinder; Mindestgewicht 540 kg; Breite höchstens 215 mm, Länge höchstens 450 mm. Weitere Vorschriften betrafen die Höhe und Breite der aerodynamischen Hilfsmittel.
Außer der Formel 1 gibt es noch die international gültigen Formel 2 und 3, die sich auf leistungsschwächere Rennwagen beziehen. Da es vor dem Zweiten Weltkrieg die Begriffe Formel 2 und Formel 3 nicht gab, bestand auch keine Notwendigkeit, die wichtigsten Rennwagen in eine neue bestimmte Kategorie einzuordnen. Diese Autos hießen damals einfach Grand-Prix-Rennwagen, weil sie bei den wichtigsten Rennen, eben den Grand-Prix-Rennen, an den Start gingen.
Der Begriff Grand Prix (Großer Preis) wurde 1906 erstmals von den Franzosen für ihr wichtigstes Rennen verwendet. Im Laufe der Zeit entstanden neben dem »klassischen« Grand Prix in Frankreich weitere Länder-Grand-Prix, wie zum Beispiel in Italien (seit 1921) oder Belgien (seit 1925) oder Deutschland (seit 1926).
Heute werden allgemein die Formel-1-WM-Läufe als Grand Prix bezeichnet. Die Formel-1-Weltmeisterschaft wird, wie schon erwähnt, seit 1950 ausgefahren. Pro Jahr wird eine bestimmte Anzahl von Grand-Prix-Rennen für die Wertung herangezogen. Für jeden dieser Wertungsläufe werden Punkte vergeben.
In den Jahren 1950 bis 1959 lautete die Punktverteilung 8–6–4–3–2 für die Plätze eins bis fünf. Zusätzlich erhielt der Fahrer, der im Rennen die schnellste Runde gefahren hatte, einen Punkt. Bis 1957 wurden die jeweiligen Punkte anteilmäßig aufgeteilt, wenn zwei oder mehr Fahrer sich auf einem Auto abgewechselt hatten. Seit 1958 gibt es bei Fahrerwechsel während des Rennens keine Punkte mehr.
1960 dann fiel der Punkt für die

schnellste Runde weg. Dafür erhielt der sechstplazierte Fahrer einen Zähler. Seit 1961 gilt das heute noch bestehende System 9-6-4-3-2-1 für die Plätze eins bis sechs. Am Ende der Saison wird jeweils nur eine bestimmte Anzahl von Rennen gewertet. Dieser Schlüssel hat sich seit 1950 jedoch mehrmals geändert.
Geändert hat sich auch die vorgeschriebene Distanz der Rennen. So war zum Beispiel in den 50er Jahren eine Mindestdistanz von 500 km oder eine Mindestdauer von drei Stunden pro Wertungslauf vorgeschrieben. Heute gilt folgendes: Höchstdistanz 320 km oder eine Höchstzeitdauer von zwei Stunden.
Von 1950 bis 1983 wurden genau 377 Läufe zur Fahrer-Weltmeisterschaft ausgetragen. Offiziell müßte man noch elf Rennen dazurechnen – nämlich die 500-Meilen-Rennen von Indianapolis in den USA von 1950 bis 1960. Diese Rennen fanden jedoch stets nach einer anderen Formel als die übrigen WM-Läufe statt; außerdem beteiligten sich in diesen elf Jahren nur sehr selten die Fahrer, die ernsthaft um die WM kämpften, an diesem spektakulären Rennen in den Vereinigten Staaten.
An diesen 377 Rennen beteiligten sich – Trainingsfahrten eingeschlossen – bis Ende 1983 genau 530 Fahrer. Von ihnen errangen zwanzig den WM-Titel, weitere 63 gewannen mindestens einen Wertungslauf und weitere 117 wenigstens einen halben WM-Punkt.

Unbändiger Kampfgeist und Siegeswillen *in jedem Rennen zeichneten den kleinen Italiener Tazio Nuvolari aus, der mit seinem Alfa Romeo (unten) oft genug gegen PS-stärkere Konkurrenz antreten mußte und so manchen Sieg herausfuhr.*

Die großen Fahrer

Von Tazio Nuvolari bis Nelson Piquet

Ob auf dem Nürburgring, dem Dünenkurs von Zandvoort, ob auf dem Hockenheimring, dem gefährlichen Kurs von Monza oder auf den Straßen des Fürstentums Monaco – das Flair, das der Formel-1-Troß verbreitet, nimmt Jahr für Jahr Millionen von Autosportfans gefangen. Sie fühlen sich von den dröhnenden Motoren, den mehrere hundert PS starken Boliden und natürlich von den Männern, die mit den Gegnern, den Pferdestärken und nicht zuletzt mit sich selbst zu kämpfen haben, magisch angezogen.

Der »Teufel« aus Mantua: Tazio Nuvolari

Der kleine Italiener, geboren am 16. November 1892, war schon zu seinen Lebzeiten eine Legende. Sie nannten ihn »Il Diavolo« oder »Il Mantovano Volante«, also »den Teufel« oder »den fliegenden Mantuaner«. Immer mit einem gelben Pullover fahrend, galt er als der wohl spektakulärste Fahrer im Feld – und aufgeben, dieses Wort hat er wohl zeit seines Fahrerlebens nie in seinen Sprachschatz aufgenommen.
Von 1920 bis 1948 (da war er fast 56 Jahre alt) ist Nuvolari Rennen gefahren, bis 1926 sogar parallel Motorrad- und Autorennen.
Seinen größten Erfolg auf zwei Rädern feierte er wohl 1926 beim Sieg im Großen Preis der Nationen in Monza auf Moto-Bianchi.
Auf vier Rädern ist seine Erfolgsliste so lang, daß hier nur die wichtigsten Siege aufgezählt werden sollen: im Jahre 1928 der Große Preis von Tripolis, 1931, 1932 und 1938 GP Italien, 1932 GP Frankreich, 1932 GP Monaco, 1933 GP Belgien, 1935 GP Deutschland, 1938 GP England, 1939 GP Jugoslawien, 1930 und 1933 Tourist Trophy Großbritannien, 1930 und 1933 Mille Miglia, 1931 und 1932 Targa Florio, 1933 die 24 Stunden von Le Mans und 1936 den Vanderbilt Cup in den USA.
Nach dem Zweiten Weltkrieg gewann Nuvolari, der schon damals an einer Lungenkrankheit litt, keines der ganz wichtigen Rennen mehr, aber ein Sieg in Nizza 1946 und ein zweiter Platz bei der Mille Miglia 1947 waren für einen kranken, über fünfzig Jahre alten Mann durchaus Erfolge, die sich sehen lassen konnten.
Zum letzten Mal saß er 1948 beim GP von Frankreich hinter dem Lenkrad eines Rennwagens. Sich mit Luigi Villoresi abwechselnd, erreichte er Platz sieben.
Nuvolari steuerte in seiner langen Karriere fast alle Fabrikate, die sich in dieser Zeit an Grand-Prix-Rennen beteiligten – bis auf Mercedes. Er fuhr Bugatti, Alfa Romeo, Maserati und ab 1937

Auto Union. Als er zu Auto Union kam, war er bereits 45 Jahre alt. Trotzdem schaffte er es, sich auf den schwierig zu fahrenden Wagen mit dem Heckmotor einzustellen. Er war eigentlich neben Bernd Rosemeyer der einzige Fahrer, der das Potential dieses Wagens ausnutzen konnte.
Den letzten Sieg für Auto Union schaffte er zwei Tage nach Kriegsausbruch, und zwar am 3. September 1939 in Belgrad. Dies deutete zugleich das Ende einer Epoche an: die der großen Erfolge der deutschen Grand-Prix-Rennwagen in den 30er Jahren. Da ist es schon fast symbolisch zu nennen, daß mit Nuvolari der Fahrer den letzten Sieg herausfuhr, der neben Caracciola dieser Epoche den Stempel aufdrücken konnte.

Sieger Großer Preis von Italien für Automobile

Jahr	Fahrer	Fabrikat	km/h
1921	Jules Goux (F)	Ballot	144,737
1922	Pietro Bordino (I)	Fiat	139,852
1923	Carlo Salamano (I)	Fiat	146,502
1924	Antoni Ascari (I)	Alfa Romeo	158,896
1925	Graf Brilli-Peri (I)	Alfa Romeo	152,596
1926	Jean Sabipa »Charavel« (F)	Bugatti	138,204
1927	Robert Benoist (F)	Delage	144,928
1928	Louis Chiron (MC)	Bugatti	159,898
1931	G. Campari/T. Nuvolari (I)	Alfa Romeo	155,775
1932	Tazio Nuvolari (I)	Alfa Romeo	167,521
1933	Luigi Fagioli (I)	Alfa Romeo	174,740
1934	R. Caracciola/L. Fagioli (D/I)	Mercedes-Benz	105,175
1935	Hans Stuck (D)	Auto Union	137,080
1936	Bernd Rosemeyer (D)	Auto Union	135,338
1937	Rudolf Caracciola (D)	Mercedes-Benz	131,310
1938	Tazio Nuvolari (I)	Auto Union	155,726
1947	Felice Graf Trossi (I)	Alfa Romeo	113,194
1948	Jean-Pierre Wimille (F)	Alfa Romeo	113,263
1949	Alberto Ascari (I)	Ferrari	169,039
1950	Giuseppe Farina (I)	Alfa Romeo	176,542
1951	Alberto Ascari (I)	Ferrari	185,916
1952	Alberto Ascari (I)	Ferrari	177,096
1953	Juan Manuel Fangio (RA)	Maserati	178,450
1954	Juan Manuel Fangio (RA)	Mercedes-Benz	180,218
1955	Juan Manuel Fangio (RA)	Mercedes-Benz	206,791
1956	Stirling Moss (GB)	Maserati	208,878
1957	Stirling Moss (GB)	Vanwall	193,563
1958	Tony Brooks (GB)	Vanwall	195,077
1959	Stirling Moss (GB)	Cooper-Climax	200,177
1960	Phil Hill (USA)	Ferrari	212,534
1961	Phil Hill (USA)	Ferrari	209,337
1962	Graham Hill (GB)	BRM	198,400
1963	Jim Clark (GB)	Lotus-Climax	205,575
1964	John Surtees (GB)	Ferrari	205,630
1965	Jackie Stewart (GB)	BRM	209,961
1966	Lodovico Scarfiotti (I)	Ferrari	218,748
1967	John Surtees (GB)	Honda	226,110
1968	Denis Hulme (NZ)	McLaren-Ford	234,022
1969	Jackie Stewart (GB)	Matra-Ford	236,522
1970	Clay Regazzoni (CH)	Ferrari	236,690
1971	Peter Gethin (GB)	BRM	242,610
1972	Emerson Fittipaldi (BR)	Lotus-Ford	211,812
1973	Ronnie Peterson (S)	Lotus-Ford	213,449
1974	Ronnie Peterson (S)	Lotus-Ford	217,920
1975	Clay Regazzoni (CH)	Ferrari	218,034
1976	Ronnie Peterson (S)	March-Ford	199,749
1977	Mario Andretti (USA)	Lotus-Ford	206,074
1978	Niki Lauda (A)	Brabham-Alfa	207,526
1979	Jody Scheckter (NZ)	Ferrari	212,189
1980	Nelson Piquet (BR)	Brabham-Ford	183,440
1981	Alain Prost (F)	Renault	209,000
1982	Rene Arnoux (F)	Renault	219,500
1983	Nelson Piquet (BR)	Brabham-BMW	217,548

Das Rennen wurde hauptsächlich in Monza ausgefahren, mit folgenden Ausnahmen: 1921 in Brescia, 1937 in Livorno, 1947 in Mailand, 1948 in Turin, 1980 in Imola. Seit 1950 zählt das Rennen zur Fahrer-Weltmeisterschaft.
Ausgefallen wegen Weltwirtschaftskrise: 1929 und 1930; wegen des Zweiten Weltkriegs: 1939 bis 1946.

Sein größtes Rennen fuhr »der fliegende Mantuaner« wohl 1935 auf dem Nürburgring, als er mit einem unterlegenen Alfa Romeo die gesamte Mercedes- und Auto-Union-Streitmacht besiegen konnte – und das mit einem Leistungsdefizit von über 100 PS!
Bis 1939 sollten die deutschen Rennwagen dann nur noch einmal geschlagen werden.
Seine Heimatstadt Mantua errichtete ihm nach seinem Tod, der ihn am 11. August 1953 ereilte, ein Denkmal. Und der Kurs der Mille Miglia wurde so abgeändert, daß er durch Mantua führte. Ehrungen für einen Mann, der aus der Geschichte des Automobil-Rennsports nicht wegzudenken ist.

Dreißig Jahre dabei: Rudolf Caracciola

Der am 30. Januar 1901 geborene Hoteliersohn aus Remagen gilt als der erfolgreichste deutsche Automobil-Rennfahrer aller Zeiten. Seine spektakulärsten Erfolge errang er beim Großen Preis von Deutschland. In den Jahren von 1926 bis 1939 konnte er bei diesem Lauf allein sechsmal den Sieg erringen. Weitere Grand-Prix-Siege in Frankreich, Belgien, Spanien, der Schweiz, der Tschechoslowakei, in Italien, Monaco und Tripolis stehen ebenso in »Carratschs« Erfolgsliste wie der Gewinn der beiden wichtigsten Sportwagen-Rennen vor dem Krieg – der Tourist Trophy in Großbritannien und der Mille Miglia in Italien.
Seine Karriere – die 1922 ihren Anfang nahm – umspannte den unglaublichen Zeitraum von dreißig Jahren. Während dieser Zeit ging er hauptsächlich für Mercedes-Benz an den Start – nur in seinen Anfangsjahren – bis 1925 – sowie 1932 und 1933 fuhr er nicht für die Stuttgarter Nobelfirma.
Nach dem Zweiten Weltkrieg endeten seine Comeback-Versuche zweimal mit schweren Unfällen – 1946 in Indianapolis (da war er 45 Jahre alt) und 1952 in Bern, als er mit seinem 300 SL einen Baum fällte.
So ist Caracciola eigentlich ein

Spitzenfahrer über zwei Jahrzehnte lang
war Rudolf Caracciola, der allein sechsmal den GP Deutschland gewann und unzählige Weltrekorde mit Mercedes-Benz aufstellte (unten).

HANS STUCK AM BERG KAUM BEZWINGBAR

Fahrer der Vorkriegsepoche – galt er doch von 1926 bis 1939 neben dem Italiener Tazio Nuvolari als der berühmteste und beste, der auf den Rennpisten Europas an den Start ging. Sein Ruhm als bester Fahrer Deutschlands wurde nur kurzfristig von dem kometenhaft aufgestiegenen Bernd Rosemeyer und vielleicht noch von Hermann Lang in Frage gestellt.
Rudolf Caracciolas Fahrstil war nicht spektakulär, er beanspruchte das Material nie über die Maßen. In den Augen des legendären Mercedes-Benz-Rennleiters Alfred Neubauer war er der »komplette Rennfahrer«.
Dabei hatte auch Neubauer, wie viele andere Leute aus der Branche, den damals 33jährigen nach einem schweren Unfall, den er 1933 in Monaco erlitten hatte, bereits abgeschrieben. Schwere Beinverletzungen zwangen ihn zu einer Pause von fast einem Jahr. Aber er kam wieder und sorgte für die größten Erfolge des Hauses Mercedes im Autorennsport.
An Titeln holte er sich unter anderem 1935 und 1937 die Deutsche Straßenmeisterschaft, 1930 bis 1932 die Europa-Bergmeisterschaft sowie 1935, 1937 und 1938 die begehrte Europa-Straßenmeisterschaft (Vorgänger der heutigen Formel-1-WM).
Diese Erfolge verschafften ihm natürlich Privilegien. So wohnte er bereits in den 30er Jahren im schweizerischen Lugano, in dem er auch während des Zweiten Weltkrieges von den nationalsozialistischen Machthabern unbehelligt blieb.
Rudolf Caracciola, von Gestalt eher klein und schmächtig, hatte als Rennfahrer mit schweren, bis zu 646 PS starken Autos zu kämpfen, die immerhin eine Geschwindigkeit von fast 400 km/h erreichten.
Außerdem verfügten sie über eine für heutige Verhältnisse katastrophale Straßenlage. Woher »Carratsch« die Kraft hernahm, um diese »Monster« zu beherrschen, ist für viele Leute noch heute ein Rätsel. Klar ist jedoch, daß der Hoteliersssohn aus Remagen, der am 28. September 1959 starb, zu den besten Rennfahrern aller Zeiten – vergleichbar einem Fangio, einem Nuvolari – gezählt werden muß.

Der König am Berg: Hans Stuck

Als er sechzig Jahre alt war, da holte er den letzten seiner Meistertitel – Hans Stuck, geboren am 27. Dezember 1900, feierte den Gewinn der Deutschen Bergmeisterschaft. Ein würdiger Abschluß für einen Fahrer, den man den Bergkönig nannte, obwohl er auch auf der Rundstrecke große Erfolge herausfuhr.
35 Jahre lang war er im Motorsport aktiv. Es begann für den Sohn eines Guts- und Sägewerkbesitzers auf einem Dürkopp-Sportwagen. Von 1927 bis 1930 avancierte er dann auf Austro Daimler zum erfolgreichen Bergrennfahrer. Als zum ersten Mal eine Europa-Bergmeisterschaft ausgeschrieben wurde, hieß der Meister bei den Rennwagen 1930 natürlich Hans Stuck. 1932 holte er den Titel bei den Sportwagen. Da fuhr er aber schon Mercedes-Benz SSKL.
Auf der Rundstrecke begann seine große Zeit mit der Verpflichtung als Auto-Union-Werksfahrer, als diese Firma 1934 mit der neuen 750-kg-Formel aktiv in den Grand-Prix-Sport eingriff. Hans Stuck war der erfolgreichste Fahrer des Jahres 1934. Wenn es damals schon eine Europameisterschaft der Grand-Prix-Rennfahrer gegeben hätte (sie kam erst ein Jahr später), so wäre ohne Zweifel Hans Stuck der erste Titelträger gewesen.
Er gewann die Großen Preise von Deutschland, der Schweiz und der Tschechoslowakei. Ein Jahr später siegte er beim GP von Italien in Monza. Er gehörte bis 1939 dem Auto-Union-Werksteam an, war aber nach 1935 auf der Rundstrecke nicht mehr ein absoluter Topfahrer. Am Berg allerdings sah die Sache anders aus. Hier führte der Sieg immer noch über Hans Stuck, wie der Titel des Deutschen Bergmeisters 1938 beweist.
Stuck fuhr zu dieser Zeit auch Motorboot-Rennen und brachte es auch hier zum deutschen Meistertitel.
Nach dem Zweiten Weltkrieg stieg er (mit österreichischer Lizenz, weil er auch die österreichi-

Für Rekordversuche und die Avus
baute Mercedes Spezial-Rennwagen mit verkleideten Rädern (ganz oben der Rekordwagen von 1938, darunter Avus-Renner 1937).

»Der König der Berge« in den 30er Jahren
war Hans Stuck (links). Er siegte auch 1937 beim La-Turbie-Bergrennen in der Nähe von Monte Carlo auf Auto Union.

BRITEN SIEGEN ZWOELFMAL BEIM DEUTSCHEN GRAND PRIX

Sieger Großer Preis von Deutschland für Automobile

Jahr	Fahrer	Fabrikat	km/h
1926	Rudolf Caracciola (D)	Mercedes-Benz	135,036
1927	Otto Merz (D)	Mercedes-Benz	101,880
1928	Caracciola/Christian Werner (D)	Mercedes-Benz	103,745
1929	Louis Chiron (MC)	Bugatti	106,668
1931	Rudolf Caracciola (D)	Mercedes-Benz	108,242
1932	Rudolf Caracciola (D)	Alfa Romeo	119,196
1934	Hans Stuck (D)	Auto Union	122,904
1935	Tazio Nuvolari (I)	Alfa Romeo	121,101
1936	Bernd Rosemeyer (D)	Auto Union	131,675
1937	Rudolf Caracciola (D)	Mercedes-Benz	133,225
1938	Richard Seaman (GB)	Mercedes-Benz	129,948
1939	Rudolf Caracciola (D)	Mercedes-Benz	121,072
1950	Alberto Ascari (I)	Ferrari	125,119
1951	Alberto Ascari (I)	Ferrari	134,799
1952	Alberto Ascari (I)	Ferrari	132,274
1953	Giuseppe Farina (I)	Ferrari	135,000
1954	Juan Manuel Fangio (RA)	Mercedes-Benz	133,356
1956	Juan Manuel Fangio (RA)	Ferrari	137,636
1957	Juan Manuel Fangio (RA)	Maserati	142,928
1958	Tony Brooks (GB)	Vanwall	145,400
1959	Tony Brooks (GB)	Ferrari	221,200
1960	Joakim Bonnier (S)	Porsche	129,200
1961	Stirling Moss (GB)	Lotus-Climax	148,600
1962	Graham Hill (GB)	BRM	129,200
1963	John Surtees (GB)	Ferrari	154,200
1964	John Surtees (GB)	Ferrari	155,400
1965	Jim Clark (GB)	Lotus-Climax	160,600
1966	Jack Brabham (AUS)	Brabham-Repco	139,600
1967	Denis Hulme (NZ)	Brabham-Repco	163,300
1968	Jackie Stewart (GB)	Matra-Ford	139,800
1969	Jacky Ickx (B)	Brabham-Ford	174,498
1970	Jochen Rindt (A)	Lotus-Ford	199,400
1971	Jackie Stewart (GB)	Tyrrell-Ford	184,200
1972	Jacky Ickx (B)	Ferrari	187,700
1973	Jackie Stewart (GB)	Tyrrell-Ford	188,000
1974	Clay Regazzoni (CH)	Ferrari	188,825
1975	Carlos Reutemann (RA)	Brabham-Ford	189,473
1976	James Hunt (GB)	McLaren-Ford	188,586
1977	Niki Lauda (A)	Ferrari	208,496
1978	Mario Andretti (USA)	Lotus-Ford	208,233
1979	Alan Jones (AUS)	Williams-Ford	216,092
1980	Jacques Laffite (F)	Ligier-Ford	220,825
1981	Nelson Piquet (BR)	Brabham-Ford	213,294
1982	Patrick Tambay (F)	Ferrari	209,900
1983	Rene Arnoux (F)	Ferrari	207,700

Der GP von Deutschland wurde von 1926 bis 1929 für Sportwagen ausgefahren; seitdem für Rennwagen der Grand-Prix-Klasse oder der Formel 1, mit Ausnahme 1950, 1952, 1953 und 1960, als Formel-2-Rennwagen an den Start gingen. Seit 1951 zählt er mit Ausnahme des Jahres 1960 zur Fahrer-WM.
Austragungsorte waren 1926 und 1959 die Avus in Berlin, 1970 und seit 1977 der Hockenheimring, sonst der Nürburgring, wobei von 1927 bis 1929 die gesamte alte Strecke (Nord- und Südschleife), 1960 die Südschleife und sonst die alte Nordschleife benutzt wurde.
Ausgefallen wegen wirtschaftlicher Probleme: 1930 und 1933; wegen des Zweiten Weltkriegs: 1940 bis 1949; wegen des Le-Mans-Unfalls: 1955.

sche Staatsbürgerschaft besaß) 1947 wieder in den internationalen Rennsport ein. Er beteiligte sich an Formel-2- und gelegentlich auch an Formel-1-Rennen, jedoch ohne großen Erfolg. 1957 knüpfte er Verbindungen zu BMW. Und mit einem BMW 700 Coupé holte er seinen letzten Titel, ehe er sich vom Rennsport endgültig zurückzog und fortan in seiner zweiten Heimat Grainau an der Zugspitze lebte.
Er nahm großen Einfluß auf die Karriere seines Sohnes Hans-Joachim Stuck, der über seinen Vater einmal sagte: »Ich habe ihm beim Aufbau meiner Karriere sehr viel zu verdanken. Er hat für mich wichtige Verbindungen geknüpft und mich immer unterstützt. Seine immense Erfahrung war sehr hilfreich.«
Als Stuck senior am 8. Februar 1978 starb, da war sein Sohn in die Fußstapfen des berühmten Vaters getreten und selbst schon seit geraumer Zeit ein arrivierter und erfolgreicher Automobil-Rennfahrer.

Die kurze, atemberaubende Karriere des Bernd Rosemeyer

Nur knapp drei Jahre lang ist er im Rennwagen bei Grand-Prix-Veranstaltungen gestartet. Dieser kurze Zeitraum reichte jedoch aus, um aus Bernd Rosemeyer, geboren am 14. Oktober 1909, eine Legende zu machen, die noch heute lebt. Viele behaupten, daß der blonde Junge aus dem Emsland das größte Talent war, das je einen Rennwagen steuerte ...
Rosemeyers Karriere verlief gewiß atemberaubend, denn 1935 stieg er nach Motorrad-Rennen auf den schwer zu fahrenden 16-Zylinder-Rennwagen von Auto Union um und war sofort in der Lage, dessen Potential bis zur Grenze auszunutzen. Bereits in seinem ersten Jahr – da war er nach der damaligen Rangordnung noch Nachwuchsfahrer – gewann er einen Grand Prix, und zwar den der Tschechoslowakei auf dem Masaryk-Ring bei Brünn. Ein Jahr später dominierte er die Grand-Prix-Szene nach Belieben. Nach Siegen in den Großen Preisen von Deutschland, der Schweiz und von Italien wurde er Europameister. Bernd Rosemeyer war zu einem Idol geworden, das in einem Atemzug mit dem seit Jahren erfolgreichen Rudolf Caracciola genannt wurde.
Unbekümmert und temperamentvoll – so war er, für viele ein großer Junge. Ihm schien alles in den Schoß zu fallen. Was er auch anpackte – es gelang ihm.
Im Jahre 1937 jedoch stand er mit dem Auto Union gegen die Mercedes-Benz-Rennwagen auf verlorenem Posten. Die Silberpfeile aus Untertürkheim waren den

Das Idol der sportbegeisterten Jugend *war Bernd Rosemeyer. Er steuerte nur Rennwagen von Dr. Porsche (unten im Gespräch mit Rosemeyer). So auch bei Rekordversuchen (ganz unten).*

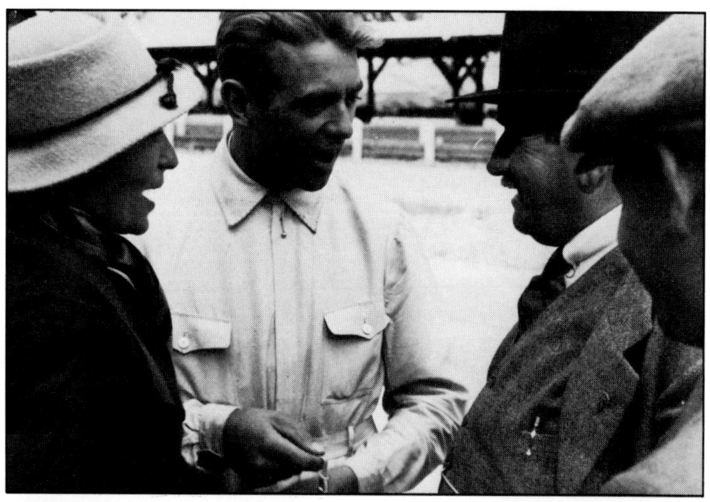

Silberfischen aus Zwickau einfach überlegen. Auch Rosemeyers geniale Fahrkunst konnte daran nur ab und zu etwas ändern. Bezeichnend die Tatsache, daß damals viele Fachjournalisten vor einem Rennen »vom Kampf Rosemeyers gegen die Mercedes« schrieben, obwohl natürlich im Team von Auto Union auch noch andere Piloten als Rosemeyer fuhren.
Es reichte für Bernd Rosemeyer »nur« zu vier Siegen, und zwar in Rennen, die nicht zur Europameisterschaft zählten. Mittlerweile war seine Popularität noch größer geworden – nicht zuletzt wegen seiner Heirat mit Elly Beinhorn, einer berühmten Fliegerin. Aus dieser Ehe ging ein Sohn hervor, der seinen Vater jedoch nie zu Gesicht bekommen sollte.
Bernd Rosemeyer verunglückte nämlich am 28. Januar 1938 bei einem Rekordversuch tödlich. Auf der Autobahn Frankfurt–Darmstadt in der Nähe von Mörfelden wurde sein Auto Union von einer Windböe bei einem Tempo von über 400 km/h erfaßt und von der schnurgeraden Piste geschleudert.

Er übertraf sie alle: Juan Manuel Fangio

Er gilt wohl als der Größte unter allen Rennfahrern – Juan Manuel Fangio, der krummbeinige Argentinier, geboren am 24. Juni 1911. Seine Erfolgsliste umfaßt fünf Weltmeistertitel, 24 Grand-Prix-Siege in Formel-1-Weltmeisterschaftsläufen sowie unzählbare Erfolge in anderen Rennen.
Und er bot Vorstellungen, die allein ausreichten, um ihn in die »Hall of Fame« des Rennsports einziehen zu lassen. So ist zum Beispiel sein Auftritt auf dem Nürburgring während des Großen Preises von Deutschland im Jahre 1957 auch heute noch unbegreiflich. Denn dort verbesserte Fangio, der einen Maserati fuhr, den Rundenrekord auf der Jagd nach zwei führenden Ferrari-Piloten um gleich 25 Sekunden!
Der Argentinier kam 1948 zum ersten Mal nach Europa. Da war er bereits 37 Jahre alt. Doch dann ging alles sehr schnell: 1949 gewann er bereits sechs Formel-1-Rennen; 1950 gehörte er zum Alfa-Romeo-Team und wurde Vizeweltmeister; 1951 gewann er dann auf Alfa den Titel; 1952 mußte er nach einem schweren Unfall, der auf Übermüdung zurückzuführen war, fast das gesamte Jahr pausieren; 1953 war er wieder Vizeweltmeister; 1954 bis 1957 holte er dann viermal hintereinander auf drei verschiedenen Fabrikaten (Maserati, Mercedes, Ferrari) den WM-Titel.
Für den schnellen Argentinier schien es keine Grenzen in der Beherrschung der Rennwagen zu geben. Stirling Moss, von 1955 bis 1957 dreimal hinter Fangio »nur« Vizeweltmeister, sagte einmal: »Wenn ich eine hervorragende Rundenzeit vorlegte, dann unterbot Fangio die. Fuhr ich dann schneller, konnte ich sicher sein, daß Fangio auf Anhieb wieder schneller war. So ging es weiter. Am Ende hatte es aber keinen Sinn mehr, denn der alte Mann war im Endeffekt immer der Schnellste.«
Seine Karriere hatte Fangio während der 40er Jahre in Argentinien begonnen. Als nach dem Zweiten Weltkrieg 1947 zum ersten Male europäische Rennfahrer in Argentinien starteten, bekam er den Kontakt zum europäischen Rennsport.
Des weiteren wirkte sich positiv für ihn aus, daß der damalige Präsident von Argentinien, Juan Peron, ein Freund des Autorennsports war und argentinische Fahrer unterstützte, wo er nur konnte. Als Peron, mittlerweile Diktator, Ende 1955 gestürzt wurde, bekam auch Fangio kurzzeitig Probleme: Man wollte sein Vermögen beschlagnahmen. Aber Fangio konnte nachweisen, daß er sein Geld mit dem Rennfahren verdiente. Außerdem hatte er gerade die Generalvertretung von

Die beiden größten Fahrer der 50er Jahre
waren Juan Manuel Fangio (links auf der Avus, ganz unten am Nürburgring) und Stirling Moss (1956 nach seinem Sieg bei den 1000 km von Buenos Aires).

Daimler-Benz für Argentinien übernommen, nachdem er ja 1954 und 1955 für das Stuttgarter Werk erfolgreich gestartet war.
Fangio, mittlerweile 73 Jahre alt, hat immer noch enge geschäftliche Bindungen an Mercedes-Benz. Regelmäßig besucht er noch den europäischen Kontinent, und sein Interesse am Rennsport ist nach wie vor vorhanden – auch wenn er »mit den heutigen Autos nichts mehr anfangen« kann.
Der Argentinier hörte genau in dem Moment auf, als die Leichtbauweise und der Heck- bzw. Mittelmotor ihren Siegeszug antraten.
Fangio hat nur die Wagen mit Frontmotor gefahren, in denen der Fahrer aufrecht hinter dem Steuer saß und mit denen er regelrecht »kämpfen« mußte. Die neue Generation von Rennwagen wollte er nicht kennenlernen. Es waren keine Autos für ihn ...

Der »Ewige Zweite«: Stirling Moss

Er war nie Weltmeister, doch gehört er zu den besten Fahrern, die je in einen Rennwagen gestiegen sind: Stirling Moss, geboren am 13. September 1929. In den Jahren 1955 bis 1958 belegte der Engländer in der Endabrechnung viermal hintereinander (!) den zweiten Platz: Dreimal mußte er sich Juan Manuel Fangio, den Moss als den »größten Fahrer aller Zeiten« bezeichnet, und einmal Mike Hawthorn (1958) geschlagen geben. Von 1959 bis 1961 wurde Moss dann jeweils Dritter der Fahrer-Weltmeisterschaft.
Der Engländer war trotzdem von 1958 bis 1961 unbestritten der Mann, der in der Grand-Prix-Szene als der beste Fahrer galt. Er scheiterte hauptsächlich an den Tücken der Technik. Siege – wie die sechzehn Erfolge in WM-Läufen (nur vier Fahrer stehen besser da) – gab es genug, aber halt auch oft genug Ausfälle wegen technischer Defekte.
Und es gab Jahre – wie 1961 zum Beispiel –, da fehlten seinem Auto einfach die nötigen PS gegenüber der Konkurrenz. Trotzdem lieferte Moss gerade 1961 seine wohl besten Rennen: Die Siege in Monaco und auf dem Nürburgring gegen bis zu 50 PS stärkere Konkurrenz sind eigentlich noch heute nicht zu erklären.
Das war der Moss, wie ihn das Publikum liebte: Nie gab er auf, immer fuhr er mit vollem Einsatz, egal, ob es um Platz eins oder um Rang zehn ging.
Seine Karriere wurde im April 1962 bei einem nicht zum WM zählenden Formel-1-Rennen im englischen Goodwood abrupt gestoppt. Bei einem mysteriösen Unfall verletzte sich Moss so schwer, daß er fast ein Jahr zur Genesung benötigte. Er probierte dann 1963 (»geheim und für mich allein«) einen Formel-1-Rennwagen aus. Kurz darauf sagte er: »Ich erreiche die Zeiten, die andere Spitzenfahrer auch fahren, aber ich muß jetzt mehr überlegen. Was vorher intuitiv kam, klappt jetzt erst nach einer gezielten mentalen Arbeit. Und das ist im Rennsport nicht gut. Ich trete ab.«
Moss ist in Deutschland vor allem durch sein »Mercedes-Jahr« bekanntgeworden. Und in diesem Jahr, 1955, zeigte er der Fachwelt, daß er bei Sportwagen-Rennen, die damals zum Teil noch über öffentliche Straßen führten (Stichworte: Mille Miglia oder Targa Florio), gegenüber Fangio der bessere Pilot war.
Der Engländer muß in der Tat als der wohl beste Allrounder im Autorennsport eingeordnet werden. Denn außer in der Formel 1 war er in allen anderen Kategorien erfolgreich, so bei Sportwagen-Rennen und auch bei Rallyes.
Ja, fast zwanzig Jahre nach seinem Rücktritt setzte er sich noch zweimal für eine volle Saison hinter das Steuer eines Rennwagens: In der Englischen Tourenwagen-Meisterschaft fuhr er für Audi. Anscheinend war es kein Problem für ihn, geeignete Sponsoren zu finden.
Denn auch darin war Moss – schon in den 50er Jahren, als es das Wort »Sponsor« noch gar nicht gab – seiner Zeit und seinen Kollegen weit voraus. Er war der erste Fahrer, der mehr als 100 000 Pfund (das waren damals über eine Million DM) im Jahr verdiente – und der erste, der seine Einkünfte gezielt zu steigern wußte.
Jedenfalls war es eine Sensation, als sich Moss gegen Ende der 50er Jahre in der Shepherd Street in Londons Nobelvorort Mayfair ein Haus mit allen möglichen technischen Spielereien einrichtete, die natürlich ein paar Pfund gekostet haben mußten.
Frauen hielten es nicht lange bei ihm aus, wie zwei gescheiterte Ehen beweisen. Auch mit der Polizei hatte er ab und zu seine Probleme: Zu schnelles Fahren bedeutete mehr als einmal den Führerscheinentzug. Allerdings: In einen Unfall war Moss dabei nie verwickelt. »Ich weiß, was ich tue, und habe mein Gefährt bei 100 Meilen besser unter Kontrolle als Mr. Smith bei 70«, war sein Kommentar. Was ja auch stimmen mag. Er gehört halt einer anderen Zeit an ...

Kam auf »leisen Sohlen«: Jack Brabham

Er war dreimal Formel-1-Weltmeister, gewann vierzehn WM-Läufe, trotzdem war er in der breiten Öffentlichkeit nie so bekannt wie ein Jackie Stewart, ein Stirling Moss, ein Niki Lauda oder ein Graham Hill: Der am 2. April 1926 geborene Australier Jack Brabham sammelte Titel und Siege so, wie es seinem Naturell entsprach – ruhig, leise und zurückhaltend.
Dabei ist er der einzige Fahrer, der einen WM-Titel auf einem Auto gewann, das er selbst konstruiert hatte. Brabham war näm-

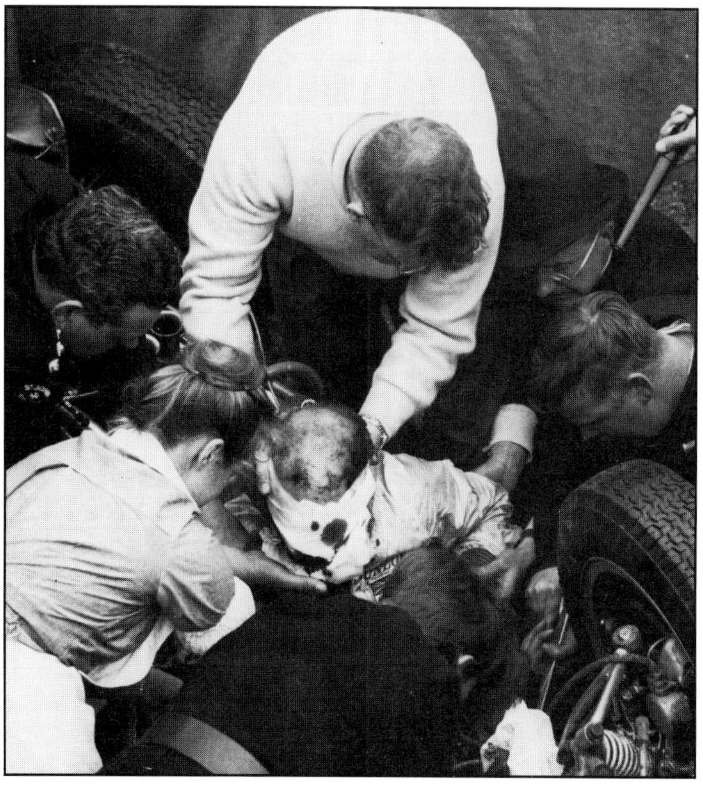

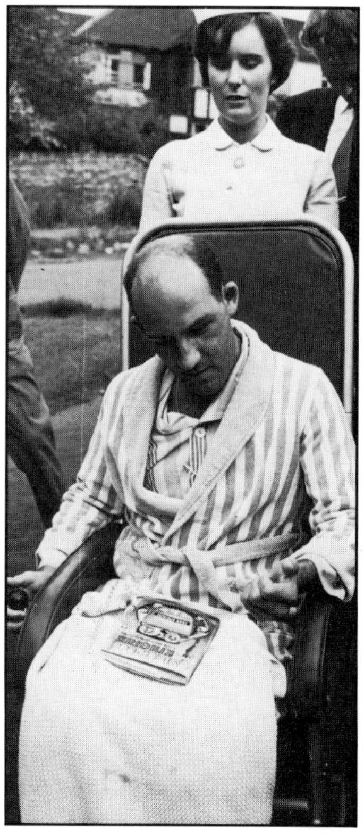

Die Schattenseiten des Rennsports *erlebte der »Ewige Zweite« Stirling Moss nach seinem schweren Unfall 1962 auf der Rennstrecke im englischen Goodwood.*

lich in erster Linie Techniker und erst in zweiter Rennfahrer.
In Europa tauchte er erstmals 1955 auf, nachdem er in Australien bereits seit 1947 an motorsportlichen Wettbewerben teilgenommen hatte. Brabham wurde als Außenseiter, den kaum einer ernst nahm, 1959 auf Cooper Weltmeister. Er war der erste Fahrer, der den Titel auf einem Heckmotor-Rennwagen in Leichtbauweise gewann. 1960 verteidigte er seinen Titel – wieder auf Cooper – souverän. Seitdem ist keinem Weltmeister mehr die erfolgreiche Titelverteidigung gelungen.
1962 machte er sich »selbständig«: Er baute seinen eigenen Formel-1-Rennwagen. 1966 hieß der Weltmeister erneut Jack Brabham. In diesem Jahr mit einer Eigenkonstruktion: Brabham-Repco. Ähnlich wie 1959, so rechnete auch vor dem Beginn der Saison 1966 kaum jemand mit Brabham. Aber der schlaue Fuchs und Taktiker hatte gesehen, worauf es ankam. In diesem Jahr galt nämlich eine neue Formel (3000 ccm Hubraum). Erfahrungsgemäß war bei den neuen Autos mit »Kinderkrankheiten« zu rechnen.
Brabham ging auf Nummer Sicher. Er legte hauptsächlich Wert auf Zuverlässigkeit und nahm hin, daß ihm die Konkurrenz von Ferrari und Cooper-Maserati an Leistung überlegen war. Er behielt recht. Von neun Rennen gewann er vier; das reichte.
Ein Jahr später gab es gar einen Doppelsieg für Brabham: Denis Hulme aus Neuseeland wurde Weltmeister, Brabham selbst Vizeweltmeister.
Der Australier blieb selbst noch bis 1970 aktiv. Da war er 43 Jahre alt. Zum Auftakt der Saison gewann er in Südafrika auf seinem Brabham-Ford. In diesem letzten Jahr belegte er immerhin noch Platz fünf im Gesamtklassement der Fahrer-Weltmeisterschaft.
Seine Firma Brabham hatte sich im Laufe der Zeit zu einem der erfolgreichsten Rennwagen-Hersteller entwickelt, die Formel-3-, Formel-2-, Formel-1-, ja sogar Indianapolis-Rennwagen sowie Sportwagen baute.
Nach seinem Rücktritt verkaufte Jack Brabham diese Firma. Heute gehört sie Bernie Ecclestone, dem Chef der FOCA (Verband der Formel-1-Hersteller). Ecclestone sorgt dafür, daß der Name Brabham nach wie vor in den Siegerlisten des internationalen Automobil-Rennsports auftaucht. So zuletzt bei der Weltmeisterschaft 1983, die ja Nelson Piquet auf Brabham-BMW gewann.
Und noch ein anderer hält den Namen Brabham im Automobil-Rennsport hoch: Geoff Brabham, der Sohn von Sir Jack (Brabham wurde wegen seiner Erfolge von der englischen Königin geadelt), gehört in den USA zu den erfolgreichsten Rennfahrern, wie nicht zuletzt Siege in der CanAm und CART-Serie (für Indianapolis-Rennwagen) beweisen.

Der Gentleman im Cockpit: Graham Hill

Als Graham Hill am 30. November 1975 mit seinem Privatflugzeug unweit seines Hauses im Norden Londons abstürzte und tödlich verletzt wurde, war das ein Schock ohnegleichen – und eine Ironie des Schicksals.
Denn da war ein Mann gestorben, der 21 Jahre lang Rennen gefahren war und der in achtzehn Jahren 176 Formel-1-WM-Läufe bestritten hatte. Ein Mann, der nach einem schweren Unfall Ende 1969 seine starken Schmerzen nur mit Hilfe von Morphium aushalten konnte und dem die Ärzte gesagt hatten, es wäre ein Wunder, wenn er je wieder laufen könnte. Genau sechs Monate später saß er wieder hinter dem Steuer eines Formel-1-Renners und holte bei seinem Comeback-Rennen mit einem sechsten Platz sogar einen WM-Punkt!
Dieser Graham Hill hatte vier Monate vor seinem Tod offiziell den Rücktritt vom Motorsport erklärt. Der Engländer hatte sich ein eigenes Formel-1-Team aufgebaut und mit Tony Brise einen Fahrer unter Vertrag, den viele als den kommenden Weltmeister ansahen. Doch der schwarze 30. November stoppte die zweite Karriere des Graham Hill.
Seine Karriere im Rennwagen begann der am 15. Februar 1929 geborene Gentleman reichlich spät, nämlich im Jahre 1954 im Alter von 25 Jahren. Der Grund: Graham Hill besaß nicht die finanziellen Mittel, um sich einen eigenen Rennwagen leisten zu können.
Zeitweise lebte er sogar von der Arbeitslosenunterstützung, um

Den besten Botschafter des Autosports
nannte man den Engländer Graham Hill, der 176 Grand-Prix-Rennen überlebte, jedoch – Ironie des Schicksals – bei einem Flugzeugabsturz umkam.

Wohl der genialste Techniker, der je Rennen fuhr,
war der unscheinbare Jack Brabham, der das Kunststück fertigbrachte, auf einer Eigenkonstruktion den WM-Titel zu gewinnen.

ERFOLGREICHE ALLIANZ COLIN CHAPMAN/JIM CLARK

Die Formel-1-Weltmeister

Jahr	Fahrer	Land	Fabrikat
1950	Giuseppe Farina	I	Alfa Romeo
1951	Juan Manuel Fangio	RA	Alfa Romeo
1952	Alberto Ascari	I	Ferrari
1953	Alberto Ascari	I	Ferrari
1954	Juan Manuel Fangio	RA	Maserati/Mercedes-Benz
1955	Juan Manuel Fangio	RA	Mercedes-Benz
1956	Juan Manuel Fangio	RA	Ferrari
1957	Juan Manuel Fangio	RA	Maserati
1958	Mike Hawthorn	GB	Ferrari
1959	Jack Brabham	AUS	Cooper-Climax
1960	Jack Brabham	AUS	Cooper-Climax
1961	Phil Hill	USA	Ferrari
1962	Graham Hill	GB	BRM
1963	Jim Clark	GB	Lotus-Climax
1964	John Surtees	GB	Ferrari
1965	Jim Clark	GB	Lotus-Climax
1966	Jack Brabham	AUS	Brabham-Repco
1967	Denis Hulme	NZ	Brabham-Repco
1968	Graham Hill	GB	Lotus-Ford
1969	Jackie Stewart	GB	Matra-Ford
1970	Jochen Rindt	A	Lotus-Ford
1971	Jackie Stewart	GB	Tyrrell-Ford
1972	Emerson Fittipaldi	BR	Lotus-Ford
1973	Jackie Stewart	GB	Tyrrell-Ford
1974	Emerson Fittipaldi	BR	McLaren-Ford
1975	Niki Lauda	A	Ferrari
1976	James Hunt	GB	McLaren-Ford
1977	Niki Lauda	A	Ferrari
1978	Mario Andretti	USA	Lotus-Ford
1979	Jody Scheckter	ZA	Ferrari
1980	Alan Jones	AUS	Williams-Ford
1981	Nelson Piquet	BR	Brabham-Ford
1982	Keke Rosberg	SF	Williams-Ford
1983	Nelson Piquet	BR	Brabham-BMW

Für das Jahr 1984 vergibt der internationale Motorsportverband, die FISA in Paris, insgesamt sechs Weltmeistertitel: Formel-1-Fahrer-Weltmeister, Formel-1-Konstrukteurs-Weltmeister, Endurance-Weltmeister der Fahrer, Endurance-Weltmeister der Fabrikate, Rallye-Weltmeister der Fahrer, Rallye-Weltmeister der Firmen.
An Europameisterschaften sind ausgeschrieben: Formel-2-Europameister der Fahrer, Formel-3-Europameister der Fahrer, Rallye-Europameisterschaft für Fahrer, Tourenwagen-Europameisterschaft für Fahrer, Tourenwagen-Europameisterschaft für Marken, Europa-Bergmeisterschaft für Fahrer.

an der englischen Rennstrecke von Brands Hatch einem Privatfahrer bei der Vorbereitung dessen Rennwagens zu helfen. Als Gegenleistung »durfte« er 1954 zwei Rennen fahren. So ging es in den nächsten beiden Jahren weiter. 1957 wurde dann Lotus-Chef Colin Chapman auf den schnauzbärtigen Piloten aufmerksam und verpflichtete ihn als Werksfahrer. Mit Lotus kam Hill 1958 in die Formel 1, in der er bis 1975 Rennen fuhr. Zwei Weltmeistertitel (1962 auf BRM und 1968 auf Lotus) und vierzehn Grand-Prix-Siege weist seine Bilanz auf. Er fuhr für Lotus, BRM, Brabham und ab 1973 für sein eigenes Team.
Aber nicht nur in der Formel 1 war der Engländer erfolgreich: Er holte in allen Kategorien (Rennwagen, Sportwagen, ja sogar bei Rallyes) Erfolge. Er ist der einzige Fahrer, der Formel-1-Weltmeister wurde, das 500-Meilen-Rennen von Indianapolis (1966 auf Lola) und das 24-Stunden-Rennen von Le Mans (1972 auf Matra) gewann.
Der Rennsport hat Graham Hill viel zu verdanken. Er war eine Figur, deren trockener englischer Humor und deren Schnauzbart weltbekannte Wahrzeichen waren. »Er war der beste Botschafter des Sports, den wir hatten«, meinte Jackie Stewart. Nicht zuletzt dieser Botschafter trug viel zur weltweiten Popularität des Formel-1-Rennsports bei.
Seine Frau Bette, die während seiner 21jährigen Karriere im Rennwagen an seiner Seite gezittert und die den Rücktritt ihres Mannes im Juli 1975 mit Tränen in den Augen begrüßt hatte, muß wieder bangen: Damon Hill, ihr Sohn, fuhr 1983 seine ersten Autorennen ...

Der schnelle Schotte: Jim Clark

Er wußte gar nicht, wie schnell er war – der am 4. März 1936 geborene schottische Bauernsohn Jim Clark. In den Jahren von 1962 bis zu seinem tödlichen Unfall in Hockenheim (6. April 1968) galt er als der schnellste Rennfahrer der Welt.
Auf Lotus gewann er in dieser Zeit zwei Weltmeister-Titel (1963 und 1965) sowie 25 Siege in Grand-Prix-Rennen zur Weltmeisterschaft. Er war ein Perfektionist, dem die Formel 1 über alles ging. Der Schotte startete zwar auch in anderen Kategorien, ja, er gewann 1965 als erster Europäer nach einem Zeitraum von fast fünfzig Jahren wieder in Indianapolis das berühmte 500-Meilen-Rennen, siegte bei Tourenwagen-Rennen und in der Formel 2, aber die Formel 1 – das war für ihn der Rennsport überhaupt.
Jim Clark hat in seiner gesamten Profikarriere, die 1960 begann, nur Lotus-Renner gesteuert. Seine Allianz mit Colin Chapman, dem Lotus-Chef, ist einmalig in der Geschichte des Rennsports, vergleichbar vielleicht nur noch mit der Verbindung Jackie Stewart/Ken Tyrrell in den Jahren von 1968 bis 1973.
Chapman schneiderte seine Autos praktisch Jim Clark auf den Leib. Und Clark fuhr und gewann. In die Epoche Chapman/Clark fällt mit der Schaffung der Monocoque-Bauweise eine historische Revolution im Rennwagenbau. Und Clark war es auch, der den legendären Ford-Cosworth-Motor (bis Ende 1983 genau 155 Formel-1-WM-Siege) zum ersten Mal an den Start – und gleich zum Sieg fuhr (1967 im holländischen Zandvoort).
Clark war ein Einzelgänger – nervös, Fingernägel kauend –, der in

Zurückhaltend und scheu abseits der Piste – *das war Jim Clark. Im Rennwagen allerdings war er zu seiner Zeit der Fahrer, der von niemandem zu bremsen war. Er fuhr »jenseits von schnell«, sagte man.*

der Öffentlichkeit scheu auftrat. Selten sah man ihn in Begleitung einer Frau. Die Verbindung mit seiner langjährigen Freundin Sally Stokes löste er, als sie von Heiraten sprach. »Man kann einem Mädchen nicht zumuten, mit einem Rennfahrer verheiratet zu sein«, war seine Meinung.
Sein tödlicher Unfall bei einem unwichtigen Formel-2-Rennen in Hockenheim war mysteriös und damals nicht zu analysieren. Der Schock war groß, denn Clark galt als der Mann, der nie einen Fehler machte. Am Auto war kein technischer Defekt zu entdecken, der Streckenabschnitt nicht gerade als schwierig zu bezeichnen. Heute ist man sicher, daß Clark das Opfer eines sogenannten »slow punctures«, eines schleichenden Plattfußes, wurde.
Der Reifen sprang plötzlich von der Felge. Bei einem Tempo von über 200 km/h flog Clark in die Bäume, die direkt neben dem Kurs standen. Leitplanken gab es in Hockenheim damals noch nicht.
Dieser graue April-Tag des Jahres 1968 stoppte eine beispiellose Karriere, eine Karriere, die 1956 in Schottland mit Tourenwagen-Rennen auf DKW begonnen hatte und die bereits vier Jahre später in die Formel 1 führte.
Was bleibt, ist die Erinnerung an einen Fahrer, der vor allem 1963 (sieben Siege in zehn WM-Läufen) und 1965 (sechs Siege in zehn WM-Läufen) seine Konkurrenten als Statisten degradierte. Trainingsbestzeit, Start-Ziel-Sieg und schnellste Runde im Rennen – das war oft genug die Art und Weise, in der Clark seine Rennen zu gewinnen pflegte. Das war einfach sein Stil. Das machte ihm keiner nach.

Gewann die meisten Formel-1-Läufe: Jackie Stewart

Zählt man die Grand-Prix-Siege, dann ist Jackie Stewart der erfolgreichste Rennfahrer aller Zeiten: 27mal fuhr er zwischen 1965 und 1973 als Sieger eines Formel-1-WM-Laufes durch das Ziel. Dreimal – 1969, 1971 und 1973 – wurde er Automobil-Weltmeister. Ende 1973 trat er als Weltmeister zurück.

Wie kein Fahrer vor oder nach ihm verstand der am 11. Juni 1939 geborene Schotte es, auch nach seiner aktiven Zeit im Gespräch zu bleiben und seinen Marktwert zu steigern. Er bekennt heute: »Ich verdiene mehr als fast alle aktiven Fahrer und mehr als zu meiner aktiven Zeit.« Er residiert seit 1968 in Begnins im Kanton Vaud hoch über dem Genfer See in einer Villa – mit seiner Frau Helen, die er 1962 heiratete, und seinen Söhnen Mark und Paul.
Sein Leben ist nach wie vor geprägt von Terminen, die ihn um die Welt hasten lassen wie zu seiner aktiven Zeit. Goodyear und Ford ist er nach wie vor durch Verträge verbunden. Er hat einen langfristigen Vertrag mit einer amerikanischen Fernsehgesellschaft, weitere Verträge – »so sechs oder sieben« – mit anderen Firmen. Kurz: Der Schotte ist nach wie vor gut im Geschäft.
»Alles, was ich bin, verdanke ich dem Rennsport«, sagt er. Und der Rennsport hatte in ihm einen hervorragenden Fahrer und einen Mann, der sich auch außerhalb der Rennen für den Motorsport einsetzte und ihn äußerst populär machte.
Stewart hat sich in seiner Karriere kaum einen Fehler geleistet, er lieferte unvergessene Rennen – wie zum Beispiel beim Großen Preis von Deutschland im Jahre 1968, als er bei Nebel und Regen auf dem Nürburgring seine gesamten Gegner zu Statisten degradierte und mit einem Vorsprung von über vier Minuten gewann. Allein dieses Rennen macht ihn zu einem der Größten aller Zeiten in der Geschichte des Automobil-Rennsports.
Er hat nach seinem Schlüsselerlebnis 1966 beim GP von Belgien in Spa – damals geriet er von der Bahn und mußte, eingeklemmt in seinem BRM, lange auf den Rettungswagen warten – einen vehementen Kreuzzug für die Verbesserung des Sicherungswesens und für die Steigerung der Sicherheit an den Rennstrecken geführt. Das brachte ihm oft genug den Vorwurf ein, er gehöre zur »milk und water brigade«, sei also ein Feigling.
Im nachhinein ist festzustellen, daß Stewart viel bewegt hat, was die Sicherheit anbetrifft. Ebenso ist festzuhalten, daß er ein exzellenter Rennfahrer war, der wohl beste zwischen Ende der 60er bis Mitte der 70er Jahre, dem Zeitpunkt seines Rücktritts. Vielleicht nicht so schnell wie ein Jochen Rindt, aber einer, der mit Intelligenz und Übersicht fuhr und der als Reifentester ein unsagbares Gespür besaß und auch die Technik seiner Autos voll im Griff hatte.
Wenn es darauf ankam, dann war auch er bereit, mit »100 Prozent zu fahren«, wie die Rennfahrer sagen, nur: Allzuoft brauchte der Schotte, dank seiner klugen und überlegten Fahrweise, dies nicht zu tun.

Maßstäbe in der Formel 1 setzte bis zum Rücktritt
der Schotte Jackie Stewart in seinem Tyrrell-Ford (unten). Seine attraktive Frau Helen war bei den großen Erfolgen immer dabei.

Die Wiederauferstehung: Niki Lauda

1. August 1976, 14.23 Uhr. Im Streckenabschnitt Bergwerk, Kilometer 10,6 auf der Nordschleife des Nürburgrings, bricht ein Ferrari-Formel-1-Rennwagen bei einem Tempo von über 200 km/h aus, der Fahrer versucht zu korrigieren, kann aber den Aufprall auf die Felsböschung an der rechten Seite nicht vermeiden. Der Wagen wird auf die Strecke zurückgeworfen und fängt sofort Feuer.
Im Cockpit Weltmeister Niki Lauda aus Österreich, der mit seinem Ferrari quer zur Fahrtrichtung steht. Guy Edwards bringt seinen Hesketh gerade noch an dem Hindernis vorbei, aber Brett Lunger im Surtees und Harald Ertl im Hesketh schaffen es nicht mehr. Sie kollidieren mit dem Ferrari, in dem Lauda immer noch sitzt.
Edwards, Lunger und Ertl springen aus ihren Autos und versuchen, Lauda aus den Flammen zu befreien. Sie werden dabei von dem Italiener Arturo Merzario unterstützt, der seinen Wagen nach einer Vollbremsung vor den Hindernissen zum Stehen gebracht hat.
Nach etwa 45 Sekunden haben sie Lauda aus der 800 Grad heißen Glut befreit. Der Österreicher, dem bei dem Unfall der Helm verlorengegangen und der so ungeschützt den Flammen ausgesetzt ist, wird mit dem Rettungswagen ins Krankenhaus nach Adenau gefahren und von dort mit einem Hubschrauber in eine Spezialklinik für Brandwunden nach Ludwigshafen geflogen.
Dort erkennen die Ärzte sofort, daß die Brandwunden zwar schlimm, jedoch nicht lebensgefährlich sind – lebensgefährlich sind die starken Lungenverätzungen. Ein Rettungswagen bringt Lauda zu einer Mannheimer Klinik, wo er sofort auf die Intensivstation gelegt wird.
Hier erhält er dienstags – also zwei Tage nach dem Rennen – die letzte Ölung, nachdem die Sauerstoffwerte im Blut ein Überleben unwahrscheinlich erscheinen lassen. Aber donnerstags hat sich das Blatt gewendet: Lebensgefahr besteht nicht mehr.
Mit einer kaum glaublichen Zähigkeit erkämpft sich Lauda den Weg ins Leben zurück, wenn auch im Gesicht für immer entstellt.

Schon jetzt ein Denkmal im Autorennsport
ist Niki Lauda (oben im McLaren-Porsche). Den eigenwilligen Österreicher fasziniert neben der Formel 1 vor allem das Fliegen.

Als er bekanntgibt, daß er am 12. September, also genau 42 Tage nach seinem Unfall, wieder bei einem Grand Prix zur Formel-1-Weltmeisterschaft starten will, erntet er nur ungläubiges Staunen. Aber Lauda macht sein Comeback wahr: Beim Großen Preis von Italien in Monza sitzt er wieder im Ferrari – und er beendet das Rennen auf dem vierten Platz.
Ja, der Weltmeister von 1975 hat im letzten Rennen des Jahres 1976, dem Grand Prix von Japan Ende Oktober, sogar noch Chancen auf eine erfolgreiche Titelverteidigung. Mit drei Punkten Vorsprung vor seinem Konkurrenten, dem Briten James Hunt, geht er in das entscheidende Rennen.
In Japan gibt Lauda das Rennen aber bereits in der zweiten Runde auf. Das Weiterfahren bei starkem Regen scheint ihm zu gefährlich. Hunt kommt auf Platz drei ins Ziel und hat damit Lauda im Kampf um die WM um einen einzigen Punkt geschlagen.
Der Unfall auf dem Nürburgring, das Comeback nach sechs Wochen, die Aufgabe in Japan und damit der kampflose Verzicht auf den höchsten Titel im Automobil-Rennsport machten Niki Lauda zu einer lebenden Legende. Und die ist er noch heute.
Seine Karriere im Zeitraffer: Einstieg in den Motorsport 1968, erstes Formel-1-Rennen 1971, erster Grand-Prix-Sieg 1974, erster Weltmeistertitel 1975, Unfall auf dem Nürburgring und Vizeweltmeister 1976, wiederum Weltmeister 1977, abrupter Rückzug aus der Formel 1 Ende 1979, mitten im Training zum Großen Preis von Kanada.
Bei dieser Gelegenheit sagte Lauda den Satz, der noch heute gerne kolportiert wird: »Ich kann mir schönere Dinge vorstellen, als immer nur im Kreis herumzufahren.«
Diese schöneren Dinge nahmen ihn 1980 und 1981 gefangen: Verbissen versuchte er, seine Lauda-

Air, eine Fluggesellschaft, zu einem florierenden Unternehmen auszubauen.
1982 dann kehrte er genauso überraschend, wie er gegangen war, in die Formel 1 zurück. Er unterschrieb bei McLaren und gewann bereits das dritte Rennen, an dem er nach seinem Comeback teilnahm. Bis Ende 1983 gewann er neunzehn Formel-1-WM-Läufe und liegt damit in der »ewigen« Bestenliste hinter Jackie Stewart (27 Siege), Jim Clark (25) und Juan Manuel Fangio (24) auf dem vierten Platz.
Was aber für die Formel 1 viel wichtiger ist, ist die Person Lauda. Einmal sorgt sein weltweiter Bekanntheitsgrad für Interesse an der Formel 1 auch bei Leuten, die sich sonst nicht so sehr für den Grand-Prix-Rennsport begeistern, und zum zweiten ist er in der Lage, Interessen der Fahrer gegen Teamchefs, Sponsoren und die internationale Sportbehörde durchzusetzen. Das zeigte er zum Auftakt der Saison 1982 in Südafrika, als auf seine Initiative hin die Grand-Prix-Fahrer Änderungen in den Verträgen mit den Teams und dem internationalen Verband FISA erreichten.
Der am 22. Februar 1949 geborene Lauda kann sich ein offeneres Wort als seine Kollegen erlauben, weil er für jeden Geldgeber ein immens wichtiger Werbeträger und deshalb bei weitem nicht so abhängig ist wie viele andere Formel-1-Rennfahrer.
Die Herausforderung, die er immer im Rennsport gesucht hat, stellt sich auch 1984: Er will den Porsche-TAG-Turbo-Motor konkurrenzfähig machen. Der letzte Lauf des Jahres 1983 in Südafrika zeigte, daß er auf dem besten Wege dahin ist. Erst fünf Runden vor Schluß wurde er im Kampf um den ersten Platz von einem Kabeldefekt gestoppt.
Aber schon im zweiten WM-Lauf des Jahres 1984 (ebenfalls in Südafrika) ging Lauda mit dem McLaren-Porsche als Erster durchs Ziel, nachdem sein Teamgefährte Alain Prost den ersten Lauf in Brasilien für sich entscheiden konnte.
Insgesamt startete Lauda bis Ende 1983 in 141 Formel-1-WM-Läufen; er gewann neunzehn, wurde sechzehnmal Zweiter und neunmal Dritter. 24mal fuhr er die schnellste Trainingszeit und siebzehnmal die schnellste Runde.

Erster Turbo-Weltmeister: Nelson Piquet

Er wird als erster Turbo-Weltmeister in die Geschichte des Formel-1-Sports eingehen – der am 17. August 1952 geborene Brasilianer Nelson Piquet, der eigentlich Souto Maior heißt. Als Sohn eines hohen Politikers sollte Nelson auf Wunsch seines Vaters Tennisprofi werden, aber der Rennsport zog ihn mehr und mehr in seinen Bann.
Nelson Piquet – Piquet ist der Mädchenname seiner Mutter – gewann den Titel 1983 zwar erst im letzten Rennen auf seinem Brabham-BMW-Turbo, doch er war unbestritten der beste Fahrer dieses Jahres. Und der Titel ist auch eine Bestätigung für seinen »Dickkopf«. Denn im Gegensatz zu seinem Chef Bernie Ecclestone hatte er bereits 1982 auf den Turbo vertraut und mitgeholfen, daß es in der Allianz Brabham-BMW nach mehreren Krisen nicht zum endgültigen Bruch kam.
Im Jahre 1978 erregte Nelson Piquet nachdrücklich die Aufmerksamkeit der Teamchefs, die bei den renommierten Marken der Formel 1 das Sagen haben. In diesem Jahr machte der kleine Brasilianer mit einer endlosen Formel-3-Siegesserie von sich reden. Beim Großen Preis von Deutschland in Hockenheim gab er dann sein Debüt auf einem Ensign, für drei weitere Rennen saß er in einem privaten McLaren, und im letzten Rennen der Saison fuhr er schon einen Brabham von Bernie Ecclestone.
Dem Brabham-Team und Ecclestone ist er bis heute treu geblieben, 1979 als Fahrer Nummer zwei hinter Niki Lauda und seit 1980 als Team-Leader. 1980 fuhr er dann seinen ersten von bisher zehn Grand-Prix-Siegen heraus.
Seinen ersten WM-Titel gewann der Brasilianer im Jahr 1981 – auch damals erst im letzten Rennen der Saison, das auf dem Parkplatz des Caesar-Palace-Hotels in Las Vegas stattfand.
Neben der Formel 1 ist er in den letzten Jahren für BMW ab und zu bei Produktionswagen-Rennen gestartet: So wurde er im Jahre 1981 mit Hans-Joachim Stuck auf BMW M1 Sieger des ADAC-1000-km-Rennens auf dem Nürburgring, nachdem er ein Jahr zuvor Rang drei belegt hatte.

Der erste Weltmeister der neuen Ära
ist Nelson Piquet aus Brasilien, Sohn eines hohen Politikers. Er holte auf seinem Brabham-BMW (ganz unten) 1983 den ersten Titel mit einem Turbo-Motor.

Faszinierend und nicht ungefährlich *sind die Starts zu einem Formel-1-Grand-Prix (wie hier auf dem Bild im Motodrom zu Hockenheim beim Großen Preis von Deutschland).*

Internationale Meisterschaften

Der Kampf um Titel und Punkte

Erst nach dem Zweiten Weltkrieg – vorher gab es unter anderem nur verschiedene Europameisterschaften, so die Europa-Straßenmeisterschaft, der Vorgänger der heutigen Formel-1-WM – bildeten sich im Automobil-Rennsport internationale Titelkämpfe, die kontinuierlich durchgeführt werden.

Die Formel-2-Europameister

Jahr	Fahrer	Land	Fabrikat
1967	Jacky Ickx	B	Matra-Cosworth
1968	Jean-Pierre Beltoise	F	Matra-Cosworth
1969	Jean Servoz-Gavin	F	Matra-Cosworth
1970	Clay Regazzoni	CH	Tecno-Cosworth
1971	Ronnie Peterson	S	March-Cosworth
1972	Mike Hailwood	GB	Surtees-Ford
1973	Jean-Pierre Jarier	F	March-BMW
1974	Patrick Depailler	F	March-BMW
1975	Jacques Laffite	F	Martini-BMW
1976	Jean-Pierre Jabouille	F	Elf-Renault
1977	Rene Arnoux	F	Martini-Renault
1978	Bruno Giacomelli	I	March-BMW
1979	Marc Surer	CH	March-BMW
1980	Brian Henton	GB	Toleman-Hart
1981	Geoff Lees	GB	Ralt-Honda
1982	Corrado Fabi	I	March-BMW
1983	Dr. Jonathan Palmer	GB	Ralt-Honda

Vor dem Jahre 1939 gab es nur sporadisch internationale Titel – so Mitte der 20er Jahre dreimal eine Weltmeisterschaft für Hersteller von Grand-Prix-Rennwagen, 1930 bis 1932 Europa-Bergmeisterschaften für Fahrer und 1935 bis 1939 Europameisterschaften für Fahrer auf der Rundstrecke mit Grand-Prix-Rennwagen. Dieser Titel wurde auch 1946 vergeben. Nachfolger dieses letztgenannten Championats ist seit 1950 die Fahrer-Weltmeisterschaft für Formel-1-Piloten. Dieser Titel ist der wichtigste, den es im Automobilsport zu gewinnen gibt. Seit 1958 wird zusätzlich ein Titel für den erfolgreichsten Hersteller in der Formel 1 vergeben.

1953 kamen zwei weitere wichtige internationale Titel dazu: zum einen die Sportwagen-Weltmeisterschaft, die heute unter dem Titel »Endurance-Weltmeisterschaft« läuft; zum zweiten die Rallye-Europameisterschaft, die heute ebenfalls noch ausgetragen wird.

In der Sportwagen- bzw. Endurance-WM wird der Titel an das erfolgreichste Fabrikat in Langstrecken-Rennen (z. B. das ADAC-1000-km-Rennen oder die 24 Stunden von Le Mans) vergeben. Eingesetzt werden keine Rennwagen mit freistehenden Rädern wie in der Formel 1, sondern zweisitzige Sportwagen. Offiziell hat sich die Bezeichnung für Sportwagen mehrmals geändert. Im Augenblick heißen sie Gruppe-C-Rennwagen.

Seit 1981 wird außerdem eine

27 GRAND-PRIX-SIEGE FUER JACKIE STEWART

Der Formel-1-Zirkus

bietet vielerlei Impressionen. Technik in Reinkultur, wie die Bilder links (gestrippter Renault) und ganz unten (Motor) zeigen. Immer wieder spannend und aufregend für Akteure und Zuschauer: die Boxenstopps.

Weltmeisterschaft für den erfolgreichsten Fahrer in der Endurance-Klasse ausgefahren.
Zunächst erhielt in der Rallye-Europameisterschaft immer der Fahrer den Titel. Seit 1968 wurde im Rallye-Sport ein zusätzlicher Titel eingeführt, der für Marken ausgeschrieben ist und erst Internationale Markenmeisterschaft hieß und seit 1977 als Rallye-Marken-Weltmeisterschaft firmiert. Seit 1977 wird zusätzlich ein Rallye-Fahrer-Weltmeister ermittelt.
1957 wurde wieder die Europa-Bergmeisterschaft für Fahrer eingeführt, die seitdem kontinuierlich ausgefahren wird.
1963 kam ein Titel für Tourenwagen (Autos mit mindestens vier Sitzen) hinzu: die Tourenwagen-Europameisterschaft. Sie war in den ersten beiden Jahren für Fahrer allein ausgeschrieben; 1965 kamen die Marken hinzu.
Weitere Europameisterschaften werden seit 1967 für die Formel-2-Rennfahrer und seit 1975 für die Formel-3-Piloten veranstaltet.

Sieger in Läufen zur Fahrer-Weltmeisterschaft von 1950 (ohne Indianapolis) bis 1983 (Marken)

Firmen	Siege	Motoren	Siege
1 Ferrari	88	1 Ford	155
2 Lotus	72	2 Ferrari	88
3 Brabham	32	3 Climax	40
4 McLaren	30	4 BRM	18
5 Tyrrell	23	5 Renault	15
6 BRM	17	6 Alfa Romeo	12
Williams	17	7 Maserati	11
8 Cooper	16	8 Mercedes-Benz	9
9 Renault	15	Vanwall	9
10 Alfa Romeo	10	10 Repco	8
11 Maserati	9	11 BMW	5
Matra	9	12 Matra	3
Mercedes-Benz	9	13 Honda	2
Vanwall	9	14 Porsche	1
15 Ligier	6	Weslake	1
16 March	3		
Wolf	3		
18 Honda	2		
Talbot	2		
20 Eagle	1		
Hesketh	1		
Penske	1		
Porsche	1		
Shadow	1		

Sieger der Läufe zur Fahrer-Weltmeisterschaft von 1950 (ohne Indianapolis) bis 1983 (Fahrer)

Fahrer	Siege
1 Jackie Stewart (GB)	27
2 Jim Clark (GB)	25
3 Juan Manuel Fangio (RA)	24
4 Niki Lauda (A)	19
5 Stirling Moss (GB)	16
6 Jack Brabham (AUS)	14
Emerson Fittipaldi (BR)	14
Graham Hill (GB)	14
9 Alberto Ascari (I)	13
10 Mario Andretti (USA)	12
Alan Jones (AUS)	12
Carlos Reutemann (RA)	12
13 James Hunt (GB)	10
Ronnie Peterson (S)	10
Nelson Piquet (BR)	10
Jody Scheckter (ZA)	10
17 Alain Prost (F)	9
18 Denis Hulme (NZ)	8
Jacky Ickx (B)	8
20 Rene Arnoux (F)	7
21 Tony Brooks (GB)	6
Jacques Laffite (F)	6
Jochen Rindt (A)	6
John Surtees (GB)	6
Gilles Villeneuve (CDN)	6
26 Giuseppe Farina (I)	5
Clay Regazzoni (CH)	5
John Watson (GB)	5
29 Dan Gurney (USA)	4
Bruce McLaren (NZ)	4
31 Peter Collins (GB)	3
Mike Hawthorn (GB)	3
Phil Hill (USA)	3
Didier Pironi (F)	3
35 Michele Alboreto (I)	2
Patrick Depailler (F)	2
Jose Froilan Gonzalez (RA)	2
Jean-Pierre Jabouille (F)	2
Riccardo Patrese (I)	2
Peter Revson (USA)	2
Pedro Rodriguez (MEX)	2
Keke Rosberg (SF)	2
Jo Siffert (CH)	2
Patrick Tambay (F)	2
Maurice Trintignant (F)	2
Wolfgang Graf Berghe von Trips (D)	2
47 Elio de Angelis (I)	1
Giancarlo Baghetti (I)	1
Lorenzo Bandini (I)	1
Jean-Pierre Beltoise (F)	1
Joakim Bonnier (S)	1
Vittorio Brambilla (I)	1
François Cevert (F)	1
Luigi Fagioli (I)	1
Peter Gethin (GB)	1
Richie Ginther (USA)	1
Innes Ireland (GB)	1
Jochen Mass (D)	1
Luigi Musso (I)	1
Gunnar Nilsson (S)	1
Carlos Pace (BR)	1
Lodovico Scarfiotti (I)	1
Piero Taruffi (I)	1

Nicht nur die 24 Stunden von Le Mans

Der längste Tag

Der längste Tag im Automobil-Rennsport findet traditionsgemäß im Juni in Le Mans im französischen Departement Sarthe statt. 24 Stunden lang jagen auf dem superschnellen Kurs bis zu 55 Sportwagen um den Sieg im wohl bekanntesten Autorennen der Welt.

Der Name Le Mans steht für eine Sparte des Rennsports, die heutzutage auch im Deutschen »Endurance« genannt wird, was soviel wie Ausdauer bedeuten soll. Dauerrennen oder Langstrecken-Rennen werden heute mit Autos der Gruppe C ausgetragen. Früher hießen sie einmal verständlicher »Sportwagen«. Diese Autos sind zwar auch nur für Rennen gebaut, haben aber im Gegensatz etwa zu den Formel-1-Rennwagen, die über freistehende Räder und nur einen Sitzplatz verfügen, eine geschlossene Karosserie.

Die Reglements für Langstrekken-Rennen haben sich mehrere Male geändert, nicht geändert aber hat sich das Prinzip der Langstrecken-Rennen. In Le Mans geht es nach wie vor über eine Dauer von 24 Stunden. Andere Rennen – wie das ADAC-1000-km-Rennen auf dem Nürburgring – sind nach der Distanz begrenzt. Bei all diesen Rennen aber wechseln sich wegen der langen Dauer mindestens zwei Fahrer auf ein und demselben Auto ab.

Jährliche Krönung der Endurance-Saison ist ohne Zweifel Le Mans. Hier sehen über 200 000 Zuschauer die besten Felder, die bei Langstrecken-Rennen an den Start gehen.

Das Rennen ist seit 1970 mit wenigen Unterbrechungen in der Hand von Porsche, das während dieser Zeit allein achtmal gewinnen konnte.

Erfolgreichster Fahrer aller Zeiten in Le Mans ist bisher der Belgier Jacky Ickx (→ Porträt), der nicht weniger als sechsmal das siegreiche Fahrzeug steuerte. Zusätzlich belegte er noch zweimal den zweiten Platz bei dieser Dauerprüfung. Er ist außerdem der erfolgreichste Fahrer bei Langstrecken-Rennen. Nicht weniger als 33mal fuhr er bis Ende 1983 als Sieger eines WM-Laufs durchs Ziel.

Le Mans steht aber auch für den schwersten Unfall in der Geschichte des Automobilsports. 1955 kam es nach einer Kollision zur Katastrophe: Über achtzig Menschen starben, viele weitere wurden zum Teil schwer verletzt. Dieser Unfall führte in Le Mans zu umfangreichen Umbauten innerhalb der Boxen- sowie der Start-und-Ziel-Anlage. 1956 wurde in Le Mans jedoch wieder gefahren.

Ein anderes großes Langstrekken-Rennen für Sportwagen wur-

Jubel, Trubel, Heiterkeit . . .

das ist die Devise beim 24-Stunden-Rennen von Le Mans, dem bei weitesten berühmtesten Langstrecken-Rennen der Welt. Neben den Rennwagen spielen daher auch Unterhaltung, Karussell und Girls eine nicht unbedeutende Rolle.

Sieger 24-Stunden-Rennen von Le Mans

Jahr	Fahrer	Fahrzeug	km/h
1923	Lagache/Leonard (F)	Chenard & Walcker	92,064
1924	Duff/Clement (GB)	Bentley	86,555
1925	de Courcelles/Rossignol (F)	Lorraine-Dietrich	93,082
1926	Bloch/Rossignol (F)	Lorraine-Dietrich	106,352
1927	Benjafield/Davis (GB)	Bentley	98,740
1928	Woolf-Barnato/Rubin (GB)	Bentley	111,219
1929	Woolf-Barnato/Birkin (GB)	Bentley	118,429
1930	Woolf-Barnato/Kidston (GB)	Bentley	122,111
1931	Earl Howe/Birkin (GB)	Alfa Romeo	125,735
1932	Sommer/Chinetti (F/I)	Alfa Romeo	123,084
1933	Sommer/Nuvolari (F/I)	Alfa Romeo	131,001
1934	Etancelin/Chinetti (F/I)	Alfa Romeo	120,208
1935	Hindmarsh/Fontes (GB)	Lagonda	125,283
1937	Wimille/Benoist (F)	Bugatti	136,997
1938	Chaboud/Tremoulet (F)	Delahaye	132,529
1939	Wimille/Veyron (F)	Bugatti	139,781
1949	Lord Selsdom/Chinetti (GB/I)	Ferrari	132,946
1950	L. Rosier/C. Rosier (F)	Talbot	144,380
1951	P. Whitehead/Walker (GB)	Jaguar	150,465
1952	Lang/Riess (D)	Mercedes-Benz	155,574
1953	Rolt/Hamilton (GB)	Jaguar	170,336
1954	Gonzalez/Trintignant (RA/F)	Ferrari	169,215
1955	Hawthorn/Bueb (GB)	Jaguar	172,308
1956	Flockhart/Sanderson (AUS/GB)	Jaguar	168,112
1957	Flockhart/Bueb (AUS/GB)	Jaguar	183,212
1958	P. Hill/Gendebien (USA/B)	Ferrari	170,914
1959	Salvadori/Shelby (GB/USA)	Aston Martin	181,163
1960	Frere/Gendebien (B)	Ferrari	175,730
1961	P. Hill/Gendebien (USA/B)	Ferrari	186,524
1962	P. Hill/Gendebien (USA/B)	Ferrari	185,463
1963	Scarfiotti/Bandini (I)	Ferrari	190,071
1964	Vaccarella/Guichet (I/F)	Ferrari	195,638
1965	Gregory/Rindt (USA/A)	Ferrari	194,880
1966	McLaren/Amon (NZ)	Ford	201,796
1967	Gurney/Foyt (USA)	Ford	218,038
1968	P. Rodriguez/L. Bianchi (MEX/B)	Ford	185,536
1969	Ickx/Oliver (B/GB)	Ford	208,250
1970	Herrmann/Attwood (D/GB)	Porsche	191,992
1971	Marko/van Lennep (A/NL)	Porsche	222,304
1972	Pescarolo/G. Hill (F/GB)	Matra	195,472
1973	Pescarolo/Larrousse (F)	Matra	202,247
1974	Pescarolo/Larrousse (F)	Matra	191,940
1975	Ickx/Bell (B/GB)	Mirage-Ford	191,482
1976	Ickx/van Lennep (B/NL)	Porsche	198,746
1977	Ickx/J. Barth/Haywood (B/D/USA)	Porsche	194,651
1978	Pironi/Jaussaud (F)	Alpine-Renault	210,188
1979	Ludwig/B. Whittington/D. Whittington (D/USA)	Porsche	173,913
1980	Rondeau/Jaussaud (F)	Rondeau-Ford	192,000
1981	Ickx/Bell (B/GB)	Porsche	201,065
1982	Ickx/Bell (B/GB)	Porsche	204,128
1983	Holbert/Haywood/Schuppan (USA/USA/AUS)	Porsche	210,340

de nach einem schweren Unfall verboten: Die Mille Miglia in Italien – ein Rennen mit einer Distanz von mehr als 1600 km, das über normale Straßen, durch Dörfer und Städte führte. 1957 verlor der Ferrari des spanischen Granden Alfonso Marquis de Portage ein Rad und flog in eine Zuschauermenge. Vierzehn Tote waren Grund genug, die Historie dieses Rennens, das seit 1927 ausgefahren wurde, zu beenden.
Auch die Targa Florio, 1906 zum ersten Male im Kalender, auf öffentlichen Straßen in Sizilien ausgefahren, gibt es nicht mehr. 1973 hatte sie zum letzten Mal WM-Status. Zwei Jahre wurde sie danach noch als nationales Rennen ausgefahren, dann war es jedoch endgültig vorbei.
Mit der Targa Florio verschwand das letzte der großen alten Rennen auf öffentlichen Straßen mit Ortsdurchfahrten aus dem internationalen Automobilsport.
Meisterschaften im Langstrecken-Sport für Sportwagen gibt es seit 1953 in Form von Weltmeisterschaften. Seit 1981 wird auch ein Titel an den erfolgreichsten Fahrer vergeben. 1982 und 1983 hieß er Jacky Ickx auf Porsche.

Der König der Langstrecke: Jacky Ickx

Er ist der König der Langstrecke, der Belgier Jacky Ickx, geboren am 1. Januar 1945. Bis zum Saisonende 1983 hatte er genau 33 WM-Läufe und zusätzlich noch zwölf weitere Langstrecken-Rennen gewonnen, die nicht zur WM zählten. 1982 und 1983 wurde er Endurance-Weltmeister.
Ende 1979 hatte er sich vom aktiven Motorsport zurückgezogen, im Alter von 34 Jahren – nach einer fünfzehn Jahre dauernden Karriere. Doch Porsche holte ihn zuerst für Rennen in Le Mans und seit 1982 wieder für komplette Rennsaisons aus dem »Rentnerdasein« zurück.
Die erste Karriere des Jacky Ickx verlief schnell und zielstrebig in die Formel 1. Hier gehörte er von 1968 bis 1972 zu den besten Piloten überhaupt, wie zwei Vizemeister-Titel und acht Grand-Prix-Siege beweisen. Er fuhr für Ferrari und Brabham und galt als der große Gegenspieler von Jackie Stewart. Seit 1974 war er zwar bis 1979 noch regelmäßig in der Formel 1 vertreten, aber die großen Erfolge blieben aus. Die fuhr er in anderen Kategorien – wie Sportwagen-Rennen oder bei der CanAm-Serie – heraus.
Sei es auf Ford, Ferrari, Matra, Mirage, Alfa Romeo oder Porsche: Ickx etablierte sich als der

Sportwagen- bzw. Endurance-Weltmeisterschaft

Titelträger Marken

Jahr	Firma
1953	Ferrari
1954	Ferrari
1955	Mercedes-Benz
1956	Ferrari
1957	Ferrari
1958	Ferrari
1959	Aston Martin
1960	Ferrari
1961	Ferrari
1962	Abarth (bis 1000 ccm)
	Porsche (bis 2000 ccm)
	Ferrari (über 2000 ccm)
1963	Abarth (bis 1000 ccm)
	Porsche (bis 2000 ccm)
	Ferrari (über 2000 ccm)
1964	Ferrari
1965	Ferrari
1966	Ford
1967	Ferrari
1968	Ford
1969	Porsche
1970	Porsche
1971	Porsche
1972	Ferrari
1973	Matra
1974	Matra
1975	Alfa Romeo
1976	Porsche
1977	Porsche
1978	Porsche
1979	Porsche
1980	Lancia
1981	Lancia
1982	Porsche
1983	Porsche

Titelträger Fahrer

Jahr	Fahrer	Marke
1981	Bob Garretson (USA)	Porsche
1982	Jacky Ickx (B)	Porsche
1983	Jacky Ickx (B)	Porsche

Erfolgreich in der Formel 1 und auf der Langstrecke

ist der Belgier Jacky Ickx. Zwei WM-(Endurance) und acht Grand-Prix-Siege in der Formel 1 stehen auf seinem Konto – und viele Nürburgring-Erfolge.

Fahrer, der in der Langstrecken-WM zu schlagen war. Er ging und geht schonend mit dem Material um, wird zwar heute zur »Altherren-Riege« gerechnet, gewinnt aber immer noch.

Und er gibt immer noch richtig Gas, wenn es notwendig erscheint. Er paßt nicht so recht in die heutige Rennfahrer-Generation, denn er ist nach wie vor bereit, bei jeder Witterung auf jeder Strecke zu fahren. »Mein Beruf ist der des Rennfahrers. Und ein Rennfahrer muß mit jeder Situation auf der Strecke fertig werden.« Das war sein Kommentar schon vor zehn Jahren oder vor fünfzehn Jahren, wenn seine Rennfahrer-Kollegen mal wieder eine Rennstrecke wegen angeblich unzureichender Sicherheitsvorkehrungen boykottierten oder boykottieren wollten. Ickx hat sich weder am ersten Nürburgring-Boykott 1970 noch an dem versuchten Boykott 1975 in Barcelona, noch am Spa-Boykott ab 1971 beteiligt.

Spa-Francochamps – in seinem Heimatland Belgien – und der Nürburgring, die beiden am heftigsten umstrittenen Strecken in den 70er Jahren – das waren seine Lieblingskurse. Der Heimatstrekke in Spa stand er nach seinem Rücktritt von 1979 bis 1982 als Direktor vor. Und er schaffte es, nach einem Umbau, die Formel 1 wieder auf diesen Kurs zurückzuholen.

Im Jahre 1983 gewann er auf Porsche das letzte wichtige Rennen für Sportwagen auf dem alten Nürburgring: das ADAC-1000-km-Rennen. Zehn Jahre zuvor hatte er alle Hebel in Bewegung gesetzt, um beim letzten internationalen Rennen um die Targa Florio auf dem 72 km langen Kurs in Sizilien dabeisein zu können. Doch da wurde es nichts mit einem Sieg zum Abschluß: Ickx, der vorher noch nie den kurvenreichen Kurs gesehen hatte, steuerte seinen Ferrari von der Strecke. »Ich kannte einfach die Strecke nicht gut genug. Ich hätte vorher schon mal hier starten sollen«, lautete sein lapidarer Kommentar.

Ein wenig Abenteuer reizt ihn nach wie vor – wie das des Wüstenspektakels Paris–Dakar. 1983 gewann er dieses Marathonrennen auf Mercedes. 1984 wollte er seinen Erfolg auf Porsche wiederholen. Wegen technischer Defekte fiel er jedoch weit zurück, fuhr aber als weit Abgeschlagener bis nach Dakar weiter. Aufgeben war noch nie seine Stärke ...

MONACO: TREFFPUNKT FUER MASCHINEN UND MAEDCHEN

Monte Carlo und die Rallye-Weltmeisterschaft

Die längste Nacht

Die längste Nacht im Automobil-Rennsport findet traditionell im Januar in den französischen Seealpen bei Monte Carlo statt. Sie ist auch bekannt unter dem Namen »Nacht der langen Messer«. In dieser Nacht fällt die Entscheidung bei der berühmtesten und ältesten Rallye der Welt, bei der Rallye Monte Carlo.

Sie ist heute bei weitem nicht mehr die sportlich wertvollste, da werden die »Portugal«, die »Akropolis« oder die »England« genannt, aber sie ist nach wie vor eine Institution und die publicityträchtigste Rallye in der gesamten Weltmeisterschafts-Saison.

Der Rallye-Sport hat in den letzten zwanzig Jahren einen enormen Aufschwung genommen. Die heutigen Rallyes sind nicht mehr mit den »gemütlichen« Veranstaltungen bis zum Ende der 50er Jahre vergleichbar, bei denen oft Orientierungsprobleme wichtigere Kriterien waren als Schnelligkeit auf Sonderprüfungen, wenn es die überhaupt gab.

Heute stellen die Rallyes oftmals brutale Beanspruchungen an Material und Fahrer dar. Da sich auf den sogenannten »Verbindungsetappen«, die normalerweise mit einem gemütlichen Durchschnitt zurückgelegt werden können, fast nie ein Spitzenfahrer Strafsekunden einhandelt, fällt die Entscheidung letztendlich auf den Sonderprüfungen. Hier geht es um die schnellste Zeit. Die Zeiten sämtlicher Sonderprüfungen werden addiert, um so den Gesamtsieger der Rallye zu finden.

So ist das Wertungssystem bei fast allen europäischen Rallyes. Erschwerend bei den Sonderprüfungen ist die variierende Streckenbeschaffenheit: zum Teil muß auf Schotter, zum Teil auf Asphalt gefahren werden. Anders geht es meistenteils außerhalb Europas zu. Bei der Rallye »Elfenbeinküste« oder der »Safari-Rallye« in Ostafrika werden die Durchschnitte auf den sogenannten Verbindungsetappen so hoch angesetzt, daß sie praktisch nicht zu erreichen sind. Sonderprüfungen gibt es nicht. So gewinnt also derjenige Fahrer, der über die gesamte Rallye-Distanz am schnellsten fährt, also die wenigsten Strafminuten oder auch -stunden auf seinem Konto hat.

Als die Rallye Monte Carlo im Jahr 1911 zum ersten Mal ausge-

Glamour, Stars, Sternchen und PS

sind zweimal im Jahr im Fürstentum Monaco an der Tagesordnung: beim Grand Prix (Bilder links) und bei der Rallye Monte Carlo (unten).

SOGAR EIN OMNIBUS AM START

Sieger Rallye Monte Carlo

Jahr	Fahrer	Marke
1911	Rougier (F)	Turcat-Mery
1912	Beutler (D)	Berliet
1924	Ledure (F)	Bignan
1925	Repusseau (F)	Renault
1926	Bruce/Brunell (GB)	AC
1927	Lefebvre/Despeaux (F)	Amilcar
1928	Bignan (GB)	Fiat
1929	van Eyck (DK)	Graham-Paige
1930	Petit (F)	Licorne
1931	Healey (GB)	Invicta
1932	Vasselle (F)	Hotchkiss
1933	Vasselle (F)	Hotchkiss
1934	Gas/Trevoux (F)	Hotchkiss
1935	Lahaye/Quatresous (F)	Renault
1936	Zamfirescu/Christea (R)	Ford
1937	Le Begue/Quinlin (F)	Delahaye
1938	Bakker-Schut/Ton (NL)	Ford
1939	Trevoux/Lesurque (F) Paul/Contet (F)	Hotchkiss Delahaye
1949	Trevoux/Lesurque (F)	Hotchkiss
1950	Becquart/Secret (F)	Hotchkiss
1951	Trevoux/Crovetto (F)	Delahaye
1952	Allard/Warbuton/Lush (GB)	Allard
1953	Gatsonides/Worledge (NL/GB)	Ford
1954	Chiron/Basadonna (MC/CH)	Lancia
1955	Malling/Fadum (N)	Sunbeam-Talbot
1956	Adams/Bigger/Johnston (IRL)	Jaguar
1958	Monraisse/Feret (F)	Renault
1959	Coltelloni/Alexandre (F)	Citroën
1960	Schock/Moll (D)	Mercedes-Benz
1961	Martin/Bateau (F)	Panhard
1962	Carlsson/Häggbom (S)	Saab
1963	Carlsson/Palm (S)	Saab
1964	Hopkirk/Liddon (GB)	BMC Mini Cooper
1965	Mäkinen/Easter (SF/GB)	BMC Mini Cooper
1966	Toivonen/Mikander (SF)	Citroën
1967	Aaltonen/Liddon (SF/GB)	BMC Mini Cooper
1968	Elford/Stone (GB)	Porsche
1969	Waldegaard/Helmer (S)	Porsche
1970	Waldegaard/Helmer (S)	Porsche
1971	Andersson/Stone (S/GB)	Alpine-Renault
1972	Munari/Mannucci (I)	Lancia
1973	Andruet/»Biche« (F)	Alpine-Renault
1975	Munari/Mannucci (I)	Lancia
1976	Munari/Maiga (I)	Lancia
1977	Munari/Maiga (I)	Lancia
1978	Nicolas/Laverne (F)	Porsche
1979	Darniche/Mahe (F)	Lancia
1980	Röhrl/Geistdörfer (D)	Fiat
1981	Ragnotti/Andrie (F)	Renault
1982	Röhrl/Geistdörfer (D)	Opel
1983	Röhrl/Geistdörfer (D)	Lancia
1984	Röhrl/Geistdörfer (D)	Audi

Im Jahre 1939 gab es zwei Sieger: Beide Teams wiesen im Schlußklassement die gleiche Punktzahl auf. Zweimal wartete man in den einzelnen Startorten vergeblich auf den Beginn der Rallye, und zwar in den Jahren 1957 und 1974. War beim ersten Mal die Suez-Krise der Grund für die Absage, so fiel sie siebzehn Jahre später wegen der Ölkrise aus.

tragen wurde – das Auto war gerade 25 Jahre alt –, war es an sich schwierig genug, von Startorten wie Berlin überhaupt bis nach Monaco zu kommen. Als das in den 20er Jahren für ein Automobil kein Problem mehr darstellte, wurden vom Veranstalter geradezu lächerliche Kriterien zur Wertung herangezogen.
Da wurde zum Beispiel die Zahl der in einem Auto mitreisenden Personen gewertet, nach dem Motto: je mehr, desto besser. Was dann auch folgerichtig zur Teilnahme eines Omnibusses führte. Gewonnen hat der allerdings dann doch nicht. Oder man bekam Strafpunkte, wenn am Auto eine Delle zu entdecken war.
Nach dem Zweiten Weltkrieg hielt sich bis in die 60er Jahre die

Kurve, Steigung, Gefälle – *das sind Kriterien bei der »Monte«, die von den Fahrern oft nur mit Hilfe des sogenannten »Gebetbuches« gemeistert werden.*

Fernfahrt Lüttich–Rom–Lüttich oder später Lüttich–Sofia–Lüttich.
Bei dieser »Rallye« handelte es sich eigentlich um ein Rennen auf öffentlichen Straßen, bei dem der gewann, der die Distanz am schnellsten zurücklegte. Die Teilnehmer bewegten sich auf nicht abgesperrten Straßen im normalen Straßenverkehr und waren an die fünfzig Stunden unterwegs. Klar, daß bei dem ständig steigenden Verkehr das Aus für diese Veranstaltung kommen mußte.
Rallyes wurden noch bis vor zehn Jahren mit mehr oder weniger serienmäßigen Personenwagen gefahren und gewonnen, die natürlich entsprechend vorbereitet, in ihrer Leistung gesteigert und ausgerüstet waren.
Die Wende kam mit dem Lancia Stratos Mitte der 70er Jahre. Dieses Auto war einzig und allein entwickelt worden, um damit Rallyes zu gewinnen. Erst in zweiter Linie wurde es und mußte es wegen der Sportgesetze auch dem »Otto Normalverbraucher« für den normalen Straßenverkehr angeboten werden. Heute ist es so, daß in der Rallye-WM verkappte Rennwagen herumfahren, die mit dem Serien-Grundmodell vielleicht nur noch die Karosserie gemeinsam haben. PS-Zahlen von weit über 300 sind normal.
Diese Entwicklung ist auf das große Interesse von Werken an

Tourenwagen-Europameisterschaft für Fahrer

Jahr	Fahrer	Fabrikat	
1963	Peter Nöcker (D)	Jaguar	
1964	Warwick Banks (GB)	BMC Mini Cooper	
1965	Ed Swart (NL)	Fiat Abarth	bis 1000 ccm
	John Whitmore (GB)	Ford Cortina	bis 1600 ccm
	Jacky Ickx (B)	Ford Mustang	über 1600 ccm
1966	Giancarlo Baghetti (I)	Fiat Abarth	bis 1000 ccm
	Andrea de Adamich (I)	Alfa Romeo	bis 1600 ccm
	Hubert Hahne (D)	BMW	über 1600 ccm
1967	Willi Kauhsen (D)	Fiat Abarth	bis 1000 ccm
	Andrea de Adamich (I)	Alfa Romeo	bis 1600 ccm
	Karl von Wendt (D)	Porsche	über 1600 ccm
1968	John Handley (GB)	BMC Mini	bis 1000 ccm
	John Rhodes (GB)	BMC Mini S	bis 1600 ccm
	Dieter Quester (A)	BMW	über 1600 ccm
1969	»Pam« (I)	Fiat Abarth	bis 1000 ccm
	Spartaco Dini (I)	Alfa Romeo	bis 1600 ccm
	Dieter Quester (A)	BMW	über 1600 ccm
1970	Toine Hezemans (NL)	Alfa Romeo	
1971	Dieter Glemser (D)	Ford Capri	
1972	Jochen Mass (D)	Ford Capri	
1973	Toine Hezemans (NL)	BMW CSL	
1974	Hans Heyer (D)	Ford Escort	
1975	Siggi Müller sr./Alain Peltier (D/B)	BMW CSL	
1976	Jean Xhenceval/Pierre Dieudonne (B)	BMW CSL	
1977	Dieter Quester (A)	BMW CSL	
1978	Umberto Grano (I)	BMW CSL	
1979	Carlo Facetti/Martino Finotto (I)	BMW CSL	
1980	Helmut Kelleners/Siggi Müller jr. (D)	BMW 320	
1981	Umberto Grano/Helmut Kelleners (I/D)	BMW 635 CSi	
1982	Umberto Grano/Helmut Kelleners (I/D)	BMW 528i	
1983	Dieter Quester (A)	BMW 635 CSi	

König der Monte-Rallye *ist Walter Röhrl (oben im Audi Quattro), rechts mit Co-Pilot Christian Geistdörfer am berühmt-berüchtigten Col de Turini.*

der Rallye-WM zurückzuführen. Wenn Werke mit ihren Teams einsteigen, dann wollen sie gewinnen und setzen alle technischen und finanziellen Möglichkeiten in Bewegung, um ihr Ziel zu erreichen.
Und die Teilnahme von Werken erhöht das Interesse in der Öffentlichkeit. Es gibt also mehr Zeitungsberichte, mehr Rundfunkübertragungen und mehr Fernsehbilder. Womit wiederum das Interesse von Werken und Sponsoren steigt. Denn die sind ja in erster Linie an PR für ihre Produkte interessiert.
So hat sich die Rallye-Weltmeisterschaft »hochgeschaukelt«. Sie rangiert heute in der Motorsport-Hierarchie – was das öffentliche Interesse angeht – direkt hinter der Formel 1. Das war nicht immer so. Bis 1971 nahm diesen Rang die Marken-Weltmeisterschaft für Sportwagen bei Langstrecken-Rennen ein.

Die Rallye-Weltmeister (Marken)

Jahr	Firma
1968	Ford
1969	Ford
1970	Porsche
1971	Alpine-Renault
1972	Lancia
1973	Alpine-Renault
1974	Lancia
1975	Lancia
1976	Lancia
1977	Fiat
1978	Fiat
1979	Ford
1980	Fiat
1981	Talbot
1982	Audi
1983	Lancia

Bis 1976 wurde der Wettbewerb unter der Bezeichnung »Internationale Rallye-Meisterschaft für Marken« ausgetragen.

Er beherrscht die Rallye-Szene: Walter Röhrl

Er weiß wahrscheinlich gar nicht, wie gut er ist, der Walter Röhrl aus Regensburg. Der »Lange«, der seine erste Fahrpraxis als Chauffeur des Bischofs von Regensburg erwarb, gilt heute als der beste Rallye-Fahrer der Welt – und als der größte Pessimist. Selbst wenn sich wirklich alle – ob Konkurrenten, ob Presse, ob Zuschauer – einig sind, daß Röhrl mal wieder eine Rallye gewinnen wird, dann glaubt der es immer noch nicht.
So redete er sich 1984 vor seinem ersten Monte-Carlo-Start auf dem Audi Quattro mehr oder minder erfolgreich ein, daß er einen vierradangetriebenen Wagen nicht fahren könne. »Ich habe bisher immer nur konventionelle Autos in Rallyes gefahren, und das über sechzehn Jahre lang.« Gewonnen hat er dann doch. Seine deprimierten und deklassierten Markengefährten konnten nur noch stöhnen: »Der gewinnt sogar mit einem Taxi!« Walter Röhrl, geboren am 7. März 1947, hat trotz seiner Selbstzweifel seit 1978 Zeichen im Rallye-Sport gesetzt. Auf Fiat, Opel und Lancia fuhr er Siege in zwölf Läufen zur Rallye-Weltmeisterschaft heraus und wurde zweimal (1980 und 1982) Fahrer-Weltmeister.
Vor allem der Titelgewinn im Jahre 1982 mit dem unterlegenen Opel Ascona 400 gegen die Audi-Quattro-Phalanx, die teilweise mit sechs Fahrzeugen an den Start ging, konnte nur einem Walter Röhrl gelingen. Dieses Jahr 1982 brachte der Rallye-Weltmeisterschaft eine nie zuvor erreichte Publizität. Das lag neben Röhrl vor allem an der Französin Michele Mouton, die mit ihrem Audi Quattro zum einzigen ernsthaften Röhrl-Gegner avancierte.
Das hat den guten Walter damals sehr gefuchst. In erster Linie hatte er sich mit dem Audi Quattro ein Feindbild geschaffen – und von einer Frau wollte er natürlich auch nicht geschlagen werden.

AUDI VERPFLICHTET DEN REGENSBURGER

Schöner schwarzer Vulkan – *so wird die Französin Michele Mouton genannt. Sie ist die erfolgreichste Frau im internationalen Rallye-Sport. 1982 unterlag sie bei der WM nur knapp gegen Walter Röhrl.*

Europameisterschaft für Tourenwagen

Fabrikate		
Jahr	**Fabrikat**	
1965	Fiat Abarth	bis 1000 ccm
	Ford	bis 1600 ccm
	Ford	über 1600 ccm
1966	Fiat Abarth	bis 1000 ccm
	Alfa Romeo	bis 1600 ccm
	BMW	über 1600 ccm
1967	Fiat Abarth	bis 1000 ccm
	Alfa Romeo	bis 1600 ccm
	Porsche	über 1600 ccm
1968	BMC	bis 1000 ccm
	BMC	bis 1600 ccm
	BMW	über 1600 ccm
1969	Fiat Abarth	bis 1000 ccm
	Alfa Romeo	bis 1600 ccm
	BMW	über 1600 ccm
1970	BMW	
1971	Alfa Romeo	
1972	Alfa Romeo	
1973	BMW	
1974	Ford	
1975	BMW	
1976	BMW	
1977	BMW	
1978	BMW	
1979	BMW	
1980	Audi	
1981	Skoda	
1982	Alfa Romeo	
1983	Alfa Romeo	

1983 saß er im Lancia und hatte wieder den Audi Quattro als Gegner. Weltmeister wollte er nicht mehr werden. Je älter und besser er wurde, um so mehr war er nicht mehr bereit, von Rallye zu Rallye zu hetzen. Sechs WM-Läufe und drei Starts in Deutschland, das lag ihm, und das reichte ihm auch.

Seine Karriere startete der Regensburger 1970. Vier Jahre später wurde er auf Opel, für das er seit 1973 fuhr, Rallye-Europameister. 1975 gewann er dann mit der »Rallye Akropolis« seinen ersten WM-Lauf. Drei Jahre darauf wechselte er zu Fiat, womit seine internationale Erfolgsserie begann. Bis 1980 gewann er für das italienische Werk sechs WM-Läufe und zwei Marken-WM- sowie einen Fahrer-WM-Titel.

1981 stand der Rallye-Weltmeister plötzlich »im Regen«, weil Daimler-Benz nicht, wie geplant und vertraglich besiegelt, Röhrl in der WM einsetzte. Das Werk hatte kurzfristig seinen Rücktritt aus dem Sport beschlossen.

In dieser mißlichen Lage half das andere Stuttgarter Werk, Porsche: Auf einem Porsche 924 Carrera GTS wurden Einsätze bei der Deutschen Rallye-Meisterschaft möglich. Zwar eine Nummer zu klein für einen Weltmeister, aber immerhin.

1982 folgte die Rückkehr zu Opel mit Siegen in Monte Carlo und an der Elfenbeinküste sowie dem zweiten Titelgewinn als Rallye-Fahrer-Weltmeister.

Im Jahre 1983 – auf Lancia – brachte es Röhrl auf drei WM-Siege. Auf der IAA in Frankfurt wurde dann der Wechsel zu Audi perfekt, wozu ein Insider meinte: »Audi wurde es auf die Dauer zu teuer, immer gegen Röhrl zu verlieren, da haben sie ihn gegen gutes Geld verpflichtet.«

Röhrl ist längst zum Großverdiener in der Rallye-Szene avanciert. Seine jährliche Gage bei Audi wird auf etwa eine Million Mark geschätzt.

Aber nicht nur im Rallye-Sport machte er von sich reden. Auch bei Rundstrecken-Rennen in der Marken-Weltmeisterschaft konnte er wichtige Siege herausfahren. So gehörte er zum Team von Lancia, das 1980 Langstrecken-Weltmeister wurde. Er gewann mit dem Formel-1-Fahrer Riccardo Patrese als Copiloten das Sechs-Stunden-Rennen von Brands Hatch in England und holte weitere Klassensiege in Mugello, Monza und Mosport. 1981 siegte er mit Harald Grohs beim Sechs-Stunden-Rennen von Silverstone in England auf Porsche und wurde in Le Mans beim berühmten 24-Stunden-Rennen Siebter (ebenfalls auf Porsche).

Die Rallye-Weltmeister (Fahrer)

Jahr	Fahrer	Fabrikat
1977	Sandro Munari (I)	Lancia
1978	Markku Alen (SF)	Fiat
1979	Björn Waldegaard (S)	Ford, Mercedes
1980	Walter Röhrl (D)	Fiat
1981	Ari Vatanen (SF)	Ford
1982	Walter Röhrl (D)	Opel
1983	Hannu Mikkola (SF)	Audi

Motorradsport

Spektakel ohne Knautschzone

Wann das erste Autorennen der Welt stattfand, darüber sind sich alle einig: das Rennen Paris–Rouen im Jahre 1894. Wann aber zum ersten Male Motorrad-Rennfahrer gegeneinander fuhren, da wird heute noch geforscht und gestritten. Die Österreicher, damals noch k. u. k. Monarchie, nehmen mit dem 21. Mai 1899 und einem Wettbewerb am Exelberg vor Wien die Premiere für sich in Anspruch.

Das erste Rennen auf einer geschlossenen Rundstrekke veranstalteten 1904 die Franzosen, und 1907 wurde mit der Tourist Trophy auf der Isle of Man das bis heute berühmteste Rennen aus der Taufe gehoben.

1925 gab es dann den ersten Großen Preis von Deutschland für Motorräder, und zwar auf der Avus in Berlin. Ein Jahr vorher wurde der erste internationale Fahrer-Titel vergeben. Das geschah auf ganz simple Weise: Die Sieger der Klassen bis 250 ccm, 350 ccm und 500 ccm beim »Großen Preis von Europa« erhielten den Titel »Europameister«. Bis 1937 wurde dieses System beibehalten, wobei der Austragungsort des GP Europa jährlich zwischen den einzelnen europäischen Ländern wechselte.

1938 schrieb der internationale Verband eine Europameisterschaft aus, die in mehreren Rennen nach einem Punktesystem entschieden wurde. Diese Meisterschaft, Vorläufer der heutigen Straßenweltmeisterschaft, gab es auch noch 1939. Dann kam der Zweite Weltkrieg.

Die Titel in den Jahren 1938 und 1939 gingen hauptsächlich an deutsche Fahrer auf deutschen Maschinen – ähnlich wie im Automobil-Rennsport in diesen Jahren.

Bei den 250ern gewann Ewald Kluge auf DKW in beiden Jahren den Titel, Heiner Fleischmann errang 1939 auf DKW den Erfolg in der 350-ccm-Klasse, und Georg »Schorsch« Meier siegte 1939 auf BMW in der 500er-Klasse.

Die neue Ära

Die Geschichte der Motorrad-Straßen-Weltmeisterschaft begann im Jahre 1949. Der Titel wurde in fünf Klassen vergeben: Solo-Motorräder bis 125 ccm, bis 250 ccm, bis 350 ccm und bis 500 ccm sowie für Motorräder mit Seitenwagen bis 500 ccm.

Diese Klasseneinteilung blieb bis 1961 unverändert. 1962 wurde dann eine zusätzliche Klasse für Solo-Motorräder bis 50 ccm eingeführt. Diese Klasse blieb bis 1983 im Programm. 1984 wird sie durch Motorräder bis 80 ccm ersetzt.

Die Klasse bis 350 ccm wird seit 1983 nicht mehr ausgefahren, so daß jetzt in fünf Klassen um den Titel gekämpft wird.

Die Titel in den jeweiligen Klassen werden nach einem Punktesystem vergeben. Im Jahr 1949 gab es bei jedem WM-Lauf für die ersten fünf Fahrer Punkte: zehn für den Sieg und für die weiteren Plätze acht, sieben, sechs und fünf Punkte. Einen weiteren Punkt konnte sich der Fahrer gut-

Von der Avus zur Isle of Man

Motorrad-Rennen zwischen den Weltkriegen: Start auf der Avus 1924 (links). Fünfzehn Jahre später fuhr Georg »Schorsch« Meier auf BMW den wohl bisher größten Erfolg eines deutschen Fahrers heraus: Er siegte in der 500-ccm-Klasse bei der berühmten Tourist Trophy auf der Isle of Man.

schreiben lassen, der im Rennen die schnellste Runde fuhr. Bereits 1950 wurde das System geändert: Acht Punkte für den Sieger, sechs für den Zweiten, vier für den Dritten, drei für den Vierten, zwei für den Fünften und einen für den Sechsten lautete jetzt die Verteilung.
Dieses Wertungsschema galt bis zum Jahre 1969. Seitdem werden für die Plätze eins bis zehn Punkte nach dem System 15-12-10-8-6-5-4-3-2-1 verteilt.

Motorrad-Weltmeister

50 ccm

Jahr	Fahrer	Land	Fabrikat
1962	Ernst Degner	D	Suzuki
1963	Hugh Anderson	NZ	Suzuki
1964	Hugh Anderson	NZ	Suzuki
1965	Ralph Bryans	IRL	Honda
1966	Hans-Georg Anscheidt	D	Suzuki
1967	Hans-Georg Anscheidt	D	Suzuki
1968	Hans-Georg Anscheidt	D	Suzuki
1969	Angel Nieto	E	Derbi
1970	Angel Nieto	E	Derbi
1971	Jan de Vries	NL	Kreidler
1972	Angel Nieto	E	Derbi
1973	Jan de Vries	NL	Kreidler
1974	Henk van Kessel	NL	Kreidler
1975	Angel Nieto	E	Kreidler
1976	Angel Nieto	E	Bultaco
1977	Angel Nieto	E	Bultaco
1978	Ricardo Tormo	E	Bultaco
1979	Eugenio Lazzarini	I	Kreidler
1980	Eugenio Lazzarini	I	Iprem
1981	Ricardo Tormo	E	Bultaco
1982	Stefan Dörflinger	CH	Kreidler
1983	Stefan Dörflinger	CH	Kreidler

125 ccm

Jahr	Fahrer	Land	Fabrikat
1949	Nello Pagani	I	Mondial
1950	Bruno Ruffo	I	Mondial
1951	Carlo Ubbiali	I	Mondial
1952	Cecil Sandford	GB	MV Agusta
1953	Werner Haas	D	NSU
1954	Rupert Hollaus	A	NSU
1955	Carlo Ubbiali	I	MV Agusta
1956	Carlo Ubbiali	I	MV Agusta
1957	Tarquinio Provini	I	Mondial
1958	Carlo Ubbiali	I	MV Agusta
1959	Carlo Ubbiali	I	MV Agusta
1960	Carlo Ubbiali	I	MV Agusta
1961	Tom Phillis	AUS	Honda
1962	Luigi Taveri	CH	Honda
1963	Hugh Anderson	NZ	Suzuki
1964	Luigi Taveri	CH	Honda
1965	Hugh Anderson	NZ	Suzuki
1966	Luigi Taveri	CH	Honda
1967	Bill Ivy	GB	Yamaha
1968	Phil Read	GB	Yamaha
1969	Dave Simmonds	GB	Kawasaki
1970	Dieter Braun	D	Suzuki
1971	Angel Nieto	E	Derbi
1972	Angel Nieto	E	Derbi
1973	Kent Andersson	S	Yamaha
1974	Kent Andersson	S	Yamaha
1975	Paolo Pileri	I	Morbidelli
1976	Pierpaolo Bianchi	I	Morbidelli
1977	Pierpaolo Bianchi	I	Morbidelli
1978	Eugenio Lazzarini	I	MBA
1979	Angel Nieto	E	Minarelli
1980	Pierpaolo Bianchi	I	MBA
1981	Angel Nieto	E	Minarelli
1982	Angel Nieto	E	Garelli
1983	Angel Nieto	E	Garelli

In den ersten Jahren der WM – von 1949 bis 1952 – kämpften in erster Linie englische und italienische Firmen und Fahrer um die Titel. Vor allem drei Fahrer machten in diesen Jahren Furore, die noch heute zu den besten Motorrad-Rennfahrern gezählt werden: einmal der Italiener Carlo Ubbiali, der 1951 auf Mondial in der 125er-Klasse seinen ersten von insgesamt neun WM-Titeln gewann, zum zweiten der Engländer Geoff Duke, der 1951 Doppelweltmeister auf Norton sowohl in der 350-ccm- als auch in der 500-ccm-Klasse wurde. Er errang in seiner Karriere insgesamt sechs Titel. Und zum dritten ist der Seitenwagen-Experte Eric Oliver aus England zu erwähnen, der es in den Jahren 1949 bis 1953 auf vier Titel brachte.
In der Seitenwagen-Klasse begann 1954 mit den Deutschen Wilhelm Noll/Fritz Cron der Siegeszug von BMW, der zwanzig Jahre andauern sollte. Erfolgreichste Fahrer in dieser Seitenwagen-Ära waren Klaus Enders aus Wetzlar, der es in den Jahren von 1967 bis 1974 auf insgesamt sechs Titel brachte, sowie Max Deubel aus Bilstein, der mit seinem »Schmiermaxen« Emil Hörner von 1961 bis 1964 viermal hintereinander den Titel holte.
In den Solo-Klassen gab es 1953 die ersten WM-Titel für ein deutsches Fabrikat: Werner Haas gewann auf NSU sowohl den Titel bei den 125ern als auch bei den 250ern. NSU wiederholte 1954

Artisten auf drei Rädern
sind die Seitenwagen-Fahrer. In dieser Kategorie dominierten jahrzehntelang deutsche Fahrer auf BMW. Unten: Wilhelm Noll (rechts) und Fritz Cron; ganz unten: Max Deubel (rechts) und Emil Hörner.

diesen Doppel-Triumph mit Rupert Hollaus (Österreich) bei den 125ern und Werner Haas bei den 250ern. 1955 gab es dann den letzten Titel für ein deutsches Fabrikat bei den Solo-Motorrädern: Hermann Paul Müller siegte auf NSU bei den 250ern.
Die englischen Fabrikate hatten 1953 den letzten Titel für die einst führende Motorrad-Industrie gewonnen. Von 1956 bis 1960 dominierten in den Solo-Klassen nur noch italienische Maschinen, wenn auch zum Teil mit englischen Fahrern. John Surtees (→ Porträt) zum Beispiel gewann von 1956 bis 1960 insgesamt sieben Titel in der 350er- und 500er-Klasse auf MV Agusta.
Als er bei den Motorrädern alles gewonnen hatte, was es zu gewinnen gab, stieg er auf vier Räder um. Bereits in der Saison 1960 bestritt er neben seinen Motorrad-Einsätzen auch Formel-1-Weltmeisterschaftsläufe – und wurde dann 1964 Formel-1-Weltmeister!

Die Japaner engagieren sich

Das Jahr 1960 zeigte eine Wende in der Geschichte der Weltmeisterschaft an. Zum ersten Mal erschienen die Japaner mit Werkteams – und sie gewannen bereits 1961 zwei Titel: Honda mit Tom Phillis bei den 125ern und mit Mike Hailwood (→ Porträt) bei den 250ern. 1962 gingen bereits alle Solo-Klassen, außer der prestigeträchtigsten 500er-Klasse, an die Japaner: Ernst Degner aus Dillingen siegte auf Suzuki in der 50er-Klasse, Honda holte sich mit Luigi Taveri (Schweiz) die 125er- und mit Jim Redman (Rhodesien) die 250er- und 350er-Klasse.
Nur MV Agusta mit dem Engländer Mike Hailwood in der 500er-Klasse war für die Japaner bis 1965 nicht zu schlagen.
Auch als Honda für die Saison 1966 den damals besten Fahrer der Welt, eben Mike Hailwood, verpflichtete, gab es nicht den ersehnten Sieg bei den 500ern. Vielmehr hatte MV Agusta mit Giacomo Agostini (→ Porträt) einen neuen Superstar gefunden, der bis 1972 siebenmal hintereinander den 500er-Titel gewann.
Mike Hailwood auf Honda wurde 1966 und 1967 jeweils Zweiter hinter Agostini. Daraufhin hatte Honda genug: Es stieg aus der Motorrad-WM aus. Erst 1983 sollte der größte Motorrad-Hersteller der Welt den Titel in der 500er-Klasse gewinnen.

Weltmeistertitel nach Deutschland *holten sechsmal die Gespann-Fahrer Ralf Enders/Klaus Engelhardt und dreimal Werner Haas (ganz unten bei der berühmten Tourist Trophy auf der Isle of Man).*

Die Zeit des Giacomo Agostini

Agostini aber war es, der einer japanischen Firma zum ersten Mal den Titel in der Königsklasse sicherte. 1974 war er von seinem jahrelangen Arbeitgeber MV Agusta zu Yamaha übergewechselt, für das er 1974 in der 350er-Klasse den Titel holte, nachdem er von 1968 bis 1973 in dieser Klasse auf MV Agusta erfolgreich gewesen war. 1975 schaffte

Erfolgreichster Fahrer aller Zeiten *auf dem Motorrad ist der Italiener Giacomo Agostini, der es auf insgesamt fünfzehn WM-Titel und 122 Grand-Prix-Siege in den 350er- und 500er-Klassen brachte.*

er dann auch den Sieg auf Yamaha in der 500er-Klasse.
Agostini avancierte in dieser Zeit zum erfolgreichsten Motorrad-Rennfahrer aller Zeiten: Fünfzehn WM-Titel und 122 Grand-Prix-Siege weist seine Erfolgsbilanz auf. Auch Mike Hailwood gehört zu den Größten, wie neun WM-Titel und 76 Grand-Prix-Siege beweisen. Ähnlich wie Surtees versuchten sich Hailwood und Agostini auch im Automobilsport. Während Agostini im Formel-2-Rennwagen keine Erfolge erreichte, wurde Hailwood immerhin Formel-2-Europameister und startete auch bei Formel-1-WM-Läufen.

Auch deutsche Fahrer und Firmen sehr erfolgreich

Neben Honda kamen in den 60er Jahren noch die japanischen Firmen Suzuki und Yamaha zu WM-Titeln. Erfolgreichster deutscher Fahrer in dieser Zeit war Hans-Georg Anscheidt aus Gerlingen, der von 1966 bis 1968 dreimal hintereinander in der 50-ccm-Klasse auf Suzuki den höchsten Titel holte.
Doch gegen Ende der 60er Jahre stellten die japanischen Werke ihr Engagement ein. Erst Mitte der 70er Jahre sah man wieder japanische Werksmaschinen bei der WM starten. In den beiden kleinsten Klassen (bis 50 ccm und bis 125 ccm) zeigten sie seit 1975 keinerlei Interesse mehr, so daß italienische oder spanische Werke zu Erfolgen kamen – und mit Kreidler bei den 50ern seit 1971 siebenmal eine deutsche Firma den erfolgreichsten Fahrer ausrüstete.
Zum König der kleinen Klassen avancierte der Spanier Angel Nieto (→ Porträt), der von 1969 bis 1983 nicht weniger als zwölf WM-Titel in den beiden Klassen gewann – auf nichtjapanischen Motorrädern.

Einziger Gegner der Japaner: Harley-Davidson

Dagegen sind bis heute die anderen Klassen fest in der Hand der Japaner: die 250er seit 1970 mit einer dreijährigen Ausnahme (Walter Villa aus Italien auf Harley-Davidson von 1974 bis 1976); die 350er seit 1974 bis zur letzten WM-Saison dieser Klasse im Jahre 1982 (Ausnahme 1976, als Walter Villa auf Harley-Davidson gewann); die 500er seit 1975.
Die vier japanischen Motorrad-Werke Honda, Kawasaki, Suzuki und Yamaha lieferten sich vor allem in der 500er-Klasse solche kostenintensiven Schlachten, daß als erstes Werk Kawasaki und jetzt auch Suzuki ausstieg.
Kawasaki hat in der 500er nie einen WM-Titel gewonnen, dafür aber acht in der 250er- und 350er-Klasse, wobei Deutschlands er-

Motorrad-Weltmeister

250 ccm

Jahr	Fahrer	Land	Fabrikat
1949	Bruno Ruffo	I	Moto Guzzi
1950	Dario Ambrosini	I	Benelli
1951	Bruno Ruffo	I	Moto Guzzi
1952	Enrico Lorenzetti	I	Moto Guzzi
1953	Werner Haas	D	NSU
1954	Werner Haas	D	NSU
1955	Hermann Paul Müller	D	NSU
1956	Carlo Ubbiali	I	MV Agusta
1957	Cecil Sandford	GB	Mondial
1958	Tarquinio Provini	I	MV Agusta
1959	Carlo Ubbiali	I	MV Agusta
1960	Carlo Ubbiali	I	MV Agusta
1961	Mike Hailwood	GB	Honda
1962	Jim Redman	RHO	Honda
1963	Jim Redman	RHO	Honda
1964	Phil Read	GB	Yamaha
1965	Phil Read	GB	Yamaha
1966	Mike Hailwood	GB	Honda
1967	Mike Hailwood	GB	Honda
1968	Phil Read	GB	Yamaha
1969	Kel Carruthers	AUS	Benelli
1970	Rodney Gould	GB	Yamaha
1971	Phil Read	GB	Yamaha
1972	Jarno Saarinen	SF	Yamaha
1973	Dieter Braun	D	Yamaha
1974	Walter Villa	I	Harley-Davidson
1975	Walter Villa	I	Harley-Davidson
1976	Walter Villa	I	Harley-Davidson
1977	Mario Lega	I	Yamaha
1978	Kork Ballington	ZA	Kawasaki
1979	Kork Ballington	ZA	Kawasaki
1980	Toni Mang	D	Kawasaki
1981	Toni Mang	D	Kawasaki
1982	Jean-Louis Tournadre	F	Yamaha
1983	Carlos Lavado	YV	Yamaha

Siegerehrungen gab es oft genug
für Hans-Georg Anscheidt, wie 1962 beim GP von Italien in Monza. Der Gerlinger holte sich dreimal den Weltmeistertitel in der 50er-Klasse.

WM-Titel und Grand-Prix-Siege
am laufenden Band sammelte in den 50er Jahren der Italiener Carlo Ubbiali. 1956 gewann er auf MV Agusta die Tourist Trophy bei den 250ern.

folgreichster Solo-Motorrad-Fahrer aller Zeiten, Toni Mang (→ Porträt), vier Titel beisteuerte. Mang holte diese Titel von 1980 bis 1982.
Die 500er-Klasse hat sich wirklich zur Formel 1 des Motorradsports entwickelt. Die besten Fahrer der Welt wie Barry Sheene (Weltmeister 1976 und 1977), Kenny Roberts (→ Porträt; Weltmeister 1978 bis 1980) oder Freddie Spencer (Weltmeister 1983) kassieren Millionen-Gagen.

Faszinierend: Die Seitenwagen

Dagegen gibt es in den Seitenwagenklassen seit über fünfzehn Jahren keine Werksfahrer mehr. Die Piloten bauen ihre Geräte zum größten Teil selbst. Eine Verwandtschaft zu den klassischen Motorrädern mit Seitenwagen ist eh nicht mehr zu erkennen. Vielmehr ähneln diese Gebilde eher dreirädrigen Rennwagen.

Zu den Erfolgreichsten
in den 70er Jahren zählte Walter Villa auf seiner Harley-Davidson. Von 1974 bis 1976 fuhr er vier WM-Titel heraus.

Auf die Technik in der Gespann-Klasse
hatte und hat Rolf Biland aus der Schweiz sehr großen Einfluß. Nicht zuletzt ihm ist es zu verdanken, daß aus Motorrädern mit Seitenwagen »dreirädrige Rennwagen« wurden.

Besonders hervor tat sich in dieser Klasse – was WM-Titel und Erfindergeist angeht – der Schweizer Rolf Biland. Er brachte es seit 1978 auf vier WM-Titel. Außerdem kreierte er eine Konstruktion, bei der der Beifahrer – quasi als Ballast – nur noch in der Maschine hockte: Für ihn war keine Tätigkeit mehr vorgesehen.

Von der Technik und den Rennkursen

Die Technik im Motorradsport hat sich naturgemäß in den Jahren gewandelt. Hier nur ein paar wichtige Daten: Bis zum Zweiten Weltkrieg durften Rennmotoren mit zusätzlichen Ladeorganen, wie Kompressoren und Ladepumpen, ausgerüstet sein. Diese Möglichkeit nutzte zum Beispiel BMW, das in der 500er-Klasse mit einer Kompressor-Maschine 1939 den Europameister-Titel gewann. Kein Geringerer als der legendäre »Schorsch« Maier steuerte damals diese Maschine. Nach dem Zweiten Weltkrieg waren zusätzliche Ladeorgane verboten.
Verboten sind seit Mitte der 50er Jahre auch die sogenannten »Voll-Verkleidungen«, während seit Beginn der 60er Jahre die Zylinder-Einheiten pro Klasse limitiert sind: Für 50-ccm-Motoren ist maximal einer erlaubt, bei den 125ern und 250ern sind es maximal zwei, bei den 500ern vier.
Natürlich haben sich im Laufe der Zeit auch die Rennstrecken gewandelt, wenn auch im Motorradsport der Trend in Richtung »reine Rennstrecke« noch nicht abgeschlossen ist.
Nach wie vor gibt es auf der Isle of Man die legendäre »Tourist Trophy«, die immer noch die engen Ortsdurchfahrten und eine Streckenlänge von über 60 km pro Runde aufweist. Allerdings zählt das Rennen seit 1977 nicht mehr zur Straßen-Weltmeisterschaft.
Trotzdem ist die Popularität dieses einzigartigen Rennens ungebrochen.

Motorrad-Weltmeister

Seitenwagen

Jahr	Fahrer	Land	Fabrikat
1949	Eric Oliver/Denis Jenkinson	GB	Norton
1950	Eric Oliver/Lorenzo Dobelli	GB/I	Norton
1951	Eric Oliver/Lorenzo Dobelli	GB/I	Norton
1952	Cyril Smith/Bob Clements	GB	Norton
1953	Eric Oliver/Stanley Dibben	GB	Norton
1954	Wilhelm Noll/Fritz Cron	D	BMW
1955	Willy Faust/Karl Remmert	D	BMW
1956	Wilhelm Noll/Fritz Cron	D	BMW
1957	Fritz Hillebrand/Manfred Grunwald	D	BMW
1958	Walter Schneider/Hans Strauss	D	BMW
1959	Walter Schneider/Hans Strauss	D	BMW
1960	Helmut Fath/Alfred Wohlgemuth	D	BMW
1961	Max Deubel/Emil Hörner	D	BMW
1962	Max Deubel/Emil Hörner	D	BMW
1963	Max Deubel/Emil Hörner	D	BMW
1964	Max Deubel/Emil Hörner	D	BMW
1965	Fritz Scheidegger/John Robinson	CH/GB	BMW
1966	Fritz Scheidegger/John Robinson	CH/GB	BMW
1967	Klaus Enders/Ralf Engelhardt	D	BMW
1968	Helmut Fath/Wolfgang Kalauch	D	URS
1969	Klaus Enders/Ralf Engelhardt	D	BMW
1970	Klaus Enders/Wolfgang Kalauch	D	BMW
1971	Horst Owesle/Peter Rutterford	D/GB	URS-Fath
1972	Klaus Enders/Ralf Engelhardt	D	BMW
1973	Klaus Enders/Ralf Engelhardt	D	BMW
1974	Klaus Enders/Ralf Engelhardt	D	BMW
1975	Rolf Steinhausen/Josef Huber	D	König
1976	Rolf Steinhausen/Josef Huber	D	König
1977	George O'Dell/Ken Arthur	GB	Yamaha
1978	Rolf Biland/Charlie Williams	CH/GB	Yamaha
1979	Rolf Biland/Kurt Waltisperg	CH	Yamaha
1980	Jock Taylor/Bengt Johansson	GB/S	Yamaha
1981	Rolf Biland/Kurt Waltisperg	CH	Yamaha
1982	Werner Schwärzel/Andreas Huber	D	Yamaha
1983	Rolf Biland/Kurt Waltisperg	CH	Yamaha

In Deutschland steht den WM-Aspiranten ab 1984 mit dem neuen Nürburgring neben Hockenheim wieder eine zweite Grand-Prix-Strecke zur Verfügung. Die Fahrer hatten die alte, 22,835 km lange Nordschleife in der Eifel 1974 zum ersten Mal boykottiert, weil sie ihnen zu unsicher schien. Nachdem der Veranstalter, der ADAC Gau Nordrhein, große Anstrengungen zur Absicherung des langen Kurses unternommen hatte, kehrten die Asse 1976, 1978 und 1980 wieder in die Eifel zurück. Wobei aber 1980 klar war, daß es ab 1982 keinen Grand Prix für Motorräder mehr auf der Nordschleife geben würde ...
Auch im Motorradsport hat sich das Bild gewandelt. Es dominieren die gut verdienenden Vollprofis, die exzellente Könner sind, die auch bereit sind, ein Risiko einzugehen, die aber immer weniger willens sind, unkalkulierbare Wagnisse auf sich zu nehmen.

Große Sprünge auf dem Motorrad
machte John Surtees (hier bei seinem Sieg in der 500er-Klasse bei der Tourist Trophy 1956). Der Engländer brachte es auf sieben Weltmeistertitel.

Die großen Fahrer

Von John Surtees bis Kenny Roberts

Werden schon die Formel-1-Piloten wegen ihrer oft riskanten Fahrweise manchmal als »Wahnsinnige« tituliert, so fordert das meist spektakuläre Auftreten der »Fahrer ohne Knautschzone« noch eindrucksvollere Bezeichnungen heraus. Nicht selten fallen Ausdrücke wie »Lebensmüder« oder »Hasardeur«. Die vielen tödlichen Unfälle in den letzten Jahren scheinen diese Äußerungen zu untermauern. Sie treffen meist zu. Doch auch hier bestätigen Ausnahmen die Regel. Und von diesen Ausnahmen – den wirklich großen Fahrern –, die ihre Maschinen beherrschen und noch in den heikelsten Situationen Auswege finden, ist hier die Rede ...

War auch in der Formel 1 erfolgreich: John Surtees

Er ist der einzige Fahrer, der sowohl im Motorrad- als auch im Automobil-Rennsport den höchsten Titel gewinnen konnte, die Weltmeisterschaft: der Engländer John Surtees. Auf dem Motorrad schaffte er das in den Jahren 1956 bis 1960 siebenmal (viermal bei den 500ern und dreimal bei den 350ern); im Auto holte er den Formel-1-WM-Titel 1964.
John Surtees schien für den Motorsport erblich vorbelastet, denn sein Vater war vor dem Zweiten Weltkrieg in England ein bekannter Gespannfahrer. »Little John«, der später auf dem Höhepunkt seiner Automobilfahrer-Karriere »Big John« genannt wurde, bestritt im Alter von nur siebzehn Jahren seine ersten Motorrad-Rennen, bevor er mit zwanzig Werksfahrer bei Norton wurde.
Als sich diese traditionsreiche englische Marke Ende 1955 aus dem Renngeschehen zurückzog, wechselte Surtees zur italienischen Firma MV Agusta, der er bis zu seinem Rücktritt vom Motorradsport treu blieb.
Während seines letzten Motorrad-Jahres (1960) startete er bereits seine Autorennfahrer-Karriere. Nach ein paar Formel-Junior- und Formel-2-Rennen erhielt er schon 1960 einen Formel-1-Vertrag bei Lotus.
Nach sieben Motorrad-WM-Titeln und 38 Grand-Prix-Siegen auf zwei Rädern startete er ab 1961 »nur« noch auf vier Rädern. Bereits 1963 holte er sich in Deutschland – inzwischen zu Ferrari gewechselt – seinen ersten Grand-Prix-Erfolg in dieser Sparte. Ein Jahr später war er Weltmeister. 1966 kam es zum Bruch mit Ferrari. Surtees, ein sehr eigenwilliger Mann, ein von der Technik Besessener, besaß schon zu dieser Zeit ein eigenes Team, das sich hauptsächlich bei Sportwagen-Rennen betätigte.
1970 ging er dann auch in der Formel 1 (1967 sowie 1968 war er für Honda und 1969 für BRM gestartet) eigene Wege.
Doch die ganz großen Erfolge blieben sowohl für den Fahrer als auch für den Hersteller Surtees aus. Immerhin gewann Mike Hailwood auf einem Surtees im Jahre 1972 die Formel-2-Europameisterschaft, und Surtees selbst siegte bei zwei nicht zur WM zählenden Rennen im eigenen Formel-1-Rennwagen. 1973 jedoch setzte er sich schon nicht mehr hinter das Steuer eines seiner Formel-1-Wagen.
Doch den Sprung zum erfolgreichen Rennstall-Besitzer in der Formel 1 schaffte er nicht. Weshalb? Jochen Mass, der 1973 bei Surtees seine erste Formel-1-Chance erhielt: »John wollte alles selber machen. Er konnte nicht delegieren. Er kümmerte sich auch um die kleinsten Details selbst.« 1978 war das letzte Jahr des Surtees-Teams in der Formel 1. Heute lebt John Surtees als wohlhabender Geschäfts-

Einen Ehrenplatz in der Historie
des Motorradsports nimmt der Engländer Mike Hailwood ein. Ganz oben: 1978 im englischen Mallory Park, darunter mit Agostini (links) 1967 bei der Tourist Trophy.

Motorrad-Weltmeister

350 ccm

Jahr	Fahrer	Land	Fabrikat
1949	Freddy Frith	GB	Velocette
1950	Bob Foster	GB	Velocette
1951	Geoff Duke	GB	Norton
1952	Geoff Duke	GB	Norton
1953	Fergus Anderson	GB	Moto Guzzi
1954	Fergus Anderson	GB	Moto Guzzi
1955	Bill Lomas	GB	Moto Guzzi
1956	Bill Lomas	GB	Moto Guzzi
1957	Keith Campbell	AUS	Moto Guzzi
1958	John Surtees	GB	MV Agusta
1959	John Surtees	GB	MV Agusta
1960	John Surtees	GB	MV Agusta
1961	Gary Hocking	RHO	MV Agusta
1962	Jim Redman	RHO	Honda
1963	Jim Redman	RHO	Honda
1964	Jim Redman	RHO	Honda
1965	Jim Redman	RHO	Honda
1966	Mike Hailwo od	GB	Honda
1967	Mike Hailwood	GB	Honda
1968	Giacomo Agostini	I	MV Agusta
1969	Giacomo Agostini	I	MV Agusta
1970	Giacomo Agostini	I	MV Agusta
1971	Giacomo Agostini	I	MV Agusta
1972	Giacomo Agostini	I	MV Agusta
1973	Giacomo Agostini	I	MV Agusta
1974	Giacomo Agostini	I	Yamaha
1975	Johnny Cecotto	YV	Yamaha
1976	Walter Villa	I	Harley-Davidson
1977	Takazumi Katayami	J	Yamaha
1978	Kork Ballington	ZA	Kawasaki
1979	Kork Ballington	ZA	Kawasaki
1980	Jon Ekerold	ZA	Yamaha
1981	Toni Mang	D	Kawasaki
1982	Toni Mang	D	Kawasaki

mann in England. Den Rennsport heute mag er nicht besonders. Es ist zuviel Einfluß von draußen – »Sponsoren« – vorhanden. Das war zu seiner Zeit noch nicht so.

Star der 60er Jahre: Mike Hailwood

Sie nannten ihn »Mike the Bike«, Mike, das Motorrad. Der am 2. April 1940 geborene Engländer war in den 60er Jahren ja auch der Motorrad-Rennfahrer schlechthin, bis er 1968 endgültig zum Automobil-Rennsport wechselte.

Doch der Reihe nach: Hailwood fuhr bereits im Alter von siebzehn Jahren Motorrad-Rennen, nachdem ihm weder Schule noch College, noch ein »ernsthafter« Beruf zusagten. Sein Vater, erfolgreicher Geschäftsmann in der Motorrad-Branche, akzeptierte die Pläne seines Sohnes und unterstützte ihn nach Kräften, nachdem er dessen Talent erkannt hatte.

Mike Hailwood kam rasch nach oben. Mit achtzehn Jahren gewann er bereits drei englische Titel. Als er dann bei Honda unterschrieb, holte er sich 1961 seinen ersten von insgesamt neun WM-Titeln auf der Straße. 1962 wechselte er zu MV Agusta und sicherte sich viermal hintereinander den Titel in der »Königsklasse«, bei den 500ern also.

1966 und 1967 fuhr er wieder für Honda, gewann in diesen beiden Jahren jeweils den Titel in der 250-ccm- und 350-ccm-Klasse, konnte aber die 500-ccm-Klasse gegen den neuen Star Giacomo Agostini auf MV Agusta nicht mehr gewinnen.

Insgesamt neun WM-Titel und 76 Grand-Prix-Siege standen auf seinem Konto, als er – damals der erfolgreichste Fahrer aller Zeiten – den Zweirädern ade sagte und sich dem Automobilsport zuwandte.

Auf vier Rädern war er bereits 1963 und 1964 neben seinen Motorrad-Aktivitäten gestartet und hatte es sogar bis zur Formel 1 gebracht. Jetzt gestaltete sich seine Karriere als Automobil-Rennfahrer noch erfolgreicher: 1972 wurde er Formel-2-Europameister, und seit diesem Jahr (unter anderem Platz 2 beim Großen Preis von Italien in Monza) gehörte er auch in der Formel 1 zu den Spitzenfahrern. Seine Karriere beendete jedoch abrupt ein schwerer Unfall auf dem Nürburgring, bei dem er komplizierte Beinverletzungen davontrug.

Hailwood tat daraufhin das, was er neben seinen Motorsport-Aktivitäten schon immer getan hatte – nämlich nichts. Das heißt: Er machte sich einen schönen Tag. Das brachte er auch während seiner aktiven Zeit fertig. Bei einem 1000-km-Rennen auf dem Nürburgring zum Beispiel gab er seinen Rennwagen schon kurz nach dem Start an seinen Co-Piloten weiter. Begründung: Ihm sei schlecht. Kein Wunder, denn Hailwood hatte noch bis 5 Uhr morgens kräftig gefeiert – und der Start erfolgte »nur« vier Stunden später. Doch solche »Ausfälle« leistete er sich nur selten und nur dann, wenn ein Rennen in seinen Augen nicht so wichtig war. 1978 tauchte er aus der Versenkung wieder auf, um noch einmal bei der englischen Tourist Trophy auf der Isle of Man zu starten. Sein erster Start auf zwei Rädern auf der schwierigsten Strecke der Welt

nach über zehn Jahren wurde ein Erfolg. Hailwood gewann ...
Drei Jahre später, am 23. März 1981, war er tot – verunglückt bei einem Verkehrsunfall, als er einem Lastwagen, der ihm auf seiner Spur entgegenkam, nicht mehr ausweichen konnte.

Fast unschlagbar: Giacomo Agostini

Er gilt als der Größte unter den Motorrad-Rennfahrern aller Zeiten: der Italiener Giacomo Agostini, geboren am 16. Juni 1942. Nicht weniger als fünfzehn WM-Titel auf der Straße und insgesamt 122 Grand-Prix-Siege beweisen das mehr als alle Worte. »Ago Nazionale«, wie ihn die italienischen Tifosi liebevoll nannten, hat bis zu seinem Rücktritt – er fand im Jahre 1978 statt – praktisch nichts anderes getan, als Motorrad-Rennen zu fahren.
Als Sohn eines Transport- und Straßenbau-Unternehmers besaß Agostini schon im Alter von neun Jahren eine Vespa, mit fünfzehn hatte er bereits eine 175-ccm-Moto-Guzzi, und mit einer 175-ccm-Morini fuhr er seine ersten kleinen Berg- und Rundstrecken-Rennen. 1963 – da war er gerade neunzehn Jahre jung – erhielt er von Morini bereits eine Werksmaschine.
1964 holte sich Agostini in der 250er-Klasse den italienischen Meistertitel. Sein Talent war mittlerweile erkannt, und 1965 erfüllte sich der Traum eines jeden italienischen Motorrad-Rennfahrers: Conte Agusta verpflichtete den Mann aus Bergamo als Werksfahrer.
In seinem ersten WM-Jahr kam er in der 350er- und 500er-Klasse jeweils zu Vizemeister-Ehren, wobei er beim GP von Deutschland auf dem Nürburgring seinen ersten GP-Sieg (in der 350-ccm-Klasse) herausfuhr.
Ab 1966 begann dann eine einmalige Erfolgsserie des MV-Agusta-Piloten: Von 1966 bis 1972 (also siebenmal hintereinander!) hieß der Weltmeister in der 500er-Klasse Giacomo Agostini. In der 350er-Klasse holte sich Agostini den höchsten Titel sechsmal hintereinander auf MV Agusta – von 1968 bis 1973. 1974 wechselte er zu Yamaha. Es folgte Titel Nr. 14 in der 350er-Klasse und ein Jahr später Titel Nr. 15 in der 500er-Klasse.
Die Jahre 1976 und 1977 blieben aus der Sicht eines Agostini erfolglos, denn es gab keinen WM-Titel. 1978 trat er vom aktiven Motorrad-Rennsport zurück. Er versuchte sich dann zwei Jahre im Autorennsport, in der Formel 2 und in der englischen Formel-1-Meisterschaft, aber ohne großen Erfolg.
Heute ist er wieder bei den Zweirädern zu finden, wenn auch nicht als Fahrer, so doch als Teamchef. Er soll die Suzuki-Maschinen in der 500er-Klasse zu neuen Erfolgen führen.

Einheit von Maschine und Mensch
war das Erfolgsrezept des Giacomo Agostini (das Foto zeigt ihn beim Großen Preis von Deutschland auf dem Hockenheimring). Gekonnt zieht er hier seine Maschine in extremer Schräglage durch die Kurve. Der Italiener ist heute Team-Manager bei Suzuki.

Die erfolgreichsten Marken von 1949 bis 1983

Marken	Grand-Prix-Siege
1. Yamaha	331
2. MV Agusta	275
3. Honda	150
4. Suzuki	117
5. BMW	112
6. Kawasaki	85
7. Kreidler	74
8. Norton	62
9. Morbidelli	49
10. Gilera	47
11. Moto Guzzi	46
12. Derbi	35
13. Minarelli	32
14. Bultaco	28
Harley-Davidson	28
16. Garelli	22
17. NSU	20
18. Mondial	19
19. König	15
20. Benelli	13
MZ	13

In den kleinen Klassen ganz groß: Angel Nieto

Er ist der König der kleinen Klassen – der kleine Spanier Angel Nieto, geboren am 25. Januar 1947. Wenn es allerdings nach Erfolgen geht, ist er fast der Größte. Denn seine zwölf Weltmeistertitel und 83 Grand-Prix-Siege werden nur von den fünfzehn Titeln und 122 Siegen des Italieners Giacomo Agostini übertroffen.
Nieto hat seine sämtlichen Erfolge in den beiden kleinsten Klassen des Motorrad-Straßenrennsports herausgefahren, bei den 50ern und bei den 125ern. Das ist auch der Grund dafür, weshalb Nieto bei weitem nicht die weltweite Popularität eines Agostini oder eines Hailwood erreichen konnte. Denn die kleinen Klassen im Motorradsport haben in den Medien nicht den Stellenwert wie die 500er-Kategorie, in der ja sowohl Agostini als auch Hailwood ihre größten Erfolge herausfuhren.
Nieto fuhr – gerade achtzehn Jahre alt geworden – seine ersten Rennen im Jahr 1965. Zwei Jahre später holte er seinen ersten von jetzt über zwanzig nationalen Meistertiteln. Im gleichen Jahr startete er zum ersten Mal bei einem Grand Prix zur Weltmeisterschaft.
1969 gab es dann für ihn den ersten Grand-Prix-Sieg und den ersten Weltmeistertitel auf Derbi. Bis 1983 folgten weitere elf auf Derbi, Kreidler, Bultaco, Minarelli und Garelli. In der WM ist er in den kleinen Klassen immer noch ein gesuchter Werksfahrer.
National gewann er mehrere Titel auch in der 250-ccm-Klasse, doch international hat er hier nie Erfolge aufweisen können. Er gehört mittlerweile zu den erfahrensten Rennfahrern im Motorrad-Grand-Prix-Zirkus und ist mit siebzehn Jahren aktiver Teilnahme einer der »Dienstältesten« in der Branche.

Deutschlands Erfolgreichster: Toni Mang

Er ist Deutschlands erfolgreichster Solo-Motorrad-Rennfahrer überhaupt – Anton Mang aus Inning in Bayern, geboren am 29. September 1949. Vier Weltmeister-Titel und 29 Grand-Prix-Siege stehen bisher auf seinem Erfolgskonto. Außer Mang holten nur fünf weitere deutsche Solo-Fahrer jenen höchsten Titel, der im Motorrad-Straßensport vergeben wird, nämlich Werner Haas, Hermann Paul Müller, Ernst Degner, Hans-Georg Anscheidt und Dieter Braun.
Und bei ebendiesem Dieter Braun schnupperte Toni Mang auch zum ersten Mal Grand-Prix-Luft, als Mechaniker im Jahr 1971. Damals war auch bereits Sepp Schlögl dabei, der seit Jahren für Toni Mang die Maschinen vorbereitet und ihnen die nötigen PS einhaucht.
Mang selbst bestritt seinen ersten WM-Grand-Prix 1974 in Salzburg. Schon zwei Jahre später konnte er auf dem Nürburgring seinen ersten Grand-Prix-Sieg feiern, und zwar in der 125er-Klasse, 1977 wurde er dann in der 350er-Klasse erstmalig Deutscher Meister.
Zum großen Durchbruch gelangte der Inninger jedoch während seiner Kawasaki-Zeit, die im Jahr

Der König in den kleinen Klassen
ist der Spanier Angel Nieto (ganz unten auf einer 125-ccm-Minarelli). Von den derzeit noch aktiven Motorrad-Rennfahrern ist er mit zwölf WM-Titeln und 84 Grand-Prix-Siegen der erfolgreichste Fahrer.

Grund zur Freude
für Deutschlands erfolgreichsten Solo-Fahrer aller Zeiten nach einem seiner vielen Siege: Toni Mang hat beim GP Deutschland gerade die 250-ccm-Klasse gewonnen. Viermal war er Weltmeister.

1978 ihren Anfang nahm. Für das japanische Werk holte er bis 1979 drei deutsche Meistertitel, einen GP-Sieg sowie einen vierten, fünften und sechsten Rang in der WM. Das war aber anscheinend dem Werk nicht genug, denn Mang verlor seinen Status als Werksfahrer. So ging er die Saison 1980 als privater Kawasaki-Pilot an.
Bis 1982 holte er in dieser »Eigenschaft« vier Weltmeistertitel (bei den 250ern: 1980 und 1981, bei den 350ern: 1981 und 1982) sowie zwei Vize-plazierungen (bei den 250ern: 1982, bei den 350ern: 1980).
Aus den vier WM-Titeln hätten leicht sechs werden können, denn 1980 verlor er den 350er-Titel erst im letzten Lauf auf dem Nürburgring an Jon Ekerold, und 1982 profitierte Jean-Louis Tournadre von der Tatsache, daß Mang ein Rennen (GP Frankreich) aus Sicherheitsgründen boykottiert hatte.
1983 war ein schwarzes Jahr für den Toni, der voller Hoffnung in die »Königsklasse« – 500 ccm Hubraum – umgestiegen war und auf einer Suzuki gegen die Roberts, Spencer, Sheene und Co. antreten wollte. Doch bereits vor Saisonbeginn kam das Aus, denn Mang erlitt beim Skilaufen nach einem Sturz sehr schwere Knieverletzungen, die ihn fast die gesamte Saison über sehr behinderten. Zum zweiten stellte sich seine Suzuki nicht gerade als Topgerät heraus. Unter dem Strich blieben ihm so nur zwei kümmerliche WM-Punkte.
Klar, daß Mang für 1984 Pläne hat, die so einen »Alptraum« nicht wieder zulassen. Mit Sepp Schlögl wird er wieder in die 250-ccm-Klasse einsteigen, um dort zu zeigen, daß er nach wie vor das Zeug zum Weltmeister hat.
Neben seiner Rennerei hat sich Mang in den letzten Jahren sehr um Fragen der Sicherheit und der Rennorganisation gekümmert. Er möchte in Deutschland den Stellenwert der Deutschen Straßenmeisterschaft verbessern, um so Talente in den Grand-Prix-Sport bringen zu können. Es ist durchaus möglich, daß der Toni, nach dem in seinem Heimatort eine Straße benannt und dessen Ehrenbürger er ist, 1984 eine Musterveranstaltung in Deutschland aufzieht. Nach dem Motto: »So sollten Motorrad-Rennen organisiert werden.«

Der schnelle Amerikaner: Kenny Roberts

Als der am 1. Januar 1951 geborene Amerikaner Ende 1983 seinen Rücktritt von der Straßen-Weltmeisterschaft bekanntgab, da verlor der Motorrad-Grand-Prix-Sport seinen wohl besten Fahrer der letzten sechs Jahre.
1978 war der damals 26jährige nach Europa gekommen, um auch auf der anderen Seite des Atlantik zum Größten zu werden. Denn in den USA war er es schon lange. Dort galt er bereits im Alter von nur dreizehn Jahren als Wunderknabe, als er auf einer 750-ccm-Yamaha seine ersten Wettbewerbe fuhr. Auf den Dirt-Track-Bahnen, den in den USA so populären Sandbahnen, wurde er im Laufe der Jahre fast unschlagbar. 1973, da war er erst 21 Jahre, erhielt er einen hochdotier-

Mit seiner Maschine verwachsen – *so fuhr Toni Mang (hier auf einer 350-ccm-Kawasaki) seine großen Erfolge heraus. Für 1984 kehrte der Inninger wieder in die 250-ccm-Kategorie zurück, in der er 1980 und 1981 jeweils den Weltmeistertitel holte.*

MV AGUSTA SIEBZEHNMAL UNUNTERBROCHEN SIEGREICH

ten Vertrag von Yamaha, 1974 war er endgültig die Nummer 1 im Motorradsport der USA, und als er vier Jahre später nach Europa kam, um seine erste Grand-Prix-Saison für Yamaha zu fahren, da belief sich sein Jahreseinkommen bereits auf eine sechsstellige Dollarsumme.

Er wollte 1978 gleich in drei Klassen Weltmeister werden: bei den 250ern, den 500ern und den 750ern, für die es damals noch eine eigene WM gab. Roberts schaffte es nicht ganz – er holte »nur« einen Titel, allerdings den wichtigsten: in der 500-ccm-Kategorie.

Diesen Titel verteidigte er: 1979 und auch 1980 hieß der Weltmeister in der Königsklasse wieder Kenny Roberts; also ein Hattrick. Damit hatte er sich in nur drei Jahren in die Reihe der größten Halbliter-Piloten wie Geoff Duke, John Surtees, Mike Hailwood und Giacomo Agostini eingeordnet.

1981, 1982 und 1983 langte es dann nicht mehr zu weiteren WM-Titeln. Seine Yamaha war 1981 und 1982 den Suzuki nicht ganz gewachsen, und 1983 mußte sich Kenny Roberts nach einer enorm spannenden Saison, in der erst im letzten Lauf die Entscheidung fiel, dem Honda-Piloten Freddie Spencer geschlagen geben. Bei zehn Rennen hatten beide fünfmal gewonnen . . .

Yamaha hatte klar erkannt, daß nur Kenny Roberts in der Lage war, gegen das mit viel größeren finanziellen Mitteln operierende Honda-Werk zu bestehen, und bot ihm deshalb für 1984 eine Traumgage von über drei Millionen Mark, wenn er weitermachen würde.

Doch Roberts lehnte nach reiflicher Überlegung ab. Er habe das sechsjährige Zigeunerleben fern seiner Heimat Kalifornien satt. Er sei jetzt 33 Jahre und wolle kürzertreten. Drei WM-Titel und 24 Grand-Prix-Siege auf der anderen Seite des Atlantik waren ihm genug.

Die Invasion aus Amerika

in der 500-ccm-Klasse begann mit Kenny Roberts (oben mit der Nr. 3). Der dreifache Titelträger zog sich Ende 1983 vom GP-Sport zurück. Doch in Randy Mamola (auf dem Bild links neben Roberts), Eddi Lawson und Freddie Spencer sind die Nachfolger schon da.

Motorrad-Weltmeister

500 ccm

Jahr	Fahrer	Land	Fabrikat
1949	Leslie Graham	GB	AJS
1950	Umberto Masetti	I	Gilera
1951	Geoff Duke	GB	Norton
1952	Umberto Masetti	I	Gilera
1953	Geoff Duke	GB	Gilera
1954	Geoff Duke	GB	Gilera
1955	Geoff Duke	GB	Gilera
1956	John Surtees	GB	MV Agusta
1957	Libero Liberati	I	Gilera
1958	John Surtees	GB	MV Agusta
1959	John Surtees	GB	MV Agusta
1960	John Surtees	GB	MV Agusta
1961	Gary Hocking	RHO	MV Agusta
1962	Mike Hailwood	GB	MV Agusta
1963	Mike Hailwood	GB	MV Agusta
1964	Mike Hailwood	GB	MV Agusta
1965	Mike Hailwood	GB	MV Agusta
1966	Giacomo Agostini	I	MV Agusta
1967	Giacomo Agostini	I	MV Agusta
1968	Giacomo Agostini	I	MV Agusta
1969	Giacomo Agostini	I	MV Agusta
1970	Giacomo Agostini	I	MV Agusta
1971	Giacomo Agostini	I	MV Agusta
1972	Giacomo Agostini	I	MV Agusta
1973	Phil Read	GB	MV Agusta
1974	Phil Read	GB	MV Agusta
1975	Giacomo Agostini	I	Yamaha
1976	Barry Sheene	GB	Suzuki
1977	Barry Sheene	GB	Suzuki
1978	Kenny Roberts	USA	Yamaha
1979	Kenny Roberts	USA	Yamaha
1980	Kenny Roberts	USA	Yamaha
1981	Marco Lucchinelli	I	Suzuki
1982	Franco Uncini	I	Suzuki
1983	Freddie Spencer	USA	Honda

Agostini

Nieto

Hailwood

Die erfolgreichsten Motorrad-Rennfahrer von 1949 bis 1983

Weltmeistertitel		Grand-Prix-Siege	
Giacomo Agostini (I)	15	Giacomo Agostini (I)	122
Angel Nieto (E)	12	Angel Nieto (E)	83
Mike Hailwood (GB)	9	Mike Hailwood (GB)	76
Carlo Ubbiali (I)	9	Phil Read (GB)	52
Phil Read (GB)	7	Jim Redman (RHO)	46
John Surtees (GB)	7	Carlo Ubbiali (I)	39
Geoff Duke (GB)	6	John Surtees (GB)	38
Klaus Enders (D)	6	Rolf Biland (CH)	37
Jim Redman (RSR)	6	Geoff Duke (GB)	33
Hugh Anderson (NZ)	4	Kork Ballington (ZA)	31
Kork Ballington (ZA)	4	Luigi Taveri (CH)	30
Rolf Biland (CH)	4	Toni Mang (D)	29
Max Deubel (D)	4	Klaus Enders (D)	27
Toni Mang (D)	4	Eugenio Lazzarini (I)	27
Eric Oliver (GB)	4	Hugh Anderson (NZ)	25
Walter Villa (I)	4	Kenny Roberts (USA)	24
Hans-Georg Anscheidt (D)	3	Walter Villa (I)	24
Pierpaolo Bianchi (I)	3	Barry Sheene (GB)	23
Werner Haas (D)	3	Pierpaolo Bianchi (I)	21
Eugenio Lazzarini (I)	3	Bill Ivy (GB)	21
Kenny Roberts (USA)	3	Tarquinio Provini (I)	20
Bruno Ruffo (I)	3	Gary Hocking (RHO)	19
Luigi Taveri (CH)	3	Ricardo Tormo (E)	19

SCHWIMMEN

In vier Stilarten im nassen Element zu Hause: Die Asse im Wasser

Nach einem Blick auf die Uhr riß Michael Groß jubelnd die Arme hoch: Nach dem Weltmeistertitel hatte er sich nun auch die Europameisterschaft erobert. Und das gleich mit einem sensationellen Weltrekord, den er von seiner eigenen in Hannover aufgestellten Bestmarke von 1:48,28 gleich auf 1:47,87 Minuten schraubte. Der tosende Beifall gehörte dem neunzehnjährigen Abiturienten Michael Groß. Nur zögernd war er das Rennen angegangen, übernahm jedoch schon kurz vor der 100-m-Marke die Führung vor Woithe. Aber schon bei 150 m war alles gelaufen.

dpa-Meldung vom 23. August 1983

Immer wieder neue Bestleistungen

Die endlose Jagd nach Rekorden

Unter den Sportassen sind es die Stars des nassen Elements, die für eine anhaltende Rekordflut sorgen. In fast regelmäßigen Abständen tickt es aus den Fernschreibern: Fabelweltrekord erzielt ... Meisterschaften gestalteten sich zum Rekordfestival ... Traumgrenze endlich unterboten ...

»Nurmi« des deutschen Schwimmsports: »Ete« Rademacher

Schwimmen bekam als Wettkampfsport im 19. Jahrhundert erste sporthistorische Bedeutung, als Vereine und Schwimmschulen ihre Arbeit aufnahmen. Eine organisatorische Basis erhielt dieser Sport in Deutschland durch die Gründung des Deutschen Schwimm-Verbandes (DSV) am 7. August 1886 in Berlin. Drei Jahre zuvor war erstmals um die Deutsche Meisterschaft über eine Meile (1609 m) geschwommen worden. Auf dem Programm der ersten Olympischen Spiele der Neuzeit standen 1896 bereits drei Schwimmwettbewerbe (100 m, 500 m und 1200 m Kraul), die V. Olympischen Sommerspiele 1912 wurden schon mit 233 Schwimmsportlern aus siebzehn Nationen beschickt, darunter erstmals auch Frauen. In Stockholm avancierte ein Deutscher zum Doppel-Olympiasieger: Walther Bathe aus Breslau gewann die 100 und 200 m Brust. Aber erst sein Nachfolger in dieser Stilart wurde zum Sportidol der Deutschen in den 20er Jahren und von Experten sogar als »Nurmi des deutschen Schwimmsports« gefeiert: Erich (»Ete«) Rademacher, geboren am 9. Juni 1901 im mitteldeutschen Magdeburg.

Er trat im Alter von zehn Jahren dem Schwimmverein Hellas in seiner Heimatstadt bei und feierte als Achtzehnjähriger seine erste Deutsche Meisterschaft über 100 m Brust, der noch neun Einzel- und siebzehn Staffeltitel folgen sollten. Von 1916 bis 1933 errang »Ete«, wie er allgemein genannt wurde, 998 Siege auf den verschiedenen Bruststrecken. Der überragende Brustschwimmer seiner Zeit – Rademacher stellte zwischen 1921 und 1927 neun Weltrekorde auf – konnte seine Laufbahn nicht mit einem Olympiasieg krönen, weil Deutschland erst 1928 wieder an den Spielen teilnehmen durfte. In Amsterdam wurde er dann im Finale über 200 m Brust vom Japaner Yoshiyuki Tsurata geschla-

Markenzeichen der Schwimmhochburg

Ein Vereinsemblem als Gütesiegel: Weltrekordler Rademacher trägt stolz den Namen seines Klubs Hellas Magdeburg zur Schau, der viele Rekordler stellte.

»Ete«: Olympia vergeblich im Visier

Den Blick stets nach vorn auf ein großes Ziel gerichtet – wie hier in Göteborg 1923 –, aber vergebens: Erich Rademacher kam durch politischen Entscheid um seine Olympiachance 1924.

gen und mußte sich mit Silber begnügen. Zuvor hatte er sich 1926 und 1927 die Europameistertitel auf seiner Spezialstrecke in Budapest und Bologna geholt.
Das Schwimmphänomen Rademacher kam 1928 in Amsterdam doch noch zu seiner Goldmedaille – als Mitglied der siegreichen Wasserballmannschaft. Auch vier Jahre später in Los Angeles gehörte Rademacher zu jener Mannschaft, die diesmal Silber holte. Er bestritt über vierzig Länderspiele als Torwart in der Nationalmannschaft.
Nach dem Zweiten Weltkrieg trat er noch bei Alterswettkämpfen an und feierte am 26. November 1961 seinen tausendsten Sieg – und im Oktober 1963 beging er das fünfzigjährige Jubiläum als aktiver Schwimmer. Im Jahre 1973 wählte ihn die »International Swimming Hall of Fame« in Fort Lauderdale zum Ehrenschwimmer. Rademacher starb am 2. April 1979 in Stuttgart an einem Herzschlag.

So sieht die Rekordbilanz »Ete« Rademachers aus:

100 m Brust		
1:15,9	am 5. 4.1925	in Leipzig
200 y Brust		
2:35,6	am 23. 8.1924	in Budapest
200 m Brust		
2:54,4	am 12.11.1922	in Amsterdam
2:50,4	am 7. 4.1924	in Magdeburg
2:48,0	am 11. 3.1927	in Brüssel
400 m Brust		
6:12,8	am 20. 9.1921	in Wien
6:05,5	am 4. 4.1925	in Leipzig
5:50,2	am 9. 3.1926	in New Haven
500 m Brust		
7:40,8	am 4. 4.1925	in Leipzig

Stelldichein der Stars beim Jubiläum
Sein vierzigjähriges Bestehen feierte Poseidon Leipzig 1926 mit einer Starparade: Weltrekordlerin Erna Murray, »Ete« Rademacher und US-Krauler Walter Laufer (von links).

Seine Erinnerungen an glorreiche Tage
Anläßlich seines 75. Geburtstages präsentierte Erich Rademacher den Fotografen die wertvollsten Trophäen seiner Laufbahn: drei Olympiamedaillen von 1928 und 1932.

Erst Olympiasiege, dann Filmruhm: Johnny Weissmüller

Zeitgleich mit »Ete« Rademacher beherrschte ein Deutschamerikaner die Kraulstrecken und wurde fünfmal Olympiasieger: Johnny Weissmüller, geboren am 2. Juni 1904 in Windberg (Pennsylvania). Er kam erst relativ spät, und zwar mit sechzehn Jahren, zum Schwimmsport, fand aber in William (»Big Bill«) Bachrach beim Illinois Athletic Club einen Trainer, der ihn zum größten Schwimmer der »goldenen Zwanziger« machte.
Der 1,87 m große und 85 Kilo schwere Weissmüller wurde bei seinem ersten offiziellen Wettkampf am 6. August 1921 gleich US-Meister über 50 y Freistil. Am 27. September desselben Jahres stellte er seinen ersten Weltrekord auf: Er schwamm die 150 y Freistil in 1:27,4 Minuten. Die Angaben über die Zahl seiner Weltrekorde in seiner weiteren Laufbahn schwanken zwischen 21 und 67, bedingt durch die zahlreichen Meter- und Yarddistanzen, die damals noch in den Rekordlisten geführt wurden. Verbürgt ist jedoch die bahnbrechende Leistung vom 9. Juli 1922 in Alameda, als Weissmüller als erster Mensch die 100 m Kraul unter einer Minute, genau in 58,6 Sekunden, schwamm. Er verbesserte diesen Rekord noch zweimal, zuletzt am 17. Februar 1924 in Miami auf 57,4 Sekunden. Wie sehr Weissmüller seiner Zeit voraus war, beweist, daß dieser Rekord erst zehn Jahre später gebrochen werden konnte.
Über die 200-m-Strecke verbesserte Weissmüller den Rekord um insgesamt 11 Sekunden; noch als 36jähriger erreichte er über 100 y eine neue Rekordmarke, die

Der junge Johnny Weissmüller auf Rekordjagd
Unter seinen zahlreichen Weltrekorden war auch der über die seltenen 300 m Freistil. Dennoch stellte er sich nach den 3:31 Minuten stolz den Fotografen.

Auch als Tenniscrack in Form

Pose am Beckenrand

Beim »Wasserlauf« am Strand von Miami in Florida

»Tarzan« und Maureen O'Sullivan

1972 in München

Momente des bewegten Lebens

Ob im Tennisdreß oder im Badeanzug – Johnny Weissmüller machte stets eine gute Figur. Die Damenwelt umschwärmte ihn, wo immer er auftrat.

bis 1944 Bestand hatte. Nach fünf Goldmedaillen bei den Olympischen Spielen von 1924 und 1928 (→ Olympia-Ergebnisse) folgte er einem Ruf aus der Filmmetropole Hollywood und begann eine zweite Karriere, die ihm noch größeren Ruhm und vor allem viele Dollars einbrachte: als »Tarzan« in neunzehn Urwaldabenteuerfilmen und Held der 75teiligen Fernsehserie »Dschungel-Jim«.

Private – Johnny war fünfmal verheiratet – und geschäftliche Fehlinvestitionen führten später zum finanziellen Ruin. Ab 1973 begann auch sein körperlicher Leidensweg: Er erlitt Schlaganfälle und war zeitweilig gelähmt. Seine Frau bewahrte ihn schließlich vor der Einweisung in eine psychiatrische Anstalt und zog mit ihm ins mexikanische Acapulco. Dort starb er am 20. Januar 1984.

Leistungsexplosion nach dem Zweiten Weltkrieg

Parade der weiblichen Superstars

Für die Experten und das noch nicht allzu große, aber sachkundige Publikum blieb das Geschehen in der internationalen Schwimmszene bis zum Zweiten Weltkrieg leicht überschaubar. Die Leistungsentwicklung und der Weg der Stars im Wasser ließen sich mit den vorhandenen Kommunikationsmöglichkeiten gut verfolgen.

Das änderte sich nach einer Atempause mit Beginn der 50er Jahre grundlegend, als eine weltweite Leistungsexplosion den internationalen Schwimmsport Jahr für Jahr attraktiver machte. Neben die »klassischen Schwimmsportnationen« Australien, USA, Japan und Holland traten mit der Sowjetunion und der DDR neue Konkurrenten, die mehr und mehr den sieggewohnten Aktiven dieser Länder nicht nur ebenbürtig, sondern häufig auch klar überlegen waren.

Besonders in den letzten zwanzig Jahren brachten die mittlerweile mit wissenschaftlicher Hilfe bis ins kleinste ausgefeilten Trainingsmethoden eine Fülle von hochkarätigen Schwimmassen hervor, die oft in kürzesten Zeiträumen mit ihren Leistungen die Szene in ihren Disziplinen revolutionierten. Etliche dieser häufig im Teenageralter hervorgetretenen Stars verschwanden aber schon nach kurzer Zeit wieder von der Bildfläche; nur wenige konnten sich über einen längeren Zeitraum an der Spitze halten, prägten dann aber das Geschehen in ihrer Sportart besonders nachdrücklich.

Viel Wirbel um Dawn Fraser

Eine der unvergessenen Gestalten des Frauenschwimmsports trat Mitte der 50er Jahre auf den Plan. Dawn Fraser, als jüngstes von sieben Kindern am 15. November 1938 in Sydney geboren, wuchs gewissermaßen mit dem Wasser auf. Ernsthafte Leistungsversuche in Schwimmdisziplinen unternahm die vorzügliche Wellenreiterin jedoch erst mit fünfzehn Jahren, wobei eine Tante etwas Hilfestellung durch Unterricht gab. 1955 wurde sie vom Trainer der seinerzeit berühmtesten australischen Schwimmnixe, Lorraine Crapp – Weltrekordlerin über 400 und 800 m Kraul –, entdeckt und gefördert – mit durchschlagendem Erfolg. Am 21. Juni 1956 verbesserte Dawn Fraser in Sydney den zwanzig Jahre alten Weltrekord der Holländerin Willie den Ouden über die 100 m Kraul um eine Zehntelsekunde auf 1:04,5 Minuten.

Das war der Auftakt zu einer acht Jahre andauernden glanzvollen Karriere, in der die Australierin nicht weniger als 43 Weltrekorde aufstellte und bei drei Olympischen Spielen die Goldmedaille in derselben Disziplin holte. Bei ihrer Rekordjagd durchbrach sie auch eine der Schallmauern des Schwimmsports, als sie am 27. Oktober 1962 als erste Frau der Welt über 100 m Kraul unter einer Minute blieb und den Rekord auf 59,9 Sekunden drückte. Nach zwei Jahren stand die von ihr gehaltene Marke auf 58,9 Sekunden – aufgestellt am 28. Februar 1964 in Sydney – und hielt den Angriffen ihrer Nachfolgerinnen acht Jahre lang stand, ehe sie von ihrer

DAWN FRASER SETZT NEUEN MEILENSTEIN

Die große Dame der Australier war oft keine Lady
Dawn Fraser nahm ihren Sport von der heiteren Seite, wie der Schnappschuß vom März 1964 beweist. Wenige Monate später verging aber allen das Lachen wegen ihrer Eskapaden.

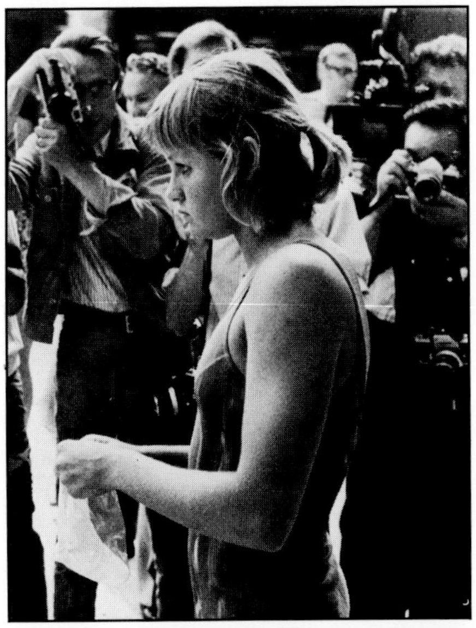

Als Teenager den Höhepunkt über-schritten
Ein noch kindliches Geschöpf im Mittelpunkt von Ovationen: Shane Gould (unten im Wasser) wird nach den Erfolgen in München von den Fotografen umringt. Ihr Ruhm verging sehr schnell.

Landsmännin Shane Gould um eine Zehntelsekunde verbessert werden konnte.

Noch mehr als ihre Rekordjagd beeindruckte der olympische Siegeszug der Dawn Fraser. 1956 holte sie Gold über 100 m Kraul und besiegte dabei die Favoritin Lorraine Crapp. Mit der 4-×-100-m-Kraulstaffel gewann Dawn Fraser bei diesen Sommerspielen ihre zweite Goldmedaille, eine Silberne kam nach dem 400-m-Kraul-Rennen hinzu, das sie als Zweite hinter Lorraine Crapp beendete. 1960 in Rom wiederholte die Fraser ihren Erfolg auf der kurzen Kraulstrecke, als sie die Amerikanerin Chris von Saltza hinter sich ließ, und vervollständigte ihre Medaillensammlung durch zweimal Staffelsilber (4 × 100 m Kraul und 4 × 100 m Lagen).

Nach Unfall ein Comeback

Vier Jahre später schien ihre Karriere beendet. Nach einem Verkehrsunfall, bei dem ihre Mutter ums Leben kam, wurde sie schwer verletzt geborgen und mußte wegen Halswirbelschäden sogar ein Korsett tragen. Sie überwand jedoch mit unbeugsamem Willen die Unfallfolgen und qualifizierte sich zur Verblüffung der Fachwelt für die Sommerspiele 1964 in Tokio. Diese bedeuteten nicht nur den großen Triumph der erneuten Goldmedaille über die 100 m Kraul und der dritten Medaille mit der Kraulstaffel – sie läuteten auch das Ende einer Karriere ein, die 1968 auch noch medaillenverdächtig schien.

Die Frau, die vier Gold- und vier Silbermedaillen bei olympischen Wettbewerben gewonnen hatte, verärgerte in Tokio durch im Zustand der Trunkenheit begangene Streiche die Funktionäre ihres Verbandes derart, daß sie für zehn Jahre gesperrt wurde. Die Vorfälle in der Olympiastadt waren nur der Abschluß einer Kette von Entgleisungen der Schwimmerin gewesen, die mit dem Verband seit langem im Streit lag. Nach ihrer vorzeitigen Begnadigung hatte sie jedenfalls keinen Spaß mehr am Leistungssport und beendete ihre so erfolgreiche Karriere.

»Teenie« auf Gold getrimmt

Ihre Nachfolgerin hatte das Licht der Welt in jenem Jahr erblickt, in dem Dawn Fraser ihre erste Goldmedaille holte. Shane Gould, geboren am 23. November 1956 in Melbourne, wurde

aber von Kindesbeinen an so gedrillt, daß sie bereits als Fünfzehnjährige medaillenreif war. Berichte über ihre Kindheit boten ein wenig erfreuliches Bild von ehrgeizigen Eltern, die ihre Tochter nur auf ein Ziel hin trimmten: den Gewinn von fünf Goldmedaillen bei den Olympischen Spielen 1972 in Bayerns Metropole.
Die Nachfolgerin Dawn Frasers als Weltrekordlerin – 58,5 Sekunden über 100 m Kraul kurz vor den Spielen – gewann in München tatsächlich fünf Medaillen, zwar nicht alle in Gold, aber ausnahmslos in Einzelwettbewerben, und wurde zum umjubelten Liebling in der Schwimmhalle. Ihre drei Olympiasiege über 200 und 400 m Kraul bzw. 200 m Lagen krönte sie jeweils mit dem Weltrekord über diese Strecke. Daß über 800 m Kraul »nur« Silber und über 100 m Kraul gar nur Bronze heraussprangen, empfanden höchstens die Mitglieder des angereisten Clans aus Australien nicht als Erfolge – wohl aber das Münchner Publikum.
Das hochgezüchtete Schwimmwunder blieb nach München nur noch ein Jahr in der Weltspitze. Nachdem sie bis 1973 immerhin dreizehn Weltrekorde aufstellen konnte, zog sie sich dann von Elternhaus, aber auch Spitzensport zurück.

Kornelia Ender setzte neue Maßstäbe

Ihre Nachfolgerin hatte Shane Gould in München schon ein bißchen bewundert. Da hatte doch ein dreizehnjähriges Mädchen über 200 m Lagen Silber geholt und ihr ganz schön zu schaffen gemacht. Diese kleine Sächsin namens Kornelia Ender, geboren am 25. Oktober 1958 in Plauen, gewann mit ihren Kameradinnen auch noch zweimal Staffelsilber (4 × 100 m Kraul und 4 × 100 m Lagen) und startete damit eine Karriere, in der sie neue Maßstäbe in der rekordverwöhnten Schwimmszene setzte.
Durch ihr Auftreten konnte sie den bösen Gerüchten um die »Mannweiber aus der DDR« einiges von ihrer Schärfe nehmen, obwohl noch bei den Spielen in Montreal 1976 ihre Kameradinnen mit Figuren ähnlich Kleiderschränken und tiefen Stimmen – ein DDR-Coach: »Unsere Mädchen sind zum Schwimmen hier und nicht zum Singen!« – für entsprechende Reaktionen der Konkurrentinnen sorgten. Das Phänomen Kornelia Ender hatte Manipulationen nicht nötig. Die hätten ihr auch wenig genützt, war sie doch bis auf die Bruststrecken in allen anderen Disziplinen Weltklasse – und das in einer Zeit der hohen Spezialisierung.
Die Tochter eines Oberleutnants der Volksarmee hielt Weltrekorde im Kraul-, Delphin- und Rückenschwimmen – eine Leistung, die weder ein Mann noch eine andere Frau erreichen konnten. Sie beherrschte angesichts ständig verbesserten Niveaus den Kraulsprint über einen relativ langen Zeitraum und drückte den Weltrekord zuletzt auf 55,65 Sekunden (1976). Erst ihre Landsmännin Barbara Krause konnte 1978 die Marke auf 55,41 Sekunden verbessern. Von ihren 22 Weltrekorden erreichte Kornelia Ender zehn auf der kurzen Kraulstrecke und sechs auf den Delphinstrekken. Sie beherrschte zwischen den Spielen von 1972 und 1976 die Schwimmszene bei den Frauen und wurde vor Montreal achtmal Weltmeisterin – je vier Titel 1973 in Belgrad und 1975 in Cali – und dreimal Europameisterin (1974 in Wien).
Die Krönung dieser großartigen Laufbahn erfolgte dann in Montreal, als Kornelia Ender mit vier Gold- und einer Silbermedaille dekoriert wurde. Dabei brachte sie das Kunststück fertig und gewann innerhalb von 27 Minuten die Finals über 100 m Delphin und 200 Kraul, das letzte gegen die favorisierte Shirley Babashoff aus den USA. Nur der knappe Zeitplan verhinderte einen noch größeren Medaillensegen für das Schwimmwunder aus der DDR, das noch bei den Qualifikationen für Montreal Weltrekorde über 200 m Lagen und 100 m Rücken erzielt hatte.
Nach den Spielen trat Kornelia Ender vom Leistungssport zurück, bestand in Halle (Saale) das Abitur und begann ein Medizinstudium mit dem Ziel Kinderärztin. Im Juli 1979 wurde ihre Tochter Franziska geboren, nachdem sie im Mai 1978 den Rekordschwimmer (→) Roland Matthes geheiratet hatte. Aber die Ehe der beiden Sportstars erreichte nicht einmal das »verflixte siebte Jahr«.

Nur einmal konnte sie siegreich bleiben

Die hübsche Shirley Babashoff hielt 1974 die Weltrekorde über 200 und 400 m Freistil und wurde 1975 Weltmeisterin über die 200 m – es blieb der einzige Sieg gegen die große Rivalin aus der DDR!

Das Schwimmphänomen aus Sachsen

Mit Kornelia Ender aus dem sächsischen Plauen begann die Ära der DDR-Vorherrschaft im Frauen-Schwimmsport. Experten sehen in ihr heute noch ein Schwimmphänomen ohne Beispiel.

Im Schatten der Ender: Shirley Babashoff

Der phänomenale Leistungsstandard der Kornelia Ender ließ eine andere großartige Schwimmerin nicht richtig zur Entfaltung kommen. Amerikas beste Frau im Becken zwischen München und Montreal, die am 31. Januar 1957 geborene Shirley Babashoff, wurde zwar zur meistdekorierten Athletin des Schwimmsports – unter ihren neunzehn Medaillen fehlten aber die krönenden Goldsiege bei olympischen Einzelrennen.
1972 und 1976 war sie Mitglied der siegreichen US-Kraulstaffeln und kam so immerhin zweimal zu Olympiaruhm; bei der Weltmeisterschaft 1975 in Cali holte sie ihre beiden anderen ersten Plätze bei großen Schwimmereignissen (200 und 400 m Kraul). Dazu kamen jene vierzehn Silbermedaillen und einmal Bronze, die ihr den Ruf der »ewigen Zweiten« eintrugen und sich wie folgt verteilten: 100, 200 und 800 m Kraul bei Olympia 1972; 100 und 200 m Kraul sowie beide Staffeln bei der WM 1973; 100 m Kraul und beide Staffeln bei der WM 1975; 200, 400 und 800 m Kraul sowie die Lagenstaffel bei Olympia 1976; 800 m Kraul bei der WM 1975 (Bronze). Auch mit ihren Weltrekorden hatte Shirley Babashoff wenig Fortune. Sie hielten immer nur bis zu Kornelia Enders nächsten großen Rennen.

Dresdener Kraftpaket
Sie lebte bei der Großmutter in Dresden und besuchte die Kinder- und Jugendsportschule: Ulrike Richter, Königin der Rückenlage.

Freizeit gehörte Sohn Nico
Nach Beendigung ihrer aktiven Laufbahn widmete Delphin-As Rosemarie Kother, geb. Gabriel, ihrem Sohn Nico jede freie Minute.

Weit voraus
Die Zeiten der ausgeprägt athletisch gebauten Ulrike Tauber hätten auch für Siege bei einigen Männerwettbewerben gereicht.

Delphin-As: Rosemarie Kother-Gabriel

Der DDR-Schwimmsport erfreute sich in der Ära Ender noch anderer Vielfach-Weltrekordlerinnen und Medaillensammlerinnen, deren Leistungen in ihren Spezialdisziplinen ebenfalls bahnbrechenden Charakter hatten.
Da war zum Beispiel Rosemarie Kother-Gabriel, geboren am 27. Februar 1956 in Schwerin, die fünf Jahre lang die Delphinstrecken beherrschte, drei Weltrekorde über die 100 m und fünf über die 200 m aufstellte, aber bei olympischen Wettbewerben entweder noch zu unerfahren (1972 Vierte über 200 m) oder bereits über den Zenit ihres Könnens hinaus (1976 Dritte über 200 m) war.
Dazwischen hatte sie vier WM-Titel – 1973 und 1975 jeweils über ihre Spezialstrecke 200 m Delphin und in der Lagenstaffel – sowie drei EM-Titel – 1974 beide Delphinstrecken und in der Lagenstaffel – gewonnen.

Ulrike Richter dominierte in der Rückenlage

Im Rückenschwimmen dominierte im selben Zeitraum Ulrike Richter, geboren am 14. Juni 1959 in Görlitz, die 1973 den vier Jahre alten Weltrekord der Südafrikanerin Karen Muir auf 1:05,39 Minuten verbesserte, nachdem sie Anfang 1973 noch zu wenig Selbstvertrauen hatte, um bei der Jugend-EM in Leeds zu starten.
Im Herbst stand die Senkrechtstarterin dann bei der WM in Belgrad nach dem 100-m-Rennen ganz oben auf dem Siegertreppchen und holte mit der Lagenstaffel ihre zweite Goldmedaille.
Die EM 1974 in Wien erlebte sie als Dreifachsiegerin (100 und 200 m Rücken sowie Lagenstaffel), wobei ihre Weltrekordjagd auf der 100-m-Strecke beeindruckte: In allen drei Rennen schwamm Ulrike Richter neue Bestzeit und stand dann mit 1:03,08 Minuten zu Buche. Insgesamt stellte sie während ihrer Laufbahn acht Weltrekorde über die 100 m auf und drückte die Bestmarke schließlich auf 1:01,51 Minuten. Auf der langen Rückenstrecke konnte sie sich noch zweimal in die Rekordlisten eintragen.
Bei der WM 1975 wiederholte sie die Goldausbeute von 1973 und fügte noch eine Bronzemedaille über 200 m Rücken hinzu. Ihre ganz große Stunde schlug dann 1976 in Montreal, wo sie dreimal olympisches Gold – 100 und 200 m Rücken sowie in der Lagenstaffel – gewann. Die Karriere der erfolgreichsten Rückenschwimmerin aller Zeiten klang 1977 mit zwei Vize-Europameisterschaften in Jönköping aus, wo sie hinter ihrer Nachfolgerin Birgit Treiber über 100 und 200 m ins Ziel kam.

Viel Gold für Ulrike Tauber

Die dritte im Bunde der schnellen DDR-Mädchen neben der Ender war die Karl-Marx-Städterin Ulrike Tauber, geboren am 16. Juni 1958, die sich mit dem Prädikat beste Lagenschwimmerin aller

Zeiten schmückte, bis dann eine andere kam, die man zumindest als ebenbürtig ansehen mußte.
Ihre ersten Marksteine setzte Ulrike Tauber 1974 in Wien, als sie beide Lagenstrecken in verblüffenden Weltrekordzeiten gewann – über die 200 m kam sie als erste Frau unter die 2:20-Minuten-Grenze und schwamm 2:18,97 Minuten, und über 400 m verbesserte sie die bestehende Bestleistung gleich um über fünf Sekunden auf sagenhafte 4:52,42 Minuten. Diese von ihr gesetzten Meilensteine drückte sie im Laufe ihrer Karriere noch mehrfach weiter: den 200-m-Rekord bis 1977 noch fünfmal auf 2:15,85 und den 400-m-Rekord bis 1976 noch zweimal auf 4:42,77 Minuten.
Ihre Goldmedaillensammlung vervollständigte Ulrike Tauber bei der WM 1975 durch den Sieg über die 400 m und bei den Olympischen Spielen 1976, wo sie ebenfalls nach 400 m als Siegerin feststand und noch eine Silbermedaille über die 200 m holte.
Zwei weitere Goldmedaillen kamen bei der EM 1977 durch Siege über beide Lagenstrecken hinzu, und zum Abschluß ihrer großartigen Karriere ließ sie eine Silbermedaille bei der WM 1978 in Berlin nach 400 m folgen.

I. Weltmeisterschaften 1973 in Belgrad

Herren			
100 m Freistil	1. Montgomery	USA	0:51,70
	2. Rousseau	F	0:52,08
	3. Wenden	AUS	0:52,22
200 m Freistil	1. Montgomery	USA	1:52,02
	2. Krumpholz	USA	1:53,61
	3. Pyttel	DDR	1:53,97
400 m Freistil	1. De Mont	USA	3:58,16
	2. Cooper	AUS	3:58,70
	3. Gingsjoe	S	4:01,27
1500 m Freistil	1. Holland	AUS	15:31,85
	2. De Mont	USA	15:35,46
	3. Cooper	AUS	15:45,04
100 m Brust	1. Hencken	USA	1:04,04
	2. Kurikin	SU	1:04,61
	3. Taguchi	J	1:05,61
200 m Brust	1. Wilkie	GB	2:19,28
	2. Hencken	USA	2:19,95
	3. Taguchi	J	2:23,11
100 m Rücken	1. Matthes	DDR	0:57,42
	2. Stamm	USA	0:58,77
	3. Wanja	DDR	0:59,00
200 m Rücken	1. Matthes	DDR	2:01,87
	2. Verraszto	H	2:05,89
	3. Naber	USA	2:06,91
100 m Delphin	1. Robertson	CDN	0:55,69
	2. Bottom	USA	0:56,37
	3. Backhaus	USA	0:56,42
200 m Delphin	1. Backhaus	USA	2:03,32
	2. Groggs	USA	2:03,38
	3. Flöckner	DDR	2:03,54
200 m Lagen	1. Larsson	S	2:08,36
	2. Carper	USA	2:08,43
	3. Wilkie	GB	2:08,44
400 m Lagen	1. Hargitay	H	4:31,11
	2. Strachan	USA	4:33,50
	3. Colella	USA	4:34,58
4 × 100 m Freistil	1. USA		3:27,18
	2. UdSSR		3:31,36
	3. DDR		3:32,07
4 × 200 m Freistil	1. USA		7:33,22
	2. Australien		7:43,65
	3. Deutschland		7:43,68
4 × 100 m Lagen	1. USA		3:49,49
	2. DDR		3:53,24
	3. Kanada		3:56,37
Kunstspringen	1. Boggs	USA	618,57 P.
	2. Dibiasi	I	615,18 P.
	3. Russel	USA	579,48 P.
Turmspringen	1. Dibiasi	I	559,53 P.
	2. Russel	USA	523,74 P.
	3. Hoffmann	DDR	492,15 P.
Wasserball	1. Ungarn		
	2. UdSSR		
	3. Jugoslawien		

Schwimmbrille war ihr Markenzeichen

Außerhalb des Beckens mußte das Schulmädchen aus Nashville auch eine Brille tragen. Die kurzsichtige Tracy Caulkins machte ihren »Gesichtsschmuck« aber zum Markenzeichen.

»Königin von Berlin«: US-Girl Tracy Caulkins

Dort konnten nach Jahren wieder einmal die Schwimmerinnen aus der westlichen Hemisphäre in die DDR-Phalanx einbrechen und holten sogar die meisten Medaillen.
Unter ihnen wurde ein fünfzehnjähriges US-Girl namens Tracy Caulkins, geboren am 11. Januar 1963 in Winona (Tennessee), durch seine glänzenden Vorstellungen zur »Königin von Berlin« deklariert.
Das noch etwas schüchtern wirkende Mädchen hatte auf sich aufmerksam gemacht, als es Anfang August bei den US-Meisterschaften fünf Titel in so verschiedenen Wettbewerben wie 100 und 200 m Brust, 200 m Delphin sowie 200 und 400 m Lagen gewonnen hatte – darunter mit dem neuen Weltrekord von 2:15,09 Minuten die kurze Lagenstrecke. Experten feierten sie schon als neue Kornelia Ender und prophezeiten ihr sechs Goldmedaillen in Berlin.
Es wurden immerhin derer vier, wobei Tracy Caulkins bei den Einzelsiegen über 200 und 400 m Lagen sowie 200 m Delphin phantastische Weltrekorde auf-

UTE GEWENIGER ERSTE BRUSTSCHWIMMERIN UNTER 1:10

Fleißigste Goldsammlerin der DDR

Ute Geweniger hatte schon vor den Olympischen Spielen in Los Angeles mehr Goldmedaillen als jede andere Schwimmerin aus der DDR und der westlichen Welt gesammelt.

I. Weltmeisterschaften 1973 in Belgrad

Damen			
100 m Freistil	1. Ender	DDR	0:57,54
	2. Babashoff	USA	0:58,57
	3. Brigitha	NL	0:58,87
200 m Freistil	1. Rothhammer	USA	2:04,29
	2. Babashoff	USA	2:05,33
	3. Eife	DDR	2:05,52
400 m Freistil	1. Greenwood	USA	4:20,28
	2. Rothhammer	USA	4:21,50
	3. Calligaris	I	4:21,79
800 m Freistil	1. Calligaris	I	8:52,07
	2. Harshbarger	USA	8:55,56
	3. Wagner	DDR	9:01,02
100 m Brust	1. Vogel	DDR	1:13,74
	2. Rusanowa	SU	1:15,42
	3. Schuchardt	DDR	1:16,02
200 m Brust	1. Vogel	DDR	2:40,01
	2. Anke	DDR	2:40,49
	3. Colella	USA	2:41,71
100 m Rücken	1. Richter	DDR	1:05,42
	2. Belote	USA	1:06,11
	3. Cook	CDN	1:06,27
200 m Rücken	1. Belote	USA	2:20,52
	2. Brigitha	NL	2:22,15
	3. Gyarmati	H	2:22,48
100 m Delphin	1. Ender	DDR	1:02,53
	2. Kother	DDR	1:02,68
	3. Aoki	J	1:02,73
200 m Delphin	1. Kother	DDR	2:13,76
	2. Beier	DDR	2:16,77
	3. Colella	USA	2:19,33
200 m Lagen	1. Hübner	DDR	2:20,51
	2. Ender	DDR	2:21,21
	3. Heddy	USA	2:23,84
400 m Lagen	1. Wagner	DDR	4:57,61
	2. Franke	DDR	5:00,37
	3. Calligaris	I	5:02,02
4 × 100 m Freistil	1. DDR		3:52,48
	2. USA		3:55,22
	3. Deutschland		3:58,88
4 × 100 m Lagen	1. DDR		4:16,84
	2. USA		4:25,80
	3. Deutschland		4:26,57
Kunstspringen	1. Köhler	DDR	442,17 P.
	2. Knape	S	434,19 P.
	3. Janicke	DDR	426,33 P.
Turmspringen	1. Knape	S	406,77 P.
	2. Duchkowa	CS	387,15 P.
	3. Kalina	SU	381,57 P.

stellte und in die Fußstapfen einer Ulrike Tauber trat. Über 100 m Brust mußte sie sich mit Silber begnügen, holte mit der Lagenstaffel aber noch einmal Gold. Der Olympiaboykott verhinderte, daß sie ihre Karriere mit den höchsten Siegeslorbeeren krönen konnte. Noch zu Jahresbeginn 1980 hatte sie ihren 200-m-Lagen-Weltrekord auf 2:13,69 Minuten gedrückt und galt als Favoritin für Moskau.

Bei der WM 1982 in Guayaquil traten schon Nachfolgerinnen auf den Plan, und Tracy Caulkins mußte sich mit zwei Bronzemedaillen über die Lagenstrecken begnügen.

Durchbrach die Mauer: Ute Geweniger

Eines dieser neuen Asse aus dem schier unerschöpflichen Reservoir des DDR-Frauen-Schwimmsports hieß Ute Geweniger, geboren am 24. Februar 1964 in Karl-Marx-Stadt, die bei dieser WM ihre Medaillensammlung um drei weitere bereicherte. Die 1,77 m große, nur 57 Kilo schwere Schülerin wurde systematisch aufgebaut, als man ihr Talent erkannte. Sie begann im Alter von sechs Jahren mit dem Schwimmsport und siegte schon als Dreizehnjährige 1977 bei der Spartakiade im Brustschwimmen.

Der große Durchbruch in die Weltklasse erfolgte 1980, als sie bei den DDR-Meisterschaften den Weltrekord über 100 m Brust verbesserte (1:10,20 Minuten am 26. Mai in Magdeburg) und damit bei den Olympischen Spielen in Moskau als Medaillenanwärterin galt. Dort verbesserte sie im Vorlauf die Rekordmarke auf 1:10,11 Minuten und holte sich anschließend auch die Goldmedaille. Eine zweite gab es für sie noch nach dem Sieg der Lagenstaffel der DDR. Ihr erfolgreichstes Jahr war dann das folgende, als sie die Bestzeit über die 100 m Brust dreimal unterbot und dabei als erste Schwimmerin unter die 1:10-Minuten-Grenze kam und die Rekordmarke auf 1:08,60 Minuten drückte. Das geschah bei der EM in Split, wo sie fünf Goldmedaillen, davon vier in Einzelwettbewerben (100 und 200 m Brust, 100 m Delphin und 200 m Lagen), holte. Der Weltrekord über die 200 m Lagen am 5. Juli in Berlin rundete dieses Erfolgsjahr 1981 ab.

Etwas überraschend gab es bei der WM 1982 für sie nur einmal Gold (100 m Brust) und zweimal Silber (200 m Brust, 200 m Lagen). Im Jahr darauf zeigte sie sich aber bei der EM in Rom glänzend erholt. Der Goldmedaille über 200 m Brust ließ sie eine weitere über die 100 m folgen, und das in neuer Weltrekordzeit von 1:08,51 Minuten. Ihre Goldausbeute wurde abgerundet durch die Siege über 200 m Lagen und mit der Lagenstaffel.

Viele unterboten magische Traumgrenzen

Parade der männlichen Superstars

Beherrschten in den letzten Jahren die Frauen aus der DDR die internationale Schwimmszene eindeutig, so waren es bei den Männern die US-Boys, die während dieser Zeit immer wieder für neue Akzente sorgten. Aber auch die Russen warteten – vor allem auf den längeren Kraulstrecken – oftmals mit hervorragenden Ergebnissen auf. Wegbereiter waren jedoch die Schwimmer aus dem Lande der Känguruhs ...

Wie bei den Frauen stellte Australien im Männerschwimmsport die ersten unvergessenen Superstars nach dem Kriege. Mit Murray Rose kam ein Mann aus dem fünften Kontinent bei den Olympischen Spielen 1956 zu drei Goldmedaillen (400 und 1500 m Kraul, 4 × 200 m Kraul) und schwamm dabei noch großartige Weltrekordzeiten. Über die 400 m drückte er die Marke auf 4:27,3 Minuten, über die 1500 m blieb er als erster Schwimmer unter der 18-Minuten-Traumgrenze und setzte mit 17:58,9 Minuten einen neuen Maßstab.
Rose konnte auch nach diesen Oktobertagen des Jahres 1956 von Melbourne an derartige Leistungen anknüpfen und erzielte insgesamt sechs Weltbestzeiten auf Kraulstrecken. In Rom holte er sich 1960 über die 400 m erneut Olympiagold und gewann im 1500-m-Rennen und mit der Kraulstaffel noch zweimal Silber. Den totalen Triumph – den dritten Olympiasieg über die 400 m – verhinderten engstirnige Verbandsfunktionäre. Sie nominierten den frischgebackenen 1500-m-Weltrekordler (17:01,8 Minuten am 1. 8. 1964 in Los Angeles) nicht für das Olympiateam in Tokio, weil er die Qualifikationswettbewerbe im eigenen Land ausgelassen hatte.
Sein Landsmann Ian Konrads, geboren am 21. Mai 1942, erzielte zwischen 1958 und 1960 auf den klassischen Kraulstrecken von 200 bis 1500 m elf Weltrekorde – dazu kamen über ein Dutzend auf Yardstrecken und in Staffeln –, konnte aber nur einmal Olympiagold gewinnen: 1960 in Rom über die 1500 m.

Der Bahnbrecher: Don Schollander

Mitte der 60er Jahre stellten die USA den großen Star auf den Kraulstrecken. Der am 30. April 1946 in einem kleinen Ort im US-Bundesstaat Oregon geborene Don Schollander konnte während seiner Karriere zwei Premieren feiern: Als erster Schwimmer blieb er über die 200 m Kraul unter der Zwei-Minuten-Grenze, als erster Schwimmer holte er bei olympischen Wettkämpfen vier Goldmedaillen.
Er war von seinem ehrgeizigen Vater schon früh mit dem Sport in Berührung gebracht worden, wurde mit neun Jahren Mitglied eines Schwimmklubs und konnte als Jugendlicher in seinem Heimatstaat viele Erfolge erringen. Zur weiteren Förderung kam er in die Schwimmhochburg Santa Clara in Kalifornien, wo ihn Medaillenschmied Georges Haines betreute. Das war im Januar 1962, und schon im Sommer dieses Jahres egalisierte Don Schollander den 200-m-Weltrekord des Japaners Yamanaka. Knapp zwölf Monate später durchbrach er eine Schallmauer: In Los Angeles schwamm er die 200 m am 27. Juli 1963 in 1:58,8 Minuten. Insgesamt stellte er 22 Weltrekorde (die meisten auf der 200-m-Strekke) auf und verbesserte 37 US-Bestleistungen.
Den Höhepunkt seiner Laufbahn bildeten die Olympischen Spiele 1964 in Tokio. Dort gewann der Achtzehnjährige vier Goldmedaillen: über 100 und 200 m Kraul sowie in der 4-×-100-m- und 4-×-200-m-Kraulstaffel.
Ab dem Jahre 1965 studierte er an der Yale-Universität und mußte wegen einer Blutkrankheit vom Leistungssport Abschied nehmen. Bei den US-Meisterschaften 1966 konnte er jedoch mit zwei Erfolgen in Weltrekordzeit über 200 und 400 m Kraul ein großartiges Comeback feiern. Bei den Olympischen Spielen 1968 gab es für ihn noch einmal Staffelgold über 4 × 200 m Kraul und Silber über seine Lieblingsstrekke, die 200 m Kraul. Nach Beendigung seiner Karriere konnte er im Geschäftsleben als Finanzierungsmakler auch so manchen Erfolg verbuchen.

Sonnyboy feierte Rekordfestivals
Don Schollander galt in der Öffentlichkeit seiner Heimat als ausgesprochener Strahlemann. So locker mußte ein Rekordler seiner Güte auch sein.

Blieb als Medaillensammler unerreicht: Mark Spitz

In die Fußstapfen Schollanders wollte 1968 in Mexiko ein neues As der US-Schwimmszene treten: der Kalifornier jüdischer Abstammung Mark Spitz. Dem am 10. Februar 1950 in Modesto geborenen »Weltschwimmer des Jahres 1967« – Titel durch die Fachzeitschrift »Swimming World« – trauten Experten bei diesen Spielen eine noch reichere Medaillenernte als seinem Landsmann Don Schollander in Tokio zu.
Die olympischen Wettbewerbe in Mexico City wurden aus dieser Sicht für Mark Spitz zu einer Enttäuschung, obwohl er zwei Goldmedaillen mit den Kraulstaffeln, einmal Silber über 100 m Delphin und einmal Bronze über 100 m Kraul gewann. Für den achtfachen Weltrekordler des Jahres 1967 – seine erste Bestzeit hatte er am 25. Juni über 400 m Kraul in 4:10,6 Minuten aufgestellt –, der sich für sechs olympische Wettbewerbe qualifiziert hatte, gab es danach nur ein Ziel: die nächsten Olympischen Spiele.
Bis dahin entwickelte er sich zum fanatischen Weltrekordjäger, der erst zufrieden war, wenn eine Bestleistung ihm gehörte. 26 Einzel- und sieben Staffelweltrekorde standen zwischen 1967 und 1972 in der Bilanz des ehrgeizigen Mark Spitz, der schon Schwimmen lernte, als er noch ein Kleinkind war. Im Alter von nur zwei Jahren soll er in Honolulu, wo sein Vater vorübergehend berufstätig war, fast täglich mit dem nassen Element in Berührung gekommen sein. Nach dem Hawaii-Aufenthalt fand die Familie Spitz im kalifornischen Sacramento ein neues Domizil, wo Mark sein erstes organisiertes Schwimmtraining erhielt. Mit neun Jahren kam der junge Sportler unter die Fittiche des bekannten Trainers Sherman Chavoor im Arden Hills Swim Club in Carmichael (Kalifornien). Ein Jahr später hielt Mark Spitz siebzehn amerikanische Jugendrekorde. Sein tägliches Trainingspensum betrug damals neunzig Minuten.
Im Februar 1964 kam er zum Santa Clara Swim Club und fand in George Haines einen der weltbesten Trainer. Der Erfolg konnte nicht durchschlagender sein: Noch im Sommer dieses Jahres konnte er sich – mit vierzehn Jahren – für die US-Meisterschaften qualifizieren, und im August 1965 wurde er mit vier Siegen herausragender Aktiver der Maccabiah-Spiele in Tel Aviv. Das Jahr 1967 brachte dann die acht Weltrekorde. Zwei davon schwamm er im Herbst in Berlin: zunächst 55,7 Sekunden über 100 m Delphin am 17. Oktober, dann 2:05,7 Minuten über die 200 m Delphin einen Tag später. Über die 100 m war es seine dritte Rekordleistung des Jahres seit den 56,3 Sekunden vom 19. Juli in Santa Clara. Bis zu den Olympischen Spielen 1972 verbesserte er diese Marke noch achtmal auf zuletzt phantastische 54,27 Sekunden. Der Weg nach München war mit weiteren Rekorden und Siegen bei großen internationalen Wettbewerben garniert.
Er beherrschte sowohl die Meisterschaften der Universitäten (NCAA = National Collegiate Athletic Association) als auch der USA (AAU = Amateur Athletic Union of the United States). Bei den AAU-Meisterschaften 1971 in Houston war er der erste Schwimmer, der vier Titel gewann. Seine Leistungen brachten ihm noch einmal den Titel »Schwimmer des Jahres« ein; dazu wurde ihm der Sullivan Award der AAU verliehen, eine Art »Oscar« für Schwimmer.
Und dann standen die Olympischen Spiele in München an. Das Goldfestival, das Mark Spitz dort inszenierte, ist in zahlreichen Superlativen gefeiert worden. Als erster Athlet in der Geschichte der Olympischen Spiele errang er sieben Goldmedaillen während einer Olympiade – und das in beeindruckender Manier: Spitz gewann die 200 m Delphin in 2:00,70 Minuten (neuer Weltrekord), die 200 m Kraul in 1:52,78 (neuer Weltrekord), die 100 m Delphin in 54,27 Sekunden (neuer Weltrekord), die 100 m Kraul in 51,22 Sekunden (neuer Weltrekord). Die USA-Schwimmer holten mit Mark Spitz dreimal Staffelgold (4 × 100 und 200 m Kraul, 4 × 100 m Lagen) und schwammen dabei natürlich auch jeweils neuen Weltrekord.
Der Supermann des Schwimmbeckens konnte sich schon während der Spiele kaum vor der Begeisterung der Massen retten und vermarktete seinen Erfolg in bis dahin noch bei keinem Sportler gesehener Weise. Schon im Oktober 1972 schloß er einen Vertrag mit der William-Morris-Agentur, die ihn für Film, Funk und Fernsehen managte. Daneben gab es lukrative Werbeverträge. Schon damals sprach man von mindestens fünf Millionen Dollar, die ihm seine sieben Goldmedaillen einbringen würden.

Der Supermann kassiert

Nach vierzehn Jahren harter Arbeit an seiner Karriere vermarktete Mark Spitz, der Superstar des Schwimmsports, Medaillen und Rekorde ohne Hemmungen.

Schwamm seiner Zeit voraus: Roland Matthes

Im Rummel um Mark Spitz wurde in München 1972 beinahe ein Mann außer acht gelassen, der dort ebenfalls seine siebente olympische Medaille – zwar nicht in Gold wie der US-Boy – gewonnen hatte, aber nicht nur deswegen einen ganz besonderen Rang in der Welt des Schwimmsports einnimmt. Roland Matthes, geboren am 17. November 1950 in Pößneck, hatte sich seiner Konkurrenz in einer Art überlegen gezeigt, wie sie in der mit Stars so verwöhnten Schwimmszene noch nicht dagewesen war. Der für Erfurt startende DDR-Sportler – in seiner Erscheinung alles andere als ein Athlet und in seinem Stil mehr als unorthodox – wurde von der Fachwelt mit allerlei Superlativen bedacht, die sämtlich jedoch nur einen Inhalt aufwiesen: Dieser Mann schwamm seiner Zeit voraus, seine Leistungen gehörten (wie beim Weitspringer Bob Beamon) in ein anderes Jahrhundert.
Aus den Anfangsjahren seiner Zeit als Aktiver wurde erzählt, ein Trainer habe ihn wegen Talentlosigkeit nach Hause geschickt. Das verkannte Schwimmgenie trat auf jeden Fall als Fünfzehnjähriger bei den DDR-Meisterschaften im Juli 1966 an und erreichte auf den Rückenstrecken den Endlauf. Keiner der Zuschauer und Experten konnte ahnen, daß der große Dünne – Matthes brachte damals bei über 1,80 m Körperlänge kaum 65 Kilo auf die Waage – danach für eine kleine Ewigkeit nicht mehr besiegt werden würde. In der Tat gewann der Erfurter acht Jahre lang alle seine Rückenrennen und stellte damit einen einmaligen Rekord in der Geschichte des Schwimmsports auf. Erst im September 1974 wurde er wieder besiegt. Beim Länderkampf der USA gegen die DDR in Concord (New Hampshire) war sein Nachfolger John Naber schneller.
Bis dahin hatte er die Welt mit einer Flut hochgradiger Rekorde in Atem gehalten und durch Erfolge auch in der Brust- und Delphinlage verblüfft. Noch nie konnte ein Schwimmer in drei verschiedenen Stilarten solche Spitzenleistungen vollbringen wie Roland Matthes.
Seine Spezialdisziplin blieb aber die Rückenlage, in der er 1967 seine ersten Weltrekorde aufstellte. Am 21. September erreichte er in Leipzig 58,4 Sekunden über 100 m und am 8. November, ebenfalls in Leipzig, 2:07,9 Minuten über die 200 m. Matthes drückte den alten Rekord über 100 m Rücken während seiner Laufbahn um fast drei volle Sekunden auf zuletzt sagenhafte 56,30 Sekunden. Aber er vollbrachte noch Unwahrscheinlicheres: Den 200-m-Rekord verbesserte er gar um fast volle acht Sekunden auf 2:01,87 Minuten. Insgesamt stehen 19 Weltbestleistungen in seiner Erfolgsbilanz.
Die Medaillenbilanz des Roland Matthes bei Olympischen Spielen und Welt- bzw. Europameisterschaften sah am Ende so aus: Gold über 100 m Rücken 1968 und 1972; Gold über 200 m Rücken 1968 und 1972; Silber mit der Lagenstaffel 1972; Bronze mit der Kraulstaffel (4 × 100 m) 1972; Bronze über 100 m Rücken 1976; Weltmeister über 100 und 200 m Rücken 1973; Weltmeister

II. Weltmeisterschaften 1975 in Cali (Kolumbien)

Herren			
100 m Freistil	1. Coan	USA	0:51,25
	2. Bure	SU	0:51,32
	3. Montgomery	USA	0:51,44
200 m Freistil	1. Shaw	USA	1:51,04
	2. Furniss	USA	1:51,72
	3. Brinkley	GB	1:53,56
400 m Freistil	1. Shaw	USA	3:54,88
	2. Furniss	USA	3:57,71
	3. Pfütze	DDR	4:01,10
1500 m Freistil	1. Shaw	USA	15:28,22
	2. Goodell	USA	15:39,00
	3. Parker	GB	15:58,21
100 m Brust	1. Wilkie	GB	1:04,26
	2. Taguchi	J	1:05,04
	3. Leigh	GB	1:05,32
200 m Brust	1. Wilkie	GB	2:18,23
	2. Colella	USA	2:21,60
	3. Pankin	SU	2:21,75
100 m Rücken	1. Matthes	DDR	0:58,15
	2. Murphy	USA	0:58,34
	3. Nash	USA	0:58,38
200 m Rücken	1. Verraszto	H	2:05,05
	2. Tonelli	AUS	2:05,78
	3. Hove	USA	2:06,49
100 m Delphin	1. Jagenburg	USA	0:55,63
	2. Pyttel	DDR	0:56,04
	3. Forrester	USA	0:56,07
200 m Delphin	1. Forrester	USA	2:01,95
	2. Pyttel	DDR	2:02,22
	3. Brinkley	GB	2:02,47
200 m Lagen	1. Hargitay	H	2:07,72
	2. Furniss	USA	2:07,75
	3. Smirnow	SU	2:08,52
400 m Lagen	1. Hargitay	H	4:32,57
	2. Smirnow	SU	4:35,64
	3. Geisler	D	4:36,40
4 × 100 m Freistil	1. USA		3:24,85
	2. Deutschland		3:29,55
	3. Italien		3:31,85
4 × 200 m Freistil*	1. Deutschland		7:39,44
	2. Großbritannien		7:42,55
	3. UdSSR		7:43,58
4 × 100 m Lagen	1. USA		3:49,00
	2. Deutschland		3:51,85
	3. Großbritannien		3:52,80
Kunstspringen	1. Boggs	USA	597,12 P.
	2. Dibiasi	I	588,21 P.
	3. Strachow	SU	577,59 P.
Turmspringen	1. Dibiasi	I	547,98 P.
	2. Michailin	SU	532,95 P.
	3. Giron	MEX	529,71 P.
Wasserball	1. UdSSR		
	2. Ungarn		
	3. Italien		

* Bei diesem Rennen wurden die USA disqualifiziert.

In den USA war er hoch geachtet

Roland Matthes, der beste Rückenschwimmer aller Zeiten, war wegen seines stets offenen Auftretens auch bei den Konkurrenten in den USA geschätzt.

über 100 m Rücken 1975; Vize-Weltmeister mit der Lagenstaffel 1973; WM-Dritter mit der Kraulstaffel (4 × 100 m) 1973; Europameister über 100 und 200 m Rükken 1970; Europameister mit der Lagenstaffel 1970; Europameister über 100 und 200 m Rücken 1974; Vize-Europameister über 100 m Kraul 1970; Vize-Europameister über 100 m Delphin 1974; EM-Dritter über 4 × 100 m und 4 × 200 m Kraul 1970; EM-Dritter über 4 × 100 m Kraul 1974.

Daß er noch bis 1976 – Matthes selbst hatte seinen Rücktritt vom Leistungssport für 1974 vorgesehen – aktiv blieb, darüber gab es verschiedene Versionen, die im Dunkel der Organisation des DDR-Sports verborgen blieben. Auf jeden Fall blieb er dem DDR-Schwimmsport als Theoretiker und Lehrer erhalten, nachdem er sein Diplom als Sportlehrer abgelegt hatte.

Beendete Ära des Wundermannes

John Naber auf dem Weg zu seinem größten Triumph: ein Schnappschuß vom Rennen in Montreal 1976, in dem der Kalifornier die Ära Matthes beendete.

Der Spätberufene: John Naber

Die für kaum erreichbar gehaltenen Matthes-Rekorde verbesserte beim direkten Aufeinandertreffen in den olympischen Schwimmfinals 1976 jener Mann, der dem Wunderschwimmer aus der DDR zwei Jahre vorher die erste Niederlage nach acht Jahren beigebracht hatte: der Kalifornier John Naber, geboren am 20. Januar 1956.

Er hatte erst im Alter von dreizehn Jahren seine Liebe zum Schwimmsport entdeckt, wurde aber von einem guten Coach – Peter Darland von der Universität Südkalifornien – noch in die Weltklasse geführt.

Erfolge im Wasser bedeuteten dem US-Boy aber längst nicht alles. So verzichtete er 1975 auf einen Start bei der WM in Cali, wo reichlich Edelmetall für ihn bereitgelegen hätte, und konzentrierte sich ganz auf Schule und beginnendes Studium. Im Jahr darauf ließ er erneut aufhorchen, als er bei den Olympia-Ausscheidungen in Long Beach am 19. Juni den Matthes-Weltrekord über 200 m Rücken auf hervorragende 2:00,48 Minuten verbesserte. Naber gehörte aber nicht nur in der Rückenlage zur Weltspitze, sondern ließ mit überragenden Zeiten über 200 und 400 m Kraul erkennen, daß er in die Fußstapfen seines berühmten Konkurrenten treten konnte.

Das geschah dann in Montreal auf eindrucksvolle Weise. Der beliebte Laienprediger und Psychologiestudent aus Kalifornien gewann vier Goldmedaillen und einmal Silber und war nach den vier siegreich beendeten Rennen vierfacher Weltrekordler. Den Weltrekord über die kurze Rükkenstrecke drückte er auf 55,49 Sekunden. Welche Qualität diese Marke darstellte, wurde an ihrer Dauer deutlich. Der Rekord bestand bis 1983, ehe ihn der neue Rückenstar der USA, Rick Carey, mehrfach verbesserte, zuletzt auf 55,19 Sekunden.

Über 200 m Rücken kam Naber in Montreal als erster Schwimmer unter die Zwei-Minuten-Grenze und verbesserte den Rekord auf sagenhafte 1:59,19 Minuten. Mit der 4-×-200-m-Kraulstaffel sowie mit der 4-×-100-m-Lagenstaffel erzielte er ebenfalls neue Weltbestzeiten. Daß er nicht fünffacher Goldmedaillengewinner wurde, verhinderte nur der Zeitplan. Schon 20 Minuten nach dem Finale über 100 m Rücken mußte er zu den 200 m Kraul antreten; da war die Spannung weg, und es blieb »nur« der zweite Platz. Mit den Erfolgen bei diesen Spielen sah Naber alle seine Ziele erreicht und zog sich ins Privatleben zurück ... Er gilt noch heute als eine Ausnahmeerscheinung – nicht nur in der US-Schwimmszene.

II. Weltmeisterschaften 1975 in Cali (Kolumbien)

Damen			
100 m Freistil	1. Ender	DDR	0:56,50
	2. Babashoff	USA	0:57,81
	3. Brigitha	NL	0:58,20
200 m Freistil	1. Babashoff	USA	2:02,50
	2. Ender	DDR	2:02,69
	3. Brigitha	NL	2:03,92
400 m Freistil	1. Babashoff	USA	4:16,87
	2. Turrall	AUS	4:17,88
	3. Heddy	USA	4:18,03
800 m Freistil	1. Turrall	AUS	8:44,75
	2. Greenwood	USA	8:48,88
	3. Babashoff	USA	8:53,22
100 m Brust	1. Anke	DDR	1:12,72
	2. Mazereeuw	NL	1:14,29
	3. Morey	USA	1:15,00
200 m Brust	1. Anke	DDR	2:37,25
	2. Mazereeuw	NL	2:37,50
	3. Linke	DDR	2:38,28
100 m Rücken	1. Richter	DDR	1:03,30
	2. Treiber	DDR	1:04,34
	3. Garapick	CDN	1:04,73
200 m Rücken	1. Treiber	DDR	2:15,46
	2. Garapick	CDN	2:16,09
	3. Richter	DDR	2:18,76
100 m Delphin	1. Ender	DDR	1:01,24
	2. Kother	DDR	1:01,80
	3. Wright	USA	1:02,79
200 m Delphin	1. Kother	DDR	2:13,82
	2. Lee	USA	2:14,89
	3. Wuschek	DDR	2:15,96
200 m Lagen	1. Heddy	USA	2:19,80
	2. Tauber	DDR	2:20,40
	3. Franke	DDR	2:20,81
400 m Lagen	1. Tauber	DDR	4:52,76
	2. Linke	DDR	4:57,83
	3. Heddy	USA	5:00,46
4 × 100 m Freistil	1. DDR		3:49,37
	2. USA		3:50,74
	3. Kanada		3:53,37
4 × 100 m Lagen	1. DDR		4:14,74
	2. USA		4:20,47
	3. Niederlande		4:21,45
Kunstspringen	1. Kalinina	SU	489,81 P.
	2. Wolinkina	SU	473,37 P.
	3. Ann Look	USA	466,92 P.
Turmspringen	1. Ely	USA	403,89 P.
	2. Kalinina	SU	387,99 P.
	3. Knape	S	387,90 P.

Traumzeit erreicht: Wladimir Salnikow

Die Sowjetunion konnte in der jüngeren Vergangenheit manchen Schwimmer von Weltklasseformat hervorbringen, mit Wladimir Salnikow, geboren am 21. Mai 1960 in Leningrad, stellt sie aber erstmals in der Geschichte ihrer Sportbewegung einen alles überragenden Aktiven. Der Offizier der Sowjetarmee beherrschte in den letzten Jahren die langen Kraulstrecken, sammelte Goldmedaillen wie kein anderer Schwimmer zuvor und erreichte zwei magische Traumgrenzen des Schwimmsports bei seiner Jagd auf die bestehenden Rekorde.
Die erste fiel am 23. März 1979, als Salnikow in Minsk die 800 m Kraul in 7:56,49 Minuten zurücklegte und damit als erster Schwimmer unter der Acht-Minuten-Grenze blieb. Für den Leningrader stellte selbst diese Superzeit keine Barriere dar. Bei den vorolympischen Testwettkämpfen drückte er am 14. Juni 1983 in Los Angeles den Rekord auf sagenhafte 7:52,33 Minuten.
Die zweite Traumzeit hatte er bereits bei seinem Olympiasieg am 22. Juni 1980 in Moskau erzielt, als er die 1500 m Kraul – ebenfalls als erster Schwimmer – unter 15 Minuten zurücklegte und den Rekord auf 14:58,27 Minuten drückte. Für den Mann, der vier Jahre zuvor in Montreal noch mit 15:29,45 Minuten Fünfter über diese Strecke geworden war, blieb auch diese Marke nicht unerreichbar: 1982 lautete seine Weltrekordzeit über 1500 m Kraul 14:56,35 Minuten.
Und auch über die 400-m-Distanz revolutionierte der Russe die Rekordlisten. Nach den 3:51,94 Minuten von 1978, die damals Europarekord bedeuteten, verbesserte er den Weltrekord über 3:51,41 (1979), 3:51,20 (1980) und 3:49,57 (1982) auf 3:48,32 (Anfang 1983 in Moskau).
Daß ein derart schneller Mann bei internationalen Wettbewerben Siege en masse errungen hat, ist selbstverständlich. Die Medaillenbilanz des Leningraders sah zuletzt so aus: Olympiasieger über 400 und 1500 m Kraul 1980; Olympiasieger mit der 4-×-200-m-Staffel 1980; Weltmeister über 400 und 1500 m Kraul 1978; Weltmeister über 400 und 1500 m Kraul 1982; Europameister über 1500 m Kraul 1977; Europameister über 1500 m Kraul 1981; Vize-Europameister über 400 m Kraul 1981; Europameister über 400 m Kraul 1983; Europameister über 1500 m Kraul 1983.

Lehrt dem Rest der Welt das Fürchten

Wladimir Salnikow beherrscht die Kraulstrecken, auf denen sonst Amerikaner und Australier dominierten. Seine Zeiten lehren der Konkurrenz das Fürchten.

Erfolgreiche DSV-Schwimmer

Klein machte den Anfang – und Groß ...

Im Reigen der Schwimmstars aus Ost und West spielten Aktive des DSV nach dem Zweiten Weltkrieg nur eine bescheidene Rolle, wenn es um Olympiamedaillen oder Weltrekorde ging. Es gab überhaupt nur eine einzige Olympiagoldmedaille für den DSV seit 1948 – die von der Dortmunderin Ursula Happe-Krey 1956 in Melbourne über 200 m Brust.

Im Brustschwimmen startete auch der erste Nachkriegsweltrekordler der Bundesrepublik. Der am 25. März 1923 in Breslau geborene Herbert Klein, der für den VfvS München startete, schwamm in seiner Wahlheimat am 9. Juni 1951 mit 2:27,3 Minuten neuen Weltrekord über 200 m und verbesserte am 17. Februar 1952 im Hallenbad von Norderney auch die Bestzeit über die 100 m Brust auf 1:05,8 Minuten.
Er galt für die Olympischen Spiele in Helsinki als Favorit, mußte sich aber mit der Bronzemedaille begnügen. Vier Jahre später gehörte er immer noch zu den stärksten Brustschwimmern der Welt, wurde aber in Melbourne wegen falschen Beinschlages nach dem Vorlauf disqualifiziert. So blieb ihm nur der Europameistertitel 1950 über die 200 m Brust.

Dreimal Staffelsilber: Hans-Joachim Klein

Weit erfolgreicher als Medaillensammler wurde sein Namensvetter Hans-Joachim Klein, geboren am 20. August 1942 in Darmstadt. Er kehrte von den Olympischen Spielen 1964 aus Tokio mit dreimal Staffelsilber (4 × 100 und 4 × 200 m Kraul, 4 × 100 m Lagen) und einmal Bronze (100 m Kraul) zurück. Einige Monate zuvor hatte er für eine Sensation gesorgt, als er bei den Deutschen Meisterschaften in Dortmund am 24. Mai den Weltrekord über 200 m Kraul auf 1:58,2 Minuten verbesserte und damit in Don Schollanders Bereiche eindrang, der sich aber die Bestmarke bereits im August desselben Jahres zurückholte. In Kleins Rekordbuch standen noch zwei Europabestzeiten und 101 deutsche Rekorde, davon 69, die er auf 50-m-Bahnen erzielte.

Zweimal Rekord: Gerhard Hetz

Vor dem Darmstädter hatte ein anderer Aktiver des DSV zweimal mit einer Weltrekordzeit aufhorchen lassen. Der am 13. Juli 1942 in Hof geborene Gerhard Hetz dominierte in der deutschen Schwimmszene zu Beginn der 60er Jahre im Kraul- und Lagenschwimmen und stellte auf seiner Spezialstrecke, den 400 m Lagen, am 24. Mai 1962 in Moskau mit 4:53,8 Minuten einen neuen Weltrekord auf, den er bei der Olympiageneralprobe am 12. Oktober 1963 in Tokio auf 4:50,2 Minuten steigerte.
Bei den olympischen Schwimmwettbewerben im Jahr darauf waren dann andere stärker (→ Olympia-Ergebnisse), und Gerhard Hetz mußte mit einer Bronzemedaille über seine Lieblingsstrecke vorliebnehmen. Mit der 4-×-200-m-Kraulstaffel holte er immerhin noch eine Silbermedaille. Größeren Medaillensegen

hatte 1962 der Boykott der Europameisterschaften in Leipzig durch den DSV wegen des Mauerbaus verhindert.
So blieben Hetz elf Europa- und 43 deutsche Rekorde als Leistungsnachweis, außerdem 27 deutsche Meistertitel. Nach seiner Zeit als Aktiver betätigte er sich als erfolgreicher Trainer in Bochum, Bonn und Köln. Er wurde wegen unorthodoxer Trainingsmethoden oft angefeindet, jedoch durch die Erfolge seiner Schützlinge bei Deutschen und Europameisterschaften immer wieder bestätigt.

Zum Schluß »Sportler des Jahres«
Ein Jahr nach den großartigen Leistungen in Tokio wurde Hans-Joachim Klein 1965 zum »Sportler des Jahres« gewählt.

Bei Olympia versagt: Hans Faßnacht

Die bundesdeutschen Schwimmer erwiesen sich bei den Europameisterschaften der 70er Jahre als erfolgreiche Medaillensammler. In Barcelona (1970) holten sie vierzehn, in Wien (1974) zwölf und in Jönköping (1977) dreizehn Medaillen. Dabei konnten sich einige Aktive als Mehrfachsieger auszeichnen.
Der erste in dieser Reihe war der Mannheimer Hans Faßnacht, geboren am 26. November 1950, der es in Barcelona auf sechs Medaillen brachte. Er gewann dort die 200 und 1500 m Kraul, wurde Zweiter über 400 m Kraul und 400 m Lagen und kam mit den Staffeln zu Gold (4 × 200 m Kraul) und Bronze (4 × 100 m Lagen).
Faßnacht hatte sich in den USA mit den dortigen Trainingsmethoden vertraut gemacht und stellte hier – am 14. August 1969 in Louisville (Kentucky) – mit 4:04,0 Minuten einen neuen Weltrekord über die 400 m Kraul auf. Zwei Jahre später trug er sich auf einer ganz anderen Strecke in die Weltrekordliste ein. Über 200 m Delphin erreichte er in Landskrona (Schweden) am 31. August 1971 die Zeit von 2:03,3 Minuten.
Bei den Olympischen Spielen in München erfolgte dann zur Überraschung aller Beobachter der große Einbruch in dieser Disziplin, als Faßnacht in schwacher Zeit nur einen enttäuschenden fünften Platz belegte und danach derart demoralisiert war, daß er über 400 m Kraul schon im Vorlauf ausschied. Wenigstens für das Staffelrennen konnte er wie-

In wenigen Tagen verspielte er alles
Hans Faßnacht ging als der »Versager von München« in die deutsche Schwimmsportgeschichte ein. Der Mannheimer Weltrekordler scheiterte in der Olympiastadt kläglich.

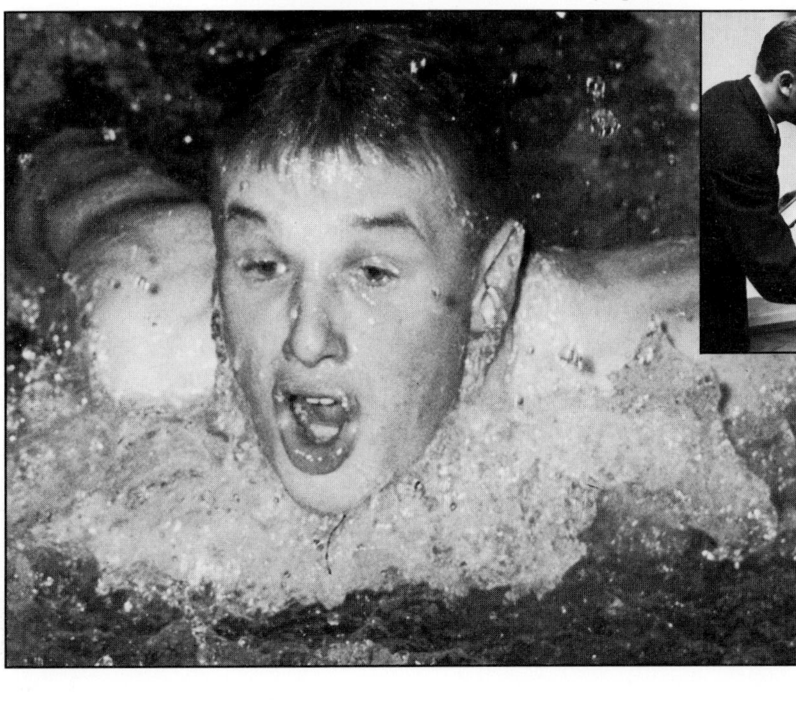

Er strebte stets Topleistung an
Auszeichnungen – auf dem kleinen Bild mit Innenminister Hermann Höcherl – strebte Gerhard Hetz nie an. Für ihn zählte nur Leistung.

der aufgerichtet werden und kam nach den 4 × 200 m Kraul noch zu einer Silbermedaille. Er stand bei seinem späteren Rücktritt mit vierzehn Europarekorden zu Buche.

Der »Goldjunge« trat früh zurück: Peter Nocke

Mit neun goldenen und einer silbernen Medaille ist er heute noch der erfolgreichste Schwimmer bei Europameisterschaften überhaupt: Peter Nocke, geboren am 25. Oktober 1955 in Langenberg (Rheinland), der mit 22 Jahren dem Leistungssport bereits ade sagte. Der Industriekaufmann hatte erst im Alter von zehn Jahren Schwimmen gelernt und gut zwei Jahre danach erste Wettkämpfe bestritten. Bei den Wasserfreunden Wuppertal kam er unter Trainer Heinz Hoffmann aber groß heraus, obwohl seine Trainingsfaulheit sprichwörtlich war. Der vielseitige Nocke spezialisierte sich auf das Kraulschwimmen, zeigte aber auch als Delphin- und Lagenschwimmer überdurchschnittliche Leistungen.
Nach dem Gewinn der ersten Deutschen Meisterschaften im Jahre 1974 schlug im gleichen Jahr bei den Europameisterschaften in Wien seine große Stunde. Nocke bestritt fünf Wettbewerbe und beendete sie allesamt als Erster und damit Goldmedaillengewinner: die 100 und 200 m Kraul, beide Kraulstaffeln und die Lagenstaffel. Im Jahr darauf stand Peter Nocke wieder in fünf Endläufen, als es um Weltmeistertitel in Cali ging. Die Medaillenausbeute blieb bescheidener als in Wien, aber mit einmal Gold (4 × 200 m Kraul) und zweimal Silber (4-×-100-m-Kraul- und Lagenstaffel) sowie einem vierten (über 100 m Kraul) und fünften (200 m Kraul) Platz war er bester DSV-Aktiver.
Auch bei den Olympischen Spielen in Montreal schwamm der Wuppertaler in der Weltspitze mit, kam aber trotz zweier Europarekorde (100 m Kraul in 51,31 Sekunden und mit der Lagenstaffel 3:47,29 Minuten) lediglich zu zwei Bronzemedaillen. Seine dominierende Stellung in Europa stellte er ein Jahr darauf bei der EM im schwedischen Jönköping erneut unter Beweis. In wiederum fünf Endläufen hieß der Sieger viermal Peter Nocke, nur einmal gab es einen zweiten Platz, und zwar in der Kraulstaffel der längeren Strecke. Ansonsten gewann Nocke dieselben Disziplinen wie schon 1974 in Wien.
Danach erklärte der vierfache Europa- und fünfzehnfache deutsche Rekordler seinen Rücktritt vom Leistungssport. Experten meinten, viel zu früh, weil er sein Talent überhaupt noch nicht ausgeschöpft hätte. Nocke erklärte bei seinem Abschied, er wolle seinen Namen nicht vermarkten lassen.

Sechs Jahre oben: Klaus Steinbach

Nahezu zeitgleich mit Peter Nokke sorgte ein anderer deutscher Schwimmer von Weltklasse für

III. Weltmeisterschaften 1978 in West-Berlin

Herren			
100 m Freistil	1. McCagg	USA	0:50,24
	2. Montgomery	USA	0:50,73
	3. Steinbach	D	0:50,79
200 m Freistil	1. Forrester	USA	1:51,02
	2. Gaines	USA	1:51,10
	3. Kopliakow	SU	1:51,33
400 m Freistil	1. Salnikow	SU	3:51,94
	2. Float	USA	3:53,42
	3. Forrester	USA	3:53,97
1500 m Freistil	1. Salnikow	SU	15:03,99
	2. Petric	YU	15:20,77
	3. Hackett	USA	15:23,38
100 m Brust	1. Kusch	D	1:03,56
	2. Smith	CDN	1:03,60
	3. Mörken	D	1:03,62
200 m Brust	1. Nevid	USA	2:18,37
	2. Miskarow	SU	2:18,42
	3. Kusch	D	2:20,16
100 m Rücken	1. Jackson	USA	0:56,36
	2. Rocca	USA	0:56,69
	3. Kusnetsow	SU	0:57,41
200 m Rücken	1. Vassallo	USA	2:02,16
	2. Hurring	NZ	2:03,71
	3. Verraszto	H	2:03,90
100 m Delphin	1. Bottom	USA	0:54,30
	2. Jagenburg	USA	0:55,26
	3. Arvidson	S	0:55,38
200 m Delphin	1. Bruner	USA	1:59,38
	2. Gregg	USA	1:59,80
	3. Pyttel	DDR	2:01,33
200 m Lagen	1. Smith	CDN	2:03,65
	2. Vassallo	USA	2:04,99
	3. Sidorenko	SU	2:05,29
400 m Lagen	1. Vassallo	USA	4:20,05
	2. Fesenko	SU	4:22,29
	3. Hargitay	H	4:27,04
4 × 100 m Freistil	1. USA		3:19,74
	2. Deutschland		3:26,65
	3. Schweden		3:26,95
4 × 200 m Freistil	1. USA		7:20,82
	2. UdSSR		7:28,41
	3. Deutschland		7:33,29
4 × 100 m Lagen	1. USA		3:44,63
	2. Deutschland		3:48,58
	3. Großbritannien		3:49,06
Kunstspringen	1. Boggs	USA	913,95 P.
	2. Hoffmann	DDR	873,33 P.
	3. Cagnotto	I	845,51 P.
Turmspringen	1. Louganis	USA	844,11 P.
	2. Hoffmann	DDR	836,76 P.
	3. Alejnik	SU	813,62 P.
Wasserball	1. Italien		
	2. Ungarn		
	3. Jugoslawien		

Zwei Goldjungen der deutschen Szene
Peter Nocke (hinten) und Klaus Steinbach gehörten zu den Aktivposten der deutschen Schwimmszene in den 70er Jahren. Die beiden konnten als Staffelmitglieder Toperfolge erzielen.

positive Schlagzeilen. Klaus Steinbach, am 14. Dezember 1953 in Kleve geboren und im Saarland aufgewachsen, holte während seiner Karriere sechzehn Medaillen bei allen großen internationalen Schwimmveranstaltungen.
Der Medizinstudent der Universität Homburg, der für die DSV-Schule Saarbrücken startete, errang 1972 seine erste Deutsche Meisterschaft (200 m Lagen) und schwamm in München in der 4-×-200-m-Kraulstaffel, die eine Silbermedaille holte. Steinbach galt als Ausnahmeerscheinung des bundesdeutschen Schwimmsports, weil er im Kraul-, Rücken- und Lagenschwimmen Spitzenleistungen erbrachte. So feierte er Medaillengewinne vor allem in Staffelrennen, wo er als Krauler und Rückenschwimmer stets gleich stark war.
Seine Medaillenbilanz nach den Olympischen Spielen von 1972 ergibt folgendes Bild: Europameisterschaft 1974: Silber über 200 m Kraul, Bronze über 100 m Kraul, Gold mit beiden Kraulstaffeln und der Lagenstaffel; Weltmeisterschaft 1975: Gold über 4 × 200 m Kraul, Silber über 4 × 100 m Kraul und 4 × 100 m Lagen; Olympische Spiele 1976: Bronze über 4 × 100 m Lagen; Europameisterschaft 1977: Gold über 4 × 100 m Kraul und in der Lagenstaffel, Silber über 4 × 200 m Kraul; Weltmeisterschaft 1978: Bronze über 100 m Kraul, Silber über 4 × 100 m Kraul und in der Lagenstaffel.
Den dritten Platz in Berlin erreichte er mit neuem Europarekord von 50,79 Sekunden und blieb damit als erster Europäer unter der 51-Sekunden-Marke. 1976 hatte er die Kraulsprintstrecke als erster Schwimmer der Welt auch unter 50 Sekunden zurückgelegt. Die damals gemessenen 49,78 Sekunden wurden jedoch auf einer 25-m-Bahn erzielt und waren deshalb nicht rekordwürdig. Steinbach stellte insgesamt sechs Europarekorde und 48 deutsche Rekorde auf.

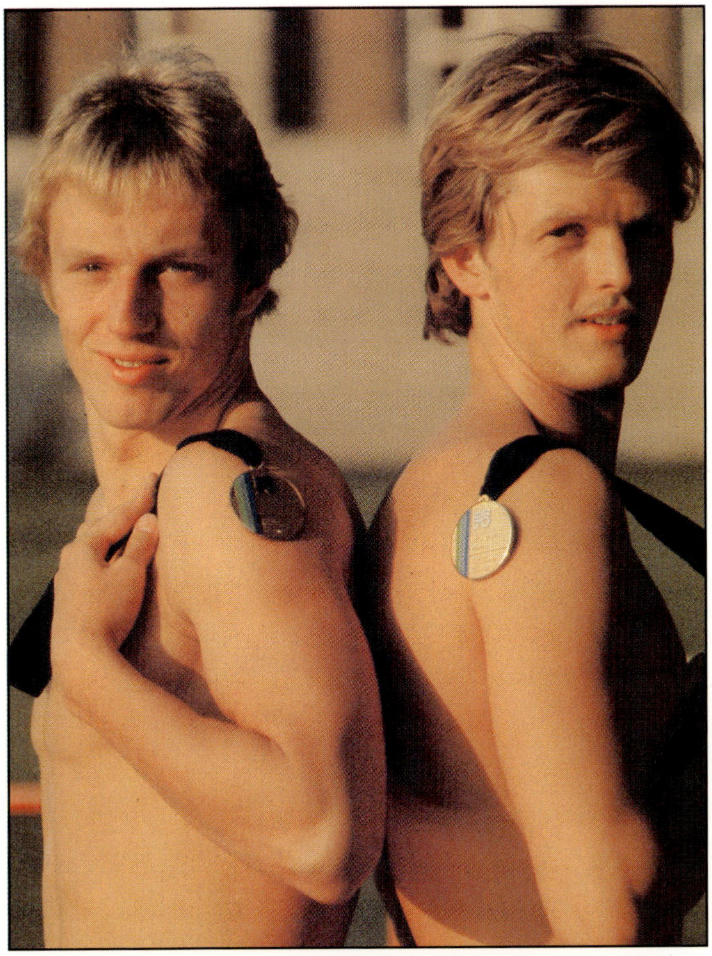

Auf den Spuren Erich Rademachers
Walter Kusch (rechts) und Gerald Mörken wandelten zeitweilig auf den Spuren eines großen Vorbildes. Nach dem 100-m-Brust-Rennen bei der WM 1978 zeigen sie ihre Medaillen.

Weltmeister: Walter Kusch

Als Sechzehnjähriger holte er bei den Europameisterschaften 1970 eine Bronzemedaille über 200 m Brust: Walter Kusch, geboren am 31. Mai 1954 in Hildesheim. Acht Jahre danach errang er seinen wertvollsten Titel: Er wurde Weltmeister über 100 m Brust. Dazwischen hatte er – besonders bei den Olympiawettbewerben 1972 in München und 1976 in Montreal – mehrfach nach den Sternen gegriffen, war aber jedesmal gescheitert.
Das Geschehen der Augusttage von Berlin 1978 entschädigte ihn aber für manche voraufgegangene Enttäuschung. Neben der Goldmedaille über die 100 m errang Kusch noch eine Bronzene über die lange Bruststrecke und eine Silberne in der Lagenstaffel. Die Lagenstaffel war vorher schon sein einträglichstes Betätigungsfeld. Bei den Europameisterschaften 1974 brachte sie ihm Gold, bei der WM 1975 Silber. Daneben standen noch zwei Bronzemedaillen über beide Bruststrecken bei der EM 1977 zu Buche.
Kusch schwamm zwei Europa- und 35 deutsche Rekorde und holte nicht weniger als 24 nationale Meistertitel.

Weltrekordler: Gerald Mörken

Sein Nachfolger auf den Bruststrecken, der ihm 1977 in Jönköping empfindliche Niederlagen

III. Weltmeisterschaften 1978 in West-Berlin

Damen			
100 m Freistil	1. Krause	DDR	0:55,68
	2. Jenssen	N	0:56,82
	3. Tsarewa	SU	0:56,85
200 m Freistil	1. Woodhead	USA	1:58,53
	2. Krause	DDR	1:59,78
	3. Tsarewa	SU	2:01,76
400 m Freistil	1. Wickham	AUS	4:06,28
	2. Woodhead	USA	4:07,15
	3. Linehan	USA	4:07,73
800 m Freistil	1. Wickham	AUS	8:24,94
	2. Woodhead	USA	8:29,35
	3. Linehan	USA	8:32,60
100 m Brust	1. Bogdanowa	SU	1:10,31
	2. Caulkins	USA	1:10,77
	3. Kelly	GB	1:11,99
200 m Brust	1. Kaschuschite	SU	2:31,42
	2. Bogdanowa	SU	2:32,69
	3. Nielsson	DK	2:33,60
100 m Rücken	1. Jezek	USA	1:02,55
	2. Treiber	DDR	1:03,18
	3. Gibson	CDN	1:03,43
200 m Rücken	1. Jezek	USA	2:11,93
	2. Treiber	DDR	2:14,07
	3. Gibson	CDN	2:14,23
100 m Delphin	1. Pennington	USA	1:00,22
	2. Pollack	DDR	1:00,26
	3. Quirk	CDN	1:01,82
200 m Delphin	1. Caulkins	USA	2:09,87
	2. Hogshead	USA	2:11,30
	3. Pollack	DDR	2:12,63
200 m Lagen	1. Caulkins	USA	2:14,07
	2. Pennington	USA	2:14,98
	3. Tauber	DDR	2:15,99
400 m Lagen	1. Caulkins	USA	4:40,83
	2. Tauber	DDR	4:47,52
	3. Schneider	DDR	4:48,56
4 × 100 m Freistil	1. USA		3:43,43
	2. DDR		3:47,37
	3. Kanada		3:49,59
4 × 100 m Lagen	1. USA		4:08,21
	2. DDR		4:09,13
	3. UdSSR		4:14,91
Kunstspringen	1. Kalinina	SU	691,43 P.
	2. Potter	USA	643,22 P.
	3. Chandler	USA	637,41 P.
Turmspringen	1. Kalinina	SU	412,71 P.
	2. Jäschke	DDR	384,09 P.
	3. Briley	USA	364,74 P.

beibrachte, hieß Gerald Mörken und erblickte am 12. November 1959 in Dortmund das Licht der Welt.
Der seit dem sechsten Lebensjahr aktive Mörken schaffte 1977 den raschen Durchbruch, als er nach Deutscher Meisterschaft bei der Europameisterschaft in Schweden dreimal Gold gewann, und zwar über beide Bruststrekken und in der Lagenstaffel. Im 100-m-Brust-Finale stellte er dabei am 17. August mit 1:02,86 Minuten einen hochkarätigen Weltrekord auf, den der US-Boy Steve Lundquist erst nach der kleinen Ewigkeit von fünf Jahren (am 19. Juli 1982 in Mission Viejo) um 14 Hundertstelsekunden verbessern konnte.
Danach ging Mörken als ewiger Dritter in die Geschichte des Schwimmsports ein.
Bei der WM 1978 reichte es trotz Favoritenstellung nur zu diesem Rang, ebenso bei der EM 1981 – jeweils über 100 m Brust. Bei der WM 1982 wurde er dann Dritter mit der Lagenstaffel, bei der EM 1983 über die 100 m Brust wiederum Dritter.
Bei dieser Europameisterschaft 1983 in Rom holte er dann mit der Lagenstaffel zur Abwechslung noch einmal Silber.

IV. Weltmeisterschaften 1982 in Guayaquil (Ecuador)

Herren				
100 m Freistil	1. Woithe	DDR	0:50,18
	2. Gaines	USA	0:50,21
	3. Johansson	S	0:50,25
200 m Freistil	1. Groß	D	1:49,84
	2. Gaines	USA	1:49,92
	3. Woithe	DDR	1:50,71
400 m Freistil	1. Salnikow	SU	3:51,30
	2. Semjonow	SU	3:51,43
	3. Lodziewski	DDR	3:51,84
1500 m Freistil	1. Salnikow	SU	15:01,77
	2. Semjonow	SU	15:05,54
	3. Petric	YU	15:10,20
100 m Brust	1. Lundquist	USA	1:02,75
	2. Davis	CDN	1:02,82
	3. Moffett	USA	1:03,13
200 m Brust	1. Davis	CDN	2:14,77
	2. Schulpa	SU	2:16,68
	3. Moffett	USA	2:18,54
100 m Rücken	1. Richter	DDR	0:55,95
	2. Carey	USA	0:56,04
	3. Schemetow	SU	0:56,42
200 m Rücken	1. Carey	USA	2:00,82
	2. Wladar	H	2:01,31
	3. Baltrusch	DDR	2:01,51
100 m Delphin	1. Gribble	USA	0:53,88
	2. Groß	D	0:54,26
	3. Baron	S	0:54,47
200 m Delphin	1. Groß	D	1:58,85
	2. Fesenko	SU	1:59,91
	3. Bairdsley	USA	2:00,08
200 m Lagen	1. Sidorenko	SU	2:03,30
	2. Barrett	USA	2:03,49
	3. Franceschi	I	2:04,65
400 m Lagen	1. Prado	BR	4:19,78
	2. Berndt	DDR	4:23,02
	3. Fesenko	SU	4:23,29
4 × 100 m Freistil	1. USA		3:19,26
	2. UdSSR		3:21,78
	3. Schweden		3:22,15
4 × 200 m Freistil	1. USA		7:21,09
	2. UdSSR		7:24,91
	3. Deutschland		7:25,46
4 × 100 m Lagen	1. USA		3:40,84
	2. UdSSR		3:42,86
	3. Deutschland		3:44,78
Kunstspringen	1. Louganis	USA	752,67 P.
	2. Kuzmen	SU	636,15 P.
	3. Portnow	SU	631,56 P.
Turmspringen	1. Louganis	USA	634,26 P.
	2. Alejnik	SU	629,85 P.
	3. Kimball	USA	619,68 P.
Wasserball	1. UdSSR		
	2. Ungarn		
	3. Deutschland		

Lehrte die US-Boys das Fürchten: Michael Groß

Er heißt nicht nur so, er ist es auch in jeder Beziehung: Mit 1,99 m Länge und überragendem Können präsentiert sich der neue deutsche Schwimmstar Michael Groß, geboren am 17. Juni 1964 in Frankfurt, als ausgesprochener Siegertyp.
Seit er 1981 bei der EM in Split durch seinen Sieg über 200 m Delphin in Europarekordzeit von 1:59,19 Minuten die Medaillenausbeute des DSV wenigstens mit etwas Gold aufhellte, hat er auf internationaler Ebene fortgesetzt, was sich vorher zu Hause anbahnte: den Weg eines Ausnahmeschwimmers.
Sein Talent wurde früh entdeckt und bei seinem Verein, dem Ersten Offenbacher Schwimmclub (EOSC), wirksam gefördert. Zunächst glaubte man an einen vorzüglichen Kraulschwimmer, bis Groß bei Jahrgangsmeisterschaften 1979 in Köln mit einer beachtenswerten Zeit (2:07,29 Minuten) über die 200 m Delphin aufhorchen ließ.
1980 wies er dann über die kurze Delphinstrecke eine Bestzeit von 55,5 Sekunden auf und gehörte dem Olympiakader des DSV an. Was in Moskau hätte sein können, muß Spekulation bleiben; Tatsache war jedoch, daß Groß beim »Länderkampf der Boykotteure« zwischen Kanada und der Bundesrepublik mit 54,69 Sekunden eine Weltklassezeit erreichte und damit schneller war als am Tag zuvor der Moskauer Olympiasieger Per Arvidsson (Schweden).
Seit 1981 gehörte der lange Offenbacher endgültig zur Weltklasse auf drei Strecken. Bei den Deutschen Meisterschaften dieses Jahres schwamm er in Bonn mit 1:50,76 Minuten Weltjahresbestzeit über 200 m Kraul und holte sich seinen zweiten Titel mit ausgezeichneten 54,80 Sekunden-

Erweckte deutschen Schwimmsport

Nach einem vorübergehenden Tief sorgte Michael Groß mit seinen Rekordleistungen für neue Begeisterung hinsichtlich des Schwimmsports in der Bundesrepublik. Ob es so bleibt?

über die 100 m Delphin. Im Juli verbesserte er sich in Heidelberg auf 54,52 Sekunden. Den Schlußpunkt setzte dann der Europarekord von Split über die 200 m Delphin. Dort holte er sich noch zwei Staffelmedaillen, und zwar Silber über 4 × 200 m Kraul und Bronze in der Kraulsprintstaffel.

Zu den Weltmeisterschaften 1982 nach Guayaquil fuhr er, um zu lernen. Der Achtzehnjährige trainierte inzwischen zwar wie ein Weltmeister – täglich schwamm er mindestens 6000 m und brachte 50 Tonnen im Krafttraining zur Hochstrecke –, aber die Titelaspiranten kamen wie immer aus den USA. Doch in Ecuador lehrte Michael Groß die siegesbewußten US-Boys das Fürchten. Die Weltrekordler Rowdy Gaines (200 m Kraul) und Craig Bairdsley (200 m Delphin) – sie galten in Fachkreisen als unschlagbar – mußten ausgerechnet auf diesen »amerikanischen« Strecken dem Offenbacher den Vortritt lassen. Mit der Silbermedaille über die 100 m Delphin und zweimal Staffelbronze (4 × 200 m Kraul, 4 × 100 Lagen) wurde Groß zum herausragenden Aktiven dieser WM. Mit 1:49,55 Minuten über 200 m Kraul und 1:58,85 Minuten über 200 m Delphin stellte der Offenbacher noch hochkarätige Europarekorde auf.

Vielfachstarts, das bewiesen die Wettkämpfe in Ecuador, machten dem Oberschüler nichts aus. In Guayaquil mußte er elfmal antreten. In Hannover bei den Deutschen Meisterschaften des folgenden Jahres beschränkte er sich wegen des Zeitplans auf drei Disziplinen, feierte dabei aber ein wahres Rekordfestival. Den Europarekord über 200 m Delphin verbesserte er zuerst auf 1:58,37, dann auf 1:58,22 Minuten; die Krönung bedeutete aber der neue Weltrekord von 1:48,28 über 200 m Kraul. Daß er auch die kurze Delphinstrecke in einer Weltklassezeit gewann, verstand sich von selbst.

So gerüstet trat er den Weg zu den Europameisterschaften 1983 in Rom an – und er enttäuschte seine Anhänger nicht. Im ersten seiner sechs Starts explodierte er förmlich und stellte über 200 m Kraul mit 1:47,87 Minuten einen phantastischen Weltrekord auf. Auch die Rennen Nummer zwei und drei endeten mit Rekorden und Goldmedaillen: Über 100 m Delphin stellte Deutschlands neues Schwimm-As mit 54,00 Sekunden den 1982 aufgestellten Europarekord ein, und wenig später trug er als Mitglied der 4-×-200-m-Kraulstaffel zur Verbesserung des fünf Jahre alten Weltrekordes der Amerikaner bei. Thomas Farner, Alexander Schowtka, Andreas Schmidt und Michael Groß kraulten in Rom diese 800 m in 7:20,40 Minuten.

Die Kraulsprintstaffel erreichte trotz eines Aufholrennens von Groß nur den vierten Platz, aber im nächsten Einzelrennen bewies der Offenbacher dann wieder Klasse und Kondition: Die 200 m Delphin brachten eine aufregende Rekordjagd des Schwimmers vom Main, der am Ziel mit 1:57,05 Minuten eine Fabelzeit schwamm und den Amerikanern nun auch diesen Weltrekord (bisher Craig Bairdsley mit 1:58,01) abjagte. Damit nicht genug, holte Groß mit der Lagenstaffel noch eine Silbermedaille und wurde sowohl nach Zahl der Medaillen, aber mehr noch durch die dabei gezeigten Leistungen zum absoluten Star dieser Meisterschaften in Rom. Viermal Gold und einmal Silber – das hatte es vorher schon gegeben; aber drei Weltrekorde und einen Europarekord in sechs Rennen – das setzte neue Maßstäbe.

Ein Meister zeigt noch echte Freude

Bilderbogen eines Erfolgsrausches: Bei der EM 1983 in Rom sprengte Vielfachsieger Michael Groß die Rekordlisten nur so, konnte sich aber freuen wie über den ersten Sieg.

IV. Weltmeisterschaften 1982 in Guayaquil (Ecuador)

Damen			
100 m Freistil	1. Meineke	DDR	0:55,79
	2. Verstappen	NL	0:55,87
	3. Sterkel	USA	0:56,27
200 m Freistil	1. Verstappen	NL	1:59,53
	2. Meineke	DDR	2:00,67
	3. Maas	NL	2:00,84
400 m Freistil	1. Schmidt	DDR	4:08,98
	2. Schneider	DDR	4:10,08
	3. Cohen	USA	4:11,85
800 m Freistil	1. Linehan	USA	8:27,48
	2. Willmott	GB	8:32,61
	3. Schmidt	DDR	8:33,67
100 m Brust	1. Geweniger	DDR	1:09,14
	2. Ottenbrite	CDN	1:11,03
	Rhodenbaugh	USA	1:11,03
200 m Brust	1. Warganowa	SU	2:28,82
	2. Geweniger	DDR	2:29,71
	3. Ottenbrite	CDN	2:33,05
100 m Rücken	1. Otto	DDR	1:01,30
	2. Kleber	DDR	1:01,47
	3. Walsh	USA	1:02,86
200 m Rücken	1. Sirch	DDR	2:09,91
	2. Parkes	AUS	2:14,98
	3. Bunaciu	R	2:15,40
100 m Delphin	1. Meagher	USA	0:59,41
	2. Geissler	DDR	1:00,36
	3. Buddenmeyer	USA	1:00,40
200 m Delphin	1. Geissler	DDR	2:08,66
	2. Meagher	USA	2:09,76
	3. Dahne	DDR	2:10,29
200 m Lagen	1. Schneider	DDR	2:11,79
	2. Geweniger	DDR	2:13,38
	3. Caulkins	USA	2:15,91
400 m Lagen	1. Schneider	DDR	4:36,10
	2. Norel	DDR	4:43,51
	3. Caulkins	USA	4:44,64
4 × 100 m Freistil	1. DDR		3:43,97
	2. USA		3:45,76
	3. Niederlande		3:45,96
4 × 100 m Lagen	1. DDR		4:05,88
	2. USA		4:08,12
	3. UdSSR		4:12,36
Kunstspringen	1. Neyer	USA	501,03 P.
	2. Seufert	USA	490,02 P.
	3. Peng Yuan Chun	TJ	482,10 P.
Turmspringen	1. Wyland	USA	438,78 P.
	2. Wenzel	DDR	417,99 P.
	3. Ji Hong Zhou	TJ	399,78 P.

REITSPORT

Das Glück dieser Erde finden sie auf dem Rücken ihrer Pferde: Könner im Parcours

Beim ersten Probesprung wird Winkler schwarz vor den Augen, so stark sind die Schmerzen. Er verlangt eine Spritze, bekommt aber ein Zäpfchen, das in fünf Minuten wirken soll. Erneuter Probesprung: Wieder schreit Winkler laut auf. Er kann Halla nicht anhalten, ist unfähig, sich im Sattel zu rühren. Daß er nicht runterfällt, ist ein Wunder. Ist das das Ende aller deutschen Medaillenträume?

Eckhard Schröder: Das Glück dieser Erde. Leben und Karriere deutscher Springreiter

Erster CHI 1900 in Paris

Harmonie zwischen Mensch und Tier

Für die Entwicklung des Springreitens wurden im ersten Jahrzehnt des 20. Jahrhunderts jene entscheidenden Akzente gesetzt, die zur weltweiten Verbreitung dieser Sportart bis zum heutigen Ausmaß geführt haben.

Der französische Verband für Pferdesport unternahm den ersten Schritt, als er sein traditionelles nationales Reitturnier aus Anlaß der Weltausstellung im Jahre 1900 in Paris um drei Tage verlängerte und international ausschrieb. So kam es am 29. und 31. Mai sowie am 1. Juni 1900 zum ersten CHI (Concours Hippique International) in der Geschichte des Pferdesports, in dem neben französischen Berufs- und Herrenreitern auch Teilnehmer aus Belgien und der italienische Graf Trissino zum Wettkampf antraten.
Belgien galt um die Jahrhundertwende als führende Pferdesportnation mit dem an Bedeutung noch vor Paris rangierenden Turnier im Badeort Spa. Durch Captain Aimé Haegeman sowie Georges van de Poële sicherten sich die Belgier auch die beiden ersten Plätze in der Springprüfung.
Damals wurden bei Reitturnieren auch noch Wettbewerbe im Weit- und im Hochsprung ausgetragen. Im Hochsprung siegte der Franzose Dominique Gardères, dessen Pferd 1,85 m bewältigte, im Weitsprung der Belgier Constant van Langhendonck, der mit einem 6,10-m-Satz imponierte. In beiden Disziplinen belegte der italienische Graf Gian Giorgio Trissino den zweiten Platz. Die Reiterwettbewerbe des verlängerten Concours hippique von Paris werden in einigen Veröffentlichungen als zum olympischen Programm der Spiele von 1900 gehörend eingestuft; hier handelt es sich aber um eine Fehlinterpretation.

Reitturniere in ganz Europa

In der Schweiz wurde, auch noch 1900, der erste Concours hippique, und zwar in Yverdon, ausgetragen, während andere Länder in den Folgejahren ihre mittlerweile traditionellen Turniere starteten. So gab es 1902 in Turin ein großes Militär-Reitertreffen, an dem 147 Aktive aus sechs Nationen teilnahmen (Italien, Deutschland, Österreich-Ungarn, Frankreich, Rußland und Belgien). Barcelona (1902), Madrid (1903) sowie die erste Military in Portugal (1904) vervollständigten zunächst den Reigen der Turniere, die 1907 eine interessante Erweiterung durch das erste Hallenreitturnier in der Olympiahalle von London, der heute noch populären jährlichen »London Horse Show«, erfuhren. 1909 reiste eine britische Equipe sogar nach Buenos Aires zum dortigen CHI; im gleichen Jahr fand Italiens erstes Turnier dieser Art in Tor di Quinto bei Rom statt.
Das folgende Jahr bekam in der Geschichte des Reitsports besondere Bedeutung. Im Juni 1909 wurde in London nämlich der erste Nationenpreis ausgetragen. Sechs Offiziersequipen zu je drei Reitern aus Frankreich, Italien, England, Kanada, Belgien und Argentinien kamen in dieser Reihenfolge in die Wertung. Im Herbst folgte in San Sebastian die zweite Veranstaltung dieser Art mit sieben Equipen aus ebenso vielen Ländern, darunter wieder die erstmals auf Europareise befindlichen Argentinier. Die beiden Wettbewerbe des Jahres 1909 legten den Grundstein für eines der attraktivsten Spektakel im Reit- und Springsport: den Preis der Nationen, auch als Mannschafts-Jagdspringen bekannt, ab 1912 im Olympiaprogramm und danach bei zahlreichen CHIO (Concours Hippique International Olympique) bezeichneten Veranstaltungen in aller Welt der Zuschauermagnet Nummer 1.
Deutschland erlebte das erste internationale Reitturnier erst 1910 anläßlich der Luftfahrtausstellung in Frankfurt.
Die deutsche Reiterei war durch ein vom Kaiser verhängtes Aus-

Olympiamedaille für Deutschland
Die Offiziere der Military-Mannschaft holten 1912 die erste Olympiamedaille (Silber) für Deutschland: Oberleutnant Friedrich von Rochow, Oberleutnant Eduard von Lütcken, Rittmeister Richard von Schaesberg.

landsstartverbot als Folge des schlechten Abschneidens beim Turiner Militärturnier 1902 in die Isolation geraten. Die Folgen bekam man bei den Olympischen Spielen 1912 zu spüren, als andere die Medaillen holten. Daraufhin veranlaßte Majestät den Kronprinzen, eine Institution zur Förderung des reiterlichen Spitzensports ins Leben zu rufen. Aus der am 3. Januar 1913 gegründeten Organisation ging das Deutsche Olympiade-Komitee für Reiterei (DOKR) – heute mit Sitz in Warendorf – hervor.

Der Erste Weltkrieg stoppte zunächst die stürmische Entwicklung des Springsports, vor allem in Deutschland. Erst mit Beginn der 20er Jahre konnte auf nationaler Ebene wieder wirkungsvoll Pferdesport betrieben werden. Das erste spektakuläre Ereignis der Nachkriegszeit stellte das 1920 zum ersten Mal ausgetragene Deutsche Springderby dar. Auf dem bis heute unveränderten 1350 m langen, durch seine Naturhindernisse in aller Welt berühmt-berüchtigten Parcours in Hamburg-Kleinflottbek siegte damals Paul Heil auf Cyrano, der die gefürchteten Hindernisse wie »Großer Wall« oder »Pulvermanns Grab« am besten überwand. Die beiden anderen großen Springprüfungen in Deutschland hatten dann einige Jahre darauf Premiere. In Aachen gab es 1925 mit Willy Spillner auf Baron III den ersten Sieger, in Berlin 1930 mit Richard Salah auf Schwabensohn. Aachen erhielt 1929 durch den erstmals ausgetragenen Nationenpreis (Sieger Schweiz) den Status eines CHIO. Die Jahre bis zum Ausbruch des Zweiten Weltkriegs brachten eine erste Blütezeit für die deutsche Reiterei, die neben zahlreichen Siegen bei Nationenpreisen in den Medaillengewinnen bei den Olympischen Spielen 1936 in Berlin ihren absoluten Höhepunkt hatte.

Aus dem reitsportlichen Zentrum Kavallerieschule Hannover gingen einige überragende Springreiter hervor. Ihr Equipenchef Harald Momm (geb. am 15. November 1899 in Trier) holte mit seinen Mitstreitern dreißig Preise der Nationen, darunter die in Berlin, Aachen, Amsterdam, Paris und Rom. Er selbst siegte 1933 im Deutschen Derby. Sein Teamkamerad Kurt Hasse wurde als zweifacher Goldmedaillengewinner von 1936 gefeiert; vorher war er Deutscher Meister im Rekordspringen (1932) und Sieger im Großen Preis von Berlin (1935) geworden. Der am 7. Februar 1907 in Mainz geborene Hasse fiel im Dezember 1943 an der Ostfront. Sein Freund und Teamkamerad aus der Goldequipe von Berlin 1936, der am 18. März 1900 in Kronburg geborene Marten von Barnekow, hatte sich 1929 und 1932 in die Siegerliste des Deutschen Derbys eingetragen und gehörte der Nationenpreis-Equipe jener Zeit ebenso lange an wie Hans-Heinrich (»Micky«) Brinckmann (geb. am 14. November 1911 in Ratzeburg), der nach den Olympischen Spielen zwei ganz große Jahre hatte. 1937 und 1939 siegte er in Aachen und Berlin, 1939 wurde er mit seinem Pferd Oberst II als weltbester Reiter geehrt: nach zehn Siegen in Nationenpreisen. Brinckmann erlebte noch die große Zeit der deutschen Reiterei in der jüngsten Vergangenheit als Chef der Nationenpreis-Equipe mit und machte sich einen Namen als international anerkannter Parcoursbauer.

Große Karriere: Fritz Thiedemann

Zu den Assen der Kavallerieschule Hannover hatte sich ab 1938 auch ein junger Reiter gesellt, der alle Chancen besaß, zum Olympiateam 1940 zu gehören: der holsteinische Bauernsohn Fritz Thiedemann, geboren am 3. März 1918 in Weddinghusen bei Heide. Das neunte Kind des Viehhändlers und Landwirts Claus Thiedemann wurde dann aber ein Spätberufener und holte in bereits fortgeschrittenem Alter nach, was Arbeitsdienst, Militärzeit und Fronteinsatz in seinen besten Jahren verhindert hatten. Der Mann, der in dem NS-Propagandastreifen »Reitet für Deutschland« (Hauptrolle Willy Birgel) einen belgischen Offizier gemimt hatte, überstand die letzten Kriegsmonate an der Ostfront und brachte danach, ins heimatliche Dorf zurückgekehrt, den elterlichen Hof wieder hoch.

Mit dreißig Jahren saß er wieder im Sattel, um seinen geliebten Sport in kleinerem Rahmen noch einmal auszuüben, als er eine überraschende Offerte erhielt: Otto Lörke vom DOKR lud ihn ein, sich auf eine Olympiateilnahme 1952 vorzubereiten – in der Dressurequipe. Es folgte das Angebot der Reit- und Fahrschule Elmshorn an den Pferdenarren Thiedemann, dort einen Turnierstall zu gründen und die Leitung zu übernehmen. Fritz Thiedemann setzte auf die Karte Pferdesport und betrat damit als gut Dreißigjähriger die ersten Sprossen einer Erfolgsleiter, auf der er weit nach oben kommen sollte.

Beim Deutschen Springderby

Der Star der Kavallerieschule

Oberstleutnant Kurt Hasse – hier bei einem Barrierespringen – war der Star unter den Assen des Reiterzentrums Kavallerieschule Hannover. Als zweifacher Olympiasieger von Berlin wurde er zum Sportidol für die deutschen Reitfans.

Ein Norddeutscher und seine Entdeckung

Fritz Thiedemann und der von ihm entdeckte Meteor bildeten das erste »Traumpaar« der deutschen Nachkriegsreiterei. Im Kreis seiner Familie – oben mit Ehefrau Anneliese und Töchterchen Anke – fand er Ruhe vor den Turnieren. Mit Meteor blieb er bis zum Ende von dessen Karriere zusammen.

1950 gelang ihm nach dem einzigen Null-Fehler-Ritt mit Loretto ein überzeugender Sieg, den er im Jahr darauf wiederholte – mit einem Pferd, das 1950 noch für allgemeines Kopfschütteln gesorgt hatte: Meteor. Der war mit 28 Fehlern ins Ziel gekommen und hatte dem Reiter eine Menge Arbeit abverlangt. Thiedemann konnte den 1944 geborenen Holsteiner vorher auf kleineren Turnieren einsetzen, nachdem das ehemalige Ackerpferd Moritz in Elmshorn unter seiner Leitung dem Springsport zugeführt worden war. Dem dazu völlig ungeeignet scheinenden Roß hatte Thiedemann durch hartes Training den Boden bereitet. Der später als echt holsteinischer Dickkopf gekennzeichnete Meteor wurde durch Thiedemanns unerschütterlichen Glauben an seine Fähigkeiten und entsprechend harte Arbeit zu einem Klassepferd im Springparcours und als »der Dicke« zum Liebling der Besucher. Thiedemann sattelte ihn auch im olympischen Parcours 1952 in Helsinki und holte sich die Bronzemedaille im Jagdspringen – spätestens zu diesem Zeitpunkt verstummten auch die letzten Zweifel am Können des so eigenwillig auftretenden Pferdes, dem später in Kiel sogar ein Denkmal gesetzt wurde.

Daß Fritz Thiedemann aus Helsinki mit zwei Bronzemedaillen heimkehrte, muß heutzutage besonders betont werden. Er hatte nämlich vor dem Springen mit der Dressurmannschaft ebenfalls den dritten Platz belegt und dafür olympisches Edelmetall erhalten. Im Einzelwettbewerb der Dressur war er immerhin auf Rang zwölf gekommen!

Nach Helsinki gab es Thiedemann dann nur noch als Springreiter, der noch viele Jahre in der Spitze mitmischte und mit der deutschen Equipe zweimal Olympiagold errang. Als Teamreiter feierte er die großen Erfolge, die ihm als Einzelreiter versagt blieben. So bei der ersten Weltmeisterschaft 1953, als er ohne den verletzten Meteor dennoch einen sensationellen zweiten Platz mit dem Ersatzpferd Diamant belegte (→ WM-Ergebnisse), oder bei der WM 1956, als ein einziger Springfehler nur den dritten Platz einbrachte. Sein bedeutendster Einzeltitel blieb die Europameisterschaft 1958; seine stolzesten Erfolge aber sind die zwei Goldmedaillen in den olympischen Mannschaftswettbewerben 1956 und 1960. Daneben holte Thiedemann unter anderem folgende große Siege: 1951, 1953 und 1955 den Großen Preis von Aachen; 1954, 1958 und 1959 (das fünfte Mal) den Sieg im Deutschen Derby in Hamburg; 1954 als erster deutscher Reiter den »King George V Cup« mit Meteor in London; 1955 mit Hans Günter Winkler, Alfons Lütke-Westhues und Walter Schmidt erstmals nach dem Krieg den Preis der Nationen in Aachen; 1955 und 1956 den Großen Preis der Bundesrepublik Deutschland in Dortmund; 1960 den Großen Preis von Deutschland in Berlin.

An seinem 39. Geburtstag feierte er 1957 mit Meteor in der Kieler Ostseehalle den hundertsten Sieg. Nach dem Erfolg im Nationenpreis von Aachen erklärte er am 1. Juli 1961 seinen Rücktritt. Am anderen Tag feierten 50 000 Zuschauer in der Aachener Soers das Paar Thiedemann und Meteor zum letzten Mal. Sie dürften im deutschen Sport einen unvergeßlichen Platz innehaben.

Namenskürzel wurde zum Markenzeichen: HGW

Bei den Nationenpreisen in der zweiten Hälfte der 50er Jahre ritt an Fritz Thiedemanns Seite ein Mann, dessen Namenskürzel bis heute ein Markenzeichen für Erfolgsreiten geblieben ist: Hans Günter Winkler, nicht nur Pferdesportfreunden als HGW ebenso geläufig.

Er wurde am 24. Juli 1926 in Wuppertal-Barmen als Sohn eines Reitlehrers und Stallmeisters geboren. Auch seine Jugendjahre wurden vom Krieg mitbestimmt, den er nach Arbeitsdienst (ab 1943) zum Schluß noch als Wehrmachtsangehöriger erlebte.

Nach dem Zusammenbruch kam er im Marstall der Landgräfin von Hessen in Kronberg/Taunus unter und arbeitete dort mit einem über die Kriegsjahre geretteten und jetzt von US-Offizieren beanspruchten Pferdebestand. 1948 wurde er Partner der Züchterin Gerda Zimmer und führte den gemeinsamen Reitstall. Winkler konnte die im Elternhaus angeeigneten Reiterqualitäten im ersten Turnierjahr 1949 in 21 Sie-

Weltmeisterschaften der Springreiter

I. PARIS 1953
1. Francisco Goyoaga (E) mit Quorum
2. Fritz Thiedemann (D) mit Diamant
3. Pierre J. d'Oriola (F) mit Ali Baba
4. Piero d'Inzeo (I) mit Uruguay

II. MADRID 1954
1. Hans Günter Winkler (D) mit Halla
2. Pierre J. d'Oriola (F) mit Arlequin
3. Francisco Goyoaga (E) mit Baden
4. Salvatore Oppes (I) mit Pagoro

III. AACHEN 1955
1. Hans Günter Winkler (D) mit Orient
2. Raimondo d'Inzeo (I) mit Merano
3. Ronnie Dalles (GB) mit Bones
4. Pierre J. d'Oriola (F) mit Voulette

IV. AACHEN 1956
1. Raimondo d'Inzeo (I) mit Merano
2. Francisco Goyoaga (E) mit Fahnenkönig
3. Fritz Thiedemann (D) mit Meteor
4. Carlos Delia (RA) mit Discutido

V. VENEDIG 1960
1. Raimondo d'Inzeo (I) mit Gowran Girl
2. Carlos Delia (RA) mit Huipil
3. David Broome (GB) mit Sunsalve
4. William Steinkraus (USA) mit Ksar d'Esprit

VI. BUENOS AIRES 1966
1. Pierre J. d'Oriola (F) mit Pomone B
2. José A. de Bohorques (E) mit Quizas
3. Raimondo d'Inzeo (I) mit Bowjak
4. Nelson Pessoa (BR) mit Huipil

VII. LA BAULE 1970
1. David Broome (GB) mit Beethoven
2. Graziano Mancinelli (I) mit Fidux
3. Harvey Smith (GB) mit Mattie Brown
4. Alwin Schockemöhle (D) mit Donald Rex

VIII. HICKSTEAD 1974
1. Hartwig Steenken (D) mit Simona
2. Eddie Macken (IRL) mit Pele
3. Hugo Simon (A) mit Lavendel – sowie
   Frank Chapot (USA) mit Main Spring

IX. AACHEN 1978
1. Gerd Wiltfang (D) mit Roman
2. Eddie Macken (IRL) mit Boomerang
3. Michael Matz (USA) mit Jet Run
4. Johan Heins (NL) mit Pandur

X. DUBLIN 1982
1. Norbert Koof (D) mit Fire
2. Malcolm Pyrah (GB) mit Towerlands Anglezarke
3. Michel Robert (F) mit Ideal de la Haye
4. Gerry Mullins (IRL) mit Rockbarton

Weltmeisterschaften der Springreiterinnen

I. HICKSTEAD 1965
1. Marion Coakes (GB) mit Stroller und Little Fellow
2. Kathy Kusner (USA) mit Untouchable und That's Right
3. Alison Westwood (GB) mit The Maverick*

II. KOPENHAGEN 1970
1. Janou Lefèbvre (F) mit Rocket und Troubadour
2. Marion-Mould Coakes (GB) mit Stroller und Daddy's Girl – sowie
   Anneli Drummond-Hay (GB) mit Merely-a-Monarch und Xanthos

III. LA BAULE 1974
1. Janou Tissot-Lefèbvre (F) mit Rocket und Alterline
2. Michèle McEvoy (USA) mit Mr. Muskie und Sundancer
3. Barbara Simpson-Kerr (CDN) mit Magnor und Australia

* Im Gegensatz zur Weltmeisterschaft der Springreiter durfte zunächst in allen anderen Konkurrenzen (auch bei Europameisterschaften) jede Reiterin (oder jeder Reiter) zwei Pferde für die Qualifikation melden; dies war jedoch keine Bedingung.

Weltmeisterschaften der Springreiter Mannschaftswettbewerbe

AACHEN 1978
1. Großbritannien (Derek Ricketts mit Hydrophane Goldstream/Caroline Bradley mit Tigre/Malcolm Pyrah mit Laar Court/David Broome mit Philco)
2. Niederlande
3. USA

DUBLIN 1982
1. Frankreich (Michel Robert mit Ideal de la Haye/Patrick Caron mit Ecole/Frederic Cottier mit Flambeau/Gilles Bertram de Balanda mit Galoubet)
2. Deutschland
3. Großbritannien

Ein großer Gegner der deutschen Reiter

Raimondo d'Inzeo, hier auf Bellevue, lieferte sich mit den deutschen Reitern in den 50er und 60er Jahren große Duelle im Kampf um die Weltmeistertitel.

ge, zwanzig zweite und siebzehn dritte Plätze umsetzen und folgte 1950 dem Ruf des DOKR und seines Chefs Gustav Rau nach Warendorf, um sich auf die Olympischen Spiele 1952 vorzubereiten. Im Vorfeld dieses Ereignisses erlebte er seine erste große Enttäuschung mit der deutschen Reiterei. Nach einer Intrige eines Mitbewerbers wurden seine Amateureigenschaften angezweifelt und die Zeit in Kronberg als Profitum ausgelegt. Olympia 1952 fand ohne ihn statt, und erst am 5. März 1956 wurde er vom Nationalen Olympischen Komitee rehabilitiert und konnte daraufhin in Stockholm starten.

Winklers »Wunderstute« Halla

Seit 1951 hatte HGW in Warendorf mit einem neuen Pferd gearbeitet, der Stute Halla. Sie war nach gescheitertem Anlauf zu einer Galopprennkarriere als Military-Pferd vom DOKR nach Warendorf geholt worden, erwies sich wegen offenkundiger Dressurschwäche aber auch für dieses Metier als ungeeignet. Winkler war jedoch von ihren Sprungqualitäten angetan und nahm sie unter seine Fittiche. Es war der Beginn einer regelrechten Partnerschaft zwischen Mensch und Tier, die zur Legende wurde.

Deutschlands bester Reiter des Jahres 1952 – nach einer Punktewertung ermittelt – trat mit Halla 1953 bei vielen Konkurrenzen an und konnte am Ende 13319 DM an Preisgeldern mit nach Hause nehmen – für damalige Verhältnisse eine gewaltige Summe.

Der erste große Auftritt für das Paar kam am 20. Juli 1954 in Madrid. Im Reiterstadion am Manzanares ging das Finale der zweiten Springreiter-WM über die Bühne, und Hans Günter Winkler war dabei. In einer dramatischen Entscheidung bei glühender Hitze besiegte HGW den Franzosen Pierre Jonquères d'Oriola und holte sich den Titel. Für das Jahr 1954 erhielt Winkler als erfolgreichster Reiter den Pokal des Königs von Kambodscha. Im Jahr darauf konnte er vor heimischer Kulisse in Aachen seinen WM-Titel verteidigen (→ WM-Ergebnisse) und holte sich mit Halla auch das Deutsche Derby in Hamburg. Die Stute bekam erstmals die begehrte Auszeichnung »Pferd des Jahres«.

Der legendäre Ritt von Stockholm

Die Namen Halla und Hans Günter Winkler sind allen Sportfreunden aber erst seit den olympischen Pferdesportwettbewerben von 1956 unauslöschlich in Erinnerung. Winkler hatte sich in Stockholm im ersten Umlauf einen Muskelriß in der Leistengegend zugezogen und wurde von starken Schmerzen gepeinigt. Nach bravourösen Ritten seiner Teamgefährten Fritz Thiedemann und Alfons Lütke-Westhues lag Mannschaftsgold für Deutschland greifbar nahe; Winkler mußte nur einigermaßen durch den zweiten Umlauf kommen. Er selbst hatte vier Fehler auf seinem Konto.

Nach allerlei Experimenten der Mannschaftsärzte saß Winkler schließlich unter Wirkung einer schmerzstillenden Morphiumspritze im Sattel, um der Mannschaft die Chance auf Gold zu erhalten. Durch die Droge in der Reaktion stark gehandicapt, aber mit eisernem Willen, schaffte Winkler im Stockholmer Reiterstadion das schier Unmögliche:

BISHER ACHT DEUTSCHE EUROPAMEISTER

Europameisterschaften der Springreiter

I. ROTTERDAM 1957
1. Hans Günter Winkler (D) mit Sonnenglanz und Halla
2. Bernard de Fombelle (F) mit Bucephale und Buffalo
3. Salvatore Oppes (I) mit Pagoro

II. AACHEN 1958
1. Fritz Thiedemann (D) mit Meteor
2. Piero d'Inzeo (I) mit The Rock
3. Hans Günter Winkler (D) mit Halla

III. PARIS 1959
1. Piero d'Inzeo (I) mit Uruguay und The Quiet Man
2. Pierre J. d'Oriola (F) mit Virtuoso und Isofelt
3. Fritz Thiedemann (D) mit Godewind und Retina

IV. AACHEN 1961
1. David Broome (GB) mit Sunsalve und Silverknight
2. Piero d'Inzeo (I) mit Pioneer und The Rock
3. Hans Günter Winkler (D) mit Romanus und Feuerdorn

V. LONDON 1962
1. David Barker (GB) mit Mr. Softee und Franco
2. Hans Günter Winkler (D) mit Romanus und Feuerdorn – sowie Piero d'Inzeo (I) mit The Rock

VI. ROM 1963
1. Graziano Mancinelli (I) mit Rockette und The Rock
2. Alwin Schockemöhle (D) mit Freiherr und Ferdl
3. Harvey Smith (GB) mit O'Malley und Warpaint

VII. AACHEN 1965
1. Hermann Schridde (D) mit Kamerad und Dozent
2. Nelson Pessoa (BR)* mit Huipil und Gran Geste
3. Alwin Schockemöhle (D) mit Exakt und Freiherr

VIII. LUZERN 1966
1. Nelson Pessoa (BR) mit Huipil und Gran Geste
2. Frank Chapot (USA) mit Good Twist und San Lucas
3. Hugo Arrambide (RA) mit Chimbote

IX. ROTTERDAM 1967
1. David Broome (GB) mit Mr. Softee und Top-of-the-Morning
2. Harvey Smith (GB) mit Harvester
3. Alwin Schockemöhle (D) mit Pesgö und Donald Rex

X. HICKSTEAD 1969
1. David Broome (GB) mit Mr. Softee und Top-of-the-Morning
2. Alwin Schockemöhle (D) mit Donald Rex und Wimpel
3. Hans Günter Winkler (D) mit Enigk und Torphy

XI. AACHEN 1971
1. Hartwig Steenken (D) mit Simona und Kosmos
2. Harvey Smith (GB) mit Evan Jones und Mattie Brown
3. Paul Weier (CH) mit Wulf und Donauschwalbe

XII. HICKSTEAD 1973
1. Paddy McMahon (GB) mit Pennwood Forge Mill
2. Alwin Schockemöhle (D) mit The Robber und Weiler
3. Hubert Parot (F) mit Tic und Port Royal

XIII. MÜNCHEN 1975
1. Alwin Schockemöhle (D) mit Warwick
2. Hartwig Steenken (D) mit Erle
3. Sönke Sönksen (D) mit Kwept

XIV. WIEN 1977
1. Johan Heins (NL) mit Seven Valley
2. Eddie Macken (IRL) mit Kerry Gold
3. Anton Ebben (NL) mit Jumbo Design

XV. ROTTERDAM 1979
1. Gerd Wiltfang (D) mit Roman
2. Paul Schockemöhle (D) mit Deister
3. Eddie Macken (IRL) mit Boomerang

XVI. MÜNCHEN 1981
1. Paul Schockemöhle (D) mit Deister
2. Malcolm Pyrah (GB) mit Towerlands Anglezarke
3. Bruno Candrian (CH) mit Van Gogh

XVII. HICKSTEAD 1983
1. Paul Schockemöhle (D) mit Deister
2. John Whitaker (GB) mit Ryan's Son
3. Frederic Cottier (F) mit Flambeau

* Europameisterschaften waren einige Male weltoffen ausgeschrieben.

EM-Springreiter-Mannschaftswertung

MÜNCHEN 1975
1. Deutschland (Alwin Schockemöhle, Hartwig Steenken, Sönke Sönksen)
2. Schweiz (Paul Weier, Walter Gabathuler, Bruno Candrian)
3. Frankreich

WIEN 1977
1. Niederlande (Johan Heins, Anton Ebben, Henk Nooren, Harry Wouters)
2. Großbritannien (Harvey Smith, Derek Ricketts, Debbie Johnsey, David Broome)
3. Deutschland (Paul Schockemöhle, Gerd Wiltfang, Lutz Merkel, Norbert Koof)

ROTTERDAM 1979
1. Großbritannien (Derek Ricketts, Caroline Bradley, Malcolm Pyrah, David Broome)
2. Deutschland (Wilhelm Heinrich Johannsmann, Peter Luther, Paul Schockemöhle, Gerd Wiltfang)
3. Irland

MÜNCHEN 1981
1. Deutschland (Paul Schockemöhle, Gerd Wiltfang, Norbert Koof, Peter Luther)
2. Schweiz (Willi Melliger, Walter Gabathuler, Thomas Fuchs, Bruno Candrian)
3. Niederlande

HICKSTEAD 1983
1. Schweiz (Walter Gabathuler, Willi Melliger, Thomas Fuchs, Heidi Robbiani)
2. Großbritannien (Malcolm Pyrah, David Broome, John Whitaker, Harvey Smith)
3. Deutschland (Paul Schockemöhle, Michael Rüping, Achaz von Buchwald, Gerd Wiltfang)

Europameisterschaften der Springreiterinnen

I. SPA 1957
1. Pat Smythe (GB) mit Flanagan und Prince Hal – sowie Giulia Serventi (I) mit Doly und Perseo
3. Michèle d'Orgeix-Cancre (F) mit Océane und Hector

II. PALERMO 1958
1. Giulia Serventi (I) mit Doly
2. Anna Clement (D) mit Nico
3. Irene Jansen (NL) mit Adelboom

III. ROTTERDAM 1959
1. Ann Townsend (GB) mit Bandit IV
2. Pat Smythe (GB) mit Flanagan
3. Giulia Serventi (I) mit Doly – sowie Anna Clement (D) mit Nico

IV. KOPENHAGEN 1960
1. Susan Cohen (GB) mit Clare Castle
2. Dawn Wofford-Palethorpe (GB) mit Hollandia
3. Anna Clement (D) mit Nico

V. DEAUVILLE 1961
1. Pat Smythe (GB) mit Scorchin und Flanagan
2. Irene Jansen (NL) mit Kairouan und Icare F
3. Michèle Cancre (F) mit Océane und Jimmy B

VI. MADRID 1962
1. Pat Smythe (GB) mit Flanagan
2. Helga Köhler (D) mit Cremona
3. Paola Goyoaga-Elizalde (E) mit Kif Kif

VII. HICKSTEAD 1963
1. Pat Smythe (GB) mit Flanagan und Scorchin
2. Arline Givaudan (BR) mit Huipil und Caribe
3. Anneli Drummond-Hay (GB) mit Merely-a-Monarch und O'Malley's Tango

VIII. GIJON 1966
1. Janou Lefèbvre (F) mit Kenavo und Or Pailleur
2. Monica Bachmann (CH) mit Sandro und Ibrahim
3. Lalla Novo (I) mit Oxo Bob und Rahin

IX. FONTAINEBLEAU 1967
1. Kathy Kusner (USA) mit Untouchable und Aberall
2. Lalla Novo (I) mit Prédestiné
3. Monica Bachmann (CH) mit Erbach und Dax

X. ROM 1968
1. Anneli Drummond-Hay (GB) mit Merely-a-Monarch und Xanthos
2. Giulia Serventi (I) mit Gay Monarch
3. Marion Coakes (GB) mit Stroller – sowie Janou Lefèbvre (F) mit Rocket und Quitus

XI. DUBLIN 1969
1. Iris Kellett (IRL) mit Morning Light
2. Anneli Drummond-Hay (GB) mit Xanthos und Merely-a-Monarch
3. Alison Westwood (GB) mit The Maverick

XII. ST. GALLEN 1971
1. Ann Moore (GB) mit Psalm und April Love
2. Alison Dawes-Westwood (GB) mit The Maverick und Meridian
3. Monika Leitenberger (A) mit Limbara und Gioiosa de Nora

XIII. WIEN 1973
1. Ann Moore (GB) mit Psalm und April Love
2. Caroline Bradley (GB) mit True Lass und New Yorker
3. Monica Weier-Bachmann (CH) mit Erbach und Vasall

Britische Amazonen stets erstklassig

Die Reiterinnen aus Großbritannien ritten bei allen großen Prüfungen stets auf Erfolgskurs.

Vor allem in den Damenkonkurrenzen waren sie oft unschlagbar. Ann Moore – hier mit April Love – wurde unter anderem zweimal Europameisterin.

Von Halla bis Torphy: Viel Siegeslorbeer

Deutschlands erfolgreichster Springreiter hatte immer den richtigen Riecher für das beste Pferdematerial. Mit Halla (oben) und Torphy (rechts) gewann HGW viele wertvolle Springprüfungen. In der Warendorfer Villa »Birkenhof« sind die Trophäen kaum zu zählen.

Er beendete den Parcours ohne Fehler und sicherte sich damit gleich zwei Goldmedaillen: in der Einzelwertung und mit der deutschen Equipe. Daß Halla den verletzten Reiter allein über die Hindernisse gebracht haben soll, blieb eine der Legenden um diesen Ritt. Tatsache ist jedoch, daß nur ein bis ins kleinste abgestimmtes Paar, wie es Winkler und Halla bildeten, in der Lage sein konnte, einen derartigen Parcours unter den erwähnten Bedingungen zu absolvieren.
Den nächsten großen Sieg holte Winkler mit Halla schon im Jahre 1957, als die beiden die Europameisterschaft gewannen – und noch 1960 beim Mannschafts-Olympiasieg in der Ewigen Stadt war das Paar Winkler/Halla mit 13¼ Fehlern das beste in der deutschen Equipe.
Nach dem Großen Preis von Brüssel, den HGW 1960 mit Halla nach 1958 erneut holte, wurde die Stute aus der harten Arbeit des Sports entlassen und fraß von da an ihr Gnadenbrot. Von ihrem Reiter wurde sie in einem seiner Bücher verewigt, das den Titel »Halla – Die Geschichte ihrer Laufbahn« (1961) trug. In Warendorf kann man die 1979 eingegangene Stute, die zuletzt im Gestüt Lindenhof stand, als Denkmal weiter bewundern. Halla wurde nach ihrer erfolgreichen Karriere auch in der Zucht eingesetzt und brachte mehrere Fohlen zur Welt, von denen jedoch keines ihre Klasse erreichte.
Auch ihre Nachfolger bei Hans Günter Winkler erreichten trotz ebenfalls hervorragender Leistungen nicht ihre Popularität. Weder Romanus, der als eigentlicher Halla-Nachfolger zwischen 1961 und 1963 viele Nationenpreise mitgewinnen half, noch Enigk, Fidelitas, Jägermeister oder Torphy blieben so in Erinnerung wie die »Wunderstute«.

Teamkameraden probten den Aufstand

Winkler holte auch ohne Halla seine Siege und stand 1964 in Tokio wieder in der Olympiamannschaft, die den ersten Platz belegte. Diesmal machte er mit Fidelitas jedoch die meisten Fehler. Ein Jahr nach Tokio holte er als zweiter Deutscher den »King George V Cup« mit Fortun, dann wurde es etwas ruhiger um ihn. Aber als es darum ging, sich für Olympia in Mexiko 1968 zu qualifizieren, war HGW wieder zur Stelle. Er be-

SIEBEN OLYMPIAMEDAILLIEN FUER HANS GUENTER WINKLER

Der Reiter Winkler lieferte nicht nur als Olympiasieger einer bestimmten Presse sensationelle Schlagzeilen

Ein vielfacher Olympiasieger wie Hans Günter Winkler stand nicht nur als Sportsmann im Blickpunkt einer interessierten Öffentlichkeit. Auch sein Privatleben wurde zum Spekulationsobjekt einer bestimmten Presse. Seine drei Ehen – links mit Inge Fellgiebel, in der Mitte mit Gräfin Ahlefeldt-Laurvig, rechts mit Astrid Kalen – lieferten ihr manche Schlagzeile.

kräftigte damit seine Einstellung, daß olympische Medaillen das höchste Ziel eines Sportlers sein müssen. Daß es in Mexiko »nur« zu Mannschaftsbronze reichte, lag nicht an Winkler, der sich im Fehler-Mittelfeld hielt; vielmehr hatte der dritte Mann (→ Hermann Schridde) alles vergeben.

Vor der nächsten Olympiachance, die ja in heimischer Kulisse geboten wurde, hatte Winkler mit Enigk und Torphy unter anderem die Großen Preise von Aachen (1969), Barcelona (1970) und New York (1970) sowie zahlreiche Nationenpreise gewonnen, als die anderen deutschen Springreiter den Aufstand gegen ihn und das DOKR probten. In einer von elf Aktiven unterzeichneten Resolution wurden schwere Vorwürfe gegen Winkler und DOKR-Präsident Kurt Capellmann erhoben, die darauf hinausliefen, eine Olympiamannschaft für München ohne HGW zu bilden – andernfalls käme überhaupt keine zustande. In dem Schreiben war unter anderem von Bevorzugung Winklers durch das DOKR die Rede; auch sein Alter wurde danach als Argument ins Feld geführt.

Nach mancherlei Rangeleien hinter den Kulissen durfte Winkler in München schließlich in der Mannschaft starten und gewann mit ihr seine sechste olympische Medaille, die fünfte in Gold. Und er war auch noch 1976 in Montreal dabei, als es Silber für die deutsche Equipe gab, obwohl er während der Spiele seinen fünfzigsten Geburtstag feierte. Die Sportfans sahen HGW in Montreal zum sechsten Mal als Olympiateilnehmer; er krönte zwanzig Jahre olympisches Reiten seit 1956 mit der siebenten Medaille und strafte damit alle voreiligen Kritiker der Lüge.

Daß er sich durch das Reiten eine Existenz aufgebaut hat, mochte er nie abstreiten. Aber er war auch derjenige deutsche Spitzenreiter, der als einziger nach dem Krieg mit dem Nichts anfangen mußte. Sein Dachverband, die »Deutsche Reiterliche Vereinigung« – gegründet 1905 als »Verband der Halbblutzüchter«, später »Reichsverband für Zucht« –, ehrte ihn 1976 mit einer eigens geschaffenen höchsten Auszeichnung: dem Ehrenzeichen der FN in Gold mit olympischen Ringen, Lorbeerkranz und Brillanten.

Auch Privatleben machte Schlagzeilen

Neben seinen sportlichen Erfolgen bot auch sein Privatleben der Presse öfters Gelegenheit für sensationsheischende Schlagzeilen. In positiver Form erstmals im April 1957, als er in Warendorf die ausgezeichnete Springreiterin Inge Fellgiebel zum Traualtar führte. Was als Volksfest begonnen hatte, endete mit Scherben. Die Ehe zerbrach bereits 1961. Inge Winkler heiratete später den Dressurreiter George Theodorescu und errang an seiner Seite viele schöne Erfolge.

Auch HGW steuerte ein zweites Mal in den Ehehafen, und zwar 1962 mit der geschiedenen Marianne Gräfin Ahlefeldt-Laurvig. Mit der Dänin hatte er zwei Kinder, die 1970 mit der Mutter auf ihr Gut in die Heimat im Norden zurückkehrten.

Im Dezember 1976 versuchte Winkler dann zum dritten Mal, sein privates Glück zu finden, und ehelichte die venezolanische Millionärstochter Astrid Kalen, an deren Seite man ihn seitdem offenkundig glücklich sieht.

Durch Höhen und Tiefen: Alwin Schockemöhle

Die über zwanzig Jahre währende Jagd nach einem großen Einzelsieg konnte Alwin Schockemöhle, geboren am 29. Mai 1937 in Osterbrock (Emsland), erst kurz vor Schluß seiner Karriere erfolgreich beenden, als 1976 in Montreal Pferd und Reiter endlich einmal ohne gesundheitliche Handicaps an den Start gehen konnten. Mit der Goldmedaille im Jagdspringen der Olympischen Sommerspiele 1976 fand so eine Reiterkarriere ihre verdiente Krönung, die mit vielerlei Hindernissen gespickt war.

Alwin Schockemöhle wurde als Sohn eines Landwirts und begeisterten Reiters in eine Pferdewelt hineingeboren und kam früh mit dem Reitsport in Verbindung. Als sein Vater den elterlichen Hof in Mühlen (Kreis Vechta) 1953 übernahm, konnte sich Alwin neben der Arbeit noch mehr dem Reiten widmen. Sein Talent wurde früh erkannt, und Gustav Rau, Generalsekretär des DOKR in Warendorf, holte Alwin Schockemöhle schon 1954 erstmals zu einem Vierwochenkurs in die Reiterstadt nach Westfalen. Als achtzehnjähriger ländlicher Reiter konnte dieser 1955 auf der Münchener Theresienwiese anläßlich eines Turniers im Rahmen der Deutschen Landwirtschaftsausstellung erstmals auf sich aufmerksam machen, als er hinter Fritz Thiedemann in einem Springen einen beachtlichen zweiten Platz belegte.

Das DOKR hatte ihn für die Olympischen Spiele 1956 als Military-Reiter vorgesehen, aber obwohl Schockemöhle die Qualifikation glatt geschafft hatte, wurde er schließlich zu Hause gelassen. Enttäuscht wanderte er ins Lager der Springreiter ab und fand im Verdener Fabrikanten Hans Freitag einen Mäzen, dessen Pferde er fortan reiten konnte. Seinen ersten Erfolg feierte er bereits 1957 mit dem Sieg im Deutschen Derby in Hamburg gegen starke Konkurrenz, wie Fritz Thiedemann und Francisco Goyoaga.

Das Siegpferd Bacchus stand ihm 1958/59 ebensowenig zur Verfügung wie andere gute Pferde, so daß man in diesen Jahren relativ wenig von ihm hörte – eine Folge der Trennung von Mäzen Freitag und Differenzen mit dem DOKR, dessen Reaktion auf sehr offene Schockemöhle-Worte starke Zurückhaltung war. Erst als Schokkemöhle 1959 den fünfjährigen Ferdl kaufte und wieder zu Hans Freitag zurückkehrte, war der Weg zu neuen Erfolgen geebnet: Er schaffte die Qualifikation für die Olympiamannschaft und holte in Rom an der Seite von Thiedemann und Winkler die Goldmedaille im Preis der Nationen.

Auch danach lag Schockemöhle mehrfach im Clinch mit seinen Verbandsfunktionären; der Streit um den Austragungsmodus der Deutschen Meisterschaft beherrschte monatelang die Schlagzeilen der Sportpresse. Höhepunkt der Auseinandersetzungen war 1967 die von Schockemöhle initiierte Gründung der »Interessengemeinschaft zur Förderung des Springsports«, die sich eindeutig gegen die »Deutsche Reiterliche Vereinigung« (FN) richtete. Dieser Spitzenfachverband des nationalen Reit- und Fahrsports, der in der Welt größte Zusammenschluß reiterlicher und züchterischer Interessenten, existierte, wenn auch unter anderem Namen, seit 1905 und hat die Förderung des Pferdesports als oberstes Ziel. Den Springreitern schien aber zu wenig Mitwirkung gegeben, so daß Schockemöhles IG beachtlichen Zulauf hatte. Später näherte man sich einander an, und die IG ging im heutigen Springausschuß, in dem die Reiter Mitspracherecht besitzen, innerhalb der FN auf.

Glückliche Hand bei Geschäften

Das Jahr 1961 hatte für den Reiter und Privatmann Alwin Schokkemöhle entscheidende Bedeutung. Der Tod von Mäzen Freitag bedeutete die Trennung von dessen Stall, aber Schockemöhle fand im Berliner Kaufmann Otto Schulte-Frohlinde einen neuen Förderer und dann auch Partner, mit dem er ins Zuchtgeschäft einstieg. 1966 heiratete Schockemöhle Gabriele Wilshaus, die Stieftochter seines Partners und mittlerweile Vertrauten, der auch den Vorsitz in der IG übernahm. Schockemöhle hatte vorher den elterlichen Hof übernommen und nach Investitionen erhebliche Erfolge mit der Pferdezucht gehabt. Ab 1966 war er mit seinem Schwager Louis Willenborg in einem neuen Metier tätig: In drei Werken wurden Baustahlmatten produziert.
Sportlich wurden die 60er Jahre geprägt durch nationale Erfolge und gute Plätze, aber keine Siege in den großen internationalen Wettbewerben. Bei den Olympiaturnieren fehlte er 1964 mangels eines guten Pferdes ganz, und 1968 reichte es trotz des besten Rittes innerhalb der Mannschaft für die deutsche Equipe nur zur Bronzemedaille. Bei der Europameisterschaft 1961 endete er als Vierter, 1962 als Sechster, 1963 als Zweiter, 1965 als Dritter, 1967 als Dritter und 1969 wieder als Zweiter. Als er auch bei der Weltmeisterschaft 1970 mit Donald Rex nur Vierter wurde und 1972 wegen einer notwendigen Operation dieses Spitzenpferdes an den olympischen Reiterwettbewerben nicht teilnehmen konnte, machte das Schlagwort vom »Meister ohne Titel« die Runde.
Dabei hatte Alwin Schockemöhle immerhin die Deutschen Meisterschaften 1961, 1963 und 1967 gewonnen, 1968 (mit Donald Rex) und 1969 (mit Wimpel) den Großen Preis von Aachen, 1968 (mit Donald Rex) den Großen Preis der Bundesrepublik Deutschland in Dortmund, 1969 und 1971 (jeweils mit Wimpel) das Deutsche Derby in Hamburg und 1963 (mit Freiherr) sowie 1969 (mit Donald Rex) den Großen Preis von Deutschland in Berlin.

Mit Warwick kam der sportliche Erfolg

Nach einer erneuten Vize-Europameisterschaft 1973 (→ Ergebnisse) wurde mit dem Kauf des Pferdes Warwick der Grundstein für die großen Erfolge des Reiters Schockemöhle gelegt. Warwick kam 1974 in seinen Besitz. Der 1967 geborene Hannoveraner war zunächst 1971 von Hartwig Steenken erworben worden und machte dann eine wahre Irrfahrt

Der Weg zum Olympiagold war lang
Für Alwin Schockemöhle stellte sich der ersehnte Erfolg erst mit seinem letzten Pferd Warwick ein (links oben bei einem Springen 1975, rechts oben nach der Siegerehrung in Montreal). Auch Ehefrau Gaby (links unten) freute sich. Mit Donald Rex (Mitte) gab es weitere Medaillen.

über die Stationen Holland, Warendorf (Hermann Schridde), Holland, Verden (Stall Friedrich Ernst) durch, bis er bei Schockemöhle landete. Schon ein Jahr nach Beginn der Arbeit mit Warwick errang Alwin Schockemöhle seinen ersten internationalen Einzeltitel mit der Europameisterschaft 1975 in München; daneben gab es noch Mannschaftsgold.
Aber die Krönung erfolgte dann am 27. Juli 1976, als er bei den Olympischen Spielen auf dem Reitkurs bei Bromont während eines tobenden Gewittersturms mit Warwick die Goldmedaille errang – er ist der einzige Reiter, der bei den olympischen Jagdspringwettbewerben nach dem Zweiten Weltkrieg ohne Fehler blieb – und mit seinem bravourösen Ritt auch noch für die Silbermedaille der Mannschaft sorgte.
Mit diesem Triumph auf der Habenseite – neben 58 Siegen bei Großen Preisen, 58 Ritten bei Nationenpreisen und einem imponierenden EM-Rekord (→ Ergebnisse) – konnte er im Mai 1977 zurücktreten, nachdem die ihn seit 1969 behindernde Wirbelsäulenverletzung seine Gesundheit ernsthaft zu gefährden drohte. Nur die wenigsten unter den Zuschauern hatten je gewußt, daß Schockemöhle oft nur unter großen Schmerzen im Sattel saß.
Der deutschen Reiterei blieb Schockemöhle noch einige Zeit erhalten, als er die Funktionen des Leiters des Springreiterkaders und Equipenchefs übernahm. Außerdem war er für die Pferdeeinkäufe des Verbandes verantwortlich. Unter seiner Leitung als Bundestrainer kam Gerd Wiltfang groß heraus, auch die Mannschaft knüpfte an vorhergehende Erfolge an.
Aber der Mann, der zeit seines Reiterlebens mit den Funktionären Differenzen hatte, erlebte nun in derselben Funktion auch Rückschläge. Nach Querelen mit Reitern und dem Verband legte er zum 1. Juli 1980 seine Ämter nieder und kümmerte sich nur noch um den ihm mitgehörenden Reitstall Rex-Ass, dessen Nachwuchsmann Franke Sloothaak in seine Fußstapfen treten sollte.

Trat schon früh ab: Hermann Schridde

Schockemöhles Nachfolger im Amt des Bundestrainers wurde sein früherer Teamkamerad Hermann Schridde, der sich in seinen besten Tagen ebenfalls olympisches Reitergold geholt hatte. Schridde war vom gleichen Jahrgang wie Schockemöhle – er wurde am 3. Juli 1937 in Celle geboren – und ebenfalls Bauernsohn. Auch er wurde von Gustav Rau entdeckt und erhielt in Warendorf seine erste ernsthafte Schulung, unter anderem von Hans Günter Winkler.
Als Zwanzigjähriger wurde er erstmals in eine Nationenpreis-Equipe berufen und trug sich dann bei den Turnieren in Europa oft als Sieger ein. 1960 (mit Flagrant) und 1962 (mit Ilona) wurde er Deutscher Meister, 1964 gewann er mit Dozent das Deutsche Derby. Im Herbst folgte dann die Goldmedaille mit der deutschen Mannschaft in Tokio, in der Einzelwertung holte er sich dazu noch Silber (jeweils mit Dozent) hinter dem Franzosen Pierre Jonquères d'Oriola.
Im Jahr darauf stand er bei der Europameisterschaft in Aachen wieder ganz oben auf dem Siegertreppchen. Dozent hatte ihn erneut zum Erfolg über die Elite Europas getragen.
Die Reiterwettbewerbe bei den Olympischen Spielen 1968 in Mexiko bedeuteten einen herben Rückschlag für ihn. Sein auf dem Olympiaparcours in die Reitsportgeschichte eingegangener »Katastrophenritt« mit 70 ¼ Feh-

Als Bundestrainer hatte Schridde ebenfalls Fortüne

Hermann Schridde – hier mit Ahorn im Jahre 1972 – wurde später erfolgreicher Bundestrainer der deutschen Springreiter. Die seit 1981 von ihm betreuten Aktiven holten – wie er früher – Medaillen in großen Prüfungen.

Neben der Silbermedaille im Einzelrennen holte er in Rom ebenfalls Silber mit der 4-×-400-m-Staffel, genau wie 1958 bei der Europameisterschaft in Stockholm. Er blieb noch einige Jahre nach Rom aktiv, konnte aber nie wieder ähnliche Leistungen erbringen.

Rekord hielt sieben Jahre

Die von den beiden Olympioniken Davis und Kaufmann gesetzte Marke hielt allen Angriffen sieben Jahre lang stand. Erst ein Laufphänomen wie Tommie Smith, der sich nur zwei Jahre lang, 1966 und 1967, auf dieser Strecke tummelte, konnte eine neue Marke setzen. Er kam am 20. Mai 1967 in San José auf großartige 44,5 Sekunden als Durchgangszeit beim Weltrekordlauf über die 440 Yards, der mit 44,8 Sekunden gestoppt wurde.

Lee Evans lief in eine neue Dimension

Weil Smith die lange Runde nicht sonderlich mochte, überließ er ein Jahr später der Konkurrenz den Sprung in eine neue Dimension des 400-m-Laufes. Im Endlauf der Olympischen Spiele in Mexico City durchbrachen die beiden siegreichen US-Athleten Lee Evans und Larry James, der bei den Ausscheidungskämpfen der USA kurz zuvor mit 44,1 Sekunden gestoppt worden war, eine Schallmauer der Leichtathletik. Für Evans, geboren am 25. Februar 1947 in Modera (Kalifornien), blieben die Uhren bei 43,8 Sekunden stehen, für Larry James bei 43,9 Sekunden. Der 1,83 m große Student der San-José-Universität, Lee Evans, hatte sich 1966 und 1968 die US-Meisterschaft geholt und war Mitglied jener US-Staffel, die am 24. Juli 1966 erstmals über 4 × 400 m unter 3 Minuten gelaufen war. Im Rahmen der Reform der Weltrekordlisten wurde die in der Höhe von Mexico City erzielte Zeit auf 43,86 Sekunden festgesetzt; Larry James steht seit diesem Zeitpunkt mit 43,97 Sekunden zu Buche.
Evans lief nach Mexiko noch manch hervorragende Zeit, kam aber niemals auch nur in die Nähe dieses sagenhaften Höhenweltrekordes. Er setzte seinen Ruhm bei Tingeltourneen durch die Welt in klingende Münze um, wofür ihn sein Verband zeitweise mit einer Sperre belegte.

Juantorena kam dem Rekord ganz nahe

Die Rekordzeit von Lee Evans hat noch heute Bestand, obwohl sich mehrere Generationen von erstklassigen 400-m-Läufern – auch in Höhenlagen – daran versuchten. Welche Ausnahmeleistung sie darstellt, kann am besten daran gesehen werden, daß der schnellste Lauf über die 400 m seit Mexiko in 44,26 Sekunden endete. Der kubanische Ausnahmeläufer Alberto Juantorena, geboren am 3. Dezember 1951, er-

Die Entwicklung des 400-m-Weltrekordes

47,8	Maxie Long	USA	29. 9. 1900	New York
47,4	Ted Meredith	USA	27. 5. 1916	Cambridge
47,0	Emerson Spencer	USA	12. 5. 1928	Palo Alto
46,4	Ben Eastman	USA	26. 3. 1932	Palo Alto
46,2	Bill Carr	USA	5. 8. 1932	Los Angeles
46,1	Archie Williams	USA	19. 6. 1936	Chicago
46,0	Rudolf Harbig	D	12. 8. 1939	Frankfurt am Main
46,0	Grover Klemmer	USA	29. 6. 1941	Philadelphia
46,0	Herbert McKenley	JM	5. 6. 1948	Berkeley
45,9	Herbert McKenley	JM	2. 7. 1948	Milwaukee
45,8	George Rhoden	JM	22. 8. 1950	Eskilstuna
45,4	Lou Jones	USA	18. 3. 1955	Mexico City
45,2	Lou Jones	USA	30. 6. 1956	Los Angeles
44,9	Otis Davis	USA	6. 9. 1960	Rom
44,9	Carl Kaufmann	D	6. 9. 1960	Rom
44,9	Adolph Plummer	USA	25. 5. 1963	Tempe
44,9	Mike Larrabee	USA	12. 9. 1964	Los Angeles
44,5	Tommie Smith	USA	20. 5. 1967	San José
44,1	Larry James	USA	14. 9. 1968	South Lake Tahoe
e 43,86	Lee Evans	USA	18. 10. 1968	Mexico City

Seinen Rekord jagten andere vergebens
Ein Jahr nach dem Triumph von Mexiko konnten deutsche Leichtathletikfans Lee Evans beim Erdteilkampf in Stuttgart bewundern. Bis heute ist seine 400-m-Zeit unerreicht.

Montreal bedeutete den Höhepunkt
Für den Kubaner Alberto Juantorena bedeuteten die Olympischen Spiele 1976 mit zwei Goldmedaillen den Höhepunkt. Über 800 m besiegte er unter anderem Rick Wohlhuter (USA).

Auf den Spuren Rudolf Harbigs
Als Europarekordler wandelte Karl Honz – zumindest was die Zeiten anbetraf – auf den Spuren eines Rudolf Harbig. Auch im Rennen Mann gegen Mann bewies er Stärken.

Setzte Maßstäbe im DLV-Bereich
Erwin Skamrahl konnte mit seiner 400-m-Zeit, die ihn als Europas Nummer 1 auswies, für den DLV-Bereich einen Maßstab setzen, der wohl lange erhalten bleibt.

Beliebter Kämpfer auf den Bahnen
Hartmut Weber zählt wegen seiner kämpferischen Rennen bei großen Ereignissen zu den beliebtesten Leichtathleten der deutschen Sportszene.

reichte diese Zeit bei seinem Olympiasieg 1976 in Montreal und kam ihr noch einmal sehr nahe, als er bei den Mittelamerikanischen Spielen im Juli 1977 in der Höhenlage von Medellin (Kolumbien) mit 44,27 Sekunden gestoppt wurde. Alle anderen Zeiten waren 2 bis 3 Zehntelsekunden schwächer, gleich, ob sich die besten Amerikaner oder Europäer versuchten.

Europarekord für Karl Honz

Zu den wenigen deutschen Läufern, die unter der international den Maßstab bildenden 45-Sekunden-Grenze bleiben konnten, gehörte der Württemberger Karl Honz. Der am 28. Januar 1951 in Bankholzen geborene Honz war bei den Deutschen Meisterschaften 1971 Dritter geworden und galt im Sommer des folgenden Jahres als sicheres Mitglied der für die Olympiawettbewerbe vorgesehenen 4-×-400-m-Staffel.
Vorher standen die nationalen Titelkämpfe im Olympiastadion zu München an, und dort lief Karl Honz am 21. Juli 1972 einen sagenhaften Europarekord von 44,70 Sekunden.
Damit war er für die Einzelrennen der Olympischen Spiele qualifiziert, mußte aber dem anstrengenden Programm Tribut zollen. Die zahlreichen Vor- und Zwischenläufe – darunter auch noch die mit der Staffel – gingen über seine Kräfte. Im Einzelrennen langte es nur zum siebenten Platz, und in der Staffel konnte er als Schlußläufer einen 2-Meter-Vorsprung nicht halten, so daß schließlich nur ein vierter Rang heraussprang.
Honz rehabilitierte sich 1973, als er nicht nur erneut die Deutsche Meisterschaft gewann, sondern beim Europacup ebenso siegreich blieb wie beim Länderkampf gegen die USA. Er wurde in diesem Jahr überhaupt nicht geschlagen. 1974 holte er sich den EM-Titel in guten 45,04 Sekunden und die Silbermedaille mit der Staffel. In Montreal 1976 hatte er seinen Zenit dann schon überschritten und schied mit 46,63 Sekunden im Halbfinale aus. Die Staffel, die Bronze holte, lief dann ohne ihn.
Sein Europarekord hatte acht Jahre Bestand, ehe ihn Wiktor Markin (UdSSR) im Juli 1980 in Moskau auf 44,60 Sekunden verbesserte.

Bei WM gescheitert: Weber und Skamrahl

Auf den Spuren von Karl Honz wandelten zehn Jahre später zwei neue deutsche 400-m-Asse, die trotz vorheriger Klasseleistungen im entscheidenden Moment versagten. Hartmut Weber, geboren am 17. Oktober 1960 in Kamen, und Erwin Skamrahl, geboren am 8. März 1958 in Oberg, kamen 1983 als heiße Medaillenanwärter zur ersten Leichtathletik-Weltmeisterschaft nach Helsinki und fuhren mit leeren Händen – zumindest nach den Einzelrennen – nach Hause. Hartmut Weber hatte sich über 45,87 Sekunden (1980) und 45,27 Sekunden (1981) schon in die europäische Spitzenklasse geschoben, als ihm 1982 kurz vor den Europameisterschaften mit 44,99 Sekunden der große Durchbruch gelang. Dabei war er bei den nationalen Titelkämpfen noch von Erwin Skamrahl besiegt worden.
In Athen bewies Weber aber seine große Klasse und kam mit der Siegeszeit von 44,72 Sekunden dem Honz-Rekord beträchtlich nahe. Auch trug er mit einem starken Lauf zur Goldmedaille in der 4-×-400-m-Staffel dieser europäischen Titelkämpfe bei.
Den Rekord von Honz brach aber 1983 nicht wie allgemein erwartet der Westfale Weber, sondern sein Athener Staffelkamerad Erwin Skamrahl, der in der griechischen Hauptstadt auf die 200 m ausgewichen war, wo es für ihn jedoch nur zu Platz vier gereicht hatte. Skamrahl erreichte am 26. Juli beim Münchener Abendsportfest 44,50 Sekunden und damit die drittschnellste im Flachland erzielte Zeit, die je gelaufen wurde. Nach Webers 45,12 Sekunden bei den voraufgegangenen Deutschen Meisterschaften galten beide für die WM in Helsinki als Medaillenanwärter. Aber bis auf das erwartete Staffelsilber konnten sie die Hoffnungen nicht erfüllen.

Die Mittelstrecken:

Tempo und Spurtkraft gefragt

Die Wettkämpfe auf den Mittelstrecken werden nicht zuletzt durch die Taktik bestimmt. Da sind zum einen die Läufer, die von vorneherein das Tempo bestimmen, und zum anderen jene, die sich ganz auf ihre Spurtkraft verlassen. Nur ganz wenige beherrschen beides . . .

Der Bahnbrecher: Rudolf Harbig

Nachdem das Lauf-Idol der Deutschen in den 20er Jahren, der am 8. März 1900 in Ellernbrook bei Itzehoe geborene Otto Peltzer, die hohen Erwartungen bei den Olympischen Spielen 1928 und 1932 nicht erfüllen konnte, sah es auch für Berlin 1936 auf den Mittelstrecken nicht allzugut für die deutsche Leichtathletik aus. Ein zweifacher Weltrekordler wie Peltzer, der 1926 sogar den Finnen Paavo Nurmi besiegt hatte, war weit und breit nicht zu sehen.

Einige Hoffnungen trug der Dresdner Rudolf Harbig, geboren am 8. November 1913, der im Olympiajahr mit passablen Zeiten über 400 m (48,8) und 800 m (1:52,2) zu Buche stand, aber keineswegs zum ersten Favoritenkreis zählte. Eine Darmerkrankung während der Wettkämpfe im Berliner Olympiastadion ließ ihn auch vorzeitig scheitern; es reichte am Ende nur zu einer Bronzemedaille mit der 4-×-400-m-Staffel.

Im folgenden Jahr überraschte Harbig die Leichtathletikszene bei den Deutschen Meisterschaften im Olympiastadion von Berlin mit einem deutschen Rekord von 1:50,9 Minuten, womit er Peltzers Bestzeit aus dem Jahre 1926, damals auch Weltrekord, unterbot. Eine Woche nach diesem 25. Juli erreichte er beim Berliner ISTAF (Internationales Stadionsportfest) auch über 400 m mit 47,6 Sekunden neuen deutschen Rekord.

Der gelernte Tischler Harbig, der erst im Alter von zwanzig Jahren ernsthaft mit dem Laufen begonnen hatte – vorher war Sport für den in jungen Jahren eher schwächlichen Sachsen nur ein Zeitvertreib –, blieb während des ganzen Jahres 1937 unbesiegt. Sein Entdecker und Trainer, Woldemar Gerschler vom Dresdner SC, bereitete ihn systematisch auf neue Rekordläufe vor. Harbig absolvierte ein umfangreiches Trainingsprogramm, das für die damalige Zeit äußerst ungewöhnlich war.

Der Erfolg stellte sich schon 1938 ein. Beim ersten Leichtathletik-Länderkampf der USA mit Deutschland im Sommer in Berlin wurde Harbig, der unmittelbar vorher (6. August) noch den deutschen 400-m-Rekord in Dortmund auf 46,8 Sekunden gedrückt hatte, auf dieser Strecke Zweiter, siegte aber über 800 m

Deutschlands Laufidol der Vorkriegsjahre

Rudolf Harbig setzte mit seinen Zeiten neue Maßstäbe und war das Laufidol der 30er Jahre. Links gewinnt er den 800-m-Titel des Jahres 1936, rechts oben freut er sich über einen Rekord, unten begrüßt er in Mailand eine Athletin.

vor den Amerikanern. Nach diesem Augustwochenende (12./13.) konnte der Dresdner den Europameisterschaften Anfang September in Paris beruhigt entgegensehen. Er siegte dort überlegen in neuer deutscher Rekordzeit von 1:50,6 Minuten über die 800 m und holte mit der 4-×-400-m-Staffel eine weitere Goldmedaille.

Rekordjahr 1939 ohne Beispiel

Beim Titelgewinn in Paris hatte Harbig auch den Italiener Mario Lanzi besiegt, der – bedingt durch vorherige gute Zeiten – mit zu den Favoriten gezählt hatte. Im Jahr 1939 gab es dann mehrere Rennen mit den beiden 800-m-Assen, die ganz Europa in Atem hielten.
Harbig hatte die Saison mit einem neuen Rekord begonnen, als er in Mannheim am 21. Mai nach den 800 m mit 1:50,5 Minuten gestoppt wurde. Beim Länderkampf gegen Frankreich am 2. Juli egalisierte er diese Bestmarke und kam genau eine Woche später, am 9. Juli bei den Deutschen Meisterschaften in Berlin, erstmals unter die 1:50-Minuten-Grenze. Mit 1:49,1 Minuten gehörte er nun zur absoluten Weltspitze.
Danach wartete ganz Deutschland voller Spannung auf den Länderkampf gegen Italien am 15. und 16. Juli in Mailand. Dort wollte Mario Lanzi mit Bestzeiten von 47,2 Sekunden (400 m) und 1:49,5 Minuten (800 m) die Revanche für die EM-Niederlage im Vorjahr. Auf der 500-m-Bahn des Mailänder Stadions stand am ersten Tag der 800-m-Lauf auf dem Programm. Lanzi erwischte den besseren Start und führte nach 400 Metern (seine Zwischenzeit betrug 52,5 Sekunden) und auch noch bei 700 Metern. Dann wurde er von Rudolf Harbigs fulminantem Endspurt förmlich stehengelassen und kam gut 15 Meter hinter dem Deutschen ins Ziel. Für Harbig zeigten die Uhren sagenhafte 1:46,6 Minuten an – eine Verbesserung des bestehenden Weltrekordes um fast zwei volle Sekunden. Lanzi kam mit 1:49,0 noch auf eine persönliche Bestzeit.
Nach diesem 800-m-Lauf, dessen Zeit eine neue Dimension darstellte, beließ es Harbig am anderen Tag beim Sieg gegen Lanzi über die 400 m »nur« bei der neuen deutschen Rekordzeit von 46,7 Sekunden. Beim Berliner ISTAF vierzehn Tage später verlor Lanzi auch die Revanche, wobei Harbig mit 1:48,7 Minuten wieder eine Klassezeit erzielte. Das erneute Zusammentreffen der beiden am 12. August endete wieder mit einem Weltrekord. In Frankfurt am Main ging es über die 400 m, die Harbig wieder auf den letzten 50 Metern durch einen sagenhaften Endspurt entschied und dabei in 46,0 Sekunden gestoppt wurde. Eine Zeit, die für lange Jahre den Maßstab setzte.
Der Ausbruch des Zweiten Weltkriegs brachte Harbig nicht nur um Olympiachancen – 1940 wäre er aller Voraussicht nach unschlagbar gewesen –, er stoppte auch seine sportliche Laufbahn. Zwar gab es zwischen den Achsenmächten Deutschland und Italien noch mehrere Länderkämpfe, doch echte internationale Vergleiche wurden unmöglich. So blieb es 1940 und 1941 bei mehreren Duellen mit Lanzi, von denen er das erste in Stuttgart mit seiner zweitbesten Zeit von 1:47,8 Minuten siegreich beendete. Im Herbst 1940 wurde Harbig beim Rückkampf in Como erstmals seit 1937 wieder geschlagen, als Lanzi über 800 m die Nase vorn hatte.
Im Jahr darauf hieß der neue Weltrekordler über 1000 m ebenfalls Rudolf Harbig. In Dresden blieben die Uhren am 24. Mai 1941 bei 2:21,5 Minuten stehen. Einen Monat später wurde Harbig in Bologna über 400 und 800 m von Lanzi beim Länderkampf geschlagen, dann mußte er zu den Soldaten. Er war zunächst in Braunschweig stationiert und bestritt 1942 noch einige Wettkämpfe, dann folgte für den Ausnahmeläufer der Fronteinsatz. Rudolf Harbig fiel am 5. März 1944 in der Ukraine.
Er hatte während seiner Karriere 232 offizielle Rennen bestritten, von denen er 201 siegreich beenden konnte. Neunzehnmal ging er als Zweiter durchs Ziel, sechsmal als Dritter. In seinem Rekord stehen neunzehn Länderkämpfe, sechzehn deutsche Rekorde und zahlreiche Meisterschaften.
Der Deutsche Leichtathletik Verband stiftete 1950 zur Erinnerung an seinen unvergessenen Meisterläufer durch den damaligen Präsidenten Dr. Karl Ritter von Halt den »Rudolf-Harbig-Gedächtnispreis«, den nach der Deutschen Meisterschaft jedes Jahr ein Athlet für hervorragende und über lange Zeit erbrachte Leistungen erhält.
Welche Ausnahmeleistung die Mailänder Siegeszeit von Harbig darstellt, kann daran ermessen werden, daß sich ganze Generationen von 800-m-Läufern an ihr versuchten, ehe dem Belgier Roger Moens das Kunststück dann am 3. August 1955 in Oslo gelang und er mit 1:45,7 Minuten eine neue großartige Marke setzte.
Vier Jahre später unterbot dann ein deutscher Läufer Harbigs Zeit und stellte am 20. September 1959 in Köln den neuen deutschen Rekord auf 1:46,2 Minuten. Es war der für den OSV Hörde startende Paul Schmidt, geboren am 9. August 1931, der 1958 und 1962 jeweils EM-Dritter über 800 m wurde und 1960 in Rom mit einem vierten Platz knapp an einer Medaille vorbeilief. Schon

Sie waren Freunde und Konkurrenten

Die Duelle mit Mario Lanzi hielten Europa in Atem. Auch nach einer Niederlage – wie hier 1940 – blieb Harbig dem Konkurrenten als Freund verbunden.

1956 war der geborene Westpreuße in der australischen Millionenstadt vergeblich einer Olympiamedaille hinterhergelaufen – er schied nach dem Vorlauf aus. Insgesamt blieben siebzehn Deutsche Meisterschaften und 52 Länderkampfeinsätze auf der Habenseite des heutigen Trainers der Mittelstreckler des DLV.

Auf Olympia abonniert: Peter Snell

Zu Paul Schmidts Gegnern im legendären römischen 800-m-Finale von 1960 hatte nicht nur die »Callas der Aschenbahn«, wie Belgiens schneller Detektiv Roger Moens genannt wurde gezählt – Moens bestritt weit über 400 Läufe, ohne jedoch einen Titel zu gewinnen –, sondern auch der Neuseeländer Peter Snell. Der am 17. Dezember 1938 geborene Mann aus dem fernen Inselstaat war zur Überraschung der Fachwelt in diesen Endlauf vorgedrungen und besiegte dort alle Favoriten, mit Roger Moens an der Spitze. Seine Siegeszeit von 1:46,3 Minuten bedeutete für ihn persönliche Bestleistung, war aber von vielen anderen Läufern schon erreicht worden.

Im folgenden Jahr hörte man vom Olympiasieger aus Neuseeland so gut wie nichts, so daß der Paukenschlag vom 27. Januar 1962 für die Leichtathletikwelt um so überraschender kam. Aus dem neuseeländischen Sommer wurde die Nachricht von einem neuen Meilen-Weltrekord vermeldet, gelaufen von Peter Snell in 3:54,4 Minuten, der sich praktisch erstmals ernsthaft auf dieser Distanz versucht hatte.

Eine Woche später durchbrach der Neuseeländer in Christchurch eine Schallmauer. Nach einem Rennen über 880 Yards blieben die Uhren am 3. Februar bei 1:45,1 Minuten stehen, die Durchgangszeit bei 800 m war mit 1:44,3 festgehalten worden. Das war ein neuer phantastischer Weltrekord, der für viele Jahre nur erreicht, aber nicht unterboten werden konnte (→ Übersicht). Snell lief in seinem Rekordjahr noch einige gute Zeiten und verschwand dann wieder aus den Augen der Europäer und Amerikaner. 1963 drang keine Kunde von ihm über die Meere. Snell bereitete sich in aller Stille auf die Olympischen Spiele 1964 vor und überraschte mit der Meldung für beide Mittelstrecken. Das bedeutete sechs schwere Rennen innerhalb weniger Tage, aber der Neuseeländer bestand das strapaziöse Programm in Tokio mit Bravour und gewann die Goldmedaillen über 800 und 1500 m, ein Kunststück, das zuletzt 1920 einem Läufer gelungen war (→ Olympia-Ergebnisse).

Die drei 1500-m-Läufe in Tokio blieben Snells einzige Starts über diese Distanz; er bevorzugte immer die Meile, weswegen der bestehende Rekord (→) Herb Elliots nie in Gefahr kam.

Bei den nacholympischen Sportfesten verbesserte Snell noch die Weltrekorde über 1000 m auf 2:16,6 und die Meile auf 3:54,1 Minuten, dann zog er sich wieder zurück. 1965 hörte man von seiner Heirat und kurz darauf vom Rücktritt. Olympia 1968 war ihm zu weit.

Neuseeländer war auf Goldmedaillen besonders scharf

Für Peter Snell – hier vor dem Schweizer Christian Wägli im 800-m-Finale von Rom – waren Siege bei Olympia stets höchstes Ziel. Dafür trainierte er im fernen Neuseeland wie kaum ein anderer Mittelstreckler seiner Zeit.

Zwei Deutsche in Europa Spitze

Fast ein Jahrzehnt lang war Peter Snells Rekord über die 800 m nicht zu brechen. Der Sprung unter die 1:44-Minuten-Grenze gelang 1973 an historischer Rekordstätte in Mailand dem Einheimischen Marcello Fiasconaro, einem Mann mit hoher Grundschnelligkeit, der 1971 im finnischen Helsinki in 45,5 Sekunden Vize-Europameister über 400 m geworden war, auf seiner Rekordstrecke aber weder in München 1972 noch bei der EM 1974 in Erscheinung trat.

In diesem Zeitraum profilierten sich zwei deutsche 800-m-Spezialisten und beherrschten in Europa die Szene. Einem gelang 1966 der große Durchbruch. Der Westfale Franz-Josef Kemper, geboren am 30. September 1945 in Hopsten bei Rheine, lief bei den Deutschen Meisterschaften in Hannover am 7. August einen großartigen Europarekord von 1:44,9 Minuten und galt für die anschließende Europameisterschaft in Budapest als Favorit. Der Student der Universität Münster wurde dort vom Titelverteidiger, dem DDR-Läufer Manfred Matuschewski, im Finale geschlagen. Kemper bewies jedoch ungebrochene Klasse, als er noch im selben Monat den 1000-m-Weltrekord des für Erfurt startenden Jürgen May in Hannover egalisierte (2:16,2 Minuten am 21. September).

Im folgenden Jahr wurde Kemper wiederum von Matuschewski in einem großen Wettkampf bezwungen. Beim Europacupfinale in Kiew blieb ihm nur der zweite Rang. Olympia 1968 erlebte einen schon gesundheitlich angeschlagenen Kemper, der sich dann auch 1969 einer Nierenoperation unterziehen mußte. Der Deutsche Meister der Jahre 1965 bis 1967 fand aber wieder Anschluß und holte sich 1970 und 1971 wieder den Titel über seine Spezialstrecke. Bei den Olympischen Spielen in München belegte er den für die bundesdeutschen Läufer mittlerweile schon traditionellen vierten Platz im 800-m-Finale und zog sich 1973 nach der Vizemeisterschaft des DLV vom Leistungssport zurück.

Sein Bezwinger von Budapest, Doppel-Europameister Manfred Matuschewski, geboren am 2. September 1939 in Oberweimar, hatte sich schon 1969 zurückgezogen. Allerdings war er auch ein paar Jahre früher als Kemper, nämlich 1960, hervorgetreten. In Rom belegte er im Olympiafinale den sechsten Platz und konnte in diesem Jahr immerhin einen Erfolg gegen Paul Schmidt aufweisen. Der Europatitel von 1962 in Belgrad sollte ein Vorspiel für olympische Ehren sein, aber in Tokio erwischte Matuschewski seine einzige schwache Stunde und schied vorzeitig aus. Nach den Erfolgen von 1966 und 1967 gegen Kemper brachte ihm das Olympiajahr wieder eine Enttäuschung, aber diesmal verhinderte ein gesundheitlicher Rückschlag, nicht Formschwäche, den erhofften Erfolg. Seinen dritten EM-Titel konnte er 1969 nicht mehr realisieren. Im Finale reichte es noch zu Platz drei, dann trat »Matu«, wie er zu Hause genannt wurde, von der Bühne des Mittelstreckenlaufs ab.

In die Reihe der zu jener Zeit imponierenden deutschen 800-m-Läufer gehört auch Walter Adams, dem häufige Verletzungen Titelehren verwehrten. Aber er erreichte beim USA-Länderkampf am 16. Juli 1970 Kempers Europarekordzeit von 1:44,9 Minuten und setzte damit nach dem vierten Endlaufplatz von Mexico City einen zweiten Höhepunkt in seiner Laufbahn.

Innerdeutsches Duell in Kiew

Die beiden herausragenden 800-m-Läufer aus der Bundesrepublik und der DDR, Franz-Josef Kemper und Manfred Matuschewski (links), lieferten sich manch großes Duell – wie hier beim Europacup-Finale 1967 in Kiew.

Vorstoß in extremen Bereich: Sebastian Coe

Auf der 800-m-Strecke tat sich trotz eines Alberto Juantorena (→ Übersicht) bis Ende der 70er Jahre nichts Weltbewegendes. Dann aber setzte ein Brite kaum für möglich gehaltene Meilensteine und drang in Bereiche vor, die seinen Konkurrenten noch vorenthalten waren.

Der am 29. September 1956 in London geborene Sebastian Coe entwickelte sich in nur drei Jahren zum Weltrekordler auf dieser Distanz. Seine sportliche Laufbahn hatte er 1970 mit Cross-Country-Läufen während seiner Schulzeit begonnen; 1973 wurde er Englischer Schulmeister über 3000 m und Jugendmeister über

COE: IM KAMPF MANN GEGEN MANN OFT UNTERLEGEN

Nur bei Sportfesten nicht zu besiegen

Wenn es bei Europameisterschaften oder Olympischen Spielen darauf ankam, zog Sebastian Coe mehrfach den kürzeren. Nur bei Sportfesten, wie hier 1982 in Köln beim ASV, zeigte er anderen stets die Spikes.

1500 m. Bei den Junioren-Europameisterschaften 1975 gewann er über 1500 m die Bronzemedaille.

Im Jahr darauf entschied er sich für die 800 m, weil ihm über die längere Mittelstreckendistanz am Ende die Kraft für ein entsprechendes Finish fehlte. Sein Trainer und Ratgeber war von Anbeginn Vater Peter Coe, der die Entwicklung seines Sprößlings sorgfältig überwachte. Er war 1976 mit der 800-m-Bestzeit des zwanzigjährigen Sebastian zufrieden (1:47,7 Minuten) und nahm den Hallen-EM-Titel zu Beginn der Saison 1977 wohlgefällig zur Kenntnis. Sein Sohn steigerte sich in der Freiluftsaison dieses Jahres auf 1:45,0 und kam im folgenden Jahr sogar auf 1:44,0 Minuten.

Bei den Europameisterschaften in Prag konnte Sebastian Coe 1978 zwar seine Zeiten bestätigen, er wurde im 800-m-Finale aber von Olaf Beyer (DDR) in 1:43,8 Minuten und seinem Landsmann Steve Ovett (1:44,1) geschlagen. Mit 1:44,8 Minuten blieb ihm nur die Bronzemedaille. Danach wollte er durch Rekorde seinen Erfolgshunger stillen. Der mittlerweile an der Londoner Loughborough-Universität studierende Ökonom rüttelte die Leichtathletikwelt tatsächlich mit einem unglaublich erscheinenden neuen 800-m-Rekord auf. Am 5. Juli 1979 kam er in Oslo auf 1:42,33 Minuten und verbesserte die bestehende Bestleistung gleich um 1,1 Sekunden. Der bei 1,76 m Größe nur 58 Kilo wiegende Engländer, der gegen seine Konkurrenten eher zierlich wirkt, hatte nach wöchentlichen 65 bis 70 Trainingskilometern unter väterlicher Aufsicht das richtige Rezept für den 800-m-Rekord benutzt: Wie Rudolf Harbig lief er die zweite Runde nur unwesentlich langsamer als die erste. Coes Zeiten in Oslo lauteten 51,00 Sekunden für die ersten und 51,33 Sekunden für die zweiten 400 m.

Knapp zwei Wochen darauf erfüllte Coe sich seinen sportlichen Traum: Er wurde Meilen-Weltrekordler. Im Osloer Bislet-Stadion stellte er am 17. Juli mit 3:48,95 Minuten eine neue Bestzeit über die klassische Strecke auf. »Der Ruhm der großen Meilenläufer hat mich immer begeistert«, begründete er die Anstrengung auf der langen Distanz. Die folgenden Jahre wurden für ihn zu einem Dauerduell mit seinem Landsmann (→) Steve Ovett um den Weltrekord auf der 1609 m langen Strecke.

Der Konkurrenzkampf wurde allerdings aus der Ferne ausgetragen; beide vermieden geflissentlich, in einem Rennen direkt aufeinanderzutreffen. So kam es bei den Olympischen Spielen in Moskau zum »Spiel verkehrt«, als Coe im ersten Duell der beiden nach zwei Jahren Ovett auf der längeren Strecke besiegte, auf der dieser stärker schien, dafür aber über 800 m hinter seinem Kontrahenten einkam. Den Experten war inzwischen der schwache Punkt des Tempobolzers Sebastian Coe klargeworden: Er konnte seine Glanzzeiten nie im Kampf Mann gegen Mann bestätigen.

Seine beiden nächsten Fabel-Weltrekorde stellte er auch wieder in besonders vorbereiteten Rennen mit einem Tempomacher auf. Am 10. Juni 1981 erreichte er über 800 m in Florenz mit 1:41,72 Minuten eine Zeit, die alle Chancen hat, eine kleine Ewigkeit zu bestehen. Über 1000 m ließ er am 11. Juli in Oslo 2:12,18 Minuten folgen und verbesserte damit seinen ein Jahr alten Rekord von 2:13,40 (1. Juli 1980 in Oslo) erheblich.

Für die Europameisterschaft 1982 in Athen galt er natürlich wieder als klarer Favorit. Aber der mit einer Jahresbestzeit von 1:44,48 Minuten in die griechische Hauptstadt angereiste Engländer erlebte im Finale ein neues Fiasko. Ausgerechnet der deutsche Außenseiter Hans-Peter Ferner, der noch nie unter 1:45 Minuten gelaufen war, rang den Briten auf den letzten 50 Metern im Spurt nieder und gewann den ersten EM-Titel über 800 m seit Rudolf Harbig für den DLV.

Der Schock für Coe muß derart nachhaltig gewesen sein, daß er im WM-Jahr 1983 nur durch Verletzungsmeldungen von sich reden machte und auch in Helsinki nicht dabei war.

»Versager« krönte Laufbahn: Willi Wülbeck

Den für Sebastian Coe »reservierten« Weltmeistertitel im 800-m-Lauf gewann 1983 nicht dessen Athen-Bezwinger Ferner,

WM-GOLD: SPAETER LOHN FUER WILLI WUELBECK

In Helsinki schlug endlich seine große Stunde

Nach vielen vergeblichen Anläufen zu einem internationalen Titel setzte sich Willi Wülbeck 1983 bei der WM in Helsinki selbst ein Denkmal. Der deutsche Rekordmeister – hier bei seinem Sieg 1982 in München – strafte damit alle Kritiker Lügen.

sondern sein Landsmann Willi Wülbeck, geboren am 18. Dezember 1954 in Oberhausen. Er konnte damit doch noch eine lange Läuferkarriere krönen, in der er zum »Versager vom Dienst« abgestempelt worden war.

Der Mann aus dem Ruhrgebiet hatte seinen ersten Titel – Deutsche Jugendmeisterschaft – 1972 mit einer Zeit von 1:52,7 Minuten über 800 m errungen. Wie Sebastian Coe gewann er bei Junioren-Europameisterschaften eine Medaille – allerdings schon 1973 nach 1:47,6 Minuten, mit denen er den zweiten Rang belegen konnte. Damit erschöpften sich auch die Parallelen zum englischen Rekordläufer. Willi Wülbeck blieb ein national erfolgreicher Mann, der von 1974 an jedesmal den Titel über die 800 m holte, ohne groß herauszuragen. Bei den Olympischen Spielen 1976 setzte er die schon unfaßbare Serie der deutschen Mittelstreckler fort und belegte wie seine Vorgänger Schmidt, Adam und Kemper wieder nur den vierten Platz im 800-m-Finale. Allerdings mit seiner bis dahin besten Zeit von 1:45,26 Minuten – und vor Steve Ovett.

Das Weltcupfinale von 1977 in Düsseldorf sah ihn als Dritten, dann standen die Europameisterschaften 1978 in Prag an. Willi Wülbeck verschlief im wahrsten Sinne des Wortes seinen Start und mußte sich von da an mit dem Makel des Versagers herumschlagen. Daran änderten seine deutschen Titel über 800 m und der Doppelerfolg (800 und 1500 m) beim Europacup in Lissabon im Juni 1979 nichts. Dieser Sommer brachte ihm dann noch den deutschen Rekord, als er am 15. August in Zürich im Kampf mit dem Hürdenspezialisten (→) Harald Schmid auf 1:44,65 Minuten kam, die nach den Regeln der IAAF als 1:44,7 in die Rekordbücher eingingen. (Seit 1977 wurden ab Distanzen von 800 m die gestoppten Hundertstelsekunden auf Zehntel auf- oder abgerundet.) Als es darum ging, diese Leistung zu bestätigen, lief Wülbeck wieder schwach. Beim Weltcup in Montreal kurz nach dem Züricher Rekordlauf wurde er nur Dritter.

1980 wurde er zum siebenten Mal in Folge Deutscher Meister und übertraf damit sogar Rudolf Harbig, der von 1936 bis 1941 die 800-m-Strecke beherrscht hatte. Er fuhr auch als Deutscher Meister 1982 zu den Europameisterschaften nach Athen, wo er im Finale einen enttäuschenden achten Rang belegte und Hans-Peter Ferner nur zu dessen Triumph gratulieren konnte. Wülbeck besiegte den höher gehandelten Europameister dann 1983 bei den nationalen Titelkämpfen und holte sich seine zehnte Deutsche Meisterschaft über 800 m. Für die Weltmeisterschaften in Helsinki galt er jedoch wegen der vielen voraufgegangenen internationalen Pleiten nur als Außenseiter.

In der finnischen Hauptstadt erlebte die Leichtathletikwelt dann einen neuen Willi Wülbeck. Dies-

Die Entwicklung des 800-m-Weltrekordes

1:51,9	Ted Meredith	USA	8. 7. 1912	Stockholm
1:51,6	Otto Peltzer	D	3. 7. 1926	London
1:50,6	Sera Martin	F	14. 7. 1928	Paris
1:49,8	Tom Hampson	GB	2. 8. 1932	Los Angeles
1:49,8	Ben Eastman	USA	16. 6. 1934	Princeton
1:49,7	Glenn Cunningham	USA	20. 8. 1936	Stockholm
1:49,6	Elroy Robinson	USA	11. 7. 1937	New York
1:48,4	Sydney Wooderson	GB	20. 8. 1938	Motspur Park
1:46,6	Rudolf Harbig	D	15. 7. 1939	Mailand
1:45,7	Roger Moens	B	3. 8. 1955	Oslo
1:44,3	Peter Snell	NZ	3. 2. 1962	Christchurch
1:44,3	Ralph Doubell	AUS	15. 10. 1968	Mexico City
1:44,3	David Wottle	USA	1. 7. 1972	Eugene
1:43,7	Marcello Fiasconaro	I	27. 6. 1973	Mailand
1:43,5	Alberto Juantorena	C	25. 7. 1976	Montreal
1:43,4	Alberto Juantorena	C	21. 8. 1977	Sofia
1:42,3	Sebastian Coe	GB	5. 7. 1979	Oslo
1:41,7	Sebastian Coe	GB	10. 6. 1981	Florenz

Oftmals keine Konkurrenz

Gunder Hägg, der oftmals nur die Uhr zum Gegner hatte, lief in der Zeit von 1941 bis 1945 nicht weniger als fünfzehn Weltrekorde.

Auf den Rekord hingearbeitet

Roger Bannister hatte den Meilenrekord immer im Visier. Bei Universitätswettkämpfen 1952 in London lief er schon Landesrekord.

Vier Jahre waren genug

Herb Elliott war einer der ausgeprägtesten Individualisten auf den Mittelstrecken. Nach vier Jahren Schinderei unter seinem harten Trainer trat er ab.

mal erwies er sich auf der Zielgeraden als der größere Kämpfer und erreichte als Erster in phantastischer deutscher Rekordzeit von 1:43,63 Minuten das Ziel. Der erste deutsche Leichtathletik-Weltmeister bewies auch bei den nachfolgenden Sportfesten seine Klasse und lief reihenweise Glanzzeiten unter 1:45 Minuten.

Weltrekorde während des Krieges

In den Jahren, da andere Sportler auf den Schlachtfeldern Europas kämpften, konnte ein Läufer aus dem neutralen Schweden die Weltrekordlisten neu gestalten. Der am Silvestertag des Jahres 1918 geborene Gunder Hägg lief zwischen 1941 und 1945 in Einzelrennen fünfzehn Weltrekorde und verbesserte das Niveau vor allem auf der 1500-m-Strecke und über die Meile ganz erheblich. Er war aber auch der erste Mensch, der die Schallmauer der 14 Minuten über 5000 m durchbrach (→ Übersicht).

Zwei anderen Traumgrenzen, den 8 Minuten über 3000 m und den 4 Minuten für die Meile, rückte er mit seinen Bestzeiten von 8:01,2 und 4:01,4 Minuten beträchtlich nahe. Zusammen mit seinem Landsmann Arne Anderson sorgte er für eine einmalige Blütezeit Schwedens in der Geschichte des Langstreckenlaufs.

Roger Bannister schaffte die »Traummeile«

Spätestens seit Häggs Läufen hatten alle großen Mittelstreckler nur ein Ziel vor Augen: die »Traummeile« – eine Zeit von weniger als 4 Minuten für die 1609 Meter.

Zur Überraschung der Fachwelt durchbrach ein Brite als erster diesen Grenzwert der Leichtathletik. Der Oxford-Student Roger Bannister, geboren am 25. März 1929 in Harrow, lief am 6. Mai 1954 bei einem Wettkampf seiner Universität auf deren Bahn in Oxford 3:59,4 Minuten und sorgte damit für eine Weltsensation. Alle Experten hatten auf eine derartige Leistung des damals schnellsten Mittelstrecklers John Landy aus Australien gewartet, der sich durch eine Fülle erstklassiger Zeiten an die 4-Minuten-Schallmauer herangetastet hatte. Beide hatten ihr anderes großes Ziel, eine Olympiamedaille, durch taktisches Fehlverhalten 1952 in Helsinki verfehlt, sorgten nun aber zwei Jahre später für einen Paukenschlag nach dem anderen.

Landy verbesserte nämlich bei seinem Europatrip 1954 Bannisters Meilenrekord schon am 21. Juni in Turku auf 3:58,0 – die Durchgangszeit bei 1500 m von 3:41,8 Minuten bedeutete darüber hinaus ebenfalls neuen Weltrekord – und traf dann bei den Empire-Spielen im kanadischen Vancouver am 7. August direkt auf den Rivalen. Dort bewies der als intellektueller Individualist charakterisierte, später promovierte Oxford-Absolvent Bannister enorme Kämpferqualitäten und bezwang Landy mit 3:58,8 zu 3:59,4 Minuten. Nach jahrzehntelangen Bemühungen also gleich vier Zeiten unterhalb der 4 Minuten – der Bann war gebrochen.

Bannister holte sich im August dieses Jahres in Bern noch den Europameistertitel über 1500 m, trat dann, erst 25 Jahre alt und auf dem Höhepunkt seines Leistungsvermögens, zurück und widmete sich ganz seinen Studien.

Der schnelle Australier: Herb Elliott

In Australien reifte um diese Zeit der nächste Ausnahmeläufer für die Mittelstrecke heran. Er war am 25. Februar 1938 in Subiaco (Perth) zur Welt gekommen und lief im Jahr von Bannisters Rücktritt als Sechzehnjähriger schon hervorragende Zeiten über 880 Yards und die Meile. James Herbert Elliott, allenthalben nur als »Herb« bekannt, kam unter die Fittiche des berühmt-berüch-

tigten Trainers Percy Cerutty, der in einem Camp vor den Toren Melbournes mit eigenwilligen und als sehr hart verschrieenen Methoden Weltklasseläufer formte.
Innerhalb eines Jahres hatte er seinen neuen Eleven Elliott so weit auf Trab gebracht, daß der 1957 noch mit Bestzeiten von 1:48,6 (800 m), 3:45,0 (1500 m) und 4:00,4 Minuten (Meile) zu Buche stehende Läufer 1958 zum Sturm auf die bestehenden Rekorde aufbrach. Das geschah bei den bekannten Sportfesten in Europa und sah in Zahlen so aus: Meilenlauf am 6. August 1958 in Dublin in Weltrekordzeit von 3:54,5 Minuten; 1500-m-Lauf am 28. August in Göteborg in Weltrekordzeit von 3:36,0 Minuten.
Bei weiteren Starts in London und Oslo kam er diesen neuen Grenzen sehr nahe und bewies nachdrücklich, der neue Mann auf diesen Distanzen zu sein.
Erst zwei Jahre darauf sah der alte Kontinent ihn wieder in einem Klasserennen. Der Australier holte sich 1960 in Rom Olympiagold über seine Spezialstrecke und sorgte dabei für einen neuen Weltrekord mit 3:35,6 Minuten. Auch er zog sich frühzeitig vom Leistungssport zurück, nämlich 1962 im Alter von erst 24 Jahren. Er begründete den Schritt mit dem großen Zeitaufwand, den er für Rekordleistungen betreiben müsse, und widmete sich fortan seinen Studien an der englischen Universität Cambridge.

Häufig zu hoch gepokert: Michel Jazy
Michel Jazy blieb der ganz große Erfolg versagt, weil er seine Kräfte oft falsch einschätzte. Beim Europacup 1965 in Stuttgart lag es allerdings nur am Schuh.

Europas Stärkste: Jazy, Tümmler

Herb Elliotts 1500-m-Rekord widerstand sieben Jahre lang allen Angriffen, auch denen des besten europäischen Mittelstrecklers der 60er Jahre, des am 14. Juni 1936 in Oignies geborenen Michel Jazy (Frankreich). Er war 1960 in Rom Zweiter hinter Elliott geworden, holte sich 1962 die Europameisterschaft in Belgrad und verbesserte den Europarekord über 1500 m mehrmals, zuletzt auf 3:36,3 Minuten. Jazy lief in seiner Karriere neun Welt- und siebzehn Europarekorde, darunter einige auf selten gelaufenen Strecken wie 2000 m sowie 2 und 3 Meilen. Sein läuferisches Spektrum reichte bis zu den 5000 m, was ihm allerdings 1964 in Tokio zum Nachteil geriet. Dort entschied er sich nämlich für die lange Strecke und wurde nur Vierter, während man ihm über 1500 m eine Mitfavoritenrolle eingeräumt hatte. Bei den Europameisterschaften 1966 in Budapest wurde er über 1500 m von Bodo Tümmler besiegt, holte sich dafür aber den Titel auf der 5000-m-Distanz. Der in Berlin lebende Bodo Tümmler, geboren am 8. Dezember 1943 in Thorn (Westpreußen), hatte Jazy kurz vor den Europameisterschaften schon einmal besiegen können, und zwar beim Länderkampf gegen die Franzosen in Berlin. Seine beste Saison erlebte er 1968, als er in Koblenz am 10. Juli mit 3:36,5 Minuten dicht an Jazys Europarekord herankam und sich in Mexiko trotz Beschwerden an der Achillessehne eine Bronzemedaille holen konnte.

Ende mit Schrecken für Jim Ryun

Beide standen während dieser Zeit im Schatten eines Läufers, der neue Maßstäbe auf der langen Mittelstrecke setzte: Jim Ryun, geboren am 29. April 1947 in Wichita (Kansas). Der lange Wunderläufer aus dem amerikanischen Mittelwesten – Ryun war 1,88 m groß und wog um die 70 Kilo – hatte als gerade Siebzehnjähriger die Meile in 3:59,0 Minuten zurückgelegt. Er trainierte schon in jungen Jahren mit Verbissenheit und Härte gegen sich selbst. Seine Biographen vermeldeten zahlreiche Krankheiten und Handicaps – Ryun war stark kurzsichtig und schwerhörig –, die er aber mit eisernem Willen bekämpfte. Sein Trainingspensum vor dem morgendlichen Schulbesuch betrug 5 bis 6 Kilometer, nachmittags folgte das konzentrierte, mehrstündige Arbeiten auf der Bahn und im Kraftraum. Der damals Siebzehnjährige hatte sich überraschend für die Olympischen Spiele 1964 qualifiziert, doch kamen diese Rennen für ihn einfach zu früh, so daß er vorzeitig ausschied.
Er benötigte noch zwei Jahre, um zum Weltklasseläufer heranzureifen, und stellte dann – für einen neunzehnjährigen Mittelstreckler immer noch sensationell genug – seine großartigen Rekorde auf. Gleichsam als Auftakt verbesserte er am 10. Juni 1966 den 880-Yards-Weltrekord von Peter Snell auf 1:44,9 Minuten. Dann ließ er den Paukenschlag von Bakersfield folgen, wo er am 17. Juli nach dem Meilenlauf in phantastischen 3:51,3 Minuten gestoppt wurde – eine Verbesserung des bestehenden Rekordes um 2,3 Sekunden! Im Jahr darauf drückte er diese Marke noch einmal auf 3:51,1 Minuten, lieferte aber die eigentliche Superleistung mit der Verbesserung des Elliott-Rekordes über 1500 m ab. Im Kampf mit dem Kenianer (→) Kipchoge Keino wurde er beim Vergleich USA gegen das Britische Commonwealth am 8. Juli 1967 in Los Angeles zu phantastischen 3:33,1 Minuten getrieben, wobei er die ersten 800 m in 1:50,5 Minuten zurücklegte.
Der Afrikaner konnte sich für diese Niederlage ausgerechnet bei den Olympischen Spielen des nächsten Jahres revanchieren. In Mexico City unterlag ein durch eine Virusinfektion in der Vorbereitungsphase zurückgeworfener Jim Ryun im Endspurt des 1500-m-Finales und mußte sich mit Silber begnügen. Von dieser Niederlage erholte Ryun sich nicht wieder und gab nach einem schwachen Sommer 1969 seinen Rücktritt bekannt.
1971 entschloß er sich zu einem Comeback und kam nach Hallenrennen im Winter zu Beginn der Freiluftsaison zu beachtlichen Meilenzeiten um die 3:55 Minuten. Danach stand für ihn das nächste Ziel fest: Wiedergutmachung des olympischen Fiaskos von Mexico City in München 1972. Durch konstante Spitzenleistungen qualifizierte er sich für das US-Olympiateam und zählte

Am Anfang war der US-Boy selbstbewußt

Ein Bild aus den besten Tagen des Jim Ryun: Beim Meeting mit den Briten im Londoner White City Stadion läuft er 1967 auf der Meilendistanz der Konkurrenz leichtfüßig davon.

Montreal kam für ihn noch viel zu früh

Nach etlichen guten Rennen wurde Steve Ovett für die 800 m in Montreal schon mitfavorisiert. Aber erst nach 1976, als Bart und lange Haare gefallen waren, wurde er ein Spitzenmann.

dann auch zum engeren Favoritenkreis über die 1500 m.
Doch in München trafen die beiden Erstplazierten des Finales von Mexico City schon im Vorlauf aufeinander. Das war noch keine Vorentscheidung, qualifizierten sich doch laut Reglement die beiden Ersten für die nächsten Läufe. Aber Jim Ryun erreichte das Ziel nur als Vierter, während Keino leichtfüßig zum Sieg eilte. Der Amerikaner fiel seiner falschen Taktik zum Opfer, als er sich von anderen Läufern einkeilen ließ und beim Versuch, sich Platz zu verschaffen, dem Ugander Askaba in die Hacken trat und stürzte. Letztendlich bedeutete dieser Zwischenfall erneut das Ende aller Goldhoffnungen. Danach warf er das Handtuch und beendete wenig rühmlich die so großartig begonnene Laufbahn.

Noch ein Einzelgänger: Steve Ovett

Nach einem kleinen Rekord-Intermezzo durch den Tansanier Filbert Bayi, der sich als bisher einziger Farbiger in die Rekordlisten über 1500 m und über die Meile eintragen konnte, wegen des Olympiaboykotts Schwarzafrikas aber 1976 nicht mit um Medaillen laufen konnte, begann die atemberaubende Ära der beiden britischen Erzrivalen und Einzelgänger Sebastian Coe und Steve Ovett. Denn Coe beschränkte sich keineswegs darauf, den 800-m-Rekord ständig zu verbessern, sondern setzte alles daran, sein Traumziel als bester Meilenläufer der Welt ständig zu realisieren, und beantwortete jede Bestzeit von Ovett mit einem spektakulären Gegenschlag (→ Übersicht »Meilenweltrekorde«).
Der typisch britische Kämpfer Steven Ovett – so sein korrekter Taufname –, geboren am 9. Oktober 1953 im Seebad Brighton, hatte seine internationale Karriere wesentlich früher als Coe begonnen. Der Einzelgänger, der in den Dünen seines Heimatortes lange Trainingsläufe absolviert und nach Plänen des neuseeländischen Mittelstreckentüftlers Arthur Lydiard arbeitet, wurde bei der Junioren-EM 1973 Titelträger über 800 m in 1:47,5 Minuten, damals eine Zehntelsekunde vor Willi Wülbeck. Ein Jahr danach startete er in der Seniorenklasse und holte sich die Vize-Europameisterschaft über 800 m in 1:45,8 Minuten. Für den damals 22jährigen Studenten der bildenden Künste sollte Montreal einen Höhepunkt in seiner Laufbahn bringen, aber auch Ovett gehörte in der Olympiastadt 1976 zu den Geschlagenen und kam sogar nur als Fünfter ein.
Seine Stunde schlug erst bei den Europameisterschaften 1978 in Prag, als er über 800 m Silber in hervorragenden 1:44,1 Minuten hinter Olaf Beyer (DDR) gewann, über die 1500 m aber nicht zu schlagen war und den späteren Weltmeister über 5000 m, den Iren Eamon Coghlan, in 3:35,6 Minuten besiegte. Bei den Olympischen Spielen 1980 ging es für ihn nur darum, seinen ewigen Rivalen Coe zu besiegen. Es kam bekanntlich zum zweimaligen Kampf zwischen den beiden großartigen Mittelstrecklern, der mit dem überraschenden Resul-

DER GROSSE KAEMPFER KOMMT IMMER WIEDER NACH OBEN

tat endete, daß Steve Ovett die Goldmedaille über 800 m vor Sebastian Coe gewann und ausgerechnet über seine vermeintlich stärkere Distanz von 1500 m nur Dritter wurde. In diesem Endlauf erlitt er seine einzige Niederlage der letzten drei Jahre gegen Coe, dem er danach strikt aus dem Wege ging.

Die Entwicklung des 1500-m-Weltrekordes

3:55,8	Abel Kiviat	USA	8. 6. 1912	Cambridge
3:54,7	John Zander	S	5. 8. 1917	Stockholm
3:52,6	Paavo Nurmi	SF	19. 6. 1924	Helsinki
3:51,0	Otto Peltzer	D	11. 9. 1926	Berlin
3:49,2	Jules Ladoumègue	F	5. 10. 1930	Paris
3:49,2	Luigi Beccali	I	9. 9. 1933	Turin
3:49,0	Luigi Beccali	I	17. 9. 1933	Mailand
3:48,8	Bill Bonthron	USA	30. 6. 1934	Milwaukee
3:47,8	Jack Lovelock	NZ	6. 8. 1936	Berlin
3:47,6	Gunder Hägg	S	10. 8. 1941	Stockholm
3:45,8	Gunder Hägg	S	17. 7. 1942	Stockholm
3:45,0	Arne Anderson	S	17. 8. 1943	Göteborg
3:43,0	Gunder Hägg	S	7. 7. 1944	Göteborg
3:43,0	Lennart Strand	S	15. 7. 1947	Malmö
3:43,0	Werner Lueg	D	29. 6. 1952	Berlin
3:42,8	Wes Santee	USA	4. 6. 1954	Compton
3:41,8	John Landy	AUS	21. 6. 1954	Turku
3:40,8	Sandor Iharos	H	28. 7. 1955	Helsinki
3:40,8	Laszlo Tabori	H	6. 9. 1955	Oslo
3:40,8	Gunnar Nielsen	DK	6. 9. 1955	Oslo
3:40,6	Istvan Rozsavölgyi	H	3. 8. 1956	Tata
3:40,2	Olavi Salsola	SF	11. 7. 1957	Turku
3:40,2	Olavi Salonen	SF	11. 7. 1957	Turku
3:38,1	Stanislav Jungwirth	CS	12. 7. 1957	Stara Boleslav
3:36,0	Herb Elliott	AUS	28. 8. 1958	Göteborg
3:35,6	Herb Elliott	AUS	6. 9. 1960	Rom
3:33,1	Jim Ryun	USA	8. 7. 1967	Los Angeles
3:32,2	Filbert Bayi	EAT	2. 2. 1974	Christchurch
3:32,1	Sebastian Coe	GB	15. 8. 1979	Zürich
3:32,1	Steve Ovett	GB	15. 7. 1980	Oslo
3:31,4	Steve Ovett	GB	27. 8. 1980	Koblenz
3:31,2	Sydney Maree	USA	28. 8. 1983	Köln
3:30,8	Steve Ovett	GB	4. 9. 1983	Rieti

Die Entwicklung des Meilenweltrekordes

4:12,3/4*	Walter George	GB	23. 8. 1886	London
4:12,6	Norman Taber	USA	16. 7. 1915	Cambridge
4:10,4	Paavo Nurmi	SF	23. 8. 1923	Stockholm
4:09,2	Jules Ladoumègue	F	4. 10. 1931	Paris
4:07,6	John Lovelock	NZ	15. 7. 1933	Princeton
4:06,7	Glenn Cunningham	USA	16. 6. 1934	Princeton
4:06,4	Sydney Wooderson	GB	28. 8. 1937	Motspur Park
4:06,2	Gunder Hägg	S	1. 7. 1942	Göteborg
4:04,6	Gunder Hägg	S	4. 9. 1942	Stockholm
4:02,6	Arne Anderson	S	5. 9. 1943	Göteborg
4:01,6	Arne Anderson	S	18. 7. 1944	Malmö
4:01,4	Gunder Hägg	S	17. 7. 1945	Malmö
3:59,4	Roger Bannister	GB	6. 5. 1954	Oxford
3:58,0	John Landy	AUS	21. 6. 1954	Turku
3:57,2	Derek Ibbotson	IRL	19. 7. 1957	Dublin
3:54,5	Herb Elliott	AUS	6. 8. 1958	Dublin
3:54,4	Peter Snell	NZ	27. 1. 1962	Wellington
3:54,1	Peter Snell	NZ	17. 11. 1964	Auckland
3:53,6	Michel Jazy	F	9. 6. 1965	Rennes
3:51,3	Jim Ryun	USA	17. 7. 1966	Bakersfield
3:51,1	Jim Ryun	USA	23. 7. 1967	Bakersfield
3:51,0	Filbert Bayi	EAT	17. 5. 1975	Kingston
3:49,4	John Walker	NZ	12. 8. 1975	Göteborg
3:49,0	Sebastian Coe	GB	17. 7. 1979	Oslo
3:48,8	Steve Ovett	GB	1. 7. 1980	Oslo
3:48,5	Sebastian Coe	GB	19. 8. 1981	Zürich
3:48,4	Steve Ovett	GB	26. 8. 1981	Koblenz
3:47,3	Sebastian Coe	GB	28. 8. 1981	Brüssel

* älteste inoffizielle Bestleistung

Die beiden bekriegten sich nur noch aus der Ferne mit sagenhaften Weltrekordzeiten. Coes Bestzeit aus dem Jahre 1979 konnte Ovett beim nacholympischen Sportfest am 27. August 1980 in Koblenz im damals schnellsten 1500-m-Lauf der Leichtathletikgeschichte auf sagenhafte 3:31,36 Minuten verbessern. Hinter ihm blieben noch Thomas Wessinghage und Harald Hudak mit 3:31,58 bzw. 3:31,96 unter dem gültigen Weltrekord von 3:32,1 Minuten. Koblenz sah ein Jahr danach erneut einen Ovett-Weltrekordlauf, diesmal aber über die Meilendistanz, die im Mittelpunkt jener Augusttage des Jahres 1981 stand. Innerhalb weniger Tage jagten sich Ovett und Coe den Rekord wieder ab (→ Übersicht) und hielten die Sportwelt in Atem.

Bei den Europameisterschaften 1982 hätte es wieder einmal ein direktes Zusammentreffen geben können, aber Ovett litt das ganze Jahr über an den Folgen eines im Dezember 1981 erlittenen Unfalls, der seine Karriere fast zu beenden schien. So konnte sich in Athen Britanniens neuer 1500-m-Star Steve Cram in die Siegerliste eintragen, genau wie 1983 bei der Weltmeisterschaft, wo Ovett nur einen enttäuschenden vierten Rang über seine starke Strecke belegte.

Sein Stern schien endgültig zu verlöschen, als er nach der WM auch noch seinen 1500-m-Weltrekord an den in den USA lebenden Südafrikaner Sydney Maree verlor, der am 28. August 1983 in Köln die neue Marke auf 3:31,24 Minuten festsetzte. Aber der sportlich schon totgesagte Ovett riß die Bestleistung nur wenige Tage darauf wieder an sich, als er im italienischen Rieti am 4. September mit phantastischen 3:30,78 Minuten ins Ziel kam.

Den ewigen Rivalen deutlich besiegt

Olympia in Moskau bedeutete auch das große Duell der beiden schnellen Briten. Über die 800 m lag Steve Ovett dabei deutlich vor Sebastian Coe.

Die Langstrecken:

Nur wenige ragten heraus

Sie ziehen oftmals nur in den letzten zwei oder drei Runden die Blicke der Zuschauer auf sich. Gemeint sind die Langstreckler. Doch viele Rennen werden schon vorher entschieden – sei es durch mehrmalige Tempowechsel, sei es durch kraftzehrende Zwischenspurts oder nicht zuletzt durch die stetige Steigerung des Lauftempos.

Das Laufwunder aus dem Norden: Paavo Nurmi

Die Geschichte des Langstreckenlaufs ist für viele Beobachter heute noch eng mit dem Namen Paavo Nurmi verbunden, obwohl auch andere Läufer auf den Strecken zwischen der Meile und den 10000 Metern mittlerweile Glanzlichter setzen konnten. Doch der Finne gilt eben als der größte Läufer der Leichtathletikgeschichte – eine Realität gewordene Legende, ein Symbol des menschlichen Leistungsvermögens.

Der am 13. Juni 1897 in Abo geborene Zimmermannssohn kam erst relativ spät zum Langlaufsport. Es existieren Berichte, nach denen er ab 1916 in den Wäldern seiner finnischen Heimat mit der Stoppuhr in der Hand gesehen worden ist: ein junger Mann, der seine Leistung ständig überprüfte. Erstmals aktenkundig wurde er in der finnischen Leichtathletik im Jahre 1920, als er drei Landesmeisterschaften errang: 1500 m, 5000 m und im Waldlauf.

Die Finnen schickten den 23jährigen zu den Olympischen Spielen dieses Jahres nach Antwerpen, wo Nurmi zunächst eine Silbermedaille über 5000 m und einige Tage später den Olympiasieg über 10000 m holte. Damit begann eine über zehnjährige Sportlerlaufbahn, der man heute nur noch mythologische Züge zuerkennen kann. Der asketische Mann aus den Wäldern Finnlands wurde noch zu Lebzeiten zur Legende. Mit ihm begann praktisch die moderne Langlaufgeschichte. Seinem Vorbild eiferten ganze Läufergenerationen nach.

Ein Jahr nach seinen olympischen Erfolgen begann Nurmi mit der Neugestaltung der bis dahin noch bescheidenen Weltrekordlisten des Langstreckenlaufs. Am 26. Juni 1921 lief er seine erste Bestzeit und rückte den 10000-m-Rekord auf 30:40,2 Minuten. Im September des folgenden Jahres stellte er innerhalb weniger Wochen auf den anderen Strecken neue Rekorde auf: am 27. August 1922 in Turku über 3000 m 8:28,6 Minuten, am 4. September in Tampere über 2000 m 5:26,3 und am 12. September in Stockholm über 5000 m 14:35,4 Minuten.

1923 erfolgte der Angriff auf den Meilen-Weltrekord, der selbstverständlich gelang (→ Übersicht), so daß der Finne am Ende des Jahres alle Weltbestleistungen zwischen der Meile und den 10000 Metern hielt.

Gemessen an dem, was der große Schweiger – so sein Beiname wegen der Scheu Nurmis vor irgendwelcher Publicity – aber 1924 leistete, war das alles nur ein Vorspiel gewesen. Das Staunen der Welt begann am 19. Juni, als Nurmi innerhalb von 70 Minuten in Helsinki die Weltrekorde über 1500 m auf 3:52,6 und über 5000 m auf 14:28,2 Minuten verbesserte. Knapp einen Monat später wiederholte er diese Superleistung bei den Olympischen Spielen in Paris. Am 10. Juli 1924 holte er sich im gleichen Zeitraum die Goldmedaillen über diese Strecken, wobei man ihn während des 1500-m-Laufes mit der Stoppuhr in der Hand sah.

Sein Medaillenhunger war mit diesem Husarenstreich aber keineswegs gestillt. Im damals noch im olympischen Programm zu findenden 3000-m-Mannschaftslauf war Nurmi in olympischer Rekordzeit von 8:32,0 Minuten der beste Läufer – und nicht zuletzt derjenige, der für den finnischen Mannschaftssieg sorgte. Es folgte noch sein Sieg im 10000-m-Querfeldeinlauf, der bei brütender Hitze viele Läufer an den Rand des Zusammenbruchs führte. Der Finne zeigte sich jedoch von den Witterungsverhältnissen

Er lief, und andere mußten sich quälen

Während Paavo Nurmi (rechts) scheinbar mühelos seine Runden drehte, mußte sich die Konkurrenz quälen, um nur einigermaßen mithalten zu können.

völlig unbeeindruckt und erreichte das Ziel mit einem Vorsprung von 1 ½ Minuten.
Nach dem vierfachen Olympiasieg holte sich Nurmi am 31. August auch den zwischenzeitlich von seinem Landsmann Ville Ritola aufgestellten 10000-m-Weltrekord zurück, als er in Kuopio phantastische 30:06,2 Minuten erzielte – eine Marke, die erst nach dreizehn Jahren verbessert werden sollte (→ Übersicht).
Nach diesem Triumphjahr folgte er einer Einladung in die Vereinigten Staaten und begeisterte dort im Winter 1924/25 die Zuschauer mit Siegen in für ihn völlig ungewohnten Hallenrennen. Dieser Abstecher kostete ihn allerdings im folgenden Sommer seine Form, so daß man ihn erst 1926 wieder auf Europas Bahnen sehen konnte.
In diesem Jahr mußte er erstmals wieder eine Niederlage hinnehmen. Er hatte noch am 24. Mai 1926 in Berlin einen neuen 3000-m-Rekord mit 8:25,4 Minuten aufgestellt, wurde aber auf dieser Bahn am 11. September von Deutschlands Mittelstrecken-As dieser Zeit, dem Norddeutschen Otto Peltzer, über 1500 m besiegt. Dabei holte sich Peltzer gleich den Weltrekord über diese Strecke.
Nurmis Stärken begannen aber erst bei 3000 m; das zeigte sich bei den nächsten Olympiawettbewerben 1928 in Amsterdam. Dort gestalteten die Finnen alle langen Strecken zu einem wahren Medaillenfestival. Zunächst holte Nurmi Gold über 10000 m vor seinem Landsmann und Rivalen Ville Ritola, dann kehrte dieser über 5000 m den Spieß um und gewann vor Nurmi; schließlich startete Nurmi noch über die ihm völlig fremden 3000 m Hindernis und wurde auch dort Zweiter hinter einem Landsmann: Toivo Loukola (→ Olympia-Ergebnisse). Einen glänzenden Schlußpunkt unter diese Saison setzte Nurmi dann am 7. Oktober, als er in Berlin einen phänomenalen Stundenlauf-Weltrekord aufstellte. Er legte nämlich 19210 m zurück und setzte für nachfolgende Läufergenerationen ein kaum zu erreichendes Maß. Erst 1945 wurde diese Marke von seinem Landsmann Viljo Heino verbessert.
Seinen letzten Weltrekord lief Nurmi im Jahre 1931 über die Distanz von 2 Meilen ... da war er mittlerweile 34 Jahre alt. Niemand kann heute beurteilen, ob der Asket aus Finnland nicht auch 1932 bei den Olympischen Spielen in den USA wieder erfolgreich gewesen wäre. Nurmis Start in Los Angeles wurde jedoch unmöglich, weil ihn der Internationale Leichtathletik Verband am Ende der Saison 1931 wegen Verstoßes gegen die Amateurparagraphen sperrte. In Finnland durfte er jedoch weiterlaufen und wurde 1933 mit 36 Jahren noch Meister über 1500 m. Der Mann, der über seine offenen Hände gegenüber Veranstaltern stolperte – Nurmi hatte sich seine Rennen in den USA und Europa gut bezahlen lassen –, stellte insgesamt 22 offiziell anerkannte Weltrekorde auf den Strecken von 1500 bis 20000 m zwischen 1922 und 1931 auf und blieb bis zu seinem Tode am 2. Oktober 1973 das Idol seiner Landsleute.
1952 hatte er die Fackel bei der Eröffnung der Olympischen Spiele in seinem Heimatland zum olympischen Feuer getragen – eine symbolische Geste für den Mann, der seine Sperre durch die IAAF nie verwunden hatte. Er war sehr wohlhabend geworden, hervorgerufen jedoch durch die gleiche Zähigkeit und Beharrlichkeit, die ihn in seinem Sportlerleben auszeichneten, nicht etwa durch die Geldzuwendungen der Veranstalter. Er starb, wie er gelebt hatte – einsam und zurückgezogen. In den letzten Lebensjahren fast erblindet, taub und gelähmt.

Die tschechische Lokomotive: Emil Zatopek

Bei den Olympiawettkämpfen 1952 konnte Nurmi auch seinen Nachfolger sehen. Der Tscheche Emil Zatopek, geboren am 19. September 1922 in Koprivnice, war mit Wiederaufnahme des internationalen Sportverkehrs nach dem Krieg in die Fußstapfen des großen Finnen getreten. Er erreichte Nurmis Niveau sowohl als Rekordbrecher als auch bei der Medaillenausbeute.
Zatopek war das zweitjüngste von sechs Kindern eines Tischlers. Seine Jugendjahre waren von den Ereignissen des Zweiten Weltkriegs, vor allem der Besetzung der Tschechoslowakei durch Hitler-Deutschland, gekennzeichnet. Wie anderen Leidensgenossen verwehrte man ihm echte berufliche Chancen. So fristete er als einfache Arbeitskraft in einem Chemielabor der Kleinstadt Zlin sein Dasein. In der kargen Freizeit widmete er sich dem Langlaufsport, soweit das unter den damaligen Umständen überhaupt möglich war.
Nach Kriegsende nahm er an den ersten Leichtathletikveranstal-

Zu Lebzeiten schon ein Denkmal für ihn

Was anderen erst nach ihrem Ableben widerfährt, wurde für Nurmi (links eine frühe Studie) schon zu Lebzeiten Wirklichkeit: Vor dem Olympiastadion in Helsinki setzte man ihm ein Denkmal.

Er besucht gern die Freunde im Westen

Emil Zatopek – links eine Studie seines Laufstils – ließ die Kontakte nach dem Ende seiner Laufbahn nie abreißen. Im bayerischen Schwandorf eröffnete er 1980 eine Trimm-Aktion.

tungen in seiner Heimat teil und konnte im Juni 1946 in Prag den Landesrekord über 5000 m verbessern. Man entsandte ihn daraufhin zur ersten Nachkriegs-Europameisterschaft der Leichtathleten 1946 nach Oslo. Dort wurde Zatopek in 14:25,8 Minuten Fünfter über 5000 m, fast 17 Sekunden hinter dem Sieger Sydney Wooderson aus England. Der große Durchbruch kam dann im nächsten Jahr, als Zatopek – mittlerweile fast 25 Jahre alt – in Prag mit 14:08,2 Minuten die zweitschnellste 5000-m-Zeit nach Weltrekordler Hägg erreichte und kurz darauf den finnischen Weltklassemann Viljo Heino besiegte, und das noch dazu in Helsinki.

Seine starken Rennen über 3000 und 5000 m in diesem Jahr 1947 ermutigten Zatopek, sich in der folgenden Saison über 10000 m zu versuchen. Auch auf dieser Distanz erwies er sich als Könner, so daß er für die Olympiawettbewerbe dieses Sommers als Mitfavorit galt. Dort stürzte der Tscheche, der gerade erst seine 10000-m-Premiere hinter sich hatte, den Weltrekordinhaber über diese Distanz, den Finnen Heino, und gewann als erster Läufer seines Landes eine olympische Goldmedaille. Im 5000-m-Rennen holte Zatopek in London noch Silber, als er vom Belgier Gaston Reiff besiegt wurde. Es blieb für viele Jahre die letzte Niederlage.

Zatopek hatte sich inzwischen mit der Idee eines deutschen Sportlehrers vertraut gemacht, der das sogenannte Intervalltraining für Langläufer empfahl. Der Tscheche setzte diese Theorie mit großer Energie in die Praxis um und wurde zu einem Langläufer, dessen Leistungen als phänomenal bezeichnet werden mußten.

Dabei war er alles andere als ein Laufästhet. Wenn sich die tschechische Lokomotive, wie Zatopek bald nur noch genannt wurde, in Bewegung setzte, konnte man nicht von einer Augenweide sprechen. Zatopek lief stets wie von tausend Qualen gepeinigt: mit offenem Mund und heraushängender Zunge, geballten Fäusten und verbissenen Gesichtszügen. Das Wort von der unbeugsamen Laufmaschine machte bald die Runde, und es entstand der Mythos Zatopek, der seine Gegner jahrelang zu lähmen schien.

Von 1949 bis 1955 lief Zatopek dreizehn hochklassige Weltrekorde, bis 1954 gewann er bei allen großen Veranstaltungen Medaillen, über die 10000 m blieb er sechs Jahre lang unbesiegt. Außerdem hielt er zwischen 1950 und 1954 alle Weltrekorde über die langen Strecken.

Über ein Dutzend Jahre sah man ihn in den Stadien – seine letzten Rennen bestritt er im Sommer 1957. Darunter war noch einmal ein Sieg gegen den großen Rivalen vom 5000-m-Endlauf 1952 in Helsinki. Beim Länderkampf gegen die deutschen Leichtathleten im September in Stuttgart lag Zatopek über 10000 m knapp vor Herbert Schade, den er in zahlreichen Zweikämpfen schätzen gelernt hatte.

Den absoluten Höhepunkt seiner glanzvollen Laufbahn bildeten die Olympischen Spiele 1952 in Helsinki, wo Zatopek nicht nur wie erwartet die beiden Langstreckenrennen gewann, sondern auch den ersten Marathonlauf seines Lebens. Mit dieser nie wieder erreichten Leistung ging er endgültig als Phänomen in die Leichtathletikgeschichte ein. Am Ende seiner Karriere mußte er als

Die Rekordbilanz Zatopeks sah am Ende der Laufbahn wie folgt aus:

10000 m	29:28,2	11. 6. 1949	Ostrau
10000 m	29:21,2	22. 10. 1949	Ostrau
10000 m	29:02,6	4. 8. 1950	Turku
1 Stunde	19558 m	15. 9. 1951	Prag
20000 m	1:01:16,0	15. 9. 1951	Prag
20000 m	59:51,8	29. 9. 1951	Stara Boleslav
1 Stunde	20052 m	29. 9. 1951	Stara Boleslav
25000 m	1:19:11,8	26. 10. 1952	Stara Boleslav
30000 m	1:35:23,8	26. 10. 1952	Stara Boleslav
10000 m	29:01,6	1. 11. 1953	Stara Boleslav
5000 m	13:57,2	30. 5. 1954	Paris
10000 m	28:54,2	1. 6. 1954	Brüssel
25000 m	1:16:36,4	29. 10. 1955	Čelakovice

Und das war seine Medaillenbilanz:

OLYMPISCHE SPIELE

1948
- Goldmedaille über 10000 m
- Silbermedaille über 5000 m

1952
- Goldmedaille über 5000 m
- Goldmedaille über 10000 m
- Goldmedaille im Marathonlauf

EUROPAMEISTERSCHAFTEN

Brüssel 1950
- Goldmedaille über 5000 m
- Goldmedaille über 10000 m

Bern 1954
- Bronzemedaille über 5000 m
- Goldmedaille über 10000 m

über Dreißigjähriger noch einige Niederlagen hinnehmen, so bei den Olympischen Spielen 1956 in Melbourne, wo er sich noch einmal an die Marathonstrecke herangewagt hatte, aber nur als Sechster ins Ziel kam.
Die sportlichen Erfolge hatten ihn nicht nur in der ganzen Welt berühmt und wegen seiner bescheidenen Art auch beliebt gemacht, sie brachten ihm zu Hause auch Ruhm und Ehre in Form eines Offiziersrangs sowie einen gewissen Wohlstand ein. Eine Wende in seinem Leben bedeuteten die Ereignisse des sogenannten Prager Frühlings im Jahre 1968. Sein Engagement für den Demokratisierungsprozeß kostete ihn Stellung und Privilegien. Erst nach vielen Jahren wurde ihm die Rückkehr in ein normales Zivilleben wieder gestattet.
Zatopek ist seit über dreißig Jahren mit Dana Zatopekova verheiratet, die am selben Tag wie er zur Welt kam, am selben Tag wie er 1952 eine olympische Goldmedaille (im Speerwerfen) gewann, am selben Tag wie er Europameisterin 1954 wurde. Sie gehört zum Mythos um ihren Mann.

Zatopeks Nachfolger: Wladimir Kuts

Um Zatopeks Erbe stritten gleich mehrere Langstreckler, wie überhaupt seit Mitte der 50er Jahre eine erstaunliche Leistungsdichte in diesen Disziplinen zu verzeichnen war. Verbesserte Trainingsmethoden und andere Bedingungen ließen immer neue Weltklasseathleten heranwachsen, die einander Rekorde und Medaillen abjagten. Keiner konnte jedoch über einen derart langen Zeitraum, wie dies Nurmi oder Zatopek taten, dominieren.
Als direkter Nachfolger des Tschechen hatte sich im 5000-m-Endlauf der Europameisterschaften von Bern 1954 schon der Russe Wladimir Kuts empfohlen. Der am 7. Dezember 1927 in Aleksino (Ukraine) geborene Sohn eines Zuckerfabrikarbeiters ähnelte in seinem Erscheinungsbild sogar dem großen Tschechen. Bei nur 1,73 m Größe und seinem verbissen wirkenden Laufstil glaubte man zeitweilig, einen Verwandten Zatopeks laufen zu sehen.

Kuts machte eine echte Blitzkarriere. Nach bescheidenen Zeiten 1953 stand er im Folgejahr schon im EM-Finale in Bern. Dort lieferte der Marineoffizier an jenem heißen Augustsonntag ein hervorragendes Rennen und den Beweis für das nahende Ende der außergewöhnlichen Karriere des Emil Zatopek. Er verwies den vielfachen Medaillengewinner auf den dritten Rang und besiegte auch den Engländer Chris Chataway, der an jenem denkwürdigen Endlauf 1952 in Helsinki beteiligt war.
Damit nicht genug, stellte Kuts auch einen neuen Weltrekord auf: 13:56,6 Minuten. Chataway hatte nach dem Trauma Zatopek also erneut einen Widersacher gefunden, den er in einem Revancherennen in London zwar in neuer Weltrekordzeit besiegen konnte, der aber kurz darauf erneut zuschlug und sich die Bestzeit wieder zurückholte (→ Übersicht).
Kuts krönte seine Laufbahn mit dem Gewinn beider Langstrecken-Goldmedaillen 1956 in Melbourne, wobei er über 5000 m den mittlerweile zum Weltrekordinhaber avancierten Briten Gordon Pirie deutlich besiegte. Ein Jahr später nahm er dem Briten auch diesen Triumph ab und lief in Rom einen neuen phantastischen 5000-m-Rekord, der viele Jahre Bestand haben sollte. Eine Magenkrankheit stoppte ihn dann frühzeitig und ließ im Winter 1957/58 weitere große Rennen nicht zu.

Der Rekordler, der nur verlor: Ron Clarke

Trotz vieler guter Langstreckler dauerte es bis in die 60er Jahre, ehe wieder ein Läufer auftrat, der keinen Respekt vor den Rekordzeiten der Vorgänger kannte. Der Mann, der dann die Langstreckenszene förmlich auf den Kopf stellte, galt jedoch als der größte Verlierer aller Zeiten, als der Weltrekordler, der im entscheidenden Moment nicht siegen konnte.
Gemeint ist Ronald William (»Ron«) Clarke, geboren am 21. Februar 1937 in Melbourne.

Auch er schaffte Doppelerfolg
Der Ukrainer Wladimir Kuts gewann 1956 in Melbourne beide Langstrecken und ging damit in die Annalen der Leichtathletikgeschichte ein. Nur wenigen Ausnahmeläufern ist bisher ein solches Kunststück gelungen.

Weltrekordler ohne Fortune
Für den Australier Ron Clarke gab es während seiner Laufbahn großartige Weltrekorde, die ihn sogar zu einem Bahnbrecher der Leichtathletik werden ließen. Wenn es darauf ankam, konnte er seine Zeiten jedoch nicht bestätigen.

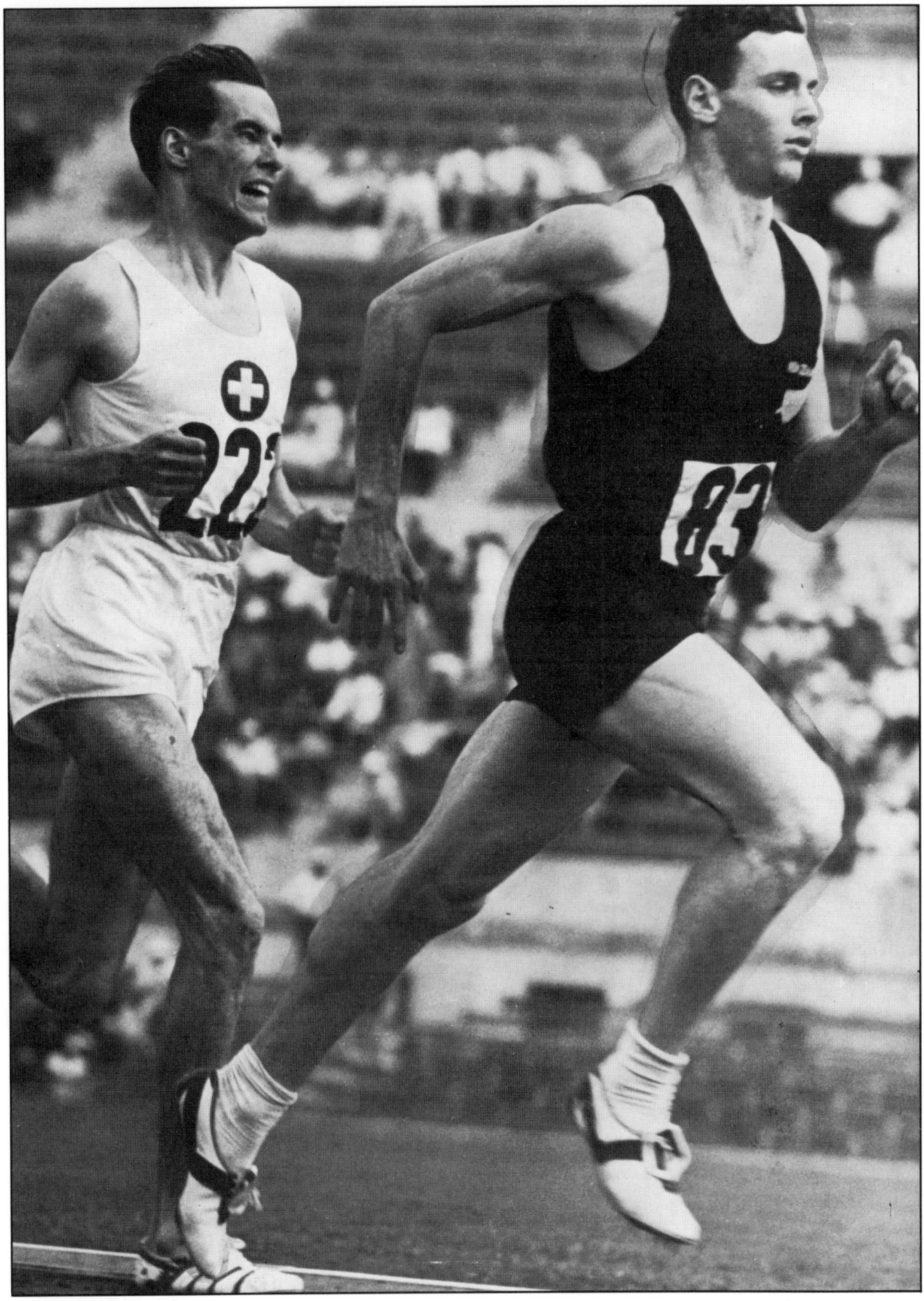

DIE »LOKOMOTIVE« SIEGT AUCH IM MARATHONLAUF

Er besucht gern die Freunde im Westen

Emil Zatopek – links eine Studie seines Laufstils – ließ die Kontakte nach dem Ende seiner Laufbahn nie abreißen. Im bayerischen Schwandorf eröffnete er 1980 eine Trimm-Aktion.

tungen in seiner Heimat teil und konnte im Juni 1946 in Prag den Landesrekord über 5000 m verbessern. Man entsandte ihn daraufhin zur ersten Nachkriegs-Europameisterschaft der Leichtathleten 1946 nach Oslo. Dort wurde Zatopek in 14:25,8 Minuten Fünfter über 5000 m, fast 17 Sekunden hinter dem Sieger Sydney Wooderson aus England. Der große Durchbruch kam dann im nächsten Jahr, als Zatopek – mittlerweile fast 25 Jahre alt – in Prag mit 14:08,2 Minuten die zweitschnellste 5000-m-Zeit nach Weltrekordler Hägg erreichte und kurz darauf den finnischen Weltklassemann Viljo Heino besiegte, und das noch dazu in Helsinki.

Seine starken Rennen über 3000 und 5000 m in diesem Jahr 1947 ermutigten Zatopek, sich in der folgenden Saison über 10 000 m zu versuchen. Auch auf dieser Distanz erwies er sich als Könner, so daß er für die Olympiawettbewerbe dieses Sommers als Mitfavorit galt. Dort stürzte der Tscheche, der gerade erst seine 10 000-m-Premiere hinter sich hatte, den Weltrekordinhaber über diese Distanz, den Finnen Heino, und gewann als erster Läufer seines Landes eine olympische Goldmedaille. Im 5000-m-Rennen holte Zatopek in London noch Silber, als er vom Belgier Gaston Reiff besiegt wurde. Es blieb für viele Jahre die letzte Niederlage.

Zatopek hatte sich inzwischen mit der Idee eines deutschen Sportlehrers vertraut gemacht, der das sogenannte Intervalltraining für Langläufer empfahl. Der Tscheche setzte diese Theorie mit großer Energie in die Praxis um und wurde zu einem Langläufer, dessen Leistungen als phänomenal bezeichnet werden mußten.

Dabei war er alles andere als ein Laufästhet. Wenn sich die tschechische Lokomotive, wie Zatopek bald nur noch genannt wurde, in Bewegung setzte, konnte man nicht von einer Augenweide sprechen. Zatopek lief stets wie von tausend Qualen gepeinigt: mit offenem Mund und heraushängender Zunge, geballten Fäusten und verbissenen Gesichtszügen. Das Wort von der unbeugsamen Laufmaschine machte bald die Runde, und es entstand der Mythos Zatopek, der seine Gegner jahrelang zu lähmen schien.

Von 1949 bis 1955 lief Zatopek dreizehn hochklassige Weltrekorde, bis 1954 gewann er bei allen großen Veranstaltungen Medaillen, über die 10 000 m blieb er sechs Jahre lang unbesiegt. Außerdem hielt er zwischen 1950 und 1954 alle Weltrekorde über die langen Strecken.

Über ein Dutzend Jahre sah man ihn in den Stadien – seine letzten Rennen bestritt er im Sommer 1957. Darunter war noch einmal ein Sieg gegen den großen Rivalen vom 5000-m-Endlauf 1952 in Helsinki. Beim Länderkampf gegen die deutschen Leichtathleten im September in Stuttgart lag Zatopek über 10 000 m knapp vor Herbert Schade, den er in zahlreichen Zweikämpfen schätzen gelernt hatte.

Den absoluten Höhepunkt seiner glanzvollen Laufbahn bildeten die Olympischen Spiele 1952 in Helsinki, wo Zatopek nicht nur wie erwartet die beiden Langstreckenrennen gewann, sondern auch den ersten Marathonlauf seines Lebens. Mit dieser nie wieder erreichten Leistung ging er endgültig als Phänomen in die Leichtathletikgeschichte ein. Am Ende seiner Karriere mußte er als

Die Rekordbilanz Zatopeks sah am Ende der Laufbahn wie folgt aus:

10 000 m	29:28,2	11. 6. 1949	Ostrau
10 000 m	29:21,2	22. 10. 1949	Ostrau
10 000 m	29:02,6	4. 8. 1950	Turku
1 Stunde	19 558 m	15. 9. 1951	Prag
20 000 m	1:01:16,0	15. 9. 1951	Prag
20 000 m	59:51,8	29. 9. 1951	Stara Boleslav
1 Stunde	20 052 m	29. 9. 1951	Stara Boleslav
25 000 m	1:19:11,8	26. 10. 1952	Stara Boleslav
30 000 m	1:35:23,8	26. 10. 1952	Stara Boleslav
10 000 m	29.01,6	1. 11. 1953	Stara Boleslav
5 000 m	13:57,2	30. 5. 1954	Paris
10 000 m	28:54,2	1. 6. 1954	Brüssel
25 000 m	1:16:36,4	29. 10. 1955	Čelakovice

Und das war seine Medaillenbilanz:

OLYMPISCHE SPIELE

1948
- Goldmedaille über 10 000 m
- Silbermedaille über 5000 m

1952
- Goldmedaille über 5000 m
- Goldmedaille über 10 000 m
- Goldmedaille im Marathonlauf

EUROPAMEISTERSCHAFTEN

Brüssel 1950
- Goldmedaille über 5000 m
- Goldmedaille über 10 000 m

Bern 1954
- Bronzemedaille über 5000 m
- Goldmedaille über 10 000 m

Er hatte 1956 die olympische Fackel ins Stadion von Melbourne getragen, war aber erst 1961, als bereits 24jähriger, beim ernsthaften Langstreckentraining gesehen worden. Die Trainingsmethoden von Cerutty und Lydiard brachten ihn so weit, daß er am 18. Dezember 1963, im Alter von fast 27 Jahren, seinen ersten Weltrekord lief. Mit 28:15,6 Minuten war er um 2,6 Sekunden schneller als der Russe Pjotr Bolotnikow.
Mit dieser Leistung galt er zwangsläufig als Favorit für die Olympischen Spiele des nächsten Jahres. Aber in Tokio erlebte er ein Desaster großen Ausmaßes. Nachdem es über 10000 m wenigstens noch zu einer Bronzemedaille gereicht hatte, ging er im 5000-m-Lauf völlig unter und wurde nur Neunter.
Was nützten da die Schlagzeilen nach der Rekordjagd des Jahres 1965? Clarke verbesserte in diesem Sommer dreimal den 5000-m- sowie den 10000-m-Weltrekord auf kaum für möglich gehaltene 27:39,4 Minuten.
Bei den Commonwealth-Spielen des nächsten Jahres verlor er wieder entscheidende Rennen. Die Kenia-Asse Keino und Temu besiegten ihn über 3 bzw. 6 Meilen, obwohl er auch über diese Distanzen die Weltrekorde hielt.
Zu den nächsten Olympischen Spielen fuhr er als der Läufer, der als erster die 5000 m unter 13:20 Minuten, die 10000 m unter 28 Minuten geschafft hatte, die 3 Meilen unter 13 Minuten usw. Doch in Mexico City lauteten seine Plazierungen Fünfter über 5000 und Siebenter über 10000 m. Im nächsten Jahr war er im Flachland wieder Weltbester – aber dafür gab es keine Medaille. Clarke lief noch bis 1970 und wurde anschließend Fernsehkommentator bei der BBC in London.

Die schwarze Perle: Kipchoge Keino

Ron Clarke spürte in vielen seiner großen Rennen das Auftreten einer neuen Läufergarde, besonders bei den Spielen in Mexiko. Die neuen Männer kamen aus Schwarzafrika und zeigten brillante Leistungen. Ihr Aushängeschild war Kipchoge Keino aus Kenia, geboren im Januar 1940 als Angehöriger des Nandi-Stammes. Er wurde 1962 von einem britischen Trainer entdeckt, der sein Naturtalent sofort richtig einschätzte und ihn schnell in die Weltspitze führte. In Tokio belegte er im 5000-m-Finale noch den fünften Platz; ein Jahr später war er sowohl Weltrekordler über 3000 m (7:39,6 am 27. August 1965 in Hälsingborg) als auch über 5000 m (13:24,2 am 30. November in Auckland).
In den beiden folgenden Jahren lieferte er auch über die 1500 m Weltklassezeiten ab und wagte sich daher 1968 in Mexiko an ein Wahnsinnsprogramm: Er startete über beide Langstrecken und die 1500 m. Ausgerechnet die 10000 m standen am ersten Tag auf dem Programm, und Keino mußte aufgeben. Wenige Tage später war er aber wieder fit und holte sich die Silbermedaille über 5000 m. Und dann lieferte er am Schlußtag bekanntlich jenes sagenhafte 1500-m-Rennen in 3:34,9 Minuten, der schnellsten je in der Höhe erzielten Zeit, und wurde Olympiasieger. So schnell lief er auch in den nächsten Jahren nicht wieder, aber bei den großen Sportfesten in Europa und den USA war er immer ein Spitzenmann.
Die Olympischen Spiele in München umgaben ihn dann mit der Aura des Laufphänomens. Denn der Kenianer ließ die von ihm angepeilten 5000 m wegen des Zeitplanes aus und startete statt dessen über 3000 m Hindernis, eine Strecke, die er bis dahin kaum gelaufen war. Und er wurde Olympiasieger gegen alle Spezialisten, ja, er deklassierte sie geradezu. Die zweite Goldmedaille blieb

Mit ihm trat Schwarzafrika aus seinem Schatten

Über seine persönlichen Erfolge hinaus hat sich Kipchoge Keino (vorn) unschätzbare Verdienste um den Sport Schwarzafrikas erworben. Mit ihm etablierte sich die Leichtathletik des Schwarzen Kontinents endgültig.

ihm dann verwehrt, als er im 1500-m-Finale vom Finnen Pekka Vasala auf Platz zwei verwiesen wurde. Sein 3000-m-Weltrekord von 1965 wurde übrigens erst in diesem Olympiajahr von Emiel Puttemans (Belgien) um genau 2 Sekunden verbessert.

Er mischte mit: Harald Norpoth

Einer der Gegner, der Ron Clarke und Kipchoge Keino große Rennen lieferte, kam aus der Bundesrepublik Deutschland. Der am 22. August 1942 in Münster geborene Harald Norpoth erwies sich in den Jahren ab 1964 auf der 1500- und 5000-m-Strecke als Mann von Weltklasse.

Die große Liebe des hageren Westfalen, der bei 1,85 m Körpergröße um die 125 Pfund auf die Waage brachte und deshalb alles andere als athletisch wirkte, war eigentlich der Fußball. Zur Leichtathletik kam er eher durch Zufall, ging dann aber mit beachtenswerter Zähigkeit seinen Weg. Erstmals überregionale Beachtung fand er nach seinem Sieg bei den Deutschen Jugendmeisterschaften 1960 in Neuwied, wo er die 3000 m in 8:36,0 Minuten gewann. 1962 kämpfte er sich bis ins Finale der 1500 m bei den Europameisterschaften in Belgrad vor, schied aber durch einen Sturz vorzeitig aus.

Im Jahr darauf wagte er sich erstmals über die 5000 m und kam dicht an die 14-Minuten-Grenze heran. Für die Fachwelt überraschend, gab der deutsche 1500-m-Meister der Jahre 1963/64 dann seinen Start über 5000 m für die Olympiaqualifikationen mit den DDR-Leichtathleten bekannt. Norpoth gewann diese gesamtdeutsche Ausscheidung, verlor aber ebenso überraschend die 1500-m-Qualifikation gegen die DDR-Läufer. In Tokio zeigte er dann eines seiner größten Rennen und holte die Silbermedaille hinter Überraschungssieger Bob Schul (USA), lag aber vor Michel Jazy, Kipchoge Keino und Ron Clarke.

Die nächsten Medaillen gab es in seinem Glanzjahr 1966, als er bei den Europameisterschaften in Budapest in jenem denkwürdigen 1500-m-Finale, in dem drei Deutsche unter den ersten Fünf landeten, hinter Tümmler und Jazy, aber noch vor Jürgen May die Bronzemedaille holte. Über 5000 m war nur Jazy stärker, so daß es hier zu Silber für den Studenten der Betriebswirtschaft reichte.

Stand stets zur Verfügung

Der Münsterländer Harald Norpoth – hier beim Länderkampf gegen die UdSSR 1972 in Augsburg – hatte immer Zeit, wenn der DLV seine Dienste benötigte: insgesamt über fünfzigmal.

Dafür nahm er dem Franzosen wenige Tage später den Europarekord über diese Strecke ab. Am 7. September erreichte er das Ziel in Köln nach 13:24,8 Minuten und verbesserte Jazys Zeit um 2,8 Sekunden. Drei Tage darauf war Norpoth sogar Weltrekordler. In Hagen lief er über 2000 m am 10. September mit 4:57,8 Minuten eine neue großartige Bestzeit. Einen weiteren Europarekord stellte er 1967 auf, als er am 6. Juni in Münster über 3000 m die Zeit von 7:45,2 Minuten erreichte.

Ebenfalls in Münster besiegte er im Olympiajahr 1968 auch Ron Clarke in einem 2-Meilen-Rennen. Bei den entscheidenden Wettkämpfen in Mexico City verdarb ihm jedoch eine Magenverstimmung dann alle Aussichten.

Dabei fürchteten zumindest die Europäer seine Spurtkraft. Bei den Europapokal-Endkämpfen 1965 in Stuttgart, 1967 in Kiew und 1970 in Stockholm hieß der 5000-m-Sieger immer Harald Norpoth. Wegen des Teilboykotts der Europameisterschaften 1969 in Athen durch den DLV – es ging um das Startverbot des DDR-Flüchtlings Jürgen May – konnte Norpoth sich nicht um weitere Medaillen bemühen. Erst 1971 startete er wieder bei Europameisterschaften und holte in Helsinki Bronze über 5000 m.

Bei den Olympischen Spielen 1972 in München erreichte der Westfale im Endlauf über 5000 m den sechsten Rang und entschloß sich zur Fortsetzung seiner Karriere. Im Sommer des nächsten Jahres bewies er beim Länderkampf gegen die USA in Stuttgart, daß er auch im zwölften Jahr seiner Zugehörigkeit zur Spitzenklasse noch nicht zum alten Eisen gehörte. Mit 13:20,5 Minuten stellte er einen großartigen deutschen Rekord auf.

Harald Norpoth trug seit 1962 das Nationaltrikot und kam in seinen zwölf Länderkampfjahren auf fünfzig Berufungen mit 56 Einsätzen. Für den Sportlehrer der Sportförderungsgruppe der Bundeswehr in Warendorf stand aber fest, daß die Europameisterschaften 1974 ihn nicht mehr am Start sehen würden. Die Gesundheit forderte ihren Tribut. Nach dem Rücktritt vom Leistungssport sah man den Meisterläufer von einst als aktiven Fußballer in seiner Heimatstadt Telgte und dann als Trainer verschiedener Amateurligisten.

Das Geheimnis des Lasse Viren

Bei den Olympischen Spielen 1972 gewann ein Finne beide Goldmedaillen über die Langstrecken und stellte dabei im 10 000-m-Lauf auch einen neuen Weltrekord auf; der 5000-m-Rekord folgte wenig später bei einem Sportfest in Helsinki. Ganz Finnland feierte schon seinen neuen Nurmi; seine Heimatgemeinde Myrskila schenkte ihm ein Haus. Aber nach diesem Sommer 1972 hörte man vom neuen Volkshelden Lasse Viren, geboren am 22. Juli 1949, nichts mehr. Er begründete sein Untertauchen und seine schwachen Leistungen im Nacholympiajahr mit den Feiern nach den Münchener Siegen, das galt für 1973, und Verletzungen, das galt für 1974/75. Auf die Spiele von Montreal bereitete er sich wieder systematisch vor. Im Winter davor sah man ihn im vierwöchigen Höhenlager von La Paz (Kolumbien), im Frühjahr lief er in den Höhenlagen Kenias lange Trainingsdistanzen.

Der Erfolg konnte nicht durchschlagender sein. Lasse Viren wiederholte in Montreal das Kunststück von München und gewann beide Goldmedaillen über die langen Strecken, was vor ihm noch keinem Läufer gelungen war. Und danach verschwand er wieder in seinen finnischen Wäldern; man sah ihn nicht bei Europameisterschaften, und bei seinen wenigen Starts zeigte er keine große Klasse.

In Moskau 1980 wollte er noch einmal zuschlagen, doch dort reichte es nur zum fünften Platz im 5000-m-Finale. Spätestens danach rankten sich wilde Gerüchte um seine phänomenalen Leistungshöhepunkte bei Olympischen Spielen. Man glaubte nicht so recht an den Effekt des Höhentrainings, das dem Blut mehr Sauerstoff zuführt, sondern unterstellte dem Finnen eine medizinische Manipulation. Lasse Viren soll durch den Austausch von Blut, das vier Wochen lang kühl gelagert und dann – mit Sauerstoff angereichert – dem Körper wieder zugeführt wird, zu seiner Leistungsexplosion gekommen sein. Diese Verdächtigungen wurden später zum Teil erhärtet, als andere Läufer ähnliche Leistungshilfen zugaben. Das Geheimnis um Lasse Viren und seine Olympiasiege konnte jedoch nie gelüftet werden.

Kurzer Ruhm des Henry Rono

Die Langstreckenhochburg Kenia brachte nach Montreal mit Henry Rono, geboren am 12. Februar 1952 in Nairobi, einen neuen Meisterläufer hervor, der alle Aussichten hatte, bei den Olympischen Spielen des Jahres 1980 in Moskau nicht nur eine Medaille zu gewinnen.

Am Ende des Jahres 1978 gehörten dem Mann aus dem Hochland jedenfalls die Weltrekorde über 5000, 10000 und 3000 m Hindernis, und das mit Zeiten, die teilweise bahnbrechenden Charakter hatten. Rono war mittlerweile in die Vereinigten Staaten übergesiedelt und wurde an der Universität des Bundesstaates Washington von John Chaplin trainiert, der auch seinen Landsmann, den vorübergehenden Weltrekordler Samson Kimobwa, betreute.

Doch im entscheidenden Moment wurde Rono krank und erlitt einige Verletzungen. So fehlte er 1980 in Moskau und kam nur mühsam wieder in Form. 1981 lieferte er dann bei vielen Sportfesten wieder große Rennen und verbesserte seinen 5000-m-Weltrekord noch einmal erheblich. Auch 1982 sah man ihn in prächtiger Form; Anfang Juli gelang ihm in Stockholm mit 13:09,0 Minuten eine Superzeit. Er wagte sich aber dann innerhalb von vierzehn Stunden erneut an die 5000-m-Strecke und kam entkräftet in 13:25,1 Minuten nur als Vierter ins Ziel. Der Sieger dieses Rennens vom 7. Juli 1982 in Oslo, der Brite Dave Moorcroft, stellte einen geradezu unglaublichen Weltrekord auf, als er mit 13:00,42 Minuten ganz nahe an eine der letzten Schallmauern der Leichtathletik heranrückte. Der 26jährige Mann aus Wolverhampton verbesserte seine persönliche Bestzeit in diesem Rennen um über 20 Sekunden!

Henry Rono aber verschwand nach dieser Saison wieder in der Versenkung und nahm auch an den ersten Weltmeisterschaften 1983 nicht teil.

Er wurde kein zweiter Nurmi

Von der olympischen Bilanz her kann man Lasse Viren durchaus mit seinem großen Landsmann vergleichen, aber niemand gab ihm das Prädikat »ein zweiter Nurmi«.

Kenia-Läufer schnell entzaubert

Henry Rono – hier vor seinem afrikanischen Konkurrenten Omar Khalifa (Sudan) – konnte nicht in die Fußstapfen seines Landsmannes Kipchoge Keino treten.

Wessinghage schlug den Weltrekordler

Der Inhaber des neuen Fabel-Weltrekordes konnte seine Leistung wenig später im Kampf Mann gegen Mann nicht bestätigen. Moorcroft verlor den Endlauf der Europameisterschaften 1982 nicht nur gegen Dr. Thomas Wessinghage, der damit seine lange Laufbahn krönte, sondern auch noch gegen den DDR-Läufer Werner Schildhauer.
Der am 22. Februar 1952 in Hagen (Westfalen) geborene Wessinghage hat nach dem Rücktritt von Harald Norpoth die Lücke geschlossen, die international für den DLV zu entstehen schien. Dabei mußte der Westfale Studium und später Beruf immer mit dem Sport so abstimmen, daß ihm keine allzu großen Nachteile entstanden.

Als Zwanzigjähriger bekam er erstmals internationale Wettkampferfahrung, als ihn der DLV 1972 zu seinem Länderkampfdebüt verhalf und auch für die Olympischen Spiele in München nominierte. Es dauerte aber noch zwei Jahre, bis sich der Medizinstudent im Reigen der Großen durchsetzen konnte. Bei den Europameisterschaften 1974 in Rom erlief er sich eine Bronzemedaille über 1500 m. Diese Strecke bevorzugte er in den nächsten Jahren und reihte Erfolg an Erfolg. Der Deutschen Meisterschaft 1975 folgte im selben Jahr der Sieg beim Europacupfinale in Nizza, 1977 wurde er jeweils Zweiter beim Europa- sowie beim Weltcup, geschlagen in beiden Rennen von Steve Ovett. Bei der nächsten Endrunde 1979 in Turin besiegte ihn DDR-Läufer Jürgen Straub über die 1500 m, aber beim Weltcup des gleichen Jahres sah man dann in Montreal einen strahlenden Thomas Wes-

So sahen ihn seine Fans am liebsten

Der schnelle Mediziner im DLV-Trikot, Dr. Thomas Wessinghage, bei der Siegerehrung nach dem 5000-m-Lauf bei der EM 1982 in Athen. In dieser Pose sah man ihn am liebsten.

Die Entwicklung des 5000-m-Weltrekordes

14:36,6	Hannes Kolehmainen	SF	10. 7. 1912	Stockholm
14:35,4	Paavo Nurmi	SF	12. 9. 1922	Stockholm
14:28,2	Paavo Nurmi	SF	19. 6. 1932	Helsinki
14:17,0	Lauri Lehtinen	SF	19. 6. 1932	Helsinki
14:08,8	Taisto Mäki	SF	16. 6. 1939	Helsinki
13:58,2	Gunder Hägg	S	20. 9. 1942	Göteborg
13:57,2	Emil Zatopek	CS	30. 5. 1954	Paris
13:56,6	Wladimir Kuts	SU	29. 8. 1954	Bern
13:51,6	Chris Chataway	GB	13. 10. 1954	London
13:51,2	Wladimir Kuts	SU	23. 10. 1954	Prag
13:50,6	Sandor Iharos	H	10. 9. 1955	Budapest
13:46,8	Wladimir Kuts	SU	18. 9. 1955	Belgrad
13:40,6	Sandor Iharos	H	23. 10. 1955	Budapest
13:36,8	Gordon Pirie	GB	19. 6. 1956	Bergen
13:35,0	Wladimir Kuts	SU	13. 10. 1957	Rom
13:34,8	Ron Clarke	AUS	16. 1. 1965	Hobart
13:33,6	Ron Clarke	AUS	1. 2. 1965	Auckland
13:25,8	Ron Clarke	AUS	4. 6. 1965	Los Angeles
13:24,2	Kipchoge Keino	EAK	30. 11. 1965	Auckland
13:16,6	Ron Clarke	AUS	5. 7. 1966	Stockholm
13:16,4	Lasse Viren	SF	14. 9. 1972	Helsinki
13:13,0	Emiel Puttemans	B	20. 9. 1972	Brüssel
13:12,9	Richard Quax	NZ	5. 7. 1977	Stockholm
13:08,4	Henry Rono	EAK	8. 4. 1978	Berkeley
13:06,2	Henry Rono	EAK	13. 9. 1981	Narvik
13:00,4	Dave Moorcroft	GB	7. 7. 1982	Oslo

Die Entwicklung des 10 000-m-Weltrekordes

30:58,8	Jean Bouin	F	16. 11. 1911	Paris
30:40,2	Paavo Nurmi	SF	26. 6. 1921	Stockholm
30:35,4	Ville Ritola	SF	25. 5. 1924	Helsinki
30:23,2	Ville Ritola	SF	6. 7. 1924	Paris
30:06,2	Paavo Nurmi	SF	31. 8. 1924	Kuopio
30:05,6	Ilmari Salminen	SF	18. 7. 1937	Kouvola
30:02,0	Taisto Mäki	SF	29. 9. 1938	Tampere
29:52,6	Taisto Mäki	SF	17. 9. 1939	Helsinki
29:35,4	Viljo Heino	SF	25. 8. 1944	Helsinki
29:28,2	Emil Zatopek	CS	11. 6. 1949	Ostrau
29:27,2	Viljo Heino	SF	1. 9. 1949	Kouvola
29:21,2	Emil Zatopek	CS	22. 10. 1949	Ostrau
29:02,6	Emil Zatopek	CS	4. 8. 1950	Turku
29:01,6	Emil Zatopek	CS	1. 11. 1953	Stara Boleslav
28:54,2	Emil Zatopek	CS	1. 6. 1954	Brüssel
28:42,8	Sandor Iharos	H	15. 7. 1956	Budapest
28:30,4	Wladimir Kuts	SU	11. 9. 1956	Moskau
28:18,8	Pjotr Bolotnikow	SU	15. 10. 1960	Kiew
28:18,2	Pjotr Bolotnikow	SU	11. 8. 1962	Moskau
28:15,6	Ron Clarke	AUS	18. 12. 1963	Melbourne
27:39,4	Ron Clarke	AUS	14. 7. 1965	Oslo
27:38,4	Lasse Viren	SF	3. 9. 1972	München
27:30,8	Dave Bedford	GB	13. 7. 1973	London
27:30,5	Samson Kimobwa	EAK	30. 6. 1977	Helsinki
27:22,5	Henry Rono	EAK	11. 6. 1978	Wien

singhage, der die gesamte Weltelite, darunter Jürgen Straub, eindrucksvoll besiegte.
An Montreal hatte er sonst weniger gute Erinnerungen, denn bei der Olympiade 1976 war für ihn das Aus im Halbfinale des 1500-m-Wettbewerbs gekommen. Auch bei der EM 1978 in Prag hatte es nur zu einem vierten Rang hinter Ovett, Coghlan und Moorcroft gelangt. Dafür holte sich Wessinghage reichlich europäische Hallentitel, und zwar 1975 in Kattowitz, 1980 in Sindelfingen und 1981 in Grenoble. Zweite Plätze gab es für ihn 1976 in München, 1978 in Mailand und 1979 in Wien. 1982 blieb er im Finale unplaziert, aber 1983 hieß der Hallen-Europameister wieder Wessinghage.
Zu den großen Taten des vielfachen Deutschen Meisters gehört der legendäre Tempolauf am 27. August 1980 in Koblenz, als er Steve Ovett zum neuen Weltrekord über 1500 m trieb und selbst seitdem eine großartige deutsche Bestzeit über diese Strecke hält (→ Steve Ovett). Er wäre in diesem Jahr auch in Moskau medaillenverdächtig gewesen, konnte aber aus den bekannten Gründen nicht an seinen dritten Olympischen Spielen teilnehmen.
Seit Ende der 70er Jahre sah man dann Wessinghage mehr und mehr auf der 5000-m-Strecke, wo er seine enorme Spurtkraft auch gegen schnellste Gegner ausspielen konnte. 1980 stand er noch mit einer Bestzeit von 13:19,8 Minuten zu Buche; 1981 verbesserte er sie im italienischen Rieti auf den neuen deutschen Rekord von 13:13,47 Minuten, und 1982, kurz vor der Europameisterschaft, kam er als Dritter eines tollen Tempolaufs in Stockholm hinter den DDR-Läufern Hansjörg Kunze und Werner Schildhauer auf 13:12,8 Minuten.
Aber kurz darauf spurtete er sie in Athen alle nieder – Weltrekordler Moorcroft, Tempoläufer Schildhauer, den finnischen Veteranen Vainio – und wurde Europameister. Als Aufgalopp für die Europameisterschaft hatte er in seinem Wohnort Ingelheim noch den deutschen Uraltrekord Norpoths über 2000 m verbessert und hielt damit alle deutschen Rekorde von 1500 m an aufwärts: 3:31,6 Minuten über 1500 m, 3:50,56 über die Meile, 4:52,2 über 2000 m, 7:36,75 über 3000 m und 13:12,8 über 5000 m.

Auf dem Weg zu großen Rekordzeiten
Martin Lauer in seinen besten Tagen: So kennen ihn die Freunde der Leichtathletik – immer voller Energie auf einen neuen Rekord erpicht.

Kampf über die Hürden:

Schnelligkeit und Technik

Sie erfreuen sich nicht immer der Popularität, die ihren Kollegen auf den flachen Strecken zuteil wird. Gemeint sind die Hürdenläufer. Doch gerade sie gehören zu den Athleten, die eine ausgefeilte Technik besitzen müssen, wollen sie bestehen.

Der Weltrekordler ohne Glück: Martin Lauer

Zu den DLV-Athleten, deren Namen in den Weltrekordlisten auftauchen, gehört auch der des Kölners Martin Lauer. Er ist den Sportinteressierten heute noch genauso geläufig wie der von Germar oder Hary. Dabei hatte es das Schicksal mit dem am 2. Januar 1937 geborenen Athleten alles andere als gut gemeint. Zunächst verlief die sportliche Laufbahn des Kölners wie geplant. Lauer fand beim ASV Köln ideale Bedingungen und machte schon als Jugendlicher Schlagzeilen. Bei den Meisterschaften 1955 errang er nicht weniger als fünf Jugendmeistertitel: im Fünfkampf, über 100 m, 110 m Hürden, Weitsprung und in der 4-×-100-m-Staffel.
Ein Jahr darauf war der Neunzehnjährige bereits Europarekordler über 110 m Hürden. Am 22. September 1956 erreichte er in Hamburg 13,9 Sekunden. Damit nicht genug, verbesserte er am gleichen Wochenende noch den deutschen Zehnkampfrekord.
Der DLV entsandte das große Talent zu den Olympischen Spielen dieses Jahres nach Melbourne, wo Lauer mit dem vierten Rang über 110 m Hürden und dem fünften im Zehnkampf großartige Plazierungen erreichte.
1957 verbesserte er seinen 110-m-Hürden-Europarekord auf 13,7 Sekunden und holte sich 1958 in Stockholm den EM-Titel über diese Strecke. Eine zweite Goldmedaille, nämlich die in der Sprintstaffel, blieb ihm wegen Differenzen mit dem Verband, der den schnellen Kölner nicht aufstellte, verwehrt. Das Jahr 1959 wurde zum Höhepunkt seiner sportlichen Laufbahn. Nach-

MARTIN LAUER AUCH EXZELLENTER ZEHNKAEMPFER

Dem Zehnkampf galt seine große Liebe

Ein Jahr nach der Siegerehrung für den EM-Titel über 110 m Hürden 1958 in Stockholm (rechts) verblüffte Martin Lauer bei der Deutschen Meisterschaft mit einer sensationellen Zehnkampfleistung

dem er am 17. Mai in Zürich den Europarekord auf 13,5 Sekunden verbessert hatte, wollte er auf der schnellen Bahn im Letzigrund das eine fehlende Zehntel bis zum Weltrekord auch noch schaffen. Beim Abendsportfest am 7. Juli schien die Gelegenheit günstig. Mit über 30 Grad herrschten geradezu kalifornische Bedingungen, und der Maschinenbaustudent aus Köln nutzte die Gunst der Stunde. Nach einem brillanten Lauf blieben alle drei Uhren bei 13,2 Sekunden stehen – neuer großartiger Weltrekord. Damit ließ es Lauer an diesem Abend jedoch nicht bewenden. Nicht einmal eine Stunde nach diesem Lauf startete er auch über 200 m Hürden und lief da ebenfalls Weltrekord in 22,5 Sekunden.

Aber sein Rekordhunger war noch nicht gestillt. Nach einer schöpferischen Pause, die er bei seinem Hobby, dem Segeln, verbrachte, stellte er am 29. und 30. August seines Erfolgsjahres 1959 in Düsseldorf auch noch einen tollen deutschen Rekord im Zehnkampf auf, als er auf 7955 Punkte kam und damit den erst wenige Wochen alten Weltrekord des Russen Wassili Kusnjetsow um ganze zwei Punkte (!) verfehlte.

In der folgenden Olympiasaison 1960 trainierte Lauer wie ein Besessener. Er wollte den US-Boys ihre Abonnement-Goldmedaille über die kurze Hürdenstrecke entreißen. Aber ausgerechnet im Olympiajahr machten sich erstmals Verschleißerscheinungen an den Fußgelenken des Weltrekordlers bemerkbar. Ihm fehlte die Explosivität des voraufgegangenen Wettkampfjahres. In Rom wurde er wieder Vierter im olympischen 110-m-Hürden-Finale, aber im Vergleich zu Melbourne war das eine Enttäuschung. Es siegte wie schon 1956 Lee Calhoun, der auch Lauers Weltrekordzeit am 21. August dieses Jahres in Bern erreicht hatte. Der schnelle Kölner kam mit der 4-×-100-m-Staffel zwar zu einer Goldmedaille, aber ihn wurmte das Abschneiden über die Hürdenstrecke doch sehr. Noch in Rom richtete er den Blick vier Jahre voraus auf die nächsten Olympiawettbewerbe.

Nach den für die deutschen Leichtathleten so erfolgreichen römischen Tagen folgte prompt der Hauskrach. Martin Lauer, alles andere als ein Duckmäuser, hatte in Interviews Meinungen geäußert, die seinem Verband mißfielen. Der DLV sperrte ihn bis zum 31. Mai 1961 wegen Schädigung seines Ansehens. Der Weltrekordler nahm das hin und wollte im Juni in die neue Saison starten, als ihn wieder Schmerzen am linken Bein plagten. Er ließ sich in München dagegen behandeln, wobei der Arzt wohl eine unsaubere Spritze setzte. Lauer erlitt eine schwere Blutvergiftung, mußte ins Krankenhaus und geriet sogar in Lebensgefahr. Nur dem unermüdlichen Kampf der Ärzte im Krankenhaus Rechts der Isar verdankte er, daß eine drohende Amputation des linken Beines vermieden werden konnte. In dieser für ihn deprimierenden Zeit traf ihn ein neuer Schicksalsschlag: Auf der Fahrt an sein Krankenbett verunglückte seine Braut tödlich. Sein Bruder, der auch in dem Unglückswagen saß, wurde so schwer verletzt, daß er sich nie wieder richtig erholte. Er starb vor einigen Jahren.

Der Kölner verkraftete mit bewundernswerter Energie alle Nackenschläge und begann schon im Krankenhaus, seinen Körper wieder zu trainieren. Noch über ein Jahr nach der Entlassung ging er an Krücken; schließlich mußte er dem Leistungssport adieu sagen. Dafür schuf er sich eine glänzende berufliche Zukunft. Nach Beendigung seines Maschinenbaustudiums mit dem Diplom war er unter anderem sechs Jahre lang beim Atomkraftwerkbau tätig, danach Generalbevollmächtigter für die olympische Zeitmessung in München 1972. Sein besonderes berufliches Faible ist die Computertechnik. In diesem Bereich arbeitet er seit einigen Jahren an führender Stelle in einem süddeutschen Unternehmen.

Nach dem zwangsläufigen Ausscheiden aus der Sportszene als Aktiver blieb er ihr als Kommentator bis heute erhalten.

US-SPRINTER DOMINIEREN UEBER KURZE HUERDENSTRECKE

Rodney Milburn brach den Rekord

Martin Lauer hatte mit seinem Züricher Weltrekord eine Schallmauer errichtet, an der sich nachfolgende Läufergenerationen vergeblich versuchten. Zwar konnten einige Athleten seine Zeit erreichen, verbessert wurde die Marke aber erst volle vierzehn Jahre später.

Natürlich war es ein US-Amerikaner, dem dieses Vorhaben gelang. Der am 18. Mai 1950 in einem kleinen Ort des Bundesstaates Louisiana geborene Rodney Milburn fühlte sich schon seit dem 25. Juni 1971 als schnellster Mann über diese Hürdenstrecke, denn bei den US-Meisterschaften in Eugene war er über 120 Yards in 13,0 Sekunden gestoppt worden. Aber 120 Yards sind 109,73 m, und die IAAF führt nun einmal metrische Rekordläufe. Als Rod Milburn dann jedoch in München im olympischen Endlauf seine Goldmedaille mit elektrisch gestoppten 13,24 Sekunden errang, hub das große Aufrechnen der handgestoppten Lauer-Zeit gegen den mit Hilfe der neuen Elektronik gemessenen Milburn-Lauf an.

Der US-Boy machte dann am 6. Juli 1973 allen Diskussionen ein Ende, als er auf derselben Bahn wie Martin Lauer, im Züricher Letzigrund, handgestoppte 13,1 Sekunden erreichte und diesen neuen Weltrekord am 22. Juli im italienischen Siena noch einmal bestätigte.

Ausnahmehürdler: Renaldo Nehemiah

Nachdem die IAAF dem Nebeneinander von hand- und elektrisch gestoppten Zeiten ein Ende bereitet hatte, verschwand aus der Rekordliste der 110 m Hürden auch der Name des Franzosen Guy Drut, der 1975 handgestoppte 13,1 bzw. 13,0 Sekunden erreicht hatte (→ Übersicht). Diese Leistungen wurden wie zahlreiche 9,9-Sekunden-Zeiten über 100 m nach der Reform nicht mehr anerkannt. So blieben Milburns 13,24 Sekunden von München Weltrekord, bis ihn der Kubaner Alejandro Casanas 1977 auf 13,21 Sekunden verbesserte.

Danach trat mit Renaldo Nehemiah eine Ausnahmeerscheinung auf der Hürdenstrecke in Erscheinung und drang in völlig neue Dimensionen vor. Der am 24. März 1959 in Newark (New Jersey) geborene Farbige träumte von einer Karriere als Footballstar und betrieb Leichtathletik zunächst nur, um sich fit zu halten. Nach einer schweren Verletzung beim Kampfsport Football wechselte er aber endgültig die Fronten und entdeckte sein Talent für den Hürdenlauf.

Das Lauftalent wurde bald von den Coachs verschiedener Universitäten umworben. Renaldo Nehemiah gab der University of Maryland in College Park den Zuschlag, wo er auch 1981 sein Studium der Geisteswissenschaften und der Publizistik abschloß. Er rechtfertigte das Vertrauen seiner Universität bereits 1977, als er bei Junioren-Wettkämpfen glanzvolle Zeiten über die Hürdenstrecke erzielte und – bei noch niedrigen Hindernissen – 13,0 und 12,9 Sekunden lief. Im Jahr 1978 wechselte er ins Seniorenlager und erreichte in zehn Rennen über die nun 1,067 m hohen Hürden Zeiten unter 13,45 Sekunden, darunter den neuen Junioren-Weltrekord von 13,23 Sekunden. Den Weltrekord selbst holte er sich als Zwanzigjähriger am 14. April 1979 in San José, als die Uhren bei 13,16 Sekunden stehenblieben. Am 6. Mai erreichte er in Westwood bei Los Angeles 13,00 Sekunden – eine Schallmauer der Leichtathletik stand kurz vor dem Durchbruch. Nehemiah wurde noch im selben Jahr zweimal mit Zeiten unter den 13 Sekunden gestoppt, aber der Rückenwind war jedesmal zu stark.

Wie anderen US-Athleten entging dem Weltjahresbesten 1980 (13,21 Sekunden) die Chance auf eine olympische Medaille. So blieb ihm nur die Jagd auf die

Er rettete in Bayerns Metropole den Ruf der USA
Rodney Milburne auf dem Weg zur Goldmedaille bei den Olympischen Spielen 1972 in München, wo die US-Läufer herbe Niederlagen hinnehmen mußten.

Züricher Rekordbahn brachte auch ihn ans Ziel
Renaldo Nehemiah beim Sportfest im Züricher Letzigrund im August 1979. Zwei Jahre später lief er auf der schnellen Bahn seinen phantastischen Weltrekord.

Neues Idol für Schwarzafrika

Der Ugander John Akii-Bua wurde durch seinen Einbruch in die Domäne der US-Amerikaner und Europäer zu einem der populärsten Sportler Schwarzafrikas. Sein persönliches Schicksal verschaffte ihm bei uns viele Freunde.

Schallmauer des Weltrekords, die er dann auch am 19. August 1981 in Zürich, also auf traditionsreicher Strecke, endlich durchbrechen konnte. Mit 12,93 Sekunden blieb Nehemiah als erster Läufer unter der Traumgrenze von 13 Sekunden, sein Konkurrent Greg Foster wurde in ausgezeichneten 13,03 Sekunden Zweiter. Zu Nehemiahs großer Enttäuschung wurde Foster dann für den Weltcup 1981 nominiert. Foster gewann das Rennen in Rom in schwachen 13,32 Sekunden und wurde auch erster Weltmeister über die 110 m Hürden, als er 1983 in Helsinki klar vor der Konkurrenz lag. Der Weltrekordler aber startete nicht mehr. Er hatte seine Popularität inzwischen vermarktet und wieder die Fronten gewechselt, und zwar ins Lager der Footballprofis.

Ein Farbiger aus Uganda brach den Bann: John Akii-Bua

Auf der langen Hürdenstrecke hatte sich über geraume Zeit eine eher beschauliche Rekordentwicklung abgespielt. Erst das Jahr 1968 brachte große Fortschritte, als die 49-Sekunden-Grenze unterboten werden konnte und mit David Hemmerys Tempolauf in Mexiko sogar die 48-Sekunden-Schallmauer in Gefahr geriet.
Danach dauerte es wieder bis zu den nächsten Olympischen Spielen, ehe diese neue Grenze unterboten wurde. Das geschah am 2. September 1972 in München, als der Ugander John Akii-Bua bei seinem Olympiasieg mit 47,82 Sekunden einen neuen Weltrekord aufstellte, der in der ganzen Welt Bewunderung hervorrief. Der Polizist aus Kampala, geboren am 5. Dezember 1950, war vom Regime Idi Amin in seinem Heimatland wegen seiner sportlichen Fähigkeiten stark gefördert worden. Bereits mit achtzehn Jahren wurde er in den Polizeidienst abkommandiert und hatte dort alle Trainingsmöglichkeiten.
Bei den Commonwealth-Spielen 1970 in Edinburgh sah man ihn erstmals außerhalb Afrikas laufen. Er wurde Vierter über 400 m Hürden. Ein Jahr danach hieß der Sieger beim Erdteilkampf USA gegen Afrika in Durham John Akii-Bua. Seine große Stunde schlug dann in München, als er Olympiasieger vor dem US-Läufer Ralph Mann und dem Goldmedaillengewinner von 1968, David Hemmery, wurde. Die Zuschauer im Münchener Olympiastadion schlossen ihn endgültig ins Herz, als der Schwarze nach dem Rennen eine von überschäumender Freude gekennzeichnete Ehrenrunde lief und dabei noch mehrere Hürden übersprang.
Zu Hause wurde er zunächst gefeiert und bekam einen hohen Posten in der Polizeiverwaltung. Der Olympiaboykott Schwarzafrikas ließ ihm 1976 nur die Zuschauerrolle, danach geriet er in die Mühlen des Amin-Regimes und durfte nicht mehr im Ausland starten. Seiner Familie gelang 1979 die Flucht nach Kenia, von wo aus sie in die Bundesrepublik kam.
Auch Akii-Bua entrann dem großen Morden in seiner Heimat und stieß später zu Frau und Kindern. Eine Sportartikelfirma aus Herzogenaurach betreute dann den afrikanischen Sportler nebst Anhang. Der Mann aus Uganda ging danach zwar noch gelegentlich an den Start, seine Form früherer Tage fand er jedoch nicht wieder.

Die Entwicklung des 110-m-Hürden-Weltrekordes

15,0	Forrest Smithson	USA	25. 7. 1908	London
14,8	Earl Thomson	CDN	18. 8. 1920	Antwerpen
14,8	Sten Pettersson	S	18. 9. 1927	Stockholm
14,6	G. Weightman-Smith	ZA	31. 7. 1928	Amsterdam
14,4	Erik Wennström	S	25. 8. 1929	Stockholm
14,4	Bengt Sjöstedt	SF	29. 8. 1931	Helsinki
14,4	Percy Beard	USA	23. 6. 1932	Cambridge
14,4	Jack Keller	USA	16. 7. 1932	Palo Alto
14,4	George Saling	USA	2. 8. 1932	Los Angeles
14,4	John Morriss	USA	12. 8. 1933	Budapest
14,4	John Morriss	USA	8. 9. 1933	Turin
14,3	Percy Beard	USA	26. 7. 1934	Stockholm
14,2	Percy Beard	USA	6. 8. 1934	Oslo
14,2	Al Moreau	USA	2. 8. 1935	Oslo
14,1	Forrest Towns	USA	19. 6. 1936	Chicago
14,1	Forrest Towns	USA	6. 8. 1936	Berlin
13,7	Forrest Towns	USA	27. 8. 1936	Oslo
13,7	Fred Wolcott	USA	29. 6. 1941	Philadelphia
13,6	Dick Attlesey	USA	24. 6. 1950	College Park
13,5	Dick Attlesey	USA	10. 7. 1950	Helsinki
13,4	Jack Davis	USA	22. 6. 1956	Bakersfield
13,2	Martin Lauer	D	7. 7. 1959	Zürich
13,2	Lee Calhoun	USA	21. 8. 1960	Bern
13,2	Earl McCullouch	USA	16. 7. 1967	Minneapolis
13,2	Erwin Hall	USA	19. 6. 1969	Knoxville
13,2	Willie Davenport	USA	4. 7. 1969	Zürich
13,2	Thomas Hill	USA	13. 6. 1970	Wichita
13,2	Rodney Milburn	USA	7. 9. 1972	München
13,1	Rodney Milburn	USA	6. 7. 1973	Zürich
13,1	Rodney Milburn	USA	22. 7. 1973	Siena
13,1	Guy Drut	F	23. 7. 1975	Saint-Maur
13,0	Guy Drut	F	22. 8. 1975	Berlin
e 13,24	Rodney Milburn	USA	7. 9. 1972	München
13,21	Alejandro Casanas	C	21. 8. 1977	Sofia
13,16	Renaldo Nehemiah	USA	14. 4. 1979	San José
13,00	Renaldo Nehemiah	USA	6. 5. 1979	Westwood
12,93	Renaldo Nehemiah	USA	19. 8. 1981	Zürich

Köpfchen statt Doping: Der unschlagbare Edwin Moses

Akii-Buas Bestzeit hielt allen Angriffen bis zu den Olympiawettbewerben 1976 stand. In Montreal verbesserte dann der 1,86 m große Edwin Moses im olympischen Endlauf die Marke auf 47,64 Sekunden. Der Start bei Olympia war der erste große internationale Wettkampf für den am 31. August 1955 in Dayton (Ohio) geborenen Sohn eines Grundschulrektors und einer Schulrätin.

EDWIN MOSES SEIT AUGUST 1977 NICHT MEHR BEZWUNGEN

1975 hatte der Modellathlet – 73 Kilo Wettkampfgewicht, 94 cm Beinlänge – noch mit einer Zeit von 52,0 Sekunden zu Buche gestanden. Der Student der Physik am Morehouse-College in Atlanta setzte sich dann jedoch in den Kopf, dem US-Olympiateam für Montreal als Hürdenläufer anzugehören. Mit geradezu wissenschaftlicher Gründlichkeit betrieb er nun seine Vorbereitungen. Moses übertrug physikalische Gesetze auf seinen Laufstil und erwies sich als perfekter Umsetzer von theoretischen Erkenntnissen in die Sportpraxis. Er gilt als Tüftler, der ständig an der Verbesserung seines Leistungsvermögens arbeitet.

1977 tat er den nächsten Schritt und verbesserte bei den US-Meisterschaften in Westwood seinen Weltrekord auf phantastische 47,45 Sekunden. Beim erstmals ausgetragenen Weltpokal hieß der Sieger in diesem Jahr über 400 m Hürden natürlich Edwin Moses. Er beendete den Lauf in Düsseldorf am 2. September in 47,58 Sekunden. Wenige Tage zuvor, am 26. August, war er bei einem Rennen in Berlin an einer Hürde ins Straucheln geraten und am Ende dem Deutschen Harald Schmid unterlegen. Es sollte für viele Jahre seine letzte Niederlage bleiben ...

In den beiden folgenden Jahren hieß der Weltjahresbeste über 400 m Hürden jeweils Edwin Moses, wobei der Mann aus Ohio auch seine berufliche Zukunft nicht außer acht ließ. Er beendete sein Studium 1978 mit einem hervorragenden Examen und arbeitete anschließend als Ingenieur bei einer Firma für Flugzeugbau. Nach dem erneuten Weltcupsieg 1979 in großartigen 47,53 Sekunden galt Moses auch als hoher Olympiafavorit für Moskau. Da ihm aus den bekannten Gründen der sichere Goldmedaillengewinn versagt blieb, konzentrierte er sich auf einen neuen Weltrekord. In Mailand lief er am 3. Juli 1980 mit 47,13 Sekunden seine neue Fabelzeit und beschämte schon vorher die Moskau-Starter. Danach rannte er von Sieg zu Sieg, fast immer in Zeiten unterhalb der 48-Sekunden-Grenze, und erwarb sich so den Mythos des Unschlagbaren. Beim Weltcup 1981 wurde er in 47,37 Sekunden gestoppt, die Weltmeisterschaft 1983 holte er sich in 47,50 Sekunden. Er wurde zu einem Fall für die Statistiker, die kaum noch festhalten konnten, wie er Sieg an Sieg und Klassezeit an Klassezeit reihte.

Dabei mußte er wegen einer Lungenentzündung 1982 völlig pausieren und eine zwanzigmonatige Wettkampfpause einlegen. Aber der Tüftler, den seine aus Berlin stammende Frau Myrella alleine läßt, wenn er zu Hause über seine nächsten Läufe ins Grübeln gerät, zeigte sich 1983 wieder großartig in Form, wurde, wie schon erwähnt, Weltmeister in Helsinki und stellte am 31. August in Koblenz mit 47,02 Sekunden den hochkarätigsten Weltrekord des Jahres auf.

Seit dem August des Jahres 1977 ist dieser Ausnahmeathlet in 87 Rennen – mit Vorläufen kamen einige Statistiker auch schon an die Zahl 100 – nicht mehr bezwungen worden und hat während jenes Zeitraums in nicht weniger als 25 Läufen die 48-Sekunden-Grenze unterboten. Edwin Moses ist jetzt schon Legende ...

Im Schatten von Moses: Harald Schmid

Der Mann, der Edwin Moses seit 1976 die einzige Niederlage beibringen konnte, stand seit diesem Tag bei allen Rennen im Schatten des Laufphänomens aus den USA. Harald Schmid, geboren am 28. September 1957 in Hanau, kann sich nur in Europa als die Nummer 1 fühlen.

In Europa ist er unbestritten die Nummer 1
Für Harald Schmid sollte der unschlagbare Edwin Moses kein Trauma sein. Er ist in Europa auf der technisch äußerst schwierigen 400-m-Hürdenstrecke die Nummer 1.

Phänomen auf der langen Hürdenstrecke
Für Edwin Moses scheint es keine Grenzen seiner Leistungsfähigkeit zu geben. Seine Rekordserien werden auch im nächsten Jahrhundert ihre Einmaligkeit haben.

HARALD SCHMID BESTER EUROPAS UEBER 400 M HUERDEN

Die Entwicklung des 400-m-Hürden-Weltrekordes

55,0	Charles Bacon	USA	22. 7. 1908	London
54,2	John Norton	USA	26. 6. 1920	Pasadena
54,0	Frank Loomis	USA	16. 8. 1920	Antwerpen
53,8	Sten Pettersson	S	4. 10. 1925	Paris
52,6	John Gibson	USA	2. 7. 1927	Lincoln
52,0	Morgan Taylor	USA	4. 7. 1928	Philadelphia
52,0	Glenn Hardin	USA	1. 8. 1932	Los Angeles
51,8	Glenn Hardin	USA	30. 6. 1934	Milwaukee
50,6	Glenn Hardin	USA	26. 7. 1934	Stockholm
50,4	Juri Litujew	SU	20. 9. 1953	Budapest
49,5	Glenn Davis	USA	29. 6. 1956	Los Angeles
49,2	Glenn Davis	USA	6. 8. 1958	Budapest
49,2	Salvatore Morale	I	14. 9. 1962	Belgrad
49,1	Rex Cawley	USA	13. 9. 1964	Los Angeles
48,8	Geoff Vanderstock	USA	11. 9. 1968	South Lake Tahoe
48,1	David Hemery	GB	14. 10. 1968	Mexico City
e 47,82	John Akii-Bua	EAU	2. 9. 1972	München
47,64	Edwin Moses	USA	25. 7. 1976	Montreal
47,45	Edwin Moses	USA	11. 6. 1977	Westwood
47,13	Edwin Moses	USA	3. 7. 1980	Mailand
47,02	Edwin Moses	USA	31. 8. 1983	Koblenz

Die Entwicklung des 3000-m-Hindernis-Weltrekordes

8:45,4	Horace Ashenfelter	USA	25. 7. 1952	Helsinki
8:44,4	O. Rinteenpää	SF	2. 8. 1953	Helsinki
8:49,6*	Sándor Rozsnyoi	H	28. 8. 1954	Bern
8:47,8	Pentti Karvonen	SF	1. 7. 1955	Helsinki
8:45,4	Pentti Karvonen	SF	15. 7. 1955	Oslo
8:45,4	W. Wlassenko	SU	18. 8. 1955	Moskau
8:41,2	Jerzy Chromik	PL	31. 8. 1955	Brünn
8:40,2	Jerzy Chromik	PL	11. 9. 1955	Budapest
8:39,6	Semjon Rschischtschin	SU	14. 8. 1956	Moskau
8:35,6	Sándor Rozsnyoi	H	16. 9. 1956	Budapest
8:35,6	Semjon Rschischtschin	SU	21. 7. 1958	Tallinn
8:32,0	Jerzy Chromik	PL	2. 8. 1958	Warschau
8:31,4	Zdzislaw Krzyszkowiak	PL	26. 6. 1960	Tula
8:31,2	Grigori Taran	SU	28. 5. 1961	Kiew
8:30,4	Zdzislaw Krzyszkowiak	PL	10. 8. 1961	Walcz
8:29,6	Gaston Roelants	B	7. 9. 1963	Löwen
8:26,4	Gaston Roelants	B	7. 8. 1965	Brüssel
8:24,2	Jouko Kuha	SF	17. 7. 1968	Stockholm
8:22,2	Wladimir Dudin	SU	19. 8. 1969	Kiew
8:22,0	Kerry O'Brien	AUS	4. 7. 1970	Berlin
8:20,8	Anders Gärderud	S	14. 9. 1972	Helsinki
8:20,8	Ben Jipcho	EAK	15. 1. 1973	Lagos
8:19,8	Ben Jipcho	EAK	19. 6. 1973	Helsinki
8:14,0	Ben Jipcho	EAK	27. 6. 1973	Helsinki
8:10,4	Anders Gärderud	S	25. 6. 1975	Oslo
8:09,8	Anders Gärderud	S	1. 7. 1975	Stockholm
8:08,0	Anders Gärderud	S	28. 7. 1976	Montreal
8:05,4	Henry Rono	EAK	13. 5. 1978	Seattle

* erster offizieller Weltrekord

Die Entwicklung der Staffel-Weltrekorde (4 × 100 m)

42,3	Deutschland	8. 7. 1912	Stockholm
42,2	USA	22. 8. 1920	Antwerpen
42,0	Großbritannien	12. 7. 1924	Paris
42,0	Niederlande	12. 7. 1924	Paris
41,0	USA	13. 7. 1924	Paris
41,0	USA	4. 7. 1927	Lincoln
41,0	Eintracht Frankfurt (D)	10. 6. 1928	Halle
40,8	Deutschland	2. 9. 1928	Berlin
40,8	SC Charlottenburg (D)	22. 7. 1929	Breslau
40,8	Univ. California (USA)	9. 5. 1931	Fresno
40,0	USA	7. 8. 1932	Los Angeles
39,8	USA	9. 8. 1936	Berlin
39,5	USA	1. 12. 1956	Melbourne
39,5	Deutschland	29. 8. 1958	Köln
39,5	Deutschland	7. 9. 1960	Rom
39,5	Deutschland	8. 9. 1960	Rom
39,1	USA	15. 7. 1961	Moskau
39,0	USA	21. 10. 1964	Tokio
38,6	Univ. California (USA)	17. 6. 1967	Provo
38,6	Jamaika	19. 10. 1968	Mexico City
38,3	Jamaika	19. 10. 1968	Mexico City
38,2	USA	20. 10. 1968	Mexico City
38,2	USA	10. 9. 1972	München
e 38,03	USA	3. 9. 1977	Düsseldorf
37,86	USA	10. 8. 1983	Helsinki

1976 war er Junioren-Weltrekordler mit 49,61 Sekunden. Seine Grundschnelligkeit ließ ihn auch zu einem Spitzenmann über die 400 m flach werden, und so kam er in Montreal als Mitglied der deutschen 4-×-400-m-Staffel zu einer bronzenen Olympiamedaille. Erstmals auf der obersten Stufe des Siegertreppchens stand er 1978 bei der EM in Prag, wo er sich den Titel über seine Spezialstrecke holte. 1977 hatte es noch Niederlagen beim Europacupfinale in Helsinki gegen Volker Beck (DDR) und beim Weltcup in Düsseldorf gegen Moses und Beck gegeben.

Seit Prag aber, wo Schmid auch mit der 4-×-400-m-Staffel Europameister wurde, war der Kämpfer kaum mehr zu schlagen – es sei denn von Edwin Moses. Am 4. August 1979 lief er in Turin bei der Europacup-Endrunde mit 47,85 erstmals unter 48 Sekunden – und neuen Europarekord. Er gewann bei dieser Veranstaltung auch noch die 400 m in 45,31 Sekunden und sorgte als Schlußläu-

Große Freude über große Erfolge

Diese Pose des Patriz Ilg kennen viele Leichtathletikanhänger. Sowohl nach der EM 1982 (unser Bild) als auch nach der WM 1983 feierte er so.

Die Aufstellungen der deutschen Rekordstaffeln

Deutschland 1912:	Röhr, Herrmann, Kern, Rau
Eintracht Frankfurt 1928:	Geerling, Wichmann, Salz, Metzger
Deutschland 1928:	Corts, Wichmann, Houben, Körnig
SC Charlottenburg 1929:	Körnig, Grosser, Nathan, Schlöske
Deutschland 1958:	Steinbach, Lauer, Fütterer, Germar
Deutschland 1960:	Cullmann, Hary, Mahlendorf, Lauer

Die Entwicklung der Staffelweltrekorde (4 × 400 m)

3:18,2	USA	4. 9. 1911	Celtic Park/New York
3:16,6	USA	15. 7. 1912	Stockholm
3:16,0	USA	13. 7. 1924	Paris
3:14,2	USA	5. 8. 1928	Amsterdam
3:13,4	USA	11. 8. 1928	London
3:12,6	Univ. Stanford (USA)	8. 5. 1931	Fresno
3:08,2	USA	7. 8. 1932	Los Angeles
3:03,9	Jamaika	27. 7. 1952	Helsinki
3:02,2	USA	8. 9. 1960	Rom
3:00,7	USA	21. 10. 1964	Tokio
2:59,6	USA	24. 7. 1966	Los Angeles
2:56,1	USA	20. 10. 1968	Mexico City

fer für den Staffelsieg über 4 × 400 m. Die große Form dieses Monats verdeutlichen noch die 44,92 Sekunden in einem 400-m-Lauf am 11. August in Stuttgart.
Im Boykottjahr 1980 stand er mit 45,06 Sekunden über die 400 m und 48,05 Sekunden über die 400 m Hürden zu Buche. 1981 gab es einen Rückschlag, als ihn Harald Beck beim Europacupfinale über 400 m Hürden schlug. Dafür war er aber bei der EM 1982 in Athen wieder voll auf der Höhe und holte sich in neuer Europarekordzeit von 47,48 Sekunden die Goldmedaille über die 400 m Hürden sowie einen weiteren Titel mit der 4-×-400-m-Staffel. Bei der WM in Helsinki gab es dann für ihn Silber hinter Edwin Moses und mit der Staffel.

Kein Rekord: Siegertyp Patriz Ilg

Mit Hürden hat auch Deutschlands meistdekorierter Läufer der beiden letzten Jahre zu tun, allerdings mit nur 91,1 cm hohen. Der 3000-m-Hindernisläufer Patriz Ilg, geboren am 5. Dezember 1957 in Hüttlingen, konnte bisher noch nicht einmal den deutschen Rekord auf dieser Strecke an sich bringen, dafür bewies er bei den großen nationalen und internationalen Veranstaltungen im Kampf Mann gegen Mann seine Siegertyp-Qualitäten.
Er hatte erstmals auf sich aufmerksam gemacht, als er 1978 bei der EM in Prag hinter dem Polen Bronislaw Malinowski die Silbermedaille gewann und noch vor seinem deutschen Konkurrenten Michael Karst lag, der für den Europapokal 1979 wieder den Vorzug bekam. Beim Wettbewerb 1981 startete dann Patriz Ilg für den DLV, konnte aber nur den dritten Rang belegen. Bei der EM 1982 in Athen schlug jedoch seine große Stunde, als er in einem begeisternden Rennen Polens neuen Hindernis-Star Boguslaw Maminski besiegen konnte. Dieser Goldmedaille folgte die noch wertvollere im August 1983 bei der ersten Leichtathletik-WM in Helsinki. Wieder hieß der Spurtsieger vor dem Polen Patriz Ilg. Der Lehrer von der Schwäbischen Alb krönte damit vorerst eine Laufbahn ohne Rekorde.

Sorgen nach Supersatz

Nach dem »Sprung ins andere Jahrhundert« bekam Bob Beamon auch etliche Probleme. Beim Erdteilkampf Europa–USA 1969 in Stuttgart sah man ihn jedenfalls in eigenartigem Aufzug.

Die technischen Disziplinen

Das Ringen um Zentimeter

Während bei den Läufern der Kampf Mann gegen Mann im Vordergrund steht, müssen die Athleten in den technischen Disziplinen neben einer hervorragenden Technik vor allem eines mitbringen: Nervenstärke.

Sprung in neues Jahrhundert: Bob Beamon

Der 8,13-m-Sprung von Jesse Owens 1935 in Ann Arbor hatte volle 25 Jahre als Weltrekord Bestand, bis ihn endlich sein Landsmann Ralph Boston brechen konnte. Von diesem Tag an gab es ein munteres Wechselspiel um den Weltrekord zwischen dem Amerikaner und dem Russen Igor Ter Owanesian (→ Übersicht), bis ein neuer Mann bei den Olympischen Spielen in Mexico City den Sprung ins nächste Jahrhundert tat: Bob Beamon, geboren am 29. August 1946 in den Slums des New Yorker Stadtteils Queens.
Hilfsschüler und Mitglied einer jugendlichen Schlägerbande – das waren die ersten Stationen im Leben des Schwarzen, der später das Schneiderhandwerk erlernte und sich in der Freizeit der Leichtathletik widmete. Als Fünfzehnjähriger sprang er bereits 7,34 m weit, und 7,82 m lautete 1966 seine Bestleistung. Daneben erwies er sich als guter Sprinter (100 Yards in 9,5 Sekunden). Im Dreisprung kam er auf respektable 15,76 m, und im Hochsprung erreichte er immerhin 1,95 m.
Der Durchbruch gelang ihm 1967. Bei den US-Meisterschaften im Juni in Bakersfield wurde er mit 7,84 m Dritter hinter Jerry Proctor (7,94 m) und Ralph Boston (7,93 m). Im August sprang er bei den Panamerikanischen Spielen in Winnipeg mit 8,07 m erstmals über die 8-m-Marke, mußte sich jedoch Ralph Boston (8,29 m) geschlagen geben. Wenige Tage später stand der erste Erdteilkampf zwischen den USA und Europa in Montreal an. Bob Beamon sprang an diesem 9. August 8,04 m und besiegte sowohl Boston als auch den Briten Lynn Davis.

DER PHANTASTISCHE SPRUNG DES BOB BEAMON

Mittlerweile hatte den hageren Springer – Beamon war 1,91 m groß und wog 73 Kilo – ein Universitätscoach entdeckt und ihm ein Stipendium an der Universität von El Paso verschafft. Der tingelnde Student ohne entsprechende Vorbildung machte in der Hallensaison 1968 Furore, als er mit 8,25 m (Kansas City am 20. Januar) und 8,30 m (Detroit am 30. März) neue Hallenweltrekorde aufstellte. Mit Beginn der Freiluftsaison zeigte er sich als beständiger Klassemann und siegte am laufenden Band. Nach rückenwindbegünstigten Sprüngen von 8,33 m und 8,21 m legte er bei den US-Meisterschaften in Sacramento einwandfreie 8,33 m hin. Amerika sprach kaum mehr von Ralph Boston. Bei den Olympiaqualifikationen im Höhenlager von South Lake Tahoe landete er bei 8,39 m, aber wieder war der Rückenwind zu stark.

Dann kam der inzwischen historisch gewordene Wettkampf in Mexico City. In der Qualifikation hatte Beamon nach zwei ungültigen Versuchen mit dem dritten Sprung, bei dem er 8,19 m erzielte, noch das vorzeitige Ausscheiden vermeiden können. Am Nachmittag des 18. Oktober 1968 stand dann das Finale auf dem Programm. Beamon trat als vierter an und traf beim ersten Sprung den Balken ideal. Sein Flug faszinierte die Zuschauer wegen der Höhe, und dann gab es eine perfekte Landung. Sie endete hinter der bei 8,70 m ausgelegten Meßanlage; das konnten alle mit bloßen Augen erkennen. Man holte das gute alte Stahlbandmaß, und nach minutenlanger Prozedur leuchteten drei Zahlen auf der Anzeigetafel auf: die 8 und die 9 sowie die 0. Ein Aufschrei von 60000 Menschen ließ das Olympiastadion erzittern. Bob Beamon war nach Ansicht aller Betrachter in das nächste Jahrhundert gesprungen. Der Schwarze machte danach noch einen Versuch, der bei 8,16 m endete, dann verzichtete er auf weitere Taten.

Mit dem ungeheuren Rummel, der sich nach dieser Leistung vor allem in den USA um ihn herum erhob, wurde Bob Beamon nicht fertig. 1969 gelang ihm nur ein guter Sprung. Diese 8,20 m in Miami reichten jedoch zur US-Meisterschaft. Beim Erdteilkampf 1969 in Stuttgart wurde er mit 7,75 m nur Letzter; 1970 kam er dann nur auf mäßige 7,91 m. Kurz darauf unterschrieb er einen Profivertrag als Basketballer bei den berühmten Harlem Globetrotters.

1973 sah man ihn als Mitglied der Leichtathletik-Profitruppe ITA, seine Leistungen lockten jedoch kaum noch Zuschauer in die Arenen. 1979 kehrte er an die Stätte seines größten Triumphes zurück. Der Sportbund Mexikos verpflichtete ihn mit einem Dreijahresvertrag als Verbandstrainer.

Die Entwicklung des Weitsprung-Weltrekordes

7,61	Peter O'Connor	GB	5. 8. 1901	Dublin
7,69	Edwin Gourdin	USA	23. 7. 1921	Cambridge
7,76	Robert LeGendre	USA	7. 7. 1924	Paris
7,89	William DeHart Hubbard	USA	13. 6. 1925	Chicago
7,90	Edward Hamm	USA	7. 7. 1928	Cambridge
7,93	Sylvio Cator	RH	9. 9. 1928	Paris
7,98	Chuhel Nambu	J	27. 10. 1931	Tokio
8,13	Jesse Owens	USA	25. 5. 1935	Ann Arbor
8,21	Ralph Boston	USA	12. 8. 1960	Walnut
8,24	Ralph Boston	USA	27. 5. 1961	Modesto
8,28	Ralph Boston	USA	16. 7. 1961	Moskau
8,31	Igor Ter-Owanesian	SU	10. 6. 1962	Eriwan
8,31	Ralph Boston	USA	15. 8. 1964	Kingston
8,34	Ralph Boston	USA	12. 9. 1964	Los Angeles
8,35	Ralph Boston	USA	29. 5. 1965	Modesto
8,35	Igor Ter-Owanesian	SU	19. 10. 1967	Mexico City
8,90	Bob Beamon	USA	18. 10. 1968	Mexico City

Die Entwicklung des Hochsprung-Weltrekordes

2,00	George Horine	USA	18. 5. 1912	Palo Alto
2,01	Edward Beeson	USA	2. 5. 1914	Berkeley
2,03	Harold Osborn	USA	27. 5. 1924	Urbana
2,04	Walter Marty	USA	13. 5. 1933	Fresno
2,06	Walter Marty	USA	28. 4. 1934	Palo Alto
2,07	Cornelius Johnson	USA	12. 7. 1936	New York
2,07	David Albritton	USA	12. 7. 1936	New York
2,09	Mel Walker	USA	12. 8. 1937	Malmö
2,11	Lester Steers	USA	17. 6. 1941	Los Angeles
2,12	Walter Davis	USA	27. 6. 1953	Dayton
2,15	Charles Dumas	USA	29. 6. 1956	Los Angeles
2,16	Juri Stepanow	SU	13. 7. 1957	Leningrad
2,17	John Thomas	USA	30. 4. 1960	Philadelphia
2,17	John Thomas	USA	21. 5. 1960	Cambridge
2,18	John Thomas	USA	24. 6. 1960	Bakersfield
2,22	John Thomas	USA	1. 7. 1960	Palo Alto
2,23	Waleri Brumel	SU	18. 6. 1961	Moskau
2,24	Waleri Brumel	SU	16. 7. 1961	Moskau
2,25	Waleri Brumel	SU	31. 8. 1961	Sofia
2,26	Waleri Brumel	SU	22. 7. 1962	Palo Alto
2,27	Waleri Brumel	SU	29. 9. 1962	Moskau
2,28	Waleri Brumel	SU	21. 7. 1963	Moskau
2,29	Pat Matzdorf	USA	3. 7. 1971	Berkeley
2,30	Dwight Stones	USA	11. 7. 1973	München
2,31	Dwight Stones	USA	5. 6. 1976	Philadelphia
2,32	Dwight Stones	USA	4. 8. 1976	Philadelphia
2,33	Wladimir Jaschtschenko	SU	3. 7. 1977	Richmond
2,34	Wladimir Jaschtschenko	SU	16. 6. 1978	Tbilissi
2,35	Jacek Wszola	PL	25. 5. 1980	Eberstadt
2,35	Dietmar Mögenburg	D	26. 5. 1980	Rehlingen
2,36	Gerd Wessig	DDR	1. 8. 1980	Moskau
2,37	Zhu Jianhua	TJ	11. 6. 1983	Peking
2,38	Zhu Jianhua	TJ	22. 9. 1983	Schanghai

Selbstbewußtsein hat ihm nie gefehlt

Schon bei den Olympia-Ausscheidungen der US-Athleten trat Bob Beamon selbstbewußt und siegesgewiß auf. Hier in vorbildlicher Sprunghaltung.

WALERI BRUMEL JAEH GESTOPPT + SENSATION IN MEXIKO

Sprung machte Sportgeschichte
Mit diesem Flug über die Siegeshöhe von 2,24 m machte Dick Fosbury Sportgeschichte. Sein revolutionärer Stil brachte den Hochsprung in neue Bereiche.

Zentimeter um Zentimeter: Die Hochspringer

Jahrhundertsätze wie die eines Bob Beamon sind ihnen versagt, ihr Kampf mit Schallmauern der Leichtathletik spielt sich Zentimeter um Zentimeter ab und fasziniert gerade deswegen das Publikum. Die Hochspringer können sich jedenfalls bei allen großen Leichtathletik-Veranstaltungen der Aufmerksamkeit vieler sicher sein.

Einer, der die Chance gehabt hätte, wie Bob Beamon ein Bahnbrecher zu werden, wurde vom Schicksal gestoppt. Am Abend des 6. Oktober 1965 verunglückte Hochsprung-Olympiasieger und Weltrekordinhaber Waleri Brumel als Soziusfahrer mit dem Motorrad; sein rechtes Bein erlitt schwere Brüche. Es war das Ende einer Karriere, die den Hochsprung noch populärer gemacht hatte.
Der am 14. April 1942 im sibirischen Tolbusino geborene Brumel hatte den Weltrekord seit 1961 sechsmal verbessert und stand bereit, die 2,30-m-Schallmauer als erster Mensch zu bezwingen, als der Unfall seine Sportlerlaufbahn beendete. Er konnte nach Jahren zwar wieder springen und kam 1971 in der Halle noch einmal auf 2,07 m, aber von Rekorden konnte er nur noch träumen. Immerhin blieb er als Sportlehrer seinem früheren Hobby eng verbunden.

Der Revolutionär: Dick Fosbury

In Mexiko holte sich 1968 ein US-Athlet mit einer 4 cm unter Brumels Weltrekord liegenden Höhe die Goldmedaille, aber dennoch sprach danach die ganze Sportwelt von ihm. Richard (»Dick«) Fosbury, geboren am 6. März 1947 in Portland (Ohio), gewann seine Medaille mit einem aufsehenerregenden neuen Hochsprungstil, der fortan als »Fosbury-Flop« zahlreiche Nachahmer fand und den Hochsprung revolutionierte. Jahrzehntelang hatte der Tauchroller bzw. Straddle den Hochsprung optisch bestimmt. Bei diesem Stil überquerte der Athlet querliegend die Latte. Dick Fosbury nun übersprang sie nach halbkreisförmigem Anlauf zuerst mit Kopf und Schultern, um dann mit dem Rücken auf der Schaumstoffunterlage zu landen. Obwohl die Diskussionen um angebliche Verletzungsgefahr sofort aufflammten, fand der Amerikaner schnell Nachahmer, die ihre Leistung durch den neuen Stil erheblich verbessern konnten. Der Erfinder selbst schlug nach Mexiko kein Kapital mehr daraus und verschwand schnell wieder von der Bildfläche.

Die Entwicklung des Stabhochsprung-Weltrekordes

4,02	Marc Wright	USA	8. 6. 1912	Cambridge
4,09	Frank Foss	USA	20. 8. 1920	Antwerpen
4,12	Charles Hoff	N	3. 9. 1922	Kopenhagen
4,21	Charles Hoff	N	22. 7. 1923	Kopenhagen
4,23	Charles Hoff	N	13. 8. 1925	Oslo
4,25	Charles Hoff	N	27. 9. 1925	Turku
4,27	Sabin Carr	USA	27. 5. 1927	Philadelphia
4,30	Lee Barnes	USA	28. 4. 1928	Fresno
4,37	Bill Graber	USA	16. 7. 1932	Palo Alto
4,39	Keith Brown	USA	1. 6. 1935	Boston
4,43	George Varoff	USA	4. 7. 1936	Princeton
4,54	Bill Sefton	USA	29. 5. 1937	Los Angeles
4,54	Earle Meadows	USA	29. 5. 1937	Los Angeles
4,60	Cornel. Warmerdam	USA	29. 6. 1940	Fresno
4,72	Cornel. Warmerdam	USA	6. 6. 1941	Compton
4,77	Cornel. Warmerdam	USA	23. 5. 1942	Modesto
4,78	Bob Gutowski	USA	27. 4. 1957	Palo Alto
4,80	Don Bragg	USA	2. 7. 1960	Palo Alto
4,83	George Davies	USA	20. 5. 1961	Boulder
4,89	John Uelses	USA	31. 3. 1962	Santa Barbara
4,93	Dave Tork	USA	28. 4. 1962	Walnut
4,94	Pentti Nikula	SF	22. 6. 1962	Kauhava
5,00	Brian Sternberg	USA	27. 4. 1963	Philadelphia
5,08	Brian Sternberg	USA	7. 6. 1963	Compton
5,13	John Pennel	USA	5. 8. 1963	London
5,20	John Pennel	USA	24. 8. 1963	Coral Gables
5,23	Fred Hansen	USA	13. 6. 1964	San Diego
5,28	Fred Hansen	USA	25. 7. 1964	Los Angeles
5,32	Bob Seagren	USA	14. 5. 1966	Fresno
5,34	John Pennel	USA	23. 7. 1966	Los Angeles
5,36	Bob Seagren	USA	10. 6. 1967	San Diego
5,38	Bob Seagren	USA	23. 6. 1967	Bakersfield
5,41	Bob Seagren	USA	12. 9. 1968	South Lake Tahoe
5,44	John Pennel	USA	21. 6. 1969	Sacramento
5,45	Wolfgang Nordwig	DDR	17. 6. 1970	Berlin
5,46	Wolfgang Nordwig	DDR	3. 9. 1970	Berlin
5,49	Christos Papanicolaou	GR	24. 10. 1970	Athen
5,63	Bob Seagren	USA	2. 7. 1972	Eugene
5,65	Dave Roberts	USA	28. 3. 1975	Gainesville
5,67	Earl Bell	USA	29. 5. 1976	Wichita
5,70	Dave Roberts	USA	22. 6. 1976	Eugene
5,72	Wladyslaw Kozakiewicz	PL	11. 5. 1980	Mailand
5,75	Thierry Vigneron	F	1. 6. 1980	Paris
5,77	Philippe Houvion	F	17. 7. 1980	Lille
5,78	Wladyslaw Kozakiewicz	PL	30. 7. 1980	Moskau
5,80	Thierry Vigneron	F	20. 6. 1981	Macon
5,81	Wladimir Poljakow	SU	26. 6. 1981	Tiflis
5,82	Pierre Quinon	F	28. 8. 1983	Köln
5,83	Thierry Vigneron	F	1. 9. 1983	Rom
5,88	Sergej Bubka	SU	2. 6. 1984	Saint-Denis

Er macht(e) mit Hochsprung große Kasse
Der erste echte Hochsprung-Profi wurde Dwight Stones aus den USA. Der Bahnbrecher ließ sich seinerzeit und läßt sich auch heute wieder seine Darbietungen gut honorieren.

Hat der Pokerer aus Fehlern gelernt?
Bei der Leistungsdichte der Hochsprungszene muß Dietmar Mögenburg jetzt immer Farbe bekennen. Ob sein Höhenpoker die Konkurrenten heute noch verwirren kann?

Floppte über die Schallmauer: Dwight Stones

Es dauerte noch fast fünf volle Jahre, bis ein Springer im von Fosbury kreierten Stil den Hochsprung-Weltrekord verbessern konnte: Sein Landsmann Dwight Stones, geboren am 6. Dezember 1953 in Glendale (Kalifornien), überwand am 11. Juli 1973 in München die 2,30-m-Schallmauer. Der Bronzemedaillengewinner von 1972 galt als reiner Profi, der außer Hochspringen nichts gelernt hatte. Stones ließ sich jeden Auftritt in den Arenen der Welt in harten Dollars bezahlen, bot aber immer beachtliche Höhen als Gegenleistung. Er beherrschte den Straddle so perfekt wie den Flop und schraubte den Weltrekord kurz vor den Olympischen Spielen 1976 auf 2,31 und danach auf 2,32 m. In Montreal erlebte er einen herben Rückschlag und kam mit der gleichen Höhe, die er bereits 1972 in München erreicht hatte (2,21 m), nur auf den dritten Platz.
1978 wurde er vom US-Verband wegen allzu offenkundiger Finanzeskapaden auf Lebenszeit gesperrt, im November 1979 jedoch begnadigt. Seitdem gehört er mit gelegentlichen 2,30-m-Sprüngen zum festen Bestand der internationalen Hochsprung-Szene.

Die Entwicklung des Dreisprung-Weltrekordes

15,52	Daniel Ahearn	USA	30. 5. 1911	New York
15,52	Anthony Winter	AUS	12. 7. 1924	Paris
15,58	Mikio Oda	J	27. 10. 1931	Tokio
15,72	Chuhei Nambu	J	4. 8. 1932	Los Angeles
15,78	Jack Metcalfe	AUS	14. 12. 1935	Sydney
16,00	Naoto Tajima	J	6. 8. 1936	Berlin
16,00	Adhemar F. da Silva	BR	3. 12. 1950	São Paulo
16,01	Adhemar F. da Silva	BR	30. 9. 1951	Rio de Janeiro
16,12	Adhemar F. da Silva	BR	23. 7. 1952	Helsinki
16,22	Adhemar F. da Silva	BR	23. 7. 1952	Helsinki
16,23	Leonid Tscherbakow	SU	19. 7. 1953	Moskau
16,56	Adhemar F. da Silva	BR	16. 3. 1955	Mexico City
16,59	Oleg Rjachowski	SU	28. 7. 1958	Moskau
16,70	Oleg Fjedossejew	SU	3. 5. 1959	Naltschik
17,03	Józef Schmidt	PL	5. 8. 1960	Allenstein
17,10	Giuseppe Gentile	I	16. 10. 1968	Mexico City
17,22	Giuseppe Gentile	I	17. 10. 1968	Mexico City
17,23	Wiktor Sanejew	SU	17. 10. 1968	Mexico City
17,27	Nelson Prudencio	BR	17. 10. 1968	Mexico City
17,39	Wiktor Sanejew	SU	17. 10. 1968	Mexico City
17,40	Pedro Perez Duenas	C	5. 8. 1971	Cali
17,44	Wiktor Sanejew	SU	16. 10. 1972	Suchumi
17,89	João Carlos de Oliveira	BR	15. 10. 1975	Mexico City

Einmal versagten die Nerven: Dietmar Mögenburg

Zu den zahlreichen Hochspringern, denen sich mit der Flop-Technik neue Bereiche erschlossen, gehört auch Dietmar Mögenburg, der vorübergehend den Weltrekord hielt.
Der am 15. August 1961 in Rheindorf geborene 2,01-m-Mann trat kurz vor seinem achtzehnten Geburtstag im August 1979 ins internationale Rampenlicht, als er beim Europacup-Endkampf in Turin mit 2,32 m nicht nur einen neuen deutschen Rekord aufstellte, sondern auch noch den DDR-Weltklassemann Rolf Beilschmidt besiegte. Im selben Jahr holte er sich in Bromberg den Titel eines Junioren-Europameisters.
Zu Beginn der Saison 1980 wurde er Hallen-Europameister (2,31 m in Sindelfingen), und im Sommer trug er sich dann als Weltrekordler in die Sportannalen ein. In Rehlingen überquerte er am 26. Mai die Höhe von 2,35 m und erreichte den gerade einen Tag alten Rekord des Polen Jacek Wszola. Er wollte in Moskau mit um die Medaillen springen und hatte dafür sogar seine Gymnasialausbildung abgebrochen.
Im nacholympischen Jahr 1981 festigte Mögenburg endgültig seinen Ruf als nervenstarker Hochsprung-Pokerer, aber auch als verletzungsanfälliger Athlet. Seine »Masche« demoralisierte die Konkurrenz, wenn er bei Fehlversuchen über eine Höhe diese einfach ausließ und erst zur nächsten Höhe wieder antrat. Beilschmidt hatte das 1979 erstmals zu spüren bekommen. 1981 legte Mögenburg so auch US-Meister Tyke Peacock in Lausanne und kurz darauf bei den Deutschen Meisterschaften in Gelsenkirchen seine deutschen Kameraden aufs Kreuz. Nach diesen beiden 2,30-m-Sprüngen sollte ihm der Europacup mehr Ruhm bringen, aber dort wie beim anschließenden Weltcup mußte ihn wegen Verletzung ein anderer aus der 2,30-m-Garde des Hochsprungtrainers Dragan Tancic vertreten.
Mögenburgs Ruf als Pokerface

Nummer 1 unter den Höhenjägern wurde 1982 fast schon zur Legende. Bei den Hallen-Europameisterschaften in Mailand sparte er sich seinen letzten Sprung nach zwei ungültigen Versuchen über 2,32 m für die nächste Höhe auf und schaffte die 2,34 m tatsächlich. Mit diesem neuen DLV-Rekord für die Halle wurde er Europameister und ließ die Konkurrenz wieder rätseln. Bei den Titelkämpfen dieses Jahres im Freien wiederholte sich das Spielchen. Der eiskalte Mögenburg, der im Vorfeld der EM noch nicht höher als 2,27 m gesprungen war, legte in Athen noch ein paar Zentimeter zu und wurde mit 2,30 m Europameister.
Aber bei der WM 1983 verspekulierte er sich erstmals. Ebenso wie sein Teamkamerad Carlo Tränhardt schaffte er nach dem Auslassen die nächste Höhe nicht und mußte frühzeitig aus dem Medaillenkampf aussteigen.
Dem Kölner Tränhardt blieb am Ende der WM-Saison der Trost, einen Weltrekord in Beständigkeit aufgestellt zu haben: Er hatte in mehr als einem Dutzend Wettbewerben die 2,30 m überwunden und damit eine in der Welt einmalige Leistung vollbracht. Und zu Beginn des Jahres 1984 kündigte er nachhaltig seine Ambitionen für das Olympiajahr an: Bei einem Wettkampf in Berlin verbesserte er am 24. Februar den Hallenweltrekord auf die Höhe von 2,37 m.

Chinese hat die 2,40 m im Visier

Ihnen allen wurde 1983 jedoch von einem Chinesen die Schau gestohlen, der mit Sprüngen von 2,37 m und 2,38 m einer neuen Traumgrenze näher kam. Mit dem zwanzigjährigen Zhu Jianhua stellte China erstmals seit der Rückkehr in den internationalen Sport wieder einen Leichtathletik-Weltrekordler. Zhus Höhenflug kam nicht von ungefähr. 1981 hatte er in Tokio erstmals die 2,30 m überquert. 1982 steigerte sich der 1,91 m große Sportstudent aus Schanghai über 2,31 und 2,32 auf 2,33 m bei den Asien-Spielen im indischen Neu-Delhi.
Bei der WM in Helsinki mußte er jedoch mit 2,29 m und Bronze einen ersten Rückschlag hinnehmen.

Olympiasieg und Weltrekord: Klaus Wolfermann

In den internationalen Rekordlisten bei Werfern und Stoßern sind Vertreter des DLV nur selten aufgeführt. Zu diesen Ausnahmen gehört der Bayer Klaus Wolfermann, der zu den umjubelten deutschen Sportlern der Olympischen Spiele 1972 zählte.
Mit seinem Siegeswurf von 90,48 m im Münchener Olympiastadion, mit dem er im letzten Versuch dem favorisierten Janis Lusis (UdSSR) die Goldmedaille wegschnappte und erstmals über die 90-m-Marke kam, trat er ins internationale Rampenlicht. Zu Hause kannten den am 31. März 1946 in Altdorf bei Nürnberg geborenen Athleten die Leichtathletikfans schon lange. Das Kraftpaket aus Bayern – Wolfermann brachte bei 1,76 m Körpergröße 88 Kilo auf die Waage – hatte sich seit 1969 schon viermal den deutschen Meistertitel geholt und sich langsam an die international allein zählende 90-m-Grenze herangearbeitet: von 82,18 m im Jahre 1968 über 83,60 m (1969) auf 86,46 m (1970).
Begonnen hatte er als Fünfzehnjähriger; damals (1961) flog der Speer beim ersten ernsthaften Versuch etwa 45 Meter weit. Durch hartes Training arbeitete er sich voran und konnte 1971 bei den Europameisterschaften im Endkampf mit 80,82 m den sechsten Platz belegen. Nach dem Olympiasieg legte sich der Familienvater nicht etwa auf die faule Haut, sondern arbeitete auf sein Traumziel hin, das Weltrekord hieß. Der große Wurf gelang am 5. Mai 1973 in Leverkusen, als der Speer 94,08 m weit flog und Wolfermann Janis Lusis als Rekordhalter ablöste.
In den folgenden Jahren erreichte er die 90-m-Marke nicht mehr; es langte noch zum Meistertitel des DLV 1973 und 1974, bei den Europameisterschaften 1974 endete er als Fünfter, beim Europacupfinale 1975 ebenfalls. Er blieb bis 1978 aktiv, mußte dann aber den achtzehn Jahren Speerwerfen und dem entsprechenden Training Tribut zollen. Muskeln und Sehnen machten nicht länger mit. In seiner Wahlheimat Gendorf, für die er seit 1968 auch startete, ist der staatlich geprüfte Turn- und Sportlehrer beim dortigen Sportverein heute als Sportlehrer und Trainer tätig.

Wo sind seine Leistungsgrenzen?
Weltrekordler Zhu Jianhua begann die Olympiasaison 1984 mit Sprüngen an die 2,40-m-Grenze. Wie hoch wird sich Chinas Flopper noch schrauben können, und wo liegen seine Leistungsgrenzen?

Er fand in Deutschland keine Nachfolger
Als Klaus Wolfermann dem Leistungssport adieu sagen mußte, hinterließ er eine große Lücke. Bis heute hat kein Speerwerfer des DLV sein Format auch nur annähernd erreicht.

»Deutsche Stärke«: Der Hammerwurf

Ausgerechnet in der technisch schwierigsten Wurfdisziplin haben deutsche Athleten international am besten abgeschnitten. Schon vor dem Zweiten Weltkrieg dominierten deutsche Hammerwerfer und gewannen Goldmedaillen. So der Hamburger Karl Hein, geboren am 11. Juni 1906, der sich 1936 olympisches Gold holte und 1938 den Europameistertitel. Sein Teamkamerad Erwin Blask, geboren am 20. März 1910 in Friedrichsheide (Ostpreußen), gewann 1936 die Silbermedaille und wurde auch bei der EM 1938 Zweiter hinter Hein. Noch im gleichen Jahr trug er sich dann mit einem Wurf von exakt 59,00 m in die Weltrekordliste ein.
Der nächsten Hammerwurfgeneration wurde durch den Krieg alles verdorben, so auch dem Riesen Karl Storch aus Fulda, geboren am 21. August 1913. Er war zwischen 1939 und 1955 zwölfmal Deutscher Meister und ge-

wann 1952 in Helsinki als 39jähriger die Silbermedaille. Noch ein Jahr älter war im Finale von Helsinki der ebenfalls kräftige Karl Wolf, geboren am 12. Februar 1912 in Ladenburg (Baden). Der dreimalige Deutsche Meister belegte in Finnland einen guten sechsten Platz.

Der Filmstar: Uwe Beyer

Danach blieb es über ein Jahrzehnt ruhig um die deutschen Kraftmänner, bis ein Neunzehnjähriger bei den Olympischen Spielen 1964 für eine große Überraschung sorgte. Der am 14. April 1945 in Timmendorf an der Ostsee geborene und für Holstein Kiel, dann USC Mainz startende Uwe Beyer gewann in Tokio sensationell die Bronzemedaille. Auch bei der EM 1966 reichte es zum dritten Platz. Er steigerte den deutschen Rekord seit 1964 mehrmals von 68,09 m auf 72,46 m und durfte sich berechtigte Hoffnungen auf eine Olympiamedaille 1968 in Mexiko machen. In der Zwischenzeit hatte er allerdings ein Filmangebot wahrgenommen und seinen Athletenkörper als »Siegfried« in dem Streifen »Die Nibelungen« zur Schau gestellt. In Mexico City schaffte der Filmstar Beyer dann nicht einmal die Qualifikationsweite von 66 Metern und schied vorzeitig aus.
Nach diesem Schock brauchte Jung-Siegfried, wie er in der Öffentlichkeit nur noch genannt wurde, ein Jahr der Regeneration, dann stieg er wieder in den Wettkampfsport ein. 1970 übertraf er bei vierzehn Wettkämpfen die 70-m-Marke. Im folgenden Jahr schlug dann seine große Stunde: Er begann die Saison 1971 mit einem deutschen Rekord von 73,70 m. Die von ihm kreierte Technik, den Hammer erst nach der vierten Drehung im Ring wegzuschleudern, trug ihre Früchte. Bei den Qualifikationswürfen zur Deutschen Meisterschaft flog sein Hammer am 9. Juli 1971 auf einem Nebenplatz des Stuttgarter Neckarstadions auf die neue Weltrekordweite von 74,90 m.
Der neue Weltbeste blieb beständig, holte sich einen Monat später in Helsinki die Europameisterschaft und besiegte dabei die Elite der UdSSR und der DDR, aber auch einen Konkurrenten aus dem eigenen Lager, den Darmstädter Walter Schmidt, geboren am 7. August 1948, der sich in diesem Sommer auf 73,44 m gesteigert hatte.

Rekordler ohne Siege: Walter Schmidt

Das große Talent Schmidt stahl Uwe Beyer noch in der gleichen Saison die Schau, als er bei einem Wettkampf in Lahr das Gerät auf sagenhafte 76,40 m schleuderte und damit eine neue Dimension

Die Entwicklung des Hammerwurf-Weltrekordes

57,77	Patrick Ryan	USA	17. 8. 1913	New York
59,00	Erwin Blask	D	27. 8. 1938	Stockholm
59,02	Imre Nemeth	H	14. 7. 1948	Tata
59,57	Imre Nemeth	H	4. 9. 1949	Kattowitz
59,88	Imre Nemeth	H	16. 5. 1950	Budapest
60,34	Jozsef Csermak	H	24. 7. 1952	Helsinki
61,25	Sverre Strandli	N	14. 9. 1952	Oslo
62,36	Sverre Strandli	N	5. 9. 1953	Oslo
63,34	Michail Kriwonossow	SU	29. 8. 1954	Bern
64,05	Stanislaw Nenaschew	SU	12. 12. 1954	Baku
64,33	Michail Kriwonossow	SU	4. 8. 1955	Warschau
64,52	Michail Kriwonossow	SU	19. 9. 1955	Belgrad
65,85	Michail Kriwonossow	SU	25. 4. 1956	Naltschik
66,38	Michail Kriwonossow	SU	8. 7. 1956	Minsk
67,32	Michail Kriwonossow	SU	22. 10. 1956	Taschkent
68,54	Harold Connolly	USA	2. 11. 1956	Los Angeles
68,68	Harold Connolly	USA	20. 6. 1958	Bakersfield
70,33	Harold Connolly	USA	12. 8. 1960	Walnut
70,67	Harold Connolly	USA	21. 7. 1962	Palo Alto
71,06	Harold Connolly	USA	29. 5. 1965	Ceres (USA)
71,26	Harold Connolly	USA	20. 6. 1965	Walnut
73,74	Gyula Zsivotzky	H	4. 9. 1965	Debrecen
73,76	Gyula Zsivotzky	H	14. 9. 1968	Budapest
74,52	Romuald Klim	SU	15. 6. 1969	Budapest
74,68	Anatoli Bondartschuk	SU	20. 9. 1969	Athen
74,90	Uwe Beyer	D	9. 7. 1971	Stuttgart
76,40	Walter Schmidt	D	4. 9. 1971	Lahr
76,66	Aleksej Spiridonow	SU	11. 9. 1974	München
78,50	Karl-Hans Riehm	D	11. 5. 1975	Rehlingen
79,30	Walter Schmidt	D	14. 8. 1975	Frankfurt am Main
80,14	Boris Saitschuk	SU	9. 7. 1978	Moskau
80,32	Karl-Hans Riehm	D	6. 8. 1978	Heidenheim
80,64	Juri Sedych	SU	16. 5. 1980	Lesselidse
81,66	Sergej Litwinow	SU	23. 5. 1980	Sotschi
81,80	Juri Sedych	SU	31. 7. 1980	Moskau
83,98	Sergej Litwinow	SU	3. 6. 1982	Moskau
84,14	Sergej Litwinow	SU	21. 6. 1983	Moskau

Siegfried erntete auch Spott

Hammerwurf-As Uwe Beyer – oben bei seinem Weltrekord im Juli 1971 in Stuttgart – erntete für seine Ausflüge ins Filmgeschäft in den 60er Jahren auch viel Spott. Als Siegfried spielte er in der Nibelungensage mit (rechts).

im Hammerwurf erreichte. Dieser Wurf vom 4. September 1971 bedeutete aber auch eine Belastung, denn nun erwartete die Öffentlichkeit für die Olympischen Spiele des Folgejahres ähnliche Taten. Doch der Weltrekordler konnte sich für das Olympiateam nicht qualifizieren, und Uwe Beyer mußte bei den Spielen mit dem vierten Platz vorliebnehmen.
Bei der EM 1974 in der Ewigen Stadt erreichte Uwe Beyer noch vor der jungen DLV-Garde einen fünften Rang. Schmidt war in Rom wieder nicht am Start. Er mußte fortan mit dem Image leben, nur bei kleinen Veranstaltungen Leistung bringen zu können. Für den Europacup 1975 wurde er nicht nominiert, aber einen Tag vor dem Finale in Nizza ließ er die Welt wieder mit einem sagenhaften Weltrekord aufhorchen. Bei einem Wettkampf in Frankfurt landete der Hammer am 14. August 1975 bei 79,30 m, womit er sich als erster Athlet der Traumgrenze der 80 Meter genähert hatte. Bei den großen Wettkämpfen der nächsten Jahre konnte er diese Leistung wiederum nicht bestätigen. In Montreal reichte es 1976 nur zum fünften Platz, bei Europacup 1977 und EM 1978 war er dann nicht mehr am Start.

Vorübergehend die besten Werfer der Welt
Walter Schmidt und Karl-Hans Riehm (rechts) beherrschten für kurze Zeit die internationale Hammerwurfszene mit ihren Weltrekordwürfen. Wenn es aber darauf ankam, das Können in Medaillen umzumünzen, mußten die beiden häufig passen. Vor allem Walter Schmidt warf nur zu Hause weit.

Verletzungen verhinderten mehr: Karl-Hans Riehm

Schmidt stand trotz seiner Rekordwürfe immer im Schatten des anderen DLV-Weltrekordlers im Hammerwurf, Karl-Hans Riehm. Der am 31. Mai 1952 in Konz bei Trier geborene Riehm hatte sich als Junge dem Tischtennissport verschrieben, war dann aber von einem Lehrer in seinem Heimatort für den Hammerwurf gewonnen worden. Der spätere Student der Innenarchitektur – Examen 1973 – brachte alle körperlichen Voraussetzungen für diesen Sport mit. Bei 1,87 m Körpergröße erreichte Riehm mit über 100 Kilo ein ideales Wettkampfgewicht.
Als Siebzehnjähriger schleuderte er das Gerät schon 57 Meter weit, und 1970, ein Jahr später, wurde er Vierter bei den Junioren-Europameisterschaften. Den olympischen Wettkampf 1972 beendete er mit 70,12 m als Zehnter. Ein Jahr danach wurde er dann erstmals Deutscher Meister und schloß die Saison mit einer Best-

Die Entwicklung des Kugelstoß-Weltrekordes

15,54	Ralph Rose	USA	21. 8. 1909	San Francisco
15,79	Emil Hirschfeld	D	6. 5. 1928	Breslau
15,87	John Kuck	USA	29. 7. 1928	Amsterdam
16,04	Emil Hirschfeld	D	26. 8. 1928	Bochum
16,04	Frantisek Douda	TCH	4. 10. 1931	Brünn
16,05	Zygmunt Heljasz	PL	29. 6. 1932	Posen
16,16	Leo Sexton	USA	27. 8. 1932	Freeport
16,20	Frantisek Douda	CS	24. 9. 1932	Prag
16,48	John Lyman	USA	21. 4. 1934	Palo Alto
16,80	Jack Torrance	USA	27. 4. 1934	Des Moines
16,89	Jack Torrance	USA	30. 6. 1934	Milwaukee
17,40	Jack Torrance	USA	5. 8. 1934	Oslo
17,68	Charles Fonville	USA	17. 4. 1948	Lawrence
17,79	Jim Fuchs	USA	28. 7. 1949	Oslo
17,82	Jim Fuchs	USA	29. 4. 1950	Los Angeles
17,90	Jim Fuchs	USA	20. 8. 1950	Visby
17,95	Jim Fuchs	USA	22. 8. 1950	Eskilstuna
18,00	Parry O'Brien	USA	9. 5. 1953	Fresno
18,04	Parry O'Brien	USA	5. 6. 1953	Compton
18,42	Parry O'Brien	USA	8. 5. 1954	Los Angeles
18,43	Parry O'Brien	USA	21. 5. 1954	Los Angeles
18,54	Parry O'Brien	USA	11. 6. 1954	Los Angeles
18,62	Parry O'Brien	USA	5. 5. 1956	Salt Lake City
18,69	Parry O'Brien	USA	15. 6. 1956	Los Angeles
19,06	Parry O'Brien	USA	3. 9. 1956	Eugene
19,25	Parry O'Brien	USA	1. 11. 1956	Los Angeles
19,25	Dallas Long	USA	28. 3. 1959	Santa Barbara
19,30	Parry O'Brien	USA	1. 8. 1959	Albuquerque
19,38	Dallas Long	USA	5. 3. 1960	Los Angeles
19,45	Bill Nieder	USA	19. 3. 1960	Palo Alto
19,67	Dallas Long	USA	26. 3. 1960	Los Angeles
19,99	Bill Nieder	USA	2. 4. 1960	Austin
20,06	Bill Nieder	USA	12. 8. 1960	Walnut
20,06	Dallas Long	USA	18. 5. 1962	Los Angeles
20,10	Dallas Long	USA	4. 4. 1964	Los Angeles
20,20	Dallas Long	USA	29. 5. 1964	Los Angeles
20,68	Dallas Long	USA	25. 7. 1964	Los Angeles
21,52	Randy Matson	USA	8. 5. 1965	College Stat.
21,78	Randy Matson	USA	22. 4. 1967	College Stat.
21,82	Al Feuerbach	USA	5. 5. 1973	San José
21,85	Terry Albritton	USA	21. 2. 1976	Honolulu
22,00	Aleksandr Baryschnikow	SU	10. 7. 1976	Colombes
22,15	Udo Beyer	DDR	6. 7. 1978	Göteborg
22,22	Udo Beyer	DDR	25. 6. 1983	Los Angeles

leistung von 73,98 m ab. Man hatte den nunmehrigen Zeitsoldaten Riehm in die Sportförderungsgruppe der Bundeswehr nach Warendorf delegiert, wo er optimal trainieren konnte.
Im September und Dezember 1973 mußte sich Riehm Operationen an den Patellasehnen beider Knie unterziehen und fiel für das gesamte Jahr 1974 aus.
Nach schwerem Wiederbeginn im Frühjahr 1975 folgte die Sensation von Rehlingen. Karl-Hans Riehm verbesserte dort am 11. Mai 1975 den Weltrekord des Russen Aleksej Spiridonow um sensationelle 1,84 m und legte die beste je erreichte Serie im Hammerwerfen hin, bei der jeder Versuch über dem alten Weltrekord lag: 76,70 - 77,56 - 77,10 -78,50 - 77,16 - 77,28 m.
Die folgenden Jahre wurden zu einer ständigen Auseinandersetzung zwischen Riehm und der russischen Hammerwurfelite, wobei der Konzer allerdings oft durch gesundheitliche Rückschläge gebremst wurde. Seinen ersten großen internationalen Erfolg feierte Riehm beim Europacupfinale 1975 in Nizza, als er Walentin Dmitrenko und Jochen Sachse (DDR) bezwang. In Montreal lagen ein Jahr darauf alle drei Russen vor ihm, wobei er Bronze nur um lächerliche zwei Zentimeter verpaßte.
Die Revanche gelang ihm beim Europacupfinale 1977 in Helsinki, wo er vor dem neuen UdSSR-Star Juri Sedych und Jochen Sachse gewann. Auch beim ersten IAAF-Weltpokal 1977 in Düsseldorf hieß der Hammerwurf-Sieger Karl-Hans Riehm.

Bei den Europameisterschaften 1978 in Prag lagen zur Abwechslung mal wieder Juri Sedych und Roland Stoik (DDR) vor Bronzemedaillengewinner Riehm, der als frischgebackener Weltrekordler in die ČSSR gereist war. Seine Bestmarke von 1975 war inzwischen mehrfach übertroffen worden, unter anderen ja auch von Schmidt, und in diesem Sommer 1978 hatte der erste Athlet auch die Traumgrenze der 80 Meter übertroffen: der Russe Boris Saitschuk (→ Übersicht). Riehm war der zweite 80-m-Werfer der Welt und schleuderte den Hammer am 6. August 1978 in Heidenheim auf 80,32 m, die zwei Jahre lang Rekord blieben.
Nach der leichten Enttäuschung von Prag – man hatte mehr als Bronze erwartet – war Riehm beim Europacup 1979 wieder topfit und besiegte in Turin Sergej Litwinow und Roland Seuk (DDR). Beim Weltcup in Montreal wenige Wochen später gab es die umgekehrte Reihenfolge: Litwinow vor Riehm. Die Weltrekordjagd und der Kampf um die Olympiamedaillen fanden 1980 ohne Karl-Hans Riehm statt, der diese Saison mit einer Bestleistung von 80,80 m abschloß. Beim Europacupfinale 1981 in Zagreb wurde er von Sedych auf den zweiten Platz verwiesen, den gleichen Einlauf gab es beim Weltcup dieses Jahres in Rom.
Es folgten wieder ein von Verletzungen überschattetes EM-Jahr 1982, das Riehm nicht am Start sah, und eine enttäuschende Vorstellung bei der ersten WM, wo ein gerade genesener Riehm nur den siebten Platz belegte.

Die Entwicklung des Speerwurf-Weltrekordes

62,32	Erik Lemming	S	29. 9. 1912	Stockholm
66,10	Jonni Myyrä	SF	24. 8. 1919	Stockholm
66,62	Gunnar Lindström	S	12. 10. 1924	Eksjö
69,88	Eino Penttilä	SF	8. 10. 1927	Viipuri
71,01	Erik Lundqvist	S	15. 8. 1928	Stockholm
71,57	Matti Järvinen	SF	8, 8. 1930	Viipuri
71,70	Matti Järvinen	SF	17. 8. 1930	Tampere
71,88	Matti Järvinen	SF	31. 8. 1930	Vaasa
72,93	Matti Järvinen	SF	14. 9. 1930	Viipuri
74,02	Matti Järvinen	SF	27. 6. 1932	Turku
74,28	Matti Järvinen	SF	25. 5. 1933	Mikkeli
74,61	Matti Järvinen	SF	7. 6. 1933	Vaasa
76,10	Matti Järvinen	SF	15. 6. 1933	Helsinki
76,66	Matti Järvinen	SF	7. 9. 1934	Turin
77,23	Matti Järvinen	SF	18. 6. 1936	Helsinki
77,87	Yrjö Nikkanen	SF	25. 8. 1938	Karhula
78,70	Yrjö Nikkanen	SF	16. 10. 1938	Kotka
80,41	Bud Held	USA	8. 8. 1953	Pasadena
81,75	Bud Held	USA	21. 5. 1955	Modesto
83,56	Soini Nikkinen	SF	24. 6. 1956	Kuhmoinen
83,66	Janusz Sidlo	PL	30. 6. 1956	Mailand
85,71	Egil Danielsen	N	26. 11. 1956	Melbourne
86,04	Al Cantello	USA	5. 6. 1959	Compton
86,74	Carlo Lievore	I	1. 6. 1961	Mailand
87,12	Terje Pedersen	N	1. 7. 1964	Oslo
91,72	Terje Pedersen	N	2. 9. 1964	Oslo
91,98	Janis Lusis	SU	23. 6. 1968	Saarijärvi
92,70	Jorma Kinnunen	SF	18. 6. 1969	Tampere
93,80	Janis Lusis	SU	5. 7. 1972	Stockholm
94,08	Klaus Wolfermann	D	5. 5. 1973	Leverkusen
94,58	Miklos Nemeth	H	26. 7. 1976	Montreal
96,72	Ferenc Paragi	H	23. 4. 1980	Tata
99,73	Tom Petranoff	USA	15. 5. 1983	Westwood

Der Ungar Ferenc Paragi

US-Werfer Tom Petranoff

Die Entwicklung des Diskuswurf-Weltrekordes

47,58	James Duncan	USA	27. 5. 1912	New York
47,61	Thomas Lieb	USA	14. 9. 1924	Chicago
47,89	Glenn Hartranft	USA	2. 5. 1925	San Francisco
48,20	Clarence Houser	USA	3. 4. 1926	Palo Alto
49,90	Eric Krenz	USA	9. 3. 1929	Palo Alto
51,03	Eric Krenz	USA	17. 5. 1930	Palo Alto
51,73	Paul Jessup	USA	23. 8. 1930	Pittsburgh
52,42	Harald Andersson	S	25. 8. 1934	Oslo
53,10	Willi Schröder	D	28. 4. 1935	Magdeburg
53,26	Archie Harris	USA	20. 6. 1941	Palo Alto
53,34	Adolfo Consolini	I	26. 10. 1941	Mailand
54,23	Adolfo Consolini	I	14. 4. 1946	Mailand
54,93	Robert Fitch	USA	8. 6. 1946	Minneapolis
55,33	Adolfo Consolini	I	10. 10. 1948	Mailand
56,46	Fortune Gordien	USA	9. 7. 1949	Lissabon
56,97	Fortune Gordien	USA	14. 8. 1949	Hämeenlinna
57,93	Sim Iness	USA	20. 6. 1953	Lincoln
58,10	Fortune Gordien	USA	11. 7. 1953	Pasadena
59,28	Fortune Gordien	USA	22. 8. 1953	Pasadena
59,91	Edmund Piatkowski	PL	14. 6. 1959	Warschau
59,91	Rink Babka	USA	12. 8. 1960	Walnut
60,56	Jay Silvester	USA	11. 8. 1961	Frankfurt am Main
60,72	Jay Silvester	USA	20. 8. 1961	Brüssel
61,10	Al Oerter	USA	18. 5. 1962	Los Angeles
61,64	Wladimir Trussenew	SU	4. 6. 1962	Leningrad
62,45	Al Oerter	USA	1. 7. 1962	Chicago
62,62	Al Oerter	USA	27. 4. 1963	Walnut
62,94	Al Oerter	USA	25. 4. 1964	Walnut
64,55	Ludvik Danek	CS	2. 8. 1964	Turnov
65,22	Ludvik Danek	CS	12. 10. 1965	Sokolov
66,54	Jay Silvester	USA	25. 5. 1968	Modesto
68,40	Jay Silvester	USA	18. 9. 1968	Reno
68,40	Ricky Bruch	S	5. 7. 1972	Stockholm
69,10	John Powell	USA	4. 5. 1975	Long Beach
69,18	Mac Wilkins	USA	24. 4. 1976	Walnut
70,86	Mac Wilkins	USA	1. 5. 1976	San José
71,16	Wolfgang Schmidt	DDR	9. 8. 1978	Berlin
71,86	Juri Dumtschew	SU	29. 5. 1983	Moskau

Die Zehnkämpfer:

»Könige der Athleten«

Das Geschehen der augenscheinlich populärsten leichtathletischen Disziplin Zehnkampf wurde wie keine andere in den letzten zwanzig Jahren von Athleten des DLV mitgeprägt. Mit ihren großartigen Leistungen wurden deutsche Zehnkämpfer des öfteren zu »Königen der Athleten«, wie die Vertreter dieser Sportart gerne genannt werden.

Sie konnten dabei an ein großes Vorbild aus den 30er Jahren anknüpfen, als erstmals ein deutscher Zehnkämpfer als Weltrekordler und Medaillengewinner hervortreten konnte.
Der Schleswig-Holsteiner Hans-Heinrich Sievert, geboren am 1. Dezember 1909 in Liensfeld, hatte 1931 erstmals den deutschen Rekord verbessert und war nicht ohne Aussichten zu den Olympiawettbewerben 1932 nach Los Angeles gefahren. Dort absolvierte er einen brillanten Zehnkampf und lag vor dem Stabhochsprung als drittletzter Übung mit über 100 Punkten vor der Konkurrenz. Eine Verletzung, die er sich beim Absprung zuzog, machte dann alle Medaillenhoffnungen zunichte. Sievert hielt dennoch bis zum Schluß durch und belegte den fünften Platz.
Im Sommer 1933 stellte er in Hamburg einen neuen Weltrekord auf, den er ein Jahr danach an der gleichen Stätte beachtlich steigern konnte (→ Übersicht). In Turin wurde in diesem Herbst 1934 die erste Leichtathletik-Europameisterschaft ausgetragen. Der Goldmedaillengewinner im Zehnkampf hieß: Hans-Heinrich Sievert. Bei den Olympischen Spielen 1936 und der Europameisterschaft 1938 mußte Sievert wegen Verletzungen zuschauen, ein Schicksal, das nach ihm mancher deutsche Zehnkämpfer teilen mußte.
Der Zweite Weltkrieg stoppte dann nicht nur seine Karriere, sondern machte ihn auch zum Krüppel. Ohne linken Unterschenkel kam der erste deutsche Zehnkampfkönig aus dem Felde zurück. Der Jurist Sievert diente später dem Sport als Sportreferent im Bundesinnenministerium im Range eines Regierungsdirektors. Er mußte aus gesundheitlichen Gründen schon früh den Dienst quittieren und starb am 6. April 1963 in seiner holsteinischen Heimat an einer unheilbaren Blutkrankheit.

Der erste in der langen Ehrenliste
Hans-Heinrich Sievert wurde der erste »König der Athleten« des DLV, hier beim Kugelstoßen während des Rekord-Wettkampfes im Jahre 1933 in Hamburg.

Die Erfolgsära Friedel Schirmer

Der Zehnkampf entwickelte sich mit Beginn der 60er Jahre zum Glanzstück der deutschen Leichtathletik, als der für diesen Bereich verantwortliche Bundestrainer Friedel Schirmer seine Athleten zu Rekorden und Medaillenrängen führte. Der Olympiasiebte von 1952 entwickelte neue Trainingsmethoden und konnte seine Schützlinge wie noch nie zuvor gesehen motivieren. Es setzte ein wahrer Run auf den Zehnkampf ein, so daß der Bundestrainer aus einem großen Reservoir an Zehnkämpfern schöpfen konnte und mit den Besten international wertvolle Erfolge errang.
Zwischen 1962 und 1968 erreichten von ihm betreute Athleten bei Olympischen Spielen und Europameisterschaften sieben von neun möglichen Medaillen. Auch die Goldmedaille von 1968, die an den US-Zehnkämpfer Bill Toomey ging, konnte er sich ohne weiteres gutschreiben, weil der Millionärssohn aus Kalifornien seit 1965 bei ihm in Köln trainierte.
Schirmers Wettkämpfer brachten es auf diese Bilanz: olympische Goldmedaille 1964 durch Willi Holdorf; olympische Silbermedaille 1968 durch Hans-Joachim Walde; olympische Bronzemedaille 1964 durch Hans-Joachim Walde; olympische Bronzemedaille 1968 durch Kurt Bendlin; Europameisterschaft 1966 durch Werner von Moltke; Vize-Europameisterschaft 1962 durch Werner von Moltke; Vize-Europameisterschaft 1966 durch Jörg Mattheis; EM-Bronze 1962 durch Manfred Bock; EM-Bronze 1966 durch Horst Beyer; Weltrekord von 1967 bis 1969 durch Kurt Bendlin.
Schirmer gab sein Traineramt nach den Spielen von 1968 ab. Sein Nachfolger hatte weniger Fortune. Heinz Oberbeck, EM-Dritter von 1954, mittlerweile Pädagogik-Professor, mußte den Generationswechsel bewerkstel-

Der Trainer kam aus dem Kreis der Zehnkämpfer

Deutschlands Zehnkampf-Erfolgstrainer Friedel Schirmer (rechts) wurde von seinen Schützlingen als einer der ihren akzeptiert. Er kannte das Metier aus eigener Erfahrung: im Bild unten zweiter von links bei der Zehnkampf-DM 1955.

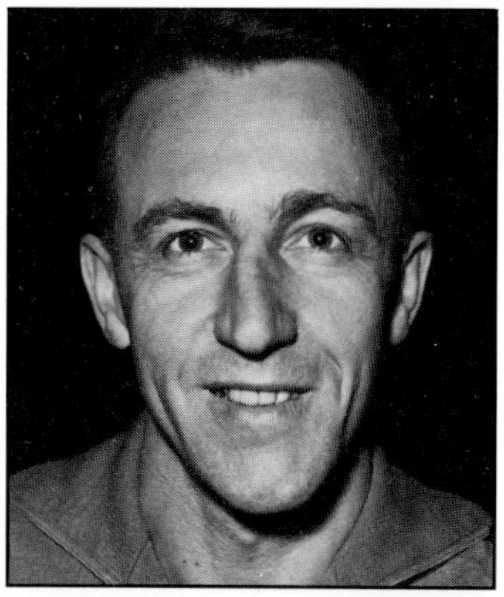

ligen, und das in einer Zeit immer stärker werdender Konkurrenz.
Er führte Hans-Joachim Walde 1971 noch zur EM-Bronze, nachdem die größere Erfolge versprechende Veranstaltung 1969 wegen des Falles May ja boykottiert worden war. Dennoch standen die Vorzeichen für München 1972 günstig, denn es hatte im Sommer 1971 eine sensationelle Leistungsexplosion gegeben. Bei einem Wettkampf in Bonn waren vier DLV-Zehnkämpfer über die magischen 8000 Punkte gekommen: die Oldtimer Bendlin (8244) und Walde (8122) sowie die beiden Nachwuchsathleten Heinz-Ullrich Schulze (8043) und Herbert Swoboda (8008).
In München fand der Zehnkampf aber nach der vierten Übung ohne alle drei deutschen Teilnehmer statt. Bendlin, Walde und Beyer schieden wegen Verletzungen aus. Damit ging eine Ära zu Ende, die heute schon zur Legende geworden ist.

Mit Energie zum Olympiasieg: Willi Holdorf

Der bisher einzige deutsche Zehnkampf-Olympiasieger hatte seine ersten Lorbeeren als Sprinter geerntet. Willi Holdorf, geboren am 17. Februar 1940 in einer Bauernschaft bei Glückstadt, war 1959 schleswig-holsteinischer Jugendmeister im 100-m-Lauf mit einer Zeit von 11,0 Sekunden.
Sein Ziel aber war von Beginn der Leichtathletiklaufbahn an der Zehnkampf, und er arbeitete mit großem Ernst darauf hin. 1960 verließ er seine Heimat an der Elbe und ging nach Leverkusen, wo ihm unter dem dortigen Trainer Bert Sumser entscheidende Fortschritte gelangen. Der Bayer-Coach sowie Friedel Schirmer lenkten Zähigkeit und Energie des Norddeutschen in die richtigen sportlichen Bahnen, so daß er 1961 erstmals Deutscher Meister werden konnte. Bei der EM 1962 in Belgrad landete er auf einem für ihn befriedigenden fünften Platz, und 1963 holte er sich mit der neuen Rekordpunktzahl von 7845 (nach der neuen Wertung) wiederum den deutschen Meistertitel.
Nach Tokio fuhr er 1964 als Sieger der gesamtdeutschen Olympiaausscheidung und absolvierte in der japanischen Hauptstadt bei miserablen Witterungsbedingungen einen gleichmäßigen Wettbewerb ohne Ausfall, allerdings ständig gejagt vom UdSSR-Favoriten Rein Aun. Sein Wettkampf war eine einzige Energieleistung, die ihre Krönung im abschließenden 1500-m-Lauf fand. Holdorf durfte auf den erstklassigen Läufer aus Estland nicht allzuviel Zeit verlieren, damit die greifbar nahe Goldmedaille nicht in Gefahr geriet. Obwohl keiner der Experten ihm diese Leistung zutraute, blieb er nur 12 Sekunden hinter Auns Zeit – 18,5 hätten es sein dürfen – und wurde Olympiasieger. Im Ziel brach er völlig entkräftet zusammen.
Der Sportstudent zog sich nach den Olympischen Spielen vom Leistungssport zurück und bestritt keinen offiziellen Zehnkampf mehr. Damit vermied er Rückschläge, wie sie seine Teamkameraden hinnehmen mußten, von denen immer einer bei gro-

Er konnte die Krone seines Sports erringen

Willi Holdorfs Kampf bis zur Erschöpfung, mit dem er in Tokio die Krone der Leichtathletik errang, ist bis heute unvergessen. Im Hochsprung mußte er sich oft quälen, weil sein Gewicht ihn »nach unten drückte«.

ßen Wettkämpfen wegen Verletzung nicht starten konnte.
Holdorf war nach Beendigung seines Studiums als Trainer von Sprintern, Hürdenläufern und Stabhochspringern im Bereich des DLV tätig. Einmal überraschte er die Öffentlichkeit während eines Winters als Bremser im Zweierbob des deutschen Spitzenfahrers Horst Floth. Nach diesem kurzen Ausflug in ein fremdes Metier bot sich dem Diplomsportlehrer bei den Bayer-Werken und als Repräsentant einer Sportartikelfirma eine gesicherte berufliche Zukunft.

Am Übermaß gescheitert: Kurt Bendlin

Die Fähigkeit des Abschätzens der eigenen Leistungsgrenzen, die den besonnenen und eher zurückhaltend wirkenden Willi Holdorf auszeichnete, fehlte dem überragenden Zehnkämpfer nach ihm völlig. Kurt Bendlins Geschichte liest sich denn auch nicht wie die Leistungsbeschreibung eines Spitzensportlers, sondern eher wie ein ausführliches Krankheitsbulletin.
Der am 22. März 1943 in Maßort (Westpreußen) geborene Bendlin hatte als Speerwerfer seine ersten Erfolge, verletzte sich aber bereits als Jugendlicher schwer (1961 Meniskusriß). Entgegen mancher Warnung aus Medizinerkreisen trainierte er weiter und bestritt 1962 seinen ersten Zehnkampf. Im folgenden Jahr mußte er sich erstmals wegen Beschwerden am Ellbogen seines Wurfarms behandeln lassen, gerade zwanzig Jahre alt.
Das Talent Bendlin wurde 1965 von Bert Sumser nach Leverkusen geholt, wo er erstmals systematisch, aber auch extrem hart trainiert wurde. Bendlin holte auf Anhieb mit 7848 Punkten den deutschen Meistertitel 1965, landete danach aber im Krankenhaus. Die überlasteten Kniegelenke machten nicht mehr mit, er mußte sich einer doppelten Meniskusoperation unterziehen.
Das Jahr 1966 erlebte er als Rekonvaleszent, der die abgeschlaffte Muskulatur nach dem Hospitalaufenthalt durch immenses Gewichttraining wieder aufbaute. Sein vorher schon athletischer Körper nahm endgültig herkulische Formen an. Nach einem kleinen Rückschlag im Frühjahr verbesserte er am Pfingstwochenende 1967 in Heidelberg dann den bestehenden Weltrekord und kam auf 8319 Punkte. Seine Leistungen dieses 13. und 14. Mai sahen so aus: 100 m in 10,6 Sekunden – Weitsprung 7,55 m – Kugelstoßen 14,50 m – Hochsprung 1,84 m – 400 m in 47,9 Sekunden – 110 m Hürden in 14,8 Sekunden – Diskuswerfen 46,31 m – Stabhochsprung 4,10 m – Speerwerfen 74,85 m – 1500 m in 4:19,4 Minuten.

Wurfarm bereitet wieder Probleme

Einen Monat nach dieser Superleistung startete er bei den Deutschen Meisterschaften im Speerwerfen und kam mit 79,36 m auf den zweiten Platz. Der Wurfarm überstand diese zusätzliche Bela-

Stationen aus dem Zehnkampfleben eines Ehrgeizigen
Zehnkampf bedeutete für Kurt Bendlin immer einen gnadenlosen Kampf gegen sich selbst. Ob im Vereins- oder Nationaltrikot – er gab sich bis zur Erschöpfung aus. Seine Bewunderer fand er auch bei den Sprungübungen (oben).

stung aber wieder nicht, und so schleppte Bendlin sein Handicap 1968 mit nach Mexiko zum olympischen Zehnkampf. Mit Spritzen überstand er die vorletzte Disziplin, eben den Speerwurf, konnte danach aber nur stark geschwächt den 1500-m-Lauf bestreiten. So reichte es nur zu Bronze.

Die nächste Medaillenchance eröffnete sich erst wieder 1971 bei der EM in Helsinki. Der Wahl-Leverkusener mischte bis zum Stabhochsprung auch kräftig mit, dann kam wieder ein Ende mit Schrecken. Bei einem Versuch verletzte er sich schwer und mußte mit der Bahre aus dem Stadion getragen werden. Vor Helsinki hatte er mit 8244 Punkten noch sein zweitbestes Ergebnis erreicht.

Das große Ziel München ließ ihn sich noch einmal quälen. Der Frühsommer 1972 erlebte einen blendend aufgelegten Bendlin, der von allen Experten als heißer Medaillenanwärter für die Olympischen Spiele gehandelt wurde. Doch Bendlin bestritt, aus welchen Gründen auch immer, am 1. Juni 1972 einen unbedeutenden Speerwurf-Wettkampf – und landete prompt im Krankenhaus. Die Diagnose lautete: Riß der rechten Achillessehne.

Nach dreijähriger Wettkampfpause trat er wieder ins Rampenlicht, als niemand mehr mit ihm gerechnet hatte. Er holte sich 1974 mit 7945 Punkten zum vierten Mal den deutschen Meistertitel und war damit auch für die EM dieses Sommers in Rom qualifiziert. Das Training dafür hielt sein Körper wieder nicht aus. Bendlin mußte nach einem Muskelfaserriß zu Hause bleiben. Er behielt in diesem Jahr gleich den Platz im Krankenbett und wurde an der linken Achillessehne und der Patellasehne operiert.

Montreal wurde Sternstunde für einen DLV-Zehnkämpfer

Guido Kratschmer (links im Trikot seines Klubs USC Mainz) setzte 1976 die deutsche Zehnkampftradition fort und erkämpfte in Montreal die Silbermedaille. In Stabhochsprung und Hürdenlauf brachte er dabei gute Leistungen.

Er schaffte noch ein Comeback

Nach diesem Leidensjahr 1974 galt er endgültig als Sportinvalide, überraschte die Öffentlichkeit 1976 aber mit einem Comeback. Bei der Qualifikation für die Olympischen Spiele in Montreal erreichte er inmitten einer neuen Zehnkampfgeneration noch einmal 7849 Punkte, die zur Olympiateilnahme nicht ausreichten, aber allgemeine Bewunderung auslösten. Mit diesem persönlichen Erfolgserlebnis trat der dienstälteste und wohl populärste deutsche Zehnkämpfer ab, der wegen seines ausgeprägten Individualismus oft Probleme mit Trainern und Funktionären hatte, aber vielleicht deswegen in der Öffentlichkeit so große Sympathien genoß.

Trotz Trainingsehrgeiz und Krankheiten hatte der zähe Westpreuße nebenher sein Sportlehrerdiplom gemacht und sorgte nach seinem Rücktritt wieder für Schlagzeilen, als er in Malente Überlebenstrainingskurse für Manager veranstaltete. Einer der Industriebosse verpflichtete den ehemaligen zornigen jungen Mann der deutschen Zehnkampfelite als Fitmacher für seine Firmenbelegschaft im Westfälischen. Daneben setzt Bendlin seitdem sein Können und Wissen im nahen Bad Driburg bei der Arbeit mit Behinderten ein.

Die neue Generation: Guido Kratschmer

Mit Kurt Bendlin war der letzte Vertreter einer Generation abgetreten, für die Zehnkampf – auch dem Ideal ihrer Trainer folgend – eine Art sportliches Glaubensbekenntnis war. Im Vorfeld der Olympischen Spiele von Montreal hatte es eine totale Wachablösung gegeben. Verantwortlicher Trainer des DLV wurde mit dem Mainzer Wolfgang Bergmann ein junger Diplomsportlehrer, der selbst nie einen Zehnkampf bestritten hatte. Der bei seinem Amtsantritt 32jährige Trainer hatte aber nicht nur Zugang zur Mentalität einer neuen Zehnkämpfergeneration, er konnte die jungen Leute der Wohlstandsgesellschaft auch motivieren.

Sein gelehrigster Schüler hieß Guido Kratschmer, geboren auf dem elterlichen Anwesen in Großheubach (Mainfranken) am 10. Januar 1953. Er hat sich berufliche und sportliche Meriten noch selbst hart erarbeitet. Nach dem Volksschulbesuch in seiner Heimatgemeinde kam er in die Lüneburger Heide zur Landwirtschaftslehre. Sein aus dem Sudetenland stammender Vater wollte mit ihm die bäuerliche Familientradition fortsetzen. In Fallingbostel besuchte er neben der Lehre

die Realschule und kam mit diesem Schulabschluß und bestandener Prüfung als Landwirtschaftsgehilfe nach Hause zurück.
1977 bestand er in Mainz das Begabtenabitur und studierte anschließend bei Professor Benno Wischmann Sport und Biologie. Auch diese Zeit endete mit einem erfolgreichen Abschluß, nämlich dem eines Diplomsportlehrers.
Sportlich hatte er sich ebenfalls in Mainz angesiedelt und erste Meriten 1973 als Deutscher Hallenmeister im Siebenkampf errungen. Bei den Europameisterschaften 1974 in Rom holte er sich dann die Bronzemedaille im Zehnkampf und wurde ein Jahr danach erstmals Deutscher Meister in dieser Disziplin. 1976 gestaltete er zu seinem erfolgreichsten Jahr. Zunächst verbesserte er am 15./16. Mai in Götzis (Vorarlberg) den deutschen Rekord auf 8381 Punkte und überbot Kurt Bendlins Leistung von 1967 somit um 62 Punkte. Er steigerte diese Marke beim olympischen Zehnkampf in Montreal auf 8411 Punkte, womit er eine großartige Silbermedaille hinter Weltrekordler Bruce Jenner erkämpfte. Seinen ersten Wettkampf mit über 8000 Punkten hatte er übrigens 1974 in Rom (8132) bestritten.
Im Olympiajahr 1976 lieferte er noch eine weitere Weltklasseleistung ab, als er am 4. und 5. September in Hannover mit 8265 Punkten erneut Deutscher Meister wurde. Auch 1977 kam er einmal über die magische 8000-Punkte-Grenze und sorgte dann in der folgenden Saison für zwei Paukenschläge. In Götzis verfehlte er am 27./28. Mai 1978 mit 8410 Punkten seinen Rekord nur um ein einziges Pünktchen, um ihn am 29./30. Juli in Bernhausen dann mit 8498 Punkten doch zu verbessern. Mit dieser Leistung war er auch EM-Favorit für Prag, aber im August ereilte ihn Zehnkämpfers Schicksal: Verletzung und Aufgabe.
Im nächsten Jahr stand er mit 8484 Punkten (Krefeld 15./16. Juni) und 8053 Punkten (Dresden 1./2. September) zu Buche. Bei der Veranstaltung in Dresden handelte es sich um den seit 1973 ausgetragenen Europapokal für Zehnkämpfer, den die DDR mit 24070 Punkten für sich entschied. Die DLV-Asse kamen auf Platz zwei mit 23755 Zählern.

Im Olympiajahr 1980 lag Guido Kratschmer dann ganz vorn. Beim traditionellen Zehnkampf-Meeting in Götzis legte er am 13./14. Mai noch 8421 Punkte hin und holte bei seinem nächsten Start dann zum großen Schlag aus. Das mittlerweile auch schon traditionelle Treffen der Asse in Bernhausen endete am 13. und 14. Juni mit einem großartigen Weltrekord durch Guido Kratschmer, der auf 8649 Punkte kam und folgende Einzelleistungen ablieferte: 100 m in 10,58 Sekunden – Weitsprung 7,80 m – Kugelstoßen 15,47 m – Hochsprung 2,00 m – 400 m in 48,04 Sekunden – 110 m Hürden in 13,92 Sekunden – Diskuswurf 45,52 m – Stabhochsprung 4,60 m – Speerwurf 66,50 m – 1500 m in 4:24,15 Minuten.
Mit dieser Leistung konnte er den Olympischen Spielen zuversichtlich entgegensehen, aber aus den bekannten Gründen startete in Moskau auch kein deutscher Zehnkämpfer.
Die Enttäuschung saß tief, und es kostete allerhand Überredungsversuche, ihn bei der Stange zu halten. Die EM 1982 in Athen sorgte dann für genügend Motivation zum Weitermachen. So beendete er die Saison 1980 mit 8185 Punkten, die er am 6. und 7. September in Lage (Westfalen) erreichte, womit er erneut Meister wurde und die gleichzeitige Länderkampfwertung gegen die UdSSR-Zehnkämpfer gewann.
Die Deutschen Meisterschaften 1981 sahen dann den Nachwuchs in Front, aber beim Europacupfinale der Mehrkämpfer am 29./30. August 1981 in Birmingham war Guido Kratschmer einmal mehr der große Rückhalt der siegreichen deutschen Mannschaft, die mit 24363 Punkten vor der DDR (24190) und Polen (22280) am Schluß vorne lag. Kratschmer kam auf 8095, Jürgen Hingsen auf 8138 und Siegfried Wentz auf 8130 Punkte.
Inzwischen aber war Kratschmer, wie die letzten Wettkämpfe bewiesen, von anderen übertroffen worden. Er fuhr mit einer Bestleistung von 8215 Punkten zu den Europameisterschaften 1982 in die griechische Hauptstadt und wurde Neunter mit 8016 Zählern. Den gleichen Platz belegte er bei der WM 1983, als er auf 8096 Punkte kam. Beim erneuten Europacupsieg im September 1983 in Sofia erzielte er mit 7946 Punkten nur noch das Streichergebnis. Die DLV-Asse Siegfried Wentz (8246), Jens Schulze (8187) und Andreas Rizzi (8176) sorgten für den Gesamtsieg (24609) vor der DDR (24359 Punkte).

Der Sonnyboy: Jürgen Hingsen

Beim Europacupfinale in Sofia fehlte Deutschlands stärkster Zehnkämpfer wegen Verletzung. Er hatte wenige Wochen vorher die Silbermedaille bei den ersten Leichtathletik-Weltmeisterschaften errungen und war dafür auch noch als Versager beschimpft worden.
Jürgen Hingsen, geboren am 29. Januar 1958 in Duisburg, wurde ein Opfer seines Sonnyboy-Images, das ihn zum beliebten Objekt

Ohne Jeanne läuft bei ihm nichts mehr
Jürgen Hingsen wurde bei seinen Weltrekorden stets von zarter Hand betreut: Freundin Jeanne, die er später heiratete, ist immer an seiner Seite. Manche fanden sie im Zehnkampflager am falschen Platz – wenn sie jedoch fehlte, hatte Hingsen Probleme.

DREIMAL WELTBESTER: JUERGEN HINGSEN

Nur im Fernduell konnte er den Mulatten schlagen

Eine der Stärken des Weltrekordlers Hingsen (unten jubelnd im Vereinstrikot) ist der Weitsprung. Dabei holt er wertvolle Punkte. Bei direkten Vergleichen mit Daley Thompson (großes Bild, links) zog er aber immer den kürzeren.

der Medien gemacht hatte. Der Athlet lernte das Leben vorwiegend von der Sonnenseite kennen. Nach Abitur folgte das Sportstudium in Köln, die Diplomarbeit wurde im Winter 1982/83 in Kalifornien fertiggestellt.

Sportlich ist er bei Bayer Uerdingen zu Hause, wo der dortige für den Werkssport verantwortliche Norbert Pixken ihn schon als Siebzehnjährigen betreute. Pixken macht aus dem Zehnkampftraining keine Qualen, sondern achtet darauf, daß die Lust an der Sache nicht zu kurz kommt.

Er führte seinen Schützling an die deutsche Spitze. 1979 nahm Jürgen Hingsen am Europacup der Mehrkämpfer teil und erreichte mit 7820 Punkten den zehnten Platz. Im Olympiajahr 1980 war er durch Krankheit und Verletzung gehandicapt. 1981 wurde er dann bei den Deutschen Meisterschaften in Lage mit 8108 Punkten Zweiter hinter Andreas Rizzi (8207), aber er lag noch vor Guido Kratschmer. Es folgte der Mannschaftssieg beim Europacupfinale in Birmingham, so daß er gut gerüstet ins EM-Jahr 1982 ging.

Den Winter verbrachte er in Kalifornien, wo er sich unter optimalen Bedingungen vorbereitete. In Santa Barbara lernte er mit Jeanne Purcell das Mädchen kennen, das künftig fester Bestandteil der Zehnkampfszene wurde. Hingsen erklärte kurz darauf in einem Interview, sie sorge für fünfzig Prozent seiner Leistungskraft und motiviere ihn ständig. Sie und Heimtrainer Pixken waren denn auch bei allen Zehnkämpfen des Jahres 1982 an seiner Seite. Diese Kämpfe sollten dann die Weltrekordliste revolutionieren.

Beim Meeting in Götzis, das am 22./23. Mai (→) Daley Thompson den Weltrekord einbrachte, kam Hingsen auf großartige 8529 Punkte, die nicht nur neuen DLV-Rekord, sondern auch den Eintritt in die Weltklasse bedeuteten.

Auf die Deutschen Meisterschaften in Ulm bereitete sich Hingsen im Südtiroler Ort Latsch vor und legte dann am 14. und 15. August den besten Zehnkampf seiner bisherigen Laufbahn hin. Am Ende standen phantastische 8723 Punkte, womit er den Weltrekord um 19 Punkte verbessert hatte.

Seine Einzelleistungen: 100 m in 10,74 Sekunden – Weitsprung 7,85 m – Kugelstoßen 16,00 m – Hochsprung 2,15 m – 400 m in 47,65 Sekunden – 110 m Hürden in 14,64 Sekunden – Diskuswurf 44,92 m – Stabhochsprung 4,60 m – Speerwurf 63,10 m und 1500 m in 4:15,13 Minuten.

Drei Wochen später stand erneut ein Duell mit dem Briten Daley Thompson an. Es ging am 7. und 8. September in Athen um die europäische Zehnkampfkrone. Hingsen hatte in diesem Wettkampf gegen Thompson nie eine Chance und landete mit 8518 Punkten nur auf dem zweiten Platz. Thompson entriß ihm nicht nur die Goldmedaille, sondern auch den Weltrekord.

1983 wiederholte sich das Spielchen. Jürgen Hingsen stellte am 4. und 5. Juni in Bernhausen beim dortigen Zehnkampf-Meeting, das als WM-Qualifikation der DLV-Zehnkämpfer galt, einen großartigen neuen Weltrekord auf und kam auf 8779 Punkte bei folgenden Einzelleistungen: 100 m in 10,92 Sekunden – Weitsprung 7,74 m – Kugelstoßen 15,94 m – Hochsprung 2,15 m – 400 m in 47,90 Sekunden – 110 m Hürden in 14,11 Sekunden – Diskuswurf 46,80 m – Stabhochsprung 4,70 m – Speerwurf 77,26 m – 1500 m in 4:19,76 Minuten.

Hinter ihm kamen Siegfried Wentz auf 8714, Guido Kratschmer auf 8456, Andreas Rizzi auf 8367, Jens Schulze auf 8216 und Dariusz Ludwig (außer Konkurrenz) auf 8201 Punkte. Einen derartigen Zehnkampf hatte es bis dato noch nicht gegeben. Hingsen ließ sich von den anderen Athleten anspornen; Trainer Pixken erklärte danach, sein Schützling sei halt ein Typ, der eben nicht verlieren könne.

Genau das tat der Weltrekordler aber beim nächsten Zusammentreffen mit Daley Thompson. Der Brite entzauberte ihn bei der WM in Helsinki total, obwohl er mit einer schwachen Jahresbestleistung angereist war. Hingsen und Wentz wurden nicht zuletzt Opfer ihrer riskanten Taktik, beim Hochsprung einen Höhenpoker à la Mögenburg zu versuchen, der gründlich mißlang. Auch sonst ging vieles daneben, und so trat der seltene Fall ein, daß das Erreichen einer Silber- und einer Bronzemedaille von der Öffentlichkeit als Versagen empfunden wurde. Die deutschen Zehnkämpfer waren von ihren eigenen Superleistungen eingeholt worden.

Sonnyboy Jürgen Hingsen ließ dieses Jahr 1983 dennoch gut ausklingen: Er heiratete in Duisburg seine attraktive kalifornische Freundin.

Der Siegertyp: Daley Thompson

Hingsens Bezwinger in Götzis, Athen und Helsinki, der Mulatte Daley Thompson, gilt in der Szene als ausgesprochener Siegertyp. Der am 30. Juli 1958 in Crawley als Sohn eines Schotten und einer Afrikanerin geborene Thompson fiel durch seine Sprüche à la Muhammad Ali auf. Nach den ersten Erfolgen prophezeite er sich eine glanzvolle Karriere und kündigte den Olympiasieg in Moskau mit dem Fabel-Weltrekord von 8800 Punkten an.

Er war vom Trainer Robert Mortimer aus undurchsichtigen Verhältnissen im Londoner Stadtteil Soho geholt und sorgsam aufgebaut worden. 1977 wurde er in Donezk Junioren-Europameister mit 7647 Punkten, im Jahr darauf explodierte er bei den Commonwealth-Spielen förmlich und kam auf 8467 Punkte.

Bei der EM in Prag zeigte er bei Guido Kratschmers Ausscheiden unverhohlene Freude, doch am zweiten Tag patzte er im Stabhochsprung sowie im Speerwurf und mußte sich mit der Silbermedaille zufriedengeben. Seine EM-Leistung von 8289 Punkten konnte er 1979 nicht wieder erreichen, aber im Olympiajahr 1980 war er von Beginn an voll auf der Höhe. Er begann die Saison mit dem Weltrekord von 8622 Punkten am 17. und 18. Mai in Götzis, wobei er erstmals sportlich faire Gesten zeigte. So lieh er seinem Rivalen Kratschmer den Glasfiberstab und benutzte dessen Speer beim Rekordwettkampf. In Moskau konnte er unbeeindruckt von Kratschmers zwischenzeitlichem Weltrekord an den Start gehen und sich – wenn auch nicht mit den angekündigten 8800 Punkten – souverän die Goldmedaille holen. Da reichten 8495 Punkte zum Sieg.

Nach einer Atempause 1981 folgte dann die Saison, die ihm zwei Weltrekorde und zwei Siege über Jürgen Hingsen einbrachte, wobei die 8743 Punkte von Athen besonderes Gewicht durch die gleichzeitige EM-Goldmedaille bekamen. Dort schaffte er 100 m in 10,51 Sekunden, Weitsprung 7,80 m, Kugelstoßen 15,44 m, Hochsprung 2,03 m, 400 m in 47,11 Sekunden, 110 m Hürden in 14,39 Sekunden, Diskuswurf 45,48 m, Stabhochsprung 5,00 m, Speerwurf 63,56 m und 1500 m in 4:23,71 Minuten.

Den WM-Titel holte er sich mit 8666 Punkten, wobei er seine Gegner durch bewußt zur Schau gestellte Nervenstärke provozierte.

Bei Meisterschaften immer in Front

Der Engländer Daley Thompson wurde in den letzten Jahren zum Alptraum für seine deutschen Gegner. Sowohl bei der Europa- als auch bei der Weltmeisterschaft war er siegreich.

Die Entwicklung des Zehnkampf-Weltrekordes

Der Vergleich von Zehnkampfleistungen bleibt wegen der im Laufe der Zeit angewandten unterschiedlichen Punktwertungen problematisch. Die Bewertungskriterien – das heißt Umsetzung der gemessenen Leistung in Punkte – wechselten viermal (1920, 1934, 1950 und 1964) und ließen zeitweise unübersichtliche Tabellen entstehen. Mit Anwendung der elektrischen Zeitmessung kam Anfang der 70er Jahre ein neuer Faktor hinzu, der zunächst zu weiteren Irritationen führte. Der erste von der IAAF registrierte Zehnkampf-Weltrekord mit elektrischer Zeitmessung war der des Russen Nikolai Awilow, aufgestellt beim Olympiasieg in München 1972. In der folgenden Übersicht sind – wegen der besseren Vergleichbarkeit – sämtliche Rekorde auf die seit 1964 gültige, kurz vor den Olympischen Spielen eingeführte und deshalb als »Tokio-Wertung« bezeichnete Punktwertung umgerechnet.

6270	Alexander Klumberg	EST	16./17. 9. 1922	Helsinki
6668	Harold Osborn	USA	11./12. 7. 1924	Paris
6651	Paavo Yrjölä	SF	17./18. 7. 1926	Viipuri
6768	Paavo Yrjölä	SF	16./17. 7. 1927	Helsinki
6774	Paavo Yrjölä	SF	3./ 4. 8. 1928	Amsterdam
6815	Akilles Järvinen	SF	19./20. 7. 1930	Viipuri
6896	James Bausch	USA	5./ 6. 8. 1932	Los Angeles
6999	Hans-Heinrich Sievert	D	22./23. 7. 1933	Hamburg
7292	Hans-Heinrich Sievert	D	7./ 8. 7. 1934	Hamburg
7421	Glenn Morris	USA	7./ 8. 8. 1936	Berlin
7453	Bob Mathias	USA	29./30. 6. 1950	Tulare
7731	Bob Mathias	USA	25./26. 7. 1952	Helsinki
7758	Rafer Johnson	USA	10./11. 6. 1955	Kingsburg
7760	Wassili Kusnjetsow	SU	17./18. 5. 1958	Krasnodar
7896	Rafer Johnson	USA	27./28. 7. 1958	Moskau
7957	Wassili Kusnjetsow	SU	16./17. 5. 1959	Moskau
8083	Rafer Johnson	USA	8./ 9. 7. 1960	Eugene
8089	Yang Chuan-Kwang	RC	27./28. 4. 1963	Walnut
8230	Russ Hodge	USA	23./24. 7. 1966	Los Angeles
8319	Kurt Bendlin	D	13./14. 5. 1967	Heidelberg
8417	Bill Toomey	USA	10./11. 12. 1969	Los Angeles
8454	Nikolai Awilow	SU	7./ 8. 9. 1972	München
8524	Bruce Jenner	USA	9./10. 8. 1975	Eugene
8618	Bruce Jenner	USA	29./30. 7. 1976	Montreal
8622	Daley Thompson	GB	17./18. 5. 1980	Götzis
8649	Guido Kratschmer	D	13./14. 6. 1980	Bernhausen
8704	Daley Thompson	GB	22./23. 5. 1982	Götzis
8723	Jürgen Hingsen	D	14./15. 8. 1982	Ulm
8743	Daley Thompson	GB	7./ 8. 9. 1982	Athen
8779	Jürgen Hingsen	D	4./ 5. 6. 1983	Bernhausen
8798	Jürgen Hingsen	D	8./ 9. 6. 1984	Mannheim

Frauen-Leichtathletik:

Am Anfang getrennt

Die nach dem Ersten Weltkrieg verstärkt einsetzenden Emanzipationsbestrebungen der Frauen im Sport fanden im Bereich der Leichtathletik schon mit Beginn der 20er Jahre Ausdruck in eigens für weibliche Teilnehmer organisierten Veranstaltungen. Aber erst bei den Olympischen Spielen 1928 in Amsterdam durften Frauen in Leichtathletik-Wettbewerben starten; ihre Organisation wurde gar erst 1936 von der IAAF angegliedert.

Bis dahin hatten sie mit eigenen internationalen Veranstaltungen für Aufsehen gesorgt. Am 24. März 1921 trafen sich in Monte Carlo sportbegeisterte Damen aus Großbritannien, der Schweiz, Frankreich und den USA zur »I. Frauen-Olympiade«, deren Resultate heute unter historischen Aspekten zu sehen sind. Es gab zum Beispiel Läufe über 60, 250 und 800 m, über 74 m Hürden, daneben aber als klassisch anzusehende technische Übungen wie Hoch- und Weitsprung, Kugelstoßen und Speerwerfen, die beiden letzteren jeweils beidarmig.
Die Französin Lucie Bréard benötigte für die 800 m 2:30,2 Minuten, die Britin Mary Lines sprang 4,70 m weit, ihre Teamkameradin Hilda Hatt 1,40 m hoch.
Dieser erste geglückte Versuch ermutigte die Leichtathletinnen zu einer zweiten Veranstaltung vom 15. bis zum 24. April 1922, wieder in Monte Carlo. Es gab im wesentlichen die gleichen Wettbewerbe mit ähnlichen Leistungen, nur lief man diesmal 65 m über die Hürden und trug auch einen Fünfkampf aus.
Im gleichen Jahr wurden in Paris am 20. August die ersten Frauen-Weltspiele ausgetragen, die über 20000 Zuschauer anlockten und schon beachtliche Leistungen brachten: 60 m: Marie Mejzlikova (Tschechoslowakei) in 7,6 Sekunden – 100 Yards: Nora Callebout (Großbritannien) in 12,0 Sekunden – 300 m: Mary Lines (Großbritannien) in 44,8 Sekunden – 1000 m: Lucie Bréard (Frankreich) in 3:12 Minuten – 4 × 110 Yards: Großbritannien in 51,8 Sekunden – 110 Yards Hürden: Camille Sabie (USA) in 14,4 Sekunden – Hochsprung: Hilda Hatt (Großbritannien) mit 1,46 m – Weitsprung: Mary Lines (Großbritannien) mit 5,06 m – Weitsprung aus dem Stand: Camille Sabie (USA) mit 2,45 m – Kugelstoßen (beidarmig): Lucielle Godbold (USA) mit 20,22 m – Speerwerfen (beidarmig): Francesca Pianzola (Schweiz) mit 43,24 m.
Im Vierjahresrhythmus veranstalteten die Frauen von nun an ihre Weltspiele: 27. bis 29. August 1926 in Göteborg, 6. bis 8. September 1930 in Prag und 7. bis 11. August 1934 in London.
1930 wurden erstmals auch deutsche Teilnehmerinnen eingeladen, blieben aber noch ohne Erfolg. Bei den IV. Weltspielen 1934 in London bestimmten sie dann jedoch weitgehend das Leistungsbild. Es gab folgende Siegerinnen: 60 m: Stanislawa Walasiewicz (Polen) in 7,6 Sekunden – 100 m: Käthe Krauß (Deutschland) in 11,9 Sekunden – 200 m: Käthe Krauß in 24,9 Sekunden – 800 m: Zdena Koubkova (Tschechoslowakei) in 2:12,8 Minuten (sie wurde später disqualifiziert und die Schwedin Marta Wretman [2:13,8 Minuten] zur Siegerin erklärt) – 4 × 100 m: Deutschland in 48,6 Sekunden – 80 m Hürden: Ruth Becker (Deutschland) in 11,6 Sekunden – Hochsprung: Selma Griemer (Deutschland) mit 1,55 m – Weitsprung: Traute Göppner (Deutschland) mit 5,80 m – Kugelstoßen: Gisela Mauermayer (Deutschland) mit 13,67 m – Diskuswerfen: Jadwiga Wajsowna (Polen) mit 43,79 m – Speerwerfen: Lisa Gelius (Deutschland) mit 42,43 m – Fünfkampf: Gisela Mauermayer mit 377 Punkten (100 m in 13,0 Sekunden – Weitsprung 5,51 m – Speerwerfen 32,90 m – Kugelstoßen 13,44 m – Hochsprung 1,52 m).

Zwanzig Jahre aktiv: Fanny Blankers-Koen

Nach dem Zweiten Weltkrieg setzte eine nahezu explosionsartige Leistungsentwicklung in der Frauen-Leichtathletik ein, deren herausragende Könnerinnen bald die gleiche Popularität wie ihre männlichen Kollegen genossen.
Der erste weibliche Superstar kam aus Holland und stellt bis heute eine Ausnahmeerscheinung dar. Francina (»Fanny«) Koen, geboren am 16. April 1918 in Baarn, war erstmals 1935 als holländische 800-m-Rekordlerin in Erscheinung getreten. Als achtzehnjährige Olympiateilnehmerin erreichte sie 1936 im Hoch-

Als Frauen starten durften

Bei den Olympischen Spielen 1928 in Amsterdam schlug endlich ihre Stunde: Frauen durften an den Leichtathletikwettbewerben teilnehmen. Hier das 100-m-Finale mit der Siegerin Elizabeth Robinson (USA), Fanny Rosenfeld (Kanada), die Silber holte (links), und der Deutschen Erna Steinberg (rechts), die Vierte wurde.

Ganz Holland lag der Hausfrau zu Füßen

Fanny Blankers-Koen sorgte mit ihren Rekordleistungen für einen einmaligen Höhepunkt der holländischen Leichtathletik. Die ganze Nation feierte die Superathletin und Hausfrau.

Auch die Westfälin kam weit nach oben

Ingrid Mickler-Becker – hier bei einem Wettkampf beim ISTAF 1970 in Berlin – war eine der letzten vielseitigen Kämpferinnen in den Stadien. Zweimal gab es Olympiagold.

sprung den sechsten Platz (1,55 m) und war Mitglied der auf dem fünften Rang gelandeten Sprintstaffel ihres Landes. Bei den Europameisterschaften 1938 in Paris gab es für sie schon zwei Bronzemedaillen über 100 und 200 m.
Der Weltkrieg stoppte weitere internationale Erfolgserlebnisse, in ihrer Heimat sammelte die vielseitige Athletin jedoch zahlreiche Meisterschaften. 1940 heiratete sie den Leichtathleten Jan Blankers und wurde 1941 Mutter eines Sohnes. Im Jahr darauf kehrte sie auf die Aschenbahn zurück und stellte im September den bestehenden Hürden-Weltrekord ein (→ Übersicht). 1943 gelangen ihr neue Weltrekorde im Hochsprung (1,71 m) und im Weitsprung (6,25 m).
Der Ausfall der 1940 (Tokio) und 1944 (Helsinki) geplanten Olympischen Spiele schien der seinerzeit weltbesten Leichtathletin höchste Meriten zu verwehren. Sie vergrößerte ihre Familie durch eine 1945 geborene Tochter, startete aber trotzdem bei den ersten Nachkriegs-Europameisterschaften 1946 in Oslo. Dort holte sie die Goldmedaille im 80-m-Hürdenlauf (11,8 Sekunden) und eine weitere mit der Sprintstaffel. Im Hochsprung reichte es zu Rang vier.
Dann kam das Olympiajahr 1948. Fanny Blankers-Koen fuhr als Dreißigjährige und zweifache Mutter nach London und galt als heiße Medaillenanwärterin, denn sie hatte vorher zwei Weltrekorde über 100 m (11,5 Sekunden am 13. Juni in Amsterdam) und 80 m Hürden (11,0 Sekunden am 20. Juni in Amsterdam) aufgestellt. In London gewann sie dann vier Goldmedaillen – 100 und 200 m, 80 m Hürden, 4×100-m-Staffel – und rückte damit auf eine Stufe mit den legendären Männergestalten Jesse Owens und Emil Zatopek.
Ihr Medaillenhunger war damit aber noch lange nicht gestillt. Die Europameisterschaften 1950 in Brüssel erlebten eine 32jährige Fanny Blankers-Koen in Topform, die die gleichen Strecken wie 1948 gewann, lediglich in der Staffel mit einer Silbermedaille vorliebnehmen mußte.
Die Holländerin betätigte sich dann noch als Bahnbrecherin im Fünfkampf. Am 15. und 16. September 1951 stellte sie in Amsterdam den zwölften Weltrekord ihrer Laufbahn auf und kam auf 4692 Punkte, die mit folgenden Einzelleistungen erreicht wurden: 80 m Hürden in 11,4 Sekunden – Kugelstoßen 11,50 m – Hochsprung 1,60 m – Weitsprung 5,88 m – 200 m in 24,4 Sekunden.
1952 startete sie bei den Olympischen Spielen in Helsinki, wurde aber durch eine Blutvergiftung so gehandicapt, daß ihr kein Erfolg mehr gelang. Bei nacholympischen Sportfesten landete sie jedoch zum Teil vor den Medaillengewinnerinnen. In den beiden folgenden Jahren wurde sie noch Holländische Meisterin über die Hürdenstrecke. Ihren letzten Wettkampf bestritt sie als 38jährige im Jahre 1956.

Vielseitige Olympiasiegerin: Ingrid Mickler-Becker

Fanny Blankers-Koen hatte gegen Ende ihrer Karriere schon zu spüren bekommen, daß die Zeit der Spezialistinnen begonnen hatte. Die Leistungsentwicklung ließ Vielfachstarts auf internationaler Ebene nicht mehr zu, die Rekorde überdauerten oft nicht einmal mehr die Saison, die Zugehörigkeit zur Spitzenklasse wurde immer kürzer.
Die Karriere einer deutschen Athletin stand zu dieser Entwicklung noch im Gegensatz. Ingrid Becker (später verheiratete Mick-

Der Ehemann war ständiger Begleiter

Irena Szewinska – hier während des Europacupfinales 1975 in Nizza – hatte einen ständigen Begleiter bei ihren Wettkämpfen: Ehemann Janusz bannte als Sportfotograf die Leistungen seiner Frau auf den Film.

ler), im westfälischen Geseke am 26. September 1942 geboren, konnte sich über ein Dutzend Jahre in der Spitze halten und nahm viermal an Olympischen Spielen teil. Dabei gewann sie zwei Goldmedaillen und konnte sich mehrfach gut plazieren – und das in unterschiedlichen Disziplinen.
Als siebzehnjährige Deutsche Jugendmeisterin im Hochsprung (1,67 m) fuhr sie 1960 zum römischen Olympia und wurde dort Neunte mit 1,65 m. Bis zum nächsten Olympiastart folgten die Stationen Deutsche Vizemeisterin im Weitsprung, Hochsprung und Fünfkampf (1961), Deutsche Meisterin im Hochsprung und Fünfkampf (1962), EM-Vierte im Fünfkampf (1962), Deutsche Vizemeisterin im Fünfkampf (1964). In Tokio startete sie 1964 im Weitsprung und Fünfkampf und belegte die Plätze vier bzw. fünf, wobei ihr im Weitsprung ganze zwei Zentimeter zur Bronzemedaille fehlten. Nach zwei schwächeren Jahren, in denen sie sich vornehmlich auf den Sprintstrecken tummelte, mischte sie 1967 wieder kräftig mit und wurde Deutsche Meisterin im Weitsprung mit dem DLV-Rekord von 6,65 m und im Fünfkampf. Beim Europacupfinale in Kiew sprang sie als Siegerin 6,63 m.
Eine erste Krönung ihrer Laufbahn brachten die Olympischen Spiele 1968 in Mexiko. Neben zwei sechsten Plätzen im Weitsprung und mit der Sprintstaffel sprang sie für die verletzt ausfallende Favoritin Heide Rosendahl in die Bresche, absolvierte den Fünfkampf ihres Lebens und wurde Olympiasiegerin. Ihre 5098 Punkte erzielte sie mit folgenden Einzelleistungen: 80 m Hürden in 10,9 Sekunden – Kugelstoßen 11,48 m – Hochsprung 1,71 m – Weitsprung 6,43 m – 200 m in 23,5 Sekunden.
Im nächsten Jahr gewann sie bei der vom DLV nur mit Staffeln beschickten boykottierten Europameisterschaft von Athen eine Silbermedaille mit der Sprintstaffel. 1970 war sie – für viele überraschend – schnellste Sprinterin im DLV-Bereich und lief beim Titelgewinn mit 11,3 Sekunden sogar Rekord. Im gleichen Jahr besiegte sie darüber hinaus die Weltrekordlerin über die 100-m-Distanz, Renate Meißner (DDR), beim Europacupfinale in Budapest in deren Paradedisziplin.
Reichen Medaillensegen gab es dann bei der EM 1971 in Helsinki. Nach Silber über 100 m hinter Renate Meißner-Stecher holte sie Gold im Weitsprung und besiegte dabei unter anderem Weltrekordlerin Heide Rosendahl. Mit der Sprintstaffel gewann sie eine weitere Goldmedaille. Diesem schnellen Quartett gehörte sie auch 1972 in München an, wo sie kurz vor Vollendung des dreißigsten Lebensjahres ihrer großartigen Karriere mit einer weiteren Goldmedaille einen glanzvollen Schlußpunkt aufsetzte.

Die schnelle Polin Irena Szewinska

Auf ebenfalls vier Olympiateilnahmen kam eine absolute Ausnahmeläuferin, die das Kunststück fertigbrachte, dabei jedesmal mindestens eine Medaille zu gewinnen. Der als Irena Kirszenstein am 24. Mai 1946 in Leningrad geborenen Polin hatte man als jungem Mädchen kein Talent bescheinigt und sie wieder nach Hause geschickt. Sie strafte den voreiligen Trainer aber deutlich der Lüge und wurde als Achtzehnjährige zur gefeierten Athletin des polnischen Aufgebots in Tokio. Nach Silbermedaillen im 200-m-Lauf und im Weitsprung sorgte sie mit einem großen Rennen für die Goldmedaille der polnischen Frauen-Sprintstaffel.
Das war der Auftakt zu einer sagenhaften Karriere, innerhalb der die später mit dem Sportfotografen Janusz Szewinska verheiratete Läuferin und Weitspringerin Medaillengewinne und Weltrekorde wie kaum eine andere anhäufte. Zwei Jahre nach Tokio wurde sie dreifache Europameisterin (200 m, Weitsprung und Sprintstaffel) und holte über 100 m die Silbermedaille. Im Jahr davor gehörten ihr die Weltrekorde über beide Kurzstrecken (→ Übersicht).
Mit dem Gewinn der Bronzemedaille über 100 m und der goldenen über 200 m schien ihre Laufbahn 1968 in Mexiko den Zenit erreicht zu haben – schon spürte sie die Konkurrenz mächtig aufkommen. Tatsächlich brachten ihr die EM 1971 (nur Bronze über 200 m) und Olympia 1972 (ebenfalls Bronze über 200 m) eine eher bescheidene Ausbeute. Die DDR-Läufergarde hatte offensichtlich das Erbe der Polin angetreten. Die Studentin der Nationalökonomie, seit 1972 von ihrem Mann trainiert, feierte jedoch 1974 ein glanzvolles Comeback. Mitte Juni brachte sie Renate Stecher erstmals seit vier Jahren wieder eine Niederlage über 100 m bei und lief am folgenden Tag dieser Veranstaltung in Ost-Berlin (»Olympischer Tag«) mit handgestoppten 22,0 Sekunden (elektrisch 22,21) neuen Weltrekord über die 200 m. Eine Woche später durchbrach sie in Warschau eine Schallmauer der Leichtathletik. Über 400 m blieb sie als erste Läuferin unter 50 Sekunden und stellte mit 49,9 Sekunden einen von der ganzen Welt bewunderten Rekord auf. Sie krönte dieses Erfolgsjahr mit dem Gewinn von zwei EM-Titeln in Rom (100 sowie 200 m) und holte noch eine Bronzemedaille mit der polnischen Sprintstaffel.
Danach schien die Übermacht ost- und westdeutscher Läuferinnen zwischen 100 und 400 m aber so groß zu werden, daß man ihr für die Olympischen Spiele 1976 nur noch wenig Chancen einräumte. Die mittlerweile diplomierte Nationalökonomin verblüffte jedoch mit couragiertem Auftreten auf den Laufbahnen. Als ihr Christina Brehme den 400-m-Rekord entriß, schlug sie zurück und brachte ihn im Juni

wieder in ihren Besitz. In Montreal sah man dann eine entfesselt laufende Irena Szewinska, die mit sagenhaften 49,29 Sekunden gefeierte Olympiasiegerin über 400 m wurde.
Ihr Traumziel Moskau 1980 und damit fünfte Olympiateilnahme konnte sie aber dennoch nicht mehr realisieren. Zwar sah man sie bei der EM 1978 noch einmal am Start, und es gab über 400 m und in der 4-×-400-m-Staffel noch je eine Bronzemedaille, aber dann forderten letztendlich gut fünfzehn Jahre Leistungssport ihren Tribut.

Erste unter 11 Sekunden: Renate Stecher

Die internationale Sprintszene wurde mit Beginn der 70er Jahre vorwiegend von Läuferinnen aus der DDR und der Bundesrepublik bestimmt, die bei ihrem Kampf um Rekorde und Medaillen neue Meilensteine in der Leichtathletikgeschichte setzten. Die erste in dieser Weltrekordgarde war die als Renate Meißner am 12. Mai 1950 im Dorf Süptitz in der Dübener Heide geborene, nach ihrer Heirat als Renate Stecher bekannte erste Sprint-Weltrekordlerin der DDR. Die EM-Zweite (200 m) und Staffel-Europameisterin von 1969 reihte sich 1970 in die Schar der 11,0-Sprinterinnen über 100 m ein, verlor dann überraschend am 22. August ein 100-m-Rennen gegen Ingrid Mickler-Becker, um danach vier Jahre lang auf dieser Strecke ungeschlagen zu bleiben. Erst Irena Szewinska konnte die Ausnahmesprinterin aus der DDR am 12. Juni 1974 wieder besiegen. Dazwischen war Renate Stecher nicht nur Doppel-Europameisterin 1971 (100 und 200 m, dazu Staffelsilber) und Doppel-Olympiasiegerin 1972 in München (100 und 200 m, dazu Staffelsilber) geworden, die Sportstudentin hatte auch die 11-Sekunden-Schallmauer durchbrochen und eine neue Dimension der Frauen-Leichtathletik eingeläutet.
Dreimal war sie 1973 schneller als 11 Sekunden gelaufen, zwar handgestoppt, aber das bedeutete damals Weltrekord (→ Übersicht). Ihre elektrisch gestoppte 11,07-Sekunden-Siegeszeit von München 1972 bedeutete ja auch Bestzeit in den damals noch nebeneinander geführten Rekordlisten.
Mit den beiden EM-Niederlagen gegen Irena Szewinska erfolgte 1974 der Leistungsknick, der sich 1976 in Montreal trotz der Staffel-Goldmedaille bestätigte. In den Einzelrennen zeigte sich die Konkurrenz aus der Bundesrepublik und dem eigenen Lager stärker. Mit Silber und Bronze (100 sowie 200 m) kehrte sie nach Leipzig zurück und beendete Ende August 1976 ihre Laufbahn. Als Hochschullehrerin an der Friedrich-Schiller-Universität in der Sektion Sportwissenschaft blieb sie jedoch ihrem Metier erhalten.

Sprintergold für eine neue Macht
Renate Stecher – hier bei der Siegerehrung 1972 in München – holte die erste Sprint-Goldmedaille für die neue Leichtathletik-Großmacht DDR. Mit ihr begann eine neue Ära im Frauen-Sprint, die der DDR.

Höhepunkt des DLV-Sprintwunders: Annegret Richter

Die goldenen siebziger Jahre für den DLV wurden 1976 in Montreal von der Bezwingerin Renate Stechers gekrönt, die in diesem Jahr endgültig aus dem Schatten ihrer früheren Teamkameradinnen Heide Rosendahl und Ingrid Mickler getreten war und das sogenannte »deutsche Fräuleinwunder« dieser Leichtathletikepoche mit ihrem Olympiasieg noch einmal bekräftigte.
Die am 13. Oktober 1950 als Annegret Irrgang in Dortmund geborene kleine blonde Leicht-

Das Goldmädchen aus dem Ruhrpott
Die Dortmunderin Annegret Richter konnte 1976 den sieggewohnten DDR-Läuferinnen die olympische Goldmedaille wegschnappen. Das Goldmädchen aus dem Kohlenpott wurde für viele Jahre zum Idol der Sportjugend.

ANNEGRET RICHTER VERFEHLT SCHALLMAUER NUR KNAPP

athletin hatte sich zunächst dem Weitsprung verschrieben, sah sich aber mit einer schier übermächtigen Konkurrenz konfrontiert. Der Sprint bedeutete für sie nur eine Trainingsvariante; noch 1969 hatte sie lediglich 12,3 Sekunden als 100-m-Bestzeit aufzuweisen.
DLV-Trainer und Medaillenschmied Wolfgang Thiele entdeckte ihre Sprintqualitäten und förderte sie, so daß Annegret Irrgang 1970 und 1971 schon 11,4 Sekunden vorlegte und damit für die 4-x-100-m-Staffel des DLV qualifiziert war, die 1971 EM-Gold in Helsinki gewann. Staffelrennen blieben eine Spezialität der antrittsschnellen Kurvenläuferin, die inzwischen den Hürdenläufer Manfred Richter geheiratet hatte. Ihr großer Lauf sorgte 1972 mit dafür, daß das DLV-Quartett Christina Krause, Ingrid Mickler, Annegret Richter und Heide Rosendahl die Goldmedaille errang und den Weltrekord einstellte.
Bei der EM 1974 mußten sich die DLV-Sprinterinnen – allerdings in anderer Besetzung – der DDR geschlagen geben, aber Annegret Richter sah auch in der Silbermedaille und dem elektrisch gestoppten DLV-Rekord von 42,76 Sekunden einen großen Erfolg.
Die laut Trainer Thiele fleißigste seiner Schützlinge sorgte dann im Olympiajahr 1976 für eine echte Sensation. Im Winterhalbjahr 1975/76 von Ischiasbeschwerden gequält, konnte sie kein hartes Sprinttraining durchführen. Man sah sie im Frühjahr 1976 sogar mehrmals auf der von ihr als »Marathon« ungeliebten 200-m-Strecke, bevor sie am 27. Mai erstmals ihr Sprintdebüt gab. Voller Zweifel, ob ein Start wegen der Ischiasbeschwerden in Montreal überhaupt möglich sein würde, bestritt sie den Endlauf der Westfälischen Meisterschaften in Gelsenkirchen und kam in sensationellen 10,8 Sekunden ins Ziel. Das bedeutete Einstellung des handgestoppten Stecher-Weltrekordes und eine Warnung an die DDR-Läuferinnen hinsichtlich des Olympiawettkampfs.
In Montreal setzte sich die Leistungsexplosion dann fort, und Annegret Richter lief im 100-m-Halbfinale mit 11,01 Sekunden neuen elektrisch gestoppten Weltrekord. Im Endlauf lag sie dann vor Renate Stecher und gewann ihre zweite olympische Goldmedaille. Es folgten der Superlauf über 200 m, der ihr in 22,39 Sekunden eine niemals erwartete Silbermedaille einbrachte, und wieder ein glänzendes Staffelrennen, das die DLV-Mädchen hinter der DDR ebenfalls auf dem Silberrang beendeten.
Nach diesen Erfolgen hatte sie noch ein großes Ziel: Sie wollte als erste Frau die 11-Sekunden-Grenze über die 100 m auch elektrisch gestoppt unterbieten. Der Rekordlauf der DDR-Sprinterin Marlies Oelsner vom 1. Juli 1977 wirkte deshalb wie ein Schock auf sie. Sie erklärte wenig später ihren Rücktritt und startete auch nicht mehr bei den Deutschen Meisterschaften. Im September absolvierte sie noch einmal einen erfolgreichen Staffellauf beim ersten Weltcup in Düsseldorf, wo sie mit der Europaauswahl siegreich blieb. Anfang Oktober gab sie dann das Ende ihrer Laufbahn endgültig bekannt.
Aber ihr Verein OSC Thier Dortmund und der DLV konnten sie im nächsten Frühjahr doch noch einmal umstimmen. So zeigte Annegret Richter danach über drei Jahre lang ihrer weit jüngeren Konkurrenz die »Hacken« und wurde 1978 (200 m), 1979 (100 und 200 m) und 1980 (100 und 200 m, Staffel) noch Deutsche Meisterin. In Hannover gab es dabei 1980 das in der langen Geschichte des DLV einmalige Geschehen, daß die beiden Erstplazierten in den Sprints absolut zeitgleich waren. Annegret Richter lag über 100 m in 11,51 Sekunden und über 200 m in 23,42 Sekunden jeweils vor Christina Sussiek – ermittelt jedoch nur durch Tausendstelsekunden.
Die Dortmunderin wäre nur zu gern noch einmal zu Olympischen Spielen gefahren und war eine der engagiertesten Kämpferinnen gegen den Moskau-Boykott im Rahmen der Aktion »Sportler für Olympia«. Nach dem Scheitern ihrer Bemühungen widmete sie sich dann ganz ihrer Familie.

Die Entwicklung des 100-m-Weltrekordes

11,7	Stanislawa Walasiewicz	PL	26. 8. 1934	Warschau
11,6	Stanislawa Walasiewicz	PL	1. 8. 1937	Berlin
11,5	Fanny Blankers-Koen	NL	13. 6. 1948	Amsterdam
11,5	Marjorie Jackson	AUS	22. 7. 1952	Helsinki
11,4	Marjorie Jackson	AUS	4. 10. 1952	Gifu (Japan)
11,3	Shirley de la Hunty	AUS	4. 8. 1955	Warschau
11,3	Wera Krepkina	SU	13. 9. 1958	Kiew
11,3	Wilma Rudolph	USA	2. 9. 1960	Rom
11,2	Wilma Rudolph	USA	19. 7. 1961	Stuttgart
11,2	Wyomia Tyus	USA	15. 10. 1964	Tokio
11,1	Irena Kirszenstein	PL	9. 7. 1965	Prag
11,1	Wyomia Tyus	USA	31. 7. 1965	Kiew
11,1	Barbara Ferrell	USA	2. 7. 1967	Santa Barbara
11,1	Ljudmila Samotessowa	SU	15. 8. 1968	Leninakan
11,1	Irena Szewinska	PL	14. 10. 1968	Mexico City
11,0	Wyomia Tyus	USA	15. 10. 1968	Mexico City
11,0	Chi Cheng	RC	18. 7. 1970	Wien
11,0	Renate Meißner	DDR	2. 8. 1970	Berlin
11,0	Renate Stecher	DDR	31. 7. 1971	Berlin
11,0	Eva Gleskova	CS	1. 7. 1972	Budapest
11,0	Ellen Stropahl	DDR	16. 6. 1972	Potsdam
10,9	Renate Stecher	DDR	7. 6. 1973	Ostrava
10,9	Renate Stecher	DDR	30. 6. 1973	Leipzig
10,8	Renate Stecher	DDR	20. 7. 1973	Dresden
10,8	Annegret Richter	D	27. 6. 1976	Gelsenkirchen
e 11,07	Wyomia Tyus	USA	15. 10. 1968	Mexico City
11,07	Renate Stecher	DDR	2. 9. 1972	München
11,04	Inge Helten	D	16. 6. 1976	Fürth
11,01	Annegret Richter	D	25. 7. 1976	Montreal
10,88	Marlies Oelsner	DDR	1. 7. 1977	Dresden
10,88	Marlies Göhr	DDR	9. 7. 1982	Karl-Marx-Stadt
10,81	Marlies Göhr	DDR	8. 6. 1983	Berlin
10,79	Evelyn Ashford	USA	3. 7. 1983	Colorado Springs

Eine Superzeit nach der anderen: Marlies Göhr

Das Mädchen, das 1977 neunzehnjährig als erste nach Elektronikmessung unter 11 Sekunden gelaufen war, hatte da schon eine lange Zeit als Sprinterin hinter sich. Erstmals war diese Marlies Oelsner, geboren am 21. März 1958 in Gera, als Dreizehnjährige aufgefallen, als sie mit 12,8 Sekunden gestoppt wurde. Danach ging sie den konsequenten Weg einer DDR-Spitzenathletin mit Jugendmeisterschaft und Spartakiade-Teilnahmen.
In Montreal kam die Achtzehnjährige nach dem achten Endlaufplatz über 100 m in 11,34 Sekunden als Mitglied der DDR-Sprintstaffel zu ihrer ersten Goldmedaille.
Im folgenden Jahr war sie dann schnellste Frau der Welt. Nach 11,16 Sekunden im Mai blieben die Uhren bei dem Finale der DDR-Meisterschaften am 1. Juli 1977 in Dresden bei 10,88 Sekunden stehen. Erneut war eine Schallmauer der Leichtathletik durchbrochen.
Die Thüringerin blieb in diesem Sommer auf Erfolgskurs und gewann den Sprint sowohl beim Europacupfinale als auch beim Weltcup. Bei der EM 1978 in Prag holte sie Edelmetall jeder Form: Gold über 100 m, Silber über 200 m, Bronze in der Staffel. In Moskau wurde die Jahresbeste 1980 (10,93 Sekunden) über 100 m nur Zweite und mußte sich überraschend mit Silber begnügen; dafür gab es für die DDR-Sprinterinnen mit der inzwischen als Marlies Göhr verheirateten Studentin die Goldmedaille, deren Glanz wegen fehlender westlicher Konkurrenz jedoch ein wenig verblaßte.
Den Nimbus der Unbesiegbarkeit hatte Marlies Göhr schon 1979 verloren, als sie beim Weltcup in Montreal von der Amerikanerin Evelyn Ashford geschlagen wurde. 1981 erging es ihr in Rom nicht besser. Dort lag sogar noch die Britin Kathryn Smallwood (Zweite) vor ihr. Beständigkeit zeigte Marlies Göhr dann aber 1982, als sie mehr als einmal unter der 11-Sekunden-Grenze blieb und in der noch jungen Saison ihren Weltrekord einstellte: 10,88 Sekunden am 9. Juli in Karl-Marx-Stadt. Im September bei der EM zeigte sie ebenfalls noch gute Form und wurde Doppel-Europameisterin (100 m und Staffel).
Die Frage nach der nun wirklich schnellsten Frau der Welt spitzte sich 1983 auf die erste Weltmeisterschaft in Helsinki zu. Dort sollte im direkten Duell der bei-

Der höchste Ruhm blieb ihr versagt
Nachdem sie 1980 sensationell nur Zweite wurde, konnte Marlies Göhr durch den Olympia-Boykott auch 1984 nicht die ersehnte Goldmedaille erreichen.

Bei der WM hielt der Muskel nicht
Weltrekordlerin Evelyn Ashford mußte das angestrebte Ziel der Saison 1983 wegen Verletzung abhaken. Für das Olympiajahr sah sie aber gute Chancen.

den Weltrekordlerinnen des Jahres die Entscheidung fallen. Marlies Göhr hatte am 8. Juni beim Olympischen Tag in Ost-Berlin 10,81 Sekunden vorgelegt, Evelyn Ashford am 3. Juli im höhenbegünstigten Colorado Springs mit 10,79 Sekunden gekontert. Die Psychologiestudentin aus Mitteldeutschland hatte mit dem neunten Lauf unter 11 Sekunden nur eine Woche nach ihrem Rekordlauf große Beständigkeit signalisiert, das US-Girl gab sich dafür um so selbstbewußter.

Das Drama von Helsinki ist allen Betrachtern wohl noch geläufig. Die verletzungsanfällige Amerikanerin faßte sich im 100-m-Finale schon nach dreißig Metern mit schmerzverzerrtem Gesicht an den Oberschenkel und brach kurz danach zusammen. Der Weg zur ersten Goldmedaille im Frauensprint bei einer WM war für Marlies Göhr frei. Die zweite, schon fast obligatorische, folgte mit der Sprintstaffel.

Schlug in der Höhenlage zu: Evelyn Ashford

Eine Woche nach ihrem Weltrekordlauf von 10,81 Sekunden (8. Juni 1983 in Berlin) blieb Marlies Göhr bei den DDR-Meisterschaften in Karl-Marx-Stadt mit 10,91 Sekunden zum neunten Mal unter der 11-Sekunden-Marke. Aber die 25jährige Psychologiestudentin aus Jena verlor den Rekord schon einen knappen Monat später an ihre schärfste Konkurrentin der letzten Jahre: die nur 1,65 m große Evelyn Ashford aus Kalifornien.

Beim Sprinterfestival am 3. Juli in der neuen Sportarena der US-Luftwaffe, im 2000 m hoch gelegenen Colorado Springs (US-Bundesstaat Colorado), wurde sie nach 100 m in 10,79 Sekunden gestoppt und war damit neue Weltrekordlerin.

Für die am 15. April 1957 in Hollywood geborene Schuhverkäuferin, die seit Ende 1980 in Los Angeles Soziologie studiert, ging damit die fast alptraumhafte Jagd auf Marlies Göhrs Zeiten zu Ende.

Evelyn Ashfords Laufbahn begann 1975, als sie bei einem Schulsportfest der Roseville-Oberschule in Nord-Kalifornien schneller als alle Jungen lief. Sie kam in die Obhut von Pat Conolly, der zweiten Frau des früheren Hammerwurf-Rekordlers Harold Conolly, und machte durch eisernes Training erhebliche Fortschritte. In Montreal stand sie 1976 bereits im olympischen Endlauf über 100 m und wurde in 11,24 Sekunden Fünfte. Danach gehörte sie zur absoluten Spitze der US-Sprintszene, wur-

Auf zwei Strecken neue Maßstäbe von der Rostockerin

Marita Koch – hier bei einem Rennen bei der WM 1983 in Helsinki – setzte über 200 und 400 m neue Maßstäbe. Die Rostockerin scheint noch längst nicht am Ende ihrer Möglichkeiten angelangt.

de aber durch die Rekordläufe der DDR-Mädchen so geschockt, daß man erst 1979 wieder von ihr hörte. Als zweite Frau nach Marlies Göhr lief sie am 16. Juni mit 10,97 Sekunden unter die 11-Sekunden-Schallmauer, und beim Weltcup in Montreal besiegte sie innerhalb von zwanzig Stunden die beiden schnellen DDR-Frauen: über 100 m Marlies Göhr und über 200 m die Weltrekordlerin Marita Koch, wobei sie mit 21,83 Sekunden als zweite Läuferin unter der magischen 22-Sekunden-Marke blieb.
Nach verletzungsbedingter Pause 1980 zeigte sie den beiden Läuferinnen aus der DDR beim nächsten direkten Zusammentreffen wieder ihre Stärke. Im September 1981 beim Weltcup in Rom hieß die Siegerin über beide Sprintstrecken wiederum Evelyn Ashford, die zuvor in Colorado Springs mit 10,90 Sekunden neue persönliche Bestzeit über die 100 m gelaufen war.

Die Entwicklung des 200-m-Weltrekordes

23,6	Stanislawa Walasiewicz	PL	15. 8. 1935	Warschau
23,6	Marjorie Jackson	AUS	25. 7. 1952	Helsinki
23,4	Marjorie Jackson	AUS	25. 7. 1952	Helsinki
23,2	Betty Cuthbert	AUS	16. 9. 1956	Sydney
23,2	Betty Cuthbert	AUS	7. 3. 1960	Hobart
22,9	Wilma Rudolph	USA	9. 7. 1960	Corpus Christi
22,9	Margaret Burvill	AUS	22. 2. 1964	Perth
22,7	Irena Kirszenstein	PL	8. 8. 1965	Warschau
22,5	Irena Szewinska	PL	18. 10. 1968	Mexico City
22,5	Chi Cheng	RC	3. 7. 1970	Los Angeles
22,4	Chi Cheng	RC	12. 7. 1970	München
22,4	Renate Stecher	DDR	7. 9. 1972	München
22,4	Renate Stecher	DDR	1. 7. 1973	Leipzig
22,1	Renate Stecher	DDR	21. 7. 1973	Dresden
22,0	Irena Szewinska	PL	13. 6. 1974	Potsdam
e 22,21	Irena Szewinska	PL	13. 6. 1974	Potsdam
22,06	Marita Koch	DDR	28. 5. 1978	Erfurt
21,71	Marita Koch	DDR	10. 6. 1979	Karl-Marx-Stadt

Die andere Bahnbrecherin: Marita Koch

Zur schärfsten Konkurrentin von Marlies Göhr entwickelte sich im WM-Finale von Helsinki ihre Teamkameradin Marita Koch, geboren am 18. Februar 1957 in Wismar. Sie galt lange als Spezialistin über 200 und 400 m, so daß ihre 10,83 Sekunden beim Weltrekordlauf von Marlies Göhr im Juni 1983, mit denen sie die bis zu diesem Zeitpunkt zweitschnellste Zeit über 100 m erzielte, einer Sensation gleichkamen.
Die nach dem Abitur nach Rostock übergesiedelte Marita Koch – dort begann sie ihr Medizinstudium – lief bereits als Fünfzehnjährige die 400 m und wäre 1976 auch auf dieser Distanz in Montreal gestartet, wenn nicht ein Muskelriß das Ende aller Hoffnungen bedeutet hätte. Im Sommer danach glänzte sie beim Europacupfinale mit 49,53 Sekunden, wurde beim anschließenden Weltcup aber von der Szewinska mit 49,52 zu 49,76 Sekunden geschlagen.

1978 setzte sie dann zum Sturm auf die Weltrekorde der Polin an. Den ersten stürzte sie am 28. Mai in Erfurt, als sie über 200 m in 22,06 Sekunden gestoppt wurde. Dann folgte das Rekordfestival über die 400 m, das geradezu sagenhafte Dimensionen annahm. Es begann am 2. Juli in Leipzig, wo sie mit 49,19 Sekunden ins Ziel kam; dann folgte der Lauf in Rostock am 19. August, der bei 49,02 Sekunden endete – und zu guter Letzt das bahnbrechende Rennen bei der EM am 31. August in Prag, das sie mit 48,94 Sekunden als Siegerin beendete und sie in Männerbereiche vorstoßen ließ. Schließlich trug nicht zuletzt ihr Lauf auch zum Gewinn der Goldmedaille der 4-×-400-m-Staffel der DDR bei dieser EM bei.
Das Laufphänomen aus der DDR hatte damit noch längst nicht seine Grenzen erreicht. In Karl-Marx-Stadt durchbrach sie am 10. Juni 1979 noch eine Schallmauer und blieb als erste Frau über 200 m unter 22 Sekunden. Mit ihren 21,71 Sekunden wäre sie in manchem Land auch bei den Männern Meister geworden.
Die Superform dieses Sommers fand ihre Fortsetzung in einem 400-m-Weltrekord, gelaufen beim Europacupfinale Anfang August in Turin, der nicht nur Experten den Atem stocken ließ: 48,60 Sekunden! Beim Weltcup knapp vier Wochen später lieferte sie wieder eine Zeit unterhalb der 49 Sekunden ab; da fiel die 200-m-Niederlage gegen Evelyn Ashford kaum noch ins Gewicht.
Nur der Zeitplan der Olympischen Spiele 1980 verhinderte, daß sie nicht wenigstens zwei Goldmedaillen gewann. So blieb es beim 400-m-Sieg in 48,88 Sekunden und beim Staffelsilber über 4 × 400 m, als hier die Russinnen stark auftrumpften.
Mit der Tschechin Jarmila Kratochvilova spürte sie in Moskau erstmals wieder den Atem der Konkurrenz im Nacken – was

beim Weltcup 1981 in Rom bestätigt wurde. Dort landete Marita Koch erstmals nach Jahren in einem 400-m-Lauf nur auf dem zweiten Rang.
Im EM-Jahr 1982 erwies sich die Rostockerin dann aber formbeständig. Die Krönung einer erfolgreichen Saison erfolgte im September in Athen, wo sie ihre 400-m-Bestzeit auf kaum für möglich gehaltene 48,15 Sekunden steigerte und auch beim Staffelweltrekord der DDR maßgeblich beteiligt war.
Die Weltmeisterschaft in Helsinki 1983 beendete sie als dreifache Goldmedaillengewinnerin, pikanterweise aber nicht auf ihrer 400-m-Spezialstrecke. Dort ging sie der starken Tschechin aus dem Weg, holte dafür aber Gold über 200 m und Silber über 100 m. Beim Siegeslauf über 4 × 100 m in Weltrekordzeit war sie ebenso beteiligt wie am Erfolg der 4-×-400-m-Staffel.

Kraftpaket aus der ČSSR: Jarmila Kratochvilova

Die Athletin, der selbst eine Marita Koch in Helsinki aus dem Weg ging, war erst ziemlich spät in der internationalen Leichtathletikszene erschienen und hatte innerhalb von nur vier Jahren eine nahezu explosionsartige Leistungsentwicklung genommen.
Jarmila Kratochvilova, geboren am 26. Januar 1951 in Golcuv Jenikov, verkörpert in ihrem äußeren Erscheinungsbild jenen Typ der Leistungssportlerin, wie er vom Ostblock in der Frauen-Leichtathletik vornehmlich in den kraftfordernden technischen Übungen wie Kugelstoßen, Diskus- und Speerwerfen hervorgebracht worden ist. Sportliche Gegnerinnen der Tschechin aus der westlichen Hemisphäre sprachen angesichts des Auftretens der Kratochvilova jedenfalls offen von medizinisch-pharmazeutischen Manipulationsmöglichkeiten, wenn diese auch nicht bewiesen werden konnten.
Die Dozentin an der Prager Sporthochschule wurde im schon fortgeschrittenen Leistungsalter von 27 Jahren bei der EM 1978 in Prag Siebente im Halbfinale über 400 m, lief dann im Sommer 1979 aber schon so stark, daß sie in der Europaauswahl (4-×-400-m-Staffel) beim Weltcup in Montreal starten durfte.
Der Durchbruch erfolgte in Moskau 1980, wo sie hinter Marita Koch die Silbermedaille über 400 m gewann und mit ihrer Zeit von 49,46 Sekunden als fünfte Frau unter der 50-Sekunden-Grenze blieb. In Marita Kochs Bereiche drang sie ab 1981 vor: zuerst beim Weltcupsieg gegen die DDR-Läuferin in Rom mit 48,61 Sekunden. Bei der EM 1982 in Athen mußte sie noch mit Platz zwei hinter Marita Koch in 48,85 Sekunden vorliebnehmen; auch in der Staffel reichte es nur zur Silbermedaille. Aber die Tschechin war mittlerweile eine sichere Bank für Zeiten unterhalb der 49 Sekunden.
Im WM-Jahr 1983 war das Kraftpaket aus der ČSSR dann überhaupt nicht mehr zu stoppen. Bei ihrem ersten ernsthaften Versuch auf der 800-m-Distanz erzielte sie in München am 26. Juli mit 1:53,28 Minuten einen sensationellen Weltrekord. In Helsinki

Zwei WM-Titel krönten das Glanzjahr
Für die Tschechoslowakin Jarmila Kratochvilova brachte das Jahr 1983 neben wahren Fabel-Weltrekordzeiten über 400 und 800 m auch noch zwei WM-Goldmedaillen.

Die Entwicklung des 400-m-Weltrekordes

57,0	Marlene Mathews	AUS	6. 1. 1957	Sydney
57,0	Marise Chamberlain	NZ	16. 2. 1957	Christchurch
56,3	Nancy Boyle	AUS	24. 2. 1957	Sydney
55,2	Polina Lasarewa	SU	10. 5. 1957	Moskau
54,0	Maria Itkina	SU	8. 6. 1957	Minsk
53,6	Maria Itkina	SU	6. 7. 1957	Moskau
53,4	Maria Itkina	SU	12. 9. 1959	Krasnador
53,4	Maria Itkina	SU	14. 9. 1962	Belgrad
51,9	Sim Kim Dan	NK	23. 10. 1962	Pjöngjang
51,7	Nicole Duclos	F	18. 9. 1969	Athen
51,7	Colette Besson	F	18. 9. 1969	Athen
51,0	Marilyn Neufville	JM	23. 7. 1970	Edinburgh
51,0	Monika Zehrt	DDR	4. 7. 1972	Potsdam
51,0	Mona-Lisa Pursiainen	SF	16. 9. 1973	Helsinki
49,9	Irena Szewinska	PL	22. 6. 1974	Warschau
e 51,73	Nicole Duclos	F	18. 9. 1969	Athen
51,73	Colette Besson	F	18. 9. 1969	Athen
51,02	Marilyn Neufville	JM	23. 7. 1970	Edinburgh
51,08	Monika Zehrt	DDR	4. 7. 1972	Potsdam
50,14	Riita Salin	SF	4. 9. 1974	Rom
49,77	Christina Brehme	DDR	9. 5. 1976	Dresden
49,75	Irena Szewinska	PL	22. 6. 1976	Bydgozcz
49,29	Irena Szewinska	PL	29. 7. 1976	Montreal
49,19	Marita Koch	DDR	2. 7. 1978	Leipzig
49,02	Marita Koch	DDR	19. 8. 1978	Rostock
48,94	Marita Koch	DDR	31. 8. 1978	Prag
48,60	Marita Koch	DDR	4. 8. 1979	Turin
48,15	Marita Koch	DDR	8. 9. 1982	Athen
47,99	Jarmila Kratochvilova	CS	10. 8. 1983	Helsinki

absolvierte sie dann ein unglaubliches Mammutprogramm mit 400- und 800-m-Rennen innerhalb von weniger als einer Stunde, wurde Weltmeisterin über 400 sowie 800 m und lief dabei mit 47,99 Sekunden über 400 m eine Zeit, die andere nur noch fassungslos aufnehmen konnten. Allein ihre Aufholjagd in der 4-×-400-m-Staffel, die der ČSSR noch Silber einbrachte, dürfte den Zuschauern unvergessen bleiben.

Sport als schöne Nebensache: Hildegard Falck

Einen völlig anderen Stellenwert hatte der Sport im Leben der Frau eingenommen, die zwölf Jahre vor den Kratochvilova-Rekordläufen als erste 800-m-Läuferin der Welt unter der Zwei-Minuten-Grenze geblieben war. Der Medienwirbel nach den bahnbrechenden 1:58,5 Minuten vom 11. Juli 1971 bei den Deutschen Meisterschaften in Stuttgart berührte Hildegard Falck, geboren am 8. Juni 1949 in Nettelrede bei Hameln, eher unangenehm. Laufen war für die vielseitig interessierte Gymnastiklehrerin nur ein Hobby neben ihren anderen: Musik, Tanzen und Segeln.

Sie stand in diesem Jahr 1971 im Mittelpunkt zahlreicher Prophezeiungen, nachdem ihr bei der Hallen-EM mit dem Hallenweltrekord von 2:03,3 Minuten der 800-m-Titel zugefallen war. Mit der gleichen Unbekümmertheit, mit der sie die Resonanz auf den Tempolauf von Stuttgart wegsteckte, ging sie auch aus der schwärzesten Stunde dieses Leichtathletiksommers hervor: Im EM-Finale in Helsinki war sie mit der mitfavorisierten Gunhild Hoffmeister aus der DDR kollidiert, so daß beide nach Sturz ausscheiden mußten.

Im Sommer des folgenden Olympiajahres wurde sie bei der Deutschen Meisterschaft von Sylvia Schenk besiegt, zeigte sich aber in München anschließend unbeeindruckt von irgendwelchen Forderungen der Öffentlichkeit. Nur so kann heute erklärt werden, daß sie in einem taktisch großartigen Endlauf mit der nur um eine Zehntelsekunde über ihrem Weltrekord liegenden Siegeszeit von 1:58,6 Sekunden Olympiasiegerin wurde. Daß Ehemann Ralph, selbst ein 800-m-Läufer, einer der ersten Gratulanten auf der Bahn war, gehört zum Bild der für Wolfsburg startenden Lehrerin, wie die Tatsache, daß sie nach München ihr Trainingspensum stark reduzierte und mit 25 Jahren am 6. Oktober 1974 Abschied von der Laufbahn nahm. Die Dreifachbelastung Familie, Beruf und Leistungssport sah sie für sich als Frau nicht mehr vereinbar. Jetzt sollten Dinge eine größere Rolle in ihrem Leben spielen, die bisher zu kurz gekommen waren.

Neue Laufdisziplinen

Das Laufprogramm der Frauen erweiterte sich seit Ende der 60er Jahre ständig. Nachdem zunächst die 100 m Hürden die kurze 80-m-Strecke abgelöst hatten, wurden die 3000 m 1972 in das offizielle Wettkampfprogramm aufgenommen und bei der EM 1974 erstmals ausgetragen. Es folgten die 400 m Hürden, die seit 1973 im Wettkampfprogramm stehen und für die 1978 bei der EM erstmals Medaillen vergeben wurden. Mit Beginn der 80er Jahre wagten sich die Frauen auch

Die Entwicklung des 800-m-Weltrekordes

2:16,8	Lina Batschauer-Radke	D	2. 8. 1928	Amsterdam
2:15,9	Anna Larsson	S	28. 8. 1944	Stockholm
2:14,8	Anna Larsson	S	19. 8. 1945	Hälsingborg
2:13,8	Anna Larsson	S	30. 8. 1945	Stockholm
2:13,0	Jewdokija Wassiljewa	SU	17. 7. 1950	Moskau
2:12,2	Walentina Pomogajewa	SU	26. 7. 1951	Moskau
2:12,0	Nina Pletnejewa	SU	26. 8. 1951	Minsk
2:08,5	Nina Pletnejewa	SU	15. 6. 1952	Kiew
2:07,3	Nina Otkalenko-Pletnejewa	SU	27. 8. 1953	Moskau
2:06,6	Nina Otkalenko-Pletnejawa	SU	16. 9. 1954	Kiew
2:05,0	Nina Otkalenko-Pletnejewa	SU	24. 9. 1955	Zagreb
2:04,3	Ljudmila Schewtsowa	SU	3. 7. 1960	Moskau
2:04,3	Ljudmila Schewtsowa	SU	7. 9. 1960	Rom
2:01,2	Dixie Willis	AUS	3. 3. 1962	Perth
2:01,1	Ann Packer	GB	20. 10. 1964	Tokio
2:00,5	Vera Nikolic	YU	20. 7. 1968	London
1:58,5	Hildegard Falck	D	11. 7. 1971	Stuttgart
1:57,5	Swetlana Slatewa	BG	24. 8. 1973	Athen
1:56,0	Walentina Gerassimowa	SU	12. 6. 1976	Kiew
1:54,9	Tatjana Kasankina	SU	26. 7. 1976	Montreal
1:53,4	Nadjeschda Olisarenko	SU	27. 7. 1980	Moskau
1:53,3	Jarmila Kratochvilova	CS	26. 7. 1983	München

Die Entwicklung des 1500-m-Weltrekordes
Die Strecke wurde 1967 offiziell zugelassen und 1969 in das Programm bei Europameisterschaften und Olympischen Spielen übernommen.

4:17,3	Anne Smith	GB	3. 6. 1967	London
4:15,6	Maria Gommers	NL	24. 10. 1967	Sittard
4:12,4	Paola Pigni	I	2. 7. 1969	Mailand
4:10,7	Jaroslava Jehlickova	CS	20. 9. 1969	Athen
4:09,6	Karin Burneleit	DDR	15. 8. 1971	Helsinki
4:06,9	Ljudmila Bragina	SU	22. 7. 1972	Moskau
4:06,5	Ljudmila Bragina	SU	4. 9. 1972	München
4:05,1	Ljudmila Bragina	SU	6. 9. 1972	München
4:01,4	Ljudmila Bragina	SU	9. 9. 1972	München
3:56,0	Tatjana Kasankina	SU	28. 6. 1976	Podolsk
3:55,0	Tatjana Kasankina	SU	6. 7. 1980	Moskau
3:52,5	Tatjana Kasankina	SU	13. 8. 1980	Zürich

Die Entwicklung des 3000-m-Weltrekordes

8:53,0	Ljudmila Bragina	SU	11. 8. 1972	Moskau
8:46,6	Grete Andersen	N	24. 6. 1975	Oslo
8:45,4	Grete Waitz	N	21. 6. 1976	Oslo
8:27,2	Ljudmila Bragina	SU	7. 8. 1976	College Park
8:26,8	Swetlana Ulmasowa	SU	25. 7. 1982	Kiew

Beispiel des deutschen Fräuleinwunders
Hildegard Falck wurde durch Leistung und Einstellung zum Sport in den 70er Jahren ein treffendes Beispiel für das sogenannte Fräuleinwunder der deutschen Leichtathletik.

auf die Langstrecken von 5000 m bis zum Marathon, mit dem Erfolg, daß der Marathonlauf 1983 bei der ersten WM gelaufen werden konnte und auch für Los Angeles 1984 im Programm steht.
Neben den zahlreichen osteuropäischen Athletinnen waren die US-Amerikanerin Mary Decker (Doppel-Weltmeisterin von Helsinki), aber mehr noch die Norwegerin Grete Waitz (geb. Andersen) Bahnbrecherinnen für den Langstreckenlauf der Frauen.
Schnellste über 5000 m waren bisher Mary Decker (USA), die am 5. Juni 1982 in Eugene 15:08,26 Minuten erreichte, und Grete Waitz, die am 26. Juni 1982 auf 15:08,00 Minuten kam.
Über 10000 m stand Mary Dekker 1982 mit 31:05,3 Minuten zu Buche (16. 7. 1982/Eugene).
Die besten bisher registrierten Marathonzeiten wurden 1983 an einem Tag aufgestellt. In London erreichte Grete Waitz am 19. April 2:25,29 Stunden, in Boston Jean Benoit (USA) 2:22,43 Stunden.

Vorbild für viele Athletinnen: Heide Rosendahl

Die Entwicklung im Weitsprung, einer der ältesten Disziplinen der Frauen-Leichtathletik, spitzte sich bereits Mitte der 60er Jahre auf die Frage zu, welcher Frau der erste 7-m-Satz gelingen würde. Maßgeblich daran beteiligt war die aus einer Sportlerfamilie kommende Heidemarie (»Heide«) Rosendahl, geboren am 14. Februar 1947 in Hückeswagen (Bergisches Land).
Ihr Vater Heinz Rosendahl hatte zwischen 1948 und 1953 dreimal den deutschen Meistertitel im Diskuswerfen erkämpft und an achtzehn Länderkämpfen teilgenommen. Das erblich derart vorbelastete Mädchen Heidemarie wurde bereits als Sechzehnjährige Deutsche Jugendmeisterin im Weitsprung mit glatten 6 Metern und verteidigte diesen Titel noch zweimal. 1965 kam die Jugendmeisterschaft im Fünfkampf hinzu.
Als Neunzehnjährige war sie dann beste Fünfkämpferin im DLV mit 4498 Punkten bei ihrem DM-Sieg. Der Verband schickte die für den TuS 04 Leverkusen startende Athletin zur Europameisterschaft dieses Jahres nach Budapest, wo Heide Rosendahl unbekümmert auftrumpfte und sogar die hohe Favoritin Valentina Tichomirowa gefährdete. Die Russin rettete mit 4787 Punkten gerade noch ihre Goldmedaille vor der DLV-Starterin, die mit 4765 Punkten auf einen nie erwarteten zweiten Platz kam und schon voreilig zur großen Olympiahoffnung hochgejubelt wurde. Die deutsche Presse feierte sie als neue »Miß Leichtathletik« und reagierte um so enttäuschter, als Heide Rosendahl in Mexiko 1968 nur Achte im Weitsprung wurde und wegen Verletzung zum Fünfkampf nicht antrat.
Die Sportstudentin an der Sporthochschule Köln verkraftete aber solche Rückschläge, wurde 1969 Deutsche Meisterin im Weitsprung und setzte in dieser Disziplin 1970 zum Sturm auf die Rekorde an. Nach zweimal 6,72 m, die deutschen Rekord bedeuteten, folgte ein 6,80-m-Satz beim Europacup-Endkampf im August in Budapest, der sie bis auf zwei Zentimeter an die Weltbest-

Sie wurde auch »Sportlerin des Jahres«
Heide Rosendahl mit ihrer Medaillenausbeute der Olympiawettbewerbe in München: Gold im Weitsprung und mit der Staffel, Silber im Fünfkampf. Dazu gab es den Jahrestitel von der Presse.

Die Entwicklung des 80-m-Hürden-Weltrekordes

11,6	Ruth Engelhard	D	11. 8. 1934	London
11,6	Trebisonda Valla	I	5. 8. 1936	Berlin
11,6	Barbara Burke	ZA	1. 8. 1937	Berlin
11,6	Lisa Gelius	D	30. 7. 1938	Breslau
11,3	Claudia Testoni	I	23. 7. 1939	Garmisch-Partenkirchen
11,3	Claudia Testoni	I	13. 8. 1939	Dresden
11,3	Fanny Blankers-Koen	NL	20. 9. 1942	Amsterdam
11,0	Fanny Blankers-Koen	NL	20. 6. 1948	Amsterdam
11,0	Shirley de la Hunty	AUS	23. 7. 1952	Helsinki
10,9	Shirley de la Hunty	AUS	24. 7. 1952	Helsinki
10,9	Maria Golubnitschaja	SU	3. 8. 1954	Kiew
10,8	Galina Jermolenko	SU	5. 7. 1955	Leningrad
10,6	Zenta Gastl	D	29. 7. 1956	Frechen
10,6	Galina Bystrowa	SU	8. 9. 1958	Krasnodar
10,6	Norma Thrower	AUS	26. 3. 1960	Brisbane
10,6	Rimma Koscheljewa	SU	26. 6. 1960	Tula
10,6	Gisela Birkemeyer	DDR	16. 7. 1960	Berlin
10,6	Irina Press	SU	16. 7. 1960	Moskau
10,5	Gisela Birkemeyer	DDR	24. 7. 1960	Leipzig
10,5	Betty Moore	AUS	25. 8. 1962	Kassel
10,5	Karin Balzer	DDR	23. 5. 1964	Leipzig
10,5	Irina Press	SU	9. 8. 1964	Kiew
10,5	Irina Press	SU	28. 8. 1964	Kiew
10,5	Draga Stamjecic	YU	5. 9. 1964	Celje
10,5	Pamela Kilborn	AUS	25. 10. 1964	Osaka
10,4	Pamela Kilborn	AUS	6. 2. 1965	Melbourne
10,4	Irina Press	SU	19. 9. 1965	Kassel
10,3	Irina Press	SU	24. 10. 1965	Moskau
10,3	Wera Korssakowa	SU	16. 6. 1968	Riga
10,2	Wera Korssakowa	SU	16. 6. 1968	Riga

Die Entwicklung des 100-m-Hürden-Weltrekordes

13,3	Karin Balzer	DDR	20. 6. 1969	Warschau
13,3	Teresa Sukniewicz	PL	20. 6. 1969	Warschau
13,0	Karin Balzer	DDR	27. 7. 1969	Leipzig
12,9	Karin Balzer	DDR	5. 9. 1969	Berlin
12,8	Teresa Sukniewicz	PL	20. 6. 1970	Warschau
12,8	Chi Cheng	RC	12. 7. 1970	München
12,7	Karin Balzer	DDR	26. 7. 1970	Berlin
12,7	Teresa Sukniewicz	PL	20. 9. 1970	Warschau
12,7	Karin Balzer	DDR	25. 7. 1971	Berlin
12,6	Karin Balzer	DDR	31. 7. 1971	Berlin
12,5	Annelie Ehrhardt	DDR	15. 6. 1972	Potsdam
12,5	Pamela Ryan	AUS	28. 6. 1972	Warschau
12,3	Annelie Ehrhardt	DDR	22. 7. 1973	Dresden
e 12,59	Annelie Ehrhardt	DDR	8. 9. 1972	München
12,48	Grazyna Rabsztyn	PL	10. 6. 1978	Fürth
12,36	Grazyna Rabsztyn	PL	13. 6. 1980	Warschau

Da jubelten die Münchener

Mit diesem Riesensatz fliegt Heide Rosendahl im Münchener Olympiastadion auf die Weite von 6,78 m und erringt damit die Goldmedaille. Das Publikum tobte vor Begeisterung.

leistung heranbrachte. Der große Sprung nach vorn gelang dann bei den Studentenweltspielen in Turin. Heide Rosendahl flog am 3. September auf 6,84 m, die neuen Weltrekord bedeuteten.
Nur zwei Wochen später bestätigte sie diese Leistung durch einen 6,81-m-Sprung.

Zeitmessung verdarb Weltrekord

In diesem September des Jahres 1970 galt die Leverkusenerin vielen auch als neue Fünfkampf-Weltrekordlerin. Heide Rosendahl hatte am 12./13. September in Stuttgart großartige 5399 Punkte erzielt, und zwar mit elektronischer Zeitnahme bei den Läufen. Damit blieb sie um ganze sieben Punkte hinter dem wenige Tage alten Rekord der DDR-Athletin Burglinde Pollack (→ Übersicht), die noch mit Handzeitnahme auf ihre 5406 Punkte gekommen war. Mit dieser Problematik mußten allerdings zu Beginn der 70er Jahre die meisten Athleten leben.
Heide Rosendahl, wegen sportlicher und menschlicher Haltung mittlerweile Idol für die Sportjugend, gab die Antwort auf die Frage nach der besten Fünfkämpferin auf ihre Weise. Im EM-Jahr 1971 holte sie sich zunächst den europäischen Hallentitel im Weitsprung mit 6,64 m. Bei den Titelkämpfen im August in Helsinki sprang sie sogar noch zwei Zentimeter weiter, doch das reichte nur zur Bronzemedaille, weil Ingrid Mickler und die Schweizerin Meta Antenen an diesem Tag noch besser waren. Die Goldmedaille eroberte Heide Rosendahl dann im Fünfkampf, als sie das Duell mit der Weltrekordlerin Burglinde Pol-

Die Entwicklung des 4-×-400-m-Weltrekordes

3:47,4	Moskau (SU)	30. 5. 1969	Moskau
3:43,2	Lettland (SU)	1. 6. 1969	Minsk
3:37,6	Großbritannien	22. 6. 1969	London
3:34,2	Frankreich	6. 7. 1969	Paris
3:33,9	Deutschland	19. 9. 1969	Athen
3:30,8	Großbritannien	20. 9. 1969	Athen
3:30,8	Frankreich	20. 9. 1969	Athen
3:29,3	DDR	15. 8. 1971	Helsinki
3:28,8	DDR	5. 7. 1972	Colombes
3:28,5	DDR	9. 9. 1972	München
3:23,0	DDR	10. 9. 1972	München
e 3:19,23	DDR	31. 7. 1976	Montreal
3:19,04	DDR	11. 9. 1982	Athen

Die Aufstellung der bundesrepublikanischen Rekordstaffel

1969: Zekay, Gleichfeldt, Eckhoff, Frese

Die Entwicklung des Weitsprung-Weltrekordes

5,98	Kinue Hitomi	J	20. 5. 1928	Osaka
6,12	Christel Schulz	D	30. 7. 1939	Berlin
6,25	Fanny Blankers-Koen	NL	19. 9. 1943	Leiden
6,28	Yvette Williams	NZ	20. 2. 1954	Gisborne
6,28	Galina Winogradowa	SU	11. 9. 1955	Moskau
6,31	Galina Winogradowa	SU	18. 11. 1955	Tiflis
6,35	Elzbieta Krzesinska	PL	20. 8. 1956	Budapest
6,35	Elzbieta Krzesinska	PL	27. 11. 1956	Melbourne
6,40	Hildrun Claus	DDR	7. 8. 1960	Erfurt
6,42	Hildrun Claus	DDR	23. 6. 1961	Berlin
6,48	Tatjana Tschelkanowa	SU	16. 7. 1961	Moskau
6,53	Tatjana Tschelkanowa	SU	10. 6. 1962	Leipzig
6,70	Tatjana Tschelkanowa	SU	4. 7. 1964	Moskau
6,76	Mary Rand	GB	14. 10. 1964	Tokio
6,82	Viorica Viscopoleanu	R	14. 10. 1968	Mexico City
6,84	Heide Rosendahl	D	3. 9. 1970	Turin
6,92	Angela Vogt	DDR	9. 5. 1976	Dresden
6,99	Sigrun Siegl	DDR	19. 5. 1976	Dresden
7,07	Wilma Bardauskiene	SU	18. 8. 1978	Kischinjow
7,09	Wilma Bardauskiene	SU	29. 8. 1978	Prag
7,15	Anisoara Cusmir	R	1. 8. 1982	Bukarest
7,20	Valeria Ionescu	R	1. 8. 1982	Bukarest
7,21	Anisoara Cusmir	R	15. 5. 1983	Bukarest
7,27	Anisoara Cusmir	R	4. 6. 1983	Bukarest
7,43	Anisoara Cusmir	R	4. 6. 1983	Bukarest

lack knapp für sich entschied. Sie lief die 100 m Hürden dabei in 13,5 Sekunden, kam im Kugelstoßen auf 13,70 m, sprang 1,68 m hoch, 6,69 m weit und lief die 200 m in 23,8 Sekunden.
Zur Krönung ihres Sportlerlebens wurden die Olympischen Spiele 1972 in München. Heide Rosendahl brach den Bann und holte im Weitsprung die erste Goldmedaille für die bundesdeutsche Mannschaft, nachdem andere Favoriten (Hans Faßnacht) vorher versagt hatten. Die Leverkusenerin lag am Ende dieses Zitterwettbewerbs um einen einzigen Zentimeter vor der Bulgarin Diana Jorgoffa (6,78 zu 6,77 m).
Im Fünfkampf erreichte sie nach großer Leistung die Silbermedaille, die 4791 Punkte nach neuer Wertung bedeuteten natürlich auch neuen DLV-Rekord. Sie kam auf folgende Einzelleistungen: 100 m Hürden in 13,34 Sekunden – Kugelstoßen 13,86 m – Hochsprung 1,65 m – Weitsprung 6,83 m (nur einen Zentimeter unter ihrem Weltrekord) und 200 m in 22,96 Sekunden.
Dann folgte das Finale der 4-×-100-m-Staffel, in dem die DDR mit der Weltrekordlerin Renate Stecher eindeutig favorisiert war. Aber Heide Rosendahl, die als Schlußläuferin einen winzigen Vorsprung mit auf den Weg nehmen konnte, lief der schnellsten Frau der Welt auf diesen letzten 100 Metern davon und kam mit gut einem Meter Vorsprung ins Ziel. Goldmedaille für das DLV-Quartett und Weltrekord in 42,81 Sekunden.
Die Diplomsportlehrerin Heide Rosendahl zeigte sich auch dem Publicity-Rummel, der nach diesen Münchener Erfolgstagen über sie hereinbrach, in bewundernswerter Haltung gewachsen. Ein Filmangebot lehnte sie glatt ab; sie wollte ihren Traum – das Studium der Innenarchitektur – noch verwirklichen.
Für 1973 kündigte sie das Ausklingen ihrer sportlichen Laufbahn an, startete auch nur noch einmal bei der Deutschen Meisterschaft und widmete sich dann privaten und beruflichen Zielen. Sie heiratete den für Leverkusen spielenden US-Basketballer John Ecker und wurde Mutter einer Tochter. Heute übt sie ihren Lehrerinnenberuf aus und gibt dem sportlichen Nachwuchs in Schule und Verein noch viele wichtige Impulse.

Die Traumgrenze fiel erst spät

Der Sprung über die magische 7-m-Marke, den man Heide Rosendahl seinerzeit zugetraut hatte – ihre 6,84 m wurden im DLV-Bereich bis heute nicht überboten –, gelang erst sechs Jahre nach den Münchener Ereignissen. Die Sowjetrussin Wilma Bardauskiene tat ihn am 18. August 1978 in Kischinjow mit 7,07 m und verbesserte sich beim Vorkampf der EM in Prag am 29. August noch einmal um zwei Zentimeter.
Vier Jahre danach begann die Zeit der Rumänin Anisoara Cusmir, die 1982 und 1983 in neue Dimensionen sprang und zuletzt bei 7,43 m landete. Die zwanzig Jahre alte Rumänin rückte mit dieser Weite in Bereiche vor, die Experten mit dem 8,90-m-Sprung des Bob Beamon bei den Olympischen Spielen 1968 in Mexiko verglichen. Im Training hatte sie ihre Beinmuskulatur durch Kniebeugen, belastet mit bis zu 125 kg Gewicht, gestärkt. Neben Kraft verfügt sie aber auch über die nötige Grundschnelligkeit für ihre weiten Sätze. So stand sie 1983 mit immerhin 11,3 Sekunden für die 100 m zu Buche. Die Studentin aus Craiova betreibt seit ihrem zehnten Lebensjahr Weitsprung und glaubt an Sprünge über 7,50 m.
Bei der Weltmeisterschaft in Helsinki zeigte sich dann, daß auch andere Springerinnen die Hemmungen vor der 7-m-Barriere verloren hatten. Anisoara Cusmir wurde mit einem 7,15-m-Sprung nur Zweite hinter der DDR-Sportlerin Heike Daute, deren bester Satz in einer ausgezeichneten Serie bei 7,27 m lag.

Die Entwicklung des 400-m-Hürden-Weltrekordes

56,51	Krystyna Kacperczyk	PL	13. 7. 1974	Augsburg
54,89	Tatjana Selentsowa	SU	2. 9. 1978	Prag
54,78	Marina Makajewa	SU	27. 7. 1979	Moskau
54,28	Karin Roßley	DDR	17. 5. 1980	Jena
54,02	Anna Ambrosiene-Kastetskaja	SU	11. 6. 1983	Moskau

Die Entwicklung des 4-×-100-m-Weltrekordes

46,4	Deutschland	8. 8. 1936	Berlin
46,1	Australien	27. 7. 1952	Helsinki
45,9	USA	27. 7. 1952	Helsinki
45,9	Deutschland	27. 7. 1952	Helsinki
45,6	UdSSR	20. 9. 1953	Budapest
45,6	UdSSR	11. 9. 1955	Moskau
45,2	UdSSR	27. 7. 1956	Kiew
45,1	Deutschland	30. 9. 1956	Dresden
44,9	Australien	1. 12. 1956	Melbourne
44,9	Deutschland	1. 12. 1956	Melbourne
44,5	Australien	1. 12. 1956	Melbourne
44,4	USA	7. 9. 1960	Rom
44,3	USA	15. 7. 1961	Moskau
43,9	USA	21. 10. 1964	Tokio
43,9	UdSSR	18. 8. 1968	Leninakan
43,6	UdSSR	28. 9. 1968	Mexico City
43,4	USA	19. 10. 1968	Mexico City
43,4	Niederlande	19. 10. 1968	Mexico City
42,8	USA	20. 10. 1968	Mexico City
42,8	Deutschland	10. 9. 1972	München
42,6	DDR	1. 9. 1973	London
42,5	DDR	8. 9. 1974	Rom
e 42,51	DDR	8. 9. 1974	Rom
42,50	DDR	29. 5. 1976	Karl-Marx-Stadt
42,27	DDR	19. 8. 1978	Potsdam
42,09	DDR	4. 8. 1979	Turin
42,09	DDR	9. 7. 1980	Berlin
41,85	DDR	13. 7. 1980	Potsdam
41,60	DDR	1. 8. 1980	Moskau
41,53	DDR	31. 7. 1983	Berlin

Die Aufstellungen der deutschen bzw. bundesrepublikanischen Rekordstaffeln

1936: Albus, Krauss, Dollinger, Doerffeldt
1952: Knab, Sander, Klein, Petersen
1956: Fisch, Stubnick, Köhler, Mayer
1956: Sander, Stubnick, Köhler, Mayer
1972: Krause, Mickler, Richter, Rosendahl

Dokument einer Sensation

Weder die Silbermedaille im Fünfkampf noch der Sieg im Weitsprung, sondern das Gold mit der 4-×-100-m-Staffel war der absolute Höhepunkt für Heide Rosendahl – und natürlich für ihre Teamkameradinnen.

Die Entwicklung des Hochsprung-Weltrekordes

1,65	Jean Shiley	USA	7. 8. 1932	Los Angeles
1,65	Mildred Didrikson	USA	7. 8. 1932	Los Angeles
1,66	Dorothy Odam	GB	29. 5. 1939	Brentwood
1,66	Esther van Heerden	ZA	29. 3. 1941	Stellenbosch
1,71	Fanny Blankers-Koen	NL	30. 5. 1943	Amsterdam
1,72	Sheila Lerwill	GB	7. 7. 1951	London
1,73	Aleksandra Tschudina	SU	22. 5. 1954	Kiew
1,74	Thelma Hopkins	GB	5. 5. 1956	Belfast
1,75	Iolanda Balas	R	14. 7. 1956	Bukarest
1,76	Mildred McDaniel	USA	1. 12. 1956	Melbourne
1,76	Iolanda Balas	R	13. 10. 1957	Bukarest
1,77	Cheng Feng-jung	TJ	17. 10. 1957	Peking
1,78	Iolanda Balas	R	7. 6. 1958	Bukarest
1,80	Iolanda Balas	R	22. 6. 1958	Cluj
1,81	Iolanda Balas	R	31. 7. 1958	Poiana Stalin
1,82	Iolanda Balas	R	4. 10. 1958	Bukarest
1,83	Iolanda Balas	R	18. 10. 1958	Bukarest
1,84	Iolanda Balas	R	21. 9. 1959	Bukarest
1,85	Iolanda Balas	R	6. 6. 1960	Bukarest
1,86	Iolanda Balas	R	10. 7. 1960	Bukarest
1,87	Iolanda Balas	R	15. 4. 1961	Bukarest
1,88	Iolanda Balas	R	18. 6. 1961	Warschau
1,90	Iolanda Balas	R	8. 7. 1961	Budapest
1,91	Iolanda Balas	R	16. 7. 1961	Sofia
1,92	Ilona Gusenbauer	A	4. 9. 1971	Wien
1,92	Ulrike Meyfarth	D	4. 9. 1972	München
1,94	Jordanka Blogojewa	BG	24. 9. 1972	Zagreb
1,95	Rosemarie Witschas	DDR	8. 9. 1974	Rom
1,96	Rosemarie Ackermann	DDR	8. 5. 1976	Dresden
1,96	Rosemarie Ackermann	DDR	3. 7. 1977	Dresden
1,97	Rosemarie Ackermann	DDR	14. 8. 1977	Helsinki
1,97	Rosemarie Ackermann	DDR	26. 8. 1977	Berlin
2,00	Rosemarie Ackermann	DDR	26. 8. 1977	Berlin
2,01	Sara Simeoni	I	4. 8. 1978	Brescia
2,01	Sara Simeoni	I	31. 8. 1978	Prag
2,02	Ulrike Meyfarth	D	8. 9. 1982	Athen
2,03	Ulrike Meyfarth	D	21. 8. 1983	London
2,03	Tamara Bykowa	SU	21. 8. 1983	London
2,04	Tamara Bykowa	SU	25. 8. 1983	Pisa

Die Entwicklung des Diskuswurf-Weltrekordes

48,31	Gisela Mauermayer	D	11. 7. 1936	Dresden
53,25	Nina Dumbadse	SU	8. 8. 1948	Moskau
53,37	Nina Dumbadse	SU	27. 5. 1951	Gori
53,61	Nina Romaschkowa	SU	9. 8. 1952	Odessa
57,04	Nina Dumbadse	SU	18. 10. 1952	Tiflis
57,15	Tamara Press	SU	12. 9. 1960	Rom
57,43	Tamara Press	SU	15. 7. 1961	Moskau
58,06	Tamara Press	SU	1. 9. 1961	Sofia
58,98	Tamara Press	SU	20. 9. 1961	London
59,29	Tamara Press	SU	19. 5. 1963	Moskau
59,70	Tamara Press	SU	11. 8. 1965	Moskau
61,26	Liesel Westermann	D	5. 11. 1967	São Paulo
61,64	Christine Spielberg	DDR	26. 5. 1968	Regis Breitingen
62,54	Liesel Westermann	D	24. 7. 1968	Werdohl
62,70	Liesel Westermann	D	18. 6. 1969	Berlin
63,96	Liesel Westermann	D	27. 9. 1969	Hamburg
64,22	Faina Melnik	SU	13. 8. 1971	Helsinki
64,88	Faina Melnik	SU	4. 9. 1971	München
66,76	Faina Melnik	SU	4. 8. 1972	Luschniki
67,32	Argentina Menis	R	23. 9. 1972	Constanza
67,58	Faina Melnik	SU	10. 7. 1973	Moskau
69,48	Faina Melnik	SU	7. 9. 1973	Edinburgh
69,90	Faina Melnik	SU	27. 5. 1974	Prag
70,20	Faina Melnik	SU	20. 8. 1975	Zürich
70,50	Faina Melnik	SU	24. 4. 1976	Sotschi
70,72	Evelin Jahl	DDR	12. 8. 1978	Dresden
71,50	Evelin Jahl	DDR	10. 5. 1980	Potsdam
71,80	Maria Petkowa	BG	13. 7. 1980	Sofia
73,26	Galina Sawinkowa	SU	22. 5. 1983	Lesselidse

Österreichische Weltrekordlerin im Hochsprung

Die Entwicklung im Hochsprung wird heute in die Zeit vor und nach Iolanda Balas eingeteilt. Auch diese Rumänin hat neue Maßstäbe in der Frauen-Leichtathletik gesetzt. Die ungewöhnlich langbeinige Hochspringerin mußte es sich gefallen lassen, zum Kreis jener Athletinnen zu zählen, deren Geschlechtsstatus umstritten war und nie geklärt werden konnte. Auch der plötzliche Rücktritt der am 12. Dezember 1936 in Temesvar geborenen zweifachen Olympiasiegerin (1960 und 1964) und Europameisterin (1958 und 1962) vor der EM 1966 ließ vielen Spekulationen freien Lauf.

Auf jeden Fall hat die Rumänin eine bis heute unerreichte Serie von Spitzenleistungen vorgelegt und den Hochsprung-Weltrekord zwischen 1956 und 1961 vierzehnmal (!) verbessert.

Ihre letzte Marke hielt den Bemühungen aller Nachfolgerinnen zehn Jahre stand, bevor Ilona Gusenbauer aus Österreich die Verbesserung um einen Zentimeter auf 1,92 m gelang. Die Hausfrau aus der Alpenrepublik, am 16. September 1947 geboren, wurde darüber hinaus 1971 in Helsinki Europameisterin und holte 1972 in München die Bronzemedaille.

Erste Zwei-Meter-Frau: Rosemarie Ackermann

In München sprang eine junge DDR-Athletin mit um die Medaillen, die fünf Jahre später die Traumhöhe der zwei Meter als erste Frau überwinden sollte. Rosemarie Witschas, geboren am 4. April 1952 in Lohsa (Kreis Hoyerswerda), später mit dem Zehnkämpfer Ackermann verheiratet, erreichte beim 72er Olympiawettkampf 1,85 m und Rang sieben. Beim nächsten Kampf um Gold stand sie dann ganz oben auf dem Treppchen und hielt mittlerweile schon den Weltrekord.

Die Mitteldeutsche bevorzugte noch den klassischen Straddle-

Mit ihr begann im Hochsprung neue Ära

Die Rumänin Iolanda Balas – hier 1964 beim Siegessprung in Tokio – hat den Frauenhochsprung entscheidend weitergebracht. Danach wagten sich auch andere an große Höhen.

stil, den sie allerdings meisterhaft beherrschte. 1974 überquerte sie damit die Weltrekordhöhe von 1,95 m und gewann dabei den EM-Titel in Rom. Als Europacupsiegerin 1975 sprang sie 1,94 m; im folgenden Jahr, und zwar im Mai 1976, kam die Frau mit dem überholten Stil inmitten lauter »Flopperinnen« auf 1,96 m. In Montreal reichten im Juli 1,93 m zum Olympiasieg.

Die Traumhöhe wurde dann im Jahr darauf gemeistert. Rosemarie Ackermann schaffte zunächst noch einmal 1,96 m, schraubte den Rekord dann beim Siegessprung im Europacupfinale in Helsinki am 14. August auf 1,97 m und bezwang beim ISTAF in Berlin am 26. August unter dem Jubel der Zuschauer die magischen zwei Meter. Sie beendete ihre größte Saison mit einem 1,98-m-Satz im September beim Weltcup in Düsseldorf und konnte sich dort als Bahnbrecherin feiern lassen.

Die »floppende Konkurrenz« hatte mittlerweile aber Boden gutgemacht, was die Weltrekordlerin auch zu spüren bekam. Bei der EM 1978 reichten ihr 1,99 m nur zur Silbermedaille; beim Europacup 1979 landete sie jedoch mit der gleichen Höhe vor ihrer Prager Bezwingerin Sara Simeoni; beim Weltcup, der im gleichen Jahr stattfand, wurde sie ein Opfer der Witterungsverhältnisse, als die weiche Kunststoffbahn beim Stemmschritt der Straddlerin immer wieder aufriß. Mit mageren 1,87 m blieb sie weit unter ihren Möglichkeiten.

Als sie in Moskau 1980 nur auf dem vierten Platz landete, deutete sich das Ende einer großartigen Karriere an. Die Konkurrenz im eigenen Lager und in der Welt war zu groß geworden. Ihr Rekordsprung – 25 Zentimeter höher als die eigene Körpergröße – bleibt in den Annalen der Leichtathletik aber ewig bestehen.

Italien feierte Sara Simeoni

Die Springerin, die das Ende der Ära Ackermann einläutete, war am 19. April 1953 in Rivoli bei Verona geboren worden und stieg zu einer Art italienischer Nationalheldin auf. »Sara nationale«, wie ihre Landsleute sie überschwenglich nennen, hatte mit fünfzehn Jahren eine Höhe von

Letzte Klassespringerin im alten Stil

Diese Studie der Mitteldeutschen Rosemarie Ackermann läßt die Ästhetik des als veraltet abgetanen Straddlestils erkennen. Der Höhenrausch der Mädchen scheint ja nur im Flop möglich.

Die Entwicklung des Speerwurf-Weltrekordes

46,74	Nan Gindele	USA	18. 6. 1932	Chicago
47,24	Anneliese Steinhäuer	D	21. 6. 1942	Frankfurt am Main
48,21	Herma Bauma	A	29. 6. 1947	Wien
48,63	Herma Bauma	A	12. 9. 1948	Wien
49,59	Natalja Smirnitskaja	SU	25. 7. 1949	Moskau
53,41	Natalja Smirnitskaja	SU	5. 8. 1949	Moskau
53,56	Nadjeschda Konjajewa	SU	5. 2. 1954	Leningrad
55,11	Nadjeschda Konjajewa	SU	22. 5. 1954	Kiew
55,48	Nadjeschda Konjajewa	SU	6. 8. 1954	Kiew
55,73	Dana Zatopkova	CS	1. 6. 1958	Prag
57,40	Anna Pazera	AUS	24. 7. 1958	Cardiff
57,49	Birute Zalogaitite	SU	30. 10. 1958	Tiflis
57,92	Elwira Osolina	SU	3. 5. 1960	Leselidse
59,55	Elwira Osolina	SU	4. 6. 1960	Bukarest
59,78	Elwira Osolina	SU	3. 7. 1963	Moskau
62,40	Jelena Gortschakowa	SU	16. 10. 1964	Tokio
65,06	Ruth Fuchs	DDR	11. 6. 1972	Potsdam
66,10	Ruth Fuchs	DDR	7. 9. 1973	Edinburgh
67,22	Ruth Fuchs	DDR	3. 9. 1974	Rom
69,12	Ruth Fuchs	DDR	10. 7. 1976	Berlin
69,32	Kathy Schmidt	USA	11. 9. 1977	Fürth
69,52	Ruth Fuchs	DDR	13. 6. 1979	Dresden
69,96	Ruth Fuchs	DDR	29. 4. 1980	Split
70,08	Tatjana Birjulina	SU	12. 7. 1980	Podolsk
71,88	Antoaneta Todorova	BG	15. 8. 1981	Zagreb
72,40	Tiina Lillak	SF	29. 7. 1982	Helsinki
74,20	Sofia Sakorafa	GR	26. 9. 1982	Kania
74,76	Tiina Lillak	SF	13. 6. 1983	Tampere

Die Entwicklung des Kugelstoß-Weltrekordes

9,57	Hilde Köppl (5 kg)	A	20. 6. 1926	Wien
14,38	Gisela Mauermayer (4 kg)	D	15. 7. 1934	Warschau
14,59	Tatjana Sewrukowa	SU	4. 8. 1948	Moskau
14,86	Klawdija Toschenowa	SU	30. 10. 1949	Tiflis
15,02	Anna Andrejewa	SU	9. 11. 1950	Ploesti
15,28	Galina Sybina	SU	26. 7. 1952	Helsinki
15,37	Galina Sybina	SU	20. 9. 1952	Frunze
15,42	Galina Sybina	SU	1. 10. 1952	Frunze
16,20	Galina Sybina	SU	9. 10. 1953	Malmö
16,28	Galina Sybina	SU	14. 9. 1954	Kiew
16,29	Galina Sybina	SU	5. 9. 1955	Leningrad
16,67	Galina Sybina	SU	15. 11. 1955	Tiflis
16,76	Galina Sybina	SU	15. 10. 1956	Taschkent
17,25	Tamara Press	SU	26. 4. 1959	Naltschik
17,42	Tamara Press	SU	16. 7. 1960	Moskau
17,78	Tamara Press	SU	13. 8. 1960	Moskau
18,55	Tamara Press	SU	10. 6. 1962	Leipzig
18,55	Tamara Press	SU	12. 9. 1962	Belgrad
18,59	Tamara Press	SU	19. 9. 1965	Kassel
18,67	Nadjeschda Tschischowa	SU	28. 4. 1968	Sotschi
18,87	Margitta Gummel	DDR	22. 9. 1968	Frankfurt/Oder
19,07	Margitta Gummel	DDR	20. 10. 1968	Mexico City
19,61	Margitta Gummel	DDR	20. 10. 1968	Mexico City
19,72	Nadjeschda Tschischowa	SU	30. 5. 1969	Moskau
20,09	Nadjeschda Tschischowa	SU	13. 7. 1969	Chorzow
20,10	Margitta Gummel	DDR	11. 9. 1969	Berlin
20,43	Nadjeschda Tschischowa	SU	16. 9. 1969	Athen
20,43	Nadjeschda Tschischowa	SU	29. 8. 1971	Moskau
21,03	Nadjeschda Tschischowa	SU	7. 9. 1972	München
21,20	Nadjeschda Tschischowa	SU	28. 8. 1973	Lwow
21,45	Nadjeschda Tschischowa	SU	29. 9. 1973	Warna
21,57	Helena Fibingerova	CS	21. 9. 1974	Gotwaldov
21,60	Marianne Adam	DDR	6. 8. 1975	Berlin
21,67	Marianne Adam	DDR	30. 5. 1976	Karl-Marx-Stadt
21,87	Iwanka Christowa	BG	4. 7. 1976	Belmeken
21,89	Iwanka Christowa	BG	5. 7. 1976	Belmeken
21,99	Helena Fibingerova	CS	26. 9. 1976	Opava
22,32	Helena Fibingerova	CS	20. 8. 1977	Nitra
22,36	Ilona Slupianek	DDR	2. 5. 1980	Celje
22,45	Ilona Slupianek	DDR	11. 5. 1980	Potsdam

1,55 m übersprungen und mit siebzehn erstmals den Landesrekord verbessert.
Die 1,71 m vom 9. Mai 1970 bedeuteten den Anfang eines wahren Höhenrausches der zierlichen Italienerin, der am 4. August 1978 in Brescia bei 2,01 m endete. Vor diesem Rekordsprung nahm die ausgezeichnete Flopperin den folgenden Weg: 1974 EM-Dritte mit 1,89 m; 1975 Vierte der Hallen-EM mit 1,80; 1976 Olympiazweite mit 1,91 m; 1977 Hallen-Europameisterin mit 1,92 m; 1978 Hallen-Europameisterin mit 1,94 m. Bei der EM in Prag schaffte sie noch einmal 2,01 m und wurde Titelträgerin vor Rosemarie Ackermann.
Nach verletzungsbedingten Rückschlägen im Jahre 1979 krönte sie ihre Karriere 1980 mit dem Olympiasieg von Moskau, wo 1,97 m zur Goldmedaille reichten. Im folgenden Jahr war sie wieder stark gehandicapt und konnte auch 1982 bei der EM in Athen nicht mehr ganz nach vorn kommen. Mit der Bronzemedaille endete dann ihre Karriere, denn 1983 mußte sie verletzungsbedingt vorzeitig die Waffen strecken.

Durch alle Höhen und Tiefen: Ulrike Meyfarth

Das Bild wird allen Zuschauern im Stadion und am Bildschirm in Erinnerung bleiben: Ein sechzehnjähriges Mädchen floppt über die Weltrekordhöhe von 1,92 m und wird damit Olympiasiegerin. Das geschah am 4. September 1972 in München. Zehn Jahre später springt diese Athletin bei der Europameisterschaft in Athen mit 2,02 m ebenfalls Weltrekord und wird damit Europameisterin. Das geschah am 8. September 1982.
Zehn Jahre und zehn Zentimeter Unterschied – was sich so simpel anhört, ist die komplizierte Geschichte der Ulrike Meyfarth, geboren am 4. Mai 1956 in Frankfurt, aufgewachsen in Köln-Rodenkirchen, wo sie zur Schule ging, als Olympia rief.
Nach dem Triumph von München erzählte sie den Reportern, sie habe als Zwölfjährige Dick Fosbury und seinen Flop im Fernsehen bewundert und gedacht: »Das muß dir doch auch Spaß machen.« So begann sie zu trainieren, zu springen und zu siegen. Mit vierzehn sprang sie bereits 1,68 m, ein Jahr später sogar schon 1,80 m und fuhr dann als Fünfzehnjährige zur EM der Senioren nach Helsinki.
Drei Wochen vor München stand sie nach einem 1,85-m-Sprung in der Weltklasse, die erst merkte, was mit dem langhaarigen Mädchen los war, als sie das Spiel schon verloren hatte. Ulrike schaffte im Olympiastadion alle Höhen im ersten Versuch: 1,65 – 1,71 – 1,76 – 1,81 – 1,85 m. Dann lagen 1,88 m auf, über die erst fünf Springerinnen in der Welt gekommen waren. Auch darüber floppte Ulrike Meyfarth im ersten Versuch. Die nächste Höhe von 1,90 m mußte sie zweimal versuchen, dann floppte sie auch noch über die 1,92 m – das Stadion stand kopf. Danach kam, was kommen mußte. Die Öffentlichkeit forderte ihren Tribut von der jungen Olympiasiegerin, maß sie nur noch an der Leistung von München und wollte eine siegende Ulrike Meyfarth sehen.
Immerhin konnte die für den ASV Köln startende Schülerin 1973 Deutsche Meisterin und Zweite der Junioren-EM werden; ihre beste Höhe betrug indes nur noch 1,83 m. Ein Formtief als Folge von Verletzungen erbrachte für 1974 Platz sieben bei der EM und eine Jahresbestleistung von 1,85 m. Man begann, an ihrem Image zu kratzen.

Die Katastrophe von Montreal

Im Jahr ihres Abiturs, 1975, wurde sie erneut Deutsche Meisterin und kam beim Europacupfinale mit 1,92 m wieder auf ihre Mün-

Die fehlende Konkurrenz war ihr egal
Sara Simeoni jubelt bei den Olympischen Spielen von Moskau über ihren 1,97-m-Sprung, der ihr Gold einbrachte. Daß die starken Springerinnen aus dem Westen fehlten, war ihr egal.

Die Entwicklung des Fünfkampf-Weltrekordes

4155	Gisela Mauermayer	D	9./11. 8. 1934	London
4391	Gisela Mauermayer	D	16./17. 7. 1938	Stuttgart

Dieser oben angeführte Fünfkampf bestand aus Kugelstoßen, Weitsprung, 100 m, Hochsprung und Speerwerfen. Die Punktezahlen sind nach der Wertungstabelle von 1954 umgerechnet.

4692	Fanny Blankers-Koen	NL	15./16. 9. 1951	Amsterdam
4704	Aleksandra Tschudina	SU	8./ 9. 8. 1953	Bukarest
4747	Nina Martynenko	SU	6./ 7. 7. 1955	Leningrad
4750	Aleksandra Tschudina	SU	6./ 7. 9. 1955	Moskau
4767	Nina Winogradowa	SU	11./12. 8. 1956	Moskau
4846	Galina Bystrowa	SU	15./16. 10. 1957	Odessa
4872	Galina Bystrowa	SU	1./ 2. 11. 1958	Tiflis
4880	Irina Press	SU	13./14. 9. 1959	Krasnodar
4902	Irina Press	SU	21./22. 5. 1960	Tula
4959	Irina Press	SU	25./26. 6. 1960	Tula
4972	Irina Press	SU	17./18. 10. 1960	Kiew

Dieser »neue« Fünfkampf bestand in dieser Reihenfolge aus Kugelstoßen, Hochsprung, 200 m und am nächsten Tag 80 m Hürden sowie Weitsprung. Die Reihenfolge des Fünfkampfes wurde ab 1961 wie folgt geändert: 1. Tag 80 m Hürden, Kugelstoßen, Hochsprung. 2. Tag: Weitsprung, 200 m. Mit dieser Reihenfolge wurde der Weltrekord wie folgt verbessert:

5137	Irina Press	SU	8./ 9. 10. 1961	Tiflis
5246	Irina Press	SU	16./17. 10. 1964	Tokio

Seit 1969 wurde im Fünfkampf die neue 100-m-Hürdenstrecke statt bisher 80 m Hürden gelaufen. Die Reihenfolge des Fünfkampfes blieb die gleiche: 100 m Hürden, Kugelstoßen, Hochsprung, und am zweiten Tag Weitsprung sowie 200 m.

5352	Liese Prokop	A	4./ 5. 10. 1969	Wien
5406	Burglinde Pollak	DDR	5./ 6. 9. 1970	Erfurt

Ab 1972 wird eine neue Fünfkampfwertung angewandt, die in der Spitze etwa 700 Punkte weniger ergibt als die bisher übliche Wertung seit 1954.

4801	Mary Peters	GB	2./ 3. 9. 1972	München
4831	Burglinde Pollak	DDR	12. 8. 1973	Sofia
4932*	Burglinde Pollak	DDR	22. 9. 1973	Bonn
4839	Nadjeschda Tkatschenko	SU	18. 9. 1977	Lille
5083	Nadjeschda Tkatschenko	SU	24. 7. 1980	Moskau

Die fünf Übungen wurden seit 1973 an einem Tag ausgetragen. Mit Beginn der Saison 1981 wurde der Fünfkampf zum Siebenkampf erweitert. Am ersten Tag werden ausgetragen: 100 m Hürden, Kugelstoßen, Hochsprung und 200 m, am zweiten folgen Weitsprung, Speerwerfen und 800 m.

Die bisherige Rekordentwicklung

6621	Ramona Neubert	DDR	23./24. 5. 1981	Halle
6716	Ramona Neubert	DDR	27./28. 7. 1981	Kiew
6772	Ramona Neubert	DDR	19./20. 6. 1982	Halle
6836	Ramona Neubert	DDR	12./13. 6. 1983	Moskau
6867	Sabine Paetz	DDR	5./ 6. 5. 1984	Potsdam

* später aberkannt

chener Siegeshöhe. Das reichte zwar nur zu Platz zwei hinter Rosi Ackermann, deutete aber einen Aufschwung an. Mehr Schlagzeilen gab es für sie in diesem Jahr, weil ein paar lächerliche Punkte im Rahmen des Numerus clausus ihre Zulassung zum Sportstudium verhinderten, ein Fall, der die Stellung des Hochleistungssportlers in unserer Gesellschaft beleuchtete und zu einem Politikum geriet.

Ab 1976 durfte sie ihr Studium an der Sporthochschule in Köln aufnehmen – nach dem absoluten Tiefpunkt ihrer sportlichen Laufbahn. Im Olympiastadion von Montreal war die Titelverteidigerin bereits an der Qualifikationshöhe von 1,80 m gescheitert und vorzeitig ausgeschieden. Es folgte, was Ulrike Meyfarth später als ihr schlimmstes Jahr bezeichnete. Man stellte sie einfach ins Abseits, die Münchener Meriten waren vergessen.

Die Karriere der Olympiasiegerin schien 1977 in der Tat beendet, als Brigitte Holzapfel den DLV-Rekord auf 1,93 m schraubte und Ulrike Meyfarth nirgendwo zu sehen war. Die bereitete sich indes in anderer Umgebung auf große Taten vor. Bei ihrem neuen Klub TuS 04 Leverkusen fand sie in Gerd Osenberg einen Trainer, der schon eine Heide Rosendahl zu höchstem Ruhm geführt hatte. 1978 nahm sie den Kampf mit ihrer vermeintlichen Nachfolgerin Brigitte Holzapfel auf und sprang mit 1,95 m deutschen Rekord. Diese konterte bei der EM in Prag mit der gleichen Höhe und kam damit auf einen Medaillenrang, während Ulrike Meyfarth bei übersprungenen 1,91 m nur Platz fünf blieb.

1979 war wieder ein schweres Jahr für die Sportstudentin Meyfarth, die auch 1980 mit ihrer Bestleistung von 1,94 m in Moskau keine Bäume ausgerissen hätte. Im Jahr danach erschien eine als Sportlerin und Persönlichkeit gereifte Ulrike Meyfarth auf der Bildfläche, die sich nun endgültig im Kreis der besten Hochspringerinnen der Welt etablierte. Sie wurde zum fünften Mal Deutsche Meisterin und verbesserte den DLV-Rekord auf 1,96 m.

Nervenstark wie in München

Im Kampf mit den besten Springerinnen auf internationaler Ebene zeigte sie sich nervenstark wie bei ihrem Olympiasieg in München. Im Europacupfinale lag sie mit 1,94 m vorn, beim Weltcup in Rom endete der Höhenpoker gegen Tamara Bykowa mit der Siegeshöhe von 1,96 m. Die Statistiker verzeichneten am Ende dieser Saison dreizehn Sprünge von 1,90 m und mehr, sechs davon lagen bei 1,94 m.

Die EM-Saison 1982 startete sie gleich mit einem Paukenschlag. Bei den Hallentitelkämpfen in Mailand floppte sie über 1,99 m und belegte damit Platz vier in der ewigen Bestenliste im Hochsprung. Durch weitere Klassesprünge in der Freiluftsaison gestärkt, fuhr sie zur EM nach Athen, wo im Kampf gegen Sara Simeoni und Tamara Bykowa der 2,02-m-Sprung gelang, der nicht nur den Weltrekord der Italienerin auslöschte, sondern das neue Bild der Ulrike Meyfarth endgültig bestätigte. Beobachter hatten den Eindruck, daß erst mit dem Athener Erfolg die Schatten einer unglücklichen Vergangenheit von ihr genommen waren.

Der Endkampf um die Goldmedaille bei der WM in Helsinki bewies das nachdrücklich: Man sah eine selbstbewußte Unterlegene, eine Ulrike Meyfarth, die auf ihre 1,99 m und die Silbermedaille stolz war und sich vor Reaktionen der erwartungsvollen Medien nicht mehr fürchtete. Ein paar Tage später sprang sie beim Europacupfinale in London wieder Weltrekord – und freute sich, als ihre Helsinki-Bezwingerin und gute Freundin Tamara Bykowa nur Minuten später ebenfalls über diese 2,03 m kam.

Die zweieinhalb Jahre jüngere Journalistik-Studentin aus der UdSSR setzte den Saisonschluß-

Nach dem Tief in neue Dimensionen

Ulrike Meyfarth gehört wegen ihres langen Werdegangs in der Weltspitze zu den beliebtesten Leichtathletinnen in der Bundesrepublik. Dreimal in Folge wurde sie »Sportlerin des Jahres«.

LIESEL WESTERMANN SETZT NEUE MASSSTAEBE

Strumpfhersteller entdeckten ihre Beine

Die ansehnlichen Beine der Weltrekordlerin und Vizeweltmeisterin lockten auch die Werbung. Unter anderem fließt das Honorar in den DLV-Fonds, der auch dem Breitensport zugute kommt.

punkt vier Tage darauf in Pisa, als sie vor der Mini-Kulisse von knapp tausend Zuschauern auch noch die 2,04 m überquerte und mit diesem Weltrekord als moralischer Stütze ins Olympiajahr gehen konnte. Für die Weltmeisterin war es der fünfte Wettkampf dieser Saison jenseits der zwei Meter, die mit dem Hallenweltrekord von 2,03 m Anfang März in Budapest begonnen hatte. Der 1,78 m große blonde Wuschelkopf ist zehn Zentimeter kleiner als Ulrike Meyfarth, versprach ihr aber einen großen Kampf in Los Angeles … der dann doch nicht stattfand.

Bei Olympia im Pech: Liesel Westermann

Seit den Vorkriegsleistungen einer Gisela Mauermayer waren bis in die 60er Jahre in den Weltrekordlisten der Kraftübungen Kugelstoßen und Diskuswerfen ausschließlich russische Namen verzeichnet, am häufigsten der von Tamara Press, der einen Hälfte der legendären »Press-Brothers« aus der Sowjetunion. Deren Leistung wurde mit einem Schlag am 5. November 1967 ausgelöscht, als die DLV-Athletin Liesel Westermann bei einer Südamerikareise in São Paulo mit dem ersten Wurf einer Frau über die 60-m-Grenze ein neues Zeitalter im Diskuswerfen einläutete.
Die am 2. November 1944 in Sulingen (Niedersachsen) geborene Sportlerin startete zunächst für ihren Heimatklub TuS Sulingen. Bei den Deutschen Junioren-Meisterschaften 1963 schaffte sie im Kugelstoßen 13,99 m und Platz zwei, bei den Seniorinnen kam sie im gleichen Jahr mit 13,88 m auf Rang vier. Im Diskuswerfen wurde sie jeweils Vizemeisterin, wobei ihr bei der Deutschen Meisterschaft der »Großen« mit 50,16 m eine international beachtliche Weite gelang.
Auch 1964 startete sie noch in der Juniorenklasse, konnte sich aber nicht weiter steigern. Bei den Olympiaausscheidungen landete die mittlerweile zu Hannover 96 gewechselte Diskuswerferin nur auf dem achten Rang.
In den folgenden Jahren steigerte

I. Weltmeisterschaften in Helsinki (August 1983)

HERREN						
100 m:						
	1. Carl Lewis USA	10,07	2. Calvin Smith USA	10,21	3. Emmit King USA	10,24
200 m:						
	1. Calvin Smith USA	20,14	2. Elliott Quow USA	20,41	3. Pietro Mennea I	20,51
400 m:						
	1. Bert Cameron JM	45,05	2. Michael Franks USA	45,22	3. Sunder Nix USA	45,24
800 m:						
	1. Willi Wülbeck D	1:43,65	2. Rob Druppers NL	1:44,20	3. Joaquim Cruz BR	1:44,27
1500 m:						
	1. Steve Cram GB	3:41,59	2. Steve Scott USA	3:41,87	3. Said Aouita MA	3:42,02
5000 m:						
	1. Eamon Coghlan IRL	13:28,53	2. Werner Schildhauer DDR	13:30,20	3. Martti Vainio SF	13:30,34
10 000 m:						
	1. Alberto Cova I	28:01,04	2. Werner Schildhauer DDR	28:01,18	3. Hansjörg Kunze DDR	28:01,26
110 m Hürden:						
	1. Greg Foster USA	13,42	2. Arto Brygarre SF	13,46	3. Willie Gault USA	13,48
400 m Hürden:						
	1. Edwin Moses USA	47,50	2. Harald Schmid D	48,61	3. Aleksandr Scharlow SU	49,03
3000 m Hindernis:						
	1. Patriz Ilg D	8:15,06	2. Boguslaw Maminski PL	8:17,03	3. Colin Reitz GB	8:17,75
Marathon:						
	1. Robert de Castella AUS	2:10:03	2. Kebede Balcha ETH	2:10:27	3. Waldemar Cierpinsky DDR	2:10:37
20 km Gehen:						
	1. Ernesto Canto MEX	1:20:49	2. Jozef Pribilinec CS	1:20:59	3. Jewgeni Jewsjukow SU	1:21:08
50 km Gehen:						
	1. Ronald Weigel DDR	3:43:08	2. José Marin E	3:46:42	3. Sergej Jung SU	3:49:03
4 × 100 m:						
	1. USA	37,86	2. Italien	38,37	3. UdSSR	38,41
4 × 400 m:						
	1. UdSSR	3:00,79	2. Deutschland	3:01,83	3. Großbritannien	3:03,53
Hochsprung:						
	1. Gennadi Awdejenko SU	2,32	2. Tyke Peacock USA	2,32	3. Zhu Jianhua TJ	2,29
Weitsprung:						
	1. Carl Lewis USA	8,55	2. Jason Grimes USA	8,29	3. Mike Conley USA	8,12
Stabhochsprung:						
	1. Sergej Bubka SU	5,70	2. Konstantin Wolkow SU	5,60	3. Atanas Tarev BG	5,60
Dreisprung:						
	1. Zdzislaw Hoffmann PL	17,42	2. Willie Banks USA	17,18	3. Ajayi Agbebaku WAN	17,18
Kugelstoßen:						
	1. Edward Sarul PL	21,39	2. Ulf Timmermann DDR	21,16	3. Remigius Machura CS	20,98
Diskuswerfen:						
	1. Imrich Bugar CS	67,72	2. Luis Delis C	67,36	3. Geza Valent CS	66,08
Hammerwerfen:						
	1. Sergej Litwinow SU	82,68	2. Zdzislaw Kwasny PL	81,54	3. Juri Sedych SU	80,94
Speerwerfen:						
	1. Detlef Michael DDR	89,48	2. Tom Petranoff USA	85,60	3. Dainis Kula SU	85,58
Zehnkampf:						
	1. Daley Thompson GB	8666	2. Jürgen Hingsen D	8561	3. Siegfried Wentz D	8478

sie sich kontinuierlich und setzte im DLV-Bereich vor allem im Diskuswerfen neue Maßstäbe. Nachdem 1966 vor den Europameisterschaften in Budapest die dubiosen Press-Schwestern aus der Leichtathletikszene verschwinden mußten, war der Weg frei für Werferinnen ohne Dopingmuskeln. Liesel Westermann beendete den EM-Wettkampf mit der Silbermedaille und großartigen 57,38 m.
Ab 1967 startete sie für TuS 04 Leverkusen und legte im frühen Stadium der Saison am 21. Juni beim »Olympischen Tag« in Berlin 57,98 m vor, mit denen sie die starke DDR-Elite besiegte. Beim Europacupfinale in Kiew landete sie nur auf dem vierten Rang, zeigte dann aber auf der Südamerika-Reise ausgezeichnete Spätform. Ihr Diskus flog in São Paulo auf 61,26 m, was in Ost und West fast euphorische Reaktionen auslöste. Die amerikanische Helms-Stiftung verlieh ihr als erster Athletin 1967 den Titel »Sportlerin Europas«.
Im Olympiajahr 1968 jagte sie der zwischenzeitlichen Weltbesten Christine Spiegelberg den Rekord wieder ab, hatte dann aber in Mexiko ausgesprochenes Pech. Sie mußte alle Versuche während eines Gewitterregens absolvieren, war in dieser Phase auch beste Werferin, aber die Rumänin Lia Manoliu konnte vorher einmal im Trockenen werfen und lag am Ende knapp vor der deutschen »Diskus-Liesel«. Die Silbermedaillengewinnerin von 1968 wurde im Jahr darauf durch den Teilboykott der EM um eine anscheinend sichere Goldmedaille gebracht. Zweimal hatte sie den Weltrekord in diesem Sommer 1969 noch gesteigert, zuletzt ganz knapp an die 64-m-Marke (→ Übersicht). Insgesamt betrug ihre Steigerung in dieser Disziplin innerhalb von knapp zwei Jahren 4,26 m.
Vor der EM 1971 in Helsinki forcierte Liesel Westermann ihr Pädagogik-Studium; das Training war nicht mehr so intensiv wie vorher. Doch in der finnischen Hauptstadt gewann sie erneut EM-Silber hinter der Sowjetrussin Faina Melnik, die mit Argentina Menis (Rumänien) in den nächsten Jahren das Geschehen im Diskusring bestimmen sollte. Beiden lieferte Liesel Westermann im nächsten Jahr in München einen großen Kampf. Ihr bester Versuch, der über der 65-m-Marke lag, wurde nach etlichen Diskussionen des Kampfgerichts ungültig gegeben; mit 62,18 m wurde sie unter Wert Fünfte. Schließlich hatte sie den besten Wurf ihrer Karriere mit 64,96 m erst am 12. August in Zürich getan. Die Wahl-Leverkusenerin blieb dem DLV noch bis 1976 als Länderkampfteilnehmerin treu; mit 51 Berufungen ist sie bis heute diejenige, die am häufigsten für den DLV startete.

DAMEN

100 m:		
1. Marlies Göhr DDR 10,97	2. Marita Koch DDR 11,02	3. Diane Williams USA 11,06
200 m:		
1. Marita Koch DDR 22,13	2. Merlene Ottey JM 22,19	3. Kathryn Cook GB 22,37
400 m:		
1. Jarmila Kratochvilova CS 47,99	2. Tatjana Kocembova CS 48,59	3. Maria Pinigina SU 49,18
800 m:		
1. Jarmila Kratochvilova CS 1:54,68	2. Ljubow Gurina SU 1:56,11	3. Jekaterina Podkopajewa SU 1:57,58
1500 m:		
1. Mary Decker USA 4:00,90	2. Samira Saitsewa SU 4:01,19	3. Jekaterina Podkopajewa SU 4:02,25
3000 m:		
1. Mary Decker USA 8:34,62	2. Brigitte Kraus D 8:35,11	3. Tatjana Kasankina SU 8:35,13
100 m Hürden:		
1. Bettina Jahn DDR 12,35	2. Kerstin Knabe DDR 12,42	3. Ginka Zagortcheva BG 12,62
400 m Hürden:		
1. Jekaterina Fessenko SU 54,14	2. Anna Ambrosiene SU 54,15	3. Ellen Fiedler DDR 54,55
4 × 100 m:		
1. DDR 41,76	2. Großbritannien 42,71	3. Jamaika 42,73
4 × 400 m:		
1. DDR 3:19,73	2. ČSSR 3:20,32	3. UdSSR 3:21,16
Marathon:		
1. Grete Waitz N 2:28:08	2. Marianne Dickerson USA 2:31:08	3. Raisa Smechnowa SU 2:31:12
Hochsprung:		
1. Tamara Bykowa SU 2,01	2. Ulrike Meyfarth D 1,99	3. Louise Ritter USA 1,95
Weitsprung:		
1. Heike Daute DDR 7,27	2. Anisoara Cusmir R 7,15	3. Carol Lewis USA 7,04
Kugelstoßen:		
1. Helena Fibingerova CS 21,05	2. Helma Knorscheidt DDR 20,70	3. Ilona Slupianek DDR 20,56
Diskuswerfen:		
1. Martina Opitz DDR 68,94	2. Galina Muraschowa SU 67,44	3. Maria Petkows BG 66,44
Speerwerfen:		
1. Tiina Lillak SF 70,82	2. Fatima Whitebread GB 69,14	3. Anna Verouli GR 65,72
Siebenkampf:		
1. Ramona Neubert DDR 6714	2. Sabine Paetz DDR 6662	3. Anke Vater DDR 6532

Die »Diskus-Liesel« begeisterte oft
Liesel Westermann genoß nicht zuletzt wegen ihrer fraulichen Ausstrahlung im Kreis der gewichtigen Wurfathletinnen viel Popularität.

SIEBEN GOLDMEDAILLEN IN TURIN . . .

Das Glamour-Girl der Aschenbahn

Jutta Heine, die hier bei der EM 1962 letzte Vorbereitungen zum Start trifft, galt wegen ihrer Ausstrahlung als Glamour-Girl der deutschen Leichtathletik.

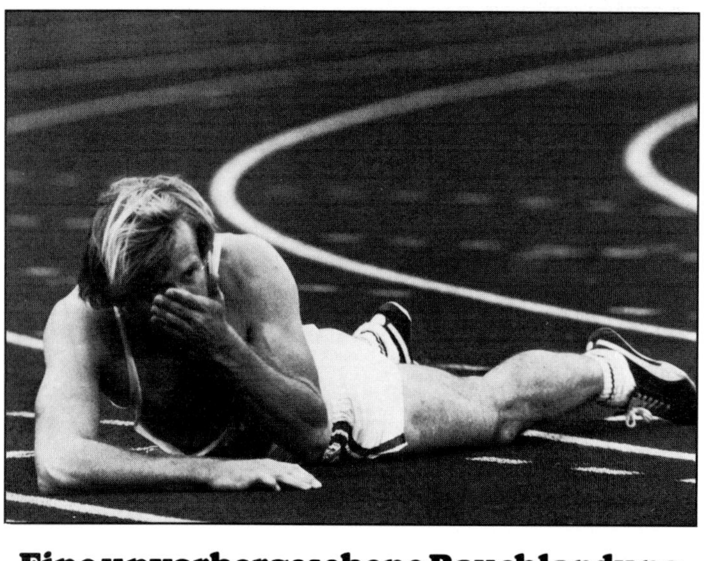

Eine unvorhergesehene Bauchlandung

Auf die Nase gefallen ist Gerhard Wucherer nach einem – fast mißglückten – Wechsel im Halbfinale der Olympiawettbewerbe von München. Ein Jahr zuvor war er Vize-Europameister geworden.

Die Medaillen-Gewinner des DLV bei Europameisterschaften*

TURIN 1934

Gold:

Adolf Metzner (Eintracht Frankfurt) im 400-m-Lauf in 47,9 Sekunden; Hans Scheele (Polizei SV Hamburg) über 400 m Hürden in 53,2 Sekunden; Wilhelm Leichum (Stettiner SC) im Weitsprung mit 7,45 m; Gustav Wegner (VfL 1896 Halle) im Stabhochsprung mit 4,00 m; Hans-Heinrich Sievert (Eimsbütteler TV) im Zehnkampf mit 8103,245 Punkten nach damaliger Wertung; 4-x-100-m-Staffel der Herren mit Egon Schein (HSV), Erwin Grillmeister (Germania Stolp), Gerd Hornberger (Eintracht Frankfurt) und Erich Borchmeyer (Eintracht Frankfurt) in 41,0 Sekunden; 4-x-400-m-Staffel der Herren mit Helmut Hamann (Allianz-SV Berlin), Hans Scheele (Polizei SV Hamburg), Harry Voigt (DSC Berlin) und Adolf Metzner (Eintracht Frankfurt) in 3:41,1 Minuten.

Silber:

Erich Borchmeyer (Eintracht Frankfurt) über 100 m in 10,6 Sekunden nach Zielfotoentscheid; Erwin Wegner (TSV Schöneberg) im 110-m-Hürdenlauf in 14,8 Sekunden.

Bronze:

Wolfgang Dessecker (Kickers Stuttgart) über 800 m in 1:52,2 Minuten; Luz Long (LSC Leipzig) im Weitsprung mit 7,25 m.

PARIS (Herren) 1938

Gold:

Rudolf Harbig (Dresdner SC) über 800 m in 1:50,6 Minuten; Wilhelm Leichum (DSC Berlin) im Weitsprung mit 7,65 m; Karl Sutter (FC Freiburg) im Stabhochsprung mit 4,05 m; Willy Schröder (Polizei SV Berlin) im Diskuswerfen mit 49,70 m; Karl Hein (SV St. Georg Hamburg) im Hammerwerfen mit 58,77 m; 4-x-100-m-Staffel mit Manfred Kersch (Allianz-SV Frankfurt), Gerd Hornberger (Eintracht Frankfurt), Karl Neckermann (Post SV Mannheim) und Jakob Scheuring (TB Ottenau) in 40,9 Sekunden; 4-x-400-m-Staffel mit Hermann Blacejezak (Hannover 96), Manfred Bues (SCC Berlin), Erich Linnhoff (LSV Berlin) und Rudolf Harbig (Dresdner SC) in 3:13,6 Minuten.

Silber:

Jakob Scheuring (TB Ottenau) über 200 m in 21,6 Sekunden; Ludwig Kaindl (Jahn München) im 3000-m-Hindernislauf in 9:19,2 Minuten; Herbert Dill (Reichsbahn SV Berlin) im 50-km-Gehen in 4:43:54 Stunden; Erwin Blask (BSC Berlin) im Hammerwerfen mit 57,34 m; Gerhard Stöck (SSC Berlin) im Kugelstoßen mit 15,59 m.

Bronze:

Erich Linnhoff (LSV Berlin) über 400 m in 48,8 Sekunden; Max Syring (KTV Wittenberg) über 10 000 m in 30:57,8 Minuten; Luz Long (LSC Leipzig) im Weitsprung mit 7,56 m; Karl Kotratschek (Weiß-Rot-Weiß Wien) im Dreisprung mit 14,73 m; Hans Woellke (Polizei SV Berlin) im Kugelstoßen mit 15,52 m.

WIEN (Damen) 1938

Gold:

Irmgard Praetz (Germania Jahn Salzwedel) im Weitsprung mit 5,88 m; Lisa Gelius (Jahn München) im Speerwerfen mit 45,58 m; Gisela Mauermayer (TSV Neuhausen-Nymphenburg München) im Diskuswerfen mit 44,80 m; Hermine Schröder (VT Mundenheim) im Kugelstoßen mit 13,29 m; 4-x-100-m-Staffel mit Josefine Kohl (Post SV Frankfurt), Käthe Krauß (Dresdner SC), Emmy Albus (SCC Berlin) und Ida Kühnel (MTV 1879 München) in 46,8 Sekunden.

Silber:

Käthe Krauß (Dresdner SC) über 100 m in 12,0 und 200 m in 24,4 Sekunden; Lisa Gelius (Jahn München) über 80 m Hürden in 11,7 Sekunden; Susanne Pastoors (TiB Berlin) im Speerwerfen mit 44,14 m; Hilde Sommer (VfB Reslau) im Diskuswerfen mit 40,95 m; Gisela Mauermayer (TSV Neuhausen-Nymphenburg München) im Kugelstoßen mit 13,27 m.

Bronze:

Gisela Voß (BT Berlin) im Weitsprung mit 5,47 m; Feodora Gräfin Solms (MTV Wünsdorf) im Hochsprung mit 1,64 m; Luise Krüger (Dresdner SC) im Speerwerfen mit 42,49 m; Paula Mollenhauer (SV St. Georg Hamburg) im Diskuswerfen mit 39,81 m.

BERN 1954

Gold:

Heinz Fütterer (Karlsruher SC) im 100-m-Lauf in 10,5 und im 200-m-Lauf in 20,9 Sekunden.

Silber:

Anneliese Seonbuchner (1. FC Nürnberg) über 80 m Hürden in 11,2 Sekunden; Maria Sander (SuS Dinslaken) im Fünfkampf mit 4485 Punkten; 4-x-100-m-Staffel der Damen mit Irmgard Egert (Eintracht Frankfurt), Charlotte Böhmer (OSV Hörde), Irene Brütting (Weiß-Blau Frankfurt) und Maria Sander (SuS Dinslaken) in 46,3 Sekunden; 4-x-400-m-Staffel der Herren mit Hans Geister (Marathon Krefeld), Helmut Dreher (Rot-Weiß Koblenz), Heinz Ulzheimer (Eintracht Frankfurt) und Karl-Friedrich Haas (1. FC Nürnberg) in 3:08,8 Minuten.

Bronze:

Berthold Steines (Rot-Weiß Koblenz) über 110 m Hürden in 14,7 Sekunden; Heinz Oberbeck (ASV Köln) im Zehnkampf mit 6263 Punkten; Maria Sturm (1. FC Nürnberg) im Fünfkampf mit 4357 Punkten.

*1946 in Oslo und 1950 in Brüssel waren deutsche Teilnehmer nicht zugelassen.

Freude über die Bronzemedaille

Heinz Fütterer, Manfred Germar und Lothar Knörzer freuen sich 1956 über Olympia-Bronze.

. . . UND DEREN ACHT IN ATHEN

STOCKHOLM 1958

Gold:

Armin Hary (Bayer 04 Leverkusen) über 100 m in 10,3 Sekunden; Manfred Germar (ASV Köln) über 200 m in 21,0 Sekunden; Martin Lauer (ASV Köln) über 110 m Hürden in 13,7 Sekunden; Liesel Jakobi (ATSV Saarbrücken) im Weitsprung mit 6,14 m; Marianne Werner (SC Greven 09) im Kugelstoßen mit 15,74 m; 4-x-100-m-Staffel der Herren mit Walter Mahlendorf (Hannover 96), Armin Hary (Bayer 04 Leverkusen), Heinz Fütterer (Karlsruher SC) und Manfred Germar in 40,2 Sekunden.

Silber:

Manfred Germar über 100 m in 10,4 Sekunden; Zenta Kopp (München 1860) im 80-m-Hürdenlauf in 10,9 Sekunden; 4-x-400-m-Staffel der Herren mit Carl Kaufmann (Karlsruher SC), Manfred Poerschke (OSV Hörde), Johannes Kaiser (VfL Wolfsburg) und Karl-Friedrich Haas (1. FC Nürnberg) in 3:08,2 Minuten.

Bronze:

Karl-Friedrich Haas (1. FC Nürnberg) über 400 m in 47,0 Sekunden; Paul Schmidt (OSV Hörde) über 800 m in 1:47,9 Minuten; Hans Hüneke (VfL Wolfsburg) über 3000 m Hindernis in 8:43,6 Minuten; Jutta Neumann (OSC Berlin) im Speerwerfen mit 50,50 m; Kriemhild Hausmann (Preußen Krefeld) im Diskuswerfen mit 50,99 m; Edeltraut Eiberle (TG Trossingen) im Fünfkampf mit 4545 Punkten.

BELGRAD 1962

Gold:

Jutta Heine (ASV Köln) über 200 m in 23,5 Sekunden; 4-x-100-m-Staffel der Herren mit Klaus Ulonska (ASV Köln), Peter Gamper (Salamander Kornwestheim), Hans-Joachim Bender (Eintracht Frankfurt) und Manfred Germar (ASV Köln) in 39,5 Sekunden; 4-x-400-m-Staffel der Herren mit Johannes Schmitt (ASV Köln), Wilfried Kindermann (USC Heidelberg), Hans-Joachim Reske (Bayer Leverkusen) und Manfred Kinder (Wuppertaler SV) in 3:05,8 Minuten.

Silber:

Manfred Kinder (Wuppertaler SV) über 400 m in 46,1 Sekunden; Jörg Neumann (ASV Berlin) über 400 m Hürden in 50,3 Sekunden; Werner von Moltke (Stuttgarter Kickers) im Zehnkampf mit 8022 Punkten; Jutta Heine (ASV Köln) über 100 m in 11,3 Sekunden; 4-x-100-m-Staffel der Damen mit Erika Fisch (Hannover 96), Martha Pensberger-Langbein (München 1860), Maren Collin (Wuppertaler SV) und Jutta Heine (ASV Köln) in 44,6 Sekunden.

Bronze:

Peter Gamper (Salamander Kornwestheim) über 100 m in 10,4 Sekunden; Hans-Joachim Reske (Bayer Leverkusen) über 400 m in 46,4 Sekunden; Paul Schmidt (OSV Hörde) über 800 m in 1:51,2 Minuten; Helmut Janz (VfL Gladbeck) über 400 m Hürden in 50,5 Sekunden; Manfred Bock (Hamburger SV) im Zehnkampf mit 7835 Punkten; Erika Fisch (Hannover 96) über 80 m Hürden in 10,6 Sekunden; Helga Hoffmann (ATSV Saarbrücken) im Fünfkampf mit 4676 Punkten.

BUDAPEST 1966

Gold:

Bodo Tümmler (SCC Berlin) über 1500 m in 3:41,9 Minuten; Werner von Moltke (USC Mainz) im Zehnkampf mit 7740 Punkten.

Silber:

Franz-Josef Kemper (Preußen Münster) über 800 m in 1:46,6 Minuten; Harald Norpoth (Preußen Münster) über 5000 m in 13:44,0 Minuten; Hinrich John (Hannover 96) über 110 m Hürden in 14,0 Sekunden; Gerhard Loßdörfer (Hessen Kassel) über 400 m Hürden in 50,3 Sekunden; Jörg Mattheis (USC Mainz) im Zehnkampf mit 7614 Punkten; 4-x-400-m-Staffel der Herren mit Fritz Roderfeld (RW Oberhausen), Jens Ulbricht (SV St. Georg Hamburg), Rolf Krüsmann (VfL Bochum) und Manfred Kinder (Wuppertaler SV) in 3:08,4 Minuten; Karin Frisch (Salamander Kornwestheim) über 80 m Hürden in 10,7 Sekunden; Liesel Westermann (Hannover 96) im Diskuswerfen mit 57,33 m; Heide Rosendahl (TuS 04 Leverkusen) im Fünfkampf mit 4765 Punkten; 4-x-100-m-Staffel der Damen mit Renate Meyer-Rose (Hannover 96), Hannelore Trabert-Swient (OSC Berlin), Karin Frisch (Salamander Kornwestheim) und Jutta Stöck (Hamburger SV) in 44,5 Sekunden.

Bronze:

Manfred Kinder (Wuppertaler SV) über 400 m in 46,3 Sekunden; Bodo Tümmler (SCC Berlin) über 800 m in 1:46,3 Minuten; Harald Norpoth (Preußen Münster) über 1500 m in 3:42,4 Minuten; Uwe Beyer (Holstein Kiel) im Hammerwerfen mit 67,28 m; Horst Beyer (VfL Wolfsburg) im Zehnkampf mit 7562 Punkten; Karin Frisch (Stuttgarter Kickers) über 100 m in 11,8 Sekunden; Helga Hoffmann (ATSV Saarbrücken) im Weitsprung mit 6,38 m; 4-x-100-m-Staffel der Herren mit Hans-Jürgen Felsen (Salamander Kornwestheim), Gerd Metz (USC Mainz), Dieter Enderlein (Salamander Kornwestheim) und Manfred Knickenberg (Wuppertaler SV) in 39,8 Sekunden.

ATHEN 1969

Wegen Verweigerung des Starts für den DDR-Flüchtling Jürgen May durch die IAAF beschloß der DLV, nur die beiden Männer- und Frauenstaffeln starten zu lassen. Die Mannschaft hatte sich mit May solidarisch erklärt und auf eine Teilnahme verzichtet.

Silber:

4-x-100-m-Staffel der Damen mit Bärbel Hähnle (VfR Achern), Jutta Stöck (OSC Berlin), Rita Jahn (Alemannia Aachen) und Ingrid Becker (LG Geseke) in 44,0 Sekunden.

Bronze:

4-x-400-m-Staffel der Herren mit Horst-Rüdiger Schlöske (ASV Berlin), Ingo Röper (USC Mainz), Gerhard Hennige (ASC Darmstadt) und Martin Jellinghaus (München 1860) in 3:03,1 Minuten; 4-x-400-m-Staffel der Damen mit Christa Czekai (MTV Vater Jahn Peine), Antje Gleichfeldt (LG Alstertal-Garstedt Hamburg), Inge Eckhoff (LG Niendorf-Lurup Hamburg) und Christel Frese (ASV Köln) in 3:32,7 Minuten.

HELSINKI 1971

Gold:

Uwe Beyer (USC Mainz) im Hammerwerfen mit 72,36 m; Ingrid Mickler (USC Mainz) im Weitsprung mit 6,76 m; Heide Rosendahl (TuS 04 Leverkusen) im Fünfkampf mit 5299 Punkten; 4-x-100-m-Staffel der Damen mit Elfgard Schittenhelm (OSC Berlin), Inge Helten (DJK Boullo Andernach), Annegret Irrgang (OSC Thier Dortmund) und Ingrid Mickler (USC Mainz) in 43,3 Sekunden; 4-x-400-m-Staffel der Herren mit Horst-Rüdiger Schlöske (LG Nord Berlin), Thomas Jordan (Bayer Leverkusen), Martin Jellinghaus (Bayer Leverkusen) und Hermann Köhler (TV Wattenscheid) in 3:02,9 Minuten.

Silber:

Gerhard Wucherer (USC Mainz) über 100 m in 10,5 Sekunden; Franz-Peter Hofmeister (Jugend Bergheim) über 200 m in 20,7 Sekunden; Ingrid Mickler (USC Mainz) über 100 m in 11,6 Sekunden; Inge Bödding (LG Nord-West Hamburg) über 400 m in 52,9 Sekunden; Ameli Koloska (USC Mainz) im Speerwerfen mit 59,40 m; Liesel Westermann (TuS 04 Leverkusen) im Diskuswerfen mit 61,68 m; 4-x-400-m-Staffel der Damen mit Annette Rückes (RW Koblenz), Christel Frese (ASV Köln), Hildegard Falck (VfL Wolfsburg) und Inge Bödding in 3:33,0 Minuten.

Bronze:

Harald Norpoth (Preußen Münster) über 5000 m in 13:33,8 Minuten; Hans-Joachim Walde (USC Mainz) im Zehnkampf mit 7951 Punkten; Elfgard Schittenhelm (OSC Berlin) über 100 m in 11,5 Sekunden; Ellen Tittel (TuS 04 Leverkusen) über 1500 m in 4:10,4 Minuten; Heide Rosendahl (TuS 04 Leverkusen) im Weitsprung mit 6,66 m.

ROM 1974

Gold:

Karl Honz (VfB Stuttgart) über 400 m in 45,04 Sekunden.

Silber:

Manfred Ommer (Bayer Leverkusen) über 200 m in 20,76 Sekunden; Bernd Kannenberg (LAC Quelle Fürth) im 20 km Gehen in 1:29:38 Stunden; Ralf Reichenbach (OSC Berlin) im Kugelstoßen mit 20,38 m; 4-x-100-m-Staffel der Damen mit Elfgard Schittenhelm (OSC Berlin), Annegret Kroninger (USC Mainz), Annegret Richter, Inge Helten (beide OSC Thier Dortmund) in 42,75 Sekunden; 4-x-400-m-Staffel der Herren mit Rolf Ziegler (SKV Eglosheim), Horst-Rüdiger Schlöske (TV Siemensstadt Berlin), Hermann Köhler (TV Wattenscheid) und Karl Honz (VfB Stuttgart) in 3:03,5 Minuten.

Bronze:

Klaus-Dieter Bieler (TV Wattenscheid) über 100 m in 10,35 Sekunden; Bernd Herrmann (Bayer Leverkusen) über 400 m in 45,78 Sekunden; Thomas Wessinghage (TV Haiger) über 1500 m in 4:41,1 Minuten; Michael Karst (Saar 05 Saarbrücken) über 3000 m Hindernis in 8:18,0 Minuten; Guido Kratschmer (USC Mainz) im Zehnkampf mit 8132 Punkten; Rita Wilden (TuS 04 Leverkusen) über 400 m in 50,88 Sekunden.

PRAG 1978

Gold:

Franz-Peter Hofmeister (Bayer Leverkusen) über 400 m in 45,73 Sekunden; Harald Schmid (TV Gelnhausen) über 400 m Hürden in 48,51 Sekunden; Michael Wessing (TV Wattenscheid) im Speerwerfen mit 89,12 m; 4-x-400-m-Staffel der Herren mit Martin Weppler (VfB Stuttgart), Franz-Peter Hofmeister (Bayer Leverkusen), Bernd Herrmann (Bayer Leverkusen) und Harald Schmid (TV Gelnhausen) in 3:02,0 Minuten.

Silber:

Patriz Ilg (TG Hofen) über 3000 m Hindernis in 8:16,9 Minuten; Silvia Hollmann (OSC Thier Dortmund) über 400 m Hürden in 55,14 Sekunden.

Bronze:

Karl-Hans Riehm (TV Wattenscheid) im Hammerwerfen mit 77,02 m; Brigitte Holzapfel (Bayer Leverkusen) im Hochsprung mit 1,95 m.

ATHEN 1982

Gold:

Hartmut Weber (OSC Thier Dortmund) über 400 m in 44,72 Sekunden; Hans-Peter Ferner (MTV Ingolstadt) über 800 m in 1:46,33 Minuten; Thomas Wessinghage (ASV Köln) über 5000 m in 13:28,90 Minuten; Harald Schmid (TV Gelnhausen) über 400 m Hürden in 47,48 Sekunden; Patriz Ilg (LAC Quelle Fürth) über 3000 m Hindernis in 8:18,5 Minuten; Dietmar Mögenburg (Bayer Leverkusen) im Hochsprung mit 2,30 m; Ulrike Meyfarth (Bayer Leverkusen) im Hochsprung mit 2,02 m; 4-x-400-m-Staffel der Herren mit Erwin Skamrahl (Groß-Ilsede), Harald Schmid (TV Gelnhausen), Thomas Gießing (LAC Rhede) und Hartmut Weber (OSC Thier Dortmund) in 3:00,51 Minuten.

Silber:

Jürgen Hingsen (Bayer Uerdingen) im Zehnkampf mit 8518 Punkten.

Bronze:

Gerd Nagel (LG Frankfurt) im Hochsprung mit 2,24 m; Margit Klinger (TV Obersuhl) über 800 m in 1:57,22 Minuten; Sabine Everts (LAV Düsseldorf) im Siebenkampf mit 6420 Punkten; 4-x-100-m-Staffel der Herren mit Christian Zirkelbach (LAC Quelle Fürth), Christian Haas (LAC Quelle Fürth), Peter Klein (Salamander Kornwestheim) und Erwin Skamrahl (Groß-Ilsede) in 38,71 Sekunden.

Auch die Unterlegene freute sich mit

Die neue Deutsche Meisterin im Diskuswurf, Kriemhild Hausmann (Krefeld), und die Zweitplazierte Hanna Bienert (links) freuen sich 1960 in Berlin. Nur die Krefelderin war international dabei.

HANDBALL

Vom Großfeld in die Halle: Eine Sportart ging attraktiven Weg

Waltke, den UdSSR-Spielern zwar schon bekannt, doch noch nicht ganz erkannt, vollbrachte eine fast einmalige Leistung. Dreimal innerhalb von drei Minuten warf er aufs Tor – drei Tore! 16:12, der Weg zum Sieg war freigekämpft und freigeschossen worden. Der Weg weiter: 16:14, nur noch, aber wieder 17:14, 18:15, 19:16, gar 20:16 – und dann doch noch einmal 20:19. 20:19 über den Olympiasieger von 1976, die UdSSR. Ein Sieg, um den wir zuletzt plötzlich zittern mußten, obwohl das beim Stande von 20:16 schon gar nicht mehr notwendig erschien.

Gustav Schwenk im „Kicker-Sportmagazin“ vom 6. Februar 1976

Handball sehr schnell beliebt

Deutschland gleich weit vorn

Unter den populären Massensportarten kann sich der Handball einer relativ kurzen, aber um so erfolgreicheren Entwicklung rühmen. Die Grundzüge des Spiels, wie wir es heute kennen, wurden im ersten Viertel unseres Jahrhunderts erkennbar und in einem derzeit noch gültigen Regelwerk festgelegt.

In Deutschland war es das Turnspiel »Torball«, das man als Vorläufer des Handballs ansehen kann. Es wurde 1915 erstmals offiziell gespielt und zwei Jahre später durch eine Regeländerung so umgestaltet, daß aus dem Turnspiel der Frauen der Kampfsport für Männer hervorging. Schon wenige Monate nach diesem 29. Oktober 1917 kam es zu einem noch schüchternen Spielbetrieb, der durch die Kriegsereignisse dann jäh gestoppt wurde. Nach dem Ende des Ersten Weltkriegs entwickelte sich der Handballsport, der bei der Deutschen Turnerschaft (DT) sein organisatorisches Zuhause gefunden hatte, aber kräftig weiter. Schon 1921 wurde erstmals ein Meister der Deutschen Turnerschaft ermittelt. Der TSV Spandau besiegte in Hannover den TV Vorwärts Rüstringen am 18. September in einem Endspiel der Kreisgruppensieger mit 5:0 und war damit erster Deutscher Handballmeister.

Im Jahr darauf traten die bei der Deutschen Sportbehörde für Leichtathletik (DSB) organisierten Handballer ebenfalls mit einer Meisterschaft auf den Plan. Erster DSB-Meister wurde 1922 der Polizei SV Berlin durch ein 5:1 über den TV Schwanheim. Diese beiden Verbände ermittelten bis 1931 jeweils einen Meister, in den beiden Folgejahren spielten die Meister der DT und der DSB einen echten Deutschen Meister aus, bevor es ab 1934 nur noch eine gemeinsame Meisterschaftsrunde gab (→ Endspielstatistik).

In Österreich entwickelte sich der Handballsport im gleichen Zeitraum wie in Deutschland, so daß es in den Jahren 1924 und 1925 zu ersten internationalen Vergleichen zwischen deutschen und österreichischen Mannschaften kam. Deutschland und Österreich stellten auch am 13. September 1925 in Halle an der Saale die Mannschaften des ersten Handball-Länderspiels der Sportgeschichte. Vor 3000 Zuschauern siegten die Österreicher mit 6:3.

Aus der »Urzeit« der Meisterschaft
So kämpften am 6. Juli 1924 in Berlin der einheimische Polizei SV und die Sportfreunde Breslau um den DSB-Titel. Die Berliner siegten am Ende mit 8:2.

Handball als Olympiawettbewerb

Der Wunsch nach internationalen Kontakten seitens der Handballer in Europa führte bereits 1926 zur Bildung einer Kommission zur Förderung des Handballsports durch den Internationalen Leichtathletik-Verband (IAAF), bei dem die Handballer betreut wurden. Aus dieser Kommission entstand 1928 die Internationale Amateur-Handball-Federation (IAHF) unter der Präsidentschaft des deutschen Handballpioniers F. P. Lang. Schon 1930 konnte die neue Sportorganisation neunzehn Mitgliedsländer vorweisen, so daß sich der Wunsch nach einem bedeutenden internationalen Wettbewerb regte.

Für die Olympischen Spiele 1932 in Los Angeles war die Sportart Handball noch zu jung, aber in Berlin kam es 1936 dann zum ersten Großturnier des Handballsports. Sechs Mannschaften hatten zum olympischen Turnier gemeldet: neben Veranstalter Deutschland noch Österreich, die Schweiz, Ungarn, Rumänien und die USA.

Die Spiele verzeichneten ein außergewöhnliches Zuschauerinteresse. Zur Endrunde kamen an beiden Spieltagen jeweils 100 000 Besucher ins Olympiastadion. Den Vorrundenbegegnungen der deutschen Mannschaft hatten jeweils durchschnittlich 20 000 bis 30 000 Zuschauer beigewohnt, denen der übrigen Mannschaften immerhin noch zwischen 5000 und 10 000.

Das Turnier 1936 nahm folgenden Verlauf:

Gruppe A: Deutschland – Ungarn 22:0, Ungarn – USA 7:2, Deutschland – USA 29:1

Tabelle:

1. Deutschland	2	2	0	0	51:1	4:0
2. Ungarn	2	1	0	1	7:24	2:2
3. USA	2	0	0	2	3:36	0:4

Gruppe B: Österreich – Rumänien 18:3, Schweiz – Rumänien 8:6, Österreich – Schweiz 14:3

Tabelle:

1. Österreich	2	2	0	0	32:6	4:0
2. Schweiz	2	1	0	1	11:20	2:2
3. Rumänien	2	0	0	1	9:26	0:4

Endrunde: Deutschland – Ungarn 19:6, Österreich – Schweiz 11:6, Österreich – Ungarn 11:7, Deutschland – Schweiz 16:6, Schweiz – Ungarn 10:5, Deutschland – Österreich 10:6

Tabelle:

1. Deutschland	3	3	0	0	45:18	6:0
2. Österreich	3	2	0	1	28:23	4:2
3. Schweiz	3	1	0	2	22:32	2:4
4. Ungarn	3	0	0	3	18:40	0:6

Das deutsche Aufgebot:
Tor: Heinrich Keimig (Polizei SV Darmstadt), Heinz Körvers (MSV Hindenburg Minden), Karl Kreutzberg (VfB 08 Aachen); Feldspieler: Willy Bandholz (Polizei SV Hamburg), Wilhelm Baumann (SC Charlottenburg Berlin – 13 Tore), Helmut Berthold (Sportfreunde Leipzig – 10 Tore), Helmuth Braselmann (Tura Barmen – 6 Tore), Wilhelm Brinkmann (Polizei SV Düsseldorf), Georg Dascher (Polizei SV Darmstadt), Georg Dossin (MSV Leipzig – 1 Tor), Fritz Fromm (Askanischer TV Berlin – 7 Tore), Hermann Hansen (Polizei SV Hamburg), Erich Herrmann (SC Charlottenburg), Hans Keiter (RSV Mülheim – 2 Tore), Alfred Klingler (Polizei SV Magdeburg – 14 Tore), Arthur Knautz (MSV Hindenburg Minden), Wilhelm Müller (SVW Mannheim), Günther Ortmann (Borussia Carlowitz – 7 Tore), Edgar Reinhardt (RSV Mülheim – 3 Tore), Fritz Spengler (SVW Mannheim – 2 Tore), Rudolf Stahl (Polizei SV Darmstadt), Hans Theilig (Oberalster Hamburg – 22 Tore).
Das Finale gegen Österreich bestritten: Körvers – Knautz, Bandholz – Keiter, Brinkmann (1), Dascher – Herrmann, Theilig (5), Berthold, Klingler (4), Fromm.

Die ersten WM-Turniere

Die Premiere des internationalen Kräftemessens der Handballer in Berlin hatte für die weitere Entwicklung dieses Sports nachhaltige Auswirkungen. Die IAHF beschloß kurz nach Olympia 1936, zum zehnjährigen Bestehen des Verbandes 1938 ein internationales Feld- wie auch Hallenhandball-Turnier durchzuführen. In den mitteleuropäischen Ländern wurde Handball fast ausschließlich auf dem Großfeld gespielt, während die Skandinavier – nicht zuletzt bedingt durch die Klimaverhältnisse – dem Spiel in der Halle den Vorrang gaben. Im Norden Europas hatte auch das erste Hallenhandball-Länderspiel der Sportgeschichte stattgefunden: Am 8. März 1935 besiegte Schweden in Kopenhagen Gastgeber Dänemark mit 18:12. Diese beiden Teams sowie Deutschland und Österreich meldeten auch zu der von der IAHF offiziell als »Welt-Hallenhandball-Turnier« deklarierten ersten Weltmeisterschaft, die am 5. und 6. Februar 1938 in der Berliner Deutschlandhalle ausgetragen wurde. An diesem Wochenende kamen insgesamt 18 000 Zuschauer, um die Spiele, die über 2 × 15 Minuten führten, zu sehen.

Das Turnier 1938 nahm folgenden Verlauf:

Deutschland – Dänemark 11:3, Österreich – Schweden 5:4, Schweden – Dänemark 2:1, Deutschland – Österreich 5:4, Österreich – Dänemark 7:2, Deutschland – Schweden 7:2

Tabelle:

1. Deutschland	3	3	0	0	23:9	6:0
2. Österreich	3	2	0	1	16:11	4:2
3. Schweden	3	1	0	2	8:13	2:4
4. Dänemark	3	0	0	3	6:20	0:6

Ausgerechnet Deutschland, das vor dieser Veranstaltung noch kein Hallenspiel bestritten hatte, wurde also erster Hallenhandball-Weltmeister.

Das deutsche Aufgebot:
Tor: Karl Herbolzheimer (Stuttgarter Kickers), Herbert Schmidt (TV Forst 61); Feldspieler: Gerd Brüntgens (TuS Lintfort), Walter Hömke (Askanischer TV Berlin – 2 Tore), Hans Keiter (Polizei SV Berlin), Kurt Lubenow (Bewag Berlin), Kurt Mahnkopf (TSG Rödelheim – 2 Tore), Hans Obermark (Polizei SV Frankfurt – 5 Tore), Günther Orthmann (Borussia Carlowitz – 5 Tore), Gerd Schauer (SV St. Georg Hamburg – 2 Tore), Willi Steininger (Bewag Berlin), Hans Theilig (Oberalster Hamburg – 6 Tore), Adolar Woczinski (Bewag Berlin), Philipp Zimmermann (SVW Mannheim – 1 Tor).

I. Feldhandball-WM

Zu dieser Veranstaltung, die vom 7. bis 10. Juli 1938 in Deutschland ausgetragen wurde, hatten immerhin zehn Nationen gemeldet. Die Teilnehmerzahl stellte die Organisatoren vor etliche Schwierigkeiten, die sich im Austragungsmodus niederschlugen. In fünf Vorrundenspielen wurden fünf Mannschaften ermittelt – nämlich die Unterlegenen –, die in einer Trostrunde die Plätze sechs bis zehn ausspielten. Die fünf Sieger mußten durch ein sogenanntes Zwischenrundenspiel noch auf die für eine Vorschlußrunde notwendige Zahl von vier Teams reduziert werden.

Das Turnier 1938 nahm folgenden Verlauf:

Vorrunde: Deutschland – Tschechoslowakei 19:6, Schweiz – Polen 9:2, Rumänien – Luxemburg 12:6, Schweden – Holland 8:4, Ungarn – Dänemark 10:6

Zwischenrunde:

Schweden – Rumänien	7:6

Vorschlußrunde:

Deutschland – Ungarn	14:3
Schweiz – Schweden	5:2

Spiel um Platz 3:

Ungarn – Schweden	10:2

Endspiel:

Deutschland – Schweiz	23:0

Zu den Spielen in Leipzig, Weißenfels, Magdeburg, Dessau und Berlin kamen insgesamt 150 000 Zuschauer.

Das deutsche Aufgebot:
Tor: Otto Lüdicke (Dessau 98), Franz Paar (Polizei Wien); Feldspieler: Kurt Pfennig (SG Berlin), Heiner Pfeiffer (Polizei SV Berlin), Paul Eiffler (Tura Wuppertal), Gerhard Hammerich (MSV Weißenfels), Leopold Wohlrab (Altturm Wien), Leo Wiese (CT Hessen-Preußen Kassel), Rudolf Müller (MSV Glogau), Wilhelm Müller (SVW Mannheim), Hans Keiter (Polizei SV Berlin), Hermann Hansen (Polizei SV Hamburg), Philipp Zimmermann (SVW Mannheim), Hans Theilig (Oberalster Hamburg), Alfred Klingler (MSV Weißenfels), Günther Ortmann (Borussia Carlowitz), Gerd Brüntgens (TuS Lintfort), Helmuth Braselmann (Tura Wuppertal), Werner Hübner (MSV Weißenfels), Fritz Prosser (MTSA Leipzig), Erich Herrmann (SC Charlottenburg), Werner Badstübner (MTSA Leipzig).
Die Endspiel-Elf spielte mit: Lüdicke – Pfennig, Pfeiffer – Eiffler, Hammerich, Wohlrab – Zimmermann, Theilig, Klingler, Ortmann, Brüntgens.
Erfolgreichste Torschützen waren Theilig mit 13, Ortmann mit 12 und Klingler mit 11 Treffern.

II. Feldhandball-WM

Deutschland konnte seinen Titel nicht verteidigen, da es noch nicht Mitglied der 1946 gegründeten Internationalen Handball-Federation (IHF) war.

Gemeldet hatten zu dem Turnier, das vom 3. bis 6. Juni 1948 in Frankreich stattfand, zwölf Nationen, die in Vor- und Zwischenrunden die vier Endrundenteilnehmer ermittelten.

Das Turnier 1948 nahm folgenden Verlauf:

Vorrunde: Belgien – Holland 4:12, Frankreich – Luxemburg 16:5, Österreich – Ungarn 4:2, Schweden – Finnland 26:0

Zwischenrunde: Schweden – Polen 19:4, Österreich – Schweiz 10:12, Holland – Dänemark 5:15, Frankreich – Portugal 6:3

Halbfinale:

Frankreich – Dänemark	4:17
Schweden – Schweiz	8:4

Spiel um Platz 3:

Frankreich – Schweiz	4:21

Endspiel:

Schweden – Dänemark	11:4

III. Feldhandball-WM

Gemeldet hatten fünfzehn Mannschaften, die durch Vorrundenspiele die neun Endrundenteilnehmer in der Schweiz ermittelten. Dort wurde vom 8. bis 15. Juni 1952 der Weltmeister ermittelt.

Das Turnier 1952 nahm folgenden Verlauf:

Gruppe 1: Deutschland – Dänemark 23:10, Deutschland – Saarland 19:2, Dänemark – Saarland 14:13

Tabelle:

1. Deutschland	2	2	0	0	42:12	4:0
2. Dänemark	2	1	0	1	24:36	2:2
3. Saarland	2	0	0	2	15:33	0:4

Gruppe 2: Schweden – Österreich 19:10, Österreich – Spanien 20:10, Schweden – Spanien 9:2

Tabelle:

1. Schweden	2	2	0	0	28:12	4:0
2. Österreich	2	1	0	1	30:29	2:2
3. Spanien	2	0	0	2	12:29	0:4

Gruppe 3: Holland – Frankreich 14:8, Schweiz – Holland 13:5, Schweiz – Frankreich 14:7

Tabelle:

1. Schweiz	2	2	0	0	27:12	4:0
2. Holland	2	1	0	1	19:21	2:2
3. Frankreich	2	0	0	2	15:28	0:4

Hauptrunde Gruppe A: Deutschland – Holland 29:6, Österreich – Holland 21:14, Deutschland – Österreich 19:4

Tabelle:

1. Deutschland	2	2	0	0	48:10	4:0
2. Österreich	2	1	0	1	25:33	2:2
3. Holland	2	0	0	2	20:50	0:4

Hauptrunde Gruppe B: Schweden – Dänemark 11:9, Schweiz – Dänemark 12:7, Schweden – Schweiz 12:7

Tabelle:

1. Schweden	2	2	0	0	23:16	4:0
2. Schweiz	2	1	0	1	19:19	2:2
3. Dänemark	2	0	0	2	16:23	0:4

Spiel um Platz 3:

Schweiz – Österreich	12:10

Endspiel:

Deutschland – Schweden	19:8

Das deutsche Aufgebot:
Tor: Horst Bröker (SpVg. Hochheide), Heinz Singer (Polizei SV Hamburg); Feldspieler: Markus Bernhard (Bayern München), Dr. Heinz-Georg Sievers (THW Kiel), Jürgen Isberg (Polizei SV Hamburg), Karl Günnemann (TuS Lintfort), Fredy Heidemann (RSV Mülheim), Werner Vick (Polizei SV Hamburg), Herbert Podolske (THW Kiel), Günter Fallner (TuS Lintfort), Paul Wanke (Polizei SV Hamburg), Bernd Kuchenbecker (Spfr. Flensburg), Hein Dahlinger (THW Kiel), Bernhard Kempa (FA Göppingen), Hermann Will (RSV Mülheim), Walter Schädlich (Hamborn 07).
Die Endspiel-Elf spielte mit: Bröker – Bernhard, Isberg (1) – Heidemann (1), Vick (1), Podolske (1) – Fallner (3), Will (1), Kempa (5), Dahlinger, Schädlich (6).
Erfolgreichster Torschütze des Turniers war Bernhard Kempa zusammen mit dem Dänen Madesen (beide 27 Treffer). Schädlich erzielte 26 Treffer. Die übrigen deutschen Torschützen: Dahlinger 12, Fallner 12, Will 9, Wanke 8, Kuchenbecker 6, Isberg 4, Heidemann 1, Vick 2, Bernhard und Podolske je 1.

Vor dem großen Spektakel
Deutschlands Lenker im Sturm, der Göppinger Bernhard Kempa, wird vor dem großen Finale in Dortmund fit gemacht.

Abwehr stand wie eine Mauer
Im Finale der WM 1955 stand die deutsche Abwehr (Nr. 14 Werner Vick, Nr. 5 Hans Ruff) gegen die Schweizer wie eine Mauer.

IV. Feldhandball-WM

Diese Veranstaltung ist als Höhepunkt des Feldhandball-Sports in die Geschichte eingegangen. Siebzehn Nationen hatten gemeldet und traten zu insgesamt 33 Spielen an, die in 32 deutschen Städten vom 29. Juni bis 10. Juli 1955 ausgetragen wurden. Es kamen 410000 Besucher und bescherten der IHF einen einmaligen Einnahmerekord. Zunächst spielten die siebzehn Mannschaften in sechs Vorrunden-Gruppen, aus denen sich die sechs Gruppensieger und die beiden besten Zweitplazierten für die Hauptrunde mit zwei Gruppen zu je vier Mannschaften qualifizierten.

Das Turnier 1955 nahm in der Vorrunde folgenden Verlauf:

Gruppe 1: Deutschland – Portugal 9:4, Portugal – Norwegen 14:5, Deutschland – Norwegen 22:2; Gruppensieger: Deutschland
Gruppe 2: Schweden – Luxemburg 23:0, Saarland – Luxemburg 31:4, Saarland – Schweden 7:6; Gruppensieger: Saarland
Gruppe 3: Schweiz – Finnland 13:7, Finnland – Spanien 11:10, Schweiz – Spanien 18:7; Gruppensieger: Schweiz
Gruppe 4: Österreich – Belgien 15:8, Frankreich – Belgien 15:7, Frankreich – Österreich 8:8; Gruppensieger: Frankreich
Gruppe 5: ČSSR – Dänemark 14:10, ČSSR – Ungarn 12:8, Ungarn – Dänemark 14:8; Gruppensieger: ČSSR
Gruppe 6: Jugoslawien – Holland 13:4 und 21:11; Gruppensieger: Jugoslawien
Als beste Gruppenzweite konnten sich Schweden und Österreich qualifizieren.

Zwischenrunde

Gruppe A: Deutschland – Österreich 21:18, ČSSR – Jugoslawien 9:6, Deutschland – Jugoslawien 23:12, ČSSR – Österreich 12:3, Deutschland – ČSSR 11:8, Jugoslawien – Österreich 11:7

Tabelle:

1. Deutschland	3	3	0	0	55:38	6:0
2. ČSSR	3	2	0	1	29:20	4:2
3. Jugoslawien	3	1	0	2	29:39	2:4
4. Österreich	3	0	0	3	29:44	0:6

Gruppe B: Schweden – Saarland 12:9, Schweiz – Frankreich 11:7, Saarland – Frankreich 13:12, Schweiz – Schweden 7:5, Schweiz – Saarland 13:8, Schweden – Frankreich 18:9

Tabelle:

1. Schweiz	3	3	0	0	31:20	6:0
2. Schweden	3	2	0	1	35:25	4:2
3. Saarland	3	1	0	2	30:37	2:4
4. Frankreich	3	0	0	3	28:42	0:6

Spiel um Platz 3:

ČSSR – Schweden	13:10

Finale:

Deutschland – Schweiz	25:13

Das deutsche Aufgebot:
Tor: Heinz Singer (Polizei SV Hamburg), Gerd Nellen (TuS Rheinhausen); Feldspieler: Markus Bernhard (Bayern München), Heinz Becker (FSV Frankfurt), Hans Ruff (Phönix Ludwigshafen), Werner Vick (Polizei SV Hamburg), Dr. Jürgen Isberg (Polizei SV Hamburg), Ernst Wintterlin (SG Dietzenbach), Horst Käsler (BSV 92 Berlin), Horst Singer (FA Göppingen), Hermann Will (RSV Mülheim), Bernhard Kempa (FA Göppingen), Hein Dahlinger (THW Kiel), Walter Schädlich (Hamborn 07), Hans Stahler (TSG Haßloch), Paul Wanke (Polizei SV Hamburg).
Die Endspiel-Elf spielte mit:
Singer/Nellen – Bernhard (1), Becker – Ruff, Vick, Dr. Isberg (2) – Singer (2), Will (1), Kempa (7), Wintterlin (2), Dahlinger (6), Schädlich (4).
Die deutschen Torschützen bei diesem Turnier: Kempa 22, Will 20, Schädlich 18, Dahlinger 13, Horst Singer 11, Dr. Isberg 7, Stahler 6, Wanke 5, Wintterlin 5, Bernhard 3, Käsler 1.

V. Feldhandball-WM

Dieses Turnier brachte zwei Besonderheiten. Zum einen trat auf Beschluß der IHF eine gesamtdeutsche Mannschaft an, zum anderen wurde eine österreichische B-Mannschaft aufgeboten, die in der Endabrechnung ohne Wertung blieb, aber das Teilnehmerfeld auf die notwendigen acht Teams aufstockte. Auch das Zuschauerinteresse war weitaus geringer als vier Jahre vorher in Deutschland, wo sich noch 50000 Menschen zum Endspiel ins Stadion Rote Erde in Dortmund gedrängt hatten. Die Spiele in Österreich, die vom 13. bis 21. Juni 1959 ausgetragen wurden, sahen insgesamt nur 70000 Zuschauer.

Das Turnier 1959 nahm folgenden Verlauf:

Hauptrunde:

Gruppe A: Deutschland – Dänemark 20:6, Schweden – Österreich B 9:2, Deutschland – Schweden 17:7, Österreich B – Dänemark 10:5, Deutschland – Österreich B 19:5, Schweden – Dänemark 20:5

Tabelle:

1. Deutschland	2	2	0	0	37:13	4:0
2. Schweden	2	1	0	1	27:22	2:2
3. Dänemark	2	0	0	2	11:40	0:4

Gruppe B: Schweiz – Ungarn 11:7, Rumänien – Österreich 19:6, Rumänien – Ungarn 18:12, Österreich – Schweiz 15:13, Österreich – Ungarn 16:14, Rumänien – Schweiz 14:9

Tabelle:

1. Rumänien	3	3	0	0	51:27	6:0
2. Österreich	3	2	0	1	37:46	4:2
3. Schweiz	3	1	0	2	33:36	2:4
4. Ungarn	3	0	0	3	33:45	0:6

Spiel um Platz 3:

Schweden – Österreich	17:9

Finale:

Deutschland – Rumänien	14:11

Das gesamtdeutsche Aufgebot:
Tor: Dieter Nau (Eintracht Mombach), Heinz Sesselmann (BSG Motor Fraureuth); Feldspieler: Hans Ruff (TSG Haßloch), Paul Schwope (VfL Wolfsburg), Werner Tiemann (Bayer Leverkusen), Hans-Gert Stein (DHfK Leipzig), Hans Lietz (Bayer Leverkusen), Waldemar Pappusch (ASK Vorwärts Berlin), Dr. Wolfgang Niescher (Motor Gohlis Nord), Hans Haberhauffe (ASK Vorwärts Berlin), Peter Baronsky (VfL Wolfsburg), Erwin Porzner (TSV Ansbach), Hans-Jürgen Wende (Aufbau Magdeburg), Rudi Hirsch (Dynamo Berlin), Hinrich Schwenker (ATSV Habenhausen), Klaus-Dieter Matz (Dynamo Berlin).
Torschützenkönig des Turniers wurde der Rumäne Olimpia Nodea vor dem Österreicher Josef Steffelbauer mit 28 zu 27 Treffern. Die deutschen Treffer erzielten: Matz 18, Hirsch 13, Haberhauffe 10, Schwenker 9, Pappusch 6, Baronsky 4, Porzner und Wende je 3, Dr. Niescher 2, Ruff und Tiemann je 1.
Die deutsche Endspiel-Elf: Sesselmann – Ruff (1), Schwope – Dr. Niescher (2), Lietz, Pappusch (1) – Haberhauffe (2), Hirsch (5), Wende, Schwenker (1), Matz (2).

Einer der gesamtdeutschen Weltmeister

Hinrich Schwenker stand 1959 im gesamtdeutschen Team, das den Titel erringen konnte. Auch in den bundesdeutschen Länderspielen (unser Bild) führte er den Angriff.

Als die DDR erstmals triumphierte

Dramatische Szene aus dem Finale von 1963, das der DDR erstmals den WM-Titel brachte. Erwin Porzner (am Boden) wird von Herbert Liedtke und Siegfried Warm attackiert.

VI. Feldhandball-WM

Das Interesse am Feldhandball war in der Zwischenzeit weiter zurückgegangen, aber für die Endrunde vom 3. bis 9. Juni 1963 in der Schweiz bekam man noch acht Mannschaften zusammen, darunter erstmals Vertretungen beider deutscher Staaten.

Das Turnier 1963 nahm folgenden Verlauf:

Gruppe A: Bundesrepublik – USA 23:6, Schweiz – Holland 22:14, Bundesrepublik – Holland 23:7, Schweiz – USA 17:4, Bundesrepublik – Schweiz 20:13, Holland – USA 11:5

Tabelle:

1. Bundesrepublik	3	3	0	0	66:26	6:0
2. Schweiz	3	2	0	1	52:38	4:2
3. Holland	3	1	0	2	32:50	2:4
4. USA	3	0	0	3	15:51	0:6

Gruppe B: DDR – Israel 21:5, Polen – Österreich 18:18, DDR – Polen 11:7, Österreich – Israel 15:12, DDR – Österreich 25:16, Polen – Israel 20:4

Tabelle:

1. DDR	3	3	0	0	57:28	6:0
2. Polen	3	1	1	1	45:33	3:3
3. Österreich	3	1	1	1	49:55	3:3
4. Israel	3	0	0	3	21:56	0:6

Spiel um Platz 3:

Schweiz – Polen	10:6

Finale:

DDR – Bundesrepublik	14:7

Das Aufgebot der Bundesrepublik:
Tor: Rudolf Delfs (Polizei SV Kiel), Günther Wriedt (TSV Büdelsdorf); Feldspieler: Jürgen Müller (VfL Wolfsburg), Paul Schwope (VfL Wolfsburg), Gerhard Grill (FA Göppingen), Manfred Horstkötter (GW Dankersen), Werner Bartels (TG Witten), Siegfried Korsawe (Solingen 98), Karlheinz Plötz (Polizei SV Berlin), Herbert Lübking (GW Dankersen), Erwin Porzner (TSV Ansbach), Josef Karrer (TV Großwallstadt), Hinrich Schwenker (ATSV Habenhausen), Bernd Lukas (BSV 92 Berlin), Hans-Friedrich Hue (TuS Wellinghofen), Volker Schneller (TSV Ansbach).
Im Finale wurden eingesetzt: Delfs – Müller, Schwope – Grill, Horstkötter, Bartels – Lübking (3), Porzner (4), Karrer, Schwenker, Lukas.
Torschützenkönig des Turniers wurde Josef Steffelbauer aus Österreich mit 24 Treffern vor Herbert Lübking mit 21. Die weiteren Tore der DHB-Auswahl erzielten: Karrer 14, Hue 11, Schwenker 11, Porzner 6, Lukas 5, Müller und Horstkötter je 2, Plötz 1.

VII. Feldhandball-WM

Da nur noch sechs Verbände gemeldet hatten, wurden die Titelkämpfe, die vom 25. Juni bis 3. Juli in Österreich stattfanden, erstmals in Turnierform (jeder gegen jeden) durchgeführt.

Die Ergebnisse:

Polen – Schweiz 15:13, Bundesrepublik – Holland 28:7, DDR – Österreich 24:8, Bundesrepublik – Polen 26:4, DDR – Schweiz 13:8, Österreich – Holland 12:5, Bundesrepublik – Österreich 17:15, DDR – Polen 15:9, Schweiz – Holland 20:13, Bundesrepublik – Schweiz 18:12, DDR – Holland 23:9, Österreich – Polen 19:15, Österreich – Schweiz 17:15, Polen – Holland 14:12, Bundesrepublik – DDR 15:15

Endstand:

1. Bundesrepublik	5	4	1	0	104:53	9:1
2. DDR	5	4	1	0	90:49	9:1
3. Österreich	5	3	0	2	71:76	6:4
4. Polen	5	2	0	3	57:85	4:6
5. Schweiz	5	1	0	4	68:76	2:8
6. Holland	5	0	0	5	46:97	0:10

Das Aufgebot der Bundesrepublik:

Tor: Gerhard Biefang (ESV Jahn Rheinhausen), Karl Öhlschläger (SG Leutershausen), Günther Wriedt (TSV Büdelsdorf); Feldspieler: Diethard Finkelmann (Reinickendorfer Füchse Berlin), Peter Hattig (TuS Wellinghofen), Erwin Heuer (GW Dankersen), Josef Karrer (TV Großwallstadt), Rudolf Kirsch (TB Hannover-Stöcken), Werner Knecht (TB Esslingen), Erich Kolb (TSV Birkenau), Herbert Lübking (GW Dankersen), Bernd Munck (Eintracht Hildesheim), Erwin Porzner (TSV Ansbach), Herbert Schmidt (TuS Wellinghofen), Volker Schneller (TSV Ansbach), Max Zwierkowski (TV Oppum).

Im Finale spielten: Wriedt – Finkelmann (1), Hattig – Heuer, Schmidt, Knecht – Schneller (1), Porzner (2), Karrer (3), Lübking (4), Zwierkowski (3). Eingewechselt: Munck (1).

Torschützenkönig des Turniers wurde wie 1963 Josef Steffelbauer mit 25 Treffern vor Josef Karrer und Herbert Lübking (beide 24). Die übrigen deutschen Treffer erzielten: Schneller 15, Porzner 14, Munck und Zwierkowski je 11, Kirsch 2, Finkelmann, Knecht und Kolb je 1.

Die großen Stars der Feldhandball-Ära

Die erfolgreichste Phase des deutschen Feldhandball-Sports wurde von einigen Klubs und ihren unvergessenen Stars geprägt, die zum Teil auch den Sprung ins Hallenhandball-Metier schafften.
Zunächst nahm der Polizei SV Hamburg eine dominierende Stellung ein und wurde je viermal Deutscher Feld- und Hallenhandball-Meister. 1950 wurde erstmals der Titel in der Halle vergeben, den die Hamburger genau wie in den drei folgenden Jahren gewannen. Auf dem Feld waren sie von 1951 bis 1953 und 1955 die Besten. Sie wurden gelenkt von ihrem Spielmacher und Torschützen Werner Vick, geboren am 3. Dezember 1920, der mit den beiden Kriegszeitmeisterschaften 1941 und 1943 auf zehn nationale Titel mit seinem Klub kam. Vick bestritt außerdem 37 Länderspiele (14 in der Halle und 23 auf dem Feld), in denen er insgesamt 21 Treffer erzielte. Er war Weltmeister auf dem Feld 1952 und 1955 sowie Vizeweltmeister 1954 in der Halle. 1955 wurde er zum Bundestrainer berufen und übte das Amt siebzehn Jahre lang erfolgreich aus. Unter seiner Ägide wurden die Feld-WM-Titel 1959 und 1966 errungen, dazu die Vizemeisterschaft 1963. In der Halle war ihm weniger Erfolg beschieden, so daß er nach dem Olympiaturnier 1972 abgelöst wurde und von da an die deutsche Frauenauswahl betreute. Dieses Amt hatte er bis zum Frühjahr 1981 inne.
Der wurfgewaltigste der Hamburger PSV-Mannschaft war Otto Maychrzak, wegen seines kraftvollen Erfolgsstils auch als »Atom-Otto« bekannt. Der am 6. März 1927 geborene Polizist errang mit seinem Klub acht deutsche Meistertitel und kam zwischen 1951 und 1959 auf 29 Länderspieleinsätze (26 in der Halle, 3 auf dem Feld). Er erzielte 124 Länderspieltore (davon 108 in der Halle) und war Mitglied der Hallenhandballteams 1954 (Vize-WM) und 1958 (WM-Dritter).
Ein Feldhandball-Spezialist war auch Dr. Jürgen Isberg, geboren am 24. September 1928. Er gewann sieben Deutsche Meisterschaften mit dem PSV und wurde 27mal in der Nationalmannschaft eingesetzt (20 Feld- und 7 Hallenspiele). Der Weltmeister von 1952 und 1955 erzielte 23 Länderspieltore.
Auf ebenfalls sieben Meisterschaften brachte es Torwart Heinz Singer, geboren am 22. Februar 1939. Der Zerberus der Hamburger Polizisten hütete auch das Tor der WM-Mannschaft von 1952 und 1955 und kam auf insgesamt zehn Feld-Länderspiele.

Klasse aus dem Süden: Frisch Auf Göppingen

Die Nachfolge der Hansestädter traten die Württemberger aus Göppingen an. Frisch Auf Göppingen wurde 1954 und 1957 Feldhandball-Meister und holte den Hallentitel 1954 und 1955, 1958 bis 1961, 1965 und dann noch 1970 und 1972. Dazu konnten die Süddeutschen 1960 den Europapokal der Meister gewinnen und diesen Erfolg 1962 wiederholen.
Ihr herausragender Spieler war in dieser Zeit Bernhard Kempa, geboren am 19. November 1920. Er war an vier Deutschen Meisterschaften beteiligt, erlebte seine größten Erfolge aber auf internationaler Ebene. Zwischen 1951 und 1956 wurde er zu 31 Länderspielen berufen, davon 24 auf dem Feld. In dieser Zeit konnte er zweimal Weltmeister auf dem Feld (1952 und 1955) sowie einmal Vizeweltmeister in der Halle (1954) werden. Er kam auf großartige 123 Tore, davon 113 auf dem Großfeld. Später war er als Trainer seines Vereins ebenso erfolgreich. Unter seiner Regie holte FA Göppingen als erste deutsche Mannschaft 1960 den Europacup.
Neben ihm glänzte Horst Singer, geboren am 2. März 1935, der zwischendurch auch dem BSV 92

Am Tag des großen Triumphes

Als Spielführer des deutschen Teams konnte Werner Vick 1955 die WM-Trophäe in Dortmund entgegennehmen. Es war sein zweiter Titel.

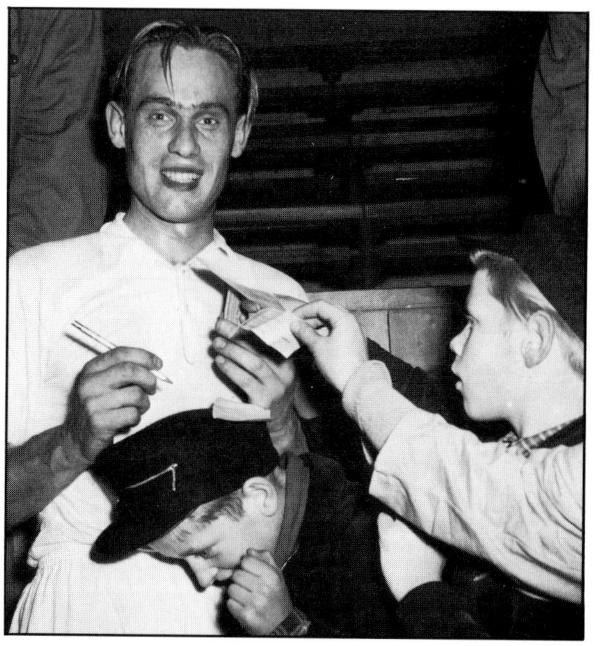

Seine Würfe fürchteten alle

»Atom-Otto« Maychrzak gehörte zu den umschwärmten Stars in Verein und Nationalmannschaft. Unser Bild zeigt ihn vor der EM der Polizei-Handballer.

Auch als Trainer feierte er Erfolge

An seinem sechzigsten Geburtstag im November 1980 konnte Bernhard Kempa (rechts) auf eine großartige Erfolgsbilanz zurückblikken. Der zweimalige Weltmeister – 1953 mit dem Silbernen Lorbeerblatt ausgezeichnet – feierte nach Beendigung der aktiven Laufbahn auch als Trainer Triumphe, als FA Göppingen unter seiner Ägide mehrmals die Deutsche Meisterschaft holte (unten).

Als Rekordschütze noch unerreicht

Herbert Lübking in Aktion, wie ihn jeder kennt. Das Wurf-As aus Ostwestfalen ist mit seinen 650 Länderspieltoren bis heute unerreicht. Der Sport bescherte ihm höchste Auszeichnungen. 1966 erhielt er das Silberne Lorbeerblatt, im Oktober 1978 das Bundesverdienstkreuz.

Mehr als nur ein Assistent

Bernd Munck war Teamkamerad Herbert Lübkings bei GW Dankersen und in der Nationalmannschaft. Sie holten gemeinsam viele Titel, wobei Munck sich als Torschütze profilierte.

Berlin angehörte. Er gewann mit Frisch Auf Göppingen sechs deutsche Titel, den Europacup 1962 und die Feldhandball-WM 1955 mit Deutschland. Von seinen 23 Länderspielen bestritt er 15 in der Halle. Dort erzielte er auch 39 seiner 68 Treffer für die Nationalmannschaft.

Konkurrenz aus Kiel: Der THW

Ein anderer Leistungsträger der deutschen Feldhandballer war Hein Dahlinger, geboren am 30. Oktober 1922, vom Göppinger Konkurrenten THW Kiel. Die Männer von der Förde traten 1948 und 1950 als Feldhandball-Meister hervor und wurden 1951 und 1953 Vizemeister. In der Halle konnten sie 1957, 1962 und 1963 Meister werden, 1956, 1960 und 1964 langte es zum zweiten Platz.
Hein Dahlinger war an fünf Meisterschaften beteiligt und wurde außerdem zwischen 1951 und 1957 zu 38 Länderspielen berufen, von denen 22 auf dem Feld

Ein Küßchen zum Geburtstag

Als Hein Dahlinger 1972 seinen fünfzigsten Geburtstag feierte, gratulierte auch Ehefrau Waltraud. Zahlreiche Sportkameraden schlossen sich an.

stattfanden, wo er 71 seiner 110 Tore warf. Die Erfolgsbilanz lautete zweimal Weltmeister (1952 und 1955 auf dem Feld), einmal Vizeweltmeister (Halle 1954).

Noch drei Großfeld-Stars

Zu den Leistungsträgern der letzten Großfeld-Weltmeisterschaften gehörten noch drei Spieler, die vor allem als Torschützen herausragten. An der Spitze stand Deutschlands langjähriger Rekordnationalspieler Herbert Lübking, geboren am 23. Oktober 1941, von Grün-Weiß Dankersen (später TuS Nettelstedt).
Zwischen 1962 und 1970 sowie 1972 kam er auf 139 Einsätze für DHB-Mannschaften (118 in der Halle) und erzielte dabei 650 Tore (532 Halle/118 Großfeld). Er war Vizeweltmeister 1963 und Weltmeister 1966 auf dem Feld. Außerdem nahm er an drei Hallen-Weltmeisterschaften teil (1964 Vierter, 1967 Sechster und 1970 Fünfter).
Mit seinem Klub holte er 1967 und 1970 die Deutsche Meisterschaft auf dem Großfeld und dreimal hintereinander den Europapokal auf dem Großfeld von 1968 bis 1970. Lübking wurde 1968 mit dem Bundesverdienstkreuz ausgezeichnet.
Sein Mannschaftskamerad Bernd Munck, geboren am 30. Januar 1943, der von Eintracht Hildesheim zu Dankersen gewechselt war, konnte zwischen 1963 und 1974 116 Länderspiele bestreiten (105 in der Halle) und 317 Tore erzielen (268 in der Halle). Auch er holte den letzten Feld-WM-Titel 1966 und wurde dreimal bei der Hallen-WM (1967, 1970 und 1974) eingesetzt. Mit Dankersen war er an den Titeln 1970 und 1971 (Großfeld) sowie 1971 (Halle) beteiligt; dazu kam ein Pokalsieg in der Halle 1975.
Keinen nationalen Titel konnte Josef Karrer, geboren am 3. März 1939, mit seinem TV Großwallstadt erringen. Er warf in seinen 39 Länderspielen (davon 24 auf dem Feld) 135 Tore (121 auf dem Feld). 1963 wurde er Vizeweltmeister, 1966 Weltmeister im Feldhandball.

Die Spiele in der Halle:

Akrobatik am 6-Meter-Kreis

Mit dem Turnier 1966 in Österreich endete praktisch die Geschichte des Feldhandballs. Die für 1968 an die Bundesrepublik vergebene nächste WM-Veranstaltung kam mangels Teilnehmerinteresse nicht mehr zustande. Der Hallenhandball hatte seinen Siegeszug angetreten und das Spiel auf dem Großfeld mit Elfermannschaften zur Sporthistorie degradiert.

International die Nummer 1: VfL Gummersbach

Mit der zunehmenden Spezialisierung auf den Hallenhandball etablierte sich seit Mitte der 60er Jahre ein neuer Klub in der deutschen Handballszene, der sich heute mit dem Prädikat der erfolgreichsten Vereinsmannschaft der Welt schmücken kann: der VfL Gummersbach. Die Oberbergischen sammelten seit 1966 21 nationale und internationale Titel und wurden zum Schreckgespenst der Hallen in Europa.

Im einzelnen sah die Ausbeute bis 1983 so aus:

Deutscher Meister: 1966, 1967, 1969, 1973, 1974, 1975, 1976, 1982 und 1983; DHB-Pokalsieger: 1977, 1978, 1982, 1983; Europacup der Meister: 1967, 1970, 1971, 1974 und 1983; Europacup der Pokalsieger: 1978 und 1979; IHF-Pokal: 1982.

Dazu kommt noch der zweimalige Gewinn des sogenannten Super-Cups, den die beiden Europacupsieger (Meister und Pokal) seit 1979 ausspielen. Der VfL holte diese Trophäe 1979 (gegen TV Großwallstadt) und 1983 (gegen SKA Minsk).

Der erste VfL-Superstar: Hansi Schmidt

Der Beginn des Aufstiegs auf nationaler Ebene war für den VfL Gummersbach eng mit dem Namen seines überragenden Mannes der ersten Jahre, des Rumänien-Deutschen Hans-Günther (»Hansi«) Schmidt, verbunden. Er war als Sohn eines Arztes in der Banat-Ortschaft Marienfeld am 24. September 1942 zur Welt gekommen, hatte nach einer Verletzung als Leichtathlet mit vierzehn Jahren die Sportart gewechselt und war Handballer geworden. Erste Lorbeeren erntete er bei Stiinta Bukarest, wo der 1,96 m große Schmidt bald zum Schrecken der gegnerischen Torhüter avancierte. Nach Berufung zu repräsentativen Spielen erhielt er den Rang eines Oberleutnants der Volksarmee. Schmidt studierte an der Hochschule in Bukarest und wurde 1962/63 zu achtzehn Einsätzen in die rumänische Nationalmannschaft berufen.

Anläßlich einer Gastspielreise seiner Vereinsmannschaft (Dezember 1963) in die Bundesrepublik nutzte Schmidt die Gelegenheit zur Flucht und blieb im Westen. Er schloß sich Ende des Jahres dem VfL Gummersbach an. Mit seinem neuen Klub wurde er 1964 Westdeutscher Meister im Feldhandball – was der VfL zuvor vierzehnmal vergeblich versucht hatte – und scheiterte in der Endrunde zur Deutschen Meisterschaft erst im Halbfinale an GW Dankersen.

Schmidt trug im November 1965 erstmals das deutsche Nationaltrikot beim 26:6 gegen Belgien (drei Schmidt-Treffer) und wurde 1966 mit dem VfL zunächst Westdeutscher, dann Deutscher Meister im Hallenhandball. Der VfL Gummersbach schloß auch die erste Bundesligasaison im deutschen Hallenhandball 1967 mit der Meisterschaft ab. Hansi Schmidt hatte mit sieben Toren im Finale 1966 und acht Treffern im Finale 1967 wesentlichen Anteil an diesen beiden Titeln.

Er führte den VfL insgesamt zu sieben Deutschen Meisterschaften – bei zehnmaliger Endspielteilnahme innerhalb von elf Jahren. Außerdem war er auch an vier Europacupsiegen seines Klubs beteiligt, dem er bis Mitte 1976, also dreizehn Jahre lang, angehörte. Bis 1974 war er für die Nationalmannschaft aktiv gewesen und hatte in 98 Spielen 484 Treffer erzielt.

Neben dem Handball sorgte er mit viel Energie für seine berufliche Sicherheit. Weil seine Ausbildung in Rumänien hier nicht anerkannt wurde, machte er das Abitur nach und studierte Pädagogik. Er ist heute als Grund- und Hauptschullehrer tätig.

Der Handball ließ ihn jedoch nicht los. Nach seinem Ausscheiden beim VfL Gummersbach war er zunächst Spielertrainer beim TB Wülfrath, später beim TuS Derschlag, den er bis in die 2. Liga führte. Am Ende der Saison 1981/82 mußte sein Klub jedoch wieder absteigen, obwohl Schmidt in dieser Saison 134 Tore erzielen konnte.

Aus der Anfangsphase der Gummersbacher Erfolgsserie müssen neben Schmidt noch Torhüter

Vor ihm hatten Torhüter Angst

Wenn Hansi Schmidt zu seinen gewaltigen Sprungwürfen hochstieg, bekamen es die Torhüter beim Gegner oft mit der Angst zu tun. Er schoß unheimlich hart.

Bernd Podak (zehn Länderspiele, ein Europacupsieg und drei Deutsche Meisterschaften), Jochen Brand (47 Länderspiele, drei Europacupsiege, sechs Deutsche Meisterschaften) und Jochen Feldhoff (67 Länderspiele, vier Europacupsiege, sechs Deutsche Meisterschaften) genannt werden, die das Gesicht der Meistermannschaft aus dem Oberbergischen entscheidend mitprägten.

Nach Schmidt kam Jo Deckarm

Zum Geheimnis des Gummersbacher Dauererfolgs gehört die Kunst seines Handball-Obmanns Eugen Haas, immer die richtigen Spieler in die Mannschaft einzubauen. Er fand auch den Nachfolger für Hans-Günther Schmidt, als ihm bei einem Jugendländerspiel der dem 1. FC Saarbrücken angehörende Joachim (»Jo«) Deckarm auffiel und er den 1,94 m großen und 90 kg schweren jungen Mann davon überzeugte, daß er beim Meisterklub am besten aufgehoben sei.
Deckarm, geboren am 19. Januar 1954 in Saarbrücken, war über die Leichtathletik zum Handball gekommen. Sein steiler Aufstieg zur Weltspitze begann noch im Jahr des Wechsels zum VfL. Bundestrainer Horst Käsler berief ihn 1973 ins Nationalteam, aber Deckarms Einstand war nicht allzu berauschend. Dennoch gehörte er dem WM-Aufgebot 1974 an, kam jedoch kaum zum Einsatz. Durch den neuen Bundestrainer (→) Vlado Stenzel wurde Jo Deckarm dann zu großen Taten angespornt. Er entwickelte sich zum wahren Nachfolger seines Vereinskameraden Hansi Schmidt in der Nationalelf und war an den großen Erfolgen der bundesdeutschen Handballer (vierter Platz 1976 in Montreal, Weltmeister 1978) maßgeblich beteiligt. Bis 1979 bestritt er 104 Länderspiele, in denen er 381 Tore erzielte. Mit seinem Verein wurde er zweimal Europacupsieger, dreimal Deutscher Meister und zweimal Pokalsieger.
Die großartige Karriere des Studenten Deckarm wurde am 30. März 1979 durch einen schrecklichen Sportunfall jäh beendet. Beim Rückspiel im Halbfinale des Europacups beim ungarischen Meister Tatabanya stürzte der Gummersbacher nach einem Zusammenprall so unglücklich auf den nur mit PVC überzogenen Zementboden der Halle, daß er schwere Kopfverletzungen erlitt. Eine Operation in Budapest erbrachte die Diagnose: doppelter Schädelbasisbruch und zehn Zentimeter langer Hirnhautriß.
Deckarm lag zunächst einige Wochen auf der Intensivstation der neurochirurgischen Klinik in Budapest im Koma. Die ans Krankenbett geeilten Eltern kehrten mit dem immer noch besinnungslosen Deckarm am 27. April in einem speziell ausgerüsteten Rettungsflugzeug nach Deutschland zurück. Durch intensive Bemühungen der Ärzte gelang es, den Handballer wieder ins Bewußtsein zurückzuholen. Er konnte später in ein Rehabilitationszentrum überführt werden und machte angesichts der Schwere der Verletzungen solche Fortschritte, daß er bei der Handball-WM 1982 in Deutschland einige Spiele verfolgen konnte. Von einer endgültigen Genesung ist er aber noch ein Stück entfernt.

So wird man ihn nie mehr sehen
Jo Deckarm, wie man ihn nie wieder sehen wird. Nach seiner schweren Verletzung konnte er auch 1984 noch nicht als genesen angesehen werden.

Die olympischen Handballturniere

München 1972

Sechzehn Mannschaften in vier Gruppen zu je vier Mannschaften nahmen an dem Turnier teil.

Vorrunde:

Gruppe A: Dänemark – UdSSR 12:12, Schweden – Polen 13:13, Dänemark – Polen 8:11, Schweden – UdSSR 11:11, Dänemark – Schweden 10:16, UdSSR – Polen 17:11; für Hauptrunde qualifiziert: UdSSR und Schweden

Gruppe B: DDR – Island 16:11, ČSSR – Tunesien 25:7, DDR – Tunesien 21:9, ČSSR – Island 19:19, DDR – ČSSR 14:12, Island – Tunesien 27:16; für Hauptrunde qualifiziert: DDR und ČSSR

Gruppe C: Rumänien – Norwegen 18:14, Bundesrepublik – Spanien 13:10, Rumänien – Spanien 15:12, Bundesrepublik – Norwegen 15:15, Rumänien – Bundesrepublik 13:11, Norwegen – Spanien 19:17; für Hauptrunde qualifiziert: Rumänien und Bundesrepublik

Gruppe D: Jugoslawien – Japan 20:14, Ungarn – USA 28:15, Jugoslawien – USA 25:15, Ungarn – Japan 20:12, Jugoslawien – Ungarn 18:16, Japan – USA 20:16; für Hauptrunde qualifiziert: Jugoslawien und Ungarn

Hauptrunde

Gruppe 1: ČSSR – Schweden 15:12, UdSSR – DDR 11:8, ČSSR – UdSSR 15:12, DDR – Schweden 14:11; aus Vorrunde übernommen: DDR – ČSSR (14:12) und Schweden – UdSSR (11:11)

Tabelle:

1. ČSSR	3	2	0	1	42:38	4:2
2. DDR	3	2	0	1	36:34	4:2
3. UdSSR	3	1	1	1	34:34	3:3
4. Schweden	3	0	1	2	34:40	1:5

Gruppe 2: Rumänien – Ungarn 20:14, Jugoslawien – Bundesrepublik 24:15, Jugoslawien – Rumänien 14:13, Bundesrepublik – Ungarn 17:14; aus Vorrunde übernommen: Rumänien – Bundesrepublik (13:11) und Jugoslawien – Ungarn (18:16)

Tabelle:

1. Jugoslawien	3	3	0	0	56:44	6:0
2. Rumänien	3	2	0	1	46:39	4:2
3. Bundesrepublik	3	1	0	2	43:51	2:4
4. Ungarn	3	0	0	3	44:55	0:6

Spiel um Platz 7:

Schweden – Ungarn	19:18

Spiel um Platz 5:

UdSSR – Bundesrepublik	17:16

Spiel um Platz 3:

Rumänien – DDR	19:16

Endspiel:

Jugoslawien – ČSSR	21:16

Das Aufgebot der Bundesrepublik:
Torhüter: Hans-Jürgen Bode (Hamburger SV), Klaus Kater (VfL Gummersbach) und Uwe Rathjen (FA Göppingen); Feldspieler: Herwig Ahrendsen (THW Kiel – 2 Tore), Wolfgang Braun (VfL Bad Schwartau – 4 Tore), Peter Bucher (FA Göppingen – 20 Tore), Jochen Feldhoff (VfL Gummersbach – 2 Tore), Diethard Finkelmann (Reinickendorfer Füchse Berlin – 1 Tor), Josef Karrer (TV Großwallstadt – 4 Tore), Herbert Lübking (TuS Nettelstedt – 9 Tore), Heiner Möller (TuS Wellinghofen – 13 Tore), Peter Neuhaus (TuS Wellinghofen – 2 Tore), Herbert Rogge (TuS Wellinghofen – 5 Tore), Herbert Wehnert (SG Dietzenbach – 12 Tore), Klaus Westebbe (VfL Gummersbach – 6 Tore).
Klaus Westebbe spielte noch bis 1975 in der Nationalmannschaft und kam auf 52 Länderspiele mit 88 Torerfolgen. Mit seinem Klub errang er fünf Europacupsiege, fünf Deutsche Meisterschaften und zwei DHB-Pokalsiege.

Die olympischen Handballturniere

Montreal 1976

Von den zwölf qualifizierten Ländern zog sich Tunesien wegen des Boykotts der Afrikaner zurück. Der Platz in der Gruppe 2 blieb frei.

Vorrunde:

Gruppe A: Jugoslawien – UdSSR 20:18, Bundesrepublik – Japan 19:16, Bundesrepublik – Kanada 26:11, Bundesrepublik – Dänemark 18:14, Dänemark – Japan 21:17, UdSSR – Japan 26:16, Dänemark – Kanada 24:18, UdSSR – Kanada 25:9, UdSSR – Bundesrepublik 18:16, Jugoslawien – Kanada 22:18, Jugoslawien – Japan 26:22, Jugoslawien – Dänemark 25:17, Bundesrepublik – Jugoslawien 18:17, Japan – Kanada 25:18, UdSSR – Dänemark 24:15

Tabelle:

1. UdSSR	5	4	0	1	111:77	8:2
2. Bundesrepublik	5	4	0	1	97:76	8:2
3. Jugoslawien	5	4	0	1	110:93	8:2
4. Dänemark	5	2	0	3	92:102	4:6
5. Japan	5	1	0	4	96:111	2:8
6. Kanada	5	0	0	5	15:122	0:10

Gruppe B: Ungarn – USA 36:21, Polen – ČSSR 21:18, Rumänien – Ungarn 23:18, ČSSR – USA 28:20, Rumänien – USA 32:19, Polen – Ungarn 18:16, Ungarn – ČSSR 22:20, Rumänien – Polen 17:15, Rumänien – ČSSR 19:19, Polen – USA 26:20

Tabelle:

1. Rumänien	4	3	1	0	91:71	7:1
2. Polen	4	3	0	1	80:71	6:2
3. Ungarn	4	2	0	2	92:82	4:4
4. ČSSR	4	1	1	2	85:82	3:5
5. USA	4	0	0	4	80:122	0:8

Endrunde:

Um Platz 9:	Japan – USA	27:20
Um Platz 7:	ČSSR – Dänemark	25:21
Um Platz 5:	Jugoslawien – Ungarn	21:19
Um Platz 3:	Polen – Bundesrepublik	21:18
Um Platz 1:	UdSSR – Rumänien	19:15

Das Aufgebot der Bundesrepublik:
Torhüter: Manfred Hoffmann (TV Großwallstadt/5 Spiele), Rudolf Rauer (TuS Wellinghofen/6 Spiele), Peter Jaschke (TSV Milbertshofen/1 Spiel); Feldspieler: Jürgen Hahn (SG Leutershausen/6 Spiele – 14 Tore), Günter Böttcher (Jahn Gensungen/6 Spiele), Kurt Klühspies (TV Großwallstadt/6 Spiele – 17 Tore), Peter Kleibrink (OSC Rheinhausen/6 Spiele – 6 Tore), Walter von Oepen (Grün-Weiß Dankersen/1 Spiel), Horst Spengler (TV Hüttenberg/6 Spiele – 10 Tore), Gerd Becker (Grün-Weiß Dankersen/5 Spiele – 1 Tor), Bernhard Busch (Grün-Weiß Dankersen/6 Spiele – 6 Tore), Joachim Deckarm (VfL Gummersbach/6 Spiele – 28 Tore), Arno Ehret (TuS Hofweier/6 Spiele – 21 Tore), Heiner Brand (VfL Gummersbach/6 Spiele – 12 Tore).

Der erste Handball-Millionär: Erhard Wunderlich

An die Stelle Jo Deckarms als Spielmacher und Torschütze vom Dienst trat ein Mannschaftskamerad aus dem 78er WM-Team: Erhard Wunderlich. Der am 14. Dezember 1956 in Augsburg geborene gelernte Elektrotechniker hatte zunächst beim FC Augsburg Handball gespielt. Er fiel Eugen Haas bei einem Match gegen den VfL auf, in dem er neun Tore erzielte, und wurde daraufhin prompt verpflichtet. Das war 1976.
Der Bayer machte Nägel mit Köpfen, wurde von 1977 bis 1982 Zeitsoldat bei der Bundeswehr und in dieser Zeit zum überragenden Star des VfL Gummersbach und der deutschen Nationalmannschaft. Der 2,04 m große Wunderlich entwickelte sich zur Torfabrik in Verein und Auswahlmannschaft. Bis Saisonende 1983 absolvierte er 87 Länderspiele mit 319 Torerfolgen. Allein bei der WM 1982 brachte er es auf vierzig Tore. Vier Jahre zuvor waren es nur zwölf gewesen.
Für den VfL brachte er es in 173 Bundesligaspielen auf sagenhafte 862 Tore und in 46 Europacupbegegnungen auf 239 Treffer. In seinen sieben Jahren bei Gummersbach gewann er mit der Mannschaft vierzehn Titel: zweimal den Supercup (auch als Europameisterschaft für Vereinsmannschaften geführt): 1979 und 1983; einmal den Europacup der Landesmeister: 1983; zweimal den Europacup der Pokalsieger: 1978 und 1979; einmal den IHF-Pokal: 1982; zweimal die Deutsche Meisterschaft: 1982 und 1983; viermal den DHB-Pokal: 1977, 1978, 1982 und 1983.
Der Mann, der als Handballer alles erreicht hatte, was zu erreichen war, wollte sich als Werbekaufmann berufliche Sicherheit aufbauen, als im Sommer 1983 ein Angebot des FC Barcelona für eine Sensation sorgte. Der katalanische Renommierklub bot dem deutschen Torjäger eine Gage von 2,5 Millionen DM für ein mehrjähriges Engagement. Dem konnte Erhard Wunderlich nicht widerstehen. Er packte seine Sachen und siedelte im August 1983 nach Barcelona um.
Nach einigen unliebsamen Querelen um seine Freigabe konnte er zu Saisonbeginn 1983/84 für seinen neuen Klub schon die ersten Tore werfen.

Er kam reumütig zurück

Das Gastspiel Erhard Wunderlichs in Barcelona währte nur einen Winter. Die Sensation seiner Rückkehr schon im Frühjahr 1984 zu einem Zweitligaklub (Milbertshofen) war größer als sein Millionen-Transfer.

Das Zwischenspiel: TV Großwallstadt

Die Gummersbacher Erfolgsära wurde für vier Jahre von einer Mannschaft unterbrochen, die in dieser Zeit ebenfalls eine glanzvolle Erfolgsserie erreichte. Der TV Großwallstadt holte sich 1978, 1979, 1980 und 1981 die

Zwei Säulen des Meisterteams
Dirigent Kurt Klühspies (oben) und Torhüter Manfred Hofmann (im Tor) waren zwei der tragenden Säulen des mehrfachen Europacupsiegers und Deutschen Meisters TV Großwallstadt.

Die Erfolgsära Vlado Stenzel

Nach Abschaffung des Feldhandballs fristete der deutsche Handball auf internationaler Ebene mit seiner Nationalmannschaft ein regelrechtes Mauerblümchendasein. In der Halle endete das Team bei internationalen Turnieren (Olympische Spiele und WM) nur unter »ferner liefen«.
Das änderte sich ab dem 1. September 1974, als der DHB mit dem 1934 in Zagreb geborenen Vlado Stenzel einen neuen Bundestrainer vorstellte. Die Erfolge des »Magiers« Stenzel, der sich diesen Beinamen durch unkonventionelle, aber erfolgreiche Entscheidungen verdiente, sind schon Legende, seine Mißerfolge noch Ballast für das Nationalteam.
Vlado Stenzel ließ sich nach dem Abitur in seiner Heimat vier Jahre lang als Chemielaborant ausbilden und wagte dann den Schritt in die Sportszene. Der nur 1,70 m große Jugoslawe, selbst nie ein besonderer Spieler, entschied sich, Handballtrainer zu werden, und begann eine entsprechende Ausbildung. Im Alter von 28 Jahren legte er an der Fakultät für Körpererziehung der Universität Zagreb das Examen als »Handballtrainer 1. Grades« ab. Danach führte er die erste von ihm betreute Mannschaft, Medvescak Zagreb, als erstes jugoslawisches Team in ein Europacupfinale. Mit der Provinzmannschaft RK Crvenka wurde er sogar Landesmeister.
Sein Verband machte ihn 1967 zum Nationaltrainer und tat damit einen Glücksgriff: Jugoslawien erreichte bei der WM 1970 in Frankreich den dritten Rang und wurde 1972 in München sogar Olympiasieger.
Nach weiteren Turniererfolgen kam er 1973 in die Bundesrepublik und übernahm ab 1. September 1974 als Bundestrainer die bei der WM 1974 schwer geschlagene DHB-Auswahl. Zu seinen ersten

Meisterschaft der einteiligen Bundesliga und war damit der vierte deutsche Klub nach dem PSV Hamburg, FA Göppingen und dem VfL Gummersbach, der viermal hintereinander Deutscher Meister werden konnte. Die Dominanz der Mainfranken in der neuen Klasse wurde dadurch unterstrichen, daß sie erst in der Saison 1980/81 ihre erste Heimniederlage hinnehmen mußten.
Trainer Klaus Zöll hatte um Kapitän Kurt Klühspies, der noch den Großfeldtitel 1973 mitgewonnen hatte, eine Mannschaft aufgebaut, deren Leistungsträger auch in der Nationalmannschaft für Furore sorgten. Großartiger Rückhalt des Teams war Torhüter Manfred Hofmann, dessen Ruf als »Siebenmetertöter« weithin bekannt war. Sein Können trug wesentlich zu den Erfolgen der Vereinsmannschaft und des Nationalteams in den Jahren 1976 und 1978 bei.
Neben den Weltmeistern (→ Übersicht) gehörten noch Peter Meisinger, Ulrich Gnau, Manfred Freisler und Thomas Sinsel zu den Leistungsträgern der Hessen, die außer den fünf (1984 erneut Meister) nationalen Titeln einmal den Supercup (1980), zweimal den Europacup der Meister (1979 und 1980) und einmal den IHF-Pokal (1984) gewannen.

Die olympischen Handballturniere

Moskau 1980

Von den zwölf qualifizierten Ländern zogen die Bundesrepublik Deutschland, Tunesien und Japan wegen des Boykotts ihre Teilnahme zurück. Die IHF nominierte Ungarn (Europa), Kuwait (Asien) und Algerien (Afrika) als Ersatznationen.

Vorrunde:

Gruppe A: Dänemark – Kuba 30:18, Polen – Ungarn 20:20, DDR – Spanien 21:17, Polen – Kuba 34:19, Spanien – Dänemark 20:19, DDR – Ungarn 14:14, Ungarn – Spanien 20:17, Polen – Dänemark 26:12, DDR – Kuba 27:20, Spanien – Kuba 24:24, Ungarn – Dänemark 16:15, DDR – Polen 22:21, Ungarn – Kuba 26:22, Spanien – Polen 24:22, DDR – Dänemark 24:20

Tabelle:

1. DDR	5	4	1	0	108:92	9:1
2. Ungarn	5	3	2	0	96:88	8:2
3. Spanien	5	2	1	2	102:106	5:5
4. Polen	5	2	1	2	123:97	5:5
5. Dänemark	5	1	0	4	96:104	2:8
6. Kuba	5	0	1	4	103:141	1:9

Gruppe B: Jugoslawien – Algerien 22:18, Rumänien – Kuwait 31:12, UdSSR – Schweiz 22:15, Rumänien – Algerien 26:18, UdSSR – Kuwait 38:11, Jugoslawien – Schweiz 26:21, Schweiz – Kuwait 32:14, UdSSR – Algerien 33:10, Jugoslawien – Rumänien 23:21, Schweiz – Algerien 26:18, Jugoslawien – Kuwait 44:10, Rumänien – UdSSR 22:19, Algerien – Kuwait 30:17, Rumänien – Schweiz 18:16, UdSSR – Jugoslawien 22:17

Tabelle:

1. UdSSR	5	4	0	1	134:75	6:2
2. Rumänien	5	4	0	1	119:88	6:2
3. Jugoslawien	5	4	0	1	132:92	6:2
4. Schweiz	5	2	0	3	110:98	4:6
5. Algerien	5	1	0	4	94:124	2:8
6. Kuwait	5	0	0	5	64:176	0:10

Finalspiele:

Spiel um Platz 11:	Kuba – Kuwait	32:24
Spiel um Platz 9:	Dänemark – Algerien	28:20
Spiel um Platz 7:	Polen – Schweiz	23:22 n. V.
Spiel um Platz 5:	Spanien – Jugoslawien	24:23 n. V.
Spiel um Platz 3:	Rumänien – Ungarn	20:18
Endspiel:	DDR – UdSSR	23:22 n. V.

Als der »Magier« wütend wurde

Vlado Stenzel war für sein Temperament bekannt. Als seine Mannschaft im Supercup 1979 gegen Rumänien verlor, konnte er nur noch die Zähne fletschen.

Großtaten gehörte die Olympiaqualifikation für 1976, wobei in zwei Handballkrimis Vizeweltmeister DDR – 17:14 am 20. Dezember 1975 in München und 8:11 am 6. März 1976 in Karl-Marx-Stadt – ausgeschaltet werden konnte.
Bis Montreal wickelte Stenzel ein mit 44 Länderspielen gewaltiges Testprogramm ab, in dem er insgesamt sechzig Spieler einsetzte; dann hatte er ein Team gefunden, das nur knapp eine Medaille verfehlte. Um die Gummersbacher Heiner Brand und Jo Deckarm, die Großwallstädter Manfred Hofmann – den Torwarthelden der Qualifikationsspiele gegen die DDR – und Kurt Klühspies sowie Arno Ehret vom TuS Hofweier baute er eine Mannschaft auf, die 1977 erstmals ein bedeutendes Handballereignis als Sieger beenden konnte: das Vierländerturnier in Jugoslawien.
Nach der automatischen Qualifikation für die nächste Weltmeisterschaft durch den vierten Olympiarang plante der Bundestrainer schon weiter. Das Ziel für Dänemark 1978 hieß: möglichst ein Medaillenrang. Die Krönung sollte 1980 bei Olympia in Moskau erfolgen. So baute Stenzel für das WM-Team fünf Junioren ein, die ihre Feuertaufe erhalten sollten. Aber diese Youngsters Erhard Wunderlich, Manfred Freisler, Arnulf Meffle, Claus Hormel und Gerd Rosendahl wuchsen mit den erfahrenen Spielern aus dem Olympiateam zu einer kampfstarken Einheit und errangen den größten Triumph für den deutschen Handball seit vielen Jahren: Sie wurden Weltmeister nach einem dramatischen Endspiel gegen die UdSSR (→ Übersicht).
Danach begann der Abstieg des als Wundertrainer gefeierten Jugoslawen. Der Unfall seines Torjägers Jo Deckarm, der Olympiaboykott 1980 und Differenzen mit langjährigen Stützen der Mannschaft waren die Stationen, die zum WM-Desaster 1982 in der Bundesrepublik führten. Stenzel mußte für dieses Turnier eine völlig neue Mannschaft aufbauen, die vor eigenem Publikum kläglich scheiterte und sogar die Olympiaqualifikation verpaßte.
Stenzel warf am 1. Juni 1982 das Handtuch und wurde als Bundestrainer abgelöst. Seitdem tummelt er sich in der Klubszene, zuletzt als Trainer des Neu-Bundesligisten Tura Bergkamen, von dem er sich jedoch schon wieder getrennt hat.
Unter seiner Ägide trug die DHB-Auswahl 174 Länderspiele aus. Davon wurden 95 gewonnen, 20 endeten unentschieden, 59 gingen verloren; dabei blieb die Mannschaft zwischen dem 16. März 1977 und dem 17. November 1978 in 29 Spielen ungeschlagen. Das hatte es vorher noch nicht gegeben. Stenzel hat insgesamt 112 Spieler während seiner Amtszeit in der DHB-Auswahl eingesetzt und ohne Zweifel die Basis für den Handball in der Bundesrepublik entscheidend mit verbreitert.

Hallenhandball-Weltmeisterschaften

II. Hallen-WM
13. bis 17. Januar 1954 in Schweden

Vorrunde:

Gruppe A: Schweden – Dänemark 16:8, ČSSR – Dänemark 18:13, Schweden – ČSSR 23:14

Tabelle:

1. Schweden	2	2	0	0	39:22	4:0
2. ČSSR	2	1	0	1	32:36	2:2
3. Dänemark	2	0	0	2	21:34	0:4

Gruppe B: Deutschland – Frankreich 27:4 , Frankreich – Schweiz 11:11, Deutschland – Schweiz 20:9

Tabelle:

1. Deutschland	2	2	0	0	47:13	4:0
2. Schweiz	2	0	1	1	20:31	1:3
3. Frankreich	2	0	1	1	15:38	1:3

Spiel um Platz 3:

ČSSR – Schweiz	24:11

Finale:

Schweden – Deutschland	17:14

Das deutsche Aufgebot:
Torhüter: Harry Kamm (PSV Berlin), Fredy Pankonin (Reinickendorfer Füchse Berlin); Feldspieler: Markus Bernhard (Bayern München), Hein Dahlinger (THW Kiel), Adolf Giele (Victoria Hamburg), Karl Hebel (PSV Hamburg), Horst Käsler (Berliner SV 92), Bernhard Kempa (FA Göppingen), Otto Maychrzak (PSV Hamburg), Herbert Podolske (THW Kiel), Wolfgang Schütze (Berliner SV 92), Hinrich Schwenker (ATSV Habenhausen), Werner Vick (PSV Hamburg).
Die Endspielmannschaft: Pankonin – Bernhard (1), Dahlinger (1), Giele (2), Hebel (3), Käsler (3), Maychrzak (3), Podolske (1), Schütz, Vick.
Torschützenkönig wurde »Atom-Otto« Maychrzak mit 16 Treffern. Die übrigen deutschen Torschützen: Käsler 10, Dahlinger 6, Hebel 5, Kempa 5, Bernhard, Giese, Podolske und Vick je 4, Schütze 3.

Erfolgreich als Spieler und Trainer

Zwar konnte Werner Vick (hier mit Herbert Lübking) den schwedischen Titelgewinn von 1954 nicht verhindern, doch zwei WM-Titel und siebzehn Jahre erfolgreiche Trainertätigkeit können sich auch sehen lassen.

Auch in der Halle gesamtdeutsch

Bei der WM 1958 in der DDR scheiterte das gesamtdeutsche Team (weißes Trikot) gegen die ČSSR.

III. Hallen-WM
27. Februar bis 8. März 1958 in der DDR

Deutschland trat bei diesem Turnier erstmals mit einer gesamtdeutschen Mannschaft an (Beschluß der IHF von 1956).

Vorrunde:

Gruppe A: Schweden – Spanien 31:11, Polen – Finnland 14:14, Spanien – Finnland 19:16, Schweden – Polen 19:14, Polen – Spanien 25:11, Schweden – Finnland 27:16; für Hauptrunde qualifiziert: Schweden und Polen

Gruppe B: Deutschland – Luxemburg 46:4, Norwegen – Frankreich 17:13, Norwegen – Luxemburg 41:8, Deutschland – Frankreich 32:12, Frankreich – Luxemburg 41:8, Deutschland – Norwegen 19:9; für Hauptrunde qualifiziert: Deutschland und Norwegen

Gruppe C: ČSSR – Island 27:17, Ungarn – Rumänien 16:16, Island – Rumänien 13:11, ČSSR – Ungarn 26:11, Ungarn – Island 19:16, ČSSR – Rumänien 21:13; für Hauptrunde qualifiziert: ČSSR und Ungarn

Gruppe D: Dänemark – Brasilien 32:12, Jugoslawien – Österreich 35:8, Österreich – Brasilien 24:12, Dänemark – Jugoslawien 20:12, Jugoslawien – Brasilien 22:9, Dänemark – Österreich 22:18; für Hauptrunde qualifiziert: Dänemark und Jugoslawien.

Hauptrunde:

Gruppe I: Deutschland – Ungarn 22:15, ČSSR – Norwegen 21:10, Norwegen – Ungarn 23:21, ČSSR – Deutschland 17:14; aus der Vorrunde übernommen: Deutschland – Norwegen (19:9) und ČSSR – Ungarn (26:11)

Tabelle:

1. ČSSR	3	3	0	0	64:35	6:0
2. Deutschland	3	2	0	1	55:41	4:2
3. Norwegen	3	1	0	2	42:61	2:4
4. Ungarn	3	0	0	3	47:71	0:6

Gruppe II: Dänemark – Polen 22:15, Schweden – Jugoslawien 26:9, Polen – Jugoslawien 9:7, Schweden – Dänemark 13:12; aus der Vorrunde übernommen: Schweden – Polen (19:14) und Dänemark – Jugoslawien (20:12) übernommen.

Tabelle:

1. Schweden	3	3	0	0	58:35	6:0
2. Dänemark	3	2	0	1	54:40	4:2
3. Polen	3	1	0	2	38:48	2:4
4. Jugoslawien	3	0	0	3	28:55	0:6

Spiel um Platz 3:

Deutschland – Dänemark	16:13

Finale:

Schweden – ČSSR	22:12

Das gesamtdeutsche Aufgebot:
Torhüter: Hans Beier (SC Empor Rostock), Jürgen Hinrichs (THW Kiel), Fredy Pankonin (SC Rehberge Berlin); Feldspieler: Adolf Giele (Victoria Hamburg), Harald Gleinig (Charlottenburger HC), Günter Herzog (SC Lok Leipzig), Rudi Hirsch (Dynamo Berlin), Horst Käsler (Berliner SV 92), Peter Kretzschmar (SC Lok Leipzig), Klaus-Dieter Matz (Dynamo Berlin), Otto Maychrzak (PSV Hamburg), Günter Mundt (Empor Rostock), Wolfgang Niescher (Motor Gohlis Nord), Hinrich Schwenker (ATSV Habenhausen), Paul Tiedemann (DHfK Leipzig), Edwin Vollmer (FA Göppingen).
Im Spiel um Platz 3 wurden eingesetzt: Hinrichs – Giele (4), Käsler (2), Hirsch (2), Kretzschmar, Matz (2), Maychrzak (4), Schwenker (2), Tiedemann, Vollmer.
Die deutschen Torschützen während des Turniers: Hirsch 22, Maychrzak 20, Matz 19, Schwenker 19, Giele 15, Käsler 11, Herzog 10, Tiedemann und Vollmer je 8, Gleinig 6, Mundt 4, Kretzschmar 3.

IV. Hallen-WM
1. bis 12. März 1961 in der Bundesrepublik

Von 22 gemeldeten Mannschaften konnten nach Ausscheidungsspielen zwölf an dem Turnier teilnehmen.

Vorrunde:

Gruppe A: Schweden – Norwegen 15:11, Norwegen – Jugoslawien 18:17, Schweden – Jugoslawien 14:12; für Hauptrunde qualifiziert: Schweden und Norwegen

Gruppe B: Deutschland – Holland 33:7, Frankreich – Holland 21:11, Deutschland – Frankreich 21:7; für Hauptrunde qualifiziert: Deutschland und Frankreich

Gruppe C: ČSSR – Japan 38:10, Rumänien – Japan 29:11, ČSSR – Rumänien 12:8; für Hauptrunde qualifiziert: ČSSR und Rumänien

Gruppe D: Dänemark – Island 24:13, Island – Schweiz 14:12, Dänemark – Schweiz 18:13; für Hauptrunde qualifiziert: Dänemark und Island

Hauptrunde:

Gruppe A: Schweden – Frankreich 15:11, ČSSR – Island 15:15, Schweden – Island 18:10, ČSSR – Frankreich 25:6, ČSSR – Schweden 15:10, Island – Frankreich 20:13

Tabelle:

1. ČSSR	3	2	1	0	55:31	5:1
2. Schweden	3	2	0	1	43:36	4:2
3. Island	3	1	1	1	45:46	3:3
4. Frankreich	3	0	0	3	30:60	0:6

Gruppe B: Deutschland – Norwegen 15:8, Rumänien – Dänemark 15:13, Rumänien – Deutschland 12:9, Dänemark – Norwegen 10:9, Deutschland – Dänemark 15:13, Rumänien – Norwegen 16:14

Tabelle:

1. Rumänien	3	3	0	0	46:36	6:0
2. Deutschland	3	2	0	1	39:33	4:2
3. Dänemark	3	1	0	2	36:39	2:4
4. Norwegen	3	0	0	3	31:41	0:6

Spiel um Platz 3:

Schweden – Deutschland	17:14

Finale:

Rumänien – ČSSR	9:8 n.V.

Das gesamtdeutsche Aufgebot:
Torhüter: Hans Beier (Empor Rostock), Jürgen Hinrichs (THW Kiel); Feldspieler: Adolf Giele (Victoria Hamburg), Hermann Graf (TSV Zuffenhausen), Gerhard Grill (FA Göppingen), Hans Haberhauffe (ASK Vorwärts Berlin), Rudi Hirsch (Dynamo Berlin), Peter Kretzschmar (Lok Leipzig), Bernd Mühleisen (SV Möhringen), Dr. Wolfgang Niescher (Wissenschaft Greifswald), Waldemar Pappusch (ASK Vorwärts Berlin), Klaus Saß (TSV Büdelsdorf), Hinrich Schwenker (ATSV Habenhausen), Paul Tiedemann (DHfK Leipzig), Edwin Vollmer (FA Göppingen), Hartmut Stubbe (Empor Rostock).
Im Spiel um Platz 3 wurden eingesetzt: Beier/Hinrichs – Giele, Graf, Haberhauffe (4), Hirsch (2), Mühleisen (1), Pappusch (4), Saß (1), Stubbe, Tiedemann (2).
Die deutschen Torschützen während des Turniers: Haberhauffe 21, Pappusch 14, Stubbe 12, Hirsch und Tiedemann je 11, Mühleisen 10, Graf, Saß und Schwenker je 5, Giele und Kretzschmar je 4, Grill und Dr. Niescher je 2, Vollmer 1.

Erster Hallentitel an den Ostblock

Die Mannschaft Rumäniens nach dem Endspielsieg gegen die ČSSR in der Dortmunder Westfalenhalle. Mit ihrem Erfolg ging erstmals ein Hallentitel an ein Ostblockland.

V. Hallen-WM
6. bis 15. März 1964 in der ČSSR

26 Meldungen wurden abgegeben. Durch Ausscheidungsspiele kam die für die Vorrunde notwendige Zahl von sechzehn Mannschaften zustande. Erstmals spielten Mannschaften aus beiden deutschen Staaten.

Vorrunde:

Gruppe A: Bundesrepublik – Jugoslawien 14:14, DDR – USA 20:9, Jugoslawien – USA 22:3, Bundesrepublik – DDR 12:10, DDR – Jugoslawien 14:14, Bundesrepublik – USA 24:13; für Hauptrunde qualifiziert: Bundesrepublik und Jugoslawien

Gruppe B: Schweden – Ungarn 15:8, Island – VAR (Ägypten) 16:8, Ungarn – VAR (Ägypten) 16:9, Island – Schweden 12:10, Ungarn – Island 21:12, Schweden – VAR (Ägypten) 26:11; für Hauptrunde qualifiziert: Schweden und Ungarn

Gruppe C: ČSSR – Frankreich 23:14, Dänemark – Schweiz 16:13, Schweiz – Frankreich 15:14, ČSSR – Dänemark 14:11, Dänemark – Frankreich 26:13, ČSSR – Schweiz 26:10; für Hauptrunde qualifiziert: ČSSR und Dänemark

Gruppe D: Rumänien – UdSSR 16:14, Japan – Norwegen 18:14, UdSSR – Japan 40:10, Rumänien – Norwegen 18:10, Norwegen – UdSSR 13:11, Rumänien – Japan 36:12; für Hauptrunde qualifiziert: Rumänien und UdSSR

Hauptrunde:

Gruppe I: Ungarn – Bundesrepublik 19:15, Schweden – Jugoslawien 23:18, Jugoslawien – Ungarn 16:15, Bundesrepublik – Schweden 16:8. Aus der Vorrunde wurden die Spiele Bundesrepublik – Jugoslawien (14:14) und Schweden – Ungarn (15:8) gewertet.

Tabelle:

1. Schweden	3	2	0	1	46:42	4:2
2. Bundesrepublik	3	1	1	1	45:41	3:3
3. Jugoslawien	3	1	1	1	48:52	3:3
4. Ungarn	3	1	0	2	42:46	2:4

Gruppe II: ČSSR – UdSSR 18:15, Rumänien – Dänemark 25:15, UdSSR – Dänemark 17:14, Rumänien – ČSSR 16:15. Aus der Vorrunde wurden die Spiele ČSSR – Dänemark (14:11) und Rumänien – UdSSR (16:14) gewertet.

Tabelle:

1. Rumänien	3	3	0	0	57:44	6:0
2. ČSSR	3	2	0	1	47:42	4:2
3. UdSSR	3	1	0	2	46:48	2:4
4. Dänemark	3	0	0	3	40:56	0:6

Spiel um Platz 3:

ČSSR – Bundesrepublik	22:15

Finale:

Rumänien – Schweden	25:22

Das Aufgebot der Bundesrepublik:
Torhüter: Rudolf Delfs (Polizei SV Kiel), Wolf-Dieter Rösner (SV Möhringen), Wolfgang Struck (THW Kiel); Feldspieler: Fritz Bahrdt (Hamburger SV), Werner Bartels (TG 48 Witten), Hermann Graf (TSV Zuffenhausen), Gerhard Grill (FA Göppingen), Herbert Hönnige (SG Leutershausen), Erich Kolb, Klaus Lange (beide MTV Itzehoe), Herbert Lübking (Grün-Weiß Dankersen), Bernd Lukas (Berliner SV 92), Bernd Mühleisen (SV Möhringen), Fritz Schillmann (VfL Wittingen), Hinrich Schwenker (ATSV Habenhausen), Bernd Struck (THW Kiel).
Die 96 deutschen Tore warfen: Lübking 21, Graf 12, Mühleisen 12, Bahrdt 10, Schillmann 10, Hönnige 8, Klaus Lange 5, Lukas 5, Bernd Struck 5, Schwenker 3, Grill 2, Kolb 2 und Bartels 1.
Im Spiel um Platz 3 wurden von der Bundesrepublik eingesetzt: Delfs, Wolfgang Struck, Bahrdt (1), Graf, Grill, Hönnige (2), Klaus Lange (1), Lukas (2), Mühleisen (4), Schillmann (3), Bernd Struck (2).

Für Hinrich Schwenker, geboren am 8. Juli 1934, war die Teilnahme an dieser WM gleichzeitig Abschied vom internationalen Handball. Der Mann vom ATSV Habenhausen, der ab 1966 noch bei Werder Bremen weiterspielte, stellte mit dieser sechsten WM-Teilnahme auch einen einmaligen Rekord für Spieler des DHB auf, dem Herbert Lübking mit fünf Teilnahmen ganz nahe kam. Zweimal auf dem Großfeld und viermal in der Halle hatte er um WM-Ehren gekämpft und das große Ziel einmal (1959 Feld) erreicht. Er bestritt zwischen 1953 und 1964 76 Länderspiele (51 in der Halle) und erzielte dabei 212 Treffer (127 in der Halle).

Besonderer Schnappschuß

»Handball-Ballett« nannte der Fotograf diesen Schnappschuß aus dem Spiel ČSSR – Dänemark während der WM 1967. Der Tscheche (links) wurde ausgetrickst.

VI. Hallen-WM
12. bis 21. Januar 1967 in Schweden

Zu diesem Turnier hatten 25 Mannschaften gemeldet. Das Sechzehnerfeld für die Endrunde wurde wieder durch Ausscheidungsspiele ermittelt.

Vorrunde:

Gruppe A: Schweden – Polen 26:16, Jugoslawien – Schweiz 26:11, Schweden – Schweiz 19:16, Jugoslawien – Polen 22:17, Jugoslawien – Schweden 22:17, Polen – Schweiz 20:18

Tabelle:

1. Jugoslawien	3	3	0	0	69:45	6:0
2. Schweden	3	2	0	1	62:53	4:2
3. Polen	3	1	0	2	53:66	2:4
4. Schweiz	3	0	0	3	45:65	0:6

Gruppe B: Bundesrepublik – Norwegen 22:16, Ungarn – Japan 30:25, Bundesrepublik – Japan 38:27, Ungarn – Norwegen 15:11, Bundesrepublik – Ungarn 29:23, Japan – Norwegen 21:17

Tabelle:

1. Bundesrepublik	3	3	0	0	89:66	6:0
2. Ungarn	3	2	0	1	68:65	4:2
3. Japan	3	1	0	2	73:85	2:4
4. Norwegen	3	0	0	3	44:58	0:6

Gruppe C: Rumänien – DDR 14:14, UdSSR – Kanada 28:9, UdSSR – DDR 22:17, Rumänien – Kanada 27:3, Rumänien – UdSSR 15:13, DDR – Kanada 37:6

Tabelle:

1. Rumänien	3	2	1	0	56:30	5:1
2. UdSSR	3	2	0	1	63:41	4:2
3. DDR	3	1	1	1	68:42	3:3
4. Kanada	3	0	0	3	18:92	0:6

Gruppe D: ČSSR – Frankreich 25:10, Dänemark – Tunesien 27:6, ČSSR – Tunesien 23:10, Dänemark – Frankreich 9:8, ČSSR – Dänemark 24:14, Frankreich – Tunesien 16:7

Tabelle:

1. ČSSR	3	3	0	0	72:34	6:0
2. Dänemark	3	2	0	1	50:38	4:2
3. Frankreich	3	1	0	2	34:41	2:4
4. Tunesien	3	0	0	3	23:66	0:6

Viertelfinale: Dänemark – Jugoslawien 14:13, UdSSR – Bundesrepublik 19:16, ČSSR – Schweden 18:11, Rumänien – Ungarn 20:19

B-Halbfinale: Bundesrepublik – Jugoslawien 31:30 nach zweimaliger Verlängerung, Schweden – Ungarn 21:19

Halbfinale: ČSSR – Rumänien 19:17, Dänemark – UdSSR 17:12

Endrunde:

Spiel um Platz 7:	Jugoslawien – Ungarn	24:20
Spiel um Platz 5:	Schweden – Bundesrepublik	24:22

Spiel um Platz 3:

Rumänien – UdSSR	21:19 n. V.

Endspiel:

ČSSR – Dänemark	14:11

Das Aufgebot der Bundesrepublik:
Torhüter: Hans-Jürgen Bode (Hamburger SV), Helmut Duell (RSV Mülheim), Wolf-Dieter Rösner (SV Möhringen); Feldspieler: Fritz Bahrdt (Hamburger SV), Werner Bartels (TG 48 Witten), Jochen Feldhoff (VfL Gummersbach), Jürgen Glombek (Grün-Weiß Dankersen), Günter Heger (SV Möhringen), Herbert Hönnige (SG Leutershausen), Herbert Lübking (Grün-Weiß Dankersen), Bernd Lukas (Berliner SV 92), Bernd Mühleisen (SV Möhringen), Bernd Munck (Eintracht Hildesheim), Rüdiger-Felix Schmacke (SG Leutershausen), Hans-Günther Schmidt (VfL Gummersbach), Rudolf Schwanz (TV Krefeld-Oppum).
Die 158 deutschen Tore warfen: Lübking 38, H. G. Schmidt 36, Bartels 14, Mühleisen 14, Munck 13, Heger 9, Hönnige 8, Schwanz 8, Feldhoff 7, Bahrdt 5, Schmacke 5, Lukas 1.

RUMAENIEN HOLT WM-TITEL NR. 3 UND 4

VII. Hallen-WM
26. Februar bis 8. März 1970 in Frankreich

Vorrunde:

Gruppe A: DDR – UdSSR 13:11, Schweden – Norwegen 8:6, UdSSR – Norwegen 10:9, Schweden – DDR 11:9, DDR – Norwegen 10:8, UdSSR – Schweden 12:11

Tabelle:

1. Schweden	3	2	0	1	30:27	4:2
2. DDR	3	2	0	1	32:30	4:2
3. UdSSR	3	2	0	1	33:33	4:2
4. Norwegen	3	0	0	3	23:28	0:6

Gruppe B: ČSSR – Japan 19:9, Jugoslawien – USA 34:8, ČSSR – USA 23:9, Jugoslawien – Japan 17:17, Japan – USA 21:15, ČSSR – Jugoslawien 16:15

Tabelle:

1. ČSSR	3	3	0	0	58:33	6:0
2. Jugoslawien	3	1	1	1	66:41	3:3
3. Japan	3	1	1	1	47:51	3:3
4. USA	3	0	0	3	32:78	0:6

Gruppe C: Rumänien – Frankreich 12:9, Bundesrepublik – Schweiz 11:10, Rumänien – Schweiz 22:7, Bundesrepublik – Frankreich 15:12, Frankreich – Schweiz 15:12, Bundesrepublik – Rumänien 15:14

Tabelle:

1. Bundesrepublik	3	3	0	0	41:36	6:0
2. Rumänien	3	2	0	1	48:31	4:2
3. Frankreich	3	1	0	2	36:39	2:4
4. Schweiz	3	0	0	3	29:48	0:6

Gruppe D: Dänemark – Polen 23:16, Ungarn – Island 19:9, Dänemark – Island 19:13, Ungarn – Polen 15:9, Island – Polen 21:18, Ungarn – Dänemark 24:19

Tabelle:

1. Ungarn	3	3	0	0	58:37	6:0
2. Dänemark	3	2	0	1	61:53	4:2
3. Island	3	1	0	2	43:56	2:4
4. Polen	3	0	0	3	43:59	0:6

Viertelfinale: Rumänien – Schweden 15:13, Dänemark – ČSSR 18:16, DDR – Bundesrepublik 18:17 n.V., Jugoslawien – Ungarn 11:10

Halbfinale der Verlierer: Schweden – ČSSR 12:11, Bundesrepublik – Ungarn 15:13

Halbfinale der Sieger: Rumänien – Dänemark 18:12, DDR – Jugoslawien 17:13

Spiel um Platz 5:

Bundesrepublik – Schweden	15:14

Spiel um Platz 3:

Jugoslawien – Dänemark	29:12

Endspiel:

Rumänien – DDR	13:12 n.V.

Das Aufgebot der Bundesrepublik:
Torhüter: Hans-Jürgen Bode (Hamburger SV), Klaus Kater (VfL Gummersbach), Uwe Rathjen (FA Göppingen); Feldspieler: Jochen Brand (VfL Gummersbach), Peter Bucher (FA Göppingen), Jochen Feldhoff (VfL Gummersbach), Diethard Finkelmann (Reinickendorfer Füchse Berlin), Peter Görtz (VfL Bad Schwartau), Herbert Lübking (Grün-Weiß Dankersen), Heiner Möller (Eintracht Dortmund), Max Müller (FA Göppingen), Bernd Munck (Grün-Weiß Dankersen), Peter Neuhaus (TuS Wellinghofen), Herbert Rogge (VfL Bad Schwartau), Hans-Günther Schmidt (VfL Gummersbach), Herbert Wehnert (SG Dietzenbach), Gerd Welz (THW Kiel).
88 Treffer für die Mannschaft der Bundesrepublik warfen: Lübking 17, H.-G. Schmidt 14, Finkelmann 12, Wehnert 11, Möller 9, Max Müller 8, Feldhoff 7, Brand 2, Peter Bucher 2, Munck 2, Neuhaus 2 und Welz 2.

Mit 28 Meldungen wurde das bisher höchste Ergebnis von 1964 (26 Nennungen) noch übertroffen. Als »Gesetzte« kamen Weltmeister ČSSR, der Zweite von 1967, Dänemark, der Dritte von 1967, Rumänien, Gastgeber Frankreich, Japan als Vertreter Asiens und der Sieger der nordamerikanischen Ausscheidung, die USA, kampflos in die Hauptrunde. Die restlichen zehn Teilnehmer wurden in Qualifikationsspielen ermittelt.

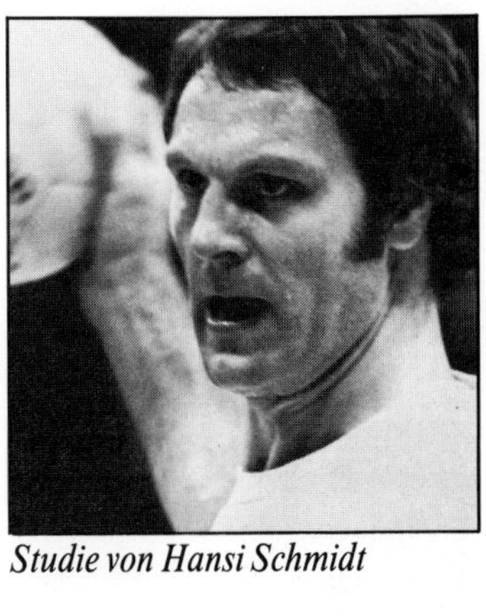

Studie von Hansi Schmidt

VIII. Hallen-WM
28. Februar bis 10. März 1974 in der DDR

Von 34 Bewerbern qualifizierten sich die ersten Acht des olympischen Turniers in München 1972, weitere acht Teilnehmer wurden in weltweiten Ausscheidungsspielen ermittelt.

Vorrunde:

Gruppe A: ČSSR – Island 25:15, Dänemark – Bundesrepublik 12:11, ČSSR – Dänemark 16:12, Bundesrepublik – Island 22:16, Dänemark – Island 19:17, ČSSR – Bundesrepublik 17:11

Tabelle:

1. ČSSR	3	3	0	0	58:38	6:0
2. Dänemark	3	2	0	1	43:44	4:2
3. Bundesrepublik	3	1	0	2	44:45	2:4
4. Island	3	0	0	3	48:66	0:6

Gruppe B: Rumänien – Polen 18:14, Spanien – Schweden 15:14, Polen – Schweden 20:10, Rumänien – Spanien 21:11, Polen – Spanien 21:15, Schweden – Rumänien 20:18

Tabelle:

1. Rumänien	3	2	0	1	57:45	4:2
2. Polen	3	2	0	1	55:43	4:2
3. Schweden	3	1	0	2	44:53	2:4
4. Spanien	3	1	0	2	41:56	2:4

Gruppe C: DDR – Japan 31:16, UdSSR – USA 40:11, DDR – USA 35:14, UdSSR – Japan 25:18, DDR – UdSSR 15:15, Japan – USA 29:18

Tabelle:

1. DDR	3	2	1	0	81:45	5:1
2. UdSSR	3	2	1	0	80:44	5:1
3. Japan	3	1	0	2	63:74	2:4
4. USA	3	0	0	3	43:104	0:6

Gruppe D: Jugoslawien – Bulgarien 25:17, Ungarn – Algerien 30:10, Jugoslawien – Algerien 35:12, Ungarn – Bulgarien 19:15, Jugoslawien – Ungarn 21:18, Bulgarien – Algerien 23:16

Tabelle:

1. Jugoslawien	3	3	0	0	81:47	6:0
2. Ungarn	3	2	0	1	67:46	4:2
3. Bulgarien	3	1	0	2	55:60	2:4
4. Algerien	3	0	0	3	38:88	0:6

Runde um die Plätze 9 bis 12: Bundesrepublik – Schweden 20:18, Bulgarien – Japan 23:22, Bundesrepublik – Japan 30:24, Schweden – Bulgarien 21:19, Bundesrepublik – Bulgarien 22:13, Schweden – Japan 28:21; Rangfolge: 9. Bundesrepublik, 10. Schweden, 11. Bulgarien, 12. Japan

Hauptrunde:

Gruppe I: Polen – ČSSR 19:16, Rumänien – Dänemark 20:11, Rumänien – ČSSR 20:11, Polen – Dänemark 14:9; aus der Vorrunde übernommen: ČSSR – Dänemark (16:12) und Rumänien – Polen (18:14)

Tabelle:

1. Rumänien	3	3	0	0	58:36	6:0
2. Polen	3	2	0	1	47:43	4:2
3. ČSSR	3	1	0	2	45:51	2:4
4. Dänemark	3	0	0	3	32:50	0:6

Gruppe II: DDR – Ungarn 17:10, Jugoslawien – UdSSR 18:15, DDR – Jugoslawien 19:17, UdSSR – Ungarn 17:15; aus der Vorrunde übernommen: DDR – UdSSR (15:15) und Jugoslawien – Ungarn (21:18)

Tabelle:

1. DDR	3	2	1	0	51:42	5:1
2. Jugoslawien	3	2	0	1	56:52	4:2
3. UdSSR	3	1	1	1	47:48	3:3
4. Ungarn	3	0	0	3	43:55	0:6

Finalspiele:

Spiel um Platz 7:	Ungarn – Dänemark	22:15
Spiel um Platz 5:	UdSSR – ČSSR	26:24
Spiel um Platz 3:	Jugoslawien – Polen	18:16
Endspiel:	Rumänien – DDR	14:12

Das Aufgebot der Bundesrepublik:
Torhüter: Michael Dogs (VfL Bad Schwartau), Klaus Kater (VfL Gummersbach), Wilfried Meyer (Grün-Weiß Dankersen); Feldspieler: Wolfgang Braun (VfL Bad Schwartau/2), Peter Bucher (FA Göppingen/15), Joachim Deckarm (VfL Gummersbach/22), Armin Emrich (FA Göppingen/1), Burkard Gröning (TuS Wellinghofen/8), Hans Kramer (Grün-Weiß Dankersen/5), Heiner Möller (TuS Wellinghofen/3), Bernd Munck (Grün-Weiß Dankersen), Hans-Günther Schmidt (VfL Gummersbach/15), Horst Spengler (TV Hüttenberg/8), Herbert Wehnert (SG Dietzenbach/15), Gerd Welz (THW Kiel/3), Klaus Westebbe (VfL Gummersbach/24).

Unerwarteter Triumph gegen UdSSR

Der Sieg der bundesdeutschen Mannschaft gegen die UdSSR im Finale der WM 1978 war eine Sensation. Heiner Brand, der hier gestoppt werden kann, erzielte einen Treffer.

Der Erfolgstrainer wurde sogar gekrönt

Nach dem Triumph gegen den Olympiasieger von 1976 wurde Bundestrainer Vlado Stenzel wie ein König gefeiert – wenn auch die Krone nur aus Pappe gefertigt war.

Weg ins Finale war voller Hindernisse

Die Rumänen verlangten Stenzels Team in der Hauptrunde alles ab. Horst Spengler (Mitte, Nr. 9) bekam es zu spüren, erzielte aber dennoch zwei Treffer.

IX. Hallen-WM 26. Januar bis 5. Februar 1978 in Dänemark

Qualifiziert waren die ersten Sechs des olympischen Turniers 1976 in Montreal sowie die ersten Sechs der B-Weltmeisterschaft des Jahres 1977; außerdem noch Gastgeber Dänemark und die Sieger der Kontinent-Ausscheidungen von Afrika, Amerika und Asien. Da Afrika-Sieger Ägypten zurückzog und der afrikanische Verband keinen anderen Teilnehmer nominierte, wurde Frankreich als Ersatznation zugelassen.

Vorrunde:

Gruppe A: Jugoslawien – Kanada 24:11, Bundesrepublik – ČSSR 16:13, Bundesrepublik – Kanada 20:10, Jugoslawien – ČSSR 17:16, Bundesrepublik – Jugoslawien 18:13, ČSSR – Kanada 29:10

Tabelle:

1. Bundesrepublik	3	3	0	0	54:36	6:0
2. Jugoslawien	3	2	0	1	54:45	4:2
3. ČSSR	3	1	0	2	58:43	2:4
4. Kanada	3	0	0	3	31:73	0:6

Gruppe B: Ungarn – Frankreich 33:22, DDR – Rumänien 18:16, Ungarn – DDR 12:10, Rumänien – Frankreich 35:17, Rumänien – Ungarn 22:21, DDR – Frankreich 28:15

Tabelle:

1. Rumänien	3	2	0	1	73:56	4:2
2. DDR	3	2	0	1	56:43	4:2
3. Ungarn	3	2	0	1	66:54	4:2
4. Frankreich	3	0	0	3	54:96	0:6

Gruppe C: Dänemark – Spanien 19:15, UdSSR – Island 22:18, UdSSR – Spanien 24:12, Dänemark – Island 21:14, Spanien – Island 25:22, Dänemark – UdSSR 16:16

Tabelle:

1. UdSSR	3	2	1	0	62:46	5:1
2. Dänemark	3	2	1	0	56:45	5:1
3. Spanien	3	1	0	2	52:65	2:4
4. Island	3	0	0	3	54:68	0:6

Gruppe D: Schweden – Bulgarien 31:16, Polen – Japan 26:21, Schweden – Japan 24:20, Polen – Bulgarien 28:22, Polen – Schweden 22:17, Japan – Bulgarien 23:20

Tabelle:

1. Polen	3	3	0	0	76:60	6:0
2. Schweden	3	2	0	1	72:58	4:2
3. Japan	3	1	0	2	64:70	2:4
4. Bulgarien	3	0	0	3	58:82	0:6

Runde um die Plätze 9 bis 12: ČSSR – Ungarn 18:18, Spanien – Japan 26:15, Spanien – ČSSR 24:21, Ungarn – Japan 30:26, ČSSR – Japan 25:25, Ungarn – Spanien 23:19; Rangfolge: 9. Ungarn, 10. Spanien, 11. ČSSR, 12. Japan

Hauptrunde:

Gruppe I: Bundesrepublik – DDR 14:14, Jugoslawien – Rumänien 17:16, Jugoslawien – DDR 16:16, Bundesrepublik – Rumänien 17:17; aus der Vorrunde übernommen: Bundesrepublik – Jugoslawien (18:13) und DDR – Rumänien (18:16)

Tabelle:

1. Bundesrepublik	3	1	2	0	49:44	4:2
2. DDR	3	1	2	0	48:46	4:2
3. Jugoslawien	3	1	1	1	46:50	3:3
4. Rumänien	3	0	1	2	49:52	1:5

Gruppe II: Dänemark – Polen 25:23, UdSSR – Schweden 24:18, Dänemark – Schweden 18:14, UdSSR – Polen 18:16; aus der Vorrunde übernommen: UdSSR – Dänemark (16:16) und Polen – Schweden (22:17)

Tabelle:

1. UdSSR	3	2	1	0	58:50	5:1
2. Dänemark	3	2	1	0	59:53	5:1
3. Polen	3	1	0	2	61:60	2:4
4. Schweden	3	0	0	3	49:64	0:6

Finalspiele:

Spiel um Platz 7:	Rumänien – Schweden	25:17
Spiel um Platz 5:	Jugoslawien – Polen	21:19
Spiel um Platz 3:	DDR – Dänemark	19:15
Endspiel:	Bundesrepublik – UdSSR	20:19

X. Hallen-WM 23. Februar bis 7. März 1982 in der Bundesrepublik

Qualifiziert waren die ersten Sechs des olympischen Turniers von 1980 in Moskau, die ersten Fünf der B-Weltmeisterschaft 1981, Ausrichter Bundesrepublik sowie die Qualifikationssieger aus Asien (Kuwait und Japan), Afrika (Algerien) und Amerika (Kuba).

Vorrunde:

Gruppe A: Bundesrepublik – Kuwait 24:10, UdSSR – ČSSR 31:17, UdSSR – Kuwait 44:19, Bundesrepublik – ČSSR 19:18, ČSSR – Kuwait 33:12, Bundesrepublik – UdSSR 16:24

Tabelle:

1. UdSSR	3	3	0	0	99:52	6:0
2. Bundesrepublik	3	2	0	1	59:52	4:2
3. ČSSR	3	1	0	2	68:62	2:4
4. Kuwait	3	0	0	3	41:101	0:6

Für Hauptrunde (Gruppe I) qualifiziert: UdSSR, Bundesrepublik und ČSSR

Gruppe B: Spanien – Algerien 19:15, Ungarn – Schweden 20:20, Ungarn – Algerien 30:20, Spanien – Schweden 23:20, Schweden – Algerien 31:15, Ungarn – Spanien 20:20

Tabelle:

1. Spanien	3	2	1	0	62:55	5:1
2. Ungarn	3	1	2	0	70:60	4:2
3. Schweden	3	1	1	1	71:58	3:3
4. Algerien	3	0	0	3	50:80	0:6

Für Hauptrunde (Gruppe II) qualifiziert: Spanien, Ungarn und Schweden

Gruppe C: Polen – Schweiz 16:15, DDR – Japan 28:18, Polen – Japan 28:19, DDR – Schweiz 16:14, Schweiz – Japan 18:15, DDR – Polen 19:19

Tabelle:

1. DDR	3	2	1	0	63:51	5:1
2. Polen	3	2	1	0	63:53	5:1
3. Schweiz	3	1	0	2	47:47	2:4
4. Japan	3	0	0	3	52:74	0:6

Für Hauptrunde (Gruppe I) qualifiziert: DDR, Polen und Schweiz

Gruppe D: Jugoslawien – Kuba 38:21, Rumänien – Dänemark 20:18, Rumänien – Kuba 34:26, Dänemark – Jugoslawien 19:18, Dänemark – Kuba 28:21, Jugoslawien – Rumänien 22:21

Tabelle:

1. Rumänien	3	2	0	1	75:66	4:2
2. Jugoslawien	3	2	0	1	78:61	4:2
3. Dänemark	3	2	0	1	65:59	4:2
4. Kuba	3	0	0	3	68:100	0:6

Für Hauptrunde (Gruppe II) qualifiziert: Rumänien, Jugoslawien und Dänemark

Hauptrunde (die Spiele der Mannschaften, die schon in der Vorrunde gegeneinander gespielt hatten, wurden in der Hauptrunde mitgezählt):

Gruppe I: Bundesrepublik – Polen 18:17, UdSSR – Schweiz 23:14, ČSSR – DDR 24:21, Bundesrepublik – DDR 16:19, UdSSR – Polen 27:21, ČSSR – Schweiz 17:17, Bundesrepublik – Schweiz 16:16, UdSSR – DDR 25:17, ČSSR – Polen 23:24

Tabelle:

1. UdSSR	5	5	0	0	130:85	10:0
2. Polen	5	2	1	2	97:102	5:5
3. DDR	5	2	1	2	92:98	5:5
4. Bundesrepublik	5	2	1	2	85:94	5:5
5. ČSSR	5	1	1	3	99:112	3:7
6. Schweiz	5	0	2	3	76:88	2:8

Gruppe II: Rumänien – Schweden 31:24, Dänemark – Spanien 23:22, Ungarn – Jugoslawien 20:20, Jugoslawien – Spanien 28:25, Rumänien – Ungarn 24:19, Dänemark – Schweden 21:20, Spanien – Rumänien 22:20, Ungarn – Dänemark 19:19, Jugoslawien – Schweden 30:19

Tabelle:

1. Jugoslawien	5	3	1	1	118:104	7:3
2. Dänemark	5	3	1	1	100:99	7:3
3. Rumänien	5	3	0	2	116:105	6:4
4. Spanien	5	2	1	2	112:111	5:5
5. Ungarn	5	0	4	1	98:103	4:6
6. Schweden	5	0	1	4	103:125	1:9

Trostrunde: Kuwait – Algerien 22:20, Kuba – Japan 25:20, Japan – Kuwait 31:20, Algerien – Kuba 21:21, Kuba – Kuwait 34:30, Japan – Algerien 22:21

Fortsetzung der Tabelle auf Seite 256

In der Vorrunde lief es noch gut

Die Weltmeisterschaft in den eigenen Hallen wurde für die Bundesrepublik zur Pleite. Beim Sieg gegen die ČSSR – hier Frank Dammann beim Torwurf – dachte noch keiner daran.

Von der UdSSR diesmal deutlich besiegt

Auch die tollen Paraden von Klaus Wöller konnten die klare Niederlage gegen die UdSSR nicht verhindern. Die Sowjets nahmen damit deutliche Revanche für 1978.

Tabelle:

1. Kuba	3	2	1	0	80:71	5:1
2. Japan	3	2	0	1	73:66	4:2
3. Kuwait	3	1	0	2	72:85	2:4
4. Algerien	3	0	1	2	62:65	1:5

Finalspiele:

Spiel um Platz 11:	Schweden – Schweiz	25:17
Spiel um Platz 9:	Ungarn – ČSSR	24:18
Spiel um Platz 7:	Bundesrepublik – Spanien	19:15
Spiel um Platz 5:	Rumänien – DDR	24:21
Spiel um Platz 3:	Polen – Dänemark	23:22
Endspiel:	UdSSR – Jugoslawien	30:27 n. V.

Das Aufgebot der Bundesrepublik: Torhüter: Klaus Wöller (TuS Nettelstedt), Stefan Hekker (Tusem Essen), Andreas Thiel (VfL Gummersbach); Feldspieler: Ulrich Gnau (TV Großwallstadt/2), Peter Stulle (Tuspo Nürnberg/4), Bernd Timm (Reinickendorfer Füchse Berlin), Manfred Freisler (TV Großwallstadt/16), Peter Meisinger (TV Großwallstadt/7), Frank Dammann (VfL Gummersbach/9), Thomas Krokowski (VfL Gummersbach/9), Erhard Wunderlich (VfL Gummersbach/40), Klaus Kuhnigk (Reinickendorfer Füchse Berlin/1), Klaus Voik (TuS Hofweier/16), Thomas Springel (Tusem Essen/5), Frank Harting (Grün-Weiß Dankersen/7), Claus Hormel (TV Großwallstadt/12).

Die Weltmeister von 1978 und ihre anderen Erfolge

Manfred Hofmann (TV Großwallstadt): 110 Länderspiele (107 Halle) zwischen 1969 und 1980; Supercup mit TVG 1980; Europacup der Meister mit TVG 1979 und 1980; fünfmal Deutscher Meister; einmal Pokalsieger.
Rudolf Rauer (TuS Wellinghofen/ab Saison 78/79 VfL Gummersbach): 68 Länderspiele zwischen 1974 und 1980; Supercup mit Gummersbach 1979; Europacup (Pokalsieger) 1979 und IHF-Pokal 1982; Deutscher Meister und Pokalsieger 1982.
Rainer Niemeyer (Grün-Weiß Dankersen): 53 Länderspiele zwischen 1976 und 1981; Deutscher Meister 1977; Pokalsieger 1976 und 1979.
Richard Boczkowski (TuS Nettelstedt): 29 Länderspiele (25 Tore) zwischen 1974 und 1978.
Heiner Brand (VfL Gummersbach): 131 Länderspiele (231 Tore) von 1974 bis 1983; Supercup 1979 und 1983; fünf Europacupsiege; sechsmal Deutscher Meister; dreimal Pokalsieger.
Joachim Deckarm (→ Porträt).
Erhard Wunderlich (→ Porträt).
Arno Ehret (TuS Hofweier): 121 Länderspiele (308 Tore) zwischen 1975 und 1983.
Arnulf Meffle (TuS Hofweier): 32 Länderspiele (44 Tore) zwischen 1977 und 1981.
Manfred Freisler (TV Großwallstadt): 109 Länderspiele (236 Tore) zwischen 1976 und 1983; Supercup 1980; zweimal Europacupsieger; IHF-Pokal 1984, fünfmal Deutscher Meister, zweimal Pokalsieger.
Kurt Klühspies (TV Großwallstadt): 104 Länderspiele (254 Tore) 1971 und von 1974 bis 1980; Supercup 1980; zweimal Europacupsieger; IHF-Pokal 1984; sechsmal Deutscher Meister; zweimal Pokalsieger.
Claus Hormel (SG Dietzenbach/ab Saison 78/79 TV Großwallstadt): 29 Länderspiele (40 Tore) von 1976 bis 1979 und 1981/82; einmal Supercup 1980; zweimal Europacupsieger; IHF-Pokal 1984; viermal Deutscher Meister; zweimal Pokalsieger.
Gerd Rosendahl (OSC Rheinhausen/ab Saison 78/79 VfL Gummersbach): 28 Länderspiele (26 Tore) von 1976 bis 1982; zweimal Supercup 1979 und 1983; Europacupsieger 1979; IHF-Pokal 1982; Europacupsieger 1983; Deutscher Meister 1982 und 1983; Pokalsieger 1982 und 1983.
Horst Spengler (TV Hüttenberg): 147 Länderspiele (293 Tore) zwischen 1971 und 1981.
Dieter Waltke (Grün-Weiß Dankersen): 77 Länderspiele (119 Tore) zwischen 1975 und 1981; Deutscher Meister 1977; zweimal Pokalsieger 1976 und 1979; Europacupsieger (Pokalgewinner) mit TuS Nettelstedt 1981.
Die deutschen Tore bei der WM 1978 erzielten: Deckarm 22, Spengler 16, Klühspies 15, Ehret 14, Meffle 12, Wunderlich 12, Brand 9, Waltke 3, Hormel und Rosendahl je 1.
Im Finale wurden eingesetzt: Hofmann und Niemeyer im Tor; Feldspieler: Meffle, Waltke, Freisler, Rosendahl, Spengler, Wunderlich, Deckarm, Ehret, Brand, Klühspies.
Tore: Deckarm 6, Spengler 4, Waltke und Ehret je 3, Klühspies 2, Wunderlich und Brand je 1.

Jubel über die Pokalverteidigung
Durch einen Sieg gegen den SC Magdeburg verteidigte der VfL Gummersbach 1979 den Europacup der Pokalsieger. Heiner Brand zeigt den jubelnden Fans die wertvolle Trophäe.

Die neue Trophäe als erster gewonnen
Der VfL Gummersbach holte 1982 durch einen Finalsieg gegen Sarajevo die neu geschaffene Trophäe des IHF-Pokals. Heiner Brand – hier beim Torwurf – hatte wieder viel Anteil.

Als sie die Nummer 1 waren

Riesenjubel bei Mannschaftskapitän Kurt Klühspies vom TV Großwallstadt über die Verteidigung des Europacups 1980. Im selben Jahr holten die Mainfranken auch den Supercup.

Die Ostwestfalen schafften es nicht

Als dritte bundesdeutsche Mannschaft griff der TuS Nettelstedt nach dem Supercup. Die Ostwestfalen scheiterten jedoch am abwehrstarken SC Magdeburg (dunkles Trikot).

Die verschiedenen Europapokale

Europacup der Meister

Auf Anregung der französischen Sportzeitung »L'Equipe« wurde auch im Hallenhandball ein europäischer Pokalwettbewerb ins Leben gerufen. Er bildet das Gegenstück zum »Europa-Cup der Landesmeister« im Fußball. 1957 wurde dieser Wettbewerb erstmals ausgespielt, damals noch von Städtemannschaften. Seit 1959 sind die Landesmeister beteiligt.

Die bisherigen Endspiele:

1957	Stadtauswahl Prag – Stadtauswahl Örebro	21:13
1959	Redbergslid IK Göteborg – Frisch Auf Göppingen	18:13
1960	Frisch Auf Göppingen – AGF Aarhus	18:13
1962	Frisch Auf Göppingen – Partizan Bjelovar	13:11
1963	Dukla Prag – Dinamo Bukarest	15:13 n. V.
1965	Dinamo Bukarest – Medvescak Zagreb	13:11
1966	SC DHfK Leipzig – Honved SE Budapest	16:14
1967	VfL Gummersbach – Dukla Prag	17:13
1968	Steaua Bukarest – Dukla Prag	13:11
1970	VfL Gummersbach – SC Dynamo Ost-Berlin	14:11
1971	VfL Gummersbach – Steaua Bukarest	17:16
1972	Partizan Bjelovar – VfL Gummersbach	19:14
1973	MAI Moskau – Partizan Bjelovar	26:23
1974	VfL Gummersbach – MAI Moskau	19:17
1975	ASK Vorwärts Frankfurt – Borac Banja Luka	19:17
1976	Borac Banja Luka – kFUM Fredericia	17:15
1977	Steaua Bukarest – ZSKA Moskau	21:20
1978	SC Magdeburg – Slask Wroclaw	28:22
1979	TV Großwallstadt – SC Empor Rostock	14:10 und 16:18
1980	TV Großwallstadt – Valnur Reykjavik	21:12 (nur ein Spiel)
1981	SC Magdeburg – Slovan Ljubljana	23:25 und 29:18
1982	Honved Budapest – TSV Otmar St. Gallen	25:16 und 24:18
1983	VfL Gummersbach – ZSKA Moskau	19:15 und 13:14
1984	Dukla Prag – Metaloplastica Sabac	21:17 und 17:21*

* nach Siebenmeterwerfen (4:2) Pokal an Dukla Prag

Europacup der Pokalsieger

Dieser Wettbewerb wurde erstmals 1975/76 ausgetragen. Teilnehmer sind die Pokalsieger der Länder bzw. die Zweitplazierten der Meisterschaft.

Die bisherigen Endspiele:

1976	Balonmano Granollers – Grün-Weiß Dankersen	26:24 n. V.
1977	MAI Moskau – SC Magdeburg	18:17
1978	VfL Gummersbach – Zeleznicar Nis	15:13
1979	VfL Gummersbach – SC Magdeburg	15:18 und 15:11
1980	Calpisa Alicante – VfL Gummersbach	20:15 und 16:18
1981	TuS Nettelstedt – SC Empor Rostock	16:18 und 17:14
1982	SC Empor Rostock – Dukla Prag	14:17 und 22:18
1983	SKA Minsk – Dinamo Bukarest	34:22 und 24:26
1984	FC Barcelona – Sloja Doboj	24:21*

* Die Spanier hatten den Jugoslawen das Heimrecht abgekauft.

IHF-Pokal

Der Wettbewerb wurde erstmals in der Saison 1981/82 ausgetragen und ist dem UEFA-Cup bei den Fußballern vergleichbar.

Die bisherigen Endspiele:

1982	VfL Gummersbach – Zeljeznicar Sarajevo	23:14
1983	IF Saparosche – IFK Karlskrona	23:16
1984	TV Großwallstadt – Gladsaxe Kopenhagen	16:15 und 20:19

Supercup

Erstmals 1979 durchgeführt. Teilnehmer sind die beiden Europacupsieger der Landesmeister bzw. Pokalsieger.

Die bisherigen Endspiele:

1979	VfL Gummersbach – TV Großwallstadt	14:9
1980	TV Großwallstadt – Calpisa Alicante	19:15
1981	SC Magdeburg – TuS Nettelstedt	24:19
1982	SC Empor Rostock – Honved Budapest	31:27 n. V.
1983	VfL Gummersbach – SKA Minsk	17:16

»HANDBALL-DORF« DANKERSEN DREIMAL VORN

Feldhandball: Echte Attraktion

Schnappschuß aus dem Finale der Deutschen Meisterschaft 1958: Der Hamborner Kohn erzielte zwei Treffer beim 10:9-Sieg seiner Mannschaft gegen den VfL Wolfsburg.

Europacup der Meister (Großfeld)

Zur Förderung des Feldhandballs wurde zwischen 1968 und 1970 dreimal ein Europacup-Wettbewerb auf dem Großfeld ausgetragen, der auf Initiative Hollands von der IHF durchgeführt wurde. Daran nahmen die Großfeldmeister aus Holland, Deutschland, Österreich, der Schweiz sowie der jeweilige Cupverteidiger teil.

1968: Sieger Grün-Weiß Dankersen

Die Ergebnisse:

Union Edelweiß Linz – Olympia Hengelo 16:8, Grün-Weiß Dankersen – TV Suhr/Schweiz 15:8, Union Edelweiß Linz – TV Suhr 5:5, Grün-Weiß Dankersen – Olympia Hengelo 25:9, TV Suhr – Olympia Hengelo 10:8, Grün-Weiß Dankersen – Union Edelweiß Linz 19:7

Die Abschlußtabelle:

1. Grün-Weiß Dankersen	3	3	0	0	59:24	6:0
2. Union Edelweiß Linz	3	1	1	1	28:32	3:3
3. TV Suhr	3	1	1	1	23:28	3:3
4. Olympia Hengelo	3	0	0	3	25:51	0:6

1969: Sieger Grün-Weiß Dankersen

Die Ergebnisse:

Grün-Weiß Dankersen – Union Westwien 23:10, TV Krefeld-Oppum – AHC 31 Amsterdam 26:13, Grün-Weiß Dankersen – AHC 31 Amsterdam 27:8, TV Krefeld-Oppum – KTSV St. Otmar St. Gallen 13:10, Union Westwien – AHC 31 Amsterdam 17:10, Grün-Weiß Dankersen – KTSV St. Otmar St. Gallen 23:9, KTSV St. Otmar St. Gallen – AHC 31 Amsterdam 22:13, TV Krefeld-Oppum – Union Westwien 14:6, KTSV St. Otmar St. Gallen – Union Westwien 13:10, Grün-Weiß Dankersen – TV Krefeld-Oppum 12:5

Die Abschlußtabelle:

1. Grün-Weiß Dankersen	4	4	0	0	85:32	8:0
2. TV Krefeld-Oppum	4	3	0	1	58:41	6:2
3. KTSV St. Otmar St. Gallen	4	2	0	2	54:59	4:4
4. Union Westwien	4	1	0	3	43:60	2:6
5. AHC 31 Amsterdam	4	0	0	4	44:92	0:8

1970: Sieger Grün-Weiß Dankersen

Die Ergebnisse:

SG Leutershausen – TV Aalsmeer 16:9, Grün-Weiß Dankersen – KTSV St. Otmar St. Gallen 19:12, KTSV St. Otmar St. Gallen – TV Aalsmeer 12:8, Grün-Weiß Dankersen – Union Edelweiß Linz 13:5, Union Edelweiß Linz – TV Aalsmeer 14:10, SG Leutershausen – KTSV St. Otmar St. Gallen 21:10, SG Leutershausen – Union Edelweiß Linz 16:9, Grün-Weiß Dankersen – TV Aalsmeer 23:7, KTSV St. Otmar St. Gallen – Union Edelweiß Linz 19:14, Grün-Weiß Dankersen – SG Leutershausen 18:9

Die Abschlußtabelle:

1. Grün-Weiß Dankersen	4	4	0	0	73:33	8:0
2. SG Leutershausen	4	3	0	1	62:46	6:2
3. KTSV St. Otmar St. Gallen	4	2	0	2	53:62	4:4
4. Union Edelweiß Linz	4	1	0	3	42:58	2:6
5. TV Aalsmeer	4	0	0	4	34:65	0:8

Fan-Jubel wie in Fußballstadien

Nach dem Sieg von Hamborn 07 werden die Spieler vom begeisterten Anhang auf den Schultern vom Platz getragen. Die Wolfsburger verlassen mit hängenden Köpfen das Feld.

Westfalen holten Europacup

Die Mannschaft von GW Dankersen nach dem Gewinn des ersten Feldhandball-Europacups 1968 in Linz.

Die Deutsche Meisterschaft

Die Endspiele auf dem Großfeld wurden seit dem Jahre 1934 ausgetragen. Das letzte Finale fand 1975 statt, nachdem der Drang zur Halle bei den Vereinen übermächtig geworden war. 1972 wurde der Titel nur inoffiziell vergeben, weil die Vereine ihre Spieler schon zu den Olympiavorbereitungen für München abgestellt hatten.
Um den Titel eines Deutschen Hallenhandball-Meisters wurde erstmals 1950 gespielt. Er wurde in einer Endrunde der Landesverbandsmeister ermittelt. Von der Saison 1966/67 ab wurde eine zweigeteilte Bundesliga eingeführt, in der je acht Mannschaften spielten. Die Sieger der Nord- und Südgruppe ermittelten in einem Endspiel den Deutschen Meister.
Ab der Saison 1977/78 gibt es nur noch eine eingleisige Bundesliga, deren Punktbester am Ende einer Saison Deutscher Meister wird.

Die Endspiele um die Deutsche Handballmeisterschaft (Großfeld):

1934	Polizei SV Darmstadt – SpVgg Fürth	9:7
1935	Polizei SV Magdeburg – MSV Hindenburg Minden	10:8
1936	MSV Hindenburg Minden – MTSA Leipzig	7:5
1937	MTSA Leipzig – SV Waldhof Mannheim	5:4
1938	MTSA Leipzig – MSV Weißenfels	6:5
1939	MTSA Leipzig – TuS Lintfort	6:4
1940	TuS Lintfort – Polizei SV Magdeburg	9:6
1941	Polizei SV Hamburg – MSV Hindenburg Minden	9:7
1942	Polizei SV Magdeburg – SV Waldhof Mannheim	6:5
1943	Polizei SV Hamburg – WTSV Schweinfurt	12:6
1944	Polizei SV Berlin – LSV Hamburg	10:7
1945	nicht ausgetragen	
1946	nicht ausgetragen	
1947	RSV Mülheim – SV Waldhof Mannheim	8:6
1948	THW Kiel – SV Waldhof Mannheim	10:8
1949	RSV Mülheim – Polizei SV Hamburg	7:6 n.V.
1950	THW Kiel – Polizei SV Hamburg	10:9
1951	Polizei SV Hamburg – THW Kiel	12:4
1952	Polizei SV Hamburg – TuS Lintfort	14:10
1953	Polizei SV Hamburg – THW Kiel	19:15
1954	Frisch Auf Göppingen – TuS Lintfort	18:8
1955	Polizei SV Hamburg – SV 04 Bayer Leverkusen	15:12 n.V.
1956	SV 04 Bayer Leverkusen – SG Leutershausen	15:8
1957	Frisch Auf Göppingen – SG Leutershausen	11:9 n.V.
1958	Hamborn 07 – VfL Wolfsburg	10:9
1959	TuS Lintfort – SV 04 Bayer Leverkusen	10:9
1960	TSV Ansbach – TuS Lintfort	10:9
1961	TuS Lintfort – TSV Ansbach	16:15
1962	TSV Ansbach – Grün-Weiß Dankersen	9:8
1963	VfL Wolfsburg – BSV Solingen 98	9:6
1964	TuS Wellinghofen – Grün-Weiß Dankersen	13:9
1965	BSV Solingen 98 – Grün-Weiß Dankersen	15:14 n.V.
1966	TV Krefeld-Oppum – Hamburger SV	19:12
1967	Grün-Weiß Dankersen – TV Großwallstadt	19:16
1968	TV Krefeld-Oppum – SG Leutershausen	18:16
1969	SG Leutershausen – Grün-Weiß Dankersen	18:16 n.V.
1970	Grün-Weiß Dankersen – TV Hochdorf	15:11
1971	Grün-Weiß Dankersen – TuS Wellinghofen	17:13
1972	TG Steinheim – TV Hochdorf	17:15
1973	TV Großwallstadt – SVH Kassel	13:10 n.V.
1974	TSV Birkenau – SV Crumstadt	16:14
1975	TuS Nettelstedt – TSG Haßloch	14:13

Die Hallen-Endspiele von 1950 bis 1977:

1950	Polizei SV Hamburg (Meister in Turnierform ermittelt)	
1951	Polizei SV Hamburg – VfL Oßweil	19:3
1952	Polizei SV Hamburg – VfL Sportfreunde Berlin	6:4
1953	Polizei SV Hamburg (Meister in Turnierform ermittelt)	
1954	Frisch Auf Göppingen – Polizei SV Hamburg	10:7
1955	Frisch Auf Göppingen – Polizei SV Hamburg	7:6 n.V.
1956	Berliner SV 92 – THW Kiel	3:2 n.V.
1957	THW Kiel – Frisch Auf Göppingen	7:5
1958	Frisch Auf Göppingen – Berliner SV 92	8:5 n.V.
1959	Frisch Auf Göppingen – SV Westerholt	8:5
1960	Frisch Auf Göppingen – THW Kiel	6:3
1961	Frisch Auf Göppingen – VfL Wolfsburg	5:3
1962	THW Kiel – Frisch Auf Göppingen	6:3
1963	THW Kiel – OSC Berlin	10:3
1964	Berliner SV 92 – THW Kiel	4:3
1965	Frisch Auf Göppingen – Grün-Weiß Dankersen	13:12
1966	VfL Gummersbach – SG Leutershausen	14:9
1967	VfL Gummersbach – TV Hochdorf	23:7
1968	SG Leutershausen – VfL Gummersbach	20:13
1969	VfL Gummersbach – SG Leutershausen	21:13
1970	Frisch Auf Göppingen – VfL Gummersbach	22:18
1971	Grün-Weiß Dankersen – TV Großwallstadt	14:10
1972	Frisch Auf Göppingen – VfL Gummersbach	14:12
1973	VfL Gummersbach – Frisch Auf Göppingen	21:18
1974	VfL Gummersbach – TuS Wellinghofen	19:14
1975	VfL Gummersbach – Grün-Weiß Dankersen	13:7
1976	VfL Gummersbach – Grün-Weiß Dankersen	12:11
1977	Grün-Weiß Dankersen – TV Großwallstadt	21:20

Die Bundesligameister:

1978	TV Großwallstadt
1979	TV Großwallstadt
1980	TV Großwallstadt
1981	TV Großwallstadt
1982	VfL Gummersbach
1983	VfL Gummersbach
1984	TV Großwallstadt

Der vierte Pott in einem Jahr

Mit dem DHB-Pokal holte der VfL Gummersbach 1983 seine vierte Trophäe.

Kapitän war wieder Vorbild

Herbert Lübking war bei der Verteidigung des Europacups 1969 in Minden wieder das große Vorbild für sein Team.

RAD SPORT

Bei Hitze und Regen im Sattel: Die Giganten der Landstraße

Vier waren es noch, die allein dem Ziel in Valkenburg entgegenjagten. Jean-René Bernaudeau blickte kurz zur Seite, wo er den Schatten von Dietrich Thurau sah, dann gab er nach 275 gnadenlosen Kilometern mit einem mächtigen Antritt das Signal zum Finale. Thurau zögerte mit seinem Gegenangriff keinen Augenblick. Dahinter sprintete bereits wie entfesselt Giovanni Battgalin, kollidierte mit Jan Raas und stürzte. Doch Raas stürmte mit wahrer Urgewalt weiter, an seinen übrigen Konkurrenten vorbei, der Weltmeisterschaft entgegen.

Martin Chromik in der „Westfälischen Rundschau" vom 27. August 1979

Wunsch zur schnelleren Fortbewegung

Mit Leonardo da Vinci fing es an ...

Es ist müßig, der Frage nachzugehen, wer für sich den Ruhm in Anspruch nehmen darf, das Fahrrad erfunden zu haben. Bereits das italienische Universalgenie Leonardo da Vinci hat um 1500 ein funktionstaugliches Fahrrad zu Papier gebracht.

Viele andere haben sich später mit der Konstruktion von Laufrädern oder ähnlichen Fortbewegungsmitteln beschäftigt, doch ihre Namen sind heute kaum noch jemandem bekannt. Allein der badische Forstmeister Carl Freiherr von Drais ist in Verbindung mit dem Fahrrad ein Begriff geblieben. Er schuf 1817 mit seiner Draisine das erste lenkbare Laufrad, das für die Weiterentwicklung des Zweirads von großer Bedeutung war.

Auch der Schweinfurter Philipp Moritz Fischer gehört zu den Pionieren des Fahrrades. Ihm wird die Erfindung des ersten Zweirades mit Kurbel und Pedale zugesprochen, die er allerdings nicht sehr populär machen konnte. Das gelang vielmehr dem Franzosen Ernest Michaux, der in den 60er Jahren des vorigen Jahrhunderts Kurbelräder produzierte, die in aller Welt als »Michaulinen« bekannt wurden.

Ein weiterer Deutscher, der Stuttgarter Johann Friedrich Trefz, hatte die wegweisende Idee, anstelle des Vorderrades das Hinterrad zum Antriebsrad zu machen. So reihte sich um das Zweirad ein Mosaiksteinchen an das andere. Und je vollkommener es wurde, um so mehr fanden die damaligen Zeitgenossen Gefallen daran, es auch für Wettfahrten zu verwenden.

Der 31. Mai 1869 ist für den Radsport ein historischer Tag, denn damals fand im Park von Saint-Cloud in Paris das erste Bahnradrennen der Welt statt. Es siegte ein gewisser James Moore aus England, der auch am 7. November 1869 das erste internationale Straßenrennen von Paris nach Rouen gewann.

In dieser Zeit fanden in Europa überall Gründungen von Radfahrvereinen statt. Als erster Verein in Deutschland wurde 1869 der »Altonaer Bicycle-Club« ins Leben gerufen. Es folgten weitere Vereinsgründungen in Magdeburg, München und Leipzig. Doch erst am 17. August 1884 wurde in Leipzig mit dem »Deutschen Radfahrer-Bund« der erste Einheitsverband gegründet, dem auch die österreichischen Velozipedisten angehörten.

Der Radsport machte nun überall enorme Fortschritte. Man scheute sich 1891 nicht einmal, Monsterrennen wie Bordeaux–Paris und die Nonstopfahrt Paris–Brest–Paris aufzuziehen, obwohl die Voraussetzungen, was Straßen und Räder betraf, für so schwere Prüfungen noch fehlten. Aber die Begeisterung setzte sich über alle Schwierigkeiten hinweg.

Der Siegeszug des Radsports war nicht aufzuhalten. Zweiradveranstaltungen schossen wie Pilze aus dem Boden. Es gab Rekordrennen aller Art, die Fliegerrennen wurden immer beliebter, der Stehersport zog die Menschen mehr und mehr in seinen Bann, über den »großen Teich« aus New York kam 1899 die Kunde vom ersten Sechstagerennen, und 1903 läutete die Tour de France eine neue Epoche im Radsport ein.

Einen großen Schritt nach vorn tat der Radsport am 14. April 1900 in Paris, als der Weltverband, die Union Cycliste Internationale (UCI), gegründet wurde. Endlich war ein Dachverband für die vielen Verbände in aller Welt geschaffen worden.

Und was tat sich in Deutschland? Am 26./27. Juli 1919 schlossen sich in Nürnberg der Deutsche Radfahrerbund und die Allgemeine Radfahrer Union zum Bund Deutscher Radfahrer (BDR) zusammen, der noch heute die Interessen des deutschen Radsports in der UCI vertritt. Der Bund Deutscher Radfahrer kann nicht nur auf eine erfolgreiche Tätigkeit im eigenen Lande zurückblicken, er hat auch dem internationalen Radsport viele neue Impulse gegeben.

Seit man in Deutschland das Fahrrad neu entdeckt hat, profitiert auch der BDR davon, denn seine Mitgliederzahl ist in den letzten Jahren stetig gestiegen. Heute zählt der Verband in 1340 Vereinen über 80000 Mitglieder. Das ist eine erfreuliche Bilanz, die zugleich beweist, daß das Fahrrad und damit auch der Radsport noch eine große Zukunft hat.

Von der Idee bis zur Verwirklichung

des Fahrrades war es ein weiter Weg. Zwischen da Vincis Skizze und dem Sieger der Radfahrt Wien–Berlin liegen fast vier Jahrhunderte

Leonardo da Vincis Skizze

Laufmaschine des Freiherrn von Drais

Das Sportgerät

Zu den ersten Heroen
zählte der Franzose Gustave Garrigou (links). Er spielte nicht nur eine überragende Rolle bei der Tour de France, sondern er gewann auch Mailand–San Remo, Paris–Brüssel und vieles mehr. Bild unten zeigt den »Vater« der Tour de France, Henri Desgrange (Nr. 1), der noch als 75jähriger an einem Cross-Lauf in Saint-Cloud teilnahm.

Die Etappenfahrten

»Giganten der Landstraße« begeistern die Zuschauer

Als 1903 Henri Desgrange die Tour de France ins Leben rief, nahm man im Ausland kaum Notiz davon. Diese Rennen waren für die damalige Zeit einfach zu spleenig, um ernst genommen zu werden. Doch als die Tour immer mehr an Popularität gewann, wurde man neugierig, und da und dort reifte der Gedanke, ebenfalls eine solche Rundfahrt durchzuführen.

Die Idee des Franzosen wurde überraschenderweise zuerst in Sizilien aufgegriffen, wo man 1907 die Sizilien-Rundfahrt aus der Taufe hob. Und dann ging es Schlag auf Schlag. 1908 fand die erste Belgien-Rundfahrt statt, die über sechs Etappen und 1067 km führte. Obwohl alle Etappensiege an die Franzosen Lucien Petit-Breton und Gustave Garrigou fielen, die auch in dieser Reihenfolge im Endklassement die beiden ersten Plätze belegten, fand das Rennen gleich großen Anklang.
Ein Jahr später war die Italien-Rundfahrt an der Reihe. Dabei spielte der Zufall eine Rolle, denn die hochverschuldete Mailänder Sportzeitung »Gazetto dello Sport« suchte einen Ausweg aus ihrem Dilemma. Sie kam auf den nun nicht mehr neuen Einfall, eine Radrundfahrt zu veranstalten. Die Vorbereitungen wurden schnell getroffen, und am 13. Mai 1909 starteten 127 (!) Fahrer über acht Etappen und 2448 km zum ersten Giro. Jahrzehntelang konnte kein Ausländer die Italien-Rundfahrt gewinnen, erst der Schweizer Hugo Koblet beendete 1950 diese »schwarze Serie«. Heute ist der Giro d'Italia das Pendant zur Tour de France.
Die erste Deutschland-Rundfahrt, sie nannte sich Querfahrt durch Deutschland, fand zwar schon 1911 statt, aber sie wurde nie zu einem festen Bestandteil des deutschen Radsportprogramms. In 72 Jahren wurde sie nur 21mal ausgetragen. Oft ruhte die Deutschland-Fahrt über ein Jahrzehnt, so daß sie keinen Vergleich mit anderen europäischen Radrundfahrten aushält. Zuletzt fand sie von 1979 bis 1982 statt. 1983 verschwand sie wieder in der Versenkung.
Das Interesse an Etappenrennen wurde in vielen Ländern von Jahr zu Jahr größer. Besonders auf regionaler Länderebene tat sich einiges. Mehrere haben heute noch einen guten Namen – wie beispielsweise in Spanien die Katalonien-Rundfahrt (1911) oder die Levante-Rundfahrt (1929).
1927 fand die erste Portugal-Rundfahrt statt, doch zwei große Etappenfahrten erlebten erst relativ spät ihre Geburtsstunde. Dazu zählt einmal die Tour de Suisse. Erst 1933, als der Schweizer Radfahrerbund sein fünfzigjähriges Bestehen feierte, wurde sie von Xaver Marzohl, dem Direktor des Verbandes, erstmals ausgetragen. Sieger wurde der beliebte Österreicher Max Bulla.
Noch später, nämlich 1935, gab die Spanien-Rundfahrt ihr Debüt. Durch den Bürgerkrieg mußte sie jedoch bald wieder eingestellt werden. Auch danach hatte sie mit manchen Schwierigkeiten zu kämpfen, bis sie immer stabilere Formen annahm. Heute zählt die Spanien-Rundfahrt zu den beliebtesten Etappenrennen. In ihrer Siegerliste stehen so berühmte Namen wie Rudi Altig, Jacques Anquetil, Raymond Poulidor, Rolf Wolfshohl, Jan Janssen, Felice Gimondi, Luis Ocana, Eddy Merckx und Bernard Hinault. 1935 wurde übrigens auch die erste Luxemburg-Rundfahrt durchgeführt.
Heute gehören Länderrundfahrten überall in der Welt zu den Kernstücken eines jeden Radsportprogramms, denn die Idee von Henri Desgrange hat auch nach achtzig Jahren nichts von ihrem Reiz verloren. Das Gegenteil ist der Fall.

Gilt schon lange als Institution:

Die Tour de France

Tour de France – ein Begriff, der alles beinhaltet: Ruhm, Glanz, Leiden, Tragödien, Elend. Seit achtzig Jahren schon übt dieses sportliche Schauspiel auf Millionen von Menschen in allen Ländern eine unwiderstehliche Faszination aus. Daher hat auch kein anderes Rennen auf der Welt dem Radsport zu mehr Popularität verholfen wie eben jener »Grande Boucle«.

Geboren wurde diese Idee 1903 in der Redaktion des Pariser »L'Auto«, der heutigen »L'Equipe«. Ihr Chefredakteur Henri Desgrange, ein früherer Advokat, hatte sich damals in den Kopf gesetzt, das »Petit-Journal«, das 1891 den glänzenden Einfall hatte, alljährlich ein Rennen von Bordeaux nach Paris über fast 600 km zu veranstalten, aus Konkurrenzgründen zu übertreffen.

Mit einem Etappenrennen durch Frankreich konnte der »L'Auto« dem »Petit-Journal« nicht nur etwas Gleichwertiges entgegensetzen, sondern es sogar weit übertreffen. Die Franzosen zeigten jedoch für ein solches Rennen kein Verständnis und waren überzeugt, der Desgrange müsse verrückt geworden sein. Doch der Chef des »L'Auto« war alles andere als verrückt. Er erkannte die große Chance, die sich mit einem solchen Rennen seiner Zeitung bot.

In aller Eile wurden noch im selben Jahr sämtliche Vorbereitungen für die erste Tour de France getroffen. Man verhöhnte Desgrange und lachte ihn aus. Er ließ sich jedoch durch die vielen Spötter nicht beirren.

Durch Anzeigen in seiner Zeitung suchte er für das Rennen Fahrer. Es meldeten sich mehr als erwartet, unter ihnen die Besten ihrer Zeit. Nur sechzig wurden zugelassen.

Erster Sieger: Maurice Garin

Am 1. Juli 1903 senkte sich dann in Villeneuve St. Georges bei Paris die Startflagge zur ersten Tour, die in sechs Etappen über 2428 km führte. Die Resonanz in der Bevölkerung war jedoch nicht sehr groß. Die Rundfahrt wurde auch kein finanzieller Erfolg. Desgrange war darüber tief enttäuscht. Sieger wurde der populäre Franzose Maurice Garin, der 1901 die Nonstopfahrt Paris–Brest–Paris gewonnen hatte.

Desgrange wollte die Tour de France schon wieder zu den Akten legen, da wagte er 1904 noch einmal einen Versuch. Aber es kam noch schlimmer: Das Rennen nahm die peinlichsten und unsportlichsten Formen an. Es wurden Nägel gestreut, Reifen zerschnitten und in der Nacht Fahrer von Unbekannten betäubt. Den rivalisierenden Fahrradfirmen war jedes Mittel recht, einen starken Konkurrenten auszuschalten.

Auch die Wettfahrtsbestimmungen wurden in den seltensten Fällen eingehalten. Das tollste Stückchen leisteten sich jedoch die vier ersten Fahrer des Gesamtklassements, darunter Vorjahrssieger Maurice Garin, ein ehemaliger Schornsteinfeger. Sie setzten sich einfach in die Eisenbahn, um eine Etappe abzukürzen. Desgrange war empört und disqualifizierte die vier auf der Stelle. Dadurch kam der erst zwanzigjährige Franzose Henri Cornet zum Tour-Sieg.

Jeder andere Veranstalter hätte nach diesem sportlichen Bankrott aufgegeben. Nicht aber Desgrange. Er sagte sich: Wenn einige Dunkelmänner die infamsten Mittel einsetzen, um ihren Fahrern so zum Sieg zu verhelfen, dann müsse sein Rennen etwas wert sein.

Da außerdem durch die Skandale auch die Neugier und das Interesse in der Bevölkerung um dieses Monsterrennen zugenommen hatte, sah der Chefredakteur des »L'Auto« nicht den geringsten Anlaß, »die Flinte ins Korn zu

Das Abenteuer nimmt seinen Lauf

Der Startschuß zur ersten Frankreich-Rundfahrt in Villeneuve St. Georges ist gefallen, und 467 strapaziöse Kilometer liegen vor den Fahrern bis zum Etappenziel in Lyon.

FRANZOSE LAPIZE: ERSTER »BERGKOENIG« DER TOUR

Auf Garrigou konnte man sich verlassen

Nur dem neuen Radstern Philippe Thys (Belgien) mußte sich Garrigou, der hier als Zweiter des Riesenrennens auf die Ehrenrunde geht, 1913 bei der Tour beugen.

werfen«. Allerdings mußte er in dieser »heroischen Epoche« weiter mit den Skandalen leben. Besonders tragisch war 1907 der Anschlag auf den erst neunzehnjährigen Marcel Codolle. Er wurde in Nimes so schwer zu Fall gebracht, daß er seine hoffnungsvolle Karriere beenden mußte. Aber die Tour ging über die kleinen und großen Tragödien hinweg.

Kampf mit den Bergen beginnt

Desgrange war ein Mann voller Ideen, sie sprudelten oft nur so aus ihm hervor. Doch den wohl kühnsten Einfall hatte in jenen Tagen ein gewisser Steines. Er schlug Desgrange vor, die Tour de France über die Pyrenäen mit den vier Bergriesen Peyresourde, Aspin, Tourmalet und Aubisque rollen zu lassen. Desgrange war zuerst skeptisch, später berauschte er sich an dieser Idee. Als der »L'Auto« diesen Plan veröffentlichte, entfachte er einen Sturm der Entrüstung. Man beschimpfte Henri Desgrange, er sei ein Menschenschinder und Sadist übelster Sorte.
Es war auch zumindest ein Wagnis, die Fahrer in diese Bergwildnis zu schicken. Doch die Entscheidung war gefallen – die achte Tour de France führte erstmals in die Pyrenäen.
110 Fahrer waren am 3. Juli 1910 am Start, darunter der 21jährige Pariser Octave Lapize, der sich als Paris–Roubaix-Sieger schon einen Namen gemacht hatte. Er war zwar nicht der ganz große Favorit, doch drückte er dem Rennen bald seinen Stempel auf. Octave Lapize gewann vier Etappen, beherrschte auch seine Rivalen in den Pyrenäen und wurde Gesamtsieger vor dem Luxemburger François Faber und Gustave Garrigou aus Frankreich, dem großen Pechvogel. Neidische Konkurrenten hatten den Rahmen seines Rades durchgesägt, wodurch Garrigou aller seiner Chancen beraubt wurde.
Doch ein Jahr später, als in der Tour erstmals auch noch der 2658 m hohe Alpenriese Galibier

Allein auf dem Col d'Aubisque

Tour-de-France-Sieger Nicolas Frantz aus Luxemburg macht Jagd auf den Franzosen Victor Fontan, der vor ihm den Pyrenäen-Koloß überquert hat und 1928 die Etappe in Luchon gewann.

Die Sieger der Tour de France

		Gesamtlänge in km	Fahrzeit des Siegers in km/h	Teilnehmer	angekommen
1903	Maurice Garin (F)	2428	25,283	60	21
1904	Henri Cornet (F)	2388	24,292	88	23
1905	Louis Trousselier (F)	2975	27,284	60	24
1906	René Pottier (F)	4637	24,463	82	14
1907	Lucien Petit-Breton (F)	4488	28,470	93	33
1908	Lucien Petit-Breton (F)	4488	28,740	114	36
1909	François Faber (L)	4497	28,658	150	55
1910	Octave Lapize (F)	4700	28,680	110	41
1911	Gustave Garrigou (F)	5544	27,322	84	28
1912	Odile Defraye (B)	5229	27,894	131	41
1913	Philippe Thys (B)	5387	27,625	140	25
1914	Philippe Thys (B)	5414	27,028	146	54
1919	Firmin Lambot (B)	5560	24,954	69	10
1920	Philippe Thys (B)	5503	24,131	113	22
1921	Léon Scieur (B)	5484	27,720	123	38
1922	Firmin Lambot (B)	5375	24,202	121	38
1923	Henri Pélissier (F)	5386	24,428	139	48
1924	Ottavio Bottecchia (I)	5427	23,958	157	60
1925	Ottavio Bottecchia (I)	5430	24,775	130	49
1926	Lucien Buysse (B)	5745	24,065	126	41
1927	Nicolas Frantz (L)	5321	26,839	142	39
1928	Nicolas Frantz (L)	5377	27,833	162	41
1929	Maurice Dewaele (B)	5288	28,320	155	60
1930	André Leducq (F)	4818	27,979	100	59
1931	Antonin Magne (F)	5095	28,758	81	35
1932	André Leducq (F)	4502	29,215	80	57
1933	Georges Speicher (F)	4395	29,697	80	40
1934	Antonin Magne (F)	4363	29,460	60	39
1935	Romain Maes (B)	4302	30,559	93	46
1936	Sylvère Maes (B)	4442	31,072	90	43
1937	Roger Lapebie (F)	4415	31,741	98	46
1938	Gino Bartali (I)	4694	31,560	96	55
1939	Sylvère Maes (B)	4224	31,886	79	49
1947	Jean Robic (F)	4640	31,497	100	53
1948	Gino Bartali (I)	4922	33,402	120	44

Die Sieger der Tour de France

		Gesamtlänge in km	Fahrzeit des Siegers in km/h	Teilnehmer	angekommen
1949	Fausto Coppi (I)	4813	32,122	120	55
1950	Ferdy Kübler (CH)	4776	32,781	116	51
1951	Hugo Koblet (CH)	4474	31,432	123	66
1952	Fausto Coppi (I)	4807	31,602	122	78
1953	Louis Bobet (F)	4479	34,605	119	76
1954	Louis Bobet (F)	4855	34,639	110	69
1955	Louis Bobet (F)	4495	34,434	130	69
1956	Roger Walkowiak (F)	4528	36,512	120	88
1957	Jacques Anquetil (F)	4555	34,507	120	56
1958	Charly Gaul (L)	4319	36,905	120	78
1959	Federico Bahamontes (E)	4363	35,241	120	65
1960	Gastone Nencini (I)	4272	37,210	128	81
1961	Jacques Anquetil (F)	4394	36,284	132	72
1962	Jacques Anquetil (F)	4272	37,306	149	94
1963	Jacques Anquetil (F)	4140	36,456	130	76
1964	Jacques Anquetil (F)	4505	35,420	132	81
1965	Felice Gimondi (I)	4176	36,086	130	96
1966	Lucien Aimar (F)	4329	36,602	130	82
1967	Roger Pingeon (F)	4780	34,755	130	88
1968	Jan Janssen (NL)	4662	34,894	110	63
1969	Eddy Merckx (B)	4102	35,296	129	86
1970	Eddy Merckx (B)	4367	36,490	150	100
1971	Eddy Merckx (B)	3689	36,925	129	94
1972	Eddy Merckx (B)	3846	35,371	132	88
1973	Luis Ocana (E)	4140	33,918	132	87
1974	Eddy Merckx (B)	4098	35,243	130	105
1975	Bernard Thevenet (F)	3999	34,899	140	86
1976	Lucien van Impe (B)	4016	34,511	130	87
1977	Bernard Thevenet (F)	4093	35,585	100	53
1978	Bernard Hinault (F)	3913	34,929	110	78
1979	Bernard Hinault (F)	3720	36,073	150	89
1980	Joop Zoetemelk (NL)	3945	35,317	130	85
1981	Bernard Hinault (F)	3756	37,987	150	121
1982	Bernard Hinault (F)	3520	37,470	169	125
1983	Laurent Fignon (F)	3850	36,625	140	88

zu überklettern war, da siegte endlich Gustave Garrigou, der außerdem dreimal als Zweiter und zweimal als Dritter die »Große Schleife« beendete.
Desgrange aber triumphierte. Die Fahrer hatten mit Bravour die Hochgebirge gemeistert. Gewiß nicht alle, doch niemand konnte dem Chef des »L'Auto« den Vorwurf machen, er verlange von den Fahrern, mehr zu leisten, als diese in der Lage seien.

Die grausame »Tour der Leiden«

Und doch war der Aufstieg zum Galibier auch für die Besten eine grausame Prüfung. Garrigou erzählte darüber: »Die Straßen auf dem Weg zum Galibier glichen teilweise Steinbrüchen. Es war eine mörderische Fahrt in diese Bergwelt. Vor dem Col du Télégraphe setzte ich mich mit Emile Georget und Paul Duboc vom Felde ab. Emile war ein Spaßvogel und sagte mir auf dem Télégraphe, er müsse sich jetzt beeilen, denn er wolle noch schnell eine Depesche an seine Freundin aus Chatellerault aufgeben. Duboc folgte seinem Beispiel, indem er mir erklärte, er müsse hinter Emile her, der dringend Geld für die Depesche brauche. Ich ließ die beiden fahren, da ich sicher war, sie auf dem Galibier wiederzusehen. – Die Strapazen wurden immer größer. Oft hatte ich Mühe, auf dem Rad zu bleiben, wenn tiefe Regenrinnen die Straßen und Wege durchzogen, die teils voller Geröll waren. Ich verfluchte diesen Berg mitsamt Desgrange. Ich sagte mir, Desgrange müsse ein Mörder sein, wenn er uns auf diese Weise ›in die Ferien schicken wolle‹. Nach mehr als zweieinhalb Stunden, wobei ich einige Kilometer zu Fuß zurückgelegt hatte, erreichte ich den Tunnel am Gipfel des Galibiers. Georget und Duboc aber sah ich

Die Anspannung ist unverkennbar
Sobald die Gipfel der Alpen und der Pyrenäen bewältigt werden müssen, sondert sich die Spreu vom Weizen ab. So manchem Fahrer sind die unsagbaren Anstrengungen im Gesicht geschrieben.

erst im Etappenort Grenoble wieder. Später bereute ich, daß ich Duboc habe fahren lassen, denn er entpuppte sich als mein gefährlichster Gegner.«
Soweit Garrigou. Den Sieg in dieser denkwürdigen Etappe holte sich nach 13:35:00 Stunden Georget vor Duboc und Garrigou.

Das Pech des Eugène Christophe

Als eine der verrücktesten Frankreich-Rundfahrten ist die von 1913 in die Tour-Geschichte eingegangen. Drei Favoriten wurden damals durch Pech ihrer Chancen beraubt. Das trifft auf den Belgier Marcel Buysse ebenso zu wie auf den Franzosen Lucien Petit-Breton, der wegen einer Erkrankung sogar aufgeben mußte.
Doch nichts läßt sich mit dem Pech des kleinen Parisers Eugène Christophe vergleichen. Sein Mißgeschick rührte die Franzosen. Es war die 6. Etappe von Bayonne nach Luchon, als Christophe in den Pyrenäen seinen Mitstreitern enteilte. Mit 18 Minuten Vorsprung war er als erster auf dem Tourmalet. Sein Sieg schien ungefährdet. Doch auf der Abfahrt brach ihm die Gabel seines Rades, und der Traum vom Etappensieg, ja vielleicht sogar vom Tour-Sieg, zerrann in diesem Augenblick. Mit dem Rad auf der Schulter lief der Pariser 15 km bis nach Saint-Marie-de-Campan, einem Bergnest in den Pyrenäen, wo er in einer Schmiede die Gabel wieder reparierte. Da er jedoch dafür fremde Hilfe in Anspruch genommen hatte – ein junger Bursche hatte ihm nur eine kleine Handreichung gemacht –, wurde er mit einer Minute Strafe belegt. Christophe lachte nur höhnisch darüber, denn der Gabelbruch hatte ihn über vier Stunden Zeit gekostet. Er wurde schließlich nur Siebter – aber zum Helden der »Grande Nation«. Es waren solche Männer wie Eugène Christophe, die die Tour de France populär machten.
Sieger wurde der neue belgische Stern, der 22jährige Philippe Thys, der auch 1914 und 1920 die »Tour der Leiden« gewinnen konnte und damit einen Rekord aufstellte, den erst Louison Bobet (Frankreich) in den 50er Jahren egalisieren konnte.
Der Erste Weltkrieg zerstörte dann alle weiteren Pläne von Henri Desgrange. Viele bekannte Tour-Fahrer wurden Opfer dieses Völkermordens. Darunter befanden sich so berühmte Cracks wie der zweimalige Gewinner der Frankreich-Rundfahrt, Lucien Petit-Breton (gest. am 20. Dezember 1917), der Sieger von 1909, François Faber (gest. am 9. Mai 1915), und der Sieger von 1910, Octave Lapize (gest. am 14. Juli 1917).

Das Gelbe Trikot wird geboren

Schon 1919 nahm Desgrange das Wagnis auf sich, die dreizehnte Tour de France zu starten, obwohl fast alle Voraussetzungen dafür fehlten: Es gab kaum Reifen, Räder, Ersatzteile; es mangelte an genügend Unterkünften; die Straßen befanden sich in einem miserablen Zustand. Außerdem besaß nur ein verschwindend kleiner Teil der 69 Teilnehmer die nötige Form, um das Riesenpensum von 5560 km in fünfzehn Etappen zu bewältigen. So kamen denn auch nur zehn von ihnen in Paris an. Die Tour bewegte sich am Rande einer Katastrophe.
Trotzdem hatte das Rennen von 1919 etwas Gutes: Das Gelbe Trikot wurde geboren. Mitten in der Rundfahrt hatte Desgrange eine famose Idee. Er kam auf den Gedanken, den Spitzenfahrer durch ein besonders auffallendes Trikot für die Zuschauer kenntlich zu machen. Kurzerhand bestellte er in Paris ein Sortiment einfarbiger Trikots. Da aber nach dem Kriege die Auswahl noch nicht sehr groß war, schickte man ihm vorrätige knallgelbe Jerseys. Sie fanden bei Desgrange Gefallen.
Schon am nächsten Tag ließ er dem führenden Christophe in Grenoble das Gelbe Trikot überstreifen. Es war ein neuer Meilenstein in der Geschichte dieses Rennens.
Der »alte Gallier«, wie seine Freunde Christophe liebevoll nannten, war wieder einmal drauf und dran, die Tour zu gewinnen. Eigentlich konnte er sie gar nicht mehr verlieren, denn zwei Etappen vor Schluß führte er mit einem Vorsprung von einer Stunde. Aber es war wie verhext. Wieder, wie schon 1913 auf dem Tourmalet, brachte den kleinen Fahrer ein Gabelbruch zwischen Metz und Dunkerque um den verdienten Lohn seiner Schinderei.

Jeder Zoll ein Sieger: Nicolas Frantz
Ruhe und Zuversicht strahlt der Luxemburger 1928 vor dem Start zur ersten Tour-Etappe von Paris nach Caen aus, die er in überlegener Manier für sich entschied.

Unverwüstlich: Ludwig Geyer
Zuverlässigkeit und Mannschaftsgeist zeichneten den Schweinfurter als Tour-de-France-Fahrer aus. Mit dem siebten Platz erreichte er 1934 sein bestes Ergebnis.

BELGIER FIRMIN LAMBOT ZWEIMAL VOM GLUECK »VERFOLGT«

Charles Pélissier: Tour-As und National-Heros

Er drückte so mancher Frankreich-Rundfahrt seinen Stempel auf, was seine sechzehn Etappensiege nur unterstreichen. Doch auch als Sechstagefahrer (unten) wußte der Star sein Können ins rechte Licht zu rücken.

Selbst Desgrange ging das Pech Christophes nahe. Er änderte das Reglement, das fortan erlaubte, daß Fahrer einer gleichen Mannschaft untereinander ihre Räder wechseln können. Für Christophe kam diese Reform zu spät... andere haben jedoch davon profitiert.
Christophes Pech brachte dem Belgier Firmin Lambot einen unverhofften Sieg vor Jean Alavoine (Frankreich).
Und Lambot blieb weiter im Glück. 1922 lag sein Landsmann Hector Heusghem klar in Führung. Auch er hatte bis Paris nur noch zwei Etappen vor sich. Da leistete sich Heusghem die Unvorsichtigkeit und den Leichtsinn, seine beschädigte Maschine mit einem Konkurrenten zu tauschen. Desgrange kannte keine Gnade. Der Belgier wurde mit 60 Minuten Zeitrückstand bestraft und verlor die Tour an Firmin Lambot. Lambot war damals schon weit über 36 Jahre alt. Bis heute gibt es keinen Tour-Sieger, der älter war als er.

Henri Pélissier löst Belgier ab

In Frankreich war man inzwischen auf die Erfolge der Belgier etwas eifersüchtig geworden. Seit 1912 beherrschten sie die »Große Schleife«. Es mußte etwas geschehen. Man rief nach Henri Pélissier, der bereits 1914 Zweiter geworden war.
Henri hatte mit seinen Brüdern Francis und Charles den Namen Pélissier im Radsport zu einem Begriff gemacht. Henri war der Älteste, aber auch der Beste. Er fühlte sich aufgerufen, die Ehre der französischen Fahrer wiederherzustellen. Über die Entscheidung der Tour von 1923 berichtete Henri Desgrange im »L'Auto«: »In dieser Tour gab die kühle Berechnung und die im rechten Augenblick angewandte Taktik von Pélissier den Ausschlag. Von Paris an lag der Italiener Bottecchia zehn Etappen hindurch dauernd vor ihm, aber in der elften Etappe, in den Alpen, auf der schwierigen Steigung des Allos, spielte Henri geschickt seine letzten Trümpfe aus. Als Bottecchia, der eine zu hohe Übersetzung gewählt hatte, abstieg, um den Gang zu wechseln, trat Pélissier entschlossen an und enteilte dem Italiener. Er wußte, daß es in diesem Augenblick um den Sieg ging, und mit der ihm eigenen Energie und unbeugsamen Willenskraft sicherte sich unser Meisterfahrer den entscheidenden Zeitvorsprung.« Die Franzosen feierten den Sieg von Henri Pélissier überschwenglich.
Wer Pélissier nur flüchtig kannte, war von ihm beeindruckt. Er war liebenswürdig, unaufdringlich und von charmanter Art. Niemand hätte daher hinter seiner Liebenswürdigkeit ein so ungestümes Temperament vermutet. Jede Kleinigkeit konnte ihn reizen, und sein Jähzorn, der sich oft in eine sinnlose Wut steigerte, war gefürchtet.
Am 2. Mai 1935 kam es in seiner Villa in Fourcherolles wegen einer Nichtigkeit wieder einmal zu einem heftigen Streit mit seiner Freundin Camille Tharault. Als sich Camille immer mehr von Pélissier bedroht fühlte, griff sie zum Revolver und schoß auf ihn. Die Kugel traf die Halsschlagader. Jede ärztliche Hilfe kam zu spät.

Ein Italiener trägt sich in die Siegerliste ein

Ein ebenso tragisches Schicksal war dem Sieger der Frankreich-Rundfahrten von 1924 und 1925, Ottavio Bottecchia, vorbestimmt. Es war der erste Italiener, der diese schwerste Radrundfahrt der Welt gewann. Seine Glanzzeit dauerte nur drei Jahre, in denen er es jedoch zu großem Reichtum brachte. 1926 verlosch sein Stern bereits wieder. Ausgerechnet bei der Tour de France, bei der er bislang seine größten Erfolge gefeiert hatte, versagte er völlig und schied unrühmlich aus.
1927 wurde er auf der Landstraße mit einem Schädelbruch aufgefunden und in das Krankenhaus von Cremona gebracht, wo er ei-

nige Tage später verstarb. Man führte seinen Tod auf einen Trainingssturz zurück, doch die Wahrheit erfuhr die Welt 21 Jahre später. Auf dem Sterbebett beichtete ein Bauer, er habe Bottecchia durch einen Steinwurf tödlich verletzt, weil der einige Trauben in seinem Weinberg gepflückt hatte.

Neue Formel bewährt sich nicht

1927 suchte Henri Desgrange nach einer neuen Formel. Das Interesse an der Tour war nämlich nach dem laschen und langweiligen Rennen von 1926, das von dem Belgier Lucien Buysse vor Nicolas Frantz aus Luxemburg gewonnen wurde, stark abgekühlt. Desgrange kam daher auf eine nicht gerade glückliche Idee. Sein neues Reglement hieß: Massenstarts in den Pyrenäen und Alpen sowie Mannschaftszeitfahren in der Ebene. Mit anderen Worten: Die Fabrikteams mußten in getrennten Starts in nicht weniger als fünfzehn - von 24 - Etappen, die oft länger als 200 km waren, gegen die Uhr fahren.

Die meisten hielten das für eine Verrücktheit, und die beiden großen Firmen »Peugeot« und »Automoto« machten erst gar nicht mit. Es wurde eine mörderische Tour de France, bei der Desgrange bald die Quittung präsentiert wurde. Nach neun Etappen erreichten von 142 Gestarteten nur noch 55 den Fuß der Pyrenäen, wo die Schwierigkeiten erst beginnen sollten. Ausgeschieden war auch Francis Pélissier, der, im Gelben Trikot fahrend, in der 6. Etappe einen völligen Zusammenbruch erlebte. Trotzdem sprach Desgrange nach dem Rennen von einer glücklich geretteten Rundfahrt in Frankreich.

Die stärkste Firmenmannschaft, »Alcyon«, stellte auch die ersten vier in der Gesamtwertung. Sieger wurde der schweigsame und ernste Nicolas Frantz mit einem Vorsprung von 1:48:21 Stunden vor dem Belgier Maurice Dewaele. Der schon an fünfter Stelle liegende Franzose Antonin Magne hatte bereits einen Rückstand von fast 5 Stunden. Nur 39 Fahrer standen das Rennen durch.

In dieser Rundfahrt lenkten jedoch zwei junge Franzosen die Aufmerksamkeit auf sich. Es waren André Leducq und Antonin Magne. Beide sollten in den 30er Jahren noch oft im Mittelpunkt der Tour stehen.

Auch Deutsche fahren mit

Bald kündigte sich für die Frankreich-Rundfahrt eine neue Ära an. Henri Desgrange war es leid, sich länger mit den immer heftiger rivalisierenden Firmenmannschaften auseinanderzusetzen. Es kam einer Sensation gleich, als er im »L'Auto« schrieb, er werde 1930 die Firmenmannschaften abschaffen und dafür Nationalmannschaften einsetzen. Nicht nur in Frankreich, auch im Ausland wurde dieser Plan begrüßt und schnell in die Tat umgesetzt. Fünf Nationalmannschaften, denen je acht Fahrer angehörten, wurden eingeladen, und zwar aus Belgien, Spanien, Italien, Deutschland und Frankreich. Für die Deutschen war es eine Auszeichnung, da sie, von Josef Fischer abgesehen, der 1903 den fünfzehnten Platz belegte, nur Zaungäste dieses Riesenrennens waren. Weiterhin wurden sechzig französische Fahrer, die sogenannten »Isolierten«, verpflichtet, die auf kleine Fahrradfirmen angewiesen waren.

Für Desgrange stellte sich allerdings das Problem, wie er die Rundfahrt finanzieren sollte, da er mit der Firmenfinanzierung nicht mehr rechnen konnte. Aber der Chef des »L'Auto« wußte immer einen Ausweg. Er stellte die Tour in den Dienst der Werbung, indem er eine Reklamekolonne organisierte, die das Rennen begleitete. Die Industrie und andere Unternehmen waren begeistert ... und zahlten.

Das Rennen wurde ein Triumph für Henri Desgrange und die

Deutsche Fahrer in Paris am Start

Ernste Gesichter vor dem Start zum »Grande Boucle«. Von links: Kurt Stöpel (Berlin), der 1932 Zweiter wurde, Oskar Thierbach (Robschütz) und Hermann Buse (Berlin).

Verschnaufpause nach harter Jagd
Otto Weckerling (oben), 1937 Sieger der Deutschland-Rundfahrt, nimmt eine Stärkung zu sich. Unten: Kühle Erfrischung für die »Giganten« in Campagnelles.

französischen Fahrer. Aus Italien kamen die sieggewohnten Stars Alfredo Binda und Learco Guerra, doch die französische Equipe kämpfte wie ein Mann für Spitzenreiter André Leducq. Besonders der jüngste aus der Dynastie Pélissier, Charles, hatte wesentlichen Anteil daran, daß André Leducq vor Learco Guerra und Antonin Magne gewann.
Obwohl die Popularität von »Dédé« Leducq weiter gestiegen war, wurde in diesem Rennen Charles Pélissier, ein Charmeur von blendendem Aussehen, zum Liebling einer ganzen Nation. Er verdankte das nicht allein seinen acht (!) Etappensiegen, sondern auch seinen uneigennützigen Helferdiensten für Leducq. Charles wurde Neunter.
Die Deutschen konnten in dieser Rundfahrt vorerst nur Erfahrungen sammeln. Noch nie hatten sie so hohe und schwierige Berge zu erklettern. Dennoch enttäuschten sie nicht, auch wenn nur vier Paris erreichten. Adolf Schön wurde Zehnter, Oskar Thierbach Dreizehnter, Felix Manthey 22. und Alfred Siegel 33.
Die Begeisterung um die Tour de France machte sich auch in der Auflagenhöhe des »L'Auto« beträchtlich bemerkbar. Desgrange verkaufte während des Rennens täglich nicht weniger als zwei Millionen Zeitungen.
1931 hatten die Franzosen erneut Grund zum Jubel. Antonin Magne gewann die Tour de France vor dem Belgier Joseph Demuysere. Doch der Jubel war verhalten, denn Magne, der Prototyp des unauffälligen Fahrers, stand in der Gunst der Franzosen nicht ganz oben – noch nicht.
Die stärksten deutschen Fahrer hießen: Erich Metze (Achter), Oskar Thierbach (Elfter) und Kurt Stöpel (Sechzehnter).
Henri Desgrange war jedoch von den Leistungen der deutschen Cracks wenig beeindruckt und kritisierte sie im »L'Auto« hart: »Der Mannschaftsgeist der Deutschen hat zu wenig Schwung, ist zu diszipliniert und ähnelt zu sehr blindem Gehorsam. Wir würden es lieber sehen, wenn sie etwas mehr von der Persönlichkeit unserer Leute hätten. Ihr Ideal ist nicht das patriotische der Italiener, ihnen schwebt lediglich die Disziplin vor. So aber werden die Deutschen die Tour nie gewinnen.«

Kurt Stöpel im Gelben Trikot

Ein Jahr später fürchteten die Franzosen für ihre Fahrer keinen mehr als einen Deutschen: Kurt Stöpel. Der Berliner gewann die 2. Etappe von Caen nach Nantes im Spurt vor dem Belgier Frans Bonduel und schlüpfte damit zugleich in das Gelbe Trikot. Zum ersten Mal holte sich ein deutscher Fahrer bei der Tour de France einen Etappensieg und führte das Gesamtklassement an. Die Franzosen waren verblüfft.
Aber schon am nächsten Tag war der »Gelbe Traum« vorbei. Auf der Etappe von Nantes nach Bordeaux mußte Stöpel sieben Reifenschäden beheben und dadurch das »maillot jaune« André Leducq überlassen, der es bis Paris nicht mehr abgab.
Stöpel aber verteidigte bis zum Schluß den zweiten Platz. Es ist die bisher beste Plazierung eines Deutschen bei der Frankreich-Rundfahrt. Auch Oskar Thierbach unterstrich durch seinen siebten Rang im Gesamtklassement das gute Niveau der deutschen Equipe.
Nach der Ehrenrunde im Pariser Prinzenpark überreichte André Leducq der Gattin von Kurt Stöpel einen herrlichen Rosenstrauß und sagte: »Madame Stöpel, wir beide, der Kurt und ich, haben die Tour de France gewonnen.« Doch seine Voraussage, daß der Berliner einmal die Tour gewin-

nen werde, erfüllte sich nicht. Stöpel hatte schon bei dieser Tour den Höhepunkt seiner Karriere erreicht.

Reifenschäden brachten ihn um den Erfolg

Auch 1937 prägten die Deutschen die Frankreich-Rundfahrt wesentlich mit. Ihr Star war der Dortmunder Erich Bautz. In der 4. Etappe von Metz nach Belfort machte er sich allein auf die Verfolgung des Ausreißers Bruno Carini, der schon 11 Minuten Vorsprung hatte. Bautz holte den erschöpften Südfranzosen am Fuße des Ballon d'Alsace ein und errang einen vielumjubelten Etappensieg. Er brachte sich damit gleichzeitig in den Besitz des Gelben Trikots. Drei Tage trug der Westfale diese Auszeichnung, dann wurde ihm die Alpenetappe Aix les Bains–Grenoble zum Verhängnis. Auf dem berüchtigten Galibier warfen ihn mehrere Reifenschäden entscheidend zurück.

Neuer Träger des Gelben Trikots wurde der Tour-Neuling Gino Bartali, der einmal zu den Großen des Radsports gehören sollte. Von ihm erzählte man sich wahre Wunderdinge. Doch schon am nächsten Tag, als es von Grenoble nach Briancon ging – eine Etappe, die der Magdeburger Otto Weckerling zur Überraschung der französischen Fachleute gewann –, stürzte Bartali in einen reißenden Gebirgsfluß. Seine Verletzungen waren erheblich, und er wollte aufgeben. Aber er quälte sich doch noch weiter. In Nizza machte er dann Schluß.

Es war überhaupt eine turbulente Tour. Plötzlich war der Sieger von 1936, der Belgier Sylvère Maes, im »maillot jaune«. Aber auch er sollte es nicht bis nach Paris tragen. Die Belgier, durch die phantastische Aufholjagd des Franzosen Roger Lapebie nervös geworden, fühlten sich von der Rennleitung benachteiligt. Die Verärgerung erreichte einen Höhepunkt, als Maes wegen einer Lappalie eine Zeitstrafe aufgebrummt bekam, die seinen Vorsprung auf lächerliche 25 Sekunden zusammenschrumpfen ließ. Da sich die belgische Nationalmannschaft außerdem vom Publikum bedroht fühlte, wurde sie von der Mannschaftsleitung geschlossen aus dem Rennen genommen. Damit war für Roger Lapebie der Weg zum Sieg frei.

Von den Deutschen wurde Erich Bautz, der noch eine weitere Etappe in Royan gewann, Neunter, Oskar Thierbach Vierzehnter, Heinz Wengler (ein Etappensieg in Saintes) 37., Otto Weckerling 41., Herbert Hauswald 43. und Reinhold Wendel 45.

Der zweite italienische Sieger: Gino Bartali

1938 kehrte Gino Bartali nach Frankreich zurück, um die Tour zu gewinnen. Die Anhänger des »Campionissimo« mußten aber lange warten, bis er endlich seine Trümpfe ausspielte. Der alte belgische Haudegen Felice Vervaekke verteidigte nämlich sein Gelbes Trikot mit geradezu wilder Entschlossenheit. Doch auf der Etappe von Digne nach Briancon war all sein Mut und seine Tapferkeit vergeblich. Fast mühelos, von niemandem zu stoppen, kletterte Bartali über den Allos, Vars und schließlich auch über den schneebedeckten Recken, den Izoard, und eroberte mit diesem Ritt nicht nur den Etappensieg, sondern auch das Gelbe Trikot, das er bis Paris behielt. Über 18

Defekte und Stürze – Rennfahrerlos!

Der Deutsche Oskar Thierbach (oben) montiert einen neuen Reifen auf. Unten: Maurice Archambaud, 1936 einer der Tour-Favoriten, fällt durch den Sturz weit zurück.

Die Rundfahrt rollt... Adieu, Paris!
Ein Bild, das Jahr für Jahr immer wieder fasziniert: Das bunte Fahrerfeld aus vielen Nationen startet zur weltberühmten Tour de France. Eine Aufnahme aus dem Jahre 1937.

Minuten betrug zum Schluß sein Vorsprung vor Vervaecke. Niemand hätte damals geglaubt, daß der Italiener zehn Jahre später noch einmal, dann aber noch überlegener, die Tour de France gewinnen würde.
Otto Weckerling war als 21. bester Deutscher.

Die letzte Tour vor dem Krieg

Über der Tour de France von 1939 lag schon der Schatten des Zweiten Weltkriegs. Italien, Spanien und Deutschland zogen ihre Mannschaften zurück, so daß es in erster Linie zu einem Zweikampf zwischen Frankreich und Belgien kam. Der an einem Knieleiden laborierende Südfranzose René Vietto, für den kein Platz in der Nationalmannschaft war, lag lange an der Spitze. Doch auch für ihn wurde der Izoard zum Schicksalsberg. Obwohl Vietto ein glänzender Bergfahrer war, dem Antonin Magne 1934 seinen zweiten Tour-Sieg verdanken konnte, versagten auf diesem Alpenriesen seine Kräfte völlig. Sylvère Maes zog daraus den Nutzen und gewann zum zweiten Male die »Große Schleife«. René Vietto aber wurde noch Zweiter vor dem Belgier Lucien Vlaemynck.
Für den 77jährigen Henri Desgrange war es die letzte Tour de France; ein Jahr später starb der Chef des »L'Auto«.
Sein Nachfolger wurde Jacques Goddet, der schon vor dem Krieg, auf Wunsch von Henri Desgrange, Chefredakteur des »L'Auto« war. Goddet war ein sehr zielstrebiger Mann, der viele Verbesserungen einführte, die sich im Laufe der Jahre ganz wesentlich zum Vorteil dieses Riesenrennens auswirkten.

Schon 1947 die nächste Tour

Trotz großer Schwierigkeiten führte Jacques Goddet 1947 die erste Nachkriegstour durch. Sie löste in der französischen Bevölkerung eine ungeheure Begeisterung aus.
Held des Rennens war René Vietto, einer der »Alten«, mit dem keiner mehr gerechnet hatte. Aber schon nach zwei Etappen war Vietto im Gelben Trikot. Er verlor es zwar wieder, doch holte er es sich auf der Alpenetappe von Digne nach Briancon zurück. Ganz Frankreich wünschte »Roi René«, dem Pechvogel so vieler Rennen, den Sieg. Aber es blieb ein Wunsch, denn wieder einmal verließ Vietto das Glück – drei Tage vor Paris. In einem Zeitfahren über 139 km verlor er seinen Vorsprung, den er sich in den Alpen so schwer erkämpft hatte, und die Tour de France. Er schrie förmlich seine Enttäuschung hinaus, packte seine Koffer und wollte aufhören. Man hatte Mühe, ihn davon abzuhalten. Vietto fuhr weiter, ohne Ehrgeiz, und wurde Fünfter.
Den Sieg holte sich ein Fahrer, der während der ganzen Rundfahrt nicht einen Tag das Gelbe Trikot trug: Jean Robic. Er wurde später einer der beliebtesten französischen Cracks. Am 5. Oktober 1980 verunglückte er mit dem Auto tödlich.

Die Stars: Bartali und Coppi

1948 feierte Gino Bartali in der Tour ein grandioses Comeback. Er schien mit seinen 34 Jahren besser zu sein als je zuvor. Der Italiener spielte förmlich mit seinen Rivalen und gewann gleich sieben Etappen. Der Tour-Sieg fiel ihm wie eine reife Frucht in den Schoß. Nach zehn Jahren gewann Bartali zum zweiten Male die Frankreich-Rundfahrt, was in der Geschichte dieses Rennens ohne Beispiel ist.
Bartalis triumphaler Erfolg ließ seinen Erzrivalen Fausto Coppi nicht ruhen, ebenfalls ins Tour-Geschehen einzugreifen.
Er war es seinem Namen und seinen Anhängern schuldig. Aber Teamchef Alfredo Binda hatte schlaflose Nächte, bis er es geschafft hatte, Coppi und Bartali in der Nationalmannschaft unter einen Hut zu bringen. Beide schlossen einen »Nichtangriffspakt«. Das ging auch einige Zeit gut, bis Coppi durch einen Schaden anscheinend aussichtslos zurückfiel. 38 Minuten Rückstand waren es zum führenden Marinelli. Doch Fausto Coppi vollbrachte Wunderbares. Er rollte das Feld in einer unwiderstehlichen Art von hinten auf. Selbst Bartali war diesem Ansturm nicht gewachsen und konnte den Sieg seines Rivalen nicht verhindern. Es war eine der unvergessenen Glanzleistungen Fausto Coppis, wie sie keine Parallele findet.

PARLAMENT BESCHAEFTIGT SICH MIT TOUR

Auch 1950 zählte Gino Bartali zu den Stars der Frankreich-Rundfahrt. Die Etappe Pau–St. Gaudens stand ganz im Zeichen des inzwischen 36jährigen. Doch auf dem letzten Berg, dem Col d'Aspin, wurde er von Chauvinisten und Fanatikern angegriffen. Schläge fielen. Einige wollten ihn vom Rad zerren. Steine flogen. Nur mit Mühe entging Bartali weiteren Mißhandlungen und Drohungen. Es war eine böse Geschichte. Trotzdem besaß der Italiener die Nervenkraft, die Etappe zu gewinnen, aber er war nicht mehr zu bewegen, die Tour fortzusetzen. Auch die beiden italienischen Mannschaften verzichteten auf eine weitere Teilnahme. Sieger wurde der Schweizer Ferdinand Kübler. Aber in Italien kochte die Volksseele, und selbst im französischen Parlament gab es eine Debatte über die Vorfälle in den Pyrenäen.
Ein Jahr später siegte erneut ein Eidgenosse, nämlich der »Pédaleur de Charme«, Hugo Koblet, ein Liebling der Frauenwelt. Er war in dieser Tour eine Klasse für sich. Er erklomm die Alpen und Pyrenäen so leicht, als pedalierte er auf ebener Strecke. Keiner hatte gegen ihn eine Chance. Auch Fausto Coppi, der noch um seinen Bruder Serse trauerte, der in der Piemont-Rundfahrt tödlich gestürzt war, besaß nicht die Form, um den Schweizer zu stoppen. Noch zweimal fuhr Koblet die Tour, aber er erreichte nie mehr die Klasse von 1951 und gab beide Male auf. Der Schweizer verunglückte am 6. November 1964 mit dem Auto tödlich.

Bei Bobet platzt der Knoten

Seit 1947 gehörte der Bäckersohn aus St.-Méen-le-Grand, Louison Bobet, zu den arrivierten Cracks der Tour de France, aber niemand glaubte mehr so recht daran, daß bei ihm noch einmal der Knoten platzen könnte. Plötzlich jedoch, 1953, wurde sich der sensible Bretone seines Wertes bewußt. Aber es kostete den Teamchef der Franzosen, Marcel Bidot, Mühe, bis Bobet glaubte, was er sagte: »Louison, wenn du nur willst, steckst du sie alle in die Tasche. Du wirst diesmal die Tour gewinnen.« Bobet nahm es sich zu Herzen. In Briancon, vier Tage vor Schluß, gewann Bobet die Etappe und eroberte zugleich das Gelbe Trikot, das er bis Paris verteidigte.
Es sollte nicht sein letzter Sieg in der Frankreich-Rundfahrt sein. 1954 gewann Bobet vor dem Schweizer Ferdi Kübler und 1955 vor Jean Brankart aus Belgien. Er war damit der erste Fahrer, der dreimal hintereinander die Tour gewinnen konnte. Frankreich hatte wieder einen Superstar.

Namen, Sieger und »Giganten«

Viele Asse versuchten bisher, der Frankreich-Rundfahrt ihren Stempel aufzudrücken, doch nur ganz wenige – wie diese vier – schrieben Tour-Geschichte

1955 wurden erstmals wieder mit Exweltmeister Heinz Müller und Günter Pankoke zwei deutsche Fahrer eingeladen. Während Müller bald ausschied, belegte Pankoke den 37. Platz.

Stern Jacques Anquetils geht auf

Auf Bobets Ruhm fiel ein erster Schatten, als Jacques Anquetil im Zeitfahren wahre Wunderdinge vollbrachte. Überall schwärmte man von ihm, aber es gab auch Skeptiker, die sagten, Anquetil sei zwar ein wunderbarer Zeitfahrer, doch für eine Tour de France nicht geschaffen. 1957 gab der damals 23jährige eine Antwort darauf: Er gewann als Neuling die »Große Schleife« mit rund 15 Minuten Vorsprung vor Marcel Janssens (Belgien).

In den nächsten beiden Jahren schlug die Stunde der »Bergkönige«. Charly Gaul aus Luxemburg, der 1955 und 1956 bei der Tour den Bergpreis gewonnen hatte, war 1958 in glänzender Verfassung. Außerdem hatte er aus den fünf vorangegangenen Frankreich-Rundfahrten gelernt, so daß er nicht zu schlagen war. Doch seine drei Siege in den Rennen »gegen die Uhr«, wobei er zweimal Anquetil schlug, der später ausschied, waren die eigentliche Sensation dieser Tour. Der Deutsche Lothar Friedrich überraschte durch einen ausgezeichneten zwölften Rang.
Jahre hindurch hatte man den Eindruck, daß sich der Spanier Federico Bahamontes damit begnügte, seine überragenden Qualitäten als Bergfahrer zur Schau zu stellen. Das änderte sich 1959. Bahamontes nutzte endlich seine

Louison Bobet (Frankreich)

Gino Bartali (Italien)

Fausto Coppi (Italien)

Der Franzose Jacques Anquetil beim Zeitfahren

Ganz am Rande des Rundfahrtgeschehens

Oben: Die infernalische Hitze läßt den Holländer Harm Ottenbros nach der Ankunft in Pau für einige Augenblicke »kopflos« werden. Unten: Der kurze Weg. An einem Bretterzaun »erleichtern« sich einige Fahrer, bevor es ernst wird. Ganz unten: Ruhepause zwischen zwei Halbetappen.

Chance, zumal sich die beiden französischen Stars Jacques Anquetil und Roger Rivière recht passiv verhielten, und gewann als erster Spanier die Tour.
Vor der Frankreich-Rundfahrt von 1960 gab es nicht wenige, für die Hans Junkermann der »Geheimtip« war. Der Krefelder hatte ein Jahr zuvor die Tour de Suisse gewonnen, war glänzend aufgelegt, und man raunte sich auch unter den Fahrern zu: Paßt auf diesen Deutschen auf. Aber Junkermann besaß nicht genügend Selbstvertrauen. Er zögerte, wo er hätte angreifen müssen, er rollte nur immer in der Spitze mit und verspielte dadurch den Toursieg. Gesamtsieger wurde der Italiener Gastone Nencini – Junkermann blieb »nur« der vierte Rang, was immerhin das zweitbeste Ergebnis eines deutschen Fahrers in der Frankreich-Rundfahrt ist.
Das Rennen wurde überschattet von dem furchtbaren Sturz des Franzosen Roger Rivière, der sich nie wieder von diesem Unglück erholte. Am 2. April 1976 starb er an den Folgen.
Von 1961 bis 1964 bestimmte Jacques Anquetil das Tour-Geschehen. Er gewann die »Große Schleife« gleich viermal hintereinander und stellte mit insgesamt fünf Siegen einen schier unangreifbaren Rekord auf.
In dieser Zeit spielten auch die deutschen Fahrer eine ausgezeichnete Rolle. Junkermann belegte 1961 einen sehr guten fünften Platz im Gesamtklassement, aber noch spektakulärer war 1962 – nach vielen Jahren lösten Firmenmannschaften die Nationalmannschaften wieder ab – die Leistung des Tour-Neulings Rudi Altig. Schon nach der 1. Etappe trug der Kölner das Gelbe Trikot, das als letzter Deutscher vor 24 Jahren der Hagener Willi Oberbeck im Besitz gehabt hatte. Altig wurde in dieser Rundfahrt Punktbester, brachte es auf drei Etappensiege und belegte im Gesamtergebnis den 31. Platz. Rolf Wolfshohl, der ebenfalls am Start war, kam auf den fünfzehnten Rang.

Ein Profi-Neuling namens Felice Gimondi

In Italien machte man sich 1965 wenig Hoffnung auf einen Sieg bei der Tour de France. Aber man unterschätzte auf der Apenninenhalbinsel – wie auch alle Fachleute – die schon reife Klasse des Felice Gimondi. Der Profi-Neuling fuhr so clever und taktisch brillant, daß ihm der Sieg vor Raymond Poulidor nicht zu nehmen war. Dies bedeutete den Anfang einer großen Karriere.
Zwei deutsche Fahrer zeichneten sich 1966 bei der Frankreich-Rundfahrt ganz besonders aus, und zwar Rudi Altig und Karl-Heinz Kunde. Neun Etappen verteidigte Altig mit Bravour das Gelbe Trikot. Doch die noch größere Sensation schaffte der nur 1,59 m große Kunde. Völlig überraschend eroberte er sich auf der Etappe Luchon-Revel das »maillot jaune«. Drei Tage lang schlug der »Bergfloh« alle Angriffe seiner Gegner ab – auch auf dem ge-

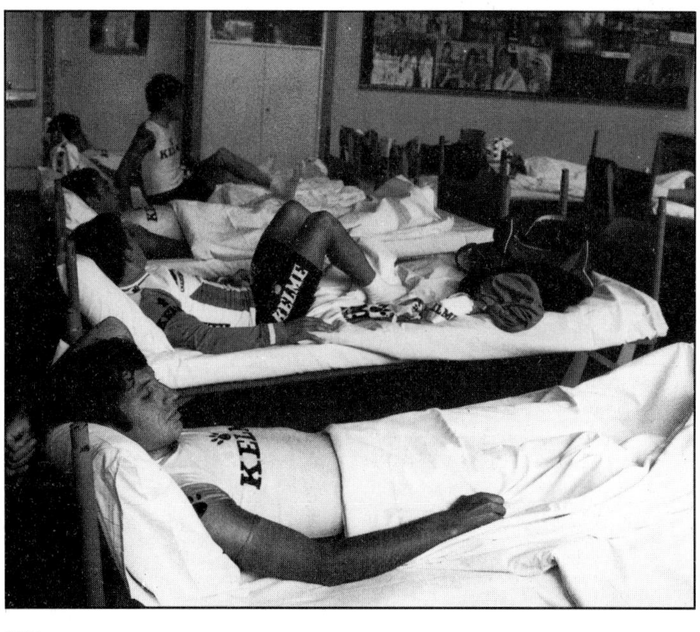

Diese deutschen Fahrer zeichneten sich bei der Tour de France aus:

Adolf Schön: 1930: 10.
Oskar Thierbach: 1930: 13.; 1931: 11.; 1932: 7.; 1933: 23.; 1935: 10.; 1937: 14.
Erich Metze: 1931: 8.
Kurt Stöpel: 1931: 16.; 1932: 2., ein Etappensieg, ein Tag im Gelben Trikot; 1933: 10.; 1934: 22.
Ludwig Geyer: 1931: 19.; 1932: 26.; 1933: 12.; 1934: 7.; 1937: 28.
Otto Weckerling: 1935: 42.; 1937: 41., ein Etappensieg; 1938: 21.
Erich Bautz: 1937: 9., zwei Etappensiege; drei Tage im Gelben Trikot.
Heinz Wengler: 1937: 37., ein Etappensieg.
Willi Oberbeck: 1938: ausgeschieden, ein Etappensieg, ein Tag im Gelben Trikot.
Lothar Friedrich: 1958: 12.; 1959: 19.; 1960: 51.
Hans Junkermann: 1960: 4.; 1961: 5.; 1963: 9.; 1964: 9.; 1965: 28.; 1967: 11.
Rudi Altig: 1962: 31., drei Etappensiege, fünf Tage im Gelben Trikot, 1. im Punkteklassement; 1964: 15., ein Etappensieg, drei Tage im Gelben Trikot; 1966: 12., drei Etappensiege, neun Tage im Gelben Trikot; 1969: ausgeschieden, gewann den Prolog, ein Tag im Gelben Trikot.
Rolf Wolfshohl: 1962: 15.; 1966: 39.; 1967: 31., ein Etappensieg; 1968: 6., zwei Tage im Gelben Trikot; 1970: 37., ein Etappensieg; 1971: 71.
Karl-Heinz Kunde: 1964: 16.; 1965: 11.; 1966: 9., vier Tage im Gelben Trikot; 1972: 20.
Dietrich Thurau: 1977: 5., gewann den Prolog und vier Etappen, 15 Tage im Gelben Trikot; 1979: 10., ein Etappensieg.
Klaus Peter Thaler: 1977: ausgeschieden, ein Etappensieg; 1978: 35., ein Etappensieg, zwei Tage im Gelben Trikot; 1980: 37.; 1981: 49.; 1982: 90.

Der einmalige Rekord des Eddy Merckx

Das Gelbe Trikot war für Merckx das Markenzeichen. Bei sechs Tour-Starts trug er es 96 Tage. Hier jedoch streift sich der Belgier im Giro das Rosa Trikot über.

Unten: Felice Gimondi.

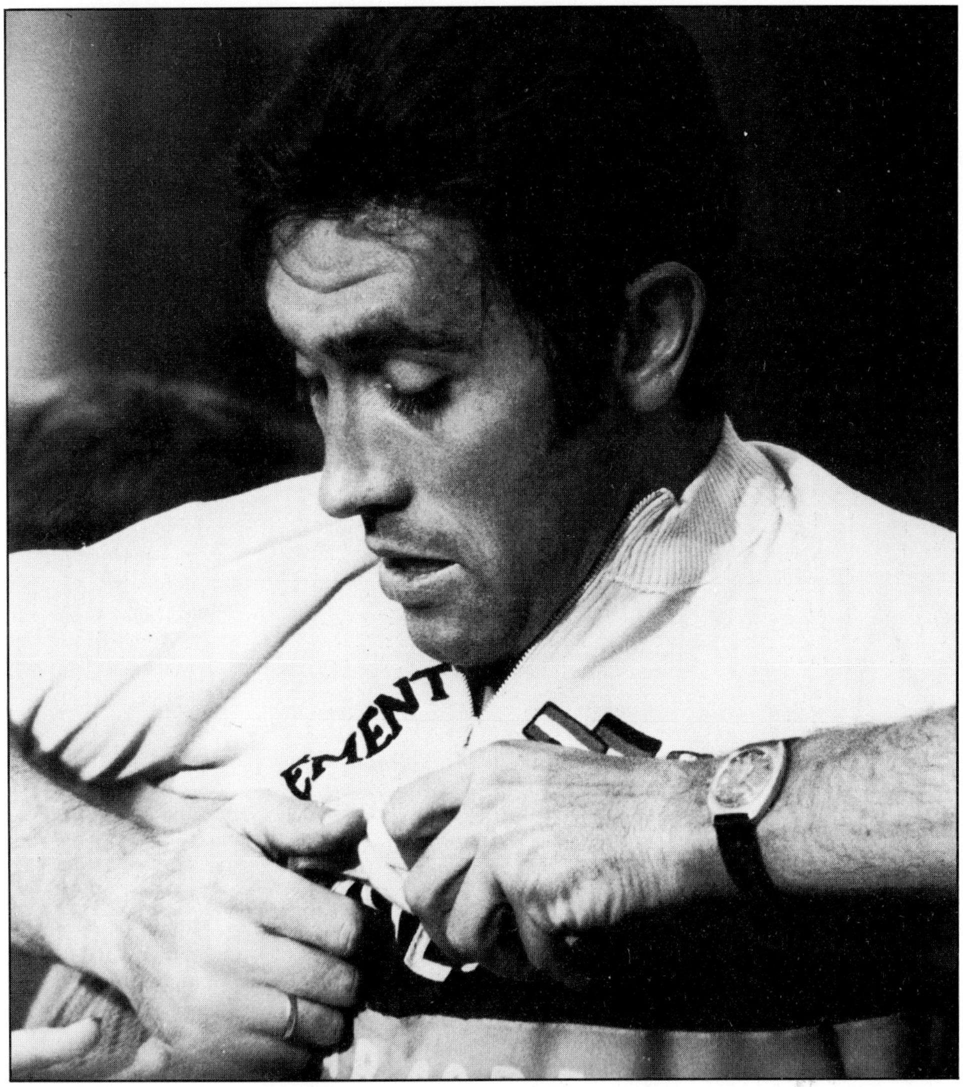

fürchteten Alpe d'Huez. Doch nach dem vierten Tag in Briancon mußte er das Gelbe Trikot an den Holländer Jan Janssen abtreten. Sieger wurde jedoch der Franzose Lucien Aimar. Mit dem neunten Platz im Gesamtklassement erzielte Karl-Heinz Kunde noch ein respektables Ergebnis. Rudi Altig, der drei Etappensiege erringen konnte, kam auf einen beachtlichen zwölften Rang.

Die 13 brachte Exstraßenweltmeister Tom Simpson kein Glück. In der 13. Etappe, am 13. Juli 1967, wurde der Ventoux zu seinem Schicksalsberg. Bei glühender Hitze brach der Engländer, der Stimulierungsmittel zu sich genommen hatte, zu Tode erschöpft zusammen. Man versuchte alles, um sein Leben zu retten – doch vergeblich. Auf dem Wege ins Krankenhaus starb Tom Simpson. Es war ein schwarzer Tag für die Tour de France, aber auch ein schwarzer Tag für den Radsport.

Nachdem sich bei der Tour de France etwas Leerlauf abzeichnete, versuchte Jacques Goddet 1967 und 1968 das Rennen erneut durch Nationalmannschaften zu beleben, was aber mehr und mehr auf den Widerstand der Sportgruppen stieß, so daß die alte Formel bald wieder übernommen wurde. In dieser Zeit, 1968, fuhr Rolf Wolfshohl seine beste Tour. Er trug zwei Tage das Gelbe Trikot und belegte am Ende den sechsten Platz.

Die Ära des Eddy Merckx

Dann folgte die Ära des Eddy Merckx. Die Überlegenheit des Belgiers war so erdrückend, daß die Rennen an Reiz verloren, denn es war weit und breit kein Fahrer in Sicht, den »Kannibalen«, wie man ihn nicht ohne Scheu nannte, zu stoppen ... bis 1971 der Spanier Luis Ocana kam, der seinen Nimbus der Unbezwingbarkeit ins Wanken brachte, als er dem Flamen in den Alpen mehr als 9 Minuten abknöpfte. Ganz Frankreich stand im Banne dieses Duells. Merckx kämpfte erbittert um seinen Ruf, aber als es bereits in die Pyrenäen ging, da hatte Ocana noch immer ein dickes Polster von über 7 Minuten Vorsprung. Sein Gesamtsieg war kaum noch in Gefahr. Aber es kam anders.

Am Col de Mente tobte ein Unwetter, das die Fahrer bei der Abfahrt zu größter Vorsicht mahnte. Auch Ocana riskierte nicht mehr als notwendig. Trotzdem passierte ihm ein folgenschwerer Sturz. Er mußte ins Krankenhaus, und alle Hoffnungen waren dahin. Für Eddy Merckx aber war der Weg zum Sieg frei. Auch 1972 ließ der Belgier seinen Rivalen keine Chance. Dann endlich, 1973, kam Luis Ocana in Abwesenheit von Merckx zum verdienten Tour-Sieg vor Bernard Thevenet.

Seine letzte »Große Schleife« gewann Merckx 1974 vor Raymond Poulidor. Damit stellte dieser Ausnahmekönner den Rekord des Franzosen Anquetil mit fünf Siegen ein. Aber Merckx wollte mehr, er wollte den Rekord nicht mit einem anderen teilen. 1975 schien auch alles nach Wunsch zu laufen. Am Fuße der Pyrenäen

Die großen Etappensieger:

Eddy Merckx (B)	35
André Leducq (F)	25
André Darrigade (F)	22
Bernard Hinault (F)	22
François Faber (L)	20
Nicolas Frantz (L)	20
Jean Alavoine (F)	17
Jacques Anquetil (F)	16
René Le Greves (F)	16
Charles Pélissier (F)	16

Sie behaupteten vom ersten bis zum letzten Tag die Spitze:

1903	Maurice Garin
1905	Louis Trousselier
1911	Gustave Garrigou
1914	Philippe Thys
1924	Ottavio Bottecchia (I)
1928	Nicolas Frantz (L)
1935	Romain Maes (B)
1961	Jacques Anquetil (F)

Thurau trug fünfzehn Tage Gelb

Einer Sensation gleich kam 1977 die lange Leader-Stellung Thuraus bei der Frankreich-Rundfahrt. Erst in den Alpen konnte er von der Spitze verdrängt werden.

Ausnahmekönner Bernard Hinault

Nicht nur bei der Tour de France bewies der Bretone seine überragenden Fähigkeiten; er gewann auch schon zweimal den Giro d'Italia und eine ganze Reihe Klassiker.

hatte der Belgier bereits 2½ Minuten Vorsprung. Was sollte da noch passieren? Doch Thevenet wußte um seine Chance. Er spürte, daß Eddy Merckx nicht mehr der alte war. Schon in den Pyrenäen verringerte er etwas den Zeitvorsprung des Führenden, und in den Alpen vollendete er die Niederlage des Radsport-Kaisers. Mit 2:47 Minuten Vorsprung zog Bernard Thevenet als triumphaler Sieger in Paris ein.

Das Debüt des Dietrich Thurau

1977 schwärmte die Radwelt von dem Frankfurter Dietrich Thurau. Der damals 22jährige, in Diensten von Ti Raleigh, gab nämlich in der Frankreich-Rundfahrt ein sensationelles Debüt. Fünfzehn Etappen lang, über die Pyrenäen hinweg, verteidigte der Hesse das Gelbe Trikot, das er sich nach seinem Prologsieg in Fleurance überstreifen durfte. Erst in den Alpen jagte man dem Blondschopf das »maillot jaune« wieder ab. Es war sicherlich die eindrucksvollste Leistung eines deutschen Fahrers bei der Tour de France, was seine vier Etappensiege und der fünfte Platz im Gesamtklassement nur untermauern. Der sympathische Franzose Bernard Thevenet aber gewann zum zweiten Male die Tour de France.

Im Schatten Thuraus vollbrachte auch der Gevelsberger Klaus-Peter Thaler Erstaunliches. Der heutige Bundestrainer der Straßenradamateure gewann 1978 eine Etappe und trug für zwei Tage das Gelbe Trikot. Aber auf einen Tour-Sieg wartet man in Deutschland nun schon seit über achtzig Jahren vergeblich.

Der neue Superstar: Bernard Hinault

Nach Anquetil und Merckx beherrschte ein weiterer Superstar die Tour: Bernard Hinault. Der Franzose ist aus dem gleichen Holz geschnitzt wie seine Vorgänger. Er siegte – inzwischen schon viermal (1978/79/81/82) –, wann und wie er wollte. Ein Knieleiden, das den Bretonen seit Jahren quält, spielte ihm nun schon zweimal einen Streich. 1980 mußte er

Sie gewannen den Bergpreis:

1933	Vicente Trueba (E)
1934	René Vietto (F)
1935	Félice Vervaecke (B)
1936	Julien Berrendero (E)
1937	Félice Vervaecke (B)
1938	Gino Bartali (I)
1939	Sylvère Maes (B)
1947	Pierre Brambilla (I)
1948	Gino Bartali (I)
1949	Fausto Coppi (I)
1950	Louis Bobet (F)
1951	Raphael Geminiani (F)
1952	Fausto Coppi (I)
1953	Jesus Lerono (E)
1954	Federico Bahamontes (E)
1955	Charly Gaul (L)
1956	Charly Gaul (L)
1957	Gastone Nencini (I)
1958	Federico Bahamontes (E)
1959	Federico Bahamontes (E)
1960	Imerio Massignan (I)
1961	Imerio Massignan (I)
1962	Federico Bahamontes (E)
1963	Federico Bahamontes (E)
1964	Federico Bahamontes (E)
1965	Julio Jimenez (E)
1966	Julio Jimenez (E)
1967	Julio Jimenez (E)
1968	Aurello Gonzales (E)
1969	Eddy Merckx (B)
1970	Eddy Merckx (B)
1971	Lucien van Impe (B)
1972	Lucien van Impe (B)
1973	Pedro Torres (E)
1974	Domingo Perurena (E)
1975	Lucien van Impe (B)
1976	Giancarlo Bellini (I)
1977	Lucien van Impe (B)
1978	Mariano Martinez (F)
1979	Giovanni Battaglin (I)
1980	Raymond Martin (F)
1981	Lucien van Impe (B)
1982	Bernard Vallet (F)
1983	Lucien van Impe (B)

schon früh aufgeben, woraus der Holländer Joop Zoetemelk Kapital schlug, der nach fünf zweiten Plätzen – inzwischen sind es sogar sechs geworden – zum ersehnten Sieg bei der Tour de France kam.

1983 mußte Hinault gar wegen seines Leidens ganz auf die Rundfahrt verzichten. Er wurde jedoch von seinem Domestiken, dem erst 22jährigen Tour-Neuling Laurent Vignon, glänzend vertreten, der die Frankreich-Rundfahrt überraschend gewann.

Der Held der 83er Tour war jedoch sein Landsmann Pascal Simon. Mit einer angebrochenen Schulter verteidigte der Franzose eine Woche lang sein Gelbes Trikot. Eine fast unvorstellbare Leistung.

»Giganten der Landstraße« – gewiß keine leere Phrase, sondern ein Ehrentitel, den diese Männer zu Recht tragen.

Von vielen geliebt:

Die »Ritter der Pedale«

Von allen Athleten, die mit ihrem Sport Geld verdienen, zollt man ihnen den größten Respekt: den »Rittern der Pedale«. Sind sie doch diejenigen, die oftmals nur unter unsäglichen Strapazen zum Erfolg gelangen. Doch diesen errangen nur ganz wenige . . .

Gefiel den Massen: Taddäus Robl

Es gab um die Jahrhundertwende in Deutschland wohl kaum einen populäreren Fahrer als den Münchener Taddäus Robl. Er war von seiner Gestalt her kein Adonis, vielmehr ein hagerer junger Mann, mit etwas eingefallener Brust und dürren Beinen. Der Bayer fiel nicht einmal durch Bescheidenheit auf, denn er wußte um seinen Wert als Rennfahrer. Außerdem nahm er das Leben von der leichten Seite, wodurch er sich fast immer in Geldnöten befand. Trotzdem gefiel dieses Original den Massen. Robl strahlte nämlich nicht nur große Volkstümlichkeit aus, er war auch in seinem Sport eine seltene Erscheinung: ein echter Draufgänger, der sich wie kein anderer schinden konnte.

Geboren wurde »Taddy«, wie ihn jedermann rief, am 22. Oktober 1877 in München als Sohn eines Steinmetzmeisters. In jungen Jahren erkrankte er an Rachitis. Auf Anraten des Arztes schenkten ihm daraufhin seine Eltern ein Fahrrad, das seinen weiteren Lebensweg entscheidend mitbestimmen sollte.

Sein Talent als Rennfahrer, er gehörte dem »Radler-Club Isar« an, setzte sich schnell durch. International bekannt wurde Robl 1898 durch seinen dritten Platz bei der Fernfahrt Bordeaux–Paris vor den beiden Franzosen Gaston Rivierre und dem späteren Tour-de-France-Sieger Maurice Garin.

Dieser Erfolg brachte ihm auch die Unterstützung einer Fahrradfirma ein, die ganz wesentlich zu seiner steilen Karriere beitrug.

1901 gewann Robl als Steher die Welt- und Europameisterschaft. Diese beiden Titel verteidigte er auch 1902 mit Erfolg. Noch zwei weitere Male wurde der Münchener Europameister, und zwar 1903 und 1904. Robl fuhr mehrere Rekorde, seinen letzten Weltrekord hinter der Schrittmachermaschine stellte er am 21. Juni 1906 in München mit 91,893 km/h auf.

Nach seiner aktiven Rennfahrer-

Draufgänger und eiserner Kämpfer

Taddäus Robl (links) auf der Radrennbahn in Berlin-Friedenau am Start. Unten: Der Bayer am Steuer eines Wright-Zweideckers in Johannisthal. Seine Flugleidenschaft bezahlte er 1910 mit dem Leben.

Die Sieger des Giro d'Italia

		Gesamtlänge in km	Fahrzeit des Siegers in km/h	Teilnehmer	angekommen
1909	Luigi Ganna (I)	2448	27,260	127	49
1910	Carlo Galetti (I)	2987	26,113	101	20
1911	Carlo Galetti (I)	3530	26,216	86	24
1912	»Atala«*	2439	27,323	54	26
1913	Carlo Oriani (I)	2932	26,379	99	34
1914	Alfonso Calzolari (I)	3162	23,374	81	8
1919	Constante Girardengo (I)	2984	26,440	63	15
1920	Gaetano Belloni (I)	2632	25,639	49	10
1921	Giovanni Brunero (I)	3107	25,592	69	27
1922	Giovanni Brunero (I)	3095	25,856	75	15
1923	Constante Girardengo (I)	3202	25,895	96	38
1924	Giuseppe Enrici (I)	3613	25,138	90	30
1925	Alfredo Binda (I)	3250	25,600	126	39
1926	Giovanni Brunero (I)	3429	25,113	204	40
1927	Alfredo Binda (I)	3758	25,847	258	79
1928	Alfredo Binda (I)	3044	26,748	298	124
1929	Alfredo Binda (I)	2920	27,292	166	99
1930	Luigi Marchisio (I)	3097	26,878	115	67
1931	Francesco Camusso (I)	3012	29,332	109	65
1932	Antonio Pesenti (I)	3235	30,604	109	66
1933	Alfredo Binda (I)	3343	30,043	97	51
1934	Learco Guerra (I)	3706	30,548	105	52
1935	Vasco Bergamaschi (I)	3577	31,363	102	63
1936	Gino Bartali (I)	3756	31,279	89	45
1937	Gino Bartali (I)	3840	31,365	93	41
1938	Giovanni Valetti (I)	3645	32,272	94	50
1939	Giovanni Valetti (I)	3011	34,150	89	54
1940	Fausto Coppi (I)	3574	33,240	91	47
1946	Gino Bartali (I)	3039	33,948	79	40
1947	Fausto Coppi (I)	3843	33,153	84	50
1948	Fiorenzo Magni (I)	4164	33,116	77	41
1949	Fausto Coppi (I)	4088	32,566	102	65
1950	Hugo Koblet (CH)	3981	33,816	105	75
1951	Fiorenzo Magni (I)	4153	34,217	98	75
1952	Fausto Coppi (I)	3964	34,560	112	91
1953	Fausto Coppi (I)	4035	34,019	112	72
1954	Carlo Clerici (CH)	4337	33,563	105	67
1955	Fiorenzo Magni (I)	3871	35,552	98	86
1956	Charly Gaul (L)	3523	34,677	105	43
1957	Gastone Nencini (I)	3926	37,488	119	79
1958	Ercole Baldini (I)	3341	36,274	120	77
1959	Charly Gaul (L)	3657	35,909	130	86
1960	Jacques Anquetil (F)	3481	37,006	140	97
1961	Arnaldo Pambianco (I)	4004	35,934	170	92
1962	Franco Balmamion (I)	4180	33,955	130	47
1963	Franco Balmamion (I)	4063	34,774	120	86
1964	Jacques Anquetil (F)	4119	35,740	130	97
1965	Vittorio Adorni (I)	4151	34,270	100	81
1966	Gianni Motta (I)	3976	35,744	100	83
1967	Felice Gimondi (I)	3816	35,339	130	70
1968	Eddy Merckx (B)	3917	36,031	130	98
1969	Felice Gimondi (I)	3731	34,942	130	81
1970	Eddy Merckx (B)	3292	36,518	130	97
1971	Gösta Pettersson (S)	3567	36,597	100	75
1972	Eddy Merckx (B)	3725	36,120	100	69
1973	Eddy Merckx (B)	3796	35,506	140	113
1974	Eddy Merckx (B)	4001	35,372	140	96
1975	Fausto Bertoglio (I)	3963	35,535	100	70
1976	Felice Gimondi (I)	4161	34,683	119	86
1977	Michel Pollentier (B)	3868	36,925	140	121
1978	Johann De Muynck (B)	3610	35,563	130	90
1979	Giuseppe Saronni (I)	3301	36,887	140	111
1980	Bernard Hinault (F)	4025	35,897	130	89
1981	Giovanni Battaglin (I)	3895	37,150	130	104
1982	Bernard Hinault (F)	4010	36,412	179	110
1983	Giuseppe Saronni (I)	3918	38,937	162	140

* In diesem Jahr starteten Firmenmannschaften.

Ein gefeierter und beliebter Rennfahrer
war der Italiener Alfredo Binda, der dreimal die Straßenweltmeisterschaft gewann und in seiner Glanzzeit keinen Gegner zu fürchten brauchte.

laufbahn widmete sich der Bayer ab 1909 ganz dem Flugsport. Bei einer Flugveranstaltung am 18. Juni 1910 in Stettin ereilte ihn der Tod. Obwohl ein stürmischer Wind ging, startete er. Doch bald wurde Robls Flugapparat von den Böen hin und her geschüttelt. Als er auf eine Abteilung Soldaten zuflog, versuchte Robl mit Gewalt das Höhenruder zu betätigen. Dabei zerbrach der Apparat. Der Münchner wurde aus 20 m Höhe herausgeschleudert und auf dem Boden von seinem Flugapparat erschlagen. Robl war der erste deutsche Flieger, der durch ein Motorflugzeug ums Leben kam.

Siegte fünfmal beim Giro: Alfredo Binda

Alfredo Binda wurde am 11. August 1902 in Cittiglio bei Varese als achtes von elf Kindern geboren. Schon früh versuchte er sich als Radrennfahrer, doch fanden seine durchschnittlichen Leistungen keine Beachtung. Niemand hätte daher in ihm einen kommenden Champion vermutet.

Mit sechzehn Jahren verlegte Binda seinen Wohnsitz nach Nizza, wo bereits sieben seiner Geschwister wohnten, und verdiente sich dort seinen Unterhalt als Stuckarbeiter. Den Radsport schien der junge Italiener vergessen zu haben, bis er eines Tages wieder Lust bekam, auf das Rennrad zu steigen. Sein erstes Rennen nach langer Pause bestritt Binda am 21. Oktober 1921 – und das gleich bei den Profis. Es endete mit einer Sensation, denn der völlig unbekannte Binda, der übrigens die französische Staatsbürgerschaft erwerben wollte, siegte mit nicht weniger als 17 Minuten Vorsprung. Von da an riß seine Siegesserie nur selten ab.

Der Ruf des »verlorenen Sohnes« drang schließlich bis nach Italien. Trotzdem fiel es niemandem ein, Binda für ein Rennen zu verpflichten. Nur Constante Girardengo, den man damals als den besten Radrennfahrer bezeichnete, war neugierig geworden. 1923

DORTMUNDER IN STAATEN ERFOLGREICH + 29 SIEGE

An Klasse und Popularität unerreicht

In Berlin feierten 1951 Kilian/Vopel ihren letzten von insgesamt 29 gemeinsamen Sechstagesiegen. Sichtlich bewegt stellen sie sich im Siegerkranz den Fotografen.

meldete Girardengo für das Bergrennen Nizza–Montchauve, an dem auch Binda teilnahm. Girardengo hatte nichts anderes im Sinn, als seinen jungen Landsmann zu demütigen. Nach dem Rennen war der »Campionissimo« recht einsilbig. Der Sieg Bindas kam für ihn doch zu unerwartet.

1925 nahm die Fahrradfirma »Legnano« Binda unter Vertrag und holte ihn nach Italien zurück. Auch in seiner Heimat setzte sich der Mann aus Cittiglio schnell durch. Er gewann im Laufe der Jahre fast alle bedeutenden italienischen Rennen, oft sogar mehrmals. Allein fünfmal blieb er im Giro d'Italia siegreich und gewann bei dieser Rundfahrt insgesamt 41 Etappen. Ein bis heute unerreichter Rekord.

Seinen wohl größten Triumph feierte der ruhige und distinguierte Binda, der viermal Straßenmeister seines Landes war, in Deutschland. Am 21. Juli 1927 fand auf dem Nürburgring in der Eifel die erste Straßenweltmeisterschaft der Profis in der Geschichte des Radsports statt. Girardengo, inzwischen schon 34jährig, war wieder einmal sein großer Gegenspieler. Bei diesem Titelkampf wollte er sich für alle vorangegangenen Niederlagen revanchieren. Doch Alfredo Binda durchkreuzte bei strömendem Regen erneut alle seine Pläne und wurde mit 7 Minuten Vorsprung Weltmeister.

Später gewann Binda noch zweimal die Straßenweltmeisterschaft, und zwar 1930 in Lüttich vor dem neuen italienischen Stern Learco Guerra und 1932 in Rom vor seinem Landsmann Remo Bertoni. Nur zwei Ausnahmeathleten können sich rühmen, ebenfalls dreimal die Straßen-WM gewonnen zu haben: die Belgier Rik van Steenbergen und Eddy Merckx.

Ein schwerer Sturz 1936 beim Klassiker Mailand–San Remo beendete die Karriere von Alfredo Binda. Nach dem Krieg war er erfolgreicher Equipenchef der italienischen Nationalmannschaft bei Weltmeisterschaften und der Tour de France. Unter seiner Regie wurden Gino Bartali 1948 sowie Fausto Coppi 1949 und 1952 Tour-Sieger.

Die großen Etappensieger des Giro d'Italia

Alfredo Binda (I)	41
Learco Guerra (I)	31
Constante Girardengo (I)	30
Eddy Merckx (B)	25
Fausto Coppi (I)	23
Roger De Vlaeminck (B)	22
Giuseppe Saronni (I)	22
Franco Bitossi (I)	21
Giuseppe Olmo (I)	20
Miguel Poblet (E)	19

Begeisterte Amerika: Gustav Kilian

Gustav Kilian – legendär wie sein Name sind seine Erfolge, gleich, ob als Sechstagecrack oder als Trainer. Der Radrennfahrer Kilian gehörte in den 30er Jahren zu den Besten seines Fachs. Wo immer der Dortmunder fuhr, er wurde bewundert und gefeiert – besonders in Amerika, wo er mit seinem unvergeßlichen Partner Heinz Vopel wahre Triumphe feierte.

Der am 3. November 1907 in Luxemburg geborene Gustav Kilian – er wurde 1931 Profi – war zwar kein »Senkrechtstarter«, aber die Fachleute waren sich darin einig, daß der Dortmunder ein großes Talent sei, ein noch ungeschliffener Diamant.

1934 fuhr Kilian mit Vopel ein Sechstagerennen in London und wurde Zweiter. Der amerikanische Veranstalter Willy Spencer war von den beiden begeistert. Er bot den Westfalen einen Vertrag für Amerika an, den sie auch sofort unterschrieben.

Noch im selben Jahr feierte Kilian mit Heinz Vopel und Werner Miethe in Cleveland seinen ersten Six-Days-Sieg in den Staaten. Es war der Anfang einer unvergleichlichen Siegesserie. Bis 1941 gewann der Dortmunder in Amerika dreißig Sechstagerennen, davon 26 mit Heinz Vopel. Beide blieben einmal in zwölf Six Days hintereinander siegreich – das ist bis heute ein absoluter Rekord.

»Crazy-Gus« – der »verrückte Gustav« – nannte man Kilian in Amerika, was ihn keinesfalls abwerten sollte. Im Gegenteil, sein unnachahmlicher Stil, seine Rasanz in den Jagden und sein Angriffsschwung machten ihn zum Liebling der Massen.

Sie gewannen den Bergpreis des Giro d'Italia

1933	Alfredo Binda (I)
1934	Remo Bertoni (I)
1935	Gino Bartali (I)
1936	Gino Bartali (I)
1937	Gino Bartali (I)
1938	Giovanni Valetti (I)
1939	Gino Bartali (I)
1940	Gino Bartali (I)
1946	Gino Bartali (I)
1947	Gino Bartali (I)
1948	Fausto Coppi (I)
1949	Fausto Coppi (I)
1950	Hugo Koblet (CH)
1951	Louis Bobet (F)
1952	Raphael Geminiani (F)
1953	Pasquale Fornara (I)
1954	Fausto Coppi (I)
1955	Gastone Nencini (I)
1956	Federico Bahamontes (E)
	Charly Gaul (L)
	Aurelio Del Rio (I)
1957	Raphael Geminiani (F)
1958	Jean Brankart (B)
1959	Charly Gaul (L)
1960	Rik van Looy (B)
1961	Vito Taccone (I)
1962	Angelino Soler (E)
1963	Vito Taccone (I)
1964	Franco Bitossi (I)
1965	Franco Bitossi (I)
1966	Franco Bitossi (I)
1967	Aurelio Gonzalez (E)
1968	Eddy Merckx (B)
1969	Claudio Michelotto (I)
1970	Martin van der Bossche (B)
1971	José-Manuel Fuente (E)
1972	José-Manuel Fuente (E)
1973	José-Manuel Fuente (E)
1974	José-Manuel Fuente (E)
1975	Andrès Oliva (E)
1976	Andrès Oliva (E)
1977	Faust. Fernandez (E)
1978	Ueli Sutter (CH)
1979	Claudio Bortolotto (I)
1980	Claudio Bortolotto (I)
1981	Claudio Bortolotto (I)
1982	Lucien van Impe (B)
1983	Lucien van Impe (B)

Kilian gewann in den Staaten auf fast allen Bahnen, doch seinen schönsten Sieg feierte er 1935 im New Yorker Madison Square Garden. »Es war ein einmaliges Erlebnis, wunderbar, unvergeßlich.«

21mal fuhr der Dortmunder bis 1940 mit den deutschen Schnelldampfern »Bremen« oder »Europa« nach Amerika. 1941 wagte er mit Vopel noch einmal einen Trip in die USA. Es war Krieg, und sie mußten daher eine abenteuerliche Reise auf sich nehmen …

Diese führte sie in einer achtzehntägigen Eisenbahnfahrt quer durch die Sowjetunion bis Korea.

Die Sieger der Tour de Suisse

		Gesamt-länge in km	Fahr-zeit des Sie-gers in km/h
1933	Max Bulla (A)	1225	34,725
1934	Ludwig Geyer (D)	1474	32,704
1935	Gasp. Rinaldi (F)	1708	30,900
1936	Henri Garnier (B)	1657	36,229
1937	Karl Litschi (CH)	1468	33,545
1938	Giovanni Valetti (I)	1683	34,758
1939	Robert Zimmermann (CH)	1727	35,303
1941	Josef Wagner (CH)	606	35,670
1942	Ferdy Kübler (CH)	1176	34,947
1946	Gino Bartali (I)	1845	33,841
1947	Gino Bartali (I)	1613	33,699
1948	Ferdy Kübler (CH)	1412	33,887
1949	Gottfried Weilenmann (CH)	1874	33,702
1950	Hugo Koblet (CH)	1829	34,199
1951	Ferdy Kübler (CH)	1854	33,554
1952	Pasquale Fornara (I)	1608	34,787
1953	Hugo Koblet (CH)	1762	34,981
1954	Pasquale Fornara (I)	1477	35,610
1955	Hugo Koblet (CH)	1648	34,721
1956	Rolf Graf (CH)	1645	34,937
1957	Pasquale Fornara (I)	1567	35,183
1958	Pasquale Fornara (I)	1509	37,111
1959	Hans Junkermann (D)	1317	34,697
1960	Fred. Ruegg (CH)	1280	35,645
1961	Att. Moresi (CH)	1357	36,555
1962	Hans Junkermann (D)	1273	34,828
1963	Giuseppe Fezzardi (I)	1287	36,410
1964	Rolf Maurer (CH)	1264	36,630
1965	Franco Bitossi (I)	1317	36,061
1966	Ambrosio Portalupi (I)	1476	34,767
1967	Gianni Motta (I)	1200	38,126
1968	Louis Pfenninger (CH)	1374	37,112
1969	Vittorio Adorni (I)	1494	36,881
1970	Rob. Poggiali (I)	1634	37,228
1971	Georges Pintens (B)	1312	36,368
1972	Louis Pfenninger (CH)	1448	34,993
1973	José-Manuel Fuente (E)	1260	34,430
1974	Eddy Merckx (B)	1559	34,570
1975	Roger De Vlaeminck (B)	1629	36,707
1976	Hennie Kuiper (NL)	1451	37,074
1977	Michel Pollentier (B)	1575	37,825
1978	Paul Wellens (B)	1562	39,311
1979	Wilfried Wesemael (B)	1604	37,345
1980	Mario Beccia (I)	1670	36,938
1981	Beat Breu (CH)	1638	38,380
1982	Giuseppe Saronni (I)	1673	38,905
1983	Sean Kelly (IRL)	1769	36,862

Abschied vom »Goldschmied«

Zu seinem siebzigsten Geburtstag erklärt Gustav Kilian, der »Goldschmied« des Radsports, seinen Rücktritt als Bahntrainer. Links DSB-Präsident Willi Weyer, rechts Dortmunds Ex-OB Sondermann.

Von Korea setzten sie mit der Fähre nach Japan über und fuhren dann mit dem Schiff weiter bis nach San Francisco. Auf demselben Wege kehrten Kilian und Vopel nach Deutschland zurück – nur eine Woche bevor der Krieg mit Rußland ausbrach.

Insgesamt gewann Gustav Kilian 34 Sechstagerennen, davon vier in Europa, und zwar in London (1936 mit Vopel), in Münster (1950 mit Jean Roth), in Hannover (1950 mit Vopel) und in Berlin (1951 mit Vopel).

Seine Karriere als Trainer war nicht weniger spektakulär. Zu Recht nannte man Kilian den »Goldschmied des deutschen Radsports«, denn seine Schützlinge gewannen bei Weltmeisterschaften und Olympischen Spielen nicht weniger als achtzehn Gold-, siebzehn Silber- und fünf Bronzemedaillen.

Seinen ersten Erfolg hatte Kilian mit dem Zeitfahrer Dieter Gieseler, den er bei den Olympischen Spielen 1960 in Rom aus reiner Passion trainierte. Gieseler errang die Silbermedaille. 1964 entschied sich die Nationalmannschaft in einer Abstimmung für Kilian als BDR-Bahntrainer. Damit begann eine Trainerkarriere, die fast nur Höhepunkte hatte. Das Geheimnis seiner Erfolge kann man auf eine kurze Formel bringen: Der Dortmunder war ein großartiger Psychologe und ein Fachmann par excellence.

Sein Meisterwerk war der Bahn-Verfolgungsvierer, der praktisch unschlagbar war. Um so größer war seine Enttäuschung, als man 1968 in Mexico City dem deutschen Vierer wegen einer Nichtigkeit den Olympiasieg gegen die haushoch unterlegenen Dänen aberkannte.

Kein anderer Trainer hat für den deutschen Radsport mehr getan als Gustav Kilian, der viele seiner Schützlinge wie Günter Haritz, Hans Lutz, Dietrich Thurau, Gregor Braun oder Udo Hempel, der sein Nachfolger als Bundestrainer wurde, zu hervorragenden Könnern formte.

Als Kilian 1977 zu seinem siebzigsten Geburtstag seinen Rücktritt erklärte, da hatte der Bund Deutscher Radfahrer einen seiner Besten verloren.

Verblüffte die Franzosen: Kurt Stöpel

Zu den auffallendsten Fahrererscheinungen der 30er Jahre zählte der Berliner Kurt Stöpel. Er war ein Individualist reinsten Wassers, dazu intelligent, in seiner Fahrweise gerissen und von einem unstillbaren Ehrgeiz beseelt. Seine Konkurrenten verloren ihn während des Rennens nie

KURT STOEPEL BISHER BESTER DEUTSCHER BEI TOUR

Den Etappensieg und das Gelbe Trikot
errang 1932 bei der Frankreich-Rundfahrt in Nantes der Berliner Kurt Stöpel, den seine Frau zu diesem Erfolg mit einem Kuß stürmisch beglückwünscht.

aus den Augen, denn Stöpel war für jede Überraschung gut, und außerdem hatte er eine tolle Spurtkraft in seinen schlanken Beinen.
Eigentlich wollte Stöpel, der am 12. März 1908 in Berlin geboren wurde, Reporter werden. Er begann bei der »United Press of America« als Officeboy und beabsichtigte, später für einige Jahre nach Amerika zu gehen. Aber der Radsport faszinierte ihn so sehr, daß er sich ihm ganz widmete und seine Tätigkeit bei der »United Press« aufgab.
Nachdem der Berliner 1929 zehn große Straßenrennen bei den Amateuren gewonnen hatte, von denen das 600 km lange Rennen Köln–Berlin sein größter Erfolg war, fühlte er sich stark genug, auch bei den Profis aufzutrumpfen. Den ersten Beweis seiner Klasse legte Stöpel 1930 bei der Deutschland-Rundfahrt ab, als er hinter Hermann Buse den zweiten Platz in der Gesamtwertung belegte.
Man sah daher gespannt seinem Start bei der Straßenweltmeisterschaft in Lüttich entgegen. Erneut spielte der Berliner eine hervorragende Rolle und kam hinter Alfredo Binda, Learco Guerra (beide Italien) sowie Georges Ronsse (Belgien) auf einen sensationellen vierten Rang, der ihn mit einem Schlage auch international bekannt machte.
1931 gab er in der deutschen Mannschaft sein Debüt bei der Tour de France. Der Berliner erzielte mehrere glänzende Etappenergebnisse, so daß Henri Desgrange, der sonst von den Deutschen enttäuscht war, lakonisch

Deutschland-Rundfahrt

		Gesamtlänge in km	Fahrzeit des Siegers in km/h
1911	Hans Ludwig (D)	1494	27,240
1922	Adolf Huschke (D)	1042	–
1930	Hermann Buse (D)	2581	27,899
1931	Erich Metze (D)	4036	29,157
1937	Otto Weckerling (D)	3191	32,950
1938	Hermann Schild (D)	3822	35,108
1939	Georg Umbenhauer (D)	5006	33,470
1947	Erich Bautz (D)	1000	–
1948	Philipp Hilbert (D)	1512	35,568
1949	Harry Saager (D)	2440	28,621
1950	Roger Gyselinck (B)	3768	33,331
1951	Guido de Santix (I)	3120	33,553
1952	Isedore de Rijck (B)	2811	35,044
1955	Rudi Theissen (D)	1574	34,892
1960	Albert Geldermans (NL)	1514	37,709
1961	Friedhelm Fischerkeller (D)	1542	38,123
1962	Peter Post (NL)	1737	35,823
1979	Dietrich Thurau (D)	1074	38,895
1980	Gregor Braun (D)	1357	38,479
1981	Silvano Conti (I)	1226	36,902
1982	Theo de Rooy (NL)	1403	38,170

Spanien-Rundfahrt

		Gesamtlänge in km	Fahrzeit des Siegers in km/h
1935	Gustave Deloor (B)	3431	28,591
1936	Gustave Deloor (B)	4349	28,967
1941	Julien Berrendero (E)	4442	26,262
1942	Julien Berrendero (E)	3634	27,102
1945	Delio Rodriguez (E)	3723	27,420
1946	Dal. Langarica (E)	3847	27,701
1947	Edw. van Dijck (B)	3818	28,825
1948	Bernardo Ruiz (E)	4090	26,358
1950	Emilio Rodriguez (E)	3924	29,154
1955	Jean Dotto (F)	2735	33,738
1956	Ang. Conterno (I)	3204	30,331
1957	Jesus Loreno (E)	2943	35,035
1958	Jean Stablinski (F)	3276	34,518
1959	Antonio Suarez (E)	3060	36,009
1960	Fr. de Mulder (B)	3368	34,537
1961	Angelino Soler (E)	2818	36,653
1962	Rudi Altig (D)	2843	36,174
1963	Jacques Anquetil (F)	2419	37,727
1964	Raymond Poulidor (F)	2865	36,633
1965	Rolf Wolfshohl (D)	3409	36,954
1966	Franc. Gabica (E)	2950	37,605
1967	Jan Janssen (NL)	2941	38,724
1968	Felice Gimondi (I)	2981	37,917
1969	Roger Pingeon (F)	2921	39,843
1970	Luis Ocana (E)	3560	39,831
1971	Ferdinand Bracke (B)	2793	37,829
1972	José-Manuel Fuente (E)	3078	37,284
1973	Eddy Merckx (B)	3056	36,098
1974	José-Manuel Fuente (E)	2987	34,420
1975	Augustin Tamames (E)	3075	34,945
1976	José Pesarrodona (E)	3343	35,830
1977	Freddy Maertens (B)	2785	35,294
1978	Bernard Hinault (F)	2990	35,014
1979	Joop Zoetemelk (NL)	3373	35,529
1980	Faustino Ruperez (E)	3216	36,393
1981	Giovanni Battaglin (I)	3446	35,135
1982	Marino Lejaretta (E)	3421	35,728
1983	Bernard Hinault (F)	3488	35,744
1984	Eric Caritoux (F)	3453	38,300

Es gilt, nur wenig Zeit zu verlieren
Gino Bartali (links) hat beim Giro 1953 Reifendefekt. Sein Domestik stellt ihm sein Hinterrad zur Verfügung. Unten: Vom Rennen gezeichnet: Bartali.

Lüttich–Bastogne–Lüttich

1894	Léon Houa (B)
1912	Omer Verschoore (B)
1919	Léon Devos (B)
1920	Léon Scieur (B)
1921	Louis Mottiat (B)
1922	Louis Mottiat (B)
1923	René Vermandel (B)
1924	René Vermandel (B)
1930	Hermann Buse (D)
1931	Alfons Schepers (B)
1932	Marcel Houyoux (B)
1933	François Gardier (B)
1934	Théo Herckenrath (B)
1935	Alfons Schepers (B)
1936	Albert Beckaert (B)
1937	Eloi Meulenberg (B)
1938	Alfons Deloor (B)
1939	Albert Ritservelt (B)
1943	Richard Depoorter (B)
1945	Jean Engels (B)
1946	Prosper Depredomme (B)
1947	Richard Depoorter (B)
1948	Maurice Mollin (B)
1949	Camille Danguillaume (F)
1950	Prosper Depredomme (B)
1951	Ferdy Kübler (CH)
1952	Ferdy Kübler (CH)
1953	Alois de Hertog (B)
1954	Marcel Ernzer (L)
1955	Stan Ockers (B)
1956	Alfred de Bruyne (B)
1957	Frans Schoubben (B)
	Germain Derijcke (B)*
1958	Alfred de Bruyne (B)
1959	Alfred de Bruyne (B)
1960	Albert Geldermans (NL)
1961	Rik van Looy (B)
1962	Joseph Planckaert (B)
1963	Frans Melckenbeeck (B)
1964	Willy Bocklant (B)
1965	Carmine Preziosi (I)
1966	Jacques Anquetil (F)
1967	Walter Godefroot (B)
1968	Valère van Sweevelt (B)
1969	Eddy Merckx (B)
1970	Roger De Vlaeminck (B)
1971	Eddy Merckx (B)
1972	Eddy Merckx (B)
1973	Eddy Merckx (B)
1974	Georges Pintens (B)
1975	Eddy Merckx (B)
1976	Joseph Bruyere (B)
1977	Bernard Hinault (F)
1978	Joseph Bruyere (B)
1979	Dietrich Thurau (D)
1980	Bernard Hinault (F)
1981	Josef Fuchs (CH)
1982	Silvano Contini (I)
1983	Steven Rooks (NL)
1984	Sean Kelly (IRL)

* totes Rennen

feststellte: »Stöpel muß man in Zukunft beachten.«
Und ob dieser Stöpel zu beachten war! 1932 nahm er am Giro d'Italia teil und überraschte durch einen fünften Rang im Gesamtklassement. Als im selben Jahr die Tour de France gestartet wurde, da hatten die Franzosen großen Respekt vor dem Deutschen. Bereits bei der 2. Etappe von Caen nach Nantes wurde er seinem guten Ruf gerecht, denn er war der erste Deutsche, der bei der Tour eine Etappe gewann und sich zugleich das Gelbe Trikot überstreifen durfte. Stöpel blieb von da an der große Gegenspieler des siegreichen Franzosen André Leducq, der mit 24:03 Minuten vor dem Berliner den »Grande Boucle« gewann. Zieht man jedoch die Zeitgutschriften ab, die sich Leducq erspurtet hatte, dann trennten Stöpel nur ganze 3 Sekunden von dem Franzosen. 1932 war das erfolgreichste Jahr Stöpels, der 1933 in der Frankreich-Rundfahrt nochmals einen guten zehnten Platz herausfuhr.
Der Berliner errang in seiner Laufbahn viele Siege und war 1934 auch Deutscher Straßenmeister. Er war ein Fahrer, an den man sich gern erinnert, weil er zum Ansehen des deutschen Radsports wesentlich beitrug. Stöpel verdiente nach dem Krieg seinen Lebensunterhalt als Taxifahrer und lebt heute in Berlin.

Das Rennfahrergenie: Gino Bartali

Zu den großen Fahrerpersönlichkeiten des Radsports gehört Gino Bartali. Der Italiener war ein außergewöhnlicher Könner, der in seiner Heimat eine beispiellose Popularität genoß.
Bartali wurde am 18. Juli 1914 in Ponte-a-Emma bei Florenz als Sohn eines Maurers geboren. Er erwarb 1935 eine Profilizenz und stand bald im Blickpunkt, denn der Neuling gewann gleich mehrere Rennen und wurde noch im selben Jahr Italienischer Straßenmeister. Als Bartali gar 1936 den

Giro d'Italia und die Lombardei-Rundfahrt für sich entscheiden konnte, da lagen ihm die radsportfanatischen Tifosi schon buchstäblich zu Füßen.
Der junge Italiener war in aller Munde. Henri Desgrange, der Organisator der Tour de France, setzte daher alle Hebel in Bewegung, um den »Wunderfahrer« nach Frankreich zu holen. 1937 kam Bartali und nahm an der Tour teil. Schon nach der 7. Etappe fuhr er im Gelben Trikot. Die Franzosen kamen aus dem Staunen nicht heraus. Im Pariser »L'Auto« schrieb man: »Dieser Bartali ist kein gewöhnlicher Rennfahrer, er ist ein Rennfahrergenie.«

Aber der Sieg war ihm trotzdem nicht vergönnt, er stürzte in einen Gebirgsfluß und gab bald danach auf.
Dafür gewann Gino Bartali 1938 die Frankreich-Rundfahrt – und zehn Jahre später noch einmal. Es wäre sicherlich nicht nur bei

COPPIS RUHM ENTFACHT BARTALIS EHRGEIZ

Paris–Brüssel

1907	Gustave Garrigou (F)
1908	Lucien Petit-Breton (F)
1909	François Faber (L)
1910	Maurice Brocco (F)
1911	Octave Lapize (F)
1912	Octave Lapize (F)
1913	Octave Lapize (F)
1914	Louis Mottiat (B)
1919	Alexis Michiels (B)
1920	Henri Pélissier (F)
1921	Robert Reboul (F)
1922	Félix Sellier (B)
1923	Félix Sellier (B)
1924	Félix Sellier (B)
1925	Gérard Debaets (B)
1926	Denis Verschueren (B)
1927	Nicolas Frantz (L)
1928	Georges Ronsse (B)
1929	Pé Verhaegen (B)
1930	Ernest Mottard (B)
1931	Jean Aerts (B)
1932	Julien Vervaecke (B)
1933	Albert Barthelemy (F)
1934	Frans Bonduel (B)
1935	Edgard de Caluwe (B)
1936	Eloi Meulenberg (B)
1937	Albert Beckaert (B)
1938	Marcel Kint (B)
1939	Frans Bonduel (B)
1946	Albéric Schotte (B)
1947	Ernest Sterckx (B)
1948	Lode Poels (B)
1949	Maurice Diot (F)
1950	Rik van Steenbergen (B)
1951	Jean Gueguen (F)
1952	Alberic Schotte (B)
1953	Loretto Petrucci (I)
1954	Marcel Hendrickx (B)
1955	Marcel Hendrickx (B)
1956	Rik van Looy (B)
1957	Léon van Daele (B)
1958	Rik van Looy (B)
1959	Frans Schoubben (B)
1960	Pierre Everaert (F)
1961	Pino Cerami (B)
1962	Joseph Wouters (B)
1963	Jean Stablinski (F)
1964	Georges Vanconingsloo (B)
1965	Edouard Sels (B)
1966	Felice Gimondi (I)
1973	Eddy Merckx (B)
1974	Marc Demeyer (B)
1975	Freddy Maertens (B)
1976	Felice Gimondi (I)
1977	Ludo Peeters (B)
1978	Jan Raas (NL)
1979	Ludo Peeters (B)
1980	Pierino Gavazzi (I)
1981	Roger De Vlaeminck (B)
1982	Jacques Hanegraaf (NL)
1983	Tommy Prim (S)

Nach schwer erkämpftem Etappensieg
bei der Tour de France 1947 in Besançon steht Ferdy Kübler das Glück im Gesicht geschrieben. Links: Der Schweizer während der Tour de Suisse in voller Aktion.

diesen beiden Siegen geblieben, wenn nicht der Zweite Weltkrieg seine Pläne zum Scheitern gebracht hätte.
Bartali war schon über dreißig Jahre alt, als der Krieg beendet war. Trotzdem hatte er nichts von seiner Klasse eingebüßt. Er zermürbte in den Bergen seine Gegner noch immer mit seiner gefürchteten Taktik, den ständigen Zwischenspurts, und war in den Sprints genauso listig wie früher.
Freilich, Bartali hätte längst das Rad in die Ecke gestellt, wenn nicht Fausto Coppi gewesen wäre, dem er nicht allein den Ruhm überlassen wollte. Die Rivalität der beiden hatte oft unversöhnliche Züge. Coppi hatte es auch nicht leicht, den vergötterten Bartali in der Gunst der Massen auszustechen. Der »Vecchio«, wie man ihn nannte, sorgte immer wieder dafür, daß die Tifosi in Begeisterungstaumel fielen.
Aus dieser Zeit, 1948, ragte sein Sieg bei der Tour de France heraus. Er schlug dort nicht nur den Ansturm der jungen Fahrergeneration ab, sondern er demütigte sie zugleich durch seine totale Überlegenheit. Bartali löste anschließend sein religiöses Versprechen ein und legte sein Gelbes Trikot an der Statue der Theresia von Siena nieder.
Bartali war ein frommer Mann, der nie ohne ein langes Gebet in ein Rennen ging. Besondere Sympathien hatte er bei Papst Pius XII., der ihn öfter empfing.
1952 feierte der »Vecchio« seinen letzten großen Triumph. Er gewann in Reggio nach zwölfjähriger Unterbrechung zum vierten Male die italienische Straßenmeisterschaft. Unter tumultartigem Jubel überreichte ihm Verbandskapitän Rodoni das Meisterschaftstrikot. Die Augen Bartalis waren feucht, als ihn Tausende begeistert feierten. Es war einer seiner glücklichsten Tage als Rennfahrer.
Seine Rekordliste ist imponierend. Bartali gewann zweimal die Tour de France, dreimal den Giro d'Italia, zweimal die Tour de Suisse, viermal Mailand–San Remo, dreimal die Lombardei-Rundfahrt, viermal die Italienische Straßenmeisterschaft und fast alle großen Klassiker in Italien.
Im Oktober 1953 erlitt Bartali einen schweren Autounfall, bei dem er sich zwei Rückenwirbel brach. Nach einer geglückten Operation bestieg er noch einmal die Rennmaschine. Aber er hatte nicht mehr die Kraft, sich zu behaupten. Bartali zog daraus die Konsequenzen und machte endgültig Schluß.

Die Kämpfernatur: Ferdy Kübler

Eine harte Jugend, die voller Entbehrungen war, formte den Menschen und Rennfahrer Ferdy Kübler. Er war eine Kämpfernatur mit einem eisernen Willen und großem beruflichen Ernst. Hinzu kamen seine Klasse, sein Temperament und seine Schläue,

die den Schweizer zu einem Fahrer der ganz besonderen Art machten.
Geboren am 24. Juli 1919 zwischen Martalen und dem Rheingau, wuchs Kübler mit seinen vier Geschwistern in ärmlichen Verhältnissen auf. Als Zwölfjähriger wurde er von schwerem Gelenkrheumatismus gequält, so daß der Arzt seiner Mutter riet, ihn radfahren zu lassen. Aber den Eltern - der Vater war Oberwärter in einer Heilanstalt - fehlte das Geld für ein Velo. Kübler baute sich daher aus Fahrradschrott sein erstes Rad zusammen. Von da an wurde sein Wunsch immer größer, einmal Radrennfahrer zu werden.
Nach dem Abgang von der Schule arbeitete er zuerst bei einem Bauern. Doch bald kniff er mit elf Schweizer Franken in der Tasche von seinen Eltern nach Männedorf bei Zürich zu einem Bäckermeister aus und wurde bei ihm Austräger. Später ging Kübler zu einem Uhrmacher nach Zürich, wo er die gleiche Tätigkeit ausübte. Sein Ziel, Rennfahrer zu werden, verlor er dabei nie aus den Augen.
Spott und Hohn gab es für Ferdy, als er in Affolten sein erstes Rennen bestritt. Mit blauer Trainingshose und ganz gewöhnlichen Straßenschuhen stand er am Start. Alles lachte über den »Bauernjungen«. Doch das Lachen verging sehr schnell, denn Kübler wurde trotz mehrerer Stürze Dritter. Der Anfang war gemacht.
1941 lenkte er durch viele Siege die Aufmerksamkeit auf sich. Schon ein Jahr später gewann er seine erste Tour de Suisse. 1946 aber schien Küblers Karriere nach einem fürchterlichen Sturz, bei dem er sich einen Schädelbruch und andere Verletzungen zuzog, beendet zu sein. Als jedoch 1947 die erste Nachkriegs-Tour-de-France gestartet wurde, war er wieder dabei. Er gewann schnell zwei Etappen, gab aber bald danach auf. Die noch längst nicht ausgeheilten Sturzverletzungen und die infernalische Hitze zwangen den Schweizer zu diesem Entschluß.
Auch 1949 stand er die Tour nicht durch, doch 1950 erfüllte sich der sehnlichste Wunsch Küblers. Er gewann die Frankreich-Rundfahrt vor Stan Ockers und Louison Bobet. 1954 wurde er noch Zweiter hinter Bobet, jedoch Erster im Punkteklassement.

Flandern-Rundfahrt

1913	Paul Deman (B)
1914	Marcel Buysse (B)
1919	H. van Lerberghe (B)
1920	Jules van Hevel (B)
1921	René Vermandel (B)
1922	Léon de Vos (B)
1923	Henri Suter (CH)
1924	Gérard Debaets (B)
1925	Julien Delbecque (B)
1926	Denis Verschueren (B)
1927	Gérard Debaets (B)
1928	Jan Mertens (B)
1929	Joseph Dervaes (B)
1930	Frans Bonduel (B)
1931	Romain Gijssels (B)
1932	Romain Gijssels (B)
1933	Alfons Schepers (B)
1934	Gaston Rebry (B)
1935	Louis Duerloo (B)
1936	Louis Hardiquest (B)
1937	Michel Dhooghe (B)
1938	Edgard de Caluwe (B)
1939	Karel Kaers (B)
1940	Achiel Buysse (B)
1941	Achiel Buysse (B)
1942	Albéric Schotte (B)
1943	Achiel Buysse (B)
1944	Rik van Steenbergen (B)
1945	Sylvain Grysolle (B)
1946	Rik van Steenbergen (B)
1947	Emiel Faignaert (B)
1948	Albéric Schotte (B)
1949	Fiorenzo Magni (I)
1950	Fiorenzo Magni (I)
1951	Fiorenzo Magni (I)
1952	Roger Decock (B)
1953	Wim van Est (NL)
1954	Raymond Impanis (B)
1955	Louis Bobet (F)
1956	Jean Forestier (F)
1957	Alfred de Bruyne (B)
1958	Germain Derijcke (B)
1959	Rik van Looy (B)
1960	Arthur Decabooter (B)
1961	Tom Simpson (GB)
1962	Rik van Looy (B)
1963	Noel Fore (B)
1964	Rudi Altig (D)
1965	Jo de Roo (NL)
1966	Edward Sels (B)
1967	Dino Zandegu (I)
1968	Walter Godefroot (B)
1969	Eddy Merckx (B)
1970	Eric Leman (B)
1971	Evert Dolman (NL)
1972	Eric Leman (B)
1973	Eric Leman (B)
1974	Cees Bal (NL)
1975	Eddy Merckx (B)
1976	Walter Planckaert (B)
1977	Roger De Vlaeminck (B)
1978	Walter Godefroot (B)
1979	Jan Raas (NL)
1980	Michel Pollentier (B)
1981	Hennie Kuiper (NL)
1982	René Martens (B)
1983	Jan Raas (NL)
1984	Johan Lammerts (NL)

Der Schweizer war darüber hinaus noch fünfmal Straßenmeister seines Landes, gewann dreimal die Tour de Suisse, je zweimal die Klassiker Lüttich–Bastogne–Lüttich sowie den Wallonischen Pfeil.
Was noch in seiner glänzenden Erfolgsliste fehlte, war die Weltmeisterschaft auf der Straße. 1949 wurde er in Kopenhagen hinter Rik van Steenbergen Zweiter, 1950 kam er hinter Alberic Schotte und Theo Middelkamp auf Rang drei, doch 1951 schlug in Varese seine große Stunde. Gehetzt von den Italienern Fiorenzo Magni und Antonio Bevilacqua, holte sich der Eidgenosse in einem tollen Sprint das so begehrte Regenbogentrikot.
Es gab viele Rennen, wo Kübler mit dem letzten Quentchen Kraft dem Ziel zustrebte, wo er der Verzweiflung nahe war oder wo ihm das Pech die Tränen in die Augen trieb. Keines aber läßt sich mit dem siegreichen Bordeaux–Paris 1953 vergleichen, von dem der Schweizer sagte, es sei das schwerste Rennen seines Lebens gewesen. Nach 578 km rang er den Holländer Wim van Est, der dreimal diese Monsterfahrt gewann, erst im Pariser Prinzenpark-Stadion nieder.
1950, 1951 und 1954 sicherte sich Kübler den Challenge Desgrange-Colombo, den jeweils der beste Fahrer der Punktewertung für internationale Straßenrennen über 200 km erhielt. Außerdem wurde ihm 1950 die Gentil-Trophäe vor Fausto Coppi für sensationelle und ungewöhnliche Leistungen zuerkannt. Ferdinand Kübler, der heute noch ein begeisterter Skiläufer ist, lebt in Adliswil bei Zürich.

Der Campionissimo: Fausto Coppi

Jeden Tag fuhr ein spindeldürres Bürschchen auf einem vollbepackten Rad durch die Straßen von Novi-Ligure. Es war ein gewisser Fausto Coppi, der in einer Wursthandlung als Ausfahrer beschäftigt war. In seiner Freizeit sah man ihn auf seiner Rennmaschine dahinrasen. Der frühere Rennfahrer Constante Girardengo blickte ihm oft nach. »Der Junge hat Talent«, sagte er, wenn ihn jemand wegen Coppi ansprach. Und ob er Talent hatte! Zwischen seinem Heimatort Castellania, wo er am 15. September 1919 geboren wurde, und Novi-Ligure hielt man große Stücke auf ihn.
Auch der blinde Biagio Cavanna, dem man als Masseur und Betreuer wahre »Zauberkraft« nachsagte, hörte immer wieder von diesem Coppi.
»Bringt doch diesen Jungen einmal zu mir, ich will mich selbst überzeugen, ob etwas Außergewöhnliches an ihm ist.«
1938 trafen beide zum ersten Mal zusammen. Behutsam tasteten Cavannas Hände Coppis Muskeln ab. Von diesem Augenblick an wußte der Blinde, daß Coppi zu außerordentlichen Leistungen befähigt war. Cavanna zögerte keinen Augenblick, Coppi in seine Rennfahrerschule, die in ganz Italien berühmt war, aufzunehmen. Cavanna war es dann auch, der ganz wesentlich zu Coppis späterem Weltruhm beitrug.
Eines Tages hielt ihm Girardengo einen Profivertrag von »Maino« unter die Nase. Coppi unterschrieb sofort, doch bald wechselte er zu »Legnano«, wo Gino Bartali Kapitän war.
1940 endete die Italien-Rundfahrt mit einer Sensation, als der zwanzigjährige Fausto Coppi das 3574 km lange Rennen gewann. Das Glück spielte dabei etwas mit, denn Bartali war durch großes Pech weit zurückgefallen. Doch mit diesem Erfolg begann die grandiose Karriere des Fausto Coppi.
Vorerst aber lähmte der Krieg alle Pläne. Nur ein Traum des Italieners erfüllte sich: Am 7. November 1942 holte er auf der Vigorelli-Bahn in Mailand den Stundenweltrekord des Franzosen Maurice Archambaud nach Italien zurück. Coppi fuhr 31 m weiter und verbesserte den Rekord auf 45,871 km/h. Diese Leistung verdient Bewunderung, da Coppi mehrere Stunden in der Nacht zum 7. November im Luftschutzkeller verbrachte, als die Royal Air Force Mailand bombardierte.
Nach dem Krieg holte der »Campionissimo« alles nach, was er versäumt hatte. Er gewann noch viermal die Italien-Rundfahrt, dreimal Mailand–San Remo, fünfmal die Lombardei-Rundfahrt, je einmal Paris–Roubaix

Zwei unvergessene Superstars der Nachkriegsjahre

Links der legendäre Italiener Fausto Coppi, der als Zeitfahrspezialist und Bergfahrer wahre Triumphe feierte, und rechts Louison Bobet aus Frankreich, der ein nicht weniger begnadeter Rennfahrer war.

und den Wallonischen Pfeil sowie nach 1942 noch dreimal die Italienische Straßenmeisterschaft. In den Rennen »gegen die Uhr« war der Zeitfahrspezialist aus Castellania kaum zu schlagen. Er siegte in dieser Disziplin zweimal beim »Grand Prix des Nations« und dreimal im »Großen Preis von Lugano«. Es ist daher fast selbstverständlich, daß Coppi auch als Bahn-Verfolgungsfahrer zu glänzen verstand, was seine Siege bei den Weltmeisterschaften 1949 in Kopenhagen unterstreichen.
Gekrönt wurde jedoch seine Laufbahn durch Siege bei der Tour de France 1949 und 1952, außerdem durch die Straßenweltmeisterschaft 1953 in Lugano.
Was Fausto Coppi für ein Ausnahmeathlet war, zeigte sich bei der Tour 1949. Nach vier Etappen lag er schon 18 Minuten hinter dem Träger des Gelben Trikots, dem Franzosen Jacques Marinelli. Auf der 5. Etappe von Rouen nach St. Malo wollte er den Spitzenreiter endlich in die Schranken weisen. Aber es kam ganz anders. Hinter Caen reichte ein Zuschauer Marinelli einen Becher mit Wasser. Der Franzose verfehlte ihn, und Coppi, der hinter ihm fuhr, sauste in die Zuschauer hinein. Der Italiener schlug schwer auf, blieb zwar unverletzt, doch seine Maschine ging zu Bruch. Mit einem riesigen Zeitverlust nahm er das Rennen wieder auf. In St. Malo hatte er gegenüber Marinelli einen Zeitrückstand von 37:03 Minuten. Fast aussichtslos selbst für einen Coppi, da auch Bartali ihm an Minuten weit enteilt war.
Coppi wollte aufgeben, doch sein Teamchef Alfredo Binda redete so lange auf ihn ein, bis er selbst den Wunsch aussprach, er wolle es allen noch einmal zeigen, dem Kübler, dem Robic, dem Bartali, ganz besonders Bartali.
Es wurde eine phantastische Aufholjagd, die auch Bartali nicht stoppen konnte, der schließlich mit einem Rückstand von 10:55 Minuten hinter dem »unschlagbaren« Coppi Zweiter wurde.
Im Leben des »Campionissimo« spielte die »Weiße Dame«, die verheiratete Giulia Locatelli-Occhini, eine bedeutende Rolle. Die Romanze mit ihr – sie schenkte ihm einen Sohn – stürzte Coppi in schwere seelische Konflikte. Er trennte sich von seiner Frau Bruna und lebte fortan mit Giulia Locatelli-Occhini zusammen. Sogar die Justiz mußte sich mit ihm beschäftigen. Coppi wurde wegen Ehebruchs zu zwei Monaten Gefängnis mit Bewährung verurteilt. Sein Stern sank.
Obwohl der Altstar mehrfacher Millionär war, konnte er sich ein Leben ohne das Rennrad nicht vorstellen. Vor Weihnachten 1959 nahm er für Louison Bobet an einer Reise nach Afrika teil, bei der er an Malaria erkrankte. An den Folgen verstarb Fausto Coppi am 2. Januar 1960 in Tortona.

Schaffte als erster den Hattrick: Louison Bobet

Louison Bobet zählte zu den besten Radprofis, die Frankreich je hervorgebracht hat. Der Bretone, ein Bäckersohn aus dem kleinen Ort St.-Méen-Grand, wo er am 13. März 1925 geboren wurde, war nicht nur ein großartiger Rennfahrer, er war zugleich ein liebenswerter Mensch, dessen Charme und Bescheidenheit in hohem Maße seine Persönlichkeit prägten.
Schneller als erwartet trat der Franzose aus dem Schatten der großen Cracks. 1948 bei der Tour de France verfolgten Millionen mit größter Spannung das Duell zwischen ihm und dem italienischen »Campionissimo« Gino Bartali. Der Bretone fuhr im »maillot jaune« ein grandioses Rennen, obwohl er sich mit einer schweren Furunkulose herumplagte. Nur Radikalkuren mit Penicillin hielten Bobet im Sattel. Er war der Held dieser Tour, auch wenn er am Ende »nur« den

BOBET SIEGT IN SOLINGEN + »ADLER« SCHOCKT RIVALEN

Auch bei der Tour de Suisse
gewann Federico Bahamontes (Mitte) den Bergpreis, doch den Gesamtsieg mußte er 1959 Hans Junkermann (rechts) überlassen. Links der Schweizer Alfred Rüegg.

vierten Platz belegte. Doch sein Name ging aus diesem Rennen als neuer Stern am Radsporthimmel hervor.
Ein Sieg bei der Tour de France war Bobets Ziel. 1953 erfüllte sich dann endlich sein Wunsch. Der Bretone gewann mit fast einer Viertelstunde Vorsprung die »Große Schleife«. Auch in den beiden folgenden Jahren ließ er sich den Sieg nicht nehmen. Er schaffte damit als erster Fahrer in der Tour drei Siege hintereinander, den lupenreinen Hattrick.
Seinen ersten Klassikersieg holte sich Bobet 1951 bei Mailand–San Remo. Noch im selben Jahr erteilte er bei der Lombardei-Rundfahrt den italienischen Stars eine weitere Lektion, als er Minardi und Coppi auf die Plätze verwies. Ferner gewann Bobet von den großen Klassikern die Flandern-Rundfahrt (1955), Paris–Roubaix (1956) und Bordeaux–Paris (1959). Hinzu kommen noch viele andere Siege, von denen Paris–Nizza (1952), Rom–Neapel–Rom (1959 und 1960) und der »Grand Prix des Nations« herausragen.
Die Krönung seiner Karriere glückte dem Franzosen am 22. August 1954 bei der Straßenweltmeisterschaft auf dem Solinger Klingenring. Es regnete Bindfäden. Trotzdem umsäumten 100 000 Zuschauer den Rundkurs. Bobet gehörte zu den Favoriten, auch Titelverteidiger Fausto Coppi. Als dieser stürzte, griff er zusammen mit dem Schweizer Fritz Schär an. Beide fuhren einen uneinholbaren Vorsprung heraus. Noch einmal stand der Weltmeisterschaftssieg in Frage, als er in der letzten Runde einen Defekt hatte, diesen jedoch schnell wieder beheben konnte. In einer tollen Verfolgungsjagd stellte er den kleinen Schweizer kurz vor dem Ziel und »überrollte« ihn förmlich. Bobet war ein würdiger Weltmeister. Noch zweimal, 1957 und 1958, war er nahe dran, diesen Triumph zu wiederholen. Doch am Ende mußte er sich mit dem Vizetitel hinter Rik van Steenbergen (Belgien) bzw. Ercole Baldini (Italien) begnügen.
Louison Bobet wurde nur 58 Jahre alt; er starb am 14. März 1983, einen Tag nach seinem Geburtstag.

Der »Adler von Toledo«: Federico Bahamontes

In den Bergen war er in seinem Element, da ließ er sich kein X für ein U vormachen, da diktierte er die Rennen. Der Spanier war sicherlich einer der besten Bergfahrer, die je auf dem Rennrad saßen, aber er nutzte seine enormen Fähigkeiten meist nicht voll aus. Er begnügte sich damit, besonders zu Beginn seiner Profikarriere, als »Kletterkönig« zu glänzen und seine Rivalen in den Bergen zu schockieren. War Bahamontes als erster auf dem Berg, dann ließ er sich Zeit. Auch bei den Abfahrten hatte er es nicht eilig, so daß ihn andere Fahrer wieder ein- und überholten. Aber das schien den Spanier, geboren am 9. Juli 1928 in Santo Domingo bei Toledo, nicht zu stören; er gab sich mit dem Erreichten zufrieden.
Das änderte sich, als er merkte, daß es hätte sein Geld sein können, was die anderen da kassierten. Bahamontes wurde ehrgeiziger, und eines Tages sprach er offen aus, er wolle die Tour de France gewinnen; es solle ihm niemand nachsagen können, er verschenke den Tour-Sieg. Man nahm seine Ankündigung durchaus ernst, denn der Spanier hatte schon durch einige gute Plazierungen im Gesamtklassement überrascht. 1956 war es der vierte und 1958 der achte Rang.
1959 sahen daher seine Konkurrenten in der Tour de France einen anderen, entschlosseneren Bahamontes. Seine Rechnung ging leichter auf als erwartet, da sich die Stars der französischen Nationalmannschaft gegenseitig nichts gönnten. Bahamontes, der aber auch ein glänzendes Rennen fuhr, zog daraus den Nutzen und gewann als erster Spanier die Tour vor den Franzosen Henri Anglade, Jacques Anquetil und Roger Rivière.
Dieser Triumph fand zwar keine Wiederholung, aber dem Spanier, den man den »Adler von Toledo« nannte, begegnete man von da an nur noch mit großem Respekt. Niemand hatte mehr Grund, über ihn zu lächeln, er verschenkte in den Bergen nicht mehr eine Sekunde, selbst in der Abfahrt nicht, auch wenn er hier nie ein Spezialist wurde. Aber seine weiteren Ergebnisse in der Frankreich-Rundfahrt unterstreichen nur, was für ein großartiger Rennfahrer Federico Bahamontes war. 1963 belegte er hinter Jacques Anquetil den zweiten Platz, und 1964 war er wieder ganz vorn. Er wurde Dritter hinter Anquetil und Raymond Poulidor.
In der Tour-Geschichte wird der Spanier auch als »Bergkönig« einen Ehrenplatz einnehmen, denn nicht weniger als sechsmal gewann er den »Bergpreis« – ein Er-

Rund um den Henninger-Turm

1962	Aramnd Desmet (B)
1963	Hans Junkermann (D)
1964	Clément Roman (B)
1965	Jean Stablinski (F)
1966	Barry Hoban (GB)
1967	Daniel van Rijckeghem (B)
1968	Eddy Beugels (NL)
1969	Georges Pintens (B)
1970	Rudi Altig (D)
1971	Eddy Merckx (B)
1972	Gilbert Bellone (F)
1973	Georges Pintens (B)
1974	Walter Godefroot (B)
1975	Roy Schuiten (NL)
1976	Freddy Maertens (B)
1977	Gerrie Knetemann (NL)
1978	Gregor Braun (D)
1979	Daniel Willems (B)
1980	Gianbattista Baronchelli (I)
1981	Jos Jacobs (B)
1982	Ludo Peeters (B)
1983	Adri van der Poel (NL)

folg, der erst durch den kleinen Belgier Lucien van Impe eingestellt werden konnte.
Bahamontes, der 1938 Spanischer Straßenmeister war, gewann in seiner Rennfahrerlaufbahn unter anderem zweimal die Asturien-Rundfahrt, ferner den Circuit Provencal und mehrere Bergrennen auf dem Mont Agel und Mont Faron. Der »Bergkönig« verblüffte aber auch mitunter seine Anhänger: So gewann er 1964 mit dem dreifachen Straßenweltmeister Rik van Steenbergen aus Belgien das Madrider Sechstagerennen.

Ein Zeitfahrer par excellence

war der Normanne Jacques Anquetil. Schon als Neunzehnjähriger gewann er das schwerste Rennen der Welt gegen die Uhr, den »Grand Prix des Nations« über 140 km. Später blieb er in dieser Prüfung noch weitere achtmal siegreich.

Gewann fünfmal »Tour der Leiden«: Jacques Anquetil

1953 sorgte ein erst neunzehnjähriger Normanne namens Jacques Anquetil für Schlagzeilen. Der weiten Kreisen noch unbekannte Fahrer hatte das schwerste Zeitfahren der Welt, den 140 km langen »Grand Prix des Nations«, mit fast 7 Minuten Vorsprung vor seinem Landsmann Creton gewonnen. Man staunte und war zugleich verblüfft, was dieses schmächtige Bürschchen für hohe Übersetzungen treten konnte. Das war schon phänomenal. Aber nun, so meinten die Fachleute, müsse Anquetil diesen Sieg erst einmal bestätigen. Die Antwort darauf kam prompt. Beim »Großen Preis von Lugano«, einem weiteren Rennen gegen die Uhr über 74 km, verwies er den Italiener Pasquale Fornara und das Schweizer Idol Ferdinand Kübler mühelos auf die Plätze. Für diese sensationellen Erfolge wurde der Profi-Neuling Jacques Anquetil 1953 mit der Gentil-Trophäe ausgezeichnet. Damit begann eine Karriere, wie sie im französischen Radsport ohne Beispiel ist.
Jacques Anquetil wurde am 8. Januar 1934 in Mont-St.-Algnan als Sohn eines Bauern geboren. Schon nach den ersten Rennen in der Jugendklasse stand für ihn fest, einmal Radprofi zu werden. Bereits mit neunzehn Jahren hatte er einen gut dotierten Vertrag in den Händen. Sein Arbeitgeber hatte allen Grund, sich über den Vertragsabschluß zu freuen, denn der junge Anquetil – so stellte es sich bald heraus – war ein Glückstreffer. Im Zeitfahren mit Einzelstart war der Normanne ein absoluter Spitzenkönner. Allein neunmal gewann er den »Grand Prix des Nations« und siegte in den verschiedensten Rundfahrten sowie Etappenrennen 34mal im Zeitfahren.

Nach Ableistung seines Militärdienstes machte Jacques Anquetil Jagd auf den Stundenweltrekord, den der legendäre Fausto Coppi seit 1942 in seinem Besitz hatte. Mit einer Spezialmaschine, die nur 6,1 kg wog, löschte er am 29. Juni 1956 in Mailand den Rekord des Italieners aus. Er verbesserte ihn von 45,871 auf 46,156 km/h.
Die Franzosen umjubelten ihren neuen Star, doch für die Skeptiker stand noch die Frage im Raum, was Anquetil als Etappenfahrer leisten konnte.
1957 war es dann soweit: Der

Bordeaux–Paris

1892	Auguste Stephane (F)
1893	Louis Cottereau (F)
1894	Lucien Lesna (F)
1895	Charles Meyer (DK)
1896	Arthur Linton (GB)
	Gaston Rivierre (F)*
1897	Gaston Rivierre (F)
1898	Gaston Rivierre (F)
1899	Constant Huret (F)
1900	Josef Fischer (D)
1901	Lucien Lesna (F)
1902**	Edouard Wattelier (F)
1902**	Maurice Garin (F)
1903	Hippol. Aucouturier (F)
1904	Fernand Augereau (F)
1905	Hippol. Aucouturier (F)
1906	Marcel Cadolle (F)
1907	Cyrille van Hauwaert (B)
1908	Louis Trousselier (F)
1909	Cyrille van Hauwaert (B)
1910	Emile Georget (F)
1911	François Faber (L)
1912	Emile Georget (F)
1913	Louis Mottiat (B)
1914	Paul Deman (B)
1919	Henri Pélissier (F)
1920	Eugène Christophe (F)
1921	Eugène Christophe (F)
1922	Francis Pélissier (F)
1923	Emile Masson sen. (B)
1924	Francis Pélissier (F)
1925	Henri Suter (CH)
1926	Adelin Benoit (B)
1927	Georges Ronsse (B)
1928	Hector Martin (B)
1929	Georges Ronsse (B)
1930	Georges Ronsse (B)
1931	B. van Rysselberghe (B)
1932	Romain Gyssels (B)
1933	Fernand Mithouard (F)
1934	Jean Noret (F)
1935	Edgard de Caluwe (B)
1936	Paul Chocque (F)
1937	Joseph Somers (B)
1938	Marcel Laurent (F)
1939	Marcel Laurent (F)
1946	Emile Masson jr. (B)
1947	Joseph Somers (B)
1948	Ange le Strat (F)
1949	Jesus Moujica (F)
1950	Wim van Est (NL)
1951	Bernard Gauthier (F)
1952	Wim van Est (NL)
1953	Ferdy Kübler (CH)
1954	Bernard Gauthier (F)
1956	Bernard Gauthier (F)
1957	Bernard Gauthier (F)
1958	Jean-M. Cieleska (F)
1959	Louis Bobet (F)
1960	Marcel Janssens (B)
1961	Wim van Est (NL)
1962	Jo de Roo (NL)
1963	Tom Simpson (GB)
1964	Michel Nedelec (F)
1965	Jacques Anquetil (F)
1966	Jan Janssen (NL)
1967	Georges Vanconingsloo (B)
1968	Emile Bodart (B)
1969	Walter Godefroot (B)
1970	Herman van Springel (B)
1973	Enzo Mattioda (F)
1974	Herman van Springel (B)
	Regis Delepine (F)*
1975	Herman van Springel (B)
1976	Walter Godefroot (B)
1977	Herman van Springel (B)
1978	Herman van Springel (B)
1979	André Chalmel (F)
1980	Herman van Springel (B)
1981	Herman van Springel (B)
1982	Marcel Tinazzi (F)
1983	Gilbert Duclos-Lasalle (F)

* jeweils totes Rennen
** in diesem Jahr zweimal durchgeführt

Kleine Erfrischung für den Kölner Rudi Altig,
der in seiner Glanzzeit zu den Stars der internationalen Straßenfahrergilde zählte. Bild links zeigt den mehrfachen Weltmeister der Bahn und der Straße auf dem Höhepunkt seiner Laufbahn.

Normanne fuhr in der Nationalmannschaft seine erste Tour de France. Bei seinen Mannschaftskameraden war er nicht gerade beliebt, deshalb verspürte auch keiner große Lust, für ihn die »Kastanien aus dem Feuer zu holen«. Anquetil war ein etwas eigenwilliger Fahrer, der ein wenig zur Überheblichkeit neigte. Außerdem war er ein Dickschädel. Doch er verschaffte sich bei dieser Tour Respekt und gewann sie vor Marcel Janssens (Belgien). Später blieb er in der Tour noch viermal siegreich. Dieser Rekord schien für eine ganze »Ewigkeit« geschaffen zu sein – bis der unvergessene Eddy Merckx dieses Kunststück nachmachte.
In seinem Rekordbuch stehen ferner zwei Siege im Giro d'Italia; außerdem gewann er Bordeaux–Paris, Lüttich–Bastogne–Lüttich, die Spanien-Rundfahrt, fünfmal Paris–Nizza und vieles mehr. Am 27. Dezember 1969 fuhr Anquetil, der es inzwischen zum mehrfachen Millionär gebracht hatte, im Antwerpener Sportpalast sein letztes Rennen. An diesem Tag verlor der Radsport mit ihm eine große Fahrerpersönlichkeit.

Wurde Weltmeister: Rudi Altig

Obwohl Rudi Altig schon lange nicht mehr im Rennsattel sitzt, ist sein Name ein Begriff geblieben. Nicht nur weil er der erfolgreichste deutsche Straßenfahrer aller Zeiten ist, sondern auch weil er ein Fahrer ganz nach dem Geschmack des Publikums war. Sein Draufgängertum, sein Temperament und seine Unbekümmertheit machten das Kraftpaket aus Köln schnell zum Publikumsliebling. Altig war in den 60er Jahren eine der auffälligsten Erscheinungen auf internationaler Ebene, und seine Erfolge sprechen für sich.
Entdeckt wurde der blonde Fahrer von dem späteren Bundestrainer der Straßenamateure, Karl Ziegler aus Mannheim, der ihn zu einem Weltklassemann formte. 1959 ging Altigs Stern auf, als er in Amsterdam die Weltmeisterschaft im Einer-Verfolgungsfahren gewann und danach in Köln Weltrekorde über 1 und 5 km mit stehendem Start aufstellte.
Ein Jahr später war Altig, der am 18. März 1937 geboren wurde, Profi in einem französischen Stall, wo man ihn vernünftigerweise langsam aufbaute. 1960 und 1961 gewann er die Verfolgungsweltmeisterschaft, bevor er sich 1962 nun auch auf der Straße einen großen Namen machte. Den Auftakt dazu bildete der Sieg bei der Spanien-Rundfahrt. Aber der »deutsche Herkules« sollte im selben Jahr noch zu weiterem Ruhm gelangen. In der Tour de France spielte er als Neuling eine überragende Rolle. Er gewann drei Etappen, trug für vier Tage das Gelbe Trikot und behielt am Ende das Grüne Tri-

Wallonischer Pfeil

1936	Philém. Demeersman (B)
1937	Adolf Braeckeveldt (B)
1938	Emile Masson jr. (B)
1939	Edm. Delathouwer (B)
1941	Sylvain Grysolle (B)
1942	Karel Thys (B)
1943	Marcel Kint (B)
1944	Marcel Kint (B)
1945	Marcel Kint (B)
1946	Désiré Keteleer (B)
1947	Ernest Sterckx (B)
1948	Fermo Camellini (I)
1949	Rik van Steenbergen (B)
1950	Fausto Coppi (I)
1951	Ferdy Kübler (CH)
1952	Ferdy Kübler (CH)
1953	Stan Ockers (B)
1954	Germain Derijcke (B)
1955	Stan Ockers (B)
1956	Richard van Genechten (B)
1957	Raymond Impanis (B)
1958	Rik van Steenbergen (B)
1959	Joseph Hoevenaars (B)
1960	Pino Cerami (B)
1961	Willy Vannitsen (B)
1962	Henri Dewolf (B)
1963	Raymond Poulidor (F)
1964	Gilbert Desmet I (B)
1965	Roberto Poggiali (I)
1966	Michele Dancelli (I)
1967	Eddy Merckx (B)
1968	Rik van Looy (B)
1969	Joseph Huysmans (B)
1970	Eddy Merckx (B)
1971	Roger De Vlaeminck (B)
1972	Eddy Merckx (B)
1973	André Dierickx (B)
1974	Frans Verbeeck (B)
1975	André Dierickx (B)
1976	Joop Zoetemelk (NL)
1977	Francesco Moser (I)
1978	Michel Laurent (F)
1979	Bernard Hinault (F)
1980	Giuseppe Saronni (I)
1981	Daniel Willems (B)
1982	Mario Beccia (I)
1983	Bernard Hinault (F)
1984	Kim Andersen (DK)

kot, das Trikot des Punktbesten, für sich. Ein Glanzjahr in der Tour hatte Altig auch 1966, bei der er neun Tage im Schmuck des Gelben Trikots fuhr und drei Etappen gewann. Mit dem zwölften Platz im Gesamtklassement erzielte er sein bestes Ergebnis bei einer Tour de France, an der er viermal teilnahm.

Ein Fahrer seines Formats spielte auch in den klassischen Rennen keine untergeordnete Rolle. 1964 gewann Rudi Altig mit großem Vorsprung die Flandern-Rundfahrt, aber noch mehr freute er sich 1968 über seinen Sieg bei Mailand–San Remo, der bei den Fahrern mit zu den begehrtesten zählt.

Internationale Anerkennung verschaffte sich der zweimalige Deutsche Straßenmeister weiterhin durch seine Siege in der Piemont- und Toskana-Rundfahrt, beim Frankfurter Henninger-Turm-Rennen, bei der Zwei-Etappen-Fahrt Paris–Luxemburg, beim »Großen Preis von Lugano« und – mit Jacques Anquetil – bei der »Baracchi-Trophäe«, einem Mannschaftszeitfahren.

Gewiß wäre Rudi Altig in seinen besten Jahren auch in der Lage gewesen, den Stundenweltrekord an sich zu reißen. Aber er wollte damals nicht auf die lukrativen Verträge verzichten und sich ganz auf das »Unternehmen Stundenweltrekord« konzentrieren.

Doch ein Ziel verlor er nie aus den Augen: die Straßenweltmeisterschaft. Nachdem Altig – von einer schweren Verletzung gerade erst genesen – bereits 1965 im spanischen Lasarte hinter dem Engländer Tom Simpson Vizeweltmeister geworden war, schlug endlich am 28. August 1966 auf dem Nürburgring in der Eifel die schönste Stunde seiner so erfolgreichen Laufbahn. Er gewann das Regenbogentrikot vor den beiden Franzosen Jacques Anquetil und Raymond Poulidor.

Es war schon ein kleines Wunder, was sich da in der letzten Runde auf dem Nürburgring abspielte, denn der Kölner fuhr schon ein ganzes Stück hinter der Spitzengruppe her. Niemand rechnete mehr mit seinem Sieg. Pfiffe begleiteten ihn, als er in die letzte Runde fuhr. Doch mit einer urgewaltigen Schlußattacke riß er die Weltmeisterschaft »aus dem Feuer«. Es war eine der vielen Glanzleistungen von Rudi Altig, für ihn aber die wichtigste überhaupt.

Seine guten Eigenschaften auf der Straße setzte er auch auf der Bahn um. Die Veranstalter der europäischen Winterbahnen rissen sich um ihn, denn Altig war jede Mark seiner Gage wert. Er war der Star der Sechstagerennen, von denen er 23 gewann. 1971 beendete Altig seine Karriere und wurde Bundestrainer der Radamateure. Ein Amt, das ihm jedoch wenig Glück brachte.

Gewann als Neuling die Tour: Felice Gimondi

Niemand sprach 1965 vor der Tour de France von dem Neoprofi Felice Gimondi. Die Experten gaben ihm nicht einmal eine Außenseiterchance. Er war für sie einer unter vielen – mehr nicht. Aber der bescheidene und ruhige Italiener hätte von vornherein mehr Aufmerksamkeit verdient gehabt. Sein dritter Platz im Giro d'Italia war nämlich alles andere als ein Zufall, er war vielmehr das Ergebnis einer hervorragenden Gesamtleistung.

Bei der Frankreich-Rundfahrt stellte sich dann endgültig heraus, was für ein glänzender Rennfahrer dieser Gimondi war. Er verteidigte das einmal errungene Gelbe Trikot in so souveräner Manier, daß selbst der erfahrene Raymond Poulidor, der Zweiter wurde, klein beigeben mußte. Nach diesem Triumph war jedem klar, daß in dem Tour-Sieger ein großer Champion heranwuchs.

Felice Gimondi, geboren am 29. September 1942 in Sendrina bei Bergamo, wurde dann auch im nächsten Jahr allen Erwartungen gerecht, als er gleich drei Klassiker, und zwar Paris–Roubaix, Paris–Brüssel (auch 1976) und die Lombardei-Rundfahrt (auch 1973) gewinnen konnte.

Zwar gelang dem Italiener bei der Tour de France kein Sieg mehr – er wurde 1972 hinter Merckx noch einmal Zweiter und 1969 Vierter –, doch dafür gewann er dreimal die Italien-Rundfahrt (zweimal Zweiter) und einmal die Spanien-Rundfahrt. Gimondi hatte – wie viele andere – das

Paris–Roubaix

1896	Josef Fischer (D)
1897	Maurice Garin (F)
1898	Maurice Garin (F)
1899	Albert Champion (F)
1900	Emile Bouhours (F)
1901	Lucien Lesna (F)
1902	Lucien Lesna (F)
1903	Hipp. Aucouturier (F)
1904	Hipp. Aucouturier (F)
1905	Louis Trousselier (F)
1906	Henri Cornet (F)
1907	Georges Passerieu (F)
1908	Cyrille van Hauwaert (B)
1909	Octave Lapize (F)
1910	Octave Lapize (F)
1911	Octave Lapize (F)
1912	Charles Crupelandt (F)
1913	François Faber (L)
1914	Charles Crupelandt (F)
1919	Henri Pélissier (F)
1920	Paul Deman (B)
1921	Henri Pélissier (F)
1922	Albert Dejonghe (B)
1923	Henri Suter (CH)
1924	Jules van Hevel (B)
1925	Félix Sellier (B)
1926	Julien Delbecque (B)
1927	Georges Ronsse (B)
1928	André Leducq (F)
1929	Charles Meunier (B)
1930	Julien Vervaecke (B)
1931	Gaston Rebry (B)
1932	Romain Gyssels (B)
1933	Sylvère Maes (B)
1934	Gaston Rebry (B)
1935	Gaston Rebry (B)
1936	Georges Speicher (F)
1937	Jules Rossi (I)
1938	Lucien Storme (B)
1939	Emile Masson jr. (B)
1943	Marcel Kint (B)
1944	Maurice Desimpelaere (B)
1945	Paul Maye (F)
1946	Georges Claes (B)
1947	Georges Claes (B)
1948	Rik van Steenbergen (B)
1949	André Mahe (F)
	Serse Coppi (I)*
1950	Fausto Coppi (I)
1951	Antonio Bevilacqua (I)
1952	Rik van Steenbergen (B)
1953	Germain Derijcke (B)
1954	Raymond Impanis (B)
1955	Jean Forestier (F)
1956	Louis Bobet (F)
1957	Alfred de Bruyne (B)
1958	Léon van Daele (B)
1959	Noel Fore (B)
1960	Pino Cerami (B)
1961	Rik van Looy (B)
1962	Rik van Looy (B)
1963	Emile Daems (B)
1964	Peter Post (NL)
1965	Rik van Looy (B)
1966	Felice Gimondi (I)
1967	Jan Janssen (NL)
1968	Eddy Merckx (B)
1969	Walter Godefroot (B)
1970	Eddy Merckx (B)
1971	Roger Rosiers (B)
1972	Roger De Vlaeminck (B)
1973	Eddy Merckx (B)
1974	Roger De Vlaeminck (B)
1975	Roger De Vlaeminck (B)
1976	Marc de Meyer (B)
1977	Roger De Vlaeminck (B)
1978	Francesco Moser (I)
1979	Francesco Moser (I)
1980	Francesco Moser (I)
1981	Bernard Hinault (F)
1982	Jan Raas (NL)
1983	Hennie Kuiper (NL)
1984	Sean Kelly (IRL)

* totes Rennen

Straßenweltmeisterschaft

1927	Alfredo Binda (I)
1928	Georges Ronsse (B)
1929	Georges Ronsse (B)
1930	Alfredo Binda (I)
1931	Learco Guerra (I)
1932	Alfredo Binda (I)
1933	Georges Speicher (F)
1934	Karel Kaers (B)
1935	Jean Aerts (B)
1936	Antonin Magne (F)
1937	Eloi Meulenberg (B)
1938	Marcel Kint (B)
1946	Hans Knecht (CH)
1947	Theo Middelkamp (NL)
1948	Albéric Schotte (B)
1949	Rik van Steenbergen (B)
1950	Albéric Schotte (B)
1951	Ferdy Kübler (CH)
1952	Heinz Müller (D)
1953	Fausto Coppi (I)
1954	Louis Bobet (F)
1955	Stan Ockers (B)
1956	Rik van Steenbergen (B)
1957	Rik van Steenbergen (B)
1958	Ercole Baldini (I)
1959	André Darrigade (F)
1960	Rik van Looy (B)
1961	Rik van Looy (B)
1962	Jean Stablinski (F)
1963	Benoni Beheyt (B)
1964	Jan Janssen (NL)
1965	Tom Simpson (GB)
1966	Rudi Altig (D)
1967	Eddy Merckx (B)
1968	Vittorio Adorni (I)
1969	Harm Ottenbros (NL)
1970	Jean-Pierre Monsere (B)
1971	Eddy Merckx (B)
1972	Marino Basso (I)
1973	Felice Gimondi (I)
1974	Eddy Merckx (B)
1975	Hennie Kuiper (NL)
1976	Freddy Maertens (B)
1977	Francesco Moser (I)
1978	Gerrie Knetemann (NL)
1979	Jan Raas (NL)
1980	Bernard Hinault (F)
1981	Freddy Maertens (B)
1982	Giuseppe Saronni (I)
1983	Greg Lemond (USA)

Noch schwer gezeichnet von den Strapazen,
die ihm der Klassiker-Sieg Paris–Roubaix abverlangte, steht der beliebte Italiener Felice Gimondi einem belgischen Journalisten Rede und Antwort.

Ein Radsport-Phänomen war Eddy Merckx,
den hier das Regenbogentrikot des Straßenweltmeisters ziert, das der Flame in seiner einzigartigen Laufbahn dreimal gewinnen konnte.

Pech, daß zu seiner Glanzzeit ein Ausnahmefahrer wie Eddy Merckx den Ton angab.
Der Mann aus Sendrina, der zweimal Straßenmeister seines Landes war, gewann insgesamt 156 Rennen, darunter auch Mailand–San Remo, die Tour de Romandie, die Katalonien-Rundfahrt, zweimal den »Grand Prix des Nations« und zweimal die »Baracchi-Trophäe«.
Dreimal stand Felice Gimondi auf dem Weltmeisterschaftstreppchen: 1970 in Leicester als Dritter, 1971 in Mendrisio als Zweiter und endlich 1973 in Barcelona als Sieger. Es war eine große Leistung des Italieners. Die Entscheidung fiel im Spurt zwischen Eddy Merckx, Luis Ocana, Freddy Maertens und ihm. Alle rechneten mit einem Sieg des pfeilschnellen Maertens, doch Gimondi hatte noch die meisten Reserven. Das gab den Ausschlag. Dritter wurde Ocana, Vierter Merckx. Felice Gimondi war der siebte italienische Fahrer, der sich das Regenbogentrikot überstreifen durfte.
1978 beendete er seine Karriere. Man sah ihn ungern scheiden, denn Gimondi war nicht nur ein echter, großer Champion, sondern auch eine der sympathischsten Erscheinungen im internationalen Radsport. Er hatte Format, er war, wenn man so will, ein Gentleman.

War fast unschlagbar: Eddy Merckx

Der Sport hat Athleten hervorgebracht, deren Namen heute noch, nach Jahrzehnten, einen magischen Glanz ausstrahlen. Es gibt nicht viele – Paavo Nurmi, Max Schmeling, Jesse Owens oder Fausto Coppi zählen dazu –, aber zu diesen wird eines Tages auch das Radsport-Phänomen Eddy Merckx gehören. Der Belgier war eine Ausnahmeerscheinung, und seine Erfolge sind ohne Beispiel.
Merckx, am 17. Juni 1945 im belgischen Meense-Kiezegem geboren, begann 1963 seine Amateurlaufbahn mit 28 Siegen. Ein schwerer Sturz zu Beginn der Saison 1964, bei der er sich eine Rükkenverletzung zuzog, warf ihn sehr zurück. Und dennoch brachte dieses Jahr für ihn den Höhepunkt im Amateurlager. Nach-

dem man den Flamen für die Tour de l'Avenir nicht berücksichtigt hatte, setzte er sich das Ziel, die Straßenweltmeisterschaft zu gewinnen. Merckx löste die Aufgabe am 5. September 1964 in Sallanches (Frankreich) glänzend, denn er gewann im Spurt den Titel vor seinem Landsmann Willy Planckaert.

1965 wurde Eddy Merckx Profi. Sein Stern ging auf, als er 1966 die sogenannte »Primavera«, den Klassiker Mailand–San Remo, für sich entschied. Bereits 1967 wurde er in Heerlen (Holland) Straßenweltmeister, und 1968 siegte er bei Paris–Roubaix und der Italien-Rundfahrt. Aber der Tour de France ging der Flame bis dahin aus dem Wege. Man hielt ihm vor, er drücke sich vor ihr, und riet ihm, er möge sich am Italiener Felice Gimondi ein Beispiel nehmen, der 1965 als Neoprofi den »Grande Boucle« gewonnen hatte.

»Was der kann, kann ich auch«, ärgerte sich Merckx über seine Kritiker. Der Belgier hielt Wort. 1969 nahm er erstmals an der Tour teil und diktierte sie nach Belieben. Er gewann die Rundfahrt mit fast 18 Minuten Vorsprung überlegen vor dem Franzosen Roger Pingeon.

Die radsportverrückten Belgier hatten allen Grund zum Jubel, denn sie mußten dreißig Jahre warten, bis endlich wieder einer aus ihrer Mitte – zuletzt siegte 1939 Sylvère Maes – dieses Riesenrennen gewinnen konnte.

Der Belgier wurde immer besser, immer stärker. In der Straßensaison 1969 fuhr er 47 Siege heraus, 1970 waren es schon 52, und 1971 wurde er in 120 Rennen gar 54mal Erster. Eine Erfolgskette, die den Flamen in seinem Ehrgeiz nur noch weiter anspornte. Und er schonte sich nicht, kämpfte selbst um eine gute Plazierung oft mit letztem Einsatz.

Der fünfmalige Tour-de-France-Sieger Jacques Anquetil hatte dafür nur ein Kopfschütteln. »Eddy fährt, als wäre er noch Amateur. Man kann nicht alles gewinnen. Eines Tages wird er dafür bezahlen.«

Aber der Franzose irrte, wie viele andere auch, und mußte erkennen, daß bei Merckx ganz andere Maßstäbe anzulegen waren als bei irgendeinem anderen Crack.

Insgesamt gewann »Super-Eddy« in seiner Profikarriere 445 Rennen. Seine Rekordliste ist makellos. Er war nicht weniger als dreimal Straßenweltmeister (1967/71/74) und gewann unter anderem fünfmal die Tour de France, fünfmal den Giro d'Italia, zweimal die Belgien-Rundfahrt, je einmal die Tour de Suisse und die Spanien-Rundfahrt, siebenmal Mailand–San Remo, fünfmal Lüttich–Bastogne–Lüttich, je dreimal Paris–Roubaix, den Wallonischen Pfeil, Gent–Wevelgem und Paris–Nizza, je zweimal die Flandern-Rundfahrt, das Amstel Gold Race und die Lombardei-Rundfahrt.

Als Merckx im Zenit seines Könnens stand, drängte man ihn, dem Stundenweltrekord des Dänen Ole Ritter das Lebenslicht auszublasen, der auf respekteinflößenden 48,654 km/h stand. Es gab viele, die an einem erfolgreichen Rekordversuch Zweifel anmeldeten, und selbst Ole Ritter machte den Einwand: »Merckx kann ohne besondere Vorbereitung 47 km/h erreichen, aber die 48,654 km/h, die ich 1968 aufgestellt habe, sind eine andere Sache.«

Merckx ließ sich davon nicht beeindrucken; er wußte am besten, wo seine Grenzen lagen. Selbstbewußt stellte er sich am 25. Oktober 1972 im Olympiavelodrom von Mexiko dieser Aufgabe. Von Anfang an war er dem Rekord von Ole Ritter voraus. Der Flame fuhr ein phantastisch gleichmäßiges Rennen. Den ersten Kilometer legte er in 1:09,97 Minuten zurück, den letzten noch in 1:11,78 Minuten. Eddy Merckx war in der Form seines Lebens und schraubte die neue Rekordmarke auf 49,431 km/h.

Der Belgier verzettelte sich nie; stets hat er sich ein spezielles Ziel gesetzt und dieses auch realisiert. Als Sechstagefahrer war er daher

Paris–Tours

1901	Jean Fischer (F)
1906	Lucien Petit-Breton (F)
1907	Georges Passerieu (F)
1908	Omer Beaugendre (F)
1909	François Faber (L)
1910	François Faber (L)
1911	Octave Lapize (F)
1912	Louis Heusghem (B)
1913	Charles Crupelandt (F)
1914	Oscar Egg (CH)
1917	Philippe Thys (B)
1918	Charles Mantelet (F)
1919	Hector Thiberghien (B)
1920	Eugene Christophe (F)
1921	Francis Pélissier (F)
1922	Henri Pélissier (F)
1923	Paul Deman (B)
1924	Louis Mottiat (B)
1925	Denis Verschueren (B)
1926	Henri Suter (CH)
1927	Henri Suter (CH)
1928	Denis Verschueren (B)
1929	Nicolas Frantz (L)
1930	Jean Marechal (F)
1931	André Leducq (F)
1932	Julien Moineau (F)
1933	Jules Merviel (F)
1934	Gustave Danneels (B)
1935	René le Greves (F)
1936	Gustave Danneels (B)
1937	Gustave Danneels (B)
1938	Jules Rossi (I)
1939	Frans Bonduel (B)
1941	Paul Maye (F)
1942	Paul Maye (F)
1943	Gaby Gaudin (F)
1944	Lucien Teisseire (F)
1945	Paul Maye (F)
1946	Albéric Schotte (B)
1947	Albéric Schotte (B)
1948	Louis Caput (F)
1949	Albert Ramon (B)
1950	André Mahe (F)
1951	Jacques Dupont (F)
1952	Raymond Guegan (F)
1953	Joseph Schils (B)
1954	Gilbert Scodeller (F)
1955	Jacques Dupont (F)
1956	Albert Bouvet (F)
1957	Alfred de Bruyne (B)
1958	Gilbert Desmet I (B)
1959	Rik van Looy (B)
1960	Jo de Haan (NL)
1961	Joseph Wouters (B)
1962	Jo de Roo (NL)
1963	Jo de Roo (NL)
1964	Guido Reybrouck (B)
1965	Gerben Karstens (NL)
1966	Guido Reybrouck (B)
1967	Rik van Looy (B)
1968	Guido Reybrouck (B)
1969	Herman van Springel (B)
1970	Jürgen Tschan (D)
1971	Rik van Linden (B)
1972	Noel Vantyghem (B)
1973	Rik van Linden (B)

Lombardei-Rundfahrt

1905	Giovanni Gerbi (I)
1906	Giuseppe Brambilla (I)
1907	Gustave Garrigou (F)
1908	François Faber (L)
1909	Giovanni Cuniolo (I)
1910	Giovanni Michelotto (I)
1911	Henri Pélissier (F)
1912	Carlo Oriani (I)
1913	Henri Pélissier (F)
1914	Lauro Bordin (I)
1915	Gaetano Belloni (I)
1916	Leopoldo Torricelli (I)
1917	Philippe Thys (B)
1918	Gaetano Belloni (I)
1919	Constante Girardengo (I)
1920	Henri Pélissier (F)
1921	Constante Girardengo (I)
1922	Constante Girardengo (I)
1923	Giovanni Brunero (I)
1924	Giovanni Brunero (I)
1925	Alfredo Binda (I)
1926	Alfredo Binda (I)
1927	Alfredo Binda (I)
1928	Gaetano Belloni (I)
1929	Piero Fossati (I)
1930	Michele Mara (I)
1931	Alfredo Binda (I)
1932	Antonio Negrini (I)
1933	Domenico Piemontesi (I)
1934	Learco Guerra (I)
1935	Enrico Mollo (I)
1936	Gino Bartali (I)
1937	Aldo Bini (I)
1938	Cino Cinelli (I)
1939	Gino Bartali (I)
1940	Gino Bartali (I)
1941	Mario Ricci (I)
1942	Aldo Bini (I)
1945	Mario Ricci (I)
1946	Fausto Coppi (I)
1947	Fausto Coppi (I)
1948	Fausto Coppi (I)
1949	Fausto Coppi (I)
1950	Renzo Soldani (I)
1951	Louis Bobet (F)
1952	Giuseppe Minardi (I)
1953	Bruno Landi (I)
1954	Fausto Coppi (I)
1955	Cleto Maule (I)
1956	André Darrigade (F)
1957	Diego Ronchini (I)
1958	Nino Defilippis (I)
1959	Rik van Looy (B)
1960	Emile Daems (B)
1961	Vito Taccone (I)
1962	Jo de Roo (NL)
1963	Jo de Roo (NL)
1964	Gianni Motta (I)
1965	Tom Simpson (GB)
1966	Felice Gimondi (I)
1967	Franco Bitossi (I)
1968	Herman van Springel (B)
1969	Jean-Pierre Monsere (B)
1970	Franco Bitossi (I)
1971	Eddy Merckx (B)
1972	Eddy Merckx (B)
1973	Felice Gimondi (I)
1974	Roger De Vlaeminck (B)
1975	Francesco Moser (I)
1976	Roger De Vlaeminck (B)
1977	Gianbattista Baronchelli (I)
1978	Francesco Moser (I)
1979	Bernard Hinault (F)
1980	Alfons De Wolf (B)
1981	Hennie Kuiper (NL)
1982	Giuseppe Saronni (I)
1983	Sean Kelly (IRL)

THURAU VERHILFT ITALIENER SARONNI ZUM GIRO-SIEG

Ein glänzender Stilist auf dem Rennrad
ist der Frankfurter Dietrich Thurau, der trotz seiner wechselvollen Karriere noch immer zu den populärsten Fahrern im In- und Ausland zählt.

nur relativ wenig zu sehen, obwohl ihn die Veranstalter mit Rekordgagen lockten. Trotzdem gewann er siebzehn Six Days, meist mit seinem Freund, dem »Sechstagekaiser« Patrick Sercu, mit dem er schon als Amateur auf den europäischen Winterbahnen zu großen Erfolgen kam.
1978 verabschiedete sich dann Eddy Merckx vom aktiven Sport, nach einer Karriere, die märchenhaft war.

Scheiterte oftmals nur knapp: Dietrich Thurau

Wohl kein anderer deutscher Fahrer hat die Höhen und Tiefen des Sports so spürbar kennengelernt wie Dietrich Thurau, der 1977 vor einer Traumkarriere zu stehen schien, als er bei der Tour de France fünfzehn Etappen lang das Gelbe Trikot trug. Ganz plötzlich wurde der damals 22jährige das Idol einer ganzen Nation. Aber die Laufbahn Thuraus, der am 9. November 1954 in Frankfurt am Main geboren wurde, sollte doch recht wechselhaft verlaufen. Der blonde Hesse, der soviel Charme und Eleganz ausstrahlt, machte es sich allerdings oft selber schwer. Vielleicht war es ein wenig Überheblichkeit, vielleicht auch ein Schuß Leichtsinn, daß zeitweise der Boden unter seinen Füßen etwas zu rutschen begann. Aber trotz allem: Seine Popularität blieb ungebrochen.
Das hat seinen Grund. Thurau ist nämlich ein außergewöhnlicher Rennfahrer. Er versteht es wie kein anderer, die Massen zu begeistern, und er besitzt eine Ausstrahlungskraft, wie sie nur ganz wenige seines Metiers aufweisen. Der ehemalige »Sechstagekaiser« Peter Post wußte wohl, warum er 1975 den Frankfurter zu »Raleigh« holte, und Thurau wußte, was er seinem sportlichen Leiter schuldig war. In seinem ersten Profijahr holte er fünf Siege, im zweiten elf, und im dritten – er war gerade 22 Jahre alt – machte er bei der Tour de France sein Meisterstück. Er fuhr ein großartiges Rennen. Selbst in den Pyrenäen ließ er sich das »maillot jaune« nicht abjagen. Außer dem Prologerfolg gewann »Didi« Thurau vier Etappen und wurde in der Gesamtwertung Fünfter.
Nach seinem Tour-Coup knüpfte man an den jungen Frankfurter zu hohe Erwartungen. Viele glaubten 1978, Thurau müsse nun auch bei den großen klassischen Rennen Siege wie am Fließband herausfahren. Als sie sich nicht einstellten, war man enttäuscht und bemäkelte seine Leistungen. Dabei fehlte ihm nur etwas Glück.
Erst 1979 gelang Thurau bei Lüttich–Bastogne–Lüttich vor dem französischen Superstar Bernard Hinault endlich der große Wurf. Als der Frankfurter im selben Jahr Zehnter der Tour de France wurde (ein Etappensieg), die Deutschlandrundfahrt vor dem Niederländer Aad van den Hoek sowie dem Italiener Francesco Moser siegreich beendete und Vizestraßenweltmeister – wie schon 1977 – im holländischen Valkenburg wurde, schien seine Erfolgskurve wieder steil nach oben zu führen. Seine vielen Neider und Gegner – bekanntlich hat die nur der Erfolgreiche – verstummten.
Thurau blieb jedoch seiner Rolle treu. Das Jahr 1980 wurde für ihn zum schwärzesten seiner Karriere. Der Hesse schlitterte von einer Krise in die andere und war selbst in Doping-Affären verwickelt. Nach einer völlig verpatzten Tour de France, die ausgerechnet in seiner Heimatstadt ihren Anfang nahm, schied er aus gesundheitlichen Gründen und demoralisiert früh aus, um sich anschließend für einige Monate vom Rennsport zurückzuziehen.
Das Kapitel Thurau schien ein unrühmliches Ende gefunden zu haben. In der Bundesrepublik glaubte keiner mehr so recht an ein erfolgreiches Comeback des Frankfurters. Es gab auch keinen Anlaß dafür. Doch in Italien erkannte man, daß der Hesse noch längst nicht am Ende ist. »Del Tongo-Colnago« mit Weltmeister Giuseppe Saronni verpflichtete ihn für 1983 . . . und tat dabei einen Glücksgriff! Denn Thurau fuhr beim Giro wie in seinen besten Tagen. Ihm hatte es Saronni zu verdanken, daß er die Italien-Rundfahrt gewann. Und Thurau selbst kam auf einen glänzenden fünften Platz.
Vielleicht war es Thuraus letzter großer Erfolg auf der Straße, da er in Zukunft mehr als Six-Days-Fahrer (bisher neunzehn Siege) brillieren will.

Er ist jetzt schon ein Großer: Bernard Hinault

Seit Jahren schon beherrscht Superstar Bernard Hinault aus dem Dörfchen Yffiniac in der Bretagne die internationale Radsportszenerie. Er nahm sich jedoch Zeit, bis er in diese Rolle hineinwuchs. Der Franzose studierte erst einmal den Profibetrieb und wagte sich erst dann an die großen Aufgaben heran, als er sich stark genug fühlte, zu bestehen. Als Hinault mit zwanzig Jahren – er wurde am 14. November 1954 geboren – in das bezahlte Lager

Den fünften Sieg bei der Tour de France
strebt nach Anquetil und Merckx der Franzose Bernard Hinault (Bild) an, der bisher im Stile eines Eddy Merckx beim »Grande Boucle« den Ton angab.

wechselte, da fand er aber auch bei der Sportgruppe Renault-Gitane in seinem Teamchef Cyrille Guimard einen Mann vor, der ihn mit großem Einfühlungsvermögen aufbaute.
Der Erfolg stellte sich bei dem Bretonen bereits 1977 ein. Es begann mit einem doppelten Paukenschlag in Belgien. Zuerst ließ der 22jährige bei Gent-Wevelgem der Konkurrenz keine Chance, und schon fünf Tage später triumphierte er beim schweren Klassiker Lüttich-Bastogne-Lüttich vor André Dierickx und Dietrich Thurau. Es folgten weitere zehn Siege, worunter auch das schwere Zeitfahren um den »Grand Prix des Nations« zu finden war. Hinault schaffte damit den Durchbruch als internationaler Spitzenfahrer.
Das nächste Ziel des selbstbewußten Franzosen war 1978 die Tour de France. Zuvor aber gewann er sowohl die Spanien-Rundfahrt als auch die Französische Straßenmeisterschaft.
Mit diesen Referenzen ging Hinault in die Frankreich-Rundfahrt, die er als Tour-Neuling souverän für sich entschied. Es war zugleich sein Meisterstück.
1979 war für Bernard Hinault das erfolgreichste Jahr. Er gewann 35 Straßenrennen, darunter den Wallonischen Pfeil, die Lombardei-Rundfahrt, den »Grand Prix des Nations« vor Francesco Moser und ein weiteres Mal die Tour de France. Der Bretone siegte in der Tour mit so großer Überlegenheit vor Joop Zoetemelk, daß man Vergleiche mit dem fünfmaligen Sieger dieser Rundfahrt, Jacques Anquetil, anstellte.
War überhaupt jemand in der Lage, die »Rakete aus Yffiniac« in der Tour zu schlagen?
Doch dann passierte etwas, was seinen vielen Freunden und Anhängern einen Schock versetzte. Bernard Hinault schied 1980 plötzlich aus der Frankreich-Rundfahrt aus. Nicht zuletzt riet Teamchef Cyrille Guimard seinem Kapitän dazu, als immer stärker werdende Knieschmerzen auftraten. Es war eine richtige Entscheidung, die sich zwei Monate später bei der Straßenweltmeisterschaft im französischen Sallanches auszahlte. Auf dem bitterschweren Kurs deklassierte Hinault seine Gegner regelrecht und wurde Weltmeister.
In den beiden nächsten Jahren, 1981 und 1982, war dem Franzosen der Sieg bei der Tour de France wieder nicht zu nehmen. 1982 glückte ihm sogar das große Double. Hinault gewann neben der Frankreich-Rundfahrt auch noch den Giro d'Italia, was bis dahin nur Fausto Coppi, Jacques Anquetil und Eddy Merckx geschafft hatten.
Auch 1983 hatte der Bretone einen guten Start. Er siegte im Wallonischen Pfeil und in der Spanien-Rundfahrt. Doch dann traten wieder verstärkt seine Knieschmerzen auf. Schweren Herzens entschloß sich Bernard Hinault, auf die Tour zu verzichten. Er unterzog sich in dieser Zeit einer Knieoperation, und wird – da sie gut verlaufen ist – weitermachen – und vielleicht eines Tages den Rekord von Anquetil und Merckx, die fünfmal die Frankreich-Rundfahrt gewannen, auslöschen ... wenn das Knie hält. Hinault ist zuversichtlich, denn er hat noch manchen Wunsch offen, den er sich auf der Rennmaschine erfüllen möchte.
Der Bretone ist ein Mensch, der sich am wohlsten in der Natur fühlt, der die Zurückgezogenheit schätzt und dem seine Familie über alles geht. Und außerdem ist er ein Star ohne Allüren, und das alles macht diesen Champion so sympathisch.

Mailand–San Remo

1907	Lucien Petit-Breton (F)
1908	Cyrille van Hauwaert (B)
1909	Luigi Ganna (I)
1910	Eugène Christophe (F)
1911	Gustave Garrigou (F)
1912	Henri Pélissier (F)
1913	Odile Defraye (B)
1914	Ugo Agostoni (I)
1915	Ezio Corlaita (I)
1917	Gaetano Belloni (I)
1918	Constante Girardengo (I)
1919	Angelo Gremo (I)
1920	Gaetano Belloni (I)
1921	Constante Girardengo (I)
1922	Giovanni Brunero (I)
1923	Constante Girardengo (I)
1924	Pietro Linari (I)
1925	Constante Girardengo (I)
1926	Constante Girardengo (I)
1927	Pietro Chesi (I)
1928	Constante Girardengo (I)
1929	Alfredo Binda (I)
1930	Michele Mara (I)
1931	Alfredo Binda (I)
1932	Alfredo Bovet (I)
1933	Learco Guerra (I)
1934	Joseph Demuysere (B)
1935	Giuseppe Olmo (I)
1936	Angelo Varetto (I)
1937	Cesare del Cancia (I)
1938	Giuseppe Olmo (I)
1939	Gino Bartali (I)
1940	Gino Bartali (I)
1941	Pierino Favalli (I)
1942	Adolfo Leoni (I)
1943	Cino Cinelli (I)
1946	Fausto Coppi (I)
1947	Gino Bartali (I)
1948	Fausto Coppi (I)
1949	Fausto Coppi (I)
1950	Gino Bartali (I)
1951	Louis Bobet (F)
1952	Loretto Petrucci (I)
1953	Loretto Petrucci (I)
1954	Rik van Steenbergen (B)
1955	Germain Derijcke (B)
1956	Alfred de Bruyne (B)
1957	Miguel Poblet (E)
1958	Rik van Looy (B)
1959	Miguel Poblet (E)
1960	René Privat (F)
1961	Raymond Poulidor (F)
1962	Emilie Daems (B)
1963	Joseph Groussard (F)
1964	Tom Simpson (GB)
1965	Arie den Hartog (NL)
1966	Eddy Merckx (B)
1967	Eddy Merckx (B)
1968	Rudi Altig (D)
1969	Eddy Merckx (B)
1970	Michele Dancelli (I)
1971	Eddy Merckx (B)
1972	Eddy Merckx (B)
1973	Roger De Vlaeminck (B)
1974	Felice Gimondi (I)
1975	Eddy Merckx (B)
1976	Eddy Merckx (B)
1977	Jan Raas (NL)
1978	Roger De Vlaeminck (B)
1979	Roger De Vlaeminck (B)
1980	Pierino Gavazzi (I)
1981	Alfons de Wolf (B)
1982	Marc Gomez (F)
1983	Giuseppe Saronni (I)
1984	Francesco Moser (I)

Tours–Paris

1917	Carles Deruyter (B)
1918	Philippe Thys (B)
1974	Francesco Moser (I)
1975	Freddy Maertens (B)
1976	Ronald Dewitte (B)
1977	Joop Zoetemelk (NL)
1978	Jan Raas (NL)
1979	Joop Zoetemelk (NL)
1980	Daniel Willems (B)
1981	Jan Raas (NL)
1982	Jean-Luc Vandenbroucke (B)
1983	Ludo Peeters (B)

Meisterschaft von Zürich

1914	Henri Rheinwald (CH)
1917	Charles Martinet (I)
1918	Anton Sieger (CH)
1919	Henri Suter (CH)
1920	Henri Suter (CH)
1921	Ricardo Maffeo (CH)
1922	Henri Suter (CH)
1923	Adolf Huschke (D)
1924	Henri Suter (CH)
1925	Hans Kaspar (CH)
1926	Albert Blattmann (CH)
1927	Kastor Notter (CH)
1928	Henri Suter (CH)
1929	Henri Suter (CH)
1930	Omer Taverne (B)
1931	Max Bulla (A)
1932	August Erne (CH)
1933	Walter Blattmann (CH)
1934	Paul Egli (CH)
1935	Paul Egli (CH)
1936	Werner Buchwalder (CH)
1937	Leo Amberg (CH)
1938	Hans Martin (CH)
1939	Karl Litschi (CH)
1940	Robert Zimmermann (CH)
1941	Walter Diggelmann (CH)
1942	Paul Egli (CH)
1943	Ferdy Kübler (CH)
1944	Ernst Naef (CH)
1945	Leo Weilenmann (CH)
1946	Gino Bartali (I)
1947	Charles Guyot (CH)
1948	Gino Bartali (I)
1949	Fritz Schaer (CH)
1950	Fritz Schaer (CH)
1951	Jean Brun (CH)
1952	Hugo Koblet (CH)
1953	Eugen Kamber (CH)
1954	Hugo Koblet (CH)
1955	Max Schellenberg (CH)
1956	Carlo Clerici (CH)
1957	Hans Junkermann (D)
1958	Giuseppe Cainero (I)
1959	Angelo Conterno (I)
1960	Freddy Ruegg (CH)
1961	Rolf Maurer (CH)
1962	Jan Janssen (NL)
1963	Franco Balmamion (I)
1964	Guido Reybrouck (B)
1965	Franco Bitossi (I)
1966	Italo Zilioli (I)
1967	Robert Hagmann (CH)
1968	Franco Bitossi (I)
1969	Roger Swerts (B)
1970	Walter Godefroot (B)
1971	Herman van Springel (B)
1972	Willy Vanneste (B)
1973	André Dierickx (B)
1974	Walter Godefroot (B)
1975	Roger De Vlaeminck (B)
1976	Freddy Maertens (B)
1977	Francesco Moser (I)
1978	Dietrich Thurau (D)
1979	Giuseppe Saronni (I)
1980	Gery Verlinden (B)
1981	Beat Breu (CH)
1982	Adri van der Poel (NL)
1983	Johan van der Velde (NL)

Radsport auf der Bahn

Schnelle Sprints und großes Stehvermögen

Es gab im Radsport eine Zeit, da waren die Bahnfahrer die uneingeschränkten Könige. Sie wurden bewundert und vergöttert. Man buhlte um ihre Gunst, und selbst im deutschen Kaiserhaus war man den Männern in den kurzen Hosen so wohlgesonnen, daß Kaiser Wilhelm I. einen Wanderpokal für die Hochradfahrer, den »Kaiserpreis«, stiftete. Es gab damals eine Fülle von Wettbewerben über die verschiedensten Distanzen, bei denen es oft um einen hochtrabenden Meistertitel ging.

Aber schon »in der guten alten Zeit des Radsports« begeisterten vornehmlich die Sprinter- oder Fliegerrennen, ein absolutes Geschwindigkeitsrennen über die kurze Distanz. Es ist überhaupt die älteste Disziplin im Bahnradsport. Ihre Premiere fand bereits 1868 in Saint-Cloud in Paris statt.

Es dauerte jedoch bis 1893, ehe in Chicago die erste Amateur-Weltmeisterschaft im Sprint stattfand, die von Arthur August Zimmermann (USA) gewonnen wurde. Ein Jahr später holte sich August Lehr und 1898 ein weiterer Deutscher, Paul Albert, den Titel.

Bei den Profis kam es bei der ersten Weltmeisterschaft 1895 in Köln gleich zu einem Eklat, da dem Amerikaner Geo Banker ein verhängnisvoller Irrtum unterlief, als er glaubte, den Zielstreifen bereits überfahren zu haben. Der Belgier Robert Protin erfaßte die Situation augenblicklich, überspurtete Banker und wurde Weltmeister. Unter den Zuschauern, die für Banker Partei ergriffen, gab es einen Tumult. Aber es nutzte nichts, auch der Protest des Boys aus den USA blieb erfolglos.

1897 wurde in Glasgow Willi Arend als erster Deutscher Weltmeister im Sprint und 1903 schmückte er sich in Kopenhagen mit dem Vizetitel. Der fesche Willi war ein überaus populärer Fahrer – aber auch ein Lebenskünstler. Trotz guter Gagen war er stets in Geldnöten, da er die Nacht mehr als den Tag liebte. Er starb 1964 im Alter von 88 Jahren.

Einer der überragenden Sprinterpersönlichkeiten nach der Jahrhundertwende war der Däne Thornwald Ellegaard. Er war ein bescheidener, stiller Fahrer, jedoch von einem bezwingenden Können. Er gewann in der Zeit von 1901 bis 1911 sechsmal den Weltmeistertitel. Dieser Rekord des Dänen, der am 27. April 1954 verstarb, hatte lange Bestand.

Ein glänzender Sprinter war auch Walter Rütt. 1913 holte er in Leipzig zum letzten Male die Profi-Fliegerweltmeisterschaft nach Deutschland.

Nach dem Ersten Weltkrieg wurden in den 20er Jahren die Fliegerrennen von zwei Fahrern beherrscht, nämlich von dem gewichtigen Holländer Piet Moeskop und dem eleganten Franzosen Lucien Michard, die fünfmal

Berlin, erste Six-Days-Stadt in Europa

Hektisches Treiben auf der Bahn und an den Kojen während des ersten Berliner Sechstagerennens im Jahre 1909. Auf dem unteren Bild sind einige Stars von einst zu sehen: Tietz, Stellbrink, Rütt und Arend (von links).

»Sprinter-König« Thornvald Ellegaard

war nach der Jahrhundertwende in den Fliegerrennen über ein Jahrzehnt fast unschlagbar. Er gewann in dieser Zeit sechsmal den Weltmeistertitel und wurde viermal Zweiter. Der Däne aus Fangel blieb ferner in allen international bedeutenden »Grand Prix« der Sprinter siegreich und düpierte seine Gegner serienweise.

Das erste Berliner Sechstagerennen

Die Stars von einst

JEF SCHERENS' »TIGERSPRUNG« WELTBERUEHMT

bzw. viermal zu Weltmeisterehren kamen.
Große Hoffnungen setzte der deutsche Radsport auf die Amateurweltmeister Matthias Engel (1927) und Albert Richter (1932) bei den Profis. Die beiden Kölner hatten jedoch das Pech, in ihrer Karriere auf einen der besten Sprinter aller Zeiten zu stoßen: Jef Scherens. Die Fahrweise des Belgiers, oft kopiert, doch nie wieder erreicht, hatte etwas Faszinierendes an sich, und weltberühmt war sein sogenannter »Tigersprung«, durch den er seine Rivalen noch auf dem Zielstrich abfing. Er war bereits 38 Jahre, als er 1947 seinen siebten Weltmeistertitel errang und damit den Rekord von Ellegaard auslöschte.
Die Sprinterduelle mit dem zweimaligen Vizeweltmeister Albert Richter gehörten zu den Höhepunkten der Vorkriegsjahre. Der Kölner war ein stiller Mensch, oft mürrisch und ernst, als hätte er geahnt, was für eine Tragödie über seinem Leben lag. Am 2. Februar 1940 wurde er an der deutsch-schweizerischen Grenze von der Gestapo verhaftet und erschossen. Richter soll angeblich Devisenvergehen begangen haben.
Der Kölner Toni Merkens, Amateurweltmeister 1935 und Olympiasieger 1936, hatte das Zeug, auch bei den Profis eine große Rolle zu spielen, doch er wurde ein Opfer des Krieges.
Scherens Nachfolger wurde der Engländer Reginald Harris. Ein großartiger Athlet, der viermal das Regenbogentrikot gewann und in dem dreimaligen Titelgewinner Arie van Vliet (Holland) seinen härtesten Gegner hatte.
1955 kam Antonio Maspes in seiner Heimatstadt Mailand zu Weltmeisterehren im Sprint. Er sollte sogar einer der Erfolgreichsten werden, denn der Italiener, der auch am Roulett-Tisch gern sein Glück versuchte, gewann bis 1964 noch weitere sechs Titel und egalisierte damit den Rekord von Joseph Scherens.
Zweimal, 1967 und 1969, wurde Patrick Sercu Sprinterweltmeister. Der Belgier war als Bahnfahrer eine Ausnahmeerscheinung. Neben einer Amateurweltmeisterschaft im Fliegerfahren wurde er bei den Profis achtzehnmal Europameister, und zwar elfmal im Omnium, sechsmal im Zweier-Mannschaftsfahren und einmal hinter den Dernys. Noch

Steher-Weltmeisterschaft

1895	J. Michael (GB)
1896	A. Chase (GB)
1897	J. W. Stocks (GB)
1898	R. Palmer (GB)
1899	H. Gibson (GB)
1900	C. Huret (F)
1901	T. Robl (D)
1902	T. Robl (D)
1903	P. Dickentman (NL)
1904	R. A. Walthour (USA)
1905	R. A. Walthour (USA)
1906	L. Darragon (F)
1907	L. Darragon (F)
1908	F. Ryser (CH)
1909	G. Parent (F)
1910	G. Parent (F)
1911	G. Parent (F)
1912	G. Wiley (USA)
1913	P. Guignard (F)
1920	G. Seres (F)
1921	V. Linart (B)
1922	L. Vanderstuyft (B)
1923	P. Suter (CH)
1924	V. Linart (B)
1925	R. Grassin (F)
1926	V. Linart (B)
1927	V. Linart (B)
1928	W. Sawall (D)
1929	G. Paillard (F)
1930	E. Möller (D)
1931	W. Sawall (D)
1932	G. Paillard (F)
1933	C. Lacquehay (F)
1934	E. Metze (D)
1935	C. Lacquehay (F)
1936	A. Raynaud (F)
1937	W. Lohmann (D)
1938	E. Metze (D)
1946	E. Frosio (I)
1947	R. Lesueur (F)
1948	J. J. Lamboley (F)
1949	E. Frosio (I)
1950	R. Lesueur (F)
1951	J. Pronk (NL)
1952	A. Verschueren (B)
1953	A. Verschueren (B)
1954	A. Verschueren (B)
1955	G. Timoner (E)
1956	G. French (AUS)
1957	P. Depaepe (B)
1958	W. Bucher (CH)
1959	G. Timoner (E)
1960	G. Timoner (E)
1961	K.-H. Marsell (D)
1962	G. Timoner (E)
1963	L. Proost (B)
1964	G. Timoner (E)
1965	G. Timoner (E)
1966	R. De Loof (B)
1967	L. Proost (B)
1968	L. Proost (B)
1969	J. Oudkerk (NL)
1970	E. Rudolph (D)
1971	T. Verschueren (B)
1972	T. Verschueren (B)
1973	C. Stam (NL)
1974	C. Stam (NL)
1975	D. Kemper (D)
1976	W. Peffgen (D)
1977	C. Stam (NL)
1978	W. Peffgen (D)
1979	M. Venix (NL)
1980	W. Peffgen (D)
1981	R. Kos (NL)
1982	M. Venix (NL)
1983	B. Vicino (I)

Weltmeister Koichi Nakano

Unerreicht: Jef Scherens

Steher Guillermo Timoner

Sprinter-Weltmeisterschaft

1895	R. Protin (B)
1896	P. Bourillon (F)
1897	W. Arend (D)
1898	G. A. Banker (USA)
1899	M. Taylor (USA)
1900	E. Jacquelin (F)
1901	T. Ellegaard (DK)
1902	T. Ellegaard (DK)
1903	T. Ellegaard (DK)
1904	Y. Lawson (USA)
1905	G. Poulain (F)
1906	T. Ellegaard (DK)
1907	E. Friol (F)
1908	T. Ellegaard (DK)
1909	V. Dupre (F)
1910	E. Friol (F)
1911	T. Ellegaard (DK)
1912	F. Kramer (USA)
1913	W. Rütt (D)
1920	R. Spears (AUS)
1921	P. Moeskops (NL)
1922	P. Moeskops (NL)
1923	P. Moeskops (NL)
1924	P. Moeskops (NL)
1925	E. Kaufmann (CH)
1926	P. Moeskops (NL)
1927	L. Michard (F)
1928	L. Michard (F)
1929	L. Michard (F)
1930	L. Michard (F)
1931	W. F. Hansen (DK)
1932	J. Scherens (B)
1933	J. Scherens (B)
1934	J. Scherens (B)
1935	J. Scherens (B)
1936	J. Scherens (B)
1937	J. Scherens (B)
1938	A. v. Vliet (NL)
1946	J. Derksen (NL)
1947	J. Scherens (B)
1948	A. v. Vliet (NL)
1949	R. Harris (GB)
1950	R. Harris (GB)
1951	R. Harris (GB)
1952	O. Plattner (CH)
1953	A. v. Vliet (NL)
1954	R. Harris (GB)
1955	A. Maspes (I)
1956	A. Maspes (I)
1957	J. Derksen (NL)
1958	M. Rousseau (F)
1959	A. Maspes (I)
1960	A. Maspes (I)
1961	A. Maspes (I)
1962	A. Maspes (I)
1963	S. Gaiardoni (I)
1964	A. Maspes (I)
1965	G. Beghetto (I)
1966	G. Beghetto (I)
1967	P. Sercu (B)
1968	G. Beghetto (I)
1969	P. Sercu (B)
1970	G. Johnson (AUS)
1971	L. Loevesijn (NL)
1972	R. v. Lancker (B)
1973	R. v. Lancker (B)
1974	P. Pedersen (DK)
1975	J. Nicholson (AUS)
1976	J. Nicholson (AUS)
1977	K. Nakano (J)
1978	K. Nakano (J)
1979	K. Nakano (J)
1980	K. Nakano (J)
1981	K. Nakano (J)
1982	K. Nakano (J)
1983	K. Nakano (J)

MORELONS PROFI-AMBITIONEN KOMMEN VIEL ZU SPAET

Steher standen einst hoch in der Publikumsgunst

Der Rausch der Geschwindigkeit und das kämpferische Element faszinierte einst die Massen. Heute spielen die Steher nur noch eine bescheidene Rolle. Bild: Der Deutsche Wilfried Peffgen, der dreimal Weltmeister werden konnte.

phantastischer ist seine Bilanz als Sechstagefahrer. Nicht weniger als 88mal ging er aus den »langen Nächten« siegreich hervor und führt damit zu Recht den Titel »Sechstagekaiser«.

Seit 1977 in San Cristobal (Venezuela) beherrscht der bärenstarke Japaner Koichi Nakano eindeutig die Szene im Sprint. Bisher konnte er schon siebenmal hintereinander das Regenbogentrikot erringen, und es wird sicherlich nicht sein letztes sein. Ein Franzose soll den Reigen der Sprinter-Cracks beschließen: Daniel Morelon. Der Mann aus Bourg-en-Bresse wurde erst am Ende seiner Karriere Profi. Trotzdem gelang ihm noch das kleine Kunststück, als 36jähriger Europameister im Sprint zu werden. Ebenso erstaunlich war 1980 sein zweiter Platz bei den Weltmeisterschaften im Keirin hinter dem Australier Danny Clark. Als Amateur war Morelon von 1966 bis 1975 so gut wie unschlagbar. Er gewann sieben Sprintweltmeisterschaften und wurde 1968 in Mexiko und 1972 in München Olympiasieger. Eine weitere Goldmedaille sicherte sich Morelon mit Pierre Trentin in Mexiko im Tandem. Kein anderer Amateur konnte ähnliche Erfolge erringen wie der Franzose, der in seiner Glanzzeit bei den Profis eine große Bereicherung gewesen wäre.

Zu den Klassikern der Bahnwettbewerbe zählt auch der Stehersport. Anfang der 90er Jahre des vorigen Jahrhunderts kam das Schrittmacherwesen auf. Die Entwicklung auf diesem Gebiet ging relativ rasch voran. Während die ersten Weltmeisterschaften der Steher – auch Dauerfahrer genannt – noch hinter Schrittmachern mit Muskelkraft ausgetragen wurden, das heißt mit Fahrern auf Vier- und Fünfsitzern, so konnte bereits 1901 eine einsitzige Führungsmaschine konstruiert werden, die als der Ursprung der heutigen Schrittmachermaschine anzusehen ist.

Zu den bekanntesten Fahrern der damaligen Stehergilde gehörte der Münchner Weltmeister von 1901 und 1902, Thaddäus Robl. Er gefiel vor allem durch seine unbändige Kampfkraft. Außerdem war Robl ein Original, wie es nur wenige gab.

Einer der Großen in diesem Sport war nach dem Ersten Weltkrieg der Belgier Viktor Linart. Er gewann viermal, 1921/24/26/27, die Weltmeisterschaft. Linart zeichnete sich besonders durch seine taktischen Finessen aus. Er

Stundenweltrekord

Fahrer	Datum	km/h
Henri Desgrange (F)	11. 5. 1893	35,325
Jules Dubois (F)	31. 10. 1894	38,220
M. van den Eynde (B)	30. 7. 1897	39,240
W. W. Hamilton (USA)	9. 7. 1898	40,781
Lucien Petit-Breton (F)	24. 8. 1905	41,110
Marcel Berthet (F)	20. 6. 1907	41,520
Oscar Egg (CH)	22. 8. 1912	42,360
Marcel Berthet (F)	7. 8. 1913	42,741
Oscar Egg (CH)	21. 8. 1913	43,525
Marcel Berthet (F)	20. 9. 1913	43,775
Oscar Egg (CH)	18. 6. 1914	44,247
Maurice Richard (F)	29. 8. 1933	44,777
Giuseppe Olmo (I)	31. 10. 1935	45,090
Maurice Richard (F)	14. 10. 1936	45,398
Frans Slaats (NL)	29. 9. 1937	45,558
Maurice Archambaud (F)	3. 11. 1937	45,840
Fausto Coppi (I)	7. 11. 1942	45,871
Jacques Anquetil (F)	29. 6. 1956	46,159
Ercole Baldini (I)	19. 9. 1956	46,393
Roger Rivière (F)	18. 9. 1957	46,923
Roger Rivière (F)	23. 9. 1958	47,346
Ferdinand Bracke (B)	30. 10. 1967	48,093
Ole Ritter (DK)	10. 10. 1968	48,653
Eddy Merckx (B)	25. 10. 1972	49,431
Francesco Moser (I)	19. 1. 1984	50,808
Francesco Moser (I)	23. 1. 1984	51,151

STRASSE IN BERLIN ERHAELT NAMEN VON WALTER SAWALL

Sprint-Weltmeisterschaft (Amateure)

1893	A. Zimmermann (USA)
1894	A. Lehr (D)
1895	J. Eden (NL)
1896	H. Reynolds (IRL)
1897	E. Schraeder (DK)
1898	P. Albert (D)
1899	H. Summersgill (GB)
1900	A. Diedier-Nauts (B)
1901	E. Maitrot (F)
1902	C. Piard (F)
1903	A. L. Reed (GB)
1904	M. Hurley (USA)
1905	J. S. Benyon (GB)
1906	F. Verri (I)
1907	J. Devoissoux (F)
1908	V. L. Johnson (GB)
1909	W. J. Bailey (GB)
1910	W. J. Bailey (GB)
1911	W. J. Bailey (GB)
1912	D. McDougall (USA)
1913	W. J. Bailey (GB)
1920	M. Peeters (NL)
1921	H. B. Andersen (DK)
1922	H. T. Johnson (GB)
1923	L. Michard (F)
1924	L. Michard (F)
1925	J. Meijer (NL)
1926	A. Martinetti (I)
1927	M. Engel (D)
1928	W. F. Hansen (DK)
1929	A. Mazairac (NL)
1930	L. Gerardin (F)
1931	H. Harder (DK)
1932	A. Richter (D)
1933	J. v. Egmond (NL)
1934	B. Pola (I)
1935	T. Merkens (D)
1936	A. v. Vliet (NL)
1937	J. v. d. Vijver (NL)
1938	J. v. d. Vijver (NL)
1939	J. Derksen (NL)
1946	O. Plattner (CH)
1947	R. Harris (GB)
1948	M. Ghella (I)
1949	S. Patterson (AUS)
1950	M. Verdeun (F)
1951	E. Sacchi (I)
1952	E. Sacchi (I)
1953	M. Morettini (I)
1954	C. Peacock (AUS)
1955	G. Ogna (I)
1956	M. Rousseau (F)
1957	M. Rousseau (F)
1958	V. Gasparella (I)
1959	V. Gasparella (I)
1960	S. Gaiardoni (I)
1961	S. Bianchetto (I)
1962	S. Bianchetto (I)
1963	P. Sercu (B)
1964	P. Trentin (F)
1965	O. Phakadse (SU)
1966	D. Morelon (F)
1967	D. Morelon (F)
1968	L. Borghetti (I)
1969	D. Morelon (F)
1970	D. Morelon (F)
1971	D. Morelon (F)
1973	D. Morelon (F)
1974	A. Tkac (CS)
1975	D. Morelon (F)
1977	H. J. Geschke (DDR)
1978	A. Tkac (CS)
1979	L. Heßlich (DDR)
1981	S. Kopylow (SU)
1982	S. Kopylow (SU)
1983	L. Heßlich (DDR)

Weltmeisterschaft im Keirin

1980	Danny Clark (AUS)
1981	Danny Clark (AUS)
1982	Gordon Singleton (CDN)
1983	Urs Freuler (CH)

Weltmeisterschaft im Punktefahren

1980	Stan Tourne (B)
1981	Urs Freuler (CH)
1982	Urs Freuler (CH)
1983	Urs Freuler (CH)

Weltmeisterschaft im Verfolgungsfahren

1946	Gerrit Peters (NL)
1947	Fausto Coppi (I)
1948	Gerrit Schulte (NL)
1949	Fausto Coppi (I)
1950	Antonio Bevilacqua (I)
1951	Antonio Bevilacqua (I)
1952	Sid Patterson (AUS)
1953	Sid Patterson (AUS)
1954	Guido Messina (I)
1955	Guido Messina (I)
1956	Guido Messina (I)
1957	Roger Rivière (F)
1958	Roger Rivière (F)
1959	Roger Rivière (F)
1960	Rudi Altig (D)
1961	Rudi Altig (D)
1962	Henk Nijdam (NL)
1963	Leandro Faggin (I)
1964	Ferdinand Bracke (B)
1965	Leandro Faggin (I)
1966	Leandro Faggin (I)
1967	Tiemen Groen (NL)
1968	Hugh Porter (GB)
1969	Ferdinand Bracke (B)
1970	Hugh Porter (GB)
1971	Dirk Baert (B)
1972	Hugh Porter (GB)
1973	Hugh Porter (GB)
1974	Roy Schuiten (NL)
1975	Roy Schuiten (NL)
1976	Francesco Moser (I)
1977	Gregor Braun (D)
1978	Gregor Braun (D)
1979	Bert Oosterbosch (NL)
1980	Anthony Doyle (GB)
1981	Alain Bondue (F)
1982	Alain Bondue (F)
1983	Steele Bishop (AUS)

Ein »Traumpaar« auf den Six-Days-Pisten

waren der Belgier Patrick Sercu (links) und Hollands Peter Post. Post gewann 65 Sechstagerennen, doch wurde er später von seinem Schüler Sercu, der es auf unglaubliche 88 Siege brachte, noch weit übertroffen.

war ein teurer Fahrer. Die Veranstalter stöhnten unter seinen hohen Gagenforderungen. Als Linart 1923 bei der Weltmeisterschaft in Zürich keine entsprechende Offerte gemacht wurde, blieb er zu Hause, so daß der Schweizer Paul Suter den Titel gewinnen konnte.

1928 fand der inzwischen fast vierzigjährige Linart in Walter Sawall seinen Meister. Der Berliner, der 1931 noch einmal den Titel gewann, war seinerzeit einer der beliebtesten deutschen Sportler. Die Anteilnahme an seinen Erfolgen und Niederlagen, ja sogar an seinem Privatleben, war unvorstellbar. Sawall war vor allen Dingen der König der Berliner Bahnen. Seine Popularität ging soweit, daß man im Bezirk Erkner eine Straße nach ihm benannte. 1934 zog sich Sawall vom Rennsport zurück. Neunzehn Jahre später, viele – aber nicht mehr alle – erinnerten sich an Walter Sawall, starb er an den Folgen eines Gehirntumors.

In den 30er Jahren hatte Deutschland eine Reihe hervorragender Steher, so daß es keine Seltenheit war, wenn auf den Sommerbahnen 10000 und mehr Zuschauer den Rennen beiwohnten. Zu den Spitzenkönnern dieser Jahre zählte unter anderen der Hannoveraner Erich Möller, dem 1930 der große Wurf bei der Weltmeisterschaft gelang.

Noch erfolgreicher war der Dortmunder Erich Metze, ein dynamischer Fahrer und großartiger Kämpfer. Er gewann 1934 in Leipzig mit fünf Runden Vorsprung seine erste Weltmeisterschaft. In Paris feierte man den neuen Champion stürmisch, und Metze schrieb in das Goldene Buch des »L'Auto«: »Ich wünsche und hoffe, daß der Radsport zur Versöhnung der Völker beiträgt.«

1938 eroberte sich Metze in Amsterdam zum zweiten Male das regenbogenfarbene Trikot des Weltmeisters.

Während des Krieges schien sich das Ende seiner Karriere abzuzeichnen, als er 1940 stürzte und

MIT DEM SPANIER TIMONER KANN SICH KEINER MESSEN

Steher-Weltmeisterschaft (Amateure)

1893	L. S. Meintjies (ZA)
1894	W. Henie (N)
1895	M. Cordang (NL)
1896	F. Ponscarme (F)
1897	E. Gould (GB)
1898	A. J. Cherry (GB)
1899	J. A. Nelson (USA)
1900	L. Bastien (F)
1901	H. Sievers (D)
1902	A. Görnemann (D)
1903	E. Audemars (CH)
1904	L. I. Meredith (GB)
1905	L. I. Meredith (GB)
1906	M. Bardonneau (F)
1907	L. I. Meredith (GB)
1908	L. I. Meredith (GB)
1909	L. I. Meredith (GB)
1910	H. Hens (B)
1911	L. I. Meredith (GB)
1913	L. I. Meredith (GB)
1914	C. Blekemolen (NL)
1958	L. Meister (DDR)
1959	A. V. Houwelingen (NL)
1960	G. Stoltze (DDR)
1961	L. Vandermeulen (NL)
1962	R. De Loof (B)
1963	R. De Loof (B)
1964	J. Oudkerk (NL)
1965	M. Mas (E)
1966	P. de Wit (NL)
1967	P. de Wit (NL)
1968	G. Grassi (I)
1969	B. Boom (NL)
1970	C. Stam (NL)
1971	H. Gnas (D)
1972	H. Gnas (D)
1973	H. Gnas (D)
1974	J. Breuer (D)
1975	G. Minneboo (NL)
1976	G. Minneboo (NL)
1977	G. Minneboo (NL)
1978	R. Podlesch (D)
1979	M. Pronk (NL)
1980	G. Minneboo (NL)
1981	M. Pronk (NL)
1982	G. Minneboo (NL)
1983	R. Podlesch (D)

Weltmeisterschaft Einer-Verfolgung (Amateure)

1946	R. Rioland (F)
1947	A. Benfenati (I)
1948	G. Messina (I)
1949	K. E. Andersen (DK)
1950	S. Patterson (AUS)
1951	M. de Rossi (I)
1952	P. v. Heusden (NL)
1953	G. Messina (I)
1954	L. Faggin (I)
1955	N. Sheil (GB)
1956	E. Baldini (I)
1957	C. Simonigh (I)
1958	N. Sheil (GB)
1959	R. Altig (D)
1960	M. Delattre (F)
1961	H. Nydam (NL)
1962	K. E. Jensen (DK)
1963	J. Walschaerts (B)
1964	T. Groen (NL)
1965	T. Groen (NL)
1966	T. Groen (NL)
1967	G. Bongers (NL)
1968	M. Frey (DK)
1969	X. Kurmann (CH)
1970	X. Kurmann (CH)
1971	M. Rodriguez (CO)
1973	K. Knudsen (DK)
1974	H. Lutz (D)
1975	T. Huschke (DDR)
1977	N. Dürpisch (DDR)
1978	D. Macha (DDR)
1979	N. Makarow (SU)
1981	D. Macha (DDR)
1982	D. Macha (DDR)
1983	V. Kupowets (SU)

Weltmeisterschaft Mannschafts-Verfolgung (Amateure)

1962	Deutschland
1963	UdSSR
1964	Deutschland
1965	UdSSR
1966	Italien
1967	UdSSR
1968	Italien
1969	UdSSR
1970	Deutschland
1971	Italien
1973	Deutschland
1974	Deutschland
1975	Deutschland
1977	DDR
1978	DDR
1979	DDR
1981	DDR
1982	UdSSR
1983	Deutschland

Sprinterstar Koichi Nakano aus Japan
ist schon mehrere Jahre ohne ernsthafte Konkurrenz. Seit 1977 heimst der Mann aus dem Land der aufgehenden Sonne bei den Fliegern ununterbrochen den Weltmeistertitel ein.

wochenlang zwischen Tod und Leben schwebte. Aber er gab nicht auf. Beim Straßentraining stürzte er erneut, und wieder war es ein Schädelbruch, der ihn an das Krankenlager fesselte. Doch Metze verstand nicht, die Zeichen zu deuten. 1952, es sollte sein letztes Rennjahr sein, verunglückte er auf der Bahn in Erfurt tödlich.
Einen weiteren Weltmeister stellte Deutschland 1937 mit Walter Lohmann. Der Bochumer war ein glänzender Stilist, dem jedoch der Krieg eine noch erfolgreichere Karriere zerstörte.
Nach dem Krieg machte insbesondere Dolf Verschueren von sich reden. Der kampfstarke Belgier gewann von 1952 bis 1954 drei Titel.
Doch kein anderer Fahrer kann sich mit dem kleinen sympathischen Spanier Guillermo Timoner messen, der es von 1955 bis 1965 auf sechs Weltmeisterschaften brachte. Wenn es bei ihm rollte, dann konnte ihn keiner stoppen. Auf den Winterbahnen war er allerdings nur noch halb soviel wert.
Auch deutsche Fahrer haben nach dem Krieg das Regenbogentrikot getragen: Karl-Heinz Marsell (1961), Ehrenfried Rudolph (1970), Dieter Kemper (1975) und Wilfried Peffgen (1976/78/80). Peffgen ist damit der erfolgreichste deutsche Steher, obwohl er seinen ersten Titel als fast schon 34jähriger gewann.
Heute hat der Stehersport viel von seiner Popularität verloren. Er besitzt nicht mehr die Zugkraft vergangener Jahre und fristet nur noch ein recht bescheidenes Dasein.
Zu den Bahnwettbewerben, die nach dem Krieg bei den Profis in das Weltmeisterschaftsprogramm neu aufgenommen wurden, gehört in erster Linie das 5000-m-Einer-Verfolgungsfahren. Es wurde schon 1946 in Zürich aus der Taufe gehoben

Tandem-Weltmeisterschaft (Amateure)

1966	Morelon–Trentin (F)
1967	Verzini–Gonzato (I)
1968	Gorini–Turrini (I)
1969	Otto–Geschke (DDR)
1970	Barth–Müller (D)
1971	Otto–Geschke (DDR)
1973	Vackar–Vymazal (CS)
1974	Vackar–Vymazal (CS)
1976	Kocot–Kotlinski (PL)
1977	Vackar–Vymazal (CS)
1978	Vackar–Vymazal (CS)
1979	Cahard–Depine (F)
1980	Kucirek–Martinek (CS)
1981	Kucirek–Martinek (CS)
1982	Kucirek–Martinek (CS)
1983	Vernet–Depiné (F)

QUERFELDEIN-WM: BELGIER DE VLAEMINCK SIEBENMAL VORN

Paradestück des deutschen Bahnradsports *war der Vierer im Mannschafts-Verfolgungsfahren mit Günther Schumacher, Gregor Braun, Peter Vonhof, Hans Lutz und Trainer Gustav Kilian – von vorn –, der 1975 in Rocourt vor der UdSSR die Weltmeisterschaft gewann und 1976, erneut vor den Sowjets, Olympiasieger wurde.*

und von dem Holländer Gerrit Peters, der damals auch ein tüchtiger Sechstagefahrer war, gewonnen. In dieser schweren Disziplin zeichnete sich ebenfalls der legendäre Fausto Coppi 1947 und 1949 durch zwei WM-Siege aus.
Einer der Besten auf diesem Gebiet war der Italiener Guido Messina. Er gab in den drei Endläufen von 1954 bis 1956 so großen Könnern wie Hugo Koblet (Schweiz), René Strehler (Schweiz) und Jacques Anquetil (Frankreich) glatt das Nachsehen.

Dreimal war auch der Franzose Roger Rivière Weltmeister, dem die Fachleute eine große Zukunft voraussagten. Doch ein schwerer Sturz bei der Tour de France beendete seine Karriere.
Leandro Faggin aus Italien, der 1963/65/66 das Regenbogentrikot gewann, erkrankte nach Beendigung seiner Laufbahn und starb am 6. Dezember 1970 in Padua.
Aber auch Deutsche zeichneten sich als Verfolgungsfahrer aus. 1960 und 1961 stand Rudi Altig auf der obersten Stufe des »Treppchens«, und 1977 sowie 1978 gewann Gregor Braun zweimal die Weltmeisterschaft. Braun fuhr dabei 1978 mit 5:50,79 Minuten die bisher beste Zeit, die seit 1946 in einem Endlauf gefahren wurde.
»König der Verfolgungsfahrer« ist aber der Engländer Hugh Porter, der viermal den WM-Titel gewinnen konnte.
Noch später, 1980, füllte man das Weltmeisterschaftsprogramm der Profis durch ein Punktefahren und das Keirin-Rennen auf, das allerdings sehr umstritten ist. Es handelt sich um ein aus Japan exportiertes Rennen, an dem jeweils etwa zehn Fahrer teilnehmen, die hinter einem Derny fahren und dort um eine gute Position für das Finish bemüht sein müssen. Wenn sich dann das Derny von den Fahrern absetzt, spurten diese in Höchstgeschwindigkeit auf den Zielstreifen zu. Kurios nur, daß noch keiner der japanischen Keirin-Spezialisten die Weltmeisterschaft gewinnen konnte.

Weltmeisterschaft im Punktefahren (Amateure)

1977	S. Tourne (B)
1978	N. Dejonckheere (B)
1979	I. Slama (CS)
1980	G. Sutton (AUS)
1981	L. Hauesein (DDR)
1982	H. J. Pohl (DDR)
1983	M. Marcussen (DK)

Weltmeisterschaft Kilometer-Zeitfahren (Amateure)

1966	P. Trentin (F)
1967	N. Fredborg (DK)
1968	N. Fredborg (DK)
1969	G. Sartori (I)
1970	N. Fredborg (DK)
1971	E. Rapp (CH)
1973	J. Kierzkowski (PL)
1974	E. Rapp (CH)
1975	K. J. Grunke (DDR)
1977	L. Thoms (DDR)
1978	L. Thoms (DDR)
1979	L. Thoms (DDR)
1981	L. Thoms (DDR)
1982	F. Schmidtke (D)
1983	S. Kopylow (SU)

Querfeldein-Weltmeister

1950	Jean Robic (F)
1951	Roger Rondeaux (F)
1952	Roger Rondeaux (F)
1953	Roger Rondeaux (F)
1954	André Dufraisse (F)
1955	André Dufraisse (F)
1956	André Dufraisse (F)
1957	André Dufraisse (F)
1958	André Dufraisse (F)
1959	Renato Longo (I)
1960	Rolf Wolfshohl (D)
1961	Rolf Wolfshohl (D)
1962	Renato Longo (I)
1963	Rolf Wolfshohl (D)
1964	Renato Longo (I)
1965	Renato Longo (I)
1966	Eric De Vlaeminck (B)
1967	Renato Longo (I)
1968	Eric De Vlaeminck (B)
1969	Eric De Vlaeminck (B)
1970	Eric De Vlaeminck (B)
1971	Eric De Vlaeminck (B)
1972	Eric De Vlaeminck (B)
1973	Eric De Vlaeminck (B)
1974	Albert van Damme (B)
1975	Roger De Vlaeminck (B)
1976	Albert Zweifel (CH)
1977	Albert Zweifel (CH)
1978	Albert Zweifel (CH)
1979	Albert Zweifel (CH)
1980	Roland Liboton (B)
1981	Hennie Stamsnijder (NL)
1982	Roland Liboton (B)
1983	Roland Liboton (B)
1984	Roland Liboton (B)

Querfeldein-Weltmeisterschaft (Amateure)

1967	M. Pelchat (F)
1968	R. De Vlaeminck (B)
1969	R. Declercq (B)
1970	R. Vermeire (B)
1971	R. Vermeire (B)
1972	N. De Deckere (B)
1973	K. P. Thaler (D)
1974	R. Vermeire (B)
1975	R. Vermeire (B)
1976	K. P. Thaler (D)
1977	R. Vermeire (B)
1978	R. Liboton (B)
1979	V. Di Tano (I)
1980	F. Saladin (CH)
1981	M. Fisera (CS)
1982	M. Fisera (CS)
1983	R. Simunek (CS)
1984	R. Simunek (CS)

RUDERN

Mit Skull und Riemen bis zur Erschöpfung: Athleten auf dem Wasser

Nur 300 Meter vor dem Ziel brach der Orkan los: 700 Fans des „Ruhr-Vierers“ aus Witten und Dortmund brüllten sich die Lunge aus dem Körper. Der Funke sprang auf die Tribüne über. Auch dort hatte man längst die Sensation gewittert: Guido und Volker Grabow aus Witten, Jörg Puttlitz und Norbert Keßlau vom Dortmunder Ruderclub Hansa waren auf „Goldkurs“. Sie wurden zum Sieg geschrien: Mit 37 Hundertsteln triumphierten sie vor den Favoriten aus der UdSSR. Völlig erschöpft sprang Guido Grabow sofort ins Wasser, tauchte auf, strahlte seinen Bruder Volker und Norbert Keßlau an: „Ich kann das alles noch nicht fassen.“

Ruhr-Nachrichten (Dortmund) vom 5. September 1983

Als es noch nicht um Medaillen ging
Rudern als sportliches Freizeitvergnügen demonstriert dieses Bild, das die »Flotte« des Hamburger Ruder-Clubs im Jahre 1850 auf der Alster zeigt.

Deutsche Ruderer von Beginn an auf Goldkurs

Starke Männer in schmalen Booten

Der deutsche Rudersport kann heute auf eine fast 150jährige Tradition zurückblicken. Seine Wiege stand in Hamburg, wo bereits 1836 der erste deutsche Ruderverein, der »Hamburger Ruder-Club«, heute »Hamburger und Germania RC«, gegründet wurde. Hamburg erlebte 1844 auch die erste Ruderregatta; gleichzeitig wurde der erste deutsche Regattaverein aus der Taufe gehoben, der »Allgemeine Alster-Club«.

Von diesem Zeitpunkt an bis zur ersten Deutschen Rudermeisterschaft – sie wurde 1882 in Frankfurt am Main und vorerst nur in einer Bootsklasse, dem Einer, möglich gemacht – war es dann nur noch ein folgerichtiger Schritt. Rudermeisterschaften in anderen Bootsgattungen sah man erstmals 1906 auf dem Kurs in Berlin-Grünau, nachdem auf internationaler Ebene durch Europameisterschaften (Premiere 1893 im belgischen Orta) und Olympische Spiele (erste Wettfahrten 1900 in Paris) bereits Maßstäbe gesetzt worden waren. Deutsche Ruderer kehrten von dieser ersten olympischen Regatta gleich mit zwei Medaillen zurück. Der Vierer mit Steuermann vom RC Germania Hamburg holte Gold, in der gleichen Bootsklasse fuhr die Crew vom Ludwigshafener Ruderverein von 1878 auf den Bronzeplatz.

Der Deutsche Ruderverband (DRV) war noch im alten Jahrhundert – am 18. März 1883 in Köln – gegründet worden, wurde aber erst 1912 Mitglied des schon 1892 in Turin geschaffenen Weltruderverbandes FISA (Fédération Internationale des Sociétés d'Aviron), der die Europameisterschaften ausrichtete. Bei ihrer ersten EM-Teilnahme – dem letzten Wettbewerb vor dem Weltkrieg – erkämpften deutsche Ruderer 1913 in Genf zwei Goldmedaillen: im Einer Friedrich Graf und im Achter der Mainzer RV. Voraufgegangen war eine Goldmedaille bei den Olympischen Spielen 1912 in Stockholm durch den Vierer mit Steuermann des Ludwigshafener RV.

Der Erste Weltkrieg und seine Folgen verbannten auch die Ruderer eine ganze Zeit vom internationalen Sportgeschehen. Erst bei den Olympischen Spielen 1928 in Amsterdam war die Isolation beendet, und die deutschen Boote konnten international wieder auftrumpfen; bei Europameisterschaften aber erst 1934, als der DRV nach zwanzigjähriger Abwesenheit wieder in die FISA aufgenommen wurde.

Die olympische Regatta in Amsterdam bescherte dem DRV durch Kurt Moeschter und Bruno Müller vom Berliner RK Hellas eine Goldmedaille im Zweier ohne. Der vierfache Deutsche Meister Moeschter war nach dem Krieg noch als Ruderlehrer und Trainer erfolgreich.

Die Regatten bei Olympischen Spielen und Europameisterschaften zwischen 1932 und 1936

brachten dem deutschen Rudersport einen wahren Medaillenregen. Dabei nahm 1932 in Los Angeles mit dem Sieg im Vierer mit Steuermann durch den Berliner RC (Hans Eller, Horst Hoeck, Walter Meyer und Joachim Spremberg sowie Steuermann Karlheinz Neumann) eine große Tradition für deutsche Ruderer in dieser Bootsklasse ihren Anfang. Einschließlich des folgenden Sieges 1936 in Berlin gab es bereits das vierte olympische Gold seit 1900, und auch noch lange nach dem Zweiten Weltkrieg fuhren gesteuerte Vierer des DRV ihren Konkurrenten bei olympischen Regatten davon, so daß der Ruderverband heute auf sieben Olympiasieger in dieser Bootsklasse stolz sein kann.
In Los Angeles waren übrigens noch zwei Silbermedaillen herausgerudert worden. Im Vierer ohne schafften es die Athleten vom Mannheimer RV Amicitia (Hans Maier, Walter Flinsch, Ernst Gaber und Dr. Karl Aletter) und im Doppelzweier Gerhard Boetzelen und Herberth Buhtz vom Berliner RC.

Einmaliger Höhepunkt in Berlin

Mit dem Gewinn von sieben Medaillen in den sieben olympischen Bootsklassen brachten die Spiele von 1936 in Berlin dem deutschen Rudersport einen einmaligen Höhepunkt. Dabei hatte sich während der voraufgegangenen Europameisterschaft dieser grandiose Erfolg noch nicht einmal großartig angedeutet. 1934 war in Luzern nur zweimal Gold – durch Gustav Schäfer vom Dresdner RV im Einer und den Vierer ohne der Würzburger RV von 1875 – und einmal Silber – durch den Zweier ohne von der RG Wiking Berlin – herausgesprungen; 1935 bei der Olympiageneralprobe in Berlin gab es gar nur einmal Gold – durch die Renngemeinschaft Würzburg RV/Amicitia Mannheim im Vierer mit – und dreimal Silber – durch den Zweier ohne des Dresdner RV, den Zweier mit des Berliner RK Hellas und den Doppelzweier des Berliner Ruderclubs.
Doch an diesem 14. August 1936, an dem die Endläufe der olympi-

Das große Ziel hieß Los Angeles

Sieger beim sogenannten Hindenburg-Vierer in Frankfurt/Oder wurde 1932 die Crew des späteren Gold-Vierers von Los Angeles, der Berliner RC (links).
Der gesteuerte Zweier vom Berliner RK Hellas (unten beim Sieg gegen Kanada 1928 in Berlin) hatte schon in Amsterdam Gold gewonnen.

1936 auf Goldkurs

Zum Goldfestival für die deutschen Ruderer wurden die Olympiawettbewerbe 1936. Gustav Schäfer im Einer (oben) und der Vierer ohne des Würzburger RV (links) trugen auch mit dazu bei.

Der Höhepunkt der Olympia-Regatta 1936 in Grünau

Das Achter-Rennen war auch 1936 in Berlin Höhepunkt der Regatta. Wie knapp der Einlauf der drei um die Medaillen kämpfenden Boote war, gibt das Bild wieder. Die USA liegen hauchdünn vor Italien und Deutschland.

Der Glanzpunkt seines Rudererlebens

Ein erfolgreicher Steuermann inmitten seiner Trophäen: Der 77jährige Karlheinz Neumann, der im Olympia-Vierer des Berliner RC von 1932 saß, ist auf das Gold von Los Angeles noch heute stolz.

schen Regatta auf der strömungslosen Bahn in Berlin-Grünau, die wegen ihrer sechs Bahnen auf schnurgeraden 2000 Metern als die beste Europas galt, ausgetragen wurden, wuchsen die deutschen Ruderer über sich selbst hinaus.

Den Auftakt machte das deutsche Traditionsboot, der Vierer mit Steuermann, gestellt von der Rudergemeinschaft Amicitia Mannheim/Ludwigshafener RV. Hans Maier, Walter Volle, Ernst Gaber und Paul Söllner gewannen mit Steuermann Fritz Bauer souverän mit zwei Längen Vorsprung vor den Schweizern. Die nächste Goldmedaille holten Willi Eichhorn und Hugo Strauss im ungesteuerten Zweier ihres Mannheimer RC. Danach krönte Gustav (»Gummi«) Schäfer, Europameister 1934, Deutscher Meister 1934 und 1936, seine großartige Laufbahn, die zu einem jahrelangen Duell mit Georg von Opel, dem anderen deutschen Spitzenmann im Einer, geführt hatte. Der Dresdner kam nach acht Jahren harten Trainings zum Olympiasieg im Einer. Auch im vierten Rennen lag ein deutsches Boot in Front. Die haushohen Favoriten Gerhard Gustmann und Herbert Adamski von der Ruderzelle Grünau lagen mit ihrem Steuermann Dieter Arend am Ende des Rennens der gesteuerten Zweier über vier Längen vor der Konkurrenz. Den fünften Glanzpunkt setzte dann der ungesteuerte Vierer des Würzburger RV in der Besetzung Rudolf Eckstein, Anton Rom, Martin Karl und Wilhelm Menne, der ebenfalls einen souveränen Sieg errang. Die Goldserie wurde nur durch den Doppelzweier unterbrochen. Willy Kaidel von den Schweinfurter Franken und Joachim Pirsch von der Berliner Alemannia mußten trotz intensiver Vorbereitung im DRV-Ruderzentrum Grünau dem 45jährigen englischen Veteranen Jack Berresford – bereits 1924 in Paris Olympiasieger im Einer – und seinem Partner Leslie Frank Southwood den Vortritt lassen. Das Achterfinale sah dann das vom Medaillenrang schwächste deutsche Boot, wenn davon angesichts einer Olympiaehrung überhaupt gesprochen werden durfte. Die Rekken der Rudergemeinschaft Wiking Berlin hatten das Finale nur über den Hoffnungslauf erreicht und galten keineswegs als Medaillenanwärter. Zur Überraschung aller fuhr die Crew aber ständig an der Spitze mit und kam nach Zielfotoentscheid noch auf den Bronzeplatz.

Olympiaerfolge wurden bestätigt

Nach den Spielen von Berlin gab es noch zwei große internationale Kräftevergleiche, bevor der Weltkrieg auch dem Rudersport ein jähes Ende setzte. Dabei konnten die deutschen Boote ihre Vormachtstellung in Europa und die Erfolge von Grünau nachdrücklich bestätigen.

Bei den Europameisterschaften 1937 in Amsterdam konnte der DRV die folgende Medaillenausbeute vorweisen: Goldmedaille im Vierer mit Steuermann durch die Renngemeinschaft RK Wiking Berlin/RR d. Tib Berlin mit W. Ewerth, H. Kaufmann, K. Knorr und W. Kaps sowie W. Mahlow; Goldmedaille im Zweier mit Steuermann durch den Berliner RV Friesen mit G. Gustmann und H. Adamski sowie G. Holstein; Goldmedaille im Vierer ohne Steuermann durch RR ETUF Essen in der Besetzung W. Immand, G. Schmid, K. Seuser und E. A. Großkopf; Goldmedaille im Doppelzweier durch die Renngemeinschaft Schweinfurter RK Franken/Berliner RV Alemannia mit W. Kaidel und J. Pirsch; Silbermedaille durch den

Achter des Berliner Ruderclubs mit E. Kösling, W. Fuglsang, G. Jakstat, F. Braunsdorf, J. Charlé, W. R. Volle, Dr. H. Buhtz und E. Buschmann sowie K. H. Neumann. Die Europameisterschaften 1938 in Mailand brachten erneut sechs vorderste Plätze für die deutsche Ruderflotte: Goldmedaille im Vierer mit Steuermann durch den RV Wratislava Breslau in der Besetzung P. Jung, W. Gotthardt, H. Lückenga und U. Kleiner sowie F. Bauer; Goldmedaille im Zweier ohne durch den Ruderklub am Wannsee mit R. Eckstein und H. Stelzer; Goldmedaille im Einer durch J. Hasenöhrl vom RV Ellida Wien; Goldmedaille durch den Achter des Berliner Ruderclubs mit E. Kösling, W. Fuglsang, H. J. Hannemann, F. Braunsdorf, J. Charlé, W. R. Volle, Dr. H. Buhtz und E. Buschmann sowie C. H. Neumann; Silbermedaille im Zweier mit Steuermann durch den RV Friesen Berlin mit G. Gustmann und H. Adamski sowie G. Holstein; Silbermedaille im Doppelzweier durch die Frankfurter RG Germania mit L. Marquard und F. Paul.

Blumen für den zweiten Platz

Der Zweier mit des Vegesacker RV nach der Siegerehrung 1952 in Helsinki, wo das Boot überraschend Silber – das einzige in diesem Jahr – gewann.

Mühsamer Wiederbeginn im geteilten Land

Nach den Aufräumungsarbeiten in den vom Krieg zerstörten Anlagen schufen die Vereine allmählich wieder eine Grundlage für das Wiederaufleben des deutschen Rudersports, der sich allerdings noch bis 1951 gedulden mußte, ehe mit der erneuten Aufnahme in die FISA Kräftemessen auch auf internationaler Ebene möglich wurden.
Dabei wurde das nun geteilte Deutschland zunächst nur vom FISA-Mitglied DRV vertreten, so bei den Olympischen Spielen in Helsinki 1952, wo es neben einem fünften Platz durch den Achter eine Silbermedaille im Zweier mit Steuermann gab, die Heinz-Joachim Manchen und Helmut Heinhold mit Steuermann Helmut Noll vom Vegesacker RV herausfuhren.
Die gleiche Crew, allerdings mit Steuermann Otto Nordmeyer, holte auch die einzige Medaille, ebenfalls Silber, für den DRV bei den Europameisterschaften 1953 in Kopenhagen. Ab 1954 firmierte der deutsche Rudersport bei FISA-Veranstaltungen als gesamtdeutsch. In diesem Jahr wurden erstmals gemeinsame Meisterschaften des DRV und der »Sektion Rudern« im Deutschen Turn- und Sportbund (DTSB) der DDR ausgetragen. International waren aber vorerst nur DRV-Boote auf Medaillenrängen vertreten. Bei der EM 1954 in Amsterdam holte der Doppelzweier der Renngemeinschaft Gießen 77/RV Neptun Konstanz mit Thomas Schneider und Gerhard Haege die Goldmedaille; es blieb die einzige für Deutschland bei dieser Regatta.

Auch 1955 in Gent gab es nur einmal Edelmetall für ein deutsches Boot, das der Achter des Kölner RV in Form einer Bronzemedaille gewinnen konnte.
Bei den Olympischen Spielen 1956 in Melbourne war der DRV mit fünf Booten innerhalb der gesamtdeutschen Mannschaft vertreten. Die einzige Rudermedaille für Deutschland holte in Australien die Renngemeinschaft Wiesbaden-Biebrich im Zweier mit: Karl-Heinrich von Groddeck und Horst Arndt gewannen mit Steuermann Rainer Borkowski Silber.

Letztmalig gesamtdeutsch

Die zweiten Ruder-Europameisterschaften auf deutschem Boden erlebten 1957 in Duisburg letztmalig eine gesamtdeutsche Mannschaft, die allerdings erfolgreich wie keine andere abschnitt. So kamen zur ersten Goldmedaille der DDR im Rudersport durch den ASK Vorwärts Berlin im Vierer mit zwei weitere »Goldene« im ungesteuerten Vierer durch ETUF Essen in der Besetzung W. Montag,

Vier Jahre später wieder Silber

In die Fußstapfen der Vegesacker traten bei der Olympiade 1956 in Melbourne Karl-Heinrich von Groddeck und Horst Arndt.

H. Stobbe, G. Kaschlun, Ch. Stewens und im Zweier mit durch die RG Wiesbaden-Biebrich mit K.-H. von Groddeck und H. Arndt sowie R. Borkowski hinzu. Zwei Silbermedaillen gab es durch die Skuller: im Einer durch K. von Fersen (RC Germania Düsseldorf), im Doppelzweier durch Th. Schneider/F. W. Sidow (Gießen 77/Alemannia Hamburg).
Für die folgenden europäischen Titelkämpfe wurden Qualifikationsrennen mit den DDR-Ruderern angesetzt, deren Sieger den jeweiligen Verband vertreten sollten. Der DRV setzte sich dabei in allen Bootsklassen durch und knüpfte anschließend in Posen 1958 an Vorkriegserfolge an. In den sieben Rennen holten deutsche Boote dreimal Gold, zweimal Silber und einmal Bronze.
Im einzelnen sah diese Erfolgsbilanz so aus: Goldmedaille im Vierer mit durch den Bremer RC Hansa in der Besetzung G. Niermann, F. Arfmann, H. W. Kollmann und A. Wehselau sowie G. Jürgenbering; Goldmedaille im Zweier mit durch den RC Marl-Hüls mit K. Riekemann und J. Berendes sowie H. D. Maier; Goldmedaille im Vierer ohne durch die RG Ratzeburger RC/ATV Ditmarsia Kiel mit H. Lenk, M. Rulffs, K. Schepke und H. K. Hopp; Silbermedaille durch K. von Fersen (Germania Düsseldorf) im Einer; Silbermedaille im Zweier ohne durch Germania Düsseldorf mit G. Cintl und H. Effertz; Bronzemedaille im Doppelzweier durch den Berliner RC mit Th. Schneider und F. W. Sidow.

Karl Adam und seine »Deutschland-Achter«

Bei den Europameisterschaften des folgenden Jahres im französischen Mâcon feierte der DRV seinen größten Triumph seit 1936. Er kehrte mit vier Gold- und zwei Silbermedaillen zurück, darunter war der Sieg im Achter, der immer noch populärsten Bootsklasse. Der Trainer dieses Bootes, der am 2. Mai 1912 in Hagen geborene Karl Adam, begründete mit diesem Erfolg eine neue, überaus erfolgreiche Ära.
Adam hatte 1937 sein Pädagogik-Examen abgelegt – im gleichen Jahr wurde er übrigens Studentenweltmeister bei den Amateurboxern – und unterrichtete in Mathematik, Physik und Leibeserziehung. Nach dem Krieg war er in Ratzeburg an einem Gymnasium tätig und spezialisierte sich in der Ruderhochburg als Autodidakt auf Fragen des Trainings in dieser Sportart. Nach zehnjähriger Vorbereitung übernahm er dann 1958 das Training der Aktiven beim Ratzeburger RC und widmete sich besonders der »königlichen« Bootsklasse, dem Achter.
Die Ruderer zeigten sich von der Fähigkeit des Oberstudienrates fasziniert, seine theoretischen Vorstellungen in die Praxis umzusetzen, und spürten seine Trainingsmethoden am erfolgreichen Abschneiden bei den Regatten.

Antreiber zu Wasser und zu Lande
Der erfolgreichste Rudertrainer der Welt saß seinen Besatzungen immer im Nacken. Karl Adam folgte seinen Crews zu Wasser und zu Lande, die gefürchtete »Flüstertüte« stets in Aktion. Die Männer in den siegreichen Achtern folgten den Befehlen des »Ruder-Professors« aus Ratzeburg willig. Sie wußten, daß am Ende der monatelangen Quälerei große Erfolge standen.

Für die bevorstehenden großen Wettbewerbe holte Karl Adam 1959 auch Ruderer aus Kiel in sein Team. Es entstand nun die Renngemeinschaft ATV Ditmarsia Kiel/Ratzeburger RC, die im Volksmund bald nur noch als »Deutschland-Achter« oder als »Flaggschiff der Nation« tituliert wurde und für den DRV großartige Erfolge errang. Der Name »Deutschland-Achter« blieb ein Jahrzehnt ein Markenzeichen im deutschen Rudersport und steht heute noch als Beispiel für das Genie seines Trainers Karl Adam, der mit immer wechselnden Besatzungen eine Medaille nach der anderen gewinnen konnte.

Eine Erfolgsbilanz ohnegleichen

Die von Adam trainierten Achter kamen auf folgende Titel:
1959 Europameister – Renngemeinschaft Ditmarsia Kiel/Ratzeburger RC mit Hans Lenk, Karl-Heinz Hopp, Klaus Bittner, Karl-Heinrich von Groddeck, Frank Schepke, Kraft Schepke, Walter Schröder und Manfred Rulffs sowie Steuermann Willi Padge.
1960 Olympiasieger – gleiche Crew in folgender Besetzung: Bittner, Hopp, Lenk, v. Groddeck, F. Schepke, K. Schepke, Schröder und Rulffs sowie Steuermann Padge.
1962 Weltmeister – Ratzeburger RC mit Horst Meyer, Jürgen Plagemann, Klaus Aeffke, Klaus Behrens, Hans-Jürgen Wallbrecht, Karl-Heinrich von Groddeck, Ingo Kliefoth und Bernd Kruse sowie Steuermann Thomas Ahrens.
1963 Europameister – gleiche Crew in folgender Besetzung: Kruse, Kliefoth, v. Groddeck, Wallbrecht, Behrens, Aeffke, Plagemann und Meyer sowie Steuermann Ahrens.
1964 Europameister – gleiche Crew mit Ausnahme von Kliefoth und Kruse, für die Klaus Bittner und Jürgen Schröder ins Boot kamen. Die Besetzung: Meyer, Plagemann, Schröder, Behrens, Wallbrecht, v. Groddeck, Bittner und Aeffke sowie Steuermann Ahrens.
1965 Europameister – Renngemeinschaft Ratzeburger RC/Lübecker RG mit Klaus Aeffke, Hans-Jürgen Wallbrecht, Jürgen Schröder, Dagobert Thometschek, Klaus Behrens, Christian Prey, Dirk Schreyer und Horst Meyer sowie Steuermann Peter Niehusen.
1966 Weltmeister – Renngemeinschaft Ratzeburg / Karlsruhe / Frankfurt / Berlin mit Horst Meyer, Dirk Schreyer, Michael Schwan, Ulrich Luhn, Peter Hertel, Rüdiger Henning, Lutz Ulbricht und Peter Kuhn sowie Steuermann Peter Niehusen.
1967 Europameister – Renngemeinschaft Ratzeburg / Berlin / Hannover / Wetzlar / Bingen mit Horst Meyer, Dirk Schreyer, Rüdiger Henning, Ulrich Luhn, Wolfgang Hottenrott, Egbert

Fleißiger Medaillensammler im Skiff
Der Mannheimer Jochen Meißner ruderte im Einer bei allen großen Regatten auf Medaillenkurs. Daneben kam er auf zwei internationale und sieben nationale Deutsche Meisterschaften.

Die DRV-Medaillenbilanz seit 1959 bei Europameisterschaften

Mâcon 1959
Goldmedaille im Zweier ohne durch den Ratzeburger RC mit Kliefoth und Kruse;
Goldmedaille im Zweier mit durch den RC Marl mit Riekemann und Berendes sowie Maier;
Goldmedaille im Vierer mit durch RC Germania Düsseldorf in der Besetzung Wegner, Cintl, Effertz und Dr. Heß sowie Obst;
Silbermedaille im Einer durch Klaus von Fersen von der RC Germania Düsseldorf;
Silbermedaille im Vierer ohne durch die Renngemeinschaft RV Neuss/Germania Düsseldorf mit Schroers, Uellner, Hendrix und Kluth.

Prag 1961
Goldmedaille im Zweier ohne durch Neptun Konstanz mit Zumkeller und Bender;
Goldmedaille im Vierer mit durch die ATV Ditmarsia Kiel mit Hopp, Bittner, K. Schepke und F. Schepke sowie Brümmer;
Silbermedaille im Achter durch den Berliner RC mit Tietenberg, Raatz, Schulz, Marschner, Riff, Neusel, Britting und Ross sowie Oelke;
Bronzemedaille im Vierer ohne durch Germania Düsseldorf mit Wegner, Uellner, Riekemann und Schroers.

Kopenhagen 1963
Goldmedaille im Zweier mit durch RC Nassovia Höchst mit Neuß und Jordan sowie Steinhäuser;
Goldmedaille im Vierer ohne durch die Renngemeinschaft Lübecker RG/Ratzeburger RC mit Prey, Böttcher, Bittner und Wolter;
Goldmedaille im Vierer mit durch den Berliner RC mit Hirschfelder, Werner, Britting und Neusel sowie Oelke;
Silbermedaille im Zweier ohne durch RV Neptun Konstanz mit Zumkeller und Bender;
Bronzemedaille im Einer durch Helmut Lebert vom Passauer RV.

Amsterdam 1964
Goldmedaille im Vierer ohne durch Germania Düsseldorf mit Misselhorn, Müller, Effertz und Schroers;
Silbermedaille im Vierer mit durch den Berliner RC mit Hirschfelder, Werner, Britting und Neusel sowie Oelke;
Silbermedaille im Zweier ohne durch RK Alemannia Karlsruhe mit Hottenrott und Schwan.

Duisburg 1965
Goldmedaille im Einer durch Jochen Meißner vom Mannheimer RV Amicitia;
Silbermedaille im Vierer ohne durch die Renngemeinschaft Germania Frankfurt/Alemannia Karlsruhe mit Damboldt, Hottenrott, Schwan und Ulbricht;
Silbermedaille im Vierer mit durch die RG Berlin-Spandau mit Kuhn, Hertel, Luhn und Henning sowie Templer.

Vichy 1967
Bronzemedaille im Zweier ohne durch die RG Wetzlar mit Färber und Brecht.

Klagenfurt 1969
Goldmedaille im Vierer mit durch die Renngemeinschaft Konstanz/Wetzlar/Ulm mit Berger, Färber, Auer und Bierl sowie Voncken;
Bronzemedaille im Einer durch Jochen Meißner vom Mannheimer RV Amicitia;
Bronzemedaille im Achter durch die Renngemeinschaft Passau/Worms/Emden/Berlin/Hanau/Kiel mit Karl, Winstroer, Hitzbleck, Scholz, Hartung, Weinreich, Held und Gördes sowie Benter.

Kopenhagen 1971
Goldmedaille im Vierer mit durch die Renngemeinschaft Konstanz/Wetzlar/Ulm/Ludwigshafen mit Berger, Färber, Auer und Bierl sowie Benter;
Bronzemedaille im Vierer ohne durch die Renngemeinschaft Essen/Münster/Marl/Passau mit Ehrig, Funnekötter, Held und Plottke.

Moskau 1973*
Goldmedaille im Einer durch Peter-Michael Kolbe vom Hammerdeicher RV;
Bronzemedaille im Zweier ohne durch den Ludwigshafener RV mit Bierl und Ringwald.

* Ab 1974 wurden nur noch Weltmeisterschaften ausgetragen.

Mit Stoppuhr: Karl Adam

Hirschfelder, Jörg Siebert und Roland Böse sowie Steuermann Günther Tiersch.
1968 Olympiasieger – Renngemeinschaft Ratzeburg / Berlin / Bingen / Hannover / Wetzlar / Frankfurt mit Horst Meyer, Dirk Schreyer, Rüdiger Henning, Wolfgang Hottenrott, Lutz Ulbricht, Egbert Hirschfelder, Jörg Siebert und Nico Ott sowie Steuermann Günther Tiersch.
Dazu kommt noch eine Silbermedaille bei den Olympischen Spielen von 1964, die von der gleichen Crew in der gleichen Besetzung errungen wurde, die im selben Jahr die Europameisterschaft für sich entscheiden konnte.
So war 1968 Nico Ott erst vor dem Finale in dieses Boot gekommen, nachdem Roland Böse kurz vorher erkrankte. Dieser erfolgreiche Wechsel manifestierte zugleich das Geheimnis des Karl Adam: immer den richtigen Mann zur richtigen Zeit zur Stelle zu haben. Selbst in seinen eingefahrenen Crews hatte keiner seinen Platz sicher; Adam suchte ständig für jeden die optimale Position im Boot. So war der Wechsel am Schlag für die Gegner jeweils die größte Überraschung.

Brachte Duisburg die Wende zum Guten?
Der sogenannte »Ruhrpott-Vierer« der Renngemeinschaft Dortmund/Witten war eines der Goldboote bei der WM 1983 in Duisburg. Die Rudergemeinde hofft nun auf weitere Erfolge.

Die DRV-Medaillenbilanz seit 1962 bei Weltmeisterschaften

Luzern 1962
Goldmedaille im Zweier ohne durch Neptun Konstanz mit Zumkeller und Bender;
Goldmedaille im Zweier mit durch RC Nassovia Höchst mit Neuß und Jordan sowie Steinhäuser;
Goldmedaille im Vierer ohne durch die Renngemeinschaft 1. Kieler RC/Lübecker RG mit Wolter, Tometschek, Paustian und Prey;
Goldmedaille im Vierer mit durch den Berliner RC mit Marschner, Neusel, Britting und Ross sowie Oelke;
Bronzemedaille im Doppelzweier durch die Renngemeinschaft Kastel/Saarbrücken mit Steffes-Mies und Krause-Wichmann.

Bled 1966
Bronzemedaille im Einer durch Jochen Meißner vom Mannheimer RV Amicitia.

St. Catharines 1970
Goldmedaille im Vierer mit durch die Renngemeinschaft Konstanz/Wetzlar/Ulm/Ludwigshafen mit Berger, Färber, Auer und Bierl sowie Voncken;
Silbermedaille im Vierer ohne durch die DRV-Auswahl mit Ehrig, Funnekötter, Schneggenburger und Plottke;
Bronzemedaille im Zweier ohne durch die DRV-Auswahl mit Brecht und Ulbricht.

Luzern 1974
Bronzemedaille im Vierer ohne durch den RC Hansa Dortmund mit van Roye, Jäger, Truschinski und Wendemuth;
Bronzemedaille im Vierer mit durch die DRV-Auswahl mit Färber, Kuball, Kolbe und Niehusen sowie Benter.

Nottingham 1975
Goldmedaille im Einer durch Peter-Michael Kolbe vom Hammerdeicher RV;
Bronzemedaille im Zweier mit durch den RV Hellas-Titania Berlin mit Hitzbleck und Jäger sowie Hocke;
Bronzemedaille im Vierer mit durch die DRV-Auswahl mit Färber, Kuball, Knief und Niehusen sowie Wenzel.

Amsterdam 1977
Silbermedaille im Vierer mit durch die Renngemeinschaft RC Hannover/Kölner RV mit Meyer, Schütze, Thiem und Konertz sowie Sassenberg.

Neuseeland 1978
Goldmedaille im Einer durch Peter-Michael Kolbe vom Hammerdeicher RV;
Silbermedaille im Vierer mit durch die Renngemeinschaft RC Hannover/Kölner RV mit Oschlies, Thiem, Schütze und Konertz sowie Sassenberg;
Silbermedaille im Achter durch die DRV-Auswahl mit Maxrath, Scholl, Ringwald, Hellwig, Karches, Schuster, Roloff und Sauer sowie Wenzel;
Bronzemedaille im Doppelvierer ohne durch die Renngemeinschaft RV Ingelheim/Ulmer RC mit Dürsch, Hörmann, Hedderich und Wiedemann.

Bled 1979
Silbermedaille im Einer durch Peter-Michael Kolbe vom Hammerdeicher RV;
Silbermedaille im Doppelvierer durch die Renngemeinschaft RV Ingelheim/Ulmer SC mit Dürsch, Hörmann, Hedderich und Wiedemann;
Bronzemedaille im Vierer mit durch die Renngemeinschaft RC Hannover/Hansa Dortmund mit Görlich, Schütze, Thiem und Oschlies sowie Klein.

München 1981
Goldmedaille im Einer durch Peter-Michael Kolbe vom Hammerdeicher RV.

Luzern 1982
Silbermedaille im Doppelvierer durch die Renngemeinschaft RV Ingelheim/Ulmer SC mit Hedderich, Hörmann, Wiedenmann und Dürsch.

Duisburg 1983
Goldmedaille im Einer durch Peter-Michael Kolbe vom Alster RV Hanseat;
Goldmedaille im Doppelvierer durch die Renngemeinschaft RV Ingelheim/Ulmer SC mit Hedderich, Hörmann, Wiedemann und Dürsch;
Goldmedaille im Vierer ohne durch die Renngemeinschaft Witten/Dortmund mit Keßlau, V. Grabow, Puttlitz und G. Grabow;
Bronzemedaille im Doppelzweier durch die Renngemeinschaft Eberbach/Germersheim mit Schmelz und Agrikola.

Neue Generation hielt das Niveau nicht

Obwohl mit Fertigstellung der Ruderakademie Ratzeburg im Jahre 1968 noch bessere Voraussetzungen für konzentrierte Arbeit im DRV geschaffen worden waren, ging die Erfolgsserie stetig ihrem Ende entgegen.
In der zweiten Hälfte der 60er Jahre fuhren Boote des Deutschen Rudersport-Verbandes (DRSV) der DDR immer häufiger auf Medaillenplätze, die vorher von Karl Adam und anderen Trainern betreute Crews besetzt hatten.
Die Wachablösung gestaltete sich Anfang der 70er Jahre derart umfassend, daß mit Ausnahme eines vom Konstanzer Trainer Karlheinz Bantle geschaffenen Vierers mit Steuermann, auch als »Bodensee-Vierer« bzw. »Bullen-Vierer« bekanntgeworden, keine andere Crew des DRV mehr einen ersten Platz bei Europa- oder Weltmeisterschaften sowie Olympiaregatten belegen konnte. Ohne die Einzelleistungen eines Peter-Michael Kolbe sähe die Medaillenbilanz gar noch vernichtender aus.
Auch als der DRV 1969 die erfolgreichen Vereinstrainer neben dem Leiter der Ruderakademie, Karl Adam, zu Gebietsbeauftragten mit der Aufgabe der Leistungsförderung im Rudersport ernannte, ließ sich der Vormarsch der Ostblock-Ruderer, speziell aus der DDR, nicht mehr aufhalten. Karlheinz Bantle (Konstanz), Hans Bichelmeyer (Mannheim), Siegfried Kuhlmey-Bekker (Essen) und Walter Volle (Berlin) fanden in der neuen Rudergeneration keine Aktiven mehr, die an die Erfolge ihrer Vorgänger anknüpfen konnten.
Von Karl Adam, dem große gesundheitliche Probleme zu schaffen machten, gingen immer weniger Impulse aus. Der Mann, der zwischen 1959 und 1969 mit von ihm betreuten Booten allein 29 Goldmedaillen für den DRV gewinnen half, überstand zwar Anfang 1975 noch eine Herzattacke – er legte sein Amt an der Akademie im Februar 1976 nieder –, doch der Tod ereilte ihn dann am 18. Juni 1976 während eines Übungslaufes im Rahmen einer Kur im westfälischen Bad Salzuflen.

Neues Flaggschiff wurde der Einer

Als die Ära des »Deutschland-Achters« zu Ende ging, begann die eines Individualisten. Das Hamburger Rudertalent Peter-Michael Kolbe erlebte 1972 in München die Pleite des letzten Adam-Achters (fünfter Platz) als Zuschauer mit. Der am 2. August 1953 geborene Kolbe sollte nach Karl Adams Vorstellungen eigentlich als Schlagmann in diesem Olympia-Achter sitzen, was von DRV-Funktionären jedoch verhindert wurde.
Ein Jahr später gehörte Kolbe, der sich von Karl Adam bis zu dessen Tod beraten ließ, zur Weltspitze. Der ausgeprägte Individualist, der bei den Funktionären als »schwieriger Typ« galt, besiegte bei der Ratzeburger Regatta zunächst den Olympiasieger von 1972 im Einer, den Russen Juri Malischew, und wurde kurz darauf in Moskau Europameister des Jahres 1973.
Damit begann eine bis heute andauernde Ruderkarriere des Mannes vom Hammerdeicher RV – eines Arbeitersportklubs, der nicht zu den renommierten Hamburger Rudervereinen zählt –, die mit Medaillen aller großen Regatten gespickt ist.
1974 hatte man ihn in den DRV-Vierer verfrachtet, der lediglich Bronze bei der WM gewann. Dafür holte Kolbe im Jahr darauf seine erste Weltmeisterschaft im Einer in Nottingham. Er galt auch als Olympiafavorit, mußte dann aber in Montreal eine bittere Niederlage gegen den Finnen Pertti Karppinen hinnehmen. Es gab irritierende Vorwürfe gegen einen DRV-Arzt, ehe Kolbe einsah, daß er olympisches Gold wegen falscher Kräfteeinteilung vergeben hatte.
Im Sommer 1977 verkündete Kolbe enttäuscht und verbittert seinen Rücktritt.
Im Jahr darauf bereitete er allerdings ein Comeback vor, das im November mit dem Gewinn des zweiten WM-Titels in Neuseeland erfolgreich verlief. Kolbe besiegte den DDR-Skuller Rüdiger Reiche im Endlauf klar. Bei

Hielt die Flagge des DRV allein hoch

Peter-Michael Kolbe war jahrelang das Flaggschiff des DRV. Der Hamburger sorgte in einer Zeit totaler Mißerfolge wenigstens für etwas Titelglanz.

der nächsten WM 1979 in Bled mußte er sich im Finale seinem ewigen Rivalen Karppinen wieder einmal geschlagen geben und holte »nur« Silber. Der Finne gewann dann 1980 in Moskau erneut olympisches Gold, während Kolbe wegen des Boykotts tatenlos zuschauen mußte. Der Gewinn seiner dritten Weltmeisterschaft 1981 in München – wieder vor Reiche – entschädigte ihn nach eigener Aussage für die entgangene Olympiamedaille kaum. So betrachtete er auch die WM 1983 in Duisburg, die ihn erneut als überlegenen Sieger im Einer sah und ihm seinen vierten Weltmeistertitel bescherte, nur als Durchgangsstation auf dem Weg nach Los Angeles. Den Erfolg auf der Wedau hatte jedermann erwartet, und Kolbe hakte ihn auch schnell ab. Nach dem Rennen erklärte er den Reportern, wonach er noch strebe: nach der Goldmedaille bei den Olympischen Spielen.
Der mit der norwegischen Sportjournalistin Aina Moberg verheiratete Kolbe, der vorwiegend in Oslo mit den norwegischen Spitzenruderern trainiert, hat im Norden Europas eine neue Heimat gefunden. Sein Bezug zur alten Heimat bildet der Alster-Ruder-Verein »Hanseat«, bei dem er jetzt Mitglied ist.

War Duisburg die Wende?

Außer Skuller Peter-Michael Kolbe konnte der DRV in Duisburg zwei weitere Weltmeister feiern und damit an die großen Erfolge der Vergangenheit anknüpfen. Nach Platz zwölf in der Nationenwertung 1982 sprang vor heimischer Kulisse Platz zwei 1983 heraus. Mehr Goldmedaillen bei einer Weltmeisterschaft hatte es nur 1962 gegeben. Das Gesamtbild wurde nur durch die erneut schwache Vorstellung des Achters getrübt, der nicht einmal das Finale erreichen konnte.

Die DRV-Medaillenbilanz seit 1960 bei Olympischen Spielen

Rom 1960

Goldmedaille im Zweier mit durch den RV Gelsenkirchen mit Renneberg und Knubel sowie Zerta.

Goldmedaille im Vierer mit durch die RC Germania Düsseldorf mit Cintl, Effertz, Riekemann und Litz sowie Obst;

Tokio 1964

Goldmedaille im Vierer mit durch den Berliner SC mit Hirschfelder, Werner, Britting und Neusel sowie Oelke;

Bronzemedaille im Zweier ohne durch den RK Alemannia Karlsruhe mit Hottenrott und Schwan.

Mexiko 1968

Silbermedaille im Einer durch Jochen Meißner vom Mannheimer RV Amicitia.

München 1972

Goldmedaille im Vierer mit durch die Renngemeinschaft Konstanz/Wetzlar/Ulm/Ludwigshafen mit Berger, Färber, Auer und Bierl sowie Benter;

Bronzemedaille im Vierer ohne durch die Renngemeinschaft Essen/Münster/Marl/Passau mit Ehrig, Funnekötter, Held und Plottke.

Montreal 1976

Silbermedaille im Einer durch Peter-Michael Kolbe vom Hammerdeicher RV;

Bronzemedaille im Zweier ohne durch die Renngemeinschaft Lingener RG/RK am Wannsee mit van Roye und Strauß;

Bronzemedaille im Vierer mit durch die Renngemeinschaft Wetzlar/Potsdam/Lübeck/Essen mit Färber, Kuball, Fricke und Niehusen sowie Wenzel.

WINTER SPORT

Bei Minusgraden Kampf um Meter, Sekunden und Punkte

Oleg kürzte sein vorgesehenes Kürprogramm, verzichtete auf einige Hebesprünge, auf Einzelsprünge und auf Schrittkombinationen. Zweieinhalb Minuten dauerte die Ballettvorführung im langsamen Teil. Sie sollte alles herausreißen. Aber Ludmilla patzte bei einem einfachen Axel und rutschte bei einer Schrittkombination weg. Diesmal liefen Kilius/Bäumler hinter den Russen. Auch ihr Lauf war nicht fehlerfrei, aber doch besser. Der Sieg fiel klar aus – es konnte nach Innsbruck gehen.

Eberhard Wittig: Das eiskalte Geschäft

Am Anfang sagte man Schnee-schuh

Die ersten Münchener Schneeschuhläufer auf finnischen Langskiern wurden 1885 abgelichtet (oben). Zum hochalpinen Skitraining im Eiger-Moench-Gebiet – aufgenommen um das Jahr 1920 – war es dann ein großer Schritt (rechts).

Begann vor über fünfzig Jahren:

Der Siegeszug der Alpinen

Das Millionenspiel »Alpiner Skizirkus«, wie es heute unzählige aktive und passive Wintersportfreunde – diese vornehmlich am heimatlichen Bildschirm – in seinen Bann zieht, hat eine relativ junge Vergangenheit.

Zu Beginn unseres Jahrhunderts war den Mitteleuropäern der Skilauf als Fortbewegungsmittel der Nordländer, vornehmlich der Norweger, bekannt. Auch von sportlichen Wettkämpfen hatten sie gehört.

Es bedurfte der Anstöße von Skipionieren wie dem Österreicher Matthias Zdarsky, der den Lauf nach nordischem Muster für die Alpenländer für ungeeignet hielt, um die neue Sportart in diesen Regionen zu etablieren. Nachdem in den Jahren 1904 und 1905 in Österreich, der Schweiz und Deutschland nationale Skiverbände gegründet worden waren, befaßte man sich ernsthafter mit den Vorstellungen des Österreichers, der am 19. März 1905 auf dem Muckenkogel bei Lilienfeld (Niederösterreich) den ersten

Torlauf der Skigeschichte aussteckte.
Erstaunlicherweise haben dann Engländer den nächsten entscheidenden Schritt getan, als sie in Mürren im Berner Oberland einen »Skiklub von Großbritannien« gründeten und durch ihren Pionier Arnold Lunn am 6. Januar 1921 den ersten klassischen Slalom ausrichteten.
Die sich gegen den klassischen nordischen Skisport immer stärker profilierenden Alpinen kamen 1924 unter ein organisatorisches Dach, als in Chamonix die Fédération Internationale de Ski (FIS) gegründet wurde. Der Internationale Ski-Verband beschloß auch gleich Skisportveranstaltungen seiner Mitgliedsländer, die dann im Winter 1925 erstmals durchgeführt wurden. Sie erhielten ab 1929 den Namen FIS-Rennen, die ab 1937 offiziell den Status von Weltmeisterschaften bekamen.
Inzwischen hatte auch die Geburtsstunde der klassischen Skirennen geschlagen. Gemeinsam mit dem Skimeister Hannes Schneider aus dem österreichischen St. Anton inszenierten die Briten vom schweizerischen Mürren – Sitz des SC Kandahar – aus das Arlberg-Kandahar-Rennen, das am 4. März 1928 erstmals auf Schneiders Hausstrecke, dem Arlberg bei St. Anton, ausgetragen wurde. Es folgten 1933 das erste Lauberhornrennen in Wengen und 1935 das erste Damenrennen in Grindelwald.
Als erste alpine Ski-Weltmeister gelten die Sieger der von den Briten 1931 in Mürren – zusammen mit der FIS – organisierten Veranstaltung, die für Damen und Herren jeweils Abfahrt und Slalom vorsah. Bei den Damen siegte die 17jährige Engländerin E. M. Mackinnon in beiden Wettbewerben, bei den Herren gewannen zwei Schweizer: David Zogg den Slalom und Walter Prager die Abfahrt.

Der Skilauf fand schnell Anhänger

Die Hänge waren zu Anfang des Jahrhunderts natürlich noch nicht so überfüllt wie heute, aber der Skisport fand schnell Anhänger. Die Bilder zeigen den Ausflug eines Skisportvereins 1908 in Bozen und Skigymnastik in der Halle (etwa 1920).

Auf Erfolgskurs

Christl Cranz – rechts neben Lisa Resch als erfolgreichste Fahrerin des Jahres 1934, oben bei der Abfahrt 1941 im italienischen Cortina d'Ampezzo – wurde mit ihren Erfolgen zur Bahnbrecherin in Deutschland.

Erster Superstar: Christl Cranz

In den Siegerlisten der folgenden FIS-Rennen tauchten auch einige deutsche Namen auf, aber trotz der Erfolge der Friedl Däuber, Franz Pfnür und Guzzi Lantschner wurde eine Frau zum ersten Superstar des alpinen Skilaufs: die am 1. Juli 1914 in Brüssel als Tochter deutscher Kaufmanns-Eltern geborene Christl Cranz.

Sie hatte ein für damalige Verhältnisse schon bewegtes Leben hinter sich, als sie 1934 erstmals Deutsche Meisterin in der Alpinen Kombination (Einzeltitel in Abfahrt und Slalom wurden erst ab 1938 vergeben) wurde. Mit den Eltern flüchtete sie 1918 aus Belgien auf die Schwäbische Alb, dann in die Schweiz, wo sie mit sechs Jahren erstmals auf Skiern stand und als Neunjährige bei einem Schülerwettbewerb in Grindelwald ihr erstes Rennen gewann.

Auch nach der Rückkehr der Familie nach Deutschland im Jahre 1928 blieb die Vierzehnjährige dem Skisport verbunden. Als 1934 erstmals nationale Titel vergeben wurden, lag sie ganz vorn – und das noch sieben weitere Jahre bis 1941. Neben drei Abfahrtstiteln (1938 bis 1940) und vier Slalom-Meisterschaften (1938 bis 1941) stehen also acht Meisterschaften in der Kombination in ihrem Rekordbuch, das aber erst durch eine Fülle internationaler Triumphe den richtigen Wert bekam.

Christl Cranz hat zwischen 1934 und 1939 nicht weniger als dreizehn Gold- und drei Silbermedaillen bei Weltmeisterschaften und Olympischen Spielen errungen – eine Zahl, die sie zur größten Siegerin des alpinen Skisports machte.

Die imposante Bilanz liest sich wie folgt: Weltmeisterschaft 1934 in St. Moritz: Gold im Slalom

Goldmedaille krönte ihre lange Karriere
Nachdem Ossi Reichert 1952 in Oslo zur Silbermedaille im Slalom gekommen war (links), konnte sie vier Jahre später in Cortina d'Ampezzo ihre Karriere mit dem Olympiasieg im Riesenslalom krönen.

und in der Kombination, Silber in der Abfahrt; WM 1935 in Mürren: Gold in Abfahrt und Kombination, Silber im Slalom; Olympische Spiele 1936 in Garmisch-Partenkirchen: Gold in der Kombination (Einzelmedaillen wurden damals nicht vergeben); WM 1937 in Chamonix: jeweils Gold in Abfahrt, Slalom und Kombination; WM 1938 in Engelberg: Gold im Slalom und in der Kombination, Silber in der Abfahrt; WM 1939 in Zakopane: jeweils Gold in Abfahrt, Slalom und Kombination.

Der Kampf um das olympische Gold gestaltete sich besonders dramatisch, als Christl Cranz nach einem Sturz in der Abfahrt 19 Sekunden auf die Erstplazierte Laila Schou-Nilsen (Norwegen) verlor, diesen Rückstand jedoch durch zwei großartige Slalom-Durchgänge wieder wettmachen konnte.

Der Krieg beendete ihre einmalige Karriere, nicht aber die Liebe zum Skisport. In Steibis bei Oberstaufen betreibt die ehemalige Meisterin – zusammen mit ihrem Ehemann – noch heute eine Skischule, in der vornehmlich Kinder ausgebildet werden.

Nach zwanzig Jahren wieder Gold

Zwei Jahrzehnte nach dem Triumph von Christl Cranz stand wieder eine alpine Läuferin des Deutschen Ski-Verbandes bei Olympischen Spielen ganz oben auf dem Treppchen. Die Sonthofenerin Rosa »Ossi« Reichert, geboren am 25. Dezember 1925, hatte in Cortina d'Ampezzo überraschend den Riesenslalom für sich entschieden.

Dabei schien ihre beste Zeit schon vorbei zu sein, denn bereits 1952 in Oslo war sie Olympiazweite im Slalom geworden, während es bei der WM 1954 in Aare nur noch zum sechsten Platz im Slalom gereicht hatte. Aber am Ende ihrer Karriere zeigte sie ihre beste Leistung. In diesem Jahr 1956 gewann sie nicht nur ihre ersten deutschen Meistertitel, sondern sogar Olympiagold.

In Oslo konnte sich eine Aktive des DSV als dreifache Medaillengewinnerin feiern lassen, die noch 1944 Nachfolgerin von Christl Cranz als Deutsche Meisterin (Slalom und Kombination) geworden war und auch die ersten Nachkriegstitel 1949 errungen hatte: Annemarie (»Mirl«) Buchner, geborene Fischer, geboren am 16. Februar 1924. Sie wurde in der Olympiastadt von 1952 Zweite in der Abfahrt und jeweils Dritte in Slalom und Riesenslalom. Ihr Pech war, daß ausgerechnet in Oslo kein WM-Titel in der Kombination vergeben wurde ... Ihn hätte sie überlegen gewonnen.

Seit 1948 galten die Rennen bei Olympischen Spielen gleichzeitig als Weltmeisterschaften; in der Kombination dagegen gab es keine Olympiamedaille, jedoch dafür den WM-Titel. Diese Regelung gilt bis zum heutigen Tag.

Einmal ganz oben: Heidi Biebl

Die beiden »Oldies« der deutschen alpinen Damenskiszene fanden Anfang der 60er Jahre – was den internationalen Erfolg anging – schon Nachfolgerinnen. Die Oberstaufenerin Heidi Biebl, geboren am 17. Februar 1941, trat in die Fußstapfen ihrer Vorgängerinnen Cranz und Reichert und wurde 1960 in Squaw Valley überraschend Olympiasiegerin in der Abfahrt.

Die jungenhaft wirkende Allgäuerin fuhr einen von Kraft und kämpferischem Einsatz geprägten Stil und errang insgesamt dreizehn Deutsche Meisterschaften. Sie startete auch noch 1964

Gesamtweltcup der Damen

1967:	1. Nancy Greene (CDN) 176; 2. Marielle Goitschel (F) 172; 3. Annie Famose (F) 158
1968:	1. Nancy Greene (CDN) 191; 2. Isabelle Mir (F) 159; 3. Florence Steurer (F) 153
1969:	1. Gertrud Gabl (A) 131; 2. Florence Steurer (F) 112; 3. Wiltrud Drexel (A) 111
1970:	1. Michèle Jacot (F) 180; 2. Françoise Macchi (F) 145; 3. Florence Steurer (F) 133
1971:	Annemarie Pröll (A) 210; 2. Michèle Jacot (F) 177; 3. Isabelle Mir (F) 133
1972:	1. Annemarie Pröll (A) 269; 2. Françoise Macchi (F) 187; 3. Britt Laforgue (F) 128
1973:	1. Annemarie Pröll (A) 297; 2. Monika Kaserer (A) 223; 3. Patricia Emonet (F) 163
1974:	1. Annemarie Moser (A) 268; 2. Monika Kaserer (A) 153; 3. Hanni Wenzel (FL) 144
1975:	1. Annemarie Moser (A) 305; 2. Hanni Wenzel (FL) 199; 3. Rosi Mittermaier (D) 166
1976:	1. Rosi Mittermaier (D) 281; 2. Lise-Marie Morerod (CH) 214; 3. Bernadette Zurbriggen (CH) 171
1977:	1. Lise-Marie Morerod (CH) 319; 2. Annemarie Moser (A) 246; 3. Monika Kaserer (A) 196
1978:	1. Hanni Wenzel (FL) 154; 2. Annemarie Moser (A) 147; 3. Lise-Marie Morerod (CH) 135
1979:	Annemarie Moser (A) 243; 2. Hanni Wenzel (FL) 240; 3. Irene Epple (D) 189
1980:	1. Hanni Wenzel (FL) 311; 2. Annemarie Moser (A) 259; 3. Marie-Theres Nadig (CH) 221
1981:	1. Marie-Theres Nadig (CH) 289; 2. Erika Hess (CH) 251; 3. Hanni Wenzel (FL) 241
1982:	1. Erika Hess (CH) 297; 2. Irene Epple (D) 282; 3. Christine Cooper (USA) 190
1983:	1. Tamara McKinney (USA) 225; 2. Hanni Wenzel (FL) 193; 3. Erika Hess (CH) 192
1984:	1. Erika Hess (CH) 247; 2. Hanni Wenzel (FL) 238; 3. Tamara McKinney (USA) 195

bei den Spielen in Innsbruck und verpaßte mit zwei vierten Plätzen (Abfahrt und Slalom) nur knapp weitere Medaillen.
Ihre Teamkameradin Barbi Henneberger aus München, geboren am 4. Oktober 1940, kam in Innsbruck zu zwei fünften Plätzen in Kombination und Abfahrt, hatte aber 1960 schon zwei Bronzemedaillen geholt. Einmal im olympischen Slalom, zum anderen in der WM-Kombinationswertung. Die vom Typ her viel weiblicher wirkende Münchnerin kam bei der WM 1962 in Chamonix zweimal auf Platz vier (Abfahrt und Kombination) sowie einmal auf Platz fünf (Slalom). Insgesamt gewann sie sieben deutsche Meistertitel.
Leben und Karriere wurden abrupt beendet, als sie bei Arbeiten für einen Film ihres Freundes Willy Bogner im Engadin von einer Lawine erfaßt wurde. Mit ihr starb an diesem 12. April 1964 der US-Meister Bud Werner.

Heute führt sie zu Hause eine Pension

Heidi Biebl hatte schon in jungen Jahren den ganz großen Erfolg bei Olympia. Auch später blieb sie auf Erfolgskurs. Im Sommer 1964 heiratete sie den Schweizer Pistenkönner Werner Schmid (Bild rechts), mit dem sie noch heute eine Pension in Oberstaufen führt.

BEI WM-TITELN: OESTERREICH KNAPP VOR DEUTSCHLAND

Siegerinnen der alpinen Ski-Weltmeisterschaften bzw. FIS-Rennen

Ab 1937 wurde das FIS-Rennen offiziell als WM ausgetragen; die Rennen in den olympischen Wintern 1948 bis 1980 galten auch als Weltmeisterschaften; 1936 veranstaltete die FIS neben den Olympiawettbewerben in Garmisch eigene Weltmeisterschaften in Innsbruck. Ab 1984 gelten die Olympiasieger nicht mehr als Weltmeister.*

	Slalom	**Abfahrt**	**Kombination**
Mürren 1931	E. M. Mackinnon (GB)	E. M. Mackinnon (GB)	–
Cortina d'Ampezzo 1932	Rösli Streiff (CH)	Paula Wiesinger (I)	Rösli Streiff (CH)
Innsbruck 1933	Inge Wersin-Lantschner (A)	Inge Wersin-Lantschner (A)	Inge Wersin-Lantschner (A)
St. Moritz 1934	Christl Cranz (D)	Anny Rüegg (CH)	Christl Cranz (D)
Mürren 1935	Anny Rüegg (CH)	Christl Cranz (D)	Christl Cranz (D)
Garmisch 1936	Christl Cranz (D)	Laila Schou-Nielsen (N)	Christl Cranz (D)
Innsbruck 1936	G. Paumgarten (A)	Evelyn Pinching (GB)	Evelyn Pinching (GB)
Chamonix 1937	C hristl Cranz (D)	Christl Cranz (D)	Christl Cranz (D)
Engelberg 1938	Christl Cranz (D)	Lisa Resch (D)	Christl Cranz (D)
Zakopane 1939	Christl Cranz (D)	Christl Cranz (D)	Christl Cranz (D)
St. Moritz 1948	Gretchen Frazer (USA)	Heidi Schlunegger (CH)	Trude Beiser (A)

Bei den beiden nächsten Veranstaltungen kam der Riesenslalom als neuer Wettbewerb hinzu, dafür entfiel die Kombination.

	Slalom	**Riesenslalom**	**Abfahrt**
Aspen 1950	Dagmar Rom (A)	Dagmar Rom (A)	Trude Beiser-Jochum (A)
Oslo 1952	Andrea Mead-Lawrence (USA)	Andrea Mead-Lawrence (USA)	Trude Beiser-Jochum (A)

Von 1954 an wurde wieder eine Kombinations-WM durchgeführt.

Slalom	**Riesenslalom**	**Abfahrt**	**Kombination**
Aare 1954			
Trude Klecker (A)	Lucien Schmid-Couttet (F)	Ida Schröpfer (CH)	Ida Schröpfer (CH)
Cortina d'Ampezzo 1956			
Renée Colliard (CH)	Ossi Reichert (D)	Madeleine Berthod-Chamot (CH)	Madeleine Berthod-Chamot (CH)
Badgastein 1958			
Inger Björnbakken (N)	Lucile Wheeler (CDN)	Lucile Wheeler (CDN)	Frieda Dänzer (CH)
Squaw Valley 1960			
Ann Heggtveit (CDN)	Yvonne Ruegg (CH)	Heidi Biebl (D)	Ann Heggtveit (CDN)
Chamonix 1962			
Marianne Jahn (A)	Marianne Jahn (A)	Christl Haas (A)	Marielle Goitschel (F)
Innsbruck 1964			
Christine Goitschel (F)	Marielle Goitschel (F)	Christl Haas (A)	Marielle Goitschel (F)
Portillo 1966			
Annie Famose (F)	Marielle Goitschel (F)	Erika Schinegger (A)	Marielle Goitschel (F)
Grenoble 1968			
Marielle Goitschel (F)	Nancy Greene (CDN)	Olga Pall (A)	Nancy Greene (CDN)
Gröden 1970			
Ingrid Lafforgue (F)	Betsy Clifford (CDN)	Annerösli Zryd (CH)	Michèle Jacot (F)
Sapporo 1972			
Barbara Cochran (USA)	Marie-Theres Nadig (CH)	Marie-Theres Nadig (CH)	Annemarie Pröll (A)
St. Moritz 1974			
Hanni Wenzel (FL)	Fabienne Serrat (F)	Annemarie Moser (A)	Fabienne Serrat (F)
Innsbruck 1976			
Rosi Mittermaier (D)	Kathy Kreiner (CDN)	Rosi Mittermaier (D)	Rosi Mittermaier (D)
Garmisch-Partenkirchen 1978			
Lea Sölkner (A)	Maria Epple (D)	Annemarie Moser (A)	Annemarie Moser (A)
Lake Placid 1980			
Hanni Wenzel (FL)	Hanni Wenzel (FL)	Annemarie Moser (A)	Hanni Wenzel (FL)
Schladming 1982			
Erika Hess (CH)	Erika Hess (CH)	Gerry Soerensen (CDN)	Erika Hess (CH)

* Die gleichen Reglements galten und gelten auch für die Herren.

Der Tod kam während der Filmarbeiten

Barbi Henneberger hätte wegen ihres Charmes neben der sportlichen Tüchtigkeit zur beliebtesten Rennläuferin der 60er Jahre in der Bundesrepublik werden können. Ihr Lawinentod während einiger Filmarbeiten beendete jedoch alle Hoffnungen.

Titelsammlerin Marielle Goitschel

Zu den Gegnern der beiden deutschen Ski-Damen gehörte in Innsbruck auch die Französin Marielle Goitschel, die in einer Blitzkarriere zur überragenden Läuferin der 60er Jahre avancierte. Die am 28. September 1945 in Sainte-Maxime geborene und in Val-d'Isère aufgewachsene Französin war früh für den Skisport entdeckt worden und wurde von Honoré Bonnet trainiert. 1962 rutschte sie nachträglich noch ins WM-Team ihres Landes und erwies sich dann in Chamonix als die große Überraschung.

Nach einem zweiten Platz im Slalom und dem vierten im Riesenslalom wurde sie durch eine mittelprächtige Abfahrtsleistung noch Kombinationsweltmeisterin – mit siebzehn Jahren. Im Winter danach untermauerte sie mit dem ersten nationalen Titel im Riesenslalom und Siegen in dieser Disziplin in Grindelwald und Oberstaufen die Weltmeisterschaftslorbeeren des Vorjahres.

Die technisch stark fahrende Französin konnte auch in der Abfahrt mit der Konkurrenz mithalten und war deshalb bei jeder Veranstaltung für einen Kombinationstitel gut. Zusammen mit ihrer ebenfalls überragend fahrenden älteren Schwester Christine, geboren am 9. Juni 1944, bildete sie für die Olympischen Spiele 1964 in Innsbruck eine Medaillenbank für die Equipe tricolore. In der Axamer Lizum kam es zu dem noch in bester Erinnerung gebliebenen schwesterlichen Zweikampf, der mit zweimal Gold und Silber für die beiden endete. Im Slalom lag Christine vor Marielle, im Riesenslalom war es umgekehrt. Durch ihren zehnten Platz in der Abfahrt

holte sich Marielle dann auch noch den WM-Titel in der Kombination.
Auch 1965 gab es für sie viele Siege, darunter die der Slaloms von Schruns, St. Gervais und St. Valley. Bei der sogenannten Sommer-WM im August 1966 im chilenischen Portillo erwies sich Marielle Goitschel als Konditionsstärkste und kam aus jedem Wettbewerb mit einer Medaille. Es gab Gold im Riesenslalom, Silber im Slalom, Silber in der Abfahrt und Gold in der Kombination.
Danach steuerte sie neue Ziele an. Im Winter 1966/67 wurde erstmals der Weltcup ausgetragen. Die Französin schaffte aber nur den zweiten Platz hinter der Kanadierin Nancy Greene. Dafür konnte sie sich in der Abfahrts- und Slalom-Wertung ganz vorn plazieren (→ Übersicht Weltcupsieger).
Sie krönte ihre Laufbahn 1968 in Grenoble mit einem weiteren Olympiasieg (Slalom) und Silber in der Kombination. Danach trat sie zurück und machte als Kommentatorin für Fernsehen und Rundfunk, als PR-Managerin und Politikerin von sich reden.

Die Miß World-Cup: Annemarie Moser-Pröll

Die Goitschel fand in den 70er Jahren eine Nachfolgerin, die von Sieg zu Sieg eilte, aber ein volles Dutzend Jahre auf ihr höchstes Glück, eine olympische Goldmedaille, warten mußte: Annemarie Pröll, geboren am 27. März 1953 in Kleinarl im Salzburger Land, seit 1973 verheiratete Moser.
Sie hatte noch sieben Geschwister, und es wird erzählt, daß ihr Vater die ersten Skier für diese

	Abfahrtsweltcup	Slalomweltcup	Riesenslalom-weltcup
1967	Marielle Goitschel (F)	Marielle Goitschel und Annie Famose (beide F)	Nancy Greene (CDN)
1968	Isabelle Mir (F) und Olga Pall (A)	Marielle Goitschel (F)	Nancy Greene (CDN)
1969	Wiltrud Drexel (A)	Gertrud Gabl (A)	Marilyn Cochran (USA)
1970	Isabelle Mir (F)	Ingrid Lafforgue (F)	Françoise Macchi und Michèle Jacot (beide F)
1971	Annemarie Pröll (A)	Britt Lafforgue (F)	Annemarie Pröll (A)
1972	Annemarie Pröll (A)	Britt Lafforgue (F)	Annemarie Pröll (A)
1973	Annemarie Pröll (A)	Patricia Emonet (F)	Monika Kaserer (A)
1974	Annemarie Moser (A)	Christa Zechmeister (D)	Hanni Wenzel (FL)
1975	Annemarie Moser (A)	Lise-Marie Morerod (CH)	Annemarie Moser (A)
1976	Brigitte Totschnigg (A)	Rosi Mittermaier (D)	Lise-Marie Morerod (CH)
1977	Brigitte Habersatter-Totschnigg (A)	Lise-Marie Morerod (CH)	Lise-Marie Morerod (CH)
1978	Annemarie Moser (A)	Hanni Wenzel (FL)	Lise-Marie Morerod (CH)
1979	Annemarie Moser (A)	Regina Sackl (A)	Christa Kinshofer (D)
1980	Marie-Theres Nadig (CH)	Perrine Pelen (F)	Hanni Wenzel (FL)
1981	Marie-Theres Nadig (CH)	Erika Hess (CH)	Tamara McKinney (USA)
1982	M. C. Gaudenier (F)	Erika Hess (CH)	Irene Epple (D)
1983	Doris de Agostini (CH)	Erika Hess (CH)	Tamara McKinney (USA)
1984	Maria Walliser (CH)	Tamara McKinney (USA)	Erika Hess (CH)

Kombination (seit 1975 ausgetragen):
1975 Annemarie Moser-Pröll (A); 1976 Rosi Mittermaier (D); 1977 Hanni Wenzel (FL); 1978 nicht ausgetragen; 1979 Annemarie Moser-Pröll (A); 1980 Hanni Wenzel (FL); 1981 Marie-Theres Nadig (CH); 1982 Irene Epple (D); 1983 Hanni Wenzel (FL); 1984 Erika Hess (CH)

Das As der zwei Schwestern aus Frankreich
Marielle Goitschel bildete mit ihrer Schwester Christine ein gefürchtetes Tandem auf den internationalen Skipisten. Die ein Jahr jüngere Marielle kam auf die größere Medaillenausbeute und holte als erste den Weltcup.

Tochter noch selbst gefertigt hat. Als Zwölfjährige fuhr sie ihr erstes Schülerrennen, wurde vom Dorfpfarrer entdeckt und höheren Ortes weiterempfohlen. So kam sie zum verantwortlichen Trainer der österreichischen Alpinen und fuhr 1968 als Fünfzehnjährige schon beim Weltcuprennen von Badgastein mit. Sie wurde Neunundsiebzigste ...
Die kräftig gebaute Österreicherin machte im folgenden Winter dann erstmals auf sich aufmerksam, als ihr das Kunststück gelang, bei der Abfahrt in St. Gervais mit der Startnummer 67 noch auf Platz zwei zu fahren. Ihr erster Weltcuperfolg wurde 1970 im jugoslawischen Maribor registriert. Da war sie siebzehn Jahre alt.
Als sie ihren achtzehnten Geburtstag gefeiert hatte, lag der erste Weltcup auf dem Gabentisch, schon vor Ende der Saison 1971 sicher gewonnen. Und das machte »La Pröll«, wie die französische Sportpresse dieses Pistenphänomen getauft hatte, dann noch weitere viermal in Folge nach. Fünf Weltcupsiege in der Gesamtwertung, dazu diverse erste Plätze in einzelnen Disziplinen – die alpine Skiszene konnte eine neue Rekordfahrerin feiern. Insgesamt gewann die Annemarie Moser-Pröll bei ihrem Siegeszug 41 Weltcuprennen; 1973 zum Beispiel alle acht Weltcup-Abfahrten der Saison, dazu noch drei Riesenslaloms. Insgesamt konnte sie sich in 99 Rennen unter die ersten Zehn plazieren.
Dazu kamen folgende Medaillen: 1970 bei der WM in Gröden Bronze in der Abfahrt, 1972 in Sapporo bei den Olympischen Spielen Silber in Abfahrt und Riesenslalom und nach dem fünften Platz im Slalom WM-Kombinations-Gold, 1974 bei der WM in St. Moritz Gold in der Abfahrt. Etwas fehlte also in der ansonsten großartigen Bilanz der als Kumpeltyp auf den Pisten geschätzten »La Pröll«: olympisches Gold.
So sah sie Sapporo nachträglich auch als Mißerfolg an, war bedrückt, daß sie den hohen Erwartungen in der Heimat nicht gerecht werden konnte. Beobachter sahen in der schlechten Atmosphäre nach dem Theater um (→) Karl Schranz innerhalb des Austria-Teams einen Grund für das Nichterreichen des hohen Ziels Olympiasieg, den anderen lieferte die Läuferin später nach: zu großer Erfolgsdruck.
Vor den nächsten Olympischen Spielen in ihrer österreichischen Heimat im Winter 1976 verkündete Annemarie Moser-Pröll dann ihren Rücktritt, den niemand so recht verstand. »Acht Jahre Rennsport sind genug«, ließ sie wissen und kümmerte sich dann intensiv um ihr feudales Café in Kleinarl, in das ihre Pistenverdienste geflossen waren.
Ohne Popularität stimmte die Kasse aber nicht mehr so richtig, und die Wirkung der Siegesfeiern von 1976 taten dann den Rest: »La Pröll« feierte im Skiwinter 1977 ihr Comeback. Sie holte die österreichischen Titel in Abfahrt und Slalom und sammelte auch etliche Weltcuppunkte. Am Ende lag sie mit 246 Punkten hinter Lise-Marie Morerod aus der Schweiz auf Platz zwei der Gesamtwertung. Im WM-Winter 1978 fuhr sie dann wieder so stark wie vor ihrem Rücktritt. In Garmisch-Partenkirchen wurde sie Weltmeisterin in der Abfahrt, holte Bronze im Riesenslalom und im Slalom so viele Punkte, daß der Kombinationstitel ebenfalls an sie fiel. Den Weltcup dieses Winters beendete sie nur um sieben Punkte hinter Hanni Wenzel auf Platz zwei.
Die beiden lieferten sich auch in der nächsten Saison einen erbitterten Zweikampf um die Trophäe, der erst im letzten Rennen

Österreichs Stolz in vielen Skiwintern

Abfahrtskönigin Annemarie Moser-Pröll – links in einer für sie typischen Studie, rechts mit der Goldmedaille von der WM 1978 in Garmisch-Partenkirchen – sorgte über lange Zeit für Österreichs Pistenglorie bei den Frauen.

im fernen Japan zugunsten der Österreicherin entschieden wurde, die auch in der Abfahrtswertung – wie schon 1978 – vorne lag. Im Olympiawinter 1980 gab es erneut den Zweikampf der Liechtensteinerin gegen die Moser, den diesmal allerdings Hanni Wenzel mit 52 Punkten Vorsprung recht sicher gewann.
Doch das Weltcupresultat dieses Winters war zweitrangig für Annemarie Moser geworden. Sie hatte sich inzwischen den großen Traum erfüllt und war zum Schluß ihrer großartigen Karriere doch noch Olympiasiegerin geworden. In Lake Placid war die Abfahrtskönigin der letzten zehn Jahre endlich auf die Minute topfit und holte sich ihr ersehntes Olympiagold. Nun konnte sie nach insgesamt 62 Weltcupsiegen beruhigt die Skier in die Ecke stellen und sich anderen Dingen widmen.

Die »Gold-Rosi« überstand den Rummel schadlos

In das Vakuum, das Annemarie Moser durch ihren Rücktritt vor Innsbruck 1976 hinterlassen hatte, stieß zur Überraschung der Fachwelt eine deutsche Läuferin, die vierzig Jahre nach Christl Cranz für den größten Triumph des deutschen alpinen Skisports sorgte.
Rosi Mittermaier, als zweitältestes Mädchen einer Skifamilie am 5. August 1950 auf der Winklmoosalm bei Reit im Winkl geboren, stand in diesem Olympiawinter im zehnten Jahr bei internationalen Top-Wettbewerben auf den Brettern, die ihr die Welt bedeuteten. Seit sie mit fünfzehn Jahren erstmals internationale Wettkampfatmosphäre schnuppern durfte, hatte der Skizirkus sie nicht mehr losgelassen.
Der Olympiawinter 1975/76 war schon ihre zehnte Weltcupsaison, deren Premiere sie 1966/67 miterleben konnte. Damals endete sie auf Platz 27, und es folgten acht weitere Skiwinter mit Weltcuppunkten der Rosi Mittermaier, die in diesem Wettbewerb folgende Plätze belegte: 15 – 7 – 12 – 14 – 6 – 4 – 7 und 3. Das war zumindest ein Rekord in Sachen Beteiligung und Durchhaltevermögen.
1967 trug sie sich erstmals in die Siegesliste bei Deutschen Meisterschaften ein und eiferte damit Schwester Heidi nach, die nationale Titel schon seit 1963 gewonnen hatte. Internationale Erfolge gab es für die Rosi Mittermaier in einigen Weltcup-Slaloms; vor Innsbruck 1976 mußte sie jedoch mit zahlreichen undankbaren Plätzen vorliebnehmen. So brachten ihr zum Beispiel die Olympischen Spiele 1968 in Grenoble nur Enttäuschungen: Ausscheiden im Slalom, Platz 20 im Riesenslalom und Rang 25 in der Abfahrt – mit dieser ernüchternden Bilanz kehrte sie heim.
Bei der WM 1970 im italienischen Gardena erging es ihr etwas besser mit Rang fünf in der Kombination, Platz sechs im Riesenslalom, Rang vierzehn im Slalom und Platz zwanzig in der Abfahrt. Auch die Olympischen Spiele 1972 in Sapporo brachten nicht die erhoffte Medaille. Sie mußte in Japan mit dem sechsten Platz in der Abfahrt, dem achten in der Kombination, dem zwölften im Riesenslalom und dem siebzehnten im Slalom zufrieden sein. Bei der WM 1974 in St. Moritz erwischte sie einen ganz schwachen Wettbewerb, schied in Riesenslalom und Abfahrt aus und wurde im Slalom Sechste.
Diese wahrlich nicht berauschende Bilanz war für sie im olympischen Winter 75/76 vergessen. Schon vor Innsbruck erlebte man eine beständige Rosi Mittermaier, die nicht nur in ihrem Spezialwettbewerb Slalom erfolgreich auftrumpfte, sondern auch in den beiden anderen Disziplinen mitmischte. Sie kam mit der besten Saisonbilanz zur Axamer Lizum und unterstrich in Innsbruck auf beeindruckende Weise ihre Form. Zuerst ging es am 8. Februar 1976 um Abfahrtsgold, und das sollte nach Prognosen der Fachwelt an

Unbezahlbare Werbung

Rosi Mittermaier von der Winklmoosalm machte sowohl durch ihre sportlichen Erfolge als auch durch ihre menschliche Haltung, die ihr die Sympathien nur so zufliegen ließen, unbezahlbare Werbung für ihre Heimat.

Brigitte Totschnig aus Österreich fallen. Diese erreichte auch eine respektable Zeit – bis Rosi Mittermaier mit der Startnummer 9 ins Rennen ging und die Abfahrt ihres Lebens fuhr. Sie verbesserte die Zeit der Österreicherin um fünf Zehntelsekunden und gewann mit dem ersten großen Abfahrtssieg ihrer Laufbahn die olympische Goldmedaille. Jener Triumph der Slalomspezialistin von der Winklmoosalm war die Sensation dieser Spiele schlechthin.

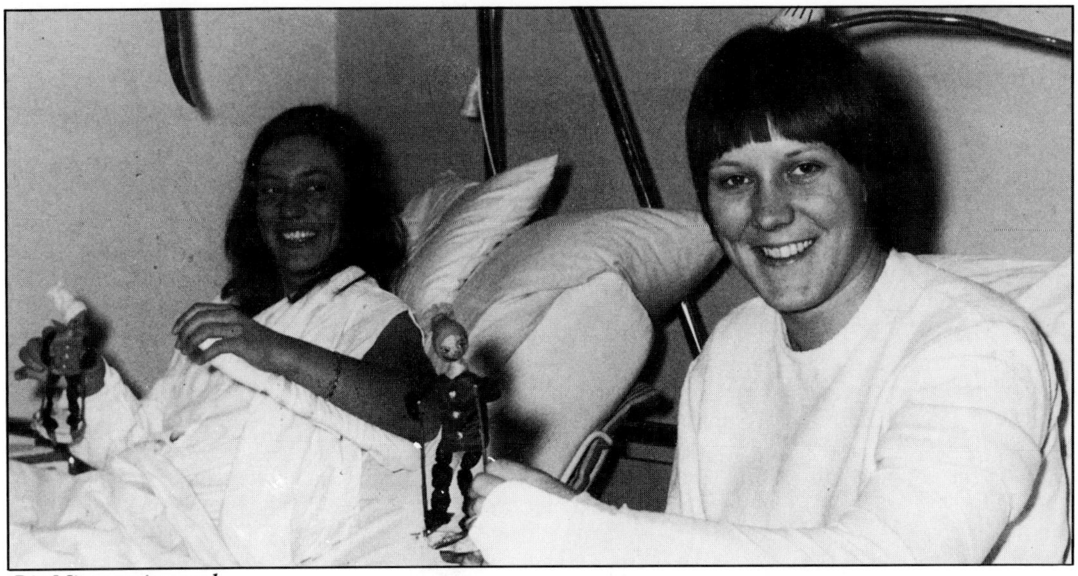

Die Mittermaier- und …

die Epple-Sisters hatten oftmals gut lachen.

Schnappschüsse von Skischwestern

Deutschlands erfolgreichste Geschwisterpaare der Skipisten wurden oft abgelichtet. Oben Rosi (links) und Evi Mittermaier in der Münchener Orthopädie-Klinik, unten Irene und Maria Epple (rechts) beim Weinabend.

Nachdem sie diese Domäne der Österreicherinnen für sich entscheiden konnte, jubelten ihr drei Tage später die wieder zahlreich aus Deutschland angereisten Fans auf der Axamer Lizum zu. Rosi Mittermaier erkämpfte sich nach zwei bestechenden Durchgängen auch die Slalomgoldmedaille und reihte sich in die Garde der wenigen großen Läuferinnen ein, die dieses Kunststück – zweimal Gold bei Olympischen Spielen – fertiggebracht hatten.
Den totalen Triumph verhinderte dann die neunzehnjährige Kanadierin Kathy Kreiner, die im Riesenslalom um zwölf Hundertstel vor der inzwischen zur »Gold-Rosi« stilisierten Deutschen lag. Der Trubel nach den ersten beiden Medaillenerfolgen hatte ihr kaum Zeit zur Konzentration auf den dritten Wettbewerb gelassen. Dennoch reichte der zweite Rang im Riesenslalom völlig, um das Kombinationsgold in der WM-Wertung zu gewinnen.
Rosi Mittermaier konnte dem nach den Spielen um sie einsetzenden Rummel ausweichen und konzentrierte sich auf das letzte große Ziel dieses Winters: den Weltcup. Sie blieb auf Erfolgskurs und konnte als bisher einzige deutsche Läuferin diese Trophäe mit 281 Punkten vor den beiden Schweizerinnen Lise-Marie Morerod (214) und Bernadette Zurbriggen (170) gewinnen. Im zehnten Anlauf gelang ihr also der erste Gesamtsieg. In diesem Zeitraum (seit 1967) hatte sie zehn Einzelrennen gewonnen (meistens Slalom) und vierzig Plazierungen unter den ersten Drei erreicht.
So wie sie Mißerfolge und einige schwere Verletzungen während ihrer Karriere verkraftet hatte, überstand sie auch den Rummel nach diesem Winter. Zwar verschloß sie sich nicht den Chancen, die sich aus der Vermarktung ihres Triumphes boten, aber sie blieb offensichtlich das nette natürliche Mädel von der Winklmoosalm, das sich in der Beliebtheitsskala bei den Sportfans auf eine Stufe mit Idolen wie Fritz Walter und Uwe Seeler gestellt sah.
Nach ihrer Heirat mit dem deutschen Slalomkünstler Christian Neureuther war ihr noch mehr Sympathie gewiß. »Solch eine Schwiegertochter wünscht sich jede Mutter«, hat ein Beobachter einmal über sie gesagt. Auch nach ihrem offiziellen Rücktritt von der Piste, der am 31. Mai 1976 erfolgte, konnte sie sich ungebrochener Popularität erfreuen.

Nicht alle Hoffnungen wurden erfüllt

Der Name Mittermaier blieb im Skisport auch nach Rosis Rücktritt aktuell, da ihre jüngere Schwester Evi mit einigen Erfolgen aufwarten konnte. Zum ganz großen Triumph reichte es jedoch wegen oftmaliger Verletzungen nicht. Ihr blieben oft nur ehrenvolle Plazierungen, wie bei der nächsten Weltmeisterschaft 1978 in Garmisch-Partenkirchen (Platz sechs in der Abfahrt).
Die Überraschung der Rennen an den Hängen am Kreuzeck bildeten bei dieser WM die Epple-Schwestern aus Seeg im Allgäu, wobei das Abschneiden der noch nicht achtzehnjährigen Maria Epple die absolute Sensation darstellte. Die am 11. März 1959 geborene jüngere Epple-Schwester zeigte in beiden Durchgängen des Riesenslaloms Nerven wie Drahtseile und lag am Ende vor den hoch gehandelten Favoriten Lise-Marie Morerod und Annemarie Moser-Pröll. Davor hatte sie mit zweiten und dritten Plätzen in Weltcuprennen ihre besten Resultate erzielt.
Das »Marile«, wie sie in der Skiszene genannt wird, hatte nach Abschluß der Realschule dem Skisport absoluten Vorrang gegeben und sich nur auf die winterlichen Rennen konzentriert.
Nach einer schweren Verletzung in der folgenden Saison 1978/79 erreichte sie keinen ähnlichen Erfolg mehr. Bei den Olympischen Spielen 1980 in Lake Placid fuhr sie, immer noch gehandicapt, im Riesenslalom auf Platz acht, und bei den Weltmeisterschaften 1982 in Schladming erreichte sie in ihrer Spezialdisziplin gar nur den 23. Rang. In diesem Winter konnte sie immerhin drei Weltcup-Riesenslalomsiege feiern und kam im Gesamtweltcup auf Rang vier.
Etwas besser lief es noch in der Saison 1982/83, wo sie voll durchfahren konnte und im Gesamtweltcup Platz neun, im Slalom Platz elf und

im Riesenslalom sogar Platz drei belegen konnte.
Ihre ältere Schwester Irene, geboren am 18. Juni 1957, die 1978 in Garmisch-Partenkirchen ebenfalls zu den Medaillengewinnerinnen zählte – Silber in der Abfahrt hinter »La Pröll« –, konnte dagegen auch danach weiter in der Weltspitze mitmischen. Sie lag am Ende der folgenden Saison 78/79 auf einem beachtlichen dritten Platz im Gesamtweltcup und erreichte diese Plazierung auch in der Riesenslalom-Wertung.
In Lake Placid schockte sie ihre Anhänger zunächst mit einem für sie schwachen 19. Platz in der Abfahrt, rehabilitierte sich jedoch im Riesenslalom mit der Silbermedaille. In den weiteren Weltcuprennen dieses Winters lag sie häufig auf zweiten und dritten Plätzen, feierte schließlich in Saalbach noch einen Riesenslalomerfolg und endete im Weltcup dann auf Rang fünf – genau wie im nächsten Jahr.
Bei der WM 1982 in Schladming erlebte sie wie die anderen deutschen Teilnehmerinnen schwere Rückschläge. Nach glänzenden Ergebnissen in den vorherigen Rennen im Riesenslalom und der Abfahrt blieb sie im Tiroler WM-Ort bei der Abfahrt im Neuschnee stecken und wurde nur Vierte. Im zweiten Wettbewerb der erstmals bei einer WM ausgetragenen Zweier-Kombination, dem Kombinations-Slalom, landete sie gar nur auf Rang fünfzehn. Auch im Riesenslalom gab es mit dem vierzehnten Platz eine Pleite.
Danach imponierte sie jedoch wieder mit guten Plazierungen und lieferte der Mehrfach-Weltmeisterin Erika Hess aus der Schweiz einen harten Kampf um den Weltcup-Gesamtsieg. Mit 282 Punkten landete sie nur knapp geschlagen auf Platz zwei, holte aber den Cup in der Riesenslalom-Wertung und in der Kombination. Es blieb trotz der Pleite in Schladming ihr bester Winter, denn 1982/83 rangierte sie wieder weiter hinten: im Gesamtweltcup auf Rang sechs, in der Abfahrt auf Platz siebzehn, im Riesenslalom auf Rang sieben und in der Kombination auf Platz vier. Der Olympiawinter 83/84 begann mit ihrem zehnten Weltcup-Erfolg (Abfahrt in Val-d'Isère) und mehreren zweiten Plätzen verheißungsvoll, endete dann aber – verletzungsbedingt – mit der großen Enttäuschung von Sarajewo.

Der Krach um »Kinsi«

Die jüngste im Feld der deutschen Medaillengewinnerinnen war Christa Kinshofer, geboren am 24. Januar 1961 in Miesbach.

Bilder aus dem Leben einer Skikönigin

Der Medaillenflut von Innsbruck folgte der Riesenempfang in der Heimat und die Hochzeit mit Christian Neureuther. Seitdem wird Familienleben für die »Gold-Rosi« großgeschrieben (unten rechts mit ihren Eltern).

Die Medaillen

Die Hochzeit

Der Empfang

Die Familie

Auch sie widmete sich nach Abschluß der Schule (Mittlere Reife 1978) ganz dem Skisport und konnte schon als Achtzehnjährige ihren ersten ganz großen Erfolg verbuchen. In der Saison 1978/79 errang sie nicht weniger als fünf Siege im Weltcup-Riesenslalom und gewann die Trophäe für diese Disziplin – mit der Idealpunktzahl von 125 – überlegen.
In Lake Placid kam sie 1980 hinter Hanni Wenzel zur Silbermedaille im Slalom und verbesserte sich in diesem Winter auch in Abfahrtsrennen. Die nächste Saison sah sie auf erfolgreichem Weltcupkurs – mit 133 Punkten lag sie in einer Zwischenwertung auf Platz drei –, als ihre schwarze Serie begann. Nach einem Beinbruch im Training war alles vorbei.
In der WM-Saison hatte sie sich so weit erholt, daß sie für Schladming qualifiziert war – als eine Gehirnerschütterung im Januar 1982 für neues Ungemach sorgte. Sie kam in Schladming auf Platz neun im Riesenslalom und geriet danach in die Mühlen der harten Manöverkritik durch den DSV. Die Konsequenzen der Forderung nach härterem Training und schärferer Auslese endeten für »Kinsi« mit dem Ausschluß aus dem Kader und einer überraschenden Entscheidung: Für die olympische Saison 1983/84 erhielt sie Startrecht für die Niederlande. Sie konnte jedoch für ihre neue sportliche Wahlheimat keinerlei Meriten ernten.

Neues As aus der Schweiz: Erika Hess

Noch ein Jahr jünger als Christa Kinshofer ist die Schweizerin Erika Hess, deren Stern 1980 in Lake Placid aufging und die anschließend zur neuen Pistenkönigin wurde. Die am 6. März 1962 in Grafenort geborene Bauerntochter hatte sich in ihrer Heimat ab 1977 profiliert und trat dann in die Fußstapfen berühmter Vorgängerinnen.
Nach der Bronzemedaille im Olympiaslalom 1980 beendete sie die Weltcupsaison dieses Winters auf Platz sechs im Slalom, um ein Jahr später diese Trophäe schon zu gewinnen. Zum großen Erfolgsjahr wurde die folgende Wettbewerbsperiode 1981/82. Erika Hess erwies sich in Slalom und Riesenslalom als Seriensiegerin und fuhr mit viel Vorschußlorbeeren zur WM nach Schladming. Dort feierte sie ein wahres Goldfestival und holte die Titel in der Zweier-Kombination, im Kombinations-Slalom, im Spezialslalom und im Riesenslalom. Die nur 110 Pfund schwere Han-

Sie lachte nur einen Winter

Nach dem Silber-Triumph von Lake Placid schien die Skiwelt für Christa Kinshofer offen, doch seitdem klebt ihr das Pech an den Skiern. In der Olympiasaison 1983/84 fuhr sie im holländischen Trikot nur hinterher.

Erhoffte Krönung blieb aus

Die Olympischen Spiele 1984 sollten die Krönung ihrer Laufbahn bringen, aber in Sarajewo gab es nicht einmal eine Bronzemedaille – wie 1980 (links) – für Erika Hess, dreifache Weltmeisterin des Jahres 1982.

delsschülerin wurde so zur Ski-Königin von Schladming.
Auch in diesem Skiwinter fuhr sie den anderen meist davon, so daß es zwei Weltcup-Trophäen für sie gab: die in der Gesamtwertung und im Slalom. Im Winter 1982/83 setzte ihr dann die Konkurrenz mehr zu, und sie endete im Gesamtweltcup auf Platz drei, gewann aber wieder die Slalomwertung.
In der Olympiasaison fuhr sie erneut sehr stark. Nach erstklassigen Plazierungen galt sie als die Top-Favoritin für die beiden Slalomdisziplinen im jugoslawischen Sarajewo. Doch die Wettkämpfe in der Hauptstadt der Republik Bosnien und Herzegowina wurden für sie zu einer einzigen Enttäuschung: olympisches Edelmetall blieb ihr versagt. Dafür hielt sie sich anschließend im Weltcup schadlos und gewann den Slalom und die Gesamtwertung.

Der »Weiße Blitz aus Kitz«: Toni Sailer

Aus der Fülle der berühmten Namen der alpinen Skiszene ist einer heute noch allen geläufig, auch wenn sie keine großen Wintersportanhänger sind: Toni Sailer. Er schaffte, was noch keinem vor ihm gelungen war, und setzte damit einen Meilenstein in der Geschichte des alpinen Skisports.
Der Anton (»Toni«) Sailer, geboren am 17. November 1935 in Kitzbühel, gewann 1956 in Cortina d'Ampezzo alle drei olympischen Goldmedaillen und auch die Kombinations-WM – die erfolgsgewohnte Skination Österreich stand kopf. Der junge Mann aus dem bekannten Wintersportzentrum in den Tiroler Alpen hatte einen nahezu kometenhaften Aufstieg zu einer ebenso kurzen wie erfolgreichen Karriere erlebt. Der Größte unter den vielen Großen seiner Zeit gewesen zu sein – das macht den Kitzbüheler unvergessen. Allein in seiner Heimat standen mit Anderl Molterer, Hans Hinterseer, Ernst Obermaier, Hias Leitner und Josl Rieder – um nur die ganz Wichtigen zu nennen – Konkurrenten bereit, die den Ruf Österreichs als Skihochburg jener Epoche durch zahlreiche Siege untermauerten.
Der Toni aus Tirol hatte 1952 erstmals internationales Parkett betreten, dabei kaum beachtet von der Konkurrenz. Und er brauchte noch eine Weile – um sich dann bei ihr unvergessen zu machen. Bei der Lauberhorn-Abfahrt im Jahre 1955 besiegte er erstmals die gesamte alpine Elite, und auch den Olympiawinter 1956 begann er mit Erfolgen: Sieg bei den Abfahrten am Lauberhorn in Wengen und am Hahnenkamm in

Ein junger Österreicher machte Furore

Als der junge Toni Sailer erstmals seine prominenten Landsleute und Pistenasse besiegt hatte, mochte dennoch niemand an die große Karriere glauben.

Kitzbühel sowie Slalomsieg am Hahnenkamm – war das ein ernstzunehmender Mitbewerber um die Olympiamedaillen?
Der zwanzigjährige Spenglergeselle Toni Sailer, jüngstes Mitglied im mit prominenten Namen gespickten Austria-Team, fuhr dann im italienischen Cortina d'Ampezzo zu unvergeßlichem Ruhm. Schon im Riesenslalom lag er so deutlich vor seinen Landsleuten Anderl Molterer und Walter Schuster – womit erstmals alle Medaillen in einem alpinen Wettbewerb bei Olympischen Spielen an ein Land gingen

Nach Cortina gab es für ihn keine Pause

Vor dem Skiwinter 1957/58 trainierte Sailer bereits im November auf dem Zugspitzblatt für die nächsten Aufgaben. Er wollte wie 1956 auch bei der WM 1958 wieder das Siegeszeichen machen.

–, daß man ihn für die nächsten Rennen zum Mitfavoriten stempelte. Er erfüllte alle Vorschußlorbeeren im »Slalom der Ausfälle« – 45 von 84 Teilnehmern schieden aus, nur siebzehn kamen überhaupt ohne Sturz ins Ziel – und fuhr wie ein Uhrwerk zur zweiten Goldmedaille. Dann meisterte er auch noch die Tofana-Abfahrt von Cortina, seinen schwarzen Schopf mit einer weißen Pudelmütze gebändigt, und gewann als erster Skifahrer alle drei Goldmedaillen.

Der »Weiße Blitz aus Kitz« war auf einen Schlag zu einer weltweiten Berühmtheit geworden. Die ganze Nation wollte ihn nach der Rückkehr feiern, und so sah sich der Naturbursche aus Tirol im Mittelpunkt zahlreicher Feiern – bis hin zum Staatsempfang. Er verkraftete den Rummel jedoch so gut, daß er auch im folgenden Winter die Prestige-Abfahrten von Wengen und Kitzbühel gewann, in Badgastein allerdings erstmals in einem Abfahrtsrennen wieder geschlagen wurde.

Dort wurden die nächsten WM-Titel vergeben, und die Sailer-Fangemeinde bangte um ihr Idol, das den vielfältigen Aktivitäten außerhalb der Pisten anscheinend Tribut zollen mußte. Nach einem zweiten Platz im Slalom schienen sich die Befürchtungen um das nahe Ende seiner Karriere zu bestätigen, aber der Toni gab mit dem Sieg im Riesenslalom die richtige Antwort. Dann folgte das Abfahrtsrennen, das Zehntausende seiner Landsleute veranlaßt hatte, nach Badgastein zu pilgern. Und der Tiroler verteidigte Österreichs Skidomäne, gewann das Rennen am Graukogel und damit auch die Kombination. Mit dreimal Olympiagold und sieben WM-Titeln innerhalb zweier Jahre hatte er somit einen phantastischen Rekord für den alpinen Skisport aufgestellt.

Danach konnte er den Lockungen nicht widerstehen, die mit der Kommerzialisierung seines Images verbunden waren. Er unterschrieb Filmverträge, gab in Luzern sogar ein Bühnendebüt und versuchte sich als Schlagersänger. Die FIS und das IOC erkannten ihm die Amateureigenschaften ab, und die Sportkarriere des Toni Sailer war damit beendet. Von den Erlösen seiner Tätigkeiten im Showgeschäft baute er sich in seiner Heimat Kitzbühel ein Hotel, wurde jedoch bald wieder in der Skiszene aktiv. Diesmal aber nur am Rande der Piste. Für den Österreichischen Rundfunk berichtete er 1964 von den Winterspielen. Vier Jahre später hieß sein Auftraggeber ABC; die US-Fernsehgesellschaft ließ den populären Rennläufer aus Grenoble berichten. Toni Sailer hatte seine Geschäftstätigkeit inzwischen in die USA und nach Japan ausgedehnt, wo er wertvolle Impulse für den alpinen Skisport gab. In Sapporo galt er als eine Art Ehrengast der Japaner, kommentierte von dort auch wieder für den Österreichischen Rundfunk.

Nach dem Versagen der Austria-Equipe im Fernen Osten wurde Toni Sailer zum verantwortlichen Mann für den alpinen Skisport seines Landes berufen. Er behielt diese Position bis 1976 und konnte auch als Trainer große Erfolge vorweisen. So entdeckte er unter anderem Österreichs neuen Skihelden Franz Klammer. Nachdem auch dieses Amt ihm neue Sympathien eingebracht hatte, widmete er sich wieder ganz seinem Hotelbetrieb in Kitzbühel.

Schaffte das Kunststück auch: Jean-Claude Killy

Nach Toni Sailers Rückzug von den Pisten konnten seine Landsleute Hinterseer und Schranz zwar weiter im Konzert der Medaillengewinner mitmischen, mit Frankreich trat jedoch in den 60er Jahren eine neue Skigroßmacht auf den Plan, die beispielsweise von der WM 1966 in Portillo mit sechzehn Medaillen heimkehrte. Einer aus dem französischen Team fuhr sogar mit zwei Goldmedaillen nach Hause, erreichte jedoch seine größte Leistung zwei Jahre später bei den Olympischen Spielen in Grenoble, als er den dreifachen Goldtriumph des Toni Sailer wiederholen konnte: Jean-Claude Killy aus der Medaillenschmiede des französischen Supertrainers Honoré Bonnet.

Der am 30. August 1943 in St. Cloud geborene Killy war im Rahmen des besonderen Sportförderungsprogramms der Regierung de Gaulle systematisch auf den Eintritt in die Elite der Alpinen vorbereitet worden und feierte 1962 seine internationale Premiere mit beachtlichen Plazierungen. Ein Knöchelbruch in diesem Winter warf ihn weit zurück, aber 1963 fand er wieder Anschluß, gewann seinen ersten französischen Meistertitel und stand im Folgejahr im Olympiateam seines Landes für Innsbruck; dort erreichte er mit dem fünften Platz im Riesenslalom sein bestes Resultat.

Im folgenden Winter präsentierte sich ein weiter verbesserter Killy, der in allen drei alpinen Disziplinen gleichmäßige Rennen fuhr und dadurch viele Kombinationssiege errang, die damals noch einen anderen Stellenwert hatten, als dies heute der Fall ist. 1966 in Portillo erntete der knapp 23jährige dann die ersten Früchte seiner beharrlichen Trainingsarbeit. Er wurde Weltmeister in der Abfahrt, und durch gute Plätze in Slalom und Riesenslalom siegte er auch in der Kombination. In der nächsten Saison hatte der Weltcup Premiere, und der Franzose gestaltete diesen Wettbewerb zu einem einzigen Triumphzug für sich. Er gewann Rennen für Rennen – darunter am Lauberhorn als zweiter Läufer nach Anderl Molterer Abfahrt und Slalom und damit natürlich auch die Kombination – und stand am Ende in allen Wertungen an erster Stelle.

Zum Auftakt der Olympiasaison 1968 setzte es am Hahnenkamm zwar eine Niederlage, aber in Grenoble fuhr Jean-Claude Killy dann wie entfesselt. Die Siege fielen zwar sehr knapp aus – nur sieben Hundertstelsekunden Vorsprung in der Abfahrt und erst durch Disqualifikation von Karl Schranz im Slalom erfolgreich –, aber er gewann alle drei Goldmedaillen.

Die anschließenden Jubelfeiern gestalteten sich noch etwas lauter als zwölf Jahre zuvor bei Toni Sailer, doch Jean-Claude Killy beendete diese Saison in sportlich überzeugender Manier als erneuter Weltcupsieger. Erst danach ließ er seine immense Popularität von cleveren US-Managern vermarkten und wurde durch kluge Vertragsabschlüsse schnell zum Millionär.

Rennstrecken lockten auch im Sommer

Das Risiko war für Jean-Claude Killy (oben in Wengen) eine Faszination. Er stieg auch ins Cockpit von schnellen Wagen und fuhr unter anderem die Targa Florio. Das rechte Bild zeigt ihn vor dem Start dieses Rennens.

Sieger der alpinen Ski-Weltmeisterschaften bzw. FIS-Rennen

	Slalom	Abfahrt	Kombination
Mürren 1931	David Zogg (CH)	Walter Prager (CH)	–
Cortina 1932	Friedl Däuber (D)	Guzzi Lantschner (A)	Otto Furrer (CH)
Innsbruck 1933	Toni Seelos (A)	Walter Prager (CH)	Toni Seelos (A)
St. Moritz 1934	Franz Pfnür (D)	David Zogg (CH)	David Zogg (CH)
Mürren 1935	Toni Seelos (A)	F. Zingerle (A)	Toni Seelos (A)
Garmisch 1936	Franz Pfnür (D)	Birger Ruud (N)	Franz Pfnür (D)
Innsbruck 1936	Rudi Matt (A)	Rudolf Rominger (CH)	Rudolf Rominger (CH)
Chamonix 1937	Emile Allais (F)	Emile Allais (F)	Emile Allais (F)
Engelberg 1938	Rudolf Rominger (CH)	James Couttet (F)	Emile Allais (F)
Zakopane 1939	Rudolf Rominger (CH)	Heli Lantschner (D)	Pepi Jennewein (D)
St. Moritz 1948	Edi Reinalter (A)	Henri Oreiller (F)	Henri Oreiller (F)

	Slalom	Riesenslalom	Abfahrt
Aspen 1950	Georges Schneider (CH)	Zeno Colo (I)	Zeno Colo (I)
Oslo 1952	Othmar Schneider (A)	Stein Eriksen (N)	Zeno Colo (I)

Slalom	Riesenslalom	Abfahrt	Kombination
Aare 1954			
Stein Eriksen (N)	Stein Eriksen (N)	Christian Pravda (A)	Stein Eriksen (N)
Cortina d'Ampezzo 1956			
Toni Sailer (A)	Toni Sailer (A)	Toni Sailer (A)	Toni Sailer (A)
Badgastein 1958			
Josl Rieder (A)	Toni Sailer (A)	Toni Sailer (A)	Toni Sailer (A)
Squaw Valley 1960			
Ernst Hinterseer (A)	Roger Staub (CH)	Jean Vuarnet (F)	Guy Périllat (F)
Chamonix 1962			
Charles Bozon (F)	Egon Zimmermann (A)	Karl Schranz (A)	Karl Schranz (A)
Innsbruck 1964			
Pepi Stiegler (A)	Francois Bonlieu (F)	Egon Zimmermann (A)	Luggi Leitner (D)
Portillo 1966			
Carlo Senoner (I)	Guy Périllat (F)	Jean-Claude Killy (F)	Jean-Claude Killy (F)
Grenoble 1968			
Jean-Claude Killy (F)	Jean-Claude Killy (F)	Jean-Claude Killy (F)	Jean-Claude Killy (F)
Gröden 1970			
Jean-Noël Augert (F)	Karl Schranz (A)	Bernhard Russi (CH)	Budd Kidd (USA)
Sapporo 1972			
Francisco Ochoa (E)	Gustav Thöni (I)	Bernhard Russi (CH)	Gustav Thöni (I)
St. Moritz 1974			
Gustav Thöni (I)	Gustav Thöni (I)	David Zwilling (A)	Franz Klammer (A)
Innsbruck 1976			
Piero Gros (I)	Heini Hemmi (CH)	Franz Klammer (A)	Gustav Thöni (I)
Garmisch-Partenkirchen 1978			
Ingemar Stenmark (S)	Ingemar Stenmark (S)	Josef Walcher* (A)	Andreas Wenzel (FL)
Lake Placid 1980			
Ingemar Stenmark (S)	Ingemar Stenmark (S)	Leonhard Stock (A)	Phil Mahre (USA)
Schladming 1982			
Ingemar Stenmark (S)	Steve Mahre (USA)	Harti Weirather (A)	Michel Vion (F)

* Josef (»Sepp«) Walcher verunglückte bei einem Volks-Abfahrtslauf am 22. Januar 1984 tödlich.

Vergebliche Jagd nach Olympiagold: Karl Schranz

Einer der großen Konkurrenten von Killy blieb noch vier Jahre länger aktiv, um sein sportliches Traumziel, eine olympische Goldmedaille, endlich realisieren zu können – und wurde dann am grünen Tisch von den Funktionären besiegt: der Arlberger Karl Schranz, geboren am 18. November 1938 in St. Anton.

Er hat in seiner siebzehnjährigen Laufbahn wirklich alles gewonnen, was es auf alpinen Pisten zu gewinnen gab – nur eben keine Goldmedaille bei Olympischen Spielen. Viermal nahm er dazu Anlauf, viermal scheiterte er an unglücklichen Umständen. 1960 verletzte er sich kurz vor dem Abflug nach Squaw Valley, konnte trotzdem starten, wurde aber ein Opfer der Wachsfehler seiner Teamverantwortlichen. Zwei siebente Plätze in Abfahrt und Riesenslalom verblieben als enttäuschende Bilanz. 1964 ging er in Innsbruck mit 38 Grad Fieber an den Start der Abfahrt und erreichte nur Platz elf. Im Riesenslalom fehlten ihm – immer noch geschwächt – 38 Hundertstel zur Goldmedaille, und im Slalom stürzte er – aussichtsreich liegend – kurz vor dem Ziel. 1968 brachte den Abfahrtsfavoriten Schranz die wegen des Wetters vorgenommene Verlegung des Starts so durcheinander, daß er nur Fünfter wurde. Im mittlerweile zur Legende gewordenen »Nebel-Slalom« von Chamrousse ließ er angeblich ein Tor aus, durfte den Lauf jedoch wiederholen, weil ihn ein Streckenposten irritiert hatte. Er war dann deutlich schneller als Killy, wurde stundenlang als Sieger gefeiert und am späten Abend von der Jury dann doch disqualifiziert.

1972 erfolgte der in ganz Österreich als Skandal empfundene Schritt des greisen IOC-Präsidenten Avery Brundage. Auf dessen Betreiben hin wurde Schranz unmittelbar vor den Wettbewerben in Sapporo ausgeschlossen, weil er seine Amateureigenschaften wegen kommerzieller Nutzung seines Namens und Bildes angeblich verloren hatte. Alle Proteste halfen nichts, Schranz mußte nach Hause. Er wurde am 3. Februar 1972 von 100000 Menschen empfangen, die seine Fahrt vom Flughafen zum Bundeskanzleramt zu einem Triumphzug werden ließen. Der Pensionswirt aus St. Anton wurde zu einer Art Nationalheld mit Märtyrerstatus hochstilisiert – ein Opfer des 84jährigen Brundage ohne Bezug zur sportlichen Realität.

So endete eine große Karriere, die zwischen dem ersten internationalen Erfolg – Sieg in der Kandahar-Abfahrt 1957 in Chamonix – und dem letzten Triumph – erster Platz 1972 in der Abfahrt von Kitzbühel – unter anderem folgende Höhepunkte hatte: Abfahrt: WM 1962; Siege in der Kandahar-Abfahrt 1957, 1958, 1959, 1962, 1965, 1969, 1970 und 1972; Siege in der Hahnenkamm-Abfahrt 1966, 1969 und 1972; Siege in der Lauberhorn-Abfahrt 1959, 1963, 1966 und 1969. Riesenslalom: WM 1970, WM-Zweiter 1962, Olympia-Zweiter 1964, WM-Dritter 1966. Kombination: WM 1962, Sieg am Lauberhorn 1965, Hahnenkamm 1966, siebenmal Kandahar-Sieg. Weltcup: Gesamtsieger 1969 und 1970, Abfahrt 1969 und 1971, Riesenslalom 1969.

	Abfahrtsweltcup	Slalomweltcup	Riesenslalom-weltcup
1967	Jean-Claude Killy (F)	Jean-Claude Killy (F)	Jean-Claude Killy (F)
1968	Gerhard Nenning (A)	Dumeng Giovanoli (CH)	Jean-Claude Killy (F)
1969	Karl Schranz (A)	Jean-Noel Augert, Alain Penz, Patrick Russel (alle F) und Alfred Matt (A)	Karl Schranz (A)
1970	Karl Schranz und Karl Cordin (beide A)	Alain Penz und Patrick Russel (beide F)	Gustav Thöni (I)
1971	Bernhard Russi (CH)	Jean-Noel Augert (F)	Patrick Russel (F) und Gustav Thöni (I)
1972	Bernhard Russi (CH)	Jean-Noel Augert (F)	Gustav Thöni (I)
1973	Roland Collombin (CH)	Gustav Thöni (I)	Hans Hinterseer (A)
1974	Roland Collombin (CH)	Gustav Thöni (I)	Piero Gros (I)
1975	Franz Klammer (A)	Ingemar Stenmark (S)	Ingemar Stenmark (S)
1976	Franz Klammer (A)	Ingemar Stenmark (S)	Ingemar Stenmark (S)
1977	Franz Klammer (A)	Ingemar Stenmark (S)	Heini Hemmi (CH) und Ingemar Stenmark (S)
1978	Franz Klammer (A)	Ingemar Stenmark (S)	Ingemar Stenmark (S)
1979	Peter Müller (CH)	Ingemar Stenmark (S)	Ingemar Stenmark (S)
1980	Peter Müller (CH)	Ingemar Stenmark (S)	Ingemar Stenmark (S)
1981	Harti Weirather (A)	Ingemar Stenmark (S)	Ingemar Stenmark (S)
1982	Steve Podborski (CDN)	Phil Mahre (USA)	Phil Mahre (USA)
1983	Franz Klammer (A)	Ingemar Stenmark (S)	Phil Mahre (USA)
1984	Urs Räber (CH)	Marc Giradelli (L)	Ingemar Stenmark (S)

Kombination (seit 1975 ausgetragen):
1975 Gustav Thöni (I) – 1976 Walter Tresch (CH) – 1977 Sepp Ferstl (D) – 1978 nicht ausgetragen – 1979 Peter Lüscher (CH) – 1980, 1981, 1982 und 1983 Phil Mahre (USA) – 1984 Pirmin Zurbriggen (CH)

Zu Hause so populär wie Toni Sailer

Karl Schranz besitzt in Österreich die gleiche Popularität wie Toni Sailer, obwohl ihm eine olympische Goldmedaille fehlt. Aber gerade sein olympisches Schicksal ließ ihm die Herzen zufliegen.

Der Rummel um die Siege war ihm suspekt

Für den Südtiroler Naturburschen Gustav Thöni bildete der Publicityrummel im internationalen Skizirkus stets eine eher unangenehme Begleiterscheinung. Er war kein Showmann, sondern ein reiner Sportler.

Viel Gold durch Nervenstärke: Gustav Thöni

Zu den Gegnern, die Schranz das Siegen in den letzten Jahren seiner Karriere sehr schwer machten, gehörte auch ein junger Südtiroler namens Gustav Thöni, geboren am 28. Februar 1951 in Trafoi. Seine Familie wurde zu den Skipionieren in jener Gegend gezählt, und es wird berichtet, daß der kleine Gustavo, so die italienische Variante seines Vornamens, vom Vater den ersten Skiunterricht erhalten hat.

Vater Georg Thöni sorgte auch für den Eintritt seines Sprößlings in die Wettkampfszene, indem er ihn entsprechend mit Material ausstattete und zu verschiedenen Rennen brachte. Der junge Thöni machte in seiner Altersklasse bald Furore, erhielt aber erst mit fünfzehn Jahren eine erste Berufung in den Jugendkader der Italiener. Seinen großen Durchbruch feierte er 1969 in Val-d'Isère, als er dort den Riesenslalom vor beachtlicher Konkurrenz gewann. Der Achtzehnjährige profitierte vom neuen italienischen Verbandstrainer, dem Franzosen Jean Vuarnet. Der fand einen Kompromiß zum Heimtraining mit dem Vater, und die italienische Öffentlichkeit sah nach dem guten Abschneiden 1969 in dem jungen Südtiroler einen aussichtsreichen WM-Teilnehmer für 1970. Thöni sollte im Grödner-Tal vor heimischer Kulisse die Kastanien aus dem Feuer holen, war als Neunzehnjähriger aber noch überfordert. Seinen vierten Slalom-Rang nahm man als schwere Niederlage hin.

Er ließ sich jedoch nicht beeindrukken und fuhr die WM-Saison in beachtlicher Manier zu Ende, so daß er im Weltcup nur zehn Punkte hinter Karl Schranz lag. Der schweigsame Pistenkönner aus Südtirol zog sich danach noch mehr in seine Täler zurück und arbeitete hartnäkkig an der Vervollkommnung seines Stils. Der Erfolg war durchschlagend, denn nach der Saison 1970/ 71 hieß der Weltcupsieger erstmals Gustav Thöni.

In der folgenden Olympiasaison machte der 21jährige Trafoier mit der Weltelite dann, was er wollte. Er holte sich in Sapporo die Goldmedaille im Riesenslalom, Silber im Slalom und durch eine passable Abfahrt auch die Kombinations-Weltmeisterschaft. Natürlich ging auch der Weltcup wieder nach Südtirol, wo Gustav Thöni weiter sein ruhiges, vom harten Training geprägtes Leben führte und sich nicht auf den Lorbeeren ausruhte.

So holte er nach der Saison 1972/73 zum dritten Mal den Weltcup und konnte trotz stärker gewordener Konkurrenz auch dem WM-Winter 1974 beruhigt entgegensehen. In St. Moritz gab es dann einen weiteren Beweis für die unglaubliche Nervenstärke Thönis, der seine Weltcups schon mit eiskalter Berechnung in den letzten Wettbewerben der Saison sicherte. Nach seinem WM-Erfolg im Riesenslalom lag er im ersten Durchgang des Slaloms in St. Moritz nur auf Platz acht – nach allen Berechnungen aussichtslos zurück. Aber er fuhr den als »Slalom des Jahrhunderts« in die Skigeschichte eingegangenen zweiten Durchgang, holte eineinhalb Sekunden auf und schnappte seinem Landsmann Piero Gros noch die Goldmedaille weg.

Im Weltcup dieser Saison konnte der Mann aus Sauze d'Oulx dafür knapp gegen Thöni triumphieren, der dafür im nächsten Winter sein absolutes Meisterstück

Gesamtweltcup der Herren

1967	1. Jean-Claude Killy (F) 225; 2. Heini Messner (A) 114; 3. Guy Pérrilat (F) 108
1968	1. Jean-Claude Killy (F) 200; 2. Dumeng Giovanoli (I) 119; 3. Herbert Huber (A) 112
1969	1. Karl Schranz (A) 182; 2. Jean-Noel Augert (F) 123; 3. Reinhard Tritscher (A) 108
1970	1. Karl Schranz (A) 148; 2. Patrick Russel (F) 145; 3. Gustav Thöni (I) 140
1971	1. Gustav Thöni (I) 155; 2. Henri Duvillard (F) 135; 3. Patrick Russel (F) 125
1972	1. Gustav Thöni (I) 154; 2. Henri Duvillard (F) 142; 3. Edmund Bruggmann (A) 140
1973	1. Gustav Thöni (I) 166; 2. David Zwilling (A) 151; 3. Roland Collombin (CH) 131
1974	1. Piero Gros (I) 181; 2. Gustav Thöni (I) 165; 3. Hans Hinterseer (A) 162
1975	1. Gustav Thöni (I) 250; 2. Ingemar Stenmark (S) 245; 3. Franz Klammer (A) 240
1976	1. Ingemar Stenmark (S) 249; 2. Piero Gros (I) 205; 3. Gustav Thöni (I) 190
1977	1. Ingemar Stenmark (S) 339; 2. Klaus Heidegger (A) 250; 3. Franz Klammer (A) 203
1978	1. Ingemar Stenmark (S) 150; 2. Phil Mahre (USA) 116; 3. Andreas Wenzel (FL) 100
1979	1. Peter Lüscher (CH) 188; 2. Leonhard Stock (A) 163; 3. Phil Mahre (USA) 155
1980	1. Andreas Wenzel (FL) 204; 2. Ingemar Stenmark (S) 200; 3. Phil Mahre (USA) 132
1981	1. Phil Mahre (USA) 266; 2. Ingemar Stenmark (S) 260; 3. Aleksandr Schirow (SU) 185
1982	1. Phil Mahre (USA) 309; 2. Ingemar Stenmark (S) 211; 3. Steve Mahre (USA) 183
1983	1. Phil Mahre (USA) 285; 2. Ingemar Stenmark (S) 218; 3. Andreas Wenzel (FL) 177
1984	Pirmin Zurbriggen (CH) 256; 2. Ingemar Stenmark (S) 230; 3. Marc Giradelli (L) 222

machte. Nach den Rennen 1974/75 standen er, Franz Klammer und der neue Skistar Ingemar Stenmark mit je 240 Punkten gleichauf an der Weltcupspitze. So sollte ein Parallelslalom der Besten die Entscheidung bringen. Dieser Hit ging in Gröden über die Bühne, und es kam zum denkwürdigen Finale Thöni gegen Stenmark, in dem der Südtiroler mit einer Superleistung seinen vierten Weltcup herausfuhr.
1976 deutete sich dann in Innsbruck das nahe Ende seiner Karriere an. Trotz Platz fünf im Riesenslalom, Slalom-Silber und WM-Kombinationsgold langte es im Weltcup nur zu Platz drei, in der Slalom-Wertung ebenfalls, im Riesenslalom jedoch wenigstens zum zweiten Rang. Als er in der folgenden Saison mehr oder weniger hinterherfuhr – nur in der Slalom-Wertung unter den ersten Fünf –, beendete er seine Karriere.

As zwischen den Stangen: Ingemar Stenmark

Der Mann, der Gustav Thöni zum Schluß so schwer zu schaffen machte, kam aus einer für den alpinen Skisport untypischen Gegend. Der Geburtsort des Schweden Ingemar Stenmark, in dem er am 18. März 1956 das Licht der Welt erblickte, liegt rund 1000 Kilometer nördlich von Stockholm. Sein späterer Wohnort Tärnaby in Lappland konnte 1978 eine Einwohnerzahl von 700 Seelen vermelden.
Dort bereitete sich nach neunjährigem Schulbesuch und ohne irgendwelche Berufsausbildung der junge Ingemar Stenmark darauf vor, »bester Skifahrer der Welt« zu werden. In Vater Erik fand er einen willigen Förderer seiner Idee. Der selbst zur Elite der schwedischen Slalomkünstler zählende Herr Papa gab seinem Sohn schon in jungen Jahren den letzten Schliff. Dreimal gewann er den Nachwuchswettbewerb »Donald Duck Trophy« für Acht- bis Vierzehnjährige, und 1973 lag er bei den Europäischen Juniorenmeisterschaften in Ruhpolding nach dem ersten Durchgang des Riesenslaloms in Führung, schied aber durch Sturz im zweiten Lauf aus.
Doch wenige Monate später, im Dezember des gleichen Jahres, holte er als Neunter des Riesenslaloms von Saalbach die ersten Weltcup-Punkte seiner Laufbahn. Es war der Auftakt zur bisher glanzvollsten Weltcupserie des alpinen Skisports.
Am Ende jener Saison lag der achtzehnjährige Schwede auf Platz zwölf der Gesamtwertung in diesem Wettbewerb, nachdem er bei der WM in St. Moritz im Riesenslalom mit Platz neun einen beachtlichen Einstand gegeben hatte. Einen Titel nahm er aus dieser Saison jedoch schon mit in den hohen Norden – den des Junioren-Europameisters im Riesenslalom.
Im Winter danach blieb der Konkurrenz bei vielen Slalom- und Riesenslalom-Rennen oft nur noch das Staunen über den Tanz des Nordländers zwischen den Torstangen. Stenmark gewann 1974/75 sowohl den Weltcup im Slalom wie auch Riesenslalom und wurde in der Gesamtwertung nur knapper Zweiter hinter Thöni.
Das Geheimnis des Nur-Skiläufers Stenmark bestand in seinem Sommertraining. Neben langen Waldläufen im Intervall gehörte auch Seiltanzen zu seinem Programm. Die Arbeit mit dem Seil vermittelte ihm jene Geschmeidigkeit zwischen den Torstangen, die seine Läufe so anders als die der Konkurrenz machten.
Im Olympiawinter 1975/76 fuhr er in seinen Spezialdisziplinen wieder wie ein Uhrwerk – nur in Innsbruck blieb es bei einer Bronzemedaille, und zwar im Riesenslalom. Stenmark schien ein Mann für die ganze Saison, nicht für einen Höhepunkt zu sein. Aber der Slalomspezialist holte in dieser Saison als erster Skandi-

Die anderen verdienen auch mit dem Skisport
Ingemar Stenmark blieb bei Olympia 1984 draußen vor der Tür. Die Medaillengewinner von Sarajewo waren aber alles andere als reine Amateure. Mit ihnen lieferte er sich einen harten Kampf um den Weltcup '84.

navier den Gesamtweltcup – und das war für ihn ein hoher Gewinn.
In Garmisch-Partenkirchen hat er es ja 1978 allen voreiligen Kritikern gezeigt, als er Doppel-Weltmeister (Slalom und Riesenslalom) wurde, und zwei Jahre danach stand er bei den Olympischen Spielen in Lake Placid erneut nach diesen beiden Wettbewerben ganz oben auf dem Siegertreppchen. Den Weltcup gewann er zwischen 1976 und 1978 dreimal hintereinander, den Slalom-Weltcup gar achtmal (seit 1975), nur einmal (1982) von Phil Mahre unterbrochen. Im Riesenslalom trug er sich ebenfalls achtmal in die Siegerliste des Weltcups ein. Mit dem 72. Weltcupsieg am 23. Februar 1983 in seiner Heimat (im Slalom von Gaellivare) stellte er einen sagenhaften Rekord auf, den er bis zu den Olympischen Spielen in Sarajewo noch auf 78 Siege verbesserte – darunter vierzig erste Plätze im Riesenslalom.
Seinen großen Rivalen seit 1980, den Amerikaner Phil Mahre, hat er im direkten Duell bei der WM 1982 in Schladming ja deutlich besiegt. Während sich der Schwede seinen fünften WM-Titel (Slalom) und noch Silber im Riesenslalom holte, scheiterte der US-Boy im Slalom schon nach elf Sekunden, nachdem bereits im Riesenslalom das vorzeitige »Aus« für ihn gekommen war.
Olympia 1984 fand allerdings ohne das Aufeinandertreffen der beiden Slalomspezialisten statt. Ingemar Stenmark, inzwischen vielfacher Millionär, war nach Monaco übergesiedelt – dem schwedischen Fiskus wegen. Und eine Rückkehr vom Steuerparadies an der Côte d'Azur ins heimatliche Tärnaby hätte ihm bei einem Steuersatz von 87 Prozent ein Vermögen gekostet. Bereits nach den Spielen 1980 hatte Stenmark auf seinen Antrag hin die sogenannte B-Lizenz erhalten, die ihn als halben Profi auswies und für Olympia disqualifizierte.

Comeback nach vier Jahren: Franz Klammer

Ein anderer Läufer wollte 1984 in Sarajewo sein olympisches Comeback feiern, nachdem er vier Jahre zuvor nicht gut genug gewesen war: der österreichische Abfahrtskönig der 70er Jahre, Franz Klammer, der 1976 durch seinen

Er fährt und fährt und hört nicht auf

Franz Klammer in seiner bekannten tollkühnen Art beim Abfahrtslauf. Der Österreicher – so die letzten Meldungen – wird auch im Winter 84/85 dem Skisport als Aktiver verbunden bleiben.

DER UNVERWUESTLICHE FRANZ KLAMMER

Sieg in Innsbruck die Spiele für Österreich »gerettet« hatte.
Der Bauernsohn aus dem Ort Mooswald in Kärnten, geboren am 3. Dezember 1953, hatte das Skilaufen ernsthaft mit vierzehn Jahren begonnen und rückte als Siebzehnjähriger in den C-Kader der Österreicher ein. Dort hatte er erst Schwierigkeiten, konnte seinen Platz durch gute Europacup-Rennen im Winter 1971/72 jedoch behaupten. Den Schritt in die Weltelite der Abfahrer machte er dann am 22. Dezember 1973. In Schladming fand die erste Weltcup-Abfahrt statt – und Franz Klammer jagte die Piste in der Siegeszeit von 1:41,77 Minuten hinunter. Als man umrechnete, ergab sich eine Durchschnittsgeschwindigkeit von 111 Stundenkilometern – die hatte man in noch keiner Weltcup-Abfahrt gemessen. Der Kärntner war mit einem Schlag in aller Munde.
Er beendete in Schladming die Siegesserie des Schweizer Abfahrtskönigs Roland Collombin und kämpfte mit ihm während der ganzen WM-Saison 1973/74 um die Krone im alpinen Skisport.
In St. Moritz konnte er den Schweizer nach zwischenzeitlichen Niederlagen zwar besiegen, aber einer – David Zwilling – war noch schneller, so daß Franz Klammer bei seinem ersten WM-Start mit Silber zufrieden sein mußte. Im Weltcup sah er sich am Ende dieses Winters in der Abfahrtswertung ebenfalls auf dem zweiten Platz.
Die nächste Saison begann er dann mit einem neuen Siegesrekord, als er sechs Abfahrten in Serie gewinnen konnte (bisher Killy 1967 mit fünf Siegen), in der siebten Abfahrt jedoch erstmals schwer stürzte. Den Weltcup in der Abfahrt jenes Winters 1974/75 konnte ihm jedoch keiner streitig machen.
Und dann kam Innsbruck: Franz Klammer trug die österreichische Fahne bei der Eröffnungsfeier und sollte durch einen Sieg in der Abfahrt diese Spiele für Österreich zum Triumph gestalten. Die Fans standen schon am Morgen jenes 5. Februar 1976 am Patscherkofel, um ja nichts zu versäumen. Der Schweizer Titelverteidiger Bernhard Russi legte jedoch eine beachtliche Zeit vor – und es dauerte bis zur Startnummer 15, die Franz Klammer trug, ehe sie verbessert wurde. 33 Hundertstel Zeitunterschied zwischen ihm und dem Schweizer versetzten Österreich in Euphorie. »Kaiser Franz« hatte die Prestige-Abfahrt gewonnen und wurde gefeiert wie weiland Toni Sailer. Daß er diese Saison wieder mit dem Weltcupsieg in der Abfahrt abschloß, wurde schon als Selbstverständlichkeit betrachtet.
Auch im nächsten Winter fuhr er allen Konkurrenten einfach davon und holte zum dritten Mal den Weltcup. Und für die WM 1978 in Garmisch-Partenkirchen gab es nach dem Saisonverlauf nur einen Favoriten: Franz Klammer. Doch was ein weiterer Höhepunkt in seiner Karriere werden sollte, wurde zum Beginn seiner schlimmsten Zeit. Nach einem fünften Platz im Abfahrtsrennen von Garmisch war er so geschockt, daß er nur noch einmal – im März in Laax – ein Rennen gewinnen konnte. Mit den bis dahin gesammelten Punkten reichte es zwar noch zum erneuten, vierten, Weltcupsieg – aber es blieb das letzte Erfolgserlebnis des Franz Klammer für genau 1366 Tage.
Es schien allen unfaßbar, aber der Triumphator von Innsbruck fuhr in den nächsten drei Jahren nur noch hinterher. Die Verantwortlichen des österreichischen Skiverbandes nahmen ihn 1980 nicht einmal mehr mit nach Lake Placid. Erst im Dezember 1981 gab es wieder einen Klammer-Sieg – beim Kriterium des ersten Schnees in Val-d'Isère. Danach sah man fast wieder den früheren Franz Klammer fahren, bis die WM in Schladming einen herben Rückschlag brachte. Nach einem schweren Sturz im Training ging er trotz erheblicher Verletzungen an den Start der Abfahrt und erreichte einen unter diesen Umständen noch beachtlichen siebenten Platz. Österreich feierte aber nur den Sieger: Harti Weirather.
In der vorolympischen Saison 1982/83 zeigte es ihnen der »alte« Franz aber noch einmal. Er gewann den Abfahrts-Weltcup – nach fünfjähriger Unterbrechung – zum fünften Mal in seiner Laufbahn und stellte damit einen neuen Rekord auf. Zwar betrug der Vorsprung gegenüber dem Zweiten nur noch zwei Punkte, seine Konkurrenten aus dem eigenen Land (Harti Weirather und Erwin Resch) lagen aber auf den Plätzen 3 und 4 deutlich zurück.

Die ganz großen Erfolge liegen zurück

Vor einigen Jahren war Franz Klammer unbestritten der weltbeste Abfahrer – er stand immer über den anderen (oben). Sekt gab es auch 1982 für Platz zwei in Kitzbühel.

Die Faszination der weiten Sprünge

Skisprunghistorie zu Beginn der 20er Jahre: Der Schweizer Champion Muehlbauer beim Training in St. Moritz (oben) und der Norweger Soerre Jensen bei einem 42,5-m-Satz.

Spektakulär und atemberaubend:

Die Sprünge von der Schanze

Der alpine Skizirkus steht in der Publikumsgunst heute unangefochten ganz oben; nur selten wird den Leistungen der Nordischen von Medien und Öffentlichkeit die verdiente Aufmerksamkeit gewidmet. Im klassischen Land des nordischen Skisports hat dieser allerdings seinen Stellenwert behalten. Die Hunderttausende bei den jährlichen Holmenkollen-Spielen unterstreichen das nachdrücklich.

Legende: Die Ruud-Familie

Die Norweger stellten in der langen Geschichte des nordischen Skisports eine ganze Reihe überragender Könner, darunter legendenumwobene Ausnahmeerscheinungen wie Birger Ruud aus der Skifamilie der Ruuds aus Kongsberg, südwestlich von Oslo gelegen. Der am 23. August 1911 geborene Birger hatte sich mit seinen Brüdern Sigmund (geb. am 30. Dezember 1907) und Asbjörn (geb. am 6. Oktober 1919) dem Skispringen verschrieben und beherrschte mit ihnen die Szene in dieser Disziplin zehn Jahre lang.

Bei den FIS-Kämpfen 1929, die wie bei den Alpinen als inoffizielle Weltmeisterschaften galten –

BIRGER RUUD SIEGT IN SPRUNGLAUF UND ABFAHRT

Das Skiphänomen aus Norwegen zog alle in seinen Bann

Dreimal Birger Ruud, der Skikönig der 30er Jahre: Als Weitenjäger kam er nach Garmisch und gewann dort am Kreuzeck die Abfahrt (Bild Mitte). Auf dem kleinen Foto rechts freut er sich über die Erfolge des Jahres 1932.

1937 erhielten sie diesen Status endgültig –, siegte im Sprunglauf Sigmund Ruud. Birger trat 1931 in seine Fußstapfen, als die nordischen Spiele erstmals in Deutschland (Oberhof) ausgetragen wurden, und belegte ebenfalls Platz eins im Sprunglauf. In Lake Placid holte er im Jahr darauf bei den Olympischen Spielen seine erste Goldmedaille. Nach einer Pause von zwei Jahren dominierte er ab 1935 dreimal hintereinander und siegte 1935 in der Hohen Tatra, 1936 in Garmisch-Partenkirchen (zweites Olympiagold) und 1937 in Chamonix.

Das heute nicht mehr Mögliche vollbrachten die beiden jüngeren Ruuds 1935 und 1936. Bei den vorolympischen Abfahrtsrennen am Kreuzeck besiegten sie die Österreicher, und der Olympiasieger 1936 im Abfahrtslauf hieß Birger Ruud – genau wie im Sprunglauf. Asbjörn holte sich dann 1938 den WM-Titel beim Sprunglauf in Lahti, Birger erkämpfte 1939 noch eine Silbermedaille.

Der Name Ruud zierte natürlich auch die Liste der Weltrekordsprünge jener Zeit. 1932 hatte Sigmund mit einem 86-m-Satz eine neue Marke gesetzt, die Birger 1934 auf 92 m in Planica steigerte. Seine größte Leistung vollbrachte er jedoch Jahre später, als er sich 1948 in St. Moritz bei den Olympischen Spielen noch einmal der Jugend stellte und siebzehn Jahre nach seinem ersten WM-Sieg eine Silbermedaille errang.

Weitenjäger aus Österreich: Sepp Bradl

Der Mann, der Birger Ruud 1939 den WM-Titel wegschnappte und vorher schon den von den Skandinaviern vergeblich angepeilten ersten 100-m-Sprung der Skigeschichte geschafft hatte, kam aus dem Zentrum des alpinen Skisports, aus Österreich. Er wurde am 8. Januar 1918 in Wasserburg am Inn geboren und wuchs quasi mit Skiern auf. Das Skispringen wurde seine Passion, und er konnte bereits als Achtzehnjähriger im Olympiateam seines Landes in Garmisch mitmischen. Nach Sprüngen von 64 und 70,5 m belegte er den zehnten Platz. Noch im selben Winter sorgte er

SEPP BRADL ALS ERSTER UEBER 100 METER

Idealhaltung wurde über viele Jahre gesucht

Bis sich heute bekannte Flughaltungen durchsetzten, experimentierten die Skispringer lange herum. Das Bildbeispiel von den Deutschen Meisterschaften 1927 auf der Kochelschanze demonstriert das augenfällig.

Österreichs erster Star der Springer

Sepp Bradl – unten nach seinem Sieg bei der Weltmeisterschaft 1939 in Zakopane, rechts bei einem Sprung von der Garmischer Olympiaschanze im Jahre 1941 – blieb für sein Land fast eine kleine Ewigkeit aktiv.

für eine echte Sensation, als ihm auf der neuen Flugschanze in Planica (Jugoslawien) als erstem Springer der Welt ein Satz über die 100-m-Traumgrenze gelang und er bei 101,5 m landete. Bei der WM 1937 kam er auf den vierten, 1938 auf den fünften Platz. Der Weitenjäger aus dem Inntal flog bei den anschließenden Skiflugwettbewerben in Planica dann auf den neuen Weltrekord von 107 m.

Der große Wurf gelang ihm dann 1939, als er in Zakopane Birger Ruud besiegen konnte und endlich Weltmeister wurde. Er siegte in diesem Jahr auch in Garmisch, Innsbruck und Planica. Nach dem Krieg mischte er weiter in

Die Sympathien waren jungem Postboten gewiß

Georg Thoma – rechts ein Porträt aus dem Jahre 1961, oben bei einem Probesprung 1966 am Holmenkollen – ging als der Postbote aus dem Schwarzwald in die Sportgeschichte ein. Alle fanden ihn sympathisch.

der Spitzengruppe der Springer mit und gewann auf allen großen Schanzen.
Bei den Olympischen Spielen 1952 brachte ihn ein Sturz im zweiten Durchgang um alle Chancen. Er hatte mittlerweile Weiten von 120 m (Mitterndorf) und 130 m (Oberstdorf) erzielt. Noch als 38jähriger nahm er an den Spielen in Cortina d'Ampezzo teil und belegte Platz zwölf im Sprunglauf. Nach einem dritten Platz in Reit im Winkl beendete er dann in jener Saison seine Laufbahn. Der Gastwirt am Hochkönig im Salzburger Land starb schon am 3. März 1982 an einem Krebsleiden.

Vom Hirtenbuben zum Olympiasieger: Georg Thoma

Ein junger Skisportler aus dem Schwarzwald hat in der Bundesrepublik durch seine Erfolge für den nordischen Skisport mehr getan als alle anderen: Georg Thoma, geboren am 20. August 1937 in Hinterzarten, der sich seine Erfolge hart erarbeiten mußte.
Auf dem Hofe seiner Eltern hütete das zweitälteste von sieben Kindern oftmals nach der Schule das Vieh, und sein weiterer Berufsweg führte ihn dann zu den Holzarbeitern. Mit dem Skilauf kam er schon früh in Berührung und zeigte sich als Langläufer, aber auch als Springer talentiert. Er sammelte ab 1954 reichlich Jugendmeistertitel und wurde 1958 erstmals Deutscher Meister in der Nordischen Kombination.
Im Olympiawinter 1960 hatte er schon vier Meisterschaften in seiner Titelsammlung, aber Medaillenfavorit für Squaw Valley war er auf keinen Fall. Doch im Tal der Indianerfrau im Nordwesten der USA sorgte er für eine der größten Überraschungen im nordischen Skisport. Nach glänzenden Versuchen lag er nach dem Kombinationsspringen in Führung und verteidigte durch eine großartige Leistung in der Loipe – er wurde Vierter des Langlaufs – den ersten Platz. Der mittlerweile zum Postboten umgeschulte ehemalige Holzarbeiter war Olympiasieger in der Nordischen Kombination.
Mit einer ihn auszeichnenden Bescheidenheit überstand er alle Ehrungen und Würdigungen in der Heimat und blieb seinem Sport treu. 1964 in Innsbruck reichte es im Kampf mit der Weltelite wieder zu einer Medaille; diesmal eroberte er Bronze. Und 1966 feierte er noch einen weiteren großen Triumph. Im Eldorado des nordischen Skisports, am Holmenkollen in Oslo, wurde er Kombinations-Weltmeister. Danach beendete er seine Laufbahn, die ihn zwischen 1958 und 1966 als Deutschen Meister der Nordischen Kombination und 1960, 1961 sowie 1963 auch noch im Sprunglauf gesehen hatte.

Bahnbrecher aus der DDR: Helmut Recknagel

Neben dem Schwarzwälder Postboten Georg Thoma hatte sich in Squaw Valley noch ein anderer Deutscher in einer den Nordländern gehörenden Domäne mit Olympiagold geschmückt: der Oberhofer Skispringer Helmut Recknagel. Der am 20. März 1937 in Steinbach-Hallenberg geborene Thüringer gewann damit die erste Wintersport-Goldmedaille für die DDR und gilt heute noch als Bahnbrecher des nordischen Skisports in diesem Teil Deutschlands.
Schon 1958 ließ er bei der Weltmeisterschaft in Lahti durch einen dritten Platz im Spezialsprin-

MATTI NYKAENEN FLIEGT IN OBERSTDORF AUF 185 METER

Nach ihm kamen noch andere Klassespringer

Mit Helmut Recknagel stellte die DDR ihren ersten Springer von Weltklasseformat. Im Bild oben wird er als Sieger der Oberstdorfer Skiflugwoche 1961 gezeigt, rechts sieht man ihn im WM-Jahr 1958.

gen aufhorchen. Er war zu einem ernsthaften Konkurrenten der Skandinavier geworden, nachdem ihm 1957 das Kunststück gelungen war, als erster Mitteleuropäer am Holmenkollen zu siegen. Bei allen großen Springen in Oberstdorf, Planica, Mitterndorf und in Skandinavien konnte er sich stets auf vorderen Rängen plazieren. 1962, als erstmals auch ein WM-Titel auf einer Großschanze vergeben wurde – bis dahin sprang man nur von 70-m-Schanzen –, hieß der Weltmeister von Zakopane: Helmut Recknagel. Im Springen von der Normalschanze holte er sich dann noch eine Bronzemedaille.
Danach ging seine Karriere zu Ende. 1964 in Innsbruck erreichte er nur noch die Plätze sechs (Normalschanze) und sieben (Großschanze).

Die Entwicklung des Skisprung-Weltrekordes:

1900	Olaf Tandberg (N)	35,5 m	Norwegen
1909	Harald Smith (N)	43 m	Bardonecchia
1915	Amble Amundsen (N)	54 m	Norwegen
1926	Anders Haugen (N)	61,5 m	Steamboat Springs
1926	Anders Haugen (N)	65 m	Steamboat Springs
1927	Bruno Trojani (CH)	72 m	Pontresina
1928	Redto Badrutt (CH)	75 m	Pontresina
1931	Sigmund Ruud (N)	81,5 m	Davos
1932	Sigmund Ruud (N)	86 m	Villars
1934	Birger Ruud (N)	92 m	Planica
1935	Fritz Kainersdorf (CH)	99 m	Ponte di Legno
1936	Sepp Bradl (A)	101,5 m	Planica
1938	Sepp Bradl (A)	107 m	Planica
1941	Rudi Gehring (D)	118 m	Planica
1948	Fritz Tschannen (CH)	120 m	Planica
1950	Fritz Gantschnigg (CH)	124 m	Oberstdorf
1950	Dan Netzell (CH)	135 m	Oberstdorf
1951	Tauno Luiro (SF)	139 m	Oberstdorf
1961	Joze Slibar (YU)	141 m	Oberstdorf
1962	Peter Lesser (DDR)	141 m	Mitterndorf
1964	Dalibor Moteljek (CS)	142 m	Oberstdorf
1964	Nilo Zandanel (I)	144 m	Oberstdorf
1965	Peter Lesser (DDR)	145 m	Mitterndorf
1967	Lars Grini (N)	150 m	Oberstdorf
1967	Reinhold Bachler (A)	154 m	Vikersund
1969	Manfred Wolf (DDR)	165 m	Planica
1974	Walter Steiner (CH)	169 m	Planica
1976	Toni Innauer (A)	176 m	Oberstdorf
1979	Klaus Oswald (DDR)	176 m	Planica
1981	Armin Kogler (A)	180 m	Oberstdorf
1983	Pavel Ploc (CS)	181 m	Harrachov
1984	Matti Nykänen (SF)	182 m	Oberstdorf
1984	Matti Nykänen (SF)	185 m	Oberstdorf

Bisherige Gesamtsieger der Vierschanzen-Tournee

Jahr	1. Rang	2. Rang	3. Rang
1953	Sepp Bradl (A)	Halvor Naes (N)	Asgeit Doelplads (N)
1953/54	Olav Björnstad (N)	Eino Kirjonen (SF)	Sepp Bradl (A)
1954/55	Hemmo Silvenoinen (SF)	Eino Kirjonen (SF)	Aulis Kallakorpi (SF)
1955/56	Nikolai Kamenski (SU)	Sepp Bradl (A)	Nikolai Schamow (SU)
1956/57	Pentti Uotinen (SF)	Eino Kirjonen (SF)	Max Bolkart (D)
1957/58	Helmut Recknagel (DDR)	Nikolai Schamow (SU)	Nikolai Kamenski (SU)
1958/59	Helmut Recknagel (DDR)	Walter Habersatter (A)	Arne Hoel (N)
1959/60	Max Bolkart (D)	Albin Plank (A)	Otto Leodolter (A)
1960/61	Helmut Recknagel (DDR)	Otto Leodolter (A)	Kalevi Kärkkinen (SF)
1961/62	Eino Kirjonen (SF)	Willi Egger (A)	Hemmo Silvenoinen (SF)
1962/63	Toralf Engan (N)	Torbjörn Yggeseth (N)	Max Bolkart (D)
1963/64	Veikko Kankonen (SF)	Torbjörn Yggeseth (N)	Baldur Preiml (A)
1964/65	Torgeir Brandtzäg (N)	Björn Wirkola (N)	Dalibor Motejlek (CS)
1965/66	Veikko Kankonen (SF)	Dieter Neuendorf (DDR)	Björn Wirkola (N)
1966/67	Björn Wirkola (N)	Sepp Lichtenegger (A)	Dieter Neuendorf (DDR)
1967/68	Björn Wirkola (N)	Jiri Raska (CS)	Dieter Neuendorf (DDR)
1968/69	Björn Wirkola (N)	Jiri Raska (CS)	Zbynek Hubac (CS)
1969/70	Horst Queck (DDR)	Björn Wirkola (N)	Gari Napalkow (SU)
1970/71	Jiri Raska (CS)	Ingolf Mork (N)	Zbyneck Hubac (CS)
1971/72	Ingolf Mork (N)	Henry Glass (DDR)	Tauno Käyhkö (SF)
1972/73	Rainer Schmidt (DDR)	Hans Georg Aschenbach (DDR)	Sergej Botschkow (SU)
1973/74	Hans Georg Aschenbach (DDR)	Walter Steiner (CH)	Bernd Eckstein (DDR)
1974/75	Willi Pürstl (A)	Edi Federer (A)	Karl Schnabl (A)
1975/76	Jochen Danneberg (DDR)	Karl Schnabl (A)	Reinhold Bachler (A)
1976/77	Jochen Danneberg (DDR)	Walter Steiner (CH)	Henry Glass (DDR)
1977/78	Kari Ylianttila (SF)	Mathias Buse (DDR)	Martin Weber (DDR)
1978/79	Pentti Kokkonen (SF)	Hansjörg Sumi (CH)	Jochen Danneberg (DDR)
1979/80	Hubert Neuper (A)	Henry Glass (DDR)	Martin Weber (DDR)
1980/81	Hubert Neuper (A)	Armin Kogler (A)	Jari Puikkonen (SF)
1981/82	Manfred Deckert (DDR)	Roger Ruud (N)	Per Bergerud (N)
1982/83	Matti Nykänen (SF)	Jens Weissflog (DDR)	Horst Bulau (CDN)
1983/84	Jens Weissflog (DDR)	Klaus Ostwald (DDR)	Matti Nykänen (SF)

Wiege des Eiskunstlaufs stand in Wien

Hohe Kunst mit schmalen Kufen

Das Geschehen auf dem Eis, das noch heute Winter für Winter Millionen an den Bildschirmen in seinen Bann zieht, hat seine Ursprünge in der zweiten Hälfte des vorigen Jahrhunderts in Wien gehabt.

In der österreichischen Hauptstadt wurde bereits am 3. Februar 1867 der Wiener Eislauf-Verein gegründet, der im folgenden Winter die ersten Veranstaltungen, damals noch »Schleiftage« genannt, durchführte. Der Amerikaner Jackson Haies führte auf Wiener Eis am 16. Januar 1868 erstmals Kunstfiguren vor. Im Januar 1872 kam es dann zu den »1. internationalen

Solist und Paar begeisterten Publikum

Der Eiskunstlauf fand in Deutschland schnell sein Publikum, das den ersten Stars begeistert zujubelte. Werner Rittberger (oben) kreierte nicht nur den nach ihm benannten Sprung, er wurde auch elfmal Deutscher Meister (zwischen 1911 und 1928) und dreimal Vizeweltmeister (1910 bis 1912). Maxi Herber und Ernst Baier (links) galten zum Zeitpunkt der Aufnahme im Jahre 1934 schon als zukunftsreiches Paar. Ihre große Zeit kam dann auch kurz danach.

Die Asse der »goldenen 20er« im Sportpalast

Große Könner auf dem Eis 1927 an traditionsreicher Stätte. Von links: Weltmeister Willy Böckl (Wien), Werner Rittberger, Paarlauf-Weltmeister Ludwig Wrede und Herma Szabó (Wien), Ferguson Page (GB) und der Wiener Preissecker im Berliner Sportpalast.

Meisterschaften der Eisschleifer«. Zehn Jahre später konnten die Wiener den Norweger Axel Paulsen bestaunen, der am 22. Januar 1882 erstmals den nach ihm benannten Sprung vorführte, der heute in jeder Kür gezeigt wird.
Eislauf als Sport entwickelte sich so schnell, daß bereits 1891 erstmals Europameisterschaften ausgetragen wurden. Nach Gründung eines Weltverbandes, der ISU (International Skating Union), im Jahre darauf, gingen 1896 sogar die ersten Weltmeisterschaften in Petersburg über die Bühne.
Nach der aufsehenerregenden Premiere durch die Burgschauspielerin Auguste Wilbrandt-Baudius, die sich 1864 öffentlich aufs Eis gewagt hatte, mußten die Damen noch bis 1906 warten, ehe man sie offiziell aufs glatte Parkett ließ. Danach liefen sie jedoch in der Gunst des Publikums Herren und Paaren des öfteren den Rang ab.

Erste Königin auf dem Eis: Sonja Henie

Viele der Namen aus der Eiskunstlaufszene sind heute nur noch statistische Sportgeschichte, aber einige werden unvergessen bleiben. So der der Norwegerin Sonja Henie, geboren am 4. April 1912 in Oslo, die unter den Eislaufprinzessinnen bis zum Zweiten Weltkrieg den unangefochtenen Status der Königin auf dem Eis innehatte.
Die kleine Sonja wurde vom vierten Lebensjahr an auf Kufen gestellt und von den besten Trainern ihrer Zeit ausgebildet. Das Geld dazu stellte Vater Wilhelm Henie bereitwillig zur Verfügung. Das Einkommen des Konfektio-

Als sie noch ein »Häseken« war

So rührte sie natürlich die Herzen aller Zuschauer: Sonja Henie im zarten Alter von zwölf Jahren auf dem Eis, das ihr fast zu einer zweiten Heimat wurde.

Auf dem Zenit ihres Könnens abgetreten
Sonja Henie bei ihrer WM-Kür im Jahre 1936. Es war das letzte Jahr der Norwegerin in der Eislaufszene, der sie ein Jahrzehnt ihren Stempel aufgedrückt hatte. Auf dem Höhepunkt ihres Könnens und medaillenüberhäuft überließ sie anderen das Feld.

närs und sportbegeisterten Vaters – Wilhelm Henie war 1894 Rad-Weltmeister über 100 km gewesen – war die Grundlage für die Erfolge seiner Tochter, die mit elf Jahren schon Meisterin ihres Landes wurde und 1924 bei den Olympischen Winterspielen in Chamonix erstmals startete. Das Kind belegte den letzten Rang in der Damenkonkurrenz, wurde aber drei Jahre später als gut Vierzehnjährige zum ersten Mal Weltmeisterin. Das war der Auftakt zur bisher größten Erfolgsserie einer Solistin im Eiskunstlauf, denn die zierliche Norwegerin holte zehnmal hintereinander – von 1927 bis 1936 – den WM-Titel, dreimal in Folge – von 1928 bis 1936 – die olympische Goldmedaille und sechsmal hintereinander – von 1931 bis 1936 – die Europameisterschaft.

Sie konnte unter optimalen Bedingungen trainieren, brauchte sich nicht um den Lebensunterhalt kümmern – Vater Henie sorgte für alles. Er ließ sogar eine kleine Eisfläche für seine Tochter in einer stillgelegten Fabrikhalle errichten, damit sie ständig üben konnte. Bei allen Veranstaltungen jener Zeit war sie die populärste Erscheinung auf dem Eis, jeder Veranstalter riß sich um sie. Besondere Zuneigung wurde ihr vom Berliner Publikum entgegengebracht, das sie als »Häseken« verehrte und ihr immer eine Art zweite Heimat bot.

Nach dem Olympiasieg 1936 gab sie ihren ohnehin nur auf dem Papier bestehenden Amateurstatus ab und ging nach Amerika, wo sie der Eisrevue mit Schwung und Geschäftssinn neue Dimensionen gab. Ihre Revuen wurden ein großer geschäftlicher Erfolg, und Sonja Henie konnte bald die erste selbstverdiente Million investieren. Als Hollywood rief, sagte sie natürlich nicht nein und machte

Sie begeisterte, wo sie auftrat

Auch die Kostüme Sonja Henies begeisterten das Publikum immer wieder. Die Bildbeispiele aus den Jahren 1936 und 1935 (von links) beweisen ihren Geschmack.

auch mit dem Film große Kasse. Ihre Titel spielten Millionen ein, die sie in Immobilien anlegte.

Privat hatte sie eine weniger glückliche Hand. Drei Verlobungen – eine davon mit Filmstar Tyrone Power – gingen in die Brüche; auch die beiden ersten Ehen scheiterten. 1956, in ihrem letzten Jahr als Revue-Managerin, heiratete sie zum dritten Mal. Sie kam bei einem Flugzeugabsturz am 12. Oktober 1969 in der Nähe von Oslo ums Leben.

Im Teenalter zu den Profis gewechselt

Gundi Busch (oben nach der Deutschen Meisterschaft 1953 in Berlin, rechts bei ihrer WM-Kür 1954 in Oslo) verließ das Amateurlager noch als Teenager und vermarktete ihre Titel bei den Eisrevuen.

Einmal ganz oben: Gundi Busch

Als einzige Vertreterin der Deutschen Eislauf-Union hat bisher Gundi Busch (geb. am 29. April 1935) den Thron der Weltmeisterin besteigen können. Auch sie wurde von einem ehrgeizigen Vater gemanagt, der in der Eislaufszene wegen seines Engagements für die Tochter zeitweise gefürchtet war.

Sein Beruf als Exportkaufmann bedeutete auch für die Tochter ein bewegtes Leben; häufig mußten Wohnung und Verein gewechselt werden. Schon als knapp Sechzehnjährige stand sie 1951 bei den Europameisterschaften in Hamburg im Blickfeld und belegte einen guten sechsten Platz. 1952 reichte es nach Sturz nur zu Rang acht, den sie auch bei den Olympiawettbewerben dieses Jahres erreichte.

Im nächsten Winter mischte sie weiter vorne mit und wurde sowohl Vize-Europameisterin als auch Vize-Weltmeisterin. Den Sprung auf die oberste Stufe des Treppchens schaffte sie ein Jahr später: In Bozen holte sie sich ihre einzige Europameisterschaft und kurz darauf bei der WM in Oslo auch den Welttitel.

Noch im selben Jahr unterschrieb die Neunzehnjährige einen Vertrag bei der »Hollywood Ice Revue« und verdiente einige Jahre damit ihre Brötchen. Sie lebt heute in Stockholm.

Punktrichter waren ihr Schicksal

Die Schönheit des Eiskunstlaufens stand für Ina Bauer im Mittelpunkt ihrer Bemühungen. Die Kürkönigin am Ende der 50er Jahre scheiterte aber an den Pflichtfiguren.

An der Pflicht gescheitert: Ina Bauer

Ihre Nachfolgerin hätte die Krefelderin Ina Bauer (geb. am 31. Januar 1941) werden können, doch sie mußte dem Gesetz des Eiskunstlaufens Tribut zollen, das vor der frei gestalteten Kür jene Pflichtfiguren vorschreibt, die vielen so oft zum Verhängnis werden. Die Tochter eines Krawattenfabrikanten hatte 1957 erstmals den deutschen Meistertitel errungen und landete bei der anschließenden EM in Wien nach der Pflicht auf Platz fünfzehn. Die beste Kür in der Wiener Eishalle lief dann allerdings das Mädchen aus Krefeld, jedoch war der Rückstand zu groß, um auf einen der vorderen Plätze zu gelangen. Bei der folgenden Weltmeisterschaft in Colorado Springs landete sie in der Pflicht gar auf Platz 19, rückte aber nach der zweitbesten Kür wenigstens noch auf den elften Rang vor.

Beim nächsten WM-Start 1958 in Paris konnte sie soviel Boden in der Pflicht aufholen, daß sie danach Achte war und am Ende im Gesamtklassement Platz vier belegte. Eine Medaille schien also möglich. Aber im nächsten Jahr lag die großartige Kürläuferin bei der Europa- und Weltmeisterschaft nach schwachen Pflichtleistungen wieder nur auf dem undankbaren vierten Rang.

Während der nächsten Europameisterschaften kam es dann zum Eklat. Nach der Pflicht wurde Ina Bauer 1960 in Garmisch vom Eis geholt und durfte nicht mehr starten. Daraufhin erklärte ihr Vater die Karriere der Krefelderin für beendet. Sie ging später zur US-Revue »Ice-Follies« und entzückte die Amerikaner mit ihrem Können. Bei dieser Revue lernte sie auch ihren späteren Ehemann kennen, mit dem sie sich in ihrer Heimatstadt Krefeld eine Boutique einrichtete.

Weltklasse aus der DDR

Die neuen Eisprinzessinnen kamen dann aus dem anderen Teil Deutschlands, wo Vater Staat anstelle betuchter Eltern die Voraussetzungen schuf. Als erste Medaillengewinnerin für die DDR trat Gaby Seyfert, geboren am 23. November 1948 in Chemnitz, ins Rampenlicht. Nach einigen Anlaufschwierigkeiten – sie nahm bereits als Zwölfjährige erstmals an Europameisterschaften teil –, stand sie 1966 bei der WM in Davos mit auf dem Treppchen – als Vizeweltmeisterin. Im nächsten Jahr gewann sie dann die Europameisterschaft in Laibach, wurde erneut WM-Zweite in Wien und konnte 1968 in Grenoble die Silbermedaille erkämpfen.

Dann kamen ihre beiden ganz großen Jahre, in denen sie die eindeutig beste Läuferin war. Gaby Seyfert gewann 1969 und 1970 sowohl die Europameister-

Die Eisprinzessinnen kamen dann aus der DDR

Wie schon in anderen Sportarten, so erlebte auch die Welt des Eiskunstlaufs in den 60er Jahren eine Wachablösung zugunsten der neuen Sportmacht DDR. Auf dem Eis stellte sie vor allem bei den Damen neue Meisterinnen: Gaby Seyfert (oben links), Christine Errath (daneben) und Katarina Witt (unten 1984 in Budapest).

schaft als auch den Welttitel, zog sich danach aber – für viele überraschend – zurück und wurde Trainerin.
Nach drei Jahren konnte die DDR dann mit Christine Errath den nächsten Star präsentieren. Die Ost-Berlinerin, geboren am 29. Dezember 1956, holte sich dreimal in Folge – von 1973 bis 1975 – die Europameisterschaft und kam bei der WM 1974 in München zum einzigen Weltmeistertitel ihrer Karriere. 1976 bei den Olympischen Spielen reichte es jedoch nur zur Bronzemedaille.
In diesem Jahr ging der Stern ihrer Landsmännin Anett Pötzsch auf, die bei der EM mit Silber die erste Medaille ihrer Laufbahn gewann. Die am 3. September 1960 in Karl-Marx-Stadt geborene Eisprinzessin beherrschte danach die Szene zumindest in Europa überlegen und sicherte sich von 1977 bis 1980 vier EM-Titel in Folge. Auf dem Weltmeisterthron stand sie erstmals 1978 bei den Titelkämpfen in Ottawa, mußte sich jedoch im folgenden Jahr hinter Linda Fratianne (USA) mit dem zweiten Platz begnügen, um dann 1980 sowohl WM- als auch Olympiagold zu gewinnen.
Ihre Nachfolgerin stand mit Katarina Witt, geboren am 3. Dezember 1965, schon bereit. Sie kam bei der WM 1981 auf Anhieb auf einen guten fünften Rang und stand im Jahr danach zweimal auf dem Treppchen. In Lyon holte sie EM-Silber, in Kopenhagen anschließend auch bei der WM den zweiten Rang. Ihren ersten Titel gewann sie dann im Februar 1983 in der Dortmunder Westfalenhalle bei den Europameisterschaften. Die anschließende WM in Helsinki brachte ihr mit dem vierten Platz nach schwacher Kür allerdings einen unvorhergesehenen Rückschlag. Doch im Olympiajahr 1984 war sie wieder da: Nach ihrem Sieg bei der EM in Budapest holte sie sich im jugoslawischen Sarajewo in überzeugender Manier die Goldmedaille und auch die Weltmeisterschaft in Ottawa.

Die ewige Zweite: Dagmar Lurz

Im Schatten von Anett Pötzsch und Linda Fratianne stand die nach Gundi Busch erfolgreichste Läuferin der DEU nach dem Kriege. Die Dortmunderin Dagmar Lurz, geboren am 18. Januar 1959, wurde viermal hintereinander – von 1977 bis 1980 – Vize-Europameisterin, jedesmal von der DDR-Läuferin besiegt. Die Gymnasiastin konnte selbst 1979, als Anett Pötzsch einmal einen schwachen Tag erwischt hatte, die Gunst der Stunde nicht nutzen. Sie stürzte schon zu Beginn ihrer Kür in Zagreb und wurde wieder nur Zweite.
In Tokio hatte sie 1977 bei der WM eine Bronzemedaille geholt, ein Jahr später in Ottawa verpatzte sie das Kurzprogramm und kam nur auf den vierten Rang. Danach wollte sie schon das Handtuch werfen, konnte jedoch umgestimmt werden. Neben dem Training für die großen Ereignisse absolvierte sie mit Erfolg die Schule und bekam nach dem Abitur 1979 auch den begehrten Studienplatz für Medizin. Daß sie bei der WM 1979 in Wien wieder nur auf Platz vier endete, störte sie angesichts des Erfolgs im privaten Leben wenig.
1980 zeigte dann die ausgezeichnete Pflichtläuferin aus dem Kohlenpott ihre besten Leistungen. Nach dem EM-Silber gab es immerhin die Bronzemedaille bei Olympia in Lake Placid und dann fast, aber eben nur fast, den greifbar nahen WM-Titel. Vor heimischer Kulisse in der Dortmunder Westfalenhalle lieferte sie Anett Pötzsch und Linda Fratianne einen großen Kampf, landete aber wieder – wenn auch knapp wie nie zuvor – hinter der DDR-Läuferin. Mit Silber und dem Sieg gegen die US-Läuferin beendete sie dann ihre Laufbahn, um sich ganz dem Studium zu widmen.
Sie hat das Eislaufen stets als das erste ihrer vielen Hobbys angese-

Verhinderte bundesdeutschen Triumph
Anett Pötzsch war die stärkste Konkurrentin der Dortmunderin Dagmar Lurz und verhinderte den ganz großen Erfolg dieser Läuferin. Sie schnappte ihr stets Gold weg.

Im Schatten großer Kürläuferinnen
Dagmar Lurz stand während ihrer Laufbahn immer im Schatten der großartigen Kürläuferinnen aus den USA und der DDR. Ihr fehlte das letzte Quentchen Können, um ganz nach oben zu kommen.

hen, aber nie total in den Mittelpunkt ihres Lebens gestellt. Nach eigener Aussage hatte sie immer Abstand zum Geschehen und sah sich deshalb nie unter Erfolgsdruck.

Begeisterte: »Die Pirouette« Denise Biellmann

Als die drei Rivalinnen Pötzsch, Lurz und Fratianne nach der Saison 1980 zurücktraten, schlug die Stunde einer kleinen Schweizerin, die bis dahin nicht zum Zuge gekommen war. Der am 11. Dezember 1962 in Zürich geborenen Schülerin Denise Biellmann blieben erste Plätze in der Kurzprogramm-Kür, aber im Endklassement lag sie bei Weltmeisterschaften zunächst zurück: 1977 Platz zehn, 1978 Platz fünf, 1979 Platz fünf, 1980 Platz acht. Eine Bronzemedaille bei der EM 1979 blieb neben dem vierten Rang 1980 in Lake Placid ihr bestes Ergebnis.
Aber sie war ja die jüngste im Feld der Eisprinzessinnen und kam 1981 dann ganz groß heraus. Bei der EM in Innsbruck zeigte sie das beste Kurzprogramm und lief auch die beste Kür – der Titel war ihr nicht zu nehmen. Die anschließende Weltmeisterschaft wurde ebenfalls zu einem Triumph für die achtzehnjährige Schweizerin, die wegen der vielen Veranstaltungen ihre Schulbildung durch Privatunterricht erhielt. Sie gewann überlegen den Titel und begeisterte in Hartford (Connecticut) das Publikum mit einem dreifachen Lutz, den sie als einzige der 31 Teilnehmerinnen sauber sprang, und der inzwischen schon von anderen Läuferinnen nachgeahmten Biellmann-Pirouette. Die Eisrevue-Bosse in

Jetzt ist sie Revue-Königin

Denise Biellmann war als Kürläuferin schon eine Augenweide, aber erst die Freiheiten der Eisrevue gaben ihr die Möglichkeit zur Entfaltung ihres ganzen künstlerischen Könnens.

den USA ließen sich dieses Showtalent nicht entgehen und verpflichteten die Schweizerin gleich nach Ende der Schaulauftournee. Bei »Holiday on Ice« begeistert Denise Biellmann seitdem ihr Publikum.

Weltmeister im Eiskunstlauf – Damen

1906 Davos	Madge Syers (GB)
1907 Wien	Madge Syers (GB)
1908 Troppau	Lisette Kronberger (H)
1909 Budapest	Lisette Kronberger (H)
1910 Berlin	Lisette Kronberger (H)
1911 Wien	Lisette Kronberger (H)
1912 Davos	Otta von Meray-Horvath (H)
1913 Stockholm	Otta von Meray-Horvath (H)
1914 St. Moritz	Otta von Meray-Horvath (H)
1915 bis 1921	nicht ausgetragen
1922 Stockholm	Herma Plank-Szabo (A)
1923 Wien	Herma Plank-Szabo (A)
1924 Oslo	Herma Plank-Szabo (A)
1925 Davos	Herma Plank-Szabo (A)
1926 Stockholm	Herma Plank-Szabo (A)
1927 Oslo	Sonja Henie (N)
1928 London	Sonja Henie (N)
1929 Budapest	Sonja Henie (N)
1930 New York	Sonja Henie (N)
1931 Berlin	Sonja Henie (N)
1932 Montreal	Sonja Henie (N)
1933 Stockholm	Sonja Henie (N)
1934 Oslo	Sonja Henie (N)
1935 Wien	Sonja Henie (N)
1936 Paris	Sonja Henie (N)
1937 London	Cecilia Colledge (GB)
1938 Stockholm	Megan Taylor (GB)
1939 Prag	Megan Taylor (GB)
1940 bis 1946	nicht ausgetragen
1947 Stockholm	Barbara Ann Scott (CDN)
1948 Davos	Barbara Ann Scott (CDN)
1949 Paris	Alena Vrzanova (CS)
1950 London	Alena Vrzanova (CS)
1951 Mailand	Jeanette Altweg (GB)
1952 Paris	Jacqueline du Bief (F)
1953 Davos	Tenley Albright (USA)
1954 Oslo	Gundi Busch (D)
1955 Wien	Tenley Albright (USA)
1956 Garmisch	Carol Heiss (USA)
1957 Colorado Springs	Carol Heiss (USA)
1958 Paris	Carol Heiss (USA)
1959 Colorado Springs	Carol Heiss (USA)
1960 Vancouver	Carol Heiss (USA)
1961 Prag	abgesagt
1962 Prag	Sjoukje Dijkstra (NL)
1963 Cortina	Sjoukje Dijkstra (NL)
1964 Dortmund	Sjoukje Dijkstra (NL)
1965 Colorado Springs	Petra Burka (CDN)
1966 Davos	Peggy Flemming (USA)
1967 Wien	Peggy Flemming (USA)
1968 Genf	Peggy Flemming (USA)
1969 Colorado Springs	Gaby Seyfert (DDR)
1970 Ljubljana	Gaby Seyfert (DDR)
1971 Lyon	Beatrix Schuba (A)
1972 Calgary	Beatrix Schuba (A)
1973 Preßburg	Karen Magnussen (CDN)
1974 München	Christine Errath (DDR)
1975 Colorado Springs	Dianne de Leeuw (NL)
1976 Göteborg	Dorothy Hamill (USA)
1977 Tokio	Linda Fratianne (USA)
1978 Ottawa	Anett Pötzsch (DDR)
1979 Wien	Linda Fratianne (USA)
1980 Dortmund	Anett Pötzsch (DDR)
1981 Hartford	Denise Biellmann (CH)
1982 Kopenhagen	Elaine Zayak (USA)
1983 Helsinki	Rosalynn Sumners (USA)
1984 Ottawa	Katarina Witt (DDR)

Einmal der Größte: Manfred Schnelldorfer

Der deutsche Läufer, der Donald Jackson in Prag so bewundert hatte, stand zwei Jahre später selbst auf der obersten Sprosse der Erfolgsleiter. Manfred Schnelldorfer, geboren am 2. Mai 1943 in München, war der sportliche Werdegang gleichsam in die Wiege gelegt worden. Sein Vater Karl verdiente als Eislauflehrer sein Geld und stellte seinen Sohn schon mit vier Jahren auf die Kufen.

Das Resultat derart früher Trainingsarbeit ließ nicht lange auf sich warten. 1955 ließ die Eislauf-Union per Sondergenehmigung den elfjährigen Buben Manfred Schnelldorfer an den Titelkämpfen der Meisterklasse teilnehmen und konnte einen neuen deutschen Eiskunstlaufmeister registrieren: eben den Münchener Schuljungen Manfred Schnelldorfer. Monate danach wurde jedoch einem Protest gegen die Wertung dieser Meisterschaft stattgegeben und ihm der Titel wieder aberkannt. Das focht Schnelldorfer jedoch nicht an, im nächsten Jahr – nun als Zwölfjähriger statutengerecht – erneut anzutreten und die Meisterschaft zu gewinnen. Bis 1964 blieb er Titelträger.

Der Verband ließ ihn in diesem Jahr sogar bei den Weltmeisterschaften in Garmisch starten; allerdings war der Junge völlig überfordert und gab bereits nach der Pflicht auf. Sein internationaler Erfolgsweg begann dann 1960, als er bei den Europameisterschaften seine erste Bronzemedaille holte. Mit dem Tschechen Karol Divin und den Franzosen Alain Giletti und Alain Calmat lieferte er sich in den nächsten Jahren spannende Duelle um die Vorherrschaft in Europa. Aber es reichte 1961 und 1962 jeweils nur zum dritten Platz bei den Meisterschaften des Kontinents. In Budapest gewann Alain Calmat den Europatitel 1963 vor dem Münchener, der zwar bei der anschließenden Weltmeisterschaft in Cortina Pflichtbester war, in der Kür jedoch patzte und so wieder nur zu einer Bronzemedaille kam.

Mit bestandenem Abitur als moralischer Rückenstärkung begann er dann die Olympiasaison

Die Superkür des Donald Jackson

Eiskunstlaufhistoriker teilen die Geschichte des Laufens der Männer heute in die Zeit vor und nach Donald Jackson ein. Einer, der den Kanadier 1962 bei seiner Superkür in Prag laufen sah, hatte selber zehn Jahre lang die Szene beherrscht und Titel wie seine Zeitgenossin Sonja Henie gesammelt.

Der Wiener Karl Schäfer, geboren am 17. Mai 1909, wurde zweimal Olympiasieger (1932 und 1936), siebenmal Weltmeister (1930 bis 1936) und achtmal Europameister (1929 bis 1936). Er blieb dem Eislauf als Trainer verbunden und erlebte bei der WM 1962 die Kür des Olympiadritten von Squaw Valley, Donald Jackson aus Kanada. Der am 2. April 1940 geborene Sohn einfacher Eltern – der Vater arbeitete bei einem Automobilkonzern am Fließband, die Mutter verdiente als Sekretärin etwas hinzu –, brannte in Prag ein Feuerwerk an Sprüngen und technischen Feinheiten ab, daß die 18 000 bis 19 000 Zuschauer in einen wahren Begeisterungstaumel fielen. Mit der siebenmal gezogenen Note sechs gab es eine Wertung wie noch nie in der langen Geschichte des Herren-Eiskunstlaufens – und von Fachleuten wie

Stieß in neue Dimensionen vor

Mit Donald Jackson begann eine neue Phase im Kunstlauf der Männer. Der Kanadier gilt als Wegbereiter für höchste sportliche Schwierigkeiten.

Karl Schäfer, Doppel-Olympiasieger Dick Button (USA) und Deutschlands Kufenstar Manfred Schnelldorfer enthusiastische Kommentare.

Der Kanadier zeigte seine Künste nur noch in diesem Winter und ging dann zu den »Ice Follies« ins Showgeschäft. Seine Eltern konnten das Geld für seine Amateurlaufbahn nicht mehr aufbringen.

1963/64, die bei der EM in Grenoble das fast vorauszusehende Resultat brachte: Alain Calmat profitierte von heimischer Kulisse und Kampfrichtergunst und wurde erneut Meister. Zweiter, wie bereits gehabt: Manfred Schnelldorfer. In Innsbruck jedoch lief er gelöst wie selten. Nach einer souveränen Pflichtleistung überzeugte sein Kürvortrag die strengen Richter, die ihm beste Noten gaben: Manfred Schnelldorfer wurde Deutschlands erster und bisher einziger Olympiasieger im Eiskunstlaufen der Herren.
Alain Calmat wurde endlich einmal geschlagen und war so entnervt, daß er dem Deutschen die anschließende Weltmeisterschaft in der Dortmunder Westfalenhalle kampflos überließ. Schnelldorfer hatte den Höhepunkt seiner Karriere erreicht und trat danach wohlweislich ab. Sein Wissen gab er später noch weiter, als er von 1967 bis 1969 erster Bundestrainer der deutschen Eisläufer war.

1982 in Europa die Nummer 1: Norbert Schramm

Was selbst einem Manfred Schnelldorfer nicht gelungen war, schaffte ein Bundeswehrsoldat im Jahre 1982: Er wurde erster deutscher Europameister in diesem Jahrhundert. Der Oberstdorfer Norbert Schramm, geboren am 7. April 1960, schaffte dieses Kunststück im Februar 1982 bei den Titelkämpfen in Lyon und setzte sich damit seine erste Krone auf.
Seit Schnelldorfers Rücktritt hatte es praktisch ein Vakuum im Bereich des Herren-Kunstlaufs in der Bundesrepublik gegeben; zumindest international blieben Erfolge aus. Mit dem Deutschen Jugendmeister des Jahres 1975, Norbert Schramm, trat dann ein vielversprechendes Talent hervor. Schramm wurde bei den Junioren-Weltmeisterschaften 1976 in Megeve als Vierter bester Europäer und etablierte sich ab 1978 unter den besten deutschen Läufern. Seinen ersten nationalen Meistertitel holte er 1979, mußte international in diesem Winter aber noch Lehrgeld zahlen. Platz elf bei der EM und Rang sechzehn bei der WM blieben die bescheidene Ausbeute. 1980 gab es für den EM-Zweiten keinen Start bei internationalen Meisterschaften, aber danach setzte der Abiturient, der mittlerweile seinen Wehrdienst angetreten hatte, erste bemerkenswerte Akzente. Nach dem erneuten nationalen Titelgewinn kam er bei der EM 1981 in Innsbruck auf einen guten dritten Rang, nachdem er die beste Kür dieser Titelkämpfe gezeigt hatte, und bei der anschließenden Weltmeisterschaft reichte es schon zum siebenten Platz. Der ausgezeichnete Kürläufer Schramm schaffte dann 1982 den großen Durchbruch und kam nach dem EM-Gold von Lyon zur ersten WM-Medaille für die DEU seit Manfred Schnelldorfer. In Kopenhagen belegte er – nur vom US-Artisten Scott Hamilton geschlagen – einen großartigen zweiten Platz. In der folgenden Saison verteidigte er bei den Titelkämpfen in Dortmund seine Europameisterschaft souverän und lieferte sich anschließend mit Hamilton in Helsinki ein spannendes Duell um den WM-Titel, das der US-Läufer jedoch wieder für sich entscheiden konnte.

Aus der goldenen Ära der Deutschen
Hoch hinauf – wie bei diesem Sprung, der 1959 aufgenommen wurde – kam Manfred Schnelldorfer im Laufe seiner Karriere. Er startete während der goldenen Ära des deutschen Eiskunstlaufs.

Der Olympiawinter 1983/84 sollte dann die Krönung in der Laufbahn des bayerischen Kufenstars bringen. Zwar gewann er bei der Europameisterschaft in Budapest hinter dem Herner Rudi Cerne noch eine Bronzemedaille, doch nach einem unvorstellbaren Hickhack im Vorfeld von Sarajewo – unter anderem Trennung von seinem Trainer Erich Zeller – reichte es für den Oberstdorfer nur zu einem enttäuschenden neunten Rang, während er bei der WM in Ottawa gar – nach der Pflicht weit zurückliegend – entnervt aufgab.

Der Künstler auf dem Eis: Toller Cranston

Über Norbert Schramms Kürvorträge äußerte sich als Beobachter ein Sachverständiger, dem selbst das Prädikat »Bester Eiskunstläufer aller Zeiten« zuerkannt worden war, der aber nie eine internationale Konkurrenz für sich entscheiden konnte. Toller Cranston, am 20. April 1949 in Hamilton (Ontario) geborener Kanadier, meinte: »Mit ihm fängt wieder ein neues Kapitel an. Norbert Schramm – das ist die Fortsetzung unserer Zeit mit neuen Mitteln.«
Er selbst konnte nicht zum Bahnbrecher werden, weil beim Eiskunstlauf für ihn die Betonung ausschließlich auf dem Wort Kunst lag und er die zum Wettbewerb gehörende Pflicht als lästiges Übel betrachtete. Bei den Weltmeisterschaften 1972, 1974 und 1975 wurde er zwar als bester Kürläufer ausgezeichnet, wegen seiner schwachen Pflichtleistungen kam er aber über einen dritten Rang (1974) nicht hinaus. Auch 1976 in Innsbruck, wo ihm die Zuschauer nach einer schier unglaublichen Kür quasi zu Füßen lagen, wurde ihm durch das Anrechnen der Pflichtleistungen nur eine Bronzemedaille als Belohnung für sein überragendes Können zugebilligt.
Der Kunstmaler Cranston, dessen Gemälde bei Liebhabern guten Absatz fanden, konnte sich mit dem Zwang der Pflichtfiguren nach dem vierten Platz bei der WM 1976 nicht länger abfinden und ging zur Revue »Holiday on Ice«, die ihm ein fürstliches Honorar für seine Künste auf dem Eis zahlte.

Ein Ende mit Schrecken für die Fans

Jahrelang schien er unerschütterlich: Norbert Schramm auf dem Weg zu höchstem Ruhm. Um so mehr schockte die total verkorkste Saison im Winter 1984 und der unrühmliche Abgang.

Eiskünstler fand keine Gegenliebe

Toller Cranston – im Bild bei der Kür 1976 in Innsbruck – konnte sich mit seiner Auffassung bei den Preisrichtern nicht durchsetzen und zog dann die Konsequenzen.

Die Weltmeister im Eiskunstlauf – Herren

1896 Petersburg	Gilbert Fuchs (D)
1897 Stockholm	Gustav Hügel (A)
1898 London	H. Grenander (S)
1899 Davos	Gustav Hügel (A)
1900 Davos	Gustav Hügel (A)
1901 Stockholm	Ulrich Salchow (S)
1902 London	Ulrich Salchow (S)
1903 Petersburg	Ulrich Salchow (S)
1904 Berlin	Ulrich Salchow (S)
1905 Stockholm	Ulrich Salchow (S)
1906 München	Gilbert Fuchs (D)
1907 Wien	Ulrich Salchow (S)
1908 Troppau	Ulrich Salchow (S)
1909 Stockholm	Ulrich Salchow (S)
1910 Davos	Ulrich Salchow (S)
1911 Berlin	Ulrich Salchow (S)
1912 Manchester	Fritz Kalcher (A)
1913 Wien	Fritz Kalcher (A)
1914 Helsinki	Gösta Sandahl (S)
1922 Stockholm	Gillis Grafström (S)
1923 Wien	Fritz Kachler (A)
1924 Manchester	Gillis Grafström (S)
1925 Wien	Willy Böckl (A)
1926 Berlin	Willy Böckl (A)
1927 Davos	Willy Böckl (A)
1928 Berlin	Willy Böckl (A)
1929 London	Gillis Grafström (S)
1930 New York	Karl Schäfer (A)
1931 Berlin	Karl Schäfer (A)
1932 Montreal	Karl Schäfer (A)
1933 Zürich	Karl Schäfer (A)
1934 Stockholm	Karl Schäfer (A)
1935 Budapest	Karl Schäfer (A)
1936 Paris	Karl Schäfer (A)
1937 Wien	Felix Kaspar (A)
1938 Berlin	Felix Kaspar (A)
1939 Budapest	Graham Sharp (GB)
1947 Stockholm	Hans Gerschwiler (CH)
1948 Davos	Richard (»Dick«) Button (USA)
1949 Paris	Richard (»Dick«) Button (USA)
1950 London	Richard (»Dick«) Button (USA)
1951 Mailand	Richard (»Dick«) Button (USA)
1952 Paris	Richard (»Dick«) Button (USA)
1953 Davos	Alan Jenkins (USA)
1954 Oslo	Alan Jenkins (USA)
1955 Wien	Alan Jenkins (USA)
1956 Garmisch	Alan Jenkins (USA)
1957 Colorado Springs	Alan Jenkins (USA)
1958 Paris	Alan Jenkins (USA)
1959 Colorado Springs	Alan Jenkins (USA)
1960 Vancouver	Alain Giletti (F)
1961 Prag	abgesagt
1962 Prag	Donald Jackson (CDN)
1963 Cortina	Donald McPherson (CDN)
1964 Dortmund	Manfred Schnelldorfer (D)
1965 Colorado Springs	Alain Calmat (F)
1966 Davos	Emmerich Danzer (A)
1967 Wien	Emmerich Danzer (A)
1968 Genf	Emmerich Danzer (A)
1969 Colorado Springs	Timothy Wood (USA)
1970 Ljubljana	Timothy Wood (USA)
1971 Lyon	Ondrej Nepala (CS)
1972 Calgary	Ondrej Nepala (CS)
1973 Preßburg	Ondrej Nepala (CS)
1974 München	Jan Hoffmann (DDR)
1975 Colorado Springs	Sergej Wolkow (SU)
1976 Göteborg	John Curry (GB)
1977 Tokio	Wladimir Kowalew (SU)
1978 Ottawa	Charles Tickner (USA)
1979 Wien	Wladimir Kowalew (SU)
1980 Dortmund	Jan Hoffmann (DDR)
1981 Hartford	Scott Hamilton (USA)
1982 Kopenhagen	Scott Hamilton (USA)
1983 Helsinki	Scott Hamilton (USA)
1984 Ottawa	Scott Hamilton (USA)

Oft auf Medaillenkurs: Die deutschen Paare

Als 1908 erstmals eine Weltmeisterschaft im Paarlaufen vergeben wurde, fiel der Titel an Deutschland. Die Münchener Anna Hübner und Heinrich Burger waren klar besser als die beiden anderen Paare aus England und Rußland. Sie siegten auch bei Eiskunstlaufwettbewerben, die im Rahmen der Olympischen Sommerspiele 1908 in London ausgetragen wurden – allerdings ohne olympischen Status – und errangen 1910 noch einmal den Weltmeistertitel.
Damit begründeten sie eine Tradition in dieser Eislaufdisziplin, denn deutsche Paare holten weit mehr Medaillen bei den großen internationalen Wettbewerben als die Einzelstarter. Das nächste WM-Team trat zwar erst ein gutes Vierteljahrhundert nach Hübner/Burger in Erscheinung, dafür aber um so nachdrücklicher. Die am 8. Oktober 1920 in München geborene Maxi Herber und der Zittauer Ernst Baier, geboren am 27. Mai 1905, starteten – nach Versuchen als Solisten – 1933 erstmals im Paarlauf und gewannen 1934 dann ihren ersten deutschen Meistertitel. Daneben wurde jeder für sich auch noch Einzelmeister.
Bei der nächsten Europameisterschaft 1935 in St. Moritz holten sie die erste Goldmedaille in dieser Disziplin für Deutschland und fügten vier weitere in den nächsten Jahren bis 1939 hinzu. Ab 1936 waren sie auch weltbestes Eiskunstlaufpaar, nachdem sie in Paris den Weltmeistertitel geholt hatten und in Garmisch die Goldmedaille bei den Olympischen Spielen. Bis 1939 verteidigten sie ihre WM-Würde, dann beendete der Krieg weitere Austragungen.

Krieg stoppte Medaillenjagd
Der Winter 1939 war auch für Maxi Herber und Ernst Baier zum letzten Mal Wettkampfzeit (hier bei der DM). Dann stoppte der Krieg die Karriere.

Der auch als Solist sehr erfolgreiche Ernst Baier – 1936 in Garmisch Silbermedaillen-Gewinner in der Herrenkonkurrenz – versuchte, nach dem Krieg mit seiner Frau – er hatte Maxi Herber 1941 geheiratet – mit einer Eisrevue wieder Fuß zu fassen, scheiterte aber an den überholten Vorstellungen vom Eisballett. Er arbeitete in den 50er Jahren dann als Trainer weiter.
Ihre Nachfolger auf dem WM-Thron wurden mit Beginn der 50er Jahre Ria Baran, geboren am 29. November 1922 in Dortmund, und Paul Falk, geboren am 21. Dezember 1921, ebenfalls in Dortmund. Sie hatten sich beim Rollschuhlaufen kennengelernt, das ihr gemeinsames Hobby war. Als sie sich nach dem Krieg auch auf Schlittschuhe wagten, war der Erfolg ihnen sicher. Von 1947 bis 1952 wurden sie sechsmal Deutsche Meister im Paarlauf. Ihren ersten ganz großen Erfolg errangen sie 1951 mit der Europameisterschaft. Danach heirateten die beiden Dortmunder und eilten als Ehepaar von Sieg zu Sieg. Sie wurden 1951 auch Weltmeister und gewannen im nächsten Jahr drei Goldmedaillen: bei der EM, der WM und den Olympischen Spielen in Oslo. Danach folgte der Übertritt ins Profilager und zur Eisrevue »Holiday on Ice«. Die Falks legten ihr Geld in einem Hotel in Düsseldorf an, das sie heute noch führen.

Das Traumpaar auf dem Eis:

Marika Kilius und Hans-Jürgen Bäumler

Wenn das Eiskunstlauf-Traumpaar der Deutschen in der ersten Hälfte der 60er Jahre bei bedeutenden Wettbewerben startete, bescherte es den Programmverantwortlichen des Fernsehens jedesmal einen absoluten Hit.

Der Anfang und der Höhepunkt
Marika Kilius und Hans-Jürgen Bäumler schienen nach dem Gewinn der ersten Deutschen Meisterschaft fast noch ein bißchen verlegen (links). Nach dem WM-Titel konnte man dann Jahre später ein souveränes Paar sehen.

Eine ganze Nation wurde dann zur Eislaufgemeinde, versäumte keine Minute des sportlichen Geschehens am häuslichen Bildschirm und identifizierte sich so total mit den geliebten Akteuren, daß selbst brave Familienväter und Mütter Drohbriefe gegen Wertungen der Preisrichter losschickten.

Marika Kilius (geb. am 24. März 1943 in Frankfurt) und Hans-Jürgen Bäumler (geb. am 28. Januar 1942 in Dachau) erreichten – nicht zuletzt wegen der mit den Fernsehübertragungen gegebenen Möglichkeiten des unmittelbaren Dabeiseins – eine Popularität, die sich mit der gekrönter Häupter messen lassen konnte. Noch zwei Jahrzehnte nach ihrem sportlich erfolgreichsten Jahr 1963 drängten sich die Menschen in die Eislaufrevuen, um ihre Marika, das Idol von Generationen, zu bewundern.

Das Eislaufpaar Kilius/Bäumler konnte sich seine Erfolge nicht im Alleingang sichern, sondern mußte sich – und darin lag der besondere Reiz dieser Ära auf dem Eis – ständig gegen zwei fast gleichstarke Paare wehren: gegen ihre Landsleute Margret Göbl (geb. am 26. Juni 1938 in Nürnberg) und Franz Ningel (geb. am 18. Oktober 1936 in Frankfurt) sowie gegen das sowjetische Paar Ljudmila Bjeloussowa und Oleg Protopopow. Die besondere Pikanterie dieser Konkurrenzsituation lag aber darin, daß Marika Kilius und Franz Ningel vorher ein durchaus erfolgreiches Paar auf dem Eis bildeten, das mehrere nationale und internationale Titel bzw. Medaillen sammelte (→ Übersicht). Aber die beiden

Man sprach von der »Hochzeit des Jahres«

Das Privatleben des Paares fand mindestens genausoviel Aufmerksamkeit wie dessen Sport. Als Marika Kilius 1964 den Fabrikantensohn Werner Zahn heiratete, gab es Szenen wie bei einer Fürstenhochzeit. Ein Jahr danach kam Töchterchen Melanie zur Welt (unten). Die Ehe wurde allerdings später geschieden.

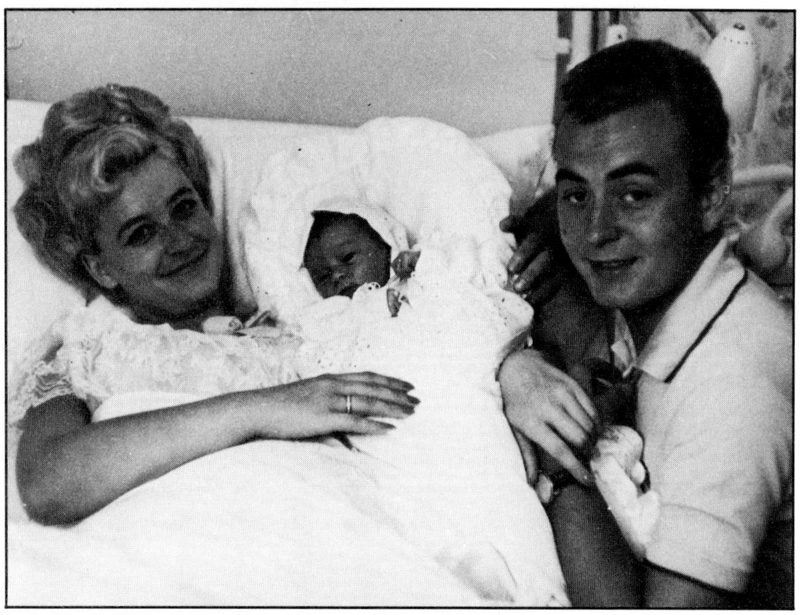

Die Revue holte das »Traumpaar«

Den Fans blieben sie erhalten. Oben die Premiere der Wiener Eisrevue 1964 in Nürnberg, darunter eine Szene aus »Maske in Blau« im Jahre 1971.

Frankfurter wuchsen im Laufe der Zeit auseinander, das heißt, Franz Ningel wuchs nicht mit, so daß es zur von den Naturgesetzen diktierten Trennung des in Deutschland beliebten Paares kam.

Es folgte der von Beobachtern der Eislaufszene als »Bündnis der Eislaufmuttis« umschriebene Schritt von Leni Kilius und Anni Bäumler, die ihre Kinder Marika und den mittelklassigen Einzelläufer Hans-Jürgen zum Paarlauf überredeten. Franz Ningel hingegen fand in Margret Göbl eine in der Körpergröße passende Partnerin, und so konnte das Ringen um die Vorherrschaft auf dem Eis in Deutschland beginnen, das auch zu einem ständigen Duell ihrer Trainer Erich Zeller und Rosemarie Brüning wurde.

Die stets hochmotivierten Paare würzten ab 1959 Deutsche Meisterschaften sowie Europa- und Weltmeisterschaften mit besonderer Spannung – und das dreimal im Winter (mit Ausnahme von 1961, als die WM wegen des Absturzes der US-Eislaufelite bei Brüssel abgesagt wurde). Dabei nahmen die internationalen Wettbewerbe für Göbl/Ningel stets einen beinahe tragischen Ausgang, weil die Gunst der Damen und Herren mit den Noten im Bauchladen eindeutig auf seiten des ausstrahlungsstarken Paares Kilius/Bäumler lag. Der dreimalige Erfolg bei den Deutschen Meisterschaften in den Jahren 1960 bis 1962 gegen Kilius/Bäumler konnte Margret Göbl und Franz Ningel nicht darüber hinwegtrösten, daß sie bei den voraufgegangenen Welt- und Europameisterschaften stets hinter diesen plaziert waren. Besonders 1962 wurden sie in Genf bei der EM und in Prag bei der WM – als Kilius/Bäumler im Anschluß an eine eingesprungene Waage-Pirouette mit den Schlittschuhen kollidierten und durch diesen Doppelsturz die gerade begonnene Kür abbrechen mußten – von den Preisrichtern übel benachteiligt. Nach diesen neuerlichen Enttäuschungen traten sie resigniert von der Amateursportbühne ab und unterschrieben Verträge bei »Holiday on Ice«.

Auch Bäumler fand seine Partnerin

Nach dem Höhepunkt im Winter 1964, der viele Ehrungen nach sich zog – unten der Empfang bei Bundeskanzler Ludwig Erhard –, versuchte sich Hans-Jürgen Bäumler im Filmgeschäft (ganz unten in »Ruf der Wälder«). Auch er fand dann seine Lebenspartnerin in der Heidelberger Lehrerin Marina Engelmann, die ihm in der Wieskirche ihr Jawort gab.

Die Duelle mit den Russen

Für Kilius/Bäumler gerieten 1962 und die beiden folgenden Jahre wieder zu einer Zeit nervenaufreibender Duelle gegen ein russisches Paar, nachdem sie ab 1959 schon das bis dahin in Europa führende Duo Nina und Stanislaw Schuk abgelöst hatten. Die neuen Konkurrenten, die Leningrader Ljudmila Bjeloussowa und Oleg Protopopow, kreierten eine in dieser Vollendung bis dahin noch nicht gesehene Form des Eiskunstlaufens mit starker Betonung auf die tänzerischen Elemente. Sie besaßen in ihrem durch geradezu faszinierende Harmonie und Ausdruckskraft geprägten Stil in einmaliger Weise die Fähigkeit, Musik in Bewegung umzusetzen, und scheuten auch vor Balletteinlagen nicht zurück. Das Aufeinandertreffen dieses Paares mit der von betont sportlicher Note geprägten Auffassung des Eislaufens von Marika Kilius und Hans-Jürgen Bäumler bedeutete eine Begegnung zweier Eislaufwelten, zwischen denen die Preisrichter sich entscheiden mußten. Eiskunstlauf als »Kunst« oder sportlicher Wettbewerb, das war nun die Frage. Ljudmila und Oleg Protopopow – verheiratet und Eltern eines Kindes – ließen sich erstmals 1958 in der europäischen Eislaufszene sehen (Ljudmila, geboren am 22. November 1935, behielt ihren Mädchennamen Bjeloussowa im sportlichen Bereich bei). Das an Jahren schon fortgeschrittene Paar – Oleg wurde am 16. Juli 1932 geboren – belegte 1960 bei den Europameisterschaften in Garmisch-Partenkirchen den vierten Platz, noch klar im Schatten des Ehepaares Schuk. Aber schon zwei Jahre später lieferten sie den Dauer-Europameistern Kilius/Bäumler einen harten Kampf um die Goldmedaille.

Preisrichter spielen Schicksal

In den beiden folgenden Jahren hielten die Duelle dieser beiden Paare die Sportwelt in Atem. Bei den Europameisterschaften 1963 in Budapest, bei der jedes Paar seine Kür zweimal an verschiedenen Tagen zeigen mußte, dominierten die Deutschen noch eindeutig. Am zweiten Tag setzten alle neun Preisrichter sie auf den ersten Platz. Auch bei den etliche

Die Wettkämpfe enthielten viel Zündstoff

Ljudmila und Oleg Protopopow verkörperten ein perfektes Eislaufpaar, dessen – gegenüber dem deutschen Paar – völlig andere Auffassung vom Eiskunstlauf die Welt in zwei Lager spaltete und bei den Wettkämpfen stets für Zündstoff sorgte.

Wochen später stattfindenden Weltmeisterschaften in Cortina d'Ampezzo hießen die deutlichen Sieger Kilius/Bäumler.
Aber schon das erste Aufeinandertreffen beider Paare im Olympiajahr 1964, bei den Europameisterschaften in Grenoble, zeigte eine neue Situation. Das sowjetische Paar hatte sich eine wahre Traumkür auf den Leib geschrieben, von der schon beim Training die gesamte Eislaufwelt schwärmte. Nach dem Pflichtprogramm sah es dann auch nach der ersten Niederlage des deutschen Paares aus. Es hatte in der Gesamtnote einen kleinen Rückstand von 0,2 Punkten, aber noch die bessere Platzziffer. Fünf Kampfrichter hatten für sie votiert, drei für die Leningrader, einer setzte beide gemeinsam auf den ersten Rang. Nun hing alles von der Kür ab. Dort patzten die Protopopows zur Überraschung aller zweimal und mußten sich erneut mit Silber begnügen.
Für die deutsche Öffentlichkeit war mit dem Erfolg ihres Traumpaares in Grenoble auch schon eine Vorentscheidung für den wichtigsten Wettbewerb des Jahres gefallen: den Kampf um olympisches Gold in Innsbruck. Doch dort erwischten die Deutschen nicht ihren besten Tag, während dem sowjetischen Paar einfach alles gelang. Die Entscheidung fiel diesmal mit 5:4 Richterstimmen für die Protopopows, die damit als Olympiasieger feststanden.
Wie so oft nach Urteilen der Punktrichter, so entzündete sich auch diesmal heftiger Streit. Die deutsche Öffentlichkeit aber reagierte geradezu hysterisch und lud ihren Zorn auf die kanadische Richterin Dr. Suzanne Francis Morrow ab. Sie hatte nicht nur die Sieger, sondern auch noch ihre Landsleute Debbie Wilkes und Guy Revell vor Kilius/Bäumler eingestuft. Darauf wurde sie als »Rote Susi« – wegen ihrer so gefärbten roten Jacke – von der deutschen Presse verteufelt.
Schon einen Monat später kam es zur großen Revanche. In der Dortmunder Westfalenhalle stand der letzte große Wettbewerb dieses ereignisreichen Eislaufwinters, die Weltmeisterschaft, an. Kilius/Bäumler bauten kurzfristig ihre Kür um und zeigten in Dortmund einen Teil, der vom Publikum amüsiert als Protopopow-Parodie empfunden wurde. Das Preisgericht hatte eine andere Zusammensetzung als in Innsbruck und war den Deutschen gewogener. Es setzte sie auf den Weltmeisterthron und sorgte dadurch bei Oleg Protopopow für einige unbedachte Reaktionen, die der ohnehin gespannten Atmosphäre noch mehr Explosivcharakter gaben. Hinter persönlichen und politisch gefärbten Kommentaren auf die Er-

Erfolgsstatistik der beteiligten Läufer

Marika Kilius (Solostarts):

1954	Deutsche Jugendmeisterin Rollkunstlauf
1956	Deutsche Jugendmeisterin Rollkunstlauf
1957	Deutsche Vizemeisterin Rollkunstlauf
1958	Deutsche Meisterin Rollkunstlauf
1958	Weltmeisterin Rollkunstlauf

Franz Ningel (Solostarts):

1954	Vize-Europameister Rollkunstlauf
1955	Weltmeister Rollkunstlauf
1956	Weltmeister Rollkunstlauf
1957	Europameister Rollkunstlauf

Paar Kilius/Ningel:

1952	Deutsche Jugendmeister Paarlauf (Eis)
1953	Deutsche Jugendmeister Rollkunstlauf
1954	Deutsche Jugendmeister Rollkunstlauf Deutsche Vizemeister Paarlauf (Eis)
1955	Deutsche Meister Paarlauf (Eis) EM-Dritte Paarlauf (Eis) WM-Siebente Paarlauf (Eis) DM-Dritte Rollkunstlauf
1956	Deutsche Meister Paarlauf (Eis) EM-Dritte Paarlauf (Eis) WM-Dritte Paarlauf (Eis) Olympia-Vierte Paarlauf (Eis) DM-Dritte Rollkunstlauf
1957	Deutsche Meister Paarlauf (Eis) EM-Dritte Paarlauf (Eis) WM-Zweite Paarlauf (Eis)

Hans-Jürgen Bäumler (Solostarts):

1954	Deutscher Jugendmeister
1955	DM-Vierter
1956	DM-Dritter WM-Zwölfter
1957	Deutscher Vizemeister EM-Sechster
1958	DM-Dritter EM-Achter WM-Vierzehnter
1959	DM-Dritter

Paar Kilius/Bäumler:

1958	Deutsche Meister EM-Fünfte WM-Fünfte
1959	Deutsche Meister Europameister Vize-Weltmeister
1960	Deutsche Vizemeister Europameister Olympia-Zweite WM-Dritte
1961	Deutsche Vizemeister Europameister
1962	Deutsche Vizemeister Europameister
1963	Deutsche Meister Europameister Weltmeister
1964	Deutsche Meister Europameister Olympia-Zweite Weltmeister

Paar Göbl/Ningel:

1960	Deutsche Meister EM-Dritte
1961	Deutsche Meister EM-Zweite
1962	Deutsche Meister EM-Dritte WM-Dritte

Wachablösung war schmerzlich

Als Irina Rodnina und Aleksej Ulanow (oben bei der Kür) 1969 den EM-Titel gewannen, waren die Protopopows am Ende der Karriere angelangt. Bei der Siegerehrung in Garmisch standen sie nach langer Zeit nicht ganz oben.

eignisse in Dortmund trat der sportliche Wert dieser Veranstaltung fast in den Hintergrund.

Der als »Rache für Innsbruck« apostrophierte Sieg bekam für Kilius/Bäumler noch einen bitteren Nachgeschmack, als man ihnen die verdiente Silbermedaille des olympischen Wettbewerbs absprach. Die von ihrem seltsamen Amateurbegriff geleiteten Funktionäre im IOC schenkten Gerüchten Glauben, das deutsche Paar habe bereits vor dem Start in Innsbruck mit »Holiday on Ice« verhandelt bzw. sogar einen Vorvertrag abgeschlossen und somit gegen den Amateurparagraphen verstoßen.

Nach der Weltmeisterschaft traten Kilius/Bäumler dann endgültig vom Amateursport zurück und überließen den Protopopows, Staatsamateuren bester osteuropäischer Prägung, das Feld. Ohne Konkurrenz beherrschten diese bis einschließlich 1968 die Paarlaufszene und holten alle vier möglichen Europa- und Welttitel, dazu die Goldmedaille bei den Winterspielen 1968 im französischen Grenoble.

Eisrevue war letzte Station

Das Ende ihrer Karriere bahnte sich dann 1969 bei der EM in Garmisch-Partenkirchen an. Die Zuschauer pfiffen über ihre überholte Auffassung vom Eiskunstlauf und jubelten ihren russischen Landsleuten Irina Rodnina und Aleksej Ulanow zu. Als sich Oleg und Ljudmila dann 1970 nicht einmal für die EM in Leningrad qualifizierten, zogen sie sich zurück. 1973 sah man sie noch einmal bei den Profi-Weltmeisterschaften in Tokio siegen, dann wurde es still um sie, bis sie im Herbst 1979 plötzlich im Westen auftauchten und in der Schweiz politisches Asyl erhielten. Im November unterzeichneten sie dann mit der amerikanischen Eisrevue »Ice Capades« einen Dreijahresvertrag und tingelten mit dieser durch die USA.

Auch andere schrieben Eisgeschichte

Russen und Briten begeisterten

Nicht nur die deutschen Paare standen hierzulande in der Gunst des Publikums ganz oben. Besonders Irina Rodnina mit ihren Partnern Aleksej Ulanow und Aleksandr Saitsew sowie das britische Meisterpaar Jayne Torvill und Christopher Dean füllten die Eishallen.

Meistdekorierter Eislaufstar: Irina Rodnina

Das Geschehen nach den Protopopows wurde maßgeblich von einem nur 1,51 m großen Persönchen bestimmt, der am 12. September 1949 in Moskau geborenen Offizierstochter Irina Rodnina. Die ebenso ehrgeizige wie intelligente Moskauerin wurde mit 24 Goldmedaillen zur meistdekorierten Läuferin der Eislaufgeschichte und verzauberte mit ihren Partnern ein Jahrzehnt das Publikum in aller Welt.

Irina Rodnina und ihr Partner Aleksej Ulanow verkörperten beste russische Paarlaufschule, betonten in ihren Läufen aber eine weit sportlichere Note als die Protopopows. Die Kampfrichter folgten ab 1969 ihrer Auffassung gern, machten sie bis 1972 viermal zu Europa- und Weltmeistern und erkannten ihnen auch die Goldmedaille bei den Olympischen Spielen 1972 in Sapporo zu.

Die Paarlaufgemeinsamkeit zerbrach bei der WM in Calgary, als Irina einen Sturz bei einer Hebefigur im Training dem Partner zuschrieb und nicht mehr mit ihm laufen wollte. Aleksej Ulanow nahm daraufhin Irinas schärfste Konkurrentin Ljudmila Smirnowa zur Partnerin und Ehefrau und versuchte, mit ihr an der Spitze zu bleiben. Irina Rodnina hingegen erhielt mit Aleksandr Saitsew aus Leningrad einen neuen Partner und nahm dann mit ihm den Kampf mit der Konkurrenz auf.

Das erste Aufeinandertreffen erfolgte bei den Europameisterschaften 1973, die mit einem klaren Sieg von Rodnina/Saitsew endeten. Die beiden wurden von 1973 bis 1978 sowohl Europa- als auch Weltmeister und holten 1976 die olympische Goldmedaille. Nur die Geburt ihres Sohnes Aleksandr im Februar 1979 verhinderte, daß das seit 1975 verheiratete Paar auch in diesem Jahr wieder alle Titel holte. Sie feierten aber 1980 ein glänzendes Comeback, wurden wieder Europameister und holten auch den Olympiasieg in Lake Placid. Nur eine Trainingsverletzung verhinderte, daß sie auch den WM-Titel dieses Jahres in Dortmund holten. Das Paar, das wegen seines exzellenten Vortrags einmal von allen neun Kampfrichtern die Note sechs zugebilligt bekam, verabschiedete sich im März 1980 mit einem Schaulaufen in München vom deutschen Publikum. Danach zog sich Irina vom Leistungssport zurück, ist aber als Trainerin der sowjetischen Damen weiter aktiv.

Neuer Partner, neuer Erfolg

Nach der Trennung von Aleksej Ulanow fand das Paarlaufwunder Irina Rodnina in Aleksandr Saitsew eine nach Meinung der Kritiker noch idealere Ergänzung. Das Bild zeigt sie 1980 beim Olympiasieg in Lake Placid.

Eistanz in vollendeter Harmonie

In den letzten Jahren hat sich das Interesse des Publikums von dem doch athletischeren Paarlauf auf eine andere Disziplin des Eiskunstlaufs verlagert: Die Aufmerksamkeit gehört mehr und mehr dem Eistanz, jener Disziplin, die das Künstlerische stärker in den Vordergrund stellt.

Das ist nicht zuletzt einem Paar zu verdanken, das zum Ende der 70er Jahre antrat, um in dieser Sportart neue Akzente zu setzen. Die Rede ist von den britischen Meistertänzern Jayne Torvill und Christopher Dean. Dem Paar aus der englischen Stadt Nottingham gelang es jedoch nicht nur, neue Akzente zu setzen, nein, es setzte praktisch neue Maßstäbe, und viele Kritiker sprechen sogar von einer neuen Dimension, die der Eistanz durch diese beiden erfahren hat.

Die manchmal eigenwillige Interpretation und Darstellung der Briten – so gestalteten sie 1984 ihre Kür nach nur einer einzigen Musik, und zwar nach den Rhythmen von Ravels »Bolero« – führte zu einer im Eiskunstlauf seltenen, ja außergewöhnlichen Allianz: Nicht nur die Kritiker, auch die Preisrichter verneigten sich vor der Kunst des britischen Paares – es gab eine Flut von 6,0-Wertungen wie noch nie zuvor in der Geschichte dieses Sports. So

Bilderbogen einer Sternstunde

Paarlaufkunst in höchster Vollendung zeigten Rodnina/Saitsew 1976 in Innsbruck, wo sie ihre erste Olympiagoldmedaille gewannen. Selbst hartgesottene Kritiker sprachen von einer Sternstunde des Eiskunstlaufs.

Weltmeister im Eistanz	
1952 Paris	Westwood/Demmy (GB)
1953 Davos	Westwood/Demmy (GB)
1954 Oslo	Westwood/Demmy (GB)
1955 Wien	Westwood/Demmy (GB)
1956 Garmisch	Weight/Thomas (GB)
1957 Colorado Springs	Markham/Jones (GB)
1958 Paris	Markham/Jones (GB)
1959 Colorado Springs	Denny/Jones (GB)
1960 Vancouver	Denny/Jones (GB)
1961 Prag	abgesagt
1962 Prag	Romanova/Roman (CS)
1963 Cortina	Romanova/Roman (CS)
1964 Dortmund	Romanova/Roman (CS)
1965 Colorado Springs	Romanova/Roman (CS)
1966 Davos	Towler/Ford (GB)
1967 Wien	Towler/Ford (GB)
1968 Genf	Towler/Ford (GB)
1969 Colorado Springs	Towler/Ford (GB)
1970 Ljubljana	Pachamowa/Gorschkow (SU)
1971 Lyon	Pachamowa/Gorschkow (SU)
1972 Calgary	Pachamowa/Gorschkow (SU)
1973 Preßburg	Pachamowa/Gorschkow (SU)
1974 München	Pachamowa/Gorschkow (SU)
1975 Colorado Springs	Moiseewa/Minenkow (SU)
1976 Göteborg	Pachamowa/Gorschkow (SU)
1977 Tokio	Moiseewa/Minenkow (SU)
1978 Ottawa	Linischuk/Karponosow (SU)
1979 Wien	Linischuk/Karponosow (SU)
1980 Dortmund	Regöczy/Sallay (H)
1981 Hartford	Torvill/Dean (GB)
1982 Kopenhagen	Torvill/Dean (GB)
1983 Helsinki	Torvill/Dean (GB)
1984 Ottawa	Torvill/Dean (GB)

Tanzpaar als Augenweide

Das britische Paar Torvill/Dean (oben bei der Olympiakür 1984 in Sarajewo) revolutionierte die Disziplin Eistanz und wurde in den letzten Jahren durch seine nahezu unglaubliche Kunst zum Star jeder Veranstaltung.

zogen die Preisrichter am 14. Februar 1984 nach der olympischen Kür zwölfmal die Traumnote, die ihnen in dem ganzen Wettkampf nicht weniger als achtzehnmal zugestanden wurde. Dabei stellen die 6,0 in der Pflicht ein absolutes Novum in der langen Geschichte des Eistanzes dar.

Was so spielerisch auf dem Eis aussieht, ist jedoch das Ergebnis jahrelangen harten Trainings. Jayne Torvill, geboren am 7. Oktober 1957, und Christopher Dean, geboren am 27. Juli 1958, feilen seit dem Sommer 1980 im Bundesleistungszentrum Oberstdorf fast tagtäglich, und zwar bis zu zehn Stunden, an der Vervollkommnung ihres Stils – nicht zuletzt ermöglicht durch ein Stipen-

ZULETZT AUCH NOCH ORDEN FUER MEISTERPAAR

Schon Streit der Experten

Nach dem Höhepunkt im Winter 1984 traten die Briten zurück, noch rechtzeitig genug, um den aufflammenden Expertenstreit über ihren Tanzstil im Keim zu ersticken. Wird Eistanz jetzt anders?

dium des City Council ihrer Heimatstadt Nottingham. Dieses betrug anfangs 10 000 Pfund, etwa 40 000 DM, und für das Jahr 1984 stolze 22 000 Pfund.

Doch die einstige Versicherungsangestellte und der ehemalige Polizist, die seit 1975 gemeinsam starten, konnten das Vertrauen, das die Stadtväter in sie setzen, vollauf rechtfertigen: Bis 1984 wurden sie viermal Welt- sowie dreimal Europameister (1983 konnten sie wegen einer Verletzung Jayne Torvills ihren Titel in Dortmund nicht verteidigen).

Diese einmalige Erfolgsserie fand auch in der Öffentlichkeit ihren Ausdruck: Sie wurden mit dem Orden »Member of British Empire« ausgezeichnet.

Weltmeister im Eiskunstlauf – Paare

1908 Petersburg	Hübler/Burger (D)
1909 Stockholm	Johnson/Johnson (GB)
1910 Berlin	Hübler/Burger (D)
1911 Wien	Eilers/Jakobsson (D/SF)
1912 Manchester	Johnson/Johnson (GB)
1913 Stockholm	Engelmann/Meistrik (A)
1914 St. Moritz	Jakobsson/Jakobsson (SF)
1922 Davos	Engelmann/Berger (A)
1923 Oslo	Jakobsson/Jakobsson (SF)
1924 Manchester	Engelmann/Berger (A)
1925 Wien	Szabo/Wrede (A)
1926 Berlin	Joly/Brunet (F)
1927 Wien	Szabo/Wrede (A)
1928 London	Joly/Brunet (F)
1929 Budapest	Scholz/Kaiser (A)
1930 New York	Brunet/Brunet (F)
1931 Berlin	Rotter/Szollas (H)
1932 Montreal	Brunet/Brunet (F)
1933 Stockholm	Rotter/Szollas (H)
1934 Helsinki	Rotter/Szollas (H)
1935 Budapest	Rotter/Szollas (H)
1936 Paris	Herber/Baier (D)
1937 London	Herber/Baier (D)
1938 Berlin	Herber/Baier (D)
1939 Budapest	Herber/Baier (D)
1947 Stockholm	Lannoy/Baugniet (B)
1948 Davos	Lannoy/Baugniet (B)
1949 Paris	Kekessy/Kiraly (H)
1950 London	Kennedy/Kennedy (USA)
1951 Mailand	Baran/Falk (D)
1952 Paris	Baran/Falk (D)
1953 Davos	Nicks/Nicks (GB)
1954 Oslo	Dafoe/Bowden (CDN)
1955 Wien	Dafoe/Bowden (CDN)
1956 Garmisch	Schwarz/Oppelt (A)
1957 Colorado Springs	Wagner/Paul (CDN)
1958 Paris	Wagner/Paul (CDN)
1959 Colorado Springs	Wagner/Paul (CDN)
1960 Vancouver	Wagner/Paul (CDN)
1961 Prag	abgesagt
1962 Prag	Jelinek/Jelinek (CDN)
1963 Cortina	Kilius/Bäumler (D)
1964 Dortmund	Kilius/Bäumler (D)
1965 Colorado Springs	Bjeloussowa/Protopopow (SU)
1966 Davos	Bjeloussowa/Protopopow (SU)
1967 Wien	Bjeloussowa/Protopopow (SU)
1968 Genf	Bjeloussowa/Protopopow (SU)
1969 Colorado Springs	Rodnina/Ulanow (SU)
1970 Ljubljana	Rodnina/Ulanow (SU)
1971 Lyon	Rodnina/Ulanow (SU)
1972 Calgary	Rodnina/Ulanow (SU)
1973 Preßburg	Rodnina/Saitsew (SU)
1974 München	Rodnina/Saitsew (SU)
1975 Colorado Springs	Rodnina/Saitsew (SU)
1976 Göteborg	Rodnina/Saitsew (SU)
1977 Tokio	Rodnina/Saitsew (SU)
1978 Ottawa	Rodnina/Saitsew (SU)
1979 Wien	Babilonia/Gardner (USA)
1980 Dortmund	Tscherkassowa/Schachrai (SU)
1981 Hartford	Worobjewa/Lisowski (SU)
1982 Kopenhagen	Baess/Thierbach (DDR)
1983 Helsinki	Walowa/Wasiliew (SU)
1984 Ottawa	Underhill/Martini (CDN)
nicht ausgetragen:	1915 bis 1921
sowie	1940 bis 1946

Nur ein Abglanz früherer Tage

Ohne Mühe wurden die Sowjets 1984 wieder Olympiasieger. Im Spiel gegen Kanada degradierten sie den Altmeister zum Sparringspartner.

Nicht zu stoppen:

Die sowjetischen Eis-Sputniks

Mit dem Sieg im Finale der 49. Eishockey-WM konnte die UdSSR mit den bis dahin als Rekordmeister geltenden Kanadiern gleichziehen. Beide Nationen brachten es bis 1983 auf je neunzehn Weltmeistertitel, und es ist nur eine Frage der Zeit, wann die UdSSR die Alleinführung übernimmt.

Die Geschichte des Welt-Eishockeys kann aus heutiger Sicht in zwei Epochen eingeteilt werden: in eine kanadische und eine sowjetische Ära, in denen der Rest der Welt die Statisterie bildete und mit nur wenigen Ausnahmen in das Titelgeschehen eingreifen konnte. Nur elf von den bis 1983 ausgespielten 49 WM-Titeln gingen nicht an die UdSSR oder Kanada. Die Kanadier dominierten von 1920 bis 1961; seitdem blieben sie ohne Weltmeisterschaft. Die UdSSR, die gleich bei ihrer ersten WM-Teilnahme 1954 siegreich blieb, dominiert vor allem seit Beginn der 60er Jahre.

Kanada gilt als Mutterland des heute gespielten Eishockey mit Schläger und Puck, das Anfang unseres Jahrhunderts auch Anhänger in Europa fand. Bereits 1908 wurde ein internationaler Verband gegründet, die International Ice Hockey Federation (IIHF).

Als erste internationale Meisterschaft wurde 1910 in Les Avants sur Montreille eine Europameisterschaft ausgetragen. Im Rahmen der Olympischen Sommerspiele 1920 gab es dann ein Eishockeyturnier, dessen Sieger Kanada als erster Weltmeister geführt wird (in einigen Statistiken wird die WM-Premiere auf das Turnier bei den ersten Olympischen Winterspielen 1924 in Chamonix verlegt). Von 1924 bis 1968 galt der Olympiasieger auch als Weltmeister dieses Jahres, 1972 und 1976 wurde der Titelträger separat ausgespielt. 1980 galt wieder die Doppellösung.

Der Eishockey-Europameister wurde bis 1932 in einem eigenen Turnier ermittelt, danach galt die beste bei der WM plazierte europäische Mannschaft als Titelträger bzw. die nach den Spielen untereinander an erster Stelle lie-

AUCH DEUTSCHLAND ERREICHT BEI WM VIER MEDAILLEN

Die Zerberusse im Tor

Wladislaw Tretjak für die UdSSR und Jiri Holecek (darunter) für die ČSSR – zwei der besten Eishockeytorhüter aller Zeiten.

Vorübergehende Wachablösung

Lediglich der ČSSR gelang es in letzter Zeit, in die Siegesserie der sowjetischen Cracks einzubrechen, wenn auch nur vorübergehend.

gende europäische Mannschaft. Dieser Titel hat mehr und mehr nur noch statistischen Wert.

Die Siegesserie der Staatsamateure aus der UdSSR war zunächst dadurch zu erklären, daß die besten Spieler aus Kanada, den USA, aber auch Schweden und Finnland als Profis tätig waren und nach den Statuten von IOC und IIHF an Olympischen Spielen und Weltmeisterschaften nicht teilnehmen durften. Für das Turnier bei den Olympischen Spielen besteht diese Sperre weiterhin, für die WM-Turniere sind die Profis seit einigen Jahren jedoch spielberechtigt. Trotzdem nehmen nur wenige an der WM teil, weil durch eine unglückliche Termingestaltung zur gleichen Zeit die Entscheidungen in der Nordamerikanischen Meisterschaft fallen. Für einen Eishokkey-Profi ist aber nichts wichtiger als die Meisterrunde in der National Hockey League (NHL), die mit dem Gewinn des Stanley-Cups ihren absoluten Höhepunkt erreicht.

Die großen Eishockey-Cracks

In den Rekordlisten der erfolgreichsten Spieler und Torschützen der Weltmeisterschaften dominieren daher Namen aus dem Ostblock. Als erster Superstar wurde der Moskauer Aleksandr Ragulin gefeiert, der mit der UdSSR dreifacher Olympiasieger (1964, 1968 und 1972) wurde

Medaillenverteilung der bisherigen Eishockey-Weltmeisterschaften:

	Gold	Silber	Bronze	Gesamt
Kanada	19	6	7	32
UdSSR	19	6	3	28
ČSSR	5	12	12	29
Schweden	3	11	10	24
USA	2	9	3	14
Großbritannien	1	2	2	5
Deutschland	–	2	2	4
Schweiz	–	1	8	9
Österreich	–	–	2	2

und in der Zeit von 1963 bis 1973 an neun Weltmeisterschaften beteiligt war. Der bullige Verteidiger wurde in der Zahl der WM-Titel noch vom sowjetischen Torwart-As Wladislaw Tretjak übertroffen, der 1970 und 1971, 1973 bis 1975, 1978 und 1979 sowie 1981 bis 1983 im Tor der UdSSR stand und diese Weltmeisterschaften mit erkämpfen half. Olympiasieger wurde er 1972, 1976 und 1984.

Absoluter WM-Rekordteilnehmer ist jedoch der Tscheche Jiri Holik, der von 1964 bis 1977 bei allen vierzehn Turnieren mitspielte und dabei auf 123 Einsätze kam. Der Stürmer von Dukla Iglau wurde 1972, 1976 und 1977 Weltmeister sowie zweimaliger Olympiazweiter (1968 und 1972) und Olympiadritter (1964 und 1976). An den drei WM-Titeln waren auch die beiden hervorragenden tschechischen Torhüter

Deutsche Idole auf dem Eis

Auch wenn Eishockey bei uns keinen so hohen Stellenwert wie Fußball hat, gab es einige Cracks, die jedermann kannte.

Gustav Jaenecke mit Frau Lisa, geschiedene von Cramm

Jaenecke 1936 in St. Moritz

Markus Egen (links) vor dem ČSSR-Tor bei der WM 1953

Egen an der Bande als Trainer

Wladimir Dzurilla (Brünn) und Jiri Holecek (Prag) beteiligt, die auf zehn und mehr WM-Turniere kamen.
Ebenfalls vierzehnmal um WM-Ehren wie Holecek kämpfte der Schwede Sven Tumba Johansson zwischen 1952 und 1966. Er bestritt in diesem Zeitraum 92 WM-Spiele und erzielte dabei 77 Tore, die maßgeblich mit zum Gewinn der drei Weltmeisterschaften seines Teams (1953, 1957 und 1962) beitrugen. Sein Teamkamerad Ronald Petterson bestritt dreizehn WM-Turniere (von 1955 bis 1967) mit 82 Spielen, in denen er fünfzig Tore erzielte.
Erfolgreichster WM-Torjäger ist bisher Boris Michailow (ZSKA Moskau), der in seinen 105 Einsätzen zwischen 1969 und 1979 auf 98 Treffer kam.

Bisherige Eishockeyweltmeister

1920	Kanada	1951	Kanada	1968	UdSSR
1924	Kanada	1952	Kanada	1969	UdSSR
1928	Kanada	1953	Schweden	1970	UdSSR
1930	Kanada	1954	UdSSR	1971	UdSSR
1931	Kanada	1955	Kanada	1972	ČSSR
1932	Kanada	1956	UdSSR	1973	UdSSR
1933	USA	1957	Schweden	1974	UdSSR
1934	Kanada	1958	Kanada	1975	UdSSR
1935	Kanada	1959	Kanada	1976	ČSSR
1936	Großbritannien	1960	USA	1977	ČSSR
1937	Kanada	1961	Kanada	1978	UdSSR
1938	Kanada	1962	Schweden	1979	UdSSR
1939	Kanada	1963	UdSSR	1980	USA
1947	ČSSR	1964	UdSSR	1981	UdSSR
1948	Kanada	1965	UdSSR	1982	UdSSR
1949	ČSSR	1966	UdSSR	1983	UdSSR
1950	Kanada	1967	UdSSR	1984	nicht ermittelt

Das deutsche Eishockey

Die größten Erfolge des deutschen Eishockeys fielen in die Zeit vor dem Zweiten Weltkrieg, als die Nationalmannschaft einmal Vize-Weltmeister, zweimal Europameister, einmal WM-Dritter und einmal Olympia-Dritter werden konnte. 1930 wurde die Vize-WM errungen, als das Turnier in Chamonix wegen Tauwetters abgebrochen werden mußte und in Berlin fortgesetzt wurde. Die einzige Niederlage gab es für die deutschen Cracks gegen Kanada. Im gleichen Jahr holte man sich den Europatitel, der 1934 noch einmal gewonnen werden konnte. Zwischendurch hatte es Bronze in Lake Placid 1932 und bei der WM in Mailand 1934 gegeben.
An allen Erfolgen war Deutschlands bester Eishockeyspieler vor dem Krieg, der ehemalige Rekordinternationale Gustav Jaenecke, geboren am 22. Mai 1908 in Berlin, beteiligt. Er bestritt mit siebzehn Jahren sein erstes Länderspiel und kam auf insgesamt 82 Berufungen. Mit seinem Ver-

POPULAERER »JUSTAV« + ERFOLGREICHER XAVER

Der Chef und der Kapitän

Unter Xaver Unsinn (oben) erlebt das deutsche Eishockey wieder einen Aufschwung. Erich Kühnhackl (darunter) trug und trägt dazu bei. Links eine Szene aus dem Saisonfinale 1984: Köln – Landshut.

ein, dem Berliner Schlittschuhclub, errang er zwischen 1927 und 1936 neun Deutsche Meisterschaften. Nach dem Krieg spielte er noch beim SC Rießersee, mit dem er auch noch dreimal Meister wurde (1947, 1948 und 1950). Er gehörte zu den beliebtesten Sportlern der Vorkriegsjahre und hatte in Berlin als »Justav« den gleichen populären Stellenwert wie etwa die Eislaufkönigin Sonja Henie.

Nach dem Krieg gab es nur noch ein einziges Mal einen bedeutenden WM-Erfolg für das deutsche Eishockey. Beim Turnier 1953 in der Schweiz wurde überraschend der zweite Platz belegt. Zu den Stützen der damaligen Mannschaft gehörten unter anderem der spätere Rekord-Nationalspieler Markus Egen, geboren am 14. September 1927 in Füssen, der es in seiner internationalen Karriere auf 99 Berufungen gebracht hat, dreimal Olympiateilnehmer (1952, 1956 und 1960) war, achtmal Deutscher Meister mit dem EV Füssen und 72facher Länderspieltorschütze, und sein Klubkamerad, der heutige Bundestrainer Xaver Unsinn, geboren am 19. November 1929. Dieser wurde 72mal in die Nationalmannschaft berufen, wobei er 24 Tore schoß. Zwischen 1949 und 1959 gewann auch er acht deutsche Meistertitel mit dem EV Füssen. Unter seiner Regie gab es dann die sensationelle Bronzemedaille bei den Olympischen Spielen 1976 in Innsbruck. Und langsam führt er das deutsche Eishockey an die internationale Spitze heran. Das beweist nicht zuletzt die erstmalige Einladung zum Canada-Cup im September 1984.

Die Deutschen Meister seit 1912

1912	Berliner SC
1913	Berliner SC
1914	Berliner SC
1915 bis 1919	nicht ausgetragen
1920	Berliner SC
1921	Berliner SC
1922	MTV München 1879
1923	Berliner SC
1924	Berliner SC
1925	Berliner SC
1926	Berliner SC
1927	SC Rießersee
1928	Berliner SC
1929	Berliner SC
1930	Berliner SC
1931	Berliner SC
1932	Berliner SC
1933	Berliner SC
1934	Brandenburg Berlin
1935	SC Rießersee
1936	Berliner SC
1937	Berliner SC
1938	SC Rießersee
1939	Engelmann Wien
1940	Wiener EG
1941	SC Rießersee
1942	nicht ausgetragen
1943	nicht ausgetragen
1944	Berliner SC*
1945	nicht ausgetragen
1946	nicht ausgetragen
1947	SC Rießersee
1948	SC Rießersee
1949	EV Füssen
1950	SC Rießersee
1951	Preußen Krefeld
1952	Krefelder EV
1953	EV Füssen
1954	EV Füssen
1955	EV Füssen
1956	EV Füssen
1957	EV Füssen
1958	EV Füssen
1959	EV Füssen
1960	SC Rießersee
1961	EV Füssen
1962	EC Bad Tölz
1963	EV Füssen
1964	EV Füssen
1965	EV Füssen
1966	EC Bad Tölz
1967	Düsseldorfer EG
1968	EV Füssen
1969	EV Füssen
1970	EV Landshut
1971	EV Füssen
1972	Düsseldorfer EG
1973	EV Füssen
1974	Berliner SC
1975	Düsseldorfer EG
1976	Berliner SC
1977	Kölner EC
1978	SC Rießersee
1979	Kölner EC
1980	Mannheimer ERC
1981	SC Rießersee
1982	SB Rosenheim
1983	EV Landshut
1984	Kölner EC

* mit Brandenburg kombiniert

Oftmals entscheiden die Hundertstel

Die waghalsigen Rennen in den Eiskanälen

Die schnellen Fahrten in den Eiskanälen gehören seit jeher zum Faszinierendsten, was der Sport zu bieten hat. Und die, die diese Fahrten bestreiten, gelten unter den Wintersportlern als die großen Tüftler: die Bob- und Rennrodelfahrer.

Am Anfang waren es noch fünf

In den 20er Jahren saßen noch fünf Mann im großen Bob, Stürze waren jedoch nicht weniger gefährlich (oben). Unten Rudolf Fischer (vorn) mit seinem Meisterschlitten des Jahres 1928.

Da Sieger und Besiegte oftmals nur wenige Hundertstelsekunden trennen, wird nach immer neuen Verbesserungen an den Bobs und Schlitten gesucht, um den Luftwiderstand so gering wie möglich zu halten. Und hierbei mischt in zunehmendem Maße die Industrie mit. Doch Gott sei Dank entscheidet letztendlich immer noch die Steuerungskunst des Piloten ...

Der Pionier des deutschen Bobsports

Hanns Kilian – unten 1934 am Steuer seines WM-Bobs – gilt als der große Schrittmacher dieser Sportart in Deutschland. Er saß auch noch im Fünferbob. Links ein solcher Schlitten im Eiskanal der Rhaetischen Bahn im Engadin.

Deutsche Bobs oft auf Goldkurs

Seit Beginn unseres Jahrhunderts hat der Bobrennsport die Palette des winterlichen Kräftemessens bereichert. In St. Moritz wurde 1903 die erste Bobrennbahn gebaut, und der Thüringer Wintersportort Oberhof erlebte 1906 die Deutschland-Premiere dieser schnellen Sportart.

Auf Weltebene schlossen sich die Bobsportler erst 1923 zusammen und gründeten ihren Verband. Daher gibt es erst seit 1924 Weltmeisterschaften, die in Olympiajahren mit dem Sieg bei dieser Veranstaltung identisch sind. Bis 1928 wurde auf Zweier- und auf Fünferbobs gefahren, 1929 löste der heute noch benutzte Viererbob letztere ab.

Die europäischen Bobverbände trugen jeweils 1914, 1927 und 1929 Europameisterschaften für

Zweierbobs aus. Seit 1965 existiert dieser Wettbewerb für Zweier- und Viererbobs, der mit Unterbrechungen (1974, 75 und 77 bei Zweierbobs; 1965, 66, 74, 75 und 77 bei Viererbobs) dann jährlich ausgetragen wurde.

Deutschland hat im Bobsport stets eine dominierende Rolle gespielt, wobei sich die Gewichte in den letzten Jahren zugunsten der Sportler aus der DDR verlagert haben, die bei allen Wettbewerben auf Medaillenkurs fuhren.

Die erste Medaille für den Deutschen Bob-Verband überhaupt holte 1928 bei den Olympischen Winterspielen in St. Moritz der Garmischer Hanns Kilian, geboren am 2. Mai 1905, mit seinem dritten Rang im damals noch gefahrenen Fünfer-Bob. Der erfolgreichste deutsche Bobpilot vor dem Zweiten Weltkrieg wiederholte den Bronzeplatz 1932 in Lake Placid, nachdem er sich im Jahr zuvor auch den Weltmeistertitel im Zweierbob mit Bremser Sebastian Huber gesichert hatte. Im Viererbob gewann er mit seiner Mannschaft 1934 und 1935 die Weltmeisterschaft, kam 1938 noch einmal auf den zweiten und 1939 auf den dritten Platz. Im Zweierbob reichte es in diesem Jahr zur Silbermedaille.

Kilian war nach dem Krieg lange Präsident des deutschen Bob- und Schlittensportverbandes. Als Besitzer des »Alpenhofes« in Garmisch war er auch über Bayern hinaus außerhalb der Sportszene bekannt.

Schaffte als Erster das große Double

Vor dem Krieg – oben eine historische Aufnahme von 1928 – gab es keinen Doppelweltmeister. Als Erster schaffte Anderl Ostler (rechts) dieses Kunststück. Das Bild zeigt ihn mit seinem Viererbob im Jahre 1952.

Vier deutsche Bobs schafften das Double

Unter den sieben Fahrern, die in der bisherigen Geschichte des Bobsports das Double, also den Gewinn der Zweier- und Viererbob-WM in einem Jahr, geschafft haben, waren auch vier Deutsche, je zwei aus West und Ost.

Als erstem gelang dieses Kunststück dem Garmisch-Partenkirchener Andreas (»Anderl«) Ostler, geboren am 21. Januar 1921, der 1951 und 1952 gleich zweimal den größten Triumph im Bobsport feiern konnte. 1953 reichte es für den Bayern dann immerhin noch zu zwei Vizeweltmeisterschaften.

Auf eine ähnliche Erfolgsserie

konnte der Ohlstädter Wolfgang Zimmerer zurückblicken, als er seine Karriere beendete. Der am 15. November 1940 geborene Bayer bildete mit seinem langjährigen Bremser Peter Utzschneider, geboren am 6. März 1946, ein Weltklasse-Zweierbobteam. Die beiden fühlten sich jedoch ebenfalls im großen Bob wohl und brachten auch hier entsprechende Leistungen. Ihnen glückte 1974 der Gewinn des ersehnten Doubles. Daneben gab es noch folgende Medaillen: Zweierbob: Olympiasieg 1972, Silbermedaille 1976 mit Bremser Manfred Schumann, Weltmeisterschaft 1973. Viererbob: Weltmeisterschaft 1969, Bronzemedaille bei den Olympischen Spielen 1972 und 1976. Außerdem errangen sie noch 1968, 1972 und 1973 die Europameisterschaft im Zweierbob sowie 1970 und 1973 die im Viererbob. Im Jahre 1976 begann dann im Leben des Wolfgang Zimmerer ein neuer Abschnitt: Er wurde Bundestrainer der deutschen Bobfahrer.

Die bisherigen Viererbob-Weltmeister

1924	Schweiz I (Eduard Scherrer)
1928	USA II* (William Fiske)
1930	Italien I (F. Zanietta)
1931	Deutschland I (Werner Zahn)
1932	USA I (William Fiske)
1934	Deutschland I (Hanns Kilian)
1935	Deutschland I (Hanns Kilian)
1936	Schweiz II (Pierre Musy)
1937	Großbritannien I (Frederick McEvoy)
1938	Großbritannien I (Frederick McEvoy)
1939	Schweiz I (Fritz Feierabend)
1947	Schweiz I (Fritz Feierabend)
1948	USA II (Francis Tyler)
1949	USA II (Stanley Benham)
1950	USA I (Stanley Benham)
1951	Deutschland I (Anderl Ostler)
1952	Deutschland I (Anderl Ostler)
1953	USA I (Lloyd Johnson)
1954	Schweiz I (Fritz Feierabend)
1955	Schweiz II (Franz Kapus)
1956	Schweiz II (Franz Kapus)
1957	Schweiz I (Hans Zoller)
1958	Deutschland I (Hans Rösch)
1959	USA I (Arthur Tyler)
1960	Italien II (Eugenio Monti)
1961	Italien I (Eugenio Monti)
1962	Deutschland I (Franz Schelle)
1963	Italien I (Sergio Zardini)
1964	Kanada I (Victor Emery)
1965	Kanada I (Victor Emery)
1966	Deutschland I (Toni Penzberger)**
1967	ausgefallen
1968	Italien I (Eugenio Monti)
1969	Deutschland I (Wolfgang Zimmerer)
1970	Italien I (Nevio de Zordo)
1971	Schweiz II (René Stadler)
1972	Schweiz I (Jean Wicki)
1973	Schweiz I (René Stadler)
1974	Deutschland I (Wolfgang Zimmerer)
1975	Schweiz I (Erich Schärer)
1976	DDR I (Meinhard Nehmer)
1977	DDR I (Meinhard Nehmer)
1978	DDR II (Horst Schönau)
1979	Deutschland I (Stefan Gaisreiter)
1980	DDR I (Meinhard Nehmer)
1981	DDR I (Bernhard Germershausen)
1982	Schweiz I (Silvio Giobellina)
1983	Schweiz II (Ekkehard Fasser)

* Fünferbob
** Goldmedaille an den verunglückten Bob Deutschland I vergeben

Dieses Jahr markierte aber auch den Aufstieg der DDR als neue Bob-Großmacht. Ihr erster großer Star, Reinhard Nehmer, wurde 1976 in Innsbruck Doppel-Olympiasieger und damit auch zweifacher Weltmeister. Der am 13. Januar 1941 in Varnkewitz auf Rügen geborene Nehmer wurde im Bobsportzentrum Oberhof aufgebaut, wo er als Volksarmist alle Möglichkeiten vorfand. Der spätere Hauptmann ließ den Goldmedaillen von Innsbruck – den ersten im Bobsport für die DDR – 1977 die Weltmeisterschaft im Viererbob folgen. 1978 reichte es zur Vize-WM im Zweierbob, 1979 zur Europameisterschaft und Vize-Weltmeisterschaft im Viererbob, 1980 in Lake Placid dann zum erneuten Olym-

Erfolgreiche neue Generation
Wolfgang Zimmerer und Peter Utzschneider (links im Zweierbob), setzten die Tradition des deutschen Bobsports erfolgreich fort, auch im Vierer (oben).

DDR sorgte für die große Wachablösung

Die neue Wintersportgroßmacht DDR sorgte auch im Bobsport für eine Wachablösung zu ihren Gunsten. Zu den großen Medaillengewinnern gehörte auch Bernhard Germershausen (im Bild mit seinem Bremser Hans-Jürgen Gerhardt).

piasieg im Viererbob und zur Bronzemedaille im Zweierbob.
Sein Nachfolger war 1976 mit ihm schon Goldmedaillengewinner geworden. Dabei saß Bernhard Germershausen, geboren am 21. August 1951 in Heiligenstadt, im Bob Nehmers auf Platz drei. Der ebenfalls als Volksarmist dienende Diplomsportlehrer wurde dann mit siebzehn Medaillen erfolgreichster Bobfahrer der DDR. Als Pilot feierte er seinen größten Erfolg 1981, als er als vierter Deutscher das begehrte Double errang und darüber hinaus noch Europameister im Viererbob wurde. Seine Karriere verlief auf zwei Ebenen, einmal als Mitglied der Nehmer-Mannschaft, zum anderen als Pilot von Zweier- und Viererbobs. Neben den drei Titeln aus dem Jahre 1981 ergab sich folgende Bilanz: Als Pilot: Europameister im Zweierbob 1979, Silbermedaillengewinner 1980 in Lake Placid, Vize-Europameister 1980 und 1981 (jeweils im Zweierbob). Als Teamangehöriger bzw. Bremser: Olympiasieger 1976 und 1980 im Viererbob, Olympiasieger 1976 im Zweierbob, Weltmeister 1977 sowie Vize-Weltmeister 1979 und Europameister 1979 im Viererbob.
Der Viererbob, der den sieggewohnten DDR-Schlitten 1979 die Weltmeisterschaft wegschnappte, wurde von einem Schüler und früheren Teamkameraden des Bundestrainers Wolfgang Zimmerer gesteuert. Stefan Gaisreiter, geboren am 10. Dezember 1947 in Ohlstadt, hatte schon 1969 im WM-Viererbob von Zimmerer an Position zwei gesessen und mit diesem auch die Europatitel 1970 in Cortina und 1973 in Cervinia erkämpft. Als Pilot steuerte er dann 1976 in St. Moritz den deutschen Viererbob zur Europameisterschaft, 1977 belegte er mit seinem Zweierbob bei der Weltmeisterschaft den Bronzeplatz. Mit dem ehemaligen Hürdenläufer Manfred Schumann als Bremser wiederholte er diesen Medaillengewinn 1978 in Lake Placid bei der WM und kam im Jahr danach auf der Hausbahn am Königssee, ebenfalls mit Schumann, zum Vize-WM-Titel. Mit dem Gewinn der Goldmedaille im Viererbob avancierte er damit zum erfolgreichsten Bobfahrer des Jahres 1979 und galt als Medaillenhoffnung für Lake Placid. Aber ein Sturz bei der EM 1980 in St. Moritz beendete Gaisreiters Karriere und somit auch alle – durchaus berechtigten – Olympiahoffnungen.

Die bisherigen Zweierbob-Weltmeister

1931	Deutschland II
1932	USA I
1934	Rumänien II
1935	Schweiz II
1936	USA I
1937	Großbritannien I
1938	Deutschland I
1939	Belgien I
1947	Schweiz I
1948	Schweiz II
1949	Schweiz I
1950	Schweiz I
1951	Deutschland I
1952	Deutschland I
1953	Schweiz I
1954	Italien II
1955	Schweiz I
1956	Italien I
1957	Italien II
1958	Italien I
1959	Italien I
1960	Italien I
1961	Italien I
1962	Italien II
1963	Italien I
1964	Großbritannien I
1965	Großbritannien I
1966	Italien I
1967	Österreich I
1968	Italien I
1969	Italien I
1970	Deutschland II
1971	Italien II
1972	Deutschland II
1973	Deutschland I
1974	Deutschland I
1975	Italien I
1976	DDR I
1977	Schweiz II
1978	Schweiz I
1979	Schweiz I
1980	Schweiz I
1981	DDR I
1982	Schweiz I
1983	Schweiz II

DDR dominiert im Rennschlittensport

Noch deutlicher als bei den Bobs haben die deutschen Teilnehmer bei den Welt- und Europameisterschaften im Rennschlittensport dominiert, wobei das Übergewicht eindeutig auf seiten der DDR liegt. Deren Vertreter sammelten bisher die meisten Medaillen. Als einzige Konkurrenten konnten die Rodler aus Österreich des öfteren mithalten und etliche Goldmedaillen erringen. Bundesdeutsche Erfolge waren vor allem nach dem Rücktritt des erfolgreichsten Rodlers Fritz Nachmann (geb. am 16. August 1926 in Kreuth) sehr selten. Der Bayer wurde einmal Weltmeister im Einsitzer (1963), zweimal im Doppelsitzer (1957 und 1958), holte mit Wolfgang Winkler im Doppelsitzer eine Bronzemedaille bei den Olympischen Spielen in Grenoble, war 1962 Vize-Weltmeister sowie 1955 WM-Dritter im Einsitzer und 1967 EM-Zweiter im Doppelsitzer.
1914 wurden schon die ersten Europameisterschaften ausgetragen, während es Weltmeisterschaften erst seit dem Jahre 1953 gibt. Und seit den Spielen 1964 in Innsbruck ist Rennrodeln auch olympische Disziplin.

Die bisherigen Weltmeister im Einsitzer

	Herren	Damen
1955	Anton Salvesan (N)	Karla Kienzl (A)
1957	Hans Schaller (D)	Maria Isser (A)
1958	Jerzy Wojnar (PL)	Brigitte Fink (I)
1959	Herbert Thaler (A)	Elly Lieber (A)
1960	Helmuth Berndt (D)	Maria Isser (A)
1961	Jerzy Wojnar (PL)	Elisabeth Nägele (CH)
1962	Thomas Köhler (DDR)	Ilse Geisler (DDR)
1963	Fritz Nachmann (D)	Ilse Geisler (DDR)
1964	Thomas Köhler (DDR)	Ortrun Enderlein (DDR)
1965	Hans Plenk (D)	Ortrun Enderlein (DDR)
1967	Thomas Köhler (DDR)	Ortrun Enderlein (DDR)
1968	Manfred Schmid (A)	Erika Lechner (I)
1969	Josef Feistmantl (A)	Petra Tierlich (DDR)
1970	Josef Fendt (D)	Barbara Piecha (PL)
1971	Karl Brunner (I)	Elisabeth Demleitner (D)
1972	Wolfgang Scheidel (DDR)	Anna-Maria Müller (DDR)
1973	Hans Rinn (DDR)	Margit Schumann (DDR)
1974	Josef Fendt (D)	Margit Schumann (DDR)
1975	Wolfram Fiedler (DDR)	Margit Schumann (DDR)
1976	Detlef Günther (DDR)	Margit Schumann (DDR)
1977	Hans Rinn (DDR)	Margit Schumann (DDR)
1978	Paul Hildgardner (I)	Wera Sosulja (SU)
1979	Detlef Günther (DDR)	Melitta Sollmann (DDR)
1980	Bernhard Glass (DDR)	Wera Sosulja (SU)
1981	Sergej Danilin (SU)	Melitta Sollmann (DDR)
1982	nicht ausgetragen	nicht ausgetragen
1983	Miroslav Zajanc (CDN)	Steffi Martin (DDR)

Die bisherigen Weltmeister im Doppelsitzer – Herren

1955	H. Krautner/J. Thaler (A)
1957	Fritz Nachmann/Josef Strillinger (D)
1958	Fritz Nachmann/Josef Strillinger (D)
1959	nicht ausgetragen
1960	R. Frosch/E. Walch (A)
1961	E. Pichler/A. Brinot (I)
1962	J. Graber/G. Ambrosi (I)
1963	R. Pendrak/L. Kudzia (PL)
1964	J. Feistmantl/M. Stengl (A)
1965	Wolfgang Scheidel/Thomas Köhler (DDR)
1967	Klaus Bohnsack/Thomas Köhler (DDR)
1968	Klaus Bohnsack/Thomas Köhler (DDR)
1969	M. Schmid/E. Walch (A)
1970	M. Schmid/E. Walch (A)
1971	P. Hildgartner/W. Plainker (I)
1972	P. Hildgartner/W. Plainker (I) und Horst Hörnlein/Reinhard Bredow (DDR)
1973	Horst Hörnlein/Reinhard Bredow (DDR)
1974	Bernd Hahn/Uli Hahn (DDR)
1975	Bernd Hahn/Uli Hahn (DDR)
1976	Hans Rinn/Norbert Hahn (DDR)
1977	Hans Rinn/Norbert Hahn (DDR)
1978	Deinis Bremse/Aiges Krikis (SU)
1979	Hans Brandner/Balthasar Schwarm (D)
1980	Hans Rinn/Norbert Hahn (DDR)
1981	Bernd Hahn/Uli Hahn (DDR)
1982	nicht ausgetragen
1983	Jörg Hoffmann/Jochen Pietzsch (DDR)

Anstelle der WM wurde 1982 ein Weltcup ausgefahren. Punktbester aus den großen Rennen der Saison war am Ende Ernst Haspinger (I), der damit den Cup gewann. Im Doppelsitzer lagen Günter Lemmerer/Reinhold Sulzbacher (A) vorn, während sich Vera Sosulja (SU) die Damenwertung sicherte.
Ab 1984 werden – wie im Bob – keine Weltmeisterschaften ausgetragen, wenn im gleichen Jahr Olympische Spiele stattfinden.

Rennrodeln wurde schnell populär

Die Zeiten des gemütlichen Bergabfahrens – oben ein Schnappschuß von einem Rodelwettbewerb aus Chamonix (um 1914) – waren für die Rodler schnell vorbei. Ihre Disziplin gewann schnell Ansehen und ist heute dem Bobsport fast ebenbürtig. Dafür sorgten mit ihren großartigen Leistungen Spitzenkönner wie die Weltmeisterin Margit Schumann aus der DDR (Mitte) oder der Bayer Anton Winkler (unten).

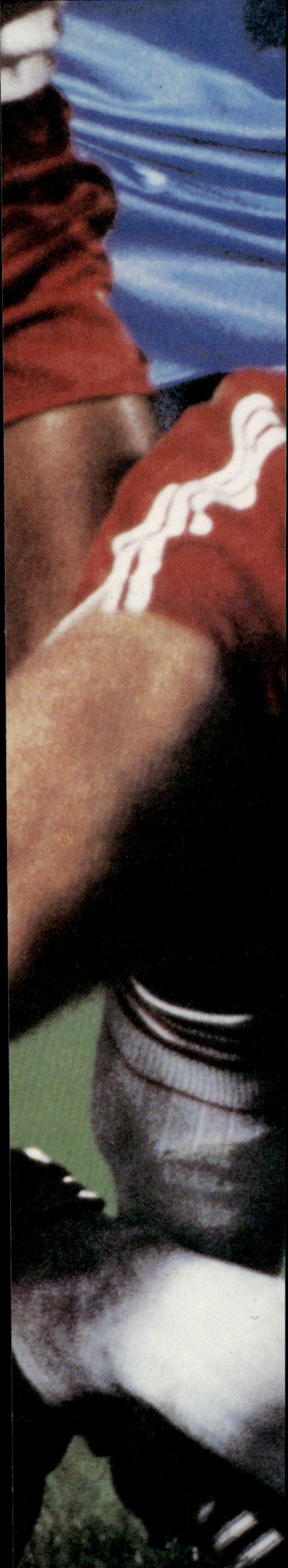

FUSSBALL

Die Faszination der Massen: Kämpfer, Künstler, Kanoniere auf dem grünen Rasen

Noch fünf Minuten zu spielen. Plötzlich, aus dem Mittelfeldangriff heraus, ist Rahn in der Mitte frei. Ottmar paßt weich zurück. Rahn dribbelt, hat links freie Bahn – und Groscis wirft sich ins lange Eck. Zu spät, 3:2! Und jetzt die Arme hoch, so hoch ... Deutschland ist Weltmeister! Rimet spricht. Fritz tritt hervor und übernimmt für vier Jahre den Weltpokal.

Die Wiege stand in England

Der Kampf um das runde Leder

Der Bazillus kam über den Ärmelkanal und setzte sich zunächst im Norden und Westen von Deutschland fest. Aber der Widerstand des von der Idee des Liberalismus nicht allzusehr faszinierten deutschen Großbürgertums konnte das sich seuchenartig über Europa ausbreitende Phänomen Fußball nicht verhindern . . .

Nachdem Holländer und Dänen dem Reiz des aus dem Land ihres Wirtschaftspartners England kommenden neuen Spiels schnell erlegen waren, trat der Fußball im letzten Viertel des 19. Jahrhunderts auch im Deutschen Reich zum Siegeszug an. Mit der Gründung des »Deutschen Fußball-Vereins Hannover von 1878« setzte der erste deutsche Fußballklub ein markantes

Der Pokal mit der größten Tradition

Der englische FA-Cup ist die älteste Fußballtrophäe der Welt. Seine erste Version wurde 1895 in Birmingham gestohlen, einen Tag nachdem ihn Aston Villa (oben ein Bild aus dem Jahre 1880) gewonnen hatte.

Es ging schon ziemlich früh professionell zu

Ob die Blackburn Olympics, Pokalsieger 1883 durch ein 2:1 gegen die Old Etonians, schon Geld bekamen, ist nicht bekannt. Tatsächlich ging es schon sehr professionell in der Fußballszene zu, wie die Werbung für das runde Leder (links) beweist.

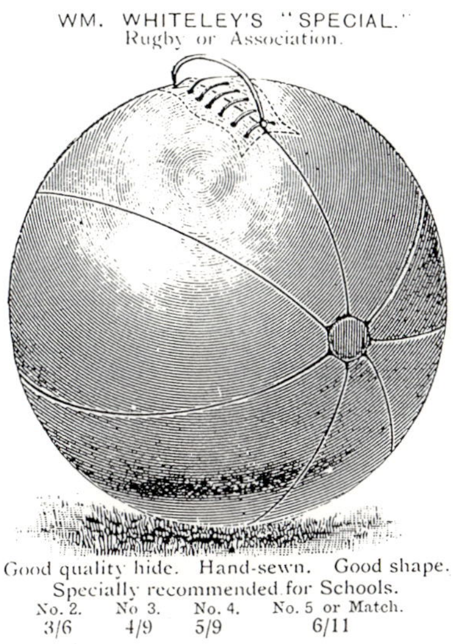

Danach begann die große Zeit der »Rovers«

Blackburn war der Fußballnabel Englands in den 80er Jahren des vorigen Jahrhunderts. Die »Rovers« holten den Cup von 1884 bis 1886, dann noch zweimal (1890 und 1891). Aus jener Zeit stammt auch diese Reklame für einen Ball (ganz links).

Zeichen für die künftige Entwicklung des neuen Rasenspiels auch in Deutschland, nur 21 Jahre nach dem Tag, an dem begeisterte Engländer in der Stahlstadt Sheffield den ersten Fußballverein der Welt ins Leben gerufen hatten.

Die britische Insel hatte seit Mitte des 19. Jahrhunderts eine stürmische Entwicklung des Fußballsports erlebt. Neben das Raufspiel mit dem ovalen Ball war an den berühmten Schulen und Universitäten von Harrow, Winchester, Rugby und Cambridge ein sportlicher Wettkampf mit dem runden Leder getreten, der in Cambridge ab 1846 nach ersten Regeln abgewickelt wurde. Der neue Sport hatte bald an den Erziehungs- und Ausbildungsstätten so viele Anhänger gefunden, daß man an eine Organisationsform dachte. Am 26. Oktober 1863 kamen so in London Vertreter von Universitäten, Schulen und Vereinen zusammen und gründeten einen Verband jener Sportenthusiasten, die ihr Spiel nur noch mit dem runden Ball nach festzulegenden Regeln betreiben wollten. Es war die Geburtsstunde der Football Association (FA) und der Beginn einer strikten Trennung von Rugby und Fußball.

Unter Federführung dieses ersten nationalen Fußballverbandes in der Welt erlebte das neue Spiel schnell eine Blütezeit.

Nachdem die FA im Sommer 1871 beschlossen hatte, einen nationalen Wettbewerb zu schaffen, an dem sich jeder Verein beteiligen konnte, wurde diese Konkurrenz ab Herbst dieses Jahres bereits ausgetragen. Mit dem »Challenge Cup« – so der offizielle Name – wurde die für Engländer heute noch faszinierendste Fußballkonkurrenz gestartet, der Kampf aller Mannschaften um eine Pokaltrophäe, eben jenen »Cup«, dessen Gewinn das höchste Glück für einen britischen Kicker bedeutet.

Bei ihm liefen die Fäden zusammen

Sir Frederick Wall, Sekretär der Football Association, arbeitete noch mit 74 Jahren für den Verband. Das Foto entstand 1932, als er seinen Geburtstag im Büro verbrachte.

GROSSE KLUBS VON HEUTE SCHON DAMALS ERFOLGREICH

West Bromwich Albion, Cup-Sieger 1888

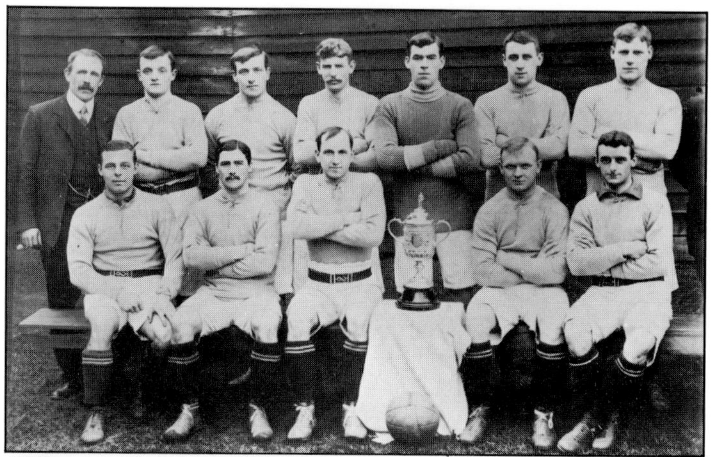

FC Everton, Cup-Sieger 1906

Galerie berühmter Namen

Einige der ganz berühmten englischen Teams sind hier zu sehen. Ganz unten eine Szene aus dem Cup-Finale von 1901 zwischen Tottenham Hotspur und Sheffield United.

Wolverhampton Wanderers, Cup-Sieger 1893

Manchester United, Cup-Sieger 1909

Aston Villa, Cup-Sieger 1897

West Bromwich Albion, Cup-Finalist 1912

Sheffield schaffte es
Schnappschuß aus dem Pokal-Semifinale von 1902 zwischen Derby County und Sheffield United, das die Spieler aus der Stahlstadt ebenso wie das Finale gegen Southampton gewinnen konnten.

Wohin fällt sie?
Die Seitenwahl gehörte schon damals zum Eröffnungsritual. Auf dem Chelsea-Platz an der Stamford Bridge beobachten 1913 die Kapitäne von Chelsea und Tottenham den Münzwurf.

Helfer waren da
Als beim Spiel der Music Halls gegen Tottenham Hotspur im März 1913 ein Spieler verletzt wird, sind die Sanitäter schnell zur Stelle. Sie waren bei jedem Match anwesend.

Im Finale der ersten Cup-Runde auf der Insel standen sich am 16. März 1872 in London die einheimischen Wanderers und die Royal Engineers gegenüber. Die Hauptstädter nahmen nach ihrem 1:0-Sieg als erste Mannschaft den Cup in Empfang und standen damit am Beginn einer glanzvollen Pokalgeschichte.
Der Wunsch nach vergleichendem Kräftemessen führte auf der Insel noch im gleichen Jahr zum ersten Fußball-Länderspiel der Geschichte. Am 30. November 1872 standen sich in Glasgow Schottland und England gegenüber und trennten sich 0:0. Zwei Jahre zuvor hatte es nach anderen Quellen in London bereits ein Auswahlspiel zwischen England und Schottland gegeben, der damalige 1:0-Sieg der Engländer hat in der Länderspielgeschichte allerdings inoffiziellen Charakter.
Die ersten organisierten Wettbewerbe auf dem Kontinent fanden gegen Ende des 19. Jahrhunderts statt. So meldeten Belgien mit dem FC Lüttich 1896, Holland mit RAP (Amsterdam) 1898, Italien mit dem FC Genua ebenfalls 1898, Schweden mit Oergryte 1896 und die Schweiz mit den Grasshoppers aus Zürich 1898 erste Landesmeister.

Organisation und Entwicklung in Deutschland

In Deutschland verlief die Entwicklung nicht ganz so stürmisch. Die vielfältigen, zum Teil bereits auf internationaler Ebene abrollenden Aktivitäten einzelner Fußballenthusiasten erhielten erst zu Beginn des 20. Jahrhunderts mit der Gründung des natio-

Dokumente aus der Frühzeit des Fußballspiels

Den Besuchern der ersten Fußballwettkämpfe wurde mit liebevoll gestalteten Programmheften über Informationslücken hinweggeholfen. Die Beispiele aus den Jahren 1894 und 1895 belegen das eindrucksvoll.

Anfang 2 Uhr.

Mannschafts-Aufstellung.

Frankfurter Fussballclub II. Mannschaft.

Farben: Dunkelroter Tricot, weisse Hosen.

Back

A. Hommel

Threequarters

A. Ante. F. Lessing. Ph. Schneider. E. Papen.

Halves

H. Paiestley F. Kwast.

Forwards

A. Braunhoff. E. Deschamps. J. Pyman. H. Tainder.

F. Brettschneider. E. Ludwig. F. Munk. E. Wallach.

Forwards

Stahl Konzelmann Zaiser. Diehl. Breckle. Haas. Feuerstein.

Halves

Hoffmann. Weissenburger. Meiss.

Threequarters

A. Glaser. Ph. Heinecken (capt.) Kraus. Oppenländer.

Back

Schwaiger.

Fussballverein Stuttgart I. Mannschaft.

Farben: Weisser Tricot mit schwarz-gelbem Stern. Dunkelblaue Hosen.

Schiedsrichter; M. Heineken (Cannstatter F.-C.)

Linienrichter: C. Betting, F. V. Stuttgart, N. Hofmeister F. F. C.

Resultat:

Frankfurt gewonnen mit ... G. ... Tr. gegen ... G. ... Tr. oder 12:5 Punkte.

Fussballverein Stuttgart.

Gegründet 9. September 1893.

Verein zur Ausübung aller Rasen- und Bewegungsspiele, wie Rugby und Association Fussball, Cricket, Lawntennis, athletische Sports.

Eintrittsgeld: M. 1.–

Beitrag pro Vierteljahr: M. 1.50 für active, M. 1.-- für passive Mitglieder.

Uebungsplatz: im Sommer Stöckach-Eisbahn, im Herbst und Frühjahr Cannstatter Wasen.

Vereinslocal: Restauration Krapf, Carlstr. 100, Cannstatt.

Junge Leute, welche dem Verein als active Mitglieder beizutreten die Absicht haben, wollen sich an Herrn Theodor Haas, Neckarstrasse 134, Stuttgart, wenden.

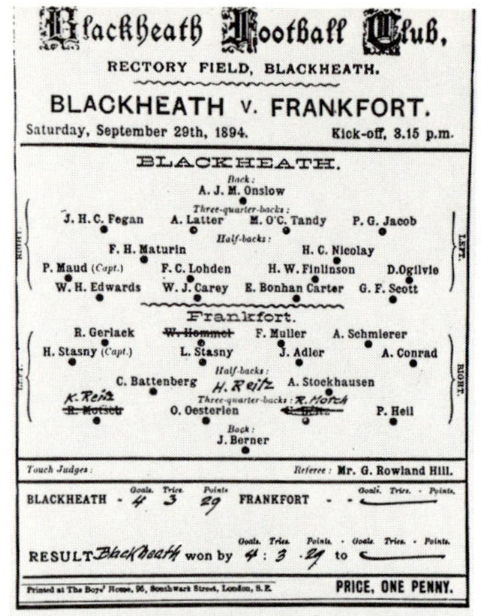

Blackheath Football Club.

RECTORY FIELD, BLACKHEATH.

BLACKHEATH v. FRANKFORT.

Saturday, September 29th, 1894. Kick-off, 3.15 p.m.

BLACKHEATH.

Back:

A. J. M. Onslow

Three-quarter-backs:

J. H. C. Fegan A. Latter M. O'C. Tandy P. G. Jacob

Half-backs:

F. H. Maturin H. C. Nicolay

P. Maud (Capt.) F. C. Lohden H. W. Finlinson D. Ogilvie

W. H. Edwards W. J. Carey E. Bonham Carter G. F. Scott

RIGHT. LEFT.

Frankfort.

R. Gerlack ~~W. Hommel~~ F. Muller A. Schmierer

H. Stasny (Capt.) L. Stasny J. Adler A. Conrad

Half-backs:

C. Battenberg H. Reitz A. Stockhausen

Three-quarter-backs:

K. Reitz ~~R. Motsch~~ O. Oesterlen R. Motsch ~~K. Reitz~~ P. Heil

Back:

J. Berner

LEFT. RIGHT.

Touch Judges: Referee: Mr. G. Rowland Hill.

BLACKHEATH - Goals. 4 Tries. 3 Points. 29 FRANKFORT - - Goals. Tries. Points.

RESULT Blackheath won by 4 : 3 · 29 to —

Printed at The Boys' Home, 95, Southwark Street, London, S.E. PRICE, ONE PENNY.

Mannschafts-Aufstellung in dem Spiele Frankfurt gegen Blackheath in London. 1894. Ausschnitt aus dem officiellen Programm.

Programm

für die

Fussball-Wettspiele

des

Frankfurter Fussballclub „Frankfurt"

auf dem Cannstatter Wasen

am Sonntag, den 17. November 1895.

Fussballverein Stuttgart gegen II. Mannschaft „Frankfurt".

Beginn Punkt 2 Uhr.

Cannstatter Fussballclub gegen I. Mannschaft „Frankfurt".

Beginn Punkt 1/4 4 Uhr.

Die Spiele finden bei jeder Witterung statt und werden nach den Bestimmungen der englischen Rugby Football Union abgehalten.

Das Publikum wird gebeten, sich ausserhalb der Umzäunungen aufzuhalten.

Auch die Kleinen posierten stolz

Nicht nur berühmte Teams sind auf Fotos überliefert. Im pommerschen Buetow ließ sich 1908 die Mannschaft des dortigen Fußballklubs »Sturm« ablichten.

nalen Dachverbandes organisierte Bestätigung, so daß alle vorherigen Bemühungen und Erfolge nur inoffiziellen Charakter hatten.

So die als sogenannte Ur-Länderspiele in die Fußballgeschichte eingegangenen drei Begegnungen einer deutschen Fußballauswahl gegen England im November 1899, die folgenden Ausgang nahmen: am 23. 11. in Berlin 2:13, am 24. in Berlin 2:10 und am 28. in Karlsruhe 0:7. Die deutsche Mannschaft war vom Gründer der Karlsruher Kickers, Walter Bensemann, zusammengestellt worden und bestand ausschließlich aus Berliner und Karlsruher Spielern.

Vor der Jahrhundertwende war in Berlin sogar ein – inoffizieller – Deutscher Fußballmeister ermittelt worden. Der 1890 in der Reichshauptstadt gegründete »Bund Deutscher Fußballspieler« veranstaltete bereits im folgenden Jahr eine Bundesmeisterschaft und kürte einen Berliner Verein zum ersten Titelträger.

Mit Gründung der »Süddeutschen Fußball-Union« im Jahre 1893 zeichneten sich im deutschen Fußball weitere organisatorische Strukturen ab, die sieben Jahre später endlich in den Zusammenschluß auf nationaler Ebene mündeten. 86 Vereine, die in Leipzig den »1. Allgemeinen Fußballtag« Deutschlands besuchten, gründeten am 28. Januar 1900 den »Deutschen Fußball-Bund« (DFB). Das neue Spitzengremium wurde in den folgenden Monaten von bereits bestehenden Landesverbänden anerkannt, so daß bereits am 2. und 3. Juni in Erfurt die nun »Bundestag« genannte Versammlung der organisierten deutschen Fußballer stattfinden konnte. Dort wurden mit den Fußballpionieren Professor Ferdinand Hueppe (Prag) und Dr. Fred Manning (Straßburg) die Führungspositionen des DFB besetzt.

Auf dem 3. Bundestag am 6. und

Die Turner waren zuerst da

Eine der ersten Mannschaften des »Altonaer FC 1893«, der zunächst als Cricket-Abteilung des »Altonaer Turnvereins 1892« aufgetreten war.

Auch in Kiel eigenständig

Der »1. Kieler Fußballverein«, später »SV Holstein«, beschloß 1900 die Trennung vom Turnverein und bestritt im Dezember jenes Jahres sein erstes Spiel.

7. Oktober 1900 konnte die DFB-Führung bereits 91 angeschlossene Vereine begrüßen, eine Entwicklung, die sich in den folgenden Jahren und Jahrzehnten stürmisch fortsetzte und in Zahlen untenstehendes Bild ergibt.

1904:	194 Vereine	9317 Mitglieder
1910:	1053 Vereine	82326 Mitglieder
1914:	2233 Vereine	189294 Mitglieder
1920:	3087 Vereine	467962 Mitglieder
1930:	7959 Vereine	986046 Mitglieder
1950:	13014 Vereine	1306756 Mitglieder
1970:	16453 Vereine	2794306 Mitglieder
1980:	18435 Vereine	4236072 Mitglieder

Auf internationales Parkett wagte sich der neue Fußballbund zunächst aber nur mit inoffiziellen Auswahlmannschaften oder mit Städtevergleichen. Zwar gab es beim DFB schon 1901 ein Zentralkomitee für internationale Fußballwettbewerbe unter Leitung von Dr. Gerhard Wagner (Berlin), eine Nationalmannschaft stand aber noch nicht zur Debatte. Wagner organisierte 1901 die Rückspiele gegen England für die 1899 in Deutschland durchgeführten drei Begegnungen. Am 21. September traf eine deutsche Auswahl in London (Tottenham-Platz) auf eine englische Amateurauswahl und unterlag mit 0:12 Toren. Gegen die Berufsspieler von der Insel gab es vier Tage später »nur« eine 0:10-Niederlage.

Die negativen Erfahrungen dieser internationalen Vergleiche berührten jedoch die Anstrengungen der DFB-Vereine nicht, den Besten aus ihren Reihen zu ermitteln. 1903 wurde endlich die erste Deutsche Fußballmeisterschaft durchgeführt. In einer Endrunde standen sich die Sieger der Landesverbände – FC Altona 93, Victoria Magdeburg, DFC Prag, Karlsruher FV, VfB Leipzig und Britannia Berlin – gegenüber. Leipzig und Prag erreichten das Endspiel, wobei es um die Teilnahme der Prager einen Skandal gab. Diese sollten ihr Vorschlußrundenspiel gegen Karlsruhe in Leipzig austragen. Als die Süddeutschen abreisen wollten, erreichte sie ein Telegramm aus Prag mit dem Inhalt: »Meisterschaftsspiel verlegt. DFB.« So blieben die Karlsruher zu Hause, während in Leipzig der Gegner aus Prag vergebens wartete. Der DFB erklärte daraufhin die Mannschaft aus der Goldenen Stadt zum Sieger und damit zum Finalisten, weil Karlsruhe bei der Nachprüfung dieser Telegrammfälschung nicht die nötige Sorgfalt habe walten lassen.

So kam es am 31. Mai 1903 auf der Exerzierwiese in Altona zum ersten Endspiel um die Deutsche Fußballmeisterschaft zwischen dem VfB Leipzig und dem DFC Prag. Etwa 500 Zuschauer sahen einen 7:2-Sieg der Leipziger, der nicht zuletzt durch einen voraufgegangenen nächtlichen Reeperbahnbummel der Prager erleichtert wurde. Die negativen Begleitumstände dieser ersten Meisterschaft setzten sich bis ins folgende Jahr fort, weil der Berliner Regionalverband beim DFB zweimal den Antrag stellte, ein Spielverbot gegen tschechische Vereine zu erlassen.

Die Gründung der FIFA, des Weltfußballverbandes, am 21. Mai 1904 in Paris erlöste den DFB aus dem Entscheidungsdilemma. Nach den neuen Regeln mußte der Prager Verband aus dem DFB ausscheiden, so daß für den Sommer dieses Jahres eine echte Deutsche Meisterschaft ausgespielt werden sollte.

Doch auch die zweite Deutsche Meisterschaft endete mit einem Eklat. Der Karlsruher FV protestierte gegen seine 1:6-Niederlage in der Vorrunde gegen Britannia Berlin, weil das Spiel nicht auf neutralem Platz ausgetragen worden war. Der Protest wurde

Deutsche Ballspiel-Zeitung

Organ für die Interessen aller Spielvereine, insbesondere der Cricket-, Croquet, Bocki-, Fussball- und Tennisvereine.

Erscheint am 5. und 20. jeden Monats.

Abonnement: Jährlich 24 Nummern 2 Mk., halbjährlich (12 Nummern) 1 Mk., [illegible] 50 Pfg., innerhalb des [illegible] bei freier Zustellung unter Kreuzband.

Inserate: Die 4gespaltene Petit-Zeile oder deren Raum 20 Pfg. [illegible] entsprechendem Rabatt bei Wiederholungen und grösseren Aufträgen. Beilagen nach Vereinbarung.

Alle Redaktion und Expedition betreffende Sendungen sind zu adressiren:
An die Deutsche Ballspiel-Zeitung, Berlin S.W., Alexandrinenstrasse 118a

No. 1. Berlin, den 5. April 1891. 1. Jahrgang.

An die Leser!

Das Ballspiel hat sich in den letzten Jahren in Deutschland viele Anhänger verschafft und sind zahlreiche Vereine entstanden, die ihren Mitgliedern Gelegenheit geben, den Ballsport gemeinsam zu betreiben, und welche es sich eifrigst zur Pflicht machen, das Ballspiel zu pflegen und zu fördern.

Zu letzterem Zwecke haben auch wir uns veranlasst gefühlt, den Vereinen eine Fachschrift unter dem Namen

Deutsche Ballspiel-Zeitung

vorzulegen, welche es sich zur Aufgabe machen wird, zweimal im Monat allen Interessenten wissenswerte Mitteilungen, Berichte über Spiele, Publikationen etc. zu überbringen. Wir sind fest überzeugt, dass die Herausgabe dieser Fachschrift für den weiteren Aufschwung des Ballsports von grossem Werte sein wird.

Ist dieselbe in ihrem Umfange auch vorläufig nur sehr klein zu nennen, so wird sie jedoch mit dem Steigen der Abonnentenzahl ohne Erhöhung des Abonnementspreises nach und nach grösser, eleganter und vielseitiger werden.

Voraussichtlich wird sich die

Deutsche Ballspiel-Zeitung

bald einer grossen Zahl von Abonnenten erfreuen, da bei Aufstellung der Probenummer schon ein so reichhaltiges Material von den Vereinen selbst eingelaufen war, dass vieles nicht zur Verwendung kommen konnte.

Den Abonnementspreis haben wir auf nur 50 Pfg. pro Vierteljahr festgesetzt, damit jeder Ballspieler, ohne eine nennenswerte Ausgabe zu machen, auf unsere Fachschrift abonniren kann. Wir nehmen bei Einsendung der Abonnementsbeträge auch deutsche Briefmarken gern in Zahlung.

Diejenigen Vereine, welche die

Deutsche Ballspiel-Zeitung

zum Vereinsorgan ernennen, bitten wir, uns hiervon behufs Aufstellung einer Liste Mitteilung zu machen.

Redaction
der
Deutschen Ballspiel-Zeitung.

Aus dem 19. Jahrhundert
Die am 5. April 1891 in Berlin gegründete »Deutsche Ballspiel-Zeitung« erschien zweimal im Monat.

Berliner früh auf Reisen
Als Bahnbrecher betätigten sich die Berliner Fußballer. Ihre Städtespiele wurden Fußballgeschichte. Hier eine Szene aus dem Match von 1906 in Kopenhagen vor dem dänischen Tor.

vom Bundestag des DFB anerkannt, und auf eine Austragung des Finales für 1904, für das sich wiederum Titelverteidiger VfB Leipzig qualifiziert hatte, verzichtete man. Berlin und Leipzig nahmen auch von einem Freundschaftsspiel Abstand, der Titelthron des Jahres 1904 blieb also leer.

Gang aufs internationale Parkett

In den folgenden Jahren zeigten sich die Kinderkrankheiten des Wettbewerbs um die Deutsche Meisterschaft überwunden, und der DFB konnte darangehen, sich nunmehr offiziell auf internationalem Parkett vorzustellen. Mit dem Schweizerischen Fußballverband wurde das erste offizielle Länderspiel vereinbart. Am 5. April 1908 standen sich in Basel vor etwa 5000 Zuschauern dann beide Nationalmannschaften gegenüber. Die Schweizer siegten mit 5:3 Toren. Der offizielle DFB-Bericht nannte die Gründe: »Der Torwart genügte. Von den Verteidigern war Jordan sehr schlecht, und Hempel fehlte der befreiende Stoß. Mit einem Partner, der über einen weiten Stoß verfügt, hätte er seinen Posten wohl ausgefüllt. Die Halfs genügten. In der Stürmerreihe vermißte ich bis zum letzten Teil des Spieles jegliche Kombination. Keiner vertraute dem anderen.«
Folgende Spieler bildeten diese erste deutsche Fußballnationalelf: Torwart: Fritz Baumgarten (Tennis Borussia Berlin); Verteidiger: Walter Hempel (Sportfreunde Leipzig), Ernst Jordan (Victoria Magdeburg); Läuferreihe (Halfs): Karl Ludwig (SC 99 Köln), Arthur Hiller (1. FC Pforzheim), Hans Weymar (Victoria Hamburg); Stürmer: Gustav Hensel (FV Kassel), Fritz Förderer (Karlsruher FV), Eugen Kipp (Sportfreunde Stuttgart), Fritz Becker (Kickers Frankfurt), Willy Baumgärtner (SV 04 Düsseldorf). Die Tore schossen Becker (2) und Förderer.
Diese Mannschaft spielte nie wieder zusammen, in anderer Besetzung gingen jedoch auch die beiden weiteren Länderspiele des Jahres 1908 verloren. Neben den drei Länderspielen brachte dieses Jahr noch zwölf Städtespiele,

Aus den Gründerjahren des Fußballs

1846	Erstmals Fußballregeln von Studenten der Universität Cambridge aufgestellt.
1857	Gründung des ersten Fußballklubs der Welt in Sheffield.
1863	26. Oktober: Gründung der Football Association (FA) in England.
1867	Gründung des ersten schottischen Fußballklubs: Queens Park Football Club Glasgow.
1871	Die Football Association (FA) ruft den englischen Cup-Wettbewerb ins Leben.
1872	16. März: London Wanderers erster englischer Cupsieger.
1872	30. November: erstes offizielles Fußball-Länderspiel in Glasgow: Schottland und England trennen sich 0:0.
1875	Die Mannschaft der Universität Oxford demonstriert Fußball englischer Prägung auf einer Deutschlandreise.
1878	Erstes Flutlichtspiel in der Geschichte des Fußballs in Sheffield.
1878	Deutscher Fußball-Verein von Hannover 1878 als erster deutscher Fußball-Klub gegründet.
1879	Gründung des ersten holländischen Fußball-Klubs in Haarlem.
1887	Gründung des Hamburger SV.
1888	Englische Liga nimmt mit zwölf Mannschaften den Spielbetrieb auf.
1890	In Berlin wird von dortigen Vereinen ein »Bund Deutscher Fußballspieler« gegründet.
1892	Gründung von Hertha BSC Berlin und des Berliner SV.
1893	Gründung der »Süddeutschen Fußball-Union«.
1894	Mit dem FC Vienna Wien erster österreichischer Fußball-Klub gegründet.
1895	7. April: Gründung des Schweizerischen Fußball-Verbandes in Olten.
1896	Erstes Fußball-Städtespiel in Deutschland: Berlin siegt gegen Hamburg 13:0.
1897	Erste internationale Städtespiele: Hamburg unterliegt Kopenhagen 0:5, Leipzig unterliegt Prag 2:4.
1899	23. November: Deutschland verliert inoffizielles Länderspiel gegen England in Berlin mit 2:13.
1900	28. Januar: Gründung des Deutschen Fußball-Bundes (DFB) in Leipzig.
1900	Gründung des Fußball-Verbandes für Österreich-Ungarn.
1900	Gründung u. a. folgender Vereine: 1. FC Kaiserslautern, Borussia Mönchengladbach, Bayern München, 1. FC. Nürnberg.
1901	8. April: Österreich besiegt in einem inoffiziellen Länderspiel in Wien die Schweiz mit 4:0.
1902	5. April: Erstes Unglück während eines Fußballspiels fordert in Glasgow 25 Todesopfer (Tribüneneinsturz).
1902	12. Oktober: erstes offizielles Länderspiel auf dem europäischen Festland: Österreich besiegt in Wien Ungarn mit 5:0.
1903	31. Mai: VfB Leipzig wird durch ein 7:2 gegen DFC Prag erster Deutscher Fußballmeister.
1904	21. Mai: Gründung des Fußball-Weltverbandes FIFA (Fédération Internationale de Football Association) in Paris.
1905	12. Februar: Erstes offizielles Länderspiel der Schweiz endet mit 0:1-Niederlage in Paris gegen Frankreich.
1905	30. April: Holland besiegt im ersten offiziellen Länderspiel Belgien in Antwerpen mit 4:1.
1908	5. April: Deutschlands erstes offizielles Länderspiel endet in Basel mit 3:5-Niederlage gegen die Schweiz.

Erste deutsche Nationalelf

Diese Männer trugen 1908 erstmals ein Nationaltrikot. Jeder weibliche Zuschauer des Spiels erhielt übrigens eine Tafel Schokolade.

Die Trophäe aus dem Kaiserhaus

Der deutsche Kronprinz (Mitte) auf dem Weg in ein Stadion. Er stiftete den nach ihm benannten »Kronprinzen-Pokal«, den die Ländermannschaften erstmals in der Saison 1908/09 ausspielten.

zum Teil mit ausländischen Gegnern, und Auswahlspiele von Mannschaften innerhalb der Landesverbände – der Fußball hatte sich endgültig im deutschen Sport etabliert. Für die Landesverbände wurde von Kronprinz Wilhelm eine eigene Trophäe gestiftet, die 1909 erstmals als »Kronprinzenpokal« – heute Amateur-Länderpokal – ausgespielt wurde. Der erste Sieger hieß Mitteldeutschland.

Legenden um Mannschaften und Stars

Der Erste Weltkrieg brachte auch dem Fußballsport in Deutschland einen herben Rückschlag. Erst nach sechsjähriger Pause konnte der DFB wieder große Veranstaltungen durchführen. Das Jahr 1920 zeigte aber den Beginn einer Blütezeit des deutschen Fußballs mit großen Mannschaften und umjubelten Stars an, um die sich noch heute viele bekannte Legenden weben.
Zum Fußballnabel der Nation entwickelte sich in den 20er Jahren das Frankenland mit den Hochburgen 1. FC Nürnberg und SpVg. Fürth, die den Meistertitel in dieser Zeit praktisch alleine unter sich ausmachten. Der »Club«, wie der 1. FC Nürnberg von seinen Fans liebevoll genannt wurde, stand zwischen 1920 und 1929 sechsmal im Endspiel und holte fünfmal den Titel, die »Kleeblätter«, so der Kosename für die Fürther, kamen im selben Zeitraum bei drei Finalteilnahmen auf zwei Meisterschaften. Nur der Hamburger SV konnte in diesem Jahrzehnt zweimal in die fränkische Phalanx einbrechen und die Deutsche Meisterschaft an die Elbe holen.
Den dritten Titel hatten die Hamburger 1922 nach einer nie wieder vorgekommenen Endspielschlacht vom DFB zugesprochen bekommen, verzichteten aber auf diese zweifelhafte »Ehre«, so daß es nach 1904 zum zweiten Mal keinen Deutschen Meister gab.
Im Finale hatten sich der 1. FC Nürnberg und der HSV in Berlin gegenübergestanden, es war zur absoluten Traumbegegnung für Deutschlands Fußballanhänger gekommen. Der Club unter Führung seines ungarischen Spielertrainers Peter Szabo galt als Favo-

Dieses Finale bleibt ewig in Erinnerung

Schnappschuß vom Endspiel um die Deutsche Meisterschaft 1922 (links): Die Schlacht von Leipzig ist unterbrochen, die Nürnberger erholen sich. HSV-Torjäger Tull Harder – oben in einem anderen Spiel – konnte die Begegnung in Leipzig nicht entscheiden.

rit, wartete er doch mit einigen »Superstars« auf: mit dem Torwartriesen Heiner Stuhlfaut, dem eisenharten Außenläufer Carl Riegel, dem fast zwei Meter großen Torjäger Luitpold Popp und dem großartigen Linksaußen Hans Sutor. Aber die Hamburger mit dem hünenhaften Internationalen Otto (»Tull«) Harder und dem Norweger Assi Halvorsen lieferten ein ebenbürtiges Spiel. Der Kampf, über den eine Sportzeitung schrieb: ». . . ein Schlachten wars, nicht eine Schlacht zu nennen«, stand nach 90 Minuten 2:2 und wurde zunächst zweimal 15 Minuten, dann zweimal 10 Minuten verlängert. Doch auch nach 2 Stunden und 20 Minuten stand die Begegnung noch unentschieden. Laut DFB-Reglement mußte nun ohne Zeitbegrenzung bis zur Entscheidung, bis zum nächsten Tor gespielt werden. Schiedsrichter Dr. Peco Bauwens brach nach 2 Stunden und 45 Minuten Spielzeit mit einem Wadenkrampf zusammen, ließ jedoch nach kurzer Erholung weiterspielen. Nach 3 Stunden und 9 Minuten reiner Spielzeit beendete der Unparteiische beim Stand von 2:2 dann die Begegnung. Diese Distanz und die 27 Grad im Schatten hatten mittlerweile ihre Opfer gefordert. Das Finale war 23mal wegen Verletzungen unterbrochen, 19mal traten Sanitäter in Aktion. Auf den Rängen mußten ohnmächtig gewordene Zuschauer betreut werden.

Sechs Wochen später gab es in Leipzig eine Neuauflage dieses Endspiels – und sie verlief noch dramatischer. Hatten die Zuschauer im Juni in Berlin schon geglaubt, ein unvergeßliches Spiel erlebt zu haben, so wurden im August in Leipzig die Erwartungen noch einmal übertroffen. Wieder stand die Begegnung nach regulärer Spielzeit unentschieden (1:1), wieder ging es in die Verlängerung. Der Club hatte durch Platzverweise zwei Spieler verloren, zwei andere mußten nach schwerer Verletzung ebenfalls den Platz verlassen.

Schiedsrichter Bauwens brach die Begegnung deshalb in der 110. Minute ab – das Verhältnis 7:11 zuungunsten der Nürnberger schien ihm sportlich nicht mehr vertretbar – und erklärte den HSV zum Deutschen Meister. Nach 4 Stunden und 59 Minuten hatte es also auf dem Rasen keine Entscheidung gegeben. Die Hamburger waren damit aber nicht einverstanden und verzichteten auf den am grünen Tisch gewonnenen Titel.

Das Starporträt: Heiner Stuhlfaut

An Superlativen für ihn hat es nicht gemangelt. Fachleute stufen ihn als größten deutschen Torwart aller Zeiten ein, auf jeden Fall gehörte er zu den besten Keepern der Welt. An der Wiege wurde Heinrich Stuhlfaut das nicht gesungen. Der am 11. Januar 1896 geborene spätere Zerberus im Club-Tor wollte eigentlich Radrennfahrer werden, was durch die Besorgnis der Eltern jedoch verhindert wurde. Dieser Sport schien ihnen für ihren Heinrich zu gefährlich. Also ging der Sproß der Familie Stuhlfaut aus Nürnberg zu den Fußballern des FC Pfeil, in dessen Reihen er als Stürmer seine Karriere begann. Als der Mannschaft einmal der Torwart ausfiel – so erzählt die Legende –, baten ihn seine Kameraden, er solle sich doch mal zwischen die Stangen stellen. Schließlich sei er der Längste und habe auch die größten Hände.

Diese Körpermerkmale wurden nach dem Weltkrieg zum Alptraum deutscher und ausländischer Stürmer. Denn der lange Heiner, wie ihn seine Mitspieler nannten, blieb nach diesem ersten Versuch im Tor, das er beim 1. FC Nürnberg – dort Mitglied seit 1915 – und in der Nationalmannschaft hütete. Er holte mit dem Club fünf Meistertitel und stand zwischen 1920 und 1930 21mal als Rückhalt der Nationalmannschaft zwischen den Pfosten. Kritiker gaben ihm das Prädikat »Hexenmeister«, weil er seine Gegner förmlich zu bannen schien. Denn Heiner Stuhlfaut kreierte einen neuen Torwartstil. Als erster Keeper verließ er den angestammten Platz des letzten Mannes im Fußballspiel, die Torlinie, wurde bestaunter Beherrscher des Strafraums und Dirigent seiner Abwehr. Mit ihm begann eine neue Fußballära: die des modernen Torwartspiels.

Von seinen vielen guten Leistungen wurde eine zum Spiel seines Lebens hochstilisiert. Es war das Länderspiel gegen Italien am 28. April 1928 in Turin, das Deutschland nur dank Stuhlfauts Paraden mit 2:1 gewann. Stuhlfaut ging damit als der »Hexer von Turin« in die Fußballgeschichte ein. »Er hielt wie Stuhlfaut in Turin« – noch Jahrzehnte nach jenem denkwürdigen Tag wurde mit diesem geflügelten Wort manch glanzvolle Torwartleistung gewürdigt.

Im 35. Lebensjahr stehend, beendete Stuhlfaut 1930 seine Karriere und begann bei einem Mineralölkonzern in Hamburg eine ebenso erfolgreiche Berufslaufbahn. Doch sein Ruhm blieb unvergessen. Als die Fußballfachzeitschrift »Kicker« 1956 von ihren Lesern den populärsten deutschen Spieler der Vergangenheit wählen ließ, landete Heiner Stuhlfaut auf dem ersten Platz, noch vor dem Schalker Fritz Szepan und dem Düsseldorfer Paul Janes. Er starb am 12. September 1966 in seiner Heimatstadt Nürnberg.

Der Zerberus im Gehäuse des »Club«

Heiner Stuhlfaut, wie ihn seine Fans liebten. Der Zerberus im Tor des 1. FC Nürnberg, kurz der »Club« genannt, stürzte sich stets mit vollem Körpereinsatz ins Getümmel. Seine hünenhafte Gestalt kam ihm dabei natürlich zugute.

Das Starporträt: Ricardo Zamora

Der europäische Fußball hatte in den 20er Jahren neben Heiner Stuhlfaut eine zweite legendäre Torwartfigur: den Spanier Ricardo Zamora. Der am 21. Januar

In Spanien ein Volksheld

Zu seiner Zeit konnte es Ricardo Zamora an Popularität mit den besten Stierkämpfern aufnehmen. Im fußballverrückten Spanien wurde der spektakuläre Torwart wie ein Volksheld verehrt.

1901 geborene Katalane hütete schon als Jugendlicher das Tor des Español Barcelona, erkrankte dann schwer und mußte seine sportliche Laufbahn abbrechen. Doch das Medizinstudium konnte ihn nicht lange fesseln. Kaum wieder genesen, kehrte er ins Tor seines Vereins zurück.
International berühmt wurde Zamora beim olympischen Fußballturnier 1920 in Antwerpen. Nur dank seiner überragenden Leistung besiegte Spanien den Favoriten Dänemark mit 1:0. Auch ihm wurde das Prädikat »Hexenmeister« zuerkannt, das in den folgenden Jahren sein Markenzeichen wurde. Die spanische Nationalmannschaft eilte mit Zamora von Sieg zu Sieg und brachte am 15. Mai 1929 in Madrid dem Fußball-Lehrmeister England mit 4:3 die erste Niederlage gegen eine kontinentale Mannschaft bei.
Ricardo Zamora ließ in seinen 46 Länderspielen nur 42 Gegentreffer zu und stellte damit für seine Zeit einen hervorragenden Rekord auf. Der zweite folgte 1930, als Real Madrid ihn für 150000 Peseten, damals etwa 120000 Mark, verpflichtete und damit den teuersten Transfer der bisherigen Fußballgeschichte vornahm. Zamora beendete 1936 in Spanien seine Karriere und floh vor dem spanischen Bürgerkrieg nach Frankreich, wo er bis 1938 beim OGC Nizza spielte. Nach Francos Sieg kehrte er zurück, wurde bald Fußballtrainer und betreute sogar für kurze Zeit die Nationalmannschaft. Danach blieb er als Vorstandsmitglied seinem Stammverein Español Barcelona noch einige Zeit verbunden.

Nach dem Skandal ganz oben: Schalke 04

Während die Fußballkenner aus ganz Deutschland bei den Namen 1. FC Nürnberg, SpVg. Fürth und Hamburger SV in den 20er Jahren mit der Zunge schnalzten, hatte sich im westdeutschen Raum eine Mannschaft darangemacht, in die Phalanx der klangvollen Namen einzudringen. Aus dem Gelsenkirchener Vorort Schalke bot ein Team der westdeutschen Konkurrenz aus Düsseldorf und Köln die Stirn, das ob seiner Volkstümlichkeit und der Herkunft seiner meisten Aktiven bald den Namen »Schalker Knappen« erhielt und schnell über den Kohlenpott hinaus Bewunderer fand.
Als im September 1928 mit dem Kapitän des FC Schalke 04, Ernst Kuzorra, erstmals ein Spieler des Klubs in die Nationalmannschaft berufen wurde, kannte die Begeisterung in der »Stadt der tausend Feuer«, so Gelsenkirchens Beiname, kaum noch Grenzen. Als spielbestimmende Persönlichkeiten führten Ernst Kuzorra und sein Schwager Fritz Szepan ihre Mannschaft sowohl 1928 als auch 1929 jeweils in die Endrunde zur Deutschen Fußballmeisterschaft, der für 1930 geplante Sturm auf den Titel wurde jedoch unerwartet gestoppt.
Der Westdeutsche Fußballverband hatte seit 1929 gegen den FC Schalke 04 wegen unerlaubter Geldzuwendungen an die Aktiven ermittelt und fällte am 25. August 1930 durch seine Spruchkammer ein vernichtendes Urteil: Wegen verkappten Professionalismus' wurden vierzehn Spieler des Vereins zu Berufsspielern erklärt und durften fortan nicht mehr am Spielbetrieb teilnehmen, acht Männer des Vorstands wurden aus dem Verband ausgeschlossen. Schalkes Finanzobmann Willy Nier verübte nach dem Urteil Selbstmord, im Ruhrgebiet herrschte tiefe Niedergeschlagenheit. Die Diskussionen um das Für und Wider dieser Strafmaßnahmen beherrschten ein Jahr lang die deutsche Fußballöffentlichkeit. Fußball ohne Schalke schien ärmer geworden zu sein.
Der Verein überlebte sportlich dank seiner hervorragenden Nachwuchskräfte. Auch ohne die gesperrten Stars konnte sich die Mannschaft in der obersten Spielklasse halten und legte damit den Grundstein zu den großen Erfolgen der nächsten Jahre. Denn ab dem 1. Juli 1931 durften die Kuzorra, Szepan und Co. wieder vor den Ball treten. Ihre Begnadigung durch den Verband wurde in Gelsenkirchen mit einem Volksfest gefeiert. Über 100000 Menschen sollen in der Schalker Glückauf-Kampfbahn zusammengeströmt sein, als die Knappen mit einem Freundschaftsspiel gegen Fortuna Düsseldorf an diesem Tag »Wiederauferstehung« feierten.
Nach kurzer Anlaufzeit standen die Schalker in Westdeutschland wieder an der Spitze und machten ab 1933 die folgenden Jahre zum goldenen Jahrzehnt für den FC Schalke 04. Die Knappen standen zwischen 1933 und 1942 neunmal im Endspiel um die Deutsche Fußballmeisterschaft und errangen dabei sechsmal den Titel. Als 1935 der nach dem damaligen Reichssportführer Hans von Tschammer und Osten benannte Pokalwettbewerb vom DFB eingeführt wurde, war Schalke 04 bis 1942 fünfmal Finalteilnehmer und errang den »Tschammer-Pokal« 1937. Da auch der Meistertitel in diesem Jahr nach Gelsenkirchen ging, schrieben die Schalker wieder einmal Fußballgeschichte: Als erster deutscher Mannschaft gelang ihnen das begehrte »Double«.
Eine weitere Premiere war 1939 fällig. Nach Hitlers Annexion Österreichs hieß der Wettbewerb in diesem Jahr »Großdeutsche Meisterschaft« und wurde sportlich durch die Teilnahme der Wiener Spitzenklubs aufgewertet. Im Finale 1939 deklassierten die Schalker Admira Wien mit 9:0 und setzten ihrem als »Schalker Kreisel« bekanntgewordenen Spiel die Krone auf. Damit waren die verwirrenden Kombinationen des legendären Schalker Angriffs mit Hermann Eppenhoff, Fritz Szepan, Ernst Kalwitzki, Ernst Kuzorra und Adolf Urban gemeint. Mittelstürmer Kalwitzki stellte mit seinen fünf Toren in dieser Begegnung einen nie wieder erreichten Endspielrekord auf.

DORTMUND UND KOELN BESTREITEN LETZTES ENDSPIEL

Als alle Dämme brachen
Ein kaum vorstellbares Bild vom ersten Spiel der Schalker nach der Sperre. Ihr Torwart Mellage sieht sein Gehäuse zur Zuschauertribüne umfunktioniert. Die Ordnungskräfte waren dem Ansturm der Massen in die Glückauf-Kampfbahn nicht gewachsen. Als die Knappen wieder spielen durften, brachen alle Dämme . . .

Die Endspiele um die deutsche Fußballmeisterschaft

31.5.1903 in Altona:	VfB Leipzig – DFC Prag	7:2
1904:	nicht ausgetragen	
21.5.1905 in Köln:	Union 92 Berlin – Karlsruher FV	2:0
27.5.1906 in Nürnberg:	VfB Leipzig – 1. FC Pforzheim	2:1
2.6.1907 in Mannheim:	Freiburger FC – Viktoria 89 Berlin	3:1
7.6.1908 in Berlin:	Viktoria 89 Berlin – Stuttgarter Kickers	3:0
30.5.1909 in Breslau:	Phönix Karlsruhe – Viktoria 89 Berlin	4:2
15.5.1910 in Köln:	Karlsruher FV – Holstein Kiel	1:0 n.V.
4.6.1911 in Dresden:	Viktoria 89 Berlin – VfB Leipzig	3:1
26.5.1912 in Hamburg:	Holstein Kiel – Karlsruher FV	1:0
11.5.1913 in München:	VfB Leipzig – Duisburger SpVg.	3:1
31.5.1914 in Magdeburg:	SpVg. Fürth – VfB Leipzig	3:2 n.V.
13.6.1920 in Frankfurt a.M.:	1. FC Nürnberg – SpVg. Fürth	2:0
12.6.1921 in Düsseldorf:	1. FC Nürnberg – Vorwärts Berlin	5:0
18.6.1922 in Berlin:	1. FC Nürnberg – Hamburger SV	2:2
6.8.1922 in Leipzig:	1. FC Nürnberg – Hamburger SV	1:1
10.6.1923 in Berlin:	Hamburger SV – Union Oberschöneweide	3:0
9.6.1924 in Berlin:	1. FC Nürnberg – Hamburger SV	2:0
7.6.1925 in Frankfurt a.M.:	1. FC Nürnberg – FSV Frankfurt	1:0 n.V.
13.6.1926 in Frankfurt a.M.:	SpVg. Fürth – Hertha BSC Berlin	4:1
12.6.1927 in Berlin:	1. FC Nürnberg – Hertha BSC Berlin	2:0
29.7.1928 in Hamburg:	Hamburger SV – Hertha BSC Berlin	5:2
28.7.1929 in Nürnberg:	SpVg. Fürth – Hertha BSC Berlin	3:2
22.6.1930 in Düsseldorf:	Hertha BSC Berlin – Holstein Kiel	5:4
14.6.1931 in Köln:	Hertha BSC Berlin – TSV 1860 München	3:2
12.6.1932 in Nürnberg:	Bayern München – Eintracht Frankfurt	2:0
11.6.1933 in Köln:	Fortuna Düsseldorf – Schalke 04	3:0
24.6.1934 in Berlin:	Schalke 04 – 1. FC Nürnberg	2:1
23.6.1935 in Köln:	Schalke 04 – VfB Stuttgart	6:4
21.6.1936 in Berlin:	1. FC Nürnberg – Fortuna Düsseldorf	2:1 n.V.
20.6.1937 in Berlin:	Schalke 04 – 1. FC Nürnberg	2:0
26.6.1938 in Berlin:	Hannover 96 – Schalke 04	3:3 n.V.
3.7.1938 in Berlin:	Hannover 96 – Schalke 04	4:3 n.V.
18.6.1939 in Berlin:	Schalke 04 – Admira Wien	9:0
21.7.1940 in Berlin:	Schalke 04 – Dresdner SC	1:0
22.6.1941 in Berlin:	Rapid Wien – Schalke 04	4:3
5.7.1942 in Berlin:	Schalke 04 – Vienna Wien	2:0
27.6.1943 in Berlin:	Dresdner SC – FV Saarbrücken	3:0
18.6.1944 in Berlin:	Dresdner SC – LSV Hamburg	4:0
8.8.1948 in Köln:	1. FC Nürnberg – 1. FC Kaiserslautern	2:1
10.7.1949 in Stuttgart:	VfR Mannheim – Borussia Dortmund	3:2 n.V.
25.6.1950 in Berlin:	VfB Stuttgart – Kickers Offenbach	2:1
30.6.1951 in Berlin:	1. FC Kaiserslautern – Preußen Münster	2:1
22.6.1952 in Ludwigshafen:	VfB Stuttgart – 1. FC Saarbrücken	3:2
21.6.1953 in Berlin:	1. FC Kaiserslautern – VfB Stuttgart	4:1
23.5.1954 in Hamburg:	Hannover 96 – 1. FC Kaiserslautern	5:1
26.6.1955 in Hannover:	Rot-Weiß Essen – 1. FC Kaiserslautern	4:3
24.6.1956 in Berlin:	Borussia Dortmund – Karlsruher SC	4:2
23.6.1957 in Hannover:	Borussia Dortmund – Hamburger SV	4:1
18.5.1958 in Hannover:	Schalke 04 – Hamburger SV	3:0
28.6.1959 in Berlin:	Eintracht Frankfurt – Kickers Offenbach	5:3 n.V.
25.6.1960 in Frankfurt:	Hamburger SV – 1. FC Köln	3:2
24.6.1961 in Hannover:	1. FC Nürnberg – Borussia Dortmund	3:0
12.5.1962 in Berlin:	1. FC Köln – 1. FC Nürnberg	4:0
29.6.1963 in Stuttgart:	Borussia Dortmund – 1. FC Köln	3:1

Verwandte Stars: Fritz Szepan und Ernst Kuzorra

Die tragenden Figuren des Schalker Spiels in den Glanzjahren waren die Schwäger Fritz Szepan und Ernst Kuzorra. Die beiden Kumpels prägten den »Kreisel« entscheidend und waren an allen Erfolgen maßgebend beteiligt. Fritz Szepan (geb. am 2. September 1907) wurde zwischen 1929 und 1939 zu 34 Länderspielen berufen, darunter dreißigmal als Mannschaftskapitän. Er nahm auch an den WM-Turnieren 1934 und 1938 teil. Szepan galt als einer der besten Halbstürmer aller Zeiten. Der Dirigent erzielte acht Länderspieltore für Deutschland, viele andere bereitete er als Spielmacher vor. Seine Vielseitigkeit wurde 1934 bei der Weltmeisterschaft deutlich, als ihn Reichstrainer Nerz sogar auf den Stopperposten beorderte und Szepan dort großartig spielte (→ WM-Endrunde 1934). Seine Erfolgsbilanz mit Schalke 04 lautete: sechsmal Deutscher Meister und einmal Pokalsieger. Nach dem Krieg wechselte er ins Trainergeschäft und konnte dort ebenfalls den ganz großen Erfolg erringen: Unter seiner Leitung wurde Rot-Weiß Essen 1955 Deutscher Meister. Später stellte er sich auch seinem Verein Schalke 04 als Trainer und Vorstandsmitglied zur Verfügung. Er starb bereits am 14. Dezember 1974 in Gelsenkirchen.

Sein Schwager Ernst Kuzorra kann im Verein auf die gleiche Erfolgsbilanz zurückblicken. Der am 16. Oktober 1905 geborene Kuzorrà machte alle Titelgewinne der »Knappen« vor dem Krieg mit. Seine Stürmerqualitäten führten ihn zwischen 1927 und 1938 zwölfmal in die Nationalmannschaft, für die er sieben Tore erzielte. Beim 5:0 über die Schweiz am 4. Mai 1930 traf er gleich dreimal. Nach dem Krieg war er noch bis 1948 aktiv. Seitdem ist er ständiger Tribünengast bei seinem Verein Schalke 04.

Zwei der Heroen aus der Schalker Ära

Ihre Namen bleiben unvergessen: Fritz Szepan, auf dem linken Bild vom Dresdner Verteidiger Hempel (links) attackiert, und Ernst Kuzorra, mit der Meisterschärpe dieses Finales, sind ein Stück Schalke.

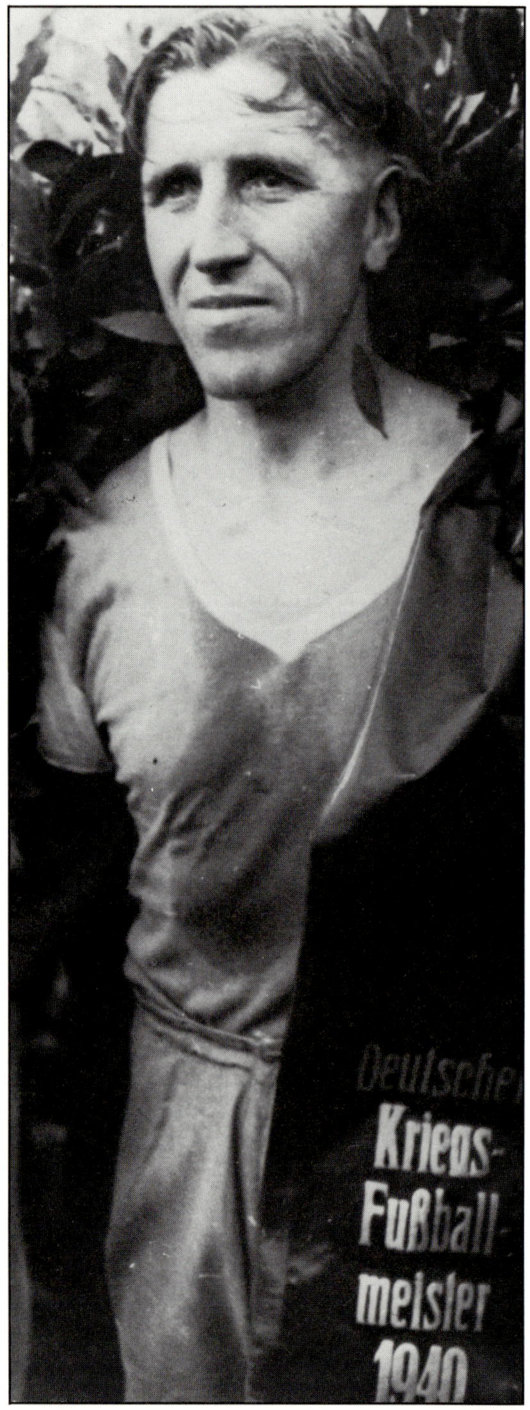

Legendär: Das österreichische »Wunderteam«

Die österreichische Nationalmannschaft lehrte 1931 und 1932 auf Europas Fußballfeldern ihren Gegnern das Fürchten und wurde wegen ihrer schier unglaublichen Erfolgsserie bald als »Wunderteam« geführt. Von den Fußballern der Alpenrepublik hatte man in dieser Zeit am allerwenigsten haushohe Siege gegen Europas Elite aus England, Schottland und Ungarn erwartet. Noch heute erzählt man sich in Österreich genüßlich die Geschichte von der Entstehung dieser Mannschaft. »Schuld« sollen nämlich die Wiener Sportjournalisten gewesen sein. Sie hatten nach schwachen Spielen Anfang 1931 gegen Italien und Ungarn den für die Aufstellung verantwortlichen Verbandskapitän Hugo Meisl ins Visier genommen. Ihrem Exkollegen war die Wiener Sportpresse vor allem über die Ausbootung des veranlagten Mittelstürmers Matthias Sindelar böse. Der wegen seiner schmächtigen Gestalt der »Papierene« genannte Star von Austria Wien hatte wegen schwacher Leistungen in einem Auswahlspiel beim Verbandskapitän ausgespielt, aber eben nicht bei seiner Journalistenlobby, die in ihren Gazetten hartnäckig seinen Wiedereinsatz forderte. So kam es unmittelbar vor dem Spiel gegen Schottland, das auf dem Kontinent noch unbesiegt war, zu jener vielbeschriebenen Szene im Wiener Ringcafé, wo Hugo Meisl den wartenden Journalisten einen Zettel mit den Worten »Da habt's Euer Schmieranski-Team« vor die Füße warf, auf dem die Mannschaftsaufstellung stand. Die elf Namen Rudolf Hidien (Wiener SC) – Roman Schramseis (Rapid Wien), Pepi Blum (Vienna Wien) – Georg Braun (Wiener AC), Josef Smistik (Rapid), Karl Gall (Austria Wien) – Karl Zischek (Wacker Wien), Fritz Gschweidl (Vienna), Matthias Sindelar (Austria), Toni Schall (Admira Wien) und Adolf Vogl (Admira) bildeten das Team, das am 16. Mai 1931 in Wien mit Schottland einen der Fußball-Lehrmeister mit 5:0 vom Platz fegte und danach bis Ende 1932 in zwölf Spielen ohne Niederlage das sagenhafte Torverhältnis von 49:14 erzielte, wozu Sindelar natürlich am meisten beitrug.
Danach war die erste Niederlage

Die deutschen Fußball-Länderspiele

1908		
5. 4. in Basel	Schweiz – Deutschland	5:3
20. 4. in Berlin	Deutschland – England	1:5
7. 6. in Wien	Österreich – Deutschland	3:2
1909		
16. 3. in Oxford	England – Deutschland	9:0
4. 4. in Budapest	Ungarn – Deutschland	3:3*
4. 4. in Karlsruhe	Deutschland – Schweiz	1:0*
1910		
3. 4. in Basel	Schweiz – Deutschland	2:3
24. 4. in Arnheim	Holland – Deutschland	4:2
16. 5. in Duisburg	Deutschland – Belgien	0:3
16. 10. in Kleve	Deutschland – Holland	1:2
1911		
26. 3. in Stuttgart	Deutschland – Schweiz	6:2
14. 4. in Berlin	Deutschland – England	2:2
23. 4. in Lüttich	Belgien – Deutschland	2:1
18. 6. in Stockholm	Schweden – Deutschland	2:4
9. 10. in Dresden	Deutschland – Österreich	1:2
29. 10. in Hamburg	Deutschland – Schweden	1:3
17. 12. in München	Deutschland – Ungarn	1:4
1912		
24. 3. in Zwolle	Holland – Deutschland	5:5
14. 4. in Budapest	Ungarn – Deutschland	4:4
5. 5. in St. Gallen	Schweiz – Deutschland	1:2
29. 6. in Stockholm	Deutschland – Österreich	1:5**
1. 7. in Stockholm	Deutschland – Rußland	16:0**
3. 7. in Stockholm	Deutschland – Ungarn	1:3**
6. 10. in Kopenhagen	Dänemark – Deutschland	3:1
17. 11. in Leipzig	Deutschland – Holland	2:3
1913		
21. 3. in Berlin	Deutschland – England	0:3
18. 5. in Freiburg	Deutschland – Schweiz	1:2
26. 10. in Hamburg	Deutschland – Dänemark	1:4
23. 11. in Antwerpen	Belgien – Deutschland	6:2
1914		
5. 4. in Amsterdam	Holland – Deutschland	4:4
1920		
27. 6. in Zürich	Schweiz – Deutschland	4:1
26. 9. in Wien	Österreich – Deutschland	3:2
24. 10. in Berlin	Deutschland – Ungarn	1:0
1921		
5. 5. in Dresden	Deutschland – Österreich	3:3
5. 6. in Budapest	Ungarn – Deutschland	3:0
18. 9. in Helsinki	Finnland – Deutschland	3:3

* Zwei verschiedene deutsche Mannschaften spielten am gleichen Tag in Budapest und Karlsruhe. Eine Unterscheidung in A- und B-Mannschaften gab es zu dieser Zeit noch nicht.
** Spiele während des olympischen Fußballturniers.

1922		
26. 3. in Frankfurt a. M.	Deutschland – Schweiz	2:2
23. 4. in Wien	Österreich – Deutschland	0:2
2. 7. in Bochum	Deutschland – Ungarn	0:0
1923		
1. 1. in Mailand	Italien – Deutschland	3:1
10. 5. in Hamburg	Deutschland – Holland	0:0
3. 6. in Basel	Schweiz – Deutschland	1:2
29. 6. in Stockholm	Schweden – Deutschland	2:1
12. 8. in Dresden	Deutschland – Finnland	1:2
4. 11. in Hamburg	Deutschland – Norwegen	1:0
1924		
13. 1. in Nürnberg	Deutschland – Österreich	4:3
21. 4. in Amsterdam	Holland – Deutschland	0:1
15. 6. in Oslo	Norwegen – Deutschland	0:2
31. 8. in Berlin	Deutschland – Schweden	1:4
21. 9. in Budapest	Ungarn – Deutschland	4:1
23. 11. in Duisburg	Deutschland – Italien	0:1
14. 12. in Stuttgart	Deutschland – Schweiz	1:1
1925		
29. 3. in Amsterdam	Holland – Deutschland	2:1
21. 6. in Stockholm	Schweden – Deutschland	1:0
26. 6. in Helsinki	Finnland – Deutschland	3:5
25. 10. in Basel	Schweiz – Deutschland	0:4
1926		
18. 4. in Düsseldorf	Deutschland – Holland	4:2
20. 6. in Nürnberg	Deutschland – Schweden	3:3
31. 10. in Amsterdam	Holland – Deutschland	2:3
12. 12. in München	Deutschland – Schweiz	2:3
1927		
2. 10. in Kopenhagen	Dänemark – Deutschland	3:1
23. 10. in Altona	Deutschland – Norwegen	6:2
20. 11. in Köln	Deutschland – Holland	2:2
1928		
15. 4. in Bern	Schweiz – Deutschland	2:3
28. 5. in Amsterdam	Deutschland – Schweiz	4:0*
3. 6. in Amsterdam	Deutschland – Uruguay	1:4*
16. 9. in Nürnberg	Deutschland – Dänemark	2:1
23. 9. in Oslo	Norwegen – Deutschland	0:2
30. 9. in Stockholm	Schweden – Deutschland	2:0
1929		
10. 2. in Mannheim	Deutschland – Schweiz	7:1
28. 4. in Turin	Italien – Deutschland	1:2
1. 6. in Berlin	Deutschland – Schottland	1:1
23. 6. in Köln	Deutschland – Schweden	3:0
20. 10. in Altona	Deutschland – Finnland	4:0

* Spiele während des olympischen Fußballturniers

am 7. Dezember 1932 in London mit 3:4 gegen England fällig. Und als im folgenden Jahr die ersten Spieler des »Wunderteams« von der internationalen Fußballbühne abtraten, war der ganz große Glanz der österreichischen Mannschaft vorbei. Dennoch hielt der Erfolg bis Ende der Spielzeit 1933/34 an, und Verbandskapitän Hugo Meisl konnte folgende Bilanz ziehen: Zwischen dem 12. 4. 1931 und dem 7. 6. 1934 wurden 31 Länderspiele ausgetragen, davon wurden 20 gewonnen, 7 endeten unentschieden, nur 4 gingen verloren.

Das Starporträt: Matthias Sindelar

»Scheiberln« ist heute ein gängiger Ausdruck für österreichisches Fußballspiel. In den 30er Jahren aber war es die Bezeichnung für eine Kunst, die der Mittelstürmer des sogenannten »Wunderteams«, Matthias Sindelar, zelebrierte.

Dem am 10. Februar 1903 geborenen Wiener muß es eine Qual gewesen sein, den Ball direkt ins gegnerische Tor zu befördern. Keine Extravaganz war ihm im Strafraum abwegig genug, daß er sie nicht ausprobiert hätte. Das von Verbandskapitän (= Nationaltrainer) Hugo Meisl verächtlich als »nixnutzes Scheiberlspiel« gebrandmarkte Verhalten Sindelars trug ihm eine über zweijährige Verbannung aus Repräsentativmannschaften ein (vom 7. Januar 1929 bis zum 16. Mai 1931), die dann auch nur durch die besagte Journalistenhilfe beendet wurde.

Der wegen seiner alles andere als sportlichen Gestalt »Papierener« gerufene Sindelar kam zwischen 1926 und 1938 auf 43 Länderspieleinsätze, in denen er 27 Tore erzielte, und feierte auch nach dem Ende des »Wunderteams« noch Triumphe. Vor allem mit seiner Klubmannschaft Austria Wien im Mitropacup, dem seit 1927 von mitteleuropäischen Vereinsmannschaften bestrittenen Pokalwettbewerb. Sindelar war 1922 zur Austria gestoßen, seine Karriere hatte er allerdings 1920/21 bei Hertha Wien begonnen.

Meisterwerk der Superelf

Professor Paul Meißner verewigte das österreichische Wunderteam (links sein Star Matthias Sindelar, der »Papierene«) als Gemälde.

Der gefeierte Fußballer wurde nur 36 Jahre alt. Am 23. Januar 1939 wurde er zusammen mit seiner Freundin zu Hause tot aufgefunden. Als Todesursache gaben die Behörden Vergiftung durch Kohlenoxyde an. Bis heute ist ungeklärt, ob es ein Unglücksfall oder Selbstmord war.

Die Bilanz des »Wunderteams«

16. 5.1931 in Wien gegen Schottland	5:0
24. 5.1931 in Berlin gegen Deutschland	6:0
17. 6.1931 in Wien gegen die Schweiz	2:0
13. 9.1931 in Wien gegen Deutschland	5:0
4.10.1931 in Budapest gegen Ungarn	2:2
29.11.1931 in Basel gegen die Schweiz	8:1
20. 3.1932 in Wien gegen Italien	2:1
24. 4.1932 in Wien gegen Ungarn	8:2
22. 5.1932 in Prag gegen die Tschechoslowakei	1:1
17. 7.1932 in Stockholm gegen Schweden	4:3
2.10.1932 in Budapest gegen Ungarn	3:2
23.10.1932 in Wien gegen die Schweiz	3:1

Schauplatz der ersten WM

Das Stadion Centenario von Montevideo, imposanter Schauplatz der ersten Fußball-WM.

Turniere der Besten: Die Fußball-Weltmeisterschaften

Der lange Weg nach Montevideo

So stürmisch der Siegeszug des Fußballs durch die Sportwelt des 20. Jahrhunderts auch war, so kompliziert gestalteten sich die Bemühungen seiner Pioniere, die wirklich beste Mannschaft der Welt zu ermitteln. Zwar stand Fußball seit den Spielen von Paris im Jahre 1900 auf dem olympischen Programm, doch entwickelte sich der Wettbewerb eher zur Farce. Erst ab 1908 konnte von einem einigermaßen ernsthaften Kräftemessen gesprochen werden, obwohl immer noch zahlreiche Nationen abseits standen.

Die Idee eines Turniers der weltbesten Fußballmannschaften hatte indessen bereits bei der Gründung des Weltfußballverbandes FIFA (Fédération Internationale de Football Association) Pate gestanden. Als am 21. Mai 1904 Fußballpioniere aus Holland, Frankreich, Belgien, Spanien, der Schweiz und Dänemark in Paris diese Institution schufen, versuchte der holländische Delegierte Hirschmann den anderen FIFA-Mitbegründern den Plan eines Fußballweltturniers schmackhaft zu machen. Er erntete bei den FIFA-Herren, die den Franzosen Robert Guérin zum ersten Präsidenten gewählt hatten, noch ein müdes Lächeln. Zwei Jahre später – die FIFA hatte jetzt schon zwölf Mitglieder, allerdings fehlte die Fußballweltmacht England – lachte niemand mehr, als Hirschmann einen fertigen Spielplan und die Gruppeneinteilung für sein Weltturnier vorlegte. Es blieb indes bei verbalen Begeisterungskundgebungen; keine Nation machte wirklich Anstalten, das Turnier zu realisieren.

Der mittlerweile zum FIFA-Generalsekretär aufgestiegene Holländer ließ sich nicht entmutigen und erreichte die Zustimmung seiner Organisation, das olympische Fußballturnier 1916 in Berlin gleichzeitig als erste Weltmeisterschaft abrollen zu lassen. Der Erste Weltkrieg verhinderte diese Premiere in der deutschen Hauptstadt. Europas Völker kämpften nicht mehr nur auf Sportplätzen gegeneinander.

Erst der FIFA-Kongreß 1920 in Brüssel brachte wieder Bewegung in die Bemühungen um ein Weltturnier. Im neuen Präsidenten Jules Rimet (Frankreich) war ein nachdrücklicher Befürworter dieser Idee an die Spitze der FIFA gerückt, der seine Funktionärskollegen bald so begeistern konnte, daß die FIFA noch vor den Olympischen Spielen 1928 beschloß, eine eigene Fußball-Weltmeisterschaft auszuschreiben. Das Turnier sollte erstmals 1930 und danach im Vierjahresrhythmus stattfinden. Außer vielfacher Zustimmung gab es aber bei den Mitgliedsländern keine Reaktionen. Zur Enttäuschung der FIFA erklärte sich keine Nation bereit, das Turnier auszurichten. Vermutlich wäre es nicht zum ersten Turnier gekommen, hätte nicht Uruguay, Gewinner der olympischen Fußballturniere 1924 und 1928, die Idee gehabt, zum 100. Jahrestag seiner Staatsgründung den begeisterten Fußballanhängern im Lande die erste Fußball-WM zu bescheren. Für die FIFA erschien das kleine Land am Rio de la Plata als letzte Rettung, und man vergab die Ausrichtung dieses Premierenturniers an Uruguay.

Mit dem Austragungsort Südamerika waren aber auch gleich die ersten Probleme geschaffen. Allein die lange Anreise per Schiff schreckte die Europäer ab, ihre Nationalmannschaften nach Montevideo zu schicken. Jules Rimet mußte als Bittsteller durch den Kontinent reisen, um wenigstens vier Nationalmannschaften zur Teilnahme zu animieren. Nur Frankreich, Belgien, Jugoslawien und Rumänien machten sich auf den Weg nach Südamerika, wo die Uruguayer mit ungeheurer Begeisterung die Vorbereitungen für das Turnier in Angriff genommen hatten. Das Stadion Centenario, »Stadion des Jahrhunderts«, mit einem Fassungsvermögen von fast 100 000 Zuschauern wurde zwar erst sechs Tage nach Turnierbeginn feierlich eröffnet, doch die Bewunderung für diese größte Fußballarena der damaligen Welt war uneingeschränkt.

Uruguay 1930

Begeisterung am Rio de la Plata

Die erste Fußball-WM begann mit der magischen Zahl von dreizehn Mannschaften, wovon sieben aus Südamerika und vier aus Europa kamen. Je eine Mannschaft aus Mittel- und Nordamerika komplettierten das Feld.

Die Teilnehmer wurden auf Beschluß der FIFA in vier Gruppen aufgeteilt, deren Sieger in einem Halbfinale dann die Endspielteilnehmer ermitteln sollten.

In den Gruppenspielen setzten sich bis auf eine Ausnahme die Favoriten durch, nur in Gruppe 4 gab es eine Sensation. Ausgerechnet das Team der USA erwies sich als überlegen, was im nachhinein jedoch nicht verwundert, wenn man sich seine Zusammensetzung vor Augen führt: Es bestand im wesentlichen aus kurz vor der Weltmeisterschaft eingebürgerten ehemaligen Profikickern aus Schottland.

Höhepunkt der Vorrunde wurde das Spiel Uruguay gegen Peru, dem etwa 100 000 Zuschauer, damals eine schier unglaubliche Zahl außerhalb Großbritanniens, beiwohnten. Die verächtlich auf das Turnier am Rio de la Plata herabblickenden Briten hatten ihren Rekord bereits am 28. April 1923 bei der Einweihung des neuen Londoner Wembley-Stadions gefeiert. Damals waren zum Cup-Finale zwischen den Bolton Wanderers und West Ham United 126 047 Zuschauer gekommen.

Das Wunschfinale Uruguay gegen Argentinien wurde durch die Halbfinalauslosung vorprogrammiert. Mit jeweils 6:1 deklassierten »Urus« und »Gauchos« ihre Gegner aus Jugoslawien und den USA und konnten sich am 30. Juli um den Thron des ersten Weltmeisters bewerben. Die Revanche für das Olympiafinale von 1928 elektrisierte die Völker diesseits und jenseits des Rio de la Plata. Eine ganze Armada von Schiffen wurde in Buenos Aires klar gemacht, um Tausende argentinischer Schlachtenbummler nach Montevideo zu bringen. Nicht alle erreichten ihr Ziel. Im Nebel verirrten sich einige Schiffe, mußten umkehren oder legten erst nach dem Schlußpfiff an.

Die argentinischen Schlachtenbummler erwartete ein beträchtliches Aufgebot von Militär-, Polizei- und Zollbeamten, das sie nach allen nur erdenklichen Waffen durchsuchte, bevor sie ins Stadion gelassen wurden. Die durch entsprechende Presseberichte hochgeputschte öffentliche Meinung ließ derartige Sicherheitsvorkehrungen notwendig erscheinen. Und zu Recht: Laut damaliger Polizeiberichte stellte man 1600 Stich- und Schußwaffen sicher. Es schien mehr als ein Fußballspiel stattzufinden. Doch dann gab es weder auf den Rängen noch auf dem Spielfeld ernste Zwischenfälle, der Sport dominierte.

In einem hinreißenden Finale, das für die einheimischen Fans alle Höhen und Tiefen der Gefühlsskala enthielt, siegte Uruguay am Ende mit 4:2 und wurde erster Fußball-Weltmeister der Sportgeschichte. Zunächst hatte Scarone die »Urus« in Führung gebracht, aber zur Halbzeit lagen sie zum Entsetzen der meisten unter den 100 000 Zuschauern mit 1:2 durch Tore von Peucelle und

Ausgleichstor brach den Widerstand

Nach genau einer Stunde Spielzeit erzielten die »Urus« durch Gemeinschaftsarbeit von Pedro Cea und Hector Castro den 2:2-Ausgleich. Danach war Argentinien verloren und der erste WM-Titel für Uruguay sicher.

Stabile im Rückstand. Damit hatten die Argentinier allerdings auch schon alles gegeben. In den zweiten 45 Minuten gingen sie im Sturmwirbel der »Urus« unter, die durch Cea, Iriarte und Castro die entscheidenden Treffer erzielten. Im Stadion spielten sich danach kaum beschreibliche Szenen ab. Ein ganzes Volk feierte diesen Erfolg, während die siegreichen Spieler mit Ehrungen überhäuft wurden.
Auch die FIFA konnte eine erfreuliche Bilanz ziehen. Sportlich und finanziell war das Turnier zu einem Erfolg geworden; was mit manchem Vorbehalt begonnen hatte, konnte angesichts dieser Bilanz mit guten Zukunftsaussichten weitergehen. Das nächste Turnier war gesichert, und am Rio de la Plata war man überzeugt, daß Uruguay die von Jules Rimet gestiftete Trophäe, den »Coupe Jules Rimet«, beim nächsten Mal verteidigen würde.
Folgende Spieler waren am ersten WM-Endspiel beteiligt:
Uruguay: Ballestro – Nasazzi, Mascheroni – Andrade, Fernandez, Gestido – Dorado, Scarone, Castro, Cea, Iriarte
Argentinien: Botasso – Della Torre, Paternoster – J. Evaristo, Monti, Suarez – Peucelle, Varallo, Stabile, Ferreyra, M. Evaristo

Der erste WM-Torschützenkönig: Guillermo Stabile

Von den Spielern des ersten WM-Finales hat es nur einer geschafft, den Erfolg zu bewahren und wirklichen Profit daraus zu schlagen: Guillermo Stabile. Der Mittelstürmer der unterlegenen argentinischen Mannschaft, mit acht Treffern erster Torschützenkönig einer Fußball-Weltmeisterschaft, blieb bis zu seinem Tod gegen Ende des Jahres 1966 ein hochgeachteter Mann, um den ganz Argentinien trauerte.
Nach der WM hatte er sich in Europa bei den italienischen Klubs Genua und Neapel als Profi verdingt und anschließend im alten Kontinent als Trainer ausbilden lassen. Nach Argentinien zurückgekehrt, erntete er als Vereinstrainer neuen Lorbeer, so daß ihn der Verband als Nationaltrainer berief. Stabile führte Argentinien 1956 zur Südamerika-Meisterschaft und fand daneben Zeit, ein ebenso erfolgreicher Geschäftsmann zu werden. Dank kluger Investitionen galt er bald als millionenschwerer Unternehmer.
Der am 17. Januar 1906 geborene Stabile imponierte bereits als Ju-

Ein Volksheld für Argentinien
Guillermo Stabile, der erste WM-Torschützenkönig, war in Argentinien eine Art Volksheld. Der schnelle Torjäger stieg bis in die höchsten Kreise von Buenos Aires auf.

Die Endrundenspiele

Gruppe 1: Frankreich – Mexiko 4:1; Argentinien – Frankreich 1:0; Chile – Mexiko 3:0; Argentinien – Mexiko 6:3; Chile – Frankreich 1:0; Argentinien – Chile 3:1

Tabelle:

1. Argentinien	3	3	0	0	10:4	6:0
2. Chile	3	2	0	1	5:3	4:2
3. Frankreich	3	1	0	2	4:3	2:4
4. Mexiko	3	0	0	3	4:13	0:6

Gruppe 2: Jugoslawien – Brasilien 2:1; Jugoslawien – Bolivien 4:0; Brasilien – Bolivien 4:0

Tabelle:

1. Jugoslawien	2	2	0	0	6:1	4:0
2. Brasilien	2	1	0	1	5:2	2:2
3. Bolivien	2	0	0	2	0:8	0:4

Gruppe 3: Rumänien – Peru 3:1; Uruguay – Peru 1:0; Uruguay – Rumänien 4:0

Tabelle:

1. Uruguay	2	2	0	0	5:0	4:0
2. Rumänien	2	1	0	1	3:5	2:2
3. Peru	2	0	0	2	1:4	0:4

Gruppe 4: USA – Belgien 3:0; USA – Paraguay 3:0; Paraguay – Belgien 1:0

Tabelle:

1. USA	2	2	0	0	6:0	4:0
2. Paraguay	2	1	0	1	1:3	2:2
3. Belgien	2	0	0	2	0:4	0:4

Halbfinale: Argentinien – USA 6:1; Uruguay – Jugoslawien 6:1

Spiel um Platz 3:

Jugoslawien – USA 3:1

Endspiel:

Uruguay – Argentinien 4:2

Eine Verbeugung vor dem Fußball
Der Staatspräsident Uruguays, Dr. Juan Campisteguy (rechts), empfing den FIFA-Präsidenten Jules Rimet in seinem Amtssitz und erwies somit dem Fußball seine Reverenz.

gendlicher durch seine Schnelligkeit. Seine Fußballkarriere begann beim Provinzklub Sportivo Metan, danach wechselte er aber nicht zu einem der großen Vereine in Buenos Aires, sondern versuchte beim relativ unbekannten Klub Huracan sein Glück. Dort machte er gleich in seiner ersten Saison Furore und wurde mit 48 Treffern Torschützenkönig. Dieser Mann mußte natürlich ins argentinische Olympiateam von 1928, wo er auch Tore wie am Fließband erzielte. Seine Tragik war, daß sowohl im Olympia- wie im WM-Finale mit Uruguay der Gegner den Siegeslorbeer davontrug. So konnte er seine Länderspielkarriere – zwischen 1925 und 1931 war er 31mal aktiv – nicht mit einem Titel krönen.

Die erfolgreichsten Torschützen:
8 Tore: Stabile (Argentinien)
5 Tore: Cea (Uruguay)
4 Tore: Subiar be (Chile)

Der erste farbige Fußballstar

Schon in den 20er Jahren trat mit José Leandro Andrade der erste farbige Ballzauberer in das Rampenlicht der Öffentlichkeit. Ihm folgten weitere Südamerikaner, die die Fußballfans in Entzücken versetzten.

Das Starporträt: José Leandro Andrade

Für den 1,84 Meter großen Farbigen war es die Krönung seiner Karriere: José Leandro Andrade gewann mit Uruguay nach zweimaligem Olympia-Gold auch die erste Weltmeisterschaft, und er war in den Finals der überragende Spielgestalter. Erst die Nachwelt weiß sein fußballerisches Können richtig einzuschätzen; Experten stellen ihn auf eine Stufe mit Pelé oder Eusebio.

Der am 20. November 1898 in einem der Armenviertel von Montevideo geborene Neger war die erste »schwarze Perle« des Weltfußballs und auf seine Weise ein Held der damaligen bürgerlichen Gesellschaft. Sein Stern ging beim olympischen Fußballturnier 1924 in Paris auf, wo er allein wegen seiner Hautfarbe eine kleine Sensation für die europäischen Reporter war. Einen schwarzen Sprinter oder Boxer war man ja gewohnt, aber ein dunkelhäutiger Fußballer, noch dazu ein geschmeidiger, mit artistischem Können ausgestatteter Regisseur stellte ein absolutes Novum dar. Und dieser Ballkünstler zeigte dann noch andere Qualitäten. In Pariser Nachtlokalen entzückte er die Damen mit seiner tänzerischen Eleganz, lehrte sie Samba und Tango schätzen lernen. Selbst in Varietés trat er auf und erreichte beinahe die Popularität einer Josephine Baker. Nach dem Triumph von Paris fiel es ihm schwer, zu Hause wieder Fuß zu fassen. Er tingelte durch Montevideo, hatte bald seine eigene Tanzgruppe. Aber als ihn die Nationalelf rief, war er wieder zur Stelle, das begnadete Naturtalent, das auch auf dem Spielfeld den Rhythmus bestimmte.

Den sportlichen Erfolg konnte Andrade jedoch nicht auf sein Privatleben übertragen. Das süße Leben des gelernten Klavierstimmers forderte mit den Jahren seinen Tribut. Man weiß heute nur noch, daß er 1957 in einer Kellerwohnung im Armenviertel von Montevideo starb; der Alkohol hatte zu seinem frühen Ende beigetragen. Für Uruguay zog er 31mal das Nationaltrikot über.

Die deutschen Fußball-Länderspiele		
1930		
2. 3. in Frankfurt a. M.	Deutschland – Italien	0:2
4. 5. in Zürich	Schweiz – Deutschland	0:5
10. 5. in Berlin	Deutschland – England	3:3
7. 9. in Kopenhagen	Dänemark – Deutschland	6:3
28. 9. in Dresden	Deutschland – Ungarn	5:3
2. 11. in Breslau	Deutschland – Norwegen	1:1
1931		
15. 3. in Paris	Frankreich – Deutschland	1:0
26. 4. in Amsterdam	Holland – Deutschland	1:1
24. 5. in Berlin	Deutschland – Österreich	0:6
17. 6. in Stockholm	Schweden – Deutschland	0:0
21. 6. in Oslo	Norwegen – Deutschland	2:2
13. 9. in Wien	Österreich – Deutschland	5:0
27. 9. in Hannover	Deutschland – Dänemark	4:2
1932		
6. 3. in Leipzig	Deutschland – Schweiz	2:0
1. 7. in Helsinki	Finnland – Deutschland	1:4
25. 9. in Nürnberg	Deutschland – Schweden	4:3
30. 10. in Budapest	Ungarn – Deutschland	2:1
4. 12. in Düsseldorf	Deutschland – Holland	0:2
1933		
1. 1. in Bologna	Italien – Deutschland	3:1
19. 3. in Berlin	Deutschland – Frankreich	3:3
22. 10. in Duisburg	Deutschland – Belgien	8:1
5. 11. in Magdeburg	Deutschland – Norwegen	2:2
19. 11. in Zürich	Schweiz – Deutschland	0:2
3. 12. in Berlin	Deutschland – Polen	1:0

Italien 1934

Der Duce war's zufrieden

Dem Premierenerfolg von Montevideo folgte weltweite Begeisterung. Für das 1934 nach Italien vergebene zweite Weltturnier brauchte sich die FIFA nicht mehr um Teilnehmer zu bemühen. Im Züricher Meldebüro gingen 32 Teilnahmeerklärungen ein, darunter auch von Exoten wie Haiti, Ägypten und Palästina.

In den Freudenbecher der begeisterten FIFA-Funktionäre fielen allerdings zwei Wermutstropfen: Titelverteidiger Uruguay zahlte den Italienern ihr Fernbleiben 1930 heim und übte diesmal WM-Abstinenz; und England, offensichtlich stärkste Mannschaft Europas, mochte dieser Veranstaltung immer noch keine Reize abgewinnen.

Da die FIFA die Endrunde in Italien mit sechzehn Teams bestreiten wollte, mußten alle 32 WM-Kandidaten in Qualifikationsspiele. Gegenüber 1930 ergab sich danach ein ganz anderes Bild: Zwölf europäischen Mannschaften standen noch zwei aus Südamerika und je eine aus Nordamerika bzw. Afrika gegenüber. Die erstmals für eine WM gemeldete deutsche Mannschaft hatte sich durch ein müheloses 9:1 gegen Luxemburg für die Endrunde qualifiziert.

Dort gab es in den Spielorten Bologna, Mailand, Florenz, Triest, Turin, Neapel und Genua keine Gruppenspiele, sondern ein Achtelfinale im K.-o.-System, aus dem acht europäische Nationen erfolgreich hervorgingen, darunter die deutsche Elf. Der DFB hatte seine Mannschaft gründlich vorbereitet ins Rennen geschickt. Reichstrainer Otto Nerz und sein Assistent Josef Herberger formten in Trainingslagern und vier Testspielen gegen die Profis von Derby County aus 38 eingeladenen Kandidaten ihr achtzehnköpfiges WM-Team, das mit einem Durchschnittsalter von 23 Jahren eines der unerfahrensten war. Torwart Willibald Kreß (Dresdner SC) wirkte darin mit seinen 28 Jahren als Leitfigur. Zu den Spielen reiste die deutsche Elf aus einem Trainingslager am Comer See an. Sie traf im Achtelfinale in Florenz auf Belgien und galt als Favorit. Um so überraschender die 2:1-Halbzeitführung der Belgier, die dem schnellen 1:0 der Deutschen durch Stanislaus Kobierski zwei Treffer ihres Torjägers Vorhoof folgen ließen. Nach der Pause schlug dann die Stunde eines neunzehnjährigen Saarbrückers: Edmund Conen, vom Reichstrainer nur mit Vorbehalten in die Mannschaft genommen, machte durch einen lupenreinen Hattrick den deutlichen 5:2-Erfolg der deutschen Mannschaft perfekt, nachdem zuvor Otto Siffling das wichtige 2:2 erzielt hatte. Der Waldhöfer zählte zu den starken Akteuren, ebenso wie Fritz Szepan, der zur Überraschung aller auf dem Stopperposten spielte. Reichstrainer Nerz praktizierte ein klassisches WM-System und opferte seiner Defensivtaktik den Spielmacher Szepan.

Nach dem klaren Sieg verstummten die Kritiker, und für das Viertelfinalspiel gegen Schweden sollte die gleiche Mannschaft nominiert werden. Die Verletzung des Düsseldorfer Paul Janes machte Nerz zunächst einen Strich durch die Rechnung, in Rudolf Gramlich (Eintracht Frankfurt) fand sich jedoch guter Ersatz. Die deutsche Mannschaft überwand die Hürde Schweden durch einen von Karl Hohmann (VfL Benrath) mit zwei Treffern sichergestellten 2:0-Erfolg und stand damit im Halbfinale.

Auf dem Weg dorthin hatte es für Gastgeber Italien in einem von den Experten als vorweggenommenem Finale bezeichneten Kampf gegen Spanien fast das Aus gegeben. In einem die Grenze der erlaubten Härte oft überschreitenden Ringen wurde der

Die Weltmeister aus Italien

Das war Italiens WM-Elf von 1934: Gian Pedro Combi, Luigi Monti, Attilio Ferraris IV, Luigi Allemandi, Enrico Guaita, Giovanni Ferrari (stehend von links); Angelo Schiavio, Giuseppe Meazza, Eraldo Monzeglio, Luigi Bertolini und Raimondo Orsi (sitzend von links).

mittlerweile schon 38jährige Ricardo Zamora im spanischen Tor zum nahezu unüberwindlichen Hindernis für die Italiener, die nach 120 Minuten mit einem 1:1 zufrieden sein mußten. Im Wiederholungsspiel fehlten sechs Spanier, darunter ihr überragender Torwart, wegen Verletzungen aus der ersten Begegnung, und sie unterlagen dennoch nur 0:1. Dabei wurde Italien durch eine skandalöse Schiedsrichterleistung begünstigt. Der Schweizer Unparteiische erkannte nämlich den Siegestreffer durch Giuseppe Meazza an, obwohl er irregulär erzielt wurde, und versagte dem einwandfreien Ausgleich der Spanier die Anerkennung. Was nutzte es den Männern von der Iberischen Halbinsel, daß dieser Schiedsrichter später von seinem Verband auf Lebenszeit gesperrt wurde? Daß die Italiener auch in ihrem Halbfinalspiel gegen Österreich erneut nur mit Schiedsrichterhilfe zum einzigen, aber entscheidenden Treffer – wiederum durch Meazza – kamen, gehört zu den dubiosen Vorgängen um diese Weltmeisterschaft.

Der Endspielgegner für Italien wurde im Spiel Deutschland gegen die Tschechoslowakei ermittelt. Der Reichstrainer mußte die Elf wiederum umbauen, da Rudi Gramlich aus beruflichen Gründen nach Frankfurt zurückgekehrt war und Torschütze Hohmann verletzt ausfiel. Diese Handicaps verkraftete die junge deutsche Elf nicht und unterlag den Tschechoslowaken glatt mit 1:3, wobei deren Torjäger Oldrich Nejedly dreimal erfolgreich war. Das deutsche Ehrentor erzielte Rudolf Noack vom Hamburger SV zum 1:1-Ausgleich.

Das nach dieser Niederlage erreichte Spiel um den dritten Platz hatte seine Reize vor allem durch

Held des Finales

František Planicka aus Prag war der Held des Finales von 1934. Der tschechische Torwart trieb die Italiener fast zur Verzweiflung.

Trainer-Triumph nach dem Erfolg

Auf den Schultern seiner Spieler verläßt Vittorio Pozzo, der Macher der italienischen WM-Elf, den Platz. Nach dem Triumph zerfiel das Team aber, und Pozzo mußte es neu aufbauen.

Die deutschen Fußball-Länderspiele

1934		
14. 1. in Frankfurt a. M.	Deutschland – Ungarn	3:1
11. 3. in Luxemburg	Luxemburg – Deutschland	1:9
27. 5. in Florenz	Belgien – Deutschland	2:5 *
31. 5. in Mailand	Deutschland – Schweden	2:1 *
3. 6. in Rom	Deutschland – Tschechoslowakei	1:3 *
7. 6. in Neapel	Deutschland – Österreich	3:1 *
9. 9. in Warschau	Polen – Deutschland	2:5
7. 10. in Kopenhagen	Dänemark – Deutschland	2:5
1935		
27. 1. in Stuttgart	Deutschland – Schweiz	4:0
17. 2. in Amsterdam	Holland – Deutschland	2:3
17. 3. in Paris	Frankreich – Deutschland	1:3
28. 4. in Brüssel	Belgien – Deutschland	1:6
8. 5. in Dortmund	Deutschland – Irland	3:1
12. 5. in Köln	Deutschland – Spanien	1:2
26. 5. in Dresden	Deutschland – Tschechoslowakei	2:1
27. 6. in Oslo	Norwegen – Deutschland	1:1
30. 6. in Stockholm	Schweden – Deutschland	3:1
18. 8. in München	Deutschland – Finnland	6:0 **
18. 8. in Luxemburg	Luxemburg – Deutschland	0:1 **
25. 8. in Erfurt	Deutschland – Rumänien	4:2
15. 9. in Breslau	Deutschland – Polen	1:0 **
15. 9. in Stettin	Deutschland – Estland	5:0 **
13. 10. in Königsberg	Deutschland – Lettland	3:0
20. 10. in Leipzig	Deutschland – Bulgarien	4:2
4. 12. in London	England – Deutschland	3:0
1936		
23. 2. in Barcelona	Spanien – Deutschland	1:2
27. 2. in Lissabon	Portugal – Deutschland	1:3
15. 3. in Budapest	Ungarn – Deutschland	3:2
4. 8. in Berlin	Deutschland – Luxemburg	9:0 ***
7. 8. in Berlin	Deutschland – Norwegen	0:2 ***
13. 9. in Warschau	Polen – Deutschland	1:1
27. 9. in Prag	Tschechoslowakei – Deutschland	1:2
27. 9. in Krefeld	Deutschland – Luxemburg	7:2
14. 10. in Glasgow	Schottland – Deutschland	2:0
17. 10. in Dublin	Irland – Deutschland	5:2
15. 11. in Berlin	Deutschland – Italien	2:2
1937		
31. 1. in Düsseldorf	Deutschland – Holland	2:2
21. 3. in Stuttgart	Deutschland – Frankreich	4:0 **
21. 3. in Luxemburg	Luxemburg – Deutschland	2:3 **
25. 4. in Hannover	Deutschland – Belgien	1:0
2. 5. in Zürich	Schweiz – Deutschland	0:1
16. 5. in Breslau	Deutschland – Dänemark	8:0
25. 6. in Riga	Lettland – Deutschland	1:3
29. 6. in Helsinki	Finnland – Deutschland	0:2
29. 8. in Königsberg	Deutschland – Estland	4:1
24. 10. in Berlin	Deutschland – Norwegen	3:0
21. 11. in Hamburg	Deutschland – Schweden	5:0

* WM-Spiele

** An diesen Tagen spielten zwei verschiedene deutsche Mannschaften, wozu aber zu bemerken ist, daß die erste Garnitur jeweils zunächst genannt ist.

*** Spiele während des olympischen Fußballturniers

den Gegner Österreich. Die beiden letzten Begegnungen hatten Deutschland noch gegen das »Wunderteam« 0:5- und 0:6-»Packungen« beschert, jetzt war die Revanche im Kampf um den WM-Ehrenplatz möglich. Dafür wurde das deutsche Team stark verändert. Für den im Tschechen-Spiel schwachen Kreß rückte Hans Jakob (Jahn Regensburg) ins Tor, Paul Janes war wieder fit und nahm den rechten Verteidigerposten ein, Fritz Szepan verließ die Abwehr und wurde wieder auf seinen Stammplatz im Angriff gestellt. Dadurch entstand aber auf dem Stopperposten eine nicht mit den anwesenden Reservisten zu schließende Lücke. So wurde in einer Blitzaktion der Aachener Reinhold Münzenberg nach Neapel beordert. Der ließ die zu Hause anstehende Hochzeit kurzerhand verschieben und trat als Abwehrorganisator gegen die Österreicher an. Deutschland legte durch zwei Treffer von Ernst Lehner und einen von Edmund Conen einen beruhigenden 3:0-Vorsprung als Grundstein zum späteren 3:2-Sieg, der den dritten Platz einbrachte.

Das Finale zwischen Italien und der Tschechoslowakei in Rom wies Parallelen zum Viertelfinalspiel gegen Spanien auf. Wiederum rannten die Italiener gegen einen überragenden Torwart an, wiederum schienen sie an ihm zu scheitern. Frantisek Planicka schien tausend Hände zu haben und ließ in der regulären Spielzeit nur einen Treffer zu. Da auch seine Mannschaft ein Tor erzielte, mußte Italien wieder in die Verlängerung, in der diesmal ein regulärer Treffer zum 2:1 den WM-Titel brachte. Den Siegern haftete indes der Makel ihrer unfairen Gangart an, die sie auch im Finale demonstrierten. Darüber hinaus mußte die Tatsache befremden, daß im Team drei Aktive standen, die von Geburt her eigentlich Südamerikaner waren, vor den Spielen aber plötzlich italienische Vorfahren entdeckten und deshalb eingebürgert worden waren.

Europas Sportpresse überschüttete Vittorio Pozzos Mannschaft denn auch mit wenig schmeichelhafter Schlußkritik und ließ Spanien oder die Tschechoslowakei als moralische Sieger hochleben.

Der Weltmeister spielte in folgender Aufstellung:

Combi – Monzeglio, Allemandi – Ferraris IV, Monti, Bertolini – Guaitia, Meazza, Schiavio, Ferrari, Orsi.

Monti, Guaitia und Orsi waren von Geburt Argentinier.

Das deutsche WM-Aufgebot bestand aus folgenden Spielern:

Ernst Albrecht (Fortuna Düsseldorf), ohne Spiel; Jacob Bender (Fortuna Düsseldorf), 2 Einsätze; Fritz Buchloh (VfB Speldorf), ohne Spiel; Willy Busch (Duisburg 99), 3 Einsätze; Edmund Conen (FV Saarbrücken), 4 Einsätze, 4 Tore; Rudolf Gramlich (Eintracht Frankfurt), 1 Einsatz; Sigmund Haringer (Bayern München), 3 Einsätze; Matthias Heidemann (Bonner FV), 1 Einsatz; Karl Hohmann (VfL Benrath), 2 Einsätze, 2 Tore; Hans Jakob (Jahn Regensburg), 1 Einsatz; Paul Janes (Fortuna Düsseldorf), 2 Einsätze; Stanislaus Kobierski (Fortuna Düsseldorf), 3 Einsätze, 1 Tor; Willibald Kreß (Dresdner SC), 3 Einsätze; Ernst Lehner (Schwaben Augsburg), 4 Einsätze, 2 Tore; Reinhold Münzenberg (Alemannia Aachen), 1 Einsatz; Rudolf Noack (Hamburger SV), 1 Einsatz, 1 Tor; Hans Schwartz (Victoria Hamburg), 1 Einsatz; Otto Siffling (SV Waldhof), 4 Einsätze, 1 Tor; Fritz Szepan (Schalke 04), 4 Einsätze; Paul Zielinski (Union Hamborn), 4 Einsätze.

Die Endrundenspiele

Achtelfinale*: Schweden – Argentinien 3:2; Spanien – Brasilien 3:1; Tschechoslowakei – Rumänien 2:1; Italien – USA 7:1; Deutschland – Belgien 5:2; Schweiz – Holland 3:2; Ungarn – Ägypten 4:2; Österreich – Frankreich 3:2 n. V.

Viertelfinale*: Tschechoslowakei – Schweiz 3:2; Deutschland – Schweden 2:1; Österreich – Ungarn 2:1; Italien – Spanien 1:1 n. V. und 1:0.

Halbfinale: Tschechoslowakei – Deutschland 3:1; Italien – Österreich 1:0

Spiel um Platz 3:

Deutschland – Österreich 3:2

Endspiel:

Italien – Tschechoslowakei 2:1 n. V.

* Sowohl Achtel- als auch Viertelfinale wurden im K.-o.-System ausgetragen.

Der WM-Torschützenkönig: Oldrich Nejedly

Neben ihrem Torwart Planicka, der als bester Keeper des Turniers anerkannt wurde, stellten die Tschechen auch den Torschützenkönig dieser Weltmeisterschaft.

Oldrich Nejedly brachte es zwar nur auf sechs Treffer, er bestätigte aber damit die vielen Vorschußlorbeeren, die er vor der WM bekommen hatte. In seiner Heimat galt er als Filigrantechniker, von der Statur her einem Sindelar sehr ähnelnd. Er war kein Sturmtank oder Brecher, sondern erzielte seine Treffer mit unnachahmlicher spielerischer Eleganz. Über den Klub seines Heimatstädtchens Zebrak, nicht weit von Prag, und die Provinzmannschaft von Rakovnik führte ihn sein Weg zur Sparta in der Hauptstadt, deren Erfolge er in den folgenden Jahren mitprägte. Sein Rekordbuch verzeichnet 421 Spiele für Sparta Prag, in denen er 391 Tore für seinen Klub erzielte. Der verletzungsanfällige Torjäger war noch im 48. Lebensjahr aktiv. Erst ein schwerer Beinbruch stoppte seine Karriere. Der am 13. Dezember 1909 geborene Torjäger wirkte zwischen 1931 und 1938 in 44 Länderspielen mit und war auch WM-Teilnehmer 1938.

Leichtgewicht als Torschützenkönig

Sparta Prags leichtgewichtiger Mittelstürmer Oldrich Nejedly, der 44 Länderspiele bestritt, errang in Italien die Torjägertrophäe und überraschte mit technisch brillantem Fußball.

Die erfolgreichsten Torschützen:

6 Tore: Nejedly (Tschechoslowakei)

4 Tore: Conen (Deutschland), Schiavio (Italien)

3 Tore: Kielholz (Schweiz), Orsi (Italien)

Vittorio Pozzos zweiter Streich

Italiens Trainer der 30er Jahre, Vittorio Pozzo (stehend ganz links), mußte für 1938 eine völlig neue Elf aufbauen. Doch Italien wurde wiederum Weltmeister.

Frankreich 1938

Blamage für »Groß-deutschland«

Auch die dritte Fußball-Weltmeisterschaft wird noch nicht zu einem Kräftemessen der wirklich stärksten Mannschaften. Wegen Differenzen mit der FIFA fehlen so starke Nationen wie Argentinien und Uruguay, die British Football Association zeigt dem Wettbewerb noch immer die kalte Schulter, und Österreich ist seit der Annexion durch Hitler-Deutschland auch als Sportnation nicht mehr existent.

Die Österreicher hatten sich in der Qualifikation noch durch einen Sieg gegen Lettland die Endrundenteilnahme für das Turnier gesichert, zu dem sich insgesamt 27 Nationen gemeldet hatten. Wie 1934 wurden durch Qualifikationsspiele sechzehn Mannschaften für die Endrunde ermittelt, die im Juni in französischen Städten durchgeführt wurde.

Die deutsche Mannschaft hatte sich durch Siege gegen Schweden, Finnland und Estland für die Runde der letzten sechzehn qualifiziert und galt als einer der Favoriten. Mit einem erfolgreichen Abschneiden in Frankreich sollte die Pleite beim Olympischen Fußballturnier 1936 im eigenen Land (→ Olympische Sommerspiele) vergessen gemacht werden, die Reichstrainer Otto Nerz das Amt kostete und seinen langjährigen Assistenten Josef (»Sepp«) Herberger in das Amt brachte. Die Trennung des DFB von Otto Nerz vollzog sich allerdings in kleinen Schritten. So wurde Herberger erst am 12. Mai 1938 offiziell neuer Reichstrainer, obwohl er seit Anfang 1937 praktisch die Verantwortung für die Fußball-Nationalmannschaft trug.

Mit seinem Namen ist der Aufbau eines erfolgreichen Teams verbunden, das seine Siegesserie am 16. Mai 1937 mit einem 8:0-Erfolg in Breslau gegen Dänemark krönte. Diese nach dem Austragungsort als »Breslau-Elf« bezeichnete Nationalmannschaft ging wegen ihres perfekten Spiels in die deutsche Fußballgeschichte ein, die Namen ihrer Akteure bildeten eine Legende. Und das war die »Breslau-Elf«: Hans Jakob (Jahn Regensburg) – Paul Janes (Fortuna Düsseldorf), Reinhold Münzenberg (Alemannia Aachen) – Andreas Kupfer (Schweinfurt 05), Ludwig Goldbrunner (Bayern München), Albin Kitzinger (Schweinfurt 05) – Ernst Lehner (Schwaben Augsburg), Rudolf Gellesch (Schalke 04), Otto Siffling (SV Waldhof), Fritz Szepan, Adolf Urban (beide Schalke 04). Dieser Angriff mit dem fünffachen Torschützen Siffling wäre auch zur Weltmeisterschaft gefahren, wenn Hitlers Machtpolitik den Reichstrainer nicht vor völlig neue Tatsachen gestellt hätte. Nach dem »Anschluß« Österreichs wurde eine »großdeutsche« Fußballmannschaft verlangt, und Herberger mußte sich fügen. Zum abschließenden Vorbereitungslehrgang tummelten sich in Duisburg auch fünfzehn österreichische Fußballer, von denen neun Wiener den Sprung in das endgültige WM-Aufgebot schafften. Unter den 22 Aktiven dieses Kaders befand sich die komplette »Breslau-Elf«. Bis zum Achtelfinalspiel in Paris

– diese WM wurde nach dem gleichen System wie 1934 ausgetragen – veränderte sich das Gesicht der deutschen Mannschaft dann beträchtlich. Für den verletzten Schalker Urban war Josef Gauchel (TuS Neuendorf) in das Aufgebot nachgerückt und führte anstelle von Siffling den Angriff. So bildete ein Rest der »Breslau-Elf« mit fünf Wienern und eben Gauchel das Team, das im Eröffnungsspiel dieser WM auf die Schweiz traf. Der krasse Außenseiter aus dem Land der Eidgenossen trotzte dem »großdeutschen« Favoriten ein Unentschieden ab und schaffte im Wiederholungsspiel sogar einen Sieg. In beiden Begegnungen stand das Publikum wie ein Mann hinter den Schweizern, Fußball wurde zu einem Politikum.

Das weitere Turnier wurde für Titelverteidiger Italien nach schwachem Start zu einem Durchmarsch bis ins Finale, in dem auch Ungarn glatt besiegt wurde.

Die Endrundenspiele

Achtelfinale*: Schweiz – Deutschland 1:1 n.V. und 4:2; Kuba – Rumänien 3:3 n.V. und 2:1; Tschechoslowakei – Holland 3:0 n.V.; Frankreich – Belgien 3:1; Ungarn – Niederländisch-Indien 6:0; Brasilien – Polen 6:5 n.V.; Italien – Norwegen 2:1 n.V.

Viertelfinale*: Italien – Frankreich 3:1; Schweden** – Kuba 8:0; Ungarn – Schweiz 2:0; Brasilien – Tschechoslowakei 1:1 n.V. und 2:1

Halbfinale: Ungarn – Schweden 5:1; Italien – Brasilien 2:1

Spiel um Platz 3:

Brasilien – Schweden	4:2

Endspiel:

Italien – Ungarn	4:2

* Sowohl Achtel- als auch Viertelfinale wurden im K.-o.-System ausgetragen.

** Schweden kampflos qualifiziert, da Österreich wegen des »Anschlusses« nicht mehr antreten konnte.

Das deutsche WM-Aufgebot bestand aus folgenden Spielern:

Fritz Buchloh (VfB Speldorf), ohne Spiel; Josef Gauchel (TuS Neuendorf), 1 Einsatz, 1 Tor; Rudolf Gellesch (Schalke 04), 1 Einsatz; Ludwig Goldbrunner (Bayern München), 1 Einsatz; Wilhelm Hahnemann (Admira Wien), 2 Einsätze; Hans Jakob (Jahn Regensburg), ohne Spiel; Paul Janes (Fortuna Düsseldorf), 2 Einsätze; Albin Kitzinger (Schweinfurt 05), 1 Einsatz; Andreas Kupfer (Schweinfurt 05), 2 Einsätze; Ernst Lehner (Schwaben Augsburg), 2 Einsätze; Hans Mock (Austria Wien), 1 Einsatz; Reinhold Münzenberg (Alemannia Aachen), ohne Spiel; Leopold Neumer (Austria Wien), 1 Einsatz; Hans Pesser (Rapid Wien), 1 Einsatz; Rudolf Raftl (Rapid Wien), 2 Einsätze; Willibald Schmaus (Vienna Wien), 1 Einsatz; Otto Siffling (SV Waldhof), ohne Spiel; Stefan Skoumal (Rapid Wien), 1 Einsatz; Jakob Streitle (Bayern München), 1 Einsatz; Josef Stroh (Austria Wien), 1 Einsatz; Fritz Szepan (Schalke 04), 1 Einsatz; Fritz Wagner (Rapid Wien), ohne Spiel.

Italiens Teamchef Vittorio Pozzo war während des gesamten Turniers mit vierzehn Spielern ausgekommen.

Das Finale um den Titel bestritten für Italien:

Olivieri – Froni, Rava – Serantoni, Andreolo, Locatelli – Biaviti, Meazza, Piola, Ferrari, Colaussi. Torschützen beim 4:2 waren Piola und Colaussi (je 2).

Der WM-Torschützenkönig: Leonidas da Silva

Mit sieben Treffern stellte der erfolgreichste Schütze dieser Weltmeisterschaft nicht eben einen Rekord auf, aber die Art und Weise, wie der dunkelhäutige Brasilianer Leonidas da Silva die Bälle ins gegnerische Tor zauberte, entzückte die zuschauenden Franzosen und nicht zuletzt auch die Experten. Aus heutiger Sicht muß man Leonidas – wie ihn seine Landsleute nur nannten – als den Pelé seiner Zeit ansehen. Unter den auch damals als Ballkünstler berühmten brasilianischen Kikkern stach Leonidas aufgrund seiner überragenden Technik und Torgefährlichkeit noch hervor.

Er hat eine typisch brasilianische Fußballkarriere hinter sich. Als Siebzehnjähriger schließt er sich einem kleinen Klub an, wo ihn das in die Wiege gelegte Talent schnell zum Torjäger aufsteigen läßt. Mit neunzehn steht er erstmals in der Nationalmannschaft und schießt bei seinem Debüt ausgerechnet gegen den »Erzfeind« Uruguay die beiden entscheidenden Tore. Uruguays Spitzenklub Penarol Montevideo lockt den Wunderknaben danach mit einem fürstlichen Gehalt über den Rio de la Plata, wo er eine Zeitlang seine Tore schießt. Nach seiner Rückkehr spielt er für drei Spitzenklubs in Rio und beendet dann in São Paulo seine Karriere, deren Höhepunkt die Weltmeisterschaft 1938 in Frankreich ist. Leonidas blieb dem Sport verbunden und wurde später als Fußballkommentator für den Rundfunk noch beliebter als zu seiner aktiven Zeit.

Die Stationen des am 11. November 1910 geborenen Torjägers waren die Klubs São Cristovao, Bonsuccso, Penarol, Vasco da Gama, Flamengo und São Paulo. In seinen 25 Länderspielen zwischen 1929 und 1940 erzielte er 25 Tore. WM-Teilnehmer war er 1934 und 1938.

Erneut eine schwarze Perle

In Europa verzauberte mit dem brasilianischen Zauberer Leonidas da Silva erneut eine schwarze Perle aus Südamerika das Publikum.

Die erfolgreichsten Torschützen:

7 Tore:	Leonidas (Brasilien)
6 Tore:	Zsengeller (Ungarn)
5 Tore:	Piola (Italien), Sarosi (Ungarn), Willimowski (Polen)

Der neue Reichstrainer: Sepp Herberger

Die WM 1938 brachte für den kurz zuvor auch offiziell zum neuen Reichstrainer ernannten Josef (»Sepp«) Herberger eine bittere Enttäuschung. Er hatte nach der Olympia-Pleite von 1936 praktisch die Verantwortung für die Nationalmannschaft von Dr. Otto Nerz übernommen, wurde aber erst am 12. Mai 1938 vom Reichssportführer offiziell in seinem Amt bestätigt.

Herberger wurde am 28. März 1897 in Mannheim-Waldhof als Sohn eines Arbeiters geboren. Er absolvierte eine Mechanikerlehre und war von Kindesbeinen an ein Anhänger des SV Waldhof, dem er als Vierzehnjähriger auch beitrat. Nach Jugendmannschaft und Reserve folgte sein Aufstieg in die erste Mannschaft des SV Waldhof, wo er sich als Halbstürmer bald einen Namen machte. Am 18. September 1921 gab er in Helsingfors gegen Finnland einen vielbeachteten Einstand als Nationalspieler mit zwei Treffern beim 3:3-Unentschieden. Er wurde danach allerdings nur noch zweimal (1924 gegen Italien, 1925 gegen Holland) ins Nationalteam berufen.

Zur Saison 1923/24 wechselte er zum Lokalrivalen VfR Mannheim, mit dem er 1925 die Süddeutsche Meisterschaft holte. Ein Jahr danach folgte er dem Ruf seines Landsmannes Dr. Otto Nerz, der ihn zu der von ihm betreuten Berliner Hertha holte.

HERBERGER MUSS NACH DEM KRIEG VON VORNE ANFANGEN

Dort stürmte Herberger auf dem rechten Flügel. Ab 1927 besuchte Herberger die von Carl Diem geleitete Sporthochschule und konnte seine Abschlußprüfung 1930 als Jahrgangsbester mit dem Prädikat »sehr gut« ablegen. Von der Stadt Berlin erhielt er als Anerkennung die August-Bier-Plakette.
Der Westdeutsche Fußball-Verband holte den begabten jungen Trainer im selben Jahr als Verbandstrainer nach Duisburg und erlebte mit ihm einen ungeahnten Aufschwung. Unter Herbergers Leitung fanden zahlreiche Aktive von Rhein und Ruhr den Weg in die Nationalmannschaft, die seit 1930 von Dr. Otto Nerz als hauptamtlichem Reichstrainer des DFB betreut wurde. Am 22. Oktober 1933 stellte der Fußball-Westen erstmals alle Spieler einer deutschen Nationalelf, die gegen Belgien einen sensationellen 8:1-Sieg erringen konnte. Danach machte Nerz Herberger zu seinem Assistenten.
Der Zweite Weltkrieg unterbrach auch Herbergers Arbeit, obwohl er noch bis 1942 Nationalmannschaften betreute. Er hielt den Kontakt mit vielen Nationalspielern bis zum Zusammenbruch aufrecht und versuchte ab 1946 von Köln aus, wo er an der Sporthochschule als Lehrer tätig war, wieder eine Nationalelf aufzubauen.

Die Blamage folgte sofort

Mit »Deutschem Gruß« begann die »großdeutsche Auswahl« das Turnier und blamierte sich dann so gründlich, daß viele ihre Schadenfreude offen zeigten.

Der Trainer wurde nicht gefragt

Politische Erwägung aus Berlin diktierten dem deutschen Trainer Sepp Herberger die Aufstellung für diese WM-Spiele. Er verbrachte deswegen manch schlaflose Nacht.

Die deutschen Fußball-Länderspiele

1938		
6. 2. in Köln	Deutschland – Schweiz	1:1
20. 3. in Nürnberg	Deutschland – Ungarn	1:1*
20. 3. in Wuppertal	Deutschland – Luxemburg	2:1*
24. 4. in Frankfurt a. M.	Deutschland – Portugal	1:1
14. 5. in Berlin	Deutschland – England	3:6
4. 6. in Paris	Deutschland – Schweiz	1:1 n.V.**
9. 6. in Paris	Deutschland – Schweiz	2:4**
18. 9. in Chemnitz	Deutschland – Polen	4:1
25. 9. in Bukarest	Rumänien – Deutschland	1:4
1939		
29. 1. in Brüssel	Belgien – Deutschland	1:4
26. 2. in Berlin	Deutschland – Jugoslawien	3:2
26. 3. in Florenz	Italien – Deutschland	3:2*
26. 3. in Differdingen	Luxemburg – Deutschland	2:1*
23. 5. in Bremen	Deutschland – Irland	1:1
22. 6. in Oslo	Norwegen – Deutschland	0:4
25. 6. in Kopenhagen	Dänemark – Deutschland	0:2
29. 6. in Tallinn	Estland – Deutschland	0:2
27. 8. in Preßburg	Slowakei – Deutschland	2:0
24. 9. in Budapest	Ungarn – Deutschland	5:1
15. 10. in Zagreb	Jugoslawien – Deutschland	1:5
22. 10. in Sofia	Bulgarien – Deutschland	1:2
12. 11. in Breslau	Böhmen-Mähren – Deutschland	4:4
26. 11. in Berlin	Deutschland – Italien	5:2
3. 12. in Chemnitz	Deutschland – Slowakei	3:1
1940		
7. 4. in Berlin	Deutschland – Ungarn	2:2
14. 4. in Wien	Deutschland – Jugoslawien	1:2
5. 5. in Mailand	Italien – Deutschland	3:2
14. 7. in Frankfurt a. M.	Deutschland – Rumänien	9:3
1. 9. in Leipzig	Deutschland – Finnland	13:0
15. 9. in Preßburg	Slowakei – Deutschland	0:1
6. 10. in Budapest	Ungarn – Deutschland	2:2
20. 10. in München	Deutschland – Bulgarien	7:3
3. 11. in Zagreb	Jugoslawien – Deutschland	2:0
17. 11. in Hamburg	Deutschland – Dänemark	1:0
1941		
9. 3. in Stuttgart	Deutschland – Schweiz	4:2
6. 4. in Köln	Deutschland – Ungarn	7:0
20. 4. in Bern	Schweiz – Deutschland	2:1
1. 6. in Bukarest	Rumänien – Deutschland	1:4
15. 6. in Wien	Deutschland – Kroatien	5:1
5. 10. in Stockholm	Schweden – Deutschland	4:2***
5. 10. in Helsinki	Finnland – Deutschland	0:6***
16. 11. in Dresden	Deutschland – Dänemark	1:1
7. 12. in Breslau	Deutschland – Slowakei	4:0
1942		
18. 1. in Zagreb	Kroatien – Deutschland	0:2
1. 2. in Wien	Deutschland – Schweiz	1:2
12. 4. in Berlin	Deutschland – Spanien	1:1
3. 5. in Budapest	Ungarn – Deutschland	3:5
19. 7. in Sofia	Bulgarien – Deutschland	0:3
16. 8. in Beuthen	Deutschland – Rumänien	7:0
20. 9. in Berlin	Deutschland – Schweden	2:3
18. 10. in Bern	Schweiz – Deutschland	3:5
1. 11. in Stuttgart	Deutschland – Kroatien	5:1
22. 11. in Preßburg	Slowakei – Deutschland	2:5

* In Nürnberg und in Florenz spielte die erste, in Wuppertal und in Differdingen die zweite Garnitur.
** WM-Spiele
*** Die erste Garnitur spielte gegen Schweden, die zweite gegen Finnland.

Brasilien 1950

Ein Land in Trauer

Die WM-Pleite von 1938 wollte Hitler-Deutschland als Ausrichter des nächsten Turniers wettmachen; es bewarb sich wie Brasilien um die Endrunde 1942, aber mitten in die ersten Vorarbeiten der FIFA platzte der Ausbruch des Zweiten Weltkrieges. Der Kampf auf den Schlachtfeldern verdrängte den Wettstreit auf dem Fußballrasen, ein Weltturnier der besten Mannschaften rückte in weite Ferne.

Auf dem ersten FIFA-Kongreß nach der Katastrophe – er fand am 1. Juli 1946 in Luxemburg statt – wurde jedoch wieder von einem Fußball-Weltturnier gesprochen, und Brasilien stellte sich als Ausrichter wiederum zur Verfügung. Die Funktionäre des Fußball-Weltverbandes akzeptierten und erteilten Brasilien ihr Plazet zur Ausrichtung der Endrunde im Jahre 1950. Zuvor tauften sie die bei der WM zu vergebende Trophäe offiziell in »Coupe Jules Rimet« um und würdigten damit die Arbeit ihres rührigen Präsidenten. Im Vorfeld dieser ersten Nachkriegs-WM wurden auch die im Grunde bis heute gültigen Modalitäten der Endrunde festgelegt. Die sechzehn Endrundenteilnehmer sollten danach in jeweils vier Gruppen eingeteilt werden, deren Sieger in einer Punktrunde jeder gegen jeden den Weltmeister ausspielen sollten. Das bei den Vorkriegs-Weltmeisterschaften praktizierte K.-o.-System war damit ad acta gelegt.

Der gute Wille der FIFA wurde jedoch wie beim ersten Turnier in Südamerika im Jahre 1930 schlecht belohnt. Das Zustandekommen der Endrunde 1950 wies tatsächlich verblüffende Parallelen zu der vor zwanzig Jahren auf: Wiederum wird die Qualifikation teilweise durch Verzichte und Proteste der Teilnehmer zur Farce, wiederum werden alle möglichen Teams als Lückenbüßer nach Brasilien eingeladen, und dennoch stellt sich im Juni 1950 nur ein unvollständiges Dreizehnerfeld zur Ermittlung des neuen Titelträgers. Auch die erstmalige Teilnahme Englands kann nicht verdecken, daß ohne die Mannschaften aus Ungarn und der ČSSR, Österreich und Deutschland, Argentinien, Schottland und Frankreich der Glanz bei diesen Titelkämpfen fehlt.*

Als spektakulärstes Ereignis dieser Tage blieb den Zeitgenossen denn auch der Austragungsort der entscheidenden Spiele in Erinnerung: das neue Maracana-Stadion von Rio de Janeiro. Die riesige Arena wurde als eine Art neues Weltwunder bestaunt, sie sprengte alle Dimensionen, die man bis dahin für Sportstätten möglich gehalten hatte. In dem 200000 Zuschauer fassenden Monsterbau sollte Brasilien zum neuen Weltmeister gekrönt werden, das schien für die Einheimischen eine ausgemachte Sache. Maracana als Denkmal für die beste Fußballnation der Welt – unter diesem Vorzeichen rollte das Turnier in Rio ab und schien entsprechende Vorschußlorbeeren zu bestätigen. In der Endrunde der vier Gruppensieger waren zunächst auch Schweden und Spanien für die Brasilianer nur Trainingspartner. Dreizehn Tore schossen die Ballzauberer von der Copacabana gegen die beiden europäischen Teams. Danach sollte als Krönung der südamerikanische Rivale Uruguay gleichermaßen als Dessert verspeist werden, denn die Spieler vom Rio de la Plata konnten sich vor dem letzten Endrundenspiel nur mühsam mit 3:2 gegen die Schweden durchsetzen, während sie gegen die Spanier über ein 2:2 nicht hinauskamen. Was konnte den brasilianischen Ballartisten also noch passieren?

Doch wie so oft im Fußball kam es wieder einmal anders. Die knapp 200000 zahlenden Zuschauer erlebten am 16. Juli 1950 im Maracana-Stadion den Favo-

* Deutschland war noch nicht wieder Mitglied der FIFA und mußte deshalb zuschauen.

Auf dem Weg zum WM-Titel

Als Uruguays Kapitän Obdulio Varela in der 78. Minute gegen Spanien das 2:2 erzielte, waren die »Urus« ihrem zweiten WM-Titel ein Stück näher gekommen.

BRASILIANER WERDEN AUS ALLEN TRAEUMEN GERISSEN

Sie alle waren am Sieg im Maracana-Stadion – in der Höhle des Löwen – beteiligt

Das komplette Aufgebot aus Uruguay stellte sich nach dem Triumph gegen den Erzrivalen Brasilien den Fotografen. Stehend von links: Kapitän Obdulio Varela, Trainer Juan Lopez, Mathias Gonzales, ein Assistent und ein Masseur, Schubert Gambetta, Eusebio Tejera, Roque Maspoli, Victor Andrade. Hockend von links: ein weiterer Betreuer, Alcides Ghiggia, Julio Perez, Omar Miguez, Juan Schiaffino und Ruben Moran.

ritensturz, der für eine Nation zum Drama wurde. Schon das 0:0 zur Pause hätte den Brasilianern eine Warnung sein müssen, obwohl ihnen ja ein Unentschieden zum Titelgewinn gereicht hätte. Doch zwei Minuten nach dem Wiederanpfiff schien ja ohnehin alles geklärt. Friaca brachte die Einheimischen 1:0 in Führung – der Titel schien sicher. Aber die »Urus« machten danach Kräfte frei, die man ihnen nicht zugetraut hatte. Angetrieben von ihrem glänzenden Spielmacher Juan Schiaffino, brachten sie die Brasilianer mehr und mehr in Bedrängnis und erzielten durch ihn auch den Ausgleich. Aber selbst dieser Warnschuß weckte die siegestrunkenen Brasilianer nicht auf. Man bereitete sich auf den Rängen und bei den FIFA-Offiziellen schon auf die Siegerehrung vor, keiner zweifelte mehr an der Krönung Brasiliens als Weltmeister. Da erzielte Alcides Ghiggia elf Minuten vor Schluß das 2:1 für Uruguay.

Das Geschehen danach ist von Beobachtern vielfältig geschildert worden. Begriffe wie Grabesstille, lähmendes Entsetzen, völlige Verzweiflung spielten dabei eine dominierende Rolle. Eine ganze Nation verbrachte die restlichen zehn Minuten wie gelähmt am Radio. Als der Sieger Uruguay geehrt und das Stadion leer war, blieben dort vier Tote zurück – Todesursache: Selbstmord und Herzversagen.

Der Trauer in Rio stand in Montevideo ein Begeisterungstaumel gegenüber, der alles übertraf, was man sich an südamerikanischer Begeisterung vorstellen konnte. Der Einzug der »Helden von Maracana« geriet zum unvergleichlichen Spektakel. Und das waren die elf für Uruguay unvergessenen Fußballer, die Brasilien den vorprogrammierten WM-Titel wegschnappten: Torhüter Roque Maspoli (später u. a. Trainer von Penarol Montevideo und Real Madrid), die Verteidiger Mathias Gonzales und Eusebio Tejera, die Läuferreihe mit Schubert Gambetta, Obdulio Varela, Victor Andrade, der Angriff mit Alcides Ghiggia, Julio Perez, Omar Miguez, Juan Schiaffino und Ruben Moran. Als Trainer ging Juan Lopez in die WM-Geschichte ein.

Die Endrundenspiele

Gruppe 1: Brasilien – Mexiko 4:0; Jugoslawien – Schweiz 3:0; Jugoslawien – Mexiko 4:1; Brasilien – Schweiz 2:2; Schweiz – Mexiko 2:1; Brasilien – Jugoslawien 2:0

Tabelle:

1. Brasilien	3	2	1	0	8:2	5:1
2. Jugoslawien	3	2	0	1	7:3	4:2
3. Schweiz	3	1	1	1	4:6	3:3
4. Mexiko	3	0	0	3	2:10	0:6

Gruppe 2: England – Chile 2:0; Spanien – USA 3:1; USA – England 1:0; Spanien – Chile 2:0; Spanien – England 1:0; Chile – USA 5:2

Tabelle:

1. Spanien	3	3	0	0	6:1	6:0
2. England	3	1	0	2	2:2	2:4
3. Chile	3	1	0	2	5:6	2:4
4. USA	3	1	0	2	4:8	2:4

Gruppe 3: Schweden – Italien 3:2; Schweden – Paraguay 2:2; Italien – Paraguay 2:0

Tabelle:

1. Schweden	2	1	1	0	5:4	3:1
2. Italien	2	1	0	1	4:3	2:2
3. Paraguay	2	0	1	1	2:4	1:3

Gruppe 4: Uruguay – Bolivien 8:0

Tabelle:

1. Uruguay	1	1	0	0	8:0	2:0
2. Bolivien	1	0	0	1	0:8	0:2

Endrunde der Gruppensieger: Brasilien – Schweden 7:1; Uruguay – Spanien 2:2; Brasilien – Spanien 6:1; Uruguay – Schweden 3:2; Schweden – Spanien 3:1; Uruguay – Brasilien 2:1

Endstand der WM:

1. Uruguay	3	2	1	0	7:5	5:1
2. Brasilien	3	2	0	1	14:4	4:2
3. Schweden	3	1	0	2	6:11	2:4
4. Spanien	3	0	1	2	4:11	1:5

Europa konnte die Fußballkünste Schiaffinos später auch direkt bestaunen. Er spielte von 1954 bis 1960 beim AC Mailand, errang mit ihm dreimal die Italienische Meisterschaft und beendete seine Karriere beim AS Rom, für den er anschließend noch zwei Jahre aktiv war. Da er italienischer Abstammung war, wurde er in dieser Zeit viermal ins Nationalteam der Italiener berufen.

Der WM-Torschützenkönig: Ademir

Für die geschlagenen Brasilianer blieb nur eine Trophäe als kleiner Trost übrig: Sie stellten mit Ademir Marques de Menezes den Torschützenkönig des Turniers. Ademir, wie er traditionell mit dem »Kampf- bzw. Künstlernamen« genannt wurde, konnte seine Karriere nicht mit dem Titelgewinn krönen.
Der mischfarbige Goalgetter war am 8. November 1922 in Recife zur Welt gekommen, wo er beim dortigen EC auch seine Karriere begann. Seine Tore sicherten dem Klub dreimal die Meisterschaft von Pernambuco. Der Wechsel zu einem der Renommiervereine der Hauptstadt war damit vorbestimmt, und ab 1942 kickte Ademir denn auch für Vasco da Gama. Als diese Mannschaft 1945 Meister von Rio wurde, hatten Tore von Ademir wesentlich dazu beigetragen. Ein Jahr später hieß der Meister dieser Region Fluminense – der Mittelstürmer des Titelträgers Ademir, der für dieses eine Jahr zum Konkurrenten gewechselt war.
39mal wurde er in die Nationalelf berufen und dankte es mit 32 Toren. Die entscheidenden aber – jene im Finale gegen Uruguay – fehlen in seiner glanzvollen Statistik.

Die erfolgreichsten Torschützen:
9 Tore: Ademir (Brasilien)
5 Tore: Schiaffino (Uruguay)
4 Tore: Basora (Spanien), Chico (Brasilien), Ghiggia (Uruguay), Miguez (Uruguay), Palmer (Schweden), Zarra (Spanien)

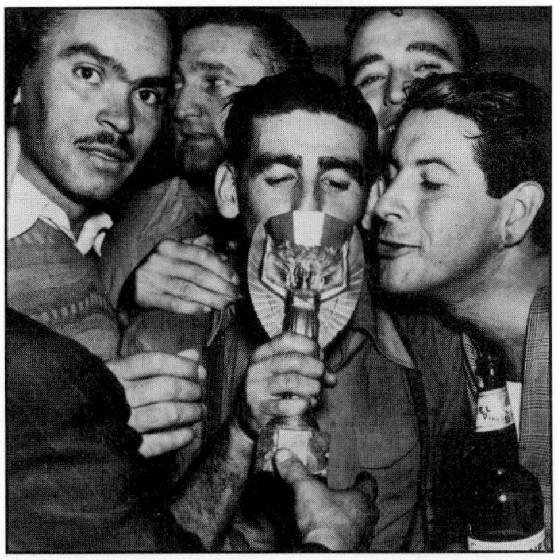

Nach dem Sieg ein Umtrunk
Der Jules-Rimet-Pokal war mit belebendem Elixier gefüllt und ging nach dem Sieg rundum (hier Gonzales).

Schrecksekunde
»Endspiel«: Torwart Maspoli verfehlt einen Ball der Brasilianer, hat aber Glück, denn das Leder geht am Tor vorbei.

Die deutschen Fußball-Länderspiele

1950		
22.11. in Stuttgart	Deutschland – Schweiz	1:0
1951		
15. 4. in Zürich	Schweiz – Deutschland	2:3
17. 6. in Berlin	Deutschland – Türkei	1:2
23. 9. in Wien	Österreich – Deutschland	0:2
17.10. in Dublin	Irland – Deutschland	3:2
21.11. in Istanbul	Türkei – Deutschland	0:2
23.12. in Essen	Deutschland – Luxemburg	4:1
1952		
20. 4. in Luxemburg	Luxemburg – Deutschland	0:3
4. 5. in Köln	Deutschland – Irland	3:0
5.10. in Paris	Frankreich – Deutschland	3:1
9.11. in Augsburg	Deutschland – Schweiz	5:1
21.12. in Ludwigshafen	Deutschland – Jugoslawien	3:2
28.12. in Madrid	Spanien – Deutschland	2:2
1953		
22. 3. in Köln	Deutschland – Österreich	0:0
19. 8. in Oslo	Norwegen – Deutschland	1:1
11.10. in Stuttgart	Deutschland – Saarland	3:0
22.11. in Hamburg	Deutschland – Norwegen	5:1

Torjäger aus Recife
Ademir Marques de Menezes – so hieß Brasiliens Torjäger mit vollem Namen – sah aus wie ein Filmstar.

Schweiz 1954

Der Triumph von Bern

Die Endspielniederlage der siegessicheren Brasilianer und ihre emotionalen Folgen fanden eine in Europa kaum für möglich gehaltene Steigerung beim fünften WM-Turnier 1954 in der Schweiz. Hatte der alte Kontinent diesmal doch den Aufstieg eines absoluten Favoriten unmittelbar miterlebt, dessen programmierter Erfolg durch den Verlauf des Turniers nur noch bekräftigt schien und dessen unerwarteter Sturz dann alle Züge eines antiken Dramas trug.

Die Weltmeisterschaft in der Schweiz sollte die Krönung einer beispiellosen Siegesserie für eine Mannschaft bringen, die vier Jahre lang die besten Teams der Welt mit perfektem Fußball verblüfft hatte und die anderen fünfzehn Endrundenteilnehmer als notwendige Staffage für den von allen Seiten erwarteten Triumph betrachtete. Der Weg dieser als »Wunderteam«

Die Helden wurden überall gefeiert

Unmittelbar nach dem großen Sieg gegen die Ungarn ging es für Fritz Walter und Horst Eckel (oben) im Triumphzug vom Platz. Die folgenden Tage waren anstrengend. Im Münchener Löwenbräukeller veranstaltete der Bayerische Verband einen Festabend, auf dem Helmut Rahn und Sepp Herberger einen Freudentanz aufführten.

Der große Sieg für die Ungarn

Mit diesem Schuß zum 7:1 gegen England in Budapest setzte Ferenc Puskas den Schlußpunkt unter einen der größten Erfolge des ungarischen Fußballs.

apostrophierten Mannschaft aus Ungarn begann im Sommer 1950 mit der Berufung des neuen Trainers Gustav Sebes zum ungarischen Teamchef und ist untrennbar verbunden mit den Namen ihrer vier Superstars Joszef Boszik, Sandor Kocsis, Ferenc Puskas und Nandor Hidekuti.

Nach einer peinlichen 3:5-Niederlage gegen den »Erbfeind« Österreich am 15. Mai 1950 formte Sebes um die vier Großen eine Elf, die vier Jahre lang von Erfolg zu Erfolg eilte – so beim Olympiasieg 1952 – und dabei Fußballgeschichte schrieb. Zum Beispiel am 25. November 1953 im Londoner Wembley-Stadion, wo sie eine andere phantastische Serie im Fußball beendete. Gastgeber England hatte auf eigenem Gelände überhaupt noch nicht gegen eine Mannschaft vom europäischen Kontinent verloren und während der voraufgegangenen dreißig Jahre in 26 Spielen gegen die Europäer 21 Siege und fünf Remis bei einem Torverhältnis von 101:33 erreicht. Vor den Ungarn hatte eine Europa-Auswahl in Wembley gerade noch ein 4:4 geschafft. Diese aber feierten in der zum »Spiel des Jahrhunderts« erklärten Begegnung einen sensationellen 6:3-Erfolg. Im Rückspiel am 23. Mai 1954 wurden die Engländer in Budapest gar mit 7:1 deklassiert, so daß die ganze Welt vor der anstehenden Weltmeisterschaft nur von einer Mannschaft sprach: von der der Ungarn, die seit dem 4. Juni 1950 in 29 Spielen unbesiegt geblieben war.

Die ideale Besetzung des ungarischen »Wunderteams« in der ersten Hälfte der 50er Jahre hatte folgendes Aussehen: Im Tor stand Gyula Grosics, die Verteidigung bildeten Jenö Buzansky und Mihaly Lantos, die Läuferreihe Gyula Lorant, Jozsef Bozsik und Jozsef Zakarias, den Angriff Laszlo Budai, Sandor Kocsis, Nandor Hidekuti, Ferenc Puskas und Zoltan Czibor.

Die auch nach der Weltmeisterschaft 1954 (→ nächstes Kapitel) andauernde Erfolgsserie dieser Mannschaft wurde erst durch den Ungarn-Aufstand von 1956 beendet. Die meisten der Nationalspieler waren mit ihrem Klub Honved Budapest – einem Mitte der 40er Jahre gegründeten Armee-Sportklub – auf einer Westeuropareise, als sie von den Ereignissen in der Heimat überrascht wurden. Der im Range eines Majors stehende Puskas und der Leutnant Kocsis blieben mit einigen anderen Kameraden im Westen, Oberst Bozsik kehrte jedoch nach Ungarn zurück und war noch bis 1962 aktiv. In dieser Zeit erreichte er als erster Spieler Ungarns die Zahl von hundert Länderspieleinsätzen.

Czibor und Kocsis schlossen sich später dem FC Barcelona an, Puskas zog es zu den »Königlichen«, zu Real Madrid.

Das Starporträt: Ferenc Puskas

Einer der wenigen Spieler auf der Welt, die Techniker und Vollstrecker in einer Person waren, kam aus Ungarn. Ferenc Puskas (geb. am 2. April 1927) fiel schon als Sechzehnjähriger bei seinem Heimatklub Kispest auf und schaffte als Achtzehnjähriger den Sprung in die Nationalmannschaft. Als eine der Säulen des ungarischen »Wunderteams« kam er auf 84 Länderspieleinsätze, in denen er 82 Tore erzielte. Er hätte leicht die magische Zahl 100 erreicht, wenn der Ungarn-

Aufstand nicht eine Zäsur in seiner Fußballkarriere bedeutet hätte.
Nach zehnjähriger Zugehörigkeit zum Armeeklub Honved Budapest (1946 bis 1956), mit dem er viermal Ungarischer Meister wurde, setzte er seine Karriere ab 1958 in Spanien fort. Bis 1965 spielte er bei Real Madrid, wurde mit der Mannschaft fünfmal Spanischer Meister, holte einmal den Europapacup der Meister und bestritt nach seiner Einbürgerung 1961/62 sogar noch vier Länderspiele für Spanien. Die Zahl seiner in Ungarn und Spanien erzielten Ligatore wird mit sagenhaften 1176 angegeben.
Nach Beendigung seiner Laufbahn arbeitete er als Trainer u. a. bei Panathinaikos Athen und erreichte mit dieser Mannschaft 1971 sogar einmal das Finale des Europacups der Meister.

Ein Wanderer von Ost nach West

Ferenc Puskas wäre mit Sicherheit Ungarns Rekordinternationaler geworden, wenn er seine Heimat nach dem Aufstand im Jahre 1956 nicht verlassen hätte.

Die Spiele in der Schweiz mit FIFA-Irrungen

Von den 44 für diese Weltmeisterschaft gemeldeten Verbänden konnten 37 die Voraussetzungen für eine Teilnahme erfüllen. Sie ermittelten in Qualifikationsspielen die vierzehn freien Endrundenplätze neben Titelverteidiger Uruguay und Gastgeber Schweiz. Die deutsche Mannschaft erreichte das illustre Feld der letzten Sechzehn durch den ersten Platz in ihrer Qualifikationsgruppe, wo mit Norwegen und dem Saarland (Trainer: Helmut Schön) nicht eben große Hindernisse zu überwinden waren.
Wie 1950 wurden die sechzehn qualifizierten Mannschaften in vier Gruppen – diesmal aber mit wirklich vier Teams – eingeteilt, doch die Ermittlung der acht Viertelfinalgegner geschah nach dem Willen der FIFA auf eine seltsame und danach nie wieder praktizierte Weise. In den Gruppen spielte nämlich nicht jeder gegen jeden, sondern es wurden pro Gruppe zwei Mannschaften gesetzt, die nicht gegeneinander anzutreten brauchten; mithin standen pro Team nur zwei Gruppenspiele an. Dieses Setzen durch die FIFA rief dann allenthalben Verwunderung hervor, schienen die Herren in Zürich bei der Festsetzung der Spielstärke von Mannschaften doch den Würfel benutzt zu haben. In der Vorrundengruppe 2 wurden zum Beispiel Ungarn und die Türkei gesetzt, nicht dagegen Deutschland und Süd-Korea. Die Türken hatten nach Sieg, Niederlage und einem unentschiedenen Entscheidungsspiel gegen Spanien durch das Los den Weg in die Endrunde gefunden und brauchten dem Modus gemäß nicht gegen Ungarn anzutreten. Deutschland mußte sich hingegen mit den beiden starken gesetzten Teams aus Ungarn und der Türkei auseinandersetzen, die dafür nur noch gegen den Fußballzwerg aus Asien zu spielen hatten, der als ebenfalls Nichtgesetzter dem deutschen Team verwehrt war. Bei Punktgleichheit zweier Mannschaften nach den Gruppenspielen sollte ein Entscheidungsspiel und nicht das Torverhältnis den Ausschlag für den Einzug ins Viertelfinale geben.

Die Legende um Herbergers Taktik

Um diesen Austragungsmodus webt sich seither eine Fußball-Legende; die des Taktikers und Rechners Sepp Herberger. Der Trainer der deutschen Nationalmannschaft hatte sich für die beiden Gruppenspiele auf lediglich einen Sieg gegen die Türken eingestellt und das Weiterkommen dann einem eventuellen Entscheidungsspiel überlassen. In der ersten Begegnung gegen die Männer vom Bosporus stand jedenfalls die offensichtlich spielstärkste deutsche Elf auf dem Feld und siegte deutlich mit 4:1. Im zweiten Gruppenspiel gegen Ungarn fehlten aus dieser Mannschaft Anton (»Toni«) Turek, Fritz Laband, Karl Mai, Bernhard (»Berni«) Klodt, Max Morlock, Ottmar Walter und Hans Schäfer. Für Zehntausende nach Basel angereister deutscher Schlachtenbummler war das ein Schock. Als durch den Lautsprecher die deutsche Mannschaftsaufstellung bekanntgegeben wurde, kam es zu wütenden Protesten.
Sepp Herberger hatte das Spiel offenkundig von vornherein verloren gegeben und diese Begegnung zur Farce degradiert. Das Ergebnis bestätigte diesen Verdacht. Die Ungarn überrollten ihren deutschen Gegner mit 8:3, wobei man den Eindruck hatte, daß die Gegentreffer noch Geschenke an die deutlich unterlegenen Deutschen waren. Sepp Herberger gab später zu, mit dieser eingeplanten Niederlage taktiert zu haben, obwohl er der von ihm nominierten Mannschaft durchaus eine Außenseiterchance zugetraut hatte.
So standen nach den Gruppenspielen, wie vorherzusehen, Deutschland und die Türkei punktgleich da und hatten ein Entscheidungsspiel zum Einzug ins Viertelfinale zu absolvieren.
Herberger bot zum zweiten Türken-Match natürlich wieder alle Asse auf und ließ dem Gegner beim 7:2 keine Chance. Damit stand seine Elf im Viertelfinale, das mit der Schweiz und Jugoslawien bereits zwei andere »Ungesetzte« erreicht hatten. In dieser stark besetzten nächsten Runde kam ihr der Austragungsmodus wieder zu Hilfe. Die FIFA ließ nämlich zur Ermittlung der Halbfinalisten nicht die später üblichen Überkreuzspiele des Ersten gegen den Zweiten einer Gruppe durchführen, sondern die Gruppensieger und die Zweiten jeweils gegeneinander antreten. So blieben mit England und Brasilien zwei starke Mannschaften auf der Strecke, während mit Deutschland und Österreich zwei nicht erwartete Teams im Halbfinale auftauchten, deren Erfolge gegen Jugoslawien und die Schweiz jedoch ebenfalls guten Fußball gebracht hatten.
Im Halbfinale mußte Favorit Ungarn, nachdem er im Viertelfinale Vizeweltmeister Brasilien ausgeschaltet hatte, gegen den Titelverteidiger Uruguay antreten, während es in der zweiten Begegnung zum Nachbarschaftsduell zwi-

schen Deutschland und Österreich kam. Bedeutete das Vordringen der deutschen Elf unter die letzten Vier schon eine große Überraschung bei dieser WM, so kam das Geschehen im Halbfinale einer absoluten Sensation gleich. 40 000 Deutsche unter den 58 000 Zuschauern in Basel erlebten ein Debakel der hoch eingeschätzten Österreicher, das eine deutsche Fußballillustrierte in der Schlagzeile so analysierte: »Fritz Walter regierte! Nicht Ocwirk! An Fels Liebrich zerbrach der Wiener Innensturm! Das moderne deutsche Sturmspiel verwirrte sogar Happel und Hanappi!« Das kaum Glaubliche war Realität geworden: Deutschland stand im Endspiel der fünften Fußball-Weltmeisterschaft. Der Gegner wurde im zweiten Halbfinale zwischen dem Titelverteidiger Uruguay und dem erwarteten neuen Titelträger Ungarn ermittelt. Aber die Südamerikaner machten es den Magyaren so schwer wie möglich. Drei Minuten vor dem Schlußpfiff erzielten sie das 2:2, nachdem Ungarn schon klar mit zwei Toren geführt hatte. Erst in der Verlängerung schoß Torjäger Kocsis mit zwei Treffern seine Mannschaft ins Finale, in dem sie natürlich als klarer Favorit galt.

Im deutschen WM-Quartier im kleinen Städtchen Spiez am Thuner See trug man die Außenseiterrolle mit Gelassenheit. Hier hatte sich im Aufgebot inzwischen eine Stimmung entwickelt, die später als legendärer »Geist von Spiez« von anderen Fußballtrainern oft beschworen wurde. Die Siege gegen Jugoslawien und Österreich hatten nicht nur die endgültige Formation der deutschen Elf, sondern auch eine gehörige Portion Selbstvertrauen gebracht. So schickte Bundestrainer Herberger dann auch am 4. Juli jene Elf ins Finale, die gegen Österreich erstmals in dieser Besetzung zusammengespielt hatte.

Die Elfmeter von Fritz saßen

Im Halbfinalspiel gegen Österreich verwandelte Kapitän Fritz Walter zwei Elfmeter. Beim ersten täuschte er Österreichs Torwart Walter Zeman, der in die falsche Ecke flog, beim zweiten (Bild) jagte er das Leder an ihm vorbei.

Deutschland Weltmeister

Das Geschehen dieser neunzig Endspielminuten im Berner Wankdorf-Stadion ist später sowohl aus deutscher als auch aus ungarischer Sicht heroisiert worden. Die Ungarn hatten einen Blitzstart und führten nach neun Minuten durch Puskas und Czibor bereits mit 2:0 – alles schien planmäßig für den Favoriten zu laufen, der dem Endspielgegner ja schon in der Vorrunde acht Tore ins Netz gesetzt hatte. Aber diesmal stand eine andere deutsche Mannschaft auf dem Feld. Unmittelbar nach der schon als Vorentscheidung gedeuteten 2:0-Führung der Ungarn schaffte Max Morlock den Anschlußtreffer, und dann begann etwas, was

Sie hießen in Deutschland nur noch die »Helden von Bern«

Deutschlands Team stellt sich vor dem Spiel gegen Österreich den Fotografen: Fritz Walter, Toni Turek, Horst Eckel, Helmut Rahn, Otmar Walter, Werner Liebrich, Jupp Posipal, Hans Schäfer, Werner Kohlmeyer, Karl Mai und Max Morlock. Diese Elf spielte nur noch einmal zusammen: im Finale gegen Ungarn. Werner Kohlmeyer und Toni Turek sind inzwischen verstorben.

EXPERTEN: SCHOENSTES WM-FINALE ALLER ZEITEN

eine Fußball-Fachzeitschrift als »Triumph der Künstler mit Ball und Geist« bezeichnete – ein unter Fritz Walters meisterhafter Regie laufendes eiskaltes Konterspiel, dem die Ungarn nichts entgegenzusetzen hatten. Ihre Trümpfe Puskas und Kocsis stachen nicht mehr, sie standen deutlich im Schatten von Fritz Walter.
Schon nach achtzehn Minuten hatte Helmut Rahn den Ausgleich erzielt, danach blockte die sich immer mehr steigernde deutsche Abwehr alle Angriffe der Ungarn ab. Stopper Liebrich und Torhüter Turek setzten auch in der zweiten Halbzeit Glanzlichter in diesem von einem begeisterten Journalisten zum schönsten, kunstvollsten und fairsten WM-Finale aller Zeiten erklärten Spiel. Das Siegestor von Helmut Rahn, fünf Minuten vor dem Schlußpfiff, löste in Deutschland und Ungarn Emotionen aus, wie sie vier Jahre zuvor in Südamerika nicht heftiger gewesen waren. In der deutschen Öffentlichkeit gab man sich trunken vor Freude dieser absoluten Sportsensation hin, in Ungarn herrschte tiefe Niedergeschlagenheit. Ausgerechnet im WM-Finale gab es die erste Niederlage seit vier Jahren. Die Gefühle im Lande des Siegers drückte eine Sportzeitschrift in der Schlagzeile so aus: »Ewig strahlen diese elf Sterne am Fußball-Himmel Deutschlands«.

Toni Turek

Josef Posipal — Werner Kohlmeyer

Horst Eckel — Werner Liebrich — Karl Mai

Helmut Rahn — Max Morlock — Ottmar Walter — Fritz Walter — Hans Schäfer

Das waren »die Helden von Bern«, wie sie von da an nur noch hießen. Die Fachwelt war sich darüber einig, daß ein zwölfter Name unbedingt in diese Helden-Phalanx gehörte: der des Trainers Sepp Herberger. Aus dem Aufgebot von 22 Spielern, mit denen er nach Spiez gefahren war, hatte er im Verlauf von nur sechs Spielen eine Mannschaft geformt, die alle Fußballtugenden ausgerechnet im entscheidenden Moment ausspielte und mehr als eine verschworene Gemeinschaft darstellte. In Fritz Walter, der neben Horst Eckel alle sechs Spiele in der Schweiz bestritt, fand Herberger eine ideale Ergänzung für seine Ideen. Der deutsche Regisseur verstand wie kein anderer seinen »Chef« und konnte dessen Vorstellungen in idealer Weise in die Spielpraxis umsetzen.
Herbergers große Leistung bestand auch darin, im Kader der 22 Spieler während des Trainingslagers jenen legendären »Geist von Spiez« wachsen zu lassen, der selbst bei den nicht zum Einsatz gekommenen Aktiven das Gefühl ständiger Bereitschaft und Zufriedenheit auslöste. Im Zusammenhang mit dem Triumph von 1954 verdienen eigentlich alle 22, noch einmal genannt zu werden: Hans Bauer (Bayern München, 2 Einsätze), Ulrich Biesinger (BC Augsburg, ohne Spiel), Horst Eckel (1. FC Kaiserslautern, 6 Einsätze), Herbert Ehrhardt (SpVg. Fürth, ohne Spiel), Richard Herrmann (FSV Frankfurt, 1 Einsatz, 1 Tor), Berni

Das legendäre dritte Tor

Unerreichbar für den ungarischen Torwart Gyula Grosics schlägt der Schuß von Helmut Rahn ein. Das 3:2 für Deutschland wurde eines der legendären Tore der Fußballgeschichte.

Auch er dirigierte das Spiel
Max Morlock vom 1. FC Nürnberg im Spiel gegen Ungarn in Aktion. Der Halbrechte trat als Dirigent neben Fritz Walter und als Torschütze in diesem Turnier hervor.

Alle nannten ihn nur den »Boß«
Helmut Rahn schoß 21 Tore für Deutschland, aber kein anderes war so wichtig wie die zwei von Bern. Der »Boß«, wie der Bierliebhaber aus dem Kohlenpott liebevoll genannt wurde, feierte das 3:2 vier Jahre lang.

Klodt (FC Schalke 04, 2 Einsätze, 1 Tor), Werner Kohlmeyer (1. FC Kaiserslautern, 5 Einsätze), Heinz Kubsch (FK Pirmasens, ohne Spiel), Heinrich Kwiatkowski (Borussia Dortmund, 1 Einsatz), Friedrich Laband (Hamburger SV, 3 Einsätze), Werner Liebrich (1. FC Kaiserslautern, 4 Einsätze), Karl Mai (SpVg. Fürth, 5 Einsätze), Paul Mebus (1. FC Köln, ohne Spiel), Max Morlock (1. FC Nürnberg, 5 Einsätze, 6 Tore), Alfred Pfaff (Eintracht Frankfurt, 1 Einsatz, 1 Tor), Josef Posipal (Hamburger SV, 5 Einsätze), Helmut Rahn (Rot-Weiß Essen, 4 Einsätze, 4 Tore), Hans Schäfer (1. FC Köln, 5 Einsätze, 4 Tore), Toni Turek (Fortuna Düsseldorf, 5 Einsätze), Fritz Walter (1. FC Kaiserslautern, 6 Einsätze, 3 Tore), Ottmar Walter (1. FC Kaiserslautern, 5 Einsätze, 4 Tore).

Wie hoch der deutsche Finalsieg einzuschätzen ist, zeigt die folgende Bilanz der Ungarn. Sie setzten ihre in Bern unterbrochene Serie nämlich fort und blieben bis November 1955 in weiteren 18 Länderspielen ungeschlagen. Die phantastische Gesamtbilanz dieser großen Mannschaft sah danach wie folgt aus:

In sechzig Spielen seit Mai 1949 wurden 51 Siege erzielt, sieben Partien endeten unentschieden, nur zwei wurden verloren. Das sagenhafte Torverhältnis lautete 255:72!

Der WM-Torschützenkönig: Sandor Kocsis

Er schoß die meisten Tore bei dieser WM, aber die Krönung blieb ihm versagt. Sandor Kocsis (geb. am 30. September 1929), Torjäger von Honved Budapest und dem ungarischen »Wunderteam«, hatte bis zum Finale schon elfmal in Torjubel ausbrechen können,

Die Endrunde

Gruppe 1: Brasilien – Mexiko 5:0; Jugoslawien – Frankreich 1:0; Frankreich – Mexiko 3:2; Brasilien – Jugoslawien 1:1 n. V.

Tabelle:

1. Brasilien	2	1	1	0	6:1	3:1
2. Jugoslawien	2	1	1	0	2:1	3:1
3. Frankreich	2	1	0	1	3:3	2:2
4. Mexiko	2	0	0	2	2:8	0:4

Gruppe 2: Ungarn – Süd-Korea 9:0; Deutschland – Türkei 4:1; Türkei – Süd-Korea 7:0; Ungarn – Deutschland 8:3

Tabelle:

1. Ungarn	2	2	0	0	17:3	4:0
2. Türkei	2	1	0	1	8:4	2:2
3. Deutschland	2	1	0	1	7:9	2:2
4. Süd-Korea	2	0	0	2	0:16	0:4

Entscheidungsspiel: Deutschland – Türkei 7:2

Gruppe 3: Uruguay – ČSSR 2:0; Österreich – Schottland 1:0; Österreich – ČSSR 5:0; Uruguay – Schottland 7:0

Tabelle:

1. Uruguay	2	2	0	0	9:0	4:0
2. Österreich	2	2	0	0	6:0	4:0
3. ČSSR	2	0	0	2	0:7	0:4
4. Schottland	2	0	0	2	0:8	0:4

Gruppe 4: England – Belgien 4:4 n. V.; Schweiz – Italien 2:1; England – Schweiz 2:0; Italien – Belgien 4:1

Tabelle:

1. England	2	1	1	0	6:4	3:1
2. Italien	2	1	0	1	5:3	2:2
3. Schweiz	2	1	0	1	2:3	2:2
4. Belgien	2	0	1	1	5:8	1:3

Entscheidungsspiel: Schweiz – Italien 4:1

Viertelfinale: Österreich – Schweiz 7:5; Deutschland – Jugoslawien 2:0; Uruguay – England 4:2; Ungarn – Brasilien 4:2

Halbfinale: Deutschland – Österreich 6:1; Ungarn – Uruguay 4:2 n. V.

Spiel um Platz 3:

Österreich – Uruguay	3:1

Endspiel:

Deutschland – Ungarn	3:2

gegen die Deutschen traf er jedoch nicht. Dabei hatte er beim 8:3 in der Vorrunde gleich viermal den Ball im Netz des deutschen Tores untergebracht, gegen Süd-Korea zum 9:0 drei Treffer beigesteuert, und auch Brasilien und Uruguay kassierten beim weiteren Weg der Ungarn ins Finale je zwei Kocsis-Treffer.
Er hatte alle Triumphe des »Wunderteams« mitgemacht, war Olympiasieger 1952 und beim sensationellen 6:3 in Wembley dabei. Seine Karriere hatte schon als Sechzehnjähriger begonnen, als er bei Ferencvaros Budapest in der ersten Mannschaft spielte. Danach wurde er zum Armeeklub Honved beordert, wo er die meisten seiner späteren Nationalmannschaftskameraden traf. Zwischen 1948 und 1956 bestritt Kocsis 68 Länderspiele für Ungarn und erzielte dabei 75 Tore.
Nach dem Ungarn-Aufstand von 1956 kehrte er wie andere Mannschaftskameraden nicht mehr in seine Heimat zurück, spielte zunächst bei Young Boys Bern (1957), anschließend bis 1965 beim FC Barcelona, mit dem er 1959 und 1960 die Meisterschaft sowie 1959 und 1963 den Pokal gewann.
Er blieb nach Beendigung seiner Laufbahn in der katalanischen Hauptstadt, wo er am 22. Juli 1979 einer heimtückischen Krankheit erlag.

Ausgerechnet im Finale kein Erfolg
Jahrelang Ungarns Torjäger vom Dienst, im Finale aber ohne einen Treffer: Sandor Kocsis konnte seinen 75 Länderspieltoren für Ungarn gegen Toni Turek keines hinzufügen. Auch er verließ 1956 seine Heimat.

Die erfolgreichsten Torschützen:	
11 Tore:	Kocsis (Ungarn)
6 Tore:	Hügi (Schweiz), Morlock (Deutschland), Probst (Österreich)
4 Tore:	Ballamann (Schweiz), Borges (Uruguay), Hidekuti, Puskas (beide Ungarn), Rahn, Schäfer, Fritz Walter (alle Deutschland)

Auch die Bundesregierung gab sich die Ehre und empfing die Weltmeister
Unter den zahlreichen Ehrungen für die WM-Elf von 1954 stand der Empfang in Bonn bei der Bundesregierung sicherlich nicht an letzter Stelle. Innenminister Dr. Gerhard Schröder überreichte dabei Fritz Walter ein praktisches Geschenk in Form eines Koffers. Rechts Sepp Herberger mit dem Weltcup. Damals wurden die Stars noch nicht mit Riesensummen überhäuft.

Der verlängerte Arm des »Chefs«

Fritz Walter galt als der Mann, der Herbergers Ideen auf dem Platz in die Praxis umsetzte. Der Lohn fiel noch mager aus. 1956 wurde er Teilhaber eines Kinos in seiner Heimatstadt. Mit Sonja Ziemann wurde gefeiert.

Das Starporträt: Fritz Walter

Nicht wenige halten ihn für Deutschlands besten Fußballer aller Zeiten, auf jeden Fall trifft jeder fußballsportliche Superlativ auf ihn zu: Fritz Walter (geb. am 31. Oktober 1920) wurde trotz eines Schiaffino, Puskas und Kocsis zur überragenden Figur der fünften Fußball-WM. Seiner genialen Spielregie, gepaart mit glänzender Technik, beidfüßiger Schußkraft und unbändigem Kampfgeist, hatten die Ungarn nichts entgegenzusetzen. Der deutsche Spielführer war ein echter Lenker und Denker im Kampf, er schien – noch bevor er einen Ball zugespielt bekam – bereits die nächsten Stationen vorauszusehen. Selbst in heikelsten Situationen behielt er die Übersicht und war in der Lage, mit einem einzigen Paß dem eigenen Spiel eine überraschende Wende zu geben. Die Torhüter seiner Zeit fürchteten die mit unnachahmlicher Raffinesse ausgeführten Eckbälle und Freistöße, wobei der Ball mit Effet gleichsam um die Ecke flog. Sein Aktionsradius erstreckte sich über das gesamte Spielfeld, zur Überraschung der Gegner tauchte er in Abwehr und Angriff gleichermaßen oft auf und konnte dabei unter Vermeidung des direkten Zweikampfes doch mehr Wirkung erzielen als andere.

Sein großes Plus in der deutschen Mannschaft war aber die Fähigkeit, Sepp Herbergers Vorstellungen vom Spiel in die Tat umzusetzen. Über das Verständnis der beiden haben sich Experten aus mehreren Sparten der Wissenschaft ihre Gedanken gemacht, für den Fan war dieses Gespann einfach ein Glücksfall im deutschen Fußball.

Fritz Walter absolvierte in seiner langen Karriere 61 Länderspiele für Deutschland, in denen er 33 Tore schoß. Selbst als 38jähriger folgte er 1958 noch einmal dem Ruf Sepp Herbergers, der um ihn auch die Weltmeisterschaftself für Schweden aufbauen wollte.

Die deutschen Fußball-Länderspiele

1954		
28. 3. in Saarbrücken	Saarland – Deutschland	1:3
25. 4. in Basel	Schweiz – Deutschland	3:5
17. 6. in Bern	Deutschland – Türkei	4:1*
20. 6. in Basel	Deutschland – Ungarn	3:8*
23. 6. in Zürich	Deutschland – Türkei	7:2*
27. 6. in Genf	Deutschland – Jugoslawien	2:0*
30. 6. in Basel	Deutschland – Österreich	6:1*
4. 7. in Bern	Deutschland – Ungarn	3:2*
26. 9. in Brüssel	Belgien – Deutschland	2:0
16. 10. in Hannover	Deutschland – Frankreich	1:3
1. 12. in London	England – Deutschland	3:1
19. 12. in Lissabon	Portugal – Deutschland	0:3
1955		
30. 3. in Stuttgart	Deutschland – Italien	1:2
28. 5. in Hamburg	Deutschland – Irland	2:1
21. 8. in Moskau	Sowjetunion – Deutschland	3:2
25. 9. in Belgrad	Jugoslawien – Deutschland	3:1
16. 11. in Karlsruhe	Deutschland – Norwegen	2:0
18. 12. in Rom	Italien – Deutschland	1:2
1956		
14. 3. in Düsseldorf	Deutschland – Holland	1:2
25. 5. in Berlin	Deutschland – England	1:3
13. 6. in Oslo	Norwegen – Deutschland	1:3
30. 6. in Stockholm	Schweden – Deutschland	2:2
15. 9. in Hannover	Deutschland – Sowjetunion	1:2
21. 11. in Frankfurt	Deutschland – Schweiz	1:3
25. 11. in Dublin	Irland – Deutschland	3:0
23. 12. in Köln	Deutschland – Belgien	4:1
1957		
10. 3. in Wien	Österreich – Deutschland	2:3
3. 4. in Amsterdam	Holland – Deutschland	1:2
22. 5. in Stuttgart	Deutschland – Schottland	1:3
20. 11. in Hamburg	Deutschland – Schweden	1:0
22. 12. in Hannover	Deutschland – Ungarn	1:0

* WM-Spiele

Schweden 1958

Samba in Stockholm

Die wachsende Attraktivität des Fußball-Weltturniers zeigte sich 1958 schon recht deutlich: 52 Nationen hatten ihre Meldung abgegeben. Bei einigen blieb es jedoch bei der Teilnahmeerklärung, denn erstmals in der Geschichte der Fußball-WM sorgten ungelöste Probleme der Weltpolitik für eine Vorauslese ohne sportliche Leistung.

An der Nahostfrage scheiterte die Teilnahme Ägyptens, der Türkei und des Sudan, die nicht gegen Israel antreten wollten; aus ähnlichen Gründen kam es nicht zum Spiel zwischen der Volksrepublik China und Taiwan (Nationalchina). Im gesamten afroasiatischen Raum scheiterten sämtliche Qualifikationsbemühungen der FIFA, so daß am Ende Israel ohne ein einziges Spiel als Vertreter dieser Region feststand. Ganz kampflos mochte die FIFA Israel aber nicht zur Endrunde nach Schweden fahren lassen und bestimmte durch Los einen der nicht qualifizierten Gruppenzweiten der Qualifikationsspiele zum Gegner für die Is-

Die Ballartisten aus Südamerika

In Stockholm gelang den Brasilianern endlich der große Coup: Ihre Ballkünstler holten den WM-Titel. Oben das erste Tor im Finale gegen Schweden durch Vava, unten der völlig überwältigte junge Pelé, der seine Tränen nicht zurückhalten kann und von Torwart Gilmar gestützt werden muß.

raelis. Das Losglück traf die Mannschaft von Wales, die sich ohne Mühe die WM-Teilnahme gegen Israel sicherte und damit für ein weiteres Novum in der noch jungen WM-Geschichte sorgte: Nunmehr waren alle vier britischen Fußballverbände für die Endrunde in Schweden qualifiziert, nachdem zuvor bereits England, Schottland und Nordirland das Ziel erreicht hatten.

Gegenüber 1954 wurde in Schweden der Austragungsmodus insoweit modifiziert, als in den vier Endrundengruppen in einer einfachen Punktrunde jeder gegen jeden anzutreten hatte. Der jeweils Erst- und Zweitplazierte einer Gruppe erreichte das Viertelfinale, in dem dann die Gruppenersten gegen die Zweiten der jeweiligen Nachbargruppen spielten. Auf diese Weise erreichten in Schweden alle vier Gruppensieger das Halbfinale.

Zuvor hatte es reichlich Überraschungen gegeben. So blieben von der britischen Streitmacht ausgerechnet die höher eingeschätzten Engländer und Schotten schon in der Vorrunde hängen, ebenso scheiterten Ungarn und Österreich.

Die deutsche Mannschaft hatte als Titelverteidiger die Reise nach Schweden ohne Qualifikation sicher, und das war ihr Glück. Sie war nach dem Titelgewinn von 1954 in ein Leistungstief abgesackt, das bis Ende 1956 mehr Niederlagen als Erfolge brachte (→ Länderspielstatistik) und zu bösen Gerüchten über angebliches Doping während des Schweizer Turniers geführt hatte. Bis zum Juni 1958 stabilisierte sich dann das Leistungsvermögen der deutschen Mannschaft wieder, so daß Bundestrainer Sepp Herberger ein Aufgebot von achtzehn Spielern mit in den Norden nahm, das den vor vier Jahren errungenen Titel zu verteidigen in der Lage schien.

Mit Fritz Walter, Helmut Rahn, Hans Schäfer und Horst Eckel standen noch vier Weltmeister von 1954 im Team, außerdem gehörten aus dem 54er Aufgebot Heinrich Kwiatkowski, Herbert Ehrhardt und Berni Klodt auch diesmal wieder zum Kader. Neue Spieler hatten sich inzwischen für internationale Aufgaben empfohlen und waren von Herberger für gut genug befunden worden, allen voran ein junger Mittelstürmer namens Uwe Seeler vom Hamburger SV. Die neue Standardabwehr bildeten in Schweden Torhüter Fritz Herkenrath von Rot-Weiß Essen und die Verteidiger Georg Stollenwerk (1. FC Köln) sowie Horst Juskowiak (Fortuna Düsseldorf). Im Mittelfeld schlüpfte Horst Szymaniak (Wuppertaler SV) in die Rolle, die Karl Mai 1954 ausgefüllt hatte.

Die Mannschaft hatte in ihrer Gruppe mit Argentinien, der ČSSR und Nordirland keine leichten Gegner zugelost bekommen, überstand die Vorrunde aber ungeschlagen. Bereits nach dem ersten Spiel gegen Argentinien, das bei Toren von Rahn (2) und Seeler einen 3:1-Erfolg brachte, schien nichts mehr schiefgehen zu können. Doch der Weg zum Gruppensieg mußte durch schwer erkämpfte Unentschieden doch noch erzittert werden. Gegen die ČSSR schossen beim 2:2 Rahn und Schäfer die deutschen Treffer, beim überaus mühevollen 2:2 gegen die Nordiren mit ihrem überragenden Keeper Harry Gregg trafen wieder Rahn und Seeler.

Im Viertelfinale hieß der Gegner für die deutsche Mannschaft wie 1954 Jugoslawien, und diesmal mußte noch mehr gezittert werden, bis das glückliche 1:0 durch ein Tor von Rahn feststand. Der Weltmeister hatte also standesgemäß die Runde der letzten Vier erreicht, zu denen noch Gastgeber Schweden, Frankreich und Brasilien gehörten.

Die Südamerikaner hatten im Viertelfinale genausoviel Mühe wie Deutschland und konnten sich nur mit dem knappsten Ergebnis von 1:0 gegen die Waliser durchsetzen. Den Treffer erzielte ihr jüngster Spieler im Aufgebot, der Ersatzmann Edson Arantes do Nascimento. Der Siebzehnjährige hatte wie alle anderen Teamkameraden einen »Kampf-

Das war Rahns tolles Geschoß

Vergeblich fliegt der argentinische Torwart in Malmö diesem Ball nach, der zum 1:1-Ausgleich einschlägt. Helmut Rahn brachte seine Mannschaft damit auf die Siegesstraße.

Der Torjäger kam aus Frankreich

Nur zwanzig Länderspiele für sein Land bestritt Just Fontaine, Torschützenkönig der WM 1958. Sein Torrekord mit dreizehn Treffern, aufgestellt während einer WM, ist bis heute noch nicht erreicht.

namen« und wurde nur »Pelé« genannt. Als Lohn nominierte Brasiliens Trainer Vicente Feola den jungen Mann auch für das Halbfinale, in dem das Los Frankreich zum Gegner bestimmt hatte. Die andere Paarung zur Ermittlung des zweiten Finalisten lautete Schweden gegen Titelverteidiger Deutschland.
In beiden Begegnungen wurde wieder ein Kapitel Fußballgeschichte geschrieben, positive von den Brasilianern, negative von den Schweden. Die Südamerikaner entfachten gegen Frankreich einen in Europa noch nie gesehenen Ballzauber und deklassierten den Gegner mit 5:2. Drei Treffer steuerte das Fußballwunderkind Pelé bei, der mit seinen Nebenleuten Garrincha, Vava und Zagalo einen Sturmwirbel aufzog, der auf den Rängen helle Begeisterung auslöste.
In Fanatismus ausartende Begeisterung gab es auch in Göteborg beim Spiel des Gastgebers Schweden gegen die Deutschen. Auf den Rängen herrschte von den Medien hochgeputschte Hysterie, die den deutschen Spielern als blanker Haß entgegenschlug. Mit Megaphonen und Nationalflaggen ausgerüstete Einpeitscher sorgten dafür, daß die antideutsche Stimmung nie abebben konnte. Auf dem Rasen ging es zunächst sportlich zu. Bis zur Halbzeit hatten Tore von Hans Schäfer und Lennart (»Nacka«) Skoglund den Gleichstand ergeben. Nach dem Wechsel aber begann für die deutsche Elf das Drama von Göteborg. Begünstigt von der Nachsicht des ungarischen Schiedsrichters Istvan Zsolt überschritten die Schweden mehr und mehr die Grenzen der sportlichen Fairneß. Nach einer Provokation durch den schwedischen Stürmer Kurre Hamrin gingen Horst Juskowiak die Nerven durch – er trat nach und mußte den Platz verlassen. Als kurz darauf auch noch Fritz Walter zusammengetreten wurde, brach der Widerstand der verbliebenen neun Deutschen zusammen: Nach Toren von Gunnar Gren und Kurre Hamrin endete das Spiel 3:1 für Schweden, das damit ins Finale einzog.
Dort wurde die Mannschaft dann aber wie vorher Frankreich von den Brasilianern förmlich an die Wand gespielt. Die Südamerikaner brillierten derart, daß selbst das schwedische Publikum begeistert Beifall zollte. Vava und Pelé (je 2) sowie Zagalo erzielten die Treffer für den neuen Weltmeister Brasilien, der in der untenstehenden Aufstellung spielte.
Für alle Gegner der Brasilianer bedeutete diese Formation der Spieler eine Überraschung. Es war die Geburtsstunde des 4-2-4-Systems, das von den Südamerikanern meisterlich beherrscht wurde und später viele Nachahmer im Weltfußball fand. Vor allem die Namen der Stürmer gingen nun um die Welt, und für den sechsfachen Torschützen Pelé bedeutete Schweden den Beginn einer sagenhaften Karriere.
Der deutschen Mannschaft war nach dem Drama im Halbfinale kein Happy-End beschieden. Im Spiel um Platz 3 setzte Trainer Herberger mit Heinrich Kwiatkowski, Heinz Wewers, Hans Sturm und Alfred Kelbassa jene vier Aktiven ein, die bis dahin noch nicht zum Zuge gekommen waren. Diese Notelf unterlag den Franzosen mit 3:6, bei Gegentoren von Rahn, Schäfer und Cieslarczyk.

So sah das deutsche WM-Aufgebot in Schweden aus:

Hans Cieslarczyk (SV Sodingen), 2 Einsätze, 1 Tor; Horst Eckel (1. FC Kaiserslautern), 4 Einsätze; Herbert Ehrhardt (SpVg. Fürth), 6 Einsätze; Fritz Herkenrath (Rot-Weiß Essen), 5 Einsätze; Horst Juskowiak (Fortuna Düsseldorf), 5 Einsätze; Alfred Kelbassa (Borussia Dortmund), 1 Einsatz; Bernhard (»Berni«) Klodt (FC Schalke 04), 2 Einsätze; Heinrich Kwiatkowski (Borussia Dortmund), 1 Einsatz; Helmut Rahn (Rot-Weiß Essen), 6 Einsätze, 6 Tore; Hans Schäfer (1. FC Köln), 6 Einsätze, 3 Tore; Alfred (»Aki«) Schmidt (Borussia Dortmund), 2 Einsätze; Karl-Heinz Schnellinger (Düren 99), 2 Einsätze; Uwe Seeler (Hamburger SV), 5 Einsätze, 2 Tore; Georg Stollenwerk (1. FC Köln), 6 Einsätze; Hans Sturm (1. FC Köln), 1 Einsatz; Horst Szymaniak (Wuppertaler SV), 6 Einsätze; Fritz Walter (1. FC Kaiserslautern), 5 Einsätze; Heinz Wewers (Rot-Weiß Essen), 1 Einsatz

Gilmar
Djalma Santos   Bellini   Orlando   Nilton Santos
Zito   Didi
Garrincha   Vava   Pelé   Zagalo

Der WM-Torschützenkönig: Just Fontaine

Die Brasilianer stellten bei dieser WM zwar die beste Mannschaft, die Franzosen aber den besten Schützen: Ihr Mittelstürmer Just Fontaine stellte mit dreizehn Treffern einen neuen WM-Rekord auf. Sein Erfolgskonto lautete: gegen Paraguay drei Tore, Jugoslawien zwei, Nordirland drei, Deutschland vier und gegen Brasilien ein Tor.
Der am 18. August 1933 in Marrakesch (Marokko) geborene Fontaine war der Typ des Vollblutstürmers, der aufgrund seiner Schnelligkeit zum Erfolg kam. Vermutlich hatten seine Eltern – der Vater war Franzose, die Mutter Spanierin – ihm das Temperament mitgegeben, mit dem er bald die Fußballfelder eroberte. Zunächst kickte er in Marrakesch und Casablanca, dann holte der französische Klub O. G. C. Nizza den Torjäger Nordafrikas über das Mittelmeer. Mit ihm gewann Nizza Pokal und Meisterschaft von Frankreich. Der damalige Spitzenklub Frankreichs, Stade Reims, sicherte sich anschließend die Dienste des Torjägers, der seinen neuen Verein 1960 bis ins Finale des Europacups der Meister schoß.
Zwei schwere Beinbrüche beendeten danach zu früh seine Karriere – er absolvierte zwischen 1956 und 1960 nur zwanzig Länderspiele –, die er dann als Trainer fortsetzte und als kurzen Höhepunkt die Betreuung der französischen Nationalmannschaft Ende der 60er Jahre hatte.

Die erfolgreichsten Torschützen:

13 Tore: Fontaine (Frankreich)
6 Tore: Pelé (Brasilien), Rahn (Deutschland)
5 Tore: McParland (Nordirland), Vava (Brasilien)

Der kommende Mann in voller Aktion

Sechsmal traf Brasiliens Nachwuchsmann Pelé – hier im Finale – bei dieser WM ins gegnerische Netz. Man jubelte ihm zwar schon zu, aber niemand konnte damals wissen, daß es nur der Beginn einer Traumkarriere war.

UEBERZOGENER FANATISMUS IN SCHWEDENS STADIEN

Zwei Schnappschüsse von fußballhistorischer Bedeutung aus Malmö und Göteborg

Wie im Falle Pelé bei den Brasilianern, so ging auch im deutschen Fußball bei dieser WM ein neuer Stern auf. Das linke Bild zeigt das erste Länderspieltor von Uwe Seeler gegen Argentinien in Malmö – es sollten noch weitere 42 folgen. Rechts der sogenannte »Einpeitscher« von Göteborg, der die Zuschauer zu den berühmten-berüchtigten »Heja Sverige«-Rufen anspornte.

Die Endrunde

Gruppe 1: Nordirland – ČSSR 1:0; Deutschland – Argentinien 3:1; ČSSR – Deutschland 2:2; Argentinien – Nordirland 3:1; ČSSR – Argentinien 6:1; Deutschland – Nordirland 2:2

Tabelle:

1. Deutschland	3	1	2	0	7:5	4:2
2. ČSSR	3	1	1	1	8:4	3:3
3. Nordirland	3	1	1	1	4:5	3:3
4. Argentinien	3	1	0	2	5:10	2:4

Entscheidungsspiel: Nordirland – ČSSR 2:1 n. V.

Gruppe 2: Frankreich – Paraguay 7:3; Jugoslawien – Schottland 1:1; Jugoslawien – Frankreich 3:2; Paraguay – Schottland 3:2; Jugoslawien – Paraguay 3:3; Frankreich – Schottland 2:1

Tabelle:

1. Frankreich	3	2	0	1	11:7	4:2
2. Jugoslawien	3	1	2	0	7:6	4:2
3. Paraguay	3	1	1	1	9:12	3:3
4. Schottland	3	0	1	2	4:6	1:5

Gruppe 3: Schweden – Mexiko 3:0; Wales – Ungarn 1:1; Wales – Mexiko 1:1; Schweden – Ungarn 2:1; Schweden – Wales 0:0; Ungarn – Mexiko 4:0

Tabelle:

1. Schweden	3	2	1	0	5:1	5:1
2. Ungarn	3	1	1	1	6:3	3:3
3. Wales	3	0	3	0	2:2	3:3
4. Mexiko	3	0	1	2	1:8	1:5

Entscheidungsspiel: Wales – Ungarn 2:1

Gruppe 4: Sowjetunion – England 2:2; Brasilien – Österreich 3:0; Sowjetunion – Österreich 2:0; Brasilien – England 0:0; Brasilien – Sowjetunion 2:0; England – Österreich 2:2

Tabelle:

1. Brasilien	3	2	1	0	5:0	5:1
2. Sowjetunion	3	1	1	1	4:4	3:3
3. England	3	0	3	0	4:4	3:3
4. Österreich	3	0	1	2	2:7	1:5

Entscheidungsspiel: Sowjetunion – England 1:0

Viertelfinale: Frankreich – Nordirland 4:0; Brasilien – Wales 1:0; Deutschland – Jugoslawien 1:0; Schweden – Sowjetunion 2:0

Halbfinale: Brasilien – Frankreich 5:2; Schweden – Deutschland 3:1

Spiel um Platz 3:

Frankreich – Deutschland	6:3

Endspiel:

Brasilien – Schweden	5:2

Die deutschen Fußball-Länderspiele

1958

2. 3. in Brüssel	Belgien – Deutschland	0:2
19. 3. in Frankfurt	Deutschland – Spanien	2:0
2. 4. in Prag	ČSSR – Deutschland	3:2
8. 6. in Malmö	Deutschland – Argentinien	3:1*
11. 6. in Hälsingborg	Deutschland – ČSSR	2:2*
15. 6. in Malmö	Deutschland – Nordirland	2:2*
19. 6. in Malmö	Deutschland – Jugoslawien	1:0*
24. 6. in Göteborg	Deutschland – Schweden	1:3*
28. 6. in Göteborg	Deutschland – Frankreich	3:6*
24. 9. in Kopenhagen	Dänemark – Deutschland	1:1
26. 10. in Paris	Frankreich – Deutschland	2:2
19. 11. in Berlin	Deutschland – Österreich	2:2
21. 12. in Augsburg	Deutschland – Bulgarien	3:0
28. 12. in Kairo	Ägypten – Deutschland	2:1

1959

6. 5. in Glasgow	Schottland – Deutschland	3:2
20. 5. in Hamburg	Deutschland – Polen	1:1
4. 10. in Bern	Schweiz – Deutschland	0:4
21. 10. in Köln	Deutschland – Holland	7:0
8. 11. in Budapest	Ungarn – Deutschland	4:3
20. 12. in Hamburg	Deutschland – Jugoslawien	1:1

1960

23. 3. in Stuttgart	Deutschland – Chile	2:1
27. 4. in Ludwigshafen	Deutschland – Portugal	2:1
11. 5. in Düsseldorf	Deutschland – Irland	0:1
3. 8. in Reykjavik	Island – Deutschland	0:5
26. 10. in Belfast	Nordirland – Deutschland	3:4
20. 11. in Athen	Griechenland – Deutschland	0:3
23. 11. in Sofia	Bulgarien – Deutschland	2:1

1961

8. 3. in Frankfurt	Deutschland – Belgien	1:0
26. 3. in Santiago de Chile	Chile – Deutschland	3:1
10. 5. in Berlin	Deutschland – Nordirland	2:1
20. 9. in Düsseldorf	Deutschland – Dänemark	5:1
8. 10. in Warschau	Polen – Deutschland	0:2
22. 10. in Augsburg	Deutschland – Griechenland	2:1

* WM-Spiele

Chile 1962

Defensive war Trumpf

Nachdem Europa zweimal hintereinander die WM-Endrunde gesehen hatte, war nach den ungeschriebenen Gesetzen der FIFA im Jahre 1962 wieder ein südamerikanisches Land an der Reihe. Aber welches? Mit Chile hatte ein Land seine Bewerbung vorgelegt, auf das alle Charakteristika eines Außenseiters zutrafen.

So wußte man aus dem Erdkundeunterricht allenfalls, daß es das längste und dabei schmalste Land der Welt ist, in dem der Abbau von Kupfererzen eine wichtige ökonomische Rolle spielt und das Leben von den klimatischen Gegensätzen bestimmt wird.

Der Mut der Chilenen zur Ausrichtung des Turniers wurde von der FIFA jedenfalls mit der Vergabe der WM-Endrunde belohnt. Vorher blickte die Welt aber mit Entsetzen auf die Küstenregion im Westen Südamerikas. Am 21. Mai 1960 wurde das Land von einer Naturkatastrophe heimgesucht, bei der alle Elemente sich verschworen zu haben schienen. Erdbeben, Springfluten, Vulkanausbrüche reihten sich aneinander und schienen das Land dem Erdboden gleichmachen zu wollen. Der Wiederaufbau der riesigen Katastrophenschäden ging danach Hand in Hand mit den Vorbereitungen zur Fußball-WM und gehört zu den von aller Welt bestaunten Leistungen dieses Landes.

Daß diese Weltmeisterschaft dennoch nur von geringem Erinnerungswert blieb, lag neben dem niedrigen sportlichen Niveau aber auch an der durch die Lage des Austragungsortes bedingten mangelnden Publizität. Fernsehübertragungen waren nicht möglich, der Hörfunk konnte nur durch einen von der ARD eigens in der Nähe von Santiago de Chile errichteten Kurzwellensender für Informationen sorgen.

Von den gemeldeten 56 Verbänden setzten sich in den Qualifikationen nicht immer die gemeinten Favoriten durch. So scheiterten mit Schweden und Frankreich die hinter Weltmeister Brasilien plazierten Mannschaften von 1958. Südamerika stellte im Feld der sechzehn Endrundenteilnehmer mit Brasilien, Chile, Argentinien, Uruguay und Kolumbien eine starke Phalanx, hinzu kam noch Mexiko als Sieger der Mittel- bzw. Nordamerika-Region. Der lateinisch-südländische Charakter dieser Weltmeisterschaft wurde durch Spanien und Italien komplettiert.

Die deutsche Mannschaft hatte die Qualifikationshürden Griechenland und Nordirland glatt genommen, auch die Länderspielbilanz nach dem Turnier von 1958 sah positiv aus. Allerdings war es Bundestrainer Herberger nicht gelungen, den fälligen Generationswechsel reibungslos zu vollziehen. In seinem 22 Spieler umfassenden Aufgebot für Chile fanden sich mit Hans Schäfer und Herbert Ehrhardt zwei Oldtimer, für die Chile schon das dritte WM-Turnier bedeutete. Neben ihnen waren aus dem Aufgebot

Zweiter Triumph der Brasilianer

In Chile gab es den zweiten Rimet-Cup für die Brasilianer. Im Finale – links eine Szene mit Vava im Angriff – wurde die ČSSR besiegt, obwohl Pelé fehlte. Kapitän Didi konnte die Trophäe nach dem Spiel erneut entgegennehmen.

von 1958 noch Uwe Seeler, Horst Szymaniak, Karl-Heinz Schnellinger und Hans Sturm dabei. Das Gros bildeten WM-Neulinge und in der Nationalmannschaft noch nicht genügend erprobte Kräfte, die auch in Chile keine Chance bekamen. Neun der 22 sahen die Spiele nur von der Tribüne. Herberger versuchte mit einem kleinen Stamm auszukommen, wobei die Nominierung von Wolfgang Fahrian als Torwart heftige Diskussionen auslöste. Im Defensivbereich wurden außer Hans Nowak nur erfahrene Spieler nominiert. Horst Szymaniak, mittlerweile als Profi in Italien tätig, sollte der Lenker im Mittelfeld sein, während der Augsburger Helmut Haller, der bis zur WM fünfzehn Länderspiele absolviert hatte, den Angriff dirigieren sollte.
Gegen die Gruppengegner Chile, Italien und die Schweiz ging Herbergers Defensivtaktik auf und reichte zum ersten Platz. Auch gegen den mittlerweile traditionellen Viertelfinalgegner – zum dritten Male in Folge Jugoslawien – sollte sie als Erfolgsbasis dienen. Aber das insgesamt zweite Gegentor für Deutschland während dieser Endrunde, fünf Minuten vor dem Spielende von Petar Radakovic erzielt, brachte Jugoslawien den 1:0-Sieg und der deutschen Elf das Ausscheiden.
Das war vorher schon so prominenten Teams wie Uruguay, Argentinien, Spanien und Italien beschieden, wobei Italiens Schicksal im Gruppenspiel gegen Chile besiegelt worden war. Die Begleitumstände dieses Spiels führten wohl zu einem der größten Skandale in der Geschichte der Fußball-Weltmeisterschaften. Von den Rängen schlug den Italienern eine geradezu unglaubliche Haßwelle entgegen – ähnlich der von Göteborg im Jahre 1958 gegen die Deutschen. Der Unterschied zum damaligen Spiel bestand im Treiben der Akteure, die mit allen nur denkbaren unfairen Mitteln aufeinander losgingen, wobei sich die Chilenen besonders hervortaten. Der überforderte englische Schiedsrichter stellte in dem von Unterbrechungen gespickten Kampf lediglich zwei Italiener vom Platz und ließ deren Gegner gewähren. Mehrere Male kam es zu Polizeieinsätzen, als Zuschauer den Rasen stürmten.
Der Sieger dieser Schlacht hieß Chile, und durch einen Erfolg gegen die Sowjetunion überstanden die Südamerikaner sogar das Viertelfinale. Mit Jugoslawien, der ČSSR und Brasilien fanden sich die Gastgeber im illustren Kreis der letzten Vier dieser WM. Gegen Titelverteidiger Brasilien hatten die Chilenen dann aber keine Chance, obwohl der mittlerweile zum absoluten Star avancierte Pelé durch eine Verletzung schon in den Gruppenspielen ausgefallen war. An seine Stelle trat aus dem schier unerschöpflichen Reservoir der Brasilianer mit Amarildo ein nahezu gleichwertiger Ersatz. Der bis Chile völlig unbekannte Stürmer erzielte in dem torarmen Turnier drei Treffer.
Im Finale trafen die Brasilianer auf den bereits aus den Gruppenspielen bekannten Gegner aus der ČSSR. Die für viele überraschend ins Endspiel vorgedrungenen Tschechoslowaken konnten das 0:0 aus der Vorrunde nicht wiederholen und unterlagen trotz einer 1:0-Führung (Torschütze: Josef Masopust) den Brasilianern mit 1:3. Amarildo, Vava und Zagalo markierten die Tore für die Südamerikaner, die mit der nachstehenden Mannschaft den in Schweden erstmals errungenen Titel erfolgreich verteidigten.

Gilmar
Djalma Santos — Mauro — Zozimo — Nilton Santos
Zito — Didi
Garrincha — Vava — Amarildo — Zagalo

Ihre Mühen waren vergebens

Zwei aus dem glücklos spielenden deutschen Aufgebot: Torwart Wolfgang Fahrian, über dem der Schuß des Jugoslawen Radakovic zum 0:1 einschlägt, und Albert Brülls, der sich gegen Italien vergebens um ein Tor bemüht.

Wagte den Sprung nach Italien

Der Mönchengladbacher Albert Brülls wagte nach der WM 1962 den Sprung nach Italien und hatte beim AC Brescia ebenfalls Erfolg. Helmut Schön holte ihn später von dort wieder in die Nationalelf.

Er begeisterte sogar Geistliche

Brasiliens Pelé-Vertreter und Torschütze Amarildo wird nach dem Spiel gefeiert. Sogar zwei Patres nehmen ihn am Spielfeldrand begeistert in ihre Mitte.

Diese Defensiv-WM (→ Tore und Zuschauerzahlen der bisherigen Endrunden) hatte auch keinen echten Torschützenkönig. Sechs Spieler lagen am Ende mit jeweils vier Treffern gleich auf, und zwar die Brasilianer Garrincha und Vava, der Ungar Florian Albert, der Chilene Leonel Sanchez, der Russe Walentin Iwanow und der Jugoslawe Dražan Jerkovic.

Das deutsche Aufgebot in Chile bildeten folgende Spieler:

Albert Brülls (Borussia Mönchengladbach), 4 Einsätze, 1 Tor; Wolfgang Fahrian (TSG Ulm 46), 4 Einsätze; Willi Giesemann (Bayern München), 2 Einsätze; Helmut Haller (BC Augsburg), 3 Einsätze; Günter Herrmann (Karlsruher SC), ohne Spiel; Willi Koslowski (Schalke 04), 1 Einsatz; Engelbert Kraus (Kickers Offenbach), ohne Spiel; Jürgen Kurbjuhn (Hamburger SV), ohne Spiel; Hans Nowak (Schalke 04), 4 Einsätze; Günter Sawitzki (VfB Stuttgart), ohne Spiel; Hans Schäfer (1. FC Köln), 4 Einsätze, 1 Tor; Willi Schulz (Schalke 04), 4 Einsätze; Karl-Heinz Schnellinger (1. FC Köln), 4 Einsätze; Uwe Seeler (Hamburger SV), 4 Einsätze, 1 Tor; Heinz Strehl (1. FC Nürnberg), ohne Spiel; Hans Sturm (1. FC Köln), 1 Einsatz; Horst Szymaniak (CC Catania), 4 Einsätze, 1 Tor; Hans Tilkowski (Westfalia Herne), ohne Spiel; Heinz Vollmar (1. FC Saarbrücken), ohne Spiel; Jürgen Werner (Hamburger SV), ohne Spiel; Leo Wilden (1. FC Köln), ohne Spiel.

Ein Fußballer wurde zur Legende: Stanley Matthews

Noch bevor die nächste WM-Endrunde in England über die Bühne ging, ehrte das Mutterland des Fußballs und mit ihm ganz Europa einen Spieler, der schon zu Lebzeiten zur Legende wurde. In einem Abschiedsspiel gegen eine FIFA-Auswahl verließ Stanley Matthews im Alter von fünfzig Jahren am 28. April 1965 die Fußballbühne, auf der er länger als jeder andere Aktive in der Welt seine Erfolge gefeiert hatte. Allein die Tatsache, daß er mit 48 Jahren noch aktiv in der ersten englischen Liga spielte, beweist seine außergewöhnliche Stellung im europäischen Profifußball. Die Daten seines Fußball-Lebens umfassen eine Dimension, die in diesem Jahrhundert wohl nicht wieder erreicht wird.

Die Endrunde

Gruppe 1: Uruguay – Kolumbien 2:1; Sowjetunion – Jugoslawien 2:0; Jugoslawien – Uruguay 3:1; Kolumbien – Sowjetunion 4:4; Sowjetunion – Uruguay 2:1; Jugoslawien – Kolumbien 5:0

Tabelle:

1. Sowjetunion	3	2	1	0	8:5	5:1
2. Jugoslawien	3	2	0	1	8:3	4:2
3. Uruguay	3	1	0	2	4:6	2:4
4. Kolumbien	3	0	1	2	5:11	1:5

Gruppe 2: Chile – Schweiz 3:1; Deutschland – Italien 0:0; Chile – Italien 2:0; Deutschland – Schweiz 2:1; Deutschland – Chile 2:0; Italien – Schweiz 3:0

Tabelle:

1. Deutschland	3	2	1	0	4:1	5:1
2. Chile	3	2	0	1	5:3	4:2
3. Italien	3	1	1	1	3:2	3:3
4. Schweiz	3	0	0	3	2:8	0:6

Gruppe 3: Brasilien – Mexiko 2:0; ČSSR – Spanien 1:0; Brasilien – ČSSR 0:0; Spanien – Mexiko 1:0; Brasilien – Spanien 2:1; Mexiko – ČSSR 3:1

Tabelle:

1. Brasilien	3	2	1	0	4:1	5:1
2. ČSSR	3	1	1	1	2:3	3:3
3. Mexiko	3	1	0	2	3:4	2:4
4. Spanien	3	1	0	2	2:3	2:4

Gruppe 4: Argentinien – Bulgarien 1:0; Ungarn – England 2:1; England – Argentinien 3:1; Ungarn – Bulgarien 6:1; Argentinien – Ungarn 0:0; Bulgarien – England 0:0

Tabelle:

1. Ungarn	3	2	1	0	8:2	5:1
2. England	3	1	1	1	4:3	3:3
3. Argentinien	3	1	1	1	2:3	3:3
4. Bulgarien	3	0	1	2	1:7	1:5

Viertelfinale: Chile – Sowjetunion 2:1; Jugoslawien – Deutschland 1:0; Brasilien – England 3:1; ČSSR – Ungarn 1:0

Halbfinale: Brasilien – Chile 4:2; ČSSR – Jugoslawien 3:1

Spiel um Platz 3:

Chile – Jugoslawien	1:0

Endspiel:

Brasilien – ČSSR	3:1

ALS 46JAEHRIGER FUEHRT ER STOKE IN DIE ERSTE LIGA

Der am 1. Februar 1915 geborene Matthews schloß sich als Fünfzehnjähriger seinem Heimatklub Stoke City an und erhielt ein Jahr danach seine erste Chance in der Reservemannschaft. Wieder ein Jahr später, genau an seinem siebzehnten Geburtstag, erhielt er einen Profivertrag und wurde Stammspieler bei Stoke City – und das über einen Zeitraum von fünfzehn Jahren. Bis 1947 nämlich war er der von den Fans umjubelte Stürmerstar dieser Mannschaft. Daß er im selben Jahr den Verein wechselte und sich dem FC Blackpool anschloß, hatte einen triftigen Grund: Einige Funktionäre rechneten mit dem baldigen Ende der Karriere des Fußballers Stanley Matthews – in Anbetracht eines Alters von 32 Jahren (handelte es sich doch außerdem noch um einen Stürmer) durchaus verständlich. Der FC Blackpool durfte sich freuen: 1953 führte der Ausnahmestürmer seine Mannschaft ins Cup-Finale, in dem der Gegner – und Verlierer – Bolton Wanderers hieß. Stoke holte den 46jährigen (!) Stanley Matthews dann 1961 zurück und schaffte mit ihm zwei Jahre später den Aufstieg in die erste Division. Als er kurz darauf, mittlerweile gerade 49 geworden, Bilanz seiner Ligajahre zog, kam eine schier unglaubliche Zahl heraus: Er hatte seit 1932 nicht weniger als 886 Ligaspiele bestritten.
Der als Dribbelkünstler von allen Verteidigern gefürchtete Matthews gab natürlich auch der englischen Nationalmannschaft wichtige Impulse. Von 1934 bis 1957 absolvierte er 54 Länderspiele. In der ganzen Welt bekannt wurde er durch den nach ihm benannten, oft kopierten, aber nie in dieser Perfektion erreichten Spielzug, den »Matthews-Trick«, der darin bestand, links anzutäuschen und dann rechts am Gegner vorbeizuziehen.
Matthews erfuhr auf und außerhalb des Spielfelds zahlreiche Ehrungen. Englands Sportjournalisten kürten ihn 1948 und 1953 zum Fußballer des Jahres, ihre europäischen Kollegen wählten ihn 1956 zum besten Fußballer Europas. 1957 verlieh ihm das britische Königshaus die Auszeichnung »Commodore des Ordens vom Britischen Empire«, 1963 erhielt er die Ehrenbürgerwürde der Stadt Stoke-on-Trent – und am 1. Januar 1965 wurde er vom Herzog von Edinburgh in den persönlichen Adel erhoben und durfte sich fortan »Sir« nennen.

Die erfolgreichsten Torschützen:

4 Tore: Albert (Ungarn), Garrincha (Brasilien), Iwanow (UdSSR), Jerkovic (Jugoslawien), Sanchez (Chile), Vava (Brasilien)

3 Tore: Amarildo (Brasilien), Galic (Jugoslawien), Scherer (ČSSR), Tichy (Ungarn)

Ein Gentleman auf dem Platz

Stanley Matthews – links von Prinz Philip vor dem Cup-Finale 1953 begrüßt, unten in typischer Aktion – war ein Gentleman vom Scheitel bis zur Sohle, auch auf dem Fußballplatz.

Die deutschen Fußball-Länderspiele

1962		
11. 4. in Hamburg	Deutschland – Uruguay	3:0
31. 5. in Santiago de Chile	Deutschland – Italien	0:0*
3. 6. in Santiago de Chile	Deutschland – Schweiz	2:1*
6. 6. in Santiago de Chile	Deutschland – Chile	2:0*
10. 6. in Santiago de Chile	Deutschland – Jugoslawien	0:1*
30. 9. in Zagreb	Jugoslawien – Deutschland	2:3
24. 10. in Stuttgart	Deutschland – Frankreich	2:2
23. 12. in Karlsruhe	Deutschland – Schweiz	5:1
1963		
5. 5. in Hamburg	Deutschland – Brasilien	1:2
28. 9. in Frankfurt	Deutschland – Türkei	3:0
3. 11. in Stockholm	Schweden – Deutschland	2:1
29. 12. in Casablanca	Marokko – Deutschland	1:4
1964		
1. 1. in Algier	Algerien – Deutschland	2:0
29. 4. in Ludwigshafen	Deutschland – ČSSR	3:4
12. 5. in Hannover	Deutschland – Schottland	2:2
7. 6. in Helsinki	Finnland – Deutschland	1:4
4. 11. in Berlin	Deutschland – Schweden	1:1
1965		
13. 3. in Hamburg	Deutschland – Italien	1:1
24. 4. in Karlsruhe	Deutschland – Zypern	5:0
12. 5. in Nürnberg	Deutschland – England	0:1
26. 5. in Basel	Schweiz – Deutschland	0:1
6. 6. in Rio de Janeiro	Brasilien – Deutschland	2:0
26. 9. in Stockholm	Schweden – Deutschland	1:2
9. 10. in Stuttgart	Deutschland – Österreich	4:1
14. 11. in Nikosia	Zypern – Deutschland	0:6

* WM-Spiele

England 1966

Die große Frage: Tor oder nicht?

Vor den Qualifikationsspielen zur achten Fußball-Weltmeisterschaft in England war auch in Deutschland eine Ära zu Ende gegangen. Trainer Sepp Herberger nahm Abschied. Im Juli 1964 gab er die schwere Aufgabe an Helmut Schön ab, nachdem er mit dem Länderspiel gegen Schottland am 12. Mai zum 162. und letzten Male eine Nationalelf betreut hatte.

Die Queen überreicht den Cup
Aus der Hand von Königin Elizabeth nimmt Kapitän Bobby Moore den Worldcup entgegen. Das Gastgeberland hat wieder einmal den Sieg davongetragen.

Sekunden vor dem Schlußpfiff der Ausgleich
Das Geschehen in der 90. Minute: Wolfgang Weber (ganz links) lenkt den Ball Richtung englisches Tor. Uwe Seeler und Karl-Heinz Schnellinger schauen gebannt zu. Ray Wilson (Mitte) will noch retten. Im Hintergrund reklamiert Bobby Moore. Torhüter Gordon Banks wirft sich vergebens.

FRANZ BECKENBAUER FEIERT GELUNGENEN EINSTAND

Das erste große Ziel für den am 19. September 1915 in Dresden geborenen Helmut Schön bedeutete die Qualifikation für das Endrundenturnier in England. Der neue Bundestrainer konnte auf eine erfolgreiche Fußballkarriere zurückblicken. Von 1929 bis 1945 hatte er für den Dresdner SC gespielt und war mit dessen Mannschaft zweimal Deutscher Meister (1943 und 1944) sowie zweimal Pokalsieger (1940 und 1941) geworden. Sepp Herberger berief ihn zwischen 1937 und 1941 zu sechzehn Einsätzen in die Nationalelf, in denen er siebzehn Tore erzielte. Nach dem Krieg war Schön bis 1948 für die SG Friedrichstadt Dresden wieder aktiv, die als Nachfolger des alten DSC galt. 1950 schloß sich Schön mit der gesamten Mannschaft des alten Dresdner SC dem Westberliner Klub Hertha BSC an. Im gleichen Jahr begann er an der Sporthochschule in Köln mit den Arbeiten zur Erlangung des Fußball-Lehrer-Diploms. Ab 1953 fungierte er als Trainer des Saarländischen Fußball-Verbandes und betreute die Saar-Auswahl in den WM-Qualifikationsspielen 1953/54 gegen die Bundesrepublik. Nach der Rückkehr der Saar in den deutschen Staatsverband (1. 1. 1957) wurde Schön vom DFB als Herbergers Assistent berufen und betreute zunächst die Amateurauswahl des DFB.

Seine erste große Leistung nach der Übernahme des Bundestraineramtes war die zielbewußte und erfolgreiche Verjüngung der Mannschaft, obwohl dies im Hinblick auf die im Herbst 1964 beginnenden Qualifikationsspiele für die WM-Endrunde ein gewisses Risiko in sich barg.

Über siebzig Verbände hatten ihre Meldung für diese Weltmeisterschaft abgegeben, nach vielfachen Querelen blieben 53 übrig, die neben Veranstalter England und Titelverteidiger Brasilien um die vierzehn freien Endrundenplätze kämpften. Ähnlich wie 1958 kam es im afroasiatischen Raum nach Protesten und Abmeldungen zu keiner wirklich sportlichen Auseinandersetzung. Zum Schluß standen nur noch Australien und Nord-Korea als Kandidaten für einen WM-Platz bereit, den sich überraschend die bis dahin praktisch unbekannte Mannschaft aus Nord-Korea durch zwei Siege auf neutralem Platz in Pnom Penh (Kambodscha) sicherte.

Deutschland war mit Zypern ein leichter, mit Schweden dagegen ein problematischer Gegner zugelost worden. Bei der Nominierung der besten Mannschaft für das erste Spiel gegen Schweden stellten sich für Helmut Schön Probleme ein, mit denen der deutsche Fußball danach in immer stärkerem Maße konfrontiert wurde. Einige der besten Aktiven verdienten mittlerweile ihr Geld in italienischen Klubs und konnten dort nur unter großen Schwierigkeiten für die deutsche Nationalelf losgeeist werden. Karl-Heinz Schnellinger trug seit Beginn der Spielzeit 1964/65 das Trikot des AS Rom, nachdem er vorher ein Jahr für den AC Mantua gekickt hatte. Helmut Haller war unmittelbar nach der WM 1962 zum AC Bologna gewechselt, Albert Brülls hatte sich beim AC Brescia verdingt. Haller und Schnellinger konnten für das erste Ausscheidungsspiel gegen Schweden in Deutschland geholt werden, den enttäuschenden Ausgang – nur ein 1:1 – aber nicht verhindern. Da beide Teams ihre Spiele gegen Zypern siegreich beendeten, mußte das Rückspiel im Herbst 1965 in Stockholm die Entscheidung bringen. Die Voraussetzungen für Helmut Schöns Mannschaft schienen denkbar ungünstig: Der letzte Sieg in Schweden datierte aus dem Jahre 1911, Haller konnte nicht spielen, Uwe Seeler – mittlerweile zum nicht wegzudenkenden Sturmführer geworden – hatte sich Monate vorher schwer verletzt (Riß der Achillessehne) und kein Spiel mehr bestreiten können. Die deutsche Sportpresse nannte ständig wechselnde Idealaufstellungen.

Der Bundestrainer wagte alles und gewann auch alles. Ausgerechnet Uwe Seeler, um dessen Einsatz und vor allem um dessen Form es bis zuletzt Rätselraten gegeben hatte, erzielte in Stockholm das Siegtor zum 2:1, und im Mittelfeld gab ein Zwanzigjähriger ein vielversprechendes Debüt: Franz Beckenbauer.

Bis zur Endrunde im Sommer 1966 feilte Helmut Schön weiter an der Nationalmannschaft. Die Namen der Kölner Wolfgang Weber und Wolfgang Overath, des Dortmunders Siegfried Held und des Bremers Horst-Dieter Höttges waren zu Beginn des Turniers bald allen Fußballanhängern in Deutschland geläufig. So fuhr schließlich in das WM-Quartier in der mittelenglischen Grafschaft Derbyshire ein Aufgebot, das als Hauptmerkmal ein niedriges Durchschnittsalter aufwies und in dem Uwe Seeler, Willi Schulz und Helmut Haller unter den 22 Spielern schon als »alte Hasen« galten. Außer Haller waren auch die beiden anderen »Italiener« Schnellinger und Brülls mit dabei.

Deutschland hatte aus dem Kreis der sechzehn Endrundenteilnehmer mit der Schweiz, Spanien und Argentinien schwere Gruppengegner zugelost bekommen, löste die Aufgaben aber mit Bravour. Schon das 5:0 zum Auftakt gegen die Schweiz mit je zwei Treffern von Beckenbauer und Haller – den anderen steuerte Held bei –, zeigte eine spielerisch glänzende deutsche Mannschaft. Im zweiten Gruppenspiel gegen Argentinien war dann nur Kampf und weit über die Grenzen der Fairneß hinausgehende Härte Trumpf, und das torlose Unentschieden schien auch zu wenig, um den ersten Gruppenplatz zu erreichen. Aber dann riskierte Helmut Schön gegen Spanien mit dem Einsatz des bis dahin auf der Tribüne sitzenden Lothar Emmerich wieder einmal alles und wurde durch einen sehenswerten Treffer des Dortmunder Torjä-

Anfang und bitteres Ende für Uwe

Beim Wimpeltausch der Kapitäne war Uwe Seeler (oben mit Bobby Moore) noch optimistisch. Nach der Niederlage verläßt er gesenkten Hauptes und enttäuscht den Platz (unten).

In der 101. Minute scheiden sich die Geister

Die entscheidende Szene im Wembley-Stadion. Der von der Latte herunterprallende Ball soll hinter der Linie aufgekommen sein – behauptete der Linienrichter. Fotos und Filmszenen bewiesen alles und doch nichts. Über das »Tor des Jahrhunderts« wird man wohl noch lange diskutieren. Zu sehen sind Hans Tilkowski, Roger Hunt und Wolfgang Weber.

gers belohnt. Uwe Seeler steuerte ebenfalls einen bei, und somit war die deutsche Mannschaft nach dem 2:1 Gruppensieger.

Unter den acht Viertelfinalisten fehlten große Namen, allen voran der des Titelverteidigers Brasilien. Für die Südamerikaner wurde die Vorrunde in England zum Desaster. Ihr Superstar Pelé wurde schon im ersten Spiel gegen Bulgarien verletzt, fehlte bei der Niederlage gegen Ungarn und schied auch im verlorenen Spiel gegen Portugal verletzt aus – und mit ihm die Mannschaft des zweimaligen Weltmeisters. Die größte Sensation des Turniers aber spielte sich in der Vorrundengruppe 4 ab. Dort schied mit Italien ebenfalls eine Mannschaft aus, die schon zweimal Weltmeisterlorbeer geerntet hatte, und das ausgerechnet gegen die Exoten aus Nord-Korea. Die aus Soldaten bestehende Mannschaft hatte schon mit dem Unentschieden gegen Chile ein Kunststück fertiggebracht und überraschte die Fußballwelt im letzten Gruppenspiel mit einem 1:0 gegen Italien. Der Name des Torschützen Pak Do Ik blieb den Italienern unvergessen, stand er doch als Synonym für die bis dahin größte Schmach in der Geschichte des italienischen Fußballs.

Die Nord-Koreaner erreichten jedenfalls bei ihrer ersten und einzigen WM-Teilnahme das Viertelfinale, in dem sie wiederum eine sensationelle Leistung boten, bereits 3:0 führten und erst nach großem Kampf gegen Portugal mit 3:5 unterlagen. Die deutsche Mannschaft mußte in dieser Runde mit Uruguay den zweiten südamerikanischen Vertreter besiegen, um weiterzukommen. Wie schon die Argentinier traten die »Urus« mehr gegen deutsche Spielerbeine als gegen den Ball. Die Quittung folgte nach der Pause: Der englische Schiedsrichter stellte zwei der größten Rüpel aus Uruguay vom Platz, die dezimierte Elf aus Südamerika mußte daraufhin eine glatte 0:4-Niederlage hinnehmen, zu der Haller (2), Seeler und Beckenbauer die Tore schossen.

Neben Deutschland und Portugal hatten sich auch Gastgeber England und die Sowjetunion für das Halbfinale qualifiziert. Gegen diese mit Routiniers gespickte Mannschaft mußte das deutsche Team um den Einzug ins Finale kämpfen, der andere Endspielteilnehmer wurde in der Begegnung England gegen Portugal ermittelt.

Die deutsche Mannschaft knüpfte im Halbfinalspiel an die bisher gezeigte Form an. Auch der legendäre Lew Jaschin im Tor der Sowjets und ihr Spielmacher Waleri Woronin konnten den Sturmlauf nicht stoppen. Helmut Haller erzielte das 1:0, und als danach Igor Tschislenko wegen Foulspiels vom Platz gestellt wurde, war der deutsche Sieg nur noch Formsache. Franz Beckenbauer stellte ihn mit seinem vierten WM-Treffer sicher. Ein sowjetisches Gegentor konnte den Einzug ins WM-Finale 1966 nicht mehr verhindern.

Als Gegner hatte sich England qualifiziert, das Portugal ebenfalls mit 2:1 besiegte und im eigenen Land bei den Buchmachern als Favorit für den WM-Titel gehandelt wurde.

96924 Zuschauer füllten am 30. Juli 1966 das Wembley-Stadion bis auf den letzten Platz, darunter als prominentester Gast Königin Elizabeth II. von England, die vor dem Spiel die 22 Akteure und das Schiedsrichterteam begrüßte. Das Spektakel wurde von schätzungsweise 350 Millionen Menschen in aller Welt an den heimischen Fernsehschirmen verfolgt.

Unter Leitung des Schweizer Unparteiischen Gottfried Dienst entwickelte sich dann ein WM-Finale, das als eines der dramatischsten in die Geschichte einging. Bereits in der zwölften Minute konnten die etwa 12000 deutschen Schlachtenbummler in Wembley jubeln: Helmut Haller hatte das 1:0 erzielt. Die Engländer verdauten den Rückstand schnell und kamen nach einem deutschen Abwehrfehler durch Geoffrey Hurst zum Ausgleich. Nach dem Wechsel gab es ein ständiges Anrennen der Engländer, das mit dem 2:1 durch Martin Peters in der 77. Minute belohnt wurde. Die deutsche Mannschaft schien geschlagen, die britischen Fans auf den Rängen feierten bereits den neuen Weltmeister, da schockte der scheinbar geschlagene Gegner ganz Britannien. Buchstäblich in letzter Sekunde schaffte Wolfgang Weber im Nachsetzen den kaum noch für möglich gehaltenen Ausgleich. Das bedeutete Verlängerung.

In der kurzen Pause leisteten beide Trainer, Helmut Schön und Alf Ramsey, wahre Wunderdinge an psychologischer Aufrüstung. Obwohl die abgelaufenen neunzig Minuten praktisch alle 22 Akteure schon aufs höchste

beansprucht hatten, wurden noch einmal letzte Kräfte mobilisiert und weiterhin erstklassiger Fußball geboten. In der 101. Minute dieser Begegnung kam es dann zu jener Szene, die als das »Tor des Jahrhunderts« noch heute die Gemüter beschäftigt: Hurst hatte einen Ball gegen die Unterseite der Torlatte geknallt, der Ball prallte von dort senkrecht nach unten, ehe Weber ihn per Kopf über die Querlatte ins Toraus beförderte. Auf den Rängen jubelten die englischen Zuschauer. War das Leder vor oder hinter der Torlinie aufgeprallt, das war nun die Frage. Der Schiedsrichter mochte den delikaten Fall nicht entscheiden und befragte Linienrichter Tofik Bachramow aus der Sowjetunion. Der spielte Schicksal und bedeutete dem Referee: Der Ball war im Tor. England führte somit 3:2 und war dem Titelgewinn wieder nahe. Die Proteste der deutschen Spieler fruchteten nicht. Nach kurzer Unterbrechung ging das Spiel weiter und wurde für England mit Hursts drittem Treffer zum 4:2 endgültig entschieden. Ein Schlußpunkt, den kaum noch jemand beachtete – zu sehr beschäftigte die Entscheidung in der 101. Minute die Gemüter.
Jedoch nicht nur Linienrichter Bachramow war überzeugt, der Ball habe die Torlinie überschritten. Auch Bundespräsident Heinrich Lübke bestätigte kurz darauf erstaunten Zuhörern: »Der Ball war drin!«
Den Worldcup nahm jedenfalls Bobby Moore aus den Händen der Königin entgegen, während der deutsche Kapitän Uwe Seeler seine geschlagene Elf nur zur Entgegennahme der Silbermedaille an die königliche Loge führen konnte.

Der WM-Torschützenkönig: Eusebio

Die Fußball-WM in England übertraf das vorausgegangene Turnier an Offensivkraft und Torausbeute leider nicht. In den 32 Spielen gab es wie in Chile 89 Treffer, nur die Torjäger zeigten sich schußfreudiger.
Am häufigsten traf Portugals »schwarze Perle« Eusebio Ferreira da Silva, im internationalen Fußball nur »Eusebio« genannt. Neunmal konnte er über Tore jubeln. Helmut Haller kam mit sechs Treffern auf Platz zwei, hatte also auch mehr Erfolg als die besten Schützen von 1962.
Eusebios Glanzstück bei dieser WM war sein Aufbäumen nach dem 0:3-Rückstand gegen die Nord-Koreaner. In unnachahmlicher Art erzielte er vier Tore hintereinander und bereitete das fünfte seiner Mannschaft vor.
Der am 25. Januar 1942 in der portugiesischen Afrika-Kolonie Moçambique geborene Eusebio kam 1960 nach Portugal und wurde von Benfica Lissabon unter Vertrag genommen. Weltbekannt wurde er 1962, als er in dem legendären Europacup-Finale gegen Real Madrid die beiden entscheidenden Treffer erzielte.
In seiner langen Laufbahn wurde er zwischen 1961 und 1971 zu 48 Länderspieleinsätzen berufen. Bei Benfica blieb er bis 1973 und errang mit diesem Club neun portugiesische Meistertitel.
Doch zu dieser Zeit wies der Stern des Eusebio Ferreira da Silva schon einige dunkle Stellen auf. Durch einen aufwendigen Lebensstil und den Verlust seines Besitzes in Moçambique (1974

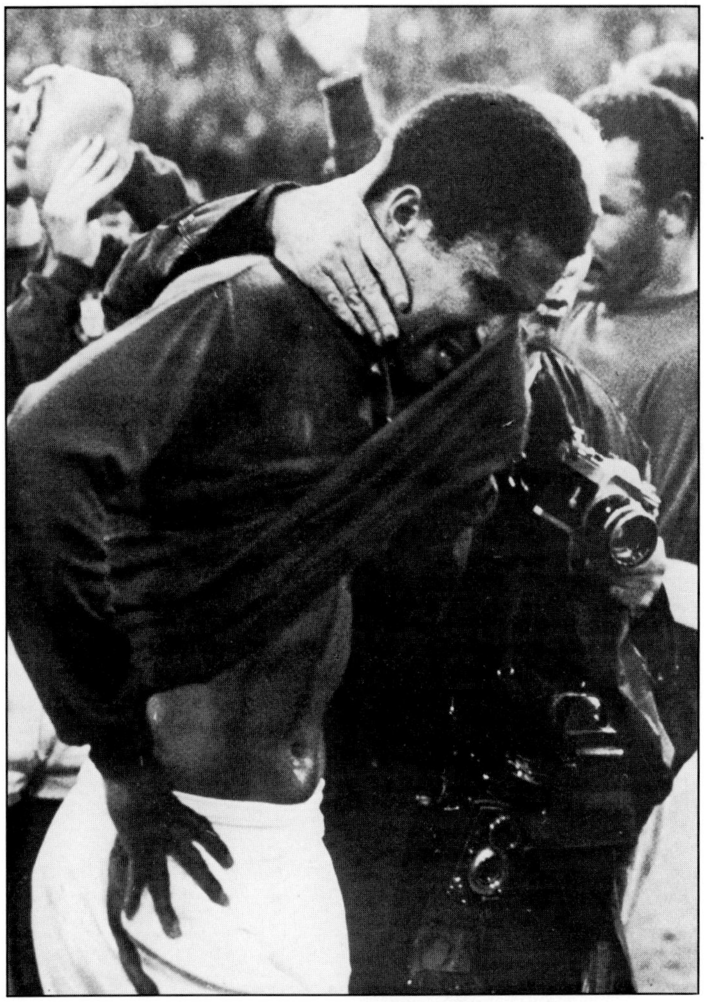

Der Mann aus Moçambique weinte nur
Portugals schwarze Perle Eusebio konnte es nicht fassen. Nach der Niederlage gegen England, das somit als WM-Finalist feststand, verließ er weinend den Platz. Für den Mann aus Moçambique sollte das Finale zum Höhepunkt seiner ansonsten recht erfolgreichen Karriere werden.

Und das waren die 22 Aktiven des unvergessenen Finales:

	Gordon Banks	
	Bobby Moore	
George Cohen	Jackie Charlton	Ray Wilson
Nobby Stiles	Bobby Charlton	Martin Peters
Alan Ball	Geoffrey Hurst	Roger Hunt
Lothar Emmerich	Siegfried Held	Uwe Seeler
Wolfgang Overath	Franz Beckenbauer	Helmut Haller
Karl-Heinz Schnellinger	Wolfgang Weber	Horst-Dieter Höttges
	Willi Schulz	
	Hans Tilkowski	

Den Star brutal verletzt
Übel mitgespielt wurde Brasiliens Star Pelé im Spiel gegen die Portugiesen. Nach einem brutalen Foul wurde er schwer angeschlagen und mußte ausscheiden. Pelé am Boden war gleichbedeutend mit Brasilien am Ende.

Die erfolgreichsten Torschützen:

9 Tore:	Eusebio (Portugal)
6 Tore:	Haller (Deutschland)
4 Tore:	Beckenbauer (Deutschland), Bene (Ungarn), Hurst (England), Porkujan (UdSSR)

gewährte Portugal seinen Kolonien die Unabhängigkeit) war er finanziell am Ende. Eusebio wechselte in die nordamerikanische Profiliga zu den Toronto Croatians, die er auch zur Meisterschaft führte.
Heute arbeitet er wieder bei seinem alten Verein Benfica Lissabon. Dort ist er unter anderem als Jugendtrainer, Talentsucher und Berater der Ligamannschaft tätig.

Das Starporträt: Bobby Charlton

Unter den von der englischen Öffentlichkeit mit völlig unbritischem Enthusiasmus gefeierten Akteuren der siegreichen WM-Elf nahm Robert (»Bobby«) Charlton noch eine Sonderstellung ein. Die Wahl zum Englischen bzw. Europäischen Fußballer des Jahres 1966 und die 1969 durch die Königin vorgenommene Auszeichnung mit dem »Order of the British Empire« unterstrich dies augenfällig.
Der am 11. Oktober 1937 in Ashington (Grafschaft Northumberland) geborene Ausnahmefußballer verkörperte einen der letzten Vertreter jener Spezies, die man als »Gentlemen des Fußballs« auf dem grünen Rasen besonders schätzte. Sein persönliches Schicksal mag ihm neben der Leistung auf dem Spielfeld einen Extrabonus an Symphatie bei den Fußballfans in aller Welt verschafft haben. Charlton gehörte zu den Überlebenden jener Flugzeugkatastrophe auf dem Münchener Flughafen vom 6. Februar 1958, bei der 21 Menschen den Tod fanden, darunter acht seiner Mannschaftskameraden von Manchester United. Der englische Spitzenklub war auf dem Rückflug von einem Europacupspiel in Jugoslawien, wo die Mannschaft bei Roter Stern Belgrad angetreten war.
Die United war das Traumziel des unter ärmlichen Verhältnissen aufgewachsenen Charlton. Schon früh wurde er in seiner Region von Spähern dieses Klubs entdeckt und wechselte dann mit sechzehn Jahren direkt von der Schule zu Manchester United. Im Oktober 1956 feierte er seinen Einstand in der ersten Mannschaft und errang mit ihr 1957 den Meistertitel. Das Unglück von München verhinderte den Weg der »Busby Babies«, wie die Elf nach ihrem Erfolgsmanager Matt Busby genannt wurde, in die europäische Spitzenklasse, nicht aber den weiteren Aufstieg des Bobby Charlton.
Im August dieses Jahres trug er erstmals das Nationaltrikot und wuchs im Laufe der Zeit sowohl in der Klub- als auch in der Nationalmannschaft zur spielbestimmenden Perönlichkeit heran. Bis 1970 kam er auf 106 Berufungen in die Auswahl seines Landes und stellte damit einen Rekord auf, der erst 1973, seinem letzten Jahr als Aktiver, von Bobby Moore (107 Einsätze) übertroffen wurde. Unübertroffen blieb bis heute sein Torrekord, denn Charlton erzielte 49 Treffer für England – dabei war er im Grunde genommen kein Torjäger wie etwa Gerd Müller, sondern eher ein Allroundspieler wie Fritz Walter oder Alfredo di Stefano.
Bei seinem Abschied von der Fußballbühne konnte er auf eine stolze Bilanz zurückblicken: Er hatte zwanzig Jahre ununterbrochen das Trikot von United getragen, exakt in 752 Spielen, darunter 604 Meisterschaftstreffen. Seine dabei erzielten 247 Treffer trugen wesentlich zu Uniteds großen Erfolgen bei: Meisterschaft 1957, 1965 und 1967, Pokalsieg 1963, Gewinn des Europacups 1968.

Das Vorbild für seine Mannschaft

Bobby Charlton trieb die Kameraden immer wieder an. Für Manchester United war er unersetzlich. Einmal Europacupsieger (1968), dreimal Meister und einmal FA-Cupsieger – so lautet seine Vereinsbilanz.

Die Endrunde

Gruppe 1: England – Uruguay 0:0; Frankreich – Mexiko 1:1; Uruguay – Frankreich 2:1; England – Mexiko 2:0; Uruguay – Mexiko 0:0; England – Frankreich 2:0

Tabelle:

1. England	3	2	1	0	4:0	5:1
2. Uruguay	3	1	2	0	2:1	4:2
3. Mexiko	3	0	2	1	1:3	2:4
4. Frankreich	3	0	1	2	2:5	1:5

Gruppe 2: Deutschland – Schweiz 5:0; Argentinien – Spanien 2:1; Spanien – Schweiz 2:1; Argentinien – Deutschland 0:0; Argentinien – Schweiz 2:0; Deutschland – Spanien 2:1

Tabelle:

1. Deutschland	3	2	1	0	7:1	5:1
2. Argentinien	3	2	1	0	4:1	5:1
3. Spanien	3	1	0	2	4:5	2:4
4. Schweiz	3	0	0	3	1:9	0:6

Gruppe 3: Brasilien – Bulgarien 2:0; Portugal – Ungarn 3:1; Ungarn – Brasilien 3:1; Portugal – Bulgarien 3:0; Portugal – Brasilien 3:1; Ungarn – Bulgarien 3:1

Tabelle:

1. Portugal	3	3	0	0	9:2	6:0
2. Ungarn	3	2	0	1	7:5	4:2
3. Brasilien	3	1	0	2	4:6	2:4
4. Bulgarien	3	0	0	3	1:8	0:6

Gruppe 4: Sowjetunion – Nordkorea 3:0; Italien – Chile 2:0; Nord-Korea – Chile 1:1; Sowjetunion – Italien 1:0; Nord-Korea – Italien 1:0; Sowjetunion – Chile 2:1

Tabelle:

1. Sowjetunion	3	3	0	0	6:1	6:0
2. Nord-Korea	3	1	1	1	2:4	3:3
3. Italien	3	1	0	2	2:2	2:4
4. Chile	3	0	1	2	2:5	1:5

Viertelfinale: Deutschland – Uruguay 4:0; England – Argentinien 1:0; Portugal – Nord-Korea 5:3; Sowjetunion – Ungarn 2:1

Halbfinale: Deutschland – Sowjetunion 2:1; England – Portugal 2:1

Spiel um Platz 3:

Portugal – Sowjetunion 2:1

Endspiel:

England – Deutschland 4:2 n.V.

UNGLEICHES GESPANN: BOBBY CHARLTON UND NOBBY STILES

Der Adjutant: Nobby Stiles

Im Verein und in der Nationalelf stand bei den großen Erfolgen ein Mann an Charltons Seite, ohne den man sich Fußball durchaus hätte vorstellen können, der aber zu Charlton einfach dazugehörte: Norbert Peter (»Nobby«) Stiles, geboren am 13. Juni 1942. Der kleine Ballschlepper mit der weltweit bekannten häßlichen Zahnlücke galt als Bösewicht des englischen Fußballs schlechthin, bildete aber eine wirkungsvolle Ergänzung zu Gentleman Charlton. Stiles verrichtete gewissermaßen die »Dreckarbeit«, damit Charlton in Ruhe sein Spiel aufziehen konnte.

Der Sohn eines Totengräbers kam bis 1970 auf 29 Länderspielberufungen und wurde durch sein Nahkampfverhalten bald mit dem Prädikat »Giftzwerg des englischen Fußballs« bedacht. Eine Spezialität des 1,66 Meter großen kurzsichtigen Stiles war das blitzschnelle zweimalige Zustoßen im Zweikampf, wobei er anstatt des Balls des öfteren das Schienbein des Gegners traf.

Nach einem Spiel von Manchester United in Hamburg gegen den HSV berichtete eine Tageszeitung: »Im ganzen Spiel legte Stiles nur sieben HSV-Spieler um, spuckte nur zweimal jemandem ins Gesicht, beschimpfte nur fünfzehnmal Spieler der eigenen Mannschaft und pöbelte nur dreimal den Schiedsrichter an – für Nobby ein ungemein friedfertiges Spiel.«

Das deutsche Aufgebot in England bildeten folgende Spieler:

Franz Beckenbauer (Bayern München), 6 Einsätze, 4 Tore; Günter Bernard (Werder Bremen), ohne Spiel; Albert Brülls (AC Brescia), 2 Einsätze; Lothar Emmerich (Borussia Dortmund), 4 Einsätze, 1 Tor; Jürgen Grabowski (Eintracht Frankfurt), ohne Spiel; Helmut Haller (AC Bologna), 5 Einsätze, 6 Tore; Siegfried Held (Borussia Dortmund), 6 Einsätze, 1 Tor; Heinz Hornig (1. FC Köln), ohne Spiel; Horst-Dieter Höttges (Werder Bremen), 5 Einsätze; Werner (»Eia«) Krämer (MSV Duisburg), 1 Einsatz; Max Lorenz (Werder Bremen), ohne Spiel; Friedel Lutz (Eintracht Frankfurt), ohne Spiel; Josef (»Sepp«) Maier (Bayern München), ohne Spiel; Wolfgang Overath (1. FC Köln), 6 Einsätze; Bernd Patzke (TSV München 1860), ohne Spiel; Wolfgang Paul (Borussia Dortmund), ohne Spiel; Karl-Heinz Schnellinger (AC Mailand), 6 Einsätze; Willi Schulz (Hamburger SV), 6 Einsätze; Uwe Seeler (Hamburger SV), 6 Einsätze, 2 Tore; Klaus-Dieter Sieloff (VfB Stuttgart), ohne Spiel; Hans Tilkowski (Borussia Dortmund), 6 Einsätze; Wolfgang Weber (1. FC Köln), 6 Einsätze, 1 Tor.

Höhepunkt für Techniker und Zerstörer

Ein Traum geht für beide in Erfüllung: Englands Kapitän und Rekordinternationaler Bobby Moore (rechts) von West Ham United und »Rauhbein« Nobby Stiles freuen sich.

Die meisten Endrundenspiele für Deutschland bestritten:

Uwe Seeler (Hamburger SV)	21 Spiele
Wolfgang Overath (1. FC Köln)	19 Spiele
Berti Vogts (Borussia Mönchengladbach)	19 Spiele
Franz Beckenbauer (Bayern München)	18 Spiele
Sepp Maier (Bayern München)	18 Spiele
Karl-Heinz Schnellinger (1. FC Köln, AS Rom, AC Mailand)	17 Spiele
Hans Schäfer (1. FC Köln)	15 Spiele
Manfred Kaltz (Hamburger SV)	13 Spiele
Gerd Müller (Bayern München)	13 Spiele
Willi Schulz (Schalke 04, Hamburger SV)	13 Spiele
Karl-Heinz Rummenigge (Bayern München)	12 Spiele

Die deutschen Fußball-Länderspiele

1966		
23. 2. in London	England – Deutschland	1:0
23. 3. in Rotterdam	Holland – Deutschland	2:4
4. 5. in Dublin	Irland – Deutschland	0:4
7. 5. in Belfast	Nordirland – Deutschland	0:2
1. 6. in Ludwigshafen	Deutschland – Rumänien	1:0
23. 6. in Hannover	Deutschland – Jugoslawien	2:0
12. 7. in Sheffield	Deutschland – Schweiz	5:0*
16. 7. in Birmingham	Deutschland – Argentinien	0:0*
20. 7. in Birmingham	Deutschland – Spanien	2:1*
23. 7. in Sheffield	Deutschland – Uruguay	4:0*
25. 7. in Liverpool	Deutschland – Sowjetunion	2:1*
30. 7. in London	Deutschland – England	2:4 n.V.*
12. 10. in Ankara	Türkei – Deutschland	0:2
19. 11. in Köln	Deutschland – Norwegen	3:0
1967		
22. 2. in Karlsruhe	Deutschland – Marokko	5:1
22. 3. in Hannover	Deutschland – Bulgarien	1:0
8. 4. in Dortmund	Deutschland – Albanien	6:0
3. 5. in Belgrad	Jugoslawien – Deutschland	1:0
27. 9. in Berlin	Deutschland – Frankreich	5:1
7. 10. in Hamburg	Deutschland – Jugoslawien	3:1
22. 11. in Bukarest	Rumänien – Deutschland	1:0
17. 12. in Tirana	Albanien – Deutschland	0:0
1968		
6. 3. in Brüssel	Belgien – Deutschland	1:3
17. 4. in Basel	Schweiz – Deutschland	0:0
8. 5. in Cardiff	Wales – Deutschland	1:1
1. 6. in Hannover	Deutschland – England	1:0
16. 6. in Stuttgart	Deutschland – Brasilien	2:1
25. 9. in Marseille	Frankreich – Deutschland	1:1
13. 10. in Wien	Österreich – Deutschland	0:2
23. 11. in Nikosia	Zypern – Deutschland	0:1
14. 12. in Rio de Janeiro	Brasilien – Deutschland	2:2
18. 12. in Santiago de Chile	Chile – Deutschland	2:1
22. 12. in Mexico City	Mexiko – Deutschland	0:0
1969		
26. 3. in Frankfurt	Deutschland – Wales	1:1
16. 4. in Glasgow	Schottland – Deutschland	1:1
10. 5. in Nürnberg	Deutschland – Österreich	1:0
21. 5. in Essen	Deutschland – Zypern	12:0
21. 9. in Wien	Österreich – Deutschland	1:1
24. 9. in Sofia	Bulgarien – Deutschland	0:1
22. 10. in Hamburg	Deutschland – Schottland	3:2

* WM-Spiele

Mexiko 1970

Die Galashow des Edson Arantes do Nascimento

Nachdem die FIFA mit der Vergabe der WM-Endrunde 1962 nach Chile trotz vielfach geäußerter Bedenken keinen Schiffbruch erlitten hatte, riskierte sie mit den für die Endrunde 1970 auserkorenen Austragungsstätten neues Ungemach. Die Fußballer sollten ausgerechnet in der Höhenlage von Mexiko ihr strapaziöses Programm abwikkeln, wo es zwei Jahre zuvor bei den Olympischen Sommerspielen noch erschreckende Bilder beim Leistungssport in 2240 Metern Höhe gegeben hatte.

Auf dem Zenit seines Könnens

Pelé – oben in einer Szene aus dem Finale gegen Italien – war 1970 auf dem Zenit seines Könnens. Er führte Brasilien als umjubelter Torschütze (unten) und Regisseur zum dritten Titel.

VIEL MUEHE GEGEN MAROKKO + AM ENDE GRUPPENSIEGER

Zuvor stand jedoch die bis dahin umfangreichste Qualifikationsrunde in der Geschichte der Weltmeisterschaften an. 68 Verbände bewarben sich um die vierzehn freien Endrundenplätze, darunter diesmal fast alle schwarzafrikanischen Staaten und ein beachtliches Kontingent an Interessenten aus Asien/Ozeanien. Beiden geographischen Räumen hatte die FIFA erstmals einen Endrundenplatz zugesichert. Marokko und Israel überstanden das Ausscheidungskarussell und kamen zu ihrer ersten WM-Teilnahme.

Das spektakulärste Geschehen der Qualifikationsrunde spielte sich jedoch in Mittelamerika ab. Im Sommer 1969 lösten die Spiele zwischen Honduras und El Salvador – das sich in einem Entscheidungsspiel in Mexico City durchsetzte – vor dem Hintergrund sozialer Probleme einen Krieg der beiden Staaten aus, der mehrere tausend Opfer auf beiden Seiten forderte.

Wie bei voraufgegangenen WM-Ausscheidungen gab es auch bei der Qualifikation für Mexiko große Überraschungen. Eine davon war die Eliminierung der Fußballgroßmacht Argentinien durch Peru. In Europa blieben so renommierte Länder wie Ungarn, Portugal, Spanien, Jugoslawien und Österreich auf der Strecke, das sich mit der deutschen Mannschaft, Schottland und dem Fußballzwerg Zypern in einer Qualifikationsgruppe auseinanderzusetzen hatte. Die deutsche Mannschaft ging aus den Gruppenspielen bei 11:1 Punkten und 20:3 Toren zwar als klarer Sieger hervor, hatte in einigen Spielen aber große Mühe. Die Begegnung auf Zypern wurde zum Beispiel erst in der 92. Minute durch ein Tor von Gerd Müller mit 1:0 gewonnen.

In der Frage der Gestaltung der letzten Vorbereitungsphase auf das Turnier in Mexiko hatte sich Bundestrainer Schön ebenso durchgesetzt wie bei der Nominierung der 22 Spieler, die er mit an den Austragungsort nehmen wollte. Der mit wissenschaftlicher Akribie geführten Diskussion um eine optimale Anpassung an die Höhenlage begegnete der Bundestrainer mit der Entscheidung: Die Anreise erfolgt vierzehn Tage vor Turnierbeginn. Im Kader der 22 auserwählten Mexiko-Fahrer sorgte ausgerechnet Uwe Seeler durch seine Nominierung für die größten Diskussionen. Seine Kritiker trauten ihm – vor allem neben dem neuen Stürmerstar Gerd Müller aus München – keinen wirkungsvollen WM-Einsatz mehr zu. Wie Seeler war auch Karl-Heinz Schnellinger zum vierten Male bei einer WM dabei, ihrem dritten WM-Einsatz fuhren Helmut Haller und Willi Schulz entgegen. Turnierneulinge, aber seit 1966 in den Blickpunkt gerückt, waren dagegen Gerd Müller und Hans-Hubert (»Berti«) Vogts. Entgegen früheren Gepflogenheiten durften diesmal mehrere der Aktiven aus dem Aufgebot auf einen Einsatz hoffen, hatte die FIFA durch eine Regeländerung doch inzwischen den Austausch von zwei Spielern in jeder Begegnung möglich gemacht. Der Reservebank kam dadurch erhebliche Bedeutung zu, ließen sich durch geschickte Auswechslung doch völlig neue taktische Varianten schaffen.

Die deutsche Mannschaft war dem Spielort Leon und der Gruppe 4 zugelost worden, wo mit Marokko, Peru und Bulgarien nicht die schwersten Gegner auf sie warteten. In der Nähe des Spielortes hatte man mit Comanjilla ein ideales Quartier gefunden, das bei vielen Beobachtern Parallelen zu Spiez und 1954 aufkommen ließ.

Die gute Stimmung wurde durch das Auftaktspiel gegen Marokko aber wesentlich getrübt. Nach einer blamablen Leistung reichte es zu einem mühevollen 2:1-Sieg, der mehr herausgewürgt denn erspielt wurde. Die Tore schossen Gerd Müller und Uwe Seeler, womit sich Helmut Schöns heftig kritisierte Entscheidung, beide Mittelstürmer spielen zu lassen, zumindest in Zahlen bestätigte.

Die negativen Erkenntnisse aus dem ersten Auftreten der deutschen Mannschaft zwangen zu Umstellungen, die zu zwei klaren Siegen in den beiden restlichen Gruppenspielen führten. Karl-Heinz Schnellinger rückte auf den Libero-Posten und gab ihn während des gesamten Turniers nicht mehr ab, Reinhard Libuda wurde anstelle Hallers als wirkungsvoller rechter Flügelstürmer aufgestellt, »Hannes« Löhr ersetzte in gleicher Funktion »Sigi« Held auf der anderen Seite. Das 5:2 gegen Bulgarien durch Tore von Müller (3), Libuda und Seeler sowie das 3:1 gegen Peru durch drei Müller-Treffer sicherten jedenfalls den überlegenen Gruppensieg und den Einzug ins Viertelfinale. Dort wartete ausgerechnet Titelverteidiger England als nächster Gegner. Diese Begegnung wurde als »Revanche für Wembley 1966« nicht nur bei den vierzehn Spielern empfunden, die aus dem damaligen Aufgebot auch diesmal wieder mit dabei waren. Die Erinnerungen an das ominöse dritte Tor im Endspiel von 1966 lebten vor dem Viertelfinale in Leon wieder in alter Frische auf.

Die Briten hatten in ihren Gruppenspielen lediglich gegen Brasilien mit 0:1 verloren und galten zumindest als Mitfavorit auf den WM-Titel.

Über Müller konnte man viel jubeln

Bayern-Torjäger Gerd Müller – hier im harten Luftkampf mit der italienischen Abwehr – sorgte mit seinen Treffern in Mexiko dafür, daß Helmut Schön oft Grund zum Jubeln hatte (oben).

Am 14. Juni 1970 standen sich in Leon dann auf jeder Seite zunächst fünf der Gegner von Wembley 1966 gegenüber. England bot Moore, Ball, Bobby Charlton, Peters und Hurst auf, Deutschland Schnellinger, Höttges, Bekkenbauer, Overath und Seeler. Hunt auf englischer und Schulz auf deutscher Seite kamen später hinzu. Zunächst schien alles noch klarer als in Wembley zu laufen: England führte nach fünfzig Minuten mit 2:0, kontrollierte das Spiel, und Trainer Alf Ramsey leistete sich sogar den Luxus, Spielmacher Bobby Charlton vom Platz zu holen. Er sollte sich offensichtlich für das bevorstehende Halbfinale schonen, ob-

Man sprach von Revanche für 1966

Das Viertelfinale führte 1970 Deutschland und England zusammen. Nach dem Kopfball von Uwe Seeler (hier am Boden) zum 2:2-Ausgleich folgte ja noch ein deutscher Sieg und somit die Revanche für Wembley.

wohl unmittelbar zuvor der Anschlußtreffer durch Beckenbauer gefallen war.

Unter der sengenden Sonne Mexikos entwickelte sich danach wieder einmal ein Fußballdrama. Nicht die Engländer konnten noch Kräfte mobilisieren, es waren die von Beckenbauer und Seeler mitgerissenen Deutschen, die dem Spiel neue Akzente geben konnten. Acht Minuten vor dem Schlußpfiff erzielte Uwe Seeler mit dem Hinterkopf den Ausgleich – die Begegnung mußte verlängert werden. In diesen dreißig Minuten, die von allen Akteuren die letzte psychische und physische Kraft forderten, verlor die englische Mannschaft nach dem Verlust des Zwei-Tore-Vorsprungs mehr und mehr ihre hervorragende Kampfmoral. Gerd Müller vollendete ihr WM-Schicksal für 1970 mit dem Siegtreffer zum 3:2 in der 109. Minute und sorgte dafür, daß in der Heimat eine gelungene Revanche für Wembley gefeiert werden konnte.

Brasilien, Uruguay und Italien hatten sich in den anderen Spielen für das Halbfinale qualifiziert wobei die Begegnung zwischen Brasilien und dem Außenseiter Peru im Viertelfinale die Beobachter geradezu entzückt hatte. Die Brasilianer lebten immer noch von der hervorragenden Spielkunst und der permanenten Torgefährlichkeit eines Pelé, um den sich wie gewohnt eine exzellente Auswahl von Könnern scharte, so vor allem Gerson und Tostao. Peru wurde inzwischen von Pelés früherem Teamgefährten und zweimaligem Weltmeister Didi trainiert, der seiner Mannschaft viel vom brasilianischen Glanz vermittelt hatte. Brasilien mußte im Halbfinale erneut in ein südamerikanisches Duell gegen Uruguay gehen, löste diese Aufgabe aber nach Anlaufschwierigkeiten mit Bravour (3:1). Wer aber würde der Endspielgegner sein? Deutschland oder Italien? Der Sieger dieses Spiels stand erneut erst nach 120 Minuten fest, und wieder war die Sportpresse mit dem Superlativ »Spiel des Jahrhunderts« bei der Hand.

In der Tat setzte dieses Halbfinale im Aztekenstadion Mexico City neue Akzente in Sachen WM-Dramatik. Die Italiener verteidigten ihre schon in der achten Minute von Roberto Boninsegna (Inter Mailand) erzielte Führung mit allen erlaubten und unerlaubten Mitteln unter tatkräftiger Mithilfe des japanischen Schiedsrichters bis zur letzten Minute. Aber ihr Sieg stand damit nicht fest, denn der Unparteiische aus dem Fernen Osten pfiff die Begegnung nicht nach neunzig Minuten ab, sondern ließ zwei Minuten nachspielen. Und in dieser 92. und wirklich letzten Minute der regulären Spielzeit erzielte Karl-Heinz Schnellinger den Ausgleich. Was dann in der Verlängerung geschah, entlockte fachkundigen Beobachtern wie dem Trainer von Borussia Mönchengladbach, Hennes Weisweiler – der im Juli 1983 in Zürich einem Herzinfarkt erlag –, Englands Alt-Internationalem Billy Wright (105 Länderspiele) oder dem österreichischen Bundestrainer Leopold Stastny dann Superlative in der Beurteilung. Weisweiler: »Das dramatischste Spiel, das ich in den letzten zwanzig Jahren gesehen habe.« Wright: »Das werden für mich die unvergeßlichsten Stunden bleiben, die ich je auf einem Fußballplatz verbrachte.« Stastny: »Das war einmalig, das kommt nie wieder . . .«

Es geschah nämlich folgendes: 95. Minute: 2:1 für Deutschland durch Gerd Müller, 99. Minute: 2:2-Ausgleich durch Tarcisio Burgnich (Inter Mailand), 104. Minute: 3:2 für Italien durch Luigi Riva (US Cagliari), 109. Minute: 3:3-Ausgleich durch Gerd Müller, 110. Minute: 4:3 für Italien durch Gianni Rivera (AC Mailand).

Italien war also Sieger und Endspielteilnehmer, Deutschland »nur« Anwärter auf den dritten Platz. Der wurde wiederum im Aztekenstadion von Mexico City ausgespielt, doch die Zuschauer sahen eine nach den beiden Verlängerungen müde wirkende deutsche Mannschaft. Aber sie gab auch diesmal ihr Bestes und siegte durch ein Tor von Wolfgang Overath mit 1:0. Nach dem zweiten Rang von 1966 konnte Helmut Schön auch diesmal zufrieden sein. Die Leistungen seiner Mannschaft gegen England und Italien wären eines Weltmeisters würdig gewesen.

Das Finale indes wurde kein Kampf zweier gleichwertiger Kontrahenten, sondern es entwickelte sich zu einer glanzvollen Demonstration brasilianischer Fußballkunst. Pelé, Gerson, Jairzinho und Carlos Alberto sorgten bei einem Gegentreffer von Boninsegna für das klare 4:1, das in Südamerika wieder Freudenfeste auslöste.

Mit diesem Erfolg ging auch ein Stück WM-Geschichte zu Ende, denn die FIFA mußte sich nach einer neuen Trophäe für den Sieger umsehen. Nach ihrem Reglement durfte die Mannschaft den Coupe Jules Rimet endgültig behalten, die ihn dreimal gewonnen hatte. Dieser Fall trat jetzt in Mexiko ein, und der dreimalige Titelträger Brasilien konnte sich einen Dauerplatz für die achtpfündige, aus purem Gold bestehende Trophäe aussuchen. Die nachstehende Mannschaft erreichte diesen Triumph.

Das deutsche Aufgebot in Mexiko:

Franz Beckenbauer (Bayern München), 5 Einsätze, 1 Tor; Peter Dietrich (Borussia Mönchengladbach), ohne Spiel; Klaus Fichtel (Schalke 04), 5 Einsätze; Jürgen Grabowski (Eintracht Frankfurt), 5 Einsätze (viermal eingewechselt); Helmut Haller (Juventus Turin), 1 Einsatz; Siegfried Held (Borussia Dortmund), 2 Einsätze (einmal eingewechselt); Horst-Dieter Höttges (Werder Bremen), 4 Einsätze; Reinhard Libuda (Schalke 04), 5 Einsätze (einmal eingewechselt), 1 Tor; Johannes Löhr (1. FC Köln), 6 Einsätze (zweimal eingewechselt); Max Lorenz (Eintracht Braunschweig), 1 Einsatz (eingewechselt); Josef (»Sepp«) Maier (Bayern München), 5 Einsätze; Manfred Manglitz (1. FC Köln), ohne Spiel; Gerd Müller (Bayern München), 6 Einsätze, 10 Tore; Wolfgang Overath (1. FC Köln), 6 Einsätze, 1 Tor; Bernd Patzke (Hertha BSC Berlin), 3 Einsätze (einmal eingewechselt); Karl-Heinz Schnellinger (AC Mailand), 5 Einsätze, 1 Tor; Willi Schulz (Hamburger SV), 3 Einsätze (einmal eingewechselt); Uwe Seeler (Hamburger SV), 6 Einsätze, 3 Tore; Klaus-Dieter Sieloff (Borussia Mönchengladbach), ohne Spiel; Hans-Hubert (»Berti«) Vogts (Borussia Mönchengladbach), 6 Einsätze; Wolfgang Weber (1. FC Köln), 2 Einsätze (einmal eingewechselt); Horst Wolter (Eintracht Braunschweig), 1 Einsatz.

Felix

Carlos Alberto   Brito   Piazza   Everaldo

Clodoaldo   Gerson

Jairzinho   Tostao   Pelé   Rivelino

Die Endrunde

Gruppe 1: Mexiko – Sowjetunion 0:0; Belgien – El Salvador 3:0; Sowjetunion – Belgien 4:1; Mexiko – El Salvador 4:0; Sowjetunion – El Salvador 2:0; Mexiko – Belgien 1:0

Tabelle:

1. Sowjetunion	3	2	1	0	6:1	5:1
2. Mexiko	3	2	1	0	5:0	5:1
3. Belgien	3	1	0	2	4:5	2:4
4. El Salvador	3	0	0	3	0:9	0:6

Gruppe 2: Uruguay – Israel 2:0; Italien – Schweden 1:0; Uruguay – Italien 0:0; Schweden – Israel 1:1; Schweden – Uruguay 1:0; Italien – Israel 0:0

Tabelle:

1. Italien	3	1	2	0	1:0	4:2
2. Uruguay	3	1	1	1	2:1	3:3
3. Schweden	3	1	1	1	2:2	3:3
4. Israel	3	0	2	1	1:3	2:4

Gruppe 3: England – Rumänien 1:0; Brasilien – ČSSR 4:1; Rumänien – ČSSR 2:1; Brasilien – England 1:0; Brasilien – Rumänien 3:2; England – ČSSR 1:0

Tabelle:

1. Brasilien	3	3	0	0	8:3	6:0
2. England	3	2	0	1	2:1	4:2
3. Rumänien	3	1	0	2	4:5	2:4
4. ČSSR	3	0	0	3	2:7	0:6

Gruppe 4: Peru – Bulgarien 3:2; Deutschland – Marokko 2:1; Peru – Marokko 3:0; Deutschland – Bulgarien 5:2; Deutschland – Peru 3:1; Bulgarien – Marokko 1:1

Tabelle:

1. Deutschland	3	3	0	0	10:4	6:0
2. Peru	3	2	0	1	7:5	4:2
3. Bulgarien	3	0	1	2	5:9	1:5
4. Marokko	3	0	1	2	2:6	1:5

Viertelfinale: Uruguay – Sowjetunion 1:0 n. V.; Italien – Mexiko 4:1; Brasilien – Peru 4:2; Deutschland – England 3:2 n. V.

Halbfinale: Italien – Deutschland 4:3 n. V.; Brasilien – Uruguay 3:1

Spiel um Platz 3:

Deutschland – Uruguay	1:0

Endspiel:

Brasilien – Italien	4:1

Mit diesem Spiel fing es mühsam an

Zum mühsamen 2:1 gegen Marokko steuerte Gerd Müller einen Treffer bei. Daß er am Ende mit zehn Toren als bester WM-Schütze gefeiert wurde, konnte man zu jenem Zeitpunkt noch nicht ahnen.

Der WM-Torschützenkönig: Gerd Müller

Der Mittelstürmer der deutschen Nationalmannschaft trug in Mexiko mit dazu bei, daß sich die Torquote gegenüber den beiden voraufgegangenen Turnieren erhöhte. In Mexiko wurden 95 Tore in den 32 Endrundenspielen erzielt, zehn davon gingen auf das Konto von Gerd Müller.
Für den am 3. November 1949 geborenen Bayern war es der erste große internationale Erfolg, dem noch einige folgen sollten (→ WM-Turnier 1974 und Europacup). Müller hatte in den letzten Jahren vor der WM auf sich aufmerksam gemacht, als er in der Bundesliga für Tore am laufenden Band sorgte. Der aus dem TSV Nördlingen, dem er von 1955 bis 1964 angehörte, hervorgegangene Stürmer war in den vier Spielzeiten vor der WM in Mexiko dreimal Torschützenkönig der Bundesliga geworden: 1967 mit 28 Treffern (gleichauf mit Lothar Emmerich von Borussia Dortmund), 1969 mit dreißig und 1970 mit der neuen Rekordzahl von 38 Toren.
Mit seiner Mannschaft, dem FC Bayern München, errang er 1969 die Deutsche Meisterschaft und 1966, 1967 und 1969 den Pokalsieg. Er wurde durch seine unnachahmliche Art auf der Jagd zum Torerfolg bald als »Strafraumgespenst« und »Bomber vom Dienst« apostrophiert. 1969 wählte ihn die deutsche Sportpresse zum Fußballer des Jahres, ein Jahr später wurde er zum besten Fußballer Europas gekürt.
Seine internationale Laufbahn hatte im Oktober 1966 begonnen, als er in Ankara gegen die Türkei sein erstes Länderspiel bestritt. In seinem zweiten Einsatz erzielte er gegen Albanien gleich vier Treffer und war fortan der erfolgreichste Schütze der Nationalmannschaft, was sich in Mexiko nachdrücklich bestätigte.

Die erfolgreichsten Torschützen:

10 Tore:	Müller (Deutschland)
7 Tore:	Jairzinho (Brasilien)
5 Tore:	Cubillas (Peru)

Das Starporträt: Pelé

Unter den Großen des Weltfußballs, die zwischen den WM-Turnieren 1970 und 1974 von der internationalen Fußballbühne abtraten, war Pelé unbestritten die überragende Figur. Seine mit allen Klischees eines märchenhaften Aufstiegs geschmückte Karriere gab genügend Stoff für Legendenbildung und riß seine Chronisten immer wieder zu emphatischen Umschreibungen hin. Dabei hat dieser Mann seinen Aufstieg mit einer natürlichen Würde getragen, die ihn zur symbolhaften Figur für sein Volk, besonders für die Millionen Unterprivilegierten am Rande der brasilianischen Gesellschaft des 20. Jahrhunderts, werden ließ. Denn er kam aus deren Mitte.
Als Edson Arantes do Nascimento am 21. Oktober 1940 im Elendsviertel des kleinen Ortes Tres Coracoes das Licht der Welt erblickte, bedeutete das für Vater Dodinho nur ein Problem mehr. Er versuchte als Berufsfußballer seine Familie mehr schlecht als recht durchzubringen und hatte in dem Familiennachwuchs lediglich einen weiteren Esser. So verlief die Kindheit des vierten Sohnes der Familie freudlos wie die seiner Spielgefährten aus der Nachbarschaft. Nur vier Jahre lang besuchte er die Schule und durfte dann bei einem Schuhputzer mithelfen und die ersten Cruzeiros verdienen. Freude brachte in das Leben im Slum nur das Spiel mit dem selbstgebastelten runden Etwas, gegen das die Jungen begeistert mit ihren bloßen Füßen traten. »Peledas« heißt diese barfüßige Fußballkunst, und einige Biographen leiten den

späteren Namen des Edson Arantes do Nascimento von diesem Wortstamm ab. Er hieß wohl noch nicht Pelé, als er das Glück hatte, bei einem Schuhmacher in die Lehre zu kommen und beim Fußballverein Bauru erste organisierte Kickererfahrung zu sammeln, aber er muß als Jugendlicher schon etwas gehabt haben, was erfahrene Fußballer dazu brachte, ihn zu fördern. Der Exnationalspieler Valdemar de Brito führte ihn jedenfalls dem FC Santos zu, in dessen Profi-Elf Pelé bereits mit fünfzehn Jahren sein Debüt gab. 2000 Cruzeiros zahlte man dort dem Jungen aus den Slums von Tres Coracoes, eine märchenhafte Summe, die eine ebenso märchenhafte Karriere einleitete, deren Stationen Pelé gewissenhaft festgehalten hat. So sein erstes Tor für seinen Klub am 7. September 1956. Im Punktspiel gegen die Corinthians aus São Paulo trug es dazu bei, den Stern des Neoprofis aufgehen zu lassen, der mit noch nicht einmal sechzehn Jahren bereits das Nationaltrikot trug. Am 7. Juli 1957 trafen die alten Rivalen Brasilien und Argentinien aufeinander. Brasilien siegte mit 2:1, und ein Treffer des Debütanten Pelé trug zum Sieg mit bei. Diese zwei Tore bedeuteten den Auftakt eines schier unglaublichen Torerekordes auf nationaler und internationaler Ebene, der mit wahrhaft astronomischen Zahlen endete, und nicht zuletzt seine Tore waren es, die Brasilien die Weltmeisterschaften von 1958 und von 1970 sicherten.

Im Maracana-Stadion von Rio de Janeiro feierte Pelé im Laufe seiner Karriere zwei unvergeßliche Fußballfeste. Am 19. November 1969 bildeten 150000 Zuschauer die gewaltige Kulisse zum Jubiläumstor für seinen Klub. Im Spiel des FC Santos gegen Vasco da Gama schoß er in der 78. Minute durch einen Elfmeter das 1000. Tor für Santos. Das Ereignis geriet zum Spektakel: Der Schiedsrichter unterbrach die Partie, Pelé mußte ein neues Trikot mit der Nummer 1000 überstreifen, sämtliche Radio- und Fernsehprogramme wurden unterbrochen, um das Ereignis zu melden ... danach wurde in Rio gefeiert wie in den heißesten Tagen des Karneval.

Gut eineinhalb Jahre später, am 18. Juli 1971, füllten wieder über 140000 Zuschauer die riesige Arena. Diesmal galt es Abschied zu nehmen von dem Nationalspieler Pelé, der an jenem Tag im Spiel gegen Jugoslawien zum 112. und letzten Male das Nationaltrikot trug. Seine Fans mochten es nicht glauben. Nach vierzehn Jahren in der Ländermannschaft, nach 95 Toren im brasilianischen Trikot sollte es ihn nicht mehr geben. Aber Pelé ließ sich auch vom Staatspräsidenten nicht erweichen. Jüngere sollten 1974 den WM-Titel verteidigen. Der Abschied geriet zum Drama, ganz Brasilien schien in tiefer Trauer zu verharren.

Für seinen Klub blieb Pelé aber noch drei Jahre aktiv. Erst am 3. Oktober 1974 trug er das Trikot des FC Santos im Spiel gegen die Corinthians aus São Paulo zum letzten Male. Er hatte es sich insgesamt 1114mal übergestreift.

Nach einem dreiviertel Jahr wurde Brasilien durch eine Nachricht aus den USA geschockt. Pelé gab am 10. Juli 1975 bekannt, er habe sich ab sofort bei der Mannschaft von Cosmos New York für drei Jahre verpflichtet. Pelé ließ den Vorwurf nicht gelten, nur des Geldes wegen – es war von vielen Dollar-Millionen die Rede – seine Laufbahn fortgesetzt zu haben. Er verstand sich als Entwicklungshelfer der US-Soccer-Liga und trug mit seiner neuen Mannschaft tatsächlich viel zur Entwicklung des Fußballsports in den USA bei. Als Cosmos 1977 die Meisterschaft errang, füllten 75000 Zuschauer das Stadion.

Am 1. Oktober 1977 schlug dann aber wirklich seine letzte Fußballstunde. Vor wiederum 75000 Besuchern im Giants-Stadion in East Rutherford spielte er eine Halbzeit im Cosmos-Trikot, die andere in dem des Gegners, seines Heimatvereins FC Santos. Es war das 1363. Spiel seiner Laufbahn, und er erzielte in der 43. Minute ein Tor zum 1:0 für Cosmos – das nunmehr 1281. seiner Karriere als Fußballprofi.

An der großen Anzeigetafel stand nach dem Spiel zu lesen: »Dank Brasilien für Pelé«. Fernsehteilnehmer in 38 Nationen konnten das Spektakel miterleben.

Danach zog sich Pelé ins Privat- und Geschäftsleben zurück, soweit das einem Menschen von seinem Bekanntheitsgrad überhaupt möglich ist. Er hat unzählige Auszeichnungen und Titel verliehen bekommen, die Großen dieser Welt erachteten es als eine Ehre, seine Bekanntschaft machen zu können – Pelé hat alles mit Würde getragen. Als er fast dreißig Jahre alt war, hat er mitten im Leistungsstreß des Fußballprofis seine geringe Schulbildung verbessert. An einem privaten College in der Provinz büffelte er so lange, bis ihm eine Prüfungskommission ein Zertifikat zuerkannte, das etwa einer Reifeprüfung gleichkam. Zu dieser Zeit schätzte man ihn schon als Millionär ein.

Im Dezember 1983 lockte Cosmos New York nochmals mit einem Millionen-Dollar-Angebot. Doch der mittlerweile 43jährige Pelé lehnte es höflich, aber bestimmt ab.

Das Bild eines Triumphators: Pelé

Die Geste des unvergleichlichen Pelé drückt alles aus: Endlich wieder Weltmeister, endlich wieder bis zum Schluß dabei. Seine Freude ist ein einziger triumphaler Aufschrei.

Die deutschen Fußball-Länderspiele

1970		
11. 2. in Sevilla	Spanien – Deutschland	2:0
8. 4. in Stuttgart	Deutschland – Rumänien	1:1
9. 5. in Berlin	Deutschland – Irland	2:1
13. 5. in Hannover	Deutschland – Jugoslawien	1:0
3. 6. in Leon	Deutschland – Marokko	2:1*
7. 6. in Leon	Deutschland – Bulgarien	5:2*
10. 6. in Leon	Deutschland – Peru	3:1*
14. 6. in Leon	Deutschland – England	3:2 n. V.*
17. 6. in Mexico City	Deutschland – Italien	3:4 n. V.*
20. 6. in Mexico City	Deutschland – Uruguay	1:0*
9. 9. in Nürnberg	Deutschland – Ungarn	3:1
17. 10. in Köln	Deutschland – Türkei	1:1
18. 11. in Zagreb	Jugoslawien – Deutschland	2:0
22. 11. in Athen	Griechenland – Deutschland	1:3
1971		
17. 2. in Tirana	Albanien – Deutschland	0:1
25. 4. in Istanbul	Türkei – Deutschland	0:3
12. 6. in Karlsruhe	Deutschland – Albanien	2:0
22. 6. in Oslo	Norwegen – Deutschland	1:7
27. 6. in Göteborg	Schweden – Deutschland	1:0
30. 6. in Kopenhagen	Dänemark – Deutschland	1:3
8. 9. in Hannover	Deutschland – Mexiko	5:0
10. 10. in Warschau	Polen – Deutschland	1:3
17. 11. in Hamburg	Deutschland – Polen	0:0
1972		
29. 3. in Budapest	Ungarn – Deutschland	0:2
29. 4. in London	England – Deutschland	1:3
13. 5. in Berlin	Deutschland – England	0:0
26. 5. in München	Deutschland – Sowjetunion	4:1
14. 6. in Antwerpen	Deutschland – Belgien	2:1**
18. 6. in Brüssel	Deutschland – Sowjetunion	3:0**
15. 11. in Düsseldorf	Deutschland – Schweiz	5:1
1973		
14. 2. in München	Deutschland – Argentinien	2:3
28. 3. in Düsseldorf	Deutschland – ČSSR	3:0
9. 5. in München	Deutschland – Jugoslawien	0:1
12. 5. in Hamburg	Deutschland – Bulgarien	3:0
16. 6. in Berlin	Deutschland – Brasilien	0:1
5. 9. in Moskau	Sowjetunion – Deutschland	0:1
10. 10. in Hannover	Deutschland – Österreich	4:0
13. 10. in Gelsenkirchen	Deutschland – Frankreich	2:1
14. 11. in Glasgow	Schottland – Deutschland	1:1
24. 11. in Stuttgart	Deutschland – Spanien	2:1

* WM-Spiele
** EM-Spiele

Er wies ein Jahrzehnt den Weg

Uwe Seeler – hier bei seiner vierten WM in Mexiko – hat der Nationalelf fast ein Jahrzehnt den Weg gewiesen. Er war mehr als nur der Kapitän, er war Idol für Millionen Fußballfans.

Das Starporträt: Uwe Seeler

Viermal versuchte er, mit der deutschen Nationalmannschaft den Thron des Weltmeisters zu besteigen, dabei stellte er mit 21 Einsätzen in WM-Endrunden einen in der Welt unerreichten Rekord auf: Uwe Seeler, langjähriger Kapitän der Nationalelf und Vorbild für Fußballergenerationen. Fast zwanzig Jahre lang trug er das Trikot seines Hamburger SV, für den er ein Jahr nach Mexiko zum letzten Mal die Fußballstiefel schnürte.

»Uns Uwe«, wie er zunächst in seiner Heimatstadt, dann in ganz Deutschland gerufen wurde, fand das Fußballtalent gewissermaßen in seiner Wiege vor. Der am 5. November 1936 geborene Uwe hatte einen bekannten Fußballer zum Vater. Erwin Seeler gehörte in den 40er und noch Anfang der 50er Jahre als Außenläufer zu den herausragenden Spielern des HSV. Daß seine beiden Söhne Dieter und Uwe auch das HSV-Trikot überstreiften, war in der Familie Seeler Ehrensache.

Uwe Seeler fiel als Jugendlicher durch seinen unbändigen Drang nach vorn, vor allem als erfolgreicher Torschütze auf, und so führte er auch den Angriff der deutschen Jugendauswahl beim UEFA-Jugend-Turnier 1954, die damals den zweiten Platz belegte. Von den 21 deutschen Treffern erzielte Uwe Seeler allein 13. Am 16. Oktober des gleichen Jahres trug er bei der 1:3-Niederlage gegen Frankreich erstmals das Trikot der Nationalmannschaft, zwar nur als Auswechselspieler für zwanzig Minuten – aber damit hatte eine internationale Karriere begonnen, in der er bis 1970 in seinen 72 Länderspielen 43 Tore schoß und bei Weltmeisterschaften die Plätze 2, 3 und 4 belegte.

Das Energiebündel von der Elbe blieb durch seinen nimmermüden Einsatz über ein Jahrzehnt Vorbild für Millionen junger Fußballer. Neben seinem Können überzeugte seine stets vorbildliche sportliche Haltung alle Beobachter. Die Öffentlichkeit feierte ihn 1960, 1964 und noch einmal 1970 als Deutschlands Fußballer des Jahres. Mit seinem HSV, für den er 810 Spiele bestritt und 704 Tore schoß, davon allein 137 in der Bundesliga, wurde er 1960 Deutscher Meister und 1963 Pokalsieger. In der Weltelf, die im gleichen Jahr gegen England spielte, fehlte er ebensowenig wie in einer Europa-Auswahl, die 1964 in Jugoslawien antrat.

Zum offiziellen Abschied vom Fußball gaben viele seiner früheren Gegner Uwe Seeler die Ehre und formierten sich zu einer Weltauswahl, die am 1. Mai 1972 in Hamburg den Rahmen für Seelers letzten aktiven Auftritt bildete.

Die erfolgreichsten deutschen WM-Torschützen:

Gerd Müller	14 Tore	(13 Spiele)
Helmut Rahn	10 Tore	(10 Spiele)
Uwe Seeler	9 Tore	(21 Spiele)
Karl-Heinz Rummenigge	8 Tore	(12 Spiele)
Hans Schäfer	7 Tore	(15 Spiele)
Max Morlock	6 Tore	(5 Spiele)
Helmut Haller	6 Tore	(9 Spiele)
Franz Beckenbauer	5 Tore	(18 Spiele)

Deutschland 1974

Dramatik bis zum Schlußpfiff

Die Teilnahme an einer Fußball-Weltmeisterschaft wurde für immer mehr Mitglieder der FIFA zu einer wichtigen Prestigefrage. Zur zehnten Veranstaltung seit Einführung dieses Wettbewerbs gaben zunächst 99 von 141 Mitgliedern des Weltfußballverbandes ihre Meldung ab. Sieben (Madagaskar, Gabun, Sri Lanka [Ceylon], Indien, Venezuela, Jamaika und die Philippinen) zogen diese wieder zurück, so daß noch 92 Mannschaften um die vierzehn freien Endrundenplätze neben Titelverteidiger Brasilien und Veranstalter Bundesrepublik Deutschland kämpfen mußten.

In aller Welt waren 220 Ausscheidungsspiele notwendig, um das Feld der sechzehn Mannschaften zu ermitteln, die zwischen dem 13. Juni und dem 4. Juli 1974 den neuen Weltmeister ausspielen sollten.

Um den einzigen Teilnehmer Afrikas herauszufinden, mußten allein fünfzig Qualifikationsspiele ausgetragen werden. Mit dem Sieger Zaire stellte Schwarzafrika erstmals ein Team bei einer WM-Endrunde. Diese erhielt weiteren

Der entscheidende Moment des Finales

Das alles entscheidende zweite Tor im WM-Finale 1974 aus zwei Perspektiven: In der Totalen oben kann man die Aktion von Gerd Müller in der Schlußphase verfolgen. Der Torschütze dreht schon ab, der Ball rollt in Richtung holländische Torlinie. Die beiden Bilder darunter zeigen den Moment des Schusses und eine Szene danach.

exotischen Anstrich durch den Gewinner der Region Nord- und Mittelamerika, Haiti, das überraschend Mexiko eliminieren konnte. Der Bereich Asien/Ozeanien wurde durch den WM-Neuling Australien vertreten.

Europas Fußballnationen stritten in neun, Südamerikas in drei Gruppen um die Endrundenteilnahme, wobei der Sieger der Gruppe 9 aus Europa gegen den Sieger der Gruppe 3 aus Südamerika noch eine zusätzliche Qualifikation auszutragen hatte. Die fand jedoch nur zur Hälfte statt. Die Sowjetunion und Chile trugen nur ein Spiel aus (0:0 in Moskau), danach verhinderte der Sturz des sozialistischen Regimes Allende weitere Kontakte zwischen dem südamerikanischen Land und dem Ostblock. Chile wurde daraufhin von der FIFA für qualifiziert erklärt.

Im Gestrüpp der vielen Ausscheidungen blieben auch diesmal Mannschaften hängen, die in der Vergangenheit schon WM-Ruhm ernten konnten. So mußte Ungarn in seiner Qualifikationsgruppe anderen Teams nur wegen des schlechteren Torverhältnisses den Vortritt lassen, obwohl es keines der sechs Gruppenspiele verloren hatte. Exweltmeister England blieb in seiner Gruppe hinter Polen nur der zweite Platz, auch Portugal, Spanien, Frankreich und die ČSSR schafften es diesmal nicht.

Lange vor der Endrunde mußte die FIFA eine neue Siegestrophäe bereitstellen, da der »Coupe Jules Rimet« am 21. Juni 1970 für alle Zeit in den Besitz Brasiliens überging. Nach ausführlichen Vorklärungen erhielt der italienische Bildhauer Silvio Gazzaniga den Auftrag zur Schaffung der neuen WM-Trophäe. Er schuf den neuen Welt-Pokal aus purem achtzehnkarätigen Gold im Gesamtgewicht von 4970 Gramm. Das 36 Zentimeter hohe Kunstwerk zieren am Sockel zwei Kränze aus Malachit-Halbedelsteinen.

Als weitere Neuerung präsentierte die FIFA für die zehnte Weltmeisterschaft einen geänderten Austragungsmodus für die Endrunde. Im Anschluß an die wie bisher üblichen Gruppenspiele gab es 1974 kein Viertel- und Halbfinale nach dem K.-o.-System, sondern eine sogenannte zweite Finalrunde der letzten acht Mannschaften – jeweils beide Erstplazierten der vier Gruppen –, die wiederum in zwei Gruppen eine Punktrunde austragen mußten. Durch ein ausgeklügeltes System wurde dabei das Aufeinandertreffen von Teams aus der ersten Finalrunde vermieden. Das Finale um den WM-Titel bestritten dann beide Gruppensieger, während die Zweiten um den dritten Platz spielten.

Dieser neue Modus sollte mehr Gerechtigkeit bringen, verhinderte er doch, daß eine Mannschaft nach der Vorrundenqualifikation durch eine einzige Niederlage aus dem weiteren Wettbewerb ausscheiden mußte. Die Gesamtzahl der Endrundenspiele erhöhte sich durch den neuen Modus von 32 auf 38.

Der DFB hatte in Zusammenarbeit mit Bund und Ländern einen würdigen Rahmen für die Abwicklung dieses Mammutturniers geschaffen. Die Stadien in Berlin, Hamburg, Hannover, Dortmund, Gelsenkirchen, Düsseldorf, Frankfurt, Stuttgart und München wurden modernisiert bzw. neu gebaut, für die weltweit erwarteten Fernsehübertragungen Technik und Erfahrungen aus der Arbeit während der Olympischen Sommerspiele von 1972 übernommen.

Die Mannschaft des Ausrichters hatte bei vergangenen WM-Turnieren den Heimvorteil oft zu besonders guten Ergebnissen bis hin zum Titelgewinn nutzen können. Für die deutsche Mannschaft sollte sich diese Erwartungshaltung im Turnier 1974 jedoch als Ballast erweisen. In der deutschen Öffentlichkeit wurde nach der Gruppeneinteilung für die erste Finalrunde nur über den Endspielgegner diskutiert, den es zu besiegen galt. Ein Mißerfolg der eigenen Elf wurde erst gar nicht einkalkuliert.

Stolzester Augenblick als Fußballer

Der Kapitän der siegreichen deutschen Elf, Franz Beckenbauer, mit der neuen Weltmeister-Trophäe – eingerahmt von Bundespräsident Walter Scheel (links) und DFB-Präsident Dr. Hermann Gösmann.

Diese Elf mußte aber erst einmal gefunden werden. Helmut Schön hatte 22 Spieler nominiert, die sich in der schleswig-holsteinischen Sportschule Malente auf das Turnier vorbereiteten. Der Bundestrainer vertraute wieder einer Mischung aus alten »WM-Hasen« und neuen Spielern, die sich seit der Endrunde von 1970 für höhere Aufgaben qualifiziert hatten. Sepp Maier, Franz Beckenbauer, Horst-Dieter Höttges, Wolfgang Overath und Jürgen Grabowski standen zum dritten Mal in einem WM-Aufgebot, einige andere hatten zumindest schon einmal WM-Erfahrung gesammelt.

Alle 22 jedoch bewiesen noch in der Sportschule ihren Geschäftssinn, als es darum ging, die Prämie für den eventuellen Titelgewinn mit dem DFB auszuhandeln. An ihrer Forderung von 100000 DM pro Spieler zeigte sich besonders augenfällig die gewandelte Einstellung zur Nationalmannschaft, die von einer weltweit aufgekommenen Kommerzialisierung des Fußballs geprägt wurde. An den Millionenumsätzen im Umfeld einer Fußball-WM mochten die neuen Profis nicht mehr total unbeteiligt sein. Neben der Ehre schien klingende Münze nunmehr ein angemessener Lohn für die Mühen. In von der Öffentlichkeit mit gemischten Gefühlen beobachteten Verhandlungen handelte der DFB die WM-Siegesprämie schließlich auf 60000 DM herunter, ehe für die Bundesligaprofis die WM beginnen konnte.

Schon das erste Spiel in der vermeintlich leichten Gruppe mit den Gegnern Chile, Australien und DDR weckte unangenehme Erinnerungen an die Vergangenheit. Die Chilenen erwiesen sich vor 85000 Zuschauern im Berliner Olympiastadion als ähnlich unangenehmer Gegner wie Marokko 1970 und gaben sich nach einem enttäuschenden Spiel lediglich mit 0:1 geschlagen. Das goldene Tor erzielte Paul Breitner. Der Bundestrainer vertraute auch im zweiten Spiel gegen Australien der heftig geschmähten Mannschaft und ließ sie in Hamburg zunächst ohne personelle Änderung auflaufen. Die Begegnung wurde durch Tore von Overath, Cullmann und Gerd Müller zahlenmäßig glatt mit 3:0 gewonnen, aber die Gesamtleistung der Mannschaft, insbesondere eine auffällig lasche Einstellung und fehlender Kampfgeist, ließen doch erhebliche Zweifel an der fest ins Auge gefaßten Endspielteilnahme aufkommen. Aus dem Trainingslager in Malente drang nach diesem Spiel wenig Ermutigendes an die Öffentlichkeit.

Die negative Entwicklung um die deutsche Nationalelf erreichte ausgerechnet im letzten Gruppenspiel gegen die DDR ihren Höhepunkt. Vor 61 000 Zuschauern gab es im Hamburger Volksparkstadion eine der größten Blamagen für den deutschen Fußball nach dem Zweiten Weltkrieg. Gegen die spielerisch längst nicht zur ersten Garnitur zählende DDR-Mannschaft sahen die Bundesligaprofis wie schwerfällige Anfänger aus. Nachdem sich über eine Stunde keine Ordnung in ihrem Spiel herstellen ließ, zog Helmut Schön einen vermeintlichen Trumpf aus dem Ärmel: Er schickte in der 69. Minute den Mönchengladbacher, mittlerweile für Real Madrid spielenden Günter Netzer für Wolfgang Overath vom 1. FC Köln aufs Feld. Der einstige Kopf der siegreichen Europameisterschaftself (→ EM 1972) konnte dem Spiel aber auch keine neuen Impulse mehr geben. Im Gegenteil, die DDR erzielte durch ihren Stürmer Jürgen Sparwasser vom 1. FC Magdeburg in der 77. Minute das 1:0 und damit den Siegtreffer. Günter Netzer fiel dem großen Aufräumen nach dieser Pleite zum Opfer und beendete seine WM-Karriere mit dem 21-Minuten-Einsatz gegen die DDR.

Die Niederlage hatte für die bundesdeutschen Kicker neben den moralischen auch praktische Folgen. Sie beendeten die erste Finalrunde lediglich als Gruppenzweiter hinter der DDR und mußten sich nun für die zweite Runde anders als vorgesehen orientieren. Nach den Leistungen in den anderen Gruppen der ersten Runde schien Helmut Schöns Mannschaft jedoch ohnehin kaum noch Chancen zu haben. Wie schwer für andere Teams der Weg bis zum Weiterkommen war, wurde besonders in der Gruppe 2 deutlich, in der am Ende Jugoslawien, Brasilien und Schottland punktgleich standen und die Schotten nur wegen des ungünstigeren Torverhältnisses ausscheiden mußten. Auch in der Gruppe 3 mußten von den namhaften Startern alle weit engagierter kämpfen als Helmut Schöns Mannschaft, bis das erste Ziel erreicht war. Hier überraschte Holland mit einem souveränen Gruppensieg vor Schweden; Uruguay blieb dagegen auf der Strecke. Das gleiche Schicksal ereilte die Italiener in der Gruppe 4, wo sich Polen und Argentinien durchsetzen konnten.

Aus dieser Phalanx wurden Jugoslawien, Schweden und Polen der bundesdeutschen Mannschaft als nächste Gegner zugeordnet. Die vier anderen Teams aus Holland, Argentinien, Brasilien, der DDR bildeten die zweite Gruppe.

Mit der Gruppeneinteilung war für die bundesdeutsche Mannschaft auch ein Wechsel des Trainingslagers verbunden. Von Malente ging es ins westfälische Kaiserau, und angesichts der nahen Fördertürme wurde innerhalb des Aufgebots deutlich diskutiert. Kapitän Franz Beckenbauer ging in die Öffentlichkeit und riskierte beim Verteilen von Lob und Tadel für seine Mitspieler viel Ärger – auch mit dem Bundestrainer, dem er neue Leute für die nächsten Aufgaben empfahl. Das gegenüber der letzten WM geänderte Spielsystem machte es möglich: Neubeginn, als wäre die enttäuschende Vorrunde nicht gewesen.

Zum Spiel gegen Jugoslawien in Düsseldorf ließ das nunmehr verantwortliche Tandem Schön/Beckenbauer vier neue Spieler auflaufen: Herbert Wimmer und Rainer Bonhof aus Mönchengladbach, Dieter Herzog aus Düsseldorf und Bernd Hölzenbein aus Frankfurt. Für 67 000 Zuschauer in Düsseldorf schien eine völlig neue Mannschaft auf dem Feld zu stehen. Sie zeigte vor allem den Kampfgeist, der in allen voraufgegangenen Begegnungen so schmerzlich vermißt wurde, und rang den starken Gegner durch Tore von Breitner und Müller mit 2:0 nieder.

Nach dieser Leistung sprach man in der Öffentlichkeit wieder von weiteren Chancen. Die neuformierte Elf verdiente wieder Vertrauen. Bis auf eine Ausnahme schickte Helmut Schön sie auch ins zweite Spiel dieser Runde. Für den verletzten Wimmer erhielt Uli Hoeneß aus München nach seinem Kurzeinsatz gegen Jugoslawien nun eine weitere Chance gegen die Schweden. Deren Aufstellung entbehrte nicht einer gewissen Pikanterie, spielten doch einige Aktive in der Fußball-Bundesliga (oder hatten dort gespielt) – so Conny Torstensson, der auf seine Mannschaftskameraden von Bayern München traf, Roland Sandberg (1. FC Kaiserslautern) und Bo Larsson (früher VfB Stuttgart). Der professionelle Anstrich des Schwedenteams wurde weiter unterstrichen durch die beim holländischen Spitzenklub PSV Eindhoven tätigen Björn Nordquist und Ralf Edström.

Helmut Schön konnte also bis auf Herbert Wimmer die gegen Jugoslawien siegreiche Elf aufbieten, ihn vertrat, wie schon erwähnt, der Münchner Uli Hoeneß. Im Düsseldorfer Rheinstadion entwickelte sich ein Kampfspiel, das

Deutsche Abwehr geriet unter Druck

Im Laufe des Finales gab es während der zweiten Halbzeit eine lange Drangperiode der Holländer, in der die deutsche Abwehr – hier mit Torwart Sepp Maier und Franz Beckenbauer (rechts) – Schwerstarbeit leisten mußte.

Auch gegen Polen erfolgreich

Deutschlands Mittelstürmer Gerd Müller erzielte auch gegen Polen ein wichtiges Tor. Hier hat er sich gegen Zmuda durchgesetzt und strebt dem polnischen Tor zu.

die Zuschauer bis zur letzten Minute in Atem hielt. Die Schweden gingen früh 1:0 in Führung und retteten den von Ralf Edström erzielten Vorsprung in die Halbzeit. Nach der Pause überstürzten sich in turbulenten drei Minuten die Ereignisse. Wolfgang Overath erzielte den Ausgleich zum 1:1 (50. Minute), Rainer Bonhof die 2:1-Führung (51. Minute) und Roland Sandberg wiederum den Ausgleich (53. Minute). Endgültig auf die Siegesstraße brachte der eingewechselte Jürgen Grabowski die deutsche Elf durch sein 3:2, das Uli Hoeneß durch einen Elfmeter zum 4:2-Endstand noch erhöhte. Nach diesem Erfolg waren die schwachen Leistungen der Vorrunde endgültig vergessen, im deutschen Lager wurde wieder vom Endspiel gesprochen.

Davor türmte sich aber mit dem letzten Gruppengegner Polen ein unerwartetes Hindernis auf. Nach ihren klaren Erfolgen in der Vorrunde hatten die Männer aus dem Ostblock ebenfalls Schweden und Jugoslawien besiegt und waren auf dem besten Weg, zur großen Überraschungsmannschaft dieser Weltmeisterschaft zu werden. Immerhin hatten sie ihre bisherigen fünf Spiele gewonnen und dabei ein Torverhältnis von 15:4 erzielt. Das Aufeinandertreffen mit der deutschen Mannschaft bedeutete für sie den Griff zur WM-Krone, im sogenannten »Kleinen Finale« standen sie ja bereits. Drei von ihnen kannten den Endspielrasen sogar schon von einem anderen Erfolgserlebnis: Libero Jerzy Gorgon (Gornik Zabrze), Mittelfeldregisseur Kazimiercz Deyna (Legia Warschau) und Linksaußen Robert Gadocha (ebenfalls Zabrze) standen in der 1972 im Münchner Olympiastadion siegreichen Goldmedaillenelf der Polen. Während des WM-Turniers hatten sich mit Torhüter Jan Tomaszewski (LKS Lodz) und Rechtsaußen Grzegorz Lato (Stal Mielec) weitere herausragende Kräfte gezeigt, so daß der Weg ins Endspiel für Helmut Schöns Mannschaft in der Tat außerordentlich beschwerlich schien.

Der Bundestrainer vertraute der Elf, die sich nach den Auswechslungen gegen Schweden herauskristallisiert hatte: mit den Frankfurtern Grabowski und Hölzenbein auf den Flügeln und Uli Hoeneß neben Bonhof und Overath im Mittelfeld. Nach fünf WM-Spielen hatte der Bundestrainer also endlich die vermeintlich stärkste Elf gefunden. Die erstmals in dieser Besetzung auftretende deutsche Mannschaft erreichte durch einen 1:0-Sieg (Tor: Gerd Müller, fünfzehn Minuten vor Schluß) in der legendären Wasserschlacht von Frankfurt tatsächlich den Gruppensieg und damit das Finale. Strömender Regen hatte Platzverhältnisse geschaffen, die lediglich ein reines Kampfspiel zuließen, das wegen seiner dramatischen Begleitmomente dennoch einen besonderen Markstein in der deutschen WM-Geschichte darstellt. Die deutsche Mannschaft kam ohne Auswechslung aus und stand in dieser Besetzung damit auch für das Finale fest, zumal ein weiterer Leistungsaufschwung festzustellen war.

Für dieses Endspiel hatte sich in der anderen Gruppe die Mannschaft aus Holland souverän qualifiziert. Ohne Gegentor marschierten die Oranje-Hemden durch die zweite Finalrunde, wobei besonders die Erfolge gegen die südamerikanischen Ballartisten aus Argentinien und Brasilien beeindruckten. Titelverteidiger Brasilien blieb nur der Trost, im »Kleinen Finale« um Platz 3 spielen zu dürfen.

Fast auf den Tag genau zwanzig Jahre nach dem ersten Titelgewinn für Deutschland griff Helmut Schöns Mannschaft am 7. Juli 1974 im Münchner Olympiastadion zur WM-Krone, und auf jeder Seite standen sich dabei – wenn auch nur verbal – gekrönte Häupter gegenüber. Die deutsche Elf wurde von Kapitän Franz Bekkenbauer geführt, der sich den Beinamen »Kaiser Franz« spätestens durch sein Eingreifen nach den Vorrunden-Pleiten endgültig verdient hatte. Sein Gegenüber auf holländischer Seite, der mittlerweile beim FC Barcelona erfolgreiche Johan Cruyff, hatte von findigen Journalisten den Beinamen »König Johan« zuerkannt bekommen. Hollands Coach Rinus Michels hatte um ihn ein Team aufgebaut, das einen geraden Erfolgsweg bis in dieses Finale gegangen war und nicht nur wegen der bei der WM gezeigten Leistungen als leichter Favorit gehandelt wurde. Die Mischung aus Spielern der Spitzenklubs Ajax Amsterdam und Feyenoord Rotterdam, ergänzt durch die Auslandsprofis Cruyff (Porträt → Europameisterschaft 1976) und Rob Rensenbrink (RSC Anderlecht/Belgien), schien in der Tat stark genug, den Heimvorteil der deutschen Mannschaft aufzuwiegen. Nachdem die erstmals nach dem Zweiten Weltkrieg wieder für eine Endrunde qualifizierte Mannschaft so weit gekommen war, schien der Griff nach den Sternen keine Unmöglichkeit.

Was dann vor 80 000 Zuschauern in München abrollte, ist hernach mit manchem Superlativ beschrieben worden, wobei die Prädikate »Krimi« und »Zitterspiel« am häufigsten vorkamen. Es begann mit einem Schock für die deutsche Mannschaft, ihre Betreuer und natürlich ihre Anhänger. Vom Anstoß weg führte

Der Torhüter hatte keine Angst

Die Angst des Torwarts vor dem Elfmeter war bei Jan Tomaszewski nicht vorhanden. Der Pole blieb eiskalt und konnte den Strafstoß von Uli Hoeneß abwehren.

Die Wasserschlacht von Frankfurt

Das Spiel gegen die Polen fand unter ungünstigsten Bedingungen statt. Bei dieser Aktion zwischen Hölzenbein und Szymanowski wird man eher an ein Wasserballett als an ein Fußballspiel erinnert.

nämlich der Weg von »König Johan« Cruyff in den deutschen Strafraum, wo er von Uli Hoeneß unsanft gebremst wurde. Der englische Schiedsrichter John Taylor – noch hatte seine Uhr nicht die erste volle Umdrehung gemacht – entschied sofort auf Strafstoß. Johan Neeskens (Ajax Amsterdam) ließ sich die Chance nicht entgehen und schoß zum 1:0 für seine Mannschaft ein.

In diesem Augenblick bewies die deutsche Elf aber ihre im Turnierverlauf gewachsene Moral. Angetrieben von Beckenbauer, Overath und dem Youngster Bonhof, fand sie ihr Spiel und konnte die Holländer unter Druck setzen. In der 25. Minute gab es dann die Duplizität der Ereignisse. Wieder mußte Mister Taylor auf den Elfmeterpunkt zeigen, diesmal jedoch auf der anderen Seite, wo Bernd Hölzenbein von Wim Jansen unfair gebremst worden war. Paul Breitner behielt als auserkorener Schütze die Nerven und stellte den 1:1-Ausgleich her. Das deutsche Spiel lief danach noch besser, und Berti Vogts hatte die Riesenchance zum 2:1, scheiterte aber an Jan Jongbloed im holländischen Tor. Das 2:1 fiel aber noch vor der Pause. Zwei Minuten vor dem Abpfiff des ersten Durchgangs konnte sich Rainer Bonhof energisch am rechten Flügel durchsetzen. Seinen scharf getretenen Rückpaß angelte sich Gerd Müller, und der Münchner erzielte in für ihn typischer Manier den Führungstreffer. Es war ein Jubiläumstor von hohem Stellenwert, nämlich der hundertste Treffer für Deutschland in einer WM-Endrunde. Er entschied das Finale 1974, obwohl die Holländer nach der Pause alles riskierten und mit einem Sturmlauf ohne Ende für das große Zittern bei den Zuschauern sorgten. Deutschland wurde zwanzig Jahre nach Bern erneut Weltmeister, und das mit einer Mannschaft, die erst zum zweiten Mal in der untenstehenden Aufstellung angetreten war.

Sie spielten auch danach nie wieder zusammen, denn mitten in die Feier platzten der Rücktritt von Gerd Müller, Wolfgang Overath sowie Jürgen Grabowski und die Ankündigung von Paul Breitner, eine zweijährige Länderspielpause einzulegen. Auslöser war eine Entscheidung des DFB, die Spielerfrauen nicht zum Bankett nach dem Spiel zuzulassen. Tiefere Ursachen hatten sich aber vor und während der WM angestaut: Für die Bundesligaprofis ging es 1974 nicht mehr nur um Ruhm und Ehre wie für ihre Vorgänger von 1954, sondern um Geld und lukrative Zukunftsperspektiven durch Vermarktung des Titelgewinns.

Für Bundestrainer Helmut Schön aber bedeutete der Triumph von München den Höhepunkt einer erfolgreichen Trainerkarriere. 1966 in England Platz 2, 1970 in Mexiko Platz 3, jetzt Weltmeister: Damit rückte der im Volksmund als »Mann mit der Mütze« apostrophierte Trainer nach Vittorio Pozzo – mit Italien 1930 und 1934 Weltmeister – an die zweite Stelle der erfolgreichsten WM-Trainer. Das Finale war das 101. Länderspiel unter seiner Regie, dabei gab es 67 Siege, 18 Unentschieden und nur 16 Niederlagen bei einem Torverhältnis von 228:75.

Das deutsche WM-Aufgebot:

Es bestand aus sieben Spielern von Bayern München, fünf von Borussia Mönchengladbach, drei vom 1. FC Köln, je zwei von Eintracht Frankfurt und Schalke 04, je einem von Real Madrid, Fortuna Düsseldorf und Werder Bremen.

Franz Beckenbauer (Bayern München), 7 Einsätze; Rainer Bonhof (Borussia Mönchengladbach), 4 Einsätze, 1 Tor; Paul Breitner (Bayern München), 7 Einsätze, 3 Tore; Bernd Cullmann (1. FC Köln), 3 Einsätze, 1 Tor; Heinz Flohe (1. FC Köln), 3 Einsätze (zweimal eingewechselt); Jürgen Grabowski (Eintracht Frankfurt), 6 Einsätze (einmal eingewechselt), 1 Tor; Dieter Herzog (Fortuna Düsseldorf), 2 Einsätze; Josef (»Jupp«) Heynckes (Borussia Mönchengladbach), 2 Einsätze; Ulrich (»Uli«) Hoeneß (Bayern München), 7 Einsätze (einmal eingewechselt), 1 Tor; Bernd Hölzenbein (Eintracht Frankfurt), 6 Einsätze (zweimal eingewechselt); Horst-Dieter Höttges (Werder Bremen), 1 Einsatz (eingewechselt); Hans Josef (»Jupp«) Kapellmann (Bayern München), ohne Spiel; Wolfgang Kleff (Borussia Mönchengladbach), ohne Spiel; Helmut Kremers (Schalke 04), ohne Spiel; Josef (»Sepp«) Maier (Bayern München), 7 Einsätze; Gerd Müller (Bayern München), 7 Einsätze, 4 Tore; Günter Netzer (Real Madrid), 1 Einsatz (eingewechselt); Norbert Nigbur (Schalke 04), ohne Spiel; Wolfgang Overath (1. FC Köln), 7 Einsätze, 2 Tore; Georg Schwarzenbeck (Bayern München), 7 Einsätze; Hans-Hubert (»Berti«) Vogts (Borussia Mönchengladbach), 7 Einsätze; Herbert Wimmer (Borussia Mönchengladbach), 2 Einsätze (einmal eingewechselt).

	Sepp Maier	
	Franz Beckenbauer	
Berti Vogts	**Georg Schwarzenbeck**	**Paul Breitner**
Rainer Bonhof	**Wolfgang Overath**	**Uli Hoeneß**
Jürgen Grabowski	**Gerd Müller**	**Bernd Hölzenbein**

Die Endrundenspiele

1. Finalrunde

Gruppe 1: Deutschland – Chile 1:0; DDR – Australien 2:0; Deutschland – Australien 3:0; Chile – DDR 1:1; Chile – Australien 0:0; DDR – Deutschland 1:0

Tabelle:

1. DDR	3	2	1	0	4:1	5:1
2. Deutschland	3	2	0	1	4:1	4:2
3. Chile	3	0	2	1	1:2	2:4
4. Australien	3	0	1	2	0:5	1:5

Gruppe 2: Jugoslawien – Brasilien 0:0; Schottland – Zaire 2:0; Schottland – Brasilien 0:0; Jugoslawien – Zaire 9:0; Jugoslawien – Schottland 1:1; Brasilien – Zaire 3:0

Tabelle:

1. Jugoslawien	3	1	2	0	10:1	4:2
2. Brasilien	3	1	2	0	3:0	4:2
3. Schottland	3	1	2	0	3:1	4:2
4. Zaire	3	0	0	3	0:14	0:6

Gruppe 3: Schweden – Bulgarien 0:0; Holland – Uruguay 2:0; Uruguay – Bulgarien 1:1; Holland – Schweden 0:0; Holland – Bulgarien 4:1; Schweden – Uruguay 3:0

Tabelle:

1. Holland	3	2	1	0	6:1	5:1
2. Schweden	3	1	2	0	3:0	4:2
3. Bulgarien	3	0	2	1	2:5	2:4
4. Uruguay	3	0	1	2	1:6	1:5

Gruppe 4: Italien – Haiti 3:1; Polen – Argentinien 3:2; Italien – Argentinien 1:1; Polen – Haiti 7:0; Polen – Italien 2:1; Argentinien – Haiti 4:1

Tabelle:

1. Polen	3	3	0	0	12:3	6:0
2. Argentinien	3	1	1	1	7:5	3:3
3. Italien	3	1	1	1	5:4	3:3
4. Haiti	3	0	0	3	2:14	0:6

2. Finalrunde

Gruppe A: Holland – Argentinien 4:0; Brasilien – DDR 1:0; Holland – DDR 2:0; Brasilien – Argentinien 2:1; Holland – Brasilien 2:0; Argentinien – DDR 1:1

Tabelle:

1. Holland	3	3	0	0	8:0	6:0
2. Brasilien	3	2	0	1	3:3	4:2
3. DDR	3	0	1	2	1:4	1:5
4. Argentinien	3	0	1	2	2:7	1:5

Gruppe B: Deutschland – Jugoslawien 2:0; Polen – Schweden 1:0; Deutschland – Schweden 4:2; Polen – Jugoslawien 2:1; Schweden – Jugoslawien 2:1; Deutschland – Polen 1:0

Tabelle:

1. Deutschland	3	3	0	0	7:2	6:0
2. Polen	3	2	0	1	3:2	4:2
3. Schweden	3	1	0	2	4:6	2:4
4. Jugoslawien	3	0	0	3	2:6	0:6

Spiel um Platz 3:

Polen – Brasilien	1:0

Endspiel:

Deutschland – Holland	2:1

Die Sieger ließen sich feiern

Die Momente des Jubels im Münchner Olympiastadion wird keiner der Aktiven vergessen. Oben die Mannschaft im Gruppenbild mit dem Trainer, darunter Torjäger Gerd Müller mit dem Worldcup.

Der WM-Torschützenkönig: Grzegorz Lato

Die Weltmeisterschaft 1974 endete mit einem neuen Minusrekord in der Torausbeute. In den 38 Spielen wurden nur 97 Treffer erzielt, was einem Quotienten von 2,55 Toren pro Spiel entspricht. Die bisher niedrigste Quote hatte es 1962 und 1966 mit 2,78 Treffern pro Spiel gegeben (→ WM-Torstatistik).

Torschützenkönig Lato (geb. am 8. April 1950 in Warschau) war aber mit sieben Treffern in dem Turnier, die er gegen Argentinien, Haiti, Schweden, Jugoslawien und Brasilien erzielte, kein Minusrekordler. Vor allem sein Treffer gegen den Titelverteidiger löste in seiner Heimat Begeisterung aus, bescherte er doch den Polen einen vorher nicht erwarteten dritten Platz.

Lato wurde früh Vollwaise und wuchs in der polnischen Provinz auf. Bei Stal Mielec begann er seine Fußballkarriere, die 1971 mit der ersten Berufung in das Nationalteam auch den ersten Höhepunkt hatte. Beim Olympiasieg der Polen saß Lato 1972 noch auf der Reservebank, aber 1973 kam für ihn der große Durchbruch. Mit Stal Mielec wurde er Polnischer Meister, und in der Nationalmannschaft hatte der schnelle Außenstürmer – Lato schaffte die 100 Meter in glatt 11 Sekunden – bald seinen Stammplatz. Er war auch beim 1:1 im Herbst gegen England in Wembley dabei, das Polen den Weg nach Deutschland ebnete, die Engländer aber zum Zuschauen verurteilte.

Der Dribbelkünstler mit dem Tordrang setzte nach der WM seine Karriere erst richtig fort. 1976 holte er beim Olympiaturnier die Silbermedaille, 1977 wurde er Polens Fußballer des Jahres, nachdem er mit 32 Treffern die Punktspielrunde als Torschützenkönig beendet hatte. Er nahm auch in Argentinien 1978 an der WM-Endrunde teil, dort aber mit geringem Erfolg, und durfte danach ins westliche Ausland wechseln. Vier Jahre später tauchte er als 32jähriger bei der Endrunde 1982 noch einmal in der polnischen Nationalelf auf – mittlerweile spielte er beim SC Lokeren in Belgien – und schraubte seinen Länderspielrekord durch diese Spiele auf 102 Einsätze.

Die erfolgreichsten Torschützen:
7 Tore: Lato (Polen)
5 Tore: Neeskens (Holland), Szarmach (Polen)
4 Tore: Edström (Schweden), Müller (Deutschland), Rep (Holland)

Das Starporträt: Gerd Müller

Sein Rücktritt aus der Nationalmannschaft unmittelbar nach dem gewonnenen WM-Finale bedeutete einen Schock. Zu umfassend war seine Erfolgsserie seit 1970 gewesen, als daß er nun ersetzbar schien.

Das Siegestor gegen die Holländer war sein vierter Treffer bei der Endrunde der WM 1974. Es schraubte seine Gesamtbilanz bei Weltmeisterschaften auf vierzehn Tore und brachte ihm Platz 1 der ewigen WM-Torschützenliste. In seinen 62 Länderspielen erzielte er 68 Treffer.

Mit seinem Verein, dem Beckenbauer-Klub Bayern München, sammelte er zwischen den WM-Turnieren 1970 und 1974 und auch danach weitere Titel, die ihn zu einem der erfolgreichsten Fußballer in Deutschland überhaupt machten.

1971:	DFB-Pokalsieger
1972:	Europameister, Deutscher Meister
1973:	Deutscher Meister
1974:	Europacupsieger der Landesmeister, Deutscher Meister
1975:	Europacupsieger der Landesmeister
1976:	Europacupsieger der Landesmeister
1977:	Weltcupsieger

Im Jahr darauf ließ er erstmals den Gedanken laut werden, sich gänzlich vom Fußballsport zurückzuziehen. Im Dezember 1978 gab er seinen Rücktritt für das

Als Trost blieb die Torjägerkanone

Für Grzegorz Lato war der Traum vom Finale nach der Wasserschlacht von Frankfurt ausgeträumt. Als Trost blieb dem Rekordinternationalen der Polen die Torjägerkanone der WM.

Tor von historischer Bedeutung

Während des Turniers in heimischer Umgebung fiel auch Deutschlands WM-Jubiläumstor. Gerd Müllers 2:1 gegen Holland war der 100. WM-Treffer für den DFB.

DER »CHEF« NIMMT ABSCHIED FUER IMMER

Ende der laufenden Saison bekannt. Querelen mit dem neuen Bayern-Trainer, dem Ungarn Pal Csernai, beschleunigen dann das Ende einer einmaligen Fußballkarriere. Am 3. Februar 1979 wird Gerd Müller erstmals in seiner Laufbahn vorzeitig vom Platz genommen, am 13. Februar bittet er Bayern-Präsident Wilhelm Neudecker um sofortige Lösung seines Vertrages, am 25. Februar erteilt der Präsident die Freigabe ohne Ablösesumme, am 6. März unterschreibt Müller einen Zweijahresvertrag bei den Fort Lauderdale Strikers, einem Verein der US-Profiliga.

Die Bayern lassen einen Mann gehen, der für sie in 427 Bundesligaspielen 365 Tore geschossen hat, siebenmal Torschützenkönig der Bundesliga geworden war und darüber hinaus in vielen Europacupspielen die entscheidenden Treffer erzielte.

Abschied von Sepp Herberger

Im Jahr vor der Ermittlung des neuen Weltmeisters feierte die Welt des Fußballsports den achtzigsten Geburtstag eines ihrer berühmtesten Vertreter – und mußte genau einen Monat später Abschied von ihm nehmen.

Zu Sepp Herbergers Wiegenfest waren am 28. März 1977 über 300 Gäste aus Politik, Wirtschaft, Kultur und natürlich Sport in den Rittersaal des Mannheimer Schlosses gekommen, um den großen alten Mann des deutschen Fußballs zu ehren. FIFA-Präsident Dr. Joao Havelange, Ehrenpräsident Sir Stanley Rous oder Gustav Sebes, Schöpfer des ungarischen »Wunderteams« der 50er Jahre – sie überhäuften den Jubilar ebenso mit Glückwünschen wie zahlreiche Weggefährten aus der aktiven Zeit des ehemaligen Bundestrainers. Bis auf den verstorbenen Werner Kohlmeyer und den erkrankten Toni Turek hatten sich auch alle Weltmeister von 1954 eingefunden.

Der Jubilar zeigte sich noch in guter Verfassung und dankte in einer dreißigminütigen Rede für die zahlreichen Ehrungen. Um so schmerzlicher war die Nachricht vom plötzlichen Tod – er starb am 28. April – des Trainergenies aus Hohensachsen. So fand sich nur dreißig Tage nach der Geburtstagsfeier fast der gleiche Kreis wieder zusammen, nun jedoch am Grabe Herbergers, um seiner zu gedenken.

Er hatte als Trainer 162mal die Nationalelf betreut. Unter seiner Leitung wurden dabei 92 Länderspiele gewonnen, 26 endeten unentschieden, 44 gingen verloren. Während seiner erfolgreichen Laufbahn wurde er mit höchsten sportlichen und staatlichen Auszeichnungen bedacht, darunter das Große Verdienstkreuz des Verdienstordens der Bundesrepublik Deutschland.

Erinnerungen an große Zeiten

Sepp Herberger konnte in seinem Heim Erinnerungen an große Zeiten nachhängen. Der »Chef« hatte die Dokumente seiner Arbeit sorgfältig gesammelt und aufbewahrt.

Die deutschen Fußball-Länderspiele

1974		
23. 2. in Barcelona	Spanien – Deutschland	1:0
26. 2. in Rom	Italien – Deutschland	0:0
27. 3. in Frankfurt	Deutschland – Schottland	2:1
17. 4. in Dortmund	Deutschland – Ungarn	5:0
1. 5. in Hamburg	Deutschland – Schweden	2:0
14. 6. in Berlin	Deutschland – Chile	1:0*
18. 6. in Hamburg	Deutschland – Australien	3:0*
22. 6. in Hamburg	Deutschland – DDR	0:1*
26. 6. in Düsseldorf	Deutschland – Jugoslawien	2:0*
30. 6. in Düsseldorf	Deutschland – Schweden	4:2*
3. 7. in Frankfurt	Deutschland – Polen	1:0*
7. 7. in München	Deutschland – Holland	2:1*
4. 9. in Basel	Schweiz – Deutschland	1:2
20. 11. in Piräus	Griechenland – Deutschland	2:2
22. 12. in La Valetta	Malta – Deutschland	0:1
1975		
12. 3. in London	England – Deutschland	2:0
27. 4. in Sofia	Bulgarien – Deutschland	1:1
17. 5. in Frankfurt	Deutschland – Holland	1:1
3. 9. in Wien	Österreich – Deutschland	0:2
11. 10. in Düsseldorf	Deutschland – Griechenland	1:1
19. 11. in Stuttgart	Deutschland – Bulgarien	1:0
20. 12. in Istanbul	Türkei – Deutschland	0:5
1976		
28. 2. in Dortmund	Deutschland – Malta	8:0
24. 4. in Madrid	Spanien – Deutschland	1:1
22. 5. in München	Deutschland – Spanien	2:0
17. 6. in Belgrad	Deutschland – Jugoslawien	4:2 n.V.**
20. 6. in Belgrad	Deutschland – ČSSR	2:2 n.V.**
6. 10. in Cardiff	Wales – Deutschland	0:2
17. 11. in Hannover	Deutschland – ČSSR	2:0
1977		
23. 2. in Paris	Frankreich – Deutschland	1:0
27. 4. in Köln	Deutschland – Nordirland	5:0
30. 4. in Belgrad	Jugoslawien – Deutschland	1:2
5. 6. in Buenos Aires	Argentinien – Deutschland	1:3
8. 6. in Montevideo	Uruguay – Deutschland	0:2
12. 6. in Rio de Janeiro	Brasilien – Deutschland	1:1
14. 6. in Mexico City	Mexiko – Deutschland	2:2
7. 9. in Helsinki	Finnland – Deutschland	0:1
8. 10. in Berlin	Deutschland – Italien	2:1
16. 11. in Stuttgart	Deutschland – Schweiz	4:1
14. 12. in Dortmund	Deutschland – Wales	1:1

* WM-Spiele

** EM-Spiele; das Spiel Deutschland – ČSSR im Rahmen der EM endete 5:7 nach Elfmeterschießen.

Argentinien 1978

Karneval in Buenos Aires

Das nächste WM-Turnier in Südamerika hatte gegenüber seinen Vorgängern alle Vorbehalte verloren: 105 der 146 FIFA-Mitglieder meldeten sich für die Teilnahme, nach den üblichen Absagen und Streichungen – sie trafen diesmal Tansania, Zaire, den Sudan, die Zentralafrikanische Republik, Sri Lanka, Nord-Korea, den Irak, die Arabischen Emirate und Honduras – blieben noch 96 Mannschaften übrig, die im November 1975 in Qualifikationsgruppen ausgelost wurden.

Der Andrang der sogenannten Exoten war diesmal besonders stark, die positiven Ausstrahlungen des Auftretens von Haiti oder Zaire im Jahre 1974 verfehlten ihre Wirkung nicht. Um den jeweiligen freien Platz in Argentinien kämpften so sechzehn afrikanische Teams, siebzehn aus Asien/Ozeanien und sechzehn aus Nord-/Mittelamerika. Das Interesse in der Dritten Welt dokumentieren Zuschauerzahlen bei entscheidenden Spielen: Zur Begegnung zwischen dem Iran und Australien kamen 100 000 Besucher, zu der zwischen Tunesien und Ägypten 60 000. Der Iran und Tunesien sahen neben Mexiko ihren langen Weg am Ende mit der Teilnahme an der ersten Finalrunde in Argentinien belohnt; der Iran hatte dazu zwölf Qualifikationsspiele bestreiten müssen.

Am Ende der Ausscheidung kam es zu einem überraschenden Ergebnis: Nur noch die Hälfte der Endrundenteilnehmer von 1974 war auch in Argentinien wieder dabei. Aus dem Rennen gerieten die DDR, Jugoslawien, Bulgarien, Uruguay, Chile, Australien, Zaire und Haiti, dafür kamen alte Bekannte wie Ungarn, Frankreich, Österreich, Spanien, Mexiko und Peru wieder zu WM-Ehren, zu denen sich die beiden Neulinge aus Afrika und Asien gesellten. Es fehlten wiederum renommierte Ländermannschaften wie die aus England, der UdSSR und der ČSSR.

Für Titelverteidiger Deutschland, das auf die Qualifikationsmühle verzichten konnte, lagen die Hindernisse auf dem Weg nach Argentinien in zahlreichen personellen Problemen. Der Rücktritt der Weltmeister Grabowski, Overath und Müller hatte nach 1974 noch keine allzu großen Folgen: Bis zum Europameisterschaftsfinale (→ EM 1976) mußte die deutsche Mannschaft in vierzehn Spielen nur eine Niederlage hinnehmen (→ Länderspielstatistik). Nach der EM brachte der Wechsel von Franz Beckenbauer (→ Porträt EM 1976) in die US-Profiliga aber eine Zäsur, deren negative Folgen in den nächsten Länderspielen abzulesen waren. Da zudem mit Beckenbauers Teamgefährten aus der Meisterelf von 1974, Paul

Atmosphäre wie beim Stierkampf

Von Stierkampf-Atmosphäre im Fußballstadion sprachen Beobachter des Finales zwischen Argentinien und Holland. Im Bild oben links klären Pasarella und Torwart Fillol vor Johan Neeskens, rechts freut sich Kapitän Pasarella.

Hoffnung kam auf

Durch diesen Kopfball des Kölner Mittelstürmers Dieter Müller ging die deutsche Mannschaft gegen Holland mit 2:1 in Führung. Am Ende trennte man sich jedoch im zweiten Spiel der Finalrunde mit 2:2.

Breitner und Uli Hoeneß, zwei weitere Leistungsträger aus persönlichen bzw. Verletzungsgründen fehlten, reduzierte sich der Stamm bewährter Kräfte für die kommende Endrunde auf wenige Namen.
Bundestrainer Helmut Schön hatte in den 31 Länderspielen zwischen den WM-Turnieren insgesamt 52 Spieler eingesetzt, darunter auch 33 Neulinge. Aus dem großen Aufgebot an vielversprechenden Talenten und der Restelf von 1974 formierte er schließlich sein 22er-Aufgebot für Argentinien, das in Deutschland durchaus Vertrauen genoß, dem aber die Spielerpersönlichkeiten fehlten, die bei vorherigen Endrunden den Rhythmus auf dem Feld und in der Freizeit bestimmen konnten.
Routine war im deutschen Aufgebot, das am 28. Mai im Trainingsquartier Ascochinga eintraf, nicht das hervorstechendste Merkmal, dafür aber jugendliche Begeisterung bei den international noch relativ unbeschriebenen Aktiven wie Hansi Müller, Karl-Heinz Rummenigge, Rüdiger Abramczik, denen schon bewährte neue Stammspieler wie Bernard Dietz, Manfred Kaltz, Rolf Rüßmann und Klaus Fischer zur Seite standen (→ WM-Aufgebot). Die deutsche Mannschaft war der Vorrundengruppe 2 zugeteilt worden, die im Stadion von Córdoba ihre Spiele austragen sollte. Die Industriestadt Córdoba liegt in reizvoller Umgebung der Berglandschaft Córdoba und bietet mit dieser Landschaft ideale Möglichkeiten zur abgeschirmten Vorbereitung von Leistungssportlern. Die deutschen Organisatoren hatten mit einem Offiziersklub der argentinischen Luftwaffe, 60 Kilometer nördlich von Córdoba, ein ideales Trainingsquartier gefunden. Pessimisten in der Heimat leiteten aber aus der wortgetreuen Übersetzung des Namens Ascochinga (»Toter Hund«) böse Vorahnungen vom Abschneiden der deutschen Mannschaft ab.
Dabei bot die Gruppenzusammensetzung eigentlich Grund zu großem Optimismus. Neben Polen hatte das Los noch die Außenseiter Mexiko und Tunesien als erste Gegner bestimmt, also Aufgaben, die man leicht lösen konnte.
Zum Eröffnungsspiel, das traditionell dem Titelverteidiger zustand, mußte Deutschland ebenso wie der Gegner Polen das Trainingsquartier verlassen und in die argentinische Hauptstadt anreisen. Am Quartierwechsel konnte es aber nicht gelegen haben, was beide Teams am 1. Juni in Buenos Aires boten. Nach spielerisch enttäuschenden neunzig Minuten gab es ein torloses Unentschieden, das besonders die schwachen Stürmerleistungen dokumentierte – dabei standen in der polnischen Mannschaft noch die WM-Scharfschützen von 1974, Grzegorz Lato und Andrzej Szarmach, und in der deutschen die Schalker Abramczik und Fischer, deren Tor-Duette in der Bundesliga für Furore gesorgt hatten.
Helmut Schön zeigte sich von der auf ihn und die Mannschaft niederprasselnden Kritik nach diesem unerwarteten Auftakt äußerlich unbeeindruckt, für das nächste Spiel gegen Mexiko zog er jedoch Konsequenzen. Durch die unerwartete Niederlage der Mexikaner gegen Tunesien im ersten Spiel hatte die anstehende Begegnung schon entscheidenden Charakter. Jetzt zählte für beide Mannschaften nur ein Sieg, entsprechend waren Vorbereitung und Aufstellung. Der Bundestrainer setzte ebenso wie die Mexikaner auf totale Offensive und bot – Erinnerungen an 1970 wurden wach – mit dem Kölner Bundesligatorjäger Dieter Müller und dem Schalker Klaus Fischer zwei Mittelstürmer auf, hinter denen vier Mittelfeldspieler, darunter mit Karl-Heinz Rummenigge und Hansi Müller Leute mit ausgeprägtem Offensivdrang, für den nötigen Druck sorgen sollten. Das Ergebnis war ein glatter 6:0-Sieg in Córdoba, zu dem Rummenigge zwei, Dieter Müller, Hansi Müller je einen und der Kölner Heinz Flohe ebenfalls zwei Treffer beisteuerten. Während des Spiels gab es auf deutscher Seite keine Auswechslung, der Kurs Richtung Titelverteidigung schien eingeschlagen.
Der Gruppensieg mußte nun durch einen Erfolg gegen Tunesien erkämpft werden, das sensationellerweise nach seinem Sieg gegen Mexiko und der knappen 0:1-Niederlage gegen Polen auch noch Chancen hatte. Das Spiel gegen die Nordafrikaner geriet für die deutsche Elf dann aber zur Blamage. Wie gegen Polen gab es wieder kein Tor, das 0:0 gegen Tunesien wog aber schwerer, weil der erfolgreiche Angriff aus dem Mexiko-Spiel diesmal totale Ladehemmung hatte und weitere Alternativen sich nicht zeigten.
Dieses zweite Unentschieden hatte im deutschen Lager vieldeutig diskutierte Konsequenzen. Deutschland belegte damit Platz 2 in der Gruppe und rutschte in die Finalgruppe A, in der ausschließlich europäische Mann-

Duell zweier Abwehrriesen

Im legendären Spiel von Córdoba prallen der Deutsche Rolf Rüßmann und Österreichs Bruno Pezzey bei einem Kopfballduell zusammen. Kämpferisch stimmte es bei einigen deutschen Aktiven auf jeden Fall.

schaften zusammentrafen. Außerdem konnte das Quartier in Ascochinga beibehalten werden, ein Umzug in das vorsorglich gebuchte Quartier nach Mendoza wurde nicht notwendig. Von offizieller Seite des DFB wurde aber jede Spekulation als abwegig bezeichnet, die von taktischem Verzicht auf den Gruppensieg wegen der Quartierfrage und der günstigeren Gruppeneinteilung für die zweite Finalrunde sprach.

Nach den bisher gezeigten Leistungen mußte in der Tat jeder kommende Gegner für die deutsche Mannschaft zum unüberwindlichen Hindernis werden. Dies um so mehr, als sich im anfangs so gepriesenen Quartier in Ascochinga Anzeichen eines »Lagerkollers« bei einigen Spielern zeigten, die zu etlichen Mißstimmungen führten. Zwar versuchten alle Offiziellen des DFB, diese Tatsache nach außen hin zu verbergen oder wenigstens herunterzuspielen, aber etliche Pressevertreter wurden von ihren Kontaktmännern unter der deutschen Auswahl doch informiert. So las man nach der Vorrunde weniger von Perspektiven für die nächsten schweren Spiele als vielmehr von allerlei Quertreibereien in einem offensichtlich sehr uneinigen Team.

Dabei stellten die Gruppengegner Italien, Österreich und Holland allererste Klasse dar, wie ihre Vorrundenergebnisse nachdrücklich unterstrichen. Die Österreicher hatten immerhin Brasilien und Spanien hinter sich gelassen, Italien landete in der vermeintlich am stärksten besetzten Gruppe einen souveränen Erfolg, und der Endspielgegner vom letzten Finale, die Holländer, schienen für jede Überraschung gut. Sie hatten eine ganze Reihe ihrer 1974er Cracks wieder dabei, wenn auch mit Johan Cruyff der ganz große Star fehlte. Dafür konnten sie jedoch mit dem Österreicher Ernst Happel einen Trainer präsentieren, der ausschließlich vom Leistungsgedanken geleitet wurde und seine 230 000 DM WM-Honorar mit einem Erfolg untermauern wollte.

Das erste Spiel dieser zweiten Finalrunde führte die deutsche Mannschaft in Buenos Aires gegen Italien. Wie zum Auftakt gegen Polen gab es ein enttäuschendes torloses Remis, das wegen der von den Italienern praktizierten Härte alles andere als eine Werbung für den Fußball war. Die deutsche Mannschaft kam mit der rauhen Gangart des Gegners und seiner Defensivtaktik, aus der aber zahlreiche gefährliche Konter liefen, überhaupt nicht zurecht. Mit Herbert Zimmermann und Bernd Hölzenbein waren zwar zwei neue Leute gegenüber dem Tunesien-Spiel ins Team gekommen, erstmals bei dieser WM wurde von Helmut Schön auch ausgewechselt – Harald Konopka kam für Zimmermann und Erich Beer für Heinz Flohe –, am dritten enttäuschenden torlosen Unentschieden änderte das alles nichts.

Im anderen Gruppenspiel hatte Holland in Córdoba gleichzeitig Österreich mit 5:1 deklassiert und dabei auf seine Stars Johan Neeskens, Wim Suurbier und Torwart Jan Jongbloed verzichtet. Mit von der Partie war aber Rob Rensenbrink, der sich wieder in die Torschützenliste eintrug, nachdem er zuvor beim Spiel gegen Schottland am 11. Juni 1978 das tausendste Tor einer WM-Endrunde seit 1930 erzielt hatte.

Und diese Holländer erwarteten die deutsche Mannschaft nun als nächsten Gegner. Der Sieger konnte die Weichen in Richtung Endspiel stellen, der Verlierer zur Heimreise rüsten. Das waren die Voraussetzungen für eine Begegnung, die in der Öffentlichkeit beider Länder auch zur WM-Revanche für 1974 hochstilisiert wurde, obwohl auf deutscher Seite kaum noch Aktive von damals dabei waren. Die Vorbereitungen auf diesen Kampf liefen in Ascochinga unter nervöser Spannung. DFB-Präsident Hermann Neuberger hatte mit einem Interview, das er später allerdings dementierte, für Unruhe gesorgt: Dabei zielten seine Äußerungen lediglich auf Hintergründe des bisherigen schwachen Abschneidens.

Helmut Schön versuchte unbeeindruckt zu bleiben und setzte in seinen Dispositionen wieder auf Angriff. Flügelspiel hieß das Zauberwort, das den Schlüssel zum Sieg bringen sollte. Also rückte der Schalker Abramczik auf Rechtsaußen, Rummenigge auf die andere Seite, während in der Mitte Dieter Müller ihre Vorarbeiten zu Torerfolgen verwerten sollte. Mit Bonhof, Hölzenbein und Beer stand dahinter ein ebenso offensives Mittelfeld.

Am 18. Juni sahen 46 000 Zuschauer im Stadion von Córdoba dann die Begegnung Weltmeister gegen Vizeweltmeister. Auf jeder Seite standen noch vier bzw. fünf Spieler, die das Finale 1974 bestritten hatten. So konnte wenigstens von einer »halben Revanche« für München gesprochen werden. Auf deutscher Seite waren das Sepp Maier, Berti Vogts, Rainer Bonhof und Bernd Hölzenbein, auf holländischer Ruud Krol, Wim Jansen, Arie Haan, Johnny Rep und Rob Rensenbrink. Beide Mannschaften zeig-

Die Blamage von Córdoba

Für Rainer Bonhof (vorn) und Rolf Rüßmann blieb nach der Blamage von Córdoba nur noch Niedergeschlagenheit. Der Sieg der Österreicher hatte die beiden Abwehrrecken tief getroffen, vor allem Rüßmann.

KRANKL BESIEGELT SCHICKSAL + ARGENTINIEN WELTMEISTER

ten ein hervorragendes Spiel, besonders die deutsche Elf konnte sich erheblich steigern. Aber am Ende reichte es »nur« zu einem Unentschieden. Zweimal konnte die deutsche Elf in Führung gehen, aber die Treffer von Abramczik und Dieter Müller wurden von Haan und René van de Kerkhof jeweils egalisiert.

Der Weg ins Endspiel war danach und durch den gleichzeitigen Sieg Italiens gegen Österreich zwar noch nicht endgültig verbaut, hing aber nicht mehr allein von den eigenen Leistungen ab. Im letzten Gruppenspiel wäre ein hoher Sieg gegen Österreich notwendig gewesen – bei gleichzeitigem Unentschieden zwischen Holland und Italien. Doch der 21. Juni 1978 sollte als einer der schwärzesten Tage für den deutschen Fußball in die Geschichte eingehen. Österreich, das seit 1931 kein Länderspiel mehr gegen Deutschland gewinnen konnte, besiegte in Córdoba Helmut Schöns Mannschaft mit 3:2 und verurteilte sie zum Ausscheiden aus dem Turnier. Die deutsche Elf begann zunächst in der Formation, die sich gegen Holland rehabilitiert hatte, und ging durch Rummenigge auch in Führung. Ausgerechnet Kapitän Berti Vogts besorgte mit einem Eigentor nach dem Seitenwechsel den Ausgleich, den Österreichs Torjäger Hans Krankl sogar in eine Führung ausbauen konnte. Nach dem 2:2 durch Bernd Hölzenbein schien zumindest das »Kleine Finale« um Platz 3 für die deutsche Elf möglich, aber zwei Minuten vor dem Abpfiff sorgte Krankl durch seinen zweiten Treffer für den in ganz Österreich gefeierten 3:2-Sieg.

Das bedeutete Platz 3 für Deutschland in der Gruppe und nach den Erfolgen von 1966, 1970 und 1974 einen Tiefpunkt in der WM-Geschichte, der für Helmut Schön einen bitteren Abschied von seinem Amt als Bundestrainer nach sich zog. Der Geist seines WM-Aufgebots von 1978 zeigte sich nach dem Österreich-Debakel: Man packte sofort die Koffer und trat die Heimreise an, niemand hatte mehr Interesse an den Endspielen, und kaum einer war bereit zur Selbstanalyse, die im Hagel der Kritik, der auf alle Angehörigen des Aufgebotes und der Delegation von Ascochinga niederprasselte, notwendig gewesen wäre.

Für die Höhepunkte dieser Weltmeisterschaft sorgten diesmal eben andere Mannschaften – wie Holland, das in der deutschen Gruppe der zweiten Finalrunde den ersten Platz belegte und damit erneut im Finale stand, und sein Endspielgegner Argentinien, das sich nach dramatischem Ringen in der anderen Gruppe durchsetzen konnte. Dort bildeten Polen und Peru nur die Kulisse für den Zweikampf Argentinien mit Brasilien, der im direkten Aufeinandertreffen ohne Entscheidung blieb und dann lediglich wegen der Tordifferenz zugunsten der Einheimischen ausging. Die unglücklichen Brasilianer versuchten dem entscheidenden 6:0-Sieg der Argentinier gegen Peru allerlei Unlauteres anzuhängen, ihnen blieb aber nur der Trost der Teilnahme am »Kleinen Finale«, in dem sie sich durch einen Erfolg gegen Italien den dritten Platz sicherten.

Für Argentinien und Trainer César Luis Menotti sollte das Finale am 25. Juni nun den Höhepunkt aller Anstrengungen bringen: Argentinien wollte erstmals in seiner Geschichte Fußball-Weltmeister werden. Im Pokerspiel um den Titel stand auf der anderen Seite mit Ernst Happel ein mit allen Wassern gewaschener Trainerfuchs gegenüber, der dem holländischen Team eine Menge neuer Impulse gegeben hatte.

Das Finale hielt dann auch, was man sich von ihm versprochen hatte. In einem dramatischen Kampf behielt Argentinien nach Verlängerung mit 3:1 die Oberhand. Mario Kempes wurde zum Matchwinner und erzielte zwei Treffer. Den ersten zur 1:0-Führung seiner Mannschaft in der ersten Halbzeit. Verteidiger Poortvliet glich neun Minuten vor dem Abpfiff aus, aber Mario Kempes und Daniel Bertoni sicherten mit ihren Treffern in der Nachspielzeit Argentinien den ersehnten Titel, der von den Südamerikanern überschwenglich gefeiert wurde.

Die Siegermannschaft spielte so:

Urbaldo Fillol

Daniel Pasarella

Jorge Olguin **Luis Galvan** **Alberto Tarantini**

Osvaldo Ardiles **Americo Gallego** **Mario Kempes**

Daniel Bertoni **Leopoldo Luque** **Oscar Ortiz**

Eingewechselt:
Omar Larossa für Ardiles,
René Houseman für Ortiz

Die Endrundenspiele

1. Finalrunde

Gruppe 1: Argentinien – Ungarn 2:1; Italien – Frankreich 2:1; Argentinien – Frankreich 2:1; Italien – Ungarn 3:1; Italien – Argentinien 1:0; Frankreich – Ungarn 3:1

Tabelle:

1. Italien	3	3	0	0	6:2	6:0
2. Argentinien	3	2	0	1	4:3	4:2
3. Frankreich	3	1	0	2	5:5	2:4
4. Ungarn	3	0	0	3	3:8	0:6

Gruppe 2: Deutschland – Polen 0:0; Tunesien – Mexiko 3:1; Polen – Tunesien 1:0; Deutschland – Mexiko 6:0; Polen – Mexiko 3:1; Deutschland – Tunesien 0:0

Tabelle:

1. Polen	3	2	1	0	4:1	5:1
2. Deutschland	3	1	2	0	6:0	4:2
3. Tunesien	3	1	1	1	3:2	3:3
4. Mexiko	3	0	0	3	2:12	0:6

Gruppe 3: Österreich – Spanien 2:1; Schweden – Brasilien 1:1; Österreich – Schweden 1:0; Brasilien – Spanien 0:0; Spanien – Schweden 1:0; Brasilien – Österreich 1:0

Tabelle:

1. Österreich	3	2	0	1	3:2	4:2
2. Brasilien	3	1	2	0	2:1	4:2
3. Spanien	3	1	1	1	2:2	3:3
4. Schweden	3	0	1	2	1:3	1:5

Gruppe 4: Peru – Schottland 3:1; Holland – Iran 3:0; Schottland – Iran 1:1; Holland – Peru 0:0; Peru – Iran 4:1; Schottland – Holland 3:2

Tabelle:

1. Peru	3	2	1	0	7:2	5:1
2. Holland	3	1	1	1	5:3	3:3
3. Schottland	3	1	1	1	5:6	3:3
4. Iran	3	0	1	2	2:8	1:5

2. Finalrunde

Gruppe A: Deutschland – Italien 0:0; Holland – Österreich 5:1; Italien – Österreich 1:0; Holland – Deutschland 2:2; Holland – Italien 2:1; Österreich – Deutschland 3:2

Tabelle:

1. Holland	3	2	1	0	9:4	5:1
2. Italien	3	1	1	1	2:2	3:3
3. Deutschland	3	0	2	1	4:5	2:4
4. Österreich	3	1	0	2	4:8	2:4

Gruppe B: Argentinien – Polen 2:0; Brasilien – Peru 3:0; Argentinien – Brasilien 0:0; Polen – Peru 1:0; Argentinien – Peru 6:0; Brasilien – Polen 3:1

Tabelle:

1. Argentinien	3	2	1	0	8:0	5:1
2. Brasilien	3	2	1	0	6:1	5:1
3. Polen	3	1	0	2	2:5	2:4
4. Peru	3	0	0	3	0:10	0:6

Spiel um Platz 3:

Brasilien – Italien	2:1

Endspiel:

Argentinien – Holland	3:1 n.V.

Das deutsche Aufgebot in Argentinien bestand aus folgenden Spielern:

Rüdiger Abramczik (Schalke 04), 3 Einsätze, 1 Tor; Erich Beer (Hertha BSC Berlin), 4 Einsätze (einmal eingewechselt); Rainer Bonhof (Borussia Mönchengladbach), 6 Einsätze; Dieter Burdenski (Werder Bremen), ohne Spiel; Bernd Cullmann (1. FC Köln), ohne Spiel; Bernard Dietz (MSV Duisburg), 5 Einsätze; Klaus Fischer (Schalke 04), 5 Einsätze (einmal eingewechselt); Heinz Flohe (1. FC Köln), 4 Einsätze, 2 Tore; Bernd Hölzenbein (Eintracht Frankfurt), 3 Einsätze, 1 Tor; Manfred Kaltz (Hamburger SV), 6 Einsätze; Rudi Kargus (Hamburger SV), ohne Spiel; Harald Konopka (1. FC Köln), 1 Einsatz (eingewechselt); Josef (»Sepp«) Maier (Bayern München), 6 Einsätze; Dieter Müller (1. FC Köln), 4 Einsätze, 1 Tor; Hans Müller (VfB Stuttgart), 4 Einsätze (einmal eingewechselt), 1 Tor; Karl-Heinz Rummenigge (Bayern München), 5 Einsätze, 3 Tore; Rolf Rüßmann (Schalke 04), 6 Einsätze; Georg Schwarzenbeck (Bayern München), ohne Spiel; Hans-Hubert (»Berti«) Vogts (Borussia Mönchengladbach), 6 Einsätze; Ronald (»Ronnie«) Worm (MSV Duisburg), ohne Spiel; Gerd Zewe (Fortuna Düsseldorf), ohne Spiel; Herbert Zimmermann (1. FC Köln), 2 Einsätze.

Der WM-Torschützenkönig: Mario Kempes

Mit seinen sechs Treffern während dieser WM-Endrunde konnte sich Mario Kempes (geb. am 15. Juli 1954) zwar nicht in die Spitzengruppe der WM-Torjäger schießen, dafür aber eine nahezu unheimliche Serie beenden: Erstmals stellte der Weltmeister auch den erfolgreichsten Torschützen des Turniers. Insgesamt fielen nur wenig mehr Tore als 1974. Diesmal hatten die Aktiven in 38 Spielen 102 Treffer erzielen können, was einem Quotienten von 2,68 pro Spiel entspricht und an der unteren Grenze in der Erfolgsskala angesiedelt ist.
Den gefeierten Kempes focht die relativ bescheidene Ausbeute nicht an. Sein Weg zurück nach Argentinien hatte sich gelohnt. Er war erst Anfang Mai in sein Heimatland zurückgekehrt, um sich unter Trainer Menotti gezielt auf die WM vorzubereiten. Davor hatte er in Valencia zwei Jahre lang erfolgreich Fußball gespielt und in den Spielzeiten 1976/77 und 1977/78 mit jeweils 24 Treffern die Torjägertrophäe der Spanischen Meisterschaft geholt.
Als Torschütze war er den spanischen Einkäufern frühzeitig aufgefallen. Ursprünglich kommt Kempes aus der argentinischen Provinz Córdoba, als Geburtsort wird Bell Ville angegeben. Als Jugendlicher erregte er erstmals Aufsehen, weil er für seinen Klub Instituto Córdoba spektakuläre Tore schießen konnte. Von Córdoba wurde er 1974 für eine Summe von umgerechnet 52000 DM an Rosario Central transferiert. Dort konnte er zwei Jahre später Torschützenkönig der Nationalliga werden und sorgte mit dem anschließenden Transfer nach Valencia für neue Maßstäbe im argentinischen Fußball. Die Spanier legten 1,1 Millionen DM für Kempes auf den Tisch, sein Jahresgehalt betrug ein Zehntel der Transfersumme.
Noch vor der WM-Endrunde 1978 sicherte er sich mit einem bis 1983 laufenden Vertrag bessere Konditionen, fand aber nie mehr zur Form der Weltmeisterschaft zurück. Als es darum ging, den Titel 1982 in seiner neuen Wahlheimat Spanien zu verteidigen, stand er zwar wieder im argentinischen Aufgebot, jedoch mit geringem Erfolg.
Aber einem Diego Maradona oder einem Daniel Pasarella erging es nicht anders. Trainer César Luis Menotti hatte es versäumt, rechtzeitig jüngere Spieler in die Mannschaft einzubauen.

In Europa ohne Glück: Mario Kempes
Nachdem er vor der WM im eigenen Land zweimal spanischer Torschützenkönig geworden war, fand er nach 1978 nicht mehr die nötige Bindung auf der Iberischen Halbinsel und kehrte nach Argentinien zurück.

Die erfolgreichsten Torschützen:
6 Tore: Kempes (Argentinien)
5 Tore: Cubillas (Peru), Rensenbrink (Holland)
4 Tore: Krankl (Österreich), Luque (Argentinien)

Die deutschen Fußball-Länderspiele

1978		
22. 2. in München	Deutschland – England	2:1
8. 3. in Frankfurt	Deutschland – Sowjetunion	1:0
5. 4. in Hamburg	Deutschland – Brasilien	0:1
19. 4. in Stockholm	Schweden – Deutschland	3:1
1. 6. in Buenos Aires	Deutschland – Polen	0:0*
6. 6. in Córdoba	Deutschland – Mexiko	6:0*
10. 6. in Córdoba	Deutschland – Tunesien	0:0*
14. 6. in Buenos Aires	Deutschland – Italien	0:0*
18. 6. in Córdoba	Deutschland – Holland	2:2*
21. 6. in Córdoba	Deutschland – Österreich	2:3*
11. 10. in Prag	ČSSR – Deutschland	3:4
15. 11. in Frankfurt	Deutschland – Ungarn	0:0**
20. 12. in Düsseldorf	Deutschland – Holland	3:1
1979		
25. 2. in La Valetta	Malta – Deutschland	0:0
1. 4. in Izmir	Türkei – Deutschland	0:0
2. 5. in Wrexham	Wales – Deutschland	0:2
22. 5. in Dublin	Irland – Deutschland	1:3
26. 5. in Reykjavik	Island – Deutschland	1:3
12. 9. in Berlin	Deutschland – Argentinien	2:1
17. 10. in Köln	Deutschland – Wales	5:1
21. 11. in Tiflis	Sowjetunion – Deutschland	1:3
22. 12. in Gelsenkirchen	Deutschland – Türkei	2:0

* WM-Spiele
** Das Spiel Deutschland – Ungarn wurde nach 60 Minuten wegen Nebels abgebrochen.

1980		
27. 2. in Bremen	Deutschland – Malta	8:0
2. 4. in München	Deutschland – Österreich	1:0
13. 5. in Frankfurt	Deutschland – Polen	3:1
11. 6. in Rom	Deutschland – ČSSR	1:0*
14. 6. in Neapel	Deutschland – Holland	3:2*
17. 6. in Turin	Deutschland – Griechenland	0:0*
22. 6. in Rom	Deutschland – Belgien	2:1*
10. 9. in Basel	Schweiz – Deutschland	2:3
11. 10. in Eindhoven	Holland – Deutschland	1:1
19. 11. in Hannover	Deutschland – Frankreich	4:1
3. 12. in Sofia	Bulgarien – Deutschland	1:3
1981		
1. 1. in Montevideo	Deutschland – Argentinien	1:2**
7. 1. in Montevideo	Deutschland – Brasilien	1:4**
1. 4. in Tirana	Albanien – Deutschland	0:2
29. 4. in Hamburg	Deutschland – Österreich	2:0
19. 5. in Stuttgart	Deutschland – Brasilien	1:2
24. 5. in Lahti	Finnland – Deutschland	0:4
2. 9. in Königshütte	Polen – Deutschland	0:2
23. 9. in Bochum	Deutschland – Finnland	7:1
14. 10. in Wien	Österreich – Deutschland	1:3
18. 11. in Dortmund	Deutschland – Albanien	8:0
22. 11. in Düsseldorf	Deutschland – Bulgarien	4:0

* EM-Spiele
** Mini-WM-Spiele

Spanien 1982

Über den Fight zum Erfolg: Die Azzuris

Die Wogen der Enttäuschung schlugen nach dem schwachen Abschneiden der deutschen Nationalmannschaft in Argentinien höher als 1962 nach der ebenso großen Pleite in Chile. Wie damals gab es nach dem mißglückten Südamerika-Abenteuer einen Wechsel im Amt des Bundestrainers, aber ebenso wie damals aus Altersgründen. Helmut Schön ging in den verdienten Ruhestand, und Josef (»Jupp«) Derwall trat am 1. Juli 1978 als sein Nachfolger in die Dienste des DFB.

Der Rheinländer Derwall (geb. am 10. März 1927 in Würselen bei Aachen) trat ein schweres Erbe an. Die Erfolge seiner Vorgänger bedeuteten eine Belastung, die durch die unliebsamen Vorfälle in Argentinien nicht gerade gemildert wurde. Als Schön-Assistent und Mitbeteiligter am argentinischen Fiasko mußte sich der neue Nationaltrainer zunächst der geballten Manöverkritik der deutschen Öffentlichkeit stellen und mit manchem Vorurteil leben.
Dabei war an seiner fußballerischen Vergangenheit nichts auszusetzen. Derwall hatte seine Karriere als Spieler bei seinem Heimatklub Rhenania Würselen begonnen (1938 bis 1948) und anschließend bei Alemannia Aachen (1949 bis 1953) und Fortuna Düsseldorf (1954 bis 1959) gespielt. 1954 wurde er zweimal in die Nationalelf berufen. Er beschloß seine Karriere als Aktiver in der Schweiz, wo er 1959 und 1960 beim FC Biel tätig war. Daneben absolvierte er eine Ausbildung als Diplomsportlehrer an der Eidgenössischen Turn- und Sportschule. Seine erste Trainermeriten verdiente er sich beim FC Schaffhausen, den er 1961 betreute. In der Bundesrepublik wirkte er von 1963 bis 1969 als Verbandstrainer beim Saarländischen Fußball-Verband, bevor er 1969 zum Assistenten von Helmut Schön berufen wurde. Neun Jahre begleitete er den damaligen Bundestrainer auf dessen Erfolgsweg, der zum Abschluß mit dem Debakel in Argentinien einen negativen Beigeschmack bekam.
Seinen Einstand als Bundestrainer feierte er mit einem 4:3-Sieg über die ČSSR am 11. Oktober 1978 in Prag und stützte sich dabei mit einer Ausnahme (Klaus Allofs als Einwechselspieler) auf Kräfte des Argentinien-Aufgebots. Danach folgte ein 3:1-Sieg in Düsseldorf gegen Vizeweltmeister Holland, so daß man ihm die Vorbereitungen auf die anstehende Europameisterschaft 1980 zutraute. Unter seiner Regie blieb die deutsche Mannschaft 1979 und 1980 in 23 Spielen ungeschlagen, wurde Europameister 1980

Italiens Erfolg wurde erarbeitet
Bruno Conti – unten links mit der Nr. 16 im Kampf mit Hans-Peter Briegel, auf dem Foto daneben mit dem Worldcup – war ein Beispiel für Italiens Kampfkraft. Für Horst Hrubesch blieb nur Enttäuschung.

(→ EM 1980) und verlor bis zum Turnierbeginn 1982 in Spanien gegen keine europäische Mannschaft.
Gekrönt wurde diese Erfolgsbilanz durch die Qualifikation für die Endrunde in Spanien, die von keiner anderen Mannschaft so eindrucksvoll gestaltet werden konnte. Die deutsche Mannschaft gewann alle acht Spiele in ihrer Gruppe, darunter beide gegen Österreich, den Sieger von Córdoba 1978, mit einem Gesamttorverhältnis von 33:3. In den 39 Länderspielen unter seiner Regie bis zur Endrunde testete Derwall 51 WM-Kandidaten, darunter dreißig Neulinge.

Da hofften alle noch auf ein richtiges Fußballspiel
Als Horst Hrubesch mit wuchtigem Kopfstoß das Führungstor gegen Österreich erzielte, hofften die Zuschauer im Stadion und vor dem Bildschirm noch auf ein spannendes Spiel. Doch mit diesem Tor leitete er eines der dunkelsten Kapitel in der Geschichte des deutschen Fußballsports ein.

Das Geschehen in der Qualifikationsrunde

Auf Drängen ihrer Mitglieder aus der Dritten Welt hatte die FIFA für die Endrunde 1982 eine wesentliche Änderung der Teilnehmerzahl vorgenommen. Anstatt der bisher üblichen sechzehn sollten in Spanien 24 Teams den Weltmeister ausspielen, und davon sollten die Exoten aus den fußballerischen Entwicklungskontinenten Afrika, Asien und Australien/Ozeanien durch höhere Teilnehmerquoten profitieren. Nachdem ursprünglich 103 Meldungen bei der FIFA eingegangen waren, kam es zu sechs Absagen, so daß 97 Mannschaften zur Qualifikation für die Endrunde in Spanien antraten. Den Afroasiaten schien nach der Analyse des Ausscheidungsmodus immer noch ein Mißverhältnis zu ihren Ungunsten zu bestehen: 28 Mannschaften aus Afrika stritten um lediglich zwei Endrundenplätze, zwanzig aus Asien/Ozeanien ebenfalls um zwei, fünfzehn aus Nord- und Mittelamerika auch um zwei, aber nur neun aus Südamerika um drei und 33 aus Europa um dreizehn der begehrten Endrundenplätze.
Um die 22 Teilnehmer neben Titelverteidiger Argentinien und Veranstalter Spanien zu ermitteln, waren 306 Qualifikationsspiele notwendig, in denen 826 Tore erzielt wurden. Für einige Mannschaften wurde es ein fast unzumutbarer langer Weg, bis sie endlich am Ziel waren. Neuseeland mußte beispielsweise fünfzehnmal antreten, bis die Fahrt nach Spanien feststand, auch Honduras und El Salvador kamen noch auf je dreizehn Einsätze, während Polen mit nur vier Spielen den Sprung in die Endrunde schaffte, ebenso wie Brasilien, Chile und Peru.
Die deutsche Mannschaft hatte wie erwähnt mit den Gegnern Finnland, Bulgarien, Albanien und Österreich wenig Mühe, anderen erging es weniger gut. Zum Beispiel dem zweimaligen Vizeweltmeister Holland, der den Generationswechsel nicht geschafft hatte, dem Exweltmeister Uruguay, der überraschend an Peru scheiterte, und dem siebenmaligen Endrundenteilnehmer Schweden, dessen verfehlte Personalpolitik sich in der Qualifikation gegen die Briten aus Schottland und Nordirland negativ bemerkbar machte. Großbritannien war ja erstmals seit langer Zeit wieder dreifach vertreten, denn auch Altmeister England schaffte die Qualifikationshürde. Dabei mußten die Engländer zunächst mit dem Schlimmsten rechnen, denn nach Niederlagen gegen Norwegen, die Schweiz und Rumänien (jeweils knapp mit 1:2) schien das vorzeitige Aus vorprogrammiert. Aber dann gab es erstmals seit 72 Jahren wieder einen Sieg auf ungarischem Boden in Budapest, und das Mutterland des Fußballs rutschte als Gruppenzweiter hinter Ungarn, das auch zum ersten Mal seit zwölf Jahren wieder dabei war, in die erste Finalrunde.
Aus der Dritten Welt komplettierten fünf WM-Neulinge das Endrundenfeld, die damit die Gesamtzahl jener Länder, die seit 1930 an einem Finalturnier teilnehmen konnten, auf 52 schraubten: Honduras, Algerien, Kamerun, Kuweit und Neuseeland, das in seinen fünfzehn Qualifikationsspielen 44 Tore erzielte und mit dem 13:0 über die Fidschiinseln auch den höchsten Sieg dieser Runde schaffte.

Dokumente einer Fußballfarce

Der Kölner Pierre Littbarski, der hier so gemütlich auf dem Rasen sitzt, befindet sich inmitten eines Weltmeisterschaftsspiels! Die Zuschauer (unten) reagieren auf diese Farce mit Pfiffen.

Das neue Endrunden-Reglement

Weil zum ersten Mal 24 Mannschaften eine WM-Endrunde bestritten, war von der FIFA auch ein neuer Austragungsmodus geschaffen worden. Danach wurde die erste Finalrunde in sechs Gruppen zu je vier Mannschaften ausgetragen, die jeweiligen Gruppenersten und -zweiten erreichten die zweite Finalrunde. Diese zwölf Mannschaften wurden wieder in vier Gruppen zu je drei Teams aufgeteilt und spielten die Gruppensieger aus, die sich für das Halbfinale qualifizierten. Die Sieger des Halbfinales kamen ins Finale, die Unterlegenen spielten um Platz 3. Durch ein verzwicktes Einteilungssystem seitens der FIFA-Organisatoren wurden in der zweiten Finalrunde Paarungen bestimmter Mannschaften ausgeschlossen und damit von vornherein auch denkbare Endspiele etwa zwischen Spanien und Deutschland oder Argentinien und Brasilien unmöglich. Die FIFA mußte sich wie beim sogenannten Setzen der Favoriten für die Gruppen der ersten Finalrunde zahlreiche Manipulationsvorwürfe gefallen lassen.

Der Weg der deutschen Mannschaft im Turnier

Der seit dem mißglückten Abschneiden in Argentinien eingetretene Wandel im Umgang mit seiner Nationalelf durch den DFB wurde für die Öffentlichkeit bei den Vorbereitungen auf das Endrundenturnier in Spanien spürbar. In einem Komforthotel im Schwarzwald sollten die kommenden Weltmeister – davon waren die meisten deutschen Fußballanhänger überzeugt – optimal eingestellt werden. Zaungäste wurden diesmal nicht ausgesperrt, die strenge Abschirmung der Spieler – wie früher in Sportschulen – hob man auf. Das Pokerspiel um die Höhe der eventuell fälligen WM-Prämie erzeugte auch keine Emotionen in der Öffentlichkeit mehr, schließlich hatte man sich in den letzten Jahren an die totale Kommerzialisierung des Bundesligafußballs und seines Umfeldes gewöhnt. Von Interesse vor dem Turnier in Spanien war für viele Beobachter nur noch, welcher Aktive die lukrativsten Einnahmen in Form von Werbeverträgen mit allen möglichen Firmen haben würde.

Eine neue Fußballergeneration war angetreten: Sie spielte nicht mehr für Ruhm und Ehre des Heimatlandes, sondern für den eigenen Geldbeutel. Das schlug sich vordergründig im WM-Aufgebot Jupp Derwalls nieder. Der Bundestrainer nominierte nur noch vier Spieler aus dem Kreis der Argentinien-Fahrer von 1978, und zwar Manfred Kaltz, Hansi Müller, Karl-Heinz Rummenigge und Klaus Fischer. Er nahm auch nur neunzehn Aktive mit nach Spanien, drei blieben auf Abruf in ihren Heimatorten.

Deutschland war in die Vorrundengruppe 2 mit den Gegnern Algerien, Österreich und Chile eingeteilt worden. Die Spiele fanden in Gijon, der größten Stadt der Provinz Asturien, statt. Der DFB hatte in dem Küstenort ein Hotel für die deutsche Reisegruppe gebucht, von dem die Mannschaft in der Nacht vor dem jeweiligen Spiel in die Sportschule des Fußballklubs Sporting Gijon umzog. Im ersten Spiel hieß der Gegner Algerien, und er sollte zum Auftakt klar besiegt werden. In Erinnerung an die 0:0-Ergebnisse von 1978 hieß die Devise für Jupp Derwall jetzt Offensivfußball. Nach der aktiven Erholung im Schwarzwald – voreilige Optimisten kolportierten schon den »Geist vom Schluchsee« und beschworen damit Erinnerungen an Zeiten, die unwiderruflich vorbei waren – schienen die Spieler für Derwalls Angriffskonzept jedenfalls bereit. Alle auserkorenen Kräfte waren in bester Verfassung, es konnte eigentlich nichts schiefgehen. Dann brachte jedoch der 16. Juni in Gijon eine der unangenehmsten Überraschungen für den deutschen Fußball. Die hochfavorisierten Bundesligaprofis spulten ihr Programm ab, als befänden sie sich auf einem geruhsamen Nachmittagsspaziergang. Rabah Madjer brachte die Nordafrikaner nach dem Wechsel sogar in Führung. Als Rummenigge eine gute Viertelstunde später den Ausgleich erzielte, dauerte die Freude nur eine Minute, denn schon im Gegenzug schaffte Lakthar Belloumi wieder die Führung, die seine Mannschaft auch bis zum Schlußpfiff halten konnte.

Nach diesem unerwarteten Auftakt beherrschten tagelang nur noch Irritationen das Bild um die deutsche Delegation in Spanien. Jedermann forderte Konsequenzen, die nur der Bundestrainer ziehen konnte. Die Atmosphäre im deutschen Lager konnte jedenfalls nicht vergifteter sein. Drei Tage später trat die gleiche Mannschaft dann zum zweiten Gruppenspiel gegen Chile an – Derwall sprach von Rehabilitation. Diesmal unterschätzte man den Gegner nicht und kam durch drei Treffer von Rummenigge und einen durch den eingewechselten Uwe Reinders zur klaren 4:0-Führung, die von den Chilenen nur noch mit dem Ehrentreffer kurz vor Schluß beantwortet werden konnte. Das entscheidende Spiel um Sein oder Nichtsein bei dieser WM stand der deutschen Mannschaft nun bevor. Gegner Österreich hatte sowohl Chile als auch Algerien besiegt und die beste Ausgangsposition zum Erreichen der nächsten Runde. In beiden Lagern wurden mannigfache Rechenexempel angestellt, welches Ergebnis man zum Erreichen der zweiten Finalrunde benötigte. Doch zunächst

stand noch die Begegnung zwischen Algerien und Chile an. Nach dem knappen Sieg Algeriens stand fest: Deutschland benötigte unbedingt einen Sieg zum Erreichen der nächsten Runde, Österreich durfte knapp verlieren und würde dann ebenfalls diese Runde erreichen. Daß solch eine Konstellation vor einem Spiel der Weltmeisterschaft überhaupt möglich wurde, hatte die FIFA mit der Spielfolge zu verantworten. Bei gleichzeitiger Austragung aller Gruppenspiele wären jedwede Erörterungen um Endresultate ausgeschlossen gewesen.
So aber kam es am 25. Juni 1982 zu jenem denkwürdigen Auftreten zweier Mannschaften, die zwanzig Minuten lang Fußball spielten und dann eine in der ganzen Welt mit Abscheu zur Kenntnis genommene Show abzogen. Deutschland war durch Horst Hrubesch frühzeitig 1:0 in Führung gegangen und hatte damit ein Ergebnis erreicht, das beiden Mannschaften als ideales Endresultat erschien, standen sie damit doch in der zweiten Finalrunde. Von dieser Konstellation bestimmt, liefen die restlichen siebzig Minuten dieses Spektakels ab, begleitet von Wut und Trauer der Betrachter im Stadion und am Bildschirm. Algerien war ausgebootet worden, hatte dank des schlechteren Torverhältnisses punktgleich mit den beiden Nachbarn Deutschland und Österreich nur den dritten Gruppenplatz belegt und war um die Früchte seiner Siege gekommen.
Das Geschehen auf dem Rasen im Stadion von Gijon hat danach noch wochenlang die Gemüter aller Fußballanhänger in der Welt, besonders in den betroffenen Ländern Algerien, Deutschland und Österreich, bewegt. Die für den größten Skandal des deutschen und österreichischen Fußballs Verantwortlichen aber, die 24 beteiligten Akteure, wischten mit ihren Reaktionen jeden Vorwurf vom Tisch und zeigten, wie pervertiert sich der Profifußball entwickelt hatte: Sie erinnerten an das viele Geld, um das es schließlich gegangen sei.
In den anderen Vorrundengruppen blieben der FIFA ähnliche Vorkommnisse erspart. Hier sorgten die Großen des internationalen Fußballs für klare Verhältnisse, obwohl einige der sogenannten Exoten beachtenswerte Resultate erzielten, so daß die Vorrunde dieser WM auch als »Aufstand der Kleinen« in die Geschichte einging. Zum Weiterkommen reichte es aber für keine dieser Mannschaften. Überhaupt schien die erstmals in dieser Form durchgeführte Vorrunde nur ein lästiges Vorspiel wegen der Teilnahmewünsche der Teams aus der Dritten Welt gewesen zu sein. So zogen letztendlich alle Favoriten – nur die Nordiren brachen, anstelle der Jugoslawen, in deren Phalanx ein – in die Runde der letzten Zwölf – und erst jetzt konnte man von echten Vergleichen sprechen.
Die deutsche Mannschaft war mit England und Gastgeber Spanien in einer Gruppe zusammengekommen und mußte zuerst gegen England antreten. Nach dem Skandalspiel gegen Österreich hatte der Bundestrainer etliche Konsequenzen gezogen und die Elf umgebaut. Felix Magath, Pierre Littbarski und Horst Hrubesch mußten ihren Platz abgeben, für sie rückten Bernd Förster, Hansi Müller und Uwe Reinders nach. Von den Spielern ging der Eindruck aus, daß sie das beschämende Auftreten gegen Österreich ungeschehen machen wollten. Aber die Wirklichkeit sah anders aus. Es gab ein enttäuschendes torloses Unentschieden gegen die Engländer, und das in einem Spiel, das zumindest eine Halbzeit lang fatale Parallelen zu der Begegnung mit Österreich aufwies. Vielen schien es so, als könne die deutsche Mannschaft vom Rückwärts- und Sicherheitsfußball nicht mehr auf Angriffsspiel umschalten. Da auch England mehr Respekt als Wagemut in die Partie führte, blieb vom ersten Tag der zweiten Finalrunde ein schaler Nachgeschmack.
Wenn das angepeilte Ziel Halbfinale jetzt erreicht werden sollte, mußte in der nächsten Begegnung gegen Spanien ein klarer Erfolg her. Aber wer sollte die nötigen Tore schießen? Für Trainer Jupp Derwall hieß die Devise: neue Stürmer an die Front. Die beiden Kölner Littbarski und Fischer bildeten also gegen Spanien die Doppelspitze, die Bayern Rummenigge, Breitner und Dremmler hatten im Verein mit Manfred Kaltz die Aufgabe, aus dem Mittelfeld für weiteren Offensivdruck zu sorgen. Derwalls Konzept ging zur Erleichterung aller Fußballanhänger in Deutschland auf. Obwohl Rummenigge, der bereits angeschlagen ins Spiel gegangen war, zur Pause gegen Reinders ausgetauscht werden mußte, erreichte die deutsche Mannschaft durch Fischer und Littbarski eine 2:0-Führung, die von Jesus Zamora nur noch mit dem Anschlußtreffer gekontert werden konnte. Bei diesem 2:1 gab es eine erhebliche Steigerung der deutschen Mannschaft, in der Paul Breitner das beste Spiel seit seinem Comeback lieferte. Endlich brachte er eine Leistung, die die seit dem 29. April 1981 bestehenden Erwartungen erfüllte. Damals hatte er nach sechsjähriger freiwilliger Abstinenz wieder für die deutsche Nationalmannschaft gespielt und Jupp Derwall die Hoffnung gegeben, einen Spielgestalter für die WM gefunden zu haben.
Trotz des Sieges gegen die Spanier war die deutsche Elf aber noch nicht am Ziel. Sie mußte jetzt darauf hoffen, daß der Ausgang des noch anstehenden Gruppenspiels zwischen Spanien und England den Gruppensieg ermöglichte. Und die Spanier erwiesen sich als Mannschaft, für die das Wort »Fairplay« noch eine Bedeutung zu haben schien. Obwohl selbst ohne Chance auf ein Weiterkommen, kämpften sie gegen England mit letzter Kraft, schafften ein torloses Unentschieden und ebneten der deutschen Mannschaft den Weg unter die letzten Vier.
Dieses Halbfinale wurde durch die Gruppensieger Polen, Frankreich und Italien komplettiert, wobei besonders die Steigerung der Italiener in der zweiten Finalrunde beeindruckt hatte. Nach blamablen Gruppenspielen in der ersten Runde und nur zwei erzielten Toren warfen sie ausgerechnet die hoch eingeschätzten Mannschaften aus Brasilien und Argentinien aus dem Wettbewerb. Die Spiele gegen Brasilien und den Titelverteidiger wurden zu absoluten Höhepunkten des Turniers. Für Argentinien gab es in der zweiten Runde nur bittere Momente, denn auch das Duell gegen Brasilien ging verloren. Trainer Menotti mußte jetzt erkennen, daß es ein Fehler war, bis auf zwei Ausnahmen auf die Formation der Siegermannschaft von 1978 zu bauen. Seinem neuen Superstar Diego Maradona wurde darüber hinaus während des Turniers mit zahlreichen unfairen Attacken übel mitgespielt, die ihren Höhepunkt im Spiel gegen Italien hatten. Ausgerechnet im letzten Gruppenspiel gegen Bra-

Ein Bild des Jammers
Uli Stielike ist nach dem verschossenen Strafstoß im Elfmeterschießen gegen Frankreich total am Boden zerstört. Bedeutete diese Fehlleistung das Ende aller deutschen Hoffnungen auf das Finale?

silien gingen dem jungen Stürmer nach einem Foul dann die Nerven durch, und er wurde des Feldes verwiesen. Sein künftiger Arbeitgeber, der reiche spanische Klub FC Barcelona, der ihn für die Phantasiesumme von nahezu 20 Millionen DM gekauft hatte, blieb davon jedoch unbeeindruckt. Europa war jedenfalls im Halbfinale unter sich und setzte dort im Spiel Deutschland gegen Frankreich den dramatischen Höhepunkt dieses Turniers.

Im Stadion von Sevilla spielte sich über zwei Stunden ein wahrer Fußballkrimi ab, aus dem am Ende die deutsche Elf als glücklicher Sieger und damit WM-Finalist hervorging. In der regulären Spielzeit war nach Toren von Littbarski und Michel Platini keine Entscheidung gefallen. In der Verlängerung geriet Deutschland auf die Verliererstraße, denn die Franzosen gingen durch zwei schnelle Tore, die Marius Tresor und Alain Giresse erzielten, mit 3:1 in Führung. Jupp Derwall hatte gerade alles auf eine Karte gesetzt und den angeschlagenen Rummenigge eingewechselt. Und ausgerechnet der Münchner leitete die Wende ein. Seinem Anschlußtor zum 2:3 ließ Fischer kurz darauf den Ausgleich folgen. 3:3 stand es auch nach 120 Minuten, laut Reglement mußte ein Elfmeterschießen über den Sieg entscheiden, und das wurde zu einem Tanz auf den Nerven der Betrachter. Beide Trainer, Michel Hidalgo und Jupp Derwall, hatten vorher die fünf Schützen bestimmt, ohne an diesen Ernstfall zu glauben. Aber die zehn Spieler und beide Torleute mußten nach 120 kräfteraubenden Minuten in diese quasi dritte Verlängerung. Dort verwandelten Giresse, Kaltz, Amoros, Breitner und Rocheteau schnell ihre Strafstöße. Es stand somit 3:2 für Frankreich. Der nächste Schütze war Spanien-Profi Uli Stielike. Er schoß jedoch so schwach, daß Frankreichs Torhüter Jean-Luc Ettori abwehren konnte. War das die Vorentscheidung gegen Deutschland? Doch Didier Six, Stürmer in Diensten des VfB Stuttgart, scheiterte an seinen Nerven und konnte den Ball nicht an Harald (»Toni«) Schumacher vorbeibringen. Also weiter 3:2. Littbarski glich danach aus, Platini und Rummenigge stellten das Resultat auf 4:4. Damit hatte jede Mannschaft die fünf Schützen verbraucht, es waren neue gefragt. Der erste Franzose, Maxime Bossis vom FC Nantes, scheiterte gleich an Schumacher, und Horst Hrubesch schoß seinen Elfer ins Tor. 5:4 für Deutschland – das Aus für Frankreich.

Torhüter Schumacher ließ sich feiern, obwohl für ihn diese Begegnung noch ein bitteres Nachspiel brachte. Er hatte in einer Szene den französischen Angreifer Patrick Battiston durch ein rüdes Foul so schwer verletzt, daß dieser bewußtlos vom Platz getragen werden mußte und Monate nicht mehr spielen konnte. Zusammen mit dem Auftreten im Österreich-Spiel haftete Schumacher danach das Etikett des häßlichen Deutschen an und ließ ihn auch in Deutschland lange im Abseits stehen.

Im Finale traf Deutschland auf Italien, das sich relativ mühelos gegen Polen durchgesetzt hatte und nicht zuletzt aufgrund der Leistungen gegen die Südamerikaner in der zweiten Finalrunde als Favorit galt. Obwohl Jupp Derwall die stärkste Elf stellen konnte und spätestens nach dem Halbfinale unbedingter Siegeswille die deutschen Spieler beherrschte, hatten sie dem italienischen Rasenschach nichts entgegenzusetzen. Die »Azzuris« erzielten in der zweiten Halbzeit in regelmäßigen Abständen ihre Tore zur 3:0-Führung durch Torjäger Paolo Rossi, Marco Tardelli und Alessandro Altobelli. Der deutschen Mannschaft gelang durch Paul Breitner nur noch das Ehrentor. Die Mannschaft von Enzo Bearzot wurde als Weltmeister gefeiert, und Jupp Derwalls erste WM endete mit der Vizeweltmeisterschaft. Aber Anteilnahme wie im Jahre 1966 beim gleichen Erfolg blieb diesmal aus. Zwar wurde die deutsche Mannschaft in Frankfurt freundlich empfangen, für die Mehrheit der deutschen Öffentlichkeit aber war das Thema Weltmeisterschaft schon abgehakt. Viele Fußballanhänger mochten sich mit der Mannschaft nicht mehr identifizieren.

Und das waren die Teilnehmer am WM-Finale 1982:

Harald Schumacher
Ulrich Stielike
Bernd Förster — Karlheinz Förster — Hans-Peter Briegel
Manfred Kaltz — Paul Breitner — Wolfgang Dremmler
Karl-Heinz Rummenigge — Klaus Fischer — Pierre Littbarski

Francesco Graziani — Paolo Rossi — Bruno Conti
Marco Tardelli — Gabriele Oriali — Antonio Cabrini
Giuseppe Bergomi — Fulvio Collovati — Claudio Gentile
Gaetano Scirea
Dino Zoff

Auswechslungen:
Alessandro Altobelli (8.) für Graziani, Horst Hrubesch (63.) für Dremmler, Hans Müller (70.) für Rummenigge, Franco Causio (89. Minute) für Altobelli

So sah das deutsche WM-Aufgebot in Spanien aus:

Hans-Peter Briegel (1. FC Kaiserslautern), 7 Einsätze; Paul Breitner (Bayern München), 7 Einsätze, 1 Tor; Wolfgang Dremmler (Bayern München), 7 Einsätze; Klaus Fischer (1. FC Köln), 6 Einsätze (dreimal eingewechselt), 2 Tore; Bernd Förster (VfB Stuttgart), 4 Einsätze; Karlheinz Förster (VfB Stuttgart), 7 Einsätze; Bernd Franke (Eintracht Braunschweig), ohne Spiel; Wilfried Hannes (Borussia Mönchengladbach), ohne Spiel; Horst Hrubesch (Hamburger SV), 5 Einsätze (zweimal eingewechselt), 1 Tor; Eike Immel (Borussia Dortmund), ohne Spiel; Manfred Kaltz (Hamburger SV), 7 Einsätze; Pierre Littbarski (1. FC Köln), 7 Einsätze (einmal eingewechselt), 2 Tore; Felix Magath (Hamburger SV), 4 Einsätze; Lothar Matthäus (Borussia Mönchengladbach), 2 Einsätze (zweimal eingewechselt); Hans Müller (VfB Stuttgart), 2 Einsätze (einmal eingewechselt); Uwe Reinders (Werder Bremen), 3 Einsätze (zweimal eingewechselt), 1 Tor; Karl-Heinz Rummenigge (Bayern München), 7 Einsätze (einmal eingewechselt), 5 Tore; Harald (»Toni«) Schumacher (1. FC Köln), 7 Einsätze; Ulrich (»Uli«) Stielike (Real Madrid), 7 Einsätze.

Duplizität der Ereignisse

Der Franzose Didier Six in der gleichen Haltung wie vorher Stielike nach dem gleichen Tatbestand. Aber dieser Fehlschuß des Franzosen brachte wirklich die Entscheidung. Seine Mannschaft mußte ausscheiden.

Der WM-Torschützenkönig: Paolo Rossi

Der Titelgewinn mit der italienischen Mannschaft kam für ihn einer Wiedergeburt als Fußballer gleich. Paolo Rossi (geb. am 23. September 1956) knüpfte mit seinen sechs Treffern während des Turniers dort an, wo er vor dem Sturz in den Abgrund des Wettbetruges gestanden hatte: an der Spitze der italienischen Torschützen.

Exakt zwei Jahre vor dem WM-Turnier schien seine Karriere beendet. Wegen Manipulation von Spielergebnissen, die ihm lächerliche 4300 Mark einbrachten, wurde er für zwei Jahre gesperrt. Der Verband ließ ihn die Strafe bis zum letzten Tag abbüßen, der

Beginn der Sperre fiel in die Endrunde der Europameisterschaft 1980 und kostete Italien, wenn nicht den Titel, so doch eine bessere Plazierung (→ EM 1980). Rossi schien als Fußballer erledigt. Während seiner Sperre investierte er sein Geld zusammen mit dem Skistar Gustav Thöni in einen lohnenden Handel mit Sportbekleidung.
Sein ehemaliger Verein Juventus Turin vergaß ihn aber nicht. Ganz Italien sprach von Wahnsinn, als die »Juve« Rossi vor Ablauf der Sperre vom FC Perugia für sechs Millionen Mark zurückkaufte, um ihn in der Meisterschaft wieder einzusetzen. Das geschah am 29. April 1982 in Udine, wo Paolo Rossi gleich ein Tor schoß und mit Juventus in den restlichen Spielen den italienischen Meistertitel holte. Nationaltrainer Enzo Bearzot, den die italienische Presse als »kühlen Schweiger von Friaul« bezeichnet, berief Rossi trotz vielfacher Proteste wieder in das Nationalteam. Am 28. Mai stand der Torjäger in einem WM-Vorbereitungsspiel gegen die Schweiz wieder in der Mannschaft der »Squadra Azzurra« und schoß sie danach in Spanien zum Titelgewinn.
Seine Karriere hatte er in Turin bei Juventus begonnen. Die Vereinsführung schickte ihn als Neunzehnjährigen zunächst in die Provinz, wo er sich bewähren sollte. Über Como und Vicenza kam Rossi so nach Perugia, wo er durch zahlreiche Tore auffiel. Sein Jahreseinkommen stieg bald auf 300 000 DM. Nationaltrainer Bearzot berief den jungen Stürmer 1978 schon ins Aufgebot zur WM in Argentinien, die Sperre nach dem Wettskandal verhinderte dann eine zahlenmäßig imponierende Nationalmannschaftskarriere. Das WM-Finale war erst sein 26. Länderspiel.

So gut traf er danach nie wieder
WM-Torschützenkönig Paolo Rossi geriet – wie die ganze italienische Mannschaft – nach der WM in eine Krise. Es gab keine Qualifikation für die EM-Endrunde und nur noch wenig Rossi-Tore.

Die erfolgreichsten Torschützen:

6 Tore: Rossi (Italien)
5 Tore: Rummenigge (Deutschland)
4 Tore: Boniek (Polen), Zico (Brasilien)

Die Endrundenspiele

1. Finalrunde

Gruppe 1: Italien – Polen 0:0; Peru – Kamerun 0:0; Italien – Peru 1:1; Polen – Kamerun 0:0; Polen – Peru 5:1; Italien – Kamerun 1:1

Tabelle:

1. Polen	3	1	2	0	5:1	4:2
2. Italien	3	0	3	0	2:2	3:3
3. Kamerun	3	0	3	0	1:1	3:3
4. Peru	3	0	2	1	2:6	2:4

Gruppe 2: Algerien – Deutschland 2:1; Österreich – Chile 1:0; Deutschland – Chile 4:1; Österreich – Algerien 2:0; Algerien – Chile 3:2; Deutschland – Österreich 1:0

Tabelle:

1. Deutschland	3	2	0	1	6:3	4:2
2. Österreich	3	2	0	1	3:1	4:2
3. Algerien	3	2	0	1	5:5	4:2
4. Chile	3	0	0	3	3:8	0:6

Gruppe 3: Belgien – Argentinien 1:0; Ungarn – El Salvador 10:1; Argentinien – Ungarn 4:1; Belgien – El Salvador 1:0; Belgien – Ungarn 1:1; Argentinien – El Salvador 2:0

Tabelle:

1. Belgien	3	2	1	0	3:1	5:1
2. Argentinien	3	2	0	1	6:2	4:2
3. Ungarn	3	1	1	1	12:6	3:3
4. El Salvador	3	0	0	3	1:13	0:6

Gruppe 4: England – Frankreich 3:1; ČSSR – Kuweit 1:1; England – ČSSR 2:0; Frankreich – Kuwait 4:1; Frankreich – ČSSR 1:1; England – Kuwait 1:0

Tabelle:

1. England	3	3	0	0	6:1	6:0
2. Frankreich	3	1	1	1	6:5	3:3
3. ČSSR	3	0	2	1	2:4	2:4
4. Kuwait	3	0	1	2	2:6	1:5

Gruppe 5: Spanien – Honduras 1:1; Jugoslawien – Nordirland 0:0; Spanien – Jugoslawien 2:1; Honduras – Nordirland 1:1; Jugoslawien – Honduras 1:0; Nordirland – Spanien 1:0

Tabelle:

1. Nordirland	3	1	2	0	2:1	4:2
2. Spanien	3	1	1	1	3:3	3:3
3. Jugoslawien	3	1	1	1	2:2	3:3
4. Honduras	3	0	2	1	2:3	2:4

Gruppe 6: Brasilien – Sowjetunion 2:1; Schottland – Neuseeland 5:2; Brasilien – Schottland 4:1; Sowjetunion – Neuseeland 3:0; Sowjetunion – Schottland 2:2; Brasilien – Neuseeland 4:0

Tabelle:

1. Brasilien	3	3	0	0	10:2	6:0
2. Sowjetunion	3	1	1	1	6:4	3:3
3. Schottland	3	1	1	1	8:8	3:3
4. Neuseeland	3	0	0	3	2:12	0:6

2. Finalrunde

Gruppe A: Polen – Belgien 3:0; Sowjetunion – Belgien 1:0; Polen – Sowjetunion 0:0

Tabelle:

1. Polen	2	1	1	0	3:0	3:1
2. Sowjetunion	2	1	1	0	1:0	3:1
3. Belgien	2	0	0	2	0:4	0:4

Gruppe B: Deutschland – England 0:0; Deutschland – Spanien 2:1; England – Spanien 0:0

Tabelle:

1. Deutschland	2	1	1	0	2:1	3:1
2. England	2	0	2	0	0:0	2:2
3. Spanien	2	0	1	1	1:2	1:3

Gruppe C: Italien – Argentinien 2:1; Brasilien – Argentinien 3:1; Italien – Brasilien 3:2

Tabelle:

1. Italien	2	2	0	0	5:3	4:0
2. Brasilien	2	1	0	1	5:4	2:2
3. Argentinien	2	0	0	2	2:5	0:4

Gruppe D: Frankreich – Österreich 1:0; Nordirland – Österreich 2:2; Frankreich – Nordirland 4:1

Tabelle:

1. Frankreich	2	2	0	0	5:1	4:0
2. Österreich	2	0	1	1	2:3	1:3
3. Nordirland	2	0	1	1	3:6	1:3

Halbfinale: Italien – Polen 2:0; Deutschland – Frankreich 3:3 n. V. (8:7 nach Elfmeterschießen)

Spiel um Platz 3:

Polen – Frankreich	3:2

Endspiel:

Italien – Deutschland	3:1

TORSCHUETZEN + TORE + PUNKTE + ZUSCHAUER

Die deutschen Fußball-Länderspiele

1982

17. 2. in Hannover	Deutschland – Portugal	3:1
21. 3. in Rio de Janeiro	Brasilien – Deutschland	1:0
24. 3. in Buenos Aires	Argentinien – Deutschland	1:1
14. 4. in Köln	Deutschland – ČSSR	2:1
12. 5. in Oslo	Norwegen – Deutschland	2:4
16. 6. in Gijon	Deutschland – Algerien	1:2*
20. 6. in Gijon	Deutschland – Chile	4:1*
25. 6. in Gijon	Deutschland – Österreich	1:0*
29. 6. in Madrid	Deutschland – England	0:0*
2. 7. in Madrid	Deutschland – Spanien	2:1*
8. 7. in Sevilla	Deutschland – Frankreich	3:3*
11. 7. in Madrid	Deutschland – Italien	1:3*
22. 9. in München	Deutschland – Belgien	0:0
13. 10. in London	England – Deutschland	1:2
17. 11. in Belfast	Nordirland – Deutschland	1:0

1983

20. 2. in Lissabon	Portugal – Deutschland	1:0
30. 3. in Tirana	Albanien – Deutschland	1:2
23. 4. in Istanbul	Türkei – Deutschland	0:3
27. 4. in Wien	Österreich – Deutschland	0:0
7. 6. in Luxemburg	Jugoslawien – Deutschland	2:4
7. 9. in Budapest	Ungarn – Deutschland	1:1
5. 10. in Gelsenkirchen	Deutschland – Österreich	3:0
26. 10. in Berlin	Deutschland – Türkei	5:1
16. 11. in Hamburg	Deutschland – Nordirland	0:1
20. 11. in Saarbrücken	Deutschland – Albanien	2:1

1984

15. 2. in Varna	Bulgarien – Deutschland	2:3
29. 2. in Brüssel	Belgien – Deutschland	0:1
28. 3. in Hannover	Deutschland – Sowjetunion	2:1
18. 4. in Straßburg	Frankreich – Deutschland	1:0
22. 5. in Zürich	Deutschland – Italien	1:0
14. 6. in Straßburg	Deutschland – Portugal	0:0**
17. 6. in Lens	Deutschland – Rumänien	2:1**
20. 6. in Paris	Deutschland – Spanien	0:1**

* WM-Spiele; das Spiel Deutschland – Frankreich endete nach Elfmeterschießen 8:7.
** EM-Spiele

Die ewige Torschützenliste der Weltmeisterschaften

Name	Land	Zeitraum	Tore
Gerd Müller	Deutschland	1970–74	14
Just Fontaine	Frankreich	1958	13
Pelé	Brasilien	1958–70	12
Sandor Kocsis	Ungarn	1954	11
Helmut Rahn	Deutschland	1954–58	10
Teofilo Cubillas	Peru	1970–82	10
Grzegorz Lato	Polen	1974–82	10
Ademir	Brasilien	1950	9
Vava	Brasilien	1958–62	9
Uwe Seeler	Deutschland	1958–70	9
Eusebio	Portugal	1966	9
Jairzinho	Brasilien	1970–74	9
Paolo Rossi	Italien	1978–82	9
Guillermo Stabile	Argentinien	1930	8
Leonidas	Brasilien	1934–38	8
Johnny Rep	Holland	1974–78	8
Karl-Heinz Rummenigge	Deutschland	1978–82	8
Juan Schiaffino	Uruguay	1950–54	7
Hans Schäfer	Deutschland	1954–58	7
Lajos Tichy	Ungarn	1958–62	7
Oldrich Nejedly	Tschechoslowakei	1934–38	7
Andrzej Szarmach	Polen	1974–82	7

Helmut Haller (Deutschland), Max Morlock (Deutschland), Mario Kempes (Argentinien), Rob Rensenbrink (Holland) und Julius Zengeller (Ungarn) sowie Hügi (Schweiz), Probst (Österreich), Rivelino (Brasilien) und Swanow (Sowjetunion) je 6 Tore.

Die ewige Weltmeisterschafts-Tabelle

	Teilnahme	Spiele	gewonnen	unentschieden	verloren	Tore	Punkte
1. Brasilien	12	57	37	10	10	134:62	84:30
2. Deutschland	10	54	32	10	12	122:78	74:34
3. Italien	10	43	24	9	10	74:46	57:29
4. Argentinien	8	34	16	5	13	63:50	37:31
5. England	7	29	13	8	8	40:29	34:24
6. Uruguay	7	29	14	5	10	57:39	33:25
7. Ungarn	8	29	14	3	12	85:48	31:27
8. Sowjetunion	5	24	12	5	7	37:25	29:19
9. Polen	4	21	12	4	5	38:22	28:14
10. Jugoslawien	7	29	12	6	11	50:37	30:28
11. Schweden	7	28	11	6	11	48:46	28:28
12. Österreich	5	23	11	2	10	38:40	24:22
13. Frankreich	8	27	11	2	14	59:50	24:30
14. Spanien	6	23	8	5	10	26:30	21:25
15. Holland	4	16	8	3	5	32:19	19:13
16. ČSSR	7	25	8	5	12	34:40	21:29
17. Chile	6	21	7	3	11	26:32	17:25
18. Schweiz	6	18	5	2	11	28:44	12:24
19. Schottland	5	14	3	5	6	20:29	11:17
20. Peru	4	15	4	3	8	19:31	11:19
21. Portugal	1	6	5	0	1	17:8	10:2
22. Nordirland	2	10	3	4	3	11:17	10:10
23. Mexiko	8	24	3	4	17	21:62	10:38
24. Belgien	6	14	3	2	9	15:30	8:20
25. DDR	1	6	2	2	2	5:5	6:6
26. Paraguay	3	7	2	2	3	12:19	6:8
27. USA	3	7	3	0	4	12:21	6:8
28. Wales	1	5	1	3	1	4:4	5:5
29. Rumänien	4	8	2	1	5	12:17	5:11
30. Algerien	1	3	2	0	1	5:5	4:2
31. Bulgarien	4	12	0	4	8	9:29	4:20
32. Tunesien	1	3	1	1	1	3:2	3:3
33. Kamerun	1	3	0	3	0	1:1	3:3
34. Kuba	1	3	1	1	1	5:12	3:3
35. Nord-Korea	1	4	1	1	2	5:9	3:5
36. Türkei	1	3	1	0	2	10:11	2:4
37. Honduras	1	3	0	2	1	2:3	2:4
38. Israel	1	3	0	2	1	1:3	2:4
39. Marokko	1	3	0	1	2	2:6	1:5
40. Kuwait	1	3	0	1	2	2:6	1:5
41. Australien	1	3	0	1	2	0:5	1:5
42. Kolumbien	1	3	0	1	2	5:11	1:5
43. Iran	1	3	0	1	2	2:8	1:5
44. Norwegen	1	1	0	0	1	1:2	0:2
45. Ägypten	1	1	0	0	1	2:4	0:2
46. Nied.-Indien	1	1	0	0	1	0:6	0:2
47. Süd-Korea	1	2	0	0	2	0:16	0:4
48. Neuseeland	1	3	0	0	3	2:12	0:6
49. Haiti	1	3	0	0	3	2:14	0:6
50. Zaire	1	3	0	0	3	0:14	0:6
51. Bolivien	2	3	0	0	3	0:16	0:6
52. El Salvador	2	6	0	0	6	1:22	0:12

Tore und Zuschauerzahlen der bisherigen Endrunden

Jahr	Veranstalter	Spiele	Tore	Quotient	Zuschauer	Schnitt
1930	Uruguay	18	70	3,89	434500	24139
1934	Italien	17	70	4,12	395000	23235
1938	Frankreich	18	84	4,67	483000	26833
1950	Brasilien	22	88	4,00	1337000	60773
1954	Schweiz	26	140	5,38	943000	36269
1958	Schweden	35	126	3,60	868000	24800
1962	Chile	32	89	2,78	776000	24250
1966	England	32	89	2,78	1614677	50459
1970	Mexiko	32	95	2,97	1673975	52312
1974	Deutschland	38	97	2,55	1774022	46685
1978	Argentinien	38	102	2,68	1610215	38667
1982	Spanien	52	146	2,81	1842250	35428

Deutschlands »Traumelf«:
Franz Beckenbauer, Sepp Maier, Georg Schwarzenbeck, Jupp Heynckes, Günter Netzer, Herbert Wimmer, Gerd Müller, Horst-Dieter Höttges, Erwin Kremers, Paul Breitner und Uli Hoeneß (von links).

Erst spät von den Fans akzeptiert

Die Fußball-Europameisterschaften

Von der Idee bis zur Realisierung eines Wettbewerbs müssen im internationalen Fußball anscheinend immer Jahrzehnte vergehen. Wie im Falle der Weltmeisterschaft dauerte es fast dreißig Jahre, bevor auch die beste Nationalmannschaft Europas in Form eines Turnierwettbewerbs ermittelt werden konnte.

Bereits im Jahre 1927 war der damalige Generalsekretär des französischen Fußballverbandes, Henri Délauney, von dieser Idee begeistert und versuchte die FIFA für seinen Plan zu gewinnen. Diese machte sich jedoch um die Ausrichtung der ersten Fußball-Weltmeisterschaft zu jener Zeit soviel Mühe, daß für andere Aktivitäten weder Zeit noch Interesse vorhanden waren. Erst nach dem Zweiten Weltkrieg lebte die Idee von der Meisterschaft der Fußballer Europas wieder auf, und die Europäische Fußball-Union (UEFA) beschloß 1957, einen Wettbewerb einzuführen, in dem die europäischen Ländermannschaften vertreten waren. »Europapokal der Länder« war sein offizieller Name, womit der Unterschied zum erfolgreichen Europacup der Landesmeister deutlich werden sollte, der nun bereits im zweiten Jahr die Zuschauer in seinen Bann zog.

Zum ersten Wettbewerb um den inoffiziellen EM-Titel meldeten sich siebzehn Verbände, eine ganze Reihe renommierter Fußballnationen zeigte dem neuen Wettbewerb aber die kalte Schulter, darunter alle britischen Verbände sowie Belgien, Deutschland, Holland, Italien und die Schweiz. So brauchte die UEFA nur ein Qualifikationsspiel anzusetzen – die ČSSR eliminierte Irland – und hatte schon das Achtelfinale komplett. Das Hin- und Rückspiel wurde im jeweiligen Land beider Kontrahenten ausgetragen. Der erste Anpfiff für den Wettbewerb erfolgte am 28. September 1958 in Moskau, bis Herbst 1959 war das Achtelfinale abgeschlossen, dem sich das Viertelfinale nach dem gleichen Modus – wieder Hin- und Rückspiel – bis Frühjahr 1960 anschloß.

Die Runde der letzten Vier wurde in Frankreich ausgespielt, wobei sich die Sowjetunion im Endspiel gegen Jugoslawien durchsetzte und diesen Wettbewerb erstmals gewann. Das Finale in Paris besuchten lediglich 18 000 Zuschauer, was symptomatisch für den

ERSTER SIEGER: UdSSR + DANACH SPANIEN ERFOLGREICH

Wettbewerb 1958/60

Achtelfinale: Sowjetunion – Ungarn 3:1 und 1:0; Spanien – Polen 4:2 und 3:0; Rumänien – Türkei 3:0 und 0:2; ČSSR – Dänemark 2:2 und 5:1; Portugal – DDR 2:0 und 3:2; Jugoslawien – Bulgarien 2:0 und 1:1; Frankreich – Griechenland 7:1 und 1:1; Österreich – Norwegen 1:0 und 5:2

Viertelfinale: ČSSR – Rumänien 2:0 und 3:0; Jugoslawien – Portugal 1:2 und 5:1; Frankreich – Österreich 5:2 und 4:2; Sowjetunion – Spanien (Spanien verzichtete)

Halbfinale: Sowjetunion – ČSSR 3:0; Jugoslawien – Frankreich 5:4

Spiel um Platz 3: ČSSR – Frankreich 2:0

Endspiel (10. 7. 1960 in Paris): Sowjetunion – Jugoslawien 2:1 n. V.

Wettbewerb 1962/64

Achtelfinale: Spanien – Nordirland 1:1 und 1:0; Jugoslawien – Schweden 0:0 und 2:3; Dänemark – Albanien 4:0 und 0:1; Österreich – Irland 0:0 und 2:3; Holland – Luxemburg 1:2 und 1:1; Bulgarien – Frankreich 1:0 und 1:3; Sowjetunion – Italien 2:0 und 1:1; DDR – Ungarn 1:2 und 3:3

Viertelfinale: Luxemburg – Dänemark 3:3, 2:2 und 0:1; Spanien – Irland 5:1 und 2:0; Frankreich – Ungarn 1:3 und 1:2; Schweden – Sowjetunion 1:1 und 1:3

Halbfinale: Spanien – Ungarn 2:1 n. V.; Sowjetunion – Dänemark 3:0

Spiel um Platz 3: Ungarn – Dänemark 3:1 n. V.

Endspiel (21. 6. 1964 in Madrid): Spanien – Sowjetunion 2:1

Wettbewerb 1966/68

Viertelfinale der acht Gruppensieger: Frankreich – Jugoslawien 1:1 und 1:5; Bulgarien – Italien 3:2 und 0:2; Ungarn – Sowjetunion 2:0 und 0:3; England – Spanien 1:0 und 2:1

Endturnier in Italien:

Halbfinale: Italien – Sowjetunion 0:0 n. V. (Losentscheid für Italien); Jugoslawien – England 1:0

Spiel um Platz 3: England – Sowjetunion 2:0

Endspiel (8. 6. 1968 in Rom): Italien – Jugoslawien 1:1 n. V.

Wiederholung (10. 6. 1968 in Rom): Italien – Jugoslawien 2:0

Wettbewerb 1970/72

Viertelfinale der acht Gruppensieger: England – Deutschland 1:3 und 0:0; Italien – Belgien 0:0 und 1:2; Jugoslawien – Sowjetunion 0:0 und 0:3; Ungarn – Rumänien 1:1, 2:2 und 2:1

Endturnier in Belgien:

Halbfinale: Sowjetunion – Ungarn 1:0; Deutschland – Belgien 2:1

Spiel um Platz 3: Belgien – Ungarn 2:1

Endspiel (18. 6. 1972 in Brüssel): Deutschland – Sowjetunion 3:0

Helmut Schöns erste Trophäe

Nach einem zweiten und einem dritten Platz bei den voraufgegangenen Weltmeisterschaften war die Europameisterschaft der erste ganz große internationale Erfolg für Bundestrainer Helmut Schön.

ganzen Wettbewerb war: Er wurde vom europäischen Fußballpublikum kaum angenommen.

Interesse bei Nationen und Zuschauern wächst

Zum zweiten Wettbewerb um den Europapokal der Nationen von 1962 bis 1964 gaben dann schon dreißig Verbände ihre Meldung ab, so daß erstmals eine umfangreichere Qualifikationsrunde notwendig wurde. Diesmal traten alle vier Mannschaften der britischen Inseln an, auch Belgien, Italien und die Schweiz hatten ihre Zurückhaltung aufgegeben. Deutschland mochte dem neuen Wettbewerb immer noch keinen Gefallen abgewinnen und stand weiter abseits.

Die UdSSR, Österreich und Luxemburg brauchten nicht in Qualifikationsspiele, sie zogen ein Freilos. Albanien kam kampflos ins Achtelfinale, weil Griechenland nicht antrat. Für England wurde das erste Auftreten auf europäischer Ebene zur Enttäuschung, denn es gab den K. o. schon in der Qualifikation gegen Frankreich. Derartige Überraschungen setzten sich im Achtelfinale fort, wo beispielsweise Luxemburg Holland eliminierte.

Für das Schlußturnier der letzten Vier in Spanien qualifizierte sich auch Außenseiter Dänemark, dem aber schließlich nur der vierte Platz blieb. Das Finale zog in Madrid 105000 Zuschauer an und bescherte Spanien durch ein 2:1 gegen die Sowjetunion den Gewinn des Pokals.

Ein Lenker und Denker

Günter Netzer – hier gegen die Sowjetunion – war der geniale Regisseur des Europameisters von 1972. Er verzauberte mit traumhaften Pässen das Publikum.

Nach dem Sieg kannte der Jubel keine Grenzen

Der Erfolg im Endspiel der EM 1972 gegen die Sowjetunion war für Helmut Schöns Mannschaft der verdiente Lohn für zweijährige Aufbauarbeit (hier sind Netzer [zweiter von links] und Hoeneß [dritter von links] zu erkennen). Die Mannschaft bot nach Ansicht heutiger Experten den besten Fußball, den eine deutsche Elf je gespielt hat.

Auch Deutschland greift zum EM-Titel

Als im Herbst 1966 der dritte Wettbewerb zur Ermittlung von Europas bester Fußballmannschaft begann, beteiligte sich auch eine deutsche Mannschaft. Die UEFA hatte dem Kind endlich den richtigen Namen gegeben: Jetzt spielte man um die Europameisterschaft, und bei einem Meldeergebnis von 31 Nationen hatte diese Einstufung auch ihre Berechtigung. Ein Hauch von Weltmeisterschaft wehte schon im organisatorischen Vorfeld. Die UEFA konnte acht Qualifikationsgruppen bilden, deren Sieger sich für das Viertelfinale qualifizierten. Auch dort wurde nach bewährtem Muster in Hin- und Rückspiel gekämpft, bis sich die letzten Vier für die Schlußrunde qualifiziert hatten. Die deutsche Mannschaft brauchte sich in der Qualifikationsgruppe 4 nur zwei Gegnern zu stellen: Jugoslawien und Albanien. Einem standesgemäßen 6:0 gegen Albanien folgte im zweiten Match die Ernüchterung: In Belgrad gab es eine 0:1-Niederlage gegen Jugoslawien. Im Rückspiel wurde dieser vermeintliche Ausrutscher ausgebügelt, und dann ging es in das Land der Skipetaren nach Tirana. Was dort folgte, ist als Pleite von Tirana in die deutsche Fußballgeschichte eingegangen: Die albanische Mannschaft trotzte dem favorisierten Vizeweltmeister ein 0:0 ab und verurteilte ihn damit zum Ausscheiden aus dem Wettbewerb. Das gleiche Schicksal ereilte den WM-Dritten Portugal, aber alle anderen Favoriten setzten sich durch, darunter auch Weltmeister England, das sich im entscheidenden Spiel vor 135 000 Zuschauern im Glasgower Hampden-Park von Schottland 1:1 trennte, was zum Gruppensieg reichte. Die Zuschauer strömten mittlerweile nicht nur zu den Spitzenspielen des neuen Wettbewerbs. Nach der Qualifikation konnte die UEFA mit knapp drei Millionen Besuchern einen erfreulichen Aufwind feststellen. Diese Tendenz setzte sich im Viertelfinale noch fort. Allein die Begegnungen England gegen Spanien sahen insgesamt 230 000 Zuschauer, Italien wurde im Rückspiel gegen Bulgarien von 100 000 begeisterten »Tifosis« angefeuert, Ungarn und die UdSSR zogen insgesamt 183 000 Besucher an. Die Endrunde im Juni 1968 brachte dann in Italien nur bei Spielen der eigenen Mannschaft die erwartete Resonanz. Diese erreichte nur durch Losglück das Finale, das sie dann zweimal bestreiten mußte, weil im ersten Spiel Gegner Jugoslawien nicht besiegt werden konnte.

Der erste Fußball-Europameister spielte mit: Zoff – Salvadore, Burgnich – Guarneri, Rosato, Facchetti – Mazzola, De Sisti, Domenghini, Anastasi, Riva.

Eine »Traumelf« wird geboren: Deutschland

Zum nächsten Wettbewerb meldeten sich 32 Nationen, was der UEFA organisatorische Annehmlichkeiten bereitete. Die Rechnung mit acht gleich starken Qualifikationsgruppen ging ja leicht auf. In Deutschland mischten sich nach der Auslosung Erleichterung und Entsetzen: Die Gegner Polen und Türkei schienen schlagbar, aber als dritte Mannschaft stand ausgerechnet Albanien wieder bereit. Obwohl es keiner wahrhaben wollte, spielte der Gedanke an die Pleite von Tirana wieder mit. Anders kann man sich die mühsamen Erfolge (1:0 in Tirana, 2:0 in Karlsruhe) nicht erklären. Als »Spielverderber« entpuppte sich diesmal die Türkei, der in Köln ein 1:1-Unentschieden gelang. Im Rückspiel in Istanbul wurden mit einem 3:0 die Dinge aber wieder ins rechte Lot gebracht und ein souveräner Gruppensieg errungen. Das Viertelfinale vereinte die Creme des europäischen Fußballs und führte ausgerechnet Deutschland und England zusammen. Nach dem Triumph von Leon bei der WM 1970 in Mexiko fuhr die deutsche Mannschaft gelassen zum Hinspiel ins Londoner Wembley-Stadion. Und dieser 29. April 1972 wurde zur Geburtsstunde einer Mannschaft, die von Europas Fußballfachleuten als »Traumelf« bezeichnet wurde.

Im deutschen Vereinsfußball deutete sich eine Wachablösung an. Die Mannschaft von Bayern München war dabei, Meister Mönchengladbach den Rang abzulaufen, und aus ihren Reihen drängten hochtalentierte Spieler in die Nationalmannschaft. Bundestrainer Helmut Schön verstärkte die sogenannte »Bayern-Achse« in der Nationalelf mit Torwart Sepp Maier, Libero Franz Beckenbauer und Mittelstürmer Gerd Müller durch zwei junge hoffnungsvolle Talente: den Abwehrspieler Paul Breitner und den Halbstürmer Ulrich (»Uli«) Hoeneß. Da mit Georg (»Katsche«) Schwarzenbeck ein weiterer Bayern-Spieler seinen Stammplatz im Nationalteam hatte, mußte der Bundestrainer zu den sechs Bayern nur noch die richtige Ergänzung finden, um eine schlagkräftige Elf auf die Beine stellen zu können. Schön fand diese Ergänzungen in Mönchengladbach mit dem als »Laufwunder« in die Fußballgeschichte eingegangenen Mittelfeldmotor Herbert (»Hacki«) Wimmer und Regisseur Günter Netzer.

Netzer stand im Zenit seines fußballerischen Könnens und wurde in der deutschen Mannschaft ein echter Spielgestalter und Lenker. Unter seiner glänzenden Führung besiegte die deutsche Mannschaft England im Wembley-Stadion mit 3:1 nach Toren von Hoeneß, Netzer und Müller und begeisterte sogar die objektiven englischen Zuschauer. Ein Sieg auf britischem Boden, zumal in Wembley, gehörte immer noch zu den Raritäten für kontinentale Mannschaften, und so wurde dieser Erfolg auch als wahre WM-Revanche für das Endspiel von 1966 gefeiert. Diesen Triumph trübte das bescheidene 0:0 im Rückspiel nur wenig, schließlich hatte die deutsche Mannschaft erstmals die Schlußrunde eines EM-Wettbewerbs erreicht.

Diese Endrunde fand in Belgien statt, das sich durch ein 2:1 gegen Italien qualifiziert und damit in Europa Aufsehen erregt hatte. Ausgerechnet diese Belgier erwarteten Deutschland im alten Stadion von Antwerpen zum Halbfinale. Dort unterstützten über 25 000 deutsche Fußballfans ihre Mannschaft, in der es gegenüber den England-Spielen eine Änderung gegeben hatte: Linksaußen Siegfried (»Sigi«) Held, mittlerweile bei den Offenbacher Kickers tätig, konnte nicht mehr mitwirken und wurde vom Schalker Erwin Kremers vertreten. Im Hexenkessel von Antwerpen erwies sich Netzer wiederum als überragender Spielgestalter. In Zusammenarbeit mit Gerd Müller brachte er diesen zweimal in so gute Position, daß dessen Tore fast zwangsläufig fielen. Die Belgier konnten nur noch den Anschlußtreffer entgegensetzen, so daß Deutschland im Finale dieser Europameisterschaft stand. Als Gegner hatte sich die Sowjetunion qualifiziert, die man zur Eröffnung des Münchner Olympiastadions erst wenige Wochen zuvor durch vier Müller-Tore mit 4:1 besiegt hatte. Deutschland wurde seiner Favoritenrolle im Finale gerecht. 50 000 Zuschauer im Brüsseler Heysel-Stadion sahen eine überlegen spielende deutsche Mannschaft, die nach Toren von Wimmer und zweimal Gerd Müller zum glatten 3:0 und damit ersten EM-Titel kam. Die Mannschaft spielte in folgender Aufstellung: Sepp Maier (Bayern München) – Franz Beckenbauer (Bayern) – Horst-Dieter Höttges (Werder Bremen), Georg Schwarzenbeck, Paul Breitner (beide Bayern) – Herbert Wimmer, Günter Netzer (beide Borussia Mönchengladbach), Uli Hoeneß (Bayern) – Jupp Heynkkes (Borussia Mönchengladbach), Gerd Müller (Bayern), Erwin Kremers (Schalke 04).

Drama im Elfmeterschießen

Titelverteidiger genießen, anders als bei der WM, im europäischen Wettbewerb keine Vorrechte. So mußte sich Deutschland für die nächste Runde ebenso qualifizieren wie die anderen Mannschaften. Wieder waren es 32 Mann-

»Bomber der Nation« im Element

Gerd Müller (links Georg Schwarzenbeck) traf auch bei der EM ins Schwarze. Die Bildfolge zeigt das 3:0 gegen die Sowjetunion, nachdem der Münchner auch den ersten Treffer erzielen konnte.

schaften, die antraten, den Europameister 1976 zu ermitteln. Acht Vierergruppen wurden ausgelost. Der Titelverteidiger hatte mit Griechenland, Bulgarien und Malta »Underdogs« des europäischen Fußballs erwischt – aber wie sah seine Mannschaft aus? Der Zerfall der WM-Elf von 1974 schien eine schwere Vorbelastung für die EM-Qualifikation – an mehr wagte kein Fußballanhänger zu denken.
Das magere 2:2 in Athen gegen Griechenland zum Auftakt der Gruppenspiele schien allen Schwarzsehern recht zu geben. Vor allem im Angriff der Nationalmannschaft hatten die Rücktritte Lücken hinterlassen, die nicht so bald geschlossen werden konnten. In Athen mußten Bernd Cullmann vom 1. FC Köln sowie Herbert Wimmer als Torschützen herhalten. Einen Monat später wäre Helmut Schön fast die Weihnachtsfreude verdorben worden. In Anlehnung an das enttäuschende Spiel in Albanien Jahre zuvor leistete sich die deutsche Mannschaft auf der Mittelmeerinsel Malta gegen den dortigen Fußballzwerg ein ähnliches Auftreten und wurde lediglich durch ein Tor von Cullmann vor einer Blamage bewahrt. Dieses 1:0 vom 22. Dezember 1974 in La Valetta bot für den weiteren Wettbewerb in der Tat nur düstere Perspektiven. Sie schienen berechtigt, als es gegen die Bulgaren im Frühjahr des folgenden Jahres nur ein 1:1 gab (Tor durch Manfred Ritschel von Kickers Offenbach). Der Spielermarkt in der Bundesliga schien für Helmut Schön nicht mehr genug Nachschub für seine Elf herzugeben, also folgte er dem Begehren eines Teils der deutschen Öffentlichkeit und holte die mittlerweile in spanischen Diensten stehenden Netzer und Breitner zurück. Beide gaben im Oktober gegen Griechenland ihren Einstand, der aber gründlich mißlang. Nach dem 1:1 gegen die Griechen in Düsseldorf schien das vorzeitige Ausscheiden des Titelverteidigers schon perfekt, doch Schwächen der Griechen und ein eigener magerer 1:0-Sieg gegen Bulgarien retteten den Gruppensieg. In beiden Spielen sorgte Jupp Heynckes von Borussia Mönchengladbach für den einzigen deutschen Treffer.
Der mühsame Weg des Europameisters ins Viertelfinale war mit den großen Auseinandersetzungen in anderen Gruppen überhaupt nicht zu vergleichen. Das Los hatte für das Ausscheiden von Mannschaften gesorgt, die man in der Schlußrunde erwartete. Allein in der Supergruppe 5 mußten Vizeweltmeister Holland, der Dritte der WM, Polen, und Italien um den einen freien Platz im Viertelfinale kämpfen. In hervorragenden Spielen, die in Europa mit großer Anteilnahme verfolgt wurden, setzten sich die Holländer unter Führung ihrer beiden Spanien-Profis Johan Cruyff und Johan Neeskens durch. Die Holländer strebten nach der unglücklichen Endspielniederlage von München mit aller Macht die Europameisterschaft an. Auch England und Ungarn mußten in der Qualifikation ihre Hoffnungen begraben; sie scheiterten an der ČSSR bzw. Wales.
Im Viertelfinale setzten sich alle Favoriten durch, so daß man eine spannende Endrunde in Jugoslawien erwartete. Von den WM-Finalisten des Jahres 1974 beeindruckte wiederum Holland weit mehr als Weltmeister Deutschland. Nachbar Belgien wurde zweimal besiegt, wobei besonders nach dem 5:0 in Rotterdam (drei Tore von Rob Rensenbrink) ein wahrer Cruyff-Boom ausbrach. Die deutsche Mannschaft kam immerhin gegen Spanien weiter, hatte aber Mittelstürmer Heynckes mittlerweile wegen Verletzung verloren und lebte nur noch von der zweifelhaften Kunst der Improvisation.
Im Halbfinale in Jugoslawien sah Europa dann Spiele, die an Dramatik nicht zu überbieten waren. Holland mußte sich mit der ČSSR auseinandersetzen und galt als hoher Favorit. Schließlich konnte man neun Spieler aus der Endspielelf von 1974 aufbieten. Eine Ansammlung von Stars also gegen ein echtes Kollektiv aus der ČSSR, das aber auch seinen überragenden Spieler hatte: Libero Anton Ondrus von Slovan Bratislava zeigte gegen die Cruyff und Co. eine Weltklasseleistung und bestimmte Rhythmus und sogar Torfolge dieses Halbfinales. Er sorgte nämlich sowohl für die Führung seines Teams als auch mit einem Eigentor für den Ausgleich der Holländer. Parität gab es auch bei den Aktionen des

Der Gesichtsausdruck sagt alles

Die Gestik von Uli Hoeneß nach dem verschossenen Elfmeter im EM-Finale 1976 sagt alles.

Danach jubelten die Tschechen
Mittelfeldspieler Panenka behielt die Nerven und konnte den entscheidenden Elfmeter verwandeln.

Schiedsrichters gegen beide Mannschaften. Er schickte den Tschechen Pollak und den Holländer Neeskens wegen Foulspiels frühzeitig in die Kabinen. In der Verlängerung zog ČSSR-Trainer Vaclav Jerzek seinen Joker. Mit dem mittlerweile 33jährigen Frantisek Vesely kam neuer Angriffsschwung ins Spiel der Tschechoslowaken. Der neue Mann bereitete das 2:1 durch Zdenek Nehoda vor und erzielte das 3:1 selber. Die ČSSR stand also im Finale, Favorit Holland war wieder einmal gescheitert.

Als Finalpartner schien Jugoslawien bereitzustehen. Der Heimvorteil gegen Helmut Schöns zusammengewürfelte Mannschaft sollte zum Sieg ausreichen. Die erste Halbzeit schien das zu bestätigen: Jugoslawien lag mit 2:0 vorn, und Deutschland bot ein erbärmliches Angriffsspiel. Da brachte ein Wechsel »Köln anstelle Mönchengladbach« eine überraschende Wende. Zunächst blieb Dietmar Danner von der Borussia in der Kabine und wurde von Heinz Flohe ersetzt, der auch prompt den Anschlußtreffer erzielte. Dann ging auch Herbert Wimmer, und es kam ein Debütant, Flohes Mannschaftskamerad Dieter Müller. Und der feierte einen Einstand in der Nationalmannschaft, von dem man noch lange sprach. Mit der ersten Ballberührung erzielte er den Ausgleich, und in der darauf notwendigen Verlängerung machte er mit zwei weiteren Treffern den deutschen Sieg und die Endspielteilnahme perfekt.

Das Finale entwickelte sich für deutsche Betrachter wieder zu einem Fußballkrimi. Wie gegen die Jugoslawen lag die Mannschaft Helmut Schöns schnell 0:2 im Rückstand. Der neue Goalgetter Dieter Müller sorgte diesmal sehr früh für den Anschlußtreffer, doch das große Hoffen und Bangen dauerte bis zur letzten Minute an. Buchstäblich Sekunden vor Schluß gelang Bernd Hölzenbein von der Frankfurter Eintracht der Ausgleich, und Kapitän Franz Beckenbauer, der zum hundertsten Mal das Nationaltrikot trug,

Wettbewerb 1974/76

Viertelfinale der acht Gruppensieger: Spanien – Deutschland 1:1 und 0:2; Holland – Belgien 5:0 und 2:1; Jugoslawien – Wales 2:0 und 1:1; ČSSR – Sowjetunion 2:0 und 2:2

Endturnier in Jugoslawien:

Halbfinale: ČSSR – Holland 3:1 n. V.; Deutschland – Jugoslawien	4:2 n. V.
Spiel um Platz 3: Holland – Jugoslawien	3:2 n. V.
Endspiel (20. 6. 1976 in Belgrad): ČSSR – Deutschland	2:2 n. V.*

Wettbewerb 1978/80

Endturnier in Italien:

Gruppe 1: Deutschland – ČSSR 1:0; Holland – Griechenland 1:0; Deutschland – Holland 3:2; ČSSR – Griechenland 3:1; Deutschland – Griechenland 0:0; ČSSR – Holland 1:1

1. Deutschland	3	2	1	0	4:2	5:1
2. ČSSR	3	1	1	1	4:3	3:3
3. Holland	3	1	1	1	4:4	3:3
4. Griechenland	3	0	1	2	1:4	1:5

Gruppe 2: Belgien – England 1:1; Spanien – Italien 0:0; Belgien – Spanien 2:1; Italien – England 1:0; England – Spanien 2:1; Italien – Belgien 0:0

1. Belgien	3	1	2	0	3:2	4:2
2. Italien	3	1	2	0	1:0	4:2
3. England	3	1	1	1	3:3	3:3
4. Spanien	3	0	1	2	2:4	1:5

Spiel um Platz 3: ČSSR – Italien	1:1**
Endspiel (am 22. 6. 1980 in Rom): Deutschland – Belgien	2:1

* 7:5 nach Elfmeterschießen
** 10:9 nach Elfmeterschießen

konnte noch auf ein erfolgreiches Ende seines Jubiläumsspiels hoffen. Die Verlängerung brachte keine Entscheidung, und so mußte das vorher vereinbarte Elfmeterschießen über den Sieger und somit neuen Europameister entscheiden.

Für die ČSSR traten Masny, Nehoda, Ondrus, Jurkemik und Panenka an, Deutschland entschied sich nach längerer Diskussion für Bonhof, Flohe, Bongartz, Hoeneß und Beckenbauer. Der Schalker Hannes Bongartz war erst in der zweiten Halbzeit für Erich Beer von der Berliner Hertha ins Spiel gekommen. Bis zum 3:3 trafen die jeweils auserkorenen Schützen, die nächste Runde brachte dann Dramatik. Jurkemik besorgte das 4:3, und Uli Hoeneß machte sich daran, wieder für den Ausgleich zu sorgen, doch sein Schuß ging in die Wolken. Als der nächste ČSSR-Schütze Panenka wieder traf,

stand es 5:3, und die ČSSR hatte den Europameisterschafts-Titel gewonnen. Millionen Zuschauer in 25 Ländern hatten die Entscheidung am Fernsehschirm verfolgt.
Der neue Titelträger spielte mit: Viktor - Ondrus - Pivarnik, Capkovic, Gögh - Dobias (93. Vesely), Panenka, Modr - Masny, Svehlik (79. Jurkemik), Nehoda.
In der deutschen Elf standen: Maier - Beckenbauer - Vogts, Schwarzenbeck, Dietz - Wimmer (46. Flohe), Bonhof, Beer (79. Bongartz) - Hoeneß, Dieter Müller, Hölzenbein.

Das Starporträt: Franz Beckenbauer

Ein Titelgewinn im Jubiläums-Länderspiel, das ihm den Eintritt in den Klub der Hunderter bescherte, wäre für Franz Beckenbauer (geb. am 11. September 1945) ein weiterer krönender Meilenstein in seiner Laufbahn als Fußballer gewesen, durch den Fehlschuß seines Teamkameraden Uli Hoeneß blieb »Kaiser Franz« dieser Triumph kurz vor Abschluß seiner Nationalmannschaftszeit jedoch versagt. Nur noch dreimal stand er nach dem Gewinn der Vize-Europameisterschaft in der Nationalelf. Am 23. Februar 1977 beendete er mit dem 103. Länderspiel seine internationalen Einsätze für den Deutschen Fußball-Bund beim 0:1 gegen Frankreich in Paris. Der Rekord-Internationale des deutschen Fußballs verließ dann für einige Jahre Europa, um in der US-Profiliga sein Geld zu verdienen.
Kein anderer Spieler hat dem deutschen Fußball neben Fritz Walter solche Impulse geben können wie Franz Beckenbauer, aber mehr noch als der Weltmeister von 1954 verstand er es – nicht zuletzt gefördert von der Entwicklung der Medien und ihrem Verhältnis zum Fußball –, als Botschafter ebendieses deutschen Fußballs aufzutreten. Daß man ihn in internationalen Expertenkreisen auf eine Stufe mit Pelé stellt, sagt mehr als die beste Beschreibung seiner fußballerischen Vorzüge.
Der Weg des Fußballwunderkindes Franz Beckenbauer war kein steiniger. Mit zehn Jahren begann er beim SC 06 München organisiert Fußball zu spielen und fand als Zwölfjähriger im Rechtsanwalt und Jugendtrainer Rudi Weiß gleich den richtigen Förderer. Der FC Bayern München hatte sich das junge Talent nämlich bereits 1958 für seine Jugendabteilung gesichert. Dort machte Beckenbauer in der Schülermannschaft als Mittelstürmer Furore und kam in einer Saison auf über hundert Treffer. Auch in der Jugendmannschaft sah man ihn später als erfolgreichen Stürmer.
Eines Tages beorderte ihn Trainer Weiß jedoch in die hinteren Reihen, wo Beckenbauer – entgegen seiner Überzeugung – als Außen- und Mittelläufer dennoch gute Spiele machte. 1964 brachte ihm die Berufung in die Jugendauswahl des DFB erste internationale Erfahrungen. Der Premiere vom 8. März dieses Jahres mit dem 2:1 gegen die Schweiz durch zwei Beckenbauer-Tore folgten noch im gleichen Monat zwei Spiele im Rahmen des UEFA-Jugendturniers, dann beendete der Beginn seiner Profizeit Beckenbauers Karriere als Jugendfußballer. Mittlerweile war er schon zur bestimmenden Figur in der Hintermannschaft des FC Bayern München geworden, nachdem auch Trainer Zlatko (»Tschik«) Cajkowski zu der Überzeugung gelangt war, in Beckenbauer den Spielgestalter von morgen für die Bayern-Mannschaft gefunden zu haben. In der Aufstiegsrunde zur Bundesliga im Sommer 1964 durfte sich Beckenbauer in den ersten Spielen

Ganz Deutschland kannte ihn als »Kaiser Franz«
Es gibt kaum einen Superlativ, den man nicht auf Franz Beckenbauer und sein fußballerisches Können angewendet hat. Der Münchner genoß weit über Deutschlands Grenzen hinaus immense Popularität.

Stationen eines bewegten Lebens

Ob im Smoking – oben mit Ehefrau Brigitte bei einem Diner – oder als Weltreisender – unten vor der Skyline von New York . . . Franz Beckenbauer machte stets eine glänzende Figur.

noch einmal als Linksaußen austoben, dann beorderte Cajkowski ihn endgültig in die Läuferreihe. Als die Bayern ein Jahr später den Sprung in die Bundesliga schafften, konnten sie sich auf einen Außen- und Mittelläufer stützen, der noch im gleichen Jahr den Sprung in die Nationalmannschaft schaffte (→ WM 1966).

Von da an begann eine nahezu beispiellose Sammlung von Siegestrophäen auf nationaler und internationaler Ebene. Beckenbauer wurde mit dem FC Bayern je viermal Deutscher Meister (1969, 1972, 1973, 1974) und DFB-Pokalsieger (1966, 1967, 1969, 1971). Dabei konnte seine Mannschaft als erster deutscher Verein die Meisterschaft dreimal hintereinander gewinnen. Des weiteren holte er 1967 den Europapokal der Pokalsieger, 1974, 1975 und 1976 den der Landesmeister dreimal hintereinander und 1976 den Weltpokal. Er wurde 1972 Europameister mit der Nationalmannschaft sowie 1976 Vize-Europameister. Seine WM-Erfolgsbilanz lautet: Zweiter 1966, Dritter 1970, Weltmeister 1974.

Für den FC Bayern bestritt er 415 Bundesligaspiele, in denen er 43 Tore erzielte. Die deutsche Sportpresse wählte ihn 1966, 1968, 1974 und 1976 zum »Fußballer des Jahres«. Den Titel als Europas besten Fußballer des Jahres verliehen ihm die Sportjournalisten 1972 und 1976.

Im Frühjahr 1977 wurden von den deutschen Fußballfans Meldungen in der Öffentlichkeit mit Betroffenheit zur Kenntnis genommen, nach denen Beckenbauer künftig in der US-Profiliga sein Geld verdienen wolle. Man beruhigte sich mit der Tatsache, daß sein Vertrag beim FC Bayern noch bis 1979 lief und er sich auf die Titelverteidigung bei der WM 1978 in Argentinien vorbereitete. Als jedoch offenkundig wurde, daß sein Manager Robert Schwan alles für eine unmittelbar anstehende Vertragsunterzeichnung beim Pelé-Klub Cosmos New York vorbereitet hatte, überschlugen sich die Ereignisse: DFB-Präsident Hermann Neuberger reagierte auf das Verwirrspiel des Managers ungnädig und erklärte Beckenbauers Karriere in der Nationalelf für beendet, Bayern-Präsident Wilhelm Neudecker machte Schwierigkeiten bei den Verhandlungen um die Ablösesumme. Niemand war bereit, den Mann, der dem deutschen Fußball jahrelang zu weltweiter Achtung verholfen hatte, zu verstehen und mit ihm über dessen Zukunft in der Nationalelf zu reden. Vorzeitiger Jubel, es gehe auch ohne Beckenbauer – nach ein paar geglückten Länderspielvorstellungen –, wurde spätestens bei der WM 1978 in Argentinien als Selbsttäuschung der DFB-Funktionäre entlarvt.

Was der abgeschriebene Ex-Bayern-Kicker noch »drauf« hatte, konnten seine Fans nur noch in den Zeitungen oder gelegentlich im Fernsehen verfolgen. In den Kunstrasenarenen der Neuen Welt verhalf »Kaiser Franz« seinem neuen Klub Cosmos New York dreimal zur US-Meisterschaft und avancierte zum Liebling der US-Soccer-Fans. Er hatte die Saison 1976/77 mit seinem FC Bayern noch ordnungsgemäß beendet und war dann umgehend nach New York gejettet. Schon am 29. Mai, nur gut eine Woche nach dem letzten Bundesligaspiel, trat er an der Seite Pelés mit seiner neuen Mannschaft in Florida bei den Tampa Bay Rowdies zum ersten Punktspiel an. Es gab eine 2:4-Niederlage, aber Bekkenbauer steuerte einen Treffer für Cosmos bei.

Doch die deutschen Beckenbauer-Anhänger konnten noch einmal sein Comeback feiern. Am 1. November 1980 wechselte er nämlich von Cosmos ganz überraschend zum Hamburger SV, um die Herausforderung des Leistungsfußballs noch einmal anzunehmen. Bereits am 15. November stand er in Stuttgart für eine Halbzeit in der HSV-Mannschaft. Das Abenteuer Bundesliga brachte ihm aber wenig Erfolg. Die Saison 1980/81 beendete er mit dem HSV als Vizemeister, und in der folgenden Spielzeit, die den Hamburgern wieder den Meistertitel bescherte, konnte er wenig zu dessen Gewinn beitragen. Immer neue Verletzungen warfen ihn ständig zurück, sein Ehrgeiz wurde von den Bulletins der Ärzte gebremst. Im letzten Punktspiel, mit dem sich der HSV endgültig den Meistertitel 1982 sicherte, konnte er aber eine Halbzeit mitwirken. Dann ließ er sein Abschiedsspiel am 1. Juni steigen und setzte gegen die Nationalmannschaft noch einmal Glanzpunkte . . . Ein Jahr später spielte er jedoch wieder Fußball. Am 1. Mai 1983 begann er – erneut bei Cosmos New York – die US-Fußballsaison, mittlerweile fast 38 Jahre alt. Aus Freundschaft, weil man ihm doch so in den Ohren gelegen habe . . .

Deutsche Meister seit Einführung der Bundesliga

1964:	1. FC Köln
1965:	Werder Bremen
1966:	TSV München 1860
1967:	Eintracht Braunschweig
1968:	1. FC Nürnberg
1969:	FC Bayern München
1970:	Borussia Mönchengladbach
1971:	Borussia Mönchengladbach
1972:	FC Bayern München
1973:	FC Bayern München
1974:	FC Bayern München
1975:	Borussia Mönchengladbach
1976:	Borussia Mönchengladbach
1977:	Borussia Mönchengladbach
1978:	1. FC Köln
1979:	Hamburger SV
1980:	FC Bayern München
1981:	FC Bayern München
1982:	Hamburger SV
1983:	Hamburger SV
1984:	VfB Stuttgart

Das Starporträt: Johan Cruyff

Zu den Fußballhelden, denen der Abschied vom grünen Rasen offensichtlich trotz mehrmaliger Beteuerungen schwerer fällt als alles andere, gehört auch Johan Cruyff (geb. am 25. April 1947). Drei Jahre nach seinem offiziellen Rücktritt von der Fußballszene im Herbst 1978 und nach fast neunjähriger Abwesenheit von der holländischen Fußballheimat schnürte er mitten in der Saison 1981/82 wieder die Stiefel, um gegen ein erkleckliches Handgeld von über einer Million Gulden für seine alte Liebe Ajax Amsterdam Tore zu schießen.

Der Effekt verblüffte alle Kritiker, die dem alternden Star nicht mehr viel zugetraut hatten. »König Johan« wurde mit Ajax 1982 Meister und 1983 sogar Meister und Pokalsieger, zehn Jahre nach seinem letzten Titelgewinn mit der Amsterdamer Mannschaft. Der Doppelerfolg bedeutete die Krönung einer beispiellosen Erfolgsserie im holländischen Fußball.

Aufstieg und Siegeszug des Johan Cruyff sind in vielen Phasen mit denen Pelés zu vergleichen, wobei dem Holländer bei quantitativ ähnlich hoher Trophäenausbeute aber die absolute Krönung, ein WM- oder wenigstens EM-Titel, fehlt.

Genau wie für Pelé bedeutete der Fußball für Johan Cruyff den sozialen Aufstieg aus dem Nichts der Armut und Bedeutungslosigkeit. Er verlor schon früh den Vater, der mit seinem bescheidenen Gemüseladen in einem nicht gerade zu den guten Wohngegenden zählenden Amsterdamer Viertel die Familie notdürftig über Wasser hielt. Die Witwe Cruyff arbeitete danach als Putz- und Spülfrau in Kantine und Kabinen des Fußballklubs Ajax, dessen Stadion in unmittelbarer Nähe der Wohnung lag. Für Johan war es schon seit einiger Zeit zur zweiten Heimat geworden. Seit 1956 kickte er in der unteren Jugendklasse von Ajax. Sein großes Ziel hieß Profivertrag. Ajax zahlte den Jugendlichen damals schon ein kleines Salär, und so verließ Johan mit dreizehn Jahren die Schule, um seinen Lebensunterhalt fortan mit Fußballspielen zu bestreiten. Er mußte eine harte Zeit ohne feste Einnahmen durchmachen, bevor Ajax-Trainer Rinus Michels seine Qualitäten erkannte und ihm den ersten Profivertrag beschaffte. Das Nettoeinkommen betrug 100 Gulden monatlich. Als er seinen Verein 1973 verließ, verdiente er rund eine Million Gulden im Jahr. Dazwischen lag eine Erfolgsserie, wie sie noch kein anderer holländischer Spieler erreicht hatte. Cruyff wurde mit Ajax 1966, 1967, 1968, 1970, 1971 und 1973 Meister seines Landes, holte 1967 und 1970 den holländischen Pokal, triumphierte dreimal hintereinander im Europapokal der Landesmeister (1971, 1972, 1973) und gewann 1973 auch noch den Weltpokal. Hollands Sportpresse wählte ihn viermal zum Fußballer des Jahres (1967, 1968, 1971, 1972), Europas Sportjournalisten hoben ihn 1971 und 1973 auf den Thron.

Seit 1967 stand er in der holländischen Nationalmannschaft, in der er auch nach seinem Wechsel zum FC Barcelona im Spätsommer 1973 weiterspielte. Nach Spanien ging er des Geldes wegen, mittlerweile verheiratet und unter dem Einfluß seines Schwiegervaters, des millionenschweren Diamantenhändlers und Juweliers Cor Coster, stehend. Dieser managte Cruyff und soll die Katalanen zur Zahlung einer Transfersumme von 7 Millionen Gulden bewegt haben, von denen 2,7 Millionen in Cruyffs Taschen geflossen sein sollen. Der Aufwand lohnte sich für Barcelona, denn es wurde 1974 mit Cruyff Spanischer Meister. Er selbst wurde in diesem Jahr erneut zu Europas Fußballer des Jahres und zum Superstar der Fußball-WM gewählt, trotz der Endspielniederlage gegen die Mannschaft um Franz Beckenbauer, in dessen Schatten er trotz seiner Erfolge immer stand. So auch bei der EM 1976, als die von Cruyff geführte holländische Mannschaft bereits im Halbfinale ausschied und aus der WM-Revanche gegen Deutschland nichts wurde. Dabei hätte »König Johan« im Finale zuschauen müssen, weil er im Spiel gegen die ČSSR die zweite gelbe Karte erhalten hatte.

»König Johan« noch 1984 erfolgreich

Johan Cruyff – hier im WM-Gruppenspiel 1974 gegen Uruguays Verteidiger Masnik (Nr. 3) – war noch 1984 aktiv. Mit Feyenoord Rotterdam holte er in diesem Jahr sogar das »Double«: Meisterschaft und Pokal.

Im Herbst 1978 nahm Cruyff Abschied vom Fußball, nachdem er mit dem FC Barcelona noch den spanischen Pokal gewonnen hatte. Er meinte, mit 31 Jahren sei es an der Zeit, abzutreten, er wolle eventuellem Gespött über einen alternden Star auf dem grünen Rasen dadurch zuvorkommen. Für Hollands Fußballfans kam dann die Entscheidung vom April des folgenden Jahres einem schweren Schock gleich. Da verkündete Schwiegervater Coster nämlich das Engagement seines Schützlings im amerikanischen Profifußball, dem in Europa trotz eines Pelé und Beckenbauer immer noch der Ruch einer Operettenliga anhaftete. Die Los Angeles Aztecs wollten mit ihm den Siegeszug der von Beckenbauer geführten Ostküstenmannschaft von Cosmos New York stoppen. Aber auch in der Neuen Welt strahlte der Stern des deutschen Gegners wieder heller als der des Holländers. Einen Meistertitel konnte Cruyff in den USA gegen Beckenbauer wieder nicht erringen. So blieb es beim einzigen Triumph im Viertelfinale des Europacups der Meister vom 7. März 1973, wo Cruyff das Ajax-Team zu einem 4:0 gegen Beckenbauers FC Bayern geführt hatte, über das man in Amsterdam noch heute spricht.

Zum Einstand Derwalls wieder Europameister

Zur Europameisterschaft 1980 wurde von der UEFA das Reglement leicht geändert. Von nun an war der Gastgeber für die Endrunde qualifiziert, die acht anstelle der bisherigen vier Mannschaften bestritten. Diese Endrunde sollte dann in Anlehnung an WM-Gebräuche in zwei Vierergruppen abrollen, mit Spielen jeder gegen jeden und der Qualifikation beider Gruppensieger für das Finale.
31 Mannschaften hatten sich für die Qualifikationsspiele gemeldet, so daß es für die UEFA Probleme bei der Gruppeneinteilung gab. Die sieben schließlich durch das Los geschaffenen Gruppen mit fünf bzw. vier Teilnehmern hatten recht unterschiedliche Besetzungen. Die deutsche Mannschaft konnte sich zum Beispiel auf Gegner wie die Türkei, Wales und Malta freuen, während Österreich sich mit Schottland, Belgien, Portugal und Norwegen auseinandersetzen mußte.
Erstmals bereitete der neue Bundestrainer Jupp Derwall eine deutsche Auswahl auf eines der großen Turniere vor. Aus der kläglichen Erbmasse, die er nach dem Argentinien-Debakel vorgefunden hatte, formte er in kurzer Zeit eine neue Mannschaft, deren hervorstechendes Merkmal die Jugend war. Trotz eines katastrophalen Auftaktes der Qualifikationsspiele – jeweils 0:0 auf Malta und in der Türkei – blieb die neue Mannschaft auf Erfolgskurs und wurde ungeschlagen Gruppensieger, mit einem 5:1 gegen Wales als Höhepunkt. Bis zur Endrunde in Italien legte sie eine Serie von fünfzehn Spielen ohne Niederlage zurück und galt zumindest als Mitfavorit. Mit Ausnahme Griechenlands, das überraschend die UdSSR und Ungarn eliminieren konnte, trafen in Italien alle Favoriten zusammen. Die Zusammensetzung der Endrundengruppen versprach großen Fußball, doch die hohen Erwartungen wurden enttäuscht. Sicherheitsfußball und Mauertaktik waren die dominierenden Kennzeichen dieser EM, bei der man sich über jedes Tor wie ein Geschenk des Himmels freute.
Eine Ausnahme bildete ausgerechnet das Aufeinandertreffen von Deutschland und Holland. Im mittlerweile klassischen Duell dieser beiden Teams kam die deutsche Elf zu einem hart umkämpften 3:2-Sieg in Neapel und öffnete sich damit das Tor zum Endspiel. Zum Auftakt hatte es die EM-Revanche für 1976 gegen die ČSSR gegeben, die durch ein Tor von Deutschlands neuem Stürmerstar Karl-Heinz Rummenigge 1:0 besiegt werden konnte. Gegen die Holländer schoß die Derwall-Entdeckung Klaus Allofs von Fortuna Düsseldorf drei Tore hintereinander zur 3:0-Führung, denen die Holländer nur noch zwei durch Johnny Rep und Willy van de Kerkhof entgegensetzen konnten. Den Abschluß der Gruppenspiele bildete für Deutschland ein müdes 0:0 gegen Griechenland, aber man war schon für das Finale qualifiziert.
In der anderen Gruppe, die mit großen Namen aufwartete, setzten sich überraschend die Belgier durch. Dort gab es jedoch reihenweise enttäuschende Spiele.
Das Finale versöhnte Fußball-Europa für den voraufgegangenen Eintopf. Unter Führung ihres mittlerweile 35jährigen Regisseurs Wilfried van Moer und gestützt auf einen überragenden Torhüter Jean-Marie Pfaff boten die Belgier Derwalls Mannschaft bis zum Schluß Paroli und gaben sich erst zwei Minuten vor dem Abpfiff geschlagen. Da erzielte Mittelstürmer Horst Hrubesch das 2:1. Er hatte die Mannschaft bereits 1:0 in Führung gebracht, zwischendurch war jedoch der belgische Ausgleich durch einen umstrittenen Elfmeter gefallen.
Die deutsche Mannschaft spielte im Finale mit:
Harald Schumacher (1. FC Köln) – Uli Stielike (Real Madrid) – Manfred Kaltz (HSV), Karlheinz Förster (VfB Stuttgart), Bernard Dietz (MSV Duisburg) – Hans-Peter Briegel (1. FC Kaiserslautern), Bernd Schuster (1. FC Köln), Hans Müller (VfB Stuttgart) – Karl-Heinz Rummenigge (Bayern München), Horst Hrubesch (HSV), Klaus Allofs (Fortuna Düsseldorf).

Bundestrainer Derwall und sein Toremacher

Horst Hrubesch (links) schoß Deutschland in Italien zum erneuten EM-Titel. Bundestrainer Jupp Derwall konnte sich keinen besseren Einstand bei seiner ersten internationalen Bewährungsprobe wünschen.

Die Show des Michel Platini

Die Europameisterschaft 1984 ging als Titelkampf der Überraschungen in die Fußballgeschichte ein. Schon in den Qualifikationsspielen, zu denen 32 Länder ihre Mannschaften gemeldet hatten, blieben Weltmeister Italien, sämtliche britischen Teams und die ČSSR, immerhin 1976 Europameister, hängen.
Dafür rückten Außenseiter wie Dänemark – die Dänen qualifizierten sich unter anderem durch einen 1:0-Sieg im Londoner Wembley-Stadion gegen England – und Portugal in das Achterfeld der Endrunde in Frankreich. Dort sorgten sie im Gegensatz zu Titelverteidiger Deutschland, der sich gegen zweit- und drittklassige Gegner wie Österreich, Nordirland, die Türkei sowie Albanien mit Ach und Krach – und nur aufgrund des besseren Torverhältnisses gegenüber den Nordiren – durchsetzen konnte, weiter für Furore. Während nämlich Jupp Derwalls Truppe mit kläglichen zwei Treffern in drei Spielen und nur einem Sieg sang- und klanglos in der Vorrunde

FRANKREICH GEWINNT ERSTMALS GROSSES TURNIER

Er führte seine Mannschaft zum Sieg

Frankreichs Kapitän Michel Platini (rechts) war der Garant des französischen Triumphes. Der wohl zur Zeit vollkommenste Spieler Europas erzielt hier den Führungstreffer gegen Beglien.

ausschied, bestritten diese beiden Teams gegen favorisierte Gegner begeisternde Halbfinals und schieden nur äußerst unglücklich aus.
Dabei beeindruckten vor allem die von Trainer Sepp Piontek aus ganz Europa zusammengeholten Dänen durch spielerisches Können. Der ehemalige Bundesligaprofi Piontek – zwischen 1960 und 1972 absolvierte er 203 Spiele für Werder Bremen, außerdem kam er zu sechs Einsätzen in der deutschen Nationalelf – formte aus den bei belgischen, holländischen, italienischen und spanischen Klubs spielenden Legionären eine großartige Mannschaft, der man den Einzug ins Finale zugetraut hatte, obwohl ihr überragender Spieler Allan Simonsen schon im ersten Spiel durch einen Schienbeinbruch ausgeschieden war. Die Namen der Morten Olsen, Preben Elkjaer-Larsen und Michael Laudrup wurden jedenfalls öfters genannt als der des deutschen Kapitäns Karl-Heinz Rummenigge.
Für ihn wurde diese EM zu einem bitteren Abschied vom deutschen Fußball. Vor dem Wechsel zu Inter Mailand wollte der Kapitän der deutschen Elf noch ein Erfolgserlebnis – es wurde eine Pleite. So blieben ihm vorerst 78 Länderspiele mit 40 Toren, 1980 der EM-Titel, 1982 die Vize-WM und 1976 der Europacup der Landesmeister mit seinem Klub Bayern München, für den er in 311 Bundesligaspielen 162 Treffer erzielte. Zwei Pokalsiege mit den Bayern (1982 und 1984) rundeten die Serie des zweimaligen »Fußballer Europas« (1980 und 1981) noch ab.
An seiner Stelle wurde der 29jährige Michel Platini (geb. am 21. Juni 1955) zum Superstar dieser EM. Er hatte Frankreich nach der WM 1982 Richtung Turin verlassen, wo er nach einem Jahr mit der dortigen Juventus zweimal Zweiter wurde: in der italienischen Meisterschaft, deren bester Torschütze er wurde, und im Europacup-Wettbewerb der Meister, wo Turin gegen den HSV im Finale unterlag. Dennoch wählten die Sportjournalisten Platini 1983 zum besten Fußballer Europas. 1984 holte der Franzose, der in Frankreich beim FC Nancy und beim AS St. Etienne großgeworden war, mit Juventus die Italienische Meisterschaft und den Europacup der Pokalsieger.
Moralisch so gestärkt, führte er die französische Elf bei der EM im eigenen Land von Triumph zu Triumph, so daß der Endspielsieg gegen Spanien keine Überraschung mehr war. Mit seinen neun Treffern in den fünf EM-Endrundenspielen stellte der Geschäftsmann aus Frankreich – Platini handelt außerdem mit Sportkleidung – nicht nur einen neuen EM-Rekord auf, sondern er beschämte auch so manchen Torjäger, der bei voraufgegangenen Fußball-Weltmeisterschaften ins Schwarze getroffen hatte.
Der neue Europameister spielte in folgender Aufstellung:
Bats – Bossis – Battiston (73. Amoros), Le Roux, Domergue – Tigana, Giresse, Platini, Fernandez – Lacombe (80. Genghini), Bellone.

Wettbewerb 1982/84
Endturnier in Frankreich:

Gruppe 1: Frankreich – Dänemark 1:0; Belgien – Jugoslawien 2:0; Frankreich – Belgien 5:0; Dänemark – Jugoslawien 5:0; Frankreich – Jugoslawien 3:2; Dänemark – Belgien 3:2

1. Frankreich	3	3	0	0	9:2	6:0
2. Dänemark	3	2	0	1	8:3	4:2
3. Belgien	3	1	0	2	4:8	2:4
4. Jugoslawien	3	0	0	3	2:10	0:6

Gruppe 2: Deutschland – Portugal 0:0; Rumänien – Spanien 1:1; Deutschland – Rumänien 2:1; Portugal – Spanien 1:1; Deutschland – Spanien 0:1; Portugal – Rumänien 1:0

1. Spanien	3	1	2	0	3:2	4:2
2. Portugal	3	1	2	0	2:1	4:2
3. Deutschland	3	1	1	1	2:2	3:3
4. Rumänien	3	0	1	2	2:4	1:5

Halbfinale: Frankreich – Portugal 3:2 n. V.; Spanien – Dänemark 1:1 n. V*

Endspiel (am 27. 6. 1984 in Paris): Frankreich – Spanien 2:0

* 6:5 nach Elfmeterschießen

Faszination für Millionen

Der Europapokal der Meister

Internationaler Vereinsfußball wurde vor dem Zweiten Weltkrieg relativ wenig gepflegt, nur in Mitteleuropa kam es durch den sogenannten Mitropa-Cup-Wettbewerb zu regelmäßigen Spielen zwischen Spitzenklubs in Österreich, Ungarn, der Tschechoslowakei und Italien, die zwischen 1927 und 1940 oft die Zuschauer in ihren Bann zogen.

Anfang der 50er Jahre bemühten sich zwei Franzosen, etwas Ähnliches auf die Beine zu stellen, wobei sie nicht ganz uneigennützig dachten. Der in Frankreich lebende naturalisierte Spieler- und Spiele-Vermittler Julius Ukrainczyk (ursprünglich ein Pole) und der Leiter des Ressorts Fußball bei der täglich erscheinenden Sportzeitung »L'Equipe«, Gabriel Hanot, erhofften sich durch einen Wettbewerb zwischen Europas besten Vereinsmannschaften eine Belebung ihres Geschäftes, wobei Hanot das gewinnträchtige Beispiel der Tour de France vor Augen hatte, mit der sich seine Gazette gut über die Sommermonate brachte.
In »L'Equipe« wurde dann auch am 16. Dezember 1954 erstmals ein Plan veröffentlicht, der von einer »Europameisterschaft der Klubs« in Hin- und Rückspielen sprach, an der die Landesmeister teilnehmen sollten. Der Plan fand in einigen Ländern sofort positiven Rückhalt, und so konnte die 1954 gegründete Europäische Fußball-Union (UEFA) schon im März 1955 erstmals über den neuen Wettbewerb diskutieren. Nachdem auch im Mai die FIFA ihre Zustimmung gegeben hatte, stand der ersten Runde nichts mehr im Wege. Sechzehn Landesmeister starteten im Herbst 1955 in dem Kampf um die neue Fußballtrophäe Europas – ein deutscher Vertreter war noch nicht dabei –, die am 12. Juni 1956 in Paris erstmals vergeben wurde: an Spaniens Meister Real Madrid, das diesen Wettbewerb auch in den folgenden Jahren überlegen beherrschte. Real gewann bis 1960 alle Cup-Endspiele, egal, ob die Konkurrenz aus Frankreich, Italien oder Deutschland kam (→ Europacup der Meister).
Die »Königlichen«, wie sie wegen der gesellschaftlichen Stellung ihrer Anhänger und Gründer zu Anfang des Jahrhunderts noch heute in Spanien und in Europa genannt werden, entwickelten sich in diesen Jahren bis 1960

Endlich wieder deutscher Sieg
Nachdem die englischen Mannschaften jahrelang dominiert hatten, konnte sich 1983 Kapitän Felix Magath vom Hamburger SV freuen.

Dieser Anlauf von Karl-Heinz Rummenigge scheiterte

1982 wollte Karl-Heinz Rummenigge mit seinem FC Bayern endlich wieder einmal Europapacupsieger werden. Aber man scheiterte im Finale von Rotterdam an Aston Villa. Im Bild bedrängt Mittelfeldrenner Mortimer den Bayernstar.

Auch der HSV scheiterte an einer britischen Mannschaft

1980 mußte sich der Hamburger SV im Finale Nottingham Forest knapp geschlagen geben. Hier eine Torszene mit Milewski (Nr. 9), der Nottinghams Torwart Shilton nicht überwinden kann. Der HSV hatte zu Hause im Halbfinale immerhin Real Madrid mit 5:1 besiegt.

zu den Lieblingen der europäischen Fußballanhänger. Präsident Santiago Bernabeu schuf mit seinem Millionenvermögen die Voraussetzungen für den Aufstieg Reals. Die weißgekleidete Mannschaft hatte im nach dem Präsidenten benannten und bereits 1947 in der ersten Ausbauphase vollendeten Stadion eine Heimstatt, die vom treuen Publikum stets bis zum Bersten gefüllt wurde. Bernabeu holte die besten Fußballer nach Madrid, die er bekommen konnte. Neben dem genialen Alfredo di Stefano (→ Starporträt) stürmte der französische Fußballartist Raymond Kopa ab 1956 für die Madrilenen. Er hatte mit Stade Reims bis dahin viermal den Meistertitel Frankreichs geholt, mußte sich aber im ersten Europacupfinale mit seiner Mannschaft gegen Real geschlagen geben. Mit Real holte er dreimal den begehrten Cup und wurde daneben noch zweimal Spanischer Meister.

Die große Stütze der Hintermannschaft der »Königlichen« war in den Erfolgsjahren José Santamaria. Wie di Stefano stammt er aus Südamerika. Mit Nacional Montevideo wurde er viermal Meister von Uruguay, bevor Bernabeu ihn 1957 nach Madrid holte. Er blieb dem Klub bis 1965 treu und ließ sich während dieser Zeit einbürgern. So weist seine Länderspielbilanz neben den 35 Einsätzen im Team von Uruguay auch siebzehn Spiele für Spanien auf. Mit Real holte sich Santamaria sechs spanische Meistertitel, einmal den spanischen Pokal und dreimal den Europacup der Meister.

Im Angriff der »Königlichen« verzückte neben di Stefano Linksaußen Francisco Gento jahrelang die Zuschauer auf Europas Plätzen und dann an den Bildschirmen. Das Eigengewächs Reals spielte von 1953 bis 1971 in der ersten Mannschaft und war an sechs Cupsiegen beteiligt. Er wurde mit Real zwölfmal Spanischer Meister. In 800 Spielen für seine Mannschaft erzielte der Dribbelkünstler 256 Tore. Als auch noch Ferenc Puskas zu Real stieß, galt die Mannschaft als unschlagbar, fand dann aber sowohl in der Heimat mit dem FC Barcelona und in Europa mit Benfica Lissabon zu Beginn der 60er Jahre ihre Meister.

Keine andere Mannschaft drückte dem Europacup-Wettbewerb so ihren Stempel auf wie Real, ob-

Don Alfredo: Fußballgeschichte

Alfredo di Stefano, als »Don Alfredo« weltbekannt, begrüßt hier im Wembley-Stadion Englands Mittelstürmer Bobby Smith (links) anläßlich eines Länderspiels zwischen England und Spanien. Der gebürtige Argentinier zählt zu den legendären Gestalten im Weltfußball.

wohl sich während des folgenden Jahrzehnts manch klangvoller Name in der Siegerliste findet. Erst in den 70er Jahren zogen Experten vorsichtige Parallelen zum Bernabeu-Klub, als mit Ajax Amsterdam und Bayern München zwei Vereine den Wettbewerb beherrschten. Aber trotz eines Cruyff oder Beckenbauer fehlte diesen Seriensiegern die Ausstrahlung Reals, das längst zur Fußball-Legende geworden war.

Das Starporträt: Alfredo di Stefano

Aufstieg und grandioser Erfolgsweg Real Madrids sind eng verbunden mit dem Namen des wohl genialsten Fußballers der 50er Jahre, Alfredo di Stefano. In zwei Kontinenten lagen dem unvergleichlichen Spielgestalter die Fußballanhänger zu Füßen. Der am 4. Juli 1927 in Buenos Aires geborene di Stefano ging als Zehnjähriger zu River Plate in der argentinischen Hauptstadt und wurde mit dem Klub 1946 und 1948 Argentinischer Meister, 1948 auch noch Pokalsieger. Ein Jahr später holten ihn die »Millionarios« aus Bogotá, doch in Kolumbien hatte Profifußball dieses Zuschnitts noch keine Basis. Der Klub ging pleite und mußte seine zusammengekaufte Starelf verschleudern. Di Stefano fand den Weg nach Spanien, wo sich zunächst Barcelona und Real um ihn stritten, bevor der Südamerikaner 1953 – bedingt durch Barcelonas Verzicht – für die »Königlichen« spielberechtigt wurde. Gleich im ersten Meisterschaftsspiel wurden die Katalanen von Real mit 5:0 besiegt, wobei di Stefano vier Treffer beisteuerte.

Für Real begann mit diesem Einstand des neuen Regisseurs eine unvergleichliche Erfolgsserie. Di Stefano führte die Mannschaft 1954, 1955, 1957, 1958, 1961, 1962, 1963 und 1964 zum Meistertitel, der Pokalsieg wurde 1962 geholt. Er war die spielentscheidende Figur bei den fünf Europapacupsiegen von 1956 bis 1960 und absolvierte insgesamt sechzig Europapacupspiele im weißen Dreß, wobei er 49 Treffer erzielte. Die Rekordstatistik verzeichnet für ihn 565 Spiele mit den »Königlichen«, die er in den Meisterschaftsrunden zwischen 1953 und 1964 absolvierte. 466 Tore erzielte er in diesem Zeitraum. In seinen über 600 Spielen für Real auf allen Ebenen (Punkt- und Pokal- sowie Europapacupspiele) führte er die Madrilenen 440mal zum Sieg und erkämpfte siebzig Unentschieden.

Selbst in der spanischen Nationalmannschaft machte er Karriere. Der Argentinier, der siebenmal für sein Land gespielt hatte (1947 bis 1949), ließ sich naturalisieren und konnte so das spanische Nationaltrikot 28mal überstreifen und 31 Tore erzielen. Zweimal – 1957 und 1959 – wurde er sogar zu Europas Fußballer des Jahres gewählt. Seine Karriere als Aktiver beendete er 1967 nach einem zweijährigen Gastspiel beim katalanischen Klub Español Barcelona als Vierzig-

Glanzvolles Finale in der Ewigen Stadt

1977 boten Borussia Mönchengladbach und der FC Liverpool in Rom ein glanzvolles Finale im Meistercup. Liverpool gewann dieses Match und trotzte der jungen Mannschaft vom Niederrhein. Hier eine Szene mit Klinkhammer, Wittkamp, Vogts, Keegan und Heynckes (von links).

jähriger. Er schätzt, in den über 1300 Spielen während dieser langen Laufbahn über 900 Tore in drei Ländern – Argentinien, Kolumbien, Spanien – geschossen zu haben.

Nach Beendigung seiner Spielerlaufbahn versuchte sich di Stefano dann als Trainer. Zunächst mußte er einige empfindliche Rückschläge hinnehmen, bevor er auch in dieser Branche Anerkennung fand. Die erste Station, der spanische Provinzklub FC Elche, wurde zum Desaster. Als die Mannschaft auf dem letzten Tabellenplatz angekommen war, wurde wie üblich der Trainer dafür verantwortlich gemacht, und di Stefano kehrte in seine argentinische Heimat zurück. Dort nahmen ihn die Boca Juniors Buenos Aires, Ende dieser 60er Jahre in einer tiefen Krise, auf. Die Vereinsführung vertraute dem Heimkehrer den Trainerposten an, und er dankte es mit verbissener Arbeit. 1970 hieß der Argentinische Meister Boca Juniors, di Stefano feierte den ersten großen Erfolg als Trainer.

Das wiederum ließ die Spanier nicht ruhen, bis sie ihn zur Rückkehr überredet hatten. Der FC Valencia sicherte sich die Dienste des früheren Real-Stars und konnte sich prompt 1971 als Spa-

EUROPACUP DER MEISTER:

Wettbewerb 1955/56:	
Endspiel am 12. 6. 1956 in Paris: Real Madrid – Stade Reims	4:3
Wettbewerb 1956/57:	
Endspiel am 30. 5. 1957 in Madrid: Real Madrid – AC Florenz	2:0
Wettbewerb 1957/58:	
Endspiel am 29. 5. 1958 in Brüssel: Real Madrid – AC Mailand	3:2 n.V.
Wettbewerb 1958/59:	
Endspiel am 3. 6. 1959 in Stuttgart: Real Madrid – Stade Reims	2:0
Wettbewerb 1959/60:	
Endspiel am 18. 5. 1960 in Glasgow: Real Madrid – Eintracht Frankfurt	7:3
Wettbewerb 1960/61:	
Endspiel am 31. 5. 1961 in Bern: Benfica Lissabon – FC Barcelona	3:2
Wettbewerb 1961/62:	
Endspiel am 2. 5. 1962 in Amsterdam: Benfica Lissabon – Real Madrid	5:3
Wettbewerb 1962/63:	
Endspiel am 22. 5. 1963 in London: AC Mailand – Benfica Lissabon	2:1
Wettbewerb 1963/64:	
Endspiel am 27. 5. 1964 in Wien: Inter Mailand – Real Madrid	3:1
Wettbewerb 1964/65:	
Endspiel am 27. 5. 1965 in Mailand: Inter Mailand – Benfica Lissabon	1:0
Wettbewerb 1965/66:	
Endspiel am 11. 5. 1966 in Brüssel: Real Madrid – Partizan Belgrad	2:1
Wettbewerb 1966/67:	
Endspiel am 25. 5. 1967 in Lissabon: Celtic Glasgow – Inter Mailand	2:1
Wettbewerb 1967/68:	
Endspiel am 29. 5. 1968 in London: Manchester United – Benfica Lissabon	4:1 n.V.
Wettbewerb 1968/69:	
Endspiel am 28. 5. 1969 in Madrid: AC Mailand – Ajax Amsterdam	4:1
Wettbewerb 1969/70:	
Endspiel am 6. 5. 1970 in Mailand: Feyenoord Rotterdam – Celtic Glasgow	2:1 n.V.
Wettbewerb 1970/71:	
Endspiel am 2. 6. 1971 in London: Ajax Amsterdam – Panathinaikos Athen	2:0
Wettbewerb 1971/72:	
Endspiel am 31. 5. 1972 in Rotterdam: Ajax Amsterdam – Inter Mailand	2:0
Wettbewerb 1972/73:	
Endspiel am 30. 5. 1973 in Belgrad: Ajax Amsterdam – Juventus Turin	1:0
Wettbewerb 1973/74:	
Endspiele am 15. 5. und am 17. 5. 1974 in Brüssel: Bayern München – Atletico Madrid	1:1 n.V. und 4:0
Wettbewerb 1974/75:	
Endspiel am 28. 5. 1975 in Paris: Bayern München – Leeds United	2:0
Wettbewerb 1975/76:	
Endspiel am 12. 5. 1976 in Glasgow: Bayern München – AS St. Etienne	1:0
Wettbewerb 1976/77:	
Endspiel am 25. 5. 1977 in Rom: FC Liverpool – Borussia Mönchengladbach	3:1
Wettbewerb 1977/78:	
Endspiel am 10. 5. 1978 in London: FC Liverpool – FC Brügge	1:0
Wettbewerb 1978/79:	
Endspiel am 30. 5. 1979 in München: Nottingham Forest – Malmö FF	1:0
Wettbewerb 1979/80:	
Endspiel am 28. 5. 1980 in Madrid: Nottingham Forest – Hamburger SV	1:0
Wettbewerb 1980/81:	
Endspiel am 27. 5. 1981 in Paris: FC Liverpool – Real Madrid	1:0
Wettbewerb 1981/82:	
Endspiel am 26. 5. 1982 in Rotterdam: Aston Villa – Bayern München	1:0
Wettbewerb 1982/83:	
Endspiel am 26. 5. 1983 in Athen: Hamburger SV – Juventus Turin	1:0
Wettbewerb 1983/84:	
Endspiel am 31. 5. 1984 in Rom: FC Liverpool – AS Rom	1:1 n.V.*

* 5:3 nach Elfmeterschießen

ERFOLGREICHSTE MANNSCHAFT IM UEFA-POKAL: TOTTENHAM

nischer Meister feiern lassen. Die Erfolgsaura, die di Stefano als Spieler umgeben hatte, fand im Trainergeschäft zunächst ihre Fortsetzung.
Und fast zwei Jahrzehnte nach den großen Triumphen als Spieler war sein Name im Zusammenhang mit Real Madrid wieder im Gespräch. Don Alfredo, wie er in Spanien genannt wurde, griff mit den »Königlichen« nach drei Titeln. Doch der Erfolg blieb ihm im Frühjahr 1983 dann versagt. Nachdem in der Spanischen Meisterschaft nur der undankbare zweite Platz geblieben war, verlor Real auch zwei Pokalendspiele. Im Finale des Europacups der Pokalsieger gab es eine Niederlage gegen den schottischen Klub FC Aberdeen, und im nationalen Pokalwettbewerb triumphierte ausgerechnet der ewige Rivale FC Barcelona über die Madrilenen. Das verlorene Europacupfinale schmerzte di Stefano besonders, war es doch ein kleines Jubiläum: Real absolvierte in Göteborg sein 175. Europacupspiel.

EUROPACUP DER POKALSIEGER:	
Wettbewerb 1960/61:	
Endspiele am 17. 5. in Glasgow und am 27. 5. 1961 in Florenz: Glasgow Rangers – AC Florenz	0:2 und 1:2
Wettbewerb 1961/62:	
Endspiele am 19. 5. in Glasgow und am 5. 9. 1962 in Stuttgart: Atletico Madrid – AC Florenz	1:1 n. V. und 3:0
Wettbewerb 1962/63:	
Endspiel am 15. 5. 1963 in Rotterdam: Tottenham Hotspur – Atletico Madrid	5:1
Wettbewerb 1963/64:	
Endspiele am 13. 5. in Brüssel und am 15. 5. 1964 in Antwerpen: Sporting Lissabon – MTK Budapest	3:3 n. V. und 1:0
Wettbewerb 1964/65:	
Endspiel am 19. 5. 1965 in London: West Ham United – TSV München 1860	2:0
Wettbewerb 1965/66:	
Endspiel am 5. 5. 1966 in Glasgow: Borussia Dortmund – FC Liverpool	2:1 n. V.
Wettbewerb 1966/67:	
Endspiel am 31. 5. 1967 in Nürnberg: Bayern München – Glasgow Rangers	1:0 n. V.
Wettbewerb 1967/68:	
Endspiel am 23. 5. 1968 in Rotterdam: AC Mailand – Hamburger SV	2:0
Wettbewerb 1968/69:	
Endspiel am 21. 5. 1969 in Basel: Slovan Preßburg – FC Barcelona	3:2
Wettbewerb 1969/70:	
Endspiel am 29. 4. 1970 in Wien: Manchester City – Gornik Hindenburg	2:1
Wettbewerb 1970/71:	
Endspiele am 26. 5. und 28. 5. 1971 in Athen: Chelsea London – Real Madrid	1:1 n. V. und 2:1
Wettbewerb 1971/72:	
Endspiel am 24. 5. 1972 in Barcelona: Glasgow Rangers – Dynamo Moskau	3:2
Wettbewerb 1972/73:	
Endspiel am 16. 5. 1973 in Saloniki: AC Mailand – Leeds United	1:0
Wettbewerb 1973/74:	
Endspiel am 8. 5. 1974 in Rotterdam: 1. FC Magdeburg – AC Mailand	2:0
Wettbewerb 1974/75:	
Endspiel am 14. 5. 1975 in Basel: Dynamo Kiew – Ferencvaros Budapest	3:0
Wettbewerb 1975/76:	
Endspiel am 5. 5. 1976 in Brüssel: RSC Anderlecht – West Ham United	4:2
Wettbewerb 1976/77:	
Endspiel am 11. 5. 1977 in Amsterdam: Hamburger SV – RSC Anderlecht	2:0
Wettbewerb 1977/78:	
Endspiel am 3. 5. 1978 in Paris: RSC Anderlecht – Austria Wien	4:0
Wettbewerb 1978/79:	
Endspiel am 16. 5. 1979 in Basel: FC Barcelona – Fortuna Düsseldorf	4:3 n. V.
Wettbewerb 1979/80:	
Endspiel am 14. 5. 1980 in Brüssel: FC Valencia – Arsenal London	0:0 n. V.*
Wettbewerb 1980/81:	
Endspiel am 13. 5. 1981 in Düsseldorf: Dynamo Tiflis – FC Carl Zeiss Jena	2:1
Wettbewerb 1981/82:	
Endspiel am 12. 5. 1982 in Barcelona: FC Barcelona – Standard Lüttich	2:1
Wettbewerb 1982/83:	
Endspiel am 11. Mai 1983 in Göteborg: FC Aberdeen – Real Madrid	2:1 n. V.
Wettbewerb 1983/84:	
Endspiel am 16. 5. 1984 in Basel: Juventus Turin – FC Porto	2:1

* 5:4 nach Elfmeterschießen

Die Bayern benötigten zwei Spiele, um den Meistercup erstmals zu gewinnen

Bayern München mußte 1974 gleich zweimal spielen, um gegen Atletico Madrid den Europacup der Meister zu gewinnen. »Bulle« Roth – hier im Kampf mit einem Madrilenen – war einer der Pokalhelden und trug dazu bei, daß Bayern München – wie schon Real Madrid und Ajax Amsterdam – diesen Pokal dreimal hintereinander gewinnen konnte.

UEFA-POKAL	
Endspiele:	
Wettbewerb 1971/72: Wolverhampton Wanderers – Tottenham Hotspur*	1:2 und 1:1
Wettbewerb 1972/73: FC Liverpool* – Borussia Mönchengladbach	3:0 und 0:2
Wettbewerb 1973/74: Tottenham Hotspur – Feyenoord Rotterdam*	2:2 und 0:2
Wettbewerb 1974/75: Borussia Mönchengladbach* – FC Twente Enschede	0:0 und 5:1
Wettbewerb 1975/76: FC Liverpool* – FC Brügge	3:2 und 1:1
Wettbewerb 1976/77: Juventus Turin* – Atletico Bilbao	1:0 und 1:2
Wettbewerb 1977/78: SEC Bastia – PSV Eindhoven*	0:0 und 0:3
Wettbewerb 1978/79: Roter Stern Belgrad – Borussia Mönchengladbach*	1:1 und 0:1
Wettbewerb 1979/80: Borussia Mönchengladbach – Eintracht Frankfurt*	3:2 und 0:1
Wettbewerb 1980/81: Ipswich Town* – AZ Alkmaar	3:0 und 2:4
Wettbewerb 1981/82: IFK Göteborg* – Hamburger SV	1:0 und 3:0
Wettbewerb 1982/83: RSC Anderlecht* – Sporting Lissabon	1:0 und 1:1
Wettbewerb 1983/84: RSC Anderlecht – Tottenham Hotspur*	1:1 und 1:1**

* UEFA-Pokal-Sieger
** 4:5 nach Elfmeterschießen

WINTER OLYMPIADEN

Feuer über dem Schnee und Kampf um Gold in Wäldern und Bergen

Und jetzt Rosi Mittermaier... und wer den alpinen Rennsport liebt, wer diese Rennen der Mädchen und der Männer mag, der bangt mit der Rosi, und es gibt auch keinen, der sportlich gerecht denkt, der nicht sagt, sie könnte ruhig mal eine olympische Medaille holen. Sie ist die beste, die schnellste bisher in der Abfahrt in der Zwischenzeit. Sie kommt in das Schlußstück hinein. Tief im Schatten zieht sie die Querpassage herüber. Hereingeschwungen in den 200 Meter langen Schußhang, ganz tief ist sie unten. Auf einer direkten Linie fährt sie. Mach los, Rosi, komm! Ist im Ziel! 46,16 – Bestzeit! Die Rosi Mittermaier schlägt die Brigitte Totschnigg...

Oskar Klose: Live-Übertragung des Abfahrtslaufes 1976 in Innsbruck

PARIS - LYON - MEDITERRANEE
AUX VAINQUEURS DU CONCOURS DE LA VIIIme OLYMPIADE
CHAMONIX MONT-BLANC
25 Janvier - 5 Février 1924

II. OLYMPISCHE
WINTERSPIELE
St. Moritz 11.-19. Febr. 1928

III Olympic
Winter Games
Lake Placid, USA
February 4-13, 1932

DEUTSCHLAND 1936
IV. OLYMPISCHE WINTERSPIELE
GARMISCH-PARTENKIRCHEN
6.-16. FEBRUAR 1936

JEUX OLYMPIQUES D'HIVER 1948
St. Moritz
1856 m (6090 FEET) SWITZERLAND

VI. OLYMPISCHE WINTERSPIELE
14.-25. FEBRUAR OSLO NORWEGEN 1952

VII GIOCHI OLIMPICI D'INVERNO
CORTINA D'AMPEZZO 1956

VIII OLYMPIC
SQUAW VALLEY
WINTER GAMES
FEBRUARY 18-28
1960

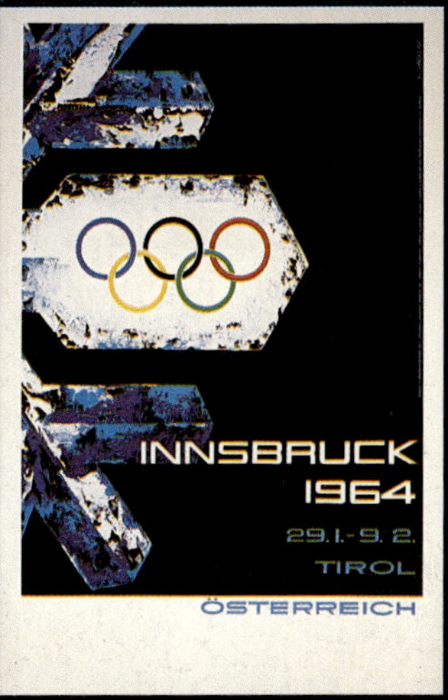
INNSBRUCK
1964
29.1.-9.2.
TIROL
ÖSTERREICH

GRENOBLE 1968
FRANCE
DU 6 AU 18 FEVRIER
Xes JEUX OLYMPIQUES D'HIVER

SAPPORO '72
XI Olympic Winter Games

INNSBRUCK '76

XIII OLYMPIC WINTER GAMES
LAKE PLACID 1980
FEB. 13-24

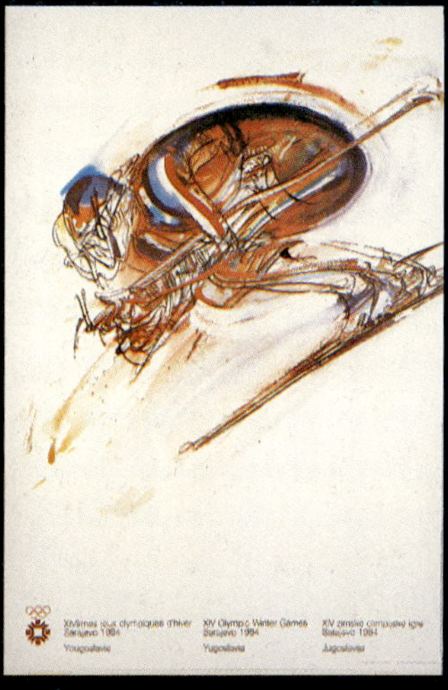
XIV Olympic Winter Games
Sarajevo 1984
Yugoslavia

Medaillenkampf auf Schnee und Eis

Die Olympischen Winterspiele

28 Jahre nachdem 1896 die ersten Olympischen Spiele der Neuzeit in der griechischen Hauptstadt Athen ausgetragen worden waren, fanden die ersten Olympischen Winterspiele statt, und zwar im französischen Chamonix am Fuße des höchsten Gipfels in Europa, des Mont Blanc.

I. Olympische Winterspiele 25. Januar bis 5. Februar 1924 in Chamonix

Nachdem ein Teil der Wintersportler – Eiskunstläufer und Eishockeyspieler – zweimal nur geduldete Gastspiele bei Olympischen Sommerspielen geben durften, sahen sich die Künstler auf Kufen und Skiern 1924 endlich am Ziel ihrer Wünsche: Die I. Olympischen Winterspiele fanden im französischen Wintersportort Chamonix statt.

Schuld an der beträchtlichen Verzögerung gegenüber den Som-

Sommergastspiele beendet

Endlich können sie sich über offizielle Olympiamedaillen freuen. Oben von links: Herma Planck-Szabó, Ethel Muckelt und Beatrix Loughran. Unten Olympiasiegerin Planck-Szabó in Aktion.

merspielen trugen die Skandinavier, die sich lange erfolgreich gegen diese Veranstaltung wehrten, sahen sie doch in ihr nur eine unnütze Konkurrenz zu ihren Nordischen Spielen.
In den französischen Alpen trafen sich dann 293 Teilnehmer aus sechzehn Nationen zum ersten Ringen um olympische Wintersportmedaillen. Das noch leicht überschaubare Programm enthielt nordische Skiwettbewerbe, Eisschnell- und Eiskunstlauf, Bobrennen und Eishockey (→ Ergebnisübersicht).
Die Skandinavier sicherten sich den Löwenanteil der Medaillen, wobei der Norweger Thorleif Haug (nordisch) und der Finne Clas Thunberg (Eisschnellauf) mit je drei Goldmedaillen nach Hause fahren konnten. Österreichs Eiskunstläufer errangen zwei Gold- und eine Silbermedaille.
Das herausragende Ereignis dieser Spiele fand im Spezialsprunglauf statt. Hier gewann der Norweger Jacob Tullin Thams, wobei er mit weiter Körpervorlage durch die Luft segelte und somit den modernen Sprungstil der Gegenwart begründete. Der vielseitige Sportsmann wurde übrigens bei den Sommerspielen 1936 Olympiazweiter im Segeln (8-m-Klasse).

Chamonix 1924

NORDISCHER SKISPORT

18-km-Langlauf

G	Thorleif Haug	N
S	Johan Gröttumsbraaten	N
B	Tapani Niku	SF

50-km-Langlauf

G	Thorleif Haug	N
S	Thoralf Strömstad	N
B	Johan Gröttumsbraaten	N

Nordische Kombination

G	Thorleif Haug	N
S	Thoralf Strömstad	N
B	Johan Gröttumsbraaten	N

Spezialsprunglauf

G	Jacob Tullin Thams	N
S	Narve Bonna	N
B	Thorleif Haug*	N

EISKUNSTLAUF

Herren

G	Gillis Grafström	S
S	Willy Böckl	A
B	Georges Gautschi	CH

* Eine im Jahre 1974 durch den norwegischen Sprungexperten Jacob Vaage durchgeführte Überprüfung der Sprungergebnisse deckte einen Rechenfehler des Kampfgerichtes von Chamonix auf. Danach war der Amerikaner Anders Haugen Dritter, Thorleif Haug hingegen nur Vierter geworden.

Einer von ihnen schaffte es

Die amerikanischen Eisschnelläufer beim Training in Chamonix. Gegen die nordische Konkurrenz waren sie bis auf den Sieg im Eissprint durch Charles Jewtraw chancenlos.

Der Olympiasieger unterwegs

Das ist der erste Amerikaner, der im Eisschnellaufen eine Goldmedaille gewann: Charles Jewtraw kurz vor dem Ziel des 500-m-Sprints, in dem er die Nase knapp vorn hatte.

Chamonix 1924

Damen

G	Herma Planck-Szabó A	
S	Beatrix Loughran USA	
B	Ethel Muckelt GB	

Paarlauf

G	Helene Engelmann/Alfred Berger A	
S	Ludowika Jakobsson/Walter Jakobsson SF	
B	Andrée Joly/Pierre Brunet F	

EISSCHNELLAUF

500 m

G	Charles Jewtraw USA	44,0
S	Oskar Olsen N	44,2
B	Clas Thunberg SF	44,8
B	Roald Larsen N	44,8

1500 m

G	Clas Thunberg SF	2:20,8
S	Roald Larsen N	2:22,0
B	Sigurd Moen N	2:25,6

5000 m

G	Clas Thunberg SF	8:39,0
S	Julius Skutnabb SF	8:48,4
B	Roald Larsen N	8:50,2

10 000 m

G	Julius Skutnabb SF	18:04,8
S	Clas Thunberg SF	18:07,8
B	Roald Larsen N	18:12,2

Vierkampf

G	Clas Thunberg SF	
S	Roald Larsen N	
B	Julius Skutnabb SF	

BOB

Vierer

G	Schweiz I	(Pilot: Eduard Scherrer)
S	Großbritannien II	(Pilot: Ralph H. Broome)
B	Belgien I	(Pilot: Charles Mulder)

EISHOCKEY

G	Kanada	
S	USA	
B	Großbritannien	

Vorbildliche Haltung und Sieg

Der norwegische Spezialspringer Jacob Tullin Thams kam zweimal auf 49 m und sicherte sich damit die Goldmedaille. Seine Sprunghaltung beeindruckte durch ihre moderne Form.

II. Olympische Winterspiele
11. bis 19. Februar 1928 in St. Moritz

Unter den 25 Nationen, die diesmal ihre 494 Teilnehmer zu den Winterspielen entsandten, waren auch die Vertreter des wieder in die olympische Gemeinschaft aufgenommenen Deutschland. Sie konnten noch keine Rolle spielen, obwohl sie mit fünfzig Aktiven die stärkste Mannschaft stellten. Es gab lediglich einmal Bronze im Bob durch Hanns Kilian.

Die Skandinavier erwiesen sich im nicht wesentlich erweiterten Programm – es kam lediglich Skeleton hinzu – wieder als überlegen, mußten hier und da aber schon härter gegen mitteleuropäische oder nordamerikanische Konkurrenz kämpfen. Als Sensation galt der Bronzemedaillengewinn des Tschechen Rudolf Burkert im Spezialspringen, bei dem der Favorit Jacob Tullin Thams einen 70-m-Satz nicht stehen konnte und sich erheblich verletzte. Burkerts Medaille sollte für ein Vierteljahrhundert die einzige eines Mitteleuropäers in einer nordischen Disziplin bleiben. Der finnische Eisschnelläufer Clas Thunberg fügte seinen fünf Medaillen von 1924 zwei weitere »Goldene« hinzu und ging somit als erster Rekordgewinner in die Geschichte der Olympischen Winterspiele ein.

Das Rennen der ungesteuerten Skeletonschlitten, auf denen die Teilnehmer bäuchlings zu Tal sausten, wurde mit Begeisterung aufgenommen. Ein englischer Adliger, der Earl of Northesk, gewann dabei hinter den amerikanischen Brüdern Jennison und John Heaton die Bronzemedaille.

St. Moritz entfaltete Glanz

Der Schweizer Wintersportort St. Moritz zeigte sich für die zweiten Winterspiele von seiner besten Seite. Wie beschaulich es noch zuging, zeigt das untere Bild. Man fuhr Ski mit einem PS.

JOHAN GROETTUMSBRAATEN STARTET GLANZVOLLE KARRIERE

Die Spiele verliefen fröhlich
Die deutsche Eishockeymannschaft vor einem Spiel. Die Heiterkeit dieses chancenlosen Teams ist beispielhaft für den Verlauf dieser fröhlichen Winterspiele.

Wie stark in manchen Wettbewerben die Skandinavier dominierten, bewies der siebente Rang des Allgäuers Ludwig Böck in der Nordischen Kombination, womit er bester Mitteleuropäer wurde.

St. Moritz 1928

NORDISCHER SKISPORT

18-km-Langlauf

G	Johan Gröttumsbraaten	N
S	Ole Hegge	N
B	Reidar Ödegaard	N

50-km-Langlauf

G	Per Erik Hedlund	S
S	Gustaf Jonsson	S
B	Volger Andersson	S

Guter Besuch
Im Eisstadion der Olympiastadt herrschte bei allen Wettbewerben rege Zuschauerresonanz.

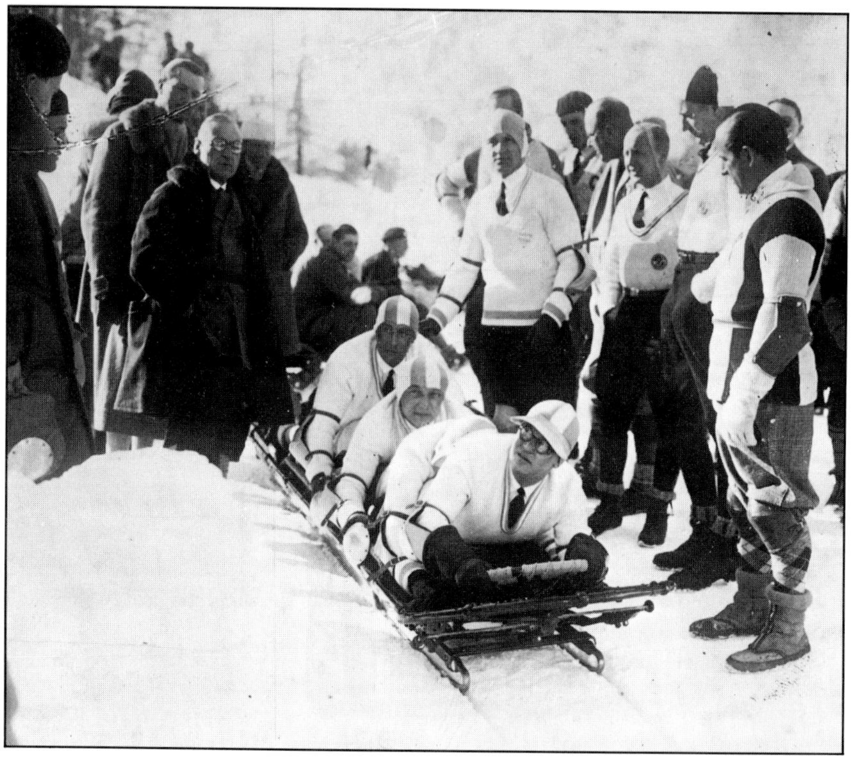

Keine Medaille
Die Spiele in St. Moritz kamen für Hanns Kilian noch zu früh. Für seine Crew gab es noch keine Medaille.

Nordische Kombination

G	Johan Gröttumsbraaten	N
S	Hans Vinjarengen	N
B	John Snersrud	N

Spezialsprunglauf

G	Alf Andersen	N
S	Sigmund Ruud	N
B	Rudolf Burkert	TCH

EISKUNSTLAUF

Herren

G	Gillis Grafström	S
S	Willy Böckl	A
B	Robert van Zeebroeck	B

Damen

G	Sonja Henie	N
S	Fritzi Burger	A
B	Beatrix Loughran	USA

Paarlauf

G	Andrée Joly/Pierre Brunet	F
S	Lilly Scholz/Otto Kaiser	A
B	Melitta Brunner/Ludwig Wrede	A

EISSCHNELLAUF

500 m

G	Clas Thunberg	SF	43,4
G	Bernt Evensen	N	43,4
B	John O'Neil Farell	USA	43,6
B	Roald Larsen	N	43,6
B	Jaakko Friman	SF	43,6

St. Moritz 1928

1500 m

G	Clas Thunberg	SF	2:21,1
S	Bernt Evensen	N	2:21,9
B	Ivar Ballangrud	N	2:22,6

5000 m

G	Ivar Ballangrud	N	8:50,5
S	Julius Skutnabb	SF	8:59,1
B	Bernt Evensen	N	9:01,1

10 000 m

wegen schlechter Eisverhältnisse abgebrochen

BOB

Vierer

G	USA II (Pilot: William Fiske)
S	USA I (Pilot: Jennison Heaton)
B	Deutschland II (Pilot: Hanns Kilian)

SKELETON*

G	Jennison Heaton	USA
S	John R. Heaton	USA
B	David Earl of Northesk	GB

EISHOCKEY

G	Kanada
S	Schweden
B	Schweiz

* niedriger schwerer Rennschlitten, auf dem bäuchlings gefahren wurde

Vor prächtiger Kulisse

Auch die zweiten Winterspiele im Schweizer Ort St. Moritz fanden vor der prächtigen Kulisse des mächtigen Corviglia statt. Auf dem Bild sind deutlich die Skipisten zu erkennen.

Norweger dominierten

Im Spezialsprunglauf landeten zwei Norweger auf den ersten Plätzen, und in der Nordischen Kombination gab es sogar einen dreifachen Medaillengewinn für dieses Land.

III. Olympische Winterspiele
4. bis 15. Februar 1932 in Lake Placid

Die ersten Winterspiele in Übersee fielen in die weltweite Wirtschaftskrise und lockten nicht zuletzt deshalb nur 307 Aktive aus siebzehn Ländern an. Wieder wurden keine alpinen Wettbewerbe ausgetragen, dafür fuhren erstmals Zweierbobs um Olympiamedaillen. Die gastgebenden Amerikaner sicherten sich die meisten Goldmedaillen, weil sie alle Eisschnellauf- und Bob-Wettbewerbe siegreich beendeten, während die Skandinavier wiederum sämtliche Medaillen in »ihren« nordischen Disziplinen mit nach Hause nahmen.
Für die wenigen deutschen Starter in Lake Placid gab es zwei Bronzemedaillen. Hanns Kilian wiederholte seine Plazierung von St. Moritz, und das deutsche Eishockeyteam war unter den vier teilnehmenden Mannschaften besser als die Polen und sicherte sich somit den dritten Platz.
Der Norweger Johan Gröttumsbraaten nahm nun schon zum dritten Mal an Olympischen Winterspielen teil und holte sich durch den Sieg in der Nordischen Kombination seine sechste Olympiamedaille.

Erstmals in den Staaten

Franklin D. Roosevelt, Gouverneur des Staates New York, bei der Eröffnung der Winterspiele (oben). Ivar Ballangrud – 1928 noch gefeiert – holte dort nur einmal Silber. Wenig später gewann er drei WM-Titel (rechts).

US-Bob nicht zu schlagen

Hanns Kilian kam bei den Spielen in Lake Placid auf einen fünften Rang im Zweierbob (oben). Gold holte der US-Bob.

Lake Placid 1932

NORDISCHER SKISPORT

18-km-Langlauf

G	Sven Utterström	S
S	Axel T. Wikström	S
B	Veli Saarinen	SF

50-km-Langlauf

G	Veli Saarinen	SF
S	Väinö Liikkanen	SF
B	Arne Rustadstuen	N

Nordische Kombination

G	Johan Gröttumsbraaten	N
S	Ole Stenen	N
B	Hans Vinjarengen	N

Spezialsprunglauf

G	Birger Ruud	N
S	Hans Beck	N
B	Kaare Wahlberg	N

EISKUNSTLAUF

Herren

G	Karl Schäfer	A
S	Gillis Grafström	S
B	Montgomery Wilson	CDN

Damen

G	Sonja Henie	N
S	Fritzi Burger	A
B	Maribel Vinson	USA

Paarlauf

G	Andrée Brunet/Pierre Brunet	F
S	Beatrix Loughran/Shermin Badger	USA
B	Emilia Rotter/László Szollás	H

ALLE ERSTE PLAETZE IM EISSCHNELLAUF UND BOB AN USA

Kanada gewann wieder das Turnier
Szene aus dem entscheidenden Spiel um den Sieg im olympischen Eishockeyturnier zwischen Kanada und den USA. Die Kanadier gewannen erst nach Verlängerung knapp mit 2:1.

Lake Placid 1932

EISSCHNELLAUF

500 m

G	John A. Shea USA	43,4
S	Bernt Evensen N	(?)
B	Alexander Hurd CDN	(?)

1500 m

G	John A. Shea USA	2:57,5
S	Alexander Hurd CDN	(?)
B	William F. Logan CDN	(?)

5000 m

G	Irving Jaffee USA	9:40,8
S	Edward S. Murphy USA	(?)
B	William F. Logan CDN	(?)

10 000 m

G	Irving Jaffee USA	19:13,6
S	Ivar Ballangrud N	(?)
B	Frank Stack CDN	(?)

BOB

Zweier

G	USA I (Hubert Stevens/Curtis Stevens)
S	Schweiz II (Reto Capadrutt/Oscar Geier)
B	USA II (John R. Heaton/Robert Minton)

Vierer

G	USA I (Pilot: William Fiske)
S	USA II (Pilot: Henry Homburger)
B	Deutschland I (Pilot: Hanns Kilian)

EISHOCKEY

G	Kanada
S	USA
B	Deutschland

Auf heimischer Bahn waren die USA nicht zu schlagen
Während der Eisschnelläufe wurde regelrecht mit harten Bandagen gekämpft. Die Nordamerikaner arbeiteten oft mit den Ellbogen und ließen so den Europäern kaum Chancen. Clas Thunberg – fünffacher Olympiasieger – trat wegen dieser Zustände in Lake Placid nicht an.

IV. Olympische Winterspiele
6. bis 16. Februar 1936 in Garmisch-Partenkirchen

Eine neue Dimension im Wintersport leiteten die ersten Winterspiele auf deutschem Boden ein. Erstmals kämpften alpine Skifahrer um olympische Medaillen, wobei diese nur für die Sieger in der Kombinationswertung vergeben wurden (→ Kapitel Wintersport). 28 Nationen hatten 756 Aktive ins Werdenfelser Land geschickt, denen während der Wettkämpfe über 600 000 Zuschauer zujubelten.

Zum großen Gewinner dieser Spiele wurden wieder die Norweger, denen die Revanche für 1932 auf der ganzen Linie gelang. Sie kamen zu insgesamt fünfzehn Medaillengewinnen, darunter sieben Goldmedaillen. Großen Anteil hatten daran die in Lake Placid noch so vernichtend geschlagenen Eisschnelläufer. Ivar Ballangrud sicherte sich den Sieg auf drei Strecken und krönte damit seine bereits 1928 begonnene Karriere, die ihm insgesamt sieben Medaillen, darunter vier goldene, einbrachte. Er wurde in seiner langen Karriere zwischen 1926 und 1938 auch viermal Weltmeister (1926, 1932, 1936 und 1938) und viermal Europameister (1929, 1930, 1933 und 1939).

Für die deutschen Aktiven wurde der Start in die alpine Olympiageschichte zu einem vollen Erfolg. Den Doppelsiegen in der Kombinationswertung durch Christl Cranz (→ Porträt Kapitel Wintersport) und Käthe Grasegger bei den Damen sowie Franz Pfnür und Gustav Lantschner bei den Herren folgten in den nächsten Jahren durch diese Aktiven weitere Medaillengewinne bei Weltmeisterschaften. Käthe Grasegger (geb. am 19. Juni 1917 in

Die Spiele unter dem Hakenkreuz

Garmisch-Partenkirchen veranstaltete Olympia unter der Hakenkreuzflagge (oben). Unten die Eröffnung durch Dr. Karl Ritter von Halt, Präsident des Organisationskomitees.

Partenkirchen) fügte ihren beiden Bronzemedaillen von 1935 (Slalom und Kombination) noch WM-Silber 1937 (Slalom), Abfahrtsbronze 1938 und Kombinationsbronze 1938 hinzu.
Die absolute Sensation dieser Spiele schuf im Eishockey die Mannschaft des Außenseiters Großbritannien: Sie konnte den haushohen Favoriten des Eishokkeyturniers, Lehrmeister Kanada, im entscheidenden Spiel knapp mit 2:1 besiegen und somit ihren – bisher einzigen – Olympiasieg in dieser schnellsten Mannschaftssportart erringen.

Garmisch-Partenkirchen 1936

NORDISCHER SKISPORT		
18-km-Langlauf		
G	Erik August Larsson	S
S	Oddbjörn Hagen	N
B	Pekka Niemi	SF
50-km-Langlauf		
G	Elis Wiklund	S
S	Axel Wikström	S
B	Nils-Joel Englund	S
4-x-10-km-Staffel		
G	Finnland	
S	Norwegen	
B	Schweden	
Nordische Kombination		
G	Oddbjörn Hagen	N
S	Olaf Hoffsbakken	N
B	Sverre Brodahl	N
Spezialsprunglauf		
G	Birger Ruud	N
S	Sven Eriksson	S
B	Reidar Andersen	N
ALPINER SKISPORT		
Alpine Kombination Herren		
G	Franz Pfnür	D
S	Gustav Lantschner	D
B	Emile Allais	F
Alpine Kombination Damen		
G	Christl Cranz	D
S	Käthe Grasegger	D
B	Laila Schou Nilsen	N

Großartiger Erfolg für die Alpinen

Franz Pfnür aus Schellenberg während des Slaloms am Gudiberg (oben) und Christl Cranz (unten) bei ihrem Abfahrtslauf. Sie gewannen beide die Alpine Kombination und untermauerten somit die deutsche Vormachtstellung in dieser Sportart.

Sie war der erste Superstar

Christl Cranz – seit dem sechsten Lebensjahr auf Brettern, die für sie die Welt bedeuteten – gewann bei Olympischen Spielen und Weltmeisterschaften sechzehn Medaillen.

Garmisch-Partenkirchen 1936

EISKUNSTLAUF

Herren

G	Karl Schäfer	A	
S	Ernst Baier	D	
B	Felix Kaspar	A	

Damen

G	Sonja Henie	N	
S	Cecilia Colledge	GB	
B	Vivi-Anne Hultén	S	

Paarlauf

G	Maxi Herber/Ernst Baier	D	
S	Ilse Pausin/Erik Pausin	A	
B	Emilia Rotter/László Szollás	H	

EISSCHNELLAUF

500 m

G	Ivar Ballangrud	N	43,4
S	Georg Krog	N	43,5
B	Leo Freisinger	USA	44,0

1500 m

G	Charles Mathiesen	N	2:19,2
S	Ivar Ballangrud	N	2:20,2
B	Birger Wasenius	SF	2:20,9

5000 m

G	Ivar Ballangrud	N	8:19,6
S	Birger Wasenius	SF	8:23,3
B	Antero Ojala	SF	8:30,1

10 000 m

G	Ivar Ballangrud	N	17:24,3
S	Birger Wasenius	SF	17:28,2
B	Max Stiepl	A	17:30,0

BOB

Zweier

G	USA I (Ivan Brown/Alan Washbond)
S	Schweiz II (Fritz Feierabend/Joseph Beerli)
B	USA II (Gilbert Colgate/Richard Lawrence)

Vierer

G	Schweiz II (Pilot: Pierre Musy)
S	Schweiz I (Pilot: Reto Capadrutt)
B	Großbritannien I (Pilot: Frederick McEvoy)

EISHOCKEY

G	Großbritannien
S	Kanada
B	USA

Die Bobfahrer mußten viel riskieren

Die Olympia-Bobbahn am Rießer See bei Garmisch – das Bild zeigt eine Kurve am Krähennest – forderte höchstes Können von den Aktiven, wie dieser Schnappschuß von der Viererbob-Konkurrenz – gut veranschaulicht.

V. Olympische Winterspiele
30. Januar bis 8. Februar 1948 in St. Moritz

Nachdem die für 1940 in Sapporo und 1944 in Cortina d'Ampezzo vorgesehenen Spiele wegen des Zweiten Weltkrieges ausfallen mußten, trafen sich 713 Teilnehmer aus 28 Nationen 1948 in St. Moritz. Deutschland blieb noch ausgeschlossen.

Diese Spiele im Oberengadin bedeuteten für den alpinen Skisport einen weiteren Fortschritt. Erstmals wurden Olympiamedaillen in den Einzeldisziplinen vergeben. Das Interesse an diesen Wettbewerben übertraf das an den nordischen Wettkämpfen erheblich. Zu den alpinen Rennen hatten 25 Nationen gemeldet, an den nordischen Kämpfen beteiligten sich lediglich fünfzehn Länder.

Mit Frankreich trat Schweizern und Österreichern eine ernsthafte alpine Konkurrenz entgegen, was sich auch in den Medaillengewinnen niederschlug. Henri Oreiller kehrte mit zwei Goldmedaillen nach Frankreich zurück. Eine Überraschung bildete auch der Slalomsieg der Amerikanerin Gretchen Frazer, die damit die erste alpine Goldmedaille nach Übersee holte.

Im nordischen Skisport gab es eine Wachablösung. Das vom Weltkrieg nicht betroffene Schweden lief Norwegen den Rang ab und gewann erstmals mehr Medaillen als der Nachbar. Norwegens gute Gesamtbilanz retteten wieder die Eisschnelläufer, die dreimal Gold gewinnen konnten.

Viel Ärger um US-Eishockeyteam

In St. Moritz wollten 1948 zwei Eishockeyteams der USA starten, von denen jedoch nur eines (oben beim 4:5 gegen die Schweiz) antreten durfte. Im unteren Bild ein Spurfahrer für die Abfahrt.

Englische Bobs waren ohne Chance

Lehrgeld mußten die englischen Bobs in St. Moritz zahlen. Während der Zweierbob (unten links) wenigstens noch auf Rang fünf kam, war der Vierer ohne jede Placierungschance.

St. Moritz 1948

NORDISCHER SKISPORT

18-km-Langlauf

G	Martin Lundström S
S	Nils Östensson S
B	Gunnar Eriksson S

50-km-Langlauf

G	Nils Karlsson S
S	Harald Eriksson S
B	Benjamin Vanninen SF

4-x-10-km-Staffel

G	Schweden
S	Finnland
B	Norwegen

Nordische Kombination

G	Heikki Hasu SF
S	Martti Huhtala SF
B	Sven Israelsson S

Spezialsprunglauf

G	Petter Hugsted N
S	Birger Ruud N
B	Thorleif Schjelderup N

ALPINER SKISPORT HERREN

Abfahrtslauf

G	Henri Oreiller F
S	Franz Gabl A
B	Karl Molitor CH
B	Rolf Olinger CH

KANADIER HOLEN GOLD IM EISHOCKEY ZURUECK

Eisschnelläufer aus Skandinavien
Reidar Liaklev aus Norwegen (oben) wurde 5000-m-Olympiasieger. Der Brite Peppin (darunter rechts) war ohne Chance. Finn Helgesen (Norwegen) wird nach seinem Sieg in Weltrekordzeit über 500 m gefeiert.

St. Moritz 1948

Slalom

G	Edy Reinalter	CH
S	James Couttet	F
B	Henri Oreiller	F

Alpine Kombination

G	Henri Oreiller	F
S	Karl Molitor	CH
B	James Couttet	F

ALPINER SKISPORT DAMEN

Abfahrtslauf

G	Hedy Schlunegger	CH
S	Trude Beiser	A
B	Resi Hammerer	A

Slalom

G	Gretchen Frazer	USA
S	Antoinette Meyer	CH
B	Erika Mahringer	A

Alpine Kombination

G	Trude Beiser	A
S	Gretchen Frazer	USA
B	Erika Mahringer	A

EISKUNSTLAUF

Herren

G	Dick Button	USA
S	Hans Gerschwiler	CH
B	Edy Rada	A

Damen

G	Barbara-Ann Scott	CDN
S	Eva Pawlik	A
B	Jeanette Altwegg	GB

Paarlauf

G	Micheline Lannoy/Pierre Baugniet	B
S	Andrea Kékessy/Ede Király	H
B	Suzanne Morrow/Wallace Diestelmeyer	CDN

EISSCHNELLAUF

500 m

G	Finn Helgesen	N	43,1
S	Kenneth Bartholomew	USA	43,2
S	Thomas Byberg	N	43,2
S	Robert Fitzgerald	USA	43,2

1500 m

G	Sverre Farstad	N	2:17,6
S	Åke Seyffarth	S	2:18,1
B	Odd Lundberg	N	2:18,9

5000 m

G	Reidar Liaklev	N	8:29,4
S	Odd Lundberg	N	8:32,7
B	Göthe Hedlund	S	8:34,8

10 000 m

G	Åke Seyffarth	S	17:26,3
S	Lauri Parkkinen	SF	17:36,0
B	Pentti Lammio	SF	17:42,7

BOB

Zweier

G	Schweiz II (Felix Endrich/Fritz Waller)
S	Schweiz I (Fritz Feierabend/Paul Eberhard)
B	USA II (Fred Fortune/Schuyler Carron)

Vierer

G	USA II (Pilot: Francis Tyler)
S	Belgien (Pilot: Max Houben)
B	USA I (Pilot: James Bickford)

SKELETON

G	Nino Bibbia	I
S	John R. Heaton	USA
B	John G. Crammond	GB

EISHOCKEY

G	Kanada
S	ČSSR
B	Schweiz

Hochburg des nordischen Skisports

Der Holmenkollen – Symbol der Hochburg des nordischen Skisports – war der Zentralpunkt der Spiele von 1952 (oben Blick von der Schanze). Das olympische Feuer brannte vor dem Rathaus.

VI. Olympische Winterspiele
14. bis 25. Februar 1952 in Oslo

Zu diesem Treffen der besten Akteure auf Skiern und Kufen hatten dreißig Nationen 732 Teilnehmer entsandt, die im Mekka des nordischen Skisports über eine dreiviertel Million Zuschauer (!) anlockten. Allein beim Spezialsprunglauf am Holmenkollen vor den Toren der norwegischen Hauptstadt wurden 130 000 Besucher gezählt.

Mit sechzehn Medaillengewinnen enttäuschten die norwegischen Sportler ihre Landsleute auch nicht, die erstmals in der Geschichte der noch jungen Winterspiele eine alpine Goldmedaille bejubeln konnten. Der 24jährige Stein Eriksen holte neben Gold im Riesenslalom noch Silber im Slalom und bestätigte bei den nächsten Weltmeisterschaften im Jahre 1954 mit einem imponierenden Dreifachsieg (→ Ergebnisse Wintersport) seine damalige Ausnahmestellung. Überhaupt überraschten in den alpinen Wettbewerben die Außenseiter. Den Doppelsieg der Amerikanerin Andrea Mead-

Wollte es noch einmal wissen

Sepp Bradl zählte schon 34 Lenze, als er in Oslo an den Start ging. Er blieb zwar ohne Medaille, beeindruckte jedoch durch seine fehlerlose Haltung.

Lawrence hatten die Österreicher ebensowenig in ihrer Kalkulation wie den Erfolg des schon 33jährigen Italieners Zeno Colò im Abfahrtslauf.

Neben den deutschen Medaillengewinnern (→ Kapitel Wintersport) imponierten auch die ohne Edelmetall heimkehrenden Spezialspringer. Der Oberstdorfer Toni Brutscher schrammte mit seinem vierten Platz nur knapp an einer Medaille vorbei, Sepp Weiler (Platz acht) und Sepp Kleisl (Platz zehn) vervollständigten eine großartige Mannschaftsleistung inmitten der favorisierten Skandinavier am Holmenkollen.

Den Marathon der Nordischen, den 50-km-Langlauf, gewann der bereits 27jährige Finne Veikko Hakulinen, der als Ersatzmann nominiert worden und vorher noch ohne internationale Medaille geblieben war. Mit dem Sieg in Oslo begann er eine fast legendäre Karriere.

Oslo 1952

NORDISCHER SKISPORT HERREN

18-km-Langlauf

G	Hallgeir Brenden	N
S	Tapio Mäkelä	SF
B	Paavo Lonkila	SF

50-km-Langlauf

G	Veikko Hakulinen	SF
S	Eero Kolehmainen	SF
B	Magnar Estenstad	N

4 ×-10-km-Staffel

G	Finnland
S	Norwegen
B	Schweden

Nordische Kombination

G	Simon Slåttvik	N
S	Heikki Hasu	SF
B	Sverre Stenersen	N

Spezialsprunglauf

G	Arnfinn Bergmann	N
S	Torbjörn Falkanger	N
B	Karl Holmström	S

NORDISCHER SKISPORT DAMEN

10-km-Langlauf

G	Lydia Wideman	SF
S	Mirja Hietamies	SF
B	Siiri Rantanen	SF

ALPINER SKISPORT HERREN

Abfahrtslauf

G	Zeno Colò	I
S	Othmar Schneider	A
B	Christian Pravda	A

Der Rekordsieger dieser Spiele

Hjalmar Andersen aus Norwegen holte drei Goldmedaillen im Eisschnellauf und wurde zum erfolgreichsten Athleten der Spiele im eigenen Land. Rechts bei einer Siegerehrung.

KANADA LETZTMALS OLYMPIASIEGER IM EISHOCKEY

Deutscher Bobfahrer fuhr souverän auf Goldkurs

Anderl Ostlers Sternstunde schlug in Oslo. Der Bayer steuerte sowohl den Zweier- als auch den Viererbob überlegen zur Goldmedaille. Links die Siegesfahrt mit Lorenz Nieberl, unten die strahlende Besatzung des Viererbobs: Ostler, Friedrich Kuhn, Nieberl, Franzl Kemser (von links).

Oslo 1952

Spezialslalom

G	Othmar Schneider	A
S	Stein Eriksen	N
B	Guttorm Berge	N

Riesenslalom

G	Stein Eriksen	N
S	Christian Pravda	A
B	Anton Spiß	A

ALPINER SKISPORT DAMEN

Abfahrtslauf

G	Trude Jochum-Beiser	A
S	Annemarie Buchner	D
B	Giuliana Minuzzo	I

Spezialslalom

G	Andrea Mead-Lawrence	USA
S	Ossi Reichert	D
B	Annemarie Buchner	D

Riesenslalom

G	Andrea Mead-Lawrence	USA
S	Dagmar Rom	A
B	Annemarie Buchner	D

EISKUNSTLAUF

Herren

G	Dick Button	USA
S	Helmut Seibt	A
B	James Grogan	USA

Damen

G	Jeanette Altwegg	GB
S	Tenley Albright	USA
B	Jacqueline du Bief	F

Paarlauf

G	Ria Falk/Paul Falk	D
S	Karol Kennedy/Michael Kennedy	USA
B	Marianna Nagy/László Nagy	H

EISSCHNELLAUF

500 m

G	Kenneth Henry	USA	43,2
S	Donald McDermott	USA	43,9
B	Arne Johansen	N	44,0
B	Gordon Audley	CDN	44,0

1500 m

G	Hjalmar Andersen	N	2:20,4
S	Willem van der Voort	NL	2:20,6
B	Roald Aas	N	2:21,6

5000 m

G	Hjalmar Andersen	N	8:10,6
S	Kees Broekman	NL	8:21,6
B	Sverre Haugli	N	8:22,4

10 000 m

G	Hjalmar Andersen	N	16:45,8
S	Kees Broekman	NL	17:10,6
B	Carl-Erik Asplund	S	17:16,6

BOB

Zweier

G	Deutschland I (Anderl Ostler/Lorenz Nieberl)
S	USA I (Stanley Benham/Patrick Martin)
B	Schweiz I (Fritz Feierabend/Stephan Waser)

Vierer

G	Deutschland (Pilot: Anderl Ostler)
S	USA I (Pilot: Stanley Benham)
B	Schweiz I (Pilot: Fritz Feierabend)

EISHOCKEY

G	Kanada
S	USA
B	Schweden

VII. Olympische Winterspiele 26. Januar bis 5. Februar 1956 in Cortina d'Ampezzo

Bei dem als Toni-Sailer-Spiele (→ vgl. Porträt Wintersport) in die Geschichte eingegangenen Treffen der Wintersportler im italienischen Alpenort Cortina d'Ampezzo trat erstmals eine neue sportliche Großmacht auf: die Sowjetunion, die auch am Ende die Medaillenwertung klar anführte. Die Russen erwiesen sich unter den 32 teilnehmenden Nationen, die insgesamt 819 Aktive entsandten, dabei in Disziplinen überlegen, die bis dahin als Domäne der Nordländer galten. So mußten die Skandinavierinnen nach der erfolgreichen Premiere 1952 in Oslo, wo erstmals ein Langlaufwettbewerb für Frauen ausgetragen worden war, in Cortina die Konkurrenz der sowjetischen Läuferinnen anerkennen und diesen eine Gold- und eine Silbermedaille überlassen. Die Finninnen retteten gerade noch den Sieg in der erstmals ausgetragenen Langlaufstaffel.

Bei den Männern konnten die Sowjets noch keine Wachablösung durchführen, obwohl mit dem Gewinn der 4-×-10-km-Staffel erstmals eine Goldmedaille an ein nichtskandinavisches Land

Gutachter und Aktive auf der Eisfläche

Beim Pflichtlaufen wollten es die Kampfrichter wieder einmal ganz genau wissen (rechts). Die Eisschnelläufer hatten von ihrer Bahn auf dem Misurina-See bei Cortina diesen Blick auf das herrliche Panorama (unten).

DER STERN DES SIXTEN JERNBERG GEHT AUF

Österreichisches Paar klar vorn
Elisabeth Schwarz und ihr Partner Kurt Oppelt beim Training vor dem Entscheidungslauf. Die Österreicher gewannen die Paarlaufkonkurrenz ziemlich sicher.

Erste Medaille für DDR
Der Klingenthaler Harry Glaß gewann mit seiner Bronzemedaille das erste Edelmetall für die DDR. Offiziell startete er noch für Gesamtdeutschland.

Pro Rennen eine Medaille
Sixten Jernberg aus Schweden startete viermal im Langlauf und gewann in jedem Rennen eine Medaille. In Cortina begann seine Superkarriere.

fiel. Die Langläufe wurden zum großen Zweikampf zwischen Veikko Hakulinen, der in der Zwischenzeit zweifacher Weltmeister geworden war (1954 in Falun Sieg über 15 km und mit der finnischen Staffel, dazu Vizeweltmeister über 50 km), und dem Schweden Sixten Jernberg. Sowohl über 30 als auch über 50 km lieferten sie sich bis ins Ziel begeisternde Duelle. Schließlich behielt jeder einmal das bessere Ende für sich (→ Ergebnisse).
26 Jahre nach dem Tschechen Burkert ging wieder eine Sprunglaufmedaille nicht nach Skandinavien. Der Klingenthaler Harry Glaß gewann knapp vor dem Oberstdorfer Max Bolkart die Bronzemedaille. Noch größer war jedoch die Sensation des finnischen Doppelsieges in diesem Wettbewerb, der eine jahrzehntelange norwegische Erfolgsära beendete.

Cortina d'Ampezzo 1956

NORDISCHER SKISPORT HERREN

15-km-Langlauf

G	Hallgeir Brenden	N
S	Sixten Jernberg	S
B	Pawel Koltschin	SU

30-km-Langlauf

G	Veikko Hakulinen	SF
S	Sixten Jernberg	S
B	Pawel Koltschin	SU

50-km-Langlauf

G	Sixten Jernberg	S
S	Veikko Hakulinen	SF
B	Fjodor Terentjew	SU

4-×-10-km-Staffel

G	UdSSR
S	Finnland
B	Schweden

Nordische Kombination

G	Sverre Stenersen	N
S	Bengt Eriksson	S
B	Franciszek Gron-Gasienica	PL

Spezialsprunglauf

G	Antti Hyvärinen	SF
S	Aulis Kallakorpi	SF
B	Harry Glaß	DDR

NORDISCHER SKISPORT DAMEN

10-km-Langlauf

G	Ljubow Kosyrjewa	SU
S	Radja Jeroschina	SU
B	Sonja Edström	S

3-×-5-km-Staffel

G	Finnland
S	UdSSR
B	Schweden

ALPINER SKISPORT HERREN

Abfahrtslauf

G	Toni Sailer	A
S	Raymond Fellay	CH
B	Anderl Molterer	A

Sonthofenerin im Siegesjubel

Ossi Reichert, die Goldmedaillengewinnerin im Riesenslalom, wird von Sepp Behr (links) und Karl Zillibiller auf die Schultern gehievt. Mannschaft und Begleiter jubelten.

Der Goldjunge von Cortina

Toni Sailer wurde durch seine bis dato einmalige Siegesserie zum absoluten Goldkönig der Spiele von Cortina. Der junge Österreicher konnte sich noch richtig freuen.

Cortina d'Ampezzo 1956

Spezialslalom

G	Toni Sailer	A
S	Chiharu Igaya	J
B	Stig Sollander	S

Riesenslalom

G	Toni Sailer	A
S	Anderl Molterer	A
B	Walter Schuster	A

ALPINER SKISPORT DAMEN

Abfahrtslauf

G	Madeleine Berthod	CH
S	Frieda Dänzer	CH
B	Lucile Wheeler	CDN

Spezialslalom

G	Renée Colliard	CH
S	Regina Schöpf	A
B	Jewgenija Sidorowa	SU

Riesenslalom

G	Ossi Reichert	D
S	Josefine Frandl	A
B	Dorothea Hochleitner	A

EISKUNSTLAUF

Herren

G	Hayes A. Jenkins	USA
S	Ronald Robertson	USA
B	David Jenkins	USA

Damen

G	Tenley Albright	USA
S	Carol Heiss	USA
B	Ingrid Wendl	A

Paarlauf

G	Elisabeth Schwarz/Kurt Oppelt	A
S	Frances Dafoe/Norris Bowden	CDN
B	Marianna Nagy/László Nagy	H

EISSCHNELLAUF

500 m

G	Jewgeni Grischin	SU	40,2
S	Rafael Gratsch	SU	40,8
B	Alv Gjestvang	N	41,0

1500 m

G	Jewgeni Grischin	SU	2:08,6
G	Juri Michailow	SU	2:08,6
B	Toivo Salonen	SF	2:09,4

5000 m

G	Boris Schilkow	SU	7:48,7
S	Sigvard Ericsson	S	7:56,7
B	Oleg Gontscharenko	SU	7:57,5

10 000 m

G	Sigvard Ericsson	S	16:35,9
S	Knut Johannesen	N	16:36,9
B	Oleg Gontscharenko	SU	16:42,3

BOB

Zweier

G	Italien I (Lamberto Dalla Costa/Giacomo Conti)
S	Italien II (Eugenio Monti/Renzo Alverà)
B	Schweiz I (Max Angst/Harry Warburton)

Vierer

G	Schweiz I (Pilot: Franz Kapus)
S	Italien II (Pilot: Eugenio Monti)
B	USA I (Pilot: Arthur Tyler)

EISHOCKEY

G	UdSSR
S	USA
B	Kanada

DAS DENKWUERDIGE WINTERFEST IM »TAL DER INDIANERFRAU«

Die Idylle bezauberte

Squaw Valley in der Sierra Nevada bezauberte durch seine Idylle – oben der Blick auf die Eislaufbahn. Das Feuer wurde in Norwegen entzündet und gelangte über den Nordpol in die USA.

VIII. Olympische Winterspiele
18. bis 28. Februar 1960 in Squaw Valley

An die Spiele im »Tal der Indianerfrau«, die zweiten in den Vereinigten Staaten, erinnert man sich unter den deutschen Wintersportlern heute noch besonders gern. Mit dem zweiten Platz in der Nationenwertung wurde das beste Ergebnis einer gesamtdeutschen Mannschaft erreicht. Im Hochtal der Sierra Nevada übertrafen die deutschen Teilnehmer sich selbst.

Neben den Goldmedaillen von Georg Thoma, Helmut Recknagel und Heidi Biebl (→ Porträts Wintersport) gelang der Ostberlinerin Helga Haase im Eisschnelllauf mit je einer Gold- und Silbermedaille der Einbruch in die sowjetische Phalanx, an die sechs der acht Olympiasiege in dieser Disziplin gingen. Der Eisschnelllauf war erstmals für Frauen ausgetragen worden und brachte den Russinnen einen reichen Medaillensegen.

Für den mittlerweile 35jährigen Veikko Hakulinen, der sich 1958 auch die Weltmeisterschaft über 15 km geholt hatte, gab es zum Abschluß der Karriere noch einmal drei Medaillen: Gold in der 4-×-10-km-Staffel – nach einem dramatischen Kampf mit den Norwegern –, Silber über 50 km und Bronze über 15 km. Sein nur vier Jahre jüngerer Konkurrent Sixten Jernberg (geb. am 6. Februar 1929) gewann Gold über 30 km und Silber über 15 km.

Bei den Alpinen fehlte diesmal eine überragende Persönlichkeit wie Toni Sailer, so daß sich drei Nationen die Goldmedaillen bei

den Herren teilten, wo es nach langer Zeit durch den zweiten Platz von Hans-Peter Lanig im Abfahrtslauf wieder eine Medaille für Deutschland gab.
Die gastgebenden US-Amerikaner gewannen erstmals das olympische Eishockeyturnier vor den Favoriten Kanada und Sowjetunion und sorgten somit für großen Jubel im eigenen Land. Für die Bobfahrer gab es – wegen Fehlens einer geeigneten Bahn – keine Wettbewerbe.
Die UdSSR belegte unter den dreißig teilnehmenden Nationen, die insgesamt 630 Aktive in die Sierra Nevada schickten, in der Nationenwertung wieder den ersten Platz.

Squaw Valley 1960

NORDISCHER SKISPORT HERREN

15-km-Langlauf

G	Haakon Brusveen	N
S	Sixten Jernberg	S
B	Veikko Hakulinen	SF

30-km-Langlauf

G	Sixten Jernberg	S
S	Rolf Rämgård	S
B	Nikolai Anikin	SU

50-km-Langlauf

G	Kalevi Hämäläinen	SF
S	Veikko Hakulinen	SF
B	Rolf Rämgård	S

Nordische Kombination

G	Georg Thoma	D
S	Tormod Knutsen	N
B	Nikolai Gusakow	SU

Spezialsprunglauf

G	Helmut Recknagel	DDR
S	Niilo Halonen	SF
B	Otto Leodolter	A

4-×-10-km-Staffel

G	Finnland
S	Norwegen
B	UdSSR

Biathlon (20 km)

G	Klas Lestander	S
S	Antti Tyrväinen	SF
B	Aleksandr Priwalow	SU

NORDISCHER SKISPORT DAMEN

10-km-Langlauf

G	Maria Gusakowa	SU
S	Ljubow Baranowa-Kosyrjewa	SU
B	Radja Jeroschina	SU

3-×-5-km-Staffel

G	Schweden
S	UdSSR
B	Finnland

ALPINER SKISPORT HERREN

Abfahrtslauf

G	Jean Vuarnet	F
S	Hans-Peter Lanig	D
B	Guy Périllat	F

Spezialslalom

G	Ernst Hinterseer	A
S	Hias Leitner	A
B	Charles Bozon	F

Auf dem Weg zum Olympiagold

Als Heidi Biebl den Start zum Abfahrtslauf gerade hinter sich hatte, ahnte noch niemand das Ergebnis dieses Rennens, das mit der sensationellen Goldmedaille für die Oberstaufenerin endete.

UdSSR MUSS SICH IM EISHOCKEY MIT BRONZE BEGNUEGEN

Großer Kampf mit den Franzosen
Hans-Peter Lanig lieferte sich mit den französischen Abfahrtsspezialisten einen großen Kampf, der mit der Silbermedaille für den Hindelanger endete.

Das junge Paar lief ohne Respekt
Marika Kilius und Hans-Jürgen Bäumler liefen in Squaw Valley ohne Respekt vor großen Namen und holten sich mit einer überzeugenden Leistung die Silbermedaille.

Squaw Valley 1960

Riesenslalom

G	Roger Staub	CH
S	Pepi Stiegler	A
B	Ernst Hinterseer	A

ALPINER SKISPORT DAMEN

Abfahrtslauf

G	Heidi Biebl	D
S	Penny Pitou	USA
B	Traudl Hecher	A

Spezialslalom

G	Anne Heggtveit	CDN
S	Betsy Snite	USA
B	Barbi Henneberger	D

Riesenslalom

G	Yvonne Rüegg	CH
S	Penny Pitou	USA
B	Giuliana Chenal-Minuzzo	I

EISKUNSTLAUF

Herren

G	David Jenkins	USA
S	Karol Divin	CS
B	Donald Jackson	CDN

Damen

G	Carol Heiss	USA
S	Sjoukje Dijkstra	NL
B	Barbara Roles	USA

Paarlauf

G	Barbara Wagner/Robert Paul	CDN
S	Marika Kilius/Hans-Jürgen Bäumler	D
B	Nancy Ludington/Ronald Ludington	USA

EISSCHNELLAUF HERREN

500 m

G	Jewgeni Grischin	SU	40,2
S	William Disney	USA	40,3
B	Rafael Gratsch	SU	40,4

1500 m

G	Roald Aas	N	2:10,4
G	Jewgeni Grischin	SU	2:10,4
B	Boris Stenin	SU	2:11,5

5000 m

G	Wiktor Kositschkin	SU	7:51,3
S	Knut Johannesen	N	8:00,8
B	Jan Pesman	NL	8:05,1

10 000 m

G	Knut Johannesen	N	15:46,6
S	Wiktor Kositschkin	SU	15:49,2
B	Kjell Bäckman	S	16:14,2

EISSCHNELLAUF DAMEN

500 m

G	Helga Haase	DDR	45,9
S	Natalja Dontschenko	SU	46,0
B	Jeanne Ashworth	USA	46,1

1000 m

G	Klara Gusewa	SU	1:34,1
S	Helga Haase	DDR	1:34,3
B	Tamara Rylowa	SU	1:34,8

1500 m

G	Lidija Skoblikowa	SU	2:25,2
S	Elvira Seroczynska	PL	2:25,7
B	Helena Pilejczyk	PL	2:27,1

3000 m

G	Lidija Skoblikowa	SU	5:14,3
S	Walentina Stenina	SU	5:16,9
B	Eevi Huttunen	SF	5:21,0

EISHOCKEY

G	USA
S	Kanada
B	UdSSR

IX. Olympische Winterspiele
29. Januar bis 9. Februar 1964 in Innsbruck

Die Spiele im Herzen Tirols wurden zum größten Treffen des Wintersports seit 1924: Um die 34 Goldmedaillen bewarben sich 1186 Teilnehmer aus 36 Nationen. Das Programm war durch die erstmals ausgetragenen Rodelwettbewerbe, den 5-km-Skilanglauf der Frauen und die wieder stattfindenden Bobrennen erheblich umfangreicher als vier Jahre zuvor.

Für die gesamtdeutsche Mannschaft gab es nicht einen Medaillensegen wie in Squaw Valley – und ohne die fünf Medaillen in den Rodelwettbewerben hätte die Gesamtbilanz äußerst dürftig ausgesehen.

Manfred Schnelldorfer sowie Marika Kilius und Hans-Jürgen Bäumler (→ Porträts Wintersport) ließen aus bundesdeutscher Sicht die Bilanz von Innsbruck nicht ganz so schlecht aussehen. Da wurden die Spiele eher zu einem Fest für Frankreich, für das die Schwestern Marielle und Christine Goitschel (→ Wintersport) bei den alpinen Skidamen erfolgreich waren, und für das gastgebende Österreich, das über drei Goldmedaillen in diesem Bereich jubeln konnte: durch Abfahrtssieger Egon Zimmermann, Slalomgewinner Pepi Stiegler und Abfahrtssiegerin Christl Haas, die den dreifachen Erfolg des Austria-Teams auf dieser Strecke krönte.

Eine gigantische Eröffnungszeremonie

Die Organisatoren in Innsbruck boten den Zuschauern am Fuße der Sprungschanze eine eindrucksvolle Zeremonie. Unten die Eröffnung durch Bundespräsident Dr. Schärf.

SIXTEN JERNBERG HOLT SEINE LETZTE GOLDMEDAILLE

Die sowjetische Mannschaft beendete diese Spiele mit elf Gold-, acht Silber- und sechs Bronzemedaillen so überlegen wie kein Team zuvor und stellte mit der Eisschnelläuferin Lidija Skoblikowa die absolut überragende Teilnehmerin. Die 24jährige Lehrerin aus dem sibirischen Tscheljabinsk gewann alle vier Goldmedaillen und wurde mit den zwei Olympiasiegen von Squaw Valley zur erfolgreichsten Wintersportlerin in der Geschichte der Olympischen Spiele. Der 35jährige Schwede Sixten Jernberg krönte mit dem Gewinn von drei weiteren Medaillen (Gold über 50 km und in der Staffel, Bronze über 15 km) seine großartige Karriere, in der er insgesamt neunmal auf dem olympischen Siegertreppchen gestanden hatte und darüber hinaus drei WM-Titel (1958 und 1962 über 50 km, 1962 mit der 4-×-10-km-Staffel) gewinnen konnte.

Innsbruck 1964

NORDISCHER SKISPORT HERREN

15-km-Langlauf

G Eero Mäntyranta SF
S Harald Grönningen N
B Sixten Jernberg S

30-km-Langlauf

G Eero Mäntyranta SF
S Harald Grönningen N
B Igor Worontschichin SU

50-km-Langlauf

G Sixten Jernberg S
S Assar Rönnlund S
B Arto Tiainen SF

Nordische Kombination

G Tormod Knutsen N
S Nikolai Kisseljow SU
B Georg Thoma D

Spezialsprunglauf – Normalschanze

G Veikko Kankkonen SF
S Toralf Engan N
B Torgeir Brandtzaeg N

Spezialsprunglauf – Großschanze

G Toralf Engan N
S Veikko Kankkonen SF
B Torgeir Brandtzaeg N

4-×-10-km-Staffel

G Schweden
S Finnland
B UdSSR

Biathlon (20 km)

G Wladimir Melanin SU
S Aleksandr Priwalow SU
B Olav Jordet N

NORDISCHER SKISPORT DAMEN

5-km-Langlauf

G Klawdija Bojarskich SU
S Mirja Lehtonen SF
B Alewtina Koltschina SU

10-km-Langlauf

G Klawdija Bojarskich SU
S Jewdokija Mekschilo SU
B Maria Gusakow SU

Die Österreicher blieben vorn

Im alpinen Skisport gewann Österreich bei den Herren den Zweikampf mit den Franzosen. Im Spezialslalom (unser Bild) siegte Josef (»Pepi«) Stiegler, der im Riesenslalom auch noch die Bronzemedaille holte.

Bei den Damen lief es anders

Die Geschwister Goitschel – im Bild Marielle bei ihrer rasanten Abfahrt im Riesenslalom – sorgten bei den Damen für französische Medaillenerfolge in den alpinen Konkurrenzen. Nur die Abfahrt ging an Österreich.

Sie setzte ein Maß für alle Nachfolgerinnen

Lidija Skoblikowa aus der UdSSR gewann in Innsbruck alle vier Eisschnellaufwettbewerbe und verbesserte ihre Medaillenbilanz auf sechsmal Gold. Damit setzte sie ein Maß, an dem sich viele bis heute vergeblich versuchten. Ihre Autogramme waren natürlich begehrt.

Innsbruck 1964

3-×-5-km-Staffel

G	UdSSR
S	Schweden
B	Finnland

ALPINER SKISPORT HERREN

Abfahrtslauf

G	Egon Zimmermann A
S	Léo Lacroix F
B	Wolfgang Bartels D

Spezialslalom

G	Pepi Stiegler A
S	Bill Kidd USA
B	James Heuga USA

Riesenslalom

G	François Bonlieu F
S	Karl Schranz A
B	Pepi Stiegler A

ALPINER SKISPORT DAMEN

Abfahrtslauf

G	Christl Haas A
S	Edith Zimmermann A
B	Traudl Hecher A

Spezialslalom

G	Christine Goitschel F
S	Marielle Goitschel F
B	Jean Saubert USA

Riesenslalom

G	Marielle Goitschel F
S	Christine Goitschel F
S	Jean Saubert USA

EISKUNSTLAUF

Herren

G	Manfred Schnelldorfer D
S	Alain Calmat F
B	Scott Allen USA

Damen

G	Sjoukje Dijkstra NL
S	Regine Heitzer A
B	Petra Burka CDN

Paarlauf

G	Ljudmila Bjeloussowa/Oleg Protopopow SU
S	Marika Kilius/Hans-Jürgen Bäumler D
B	Debbi Wilkes/Guy Revell CDN

EISSCHNELLAUF HERREN

500 m

G	Richard McDermott USA	40,1
S	Jewgeni Grischin SU	40,6
S	Wladimir Orlow SU	40,6
S	Alv Gjestvang N	40,6

1500 m

G	Ants Antson SU	2:10,3
S	Cornelis Verkerk NL	2:10,6
B	Villy Haugen N	2:11,2

5000 m

G	Knut Johannesen N	7:38,4
S	Per Ivar Moe N	7:38,6
B	Fred Anton Maier N	7:42,0

10 000 m

G	Jonny Nilsson S	15:50,1
S	Fred Anton Maier N	16:06,0
B	Knut Johannesen N	16:06,3

EISSCHNELLAUF DAMEN

500 m

G	Lidija Skoblikowa SU	45,0
S	Irina Jegorowa SU	45,4
B	Tatjana Sidorowa SU	45,5

1000 m

G	Lidija Skoblikowa SU	1:33,2
S	Irina Jegorowa SU	1:34,3
B	Kaija Mustonen SF	1:34,8

1500 m

G	Lidija Skoblikowa SU	2:22,6
S	Kaija Mustonen SF	2:25,5
B	Berta Kolokoltsewa SU	2:27,1

3000 m

G	Lidija Skoblikowa SU	5:14,9
S	Walentina Stenina SU	5:18,5
S	Pil Hwa Han NK	5:18,5

RENNRODELN

Einsitzer – Herren

G	Thomas Köhler DDR
S	Klaus Michael Bonsack DDR
B	Hans Plenk D

Einsitzer – Damen

G	Ortrun Enderlein DDR
S	Ilse Geisler DDR
B	Helene Thurner A

Doppelsitzer – Herren

G	Josef Feistmantl/Manfred Stengl A
S	Reinhold Senn/Helmut Thaler A
B	Walter Außersdorfer/Siegfried Mair I

BOB

Zweier

G	Großbritannien I (Anthony Nash/Thomas Robert Dixon)
S	Italien II (Sergio Zardini/Romano Bonagura)
B	Italien I (Eugenio Monti/Sergio Siorpaes)

Vierer

G	Kanada I (Pilot: Victor Emery)
S	Österreich I (Pilot: Erwin Thaler)
B	Italien II (Pilot: Eugenio Monti)

EISHOCKEY

G	UdSSR
S	Schweden
B	ČSSR

X. Olympische Winterspiele
6. bis 18. Februar 1968 in Grenoble

Frankreich mußte 44 Jahre auf seine zweiten Winterspiele warten, gestaltete diese dann aber zu einem großartigen Medaillenfestival. Jean-Claude Killy (→ Porträt Wintersport) trat in die Fußstapfen Toni Sailers, aber auch sein Teamkamerad Guy Périllat und die erfolgreiche Damenriege mit der starken Annie Famose sowie mit Marielle Goitschel und Isabelle Mir sorgten für Hochstimmung unter den Zuschauern.
Obwohl es die Winterspiele der weiten Wege waren – zu den alpinen Strecken mußte man dreißig Kilometer nach Chamrousse fahren, der Weg zur Bobbahn in Alpe d'Huez war doppelt so lang –, wurden sie zu einem Erlebnis für die Zuschauer und die 1219 Teilnehmer aus 36 Ländern. Frankreich hatte keine finanziellen Mittel gescheut, um einen würdigen Rahmen zu schaffen.
Grenoble wird für die deutschen Zuschauer immer untrennbar mit dem Namen Keller verbunden bleiben. Zwei bundesdeutsche Namensvettern sorgten mit ihren Siegen auch bei den »Fernseh-Olympioniken« zu Hause für Entzücken.
Franz Keller aus Nesselwang machte es seinem Vorbild Georg Thoma nach und wurde Olympiasieger in der Nordischen Kombination. Der Mann aus dem Allgäu hatte bei der Weltmeisterschaft 1966 schon den zweiten Platz belegt, sein Sieg in Grenoble bedeutete jedoch eine gewisse Überraschung. Die Skandinavier gingen erstmals seit Beginn der Winterspiele in ihrer ureigensten Disziplin leer aus, denn Silber und Bronze fielen auch noch an Mitteleuropäer, den Schweizer Alois Kälin und Andreas Kunz aus der DDR.
Für die Skandinavier gab es jedoch noch weitere bittere Schlappen. Im 30-km-Langlauf siegte mit dem Italiener Franco Nones erstmals ein Südeuropäer, und in den Spezialsprungläufen holte Mitteleuropa alle drei Medaillen von der kleinen Schanze, wobei der Tscheche Jiři Raška vor zwei Österreichern triumphierte und darüber hinaus noch Silber auf der Großschanze gewann, wo der Russe Wladimir Bjeloussow erfolgreich blieb.
Die DDR, erstmals mit einer eigenen Mannschaft bei Winterspielen am Start, erlebte eine bittere Enttäuschung in den Rodelwettbewerben. Man erkannte nämlich die von den Frauen gewonnenen Medaillen wieder ab, weil diese die Kufen ihrer Schlitten vor dem Start unerlaubterweise erhitzt hatten, um so schneller als die Konkurrenz zu sein.
Für die zweite bundesdeutsche Goldmedaille sorgte dann der andere Keller, und zwar im Eisschnellauf. Der Münchener Erhard Keller gewann den Eissprint über 500 m und damit die erste Medaille im Eisschnellauf für Deutschland überhaupt.
Auf dem Eis gab es auch eine weitere Medaille für die bundesdeutsche Mannschaft. Das Kunstlaufpaar Margot Glockshuber/Wolfgang Danne knüpfte an die große deutsche Tradition an und erkämpfte sich einen unerwarteten dritten Rang.
Mit der Silbermedaille des Zweierbobs Horst Floth/Pepi Bader und Bronze für den Doppelsitzer der Rennrodler Wolfgang Winkler/Fritz Nachmann gingen diese Winterspiele für die bundesdeutsche Mannschaft erfolgreich zu Ende.

Alain Calmat trug das Feuer ins Stadion

Alain Calmat, der frühere Publikumsliebling der Franzosen im Eiskunstlauf, trug die Flamme ins Stadion. Für die Olympischen Spiele in Grenoble wurden – alle Strukturmaßnahmen inbegriffen – erstmals Milliarden investiert.

Grenoble 1968

NORDISCHER SKISPORT HERREN

15-km-Langlauf

G	Harald Grönningen	N
S	Eero Mäntyranta	SF
B	Gunnar Larsson	S

30-km-Langlauf

G	Franco Nones	I
S	Odd Martinsen	N
B	Eero Mäntyranta	SF

50-km-Langlauf

G	Ole Ellefsaeter	N
S	Wjatscheslaw Wedenin	SU
B	Josef Haas	CH

Nordische Kombination

G	Franz Keller	D
S	Alois Kälin	CH
B	Andreas Kunz	DDR

Spezialsprunglauf – Normalschanze

G	Jiři Raška	CS
S	Reinhold Bachler	A
B	Baldur Preiml	A

Spezialsprunglauf – Großschanze

G	Wladimir Bjeloussow	SU
S	Jiři Raška	CS
B	Lars Grini	N

4-×-10-km-Staffel

G	Norwegen
S	Schweden
B	Finnland

Biathlon (20 km)

G	Magnar Solberg	N
S	Aleksandr Tichonow	SU
B	Wladimir Gundartsew	SU

Biathlon-Staffel

G	UdSSR
S	Norwegen
B	Schweden

NORDISCHER SKISPORT DAMEN

5-km-Langlauf

G	Toini Gustafsson	S
S	Galina Kulakowa	SU
B	Alewtina Koltschina	SU

10-km-Langlauf

G	Toini Gustafsson	S
S	Berit Mördre	N
B	Inger Aufles	N

3-×-5-km-Staffel

G	Norwegen
S	Schweden
B	UdSSR

ALPINER SKISPORT HERREN

Abfahrtslauf

G	Jean-Claude Killy	F
S	Guy Périllat	F
B	Jean-Daniel Dätwyler	CH

Spezialslalom

G	Jean-Claude Killy	F
S	Herbert Huber	A
B	Alfred Matt	A

Riesenslalom*

G	Jean-Claude Killy	F
S	Willy Favre	CH
B	Heini Messner	A

ALPINER SKISPORT DAMEN

Abfahrtslauf

G	Olga Pall	A
S	Isabella Mir	F
B	Christl Haas	A

* 1968 erstmals in zwei Läufen ausgetragen

Der König der Olympischen Spiele

Jean-Claude Killy (oben bei der Abfahrt) wurde durch seine Siege, mit denen er Toni Sailers Rekord von 1956 erreichte, zum gefeierten Skikönig dieser Spiele in Frankreich.

Auf den Spuren Georg Thomas

Franz Keller aus Nesselwang gewann in Grenoble die Nordische Kombination und wandelte damit auf den Spuren seines Vorbildes Georg Thoma, der ja acht Jahre zuvor diesen Wettbewerb gewann.

Der andere Keller war Eisläufer

Zum Wortspiel wurden Beobachter nach dem Olympiasieg durch Erhard Keller im Eissprint gereizt. Daß die Namensvettern für die Bundesrepublik siegten, war ein schöner Zufall.

Grenoble 1968

Spezialslalom

G	Marielle Goitschel F
S	Nancy Greene CDN
B	Annie Famose F

Riesenslalom

G	Nancy Greene CDN
S	Annie Famose F
B	Fernande Bochatay CH

EISKUNSTLAUF

Herren

G	Wolfgang Schwarz A
S	Timothy Wood USA
B	Patrick Péra F

Damen

G	Peggy Fleming USA
S	Gabriele Seyfert DDR
B	Hana Mašková CS

Paarlauf

G	Ljudmila Bjeloussowa/Oleg Protopopow SU
S	Tatjana Schuk/Aleksandr Gorelik SU
B	Margot Glockshuber/Wolfgang Danne D

EISSCHNELLAUF HERREN

500 m

G	Erhard Keller D	40,3
S	Magne Thomassen N	40,5
S	Richard McDermott USA	40,5

1500 m

G	Cornelis Verkerk NL	2:03,4
S	Ard Schenk NL	2:05,0
S	Ivar Eriksen N	2:05,0

5000 m

G	Fred Anton Maier N	7:22,4
S	Cornelis Verkerk NL	7:23,2
B	Petrus Nottet NL	7:25,5

10 000 m

G	Johnny Höglin S	15:23,6
S	Fred Anton Maier N	15:23,9
B	Örjan Sandler S	15:31,8

EISSCHNELLAUF DAMEN

500 m

G	Ljudmila Titowa SU	46,1
S	Mary Meyers USA	46,3
S	Dianne Holum USA	46,3
S	Jennifer Fish USA	46,3

1000 m

G	Carolina Geijssen NL	1:32,6
S	Ljudmila Titowa SU	1:32,9
B	Dianne Holum USA	1:33,4

1500 m

G	Kaija Mustonen SF	2:22,4
S	Carolina Geijssen NL	2:22,7
B	Stien Kaiser NL	2:24,5

3000 m

G	Johanna Schut NL	4:56,2
S	Kaija Mustonen SF	5:01,0
B	Stien Kaiser NL	5:01,3

RENNRODELN

Einsitzer – Herren

G	Manfred Schmid A
S	Thomas Köhler DDR
B	Klaus Michael Bonsack DDR

Einsitzer – Damen

G	Erika Lechner I
S	Christa Schmuck D
B	Angelika Dünhaupt D

Doppelsitzer – Herren

G	Klaus Michael Bonsack/Thomas Köhler DDR
S	Manfred Schmid/Ewald Walch A
B	Wolfgang Winkler/Fritz Nachmann D

BOB

Zweier

G	Italien I (Eugenio Monti/Luciano De Paolis)
S	Deutschland I (Horst Floth/Pepi Bader)
B	Rumänien I (Ion Panturu/Nicolae Neagoe)

Vierer

G	Italien I (Pilot: Eugenio Monti)
S	Österreich I (Pilot: Erwin Thaler)
B	Schweiz II (Pilot: Jean Wicki)

EISHOCKEY

G	UdSSR
S	ČSSR
B	Kanada

XI. Olympische Winterspiele
3. bis 13. Februar 1972 in Sapporo

Die ersten Winterspiele in Asien wurden vom Streit um den Amateurparagraphen im alpinen Skisport überschattet (→ Porträt Karl Schranz). Für die 1136 Teilnehmer aus 35 Ländern, die den Weg in die Millionenstadt auf Hokkaido gefunden hatten, blieb das jedoch eine Randerscheinung. Die gastgebenden Japaner ließen in der malerischen Umgebung Sapporos ein perfekt organisiertes und buntes Spektakel abrollen, das allgemein beeindruckte.
Als am Ende sportliche Bilanz gezogen wurde, stand endgültig fest, daß sich die Gewichte im Wintersport zugunsten neuer Mächte verschoben hatten. Auf Platz zwei der Nationenwertung rangierte hinter den erneut überlegenen sowjetischen Sportlern die DDR-Mannschaft, die mit vierzehn Medaillen, darunter drei goldenen, die Heimreise antreten konnte.
Dazu hatten die Rodler entscheidend beigetragen, die diesmal unter regulären Bedingungen acht der neun möglichen Medaillen gewannen. Aber auch die Goldmedaille in der Nordischen Kombination ging nach Mitteldeutschland. Der neunzehnjährige Ulrich Wehling aus Halle an der Saale trat in die Fußstapfen seiner bundesdeutschen Vorgänger Thoma und Keller und siegte vor dem Finnen Rauno Miettinen und seinem Landsmann Karl-

Buntes Olympia in Fernost
Die Eröffnungsfeier der Spiele in Sapporo (oben) wurde von den Japanern farbenprächtig inszeniert. Unten Kaiser Hirohito bei seiner Ansprache während der Eröffnungsfeier.

Heinz Luck. Damit war eine jahrzehntelange Domäne der Skandinavier endgültig in deutsche Hände übergegangen.
Für die bundesdeutsche Mannschaft lag in Sapporo das olympische Glück auf Kufen. Erhard Keller, mittlerweile auch Sprint-Weltmeister 1971 und Weltrekordler über 500 und 1000 m, wiederholte seinen Erfolg von Grenoble und wurde erneut Olympiasieger im Eisschnellauf über 500 m. War dieser Sieg des besten Eissprinters der beginnenden 70er Jahre noch erwartet worden, kam der Erfolg von Monika Pflug über die 1000 m einer Sensation gleich. Das noch nicht ganz achtzehnjährige Mädchen aus Bayern vollbrachte inmitten der Asse aus Holland und den Vereinigten Staaten eine Leistung, die ihr niemand zugetraut hatte und die ihr

Nach dem Spiel wurde es ernst
Nach den bunten Tupfern der Eröffnung – im Bild japanische Schülerinnen mit Luftballons – wurde es für die Athleten ernst. Oben das Panorama der 90-m-Schanze.

letztendlich die Goldmedaille brachte.
Die Bobrennen brachten der Bundesrepublik drei Medaillen. Im Zweierbob gab es einen gefeierten Doppelsieg von Wolfgang Zimmerer/Peter Utzschneider vor Horst Floth/Pepi Bader, im Viererbob steuerte Zimmerer sein Gefährt mit Stefan Gaisreiter, Walter Steinbauer und Peter Utzschneider noch zur Bronzemedaille.
Diese Winterspiele gingen als die Spiele der Überraschungen in die olympische Geschichte ein. Wer hatte schon drei Japaner im Spezialsprunglauf auf der kleinen Schanze und einen Polen auf der großen vorn erwartet? Die Topsensation aber lieferte der Spanier mit dem klangvollen Namen Francisco Fernandez Ochoa, der im Slalom alle Asse hinter sich

ließ und die bisher einzige alpine Medaille für sein Land erringen konnte. Dagegen verblaßten fast die beiden Goldmedaillen der Schweizerin Marie-Theres Nadig, die mit ihren Siegen in Abfahrt und Riesenslalom die österreichische Topfavoritin Annemarie Moser sowie die Skifans der Alpenrepublik regelrecht schockte.

Sapporo 1972

NORDISCHER SKISPORT HERREN

15-km-Langlauf

G	Sven-Åke Lundbäck	S
S	Fjodor Simaschew	SU
B	Ivar Formo	N

30-km-Langlauf

G	Wjatscheslaw Wedenin	SU
S	Pål Tyldum	N
B	Johs Harviken	N

50-km-Langlauf

G	Pål Tyldum	N
S	Magne Myrmo	N
B	Wjatscheslaw Wedenin	SU

Nordische Kombination

G	Ulrich Wehling	DDR
S	Rauno Miettinen	SF
B	Karl-Heinz Luck	DDR

Spezialsprunglauf – Normalschanze

G	Yukio Kasaya	J
S	Akitsugu Konno	J
B	Seiji Aochi	J

Spezialsprunglauf – Großschanze

G	Wojciech Fortuna	PL
S	Walter Steiner	CH
B	Rainer Schmidt	DDR

4-×-10-km-Staffel

G	UdSSR
S	Norwegen
B	Schweiz

Biathlon (20 km)

G	Magnar Solberg	N
S	Hansjörg Knauthe	DDR
B	Lars-Göran Arwidson	S

Biathlon-Staffel

G	UdSSR
S	Finnland
B	DDR

NORDISCHER SKISPORT DAMEN

5-km-Langlauf

G	Galina Kulakowa	SU
S	Marjatta Kajosmaa	SF
B	Helena Šikolová	CS

10-km-Langlauf

G	Galina Kulakowa	SU
S	Alewtina Oljunina	SU
B	Marjatta Kajosmaa	SF

3-×-5-km-Staffel

G	UdSSR
S	Finnland
B	Norwegen

ALPINER SKISPORT HERREN

Abfahrtslauf

G	Bernhard Russi	CH
S	Roland Collombin	CH
B	Heini Messner	A

Spezialslalom

G	Francisco Fernandez Ochoa	E
S	Gustav Thöni	I
B	Roland Thöni	I

Ein Spanier schlug die Weltelite

Zu den großen Überraschungssiegern in Sapporo gehörte Francisco Fernandez Ochoa. Im ersten Durchgang des Slaloms (oben) erreichte er Bestzeit. Der dritte Platz im zweiten Rennen reichte dann zur sensationellen Goldmedaille (rechts), die natürlich Riesenfreude bei dem Spanier auslöste.

Die Biathleten wurden bestaunt

Start der Biathlon-Staffel. Die Japaner staunten mächtig über diesen Wettbewerb, der seine olympische Premiere 1960 hatte. In Sapporo ging Einzelgold an Norwegen und Staffelgold an die UdSSR.

Sapporo 1972

Riesenslalom

G Gustav Thöni I
S Edmund Bruggmann CH
B Werner Mattle CH

ALPINER SKISPORT DAMEN

Abfahrtslauf

G Marie-Theres Nadig CH
S Annemarie Pröll A
B Susan Corrock USA

Spezialslalom

G Barbara Cochran USA
S Danielle Debernard F
B Florence Steurer F

Riesenslalom

G Marie-Theres Nadig CH
S Annemarie Pröll A
B Wiltrud Drexel A

EISKUNSTLAUF

Herren

G Ondrej Nepela CS
S Sergej Tschetweruchin SU
B Patrick Péra F

Damen

G Beatrix Schuba A
S Karen Magnussen CDN
B Janet Lynn USA

Paarlauf

G Irina Rodnina/Aleksej Ulanow SU
S Ljudmila Smirnowa/Andrej Suraikin SU
B Manuela Groß/Uwe Kagelmann DDR

EISSCHNELLAUF HERREN

500 m

G	Erhard Keller D	39,44
S	Hasse Börjes S	39,69
B	Waleri Muratow SU	39,80

1500 m

G	Ard Schenk NL	2:02,96
S	Roar Grönvold N	2:04,26
B	Göran Claeson S	2:05,89

5000 m

G	Ard Schenk NL	7:23,61
S	Roar Grönvold N	7:28,18
B	Sten Stensen N	7:33,39

10 000 m

G	Ard Schenk NL	15:01,35
S	Cornelis Verkerk NL	15:04,70
B	Sten Stensen N	15:07,08

EISSCHNELLAUF DAMEN

500 m

G	Anne Henning USA	43,33
S	Wera Krassnowa SU	44,01
B	Ljudmila Titowa SU	44,45

1000 m

G	Monika Pflug D	1:31,40
S	Atje Keulen-Deelstra NL	1:31,61
B	Anne Henning USA	1:31,62

1500 m

G	Dianne Holum USA	2:20,85
S	Stien Baas-Kaiser NL	2:21,05
B	Atje Keulen-Deelstra NL	2:22,05

3000 m

G	Stien Baas-Kaiser NL	4:52,14
S	Dianne Holum USA	4:58,67
B	Atje Keulen-Deelstra NL	4:59,91

RENNRODELN

Einsitzer – Herren

G Wolfgang Scheidel DDR
S Harald Ehrig DDR
B Wolfram Fiedler DDR

Einsitzer – Damen

G Anna-Maria Müller DDR
S Ute Rührold DDR
B Margit Schumann DDR

Doppelsitzer – Herren

G Paul Hildgartner/Walter Plaikner I
G Horst Hörnlein/Reinhard Bredow DDR
B Klaus Michael Bonsack/Wolfram Fiedler DDR

BOB

Zweier

G Deutschland II (Wolfgang Zimmerer/Peter Utzschneider)
S Deutschland I (Horst Floth/Pepi Bader)
B Schweiz I (Jean Wicki/Edy Hubacher)

Vierer

G Schweiz I (Pilot: Jean Wicki)
S Italien I (Pilot: Nevio De Zordo)
B Deutschland I (Pilot: Wolfgang Zimmerer)

EISHOCKEY

G UdSSR
S USA
B ČSSR

XII. Olympische Winterspiele 4. bis 15. Februar 1976 in Innsbruck

Das für die Bundesrepublik auf ewig mit dem Namen »Gold-Rosi« verbundene Wintersportfestival in den Tiroler Bergen, an dem 1261 Sportler aus 37 Ländern teilnahmen, endete mit einem einmaligen Ergebnis im Spezialsprunglauf von der großen Schanze: Die Plätze eins bis acht belegten je vier Teilnehmer aus Österreich und der DDR.

Der Zweikampf der besten Skispringer der 70er Jahre wurde von völlig unolympischen Mißtönen untermalt, begleiteten doch die österreichischen Zuschauer jeden Sprung eines DDR-Athleten mit gellenden Pfiffen und sorgten so für eine Atmosphäre, die letztendlich »ihren« Springern die Revanche für die Niederlage auf der kleinen Schanze ermöglichte. Am Berg Isel lagen am Schlußtag Karl Schnabel und Toni Innauer vor Henry Glass und Jochen Danneberg aus der DDR. Dann folgten mit Reinhold Bachler und Rudolf Wanner wieder zwei Österreicher.

Auf der kleinen Schanze hatte es einige Tage zuvor den Doppelsieg der Wintersportgroßmacht DDR durch den zweifachen Weltmeister von 1974, Hans-Georg Aschenbach, und durch Jochen Danneberg gegeben. Sie trugen damit zum guten Abschneiden ihrer Mannschaft bei, die mit neunzehn Medaillen, darunter sieben goldenen, eine beträchtliche Steigerung gegenüber 1972 vollbrachte.

Ohne eine Rosi Mittermaier (→ Porträt Wintersport) hätte das Medaillenkonto für die bundesdeutsche Mannschaft äußerst ärmlich ausgesehen. Wolfgang

Wieder in der Tiroler Metropole

Zum zweiten Mal innerhalb kurzer Zeit war Innsbruck Ausrichter der Winterspiele, weil Denver wegen eines Votums seiner Bürger nicht zum Zuge kam. Die Trachtenmädchen waren daher ein vertrauter Anblick.

Sein Sieg »rettete« die Spiele

Wenn Franz Klammer die Abfahrt am Patscherkofel nicht gewonnen hätte, wären die Winterspiele für Österreich nur halb so interessant gewesen. Nach seinem Sieg am ersten Tag konnte nichts mehr schiefgehen.

Österreichs erstes Gold von der Schanze

Karl Schnabl holte mit seinem Sieg im Springen von der 90-m-Schanze die erste Goldmedaille für Österreich in dieser nordischen Disziplin seit Bestehen der Winterspiele.

Zimmerer und die Rodler Josef Fendt (Einsitzer) sowie Hans Brandner/Balthasar Schwarm (Doppelsitzer) besserten mit ihren Silbermedaillen die Bilanz wenigstens etwas auf.

Zu den wenigen positiven Überraschungen gehörte der zweite Platz des Kombinierten Urban Hettich aus Schonach. Der Schwarzwälder kam durch eine überragende kämpferische Leistung in der Loipe noch auf den Silbermedaillenrang hinter Ulrich Wehling, der seinen Sieg von 1972 wiederholen konnte. Es war nach dem WM-Sieg von Falun im Jahre 1974 sein dritter großer internationaler Erfolg.

Innsbruck 1976

NORDISCHER SKISPORT HERREN

15-km-Langlauf

G	Nikolai Baschukow SU
S	Jewgeni Beljajew SU
B	Arto Koivisto SF

30-km-Langlauf

G	Sergej Saweljew SU
S	William Koch USA
B	Iwan Garanin SU

50-km-Langlauf

G	Ivar Formo N
S	Gert-Dietmar Klause DDR
B	Benny Södergren S

Nordische Kombination

G	Ulrich Wehling DDR
S	Urban Hettich D
B	Konrad Winkler DDR

Spezialsprunglauf – Normalschanze

G	Hans-Georg Aschenbach DDR
S	Jochen Danneberg DDR
B	Karl Schnabl A

Spezialsprunglauf – Großschanze

G	Karl Schnabl A
S	Toni Innauer A
B	Henry Glaß DDR

4-×-10-km-Staffel

G	Finnland
S	Norwegen
B	UdSSR

Biathlon (20 km)

G	Nikolai Kruglow SU
S	Heikki Ikola SF
B	Aleksandr Jelisarow SU

Biathlon-Staffel

G	UdSSR
S	Finnland
B	DDR

NORDISCHER SKISPORT DAMEN

5-km-Langlauf

G	Helena Takalo SF
S	Raissa Smetanina SU
B	Nina Baldytschewa SU

10-km-Langlauf

G	Raissa Smetanina SU
S	Helena Takalo SF
B	Galina Kulakowa SU

4-×-5-km-Staffel

G	UdSSR
S	Finnland
B	DDR

Die »Gold-Rosi« im Mittelpunkt des Jubels

Selbst NOK-Präsident Willi Daume nahm Rosi Mittermaier glücksstrahlend in seine Arme, als das Mädchen von der Winklmoosalm seine Goldmedaillen gewonnen hatte. Rechts die jubelnde Gewinnerin nach dem Abfahrtslauf in der Axamer Lizum, im Hintergrund von einem großen Pulk Fotografen förmlich umlagert.

Innsbruck 1976

ALPINER SKISPORT HERREN

Abfahrtslauf

G	Franz Klammer	A
S	Bernhard Russi	CH
B	Herbert Plank	I

Spezialslalom

G	Piero Gros	I
S	Gustav Thöni	I
B	Willy Frommelt	FL

Riesenslalom

G	Heini Hemmi	CH
S	Ernst Good	CH
B	Ingemar Stenmark	S

ALPINER SKISPORT DAMEN

Abfahrtslauf

G	Rosi Mittermaier	D
S	Brigitte Totschnig	A
B	Cynthia Nelson	USA

Spezialslalom

G	Rosi Mittermaier	D
S	Claudia Giordani	I
B	Hanni Wenzel	FL

Riesenslalom

G	Kathy Kreiner	CDN
S	Rosi Mittermaier	D
B	Danielle Debernard	F

EISKUNSTLAUF

Herren

G	John Curry	GB
S	Wladimir Kowaljow	SU
B	Toller Cranston	CDN

Damen

G	Dorothy Hamill	USA
S	Dianne de Leeuw	NL
B	Christine Errath	DDR

Paarlauf

G	Irina Rodnina/Aleksandr Saitsew	SU
S	Romy Kermer/Rolf Oesterreich	DDR
B	Manuela Groß/Uwe Kagelmann	DDR

Eistanz

G	Ljudmila Pachomowa/Aleksandr Gorschkow	SU
S	Irina Moissejewa/Andre Minenkow	SU
B	Colleen O'Connor/James G. Millns	USA

EISSCHNELLAUF HERREN

500 m

G	Jewgeni Kulikow	SU	39,17
S	Waleri Muratow	SU	39,25
B	Daniel Immerfall	USA	39,54

1000 m

G	Peter Mueller	USA	1:19,32
S	Jörn Didriksen	N	1:20,45
B	Waleri Muratow	SU	1:20,57

1500 m

G	Jan Egil Storholt	N	1:59,38
S	Juri Kondakow	SU	1:59,97
B	Hans van Helden	NL	2:00,87

5000 m

G	Sten Stensen	N	7:24,48
S	Piet Kleine	NL	7:26,47
B	Hans van Helden	NL	7:26,54

10 000 m

G	Piet Kleine	NL	14:50,59
S	Sten Stensen	N	14:53,30
B	Hans van Helden	NL	15:02,02

EISSCHNELLAUF DAMEN

500 m

G	Sheila Young	USA	42,76
S	Cathy Priestner	CDN	43,12
B	Tatjana Awerina	SU	43,17

Innsbruck 1976

1000 m

G	Tatjana Awerina SU	1:28,43
S	Leah Poulos USA	1:28,57
B	Sheila Young USA	1:29,14

1500 m

G	Galina Stepanskaja SU	2:16,58
S	Sheila Young USA	2:17,06
B	Tatjana Awerina SU	2:17,96

3000 m

G	Tatjana Awerina SU	4:45,19
S	Andrea Mitscherlich DDR	4:45,23
B	Lisbeth Korsmo N	4:45,24

RENNRODELN

Einzelsitzer – Herren

G	Dettlef Günther DDR
S	Josef Fendt D
B	Hans Rinn DDR

Einzelsitzer – Damen

G	Margit Schumann DDR
S	Ute Rührold DDR
B	Elisabeth Demleitner D

Doppelsitzer – Herren

G	Hans Rinn/Norbert Hahn DDR
S	Hans Brandner/Balthasar Schwarm D
B	Rudolf Schmid/Franz Schachner A

BOB

Zweier

G	DDR II (Meinhard Nehmer/Bernhard Germeshausen)
S	Deutschland I (Wolfgang Zimmerer/Manfred Schumann)
B	Schweiz I (Erich Schärer/Josef Benz)

Vierer

G	DDR I (Pilot: Meinhard Nehmer)
S	Schweiz II (Pilot: Erich Schärer)
B	Deutschland I (Pilot: Wolfgang Zimmerer)

EISHOCKEY

G	UdSSR
S	ČSSR
B	Deutschland

Unsinns Truppe schlug sich großartig

Das Spiel gegen die ČSSR (Bild) verloren die deutschen Eishockeycracks zwar mit 4:7, aber am Schluß des Turniers gab es eine nie erwartete Bronzemedaille für die Schützlinge Xaver Unsinns.

XIII. Olympische Winterspiele
13. bis 24. Februar 1980 in Lake Placid

Trotz technisch-organisatorischer Schwierigkeiten – hervorgerufen durch erheblichen Schneemangel – und drohender politischer Verwicklungen nach dem Einmarsch der Sowjets in Afghanistan gestalteten die 1283 Aktiven aus 37 Nationen diese Winterspiele in dem kleinen Bergdorf im US-Bundesstaat New York zu einem großartigen Wintersportfestival.
Es gab überragende Leistungen, und einige der Aktiven konnten markante Meilensteine in der Geschichte der Winterspiele setzen. Die Rosi Mittermaier der Tage von Lake Placid hieß Hanni Wenzel. Sie wiederholte das Kunststück der Deutschen von 1976

und gewann ebenfalls zwei Goldmedaillen und einmal Silber. Mit der Medaille ihres Bruders Andreas im Riesenslalom lag das kleine Liechtenstein nach den alpinen Wettbewerben am Ende noch vor der Skigroßmacht Österreich.
Bei den Herren krönte Ingemar Stenmark (→ Porträt Wintersport) seine Karriere mit ebenfalls zweimal Gold, während die Österreicher ihre Domäne in der Abfahrt behielten, und zwar durch den Doppelsieg von Leon-

Lake Placid zeigte seine kalte Seite

Zur Eröffnung der Spiele in Lake Placid (rechts) herrschten extreme Minustemperaturen. Fahnenträger, Aktive und Zuschauer schützten sich mit Kältemasken oder vermummten sich mit Spezialanzügen.

hard Stock und Peter Wirnsberger, die Franz Klammer, den Olympiasieger von 1976, vergessen ließen. In den nordischen Wettbewerben gelang Ulrich Wehling etwas, das in der langen Geschichte Olympischer Winterspiele noch keinem gelungen war: Er gewann zum dritten Mal hintereinander die Nordische Kombination. Nachdem er 1978 bei der WM in Lahti seinem Landsmann Konrad Winkler den Sieg hatte überlassen müssen, zeigte er sich in Lake Placid wieder topfit und ging mit diesem Erfolg in die Annalen der olympischen Geschichte ein.

Das geschah auch mit dem Resultat des 15-km-Langlaufs der Männer. Nach einem unglaublich dramatischen Kampf gingen der Schwede Thomas Wassberg und der Finne Juha Mieto praktisch zeitgleich durchs Ziel. Im Zeitalter der Elektronik vertraute die Jury der Maschine und gab den Sieg mit dem Vorsprung von einer Hundertstelsekunde (!) an

Der »Vize« ganz cool

Walter Mondale eröffnete als US-Vizepräsident die Spiele und blieb ganz cool.

Siegerinnen wurden stets umjubelt

Hanni Wenzel (großes Bild) wurde nach dem Sieg im Slalom von ihrem Bruder Andy (ganz oben) fast erdrückt. Im Bild darunter das Medaillentrio des Riesenslaloms mit Perrine Pelen, Hanni Wenzel und Irene Epple (von links).

Am Ziel ihrer Wünsche

Nachdem sie seit 1972 vergeblich einer olympischen Goldmedaille nachgejagt war, erfüllte sich für Annemarie Moser-Pröll in Lake Placid endlich ihr Traum: Sie siegte in der Abfahrt.

Skidamen enttäuschten nicht

Für die Bundesrepublik brachte Lake Placid wenig Positives. Lediglich die Skidamen Irene Epple (Bild) und Christa Kinshofer enttäuschten mit je einmal Silber nicht.

den Schweden. Diese Entscheidung wird wohl die ungerechteste, ja unmenschlichste, die je bei Olympischen Winterspielen getroffen wurde, bleiben.

Für die bundesdeutschen Zuschauer werden die nordischen Wettkämpfe mit dem Namen Jochen Behle verbunden bleiben. Der neunzehnjährige Langläufer aus dem Sauerland wurde in diesem Rennen Zwölfter und kam mit der 4-×-10-km-Staffel auf Platz vier – den besten, den ein bundesdeutsches Quartett je erreicht hat.

Für die USA machten der Eisflitzer Eric Heiden und das Eishokkeyteam diese Spiele zu einem wahren Freudenfest.

Der am 14. Juni 1958 in Madison (Wisconsin) geborene Heiden war 1976 über 1500 m noch Siebenter geworden. Ab 1977 feierte er dann einen Erfolg nach dem anderen und blieb in internationalen Wettkämpfen ungeschlagen. Er wurde viermal Sprintweltmeister und dreimal Weltmeister im Vierkampf. Das Phänomenale in seinem Leistungsvermögen dokumentierte sich auch darin, daß er sowohl Weltrekordinhaber über 1000 als auch über 10 000 m war – eine im Eisschnellauf absolut ungewöhnliche Erscheinung. Heiden gewann in Lake Placid als erster Wettkämpfer fünf Goldmedaillen bei einer Winterolympiade: über 500 m, 1000 m, 1500 m, 5000 m und 10 000 m.

Das von Herb Brooks betreute Eishockeyteam der USA steigerte sich vor begeistert mitgehender Kulisse in einen wahren Spielrausch und stieß nach zwanzig Jahren die sieggewohnten Sowjets vom Sockel. Die US-Boys verloren nur einen Punkt – beim 2:2 gegen Schweden – und besiegten alle anderen Teams, wobei ihr Torwart James Craig zum umjubelten Rückhalt wurde.

Aus bundesdeutscher Sicht endeten diese Winterspiele mit einer Enttäuschung. Das Team fuhr ohne Goldmedaille nach Hause, während die DDR mit neun ersten Plätzen ganz dicht an die Sowjetunion (zehnmal Gold) heranrückte.

Es ging um Tausendstelsekunden

Der Rennschlittensport faszinierte in Lake Placid das Publikum. Auf der großartig ausgelegten Bahn lieferten sich die DDR, die UdSSR und der »Rest der Welt« harte Kämpfe um die Medaillen, wobei der Löwenanteil an die Ostblockländer ging. Für die Bundesrepublik gab es lediglich eine Bronzemedaille durch Anton Winkler.

Lake Placid 1980

NORDISCHER SKISPORT HERREN

15-km-Langlauf

G Thomas Wassberg S
S Juha Mieto SF
B Ove Aunli N

30-km-Langlauf

G Nikolai Simjatow SU
S Wassili Rotschew SU
B Iwan Lebanow BG

50-km-Langlauf

G Nikolai Simjatow SU
S Juha Mieto SF
B Aleksandr Sawjalow SU

Nordische Kombination

G Ulrich Wehling DDR
S Jouko Karjalainen SF
B Konrad Winkler DDR

Spezialsprunglauf – Normalschanze

G Toni Innauer A
S Manfred Deckert DDR
S Hirokazu Yagi J

Spezialsprunglauf – Großschanze

G Jouko Törmänen SF
S Hubert Neuper A
B Jari Puikkonen SF

4-×-10-km-Staffel

G UdSSR
S Norwegen
B Finnland

Biathlon 10 km

G Frank Ullrich DDR
S Wladimir Alikin SU
B Anatoli Aljabjew SU

Biathlon 20 km

G Anatoli Aljabjew SU
S Frank Ullrich DDR
B Eberhard Rösch DDR

Staffel

G UdSSR
S DDR
B Deutschland

NORDISCHER SKISPORT DAMEN

5-km-Langlauf

G Raissa Smetanina SU
S Hilkka Riihivuori-Kuntola SF
B Kvetoslava Jeriova CS

10-km-Langlauf

G Barbara Petzold DDR
S Hilkka Riihivuori-Kuntola SF
B Helena Takalo SF

4-×-5-km-Staffel

G DDR
S UdSSR
B Norwegen

ALPINER SKISPORT HERREN

Abfahrtslauf

G Leonhard Stock A
S Peter Wirnsberger A
B Steve Podborski CDN

Spezialslalom

G Ingemar Stenmark S
S Phil Mahre USA
B Jacques Lüthy CH

Riesenslalom

G Ingemar Stenmark S
S Andreas Wenzel FL
B Hans Enn A

ALPINER SKISPORT DAMEN

Abfahrtslauf

G Annemarie Moser-Pröll A
S Hanni Wenzel FL
B Marie-Theres Nadig CH

Drei Medaillen für Frank Ullrich

Überragender Biathlet dieser Spiele war Frank Ullrich aus der DDR. Er holte über 10 km Gold, über 20 km (Bild) Silber und mit der Staffel noch einmal Silber. Die Wettbewerbe wurden zum reinen Zweikampf DDR gegen UdSSR.

Jubel eines Klasseteams

Die Cracks des USA-Eishockeyteams waren nach dem entscheidenden Sieg gegen die UdSSR, der nach zwanzig Jahren wieder Gold bedeutete, nicht mehr zu halten. Ihr Torwart James Craig wurde von ihnen fast erdrückt.

Präsident gab sich die Ehre

Der fünffache Goldmedaillengewinner Eric Heiden – unten beim 500-m-Sprint – war natürlich unter den geladenen Gästen, die US-Präsident Jimmy Carter nach den Spielen im Weißen Haus empfing.

Lake Placid 1980

Spezialslalom

G	Hanni Wenzel	FL
S	Christa Kinshofer	D
B	Erika Hess	CH

Riesenslalom*

G	Hanni Wenzel	FL
S	Irene Epple	D
B	Perrine Pelen	F

EISKUNSTLAUF

Herren

G	Robin Cousins	GB
S	Jan Hoffmann	DDR
B	Charles Tickner	USA

Damen

G	Anett Pötzsch	DDR
S	Linda Fratianne	USA
B	Dagmar Lurz	D

Paarlauf

G	Irina Rodnina/Aleksandr Saitsew	SU
S	Marina Tscherkassowa/Sergej Schachrai	SU
B	Manuela Mager/Uwe Bewersdorff	DDR

* 1980 erstmals in zwei Läufen ausgetragen

Eistanz

G	Natalja Linitschuk/Gennadi Karponossow	SU
S	Krisztina Regöczy/András Sallay	H
B	Irina Moissejewa/Andrej Minenkow	SU

EISSCHNELLAUF HERREN

500 m

G	Eric Heiden	USA	38,03
S	Jewgeni Kulikow	SU	38,37
B	Lieuwe de Boer	NL	38,48

1000 m

G	Eric Heiden	USA	1:15,18
S	Gaétan Boucher	CDN	1:16,68
B	Frode Rönning	N	1:16,91
B	Wladimir Lobanow	SU	1:16,91

1500 m

G	Eric Heiden	USA	1:55,44
S	Kay-Arne Stenshjemmet	N	1:56,81
B	Terje Andersen	N	1:56,92

5000 m

G	Eric Heiden	USA	7:02,29
S	Kay-Arne Stenshjemmet	N	7:03,28
B	Tom Erik Oxholm	N	7:05,59

10 000 m

G	Eric Heiden	USA	14:28,13
S	Piet Kleine	NL	14:36,03
B	Tom Erik Oxholm	N	14:36,60

EISSCHNELLAUF DAMEN

500 m

G	Karin Enke	DDR	41:78
S	Leah Mueller-Poulos	USA	42:26
B	Natalja Petrussewa	SU	42:42

1000 m

G	Natalja Petrussewa	SU	1:24,10
S	Leah Mueller-Poulos	USA	1:25,41
B	Sylvia Albrecht	DDR	1:26,46

1500 m

G	Annie Borckink	NL	2:10,95
S	Ria Visser	NL	2:12,35
B	Sabine Becker	DDR	2:12,38

3000 m

G	Björg Eva Jensen	N	4:32,13
S	Sabine Becker	DDR	4:32,79
B	Beth Heiden	USA	4:33,77

RENNRODELN

Einsitzer – Herren

G	Bernhard Glass	DDR
S	Paul Hildgartner	I
B	Anton Winkler	D

Einsitzer – Damen

G	Wera Sosulja	SU
S	Melitta Sollmann	DDR
B	Ingrida Amantowa	SU

Doppelsitzer – Herren

G	Hans Rinn/Norbert Hahn	DDR
S	Peter Gschnitzer/Karl Brunner	I
B	Georg Fluckinger/Karl Schrott	A

BOB

Zweier

G	Schweiz II (Erich Schärer/Josef Benz)
S	DDR II (Bernhard Germeshausen/Hans-Jürgen Gerhardt)
B	DDR I (Meinhard Nehmer/Bogdan Musiol)

Vierer

G	DDR I (Pilot: Meinhard Nehmer)
S	Schweiz I (Pilot: Erich Schärer)
B	DDR II (Pilot: Horst Schönau)

EISHOCKEY

G	USA
S	UdSSR
B	Schweden

XIV. Olympische Winterspiele
7. bis 19. Februar 1984 in Sarajewo

Das Treffen der besten Wintersportler in der geschichtsträchtigen bosnischen Stadt Sarajewo endete mit einer Wachablösung. Erstmals in der Geschichte Olympias konnten die Aktiven aus der DDR den ersten Platz in der Nationenwertung einnehmen. Mit dem Gewinn von je neun Gold- und Silber- sowie sechs Bronzemedaillen lösten die DDR-Sportler die UdSSR als Wintersportnation Nummer 1 ab, und das noch ohne Beteiligung an den alpinen Skiwettbewerben.

Die konzentrierte Vorbereitung bescherte den Teilnehmern aus Mitteldeutschland vor allem im Eisschnellauf der Damen sowie in den Bob- und Rodelrennen reichlich Edelmetall, wobei die Weltmeisterin und Weltrekordlerin Karin Enke in allen vier Laufdisziplinen auf Erfolgskurs blieb und mit je zwei Gold- und Silbermedaillen fast zur Königin dieser Spiele avanciert wäre.

Diesen Ruhm konnte jedoch die finnische Skilangläuferin Marja-Liisa Hämälainen für sich in Anspruch nehmen. Die 28jährige Kämpferin aus den Wäldern des hohen Nordens konnte dreimal Gold und einmal Bronze gewinnen und trug damit zur guten Gesamtbilanz der klassischen Wintersportnationen aus Skandinavien bei. Sie feierten gegenüber den voraufgegangenen Winterspielen eine Renaissance – in manchem Wettbewerb fielen gar alle Medaillen an Skandinavier – und kamen in ihren Domänen nordischer Skisport und Eisschnellauf zu unerwarteten Erfolgen. Auch in der Nordischen Kombination waren sie erfolgreich: Hinter dem Norweger Tom Sandberg belegten drei Finnen die nächsten Plätze.

Auch im alpinen Skisport gab es eine totale Wachablösung. Die Rennen wurden zum großen Triumph für die USA, die erstmals in der olympischen Geschichte zur alpinen Skimacht Nummer 1 wurden. Die US-Mannschaft holte dreimal Gold und zweimal Silber auf den Pisten, wobei der Doppelerfolg der Mahre-Brothers im Spezialsla-

Die letzten Spiele ohne Boykott?

Als 1984 in Sarajewo die Spiele feierlich eröffnet wurden, warf der Olympia-Boykott von Los Angeles noch keine Schatten. Unten Sandra Dubravcic mit der olympischen Flamme.

Wetter und Stimmung prächtig

Der äußere Rahmen dieser Winterspiele war optimal. Folkloristische Darbietungen (oben) und das Maskottchen dieser Spiele (darunter) sorgten für ein farbenprächtiges Bild in Bosniens Metropole.

lom besonders spektakulär erschien. Daß auch die Herren-Abfahrt durch Bill Johnson nach Übersee ging, schmerzte die Fans in Europas alpinen Skihochburgen besonders.

Die Bundesrepublik war mit 88 Aktiven nach Jugoslawien gereist und trug damit zur Rekordzahl von 1473 Sportlern aus 49 Nationen bei, die an diesen Spielen teilnahmen. Die Medaillenausbeute hielt sich indes in eher bescheidenem Rahmen: vier Medaillen von 117! Ohne den überragenden Biathleten Peter Angerer aus dem bayerischen Hammer, der Gold und Silber in den Einzelkonkurrenzen und noch einmal Bronze mit der Staffel gewann, hätte es noch trostloser ausgesehen. Die Biathleten erfüllten in Sarajewo mehr als ihr Soll und trugen zur weiteren Popularisierung ihrer lange Zeit nicht sonderlich beachteten Disziplin bei.

Die zweite bundesdeutsche Goldmedaille gewannen die Rodler Hans Stangassinger und Franz Wembacher aus Berchtesgaden im Doppelsitzer, die damit ein wenig die Pleite der anderen Kufensportler verdeckten. Denn sowohl Bob- wie Rodelschlitten fuhren sonst nur hinter den anderen her.

Für die Funktionäre des bundesdeutschen Teams gab es dennoch eine positive Gesamtbilanz. 44 der 88 Teilnehmer hatten Plätze unter den ersten Acht belegt, womit die vorher geforderten Kriterien einigermaßen erfüllt wurden.

Sarajewo 1984

NORDISCHER SKISPORT HERREN

15-km-Langlauf		
G	Gunde Anders Swan	S
S	Aki Karvonen	SF
B	Harri Kirvesniemi	SF
30-km-Langlauf		
G	Nikolai Simjatow	SU
S	Aleksandr Sawjalow	SU
B	Gunde Anders Swan	S
50-km-Langlauf		
G	Thomas Wassberg	S
S	Gunde Anders Swan	S
B	Aki Karvonen	SF
Nordische Kombination		
G	Tom Sandberg	N
S	Jouko Karjalainen	SF
B	Jukka Ylipullin	SF
Spezialspringen – Normalschanze		
G	Jens Weisspflog	DDR
S	Matti Nykänen	SF
B	Pavel Ploc	CS
Spezialspringen – Großschanze		
G	Matti Nykänen	SF
S	Jens Weisspflog	DDR
B	Jari Puikkonen	SF

Der Goldjunge kam aus Bayern

Peter Angerers Kampf um die Medaillen wird hier illustriert. Dreimal trat er zum Wettkampf an, dreimal konnte er begehrtes Edelmetall erringen, darunter die Goldmedaille über die 20 km. Ohne ihn hätte die Bilanz der bundesdeutschen Mannschaft traurig ausgesehen.

Sarajewo 1984

4-×-10-km-Staffel

G Schweden
S UdSSR
B Finnland

Biathlon 10 km

G Eirik Kvalfoss N
S Peter Angerer D
B Matthias Jacob DDR

Biathlon 20 km

G Peter Angerer D
S Peter Rötsch DDR
B Eirik Kvalvoss N

Staffel

G UdSSR
S Norwegen
B Deutschland

NORDISCHER SKISPORT DAMEN

5-km-Langlauf

G Marja-Liisa Hämälainen SF
S Berit Aunli N
B Jerivová Kvetoslava CS

10-km-Langlauf

G Marja-Liisa Hämälainen SF
S Raissa Smetanina SU
B Britt Pettersen N

20-km-Langlauf

G Marja-Liisa Hämälainen SF
S Raissa Smetanina SU
B Anne Jahren N

4-×-5-km-Staffel

G Norwegen
S ČSSR
B Finnland

ALPINER SKISPORT HERREN

Abfahrtslauf

G Bill Johnson USA
S Peter Müller CH
B Anton Steiner A

Slalom

G Phil Mahre USA
S Steve Mahre USA
B Didier Bouvet F

Riesenslalom

G Max Julen CH
S Jure Franko YU
B Andreas Wenzel FL

ALPINER SKISPORT DAMEN

Abfahrtslauf

G Michaela Figini CH
S Maria Walliser CH
B Olga Charvatova CS

Slalom

G Paoletta Magoni I
S Perrine Pelen F
B Ursula Konzett FL

Riesenslalom

G Debbie Armstrong USA
S Christin Cooper USA
B Perinne Pelen F

EISKUNSTLAUF

Herren

G Scott Hamilton USA
S Brian Orser CDN
B Jozef Sabovcic CS

Damen

G Katarina Witt DDR
S Rosalynn Sumners USA
B Kira Iwanowa SU

Paarlauf

G Elena Walowa/Oleg Wasiljew SU
S Caitin Carruthers/Peter Carruthers USA
B Larissa Seletsnewa/Oleg Makarow SU

ZWEI DOPPELSIEGE FUER DDR-BOBFAHRER

Sarajewo 1984

Eistanz

G	Jayne Torvill/Christopher Dean GB	
S	Natalja Bestamaniowa/Andrej Buki SU	
B	Marina Klimowa/Sergej Ponomarenko SU	

EISSCHNELLAUF HERREN

500 m

G	Sergej Fokitschew SU	38,19
S	Yoshihiro Kitazawa J	38,30
B	Gaétan Boucher CDN	38,39

1000 m

G	Gaétan Boucher CDN	1:15,80
S	Sergej Chlebnikow SU	1:16,63
B	Kai-Arne Engelstad N	1:16,75

1500 m

G	Gaétan Boucher CDN	1:58,36
S	Sergej Chlebnikow SU	1:58,83
B	Oleg Bogijew SU	1:58,89

5000 m

G	Sven Thomas Gustafson S	7:12,28
S	Igor Malkow SU	7:12,30
B	René Schöfisch DDR	7:17,49

10 000 m

G	Igor Malkow SU	14:39,90
S	Sven Thomas Gustafson S	14:39,95
B	René Schöfisch DDR	14:46,91

EISSCHNELLAUF DAMEN

500 m

G	Christa Rothenburger DDR	41,02
S	Karin Enke DDR	41,28
B	Natalja Chive-Glebowa SU	41,50

1000 m

G	Karin Enke DDR	1:21,61
S	Andrea Schöne DDR	1:22,83
B	Natalja Petrussewa SU	1:23,21

1500 m

G	Karin Enke DDR	2:03,42
S	Andrea Schöne DDR	2:05,29
B	Natalja Petrussewa SU	2:05,78

3000 m

G	Andrea Schöne DDR	4:24,79
S	Karin Enke DDR	4:26,33
B	Gabi Schönbrunn DDR	4:33,13

RENNRODELN

Einsitzer – Herren

G	Paul Hildgartner I
S	Sergej Danilin SU
B	Waleri Doudin SU

Einsitzer – Damen

G	Steffi Martin DDR
S	Bettina Schmidt DDR
B	Ute Weiß DDR

Doppelsitzer – Herren

G	Hans Stangassinger/Franz Wembacher D
S	Jewgeni Bjeloussow/Aleksandr Beljakow SU
B	Jörg Hoffmann/Jochen Pietzsch DDR

BOB

Zweier

G	DDR I (Wolfgang Hoppe/Dietmar Schauerhammer)
S	DDR II (Bernhard Lehmann/Bogdan Musiol)
B	UdSSR I (Sintis Ekmanis/Wladimir Aleksandrow)

Vierer

G	DDR I (Pilot: Wolfgang Hoppe)
S	DDR II (Pilot: Bernhard Lehmann)
B	Schweiz I (Pilot: Silvio Giobellina)

EISHOCKEY

G	UdSSR
S	ČSSR
B	Schweden

Bobs nur unter »ferner liefen«

Vom früheren Glanz bundesdeutscher Bob-Herrlichkeit war in Sarajewo nichts mehr zu spüren. Im Viererbob belegten sie die Plätze neun und vierzehn (hier Bob Deutschland I).

SOMMER OLYMPIADEN

Das größte Sportfest der Welt lockt alle vier Jahre die Nationen zum Schauplatz

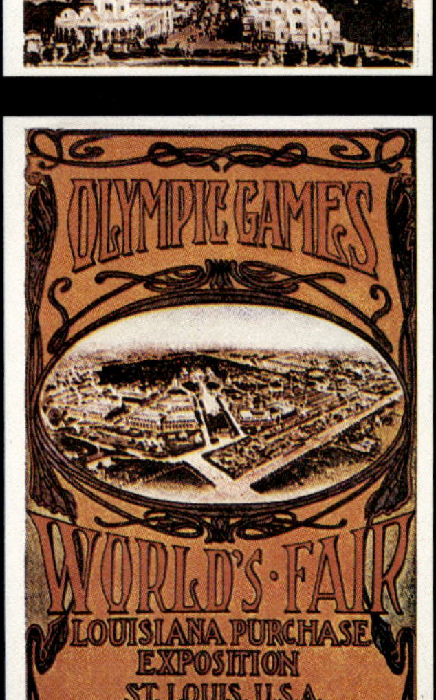

Ein Weltklassefeld der Mittelstrecklerinnen hatte den Kampf im 800-m-Finale aufgenommen. Auf halbem Weg (Zwischenzeit 58,6) lag der Pulk noch dicht beisammen. Hildegard Falck, die Wolfsburger Weltrekordlerin, hielt sich, zeitweise eingekeilt, in der Spitzengruppe. Etwa 250 m vor dem Ziel bahnte sich eine Entscheidung an. Hildegard Falck parierte entschlossen den Vorstoß der DDR-Meisterin Gunhild Hoffmeister und ging in der letzten Kurve zum Angriff über. Eingangs der Zielgeraden trat die blonde Wolfsburgerin unwiderstehlich an. Ein orkanartiger Aufschrei begleitete sie. Aber noch einmal wurde es gefährlich für sie. Nijole Ssabaite, die sowjetische Meisterin, griff an. Zwanzig, dreißig Meter lang schien es, als würde Hildegard Falck doch noch abgefangen. Aber wenige Meter vor dem Ziel brach sie den Widerstand der sowjetischen Rekordläuferin. Mit Olympischem Rekord von 1:58,6 Minuten verfehlte Hildegard Falck ihren eigenen Weltrekord aus dem Vorjahr nur um eine Zehntelsekunde.

Werner Schneider u. a.: Die Olympischen Spiele 1972

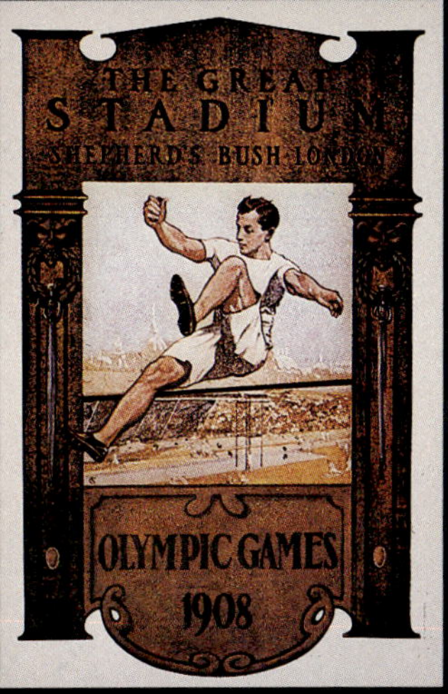
THE GREAT
STADIUM
SHEPHERD'S BUSH LONDON
OLYMPIC GAMES
1908

OLYMPIC GAMES
STOCKHOLM 1912
JUNE 29 th — JULY 22 nd.

VIIIe OLYMPIADE
·JEVX OLYMPIQVES·
PARIS 1924

OLYMPIC GAMES
AUGUST 14
1928
IX OLYMPIADE
AMSTERDAM

OLYMPIC GAMES
JULY 30 1932 AUGUST 14
CALL TO
THE GAMES
OF THE
Xth OLYMPIAD
LOS ANGELES
CALIFORNIA

GERMANY
BERLIN·1936
OLYMPIC GAMES

OLYMPIC GAMES
29 JULY 1948 14 AUGUST
LONDON

XVth
OLYMPIC GAMES
HELSINKI FINLAND
19·VII — 3·VIII · 1952

OLYMPIC GAMES
MELBOURNE
22 NOV – 8 DEC
1956

JEUX DE LA XVII OLYMPIADE
ROMA
25.VIII-11.IX
ROMA
MCMLX
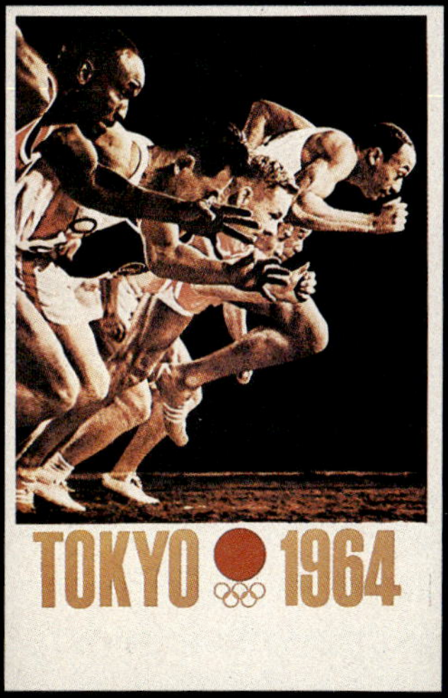
TOKYO 1964

1968
MEXICO

München 1972
26.8.–10.9.

CANADA
1976

MOSCOW 1980
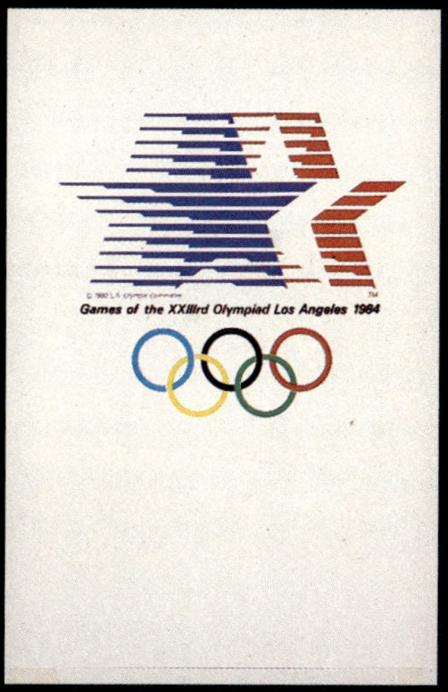
Games of the XXIIIrd Olympiad Los Angeles 1984

Das Organisationskomitee von 1896
Diese sieben würdigen Herren bildeten 1896 in Athen das Organisationskomitee der ersten Olympischen Spiele der Neuzeit. Zweiter von links Pierre de Coubertin.

»Dabeisein ist alles«

Die Olympischen Sommerspiele

1896 fand die Idee des Pierre Baron de Coubertin mit den ersten Olympischen Spielen der Neuzeit ihren Ausdruck. Die Anfangsphase gestaltete sich kritisch: So gab es neben finanziellen und organisatorischen Problemen, fehlenden internationalen Regelvereinbarungen sowie der Nichtteilnahmeberechtigung für Frauen (erst ab 1900) auch ungewöhnliche Wettkämpfe. Heute jedoch gelten die Olympischen Spiele als das bedeutendste weltsportliche Ereignis.

Der Begründer der modernen Spiele
Der französische Baron, Pädagoge, Historiker und Sportsmann Pierre de Coubertin erneuerte durch seine Initiativen den Olympiagedanken für die Neuzeit.

I. Olympische Sommerspiele
6. bis 15. April 1896 in Athen

Am Ostermontag des Jahres 1896 erfüllte sich für den französischen Pädagogen Pierre Baron de Coubertin ein Traum, als König Georg I. von Griechenland in Athen die ersten Olympischen Spiele der Neuzeit eröffnete. Jahrelange Bemühungen um Wiedererweckung der olympischen Idee durch den sportbegeisterten französischen Adligen fanden damit ihr glückliches Ende.
Der durch zahlreiche England-

aufenthalte von der erzieherischen Kraft des Sports überzeugte Coubertin wollte zur Pariser Weltausstellung des Jahres 1900 das erste olympische Spektakel der Neuzeit veranstalten. Ein Internationaler Kongreß für Leibeserziehung stimmte der Idee auch 1893 zu, jedoch wollte man die Spiele an historischer Stätte ablaufen lassen und vergab sie deshalb nach Athen.

Coubertin wurde von den Mitgliedern des ersten Internationalen Olympischen Komitees, die er selbst ausgesucht hatte, zum Präsidenten gewählt und organisierte die Wettbewerbe in der griechischen Hauptstadt. Von den 311 Aktiven aus 13 Nationen kamen nicht weniger als 230 aus Griechenland, der große Rest überwiegend aus Europa. Die USA entsandten vierzehn Wettkämpfer, einer kam aus Chile, einer aus Australien. Deutschland stellte in Athen 21 Starter.

Die Resultate sind heute lediglich Sportgeschichte und lassen sich wegen noch mangelnder Zeitmessung und unfertigen Rahmenbedingungen kaum mit folgenden Ergebnissen vergleichen. Immerhin wurden in neun Sportarten 43 Wettbewerbe ausgetragen.

Der König eröffnete die Spiele

Schon 1896 wurden die Olympischen Spiele vom Staatsoberhaupt eröffnet. Das obere Bild zeigt den Einzug der königlichen Familie ins Stadion. Links einer der seltsamen Wettbewerbe von damals: Steinwerfen. Dieser Wettbewerb und andere »exotische« Disziplinen wurden in unseren Tabellen nicht berücksichtigt.

THOMAS BURKE SCHNELLSTER MANN DER WELT

Athen 1896

LEICHTATHLETIK

100 m

G	Thomas Burke USA	12,0
S	Fritz Hofmann D	12,2
B	Alajos Szokolyi H	12,6

400 m

G	Thomas Burke USA	54,2
S	Herbert Jamison USA	55,2
B	Charles H. Gmelin GB	(?)

800 m

G	Edwin Flack AUS	2:11,0
S	Nándor Dáni H	2:11,8
B	Dimitrios Golemis GR	2:28,0

1500 m

G	Edwin Flack AUS	4:33,2
S	Arthur Blake USA	4:34,0
B	Albin Lermusiaux F	4:36,0

Marathon

G	Spyros Louis GR	2:58:50,0
S	Charilaos Vasilakos GR	3:06:03,0
B	Gyula Kellner H	3:06:35,0

110-m-Hürden

G	Thomas Curtis USA	17,6
S	Grantley Goulding GB	18,0

Hochsprung

G	Ellery Clark USA	1,81
S	James Connolly USA	1,65
S	Robert Garrett USA	1,65

Stabhochsprung

G	William W. Hoyt USA	3,30
S	Albert Tyler USA	3,25
B	Evangelos Damaskos GR	2,85

Weitsprung

G	Ellery Clark USA	6,35
S	Robert Garrett USA	6,18
B	James Connolly USA	6,11

Dreisprung

G	James Connolly USA	13,71
S	Alexandre Tuffère F	12,70
B	Ioannis Persakis GR	12,52

Kugelstoßen

G	Robert Garrett USA	11,22
S	Miltiadis Gouskos GR	11,20
B	Georgios Papasideris GR	10,36

Diskuswerfen

G	Robert Garrett USA	29,150
S	Panagiotis Paraskevopoulos GR	28,955
B	Sotirios Versis GR	28,780

FECHTEN

Florett

G	Eugène Henri Gravelotte F
S	Henri Callot F
B	Perikles Mavromichalis-Pierrakos GR

Florett für Fechtmeister

G	Leon Pyrgos GR
S	M. Perronnet F

Säbel

G	Jean Georgiadis GR
S	Telemachos Karakalos GR
B	Holger Nielsen DK

SCHWIMMEN

100-m-Freistil

G	Alfréd Hajós H	1:22,2
S	Efstathios Chorophas GR	1:23,0
B	Otto Herschmann A	(?)

100-m-Freistil (für Matrosen)

G	Ioannis Malokinis GR	2:20,4
S	S. Chasapis GR	(?)
B	Dimitrios Drivas GR	(?)

500-m-Freistil

G	Paul Neumann A	8:12,6
S	Antonios Pepanos GR	(?)
B	Efstathios Chorophas GR	(?)

1200-m-Freistil

G	Alfréd Hajós H	18:22,2
S	Jean Andreou GR	21:03,4
B	Efstathios Chorophas GR	(?)

GEWICHTHEBEN*

Einarmig

G	Launceston Elliott GB	71,0
S	Viggo Jensen DK	57,2
B	Alexandros Nikolopoulos GR	57,2

Beidarmig

G	Viggo Jensen DK	111,5
S	Launceston Elliott GB	111,5
B	Sotirios Versis GR	100,0

RINGEN*

G	Carl Schuhmann D
S	Georgios Tsitas GR
B	Stephanos Christopoulos GR

* ohne jegliche Gewichtsklassen-Einteilung

RADSPORT

Sprint (333,33 m)

G	Paul Masson F	24,0
S	Stamatios Nikolopoulos GR	25,4
B	Adolf Schmal A	26,6

2000-m-Zeitfahren

G	Paul Masson F	4:56,0
S	Stamatios Nikolopoulos GR	5:00,2
B	Léon Flameng F	(?)

10 000-m-Bahnrennen

G	Paul Masson F	17:54,2
S	Léon Flameng F	(?)
B	Adolf Schmal A	(?)

100-km-Bahnrennen

G	Léon Flameng F	3:08:19,2
S	G. Kolettis GR	(?)

12-Stunden-Rennen

G	Adolf Schmal A	314,997 km
S	F. Keeping GB	314,664 km
B	Georgios Paraskevopoulos GR	313,330 km

Straßenrennen (87 km)

G	Aristidis Konstantinidis GR	3:22:31
S	August Goedrich D	3:42:18
B	F. Battel GB	(?)

SCHIESSEN

Freies Gewehr (200 m)

G	Pantelis Karasevdas GR
S	Pavlos Pavlidis GR
B	Nicolaos Tricoupes GR

Freies Gewehr (300 m)

G	Georgios Orphanidis GR
S	Jean Phrangoudis GR
B	Viggo Jensen DK

Armeerevolver (25 m)

G	John Paine USA
S	Sumner Paine USA
B	Nikolaos Morakis GR

Schnellfeuerpistole oder Revolver (25 m)

G	Jean Phrangoudis GR
S	Georgios Orphanidis GR
B	Holger Nielsen DK

Beliebige Scheibenpistole (30 m)

G	Sumner Paine USA
S	Viggo Jensen DK
B	Nikolaos Morakis GR

TURNEN

Barren

G	Alfred Flatow D
S	Louis Zutter CH
B	Hermann Weingärtner D

Pferdsprung

G	Carl Schuhmann D
S	Louis Zutter CH

Seitpferd

G	Louis Zutter CH
S	Hermann Weingärtner D

Reck

G	Hermann Weingärtner D
S	Alfred Flatow D

Ringe

G	Ioannis Mitropoulos GR
S	Hermann Weingärtner D
B	Petros Persakis GR

Tauhangeln

G	Nicolaos Andriakopoulos GR
S	Thomas Xenakis GR
B	Fritz Hofmann D

Barren, Mannschaft

G	Deutschland
S	Griechenland (Panhellenic Society)
B	Griechenland (Ethnikos Club)

Reck, Mannschaft

G	Deutschland

TENNIS

Herreneinzel

G	John Pius Boland GB/IRL
S	Dionissios Kasdaglis GR

Herrendoppel

G	Großbritannien/Deutschland
S	Griechenland

US-Amerikaner kreierte den Tiefstart

Beim Start zum 100-m-Finale sah man nur den späteren Sieger Thomas Burke aus den USA (zweiter von links) in der heute noch üblichen Startstellung.

II. Olympische Sommerspiele 20. Mai bis 28. Oktober 1900 in Paris

Die ersten Olympischen Spiele des neuen Jahrhunderts waren nur schmückendes Beiwerk zur Pariser Weltausstellung, die in jenem Jahr in der französischen Metropole stattfand.
So wurden die Wettkämpfe der Olympiade über den gesamten Zeitraum dieses Spektakels verteilt. Selbst für die Geschichtsschreiber Olympias gestaltete es sich schwierig, aus der Fülle von sportlichen Veranstaltungen aller Art zwischen Mai und Oktober die eigentlichen Olympiawettbewerbe herauszufinden. Datierung, Zahl der Sportarten und Wettkämpfer sowie Medaillengewinne differieren denn auch in verschiedenen Darstellungen dieser II. Olympischen Spiele der Neuzeit.
Am häufigsten wird die Zahl von 1066 Aktiven – darunter sechs Frauen – aus 22 Ländern genannt, die in sechzehn Sportarten um 84 Goldmedaillen kämpften. Neben einer Reihe heute geradezu exotisch anmutender Wettbewerbe, die nur in Paris und noch einmal vier Jahre später durchgeführt wurden, standen in der Leichtathletik oder im Schwimmen auch mittlerweile klassische Disziplinen auf dem Programm.
Die erzielten Leistungen sind nur noch statistische Sportgeschichte und wegen des Zustandes der Sportanlagen auch nicht mit späteren Ergebnissen vergleichbar. Es gab aber schon einen herausragenden Athleten in der Leichtathletik: Der Deutschamerikaner Alwin Kraenzlein holte für die Mannschaft der Vereinigten Staaten vier Goldmedaillen. Dieses Team lag dann in der Endabrechnung hinter Frankreich und vor Großbritannien auf Medaillenrang zwei.
Das 64köpfige deutsche Aufgebot errang vier Gold- und je zwei Silber- und Bronzemedaillen. Erfolgreichster Teilnehmer war dabei der Bremer Schwimmer Ernst Hoppenberg, der die 200 m Rücken gewann und mit seinen Teamkameraden Max Hainle, Herbert von Petersdorf, Max Schöne und Julius Frey im 200-m-Mannschaftsschwimmen vor zwei französischen Mannschaften siegte.

Der Goldkönig der Spiele von Paris

Alvin Kraenzlein aus den USA gewann als 24jähriger vier Leichtathletik-Goldmedaillen in der Seine-Metropole (links ein Werbeplakat für die Spiele). Er war später Delegierter der USA für die Spiele 1916, die in Berlin stattfinden sollten.

Paris 1900

LEICHTATHLETIK

60 m

G	Alvin Kraenzlein USA	7,0
S	John Tewksbury USA	7,1
B	Stanley Rowley AUS	7,2

100 m

G	Francis Jarvis USA	11,0
S	John Tewksbury USA	11,1
B	Stanley Rowley AUS	11,2

200 m

G	John Tewksbury USA	22,2
S	Norman Pritchard IND	22,8
B	Stanley Rowley AUS	22,9

400 m

G	Maxey Long USA	49,4
S	William Holland USA	49,6
B	Ernst Schultz DK	(?)

800 m

G	Alfred Tysoe GB	2:01,2
S	John Cregan USA	2:03,0
B	David Hall USA	(?)

1500 m

G	Charles Bennett GB	4:06,2
S	Henri Deloge F	4:06,6
B	John Bray USA	4:07,2

Marathon

G	Michel Théato F	2:59:45
S	Emile Champion F	3:04:17
B	Ernst Fast S	3:37:14

110-m-Hürden

G	Alvin Kraenzlein USA	15,4
S	John McLean USA	15,5
B	Fred Moloney USA	15,6

200-m-Hürden

G	Alvin Kraenzlein USA	25,4
S	Norman Pritchard IND	26,6
B	John Tewksbury USA	(?)

400-m-Hürden

G	John Tewksbury USA	57,6
S	Henri Tauzin F	58,3
B	George Orton CDN	(?)

2500-m-Hindernislauf

G	George Orton CDN	7:34,4
S	Sidney Robinson GB	7:38,0
B	Jacques Chastanié F	(?)

4000-m-Hindernislauf

G	John Rimmer GB	12:58,4
S	Charles Bennett GB	12:58,6
B	Sidney Robinson GB	12:58,8

5000-m-Mannschaftslauf

G	Großbritannien
S	Frankreich

Hochsprung

G	Irving Baxter USA	1,90
S	Patrick J. Leahy GB/IRL	1,78
B	Lajos Gönczy H	1,75

Hochsprung aus dem Stand

G	Ray C. Ewry USA	1,655
S	Irving Baxter USA	1,525
B	Lewis P. Sheldon USA	1,500

Stabhochsprung

G	Irving Baxter USA	3,30
S	M. B. Colkett USA	3,25
B	Carl-Albert Andersen N	3,20

Weitsprung

G	Alvin Kraenzlein USA	7,185
S	Myer Prinstein USA	7,175
B	Patrick J. Leahy GB/IRL	6,950

Weitsprung aus dem Stand

G	Ray C. Ewry USA	3,210
S	Irving Baxter USA	3,135
B	Emile Torcheboeuf F	3,030

Dreisprung

G	Myer Prinstein USA	14,47
S	James B. Connolly USA	13,97
B	Lewis P. Sheldon USA	13,64

Dreisprung aus dem Stand

G	Ray C. Ewry USA	10,58
S	Irving Baxter USA	9,95
B	Robert Garrett USA	9,50

Kugelstoßen

G	Richard Sheldon USA	14,10
S	Josiah McCracken USA	12,85
B	Robert Garrett USA	12,37

Diskuswerfen

G	Rudolf Bauer H	36,04
S	František Janda-Suk BOH	35,25
B	Richard Sheldon USA	34,60

Hammerwerfen

G	John Flanagan USA	49,73
S	Truxton Hare USA	49,13
B	Josiah McCracken USA	42,46

Tauziehen

G	Schweden/Dänemark
S	Frankreich

FECHTEN

Florett

G	Emile Coste F
S	Henri Masson F
B	Jacques Boulenger F

Degen

G	Ramón Fonst C
S	Louis Perrée F
B	Léon Sée F

Säbel

G	Georges de la Falaise F
S	Léon Thiébaut F
B	Siegfried Flesch A

Florett für Fechtmeister

G	Lucien Mérignac F
S	Alphonse Kirchhoffer F
B	Jean-Baptiste Mimiague F

Degen für Fechtmeister

G	Albert Ayat F
S	Emile Bougnol F
B	Henri Laurent F

Degen für Amateure und Fechtmeister

G	Albert Ayat F
S	Ramón Fonst C
B	Léon Sée F

Säbel für Fechtmeister

G	Antonio Conte I
S	Italo Santelli I
B	Milan Neralić A

SCHWIMMEN

200-m-Freistil

G	Frederick C. V. Lane AUS	2:25,2
S	Zoltán von Halmay H	2:31,4
B	Karl Rubert A	2:32,0

1000-m-Freistil

G	John A. Jarvis GB	13:40,2
S	Otto Wahle A	14:53,6
B	Zoltán von Halmay H	15:16,4

4000-m-Freistil

G	John Jarvis GB	58:24,0
S	Zoltán von Halmay H	1:08:55,4
B	Louis Martin F	1:13:08,4

200-m-Rücken

G	Ernst Hoppenberg D	2:47,0
S	Karl Ruberl A	2:56,0
B	Johannes Drost NL	3:01,0

200-m-Hindernisschwimmen

G	Frederick Lane AUS	2:38,4
S	Otto Wahle A	2:40,0
B	Peter Kemp GB	2:47,4

Unterwasserschwimmen

G	Charles de Vendeville F
S	A. Six F
B	Peder Lykkeberg DK

200-m-Mannschaftsschwimmen

G	Deutschland
S	Frankreich
B	Frankreich

Wasserball

G	Großbritannien
S	Belgien
B	Frankreich I
B	Frankreich II

RUDERN

Einer

G	Henri Barrelet F
S	André Gaudin F
B	Saint-George Ashe GB

Zweier mit Steuermann

G	Niederlande
S	Frankreich
B	Frankreich

Vierer mit Steuermann Erstes Finale

G	Frankreich
S	Frankreich
B	Deutschland

Zweites Finale

G	Deutschland
S	Niederlande
B	Deutschland

Achter

G	USA
S	Belgien
B	Niederlande

SEGELN

Offene Klasse

G	Großbritannien »Scotia«
S	Deutschland »Aschenbrödel«
B	Frankreich »Turquoise«

0,5-Tonnen-Klasse

G	Frankreich »Quand-même«
S	Frankreich »Baby«
B	Frankreich »Fantlet«

0,5–1,0-Tonnen-Klasse

G	Frankreich »Scamasaxe«
S	Großbritannien »Scotia«
B	Frankreich »Crabe II«

1–2-Tonnen-Klasse

G	Schweiz »Lérina«
S	Frankreich »Marthe«
B	Frankreich »Nina-Claire«

2–3-Tonnen-Klasse

G	Großbritannien »Ollé«
S	Frankreich »Favorite«
B	Frankreich »Mignon«

3–10-Tonnen-Klasse

G	Frankreich »Gitana«
S	Niederlande »Maskotte«
B	Großbritannien »Bona Fide«
B	Frankreich »Fémur«

10–20-Tonnen-Klasse

G	Frankreich »Estérel«
S	Frankreich »Quand-même«
B	Großbritannien »Lauréa«

RADSPORT

1000-m-Sprint

G	Georges Taillandier F
S	Fernand Sanz F
B	John H. Lake USA

REITSPORT*

Jagdspringen

G	Aimé Haegeman B (Benton II)	
S	Georges van de Poele B (Windsor Squire)	
B	Louis de Champsavin F (Terpsichore)	

Hochsprung

G	Dominique M. Gardères F (Canéla)	1,85
G	Gian Giorgio Trissino I (Oreste)	1,85
B	Georges van de Poele B (Ludlow)	1,70

Weitsprung

G	Constant van Langhendonck B (Extra Dry)	6,10
S	Gian Giorgio Trissino I (Oreste)	5,70
B	de Bellegarde F (Tolla)	5,30

POLO

G	Großbritannien/USA
S	Großbritannien/USA
B	Frankreich/Großbritannien

SCHIESSEN

Großkalibergewehr (300 m) Dreistellungskampf

G	Emil Kellenberger CH
S	Anders Peter Nielsen DK
B	Ole Östmo N
B	Paul van Asbroeck B

stehend

G	Lars Jörgen Madsen DK
S	Ole Östmo N
B	Charles Paumier du Verger B

kniend

G	Konrad Stäheli CH
S	Emil Kellenberger CH
B	Anders Peter Nielsen DK

liegend

G	Achille Paroche F
S	Anders Peter Nielsen DK
B	Ole Östmo N

Großkalibergewehr, Mannschaft (300 m)

G	Schweiz
S	Norwegen
B	Frankreich

Schnellfeuerpistole oder Revolver (20 m)

G	Maurice Larrouy F
S	Léon Moreaux F
B	Eugène Balme F

Beliebige Scheibenpistole (50 m)

G	Conrad Röderer CH
S	Achille Paroche F
B	Konrad Stäheli CH

Armeerevolver, Mannschaft (50 m)

G	Schweiz
S	Frankreich
B	Niederlande

Schießen auf laufenden Keiler

G	Louis Debray F
S	P. Nivet F
B	Comte de Lambert F

Tontaubenschießen

G	Roger de Barbarin F
S	René Guyot F
B	Justinien de Clary F

Schießen auf lebende Tauben

G	Léon de Lunden B
S	Maurice Faure F
B	Donald MacIntosh AUS

* Reitsport gehörte damals nicht zum offiziellen olympischen Programm (siehe auch Seite 152). Da die Reiterwettbewerbe jedoch in vielen Publikationen erscheinen, sind sie hier der Vollständigkeit halber aufgeführt.

Pedalritter mit Bahnproblemen
Als einziger offizieller Radsportwettbewerb wurde im Bois de Bologne ein 1000-m-Sprint ausgetragen. Die Aktiven hatten große Probleme mit den Streckenverhältnissen.

Paris 1900

BOGENSCHIESSEN

Game shooting
G Donald MacIntosh AUS
S Santiago Pidal E
B Murphy USA

Au cordon doré (33 m)
G Hubert van Innis B
S Victor Thibaud F
B Charles Frédéric Petit F

Au cordon doré (50 m)
G Henri Herouin F
S Hubert van Innis B
B Emile Fisseux F

Au chapelet (33 m)
G Hubert van Innis B
S Victor Thibaud F
B Charles Frédéric Petit F

Au chapelet (50 m)
G Eugène Mougin F
S Henri Helle F
B Emile Mercier F

Sur la perche à la herse
G Emmanuel Foulon F
S Auguste Serrurier F
S Druart jun. B

Sur la perche à la pyramide
G Emile Grumiaux F
S Louis Glineux B

TURNEN

Mehrkampf
G Gustave Sandras F
S Noël Bas F
B Lucien Démanet F

GOLF

Herren
G Charles E. Sands USA
S Walter Rutherford GB
B David D. Robertson GB

Damen
G Margaret Abbott USA
S Polly Whittier USA
B Hager Pratt USA

TENNIS

Herreneinzel
G Hugh L. Doherty GB
S Harold S. Mahony GB/IRL
B Reginald F. Doherty GB
B A. B. J. Norris GB

Dameneinzel
G Charlotte Cooper GB
S Hélène Prévost F
B Marion Jones USA
B Hedwig Rosenbaum BOH

Herrendoppel
G Großbritannien
S USA/Frankreich
B Frankreich
B Irland/Großbritannien

Mixed
G Großbritannien
S Frankreich/Irland
B Böhmen/Großbritannien
B USA/Großbritannien

FUSSBALL
G Großbritannien
S Frankreich
B Belgien

RUGBY
G Frankreich
S Deutschland
B Großbritannien

CRICKET
G Großbritannien
S Frankreich

CROQUET

Simple à une boule
G Aumoitte F
S Johin F

Simple à deux boules
G Waydelick F
S Vignerot F
B Sautereau F

Doubles
G Frankreich

Auch in den USA gab man sich würdig

Das Organisationskomitee der Spiele von 1904 in St. Louis: Henry Garneau, Harry McMillan, John J. O'Connor, James E. Sullivan und Walter H. Linginger (von links). Die Herren sahen so würdig aus wie ihre Vorgänger.

III. Olympische Sommerspiele
1. Juli bis 23. November 1904 in St. Louis

Bereits die dritte Olympiaveranstaltung war nach Übersee vergeben worden, wo St. Louis das Rennen gegen Chicago machte. Es gab starke Parallelen zum Pariser Olympia-Experiment, denn auch in der Stadt am Mississippi fand eine Weltausstellung statt, in deren Gesamtprogramm die Sportwettbewerbe integriert waren. Wie in Paris ging es wieder über Monate, und die eigentlichen Olympiawettkämpfe mußten erneut mühsam zusammengesucht werden.
Der Austragungsort hatte außer den gastgebenden USA nur noch zehn andere Nationen animiert, ihre Aktiven nach St. Louis zu schicken. So kamen nur 625 Teilnehmer, darunter acht Frauen, zusammen. Für einige Athleten bedeutete St. Louis bereits die zweite Olympiastation. So für den US-Leichtathleten Ray C. Ewry, der sich auf Sprünge aus dem Stand – damals noch im Programm der Spiele – spezialisiert hatte und vor heimischer Kulisse nach den Erfolgen von Paris die Goldmedaillen Nummer drei bis sechs holte.
Erfolgreichster Sportler dieser Wettkämpfe und erster Rekordgewinner in der Geschichte Olympischer Spiele der Neuzeit wurde aber der amerikanische Turner Anton Heida, der in St. Louis zu fünf Goldmedaillen und einer silbernen kam. Die gastgebenden US-Sportler erwiesen sich auch anderweitig überlegen und sammelten etwa 90 Prozent aller Medaillen.
Das kleine, nur siebzehnköpfige deutsche Aufgebot kam mit reicher Medaillenausbeute zurück. Viermal Gold, viermal Silber und fünfmal Bronze lautete die Bilanz, zu der die Schwimmer am meisten beitrugen. Der Berliner Emil Rausch wurde Olympiasieger über 880 y und die Kraulmeile; über 220 y Kraul reichte es noch zu Bronze. Walter Brack, ebenfalls Berlin, holte die Goldmedaille über 100 y Rücken sowie Silber im Wettbewerb über die 440 y Brust, den der Berliner Georg Zacharias gewann, der ebenfalls mit zwei olympischen Medaillen (Dritter über 100 y Rücken) die Heimreise antreten konnte.

Der Vorsitzende gab den Startschuß

Der Vorsitzende des Organisationskomitees, Linginger, fungierte auch als Starter. Vor ihm kauert der dreifache Goldmedaillengewinner Archie Hahn.

Bilderbogen vom Marathon in St. Louis

Die Marathonläufer (links am Start) wurden von Automobilen begleitet. Das große Bild zeigt den führenden Sam Mallor auf der Strecke; links unten eine Erfrischung unterwegs, rechts unten der Sieger Thomas Hicks.

St. Louis 1904

LEICHTATHLETIK

60 m

G	Archie Hahn USA	7,0
S	William Hogenson USA	7,2
B	Fay Moulton USA	7,2

100 m

G	Archie Hahn USA	11,0
S	Nathaniel Cartmell USA	11,2
B	William Hogenson USA	11,2

200 m

G	Archie Hahn USA	21,6
S	Nathaniel Cartmell USA	21,9
B	William Hogenson USA	(?)

400 m

G	Harry Hillman USA	49,2
S	Frank Waller USA	49,9
B	Herman Groman USA	50,0

800 m

G	James Lightbody USA	1:56,0
S	Howard Valentine USA	1:56,3
B	Emil Breitkreutz USA	1:56,4

1500 m

G	James Lightbody USA	4:05,4
S	W. Frank Verner USA	4:06,8
B	Lacey Hearn USA	(?)

Marathon

G	Thomas Hicks USA	3:28:53
S	Albert Corey USA	3:34:52
B	Arthur Newton USA	3:47:33

110-m-Hürden

G	Frederick Schule USA	16,0
S	Thaddeus Shideler USA	16,3
B	Lesley Ashburner USA	16,4

200-m-Hürden

G	Harry Hillman USA	24,6
S	Frank Castleman USA	24,9
B	George Poage USA	(?)

400-m-Hürden

G	Harry Hillman USA	53,0
S	Frank Waller USA	53,2
B	George Poage USA	(?)

2590-m-Hindernislauf

G	James Lightbody USA	7:39,6
S	John Daly GB/IRL	7:40,6
B	Arthur Newton USA	(?)

Querfeldeinlauf, Mannschaft

G	USA (New York A. C.)	
S	USA (Chicago A. A.)	

Hochsprung

G	Samuel Jones USA	1,803
S	Garret Serviss USA	1,778
B	Paul Weinstein D	1,778

Hochsprung aus dem Stand

G	Ray C. Ewry USA	1,498
S	James F. Stadler USA	1,447
B	Lawson Robertson USA	1,447

Stabhochsprung

G	Charles Dvorak USA	3,505
S	LeRoy Samse USA	3,430
B	Louis Wilkins USA	3,430

Weitsprung

G	Myer Prinstein USA	7,34
S	Daniel Frank USA	6,89
B	Robert Stangland USA	6,88

Weitsprung aus dem Stand

G	Ray C. Ewry USA	3,476
S	Charles King USA	3,276
B	John Biller USA	3,263

Dreisprung

G	Myer Prinstein USA	14,325
S	Frederick Englehardt USA	13,900
B	Robert Stangland USA	13,365

Dreisprung aus dem Stand

G	Ray C. Ewry USA	10,547
S	James King USA	10,160
B	James Stadler USA	9,530

Kugelstoßen

G	Ralph Rose USA	14,808
S	William W. Coe USA	14,400
B	Leon E. J. Feuerbach USA	13,370

Gewichtwerfen (25,4 kg)

G	Etienne Desmarteau CDN	10,465
S	John Flanagan USA	10,160
B	James Mitchel USA	10,135

Diskuswerfen

G	Martin Sheridan USA	39,28
S	Ralph Rose USA	39,28
B	Nicolaos Georgantas GR	37,68

Hammerwerfen

G	John Flanagan USA	51,230
S	John DeWitt USA	50,265
B	Ralph Rose USA	45,730

Ein fleißiger Medaillenjäger

Der Amerikaner Ray C. Ewry gewann bisher die meisten Goldmedaillen – und zwar nur in Sprungwettbewerben aus dem Stand.

St. Louis 1904

Zehnkampf*

G	Thomas F. Kiely GB/IRL	6036
S	Adam Gunn USA	5907
B	Truxton Hare USA	5813

Tauziehen

G	USA (Milwaukee A. C.)
S	USA (South West T. V. »A«, St. Louis)
B	USA (South West T. V. »B«, St. Louis)

FECHTEN

Florett

G	Ramón Fonst C
S	Albertson Van Zo Post C
B	Charles Tatham C

* bestehend aus: 100-y-Lauf, Meilenlauf, 120-y-Hürden, 880-y-Gehen, Hochsprung, Stabhochsprung, Weitsprung, Kugelstoßen, Gewichtwerfen, Hammerwerfen

Florett, Mannschaft

G	Kuba
S	USA/Kuba

Degen

G	Ramón Fonst C
S	Charles Tatham C
B	Albertson Van Zo Post C

Säbel

G	Manuel Diaz C
S	William Grebe USA
B	Albertson Van Zo Post C

Stockfechten

G	Albertson Van Zo Post C
S	William Grebe USA
B	William Scott O'Connor USA

SCHWIMMEN

50-y-Freistil

G	Zoltán von Halmay H	28,0
S	J. Scott Leary USA	28,6
B	Charles Daniels USA	(?)

100-y-Freistil

G	Zoltán von Halmay H	1:02,8
S	Charles Daniels USA	(?)
B	J. Scott Leary USA	(?)

220-y-Freistil

G	Charles Daniels USA	2:44,2
S	Francis Gailey USA	2:46,0
B	Emil Rausch D	2:56,0

440-y-Freistil

G	Charles Daniels USA	6:16,2
S	Francis Gailey USA	6:22,0
B	Otto Wahle A	6:39,0

880-Yards-Freistil

G	Emil Rausch D	13:11,4
S	Francis Gailey USA	13:23,4
B	Géza Kiss H	(?)

1-Meile-Freistil

G	Emil Rausch D	27:18,2
S	Géza Kiss H	28:28,2
B	Francis Gailey USA	28:54,0

100-y-Rücken

G	Walter Brack D	1:16,8
S	Georg Hoffmann D	1:18,0
B	Georg Zacharias D	1:19,6

400-y-Brust

G	Georg Zacharias D	7:23,6
S	Walter Brack D	7:33,0
B	H. Jamison Handy USA	(?)

Kopfweitsprung

G	W. Paul Dickey USA	19,050
S	Edgar H. Adams USA	17,526
B	Leo Budd Goodwin USA	17,370

4-×-50-y-Staffel

G	USA (New York A. C.)	2:04,6
S	USA (Chicago A. C.)	(?)
B	USA (Missouri A. C.)	(?)

Turmspringen

G	George Sheldon USA
S	Georg Hoffmann D
B	Frank Kehoe USA
B	Alfred Braunschweiger D

Wasserball

G	USA (New York A. C.)
S	USA (Chicago A. C.)
B	USA (Missouri A. C.)

BOXEN

Fliegengewicht

G	George Finnegan USA
S	Miles Burke USA

Bantamgewicht

G	Oliver Kirk USA
S	George Finnegan USA

Federgewicht

G	Oliver Kirk USA
S	Frank Haller USA
B	Fred Gilmore USA

Als Olympia noch seltsam anmutete

»Tonnenspringen« war in St. Louis tatsächlich olympische Disziplin. Die Gaudi überlebte als Sport allerdings nicht lange.

Nach dem Wettbewerb zwei gleichauf

Das Diskuswerfen endete mit dem Sieg des US-Boys Martin Sheridan, der nach dem Wettbewerb mit dem Zweiten gleichauf lag, aber in einem Zusatzwurf fünf Fuß (1,52 m) weiter warf als sein Mitbewerber.

Siegeshöhe imponierte dem Publikum

Mit dem neuen Olympischen Rekord von 3,505 m gewann der Amerikaner Charles Dvorak den Stabhochsprung und wurde umjubelt.

St. Louis 1904

Leichtgewicht

G	Harry Spanger USA
S	James Eagan USA
B	Russell Van Horn USA

Weltergewicht

G	Albert Young USA
S	Harry Spanger USA
B	Joseph Lydon USA
B	Jack Eagan USA

Mittelgewicht

G	Charles Mayer USA
S	Benjamin Spradley USA

Schwergewicht

G	Samuel Berger USA
S	Charles Mayer USA
B	William M. Michaels USA

GEWICHTHEBEN

Schwergewicht einarmig

G	Oscar Paul Osthoff USA
S	Frederick Winters USA
B	Frank Kungler USA

beidarmig

G	Perikles Kakousis GR
S	Oscar Paul Osthoff USA
B	Frank Kungler USA

FREISTILRINGEN

Leichtfliegengewicht

G	Robert Curry USA
S	John Heim USA
B	Gustav Thiefenthaler USA
B	Claude Holgate USA

Fliegengewicht

G	George Mehnert USA
S	Gustave Bauers USA
B	William Nelson USA

Bantamgewicht

G	Isaac Niflot USA
S	August Wester USA
B	Z. B. Strebler USA

Federgewicht

G	Benjamin Bradshaw USA
S	Theodore McLear USA
B	Charles Clapper USA
B	Dietrich Wortmann USA

Leichtgewicht

G	Otto Roehm USA
S	Rudolf Tesing USA
B	Albert Zirkel USA
B	William J. Hennessy USA

Weltergewicht

G	Charles Erickson USA
S	William Beckmann USA
B	Jerry Winholtz USA

Schwergewicht

G	Bernhuff Hansen USA
S	Frank Kungler USA
B	Fred C. Warmbold USA

RUDERN

Einer

G	Frank Greer USA
S	James Juvenal USA
B	Constance Titus USA

Doppelzweier

G	USA
S	USA
B	USA

Vierer ohne Steuermann

G	USA
S	USA

AUCH IM RADSPORT ALLE MEDAILLEN AN USA

St. Louis 1904

Achter

G	USA	
S	Kanada	

RADSPORT

1/4 Meile

G	Marcus Hurley USA	31,8
S	Burton Downing USA	(?)
B	Edwin Billington USA	(?)

1/3 Meile

G	Marcus Hurley USA	43,8
S	Burton Downing USA	(?)
B	Edwin Billington USA	(?)

1/2 Meile

G	Marcus Hurley USA	1:09,0
S	Edwin Billington USA	(?)
B	Burton Downing USA	(?)

1 Meile

G	Marcus Hurley USA	2:41,6
S	Burton Downing USA	(?)
B	Edwin Billington USA	(?)

2 Meilen

G	Burton Downing USA	4:57,8
S	Oscar Goerke USA	(?)
B	Marcus Hurley USA	(?)

5 Meilen

G	Charles Schlee USA	13:08,2
S	George Wiley USA	(?)
B	A. F. Andrews USA	(?)

25 Meilen

G	Burton Downing USA	1:10:55,4
S	A. F. Andrews USA	(?)
B	George Wiley USA	(?)

BOGENSCHIESSEN HERREN

Double York Round (100, 80, 60 y)

G	Phillip Bryant USA
S	Robert Williams USA
B	William H. Thompson USA

Double American Round (60, 50, 40 y)

G	Phillip Bryant USA
S	Robert Williams USA
B	William H. Thompson USA

Team Round (60 y)

G	USA (Potomac Archers, Washington D. C.)
S	USA (Cincinatti Archery Club)
B	USA (Boston A. A.)

BOGENSCHIESSEN DAMEN

Double National Round (60, 50 y)

G	Lida Howell USA
S	Jessie Pollock USA
B	Emma C. Cooke USA

Double Columbia Round (50, 40, 30 y)

G	Lida Howell USA
S	Emma C. Cooke USA
B	Jessie Pollock USA

Team Round (60, 50, 48 y)

G	USA (Cincinatti Archery Club)
S	USA (Potomac Archers, Washington D. C.)

TURNEN

Mehrkampf*

G	Julius Lenhart A
S	Wilhelm Weber D
B	Adolf Spinnler CH

Mehrkampf, Mannschaft*

G	USA (Turngemeinde Philadelphia)
S	USA (New Yorker Turnverein)
B	USA (Central Turnverein Chicago)

* bestehend aus: Barren, Pferdsprung, Seitpferd, Reck, 100-y-Lauf, Kugelstoßen

Prächtige Medaillenausbeute
Der kanadische Gewichtwerfer Etienne Desmarteau aus Montreal konnte bereits vor den Spielen in St. Louis eine stattliche Medaillensammlung vorweisen.

Erstmals Gold für Kanada
Der Mann aus Montreal warf das Gewicht (56 englische Pfund = 25,4 kg) 30 Zentimeter weiter als seine Gegner.

Deutscher Schwimmer auf Goldkurs
Freistilschwimmer Emil Rausch aus Berlin erschwamm in der Stadt am Mississippi Goldmedaillen über 880 y und die Meile. Dazu kam noch Bronze über die 220 y.

Ehrung für erfolgreichen Läufer
James Lightbody gewann in St. Louis die 800 und 1500 m und schließlich den 2500-m-Hindernislauf. Hier nimmt er eine seiner Medaillen entgegen.

St. Louis 1904

Barren

G George Eyser USA
S Anton Heida USA
B John Duha USA

Pferdsprung

G Anton Heida USA
G George Eyser USA
B William Merz USA

Seitpferd

G Anton Heida USA
G George Eyser USA
B William Merz USA

Reck

G Anton Heida USA
S Edward Hennig USA
B George Eyser USA

Ringe

G Hermann Glass USA
S William Merz USA
B Emil Voigt USA

Tauhangeln

G George Eyser USA
S Charles Krause USA
B Emil Voigt USA

Keulenschwingen

G Edward Hennig USA
S Emil Voigt USA
B Ralph Wilson USA

Geräte-Siebenkampf

G Anton Heida USA
S George Eyser USA
B William Merz USA

Leichtathletik-Dreikampf (100-y-Lauf, Weitsprung, Kugelstoßen) im gemischten Zwölfkampf (Sonderwertung)

G Max Emmerich USA
S John Grieb USA
B William Merz USA

Turnerischer Neunkampf im gemischten Zwölfkampf (Sonderwertung)

G Adolf Spinnler CH
S Julius Lenhart A
B Wilhelm Weber D

GOLF

Herren

G George Seymour Lyon CDN
S Henry Chandler Egan USA
B Burt P. McKinnie USA
B Francis Clement Newton USA

Herren, Mannschaft

G USA (Western Golf Association)
S USA (Trans-Mississippi G. A.)
B USA (United States G. A.)

TENNIS

Herreneinzel

G Beals C. Wright USA
S Robert LeRoy USA
B Edgar W. Leonard USA
B Alphonzo E. Bell USA

Herrendoppel

G USA
S USA
B USA
B USA

FUSSBALL

G Kanada (Galt F. C., Ontario)
S USA (Christian Brothers College)
B USA (St. Rose, St. Louis)

LACROSSE

G Kanada (Shamrock Lacrosse Team)
S USA (St. Louis A.A.A.)
B Kanada (Mohawk Indians)

ROQUE

G Charles Jacobus USA
S Smith O. Streeter USA
B Charles Brown USA

IV. Olympische Sommerspiele
27. April bis 31. Oktober 1908 in London

Das vierte Treffen der besten Sportler aus aller Welt konnte wiederum nicht in einem überschaubaren Zeitraum stattfinden. Diesmal lag die Schuld aber nicht bei Veranstaltern einer Weltausstellung, sondern beim IOC selbst, das mit seiner Forderung, alle Nationen müssen zu allen Wettbewerben zugelassen werden, die ausrichtenden Briten vor fast unlösbare organisatorische Probleme stellte. Die Veranstalter teilten das Programm in drei Abschnitte auf, von denen der mittlere mit Sportarten wie Leichtathletik, Schwimmen, Radrennen, Turnen und Rudern im Juli stattfand. Aus diesem Grunde wird der Zeitraum jenes mittleren Abschnitts häufig als Olympiatermin angegeben.

Die Beteiligung war gegenüber St. Louis gewaltig: 22 Nationen schickten 2059 Aktive, darunter 39 Frauen, nach London. In 22 Sportarten, darunter Eiskunstlaufen, wurde um über 100 Goldmedaillen gekämpft, deren Verteilung am Ende bei weitem nicht so einseitig wie vier Jahre zuvor aussah. Zwar gewann das Veranstalterland Großbritannien deutlich mehr Medaillen als die nächstplazierten USA und Schweden, jedoch konnten manche anderen Teams auch mehrere Olympiasieger stellen.

Für die deutsche Mannschaft gab es diesmal nur drei Goldmedaillen. Der Magdeburger Arno Bieberstein gewann die 100 m Rükken in einer Zeit, die als erster Weltrekord über diese Strecke geführt wird, und der Hamburger Albrecht Zürner siegte im Kunstspringen. Für die dritte Goldmedaille sorgten Annie Hübler und Heinrich Burger im Eiskunstlauf.

Zu den besonders bemerkenswerten Leistungen gehörten die erneuten Goldmedaillengewinne des Amerikaners Ewry, der mit seinen zwei Erfolgen auf nunmehr acht Olympiasiege verweisen konnte. Bei der inoffiziellen sogenannten Zwischenolympiade im Jahre 1906, die in Athen stattfand, konnte er auch noch zwei Siege erringen, so daß einige Statistiken ihn als zehnfachen Olympiasieger führen. In London spielte sich auch das erste olympische Disqualifikationsdrama ab. Der Italiener Pietri Dorando, der kurz vor dem Ziel des Marathonlaufes zusammenzubrechen drohte, wurde von Helfern über die Ziellinie geleitet. Er wurde deshalb später disqualifiziert und der US-Läufer John Hayes zum Sieger ausgerufen.

Ein imponierender Austragungsort

London hatte für die Spiele des Jahres 1908 mit dem Olympiastadion eine imponierende Austragungsstätte zu bieten.

REGGIE WALKER SCHNELLSTER MANN DER WELT

Die Eröffnung
Der Einzug der teilnehmenden Nationen in das imposante Stadionrund war für die zahlreichen Zuschauer sehr beeindruckend.

Große Sportfamilie
Die über 2000 Teilnehmer wirkten beim Einzug wie eine große Sportlerfamilie. Londons Spiele wirkten fröhlich.

London 1908

LEICHTATHLETIK

100 m

G	Reggie Walker ZA	10,8
S	James A. Rector USA	10,9
B	Robert Kerr CDN	11,0

200 m

G	Robert Kerr CDN	22,6
G	Robert Cloughen USA	22,6
B	Nathaniel Cartmell USA	22,7

400 m*

G	Wyndham Halswelle GB	50,0

800 m

G	Melvin W. Sheppard USA	1:52,8
S	Emilio Lunghi I	1:54,2
B	Hanns Braun D	1:55,2

1500 m

G	Melvin W. Sheppard USA	4:03,4
S	Harold Wilson GB	4:03,6
B	Norman Hallows GB	4:04,0

5 Meilen

G	Emil Voigt GB	25:11,2
S	Edward Owen GB	25:24,0
B	John Svanberg S	25:37,2

Marathon

G	Johnny Hayes USA	2:55:18,4
S	Charles Hefferon ZA	2:56:06,0
B	Joseph Forshaw USA	2:57:10,4

110-m-Hürden

G	Forrest Smithson USA	15,0
S	John Garrels USA	15,7
B	Arthur Shaw USA	15,8

400-m-Hürden

G	Charles Bacon USA	55,0
S	Harry Hillman USA	55,3
B	Leonard Tremeer GB	57,0

3200-m-Hindernislauf

G	Arthur Russell GB	10:47,8
S	Archie Robertson GB	10:48,4
B	John Lincoln Eisele USA	11:00,8

3500-m-Gehen

G	George Larner GB	14:55,0
S	Ernest Webb GB	15:07,4
B	Harry Kerr NZ	15:43,4

10-Meilen-Gehen

G	George Larner GB	1:15:57,4
S	Ernest Webb GB	1:17:31,0
B	Edward Spencer GB	1:21:20,2

Olympische Staffel**

G	USA	3:29,4
S	Deutschland	3:32,4
B	Ungarn	3:32,5

3-Meilen-Lauf, Mannschaft

G	Großbritannien
S	USA
B	Frankreich

Hochsprung

G	Harry Porter USA	1,905
S	Con Leahy GB/IRL	1,880
S	István Somodi H	1,880
S	Géo André F	1,880

Hochsprung aus dem Stand

G	Ray C. Ewry USA	1,575
S	Konstantin Tsiklitiras GR	1,550
S	John Biller USA	1,550

* Die Amerikaner Taylor und Robbins traten zum Wiederholungsfinale nicht an, nachdem ihr Landsmann Carpenter wegen Behinderung Halswelles nach dem ersten Finale disqualifiziert worden war.

** 200, 200, 400, 800 m

TAUZIEHEN ZUM DRITTEN MAL IM PROGRAMM

London 1908

Stabhochsprung		
G	Edward Cooke USA	3,71
G	Alfred Gilbert USA	3,71
B	Edward B. Archibald CDN	3,58
B	Charles S. Jacobs USA	3,58
B	Bruno Söderström S	3,58
Weitsprung		
G	Francis Irons USA	7,480
S	Daniel Kelly USA	7,090
B	Calvin Bricker CDN	7,085
Weitsprung aus dem Stand		
G	Ray C. Ewry USA	3,335
S	Konstantin Tsiklitiras GR	3,230
B	Martin Sheridan USA	3,225
Dreisprung		
G	Timothy Ahearne GB/IRL	14,915
S	J. Garfield MacDonald CDN	14,760
B	Edvard Larsen N	13,395
Kugelstoßen		
G	Ralph Rose USA	14,21
S	Dennis Horgan GB	13,62
B	John Garrels USA	13,18
Diskuswerfen		
G	Martin Sheridan USA	40,890
S	Merritt H. Giffin USA	40,700
B	Marquis Horr USA	39,445
Diskuswerfen, antiker Stil		
G	Martin Sheridan USA	38,000
S	Marquis Horr USA	37,325
B	Werner Järvinen SF	36,480
Hammerwerfen		
G	John Flanagan USA	51,92
S	Matthew McGrath USA	51,18
B	Cornelius Walsh USA	48,50
Speerwerfen		
G	Eric Lemming S	54,825
S	Arne Halse N	50,570
B	Otto Nilsson S	47,105
Speerwerfen, freier Stil		
G	Eric Lemming S	54,445
S	Michel Dorizas GR	51,360
B	Arne Halse N	49,730
Tauziehen		
G	Großbritannien	
S	Großbritannien	
B	Großbritannien	
FECHTEN		
Degen		
G	Gaston Alibert F	
S	Alexandre Lippmann F	
B	Eugène Olivier F	
Degen, Mannschaft		
G	Frankreich	
S	Großbritannien	
B	Belgien	
Säbel		
G	Jenö Fuchs H	
S	Béla Zulavszky H	
B	Vilém Goppold von Lobsdorf BOH	
Säbel, Mannschaft		
G	Ungarn	
S	Italien	
B	Böhmen	
SCHWIMMEN		
100-m-Freistil		
G	Charles Daniels USA	1:05,6
S	Zoltán von Halmay H	1:06,2
B	Harald Julin S	1:08,0
400-m-Freistil		
G	Henry Taylor GB	5:36,8
S	Frank Beaurepaire AUS	5:44,2
B	Otto Scheff A	5:46,0

Königin auch dabei

Die Medaillenübergabe gestaltete sich für die Athleten sehr beeindruckend. Königin Alexandra (sitzend) überreichte sie.

US-Mittelstreckler vorn

Der US-Läufer Melvin W. Sheppard gewann die 800 und die 1500 m. Hier ist der klare Rückstand des Zweiten zu erkennen.

BOXEN: ALLE ERSTE PLAETZE AN BRITEN

Das Drama des Marathonsiegers
Der Italiener Pietri Dorando wurde wegen unerlaubter Hilfe durch Ordner disqualifiziert – sie hatten ihn über die Ziellinie geschoben. Von Königin Alexandra erhielt er in Anerkennung seiner sportlichen Leistung dennoch einen Pokal (rechts).

London 1908

1500-m-Freistil

G	Henry Taylor GB	22:48,4
S	Thomas Battersby GB	22:51,2
B	Frank Beaurepaire AUS	22:56,2

100-m-Rücken

G	Arno Bieberstein D	1:24,6
S	Ludvig Dam DK	1:26,6
B	Herbert Haresnape GB	1:27,0

200-m-Brust

G	Frederick Holman GB	3:09,2
S	William Robinson GB	3:12,8
B	Pontus Hansson S	3:14,6

4-×-200-m-Freistilstaffel

G	Großbritannien	10:55,6
S	Ungarn	10:59,0
B	USA	11:02,8

Kunstspringen

G	Albert Zürner D
S	Kurt Behrens D
B	Gottlob Walz D
B	George Gaidzik USA

Turmspringen

G	Hjalmar Johansson S
S	Karl Malmström S
B	Arvid Spångberg S

Wasserball

G	Großbritannien
S	Belgien
B	Schweden

BOXEN

Bantamgewicht

G	A. Henry Thomas GB
S	John Condon GB
B	William Webb GB

Federgewicht

G	Richard Gunn GB
S	C. W. Morris GB
B	Hugh Roddin GB

Leichtgewicht

G	Frederick Grace GB
S	Frederick Spiller GB
B	H. H. Johnson GB

Mittelgewicht

G	John Douglas GB
S	Reginald Baker AUS
B	W. Philo GB

Schwergewicht

G	Albert L. Oldham GB
S	S. C. H. Evans GB
B	Frederick Parks GB

RINGEN, GRIECHISCH-RÖMISCHER STIL

Leichtgewicht

G	Enrico Porro I
S	Nikolai Orlow RUS
B	Arvid Lindén SF

Mittelgewicht

G	Frithiof Mårtensson S
S	Mauritz Andersson S
B	Anders Andersen DK

Halbschwergewicht

G	Verner Weckman SF
S	Yrjö Saarela SF
B	Carl M. Jensen DK

Schwergewicht

G	Richárd Weisz H
S	Aleksandr Petrow RUS
B	Sören Marius Jensen DK

FREISTILRINGEN

Bantamgewicht

G	George Mehnert USA
S	William J. Press GB
B	Aubert Côté CDN

AUCH MOTORBOOT-RENNEN IM PROGRAMM

London 1908

Federgewicht

G	George Dole USA
S	James P. Slim GB
B	William McKie GB

Leichtgewicht

G	George de Relwyskow GB
S	William Wood GB
B	Albert Gingell GB

Mittelgewicht

G	Stanley Bacon GB
S	George de Relwyskow GB
B	Frederick Beck GB

Schwergewicht

G	George Con O'Kelly GB/IRL
S	Jacob Gundersen N
B	Edmond T. Barrett GB/IRL

RUDERN

Einer

G	Harry Blackstaffe GB
S	Alexander McCulloch GB
B	Bernhard von Gaza D
B	Károly Levitzky H

Zweier ohne Steuermann

G	Großbritannien
S	Großbritannien
B	Kanada

Vierer ohne Steuermann

G	Großbritannien
S	Großbritannien
B	Niederlande

Achter

G	Großbritannien
S	Belgien
B	Kanada
B	Großbritannien

SEGELN

6 m

G	Großbritannien »Dormy«
S	Belgien »Zut«
B	Frankreich »Guyoni«

7 m

G	Großbritannien »Heroine«

8 m

G	Großbritannien »Cobweb«
S	Schweden »Vinga«
B	Großbritannien »Sorais«

12 m

G	Großbritannien »Hera«
S	Großbritannien »Mouchette«

MOTORBOOT-RENNEN

A-Klasse (40 Seemeilen)

G	Frankreich

B-Klasse (40 Seemeilen)

G	Großbritannien

C-Klasse (40 Seemeilen)

G	Großbritannien

RADSPORT

1000-m-Sprint

wegen Zeitüberschreitung kein Sieger festgestellt

2000-m-Tandem

G	Frankreich
S	Großbritannien
B	Großbritannien

Mannschafts-Verfolgungsrennen (1810 m)

G	Großbritannien	2:18,6
S	Deutschland	2:28,6
B	Kanada	2:29,6

Rennen über eine Runde (603 m)

G	Victor L. Johnson GB	51,2
S	Emile Demangel F	(?)
B	Karl Neumer D	(?)

5000-m-Bahnrennen

G	Benjamin Jones GB	8:36,2
S	Maurice Schilles F	(?)
B	André Auffray F	(?)

20-km-Bahnrennen

G	Charles B. Kingsbury GB	34:13,6
S	Benjamin Jones GB	(?)
B	Joseph Werbrouck B	(?)

100-km-Bahnrennen

G	Charles H. Bartlett GB	2:41:48,6
S	Charles A. Denny GB	(?)
B	Octave Lapize F	(?)

POLO

G	Großbritannien (Roehampton)
S	Großbritannien (Hurlingham)
B	Großbritannien/Irland

SCHIESSEN

Freies Gewehr (300 m) Dreistellungskampf

G	Albert Helgerud N
S	Harry Simon USA
B	Ole Saether N

Freies Gewehr, Mannschaft (300 m) Dreistellungskampf

G	Norwegen
S	Schweden
B	Frankreich

Armeegewehr (1000 y)

G	Jerry Millner GB
S	Kellogg Kennon Casey USA
B	Maurice Blood GB

Armeegewehr, Mannschaft (200, 500, 600, 800, 900, 1000 y)

G	USA
S	Großbritannien
B	Kanada

Kleinkaliber (25 y) Bewegliches Ziel

G	A. F. Fleming GB
S	M. K. Matthews GB
B	W. B. Marsden GB

Verschwindendes Ziel

G	William Kensett Styles GB
S	H. I. Hawkins GB
B	Edward J. Amoore GB

Deutsche Asse stachen wieder

Arno Bieberstein (links) holte in London Gold über 100-m-Rücken, und Albert Zürner gewann das Kunstspringen vor zwei weiteren Deutschen.

Sprintsieger kamen nicht aus den USA

London brachte den Amerikanern auf den Sprintstrecken schwere Rückschläge. Die 100 m gewann Reggie Walker aus Natal (Südafrika), der dafür stürmisch gefeiert wurde (links). Der Kanadier Robert Kerr lag über 200 m in Front (oben).

BRITEN HOLEN VIER MEDAILLEN IM HOCKEY

London 1908

Kleinkaliber (50, 100 y)
- G A. A. Carnell GB
- S Harry R. Humby GB
- B G. Barnes GB

Kleinkaliber, Mannschaft (50, 100 y)
- G Großbritannien
- S Schweden
- B Frankreich

Beliebige Scheibenpistole (50 y)
- G Paul van Asbroeck B
- S Réginald Storms B
- B James Edward Gorman USA

Armeerevolver, Mannschaft (50 y)
- G USA
- S Belgien
- B Großbritannien

Laufender Hirsch, Einzelschuß
- G Oscar Swahn S
- S Ted Ranken GB
- B Alexander E. Rogers GB

Laufender Hirsch, Einzelschuß, Mannschaft
- G Schweden
- S Großbritannien

Laufender Hirsch, Doppelschuß
- G Walter Winans USA
- S Ted Ranken GB
- B Oscar Swahn S

Tontaubenschießen
- G Walter Henry Ewing CDN
- S George Beattie CDN
- B Alexander Maunder GB

Tontaubenschießen, Mannschaft
- G Großbritannien I
- S Kanada
- B Großbritannien II

BOGENSCHIESSEN HERREN

York Round (100, 80, 60 y)
- G William Dod GB
- S R. B. Brooks-King GB
- B Henry B. Richardson USA

Continental Style (50 m)
- G E. G. Grisot F
- S Louis Vernet F
- B Gustave Cabaret F

BOGENSCHIESSEN DAMEN

National Round (60, 50 y)
- G Sybil F. Q. Newall GB
- S Lotti Dod GB
- B A. Hill-Lowe GB

TURNEN

Mehrkampf*
- G Alberto Braglia I
- S S. W. Tysal GB
- B Louis Ségura F

Mehrkampf, Mannschaft**
- G Schweden
- S Norwegen
- B Finnland

TENNIS

Herreneinzel
- G Major Josiah George Ritchie GB
- S Otto Froitzheim D
- B Wilberforce Vaughan Eaves GB

Herreneinzel (Halle)
- G Arthur Wentworth Gore GB
- S George A. Caridia GB
- B Major Josiah George Ritchie GB

* bestehend aus: Barren, Seitpferd, Reck, Ringe, Tauhangeln
** bestehend aus: Barren, Pferdsprung, Reck, freie Ringe, feste Ringe, Tauhangeln

Dameneinzel
- G Dorothea Chambers GB
- S Penelope Dora Boothby GB
- B Joan Winch GB

Dameneinzel (Halle)
- G Gwendoline Eastlake-Smith GB
- S Angela N. Greene GB
- B Märtha Adlerstråhle S

Herrendoppel
- G Großbritannien
- S Großbritannien/Irland
- B Großbritannien

Herrendoppel (Halle)
- G Großbritannien
- S Großbritannien
- B Schweden

FUSSBALL
- G Großbritannien
- S Dänemark
- B Niederlande

RUGBY
- G Australien
- S Großbritannien

JEU DE PAUME
- G Jay Gould USA
- S Eustace Hamilton Miles GB
- B Neville Stephen Lytton GB

LACROSSE
- G Kanada
- S Großbritannien

RACKETS

Herreneinzel
- G Evan B. Noel GB
- S Henry Leaf GB
- B John Astor GB

Herrendoppel
- G Großbritannien
- S Großbritannien
- B Großbritannien

HOCKEY
- G Großbritannien (England)
- S Großbritannien (Irland)
- B Großbritannien (Schottland)
- B Großbritannien (Wales)

EISKUNSTLAUF

Herren
- G Ulrich Salchow S
- S Richard Johansson S
- B Per Thorén S

Herren (Spezialfiguren)
- G Nikolai Panin RUS
- S Arthur Cumming GB
- B George Hall-Say GB

Damen
- G Magde Syers GB
- S Elsa Rendschmidt D
- B Dorothy Greenhough-Smith GB

Paarlauf
- G Annie Hübler/Heinrich Burger D
- S Phyllis Johnson/James Johnson GB
- B Magde Syers/Edgar Syers GB

Gold ging an die Kanadier

»Lacrosse« – mit Hockey zu vergleichen – hieß ein Mannschaftswettbewerb, den die Kanadier gewannen. Hier eine Szene aus dem Spiel gegen die Briten.

V. Olympische Sommerspiele
5. Mai bis 22. Juli 1912 in Stockholm

Im fünften Versuch nahm das größte Sportlertreffen der Welt jene organisatorischen Formen an, die auch heute noch in ihren Grundzügen zu erkennen sind. Die Einheit von Ort und Zeit für die olympischen Wettbewerbe wurde in Schweden vorzüglich gewahrt; wenn man die auf den Mai vorgezogenen Tennis-Wettbewerbe ausklammert, kann man sogar von einem äußerst konzentrierten Ablauf sprechen. 28 Nationen hatten 2541 Aktive in die schwedische Hauptstadt geschickt, darunter das 55köpfige, bis dahin größte Frauenkontingent.

Königlicher Glanz wurde entfaltet

Die Eröffnungsfeier in Stockholm wurde durch königlichen Glanz gestaltet. Oben die Königsfamilie in der Loge, links die deutsche Mannschaft beim Einmarsch.

Stockholm erlebte auch den ersten Modernen Fünfkampf sowie in der Leichtathletik den Fünf- und den Zehnkampf. Dieser Wettbewerb – er wurde damals schon in der noch heute gültigen Zusammensetzung und Reihenfolge absolviert – und dessen Sieger beschäftigten noch sieben Jahrzehnte später die olympischen Gremien, bis endlich ein Schlußstrich unter ein Drama fast antiker Dimension gezogen wurde.

Den Zehnkampf hatte Jim Thorpe, Amerikaner indianischer Herkunft, geboren am 28. Mai 1888 in Shawnee (Oklahoma), mit riesigem Vorsprung gewonnen. Seine Einzelleistungen hätten nach der sogenannten 1962er Wertung (→ Leichtathletik-Kapitel) 6756 und nach heute gültiger Wertung immerhin noch 7285 Punkte ergeben. Jim Thorpe gilt in heutigen Expertenkreisen als der größte Zehnkämpfer aller

Deutscher Viertelmeiler nur knapp geschlagen

Der Zieleinlauf nach dem 400-m-Rennen: Charles Reidpath (USA) liegt nur eine Zehntelsekunde vor dem deutschen Hanns Braun (rechts), der über 800 m knapp scheiterte (er wurde hier Vierter). Nach ihm ist das bekannte Münchener Sportfest benannt worden.

Schneller Hawaianer

Duke Paoa Kahanamoku, in Honolulu geboren, aber für die USA startend, war der Star der Schwimmentscheidungen.

Der Kraftprotz aus USA

Ralph Rose gewann vor seinem Landsmann Patrick McDonald das beidhändige Kugelstoßen. Zwar betrug der Abstand nur 17 Zentimeter, aber das reichte.

Diskussionen bis heute

Um Jim Thorpe und seine spätere Disqualifikation hat es Diskussionen bis in die heutige Zeit gegeben.

Siegerkranz für einen Langlaufhelden

Dem Südafrikaner Kennedy McArthur wurde schon vor der Ziellinie des Marathonlaufes der Siegerkranz übergeworfen. Er gewann diesen Lauf mit einer knappen Minute Vorsprung.

Als die Damen erstmals mitschwammen

Stockholm erlebte die ersten Schwimmwettbewerbe für Damen. Im Bild die siegreiche 4-×-100-m-Freistilstaffel Großbritanniens, die vor den deutschen Damen gewinnen konnte.

Zeiten, denn seine Stockholmer Resultate gehören eigentlich in ein viel späteres Zeitalter: 100 m in 11,2 Sekunden, Weitsprung 6,79 m, Kugelstoßen 12,89 m, Hochsprung 1,87 m, 400 m in 52,2 Sekunden, 110 m Hürden in 15,6 Sekunden, Diskuswerfen 36,98 m, Stabhochsprung 3,25 m, Speerwerfen 45,70 m und 1500 m in 4:40,1 Minuten.

Thorpe wurde nach den Spielen angezeigt, weil er angeblich gegen die Amateurbestimmungen verstoßen hatte. Für die Teilnahme an einem Baseballspiel hatte er einmal eine geringe Summe erhalten – das genügte seinem Verband, ihn auf Lebenszeit zu sperren, und dem IOC, ihm mit Beschluß vom 26. Mai 1913 die Goldmedaille abzuerkennen. Der Fall Jim Thorpe löste weltweite Aufmerksamkeit aus und führte zu zahlreichen Protesten gegen die Entscheidung. Der clevere Thorpe nutzte die plötzliche Popularität aus und wurde nun wirklich Profi. Bei den Footballern der New York Giants spielte er bis 1929 für harte Dollars.

Es gab aber immer wieder Kräfte, die seine Rehabilitierung betrieben. Auch nach seinem Tod am 28. März 1953 blieb er im Gespräch. So verfilmte Hollywood sein Schicksal – mit Burt Lancaster in der Hauptrolle – unter dem Titel »Der bronzene Mann«. Und im Jahre 1979 brachte ein Abgeordneter seinen Fall sogar vor Kongreß und Senat zur Sprache, mit dem Ergebnis, daß Jim Thorpe wenigstens in den USA ein Vierteljahrhundert nach seinem Tode rehabilitiert wurde.

Als das IOC 1981 über die neuen Amateurbestimmungen beriet, kam auch der Fall des Zehnkampfsiegers von Stockholm wieder zur Sprache – mit dem Resultat, daß er am 13. Oktober 1982 voll rehabilitiert wurde und nunmehr als Gewinner des ersten olympischen Leichtathletik-Zehnkampfes geführt wird. Das offizielle Ergebnis des Stockholmer Wettbewerbs lautet nunmehr korrekt: 1. Jim Thorpe (USA) 8412,955 Punkte, 2. Hugo Wieslander (S) 7724,495 Punkte, 3. Charles Lomberg (S) 7413,510 Punkte (nach damals gültiger Wertung).

Das hervorragend vorbereitete deutsche Olympiateam schnitt mit fünf Gold-, dreizehn Silber- und sieben Bronzemedaillen so

Knapp vor dem Verfolger
Den erstmals gestarteten 5000-m-Lauf gewann der »fliegende Finne« Hannes Kolehmainen mit nur einer Zehntelsekunde vor dem Franzosen Jean Bouin.

Klassische finnische Disziplin gewonnen
Beidarmiges Speerwerfen hieß 1912 noch eine olympische Disziplin, wobei zuerst mit dem rechten, dann mit dem linken Arm geworfen wurde. Es siegte der Finne Juho Julius Saaristo mit einer Gesamtweite von 109,42 m und begründete hiermit eine finnische Domäne.

gut wie noch nie zuvor ab und hatte mit dem Breslauer Schwimmer Walther Bathe den überragenden Aktiven. Er gewann die 200 und die 400 m Brust. Die Schwimmer holten den Löwenanteil am deutschen Medaillensegen. In der Gesamtbilanz konnte sich erstmals Schweden knapp vor den USA und deutlich vor Großbritannien behaupten.

Stockholm 1912

LEICHTATHLETIK

100 m		
G	Ralph Cook Craig USA	10,8
S	Alvah Meyer USA	10,9
B	Donald Lippincott USA	10,9
200 m		
G	Ralph Cook Craig USA	21,7
S	Donald Lippincott USA	21,8
B	William Applegarth GB	22,0
400 m		
G	Charles Reidpath USA	48,2
S	Hanns Braun D	48,3
B	Edward Lindberg USA	48,4
800 m		
G	Ted Meredith USA	1:51,9
S	Melvin Winfield Sheppard USA	1:52,0
B	Ira Davenport USA	1:52,0
1500 m		
G	Arnold Jackson GB	3:56,8
S	Abel Kiviat USA	3:56,9
B	Norman Taber USA	3:56,9
5000 m		
G	Hannes Kolehmainen SF	14:36,6
S	Jean Bouin F	14:36,7
B	George Hutson GB	15:07,6
10 000 m		
G	Hannes Kolehmainen SF	31:20,8
S	Louis Tewanima USA	32:06,6
B	Albin Stenroos SF	32:21,8
Marathon		
G	Kennedy K. MacArthur ZA	2:36:54,8
S	Christian Gitsham ZA	2:37:52,0
B	Gaston Strobino USA	2:38:42,4
110-m-Hürden		
G	Frederick W. Kelly USA	15,1
S	James Wendell USA	15,2
B	Martin Hawkins USA	15,3
10 000-m-Gehen		
G	George Goulding CDN	46:28,4
S	Ernest Webb GB	46:50,4
B	Fernando Altimani I	47:37,6
4-x-100-m-Staffel		
G	Großbritannien	42,4
S	Schweden	42,6
4-x-400-m-Staffel		
G	USA	3:16,6
S	Frankreich	3:20,7
B	Großbritannien	3:23,2
3000-m-Lauf, Mannschaft (insgesamt ca. 12 000 m)		
G	USA	
S	Schweden	
B	Großbritannien	
Querfeldeinlauf		
G	Hannes Kolehmainen SF	45:11,6
S	Hjalmar Andersson S	45:44,8
B	John Eke S	46:37,6

USA STAERKSTE LEICHTATHLETIK-NATION

Stockholm 1912

Querfeldeinlauf, Mannschaft (insgesamt ca. 12 000 m)

G	Schweden	
S	Finnland	
B	Großbritannien	

Hochsprung

G	Alma Richards USA	1,93
S	Hans Liesche D	1,91
B	George Horine USA	1,89

Hochsprung aus dem Stand

G	Platt Adams USA	1,63
S	Benjamin Adams USA	1,60
B	Konstantin Tsiklitiras GR	1,55

Stabhochsprung

G	Harry Babcock USA	3,95
S	Frank Nelson USA	3,85
S	Marcus Wright USA	3,85
B	Bertil Uggla S	3,80
B	William Happenny CDN	3,80
B	Frank Murphy USA	3,80

Weitsprung

G	Albert Gutterson USA	7,60
S	Calvin Bricker CDN	7,21
B	Georg Åberg S	7,18

Weitsprung aus dem Stand

G	Konstantin Tsiklitiras GR	3,37
S	Platt Adams USA	3,36
B	Benjamin Adams USA	3,28

Dreisprung

G	Gustaf Lindblom S	14,76
S	Georg Åberg S	14,51
B	Erik Almlöf S	14,17

Kugelstoßen

G	Patrick McDonald USA	15,34
S	Ralph Rose USA	15,25
B	Lawrence Whitney USA	13,93

Kugelstoßen beidhändig (rechts und links)

G	Ralph Rose USA	27,70 (15,23 + 12,47)
S	Patrick McDonald USA	27,53 (15,08 + 12,45)
B	Elmer Niklander SF	27,14 (14,71 + 12,43)

Diskuswerfen

G	Armas Taipale SF	45,21
S	Richard Byrd USA	42,32
B	James Duncan USA	42,28

Diskuswerfen beidhändig (rechts und links)

G	Armas Taipale SF	82,86 (44,68 + 38,18)
S	Elmer Niklander SF	77,96 (40,28 + 37,68)
B	Emil Magnusson S	77,37 (40,58 + 36,79)

Hammerwerfen

G	Matthew McGrath USA	54,74
S	Duncan Gillis CDN	48,39
B	Clarence Childs USA	48,17

Speerwerfen

G	Eric Lemming S	60,64
S	Juho Julius Saaristo SF	58,66
B	Mór Kóczán H	55,50

Speerwerfen beidhändig (rechts und links)

G	Juho Julius Saaristo SF	109,42 (61,00 + 48,42)
S	Väinö Siikaniemi SF	101,13 (54,09 + 47,04)
B	Urho Peltonen SF	100,24 (53,58 + 46,66)

Tauziehen

G	Schweden	
S	Großbritannien	

US-Läufer waren zu stark

Hanns Braun (links) mußte – wie schon erwähnt – zwei unglückliche Niederlagen hinnehmen. Die US-Läufer – hier 800-m-Weltrekordler Ted Meredith vor dem Deutschen bei einem Zwischenlauf – waren einfach zu stark.

Zwei, die nicht das Ziel erreichten

Schnappschuß vom Marathonlauf in Stockholm. Der Finne Kolehmainen (vorn) und der Schwede Ahlgren (dahinter) kamen nicht ins Ziel. Der Finne stieg nach halber Distanz, der Schwede drei Kilometer vor dem Ziel aus.

Schützen um Medaillen
Die Schießwettbewerbe zogen überraschenderweise sehr viele Zuschauer an. Hier die schwedische Mannschaft im Pistolenschießen über 50 m.

Österreicher auf Platz drei
Kampf um die Bronzemedaille im Herrenflorett zwischen Richard Verderber (Österreich) und Edgar Seligman (England). Der Österreicher (links) gewann.

Deutsche Turner besiegt
Die beiden Mehrkampfwettbewerbe brachten den deutschen Riegen – hier der »Akademische Turnabend Leipzig« – nur die Plätze vier bzw. fünf ein.

Stockholm 1912

Fünfkampf*			
G	Ferdinand Bie***	N	
S	James Donahue	USA	
B	Frank Lukeman	CDN	
Zehnkampf**			
G	Hugo Wieslander***	S	6161
S	Charles Lomberg	S	5943
B	Gösta Holmér	S	5956
FECHTEN			
Florett			
G	Nedo Nadi	I	
S	Pietro Speciale	I	
B	Richard Verderber	A	
Degen			
G	Paul Anspach	B	
S	Ivan Osiier	DK	
B	Philippe le Hardy de Beaulieu	B	
Degen, Mannschaft			
G	Belgien		
S	Großbritannien		
B	Niederlande		
Säbel			
G	Jenö Fuchs	H	
S	Béla Békéssy	H	
B	Ervin Mészáros	H	
Säbel, Mannschaft			
G	Ungarn		
S	Österreich		
B	Niederlande		
SCHWIMMEN HERREN			
100-m-Freistil			
G	Duke Paoa Kahanamoku	USA	1:03,4
S	Cecil Healy	AUS	1:04,6
B	Kenneth Huszagh	USA	1:05,6
400-m-Freistil			
G	George Ritchie Hodgson	CDN	5:24,4
S	John Gatenby Hatfield	GB	5:25,8
B	Harold H. Hardwick	AUS	5:31,2
1500-m-Freistil			
G	George Ritchie Hodgson	CDN	22:00,0
S	John Gatenby Hatfield	GB	22:39,0
B	Harold H. Hardwick	AUS	23:15,4
100-m-Rücken			
G	Harry Hebner	USA	1:21,2
S	Otto Fahr	D	1:22,4
B	Paul Kellner	D	1:24,0
200-m-Brust			
G	Walter Bathe	D	3:01,8
S	Wilhelm Lützow	D	3:05,0
B	Kurt Malisch	D	3:08,0
400-m-Brust			
G	Walter Bathe	D	6:29,6
S	Thor Henning	S	6:35,6
B	Percy Courtman	GB	6:36,4

* bestehend aus: Weitsprung, Speerwerfen, 200 m, Diskuswerfen, 1500 m

** Da Disziplinen und Reihenfolge des Zehnkampfes bis heute gleichgeblieben sind, ist die Punktzahl nach der Wertung, die seit 1964 gilt, angegeben. So ist es auch erklärbar, warum der Dritte, Gösta Holmér, mehr Punkte aufweist als Charles Lomberg, der damals Zweiter wurde. Diese Regelung trifft auch auf alle folgenden angeführten Zehnkampf-Ergebnisse zu. Hier die Disziplinen: 100 m, Weitsprung, Kugelstoßen, Hochsprung, 400 m, 110-m-Hürden, Diskuswerfen, Stabhochsprung, Speerwerfen, 1500 m.

*** Der amerikanische Indianer Jim Thorpe, der in überlegener Manier sowohl den Fünf- als auch den Zehnkampf siegreich beendete, wurde nachträglich wegen eines geringfügigen Verstoßes gegen die Amateurbestimmungen disqualifiziert, jedoch am 13. Oktober 1982, also siebzig Jahre später, durch IOC-Beschluß rehabilitiert.

SKANDINAVIER IM RINGEN UEBERLEGEN

Stockholm 1912

4-×-200-m-Freistilstaffel

G	Australien	10:11,6
S	USA	10:20,2
B	Großbritannien	10:28,2

Kunstspringen

G	Paul Günther D
S	Hans Luber D
B	Kurt Behrens D

Turmspringen (einfach und zusammengesetzt)

G	Erik Adlerz S
S	Albert Zürner D
B	Gustaf Blomgren S

Einfaches Turmspringen (5 und 10 m)

G	Erik Adlerz S
S	Hjalmar Johansson S
B	John Jansson S

Wasserball

G	Großbritannien
S	Schweden
B	Belgien

SCHWIMMEN DAMEN

100-m-Freistil

G	Fanny Durack AUS	1:22,2
S	Wilhelmina Wylie AUS	1:25,4
B	Jennie Fletcher GB	1:27,0

4-×-100-m-Freistilstaffel

G	Großbritannien	5:52,8
S	Deutschland	6:04,6
B	Österreich	6:17,0

Turmspringen

G	Greta Johanson S
S	Lisa Regnell S
B	Isabelle White GB

RINGEN, GRIECHISCH-RÖMISCHER STIL

Federgewicht

G	Kalle Koskelo SF
S	Georg Gerstacker D
B	Otto Lasanen SF

Leichtgewicht

G	Eemeli Väre SF
S	Gustaf Malmström S
B	Edvin Matiasson S

Mittelgewicht

G	Claes Johanson S
S	Martin Klein RUS
B	Alfred Asikainen SF

Halbschwergewicht

G	nicht vergeben*
S	Anders Ahlgren S
S	Ivar Böhling SF
B	Béla Varga H

Schwergewicht

G	Yrjö Saarela SF
S	Johan Fredrik Olin SF
B	Sören M. Jensen DK

MODERNER FÜNFKAMPF**

G	Gösta Lilliehöök S
S	Gösta Åsbrink S
B	Georg de Laval S

* Ahlgren und Böhling kämpften neun Stunden miteinander, ohne eine Entscheidung herbeiführen zu können. Aus diesem Grund wurde keine Goldmedaille vergeben und beide Ringer auf den 2. Rang gesetzt.
** bestehend aus: Reiten, Schießen, Fechten, Schwimmen, Geländelauf

Englands Fußballer klar vorn

Die Fußballer von der britischen Insel gewannen zum dritten Mal ein olympisches Turnier. Im Finale (unser Bild) wurden die Dänen 4:2 besiegt.

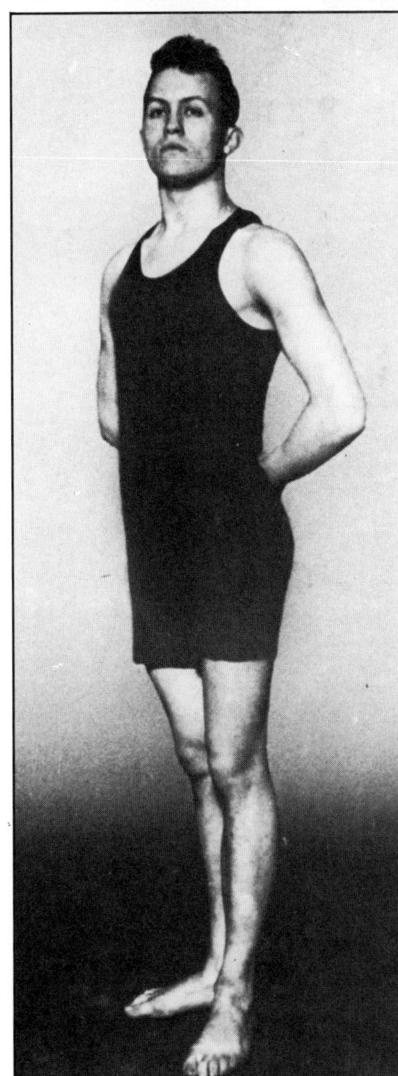

Deutsche mischten mit

Hans Liesche (links) konnte im Hochsprung überraschend Silber gewinnen. Für Curt Bretting blieb im 100-m-Freistil-Rennen »nur« der vierte Platz.

Medaillen für deutsche Tenniscracks

Die deutschen Tennisspieler kamen mit je einmal Gold, Silber und Bronze nach Hause. Im Herrendoppel – im Bild ein Ausschnitt aus dem Finale Südafrika gegen Österreich – konnten sie allerdings nicht mitmischen.

Tradition im Rudern wurde begründet

Im Vierer mit Steuermann gab es Gold für den Ludwigshafener RV (rechts), womit eine Tradition für die deutschen Ruderer begründet wurde. Denn diese Bootsklasse blieb auf Erfolgskurs. Unten der siegreiche britische Achter.

Stockholm 1912

RUDERN

Einer

G	William Kinnear	GB
S	Polydore Veirman	B
B	Everard B. Butler	CDN
B	Maximilian Kusik	RUS

Vierer mit Steuermann

G	Deutschland
S	Großbritannien
B	Dänemark
B	Norwegen

Innendollen-Vierer mit Steuermann

G	Dänemark
S	Schweden
B	Norwegen

Achter

G	Großbritannien
S	Großbritannien
B	Deutschland

SEGELN

6 m

G	Frankreich
S	Dänemark
B	Schweden

8 m

G	Norwegen
S	Schweden
B	Finnland

10 m

G	Schweden
S	Finnland
B	Rußland

12 m

G	Norwegen
S	Schweden
B	Finnland

RADSPORT

Straßenrennen (320 km)

G	Rudolph Lewis	ZA	10:42:39,0
S	Frederick Grubb	GB	10:51:24,2
B	Carl Schutte	USA	10:52:38,8

Straßenrennen, Mannschaft (320 km)

G	Schweden	44:35:33,6
S	Großbritannien	44:44:39,2
B	USA	44:47:55,5

REITSPORT

Military

G	Axel Nordlander	S
S	Friedrich von Rochow	D
B	Jean Cariou	F

Military, Mannschaft

G	Schweden
S	Deutschland
B	USA

Dressur

G	Carl Graf Bonde	S
S	Gustaf Adolf Boltenstern sen.	S
B	Hans von Blixen-Finecke	S

Jagdspringen

G	Jean Cariou	F
S	Rabod Wilhelm von Kröcher	D
B	Emanuel de Blommaert de Soye	B

Jagdspringen, Mannschaft

G	Schweden
S	Frankreich
B	Deutschland

SCHIESSEN

Freies Gewehr (300 m)

G	Paul Colas	F
S	Lars Jörgen Madsen	DK
B	Niels Hansen Ditlev Larsen	DK

DEUTSCHLAND HOLT GOLD IM TENNIS

Stockholm 1912

Freies Gewehr, Mannschaft (300 m)

G Schweden
S Norwegen
B Dänemark

Kleinkaliber (25 m) Verschwindendes Ziel

G Wilhelm Carlberg S
S Johan Hübner von Holst S
B Gustaf Ericsson S

Kleinkaliber (50 m) beliebige Stellung

G Frederick Hird USA
S William Milne GB
B Harry Burt GB

Kleinkaliber, Mannschaft, 25 m

G Schweden
S Großbritannien
B USA

Kleinkaliber, Mannschaft, 50 m

G Großbritannien
S Schweden
B USA

Armeegewehr (300 m) Dreistellungskampf

G Sándor Prokopp H
S Carl T. Osburn USA
B Embret Skogen N

Armeegewehr (600 m) beliebige Stellung

G Paul Colas F
S Carl T. Osburn USA
B Joseph Jackson USA

Armeegewehr, Mannschaft (200, 400, 500, 600 m)

G USA
S Großbritannien
B Schweden

Schnellfeuerpistole oder Revolver (30 m)

G Alfred Lane USA
S Paul Palén S
B Johan Hübner von Holst S

Beliebige Scheibenpistole (50 m)

G Alfred Lane USA
S Peter Dolfen USA
B Charles Edward Stewart GB

Armeerevolver, Mannschaft, 30 m

G Schweden
S Rußland
B Großbritannien

Armeerevolver, Mannschaft, 50 m

G USA
S Schweden
B Großbritannien

Laufender Hirsch, Einzelschuß

G Alfred Swahn S
S Åke Lundeberg S
B Nestori Toivonen SF

Laufender Hirsch, Einzelschuß, Mannschaft

G Schweden
S USA
B Finnland

Laufender Hirsch, Doppelschuß

G Åke Lundeberg S
S Edvard Benedicks S
B Oscar Swahn S

Tontaubenschießen

G James Graham USA
S Alfred Goeldel D
B Harry Blau RUS

Tontaubenschießen, Mannschaft

G USA
S Großbritannien
B Deutschland

TURNEN

Mehrkampf

G Alberto Braglia I
S Louis Ségura F
B Adolfo Tunesi I

Mehrkampf, Mannschaft

G Italien
S Ungarn
B Großbritannien

Schwedisches Turnen für Mannschaften

G Schweden
S Dänemark
B Norwegen

Freies System, Mannschaft

G Norwegen
S Finnland
B Dänemark

TENNIS

Herreneinzel

G Charles Lyndhurst Winslow ZA
S Harold Austin Kitson ZA
B Oscar Kreuzer D

Herreneinzel (Halle)

G André H. Gobert F
S Charles Percy Dixon GB
B Anthony F. Wilding NZ

Dameneinzel

G Marguerite Broquedis F
S Dora Köring D
B Molla Bjurstedt N

Dameneinzel (Halle)

G Edith M. Hannam GB
S Thora G. S. Castenschiold DK
B Mabel G. Parton GB

Herrendoppel

G Südafrika
S Österreich
B Frankreich

Herrendoppel (Halle)

G Frankreich
S Schweden
B Großbritannien

Gemischtes Doppel

G Deutschland
S Schweden
B Frankreich

Gemischtes Doppel (Halle)

G Großbritannien
S Großbritannien
B Schweden

FUSSBALL

G Großbritannien
S Dänemark
B Niederlande

König und Kronprinz bei Siegerehrung

Der Schwede Gösta Lilliehöök nimmt aus der Hand von König Gustav V. die Goldmedaille entgegen (oben). Unten ehrt der Kronprinz die deutsche Damenschwimmstaffel.

VII. Olympische Sommerspiele
23. April bis 12. September 1920 in Antwerpen

Nach Stockholm hätte sich die Jugend der Welt, wie euphorische Funktionäre die Olympiakämpfer immer wieder gerne nennen, in Berlin treffen sollen. Doch diese Veranstaltung fiel dem Ersten Weltkrieg zum Opfer. Die Verantwortlichen des IOC arbeiteten jedoch auf einen schnellen Neubeginn hin, so daß schon zwei Jahre nach Ende des Krieges die nächsten Spiele stattfinden konnten.

In Antwerpen nahmen 29 Nationen mit 2606 Aktiven an den Spielen teil; deutsche Sportler blieben allerdings ausgeschlossen.

Von den recht mühsam ablaufenden Spielen – die Reiter führten ihre Wettbewerbe erst im September durch – blieb wenig Glanz für die Chronisten. Bemerkenswert war auf jeden Fall das erstmalige Benutzen der Olympiafahne mit den fünf ineinander verschlungenen Ringen.

Sportlich gingen diese Spiele als die Zeit des Aufstiegs einer neuen Sportmacht in die Annalen ein. Finnlands Leichtathleten gewannen allein neun der insgesamt vierzehn Goldmedaillen, die die Mannschaft aus dem Land der tausend Seen erringen konnte. In Antwerpen ging auch der Stern ihres größten Athleten auf: Paavo Nurmi (→ Leichtathletik).

Die Amerikaner erwiesen sich wieder einmal allen übrigen Teilnehmern als hoch überlegen und sicherten sich den Löwenanteil der Medaillen.

Stadion war nur selten gefüllt

Die Spiele in der belgischen Hauptstadt zogen nicht gerade die Massen an. Das 30 000 Zuschauern Platz bietende Olympiastadion war meist halb gefüllt. Nur bei der Eröffnung gab es gute Resonanz.

Antwerpen 1920

LEICHTATHLETIK

100 m

G	Charles William Paddock	USA	10,8
S	Morris Marshall Kirksey	USA	10,8
B	Harry Francis V. Edward	GB	11,0

200 m

G	Allen Woodring	USA	22,0
S	Charles William Paddock	USA	22,1
B	Harry Francis V. Edward	GB	22,2

400 m

G	Bevil Rudd	ZA	49,6
S	Guy Butler	GB	49,9
B	Nils Engdahl	S	50,0

800 m

G	Albert George Hill	GB	1:53,4
S	Earl Eby	USA	1:53,6
B	Bevil Rudd	ZA	1:54,0

1500 m

G	Albert George Hill	GB	4:01,8
S	Philip Baker	GB	4:02,4
B	Lawrence Shields	USA	4:03,1

5000 m

G	Joseph Guillemot	F	14:55,6
S	Paavo Nurmi	SF	15:00,0
B	Erik Backman	S	15:13,0

10 000 m

G	Paavo Nurmi	SF	31:45,8
S	Joseph Guillemot	F	31:47,2
B	James Wilson	GB	31:50,8

Marathon

G	Hannes Kolehmainen	SF	2:32:35,8
S	Jüri Lossmann	EST	2:32:48,6
B	Valerio Arri	I	2:36:32,8

110-m-Hürden

G	Earl Thomson	CDN	14,8
S	Harold Barron	USA	15,1
B	Frederick Murray	USA	15,2

400-m-Hürden

G	Frank Loomis	USA	54,0
S	John Norton	USA	54,3
B	August Desch	USA	54,5

3000-m-Hindernislauf

G	Percy Hodge	GB	10:00,4
S	Patrick Flynn	USA	(?)
B	Ernesto Ambrosini	I	(?)

4-x-100-m-Staffel

G	USA	42,2
S	Frankreich	42,6
B	Schweden	42,9

4-x-400-m-Staffel

G	Großbritannien	3:22,2
S	Südafrika	3:24,2
B	Frankreich	3:24,8

3000-m-Lauf, Mannschaft

G	USA
S	Großbritannien
B	Schweden

Querfeldeinlauf (ca. 8000 m)

G	Paavo Nurmi	SF	27:15,0
S	Erik Backman	S	27:17,6
B	Heikki Liimatainen	SF	27:37,4

Querfeldeinlauf, Mannschaft (ca. 8000 m)

G	Finnland
S	Großbritannien
B	Schweden

3000-m-Gehen

G	Ugo Frigerio	I	13:14,2
S	George Parker	AUS	(?)
B	Richard Frederick Remer	USA	(?)

10 000-m-Gehen

G	Ugo Frigerio	I	48:06,2
S	Joseph Pearman	USA	(?)
B	Charles Gunn	GB	(?)

Hochsprung

G	Richmond Landon	USA	1,935
S	Harold Muller	USA	1,900
B	Bo Ekelund	S	1,900

Stabhochsprung

G	Frank Foss	USA	4,09
S	Henry Petersen	DK	3,70
B	Edwin Myers	USA	3,60

Wetter spielte mit

Für die Marathonläufer gab es in Antwerpen gute äußere Bedingungen. Auch das Wetter spielte mit.

Einwanderer siegten für die neue Heimat

Die US-Olympiasieger kamen häufig aus europäischen Ländern. Die Einwanderer aus Irland stellten zum Beispiel dreimal den Olympiasieger im Hammerwurf. Hier Patrick Ryan 1920.

Zweimal Bronze

Der in Britisch-Guayana geborene Harry Edward gewann im Sprint zweimal Bronze.

Starker Brite

Percy Hodge aus England gewann mit 100 m Vorsprung den 3000-m-Hindernislauf.

Ohne Chance

James Wilson aus England gewann zwar einen Vorlauf, war im 10000-m-Finale aber ohne Chance.

Antwerpen 1920

Weitsprung

G	William Petersson S	7,150
S	Carl Johnson USA	7,095
B	Erik Abrahamsson S	7,080

Dreisprung

G	Vilho Tuulos SF	14,505
S	Folke Jansson S	14,480
B	Erik Almlöf S	14,270

Kugelstoßen

G	Wille Pörhölä SF	14,810
S	Elmer Niklander SF	14,155
B	Harry Liversedge USA	14,150

Gewichtwerfen (25,4 kg)

G	Patrick McDonald USA	11,265
S	Patrick Ryan USA	10,965
B	Carl Johan Lind S	10,250

Diskuswerfen

G	Elmer Niklander SF	44,685
S	Armas Taipale SF	44,190
B	Augustus Pope USA	42,130

Hammerwerfen

G	Patrick Ryan USA	52,875
S	Carl Johan Lind S	48,430
B	Basil Bennet USA	48,250

Speerwerfen

G	Jonni Myyrä SF	65,780
S	Urho Peltonen SF	63,500
B	Pekka Johansson-Jaale SF	63,095

Fünfkampf

G	Eero Lehtonen SF
S	Everett Bradley USA
B	Hugo Lahtinen SF

Zehnkampf

G	Helge Lövland N	5970
S	Brutus Hamilton USA	5940
B	Bertil Ohlson S	5825

Tauziehen

G	Großbritannien
S	Niederlande
B	Belgien

FECHTEN

Florett

G	Nedo Nadi I
S	Philippe Cattiau F
B	Roger Ducret F

Florett, Mannschaft

G	Italien
S	Frankreich
B	USA

Degen

G	Armand Massard F
S	Alexandre Lippmann F
B	Gustave Buchard F

Degen, Mannschaft

G	Italien
S	Belgien
B	Frankreich

Säbel

G	Nedo Nadi I
S	Aldo Nadi I
B	Adrianus E. W. de Jong NL

Säbel, Mannschaft

G	Italien
S	Frankreich
B	Niederlande

SCHWIMMEN HERREN

100-m-Freistil

G	Duke Paoa Kahanamoku USA	1:01,4
S	Pua Kela Kealoha USA	1:02,2
B	William Harris USA	1:03,0

Antwerpen 1920

400-m-Freistil

G	Norman Ross USA	5:26,8
S	Ludy Langer USA	5:29,0
B	George Vernot CDN	5:29,6

1500-m-Freistil

G	Norman Ross USA	22:23,2
S	George Vernot CDN	22:36,4
B	Frank Beaurepaire AUS	23:04,0

100-m-Rücken

G	Warren Paoa Kealoha USA	1:15,2
S	Ray Kegeris USA	1:16,2
B	Gérard Blitz B	1:19,0

200-m-Brust

G	Håkan Malmrot S	3:04,4
S	Thor Henning S	3:09,2
B	Arvo Aaltonen SF	3:12,2

400-m-Brust

G	Håkan Malmrot S	6:31,8
S	Thor Henning S	6:45,2
B	Arvo Aaltonen SF	6:48,0

4-×-200-m-Freistilstaffel

G	USA	10:04,4
S	Australien	10:29,4
B	Großbritannien	10:37,2

Kunstspringen

G	Louis Kuehn USA
S	Clarence Pinkston USA
B	Louis Balbach USA

Turmspringen (5 und 10 m)

G	Clarence Pinkston USA
S	Erik Adlerz S
B	Harry Prieste USA

Einfaches Turmspringen (3 und 10 m)

G	Arvid Wallman S
S	Nils Skoglund S
B	John Jansson S

Wasserball

G	Großbritannien
S	Belgien
B	Schweden

SCHWIMMEN DAMEN

100-m-Freistil

G	Ethelda Bleibtrey USA	1:13,6
S	Irene Guest USA	1:17,0
B	Frances Schroth USA	1:17,2

300-m-Freistil

G	Ethelda Bleibtrey USA	4:34,0
S	Margaret Woodbridge USA	4:42,8
B	Frances Schroth USA	4:52,0

4-×-100-m-Freistilstaffel

G	USA	5:11,6
S	Großbritannien	5:40,8
B	Schweden	5:43,6

Kunstspringen

G	Aileen Riggin USA
S	Helen Wainwright USA
B	Thelma Payne USA

Turmspringen

G	Stefani Fryland-Clausen DK
S	Eileen Armstrong GB
B	Eva Ollivier S

BOXEN

Fliegengewicht

G	Frankie Genaro USA
S	Anders Petersen DK
B	William Cuthbertson GB

Bantamgewicht

G	Clarence Walker ZA
S	Chris J. Graham CDN
B	James McKenzie GB

Kunst- und Turmspringer begeisterten Publikum

Ob vom Ein- oder Drei-Meter-Brett oder vom Zehn-Meter-Turm: die Springer zeigten schon großartiges Können – wie hier der Amerikaner Louis Balbach (Dritter im Kunstspringen).

Antwerpen 1920

Federgewicht

G	Paul Fritsch F
S	Jean Gachet F
B	Edoardo Garzena I

Leichtgewicht

G	Samuel Mosberg USA
S	Gotfred Johansen DK
B	Chris Newton CDN

Weltergewicht

G	Bert Schneider CDN
S	Alexander Ireland GB
B	Frederick Colberg USA

Mittelgewicht

G	Harry Mallin GB
S	Georges A. Prud'Homme CDN
B	Moe H. Herscovitch CDN

Halbschwergewicht

G	Eddie Eagan USA
S	Sverre Sörsdal N
B	H. Franks GB

Schwergewicht

G	Ronald Rawson GB
S	Sören Petersen DK
B	Xavier Eluère F

GEWICHTHEBEN*

Federgewicht

G	Frans de Haes B
S	Alfred Schmidt EST
B	Eugène Ryther CH

Leichtgewicht

G	Alfred Neuland EST
S	Louis Williquet B
B	Florimond Rooms B

Mittelgewicht

G	Henri Gance F
S	Pietro Bianchi I
B	Albert Pettersson S

Leichtschwergewicht

G	Ernest Cadine F
S	Fritz Hünenberger CH
B	Erik Pettersson S

Schwergewicht

G	Filippo Bottino I
S	Joseph Alzin L
B	Louis Bernot F

RINGEN, GRIECHISCH-RÖMISCHER STIL

Federgewicht

G	Oskari Friman SF
S	Heikki Kähkönen SF
B	Frithiof Svensson S

Leichtgewicht

G	Eemeli Väre SF
S	Taavi Tamminen SF
B	Frithjof Andersen N

Mittelgewicht

G	Carl Westergren S
S	Artur Lindfors SF
B	Matti Perttilä SF

Halbschwergewicht

G	Claes Johanson S
S	Edil Rosenqvist SF
B	Johannes Eriksen DK

Schwergewicht

G	Adolf Lindfors SF
S	Poul Hansen DK
B	Martti Nieminen SF

* 1920: Einarmiges Reißen, Stoßen, Beidarmiges Stoßen; 1924: Einarmiges Reißen, Stoßen, Beidarmiges Drücken, Reißen, Stoßen; ab 1928: Beidarmiges Drücken, Reißen, Stoßen; ab 1976: Beidarmiges Reißen, Stoßen

Medaillen gab es nur für Sieben-Meter-Sätze

Dem Amerikaner Robert Templeton (Bild) reichten 6,95 m im Weitsprung nur zum vierten Platz. Die Medaillengewinner waren alle über die Sieben-Meter-Marke gekommen.

US-Amerikaner dominierten im Hochsprung

Unter den ersten Fünf des Hochsprungwettbewerbs lagen vier US-Athleten. Für John Murphy (Bild) gab es bei 1,85 m nur einen enttäuschenden fünften Rang und daher keine Medaille.

Antwerpen 1920

FREISTILRINGEN

Federgewicht

G Charles Edwin Ackerly USA
S Samuel Gerson USA
B P. W. Bernard GB

Leichtgewicht

G Kalle Anttila SF
S Gottfrid Svensson S
B Peter Wright GB

Mittelgewicht

G Eino Leino SF
S Väinö Penttala SF
B Charles Johnson USA

Halbschwergewicht

G Anders Larsson S
S Charles Courant CH
B Walter Maurer USA

Schwergewicht

G Robert Roth CH
S Nathan Pendleton USA
B Ernst Nilsson S
B Frederick Meyer USA

MODERNER FÜNFKAMPF

G Gustaf Dyrssen S
S Erik de Laval S
B Gösta Runö S

RUDERN

Einer

G John Kelly sen. USA
S Jack Beresford jun. GB
B D. Clarence Hadfield d'Arcy NZ

Doppelzweier

G USA
S Italien
B Frankreich

Zweier mit Steuermann

G Italien
S Frankreich
B Schweiz

Vierer mit Steuermann

G Schweiz
S USA
B Norwegen

Achter

G USA
S Großbritannien
B Norwegen

SEGELN

12-Fuß-Dinghi

G Niederlande »Beatrijs III«
S Niederlande »Boreas«

18-Fuß-Dinghi

G Großbritannien »Brat«

6 m

G Norwegen »Jo«
S Belgien »Tan-Fe-Pah«

6 m, Typ 1907

G Belgien »Edelweiß«
S Norwegen »Marmi«
B Norwegen »Stella«

6,5 m, Typ 1919

G Niederlande »Oranje«
S Frankreich »Rose Pompon«

7 m

G Großbritannien »Ancora«

8 m

G Norwegen »Sildra«
S Norwegen »Lyn«
B Belgien »Antwerpia«

Nach acht Jahren noch immer einsame Klasse

Der Finne Hannes Kolehmainen auf den letzten Metern des Marathonlaufes. Acht Jahre nach den Triumphen von Stockholm holte er in Antwerpen über die lange Laufstrecke seine vierte Goldmedaille.

Ein Norweger wurde »König der Athleten«

Helge Lövland aus Norwegen beim Diskuswerfen. Der Mann aus dem Land der Skilangläufer gewann den Zehnkampf in Antwerpen mit 30 Punkten Vorsprung vor dem Amerikaner Brutus Hamilton.

Belgier hatten sich viel Mühe gegeben

Die Organisatoren der Antwerpener Spiele hatten für alles gesorgt. Rechts das Hockey-Programmheft, unten das offizielle Olympia-Programmheft, ganz unten die Eishalle, in der Eisläufer und Eishockeyspieler ein Gastspiel gaben.

Antwerpen 1920

8 m, Typ 1907

G	Norwegen	»Irene«
S	Norwegen	»Fornebo«

10 m, Typ 1907

G	Norwegen	»Eleda«

10 m, Typ 1919

G	Norwegen	»Mosk II«

12 m, Typ 1907

G	Norwegen	»Atlanta«

12 m, Typ 1919

G	Norwegen	»Heira II«

30 m²

G	Schweden	»Kullan«

40 m²

G	Schweden	»Sif«
S	Schweden	»Elsie«

RADSPORT

Straßenrennen (175 km)

G	Harry Stenqvist S	4:40:01,8
S	Henry Justaves Kaltenbrun ZA	4:41:26,6
B	Fernand Canteloube F	4:42:54,4

Straßenrennen, Mannschaft (175 km)

G	Frankreich	19:16:43,2
S	Schweden	19:23:10,0
B	Belgien	19:28:44,4

1000-m-Sprint

G	Maurice Peeters NL
S	Thomas Johnson GB
B	Harry Ryan GB

2000-m-Tandem

G	Großbritannien
S	Südafrika
B	Niederlande

4000-m-Mannschafts-Verfolgungsrennen

G	Italien	5:20,0
S	Großbritannien	(?)
B	Südafrika	(?)

50-km-Bahnrennen

G	Henry George B	1:16:43,2
S	Cyril Albert Alden GB	(?)
B	Piet Ikelaar NL	(?)

REITSPORT

Military

G	Helmer Mörner S
S	Åge Lundström S
B	Ettore Caffaratti I

Military, Mannschaft

G	Schweden
S	Italien
B	Belgien

Dressur

G	Janne Lundblad S
S	Bertil Sandström S
B	Hans von Rosen S

Jagdspringen

G	Tommaso Lequio I
S	Alessandro Valerio I
B	Carl Gustaf Lewenhaupt S

Jagdspringen, Mannschaft

G	Schweden
S	Belgien
B	Italien

Kunstreiten

G	Bouckaert B
S	Fiel F
B	Finet B

Antwerpen 1920

Kunstreiten, Mannschaft

G Belgien
S Frankreich
B Schweden

POLO

G Großbritannien
S Spanien
B USA

SCHIESSEN

Armeegewehr (300 m) Dreistellungskampf

G Morris Fisher USA
S Niels Hansen Ditlev Larsen DK
B Östen Östensen N

stehend

G Carl Townsend Osburn USA
S Lars Jörgen Madsen DK
B Larwence Adam Nuesslein USA

liegend

G Otto M. Olsen N
S Léon Johnson F
B Fritz Kuchen CH

Armeegewehr, Mannschaft (300 m) Dreistellungskampf

G USA
S Norwegen
B Schweiz

stehend

G Dänemark
S USA
B Schweden

liegend

G USA
S Frankreich
B Finnland

Armeegewehr (600 m) liegend

G Carl Hugo Johansson S
S Mauritz Eriksson S
B Lloyd Spooner USA

Armeegewehr, Mannschaft (600 m) liegend

G USA
S Südafrika
B Schweden

Armeegewehr, Mannschaft (300 und 600 m) liegend

G USA
S Norwegen
B Schweiz

Kleinkaliber (50 m)

G Lawrence Adam Nuesslein USA
S Arthur Rothrock USA
B Dennis Fenton USA

Kleinkaliber, Mannschaft (50 m)

G USA
S Schweden
B Norwegen

Beliebige Scheibenpistole (50 m)

G Karl Frederick USA
S Afriano da Costa BR
B Alfred Lane USA

Schnellfeuerpistole oder Revolver (30 m)

G Guilherme Paraense BR
S Raymond Bracken USA
B Fritz Zulauf CH

Armeerevolver, Mannschaft 30 m

G USA
S Griechenland
B Schweiz

50 m

G USA
S Schweden
B Brasilien

Laufender Hirsch, Einzelschuß

G Otto M. Olsen N
S Alfred Swahn S
B Harald Natvig N

Laufender Hirsch, Einzelschuß, Mannschaft

G Norwegen
S Finnland
B USA

Laufender Hirsch, Doppelschuß

G Ole Andreas Lilloe-Olsen N
S Fredrik Landelius S
B Einar Liberg N

Laufender Hirsch, Doppelschuß, Mannschaft

G Norwegen
S Schweden
B Finnland

Tontaubenschießen

G Mark Arie USA
S Frank Troeh USA
B Frank Wright USA

Tontaubenschießen, Mannschaft

G USA
S Belgien
B Schweden

BOGENSCHIESSEN

Festes Vogelziel Kleiner Vogel

G Edmond van Moer B
S Louis van de Perck B
B Joseph Hermans B

Großer Vogel

G Edouard Cloetens B
S Louis van de Perck B
B Firmin Flamand B

Festes Vogelziel, Mannschaft Kleiner Vogel

G Belgien

Großer Vogel

G Belgien

Bewegliches Vogelziel 28 m

G Hubert van Innis B
S Léonce Gaston Quentin F

33 m

G Hubert van Innis B
S Julien Louis Brulé F

50 m

G Julien Louis Brulé F
S Hubert van Innis B

Bewegliches Vogelziel, Mannschaft 28 m

G Niederlande
S Belgien
B Frankreich

33 m

G Belgien
S Frankreich

50 m

G Belgien
S Frankreich

TURNEN

Mehrkampf

G Giorgio Zampori I
S Marco Torrès F
B Jean Gounot F

Mehrkampf, Mannschaft

G Italien
S Belgien
B Frankreich

Schwedisches Turnen für Mannschaften

G Schweden
S Dänemark
B Belgien

Freies System, Mannschaft

G Dänemark
S Norwegen

TENNIS

Herreneinzel

G Louis Raymond ZA
S Ichiya Kumagai J
B Charles Lyndhurst Winslow ZA

Dameneinzel

G Suzanne Lenglen F
S Edith Dorothy Holman GB
B Kathleen McKane GB

Herrendoppel

G Großbritannien
S Japan
B Frankreich

Damendoppel

G Großbritannien
S Großbritannien
B Frankreich

Gemischtes Doppel

G Frankreich
S Großbritannien
B Tschechoslowakei

FUSSBALL

G Belgien
S Spanien
B Niederlande

RUGBY

G USA
S Frankreich

HOCKEY

G Großbritannien
S Dänemark
B Belgien

EISKUNSTLAUF

Herren

G Gillis Grafström S
S Andreas Krogh N
B Martin Stixrud N

Damen

G Magda Henrietta Maria Julin S
S Svea Norén S
B Theresa Weld USA

Paarlauf

G Ludowika Jakobsson/Walter Jakobsson SF
S Alexia Bryn/Yngvar Bryn N
B Phyllis Johnson/Basil Williams GB

EISHOCKEY

G Kanada
S USA
B Tschechoslowakei

Wimbledon-Asse um olympisches Gold

Im Tenniswettbewerb der Damen starteten auch die Wimbledon-Asse Suzanne Lenglen (F, dritte von links) und Kathleen McKane (GB, ganz rechts), hier mit Gegnerinnen aus Belgien und England.

VIII. Olympische Sommerspiele
4. Mai bis 27. Juli 1924 in Paris

Paris erlebte auf besonderen Wunsch des Begründers der modernen Olympischen Spiele und langjährigen IOC-Präsidenten, Baron Pierre de Coubertin, in diesem Jahr bereits seine zweite Olympiade, die von 44 Nationen mit 3092 Aktiven, darunter 134 Frauen, beschickt wurde. Noch immer sahen die Organisatoren die Teilnahme einer deutschen Mannschaft als Problem an und luden den Weltkriegsverlierer wiederum nicht ein. Seine ehemaligen Verbündeten Österreich, Ungarn, Bulgarien und die Türkei durften hingegen wieder teilnehmen.

Die Seine-Metropole präsentierte für alle Wettbewerbe vorzüglich gestaltete Sportstätten: Das neue Stadion in Colombes verfügte sogar über eine 500-m-Bahn; das Schwimmstadion in Tourelles mit seinen sechs Bahnen und der kühnen Architektur galt für damalige Zeiten als kleines Wunderwerk; und auch das erstmals erstellte olympische Dorf bedeutete einen großen Fortschritt.

Die Wettbewerbe werden mit den Namen Paavo Nurmi und Johnny Weissmüller (→ Porträts) verbunden bleiben, deren Leistungen vieles überstrahlten. In der Leichtathletik gab es erstmals einen Einbruch der sieggewohnten US-Athleten, die in den Laufwettbewerben kaum etwas erben konnten. Zu den großen Überraschungssiegern gehörte der Brite Harold Abrahams im 100-m-Lauf; sein Landsmann Eric Liddell, ein presbyterianischer Pfarrer aus Schottland, schnappte den US-Läufern auch die 400-m-Goldmedaille weg.

Größeren Anklang als vorher fand das Fußballturnier. Die Spiele lösten oft stürmische Begeisterung aus, vor allem die in Europa praktisch unbekannten Fußballkünstler aus Uruguay entzückten die Franzosen. Bei ihrem 3:0-Finalsieg gegen die Schweiz wurden sie von 40 000 Besuchern umjubelt.

Man gelobte faire Kämpfe

Der 1920 eingeführte olympische Eid wurde in Paris von Geo Andre (Bild) gesprochen. Die Formel wurde stellvertretend für alle Teilnehmer von einem Athleten des Gastgeberlandes gesprochen.

Von »schöner Wohnen« keine Rede

Das erste olympische Dorf in der Geschichte der Spiele wirkte in Paris wie eine schäbige Notunterkunft für Obdachlose. Die Athleten konnten sich dort nicht gerade wohl fühlen.

Paris 1924

LEICHTATHLETIK

100 m

G	Harold Abrahams GB	10,6
S	Jackson Scholz USA	10,7
B	Arthur Porritt NZ	10,8

200 m

G	Jackson Scholz USA	21,6
S	Charles William Paddock USA	21,7
B	Eric Liddell GB	21,9

400 m

G	Eric Liddell GB	47,6
S	Horatio Fitch USA	48,4
B	Guy Butler GB	48,6

800 m

G	Douglas Lowe GB	1:52,4
S	Paul Martin CH	1:52,6
B	Enck Schuyler USA	1:53,0

1500 m

G	Paavo Nurmi SF	3:53,6
S	Willy Schärer CH	3:55,0
B	Henry Stallard GB	3:55,6

5000 m

G	Paavo Nurmi SF	14:31,2
S	Ville Ritola SF	14:31,4
B	Edvin Wide S	15:01,8

10 000 m

G	Ville Ritola SF	30:23,2
S	Edvin Wide S	30:55,2
B	Eero Berg SF	31:43,0

Marathon

G	Albin Stenroos SF	2:41:22,6
S	Romeo Bertini I	2:47:19,6
B	Clarence DeMar USA	2:48:14,0

110-m-Hürden

G	Daniel Kinsey USA	15,0
S	Sidney Atkinson ZA	15,0
B	Sten Pettersson S	15,4

400-m-Hürden

G	Frank Morgan Taylor USA	52,6
S	Erik Vilén SF	53,8
B	Ivan Riley USA	54,2

3000-m-Hindernislauf

G	Ville Ritola SF	9:33,6
S	Elias Katz SF	9:44,0
B	Paul Bontemps F	9:45,2

4-×-100-m-Staffel

G	USA	41,0
S	Großbritannien	41,2
B	Niederlande	41,8

4-×-400-m-Staffel

G	USA	3:16,0
S	Schweden	3:17,0
B	Großbritannien	3:17,4

3000-m-Lauf, Mannschaft

G	Finnland	
S	Großbritannien	
B	USA	

Querfeldeinlauf (10 000 m)

G	Paavo Nurmi SF	32:54,8
S	Ville Ritola SF	34:19,4
B	Earl Johnson USA	35:21,0

Querfeldeinlauf, Mannschaft (10 000 m)

G	Finnland	
S	USA	
B	Frankreich	

10 000-m-Gehen

G	Ugo Frigerio I	47:49,0
S	Gordon Goodwin GB	(?)
B	Cecil Charles McMaster ZA	(?)

Hochsprung

G	Harold M. Osborn USA	1,98
S	Leroy Brown USA	1,95
B	Pierre Lewden F	1,92

Danach ging's nach Hollywood

Die Goldmedaillen von Antwerpen erleichterten Johnny Weissmüller den Start ins Showgeschäft.

Paris 1924

Stabhochsprung

G	Lee Barnes USA	3,95
S	Glen Graham USA	3,95
B	James Brooker USA	3,90

Weitsprung

G	William DeHart Hubbard USA	7,445
S	Edward Gourdin USA	7,275
B	Sverre Hansen N	7,260

Dreisprung

G	Nick Winter AUS	15,525
S	Luis Bruneto RA	15,425
B	Vilho Tuulos SF	15,370

Kugelstoßen

G	Bud Houser USA	14,995
S	Glenn Hartranft USA	14,895
B	Ralph Hills USA	14,640

Diskuswerfen

G	Bud Houser USA	46,155
S	Vilho Nüttymaa SF	44,950
B	Thomas Lieb USA	44,830

Hammerwerfen

G	Frederick Tootell USA	53,295
S	Matthew McGrath USA	50,840
B	Malcolm Nokes GB	48,875

Speerwerfen

G	Jonni Myyrä SF	62,96
S	Gunnar Lindström S	60,92
B	Eugene Oberst USA	58,35

Fünfkampf

G	Eero Lehtonen SF
S	Elemér Somfay H
B	Robert LeGendre USA

Zehnkampf

G	Harold M. Osborn USA	6668
S	Emerson Norton USA	6340
B	Alexander Klumberg EST	6260

FECHTEN HERREN

Florett

G	Roger Ducret F
S	Philippe Cattiau F
B	Maurice van Damme B

Florett, Mannschaft

G	Frankreich
S	Belgien
B	Ungarn

Degen

G	Charles Delporte B
S	Roger Ducret F
B	Nils Hellsten S

Degen, Mannschaft

G	Frankreich
S	Belgien
B	Italien

Säbel

G	Sándor Posta H
S	Roger Ducret F
B	János Garay H

Säbel, Mannschaft

G	Italien
S	Ungarn
B	Niederlande

FECHTEN DAMEN

Florett

G	Ellen Osiier DK
S	Gladys Muriel Davis GB
B	Grete Heckscher DK

SCHWIMMEN HERREN

100-m-Freistil

G	Johnny Weissmüller USA	59,0
S	Duke Paoa Kahanamoku USA	1:01,4
B	Samuel Kahanamoku USA	1:01,8

400-m-Freistil

G	Johnny Weissmüller USA	5:04,2
S	Arne Borg S	5:05,6
B	Boy Charlton AUS	5:06,6

1500-m-Freistil

G	Boy Charlton AUS	20:06,6
S	Arne Borg S	20:41,4
B	Frank Beaurepaire AUS	21:48,4

100-m-Rücken

G	Warren Paoa Kealoha USA	1:13,2
S	Paul Wyatt USA	1:15,4
B	Károly Bartha H	1:17,8

200-m-Brust

G	Robert Skelton USA	2:56,6
S	Joseph de Combe B	2:59,2
B	William Kirschbaum USA	3:01,0

4-×-200-m-Freistilstaffel

G	USA	9:53,4
S	Australien	10:02,2
B	Schweden	10:06,8

Kunstspringen

G	Albert White USA
S	Peter Desjardins USA
B	Clarence Pinkston USA

Turmspringen

G	Albert White USA
S	David Fall USA
B	Clarence Pinkston USA

Einfaches Turmspringen

G	Richmond Eve AUS
S	John Jansson S
B	Harold Clarke GB

Wasserball

G	Frankreich
S	Belgien
B	USA

SCHWIMMEN DAMEN

100-m-Freistil

G	Ethel Lackie USA	1:12,4
S	Mariechen Wehselau USA	1:12,8
B	Gertrude Ederle USA	1:14,2

400-m-Freistil

G	Martha Norelius USA	6:02,2
S	Helen Wainwright USA	6:03,8
B	Gertrude Ederle USA	6:04,8

100-m-Rücken

G	Sybil Bauer USA	1:23,2
S	Phyllis Harding GB	1:27,4
B	Aileen Riggin USA	1:28,2

200-m-Brust

G	Lucy Morton GB	3:33,2
S	Agnes Geraghty USA	3:34,0
B	Gladys Helena Carson GB	3:35,4

4-×-100-m-Freistilstaffel

G	USA	4:58,8
S	Großbritannien	5:17,0
B	Schweden	5:35,6

Kunstspringen

G	Betty Becker USA
S	Aileen Riggin USA
B	Caroline Fletcher USA

Turmspringen

G	Caroline Smith USA
S	Betty Becker USA
B	Hjördis Töpel S

BOXEN

Fliegengewicht

G	Fidel LaBarba USA
S	James McKenzie GB
B	Raymond Fee USA

Bantamgewicht

G	William Smith ZA
S	Salvatore Tripoli USA
B	Jean Ces F

Federgewicht

G	Jackie Fields USA
S	Joseph Salas USA
B	Pedro Quartucci RA

Leichtgewicht

G	Hans Nielsen DK
S	Alfredo Copello RA
B	Frederick Boylstein USA

Weltergewicht

G	Jean Delarge B
S	Héctor Mendez RA
B	Douglas Lewis CDN

Mittelgewicht

G	Harry Mallin GB
S	John Elliott GB
B	Joseph Beecken B

Halbschwergewicht

G	Harry Mitchell GB
S	Thyge Petersen DK
B	Sverre Sörsdal N

Schwergewicht

G	Otto von Porat N
S	Sören Petersen DK
B	Alfredo Porzio RA

GEWICHTHEBEN

Federgewicht

G	Pierino Gabetti I	402,5
S	Andreas Stadler A	385,0
B	Artur Reinmann CH	382,5

Finnische Läufer dominierten in Paris

Paavo Nurmi (zweiter von links) gewann in Paris den 1500-m-Lauf und die 5000 m, sein Landsmann Ville Ritola blieb über 10 000 m vorn. 1926 startete er gegen den deutschen Weltrekordler Otto Peltzer (links), der in Antwerpen noch nicht starten durfte.

Paris 1924

Leichtgewicht

G	Edmond Decottignies F	440,0
S	Anton Zwerina A	427,5
B	Bohumil Durdis TCH	425,0

Mittelgewicht

G	Carlo Galimberti I	492,5
S	Alfred Neuland EST	455,0
B	Jaan Kikkas EST	450,0

Leichtschwergewicht

G	Charles Rigoulot F	502,5
S	Fritz Hünenberger CH	490,0
B	Leopold Friedrich A	490,0

Schwergewicht

G	Giuseppe Tonani I	517,5
S	Franz Aigner A	515,0
B	Harald Tammer EST	497,5

RINGEN, GRIECHISCH-RÖMISCHER STIL

Bantamgewicht

G	Eduard Pütsep EST
S	Anselm Ahlfors SF
B	Väinö Ikonen SF

Federgewicht

G	Kalle Anttila SF
S	Aleksanteri Toivola SF
B	Erik Malmberg S

Leichtgewicht

G	Oskari Friman SF
S	Lajos Keresztes H
B	Kalle Westerlund SF

Mittelgewicht

G	Edvard Westerlund SF
S	Artur Lindfors SF
B	Roman Steinberg EST

Halbschwergewicht

G	Carl Westergren S
S	Rudolf Svensson S
B	Onni Pellinen SF

Schwergewicht

G	Henri Deglane F
S	Edil Rosenqvist SF
B	Raymund Badó H

FREISTILRINGEN

Bantamgewicht

G	Kustaa Pihlajamäki SF
S	Kaarlo Mäkinen SF
B	Bryant Hines USA

Federgewicht

G	Robin Reed USA
S	Chester Newton USA
B	Katsutoshi Naito J

Leichtgewicht

G	Russell Vis USA
S	Volmari Vikström SF
B	Arvo Haavisto SF

Weltergewicht

G	Hermann Gehri CH
S	Eino Leino SF
B	Otto Müller CH

Mittelgewicht

G	Fritz Hagmann CH
S	Pierre Ollivier B
B	Vilho Pekkala SF

Halbschwergewicht

G	John Spellman USA
S	Rudolf Svensson S
B	Charles Courant CH

Schwergewicht

G	Harry Steele USA
S	Henri Wernli CH
B	Andrew McDonald GB

MODERNER FÜNFKAMPF

G	Bo Lindman S
S	Gustaf Dyrssen S
B	Bertil Uggla S

RUDERN

Einer

G	Jack Beresford jun. GB
S	William E. Garrett Gilmore USA
B	Josef Schneider CH

Doppelzweier

G	USA
S	Frankreich
B	Schweiz

Zweier ohne Steuermann

G	Niederlande
S	Frankreich

Zweier mit Steuermann

G	Schweiz
S	Italien
B	USA

Vierer ohne Steuermann

G	Großbritannien
S	Kanada
B	Schweiz

Vierer mit Steuermann

G	Schweiz
S	Frankreich
B	USA

Achter

G	USA
S	Kanada
B	Italien

SEGELN

Solo-Klasse

G	Léon Huybrechts B
S	Henrik Robert N
B	Hans Dittmar SF

6 m

G	Norwegen
S	Dänemark
B	Niederlande

8 m

G	Norwegen
S	Großbritannien
B	Frankreich

RADSPORT

Straßenrennen (188 km)

G	Armand Blanchonnet F	6:20:48,0
S	Henri Hoevenaers B	6:30:27,0
B	René Hamel F	6:30:51,6

Straßenrennen, Mannschaft

G	Frankreich	19:30:14,0
S	Belgien	19:46:55,4
B	Schweden	19:59:41,6

1000-m-Sprint

G	Lucien Michard F	12,8*
S	Jacob Meijer NL	
B	Jean Cugnot F	

2000-m-Tandem

G	Frankreich	12,6*
S	Dänemark	
B	Niederlande	

* Zeit für die letzten 200 m

Brite gewann den Sprint

Die US-Sprinter mußten in Paris wieder eine bittere Niederlage einstecken. Über die 100 m lag der Brite Harold Abrahams (Bild) vorn. Die US-Läufer belegten lediglich die Plätze zwei, vier, fünf und sechs.

Am Start waren sie noch Favoriten

Das war der Start zum oben beschriebenen 100-m-Lauf. Zu diesem Zeitpunkt fühlten sich die sieggewohnten US-Boys noch ziemlich sicher.

Paris 1924

4000-m-Mannschafts-Verfolgungsrennen

G	Italien	5:15,0
S	Polen	(?)
B	Belgien	(?)

50-km-Bahnrennen

G	Jacobus Willems NL	1:18:24,0
S	Cyril Albert Alden GB	(?)
B	Frank H. Wyld GB	(?)

REITSPORT

Military

G Adolph D. C. van der Voort van Zijp NL
S Frode Kirkebjerg DK
B Sloan Doak USA

Military, Mannschaft

G Niederlande
S Schweden
B Italien

Dressur

G Ernst Linder S
S Bertil Sandström S
B Xavier Lesage F

Jagdspringen

G Alphonse Gemuseus CH
S Tommaso Lequio I
B Adam Królikiewicz PL

Jagdspringen, Mannschaft

G Schweden
S Schweiz
B Portugal

POLO

G Argentinien
S USA
B Großbritannien

SCHIESSEN

Freies Gewehr (400, 600, 800 m)

G Morris Fisher USA
S Carl Townsend Osburn USA
B Niels Hansen Ditlev Larsen DK

Freies Gewehr, Mannschaft (400, 600, 800 m)

G USA
S Frankreich
B Haiti

Kleinkaliber (50 m)

G Charles Coquelin de Lisle F
S Marcus Dinwiddie USA
B Josias Hartmann CH

Schnellfeuerpistole oder Revolver (25 m)

G Henry M. Bailey USA
S Vilhelm Carlberg S
B Lennart Hannelius SF

Laufender Hirsch, Einzelschuß

G John K. Boles USA
S Cyril W. Mackworth-Praed GB
B Otto M. Olsen N

Laufender Hirsch, Einzelschuß, Mannschaft

G Norwegen
S Schweden
B USA

Laufender Hirsch, Doppelschuß

G Ole Andreas Lilloe-Olsen N
S Cyril W. Mackworth-Praed GB
B Alfred Swahn S

Laufender Hirsch, Doppelschuß, Mannschaft

G Großbritannien
S Norwegen
B Schweden

Tontaubenschießen

G Gyula Halasy H
S Konrad Huber SF
B Frank Hughes USA

Paris 1924

Tontaubenschießen, Mannschaft
G USA
S Kanada
B Finnland

TURNEN

Mehrkampf
G Leon Štukelj YU
S Robert Pražák TCH
B Bedřich Supčik TCH

Mehrkampf, Mannschaft
G Italien
S Frankreich
B Schweiz

Barren
G August Güttinger CH
S Robert Pražák TCH
B Giorgio Zampori I

Pferdsprung
G Frank Kriz USA
S Jan Koutny TCH
B Bohumil Mořkovsky TCH

Seitpferd
G Josef Wilhelm CH
S Jean Gutweniger CH
B Antoine Rebetez CH

Seitpferdsprung
G Albert Séguin F
S Jean Gounot F
S François Gangloff F

Reck
G Leon Štukelj YU
S Jean Gutweniger CH
B André Higelin F

Ringe
G Francesco Martino I
S Robert Pražák TCH
B Ladislav Vácha TCH

Tauhangeln
G Bedřich Supčik TCH
S Albert Séguin F
B August Güttinger CH
B Ladislav Vácha TCH

TENNIS

Herreneinzel
G Vincent Richards USA
S Henri Cochet F
B Umberto Luigi De Morpurgo I

Dameneinzel
G Helen Wills USA
S Julie P. Vlasto F
B Kathleen McKane GB

Herrendoppel
G USA
S Frankreich
B Frankreich

Damendoppel
G USA
S Großbritannien
B Großbritannien

Gemischtes Doppel
G USA
S USA
B Niederlande

FUSSBALL
G Uruguay
S Schweiz
B Schweden

RUGBY
G USA
S Frankreich
B Rumänien

Die Organisation war aufwendig und klappte gut
Schon 1924 sah es am Rande der Aschenbahn nicht viel anders aus als heute. Die Kampfrichter waren bestens präpariert und leisteten gute Arbeit, wie überhaupt die Organisation in Paris 1924 bestens funktionierte.

IX. Olympische Sommerspiele
17. Mai bis 12. August 1928 in Amsterdam

Holland erlebte die ersten nicht durch Teilnahmebeschränkungen gekennzeichneten Spiele. Zum einen war der deutsche Sport endlich wieder für olympiawürdig befunden worden, zum anderen fielen für die Frauen mit der Zulassung zur Leichtathletik die letzten olympischen Barrieren. Unter den 3015 Teilnehmern aus 46 Ländern befanden sich so auch 288 Vertreterinnen des »schwachen Geschlechts«. Deutschland schickte 245 Aktive nach Amsterdam.
Die Wettbewerbe wurden dort in zwei Zeiträumen ausgetragen. Im Mai und Juni fanden als sogenannte »Vorspiele« das Fußball- und Hockeyturnier statt. Vom 28. Juli bis zum 12. August gingen dann alle anderen Wettbewerbe als »Hauptspiele« über die Bühne. Obwohl Tennis wegen des nicht mehr haltbaren Amateurstatus seiner Aktiven aus dem Programm genommen worden war, standen 109 Wettbewerbe in fünfzehn Sportarten zur Entscheidung an.
Als man am Schluß zusammenrechnete, gab es eine große Überraschung. Hinter den USA rangierte Deutschland mit elf Gold-, neun Silber- und neunzehn Bronzemedaillen auf dem zweiten Platz der Medaillenskala. Darunter war auch die erste Leichtathletik-Goldmedaille bei Olympischen Spielen für Deutschland. Sie wurde von Lina Radke-Batschauer im 800-m-Lauf gewonnen. Ihre Siegeszeit ging als erster offizieller Weltrekord über diese Strecke in die Annalen der Sportgeschichte ein. Die am 8. Oktober 1903 in Karlsruhe geborene Läuferin, die im Olympiajahr für den

Amsterdam gab sich sehr großzügig

Ein neues Stadion für 40 000 Zuschauer und wertvolle Erinnerungsplaketten – das waren ansprechende Gesten der holländischen Gastgeber. Im Bild der Einmarsch des kanadischen Teams.

VfB Breslau startete, war mehrfach Deutsche Meisterin über 800 und 1000 m. Mit der Offenbacher Florettfechterin Helene Mayer und der Magdeburger Brustschwimmerin Hildegard Schrader (200 m) steuerten zwei weitere Damen Gold zum deutschen Medaillensegen bei. Helene Mayer wurde 1936 noch Silbermedaillengewinnerin im Damenflorett und war 1929, 1931 und 1937 auch Weltmeisterin, im letzten Jahr noch Zweite mit der Mannschaft. Die Jüdin emigrierte dann in die USA, wo sie dann noch achtmal Meisterin wurde. Die Leistung des Dressurreiters Karl Friedrich Freiherr von Langen-Parow, der außer im Einzelwettbewerb auch Mannschaftsgold mit Major Eugen Freiherr von Lotzbeck und Rittmeister Hermann Linkenbach holte, wurde sogar im Film verewigt. Sein Leben kam unter dem Titel »Reitet für Deutschland« in die Kinos und wurde ein Leinwandhit.

Seine Leistung wurde später ein Filmhit

Olympiasieger in der Dressur-Einzel- und Mannschaftswertung – das war für Carl Friedrich Freiherr von Langen (links) der größte Moment seiner Karriere, die später auch verfilmt wurde. Da der Freiherr sich auch im Springen versuchte (oben), dominierten im Film solche Szenen.

PERCY WILLIAMS SCHNELLSTER MANN DER WELT

Die Sensation im Hürdenlauf von Amsterdam
Jubelnd reißt 110-m-Hürden-Sieger Sidney Atkinson aus Südafrika die Hände hoch. Er siegte sensationell vor den favorisierten drei US-Läufern. Alle lagen nur eine Zehntelsekunde auseinander.

Sprint-Doppelsieger wurde stürmisch gefeiert
Seit Amsterdam 1928 träumen die Kanadier von einem weiteren Leichtathletik-Höhepunkt. Der gerade 20jährige Percy Williams gewann die 100 und 200 m, wo es jeweils Bronze für den DLV gab.

Amsterdam 1928

LEICHTATHLETIK HERREN

100 m		
G	Percy Williams CDN	10,8
S	Jack London GB	10,9
B	Georg Lammers D	10,9
200 m		
G	Percy Williams CDN	21,8
S	Walter Rangeley GB	21,9
B	Helmut Körnig D	21,9
400 m		
G	Raymond Barbuti USA	47,8
S	James Ball CDN	48,0
B	Joachim Büchner D	48,2
800 m		
G	Douglas Lowe GB	1:51,8
S	Erik Byléhn S	1:52,8
B	Hermann Engelhard D	1:53,2
1500 m		
G	Harri Larva SF	3:53,2
S	Jules Ladoumègue F	3:53,8
B	Eino Purje SF	3:56,4
5000 m		
G	Ville Ritola SF	14:38,0
S	Paavo Nurmi SF	14:40,0
B	Edvin Wide S	14:41,2
10 000 m		
G	Paavo Nurmi SF	30:18,8
S	Ville Ritola SF	30:19,4
B	Edvin Wide S	31:00,8
Marathon		
G	Boughèra El Ouafi F	2:32:57,0
S	Miguel Plaza RCH	2:33:23,0
B	Martti Marttelin SF	2:35:02,0
110-m-Hürden		
G	Sidney Atkinson ZA	14,8
S	Stephen Anderson USA	14,8
B	John Collier USA	14,9
400-m-Hürden		
G	David Lord Burghley GB	53,4
S	Frank Cuhel USA	53,6
B	Frank Morgan Taylor USA	53,6
3000-m-Hindernislauf		
G	Toivo Loukola SF	9:21,8
S	Paavo Nurmi SF	9:31,2
B	Ove Andersen SF	9:35,6
4-x-100-m-Staffel		
G	USA	41,0
S	Deutschland	41,2
B	Großbritannien	41,8
4-x-400-m-Staffel		
G	USA	3:14,2
S	Deutschland	3:14,8
B	Kanada	3:15,4
Hochsprung		
G	Robert King USA	1,94
S	Benjamin Hedges USA	1,91
B	Claude Ménard F	1,91
Stabhochsprung		
G	Sabin Carr USA	4,20
S	William Droegemuller USA	4,10
B	Charles McGinnis USA	3,95
Weitsprung		
G	Edward Hamm USA	7,73
S	Silvio Cator RH	7,58
B	Alfred Bates USA	7,40
Dreisprung		
G	Mikio Oda J	15,21
S	Levi Casey USA	15,17
B	Vilho Tuulos SF	15,11
Kugelstoßen		
G	John Kuck USA	15,87
S	Herman Brix USA	15,75
B	Emil Hirschfeld D	15,72

Amsterdam 1928

Diskuswerfen		
G	Bud Houser USA	47,32
S	Antero Kivi SF	47,23
B	James Corson USA	47,10
Hammerwerfen		
G	Patrick O'Callaghan IRL	51,39
S	Ossian Skiöld S	51,29
B	Edmund Black USA	49,03
Speerwerfen		
G	Erik Lundqvist S	66,60
S	Béla Szepes H	65,26
B	Olav Sunde N	63,97
Zehnkampf		
G	Paavo Yrjölä SF	6774
S	Akilles Järvinen SF	6815*
B	John Kenneth Doherty USA	6593
LEICHTATHLETIK DAMEN		
100 m		
G	Elizabeth Robinson USA	12,2
S	Fanny Rosenfeld CDN	12,3
B	Ethel Smith CDN	12,3
800 m		
G	Lina Radke-Batschauer D	2:16,8
S	Kinuye Hitomi J	2:17,6
B	Inga Gentzel S	2:17,8
4-x-100-m-Staffel		
G	Kanada	48,4
S	USA	48,8
B	Deutschland	49,0
Hochsprung		
G	Ethel Catherwood CDN	1,59
S	Carolina Gisolf NL	1,56
B	Mildred Wiley USA	1,56
Diskuswerfen		
G	Halina Konopacka PL	39,62
S	Lillian Copeland USA	37,08
B	Ruth Svedberg S	35,92
FECHTEN HERREN		
Florett		
G	Lucien Goudin F	
S	Erwin Casmir D	
B	Giulio Gaudini I	
Florett, Mannschaft		
G	Italien	
S	Frankreich	
B	Argentinien	
Degen		
G	Lucien Goudin F	
S	Georges Buchard F	
B	George Calnan USA	
Degen, Mannschaft		
G	Italien	
S	Frankreich	
B	Portugal	
Säbel		
G	Ödön Terstyánszky H	
S	Attila Petschauer H	
B	Bino Bini I	
Säbel, Mannschaft		
G	Ungarn	
S	Italien	
B	Polen	
FECHTEN DAMEN		
Florett		
G	Helene Mayer D	
S	Muriel B. Freeman GB	
B	Olga Oelkers D	

* siehe Anm. S. 538

Der schweigsame Finne holte noch einmal Gold

Paavo Nurmi (rechts) – hier im 3000-m-Hindernis-Rennen mit dem Franzosen Lucien Duquesne – holte in Amsterdam über 10 000 m seine letzte Olympia-Goldmedaille.

Deutschlands erste Leichtathletik-Olympiasiegerin

Lina Radke-Batschauer gewann in Amsterdam den 800-m-Lauf in neuer Weltrekordzeit und damit die erste Leichtathletik-Goldmedaille für die deutschen Frauen. Die Damen-Sprintstaffel sorgte mit dem dritten Platz für weiteres Edelmetall.

Amsterdam 1928

SCHWIMMEN HERREN		
100-m-Freistil		
G	Johnny Weissmuller USA	58,6
S	István Bárány H	59,8
B	Katsuo Takaishi J	1:00,0
400-m-Freistil		
G	Alberto Zorrilla RA	5:01,6
S	Boy Charlton AUS	5:03,6
B	Arne Borg S	5:04,6
1500-m-Freistil		
G	Arne Borg S	19:51,8
S	Boy Charlton AUS	20:02,6
B	Buster Crabbe USA	20:28,8
100-m-Rücken		
G	George Kojac USA	1:08,2
S	Walter Laufer USA	1:10,0
B	Paul Wyatt USA	1:12,0
200-m-Brust		
G	Yoshiyuki Tsuruta J	2:48,8
S	Erich Rademacher D	2:50,6
B	Teofilo Yldefonzo PHI	2:56,4
4-x-200-m-Freistilstaffel		
G	USA	9:36,2
S	Japan	9:41,2
B	Kanada	9:47,8
Kunstspringen		
G	Peter Desjardins USA	
S	Michael Galitzen USA	
B	Farid Simaika ET	
Turmspringen		
G	Peter Desjardins USA	
S	Farid Simaika ET	
B	Michael Galitzen USA	
Wasserball		
G	Deutschland	
S	Ungarn	
B	Frankreich	
SCHWIMMEN DAMEN		
100-m-Freistil		
G	Albina Osipowich USA	1:11,0
S	Eleanor Garatti USA	1:11,4
B	Margaret Joyce Cooper GB	1:13,6
400-m-Freistil		
G	Martha Norelius USA	5:42,8
S	Maria Johanna Braun NL	5:57,8
B	Josephine McKim USA	6:00,2
100-m-Rücken		
G	Maria Johanna Braun NL	1:22,0
S	Ellen Elizabeth King GB	1:22,2
B	Margaret Joyce Cooper GB	1:22,8
200-m-Brust		
G	Hilde Schrader D	3:12,6
S	Marie Baron NL	3:15,2
B	Lotte Mühe D	3:17,6
4-x-100-m-Freistilstaffel		
G	USA	4:47,6
S	Großbritannien	5:02,8
B	Südafrika	5:13,4
Kunstspringen		
G	Helen Meany USA	
S	Dorothy Poynton USA	
B	Georgia Coleman USA	
Turmspringen		
G	Betty Pinkston-Becker USA	
S	Georgia Coleman USA	
B	Lala Sjöqvist S	
BOXEN		
Fliegengewicht		
G	Antal Kocsis H	
S	Armand Appel F	
B	Carlo Cavagnoli I	

Amsterdam 1928

Bantamgewicht

G	Vittorio Tamagnini I	
S	John Daley USA	
B	Harry Isaacs ZA	

Federgewicht

G	Bep van Klaveren NL	
S	Victor Peralta RA	
B	Harold Devine USA	

Leichtgewicht

G	Carlo Orlandi I	
S	Stephen Michael Halaiko USA	
B	Gunnar Berggren S	

Weltergewicht

G	Ted Morgan NZ	
S	Raúl Landini RA	
B	Raymond Smillie CDN	

Mittelgewicht

G	Piero Toscani I	
S	Jan Heřmánek TCH	
B	Léonard Steyaert B	

Halbschwergewicht

G	Victor Avendaño RA	
S	Ernst Pistulla D	
B	Karel L. Miljon NL	

Schwergewicht

G	Arturo Rodriguez Jurado RA	
S	Nils Ramm S	
B	M. Jacob Michaelsen DK	

GEWICHTHEBEN

Federgewicht

G	Franz Andrysek A	287,5
S	Pierino Gabetti I	282,5
B	Hans Wolpert D	282,5

Leichtgewicht

G	Kurt Helbig D	322,5
G	Hans Haas A	322,5
B	Fernand Arnout F	302,5

Mittelgewicht

G	Roger Francois F	335,0
S	Carlo Galimberti I	332,5
B	August Scheffer NL	327,5

Leichtschwergewicht

G	El Sayed M. Nosseir ET	355,0
S	Louis Hostin F	352,5
B	Johannes Verheijen NL	337,5

Schwergewicht

G	Josef Straßberger D	372,5
S	Arnold Luhaäär EST	360,0
B	Jaroslav Skobla TCH	357,5

RINGEN, GRIECHISCH-RÖMISCHER STIL

Bantamgewicht

G	Kurt Leucht D	
S	Jindrich Maudr TCH	
B	Giovanni Gozzi I	

Federgewicht

G	Woldemar Wäli EST	
S	Erik Malmberg S	
B	Gerolomo Quaglia I	

Leichtgewicht

G	Lajos Keresztes H	
S	Eduard Sperling D	
B	Edvard Westerlund SF	

Mittelgewicht

G	Väino Kokkinen SF	
S	László Papp H	
B	Albert Kusnets EST	

Halbschwergewicht

G	Ibrahim Moustafa ET	
S	Adolf Rieger D	
B	Onni Pellinen SF	

Kanadisches Mädchen erreichte Weltrekord

Die junge Ethel Catherwood aus Kanada gewann mit dem neuen Weltrekord von 1,59 m den Hochsprung. Dieser Wettbewerb erlebte in Amsterdam seine olympische Premiere.

Doktor aus USA siegte erneut

Der Amerikaner Dr. Bud Houser fügte seinen beiden Goldmedaillen von 1924 in Amsterdam eine weitere – diesmal im Diskuswerfen – hinzu. Erst mit dem letzten Wurf hatte er das Finale erreicht.

Radsportler mit großem Programm

Nicht weniger als sechs Goldmedaillen wurden im Radsport vergeben. Im Tandemfahren siegten die Niederländer vor den Briten (links). Deutschland landete auf dem dritten Platz.

Amsterdam 1928

Schwergewicht

G Rudolf Svensson S
S Hjalmar Eemil Nyström SF
B Georg Gehring D

FREISTILRINGEN

Bantamgewicht

G Kaarlo Mäkinen SF
S Edmond Spapen B
B James Trifunov CDN

Federgewicht

G Allie Morrison USA
S Kustaa Pihlajamäki SF
B Hans Minder CH

Leichtgewicht

G Oswald Käpp EST
S Charles Pacôme F
B Eino Leino SF

Weltergewicht

G Arvo Haavisto SF
S Lloyd Appleton USA
B Maurice Letchford CDN

Mittelgewicht

G Ernst Kyburz CH
S Donald Parker Stockton CDN
B Samuel Rabin GB

Halbschwergewicht

G Thure Sjöstedt S
S Arnold Bögli CH
B Henri Lefèbre F

Schwergewicht

G Johan Richthoff S
S Aukusti Sihvola SF
B Edmond Dame F

MODERNER FÜNFKAMPF

G Sven Thofelt S
S Bo Lindman S
B Helmuth Kahl D

RUDERN

Einer

G Henry Robert Pearce AUS
S Kenneth Myers USA
B Theodore David Collet GB

Doppelzweier

G USA
S Kanada
B Australien

Zweier ohne Steuermann

G Deutschland
S Großbritannien
B USA

Zweier mit Steuermann

G Schweiz
S Frankreich
B Belgien

Vierer ohne Steuermann

G Großbritannien
S USA
B Italien

Vierer mit Steuermann

G Italien
S Schweiz
B Polen

Achter

G USA
S Großbritannien
B Kanada

SEGELN

Soloklasse

G Sven Thorell S
S Henrik Robert N
B Bertil Broman SF

Amsterdam 1928

6 m

G	Norwegen
S	Dänemark
B	Estland

8 m

G	Frankreich
S	Niederlande
B	Schweden

RADSPORT

Straßenrennen (168 km)

G	Henry Hansen DK	4:47:18,0
S	Frank W. Southall GB	4:55:06,0
B	Gösta Carlsson S	5:00:17,0

Straßenrennen, Mannschaft (168 km)

G	Dänemark	15:09:14,0
S	Großbritannien	15:14:49,0
B	Schweden	15:27:49,0

1000-m-Zeitfahren

G	Willy Falck Hansen DK	1:14,4
S	Gerard D. H. Bosch van Drakestein NL	1:15,2
B	Edgar Gray AUS	1:15,6

1000-m-Sprint

G	Roger Beaufrand F	13,2*
S	Antoine Mazairac NL	
B	Willy Falck Hansen DK	

2000-m-Tandem

G	Niederlande	11,8*
S	Großbritannien	
B	Deutschland	

* Zeit für die letzten 200 m

4000-m-Mannschafts-Verfolgungsrennen

G	Italien	5:01,8
S	Niederlande	5:06,2
B	Großbritannien	5:02,4

REITSPORT

Military

G	Charles F. Pahud de Mortanges NL
S	Gerard Pieter C. de Kruijff NL
B	Bruno Neumann D

Military, Mannschaft

G	Niederlande
S	Norwegen
B	Polen

Dressur

G	Carl Friedrich Frhr. v. Langen D
S	Charles Marion F
B	Ragnar Olson S

Dressur, Mannschaft

G	Deutschland
S	Schweden
B	Niederlande

Jagdspringen

G	František Ventura TCH
S	Pierre Bertran de Balanda F
B	Charley Kuhn CH

Jagdspringen, Mannschaft

G	Spanien
S	Polen
B	Schweden

TURNEN HERREN

Mehrkampf

G	Georges Miez CH
S	Hermann Hänggi CH
B	Leon Štukelj YU

Mehrkampf, Mannschaft

G	Schweiz
S	Tschechoslowakei
B	Jugoslawien

Barren

G	Ladislav Vácha TCH
S	Josip Primožič YU
B	Hermann Hänggi CH

Pferdsprung

G	Eugen Mack CH
S	Emanuel Löffler TCH
B	Stane Derganc YU

Seitpferd

G	Hermann Hänggi CH
S	Georges Miez CH
B	Heikki Savolainen SF

Reck

G	Georges Miez CH
S	Romeo Neri I
B	Eugen Mack CH

Ringe

G	Leon Štukelj YU
S	Ladislav Vácha TCH
B	Emanuel Löffler TCH

TURNEN DAMEN

Mehrkampf, Mannschaft

G	Niederlande
S	Italien
B	Großbritannien

FUSSBALL

G	Uruguay
S	Argentinien
B	Italien

HOCKEY

G	Indien
S	Niederlande
B	Deutschland

Indien holte erstmals den Hockeysieg

Nach zwei Erfolgen der Engländer kamen Indiens Hockey-Asse (weißes Trikot) zum ersten Olympiasieg. Im Finale besiegten sie die Niederlande mit 3:0.

NEUE WELT ERLEBT ZWEITES MAL SPIELE

X. Olympische Sommerspiele

30. Juli bis 14. August 1932 in Los Angeles

Die Weltwirtschaftskrise und die Lage des Austragungsortes ließen das Teilnehmerfeld für die zweiten Olympiawettkämpfe auf amerikanischem Boden auf 1408 Aktive aus 37 Ländern zusammenschrumpfen. Deutschland beschied sich mit einem Aufgebot von 82 Sportlern.

Für die Zuschauer standen die Leichtathletik-Wettbewerbe naturgemäß im Mittelpunkt. Im günstigen kalifornischen Klima rollte dann auch ein wahres Rekordfestival ab, das den US-Athleten reichliche Medaillenausbeute brachte. Die Gewinner konnten ihre Auszeichnung erstmals auf dem bei dieser Veranstaltung benutzten Podest entgegennehmen, das als das »Treppchen« in die Sportgeschichte eingegangen ist. Der erste Aktive, der in der Geschichte Olympischer Spiele so seine Goldmedaille entgegennahm, war der US-Kugelstoßer Leo Sexton, dessen Wettbewerb die Leichtathletikveranstaltung eröffnet hatte.

Die einheimischen Sportler erwiesen sich – wie bereits 1904 – überlegen und gewannen mit 44 Gold-, 36 Silber- und 30 Bronzemedaillen den Löwenanteil der zu vergebenden Auszeichnungen. Für die deutsche Mannschaft blieben diesmal nur drei Gold-, zwölf Silber- und fünf Bronzemedaillen übrig. Deutsche Olympiasieger in Los Angeles wurden der Münchener Gewichtheber Rudolf Ismayr, der Pfälzer Ringer Jacob Brendel und die Ruderer im Vierer mit Steuermann (→ Kapitel Rudern).

Sportfest von echter US-Dimension

Die zweiten Spiele in den USA boten großartige äußere Bedingungen. So enthielt zum Beispiel das olympische Dorf (oben) allen Luxus. Auch die Presse konnte unter besten Voraussetzungen arbeiten.

Los Angeles 1932

LEICHTATHLETIK HERREN

100 m

G	Eddie Tolan USA	10,3
S	Ralph Metcalfe USA	10,3
B	Arthur Jonath D	10,4

200 m

G	Eddie Tolan USA	21,2
S	George Simpson USA	21,4
B	Ralph Metcalfe USA	21,5

400 m

G	William A. Carr USA	46,2
S	Benjamin Eastman USA	46,4
B	Alexander Wilson CDN	47,4

800 m

G	Thomas Hampson GB	1:49,7
S	Alexander Wilson CDN	1:49,9
B	Philip Edwards CDN	1:51,5

1500 m

G	Luigi Beccali I	3:51,2
S	John F. Cornes GB	3:52,6
B	Philip Edwards CDN	3:52,8

5000 m

G	Lauri Lehtinen SF	14:30,0
S	Ralph Hill USA	14:30,0
B	Lauri Virtanen SF	14:44,0

10 000 m

G	Janusz Kusocinski PL	30:11,4
S	Volmari Iso-Hollo SF	30:12,6
B	Lauri Virtanen SF	30:35,0

Marathon

G	Juan Carlos Zabala RA	2:31,36,0
S	Samuel Ferris GB	2:31,55,0
B	Armas Toivonen SF	2:32,12,0

110-m-Hürden

G	George Saling USA	14,6
S	Percy Beard USA	14,7
B	Donald O. Finlay GB	14,8

400-m-Hürden

G	Robert M. N. Tisdall IRL	51,7
S	Slats Hardin USA	51,9
B	Frank M. Taylor USA	52,0

3000-m-Hindernislauf

G	Volmari Iso-Hollo SF	10:33,4
S	Thomas Evenson GB	10:46,0
B	Joseph McCluskey USA	10:46,2

4-x-100-m-Staffel

G	USA	40,0
S	Deutschland	40,9
B	Italien	41,2

4-x-400-m-Staffel

G	USA	3:08,2
S	Großbritannien	3:11,2
B	Kanada	3:12,8

50-km-Gehen

G	Thomas Green GB	4:50:10,0
S	Janis Dalinsch LET	4:57:20,0
B	Ugo Frigerio I	4:59:06,0

Hochsprung

G	Duncan McNaughton CDN	1,97
S	Robert Van Osdel USA	1,97
B	Simeon Toribio PHI	1,97

Stabhochsprung

G	William Miller USA	4,315
S	Shuhei Nishida J	4,300
B	George Jefferson USA	4,200

Weitsprung

G	Edward Gordon USA	7,64
S	Charles Lambert Redd USA	7,60
B	Chuhei Nambu J	7,45

Dreisprung

G	Chuhei Nambu J	15,72
S	Erik Svensson S	15,32
B	Kenkichi Oshima J	15,12

Olympia-Werbung enthielt alle Showeffekte

Die Organisatoren in Los Angeles ließen sich vom nahen Hollywood inspirieren und verwendeten in der Werbung für das Ereignis alle möglichen Showelemente.

Der weite Weg in den amerikanischen Westen

Erst nach einer wahren Mammutreise – mit der »Europa« zur Ostküste der USA, dann weiter nach Kalifornien – erreichte das deutsche Team den Olympiaort. Unser Bild zeigt die Mannschaft vor der Abfahrt.

Kollaps nach dem Triumph

Der Brite Thomas Hampson (Nr. 199) gewann in Los Angeles den 800-m-Lauf vor dem schon jubelnden Kanadier Alexander Wilson. Danach brach er zusammen und wurde von Helfern behandelt.

Los Angeles 1932

Kugelstoßen		
G	Leo Sexton USA	16,005
S	Harlow Rothert USA	15,675
B	František Douda TCH	15,610
Diskuswerfen		
G	John Anderson USA	49,49
S	Henri Jean Laborde USA	48,47
B	Paul Winter F	47,85
Hammerwerfen		
G	Patrick O'Callaghan IRL	53,92
S	Wille Pörhölä SF	52,27
B	Peter Zaremba USA	50,33
Speerwerfen		
G	Matti Järvinen SF	72,71
S	Matti Sippala SF	69,80
B	Eino Penttilä SF	68,70
Zehnkampf		
G	James Aloysius Bausch USA	6896
S	Aki Järvinen SF	7038*
B	Wolrad Eberle D	6830
LEICHTATHLETIK DAMEN		
100 m		
G	Stanislawa Walasiewicz PL	11,9
S	Hilde Strike CDN	11,9
B	Wilhelmina von Bremen USA	12,0
80-m-Hürden		
G	Babe Didrikson USA	11,7
S	Evelyne Hall USA	11,7
B	Marjorie Clark ZA	11,8
4-×-100-m-Staffel		
G	USA	47,0
S	Kanada	47,0
B	Großbritannien	47,6
Hochsprung		
G	Jean Shiley USA	1,657
S	Babe Didrikson USA	1,657
B	Eva Dawes CDN	1,600
Diskuswerfen		
G	Lillian Copeland USA	40,58
S	Ruth Osburn USA	40,12
B	Jadwiga Wajsówna PL	38,74
Speerwerfen		
G	Babe Didrikson USA	43,68
S	Ellen Braumüller D	43,49
B	Tilly Fleischer D	43,00
FECHTEN HERREN		
Florett		
G	Gustavo Marzi I	
S	Joseph Lewis USA	
B	Giulio Gaudini I	
Florett, Mannschaft		
G	Frankreich	
S	Italien	
B	USA	
Degen		
G	Giancarlo Cornaggia-Medici I	
S	Georges Buchard F	
B	Carlo Agostoni I	
Degen, Mannschaft		
G	Frankreich	
S	Italien	
B	USA	
Säbel		
G	György Piller H	
S	Giulio Gaudini I	
B	Endre Kabos H	
Säbel, Mannschaft		
G	Ungarn	
S	Italien	
B	Polen	

* siehe Anm. S. 538

Los Angeles 1932

FECHTEN DAMEN

Florett

G	Ellen Preis A	
S	Judy Heather Guinness GB	
B	Erna Bogen H	

SCHWIMMEN HERREN

100-m-Freistil

G	Yasuji Miyazaki J	58,2
S	Tatsugo Kawaishi J	58,6
B	Albert Schwartz USA	58,8

400-m-Freistil

G	Clarence Crabbe USA	4:48,4
S	Jean Taris F	4:48,5
B	Tsutomu Oyokota J	4:52,3

1500-m-Freistil

G	Kusuo Kitamura J	19:12,4
S	Shozo Makino J	19:14,1
B	James Cristy USA	19:39,5

100-m-Rücken

G	Masaji Kiyokawa J	1:08,6
S	Toshio Irie J	1:09,8
B	Kentaro Kawatsu J	1:10,0

200-m-Brust

G	Yoshiyuki Tsuruta J	2:45,4
S	Reizo Koike J	2:46,6
B	Teofilo Yldefonzo PHI	2:47,1

4-x-200-m-Freistilstaffel

G	Japan	8:58,4
S	USA	9:10,5
B	Ungarn	9:31,4

Kunstspringen

G	Michael Galitzen USA	
S	Harold Smith USA	
B	Richard Degener USA	

Turmspringen

G	Harold Smith USA	
S	Michael Galitzen USA	
B	Frank Kurtz USA	

Wasserball

G	Ungarn	
S	Deutschland	
B	USA	

SCHWIMMEN DAMEN

100-m-Freistil

G	Helene Madison USA	1:06,8
S	Willemijntje den Ouden NL	1:07,8
B	Eleanor Saville-Garatti USA	1:08,2

400-m-Freistil

G	Helene Madison USA	5:28,5
S	Lenore Kight USA	5:28,6
B	Jennie Maakal ZA	5:47,3

100-m-Rücken

G	Eleanor Holm USA	1:19,4
S	Philomena Mealing AUS	1:21,3
B	Elizabeth Valerie Davies GB	1:22,5

200-m-Brust

G	Claire Dennis AUS	3:06,3
S	Hideko Machata J	3:06,4
B	Else Jacobsen DK	3:07,1

4-x-100-m-Freistilstaffel

G	USA	4:38,0
S	Niederlande	4:47,5
B	Großbritannien	4:52,4

Kunstspringen

G	Georgia Coleman USA	
S	Katherine Rawls USA	
B	Jane Fauntz USA	

Turmspringen

G	Dorothy Poynton USA	
S	Georgia Coleman USA	
B	Marion Roper USA	

Der Brite hielt sich beachtlich
Der Engländer Thomas Evenson am Wassergraben. Er belegte im 3000-m-Hindernislauf hinter dem Finnen Volmari Iso-Hollo einen guten zweiten Platz.

Ire stand auf dem Podest
Im 400-m-Hürdenlauf siegte überraschend der Ire Robert Tisdall vor den US-Läufern. Seine Siegerzeit fand jedoch wegen Reißens einer Hürde keine Anerkennung als Rekord.

Publikum kam aus aller Welt
Marathonsieger Juan Carlos Zabala (links) – hier mit einem Kanadier, der später aufgab – lief durch ein Spalier von jungen Japanern seiner Goldmedaille entgegen.

Wettbewerb blieb eine amerikanische Domäne
Im Stabhochsprung kamen drei Amerikaner unter die ersten Vier. Im Bild der Gewinner William Miller, der den Japaner Shuhei Nishida nur ganz knapp besiegen konnte.

Der Stolz des amerikanischen Leichtathletik-Teams
Die Amerikanerin Babe Didrikson gewann in neuer Weltrekordzeit die 80-m-Hürden und holte im Weitsprung noch eine Silbermedaille. Die Neunzehnjährige war der ganze Stolz des US-Teams.

Los Angeles 1932

BOXEN

Fliegengewicht
G István Enekes H
S Francisco Cabanãs MEX
B Louis Salica USA

Bantamgewicht
G Horace Gwynne CDN
S Hans Ziglarski D
B José Villanueva PHI

Federgewicht
G Carmelo Robledo RA
S Josef Schleinkofer D
B Carl Carlsson S

Leichtgewicht
G Lawrence Stevens ZA
S Thure Ahlqvist S
B Nathan Bor USA

Weltergewicht
G Edward Flynn USA
S Erich Campe D
B Bruno Ahlberg SF

Mittelgewicht
G Carmen Barth USA
S Amado Azar RA
B Ernest Pierce ZA

Halbschwergewicht
G David Carstens ZA
S Gino Rossi I
B Peter Jörgensen DK

Schwergewicht
G Santiago Lovell RA
S Luigi Rovati I
B Frederick Feary USA

GEWICHTHEBEN

Federgewicht

G	Raymond Suvigny F	287,5
S	Hans Wölpert D	282,5
B	Anthony Terlazzo USA	280,0

Leichtgewicht

G	René Duverger F	325,0
S	Hans Haas A	307,5
B	Gastone Pierini I	302,5

Mittelgewicht

G	Rudolf Ismayr D	345,0
S	Carlo Galimberti I	340,0
B	Karl Hipfinger A	337,5

Leichtschwergewicht

G	Louis Hostin F	365,0
S	Svend Olsen DK	360,0
B	Henry Duey USA	330,0

Schwergewicht

G	Jaroslav Skobla TCH	380,0
S	Václav Pšenička TCH	377,5
B	Josef Straßberger D	377,5

RINGEN, GRIECHISCH-RÖMISCHER STIL

Bantamgewicht
G Jakob Brendel D
S Marcello Nizzola I
B Louis François F

Federgewicht
G Giovanni Gozzi I
S Wolfgang Ehrl D
B Lauri Koskela SF

Leichtgewicht
G Erik Malmberg S
S Abraham Kurland DK
B Eduard Sperling D

Weltergewicht
G Ivar Johansson S
S Väino Kajander SF
B Ercole Gallegati I

Los Angeles 1932

Mittelgewicht

G	Väinö Kokkinen SF
S	Jean Földeák D
B	Axel Cadier S

Halbschwergewicht

G	Rudolf Svensson S
S	Onni Pellinen SF
B	Mario Gruppioni I

Schwergewicht

G	Carl Westergren S
S	Josef Urban TCH
B	Nikolaus Hirschl A

Diese beiden bekamen keine Medaille

Im Bantamgewicht des Freistilringens hatte der Brite Joseph Reed seinen griechischen Gegner Georgios Zervinis zwar gut im Griff, am Ende gingen jedoch beide leer aus und belegten die Plätze vier und fünf.

FREISTILRINGEN

Bantamgewicht

G	Robert E. Pearce USA
S	Ödön Zombori H
B	Aatos Jaskari SF

Federgewicht

G	Hermanni Pihlajamäki SF
S	Edgar Nemir USA
B	Einar Karlsson S

Leichtgewicht

G	Charles Pacôme F
S	Károly Kárpáti H
B	Gustaf Klarén S

Weltergewicht

G	Jack Van Bebber USA
S	Daniel MacDonald CDN
B	Eino Leino SF

Mittelgewicht

G	Ivar Johansson S
S	Kyösty Luukko SF
B	József Tunyogi H

Halbschwergewicht

G	Peter J. Mehringer USA
S	Thure Sjöstedt S
B	Eddie Scarf AUS

Schwergewicht

G	Johan Richthoff S
S	John H. Riley USA
B	Nikolaus Hirschl A

MODERNER FÜNFKAMPF

G	Johan Oxenstierna S
S	Bo Lindman S
B	Richard Mayo USA

RUDERN

Einer

G	Henry R. Pearce AUS
S	William Miller USA
B	Guillermo Douglas U

Doppelzweier

G	USA
S	Deutschland
B	Kanada

Zweier ohne Steuermann

G	Großbritannien
S	Neuseeland
B	Polen

Zweier mit Steuermann

G	USA
S	Polen
B	Frankreich

Vierer ohne Steuermann

G	Großbritannien
S	Deutschland
B	Italien

Vierer mit Steuermann

G	Deutschland
S	Italien
B	Polen

Achter

G	USA
S	Italien
B	Kanada

SEGELN

Soloklasse

G	Jacques Lebrun F
S	Adriaan Lambertus J. Maas NL
B	Santiago Amat Cansino E

Star

G	USA
S	Großbritannien
B	Schweden

6 m

G	Schweden
S	USA
B	Kanada

Für ihn war Teilnahme wichtiger als Sieg

Der Brite Charles Percy Digby Legard war einer der Teilnehmer am Modernen Fünfkampf. Er blieb am Ende unplaziert, denn es dominierten die schwedischen Athleten.

Auch sein Landsmann konnte wenig bestellen

Der zweite britische Teilnehmer am Modernen Fünfkampf, Vernon W. Barlow, landete ebenfalls nicht unter den ersten Sechs. Nur im Reiten war er den anderen ebenbürtig.

Los Angeles 1932

8 m

G	USA	
S	Kanada	

RADSPORT

Straßenrennen (100 km)

G	Attilio Pavesi I	2:28:05,6
S	Guglielmo Segato I	2:29:21,4
B	Bernhard Britz S	2:29:45,2

Straßenrennen, Mannschaft (100 km)

G	Italien	7:27:15,2
S	Dänemark	7:38:50,2
B	Schweden	7:39:12,6

1000-m-Zeitfahren

G	Edgar Gray AUS	1:13,0
S	Jacobus van Egmond NL	1:13,3
B	Charles Rampelberg F	1:13,4

1000-m-Sprint

G	Jacobus van Egmond NL	12,6*
S	Louis Chaillot F	
B	Bruno Pellizzari I	

2000-m-Tandem

G	Frankreich	12,0*
S	Großbritannien	
B	Dänemark	

4000-m-Mannschafts-Verfolgungsrennen

G	Italien	4:53,0
S	Frankreich	4:55,7
B	Großbritannien	4:56,0

REITSPORT

Military

G	Charles F. Pahud de Mortanges NL
S	Earl Thomson USA
B	Clarence von Rosen jr. S

Military, Mannschaft

G	USA
S	Niederlande

Dressur

G	Xavier Lesage F
S	Charles Marion F
B	Hiram Tuttle USA

Dressur, Mannschaft

G	Frankreich
S	Schweden
B	USA

Jagdspringen

G	Takeichi Nishi J
S	Harry D. Chamberlin USA
B	Clarence von Rosen jr. S

Jagdspringen, Mannschaft

Keine Mannschaft beendete den Wettbewerb mit drei Reitern.

SCHIESSEN

Kleinkaliber

G	Bertil Rönnmark S
S	Gustavo Huet MEX
B	Zoltán Hradetzky-Soós H

Schnellfeuerpistole oder Revolver

G	Renzo Morigi I
S	Heinz Hax D
B	Domenico Matteucci I

TURNEN

Mehrkampf

G	Romeo Neri I
S	István Pelle H
B	Heikki Savolainen SF

Mehrkampf, Mannschaft

G	Italien
S	USA
B	Finnland

* Zeit für die letzten 200 m

Los Angeles 1932

Barren

G	Romeo Neri I
S	István Pelle H
B	Heikki Savolainen SF

Boden

G	István Pelle H
S	Georges Miez CH
B	Mario Lertora I

Pferdsprung

G	Savino Guglielmetti I
S	Alfred Jochim USA
B	Edward Carmichael USA

Seitpferd

G	István Pelle H
S	Omero Bonoli I
B	Frank Haubold USA

Reck

G	Dallas Bixler USA
S	Heikki Savolainen SF
B	Einari Teräsvirta SF

Ringe

G	George Gulack USA
S	William Denton USA
B	Giovanni Lattuada I

Tauhangeln

G	Raymond Bass USA
S	William Galbraith USA
B	Thomas Conelly USA

Keulenschwingen

G	Georg Roth USA
S	Philip Erenberg USA
B	William Kuhlmaier USA

Federbrettsprung

G	Rowland Wolfe USA
S	Edward Gross USA
B	William Herrmann USA

HOCKEY

G	Indien
S	Japan
B	USA

Das war keine olympische Disziplin

Einen spektakulären Sturz tat der ungarische Leutnant Petnehazy mit seinem Pferd »Aeronauta« an diesem Hindernis. Der Kopfstand des Pferdes stand nicht im olympischen Programm, dürfte dem Fotografen aber eine Medaille eingebracht haben.

XI. Olympische Sommerspiele
1. bis 16. August 1936 in Berlin

Die ersten auf deutschem Boden ausgetragenen Olympischen Sommerspiele wurden zur spektakulärsten Veranstaltung in der noch jungen Geschichte dieses Sportlertreffens. 49 Nationen schickten 4069 Aktive nach Berlin, die in 20 Sportarten um 129 Goldmedaillen kämpften. Deutschland stellte mit 470 Teilnehmern erstmals die größte Mannschaft.

Der NS-Staat hatte keine Kosten und Mühen gescheut, um der Welt optimale Voraussetzungen für diese Spiele zu präsentieren. Mit der reibungslosen und perfekt organisierten Durchführung der Berliner Olympiaveranstaltung war entsprechender Prestigegewinn für das herrschende System verbunden.

Erstmals in der olympischen Geschichte wurde das symbolträchtige olympische Feuer im Hain des klassischen Olympia in Griechenland entzündet. Damit wurde eine Idee des Sportprofessors Carl Diem, der als eigentlicher Initiator dieser Spiele auf deutschem Boden gilt, in die Tat umgesetzt. Diem hatte das IOC bereits 1934 für den Staffellauf des Feuers von Griechenland nach Berlin gewonnen und organisierte dieses Spektakel nun perfekt. Das Feuer wurde über die 3015 km lange Strecke von den jeweiligen Läufern mit 3840 Magnesiumfackeln, die von den Krupp-Werken hergestellt worden waren, bis zum Ziel im Berliner Olympiastadion getragen.

Die Wettkämpfe auf dem für diese Spiele angelegten Reichssportfeld brachten den begeisterten Zuschauern einen Höhepunkt

So feierlich war es noch nie

Olympia – Fest der Schönheit. So taufte Leni Riefenstahl ihren Film über die Berliner Spiele. Oben der Lichtdom im Stadion, wie er auf der Leinwand zu sehen war. Das feierliche Entzünden der olympischen Flamme war vor diesen Spielen noch nie vorgekommen, ebenso der Fackellauf.

Der große Augenblick verzauberte

3000 Brieftauben wurden bei der Eröffnungsfeier im Stadion aufgelassen, dann kam der letzte Fackelläufer, der blonde Berliner Schilgen, ins Stadion und entzündete am Kohlebecken das olympische Feuer. Für die 100 000 im Stadion war die Zeremonie ein erhebender Augenblick.

nach dem anderen. Der amerikanische Leichtathlet Jesse Owens (→ Porträt Leichtathletik) drückte im Olympiastadion dem Geschehen seinen Stempel durch den Gewinn von vier Goldmedaillen auf; aber es gab in Berlin noch andere Mehrfach-Olympiasieger.

Der deutsche Turner Alfred Schwarzmann holte sich Goldmedaillen im Zwölfkampf (Einzel- und Mannschaftswertung) und im Pferdsprung. Dazu kamen zwei Bronzemedaillen am Reck und am Barren. Mit drei Goldmedaillen konnte auch die holländische Schwimmerin Hendrika Wilhelmina Mastenbroek nach Hause fahren, die beide Kraulstrecken gewann und mit der Kraulstaffel ihres Landes ebenfalls vorne lag. Über 100 m Rücken holte sie noch eine Silbermedaille hinter ihrer Landsmännin Wilhelmina Senff. Die deutschen Teilnehmer schnitten in einigen Sportarten so gut ab wie nie zuvor. Im Rudern holte jedes Boot eine Medaille (→ Kapitel Rudersport), im Reiten gingen sämtliche sechs zu vergebenden Medaillen an deutsche Aktive, die Boxer erreichten mit je zwei Gold- und Silbermedaillen sowie einmal Bronze das beste Ergebnis bei Olympischen Spielen.

In der Leichtathletik setzten die Techniker des DLV Glanzpunkte. Sämtliche Stoß- und Wurfdisziplinen bei Männern und Frauen fielen, mit einer Ausnahme, an deutsche Teilnehmer. Die erste olympische Leichtathletik-Goldmedaille der Männer überhaupt holte dabei der 25jährige Polizeileutnant Hans Woellke vom PSV Berlin im Kugelstoßen. Im Hammerwerfen lag Karl Hein (St. Georg Hamburg) vor Erwin Blask (PSV Königsberg), im Speerwerfen dominierte Gerhard Stöck (SC Charlottenburg), der im Kugelstoßen noch Dritter wurde. Bei den Frauen gewann Gisela Mauermayer (TV Nymphenburg) das Diskuswerfen, und Tilly Fleischer (Eintracht Frankfurt) ließ der Bronzemedail-

AUCH DIE NS-GROESSEN GEBEN SICH DIE EHRE

Berliner Spiele waren politisiert

Die Problematik der Berliner Spiele im Nazi-Deutschland wird durch das Bild oben dokumentiert. Hitler eröffnet mit seiner Gefolgschaft das Sportfest mit dem »deutschen Gruß«, IOC-Präsident Graf Baillet-Latour (rechts daneben) bleibt unbeteiligt. Unten rechts der US-Funktionär Avery Brundage mit einem Berliner Schupo, links die 1956 wiederentdeckte Olympiaglocke.

le von Los Angeles im Speerwerfen nun die Goldmedaille in Berlin folgen. Die vielseitige Hessin – unter anderem zweimal Zweite bei den Frauen-Weltspielen der Jahre 1930 (Diskuswurf) und 1934 (Kugelstoß) – wurde 1943 mit der Frankfurter Eintracht noch Deutsche Handballmeisterin.
Zum ersten und bisher auch einzigen Mal lag Deutschland am Ende auf dem ersten Platz in der Medaillenwertung. 33 Gold-, 26 Silber- und 30 Bronzemedaillen blieben im Lande, die USA mußten sich als Zweitplazierte mit 24 Gold-, 20 Silber- und 12 Bronzemedaillen zufriedengeben.

Berlin 1936

LEICHTATHLETIK HERREN

100 m		
G	Jesse Owens USA	10,3
S	Ralph Metcalfe USA	10,4
B	Martinus Osendarp NL	10,5
200 m		
G	Jesse Owens USA	20,7
S	Mack Robinson USA	21,1
B	Martinus Osendarp NL	21,3
400 m		
G	Archie Williams USA	46,5
S	Arthur Godfrey K. Brown GB	46,7
B	James LuValle USA	46,8
800 m		
G	John Y. Woodruff USA	1:52,9
S	Mario Lanzi I	1:53,3
B	Philip Edwards CDN	1:53,6
1500 m		
G	Jack Lovelock NZ	3:47,8
S	Glenn Cunningham USA	3:48,4
B	Luigi Beccali I	3:49,2
5000 m		
G	Gunnar Höckert SF	14:22,2
S	Lauri Lehtinen SF	14:25,8
B	Henry Jonsson S	14:29,0
10 000 m		
G	Ilmari Salminen SF	30:15,4
S	Arvo Askola SF	30:15,6
B	Volmari Iso-Hollo SF	30:20,2
Marathon		
G	Kitei Son J	2:29:19,2
S	Ernest Harper GB	2:31:23,2
B	Shoryu Nan J	2:31:42,0
110-m-Hürden		
G	Spec Towns USA	14,2
S	Donald O. Finlay GB	14,4
B	Frederick Pollard USA	14,4
400-m-Hürden		
G	Slats Hardin USA	52,4
S	John Loaring CDN	52,7
B	Miguel White PHI	52,8
3000-m-Hindernislauf		
G	Volmari Iso-Hollo SF	9:03,8
S	Kaarlo Tuominen SF	9:06,8
B	Alfred Dompert D	9:07,2
4-x-100-m-Staffel		
G	USA	39,8
S	Italien	41,1
B	Deutschland	41,2
4-x-400-m-Staffel		
G	Großbritannien	3:09,0
S	USA	3:11,0
B	Deutschland	3:11,8

Auf Tradition wurde großer Wert gelegt

Am Zeremoniell wurde in Berlin nichts geändert. Rudolf Ismayr sprach den Eid (oben), darunter das antike Relief, das die Anregung zum Fackellauf gab, rechts die Moderne in Form einer Fernsehkamera.

Es wurde ein Weltrekord

Die Frankfurterin Tilly Fleischer setzt zu ihrem Rekordwurf von 45,18 m an, der ihr die Goldmedaille vor Luise Krüger einbrachte.

Auch er sprang Weltrekord

Der Amerikaner Earle Meadows mußte beim Sieg im Stabhochsprung mit 4,35 m schon Weltrekord springen, um Gold zu erringen.

Das Drama auf der Aschenbahn

Die deutsche 4-×-100-m-Staffel der Frauen lag uneinholbar in Führung, als beim Wechsel von Marie Dollinger zu Ilse Dörffeldt der Stab verlorenging, was Disqualifikation statt Olympiasieg bedeutete.

Berlin 1936

50-km-Gehen			
G	Harold Whitlock	GB	4:30:41,4
S	Arthur Tell Schwab	CH	4:32:09,2
B	Adalberts Bubenko	LET	4:32:42,2
Hochsprung			
G	Cornelius C. Johnson	USA	2,03
S	David Albritton	USA	2,00
B	Delos Thurber	USA	2,00
Stabhochsprung			
G	Earle Meadows	USA	4,35
S	Shuhei Nishida	J	4,25
B	Sueo Oe	J	4,25
Weitsprung			
G	Jesse Owens	USA	8,06
S	Luz Long	D	7,87
B	Naoto Tajima	J	7,74
Dreisprung			
G	Naoto Tajima	J	16,00
S	Masao Harada	J	15,66
B	John Patrick Metcalfe	AUS	15,50
Kugelstoßen			
G	Hans Woellke	D	16,20
S	Sulo Bärlund	SF	16,12
B	Gerhard Stöck	D	15,66
Diskuswerfen			
G	Kenneth Carpenter	USA	50,48
S	Gordon Dunn	USA	49,36
B	Giorgio Oberweger	I	49,23
Hammerwerfen			
G	Karl Hein	D	56,49
S	Erwin Blask	D	55,04
B	Fred Warngård	S	54,83
Speerwerfen			
G	Gerhard Stöck	D	71,84
S	Yrjö Nikkanen	SF	70,77
B	Kalervo Toivonen	SF	70,72
Zehnkampf			
G	Glenn Morris	USA	7421
S	Robert Clark	USA	7226
B	Jack Parker	USA	6918
LEICHTATHLETIK DAMEN			
100 m			
G	Helen Stephens	USA	11,5
S	Stanislawa Walasiewicz	PL	11,7
B	Käthe Krauss	D	11,9
80-m-Hürden			
G	Ondina Valla	I	11,7
S	Anny Steuer	D	11,7
B	Elizabeth Taylor	CDN	11,7
4-×-100-m-Staffel			
G	USA		46,9
S	Großbritannien		47,6
B	Kanada		47,8
Hochsprung			
G	Ibolya Csâk	H	1,60
S	Dorothy Odam	GB	1,60
B	Elfriede Kaun	D	1,60
Diskuswerfen			
G	Gisela Mauermayer	D	47,63
S	Jadwiga Wajsówna	PL	46,22
B	Paula Mollenhauer	D	39,80
Speerwerfen			
G	Tilly Fleischer	D	45,18
S	Luise Krüger	D	43,29
B	Maria Kwasniewska	PL	41,80
FECHTEN HERREN			
Florett			
G	Giulio Gaudini	I	
S	Edward Gardère	F	
B	Giorgio Bocchino	I	

FECHTEN: VIERMAL GOLD AN ITALIEN, DREIMAL AN UNGARN

Berlin 1936

Florett, Mannschaft			
G	Italien		
S	Frankreich		
B	Deutschland		
Degen			
G	Franco Riccardi	I	
S	Saverio Ragno	I	
B	Giancarlo Cornaggia-Medici	I	
Degen, Mannschaft			
G	Italien		
S	Schweden		
B	Frankreich		
Säbel			
G	Endre Kabos	H	
S	Gustavo Marzi	I	
B	Aladár Gerevich	H	
Säbel, Mannschaft			
G	Ungarn		
S	Italien		
B	Deutschland		
FECHTEN DAMEN			
Florett			
G	Ilona Elek	H	
S	Helene Mayer	D	
B	Ellen Preis	A	
SCHWIMMEN HERREN			
100-m-Freistil			
G	Ferenc Csik	H	57,6
S	Masanori Yusa	J	57,9
B	Shigeo Arai	J	58,0
400-m-Freistil			
G	Jack Medica	USA	4:44,5
S	Shumpei Uto	J	4:45,6
B	Shozo Makino	J	4:48,1
1500-m-Freistil			
G	Noboru Terada	J	19:13,7
S	Jack Medica	USA	19:34,0
B	Shumpei Uto	J	19:34,5
100-m-Rücken			
G	Adolf Kiefer	USA	1:05,9
S	Albert Van de Weghe	USA	1:07,7
B	Masaji Kiyokawa	J	1:08,4
200-m-Brust			
G	Tetsuo Hamuro	J	2:41,5
S	Erwin Sietas	D	2:42,9
B	Reizo Koike	J	2:44,2
4-x-200-m-Freistilstaffel			
G	Japan		8:51,5
S	USA		9:03,0
B	Ungarn		9:12,3
Kunstspringen			
G	Richard Degener	USA	
S	Marshall Wayne	USA	
B	Al Greene	USA	
Turmspringen			
G	Marshall Wayne	USA	
S	Elbert Root	USA	
B	Hermann Stork	D	
Wasserball			
G	Ungarn		
S	Deutschland		
B	Belgien		
SCHWIMMEN DAMEN			
100-m-Freistil			
G	Hendrika Mastenbroek	NL	1:05,9
S	Jeanette Campbell	RA	1:06,4
B	Gisela Arendt	D	1:06,6
400-m-Freistil			
G	Hendrika Mastenbroek	NL	5:26,4
S	Ragnhild Hveger	DK	5:27,5
B	Leonore Wingard-Kight	USA	5:29,0

Weltrekordler besiegt

Das Diskuswerfen gewann der Kanadier Kenneth Carpenter (Bild) mit schwachen 50,48 m. Weltrekordler Willy Schröder wurde nur Fünfter.

Im Speerwerfen vorn

Drei deutsche Speerwerferinnen im Endkampf: Lydia Eberhardt (6.), Luise Krüger (Silber) und Tilly Fleischer (Gold) von links.

Die Finnen machten Sieg unter sich aus

Der 3000-m-Hindernislauf endete mit dem finnischen Doppelsieg von Volmari Iso-Hollo vor Kaarlo Tuominen. Mit Martti Matilainen belegte ein weiterer Finne noch den vierten Rang.

Hammerwerfen: Ein deutscher Doppelsieg

Karl Hein vor Erwin Blask, das war das Ergebnis im Hammerwerfen. Oben Karl Hein (Hamburg), rechts gratulieren zwei Besiegte, die Finnen Koutonen und Heino. Es war das erste Gold für den DLV in dieser Disziplin.

Berlin 1936

100-m-Rücken

G	Dina W. Senff NL	1:18,9
S	Hendrika Mastenbroek NL	1:19,2
B	Alice Bridges USA	1:19,4

200-m-Brust

G	Hideko Maehata J	3:03,6
S	Martha Genenger D	3:04,2
B	Inge Sörensen DK	3:07,8

4-x-100-m-Freistilstaffel

G	Niederlande	4:36,0
S	Deutschland	4:36,8
B	USA	4:40,2

Kunstspringen

G	Marjorie Gestring USA
S	Katherine Rawls USA
B	Dorothy Hill-Poynton USA

Turmspringen

G	Dorothy Hill-Poynton USA
S	Velma Dunn USA
B	Käthe Köhler D

BOXEN

Fliegengewicht

G	Willi Kaiser D
S	Gavino Matta I
B	Louis Daniel Lauria USA

Bantamgewicht

G	Ulderico Sergo I
S	Jack Wilson USA
B	Fidel Ortiz MEX

Federgewicht

G	Oscar Casanovas RA
S	Charles Catterall ZA
B	Josef Miner D

Leichtgewicht

G	Imre Harangi H
S	Nikolai Stepulov EST
B	Erik Ågren S

Weltergewicht

G	Sten Suvio SF
S	Michael Murach D
B	Gerhard Petersen DK

Mittelgewicht

G	Jean Despeaux F
S	Henry Tiller N
B	Raúl Villareal RA

Halbschwergewicht

G	Roger Michelot F
S	Richard Vogt D
B	Francisco Risiglione RA

Schwergewicht

G	Herbert Runge D
S	Guillermo Lovell RA
B	Erling Nilsen N

GEWICHTHEBEN

Federgewicht

G	Anthony Terlazzo USA	312,5
S	Saleh Mohammed Soliman ET	305,0
B	Ibrahim Hassan Shams ET	300,0

Leichtgewicht

G	Anwar Mohammed Mesbah ET	342,5
G	Robert Fein A	342,5
B	Karl Jansen D	327,5

Mittelgewicht

G	Khadr Sayed El Touni ET	387,5
S	Rudolf Ismayr D	352,5
B	Adolf Wagner D	352,5

Leichtschwergewicht

G	Louis Hostin F	372,5
S	Eugen Deutsch D	365,0
B	Ibrahim Wasif ET	360,0

Berlin 1936

Schwergewicht

G	Josef Manger D	410,0
S	Václav Pšenička TCH	402,5
B	Arnold Luhaäär EST	400,0

RINGEN, GRIECHISCH-RÖMISCHER STIL

Bantamgewicht

G Márton Lörincz H
S Egon Svensson S
B Jakob Brendel D

Federgewicht

G Yaşar Erkan TR
S Aarne Reini SF
B Einar Karlsson S

Leichtgewicht

G Lauri Koskela SF
S Josef Herda TCH
B Woldemar Wälli EST

Weltergewicht

G Rudolf Svedberg S
S Fritz Schäfer D
B Eino Virtanen SF

Mittelgewicht

G Ivar Johansson S
S Ludwig Schweickert D
B József Palotás H

Halbschwergewicht

G Axel Cadier S
S Edwins Bietags LET
B August Neo EST

Schwergewicht

G Kristjan Palusalu EST
S John Nyman S
B Kurt Hornfischer D

FREISTILRINGEN

Bantamgewicht

G Ödön Zombori H
S Ross Flood USA
B Johannes Herbert D

Federgewicht

G Kustaa Pihlajamäki SF
S Francis Millard USA
B Gösta Jönsson S

Leichtgewicht

G Károly Kárpáti H
S Wolfgang Ehrl D
B Hermanni Pihlajamäki SF

Weltergewicht

G Frank Lewis USA
S Ture Andersson S
B Joseph Schleimer CDN

Mittelgewicht

G Emile Poilvé F
S Richard Voliva USA
B Ahmet Kireççi TR

Halbschwergewicht

G Knut Fridell S
S August Neo EST
B Erich Siebert D

Schwergewicht

G Kristjan Palusalu EST
S Josef Klapuch TCH
B Hjalmar Nyström SF

MODERNER FÜNFKAMPF

G Gotthard Handrick D
S Charles Leonard USA
B Silvano Abba I

KANU

Einer-Kajak (1000 m)

G Gregor Hradetzky A
S Helmut Cämmerer D
B Jacobus Kraaier NL

Da jubelten 100 000 im Stadion

Als der Japaner Kitei Son als erster Marathonläufer ins Stadion einbog, kannte der Jubel keine Grenzen. Der Sieger hatte einen Riesenvorsprung vor dem Briten Ernest Harper.

Riesenerfolg für deutsche Turner

Erstmals gab es die Goldmedaille sowohl in der Mannschafts- als auch in der Einzelwertung für die deutschen Turner. Oben die siegreiche Riege, darunter Mehrkampfsieger Alfred Schwarzmann. Er gewann auch in den Gerätefinals mehrere Medaillen.

Berlin 1936

Einer-Kajak (10 000 m)

G	Ernst Krebs D
S	Fritz Landertinger A
B	Ernest Riedel USA

Zweier-Kajak (1000 m)

G	Österreich
S	Deutschland
B	Niederlande

Zweier-Kajak (10 000 m)

G	Deutschland
S	Österreich
B	Schweden

Einer-Canadier (1000 m)

G	Francis Amyot CDN
S	Bohuslav Karlik TCH
B	Erich Koschik D

Zweier-Canadier (1000 m)

G	Tschechoslowakei
S	Österreich
B	Kanada

Zweier-Canadier (10 000 m)

G	Tschechoslowakei
S	Kanada
B	Österreich

Einer-Faltboot (10 000 m)

G	Gregor Hradetzky A
S	Henri Eberhardt F
B	Xaver Hörmann D

Zweier-Faltboot (10 000 m)

G	Schweden
S	Deutschland
B	Niederlande

RUDERN

Einer

G	Gustav Schäfer D
S	Josef Hasenöhrl A
B	Daniel Barrow jr. USA

Doppelzweier

G	Großbritannien
S	Deutschland
B	Polen

Zweier ohne Steuermann

G	Deutschland
S	Dänemark
B	Argentinien

Zweier mit Steuermann

G	Deutschland
S	Italien
B	Frankreich

Vierer ohne Steuermann

G	Deutschland
S	Großbritannien
B	Schweiz

Vierer mit Steuermann

G	Deutschland
S	Schweiz
B	Frankreich

Achter

G	USA
S	Italien
B	Deutschland

SEGELN

Soloklasse

G	Daniel Marinus J. Kagchelland NL
S	Werner Krogmann D
B	Peter M. Scott GB

Star

G	Deutschland
S	Schweden
B	Niederlande

REITEN: ALLE ERSTE PLAETZE AN DEUTSCHLAND

Die Athleten fühlten sich wohl

Zu den Glanzpunkten der Berliner Olympiade gehörte das olympische Dorf – eigentlich deren zwei, da Männer und Frauen getrennt wohnten. Hier ein Bild aus dem Männerdorf.

Berlin 1936

6 m

G	Großbritannien
S	Norwegen
B	Schweden

8 m

G	Italien
S	Norwegen
B	Deutschland

RADSPORT

Straßenrennen (100 km)

G	Robert Charpentier F	2:33:05,0
S	Guy Lapébie F	2:33:05,2
B	Ernst Nievergelt CH	2:33:05,8

Straßenrennen, Mannschaft (100 km)

G	Frankreich	7:39:16,2
S	Schweiz	7:39:20,4
B	Belgien	7:39:21,0

1000-m-Zeitfahren

G	Arie van Vliet NL	1:12,0
S	Pierre Georget F	1:12,8
B	Rudolf Karsch D	1:13,2

1000-m-Sprint

G	Toni Merkens D	11,8*
S	Arie van Vliet NL	
B	Louis Chaillot F	

2000-m-Tandem

G	Deutschland	11,8*
S	Niederlande	
B	Frankreich	

4000-m-Mannschafts-Verfolgungsrennen

G	Frankreich	4:45,0
S	Italien	4:51,0
B	Großbritannien	4:53,6

* Zeit für die letzten 200 m

REITSPORT

Military

G	Ludwig Stubbendorff D
S	Earl Thomson USA
B	Hans Mathiesen-Lunding DK

Military, Mannschaft

G	Deutschland
S	Polen
B	Großbritannien

Dressur

G	Heinz Pollay D
S	Friedrich Gerhard D
B	Alois Podhajsky A

Dressur, Mannschaft

G	Deutschland
S	Frankreich
B	Schweden

Jagdspringen

G	Kurt Hasse D
S	Henri Rang R
B	József von Platthy H

Jagdspringen, Mannschaft

G	Deutschland
S	Niederlande
B	Portugal

POLO

G	Argentinien
S	Großbritannien
B	Mexiko

SCHIESSEN

Kleinkaliber

G	Willy Rögeberg N
S	Ralf Berzsenyi H
B	Wladyslaw Karaś PL

Schnellfeuerpistole oder Revolver (25 m)

G	Cornelius van Oyen D
S	Heinz Hax D
B	Torsten Ullman S

Beliebige Scheibenpistole (50 m)

G	Torsten Ullman S
S	Erich Krempel D
B	Charles des Jammonières F

TURNEN HERREN

Mehrkampf

G	Alfred Schwarzmann D
S	Eugen Mack CH
B	Konrad Frey D

Mehrkampf, Mannschaft

G	Deutschland
S	Schweiz
B	Finnland

Barren

G	Konrad Frey D
S	Michael Reusch CH
B	Alfred Schwarzmann D

Boden

G	Georges Miez CH
S	Josef Walter CH
B	Eugen Mack CH
B	Konrad Frey D

Pferdsprung

G	Alfred Schwarzmann D
S	Eugen Mack CH
B	Matthias Volz D

Seitpferd

G	Konrad Frey D
S	Eugen Mack CH
B	Albert Bachmann CH

Reck

G	Ale Saarvala SF
S	Konrad Frey D
B	Alfred Schwarzmann D

Ringe

G	Alois Hudec TCH
S	Leon Štukelj YU
B	Matthias Volz D

TURNEN DAMEN

Mehrkampf, Mannschaft

G	Deutschland
S	Tschechoslowakei
B	Ungarn

BASKETBALL

G	USA
S	Kanada
B	Mexiko

FUSSBALL

G	Italien
S	Österreich
B	Norwegen

HANDBALL*

G	Deutschland
S	Österreich
B	Schweiz

HOCKEY

G	Indien
S	Deutschland
B	Niederlande

* 1936: Feldhandball; ab 1972: Hallenhandball

XIV. Olympische Sommerspiele
29. Juli bis 14. August 1948 in London

Die für Tokio 1940 und London 1944 vergebenen Spiele fielen dem Zweiten Weltkrieg zum Opfer. So trafen sich 4468 Sportler aus 59 Nationen erst 1948 in der britischen Hauptstadt.

Das Geschehen der letzten Jahre prägte den äußeren Rahmen dieses Sportereignisses. Statt in einem olympischen Dorf wohnten die Aktiven in Baracken der Royal Air Force. Auch in Schulen waren Unterkunfts- und Verpflegungsstellen eingerichtet. Aus Heeresbeständen wurden die größten Teile der Ausrüstung gestellt, nur vorhandene Sportstätten standen zur Verfügung. Wie schon nach dem Ersten Weltkrieg blieben deutsche Sportler von diesen Spielen ausgeschlossen, auch Japan mußte diesmal zusehen.

Es wurden die Spiele der Holländerin Fanny Blankers-Koen und des Tschechen Emil Zatopek (→ Porträts Leichtathletik) sowie eines gerade siebzehnjährigen amerikanischen Leichtathleten namens Robert (»Bob«) Matthias, der die Goldmedaille im Zehnkampf gewann und damit ein Stück Leichtathletikgeschichte schrieb.

Einige Nationen setzten zum letzten Mal in einigen Sportarten ihre Akzente. So dominierten im Frauenschwimmen die dänischen Teilnehmerinnen mit vier Medaillen – darunter zwei goldenen – in fünf Wettbewerben, und im Männerturnen teilten sich Finnen und Schweizer mit einer Ausnahme (Bodenturnen) alle Goldmedaillen. Am Reck siegte Josef Stalder aus Luzern, der einen Übungsteil kreierte, der als Stalder-Grätsche noch heute im Repertoire jedes guten Reckturners zu finden ist.

In der Medaillenwertung lagen am Ende die USA deutlich vor Schweden und Frankreich, aber auch die Ungarn und die Finnen kamen mit je zehn Goldmedaillen noch recht gut weg.

In London fehlten noch viele

Zu den ersten Nachkriegsspielen kamen nicht alle Nationen ins Londoner Wembley-Stadion (ganz oben). Aus der Hand des IOC-Präsidenten erhält der Oberbürgermeister der Stadt die olympische Fahne (oben).

HARRISON DILLARD SCHNELLSTER MANN DER WELT

Weltkarriere gestartet
Emil Zatopek startete in London mit einer Gold- und einer Silbermedaille seine internationale Karriere.

Sein Name ist vergessen
Irving Mondschein, Hoch- und Weitsprungmeister der Universität New York, konnte sich nicht qualifizieren.

Dramatisches Finale der Schnellsten
Start zum 100-m-Lauf mit drei Amerikanern, darunter 100-Yards-Weltrekordler Melvin Patton. Er wurde am Ende nur Fünfter. Es siegte überraschend Harrison Dillard, ein Hürdenspezialist.

London 1948

LEICHTATHLETIK HERREN

100 m			
G	Harrison Dillard	USA	10,3
S	Norwood Ewell	USA	10,4
B	Lloyd LaBeach	PAN	10,4
200 m			
G	Melvin Patton	USA	21,1
S	Norwood Ewell	USA	21,1
B	Lloyd LaBeach	PAN	21,2
400 m			
G	Arthur Wint	JM	46,2
S	Herbert McKenley	JM	46,4
B	Malvin Whitfield	USA	46,9
800 m			
G	Malvin Whitfield	USA	1:49,2
S	Arthur Wint	JM	1:49,5
B	Marcel Hansenne	F	1:49,8
1500 m			
G	Henry Eriksson	S	3:49,8
S	Lennart Strand	S	3:50,4
B	Willem Slijkhuis	NL	3:50,4
5000 m			
G	Gaston Reiff	B	14:17,6
S	Emil Zatopek	CS	14:17,8
B	Willem Slijkhuis	NL	14:26,8
10 000 m			
G	Emil Zatopek	CS	29:59,6
S	Alain Mimoun	F	30:47,4
S	Bertil Albertsson	S	30:53,6
Marathon			
G	Delfo Cabrera	RA	2:34:51,6
S	Thomas Richards	GB	2:35:07,6
B	Etienne Gailly	B	2:35:33,6
110-m-Hürden			
G	William Porter	USA	13,9
S	Clyde Scott	USA	14,1
B	Craig Dixon	USA	14,1
400-m-Hürden			
G	Roy Cochran	USA	51,1
S	Duncan White	CL	51,8
B	Rune Larsson	S	52,2
3000-m-Hindernislauf			
G	Thore Sjöstrand	S	9:04,6
S	Erik Elmsäter	S	9:08,2
B	Göte Hagström	S	9:11,8
4-x-100-m-Staffel			
G	USA		40,6
S	Großbritannien		41,3
B	Italien		41,5
4-x-400-m-Staffel			
G	USA		3:10,4
S	Frankreich		3:14,8
B	Schweden		3:16,0
10 000-m-Gehen			
G	John Mikaelsson	S	45:13,2
S	Ingemar Johansson	S	45:43,8
B	Fritz Schwab	CH	46:00,2
50-km-Gehen			
G	John Ljunggren	S	4:41:52
S	Gaston Godel	CH	4:48:17
B	Tebbs Lloyd-Johnson	GB	4:48:31
Hochsprung			
G	John Winter	AUS	1,98
S	Björn Paulson	N	1,95
B	George Stanich	USA	1,95
Stabhochsprung			
G	Guinn Smith	USA	4,30
S	Erkki Kataja	SF	4,20
B	Robert Richards	USA	4,20
Weitsprung			
G	Willie Steele	USA	7,825
S	Thomas Bruce	AUS	7,555
B	Herbert Douglas	USA	7,545

FANNY BLANKERS-KOEN UEBERRAGEND

Er war ein großes Vorbild

Imre Németh gewann in London mit 56,07 m das Hammerwerfen. 28 Jahre später siegte in Montreal sein Sohn Miklos im Speerwerfen.

Fanny und eine der Gegnerinnen

Bei den Frauen dominierte Fanny Blankers-Koen in den Laufdisziplinen. Im ersten Bild ist sie als überlegene 200-m-Siegerin zu sehen. Darunter ihre im 80-m-Hürdenlauf besiegte britische Gegnerin.

London 1948

Dreisprung

G	Arne Åhman S	15,400
S	George Avery AUS	15,365
B	Ruhi Sarialp TR	15,025

Kugelstoßen

G	Wilbur Thompson USA	17,12
S	Francis James Delaney USA	16,68
B	James Fuchs USA	16,42

Diskuswerfen

G	Adolfo Consolini I	52,78
S	Giuseppe Tosi I	51,78
B	Fortune Gordien USA	50,77

Hammerwerfen

G	Imre Németh H	56,07
S	Ivan Gubijan YU	54,27
B	Robert Bennett USA	53,73

Speerwerfen

G	Tapio Rautavaara SF	69,77
S	Steve Seymour USA	67,56
B	József Várszegi H	67,03

Zehnkampf

G	Robert Mathias USA	6826
S	Ignace Heinrich F	6740
B	Floyd Simmons USA	6711

LEICHTATHLETIK DAMEN

100 m

G	Fanny Blankers-Koen NL	11,9
S	Dorothy Manley GB	12,2
B	Shirley Strickland AUS	12,2

200 m

G	Fanny Blankers-Koen NL	24,4
S	Audrey Williamson GB	25,1
B	Audrey Patterson USA	25,2

80-m-Hürden

G	Fanny Blankers-Koen NL	11,2
S	Maureen Gardner GB	11,2
B	Shirley Strickland AUS	11,4

4-×-100-m-Staffel

G	Niederlande	47,5
S	Australien	47,6
B	Kanada	47,8

Hochsprung

G	Alice Coachman USA	1,68
S	Dorothy Tyler-Odam GB	1,68
B	Micheline Ostermeyer F	1,61

Weitsprung

G	Olga Gyarmati H	5,695
S	Noëmi Simonetto De Portela RA	5,600
B	Ann-Britt Leyman S	5,575

Kugelstoßen

G	Micheline Ostermeyer F	13,750
S	Amelia Piccinini I	13,095
B	Ine Schäffer A	13,080

Diskuswerfen

G	Micheline Ostermeyer F	41,92
S	Edera Gentile-Cordiale I	41,17
B	Jacqueline Mazeas F	40,47

Speerwerfen

G	Herma Bauma A	47,57
S	Kaisa Parviainen SF	43,79
B	Lily Carlstedt DK	42,08

FECHTEN HERREN

Florett

G	Jehan Buhan F
S	Christian d'Oriola F
B	Lajos Maszlay H

Florett, Mannschaft

G	Frankreich
S	Italien
B	Belgien

Degen

G	Luigi Cantone I
S	Oswald Zappelli CH
B	Edoardo Mangiarotti I

London 1948

Degen

G	Luigi Cantone	I	
S	Oswald Zappelli	CH	
B	Edoardo Mangiarotti	I	

Degen, Mannschaft

G	Frankreich		
S	Italien		
B	Schweden		

Säbel

G	Aladár Gerevich	H	
S	Vincenzo Pinton	I	
B	Pál Kovács	H	

Säbel, Mannschaft

G	Ungarn		
S	Italien		
B	USA		

FECHTEN DAMEN

Florett

G	Ilona Elek	H	
S	Karen Lachmann	DK	
B	Ellen Müller-Preis	A	

SCHWIMMEN HERREN

100-m-Freistil

G	Walter Ris	USA	57,3
S	Alan Ford	USA	57,8
B	Géza Kádas	H	58,1

400-m-Freistil

G	William Smith	USA	4:41,0
S	James McLane	USA	4:43,4
B	John Marshall	AUS	4:47,4

1500-m-Freistil

G	James McLane	USA	19:18,5
S	John Marshall	AUS	19:31,3
B	György Mitró	H	19:43,2

100-m-Rücken

G	Allen Stack	USA	1:06,4
S	Robert Cowell	USA	1:06,5
B	Georges Vallerey	F	1:07,8

200-m-Brust

G	Joseph Verdeur	USA	2:39,3
S	Keith Carter	USA	2:40,2
B	Robert Sohl	USA	2:43,9

4-×-200-m-Freistilstaffel

G	USA		8:46,0
S	Ungarn		8:48,4
B	Frankreich		9:08,0

Kunstspringen

G	Bruce Harlan	USA	
S	Miller Anderson	USA	
B	Samuel Lee	USA	

Turmspringen

G	Samuel Lee	USA	
S	Bruce Harlan	USA	
B	Joaquin Capilla Pérez	MEX	

Wasserball

G	Italien		
S	Ungarn		
B	Niederlande		

SCHWIMMEN DAMEN

100-m-Freistil

G	Greta Andersen	DK	1:06,3
S	Ann Curtis	USA	1:06,5
B	Marie-Louise Vaessen	NL	1:07,6

400-m-Freistil

G	Ann Curtis	USA	5:17,8
S	Karen Harup	DK	5:21,2
B	Catherine Gibson	GB	5:22,5

100-m-Rücken

G	Karen Harup	DK	1:14,4
S	Suzanne Zimmermann	USA	1:16,0
B	Judy Davies	AUS	1:16,7

Glanzstück für die Schwimmer

Der Empire Pool von Wembley, in dem Schwimm- und Springwettbewerbe stattfanden, präsentierte sich als echtes Prunkstück.

Bildbeispiele vom Schwimmen

Der Start zu den 200-m-Brust der Männer klappte gut (oben), unten dagegen sind Probleme festgehalten: Die Dänin Andersen (mit Kappe) mußte nach einem Schwächeanfall bei den 400-m-Freistil geborgen werden.

US-GIRL VICKIE DRAVES DOPPEL-OLYMPIASIEGERIN

Start der großen Karriere

Der ungarische Mittelgewichtler László Papp gewann in London seine erste olympische Goldmedaille.

Starker Mann aus Fernost

Im Gewichtheben sah man in den leichten Klassen die Koreaner oft im Endkampf. Im Bild der Federgewichtler Choi.

London 1948

200-m-Brust

G	Petronella van Vliet	NL	2:57,2
S	Beatrice Lyons	AUS	2:57,7
B	Evá Novák	H	3:00,2

4-×-100-m-Freistilstaffel

G	USA	4:29,2
S	Dänemark	4:29,6
B	Niederlande	4:31,6

Kunstspringen

G	Vickie Draves	USA
S	Zoe Ann Olsen	USA
B	Patricia Elsener	USA

Turmspringen

G	Vickie Draves	USA
S	Patricia Elsener	USA
B	Birte Christoffersen	DK

BOXEN

Fliegengewicht

G	Pascual Perez	RA
S	Spartaco Bandinelli	I
B	Soo-Ann Han	SK

Bantamgewicht

G	Tibor Csik	H
S	Giovanni Battista Zuddas	I
B	Juan Venegas	PUR

Federgewicht

G	Ernesto Formenti	I
S	Dennis Shepherd	ZA
B	Aleksy Antkiewicz	PL

Leichtgewicht

G	Gerald Dreyer	ZA
S	Joseph Vissers	B
B	Svend Wad	S

Weltergewicht

G	Julius Torma	CS
S	Horace Herring	USA
B	Alessandro D'Ottavio	I

Mittelgewicht

G	László Papp	H
S	John Wright	GB
B	Ivano Fontana	I

Halbschwergewicht

G	George Hunter	ZA
S	Donald Scott	GB
B	Maurio Cia	RA

Schwergewicht

G	Rafael Iglesias	RA
S	Gunnar Nilsson	S
B	John Arthur	ZA

GEWICHTHEBEN

Bantamgewicht

G	Joseph De Pietro	USA	307,5
S	Julian Creus	GB	297,5
B	Richard Tom	USA	295,0

Federgewicht

G	Mahmoud Fayad	EG	332,5
S	Rodney Wilkes	TRI	317,5
B	Jaffar Salmassi	IR	312,5

Leichtgewicht

G	Ibrahim Hassan Shams	ET	360,0
S	Attia Hamouda	ET	360,0
B	James Halliday	GB	340,0

Mittelgewicht

G	Frank Spellman	USA	390,0
S	Peter George	USA	382,5
B	Sung-Jip Kim	SK	380,0

Leichtschwergewicht

G	Stanley Stanczyk	USA	417,5
S	Harold Sakata	USA	380,0
B	Gösta Magnusson	S	375,0

London 1948

Schwergewicht

G	John Davis	USA	452,5
S	Norbert Schemansky	USA	425,0
B	Abraham Charité	NL	412,5

RINGEN, GRIECHISCH-RÖMISCHER STIL

Fliegengewicht

G	Pietro Lombardi	I
S	Kenan Olcay	TR
B	Reino Kangasmäki	SF

Bantamgewicht

G	Kurt Pettersén	S
S	Ali Mahmoud Hassan	ET
B	Halil Kaya	TR

Federgewicht

G	Mehmet Oktav	TR
S	Olle Anderberg	S
B	Ferenc Tóth	H

Leichtgewicht

G	Gustav Freij	S
S	Aage Eriksen	N
B	Károly Ferencz	H

Weltergewicht

G	Gösta Andersson	S
S	Miklós Szilvási	H
B	Henrik Hansen	DK

Mittelgewicht

G	Axel Grönberg	S
S	Muhlis Tayfur	TR
B	Ercole Gallegati	I

Halbschwergewicht

G	Karl-Erik Nilsson	S
S	Kelpo Gröndahl	SF
B	Ibrahim Orabi	ET

Schwergewicht

G	Ahmet Kireççi	TR
S	Tor Nilsson	S
B	Guido Fantoni	I

FREISTILRINGEN

Fliegengewicht

G	Lennart Viitala	SF
S	Halit Balamir	TR
B	Thure Johansson	S

Bantamgewicht

G	Nasuh Akar	TR
S	Gerald Leeman	USA
B	Charles Kouyos	F

Federgewicht

G	Gazanfer Bilge	TR
S	Ivar Sjölin	S
B	Adolf Müller	CH

Leichtgewicht

G	Celal Atik	TR
S	Gösta Frändfors	S
B	Hermann Baumann	CH

Weltergewicht

G	Yaşar Dogu	TR
S	Richard Garrard	AUS
B	Leland Merrill	USA

Mittelgewicht

G	Glen Brand	USA
S	Adil Candemir	TR
B	Erik Lindén	S

Halbschwergewicht

G	Henry Wittenberg	USA
S	Fritz Stöckli	CH
B	Bengt Fahlkvist	S

Schwergewicht

G	Gyula Bóbis	H
S	Bertil Antonsson	S
B	Joseph Armstrong	AUS

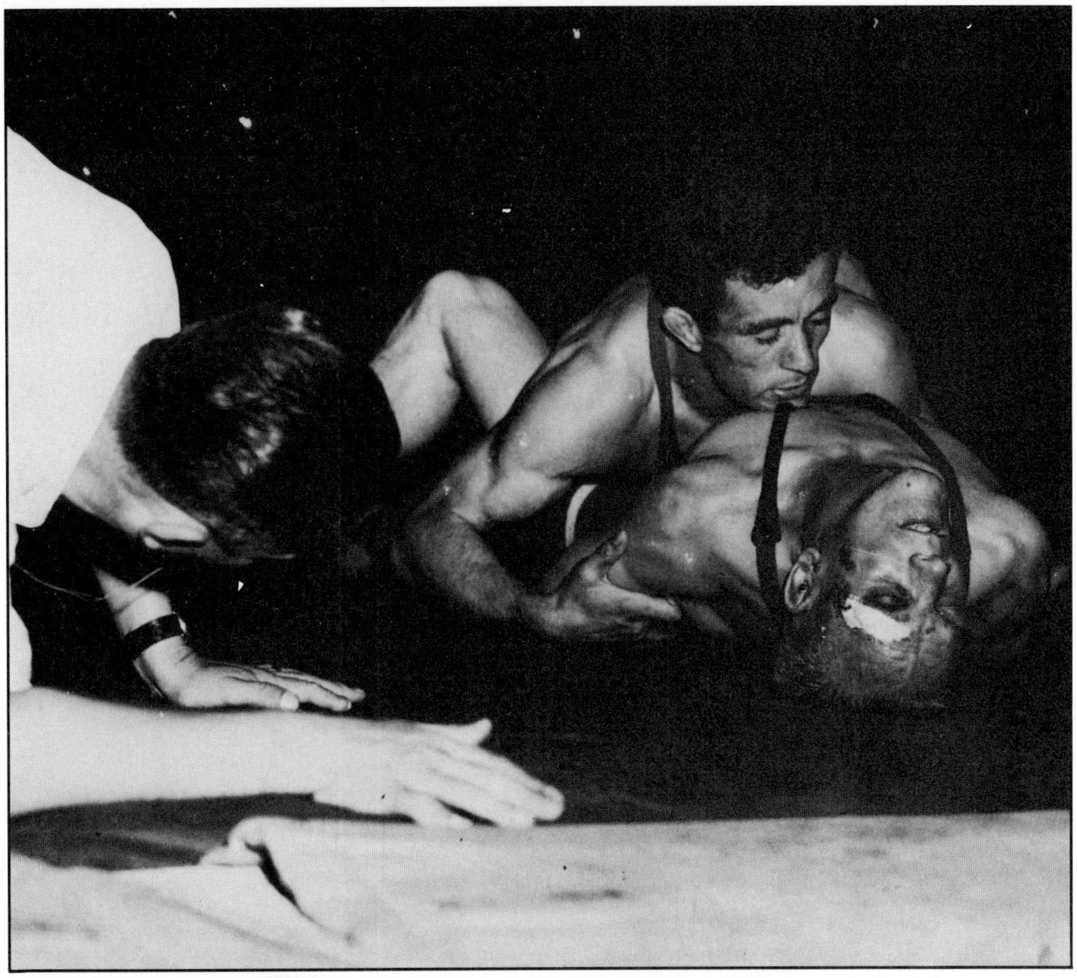

Ringer aus der Türkei dominierten

Auf der Ringermatte gab es viel Gold für türkische Ringer. Celal Atik (oben) gewann im Leichtgewicht des freien Stils.

US-Boys siegten zum sechsten Mal

Die Crew der USA gewann zum achten Mal seit 1900 das Rennen der größten Bootsklasse – hier vor Italien.

London 1948

MODERNER FÜNFKAMPF

G	Wille Grut	S
S	George Moore	USA
B	Gösta Gärdin	S

KANU HERREN

Einer-Kajak (1000 m)

G	Gert Fredriksson	S
S	Johan Frederik Kobberup	DK
B	Henri Eberhardt	F

Einer-Kajak (10 000 m)

G	Gert Fredriksson	S
S	Kurt Wires	SF
B	Ejvind Skabo	N

Zweier-Kajak (1000 m)

G	Schweden
S	Dänemark
B	Finnland

Zweier-Kajak (10 000 m)

G	Schweden
S	Norwegen
B	Finnland

Einer-Canadier (1000 m)

G	Josef Holeček	CS
S	Douglas Bennett	CDN
B	Robert Boutigny	F

Einer-Canadier (10 000 m)

G	František Čapek	CS
S	Frank Havens	USA
B	Norman Lane	CDN

Zweier-Canadier (1000 m)

G	ČSSR
S	USA
B	Frankreich

Zweier-Canadier (10 000 m)

G	USA
S	ČSSR
B	Frankreich

KANU DAMEN

Einer-Kajak (500 m)

G	Karen Hoff	DK
S	Alida van der Anker-Doedans	NL
B	Fritzi Schwingl	A

RUDERN

Einer

G	Mervyn Wood	AUS
S	Eduardo Risso	U
B	Romolo Catasta	I

Doppelzweier

G	Großbritannien
S	Dänemark
B	Uruguay

Zweier ohne Steuermann

G	Großbritannien
S	Schweiz
B	Italien

Zweier mit Steuermann

G	Dänemark
S	Italien
B	Ungarn

Vierer ohne Steuermann

G	Italien
S	Dänemark
B	USA

Vierer mit Steuermann

G	USA
S	Schweiz
B	Dänemark

Achter

G	USA
S	Großbritannien
B	Norwegen

Radrennen führte durch einen Park

Die idyllische Umgebung des Windsor Parks bildete die Kulisse für das Straßenrennen. 120 Meilen (195 km) wurden zurückgelegt. Sechs Nationen stellten komplette Teams, weitere sechs Einzelstarter.

London 1948

SEGELN

Soloklasse (Finn-Dinghi)

G	Paul Elvström DK
S	Ralph Evans jr. USA
B	Jacobus Hermanus de Jong NL

Star

G	USA
S	Kuba
B	Niederlande

Drachen

G	Norwegen
S	Schweden
B	Dänemark

Swallow

G	Großbritannien
S	Portugal
B	USA

6 m

G	USA
S	Argentinien
B	Schweden

RADSPORT

Straßenrennen (195 km)

G	José Beyaert F	5:18:12,6
S	Gerardus Petrus Voorting NL	5:18:16,2
B	Lode Wouters B	5:18:16,2

Straßenrennen, Mannschaft (195 km)

G	Belgien	15:58:17,4
S	Großbritannien	16:03:31,6
B	Frankreich	16:08:19,4

1000-m-Zeitfahren

G	Jacques Dupont F	1:13,5
S	Pierre Nihant B	1:14,5
B	Thomas Godwin GB	1:15,0

1000-m-Sprint

G	Mario Ghella I	12,0*
S	Reginald Harris GB	
B	Axel Schandorff DK	

2000-m-Tandem

G	Italien	11,3*
S	Großbritannien	
B	Frankreich	

4000-m-Mannschafts-Verfolgungsrennen

G	Frankreich	4:57,8
S	Italien	5:36,7
B	Großbritannien	4:55,8

REITSPORT

Military

G	Bernard Chevallier F
S	Frank Henry USA
B	Robert Selfelt S

Military, Mannschaft

G	USA
S	Schweden
B	Mexiko

Dressur

G	Hans Moser CH
S	André Jousseaume F
B	Gustaf Adolf Boltenstern jr. S

Dressur, Mannschaft

G	Frankreich
S	USA
B	Portugal

Jagdspringen

G	Humberto Mariles Cortés MEX
S	Rubén Uriza MEX
B	Jean François d'Orgeix F

* Zeit für die letzten 200 m

Ein Außenseiter aus Argentinien

Major Rafael C. Campos aus Argentinien beim Preis der Nationen im Wembley-Stadion. Er konnte sich nicht unter den ersten Sechs plazieren. Dafür dominierten die Mexikaner im Springen und gewannen Einzel- und Mannschaftsgold.

Ein Schwede war vorn

Captain Wille Grut aus Schweden siegte im Modernen Fünfkampf. Er war auch im Reiten der Beste.

Großartiges Team

Schwedens Moderne Fünfkämpfer (links Sieger Grut) hätten auch eine Mannschaftsmedaille gewonnen ... Die gab es aber erst 1952.

Die Fechter leben stets gefährlich

Der ungarische Fechter Karakson wird von einem Helfer der britischen Armee für den nächsten Kampf vorbereitet. Der Magyare hatte sich in einem vorhergehenden Gefecht einen Schlüsselbeinbruch zugezogen.

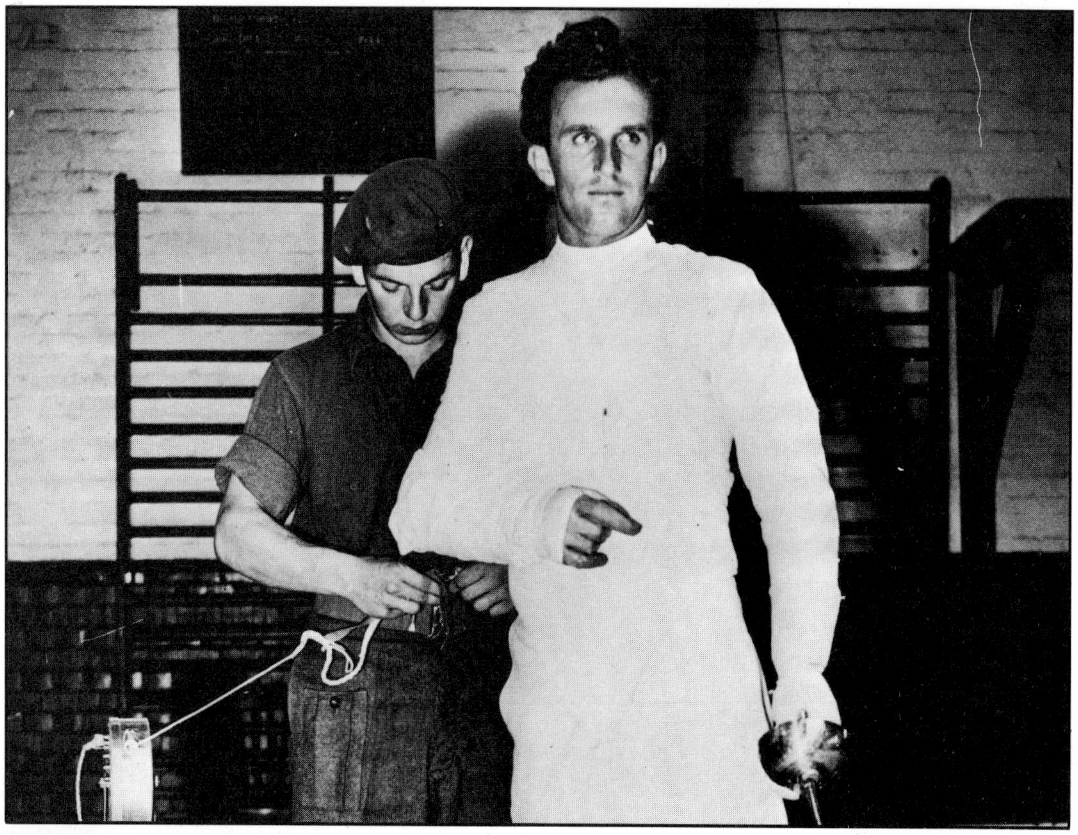

Vielseitigkeitsathlet und Spezialist

Mit der Pistole müssen auch die Modernen Fünfkämpfer umgehen können (links Olympiasieger Grut). Sie sind aber keine Spezialisten. Das war in London der Peruaner Edwin Vasquez Cam (rechts), der mit der Sportpistole gewann.

»Tschik« war einst Amateur
Szene aus dem Fußballendspiel. Der Jugoslawe »Tschik« Cajkowski (Nr. 10) scheitert am schwedischen Torwart.

Auch die Exoten kämpften
Im Basketball gab es in der Vorrunde die Begegnung Ägypten (dunkles Trikot) gegen Argentinien. Beide blieben unplaziert.

London 1948

Jagdspringen, Mannschaft

G	Mexiko
S	Spanien
B	Großbritannien

SCHIESSEN

Freies Gewehr (300 m)

G	Emil Grünig CH
S	Pauli Janhonen SF
B	Willy Rögeberg N

Kleinkaliber liegend

G	Arthur Cook USA
S	Walter Tomsen USA
B	Jonas Jonsson S

Schnellfeuerpistole oder Revolver (25 m)

G	Károly Takács H
S	Carlos Enrique Diaz Sáenz Valiente RA
B	Sven Lundqvist S

Beliebige Scheibenpistole (50 m)

G	Edwin Vasquez Cam PE
S	Rudolf Schnyder CH
B	Torsten Ullman S

TURNEN HERREN

Mehrkampf

G	Veikko Huhtanen SF
S	Walter Lehmann CH
B	Paavo Aaltonen SF

Mehrkampf, Mannschaft

G	Finnland
S	Schweiz
B	Ungarn

Barren

G	Michael Reusch CH
S	Veikko Huhtanen SF
B	Josef Stalder CH
B	Christian Kipfer CH

Boden

G	Ferenc Pataki H
S	János Mogyorósi-Klencs H
B	Zdenek Ružička CS

Pferdsprung

G	Paavo Aaltonen SF
S	Olavi Rove SF
B	János Mogyorósi-Klencs H
B	Ferenc Pataki H
B	Leo Sotornik CS

Seitpferd

G	Veikko Huhtanen SF
G	Paavo Aaltonen SF
G	Heikki Savolainen SF
S	Luigi Zanetti I
B	Guido Figone I

Reck

G	Josef Stalder CH
S	Walter Lehmann CH
B	Veikko Huhtanen SF

Ringe

G	Karl Frei CH
S	Michael Reusch CH
B	Zdenek Ružička CS

TURNEN DAMEN

Mehrkampf, Mannschaft

G	ČSSR
S	Ungarn
B	USA

BASKETBALL

G	USA
S	Frankreich
B	Brasilien

FUSSBALL

G	Schweden
S	Jugoslawien
B	Dänemark

HOCKEY

G	Indien
S	Großbritannien
B	Niederlande

XV. Olympische Sommerspiele
19. Juli bis 3. August 1952 in Helsinki

Zu dieser Olympiade war der Andrang so groß wie nie zuvor und stellte das gastgebende Finnland vor erhebliche Probleme. Aber die stolze Sportnation im Norden Europas erwies sich den 5867 Aktiven aus 69 Ländern als Gastgeber von wahrhaft olympischem Geist. Anstelle eines kostenträchtigen Dorfes für die Athleten stellten die Bewohner Helsinkis in ihren vier Wänden Platz für alle Sportler zur Verfügung, die so in den Genuß der einzigen bisher ausgetragenen »Olympiade mit Familienanschluß« kamen.
Das deutsche Aufgebot bestand aus 205 Aktiven, allesamt Staatsbürger der Bundesrepublik. Die DDR war vom IOC noch nicht anerkannt worden. Dafür marschierte ein kleines Olympiaaufgebot des Saarlandes ein, das als selbständige politische Einheit auf Wunsch Frankreichs vom IOC aufgenommen worden war.
Seit 1951 war auch die Sowjetunion IOC-Mitglied, und die Welt lernte in Helsinki mit ihr eine neue Sportgroßmacht kennen. Die UdSSR hatte 255 Männer und vierzig Frauen in die finnische Hauptstadt entsandt und belegte bei ihrem ersten Auftreten auf Anhieb den zweiten Platz in der Nationenwertung hinter den USA. Von den 149 Goldmedaillen, die in neunzehn Sportarten vergeben wurden, erkämpften sich die UdSSR-Sportler immerhin 22. Dazu kam dreißigmal Silber und neunzehnmal Bronze – ein wahrlich imposanter Einstand.
Vor allem im Turnen, bei den Männern noch stärker als bei den Frauen, stellte sich mit den sowjetischen Sportlern eine neue Kraft vor, die bei der Medaillenvergabe ein ganz entscheidendes Wort mitsprach.
In Helsinki trat mit Wiktor Tschukarin der erste dieser Könner hervor – und erkämpfte sich vier Gold- und zwei Silbermedaillen. Da blieb anderen Nationen nicht mehr viel übrig. Manche Turner begannen ja auch erst ihre Karriere, wie der 21jährige Takashi Ono aus Japan, der mit einer Bronzemedaille nach Hause fuhr. Mancher stand auch am Ende der Laufbahn, konnte aber noch einmal einen Medaillengewinn feiern, wie der vierzigjährige Alfred Schwarzmann aus Fürth. Der Zwölfkampfsieger von 1936 erkämpfte sich in Helsinki noch eine Silbermedaille am Reck. Es war eine von sieben Medaillen dieser Kategorie für

Ganz Finnland war begeistert
Die Eröffnungsfeier der Spiele in Helsinki war beeindruckend. Vor allem als Paavo Nurmi das olympische Feuer entzündete, nahm ganz Finnland freudigen Anteil.

LINDY REMIGINO SCHNELLSTER MANN DER WELT

Deutschland, das noch siebzehn dritte Plätze mit Bronze honoriert bekam, jedoch ohne Olympiasieg blieb.

Für einige bedeutete der dritte Rang einen Dämpfer hinsichtlich ihrer hochgeschraubten Erwartungen, so für den Brustschwimmer Herbert Klein; aber auch der 800-m-Läufer Heinz Ulzheimer, der frischgebackene 1500-m-Weltrekordler Werner Lueg sowie das Langstrecken-As Herbert Schade (5000 m) hatten mehr erwartet. Sie standen im Olympiastadion natürlich alle im Schatten des Laufwunders Emil Zatopek, der diese Spiele untrennbar mit seinem Namen verband.

Helsinki 1952

LEICHTATHLETIK HERREN

100 m		
G	Lindy Remigino USA	10,4
S	Herbert McKenley JM	10,4
B	Emmanuel McDonald Bailey GB	10,4
200 m		
G	Andrew Stanfield USA	20,7
S	W. Thane Baker USA	20,8
B	James Gathers USA	20,8
400 m		
G	George Rhoden JM	45,9
S	Herbert McKenley JM	45,9
B	Ollie Matson USA	46,8
800 m		
G	Malvin G. Whitfield USA	1:49,2
S	Arthur Wint JM	1:49,4
B	Heinz Ulzheimer D	1:49,7
1500 m		
G	Josy Barthel L	3:45,1
S	Robert McMillen USA	3:45,2
B	Werner Lueg D	3:45,4
5000 m		
G	Emil Zatopek CS	14:06,6
S	Alain Mimoun F	14:07,4
B	Herbert Schade D	14:08,6
10 000 m		
G	Emil Zatopek CS	29:17,0
S	Alain Mimoun F	29:32,8
B	Aleksandr Anufrijew SU	29:48,2
Marathon		
G	Emil Zatopek CS	2:23:03,2
S	Reinaldo Gorno RA	2:25:35,0
B	Gustaf Jansson S	2:26:07,0
110-m-Hürden		
G	Harrison Dillard USA	13,7
S	Jack Davis USA	13,7
B	Arthur Barnard USA	14,1
400-m-Hürden		
G	Charles Moore USA	50,8
S	Juri Litujew SU	51,3
B	John Holland NZ	52,2
3000-m-Hindernislauf		
G	Horace Ashenfelter USA	8:45,4
S	Wladimir Kasantsew SU	8:51,6
B	John Disley GB	8:51,8
4-×-100-m-Staffel		
G	USA	40,1
S	UdSSR	40,3
B	Ungarn	40,5

Das Finale bleibt unvergessen

Der Zieleinlauf im 1500-m-Finale, das zu einem der denkwürdigsten der olympischen Geschichte gehört: Vorn der Sieger Josy Barthel (Luxemburg), links der Brite Robert McMillan, rechts der Dritte Werner Lueg. Bei der Siegerehrung konnte Barthel seine Tränen nicht zurückhalten.

FECHTEN: ITALIENER HOLEN DREI GOLDMEDAILLEN

Erfolgreiche Heber und ein Außenseiter

Die UdSSR dominierte bei den Gewichthebern und stellte etliche Medaillengewinner. Oben die Sieger im Leichtschwergewicht mit Trofim Lomakin (Mitte) als Gewinner. Rechts der holländische Außenseiter Smeekens.

Helsinki 1952

4-×-400-m-Staffel

G	Jamaika	3:03,9
S	USA	3:04,0
B	Deutschland	3:06,6

10 000-m-Gehen

G	John Mikaelsson S	45:02,8
S	Fritz Schwab CH	45:41,0
B	Bruno Junk SU	45:41,0

50-km-Gehen

G	Giuseppe Dordoni I	4:28:07,8
S	Josef Doležal CS	4:30:17,8
B	Antal Róka H	4:31:27,2

Hochsprung

G	Walter Davis USA	2,04
S	Kenneth Wiesner USA	2,01
B	José Telles da Conceição BR	1,98

Stabhochsprung

G	Robert Richards USA	4,55
S	Donald Laz USA	4,50
B	Ragnar Lundberg S	4,40

Weitsprung

G	Jerome Biffle USA	7,57
S	Meredith Gourdine USA	7,53
B	Ödön Földessy H	7,30

Dreisprung

G	Adhemar Ferreira Da Silva BR	16,22
S	Leonid Schtscherbakow SU	15,98
B	Arnoldo Devonish YV	15,52

Kugelstoßen

G	Parry O'Brien USA	17,41
S	Darrow Hooper USA	17,39
B	James Fuchs USA	17,06

Diskuswerfen

G	Sim Iness USA	55,03
S	Adolfo Consolini I	53,78
B	James Dillion USA	53,28

Hammerwerfen

G	József Csermák H	60,34
S	Karl Storch D	58,86
B	Imre Németh H	57,74

Speerwerfen

G	Cyrus Young USA	73,78
S	William Miller USA	72,46
B	Toivo Hyytiäinen SF	71,89

Zehnkampf

G	Robert Mathias USA	7731
S	Milton Campbell USA	7132
B	Floyd Simmons USA	7069

LEICHTATHLETIK DAMEN

100 m

G	Marjorie Jackson AUS	11,5
S	Daphne Hasenjager-Robb ZA	11,8
B	Shirley de la Hunty-Strickland AUS	11,9

200 m

G	Marjorie Jackson AUS	23,7
S	Bertha Brouwer NL	24,2
B	Nadjeschda Chnykina SU	24,2

80-m-Hürden

G	Shirley de la Hunty-Strickland AUS	10,9
S	Maria Golubnitschaja SU	11,1
B	Maria Sander D	11,1

4-×-100-m-Staffel

G	USA	45,9
S	Deutschland	45,9
B	Großbritannien	46,2

Hochsprung

G	Esther Brand ZA	1,67
S	Sheila Lerwill GB	1,65
B	Aleksandra Tschudina SU	1,63

Weitsprung

G	Yvette Williams NZ	6,24
S	Aleksandra Tschudina SU	6,14
B	Shirley Cawley GB	5,92

Kugelstoßen

G	Galina Sybina SU	15,28
S	Marianne Werner D	14,57
B	Klawdija Totschenowa SU	14,50

Diskuswerfen

G	Nina Romaschkowa SU	51,42
S	Jelisaweta Bagrjantsewa SU	47,08
B	Nina Dumbadse SU	46,29

Speerwerfen

G	Dana Zátopková CS	50,47
S	Aleksandra Tschudina SU	50,01
B	Jelena Gortschakowa SU	49,76

FECHTEN HERREN

Florett

G	Christian d'Oriola F
S	Edoardo Mangiarotti I
B	Manlio Di Rosa I

Florett, Mannschaft

G	Frankreich
S	Italien
B	Ungarn

Degen

G	Edoardo Mangiarotti I
S	Dario Mangiarotti I
B	Oswald Zappelli CH

Degen, Mannschaft

G	Italien
S	Schweden
B	Schweiz

Säbel

G	Pál Kovács H
S	Aladár Gerevich H
B	Tibor Berczelly H

Säbel, Mannschaft

G	Ungarn
S	Italien
B	Frankreich

FECHTEN DAMEN

Florett

G	Irene Camber I
S	Ilona Elek H
B	Karen Lachmann DK

SCHWIMMEN HERREN

100-m-Freistil

G	Clarke Scholes USA	57,4
S	Hiroshi Suzuki J	57,4
B	Göran Larsson S	58,2

400-m-Freistil

G	Jean Boiteux F	4:30,7
S	Ford Konno USA	4:31,3
B	Per-Olof Östrand S	4:35,2

1500-m-Freistil

G	Ford Konno USA	18:30,3
S	Shiro Hashizume J	18:41,4
B	Tetsuo Okamoto BR	18:51,3

100-m-Rücken

G	Yoshinobu Oyakawa USA	1:05,4
S	Gilbert Bozon F	1:06,2
B	Jack Taylor USA	1:06,4

200-m-Brust

G	John Davies AUS	2:34,4
S	Bowen Stassforth USA	2:34,7
B	Herbert Klein D	2:35,9

4-×-200-m-Freistilstaffel

G	USA	8:31,1
S	Japan	8:33,5
B	Frankreich	8:45,9

Kunstspringen

G	David Browning USA
S	Miller Anderson USA
B	Robert Clotworthy USA

Turmspringen

G	Samuel Lee USA
S	Joaquin Capilla Pérez MEX
B	Günther Haase D

Wasserball

G	Ungarn
S	Jugoslawien
B	Italien

SCHWIMMEN DAMEN

100-m-Freistil

G	Katalin Szöke H	1:06,8
S	Johanna Termeulen NL	1:07,0
B	Judit Temes H	1:07,1

400-m-Freistil

G	Valéria Gyenge H	5:12,1
S	Éva Novák H	5:13,7
B	Evelyn Kawamoto USA	5:14,6

100-m-Rücken

G	Joan Harrison ZA	1:14,3
S	Geertje Wielema NL	1:14,5
B	Jean Stewart NZ	1:15,8

FLOYD PATTERSON LEGT GRUNDSTEIN FUER PROFI-KARRIERE

Helsinki 1952

200-m-Brust

G	Éva Székely H	2:51,7
S	Éva Novák H	2:54,4
B	Helen Gordon GB	2:57,6

4-x-100-m-Freistilstaffel

G	Ungarn	4:24,4
S	Niederlande	4:29,0
B	USA	4:30,1

Kunstspringen

G	Patricia McCormick USA
S	Mady Moreau F
B	Zoe Ann Jensen-Olsen USA

Turmspringen

G	Patricia McCormick USA
S	Paula Jean Myers USA
B	Juno Irwin-Stover USA

BOXEN*

Fliegengewicht

G	Nathan Brooks USA
S	Edgar Basel D
B	Anatoli Bulakow SU
B	William Toweel ZA

Bantamgewicht

G	Pentti Hämäläinen SF
S	John McNally IRL
B	Gennadi Garbusow SU
B	Joon-Ho Kang SK

Federgewicht

G	Jan Zachara CS
S	Sergio Caprari I
B	Joseph Ventaja F
B	Leonard Leisching ZA

Leichtgewicht

G	Aureliano Bolognesi I
S	Aleksy Antkiewicz PL
B	Gheorghe Fiat R
B	Erkki Pakkanen SF

Halbweltergewicht

G	Charles Adkins USA
S	Wiktor Mednow SU
B	Erkki Mallenius SF
B	Bruno Visintin I

Weltergewicht

G	Zygmunt Chychla PL
S	Sergej Schtscherbakow SU
B	Victor Jörgensen DK
B	Günther Heidemann D

Halbmittelgewicht

G	László Papp H
S	Theunis van Schalkwyk ZA
B	Boris Tischin SU
B	Eladio Herrera RA

Mittelgewicht

G	Floyd Patterson USA
S	Vasile Tita R
B	Stig Sjölin S
B	Boris Nikolow BG

Halbschwergewicht

G	Norvel Lee USA
S	Antonio Pacenza RA
B	Anatoli Perow SU
B	Harri Siljander SF

Schwergewicht

G	Hayes Edward Sanders USA
S	Ingemar Johansson* S
B	Andries Nieman ZA
B	Ilkka Koski SF

* Ab 1952 werden im Boxen zwei Bronzemedaillen vergeben.
* Johansson wurde 1952 wegen Passivität disqualifiziert, doch erkannte man ihm die zunächst vorenthaltene Silbermedaille im Jahre 1981 durch IOC-Entscheid wieder zu.

Ringer fanden großen Anklang

Selbst die Kämpfe in den Vorrunden fanden in Helsinki ein begeistertes Publikum. Hier ist der Ungar Lajos Biringer-Bencze – er belegte im Bantamgewicht des Freistilturniers Platz sechs – vorübergehend gegen einen Amerikaner in Schwierigkeiten.

Zwei ohne Medaillenchancen

Für Kistner (Deutschland) und den Niederländer Pastor war das Boxturnier schnell beendet. In diesem Halbschwergewichtskampf siegte der deutsche Fighter (rechts). Seine Teamkameraden Edgar Basel und Günther Heidemann holten dagegen Medaillen.

GEWICHTHEBEN

Bantamgewicht

G	Iwan Udodow SU	315,0
S	Mahmoud Namdjou IR	307,5
B	Ali Mirzai IR	300,0

Federgewicht

G	Rafael Tschimischkjan SU	337,5
S	Nikolai Saksonow SU	332,5
B	Rodney Wilkes TRI	322,5

Leichtgewicht

G	Thomas Kono USA	362,5
S	Jewgeni Lopatin SU	350,0
B	Verne Barberis AUS	350,0

Mittelgewicht

G	Peter George USA	400,0
S	Gérard Gratton CDN	390,0
B	Sung-Jip Kim SK	382,5

Leichtschwergewicht

G	Trofim Lomakin SU	417,5
S	Stanley Stanczyk USA	415,0
B	Arkadi Worobjow SU	407,5

Mittelschwergewicht

G	Norbert Schemansky USA	445,0
S	Grigori Nowak SU	410,0
B	Lennox Kilgour TRI	402,5

Schwergewicht

G	John Davis USA	460,0
S	James Bradford USA	437,5
B	Humberto Selvetti RA	432,5

RINGEN, GRIECHISCH-RÖMISCHER STIL

Fliegengewicht

G	Boris Gurewitsch SU
S	Ignazio Fabra I
B	Leo Honkala SF

Bantamgewicht

G	Imre Hódos H
S	Zakaria Chihab RL
B	Artem Terjan SU

Federgewicht

G	Jakow Punkin SU
S	Imre Polyák H
B	Abdel Rashed ET

Leichtgewicht

G	Schazam Safin SU
S	Gustav Freij S
B	Mikuláš Athanasov CS

Weltergewicht

G	Miklós Szilvási H
S	Gösta Andersson S
B	Khalil Taha RL

Mittelgewicht

G	Axel Grönberg S
S	Kalervo Rauhala SF
B	Nikolai Bjelow SU

Halbschwergewicht

G	Kelpo Gröndahl SF
S	Schalwa Tschichladse SU
B	Karl-Erik Nilsson S

Schwergewicht

G	Johannes Kotkas SU
S	Josef Ružička CS
B	Tauno Kovanen SF

FREISTILRINGEN

Fliegengewicht

G	Hasan Gemici TR
S	Yushu Kitano J
B	Mahmoud Mollaghassemi IR

Bantamgewicht

G	Shohachi Ishii J
S	Raschid Mamedbekow SU
B	Kha-Shaba Jadav IND

Federgewicht

G	Bayram Şit TR
S	Nasser Guivehtchi IR
B	Josiah Henson USA

Leichtgewicht

G	Olle Anderberg S
S	Jay Thomas Evans USA
B	Djahanbakte Tovfighe IR

Weltergewicht

G	William Smith USA
S	Per Berlin S
B	Abdullah Modjtabavi IR

Mittelgewicht

G	David Tsimakuridse SU
S	Gholam-Reza Takhti IR
B	György Gurics H

Halbschwergewicht

G	Viking Palm S
S	Henry Wittenberg USA
B	Adil Atan TR

SKANDINAVIER DOMINIEREN IM KANU

Italiener fuhren am schnellsten

Das 4000-m-Mannschafts-Verfolgungsrennen endete mit einem Sieg der italienischen Pedalritter – hier mit ihrem Trainer – vor Südafrika, Großbritannien und Frankreich.

Blumen für die Medaillengewinner

Nach dem Preis der Nationen konnten sich die zweitplazierten Chilenen (links) und die siegreichen Briten über ihre Medaillen freuen.

Siegerehrung für Fechterinnen

Die Italienerin Irene Camber (Mitte) gewann das Florettfechten. Dritte wurde die Dänin Karen Lachmann (rechts).

Helsinki 1952

Schwergewicht

G Arsen Mekokischwili SU
S Bertil Antonsson S
B Kenneth Richmond GB

MODERNER FÜNFKAMPF

Einzel

G Lars Hall S
S Gábor Benedek H
B István Szondy H

Mannschaft

G Ungarn
S Schweden
B Finnland

KANU HERREN

Einer-Kajak (1000 m)

G Gert Fredriksson S
S Thorvald Strömberg SF
B Louis Gantois F

Einer-Kajak (10 000 m)

G Thorvald Strömberg SF
S Gert Fredriksson S
B Michel Scheuer D

Zweier-Kajak (1000 m)

G Finnland
S Schweden
B Österreich

Zweier-Kajak (10 000 m)

G Finnland
S Schweden
B Ungarn

Einer-Canadier (1000 m)

G Josef Holeček CS
S János Parti H
B Olavi Ojanperä SF

Einer-Canadier (10 000 m)

G Frank Havens USA
S Gábor Novák H
B Alfréd Jindra CS

Zweier-Canadier (1000 m)

G Dänemark
S ČSSR
B Deutschland

Zweier-Canadier (10 000 m)

G Frankreich
S Kanada
B Deutschland

KANU DAMEN

Einer-Kajak (500 m)

G Sylvi Saimo SF
S Gertrude Liebhart A
B Nina Sawina SU

RUDERN

Einer

G Juri Tjukalow SU
S Mervyn Wood AUS
B Teodor Kocerka PL

Doppelzweier

G Argentinien
S UdSSR
B Uruguay

Zweier ohne Steuermann

G USA
S Belgien
B Schweiz

Zweier mit Steuermann

G Frankreich
S Deutschland
B Dänemark

Vierer ohne Steuermann

G Jugoslawien
S Frankreich
B Finnland

Vierer mit Steuermann

G ČSSR
S Schweiz
B USA

Achter

G USA
S UdSSR
B Australien

SEGELN

Soloklasse (Finn-Dinghi)

G Paul Elvström DK
S Charles Currey GB
B Rickard Sarby S

Star

G Italien
S USA
B Portugal

Drachen

S Norwegen
S Schweden
B Deutschland

5,5 m

G USA
S Norwegen
B Schweden

6 m

G USA
S Norwegen
B Finnland

RADSPORT

Straßenrennen (190 km)

G	André Noyelle B	5:06:03,4
S	Robert Grondelaers B	5:06:51,2
B	Edi Ziegler D	5:07:47,5

Straßenrennen, Mannschaft (190 km)

G	Belgien	15:20:46,6
S	Italien	15:33:27,3
B	Frankreich	15:38:58,1

1000-m-Zeitfahren

G	Russel Mockridge AUS	1:11,1
S	Marino Morettini I	1:12,7
B	Raymond Robinson ZA	1:13,0

1000-m-Sprint

G	Enzo Sacchi I	12,0*
S	Lionel Cox AUS	
B	Werner Potzernheim D	

2000-m-Tandem

G	Australien	11,0*
S	Südafrika	
B	Italien	

4000-m-Mannschafts-Verfolgungsrennen

G	Italien	4:46,1
S	Südafrika	4:53,6
B	Großbritannien	4:51,5

REITSPORT

Military

G Hans von Blixen-Finecke jr. S
S Guy Lefrant F
B Wilhelm Büsing D

Military, Mannschaft

G Schweden
S Deutschland
B USA

Dressur

G Henri Saint Cyr S
S Lis Hartel DK
B André Jousseaume F

* Zeit für die letzten 200 m

Neuer Turnkönig stellt sich vor

Mit Wiktor Tschukarin (hier am Seitpferd) hatten die Spiele in der finnischen Hauptstadt den überragenden Turner. Der Russe holte sich vier Goldmedaillen, darunter die des Zwölfkampfs.

Die Belgier fuhren auf Siegeskurs

Im Straßenrennen gab es für Belgien den Mannschaftssieg und den Erfolg von André Noyelle in der Einzelwertung. Auch auf dem zweiten Platz rangierte noch ein Belgier.

Helsinki 1952

Dressur, Mannschaft

G Schweden
S Schweiz
B Deutschland

Jagdspringen

G Pierre Jonquères d'Oriola F
S Oscar Cristi RCH
B Fritz Thiedemann D

Jagdspringen, Mannschaft

G Großbritannien
S Chile
B USA

SCHIESSEN

Freies Gewehr (300 m) Dreistellungskampf

G Anatoli Bogdanow SU
S Robert Bürchler CH
B Lew Wainschtein SU

Kleinkaliber Dreistellungskampf

G Erling Kongshaug N
S Vilho Ylönen SF
B Boris Andrejew SU

liegend

G Iosif Sirbu R
S Boris Andrejew SU
B Arthur Jackson USA

Schnellfeuerpistole oder Revolver

G Károly Takács H
S Szilárd Kun H
B Gheorghe Lichiardopol R

Beliebige Scheibenpistole (50 m)

G Huelet Benner USA
S Angel León de Gozalo E
B Ambrus Balogh H

Laufender Hirsch, Einzel- und Doppelschuß

G John Larsen N
S Per Olof Sköldberg S
B Tauno Mäki SF

Tontaubenschießen

G George Patrick Genereux CDN
S Knut Holmqvist S
B Hans Liljedahl S

TURNEN HERREN

Mehrkampf

G Wiktor Tschukarin SU
S Grant Schaginjan SU
B Josef Stalder CH

Mehrkampf, Mannschaft

G UdSSR
S Schweiz
B Finnland

Barren

G Hans Eugster CH
S Wiktor Tschukarin SU
B Josef Stalder CH

Boden

G William Thoresson S
S Tadao Uesako J
S Jerzy Jokiel PL

Pferdsprung

G Wiktor Tschukarin SU
S Masao Takemoto J
B Takashi Ono J
B Tadao Uesako J

Seitpferd

G Wiktor Tschukarin SU
S Jewgeni Korolkow SU
S Grant Schaginjan SU

Reck

G Jack Günthard CH
S Josef Stalder CH
S Alfred Schwarzmann D

Ringe

G Grant Schaginjan SU
S Wiktor Tschukarin SU
B Hans Eugster CH
B Dmitri Leonkin SU

TURNEN DAMEN

Mehrkampf

G Maria Gorochowskaja SU
S Nina Botscharowa SU
B Margit Korondi H

Mehrkampf, Mannschaft

G UdSSR
S Ungarn
B ČSSR

Stufenbarren

G Margit Korondi H
S Maria Gorochowskaja SU
B Ágnes Keleti H

Boden

G Ágnes Keleti H
S Maria Gorochowskaja SU
B Margit Korondi H

Pferdsprung

G Jekaterina Kalintschuk SU
S Maria Gorochowskaja SU
B Galina Minaitschewa SU

Schwebebalken

G Nina Botscharowa SU
S Maria Gorochowskaja SU
B Margit Korondi H

Gruppen-Gymnastik mit Handgerät

G Schweden
S UdSSR
B Ungarn

BASKETBALL

G USA
S UdSSR
B Uruguay

FUSSBALL

G Ungarn
S Jugoslawien
B Schweden

HOCKEY

G Indien
S Niederlande
B Großbritannien

XVI. Olympische Sommerspiele
25. November bis 8. Dezember 1956 in Melbourne

In für Europäer und Amerikaner ungewohnter Zeit fanden die ersten Olympischen Spiele im fünften Kontinent statt. Der australische Sommer und seine ungewohnten Klimaverhältnisse drückten bei einigen der 3329 Teilnehmer aus 68 Ländern auch auf das Leistungsvermögen.

Großartig vorbereitet zeigten sich jedoch die Sportler aus der UdSSR, die erstmals die Nationenwertung deutlich gewannen und den USA eindeutig den Rang abliefen. Lediglich in ihrer Domäne Leichtathletik konnten sich die US-Sportler noch behaupten. In allen drei Medaillensparten lagen die Sportler aus der Sowjetunion vor den sieggewohnten amerikanischen Athleten.

Einige der US-Leichtathleten setzten in Melbourne noch einmal Meilensteine. Der als »Fliegender Pastor« in die Sportgeschichte eingegangene Robert Richards absolvierte seinen dritten Olympiastart und holte im Stabhochsprung seine dritte Medaille: nach Bronze 1948 und Gold 1952 erneut die höchste Auszeichnung. Auch der Kugelstoßer Parry O'Brien wiederholte seinen Olympiasieg von 1952, nachdem er seit Helsinki den Weltrekord neunmal verbessert hatte und dabei als erster Stoßer sowohl die 18- als auch die 19-m-Marke übertreffen konnte. Im Diskuswerfen siegte ein zwanzigjähriger junger Mann namens Al Oerter . . .

Der fünfte Kontinent lud ein

Einen imponierenden Anblick bot das Melbourner Hauptstadion bei der Eröffnungsfeier (oben). Den Eid sprach der bekannte Mittelstreckler John Landy, der über 1500 m Bronze holte.

Melbourne gab sich festlich

Ein großes Warenhaus hatte seine Fassade mit den Fahnen aller teilnehmenden Nationen geschmückt. Unten die Goldmedaille der Spiele, ganz unten eine Szene nach Entzünden der olympischen Flamme im Hain von Olympia.

Für einige Sportler der Kriegsgeneration bedeutete Melbourne den Abschied vom Amateursport. So für den Ungarn Laszlo Papp, der als erster Boxer dreimal in Folge bei Olympischen Spielen die Goldmedaille gewinnen konnte.

Die herausragenden Medaillengewinner erlebte man in Melbourne wieder bei den Turnwettkämpfen, wo Japan diesmal den sowjetischen Assen großartige Gerätekünstler entgegensetzte. Wiktor Tschukarin, der bei den voraufgegangenen Weltmeisterschaften im Jahre 1954 mit seiner Mannschaft den ersten Platz belegt hatte und auch die Zwölfkampfeinzelwertung sowie das Barrenturnen gewinnen konnte, galt in Melbourne als der Favorit. Aber am Ende des Zwölfkampfes hatte er ganze fünf Hundertstelpunkte Vorsprung vor Takashi Ono, der mit der japanischen Riege auch bei der WM zwei Jahre vorher Zweiter geworden war. Tschukarin vervollständigte seine Medaillenausbeute mit Mannschaftsgold, Gold am Barren, Silber am Boden und Bronze am Seitpferd. Seine olympische Gesamtbilanz lautete danach siebenmal Gold, dreimal Silber und einmal Bronze. Der Japaner nahm aus Melbourne eine Goldmedaille mit nach Hause, dreimal Silber und einmal Bronze.

Die ungarische Turnerin Ágnes Keleti holte sich in Melbourne schon ihre zehnte Olympiamedaille, und der Stern einer gewissen Larissa Latynina ging mit vier Goldmedaillen in Melbourne auf.

Im Turnen gab es auch die erste Nachkriegs-Goldmedaille für einen bundesdeutschen Athleten. Auf Beschluß des IOC war eine gemeinsame deutsche Mannschaft mit Sportlern aus Ost und West, die sich in internen Ausscheidungen qualifizieren mußten, nach Melbourne gefahren. Nach außen hin gab es zwar ein einheitliches Bild, auch nur eine Medaillenwertung, aber zu Hause wurden die Siege doch an die eigenen Farben geheftet. Mit den in Stockholm stattfindenden Reiterspielen (→ Kapitel Reitsport) kam diese gesamtdeutsche Mannschaft auf sechs Goldmedaillen, wovon vier in Melbourne gewonnen wurden.

Eine holte der am 14. September 1921 in Speyer geborene Turner Helmut Bantz, der in Helsinki schon dabeigewesen war und mit Platz neun im Zwölfkampf und Platz sieben am Reck Achtungserfolge errungen hatte. In Melbourne gab es die Goldmedaille im Pferdsprung; im Zwölfkampf und am Reck reichte es zu guten sechsten Plätzen. Bantz hatte bei der WM 1954 die Silbermedaillen am Reck und im Pferdsprung erkämpft und war am Barren noch Dritter geworden. Seinen ersten internationalen Titel hatte er ein Jahr vor Melbourne mit der Europameisterschaft im Barrenturnen geholt. Er wurde 1955 auch noch Vize-Europameister an den Ringen und im Pferdsprung.

Weitere Goldmedaillen aus bundesdeutscher Sicht gab es durch die Dortmunder Brustschwimmerin Ursula Happe und im Zweier-Kajak der Männer über 1000 m durch die Kombination Michael Scheurer/Meinrad Miltenberger. Nicht zuletzt durch diesen Olympiasieg wurde der am 6. Dezember 1924 in Herdekke (Westfalen) geborene Miltenberger, Beiname »Auto«, zu einem der erfolgreichsten deutschen Kanuten der Nachkriegszeit. Bei der Weltmeisterschaft 1954 hatte er den Titel im Zweier-Kajak über 500 m mit Ernst Steinhauer geholt und war Zweiter im Einer-Kajak über die gleiche Distanz geworden. Zwei Jahre nach Melbourne wurde er Weltmeister mit der 4-x-500-m-Kajakstaffel und Dritter im Zwei-

Zuschauerresonanz war überwältigend
Das Stadion von Melbourne, ursprünglich der »Cricket Ground«, wurde mit einer neuen Laufbahn versehen, um somit olympischen Anforderungen zu genügen. Der Besuch war außerordentlich gut.

Ein Nachbar siegte
Im 50-km-Gehen gewann der Neuseeländer Norman Read die Goldmedaille. Der Mann von der Nachbarinsel wurde enthusiastisch gefeiert.

Drei gute Weitspringer
Bei der Siegerehrung strahlten alle drei Weitsprung-Medaillengewinner: Jorma Valkama, Gregory Bell und John Bennett (von links).

er-Kajak über 500 m. Bei Europameisterschaften gab es für ihn zweimal Silber 1957 (Kajakstaffel und 500 m Zweier-Kajak) und einmal Gold 1959 mit der Kajakstaffel.

Michael Scheurer, geboren am 20. Mai 1927 in Rodingen/Luxemburg, hatte bereits 1952 im Einer-Kajak eine Bronzemedaille über die Marathondistanz der Kanuten, die 10 000 m, gewonnen und wiederholte diesen Erfolg noch einmal in Melbourne. Er konnte sich 1958 mit zwei WM-Titeln schmücken (Vierer-Kajak über 1000 und 10 000 m), nachdem es 1954 »nur« zur Silbermedaille im Zweier-Kajak über 1000 m gereicht hatte. Bei den Europameisterschaften 1957 und 1959 holte er die Titel im Vierer-Kajak über 10 000 m; über die 1000-m-Distanz gab es 1959 noch eine Silbermedaille.

In Melbourne starteten der Düsseldorfer Fritz Briel und Theo Kleine im Zweier-Kajak über die 10 000 m und gewannen Silber. Briel wurde in seiner Laufbahn noch dreimal Weltmeister – 1958 im Einer-Kajak über 1000 m und in der Kajakstaffel, 1963 im Einer-Kajak über 10 000 m – und gewann bei Europameisterschaften sechsmal Gold, zweimal Silber und einmal Bronze. Fritz Kleine konnte sich noch als zweifacher Welt- und Europameister feiern lassen und errang außerdem zweimal Silber und einmal Bronze.

Melbourne 1956

LEICHTATHLETIK HERREN

100 m		
G	Bobby Morrow USA	10,5
S	W. Thane Baker USA	10,5
B.	Hector Hogan AUS	10,6
200 m		
G	Bobby Morrow USA	20,6
S	Andrew Stanfied USA	20,7
B	W. Thane Baker USA	20,9
400 m		
G	Charles L. Jenkins USA	46,7
S	Karl-Friedrich Haas D	46,8
B	Voitto Hellsten SF	47,0
B	Ardaljon Ignatjew SU	47,0
800 m		
G	Thomas W. Courtney USA	1:47,7
S	Derek Johnson GB	1:47,8
B	Audun Boysen N	1:48,1
1500 m		
G	Ron Delany IRL	3:41,2
S	Klaus Richtzenhain DDR	3:42,0
B	John Landy AUS	3:42,0
5000 m		
G	Wladimir Kuts SU	13:39,6
S	Gordon Pirie GB	13:50,6
B	Derek Ibbotson GB	13:54,4

USA ERNEUT STAERKSTE LEICHTATHLETIK-NATION

Melbourne 1956

10 000 m

G	Wladimir Kuts SU	28:45,6
S	József Kovács H	28:52,4
B	Allan C. Lawrence AUS	28:53,6

Marathon

G	Alain Mimoun F	2:25:00,0
S	Franjo Mihalič YU	2:26:32,0
B	Veikko Karvonen SF	2:27:47,0

110-m-Hürden

G	Lee Q. Calhoun USA	13,5
S	Jack Davis USA	13,5
B	Joel Shankle USA	14,1

400-m-Hürden

G	Glenn A. Davis USA	50,1
S	Eddie Southern USA	50,8
B	Josh Culbreath USA	51,6

3000-m-Hindernislauf

G	Christopher Brasher GB	8:41,2
S	Sándor Rozsnyói H	8:43,6
B	Ernst Larsen N	8:44,0

4-×-100-m-Staffel

G	USA	39,5
S	UdSSR	39,8
B	Deutschland	40,3

4-×-400-m-Staffel

G	USA	3:04,8
S	Australien	3:06,2
B	Großbritannien	3:07,2

20-km-Gehen

G	Leonid Spirin SU	1:31:27,4
S	Antanas Mikenas SU	1:32:03,0
B	Bruno Junk SU	1:32:12,0

50-km-Gehen

G	Norman Read NZ	4:30:42,8
S	Jewgeni Maskinskow SU	4:32:57,0
B	John Ljunggren S	4:35:02,0

Hochsprung

G	Charles E. Dumas USA	2,12
S	Charles M. Porter AUS	2,10
B	Igor Kaschkarow SU	2,08

Stabhochsprung

G	Robert Richards USA	4,56
S	Robert Gutowski USA	4,53
B	Georgios Roubanis GR	4,50

Weitsprung

G	Gregory Bell USA	7,83
S	John Bennett USA	7,68
B	Jorma Valkama SF	7,48

Dreisprung

G	Adhemar Ferreira Da Silva BR	16,35
S	Vilhjálmur Einarsson IS	16,26
B	Witold Krejer SU	16,02

Kugelstoßen

G	Parry O'Brien USA	18,57
S	William Nieder USA	18,18
B	Jiři Skobla CS	17,65

Diskuswerfen

G	Al Oerter USA	56,36
S	Fortune Gordien USA	54,81
B	Desmond Koch USA	54,40

Hammerwerfen

G	Harold Connolly USA	63,19
S	Michail Kriwonosow SU	63,03
B	Anatoli Samotswjetow SU	62,56

Speerwerfen

G	Egil Danielsen N	85,71
S	Janusz Sidlo PL	79,98
B	Wiktor Tsybulenko SU	79,50

Zehnkampf

G	Milton Campbell USA	7708
S	Rafer Johnson USA	7568
B	Wassili Kusnjetsow SU	7461

Der »Fliegende Pastor« wieder vorn

Wie schon in Helsinki schwang sich Robert (»Bob«) Richards aus den USA auch 1956 wieder am höchsten. Der wegen seines Berufes als »Fliegender Pastor« bekannte US-Athlet siegte vor seinem Landsmann Robert Gutowski.

Deutsche Kanuten auf Goldkurs

Meinrad (»Auto«) Miltenberger (links) und Michael Scheurer freuen sich über ihre Goldmedaille im Zweier-Kajak. Die zehn deutschen Kanuten kamen aus Melbourne mit beachtlichen vier Medaillen zurück.

Melbourne 1956

LEICHTATHLETIK DAMEN

100 m

G	Betty Cuthbert AUS	11,5
S	Christa Stubnick DDR	11,7
B	Marlene Matthews AUS	11,7

200 m

G	Betty Cuthbert AUS	23,4
S	Christa Stubnick DDR	23,7
B	Marlene Matthews AUS	23,8

80-m-Hürden

G	Shirley de la Hunty AUS	10,7
S	Gisela Köhler DDR	10,9
B	Norma Thrower AUS	11,0

4-×-100-m-Staffel

G	Australien	44,5
S	Großbritannien	44,7
B	USA	44,9

Hochsprung

G	Mildred McDaniel USA	1,76
S	Maria Pissarjewa SU	1,67
S	Thelma Hopkins GB	1,67

Weitsprung

G	Elzbieta Krzesinska PL	6,35
S	Willye White USA	6,09
B	Nadjeschda Dwalischwili SU	6,07

Kugelstoßen

G	Tamara Tyschkewitsch SU	16,59
S	Galina Sybina SU	16,53
B	Marianne Werner D	15,61

Diskuswerfen

G	Olga Fikotová CS	53,69
S	Irina Begljakowa SU	52,54
B	Nina Ponomarjewa-Romaschkowa SU	52,02

Speerwerfen

G	Inese Jaunzeme SU	53,86
S	Marlene Ahrens RCH	50,38
B	Nadjeschda Konjajewa SU	50,28

FECHTEN HERREN

Florett

G	Christian d'Oriola F
S	Giancarlo Bergamini I
B	Antonio Spallino I

Florett, Mannschaft

G	Italien
S	Frankreich
B	Ungarn

Degen

G	Carlo Pavesi I
S	Giuseppe Delfino I
B	Edoardo Mangiarotti I

Degen, Mannschaft

G	Italien
S	Ungarn
B	Frankreich

Säbel

G	Rudolf Kárpáti H
S	Jerzy Pawlowski PL
B	Lew Kusnjetsow SU

Säbel, Mannschaft

G	Ungarn
S	Polen
B	UdSSR

FECHTEN DAMEN

Florett

G	Gillian M. Sheen GB
S	Olga Orban R
B	Renée Garilhe F

SCHWIMMEN HERREN

100-m-Freistil

G	Jon Henricks AUS	55,4
S	John Devitt AUS	55,8
B	Gary Chapman AUS	56,7

400-m-Freistil

G	Murray Rose AUS	4:27,3
S	Tsuyoshi Yamanaka J	4:30,4
B	George Breen USA	4:32,5

1500-m-Freistil

G	Murray Rose AUS	17:58,9
S	Tsuyoshi Yamanaka J	18:00,3
B	George Breen USA	18:08,2

100-m-Rücken

G	David Theile AUS	1:02,2
S	John Monckton AUS	1:03,2
B	Frank McKinney USA	1:04,5

200-m-Brust

G	Masaru Furukawa J	2:34,7
S	Masahiro Yoshimura J	2:36,7
B	Charis Junitschew SU	2:36,8

200-m-Delphin

G	William Yorzik USA	2:19,3
S	Takashi Ishimoto J	2:23,8
B	György Tumpek H	2:23,9

4-×-200-m-Freistilstaffel

G	Australien	8:23,6
S	USA	8:31,5
B	UdSSR	8:34,7

Kunstspringen

G	Robert Clotworthy USA
S	Donald Harper USA
B	Joaquin Capilla Pérez MEX

Turmspringen

G	Joaquin Capilla Pérez MEX
S	Gary Tobian USA
B	Richard Connor USA

Wasserball

G	Ungarn
S	Jugoslawien
B	UdSSR

SCHWIMMEN DAMEN

100-m-Freistil

G	Dawn Fraser AUS	1:02,0
S	Lorraine Crapp AUS	1:02,3
B	Faith Leech AUS	1:05,1

400-m-Freistil

G	Lorraine Crapp AUS	4:54,6
S	Dawn Fraser AUS	5:02,5
B	Sylvia Ruuska USA	5:07,1

100-m-Rücken

G	Judith Grinham GB	1:12,9
S	Carin Cone USA	1:12,9
B	Margaret Edwards GB	1:13,1

200-m-Brust

G	Ursula Happe-Krey D	2:53,1
S	Éva Székely H	2:54,8
B	Eva-Maria ten Elsen DDR	2:55,1

100-m-Delphin

G	Shelley Mann USA	1:11,0
S	Nancy Ramey USA	1:11,9
B	Mary Sears USA	1:14,4

4-×-100-m-Freistilstaffel

G	Australien	4:17,1
S	USA	4:19,2
B	Südafrika	4:25,7

BOXER LÁSZLÓ PAPP HOLT SEINE DRITTE GOLDMEDAILLE

Melbourne 1956

Kunstspringen

G	Patricia McCormick	USA
S	Jeanne Stunyo	USA
B	Irene MacDonald	CDN

Turmspringen

G	Patricia McCormick	USA
S	Juno Irwin	USA
B	Paula Jean Myers	USA

BOXEN

Fliegengewicht

G	Terence Spinks	GB
S	Mircea Dobrescu	R
B	John Caldwell	IRL
B	René Libeer	F

Bantamgewicht

G	Wolfgang Behrendt	DDR
S	Soon-Chun Song	SK
B	Frederick Gilroy	IRL
B	Claudio Barrientos	RCH

Federgewicht

G	Wladimir Safronow	SU
S	Thomas Nicholls	GB
B	Henryk Niedzwiedzki	PL
B	Penti Hämäläinen	SF

Leichtgewicht

G	Richard McTaggart	GB
S	Harry Kurschat	D
B	Anthony Byrne	IRL
B	Anatoli Lagetko	SU

Halbweltergewicht

G	Wladimir Jenjibarjan	SU
S	Franco Nenci	I
B	Henry Loubscher	ZA
B	Constantin Dumitrescu	R

Weltergewicht

G	Nicolae Linca	R
S	Frederick Tiedt	IRL
B	Kevin John Hogarth	AUS
B	Nicholas Gargano	GB

Halbmittelgewicht

G	László Papp	H
S	José Torres	USA
B	John McCormack	GB
B	Zbigniew Pietrzykowski	PL

Mittelgewicht

G	Gennadi Schatkow	SU
S	Ramón Tapia	RCH
B	Gilbert Chapron	F
B	Victor Zalazar	RA

Halbschwergewicht

G	James Felton Boyd	USA
S	Gheorghe Negrea	R
B	Romualdas Murauskas	SU
B	Carlos Lucas	RCH

Schwergewicht

G	T. Peter Rademacher	USA
S	Lew Muchin	SU
B	Daniel Bekker	ZA
B	Giacomo Bozzano	I

GEWICHTHEBEN

Bantamgewicht

G	Charles Vinci	USA	342,5
S	Wladimir Stogow	SU	337,5
B	Mahmound Namdjou	IR	332,5

Federgewicht

G	Isaac Berger	USA	352,5
S	Jewgeni Minajew	SU	342,5
B	Marian Zielinski	PL	335,0

Leichtgewicht

G	Igor Rybak	SU	380,0
S	Rawil Chabutdinow	SU	372,5
B	Chang-Hee Kim	SK	370,0

Der Erste stand im Blickpunkt
Dieser junge Mann war der erste Olympiasieger in Melbourne. Charles Vinci gewann den Kampf der Gewichtheber im Bantamgewicht und machte seinem Namen damit alle Ehre.

Mittelgewicht

G	Fjodor Bogdanowski	SU	420,0
S	Peter George	USA	412,5
B	Ermanno Pignatti	I	382,5

Leichtschwergewicht

G	Thomas Kono	USA	447,5
S	Wassili Stepanow	SU	427,5
B	James George	USA	417,5

Mittelschwergewicht

G	Arkadi Worobjow	SU	462,5
S	David Sheppard	USA	442,5
B	Jean Debuf	F	425,0

Schwergewicht

G	Paul Anderson	USA	500,0
S	Humberto Selvetti	RA	500,0
B	Alberto Pigaiani	I	452,5

RINGEN, GRIECHISCH-RÖMISCHER STIL

Fliegengewicht

G	Nikolai Solowjow	SU
S	Ignazio Fabra	I
B	Durum Ali Egribaş	TR

Bantamgewicht

G	Konstantin Wyrupajew	SU
S	Edvin Vesterby	S
B	Francisc Horvat	R

Federgewicht

G	Rauno Mäkinen	SF
S	Imre Polyák	H
B	Roman Dsneladse	SU

Leichtgewicht

G	Kyösti Lehtonen	SF
S	Riza Dogan	TR
B	Gyula Tóth	H

Weltergewicht

G	Mithat Bayrak	TR
S	Wladimir Manejew	SU
B	Per Berlin	S

Mittelgewicht

G	Giwi Kartosija	SU
S	Dimiter Dobrew	BG
B	Rune Jansson	S

Halbschwergewicht

G	Walentin Nikolajew	SU
S	Petko Sirakow	BG
B	Karl-Erik Nilsson	S

Schwergewicht

G	Anatoli Parfenow	SU
S	Wilfried Dietrich	D
B	Adelmo Bulgarelli	I

FREISTILRINGEN

Fliegengewicht

G	Mirian Tsalkalamanidse	SU
S	Mohamad-Ali Khojastehpour	IR
B	Hüseyin Akbaş	TR

Bantamgewicht

G	Mustafa Dagistanli	TR
S	Mohamad Yaghoubi	IR
B	Michail Schachow	SU

Federgewicht

G	Shozo Sasahara	J
S	Joseph Mewis	B
B	Erkki Penttilä	SF

DOPPELERFOLG IM EINER-KAJAK FUER SCHWEDEN

Melbourne 1956

Leichtgewicht

G Emamali Habibi IR
S Shigeru Kasahara J
B Alimbeg Bestajew SU

Weltergewicht

G Mitsuo Ikeda J
S Ibrahim Zengin TR
B Wachtang Balawadse SU

Mittelgewicht

G Nikola Stantschew BG
S Daniel Hodge USA
B Georgi Schirtladse SU

Halbschwergewicht

G Gholam-Reza Takhti IR
S Boris Kulajew SU
B Peter Steele Blair USA

Schwergewicht

G Hamit Kaplan TR
S Hussein Mechmedow BG
B Taisto Kangasniemi SF

MODERNER FÜNFKAMPF

Einzel

G Lars Hall S
S Olavi Mannonen SF
B Väinö Korhonen SF

Mannschaft

G UdSSR
S USA
B Finnland

KANU HERREN

Einer-Kajak (1000 m)

G Gert Fredriksson S
S Igor Pissarjew SU
B Lajos Kiss H

Einer-Kajak (10 000 m)

G Gert Fredriksson S
S Ferenc Hatlaczky H
B Michel Scheuer D

Zweier-Kajak (1000 m)

G Deutschland
S UdSSR
B Österreich

Zweier-Kajak (10 000 m)

G Ungarn
S Deutschland
B Australien

Einer-Canadier (1000 m)

G Leon Rotmann R
S István Hernek H
B Gennadi Bucharin SU

Einer-Canadier (10 000 m)

G Leon Rotmann R
S János Parti H
B Gennadi Bucharin SU

Zweier-Canadier (1000 m)

G Rumänien
S UdSSR
B Ungarn

Zweier-Canadier (10 000 m)

G UdSSR
S Frankreich
B Ungarn

KANU DAMEN

Einer-Kajak (500 m)

G Jelisaweta Dementjewa SU
S Therese Zenz D
B Tove Söby DK

RUDERN

Einer

G Wjatscheslaw Iwanow SU
S Stuart Mackenzie AUS
B John Kelly jun. USA

Doppelzweier

G UdSSR
S USA
B Australien

Zweier ohne Steuermann

G USA
S UdSSR
B Österreich

Zweier mit Steuermann

G USA
S Deutschland
B UdSSR

Vierer ohne Steuermann

G Kanada
S USA
B Frankreich

Vierer mit Steuermann

G Italien
S Schweden
B Finnland

Achter

G USA
S Kanada
B Australien

SEGELN

Soloklasse (Finn-Dinghi)

G Paul Elvström DK
S André Nelis B
B John Marvin USA

Sharpie

G Neuseeland
S Australien
B Großbritannien

Star

G USA
S Italien
B Bahamas

Drachen

G Schweden
S Dänemark
B Großbritannien

5,5 m

G Schweden
S Großbritannien
B Australien

RADSPORT

Straßenrennen (188 km)

G Ercole Baldini I 5:21:17,0
S Arnaud Geyre F 5:23:16,0
B Alan Jackson GB 5:23:16,0

Straßenrennen, Mannschaft (188 km)*

G Frankreich
S Großbritannien
B Deutschland**

1000-m-Zeitfahren

G Leandro Faggin I 1:09,8
S Ladislav Fouček CS 1:11,4
B Alfred Swift ZA 1:11,6

1000-m-Sprint

G Michel Rousseau F 11,4***
S Guglielmo Pesenti I
B Richard Ploog AUS

2000-m-Tandem

G Australien 10,8***
S ČSSR
B Italien

4000-m-Mannschafts-Verfolgungsrennen

G Italien 4:37,4
S Frankreich 4:39,4
B Großbritannien 4:42,2

REITSPORT****

Military

G Petrus Kastenman S
S August Lütke-Westhues D
B Frank Weldon GB

* nach Punktesystem ermittelt
** Hier startete eine gesamtdeutsche Mannschaft.
*** Zeit für die letzten 200 m
**** Die Olympischen Reiterspiele wurden – wegen der komplizierten australischen Einfuhrbestimmungen für Pferde – in Stockholm durchgeführt.

Military, Mannschaft

G Großbritannien
S Deutschland
B Kanada

Dressur

G Henri Saint Cyr S
S Lis Hartel DK
B Liselott Linsenhoff D

Dressur, Mannschaft

G Schweden
S Deutschland
B Schweiz

Jagdspringen

G Hans Günter Winkler D
S Raimondo D'Inzeo I
B Piero D'Inzeo I

Jagdspringen, Mannschaft

G Deutschland
S Italien
B Großbritannien

SCHIESSEN

Freies Gewehr (300 m) Dreistellungskampf

G Wassili Borissow SU
S Allan Erdman SU
B Vilho Ylönen SF

Kleinkaliber Dreistellungskampf

G Antoli Bogdanow SU
S Otakar Hořínek CS
B Nils Johan Sundberg S

liegend

G Gerald R. Ouellette CDN
S Wassili Borissow SU
B Gilmour S. Boa CDN

Schnellfeuerpistole oder Revolver

G Stefan Petrescu R
S Jewgeni Tscherkassow SU
B Gheorghe Lichiardopol R

Beliebige Scheibenpistole (50 m)

G Pentti Linnosvuo SF
S Machmud Umarow SU
B Offutt Pinion USA

Laufender Hirsch, Einzel- und Doppelschuß

G Witali Romanenko SU
S Per Olof Sköldberg S
B Wladimir Sewrjugin SU

Tontaubenschießen

G Galliano Rossini I
S Adam Smelczynski PL
B Alessandro Ciceri I

TURNEN HERREN

Mehrkampf

G Wiktor Tschukarin SU
S Takashi Ono J
B Juri Titow SU

Mehrkampf, Mannschaft

G UdSSR
S Japan
B Finnland

Barren

G Wiktor Tschukarin SU
S Masami Kubota J
B Takashi Ono J
B Masao Takemoto J

Boden

G Walentin Muratow SU
S Nobuyuki Aihara J
S William Thoresson S
S Wiktor Tschukarin SU

Ein fleißiger Medaillenjäger

Wiktor Tschukarin setzte in Melbourne seine Medaillenjagd weiter fort.

Melbourne 1956

Pferdsprung

G Helmut Bantz D
G Walentin Muratow SU
B Juri Titow SU

Seitpferd

G Boris Schaklin SU
S Takashi Ono J
B Wiktor Tschukarin SU

Reck

G Takashi Ono J
S Juri Titow SU
B Masao Takemoto J

Ringe

G Albert Asarjan SU
S Walentin Muratow SU
B Masao Takemoto J
B Masami Kubota J

TURNEN DAMEN

Mehrkampf

G Larissa Latynina SU
S Ágnes Keleti H
B Sofia Muratowa SU

Mehrkampf, Mannschaft

G UdSSR
S Ungarn
B Rumänien

Stufenbarren

G Ágnes Keleti H
S Larissa Latynina SU
B Sofia Muratowa SU

Boden

G Ágnes Keleti H
G Larissa Latynina SU
B Elena Leusteanu R

Pferdsprung

G Larissa Latynina SU
S Tamara Manina SU
B Ann-Sofi Colling S
B Olga Tass H

Schwebebalken

G Ágnes Keleti H
S Tamara Manina SU
S Eva Bosáková CS

Gruppen-Gymnastik mit Handgerät

G Ungarn
S Schweden
B Polen
B UdSSR

BASKETBALL

G USA
S UdSSR
B Uruguay

FUSSBALL

G UdSSR
S Jugoslawien
B Bulgarien

HOCKEY

G Indien
S Pakistan
B Deutschland

Nach zwanzig Jahren wieder Turner-Gold

Der Kölner Helmut Bantz siegte im Pferdsprung und holte damit nach langer Pause wieder eine Goldmedaille für die deutschen Turner. Im Zwölfkampf kam er noch auf einen guten sechsten Rang, ebenso am Reck.

XVII. Olympische Sommerspiele
25. August bis 11. September 1960 in Rom

Für viele Sportenthusiasten haben die Spiele in der Ewigen Stadt noch heute einen hohen Erinnerungswert. Zum einen gab das damals doch schon sehr verbreitete Medium Fernsehen erstmals breiteren Schichten die Möglichkeit des unmittelbaren Dabeiseins, zum anderen sorgten die Aktiven durch Auftreten und Leistungen für bleibende Eindrücke. Die Mitglieder der fast 400köpfigen gesamtdeutschen Mannschaft unter den 5886 Teilnehmern aus 84 Ländern konnten in Rom jedenfalls bemerkenswerte Akzente setzen und erkämpften bei zwölf Gold-, neunzehn Silber- und elf Bronzemedaillen das beste Ergebnis seit 1936.

Im Mittelpunkt standen, wie so häufig bei Olympischen Spielen, auch in Rom die Leichtathletik-Wettbewerbe, die für deutsche Teilnehmer erfolgreich wie noch nie nach dem Krieg verliefen. Neben den Triumphen der Sprinter und Viertelmeiler (→ Kapitel Leichtathletik), mit Armin Hary und Carl Kaufmann an der Spitze, faszinierten diesmal die Laufwettbewerbe der Frauen besonders. Die USA stellten mit der als »Schwarze Gazelle« in die Schlagzeilen gekommenen Wilma Rudolph die überragende Teilnehmerin dieser Spiele. Mit drei Goldmedaillen – 100 und 200 m sowie 4-×-100-m-Staffel – konnte die Zwanzigjährige an berühmte Vorgängerinnen anknüpfen. Gegen sie hatte auch Europas beste 200-m-Läuferin, Jutta Heine aus Hannover, keine Chance. Die Europameisterin des Jahres 1958 mußte sich im Einzelrennen und in der Staffel geschlagen und mit zwei Silbermedaillen zufriedengeben. Für die Fotografen bildeten die blonde Deutsche und die langbeinige US-Läuferin im Stadio Olimpico dankbare Objekte. Wilma Rudolph genoß auch deswegen große Publizität, weil ihr persönliches Schicksal – sie war als Vierjährige an spinaler Kinderlähmung erkrankt und lernte erst mit acht Jahren wieder gehen – einen besonderen Akzent setzte.

Die Weltrekordlerin hatte schon 1956 mit sechzehn Jahren in Melbourne als Mitglied der amerikanischen 4-×-100-m-Staffel eine Bronzemedaille gewonnen. Doch die Karriere der Ausnahmeläuferin war nur von kurzer Dauer: 1962, zwei Jahre nach den olympischen Wettkämpfen in Rom, zog sie sich ins Privatleben zurück.

Daß die sogenannten Exoten künftig einen neuen Stellenwert unter den sieggewohnten Europäern und Amerikanern hatten, dafür sorgte in Rom nicht zuletzt ein Mitglied der Leibwache des äthiopischen Herrschers Kaiser Haile Selassi: Bikila Abebe. Er trat zum Marathonlauf ohne Schuhe an und wurde zum Helden dieses Wettbewerbs. Der Barfußläufer aus dem Hochland im Nordosten Afrikas siegte in einer Zeit, die noch nie über die 42 km irgendwo erreicht worden war, und wurde Afrikas gefeierter Sportler der nächsten Jahre.

Außerhalb des Olympiastadions sammelten die deutschen Teilnehmer an fast allen Wettkampfstätten ihre Medaillen. Auf dem Lago Albano, wo die Ruderer ein Goldfestival fast wie 1936 feierten (→ Kapitel Rudersport), fuhren auch die Kanuten Edelmetall

Schauplatz großer Kämpfe

Das Olympiastadion in Rom, seinerzeit von Staatschef Benito Mussolini angeregt, war Schauplatz einer großartigen Sommerolympiade. Im Hintergrund das von Mussolini erbaute »Foro Italico«.

ein. Dabei gab es in der 4-×-500-m-Kajakstaffel der Männer eine echte gesamtdeutsche Gemeinschaft, denn es fuhren in dieser Reihenfolge: Paul Lange (Bundesrepublik), Günter Perleberg (DDR), Friedhelm Wentzke (Bundesrepublik) und Dieter Krause (DDR) zur Goldmedaille. Mit zwei Silbermedaillen konnte Therese Zenz aus dem saarländischen Mettlach die Heimreise antreten. Sie belegte im Einer-Kajak und im Zweier-Kajak, hier mit Ingrid Hartmann, jeweils den zweiten Platz. Sie krönte in Rom ihre erfolgreiche Laufbahn als Kanusportlerin, die ihr noch weitere Medaillen eingebracht hatte: schon 1956 in Melbourne die Silbermedaille im Einer-Kajak, 1954 die Weltmeisterschaft in dieser Klasse und zwei Bronzemedaillen bei den Welttitelkämpfen im Jahre 1958 (Einer- und Zweier-Kajak).

Auf der Planche des Fechtsaales erkämpfte sich die 21jährige Musikstudentin Heidi Schmid aus Augsburg die Goldmedaille im Florett und stand nach den beiden Vizeweltmeisterschaften von 1957 und 1958 endlich ganz oben auf dem Treppchen. Auch im folgenden Jahr konnte sie keine Konkurrentin gefährden, und die Augsburgerin holte sich die WM im Florett.

Zwei andere Goldgewinner standen noch im Junioren- bzw. Jugendalter. Die gerade siebzehnjährige Ingrid Krämer aus Dresden war im Kunst- und Turmspringen nicht zu schlagen, und der achtzehnjährige Peter Kohnke aus Bremervörde gewann im Kleinkaliberschießen liegend eine nie erwartete Goldmedaille.

Dann war da noch ein Ringer mit Namen Wilfried Dietrich. Der Schifferstädter Schwergewichtler wäre um ein Haar zum König der Kraftsportler avanciert. Aber er mußte im griechisch-römischen Stil mit einer Silbermedaille zufrieden sein, bevor er Gold im freien Stil gewinnen konnte.

Die Turnwettbewerbe brachten faszinierende Zweikämpfe zwischen den Männern aus der UdSSR und Japan. Bei der Sowjetunion turnte an der Spitze diesmal Boris Schaklin, der aus der WM-Riege von 1954 noch übriggeblieben war. Er gewann den Zwölfkampf, und wieder mußte sich der Zweitplazierte Takashi Ono wie 1956 in Melbourne mit dem geringen Rückstand von fünf Hundertstelpunkten geschlagen geben.

Schaklin, in Melbourne schon zweifacher Goldmedaillengewinner, erreichte diesmal an jedem Gerät – außer im Bodenturnen – eine Medaille: Gold im Zwölfkampf, am Barren, im Pferdsprung und am Seitpferd, Silber in der Mannschaftswertung und an den Ringen, Bronze am Reck. Bei vorhergehenden Weltmeisterschaften hatte er folgende Titel errungen: Mannschaftsweltmeister und Vizeweltmeister am Reck 1954, Mannschafts- und Zwölfkampfweltmeister sowie Sieger am Barren, am Reck und am Seitpferd im Jahre 1958.

In Rom war noch ein Teamkamerad von 1954 dabei. Der schnauzbärtige Albert Asarjan holte seine zweite Goldmedaille an den Ringen nach 1956; an diesem Gerät war er – selbstverständlich – auch Weltmeister in den Jahren 1954 und 1958 geworden.

Beider Leistungen reichten jedoch nicht aus, um das begehrte Mannschaftsgold zu gewinnen, das die japanische Riege unter Führung von Takashi Ono errang. Ono selbst kam bei seiner dritten Olympiateilnahme noch zur Goldmedaille am Reck und im Pferdsprung – da gleichauf mit Schaklin – und gewann noch zweimal Bronze (am Barren und an den Ringen). Mit seinen römischen Siegen hatte er das Image des »ewigen WM-Zweiten« getilgt, denn es hatte für ihn bisher lediglich fünf Silbermedaillen bei Welttitelkämpfen gegeben.

Bei den Frauen gab es eine eklatante Überlegenheit der sowjetischen Turnerinnen. Sie gewannen nicht weniger als fünfzehn der achtzehn zu vergebenden Medaillen, wobei ihre Turnkönigin Larissa Latynina ihre Sammlung um dreimal Gold, zweimal Silber und einmal Bronze erweiterte.

Sehr beliebt bei den Fotografen

Die langbeinige blonde Jutta Heine aus Hannover – hier beim 200-m-Endlauf – war bei den Fotografen in Rom sehr beliebt. Bei ihr ergänzten sich Schönheit und sportlicher Erfolg in idealer Weise.

Drei glückliche Medaillengewinnerinnen

Dorothy Hyman (England), Wilma Rudolph und Jutta Heine nach dem 200-m-Finale. Ihr Lauf gehörte zu den Höhepunkten im römischen Olympiastadion.

Die »Schwarze Gazelle« eroberte Publikum

Wilma Rudolph war der absolute Star der Leichtathletikwettbewerbe bei den Frauen. Ihr flogen die Herzen des Publikums zu. Rechts die Siegerehrung nach dem 100-m-Lauf mit Dorothy Hyman, die Dritte wurde.

Rom 1960

LEICHTATHLETIK HERREN

100 m

G	Armin Hary D	10,2
S	David Sime USA	10,2
B	Peter Radford GB	10,3

200 m

G	Livio Berruti I	20,5
S	Lester Carney USA	20,6
B	Abdoulaye Seye F	20,7

400 m

G	Otis Davis USA	44,9
S	Carl Kaufmann D	44,9
B	Malcolm Spence ZA	45,5

800 m

G	Peter Snell NZ	1:46,3
S	Roger Moens B	1:46,5
B	George Kerr ANT	1:47,1

1500 m

G	Herbert Elliott AUS	3:35,6
S	Michel Jazy F	3:38,4
B	István Rózsavölgyi H	3:39,2

5000 m

G	Murray Halberg NZ	13:43,4
S	Hans Grodotzki DDR	13:44,6
B	Kazimierz Zimny PL	13:44,8

10 000 m

G	Pjotr Bolotnikow SU	28:32,2
S	Hans Grodotzki DDR	28:37,0
B	David Power AUS	28:38,2

Marathon

G	Bikila Abebe ETH	2:15:16,2
S	Rhadi Ben Abdesselam MA	2:15:41,6
B	Barry Magee NZ	2:17:18,2

110-m-Hürden

G	Lee Calhoun USA	13,8
S	Willie May USA	13,8
B	Hayes Jones USA	14,0

400-m-Hürden

G	Glenn Davis USA	49,3
S	Clifton Cushman USA	49,6
B	Richard Howard USA	49,7

3000-m-Hindernislauf

G	Zdzislaw Krzyszkowiak PL	8:34,2
S	Nikolai Sokolow SU	8:36,4
B	Semjon Rschischtschin SU	8:42,2

4-×-100-m-Staffel

G	Deutschland	39,5
S	UdSSR	40,1
B	Großbritannien	40,2

4-×-400-m-Staffel

G	USA	3:02,2
S	Deutschland	3:02,7
B	Antillen	3:04,0

20-km-Gehen

G	Wladimir Golubnitschi SU	1:34:07,2
S	Noel Freeman AUS	1:34:16,4
B	Stanley Vickers GB	1:34:56,4

50-km-Gehen

G	Donald Thompson GB	4:25:30,0
S	John Ljunggren S	4:25:47,0
B	Abdon Pamich I	4:27:55,4

Hochsprung

G	Robert Schawlakadse SU	2,16
S	Valeri Brumel SU	2,16
B	John Thomas USA	2,14

Stabhochsprung

G	Donald Bragg USA	4,70
S	Ronald Morris USA	4,60
B	Eeles Landström SF	4,55

Weitsprung

G	Ralph Boston USA	8,12
S	Irvin Roberson USA	8,11
B	Igor Ter-Owanesjan SU	8,04

Dreisprung

G	Józef Schmidt PL	16,81
S	Wladimir Gorjajew SU	16,63
B	Witold Krejer SU	16,43

Kugelstoßen

G	William Nieder USA	19,68
S	Parry O'Brien USA	19,11
B	Dallas Long USA	19,01

Diskuswerfen

G	Al Oerter USA	59,18
S	Richard Babka USA	58,02
B	Richard Cochran USA	57,16

Hammerwerfen

G	Wassili Rudenkow SU	67,10
S	Gyula Zsivótzky H	65,79
B	Tadeusz Rut PL	65,64

Speerwerfen

G	Wiktor Tsybulenko SU	84,64
S	Walter Krüger DDR	79,36
B	Gergely Kulcsár H	78,57

Zehnkampf

G	Rafer Johnson USA	8001
S	Chuan-Kwang Yang T	7930
B	Wassili Kusnjetsow SU	7624

LEICHTATHLETIK DAMEN

100 m

G	Wilma Rudolph USA	11,0
S	Dorothy Hyman GB	11,3
B	Giuseppina Leone I	11,3

200 m

G	Wilma Rudolph USA	24,0
S	Jutta Heine D	24,4
B	Dorothy Hyman GB	24,7

800 m

G	Ljudmila Schewtsowa SU	2:04,3
S	Brenda Jones AUS	2:04,4
B	Ursula Donath DDR	2:05,6

80-m-Hürden

G	Irina Press SU	10,8
S	Carol Quinton GB	10,9
B	Gisela Birkemeyer-Köhler DDR	11,0

4-×-100-m-Staffel

G	USA	44,5
S	Deutschland	44,8
B	Polen	45,0

Hochsprung

G	Iolanda Balaş R	1,85
S	Jaroslawa Józwiakowska PL	1,71
S	Dorothy Shirley GB	1,71

Weitsprung

G	Wjera Krepkina SU	6,37
S	Elzbieta Krzesinska PL	6,27
B	Hildrun Claus DDR	6,21

Kugelstoßen

G	Tamara Press SU	17,32
S	Johanna Lüttge DDR	16,61
B	Earlene Brown USA	16,42

Diskuswerfen

G	Nina Ponomarjewa SU	55,10
S	Tamara Press SU	52,59
B	Lia Manoliu R	52,36

Speerwerfen

G	Elwira Osolina SU	55,98
S	Dana Zátopková CS	53,78
B	Birute Kalediene SU	53,45

FECHTEN HERREN

Florett

G	Wiktor Schdanowitsch SU	
S	Juri Sissikin SU	
B	Albert Axelrod USA	

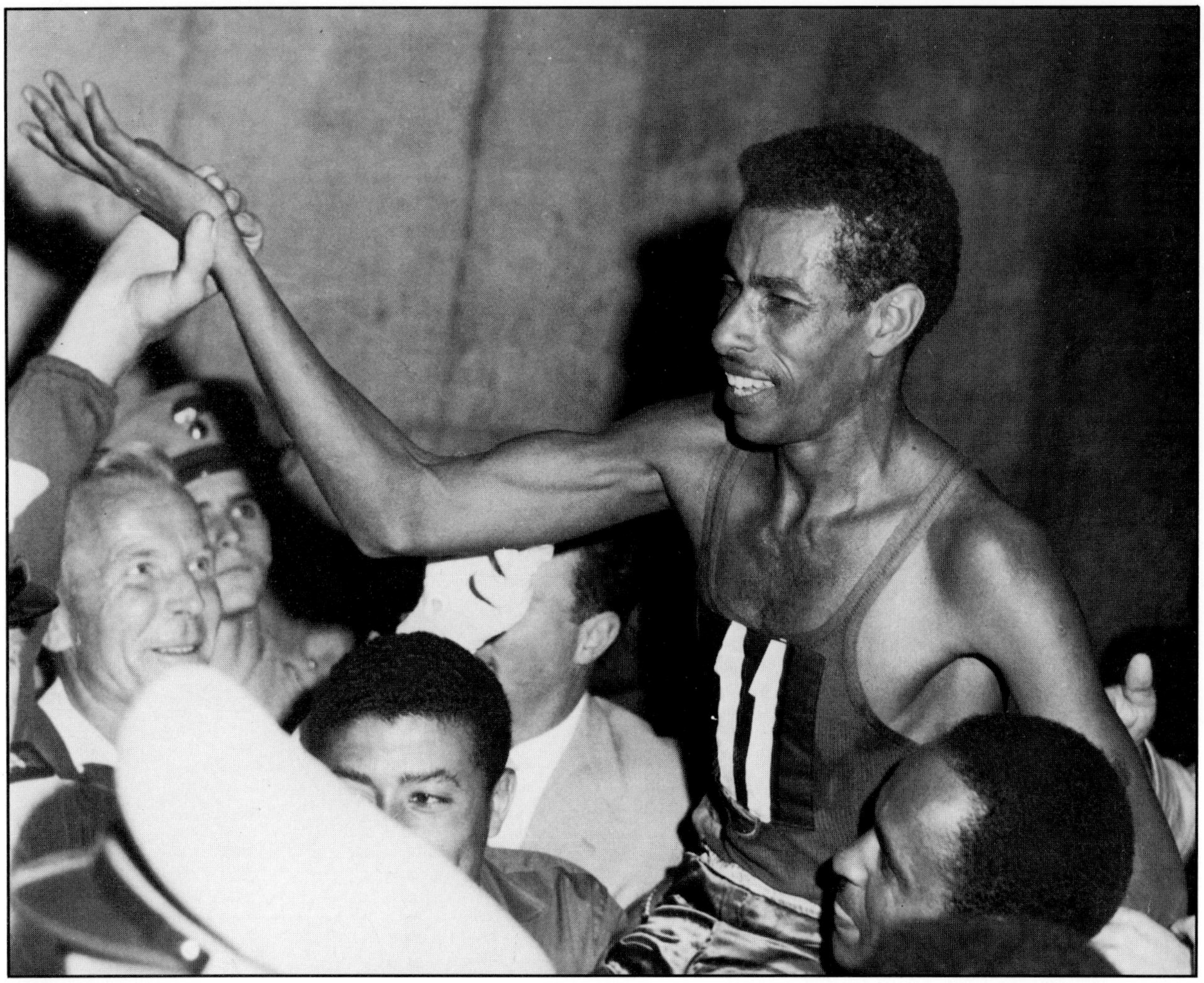

Auch ein Sieg für Afrika
Marathonsieger Bikila Abebe wird von Landsleuten stürmisch gefeiert. Der Sieg des Barfußläufers aus Äthiopien war auch ein Erfolg für den Sport Schwarzafrikas.

Rom 1960

Florett, Mannschaft

G	UdSSR
S	Italien
B	Deutschland

Degen

G	Giuseppe Delfino I
S	Allan Jay GB
B	Bruno Chabarow SU

Degen, Mannschaft

G	Italien
S	Großbritannien
B	UdSSR

Säbel

G	Rudolf Kárpáti H
S	Zoltán Horváth H
B	Wladimiro Calarese I

Säbel, Mannschaft

G	Ungarn
S	Polen
B	Italien

FECHTEN DAMEN

Florett

G	Heidi Schmid D
S	Walentina Rastworowa SU
B	Maria Vicol R

Florett, Mannschaft

G	UdSSR
S	Ungarn
B	Italien

SCHWIMMEN HERREN

100-m-Freistil

G	John Devitt AUS	55,2
S	Lance Larson USA	55,2
B	Manuel Dos Santos BR	55,4

400-m-Freistil

G	Murray Rose AUS	4:18,3
S	Tsuyoshi Yamanaka J	4:21,4
B	John Konrads AUS	4:21,8

1500-m-Freistil

G	John Konrads AUS	17:19,6
S	Murray Rose AUS	17:21,7
B	George Breen USA	17:30,6

100-m-Rücken

G	David Theile AUS	1:01,9
S	Frank McKinney USA	1:02,1
B	Robert Bennett USA	1:02,3

200-m-Brust

G	William Mulliken USA	2:37,4
S	Yoshihiko Osaki J	2:38,0
B	Wieger Emile Mensonides NL	2:39,7

200-m-Delphin

G	Michael Troy USA	2:12,8
S	Neville Hayes AUS	2:14,6
B	J. David Gillanders USA	2:15,3

4-x-200-m-Freistilstaffel

G	USA	8:10,2
S	Japan	8:13,2
B	Australien	8:13,8

4-x-100-m-Lagenstaffel

G	USA	4:05,4
S	Australien	4:12,0
B	Japan	4:12,2

Kunstspringen

G	Gary Tobian USA
S	Samuel Hall USA
B	Juan Botella MEX

Turmspringen

G	Robert Webster USA
S	Gary Tobian USA
B	Brian Eric Phelps GB

Wasserball

G	Italien
S	UdSSR
B	Ungarn

SCHWIMMEN DAMEN

100-m-Freistil

G	Dawn Fraser AUS	1:01,2
S	Susan Christine Von Saltza USA	1:02,8
B	Natalie Steward GB	1:03,1

400-m-Freistil

G	Susan Christine Von Saltza USA	4:50,6
S	Jane Cederqvist S	4:53,9
B	Catherina Lagerberg NL	4:56,9

100-m-Rücken

G	Lynn Burke USA	1:09,3
S	Natalie Steward GB	1:10,8
B	Satoko Tanaka J	1:11,4

200-m-Brust

G	Anita Lonsbrough GB	2:49,5
S	Wiltrud Urselmann D	2:50,0
B	Barbara Göbel DDR	2:53,6

100-m-Delphin

G	Carolyn Schuler USA	1:09,5
S	Marianne Heemskerk NL	1:10,4
B	Janice Andrew AUS	1:12,2

4-x-100-m-Freistilstaffel

G	USA	4:08,9
S	Australien	4:11,3
B	Deutschland*	4:19,7

4-x-100-m-Lagenstaffel

G	USA	4:41,1
S	Australien	4:45,9
B	Deutschland*	4:47,6

Kunstspringen

G	Ingrid Krämer DDR
S	Paula Jean Pope-Myers USA
B	Elizabeth Ferris GB

Turmspringen

G	Ingrid Krämer DDR
S	Paula Jean Pope-Myers USA
B	Ninel Krutowa SU

BOXEN

Fliegengewicht

G	Gyula Török H
S	Sergej Siwko SU
B	Kiyoshi Tanabe J
B	Abdelmoneim Elguindi VAR

Bantamgewicht

G	Oleg Grigorjew SU
S	Primo Zamparini I
B	Oliver Taylor AUS
B	Brunon Bendig PL

Federgewicht

G	Francesco Musso I
S	Jerzy Adamski PL
B	Jorma Limmonen SF
B	William Meyers ZA

* Hier startete eine gesamtdeutsche Mannschaft.

Ein Mädchen aus Mitteldeutschland setzte neue Maßstäbe

Die junge Ingrid Krämer, 17jährige Oberschülerin aus der sächsischen Metropole Dresden, gewann sowohl das Kunst- als auch das Turmspringen. Die Bilder zeigen einige ihrer bemerkenswerten Sprünge, mit denen sie neue Maßstäbe setzte.

Rom 1960

Leichtgewicht

G	Kazimierz Pazdzior	PL
S	Sandro Lopopolo	I
B	Richard McTaggart	GB
B	Abel Laudonio	RA

Halbweltergewicht

G	Bohumil Nemeček	CS
S	Clement Quartey	GH
B	Quincey Daniels	USA
B	Marian Kasprzyk	PL

Weltergewicht

G	Nino Benvenuti	I
S	Juri Radonjak	SU
B	Leszek Drogosz	PL
B	James Lloyd	GB

Halbmittelgewicht

G	Wilbert McClure	USA
S	Carmelo Bossi	I
B	Boris Lagutin	SU
B	William Fisher	GB

Mittelgewicht

G	Edward Crook	USA
S	Tadeusz Walasek	PL
B	Ion Monea	R
B	Jewgeni Feofanow	SU

Halbschwergewicht

G	Cassius Clay	USA
S	Zbigniew Pietrzykowski	PL
B	Giulio Saraudi	I
B	Anthony Madigan	AUS

Schwergewicht

G	Francesco De Piccoli	I
S	Daniel Bekker	ZA
B	Günter Siegmund	D
B	Josef Nemec	CS

GEWICHTHEBEN

Bantamgewicht

G	Charles Vinci	USA	345,0
S	Yoshinobu Miyake	J	337,5
B	Esmail Elm Khah	IR	330,0

Federgewicht

G	Jewgeni Minajew	SU	372,5
S	Isaac Berger	USA	362,5
B	Sebastiano Mannironi	I	352,5

Leichtgewicht

G	Wiktor Buschujew	SU	397,5
S	Howe-Liang Tan	SGP	380,0
B	Abdul Wahid Aziz	IRQ	380,0

Mittelgewicht

G	Aleksandr Kurynow	SU	437,5
S	Thomas Kono	USA	427,5
B	Győző Veres	H	405,0

Leichtschwergewicht

G	Ireneusz Palinski	PL	442,5
S	James George	USA	430,0
B	Jan Bochenek	PL	420,0

Mittelschwergewicht

G	Arkadi Worobjow	SU	472,5
S	Trofim Lomakin	SU	457,5
B	Louis Martin	GB	445,0

Schwergewicht

G	Juri Wlassow	SU	537,5
S	James Bradford	USA	512,5
B	Norbert Schemansky	USA	500,0

RINGEN, GRIECHISCH-RÖMISCHER STIL

Fliegengewicht

G	Dumitru Pirvulescu	R
S	Osman Sayed	VAR
B	Mohamed Paziraye	IR

Bantamgewicht

G	Oleg Karawajew	SU
S	Ion Cernea	R
B	Petrow Dinko	BG

Federgewicht

G	Müzahir Sille	TR
S	Imre Polyák	H
B	Konstantin Wyrupajew	SU

Leichtgewicht

G	Awtandil Koridse	SU
S	Branislav Martinovič	YU
B	Gustav Freij	S

Weltergewicht

G	Mithat Bayrak	TR
S	Günter Maritschnigg	D
B	René Schiermeyer	F

Mittelgewicht

G	Dimiter Dobrew	BG
S	Lothar Metz	DDR
B	Ion Taranu	R

Halbschwergewicht

G	Tevfik Kiş	TR
S	Krali Bimbalow	BG
B	Giwi Kartosija	SU

Schwergewicht

G	Iwan Bogdan	SU
S	Wilfried Dietrich	D
B	Bohumil Kubat	CS

FREISTILRINGEN

Fliegengewicht

G	Ahmet Bilek	TR
S	Masayuki Matsubara	J
B	Mohamad Saifpour Saidabadi	IR

Bantamgewicht

G	Terrence McCann	USA
S	Neschdet Zalew	BG
B	Tadeusz Trojanowski	PL

Federgewicht

G	Mustafa Dagistanli	TR
S	Stantscho Iwanow	BG
B	Wladimir Rubaschwili	SU

Leichtgewicht

G	Shelby Wilson	USA
S	Wladimir Sinjawski	SU
B	Enyu Dimov	BG

Weltergewicht

G	Douglas Blubaugh	USA
S	Ismail Ogan	TR
B	Muhammed Bashir	PAK

Mittelgewicht

G	Hasan Güngör	TR
S	Georgi Schirtladse	SU
B	Hans Yngve Antonsson	S

Halbschwergewicht

G	Ismet Atli	TR
S	Gholam-Reza Takhti	IR
B	Anatoli Albul	SU

Schwergewicht

G	Wilfried Dietrich	D
S	Hamit Kaplan	TR
B	Sawkus Dsarassow	SU

MODERNER FÜNFKAMPF

Einzel

G	Ferenc Németh	H
S	Imre Nagy	H
B	Robert Beck	USA

Mannschaft

G	Ungarn
S	UdSSR
B	USA

KANU HERREN

Einer-Kajak (1000 m)

G	Erik Hansen	DK
S	Imre Szöllösi	H
B	Gert Fredriksson	S

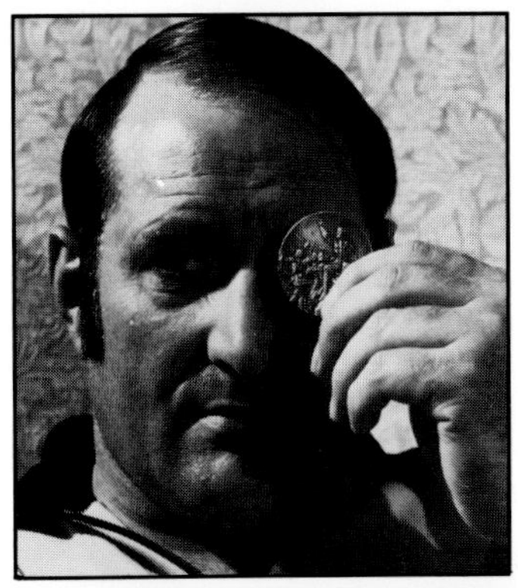

Der »Kran von Schifferstadt« holte Gold

Wilfried Dietrich – oben im Kampf des griechisch-römischen Ringerturniers mit Iwan Bogdan (UdSSR) – gewann in dieser Stilart Silber. Im freien Stil dagegen war er nicht zu bezwingen. Stolz präsentiert er das Glanzstück.

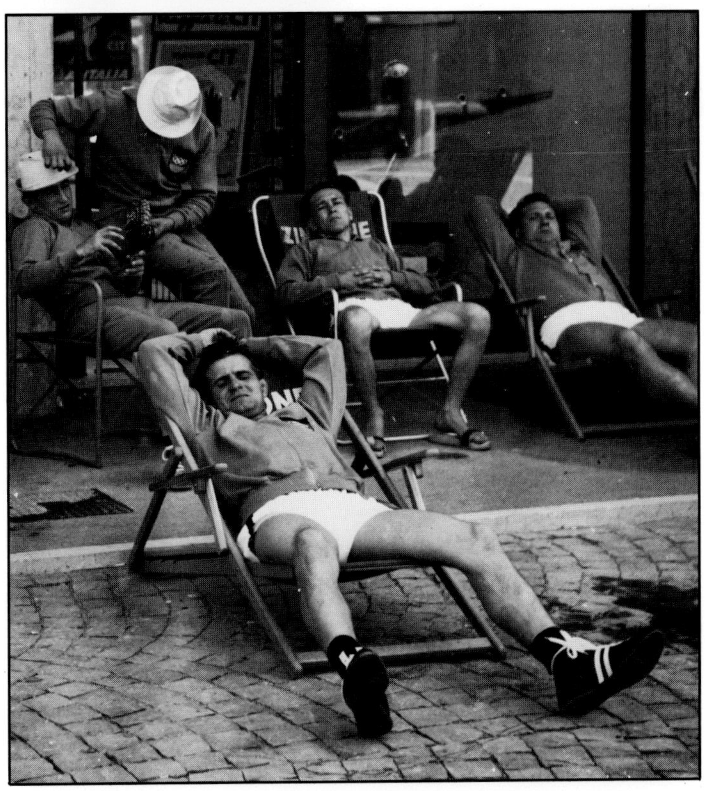

Auch starke Männer haben Pausen

Siesta der deutschen Ringer in Rom. Ewald Tauer, Horst Bergmann, Fritz Stange und Wilfried Dietrich (hinten von links) sowie Günter Maritschnigg (vorn) erholen sich.

Junger Japaner sammelte Erfahrung

In der wie immer glanzvollen japanischen Riege feierte der junge Yukio Endo einen beachtlichen Olympia-Einstand. Seine brillante Reckkür – hier der Abgang – brachte ihm gegen die Konkurrenz der großen Namen allerdings nur den vierten Platz.

Rom 1960

Zweier-Kajak (1000 m)

G Schweden
S Ungarn
B Polen

Einer-Kajak-Staffel (4 × 500 m)

G Deutschland*
S Ungarn
B Dänemark

Einer-Canadier (1000 m)

G János Parti H
S Aleksandr Silajew SU
B Leon Rotman R

Zweier-Canadier (1000 m)

G UdSSR
S Italien
B Ungarn

KANU DAMEN

Einer-Kajak (500 m)

G Antonina Seredina SU
S Therese Zenz D
B Daniela Walkowiak PL

Zweier-Kajak (500 m)

G UdSSR
S Deutschland
B Ungarn

RUDERN

Einer

G Wjatscheslaw Iwanow SU
S Achim Hill DDR
B Teodor Kocerka PL

Doppelzweier

G ČSSR
S UdSSR
B Schweiz

Zweier ohne Steuermann

G UdSSR
S Österreich
B Finnland

Zweier mit Steuermann

G Deutschland
S UdSSR
B USA

Vierer ohne Steuermann

G USA
S Italien
B UdSSR

Vierer mit Steuermann

G Deutschland
S Frankreich
B Italien

Achter

G Deutschland
S Kanada
B ČSSR

SEGELN

Soloklasse (Finn-Dinghi)

G Paul Elvström DK
S Aleksandr Tschutschelow SU
B André Nelis B

Star

G UdSSR
S Portugal
B USA

Flying Dutchman

G Norwegen
S Dänemark
B Deutschland

Drachen

G Griechenland
S Argentinien
B Italien

* Hier startete eine gesamtdeutsche Mannschaft.

Rom 1960

5,5 m

G	USA	
S	Dänemark	
B	Schweiz	

RADSPORT

Straßenrennen (175 km)

G	Wiktor Kapitonow SU	4:20:37,0
S	Livio Trapè I	4:20:37,0
B	Willy van den Berghen B	4:20:57,0

100-km-Mannschafts-Zeitfahren

G	Italien	2:14:33,53
S	DDR	2:16:56,31
B	UdSSR	2:18:41,67

1000-m-Zeitfahren

G	Sante Gaiardoni I	1:07,27
S	Dieter Gieseler D	1:08,75
B	Rostislaw Wargaschkin SU	1:08,86

1000-m-Sprint

G	Sante Gaiardoni I	11,1*
S	Leo Sterckx B	
B	Valentino Gasparella I	

2000-m-Tandem

G	Italien	10,7*
S	DDR	
B	UdSSR	

4000-m-Mannschafts-Verfolgungsrennen

G	Italien	4:30,90
S	DDR	4:35,78
B	UdSSR	4:34,05

REITSPORT

Military

G	Lawrence Morgan AUS
S	Neale Lavis AUS
B	Anton Bühler CH

Military, Mannschaft

G	Australien
S	Schweiz
B	Frankreich

* Zeit für die letzten 200 m

Dressur

G	Sergej Filatow SU
S	Gustav Fischer CH
B	Josef Neckermann D

Jagdspringen

G	Raimondo D'Inzeo I
S	Piero D'Inzeo I
B	David Broome GB

Jagdspringen, Mannschaft

G	Deutschland
S	USA
B	Italien

SCHIESSEN

Freies Gewehr (300 m) Dreistellungskampf

G	Hubert Hammerer A
S	Hans Spillmann CH
B	Wassili Borissow SU

Kleinkaliber Dreistellungskampf

G	Wiktor Schamburkin SU
S	Marat Nijasow SU
B	Klaus Zähringer D

liegend

G	Peter Kohnke D
S	James Hill USA
B	Enrico Forcella Pelliccioni YV

Schnellfeuerpistole oder Revolver

G	William McMillan USA
S	Pentti Linnosvuo SF
B	Aleksandr Sabelin SU

Beliebige Scheibenpistole (50 m)

G	Aleksej Guschtschin SU
S	Machmud Umarow SU
B	Yoshihisa Yoshikawa J

Tontaubenschießen

G	Ion Dumitrescu R
S	Galliano Rossini I
B	Sergej Kalinin SU

TURNEN HERREN

Mehrkampf

G	Boris Schaklin SU
S	Takashi Ono J
B	Juri Titow SU

Mehrkampf, Mannschaft

G	Japan
S	UdSSR
B	Italien

Barren

G	Boris Schaklin SU
S	Giovanni Carminucci I
B	Takashi Ono J

Boden

G	Nobuyuki Aihara J
S	Juri Titow SU
B	Franco Menichelli I

Pferdsprung

G	Boris Schaklin SU
G	Takashi Ono J
B	Wladimir Portnoi SU

Seitpferd

G	Boris Schaklin SU
S	Eugen Ekman SF
B	Shuji Tsurumi J

Reck

G	Takashi Ono J
S	Masao Takemoto J
B	Boris Schaklin SU

Ringe

G	Albert Asarjan SU
S	Boris Schaklin SU
B	Takashi Ono J
B	Welik Kapsazow BG

TURNEN DAMEN

Mehrkampf

G	Larissa Latynina SU
S	Sofia Muratowa SU
B	Polina Astachowa SU

Mehrkampf, Mannschaft

G	UdSSR
S	ČSSR
B	Rumänien

Stufenbarren

G	Polina Astachowa SU
S	Larissa Latynina SU
B	Tamara Ljuchina SU

Boden

G	Larissa Latynina SU
S	Polina Astachowa SU
B	Tamara Ljuchina SU

Pferdsprung

G	Margarita Nikolajewa SU
S	Sofia Muratowa SU
B	Larissa Latynina SU

Schwebebalken

G	Eva Bosáková CS
S	Larissa Latynina SU
B	Sofia Muratowa SU

BASKETBALL

G	USA
S	UdSSR
B	Brasilien

FUSSBALL

G	Jugoslawien
S	Dänemark
B	Ungarn

HOCKEY

G	Pakistan
S	Indien
B	Spanien

Höhepunkt des Schützenlebens

Für den jungen Peter Kohnke (Mitte) war die Goldmedaille in Rom Höhepunkt seiner Karriere.

XVIII. Olympische Sommerspiele
10. bis 24. Oktober 1964 in Tokio

Bei der ersten Olympiaveranstaltung im asiatischen Raum waren 5694 Teilnehmer aus 94 Ländern am Start, was einen neuen Rekord für die Teilnahme von Nationen bedeutete. Für die letztmalig unter der Etikettierung »gesamtdeutsch« startenden Sportler aus der Bundesrepublik und der DDR brachten die Spiele von Tokio ebenfalls einen neuen Rekord. Mit fünfzig gewonnenen Medaillen wurde das gute Ergebnis von 1960 noch übertroffen. Zwar gab es bei zehn Gold-, 21 Silber- und neunzehn Bronzemedaillen zwei Olympiasieger weniger als in Rom, die Fülle ausgezeichneter Plazierungen machte das aber mehr als wett. Im Gesamtergebnis konnten die USA nach zwei Niederlagen gegen die Sowjetunion wieder Platz eins einnehmen.
Die Leichtathleten der deutschen Mannschaft waren am guten Gesamtergebnis maßgeblich beteiligt. Neben dem umjubelten Zehnkampf-Gold durch Willi Holdorf (→ Porträt Leichtathletik) erkämpften sie eine weitere Goldmedaille, fünfmal Silber sowie dreimal Bronze (→ Ergebnisse). Das größte Aufsehen erregten bei den Leichtathletikwettbewerben der amerikanische Diskuswerfer Al Oerter, der zum dritten Mal mit neuem Olympischen Rekord die Goldmedaille gewann, und der Marathonsieger Bikila Abebe, der seinen Erfolg von Rom bestätigte und für Schwarzafrika endgültig

Olympia erlag fernöstlichem Charme
Japan feierte sein größtes Sportfest: Der 19jährige Yoshinari Sakai entzündete das olympische Feuer. Unten Kaiser Hirohito bei der Eröffnungsrede dieser Sommerspiele.

den Weg für künftige große Taten in der olympischen Leichtathletik wies.

Als fleißige Medaillensammler erwiesen sich für das deutsche Team auch die Schwimmer. Dabei konnten sich die in echt gesamtdeutscher Besetzung antretenden Staffeln über drei Silbermedaillen freuen. Der Darmstädter Hans-Joachim Klein war in allen drei Rennen dabei und kam mit seinem dritten Platz über 100 m Kraul somit zu vier olympischen Medaillen. Für den mehrfachen Weltrekordler brachte Tokio die Krönung seiner Laufbahn. Die inzwischen verheiratete Ingrid Krämer, Doppel-Olympiasiegerin von Rom, wäre um ein Haar erneut zweifache Goldmedaillengewinnerin geworden, aber auch Gold im Kunstspringen und Silber im Wettbewerb vom Turm bedeuteten für Ingrid Engel-Krämer olympischen Rekord in der Medaillenausbeute hinsichtlich dieser Wettbewerbe.

Auf dem Wasser fuhren Ruderer (→ Kapitel Rudersport) und Kanuten ihre seit Rom schon obligatorischen Medaillen ein. Der Ost-Berliner Modellschreiner Jürgen Eschert verwies dabei im Einer-Canadier den Favoriten Igorov ebenso auf den zweiten Rang wie das für die SG Holzheim bei Neuss fahrende Duo Roswitha Esser/Annemarie Zimmermann im Zweier-Kajak die gesamte Konkurrenz. Sie bestätigten auf dem Sagamisee eindrucksvoll ihre im Vorjahr errungene Europa- und Weltmeisterschaft in dieser Klasse.

Nach langer Zeit gab es wieder einmal eine Segelgoldmedaille für Deutschland. Der Berliner Willi Kuhweide holte sie in der Finn-Dinghi-Klasse. Der heutige Pilot der Lufthansa, der im Alter von sechzehn Jahren bei der Kieler Woche im Jahre 1959 die gesamte Weltelite einschließlich des dänischen Abonnement-Olympiasiegers Paul Elvström geschlagen hatte, krönte in der Kanagawa-Bay seine noch junge Laufbahn. Der am 6. Januar 1943 in Berlin geborene Kuhweide war in seiner Bootsklasse bereits 1960 Vize-Europameister, holte im Jahr darauf diesen Titel nochmals und segelte 1963 vor der holländischen Küste bei Medemlki gegen stärkste Konkurrenz zur Weltmeisterschaft (Gold Cup). Nach Tokio war er als frischge-

US-Sportler holten die Medaillen

Von den 163 Goldmedaillen (im Bild Vorder- und Rückseite), die in Tokio vergeben wurden, konnten die US-Sportler mit 36 noch einmal den Löwenanteil erringen. Die UdSSR lag mit dreißig Olympiasiegern aber dichtauf.

Sie zollten dem olympischen Gedanken ihren Tribut

Ob fernöstliche oder europäische Prinzessinnen – oben Japans Kronprinzessin Michiko mit Prinzessin Beatrix von Holland – oder US-Marines – unten die Besatzung eines US-Flugzeugträgers: Alle zollten Olympia 1964 ihren Tribut.

FAST SCHON LEGENDE: ZEHNKAMPFSIEG WILLI HOLDORFS

backener Europameister des Jahres 1964 angereist.
Die Turnwettkämpfe brachten den Japanern im Mannschaftskampf den erhofften Erfolg über die Sowjetunion, die sich mit nur einer Goldmedaille bei den Männern zufriedengeben mußte. Diese wurde von Boris Schaklin am Reck gewonnen, der mit zwei weiteren Silbermedaillen und einmal Bronze damit vorerst zum erfolgreichsten Olympiaturner wurde. Bei dreimaliger Teilnahme seit 1956 lautete seine Bilanz: siebenmal Gold, viermal Silber, zweimal Bronze. Sein langjähriger Konkurrent im Kampf um die Turnkrone, Takashi Ono, kam als Mitglied der siegreichen japanischen Riege zu seiner letzten Goldmedaille und konnte nach Tokio fünfmal Gold und je viermal Silber und Bronze vorweisen. Schaklin hatte vor Tokio noch fünf Vize-WM-Titel errungen (1962) und beendete seine Karriere 1966 mit der Vizeweltmeisterschaft der Mannschaftswertung. Ono war 1962 Weltmeister mit der Mannschaft und am Reck geworden.
Ihr Nachfolger profilierte sich in Tokio endgültig. Yukio Endo, in Rom schon Angehöriger der japanischen Gold-Riege, erturnte sich in seiner Heimat dreimal Gold und einmal Silber, darunter den wertvollen Zwölfkampfsieg. Die ganz große Überraschung schufen jedoch zwei nicht vorgewettete Europäer. Der Jugoslawe Miroslaw Cerar am Seitpferd und der Italiener Franco Menichelli am Boden setzten zwei bemerkenswerte Akzente mit ihren Siegen gegen die übermächtige Konkurrenz. Als großen Erfolg mußte man auch den dritten Platz der gesamtdeutschen Riege in der Mannschaftswertung ansehen.
Bei den Frauen gab es ebenfalls einen Einbruch in die sowjetische Dominanz. Mit der dreifachen Goldmedaillengewinnerin Vera Čáslavská präsentierte die ČSSR nicht nur eine neue olympische Turnkönigin, sondern auch einen von sportlicher Auffassung geprägten Turnstil, der dem eher gekünstelten Auftreten der sowjetischen Turnerinnen in Tokio klar den Rang ablief. Ihre Starturnerin Larissa Latynina erkämpfte sich in Tokio allerdings in jeder Disziplin noch eine Medaille, womit sie zur erfolgreichsten Turnerin der Welt wurde. Seit 1956 hatte sie neun Gold-, fünf Silber- und vier Bronzemedaillen errungen, dazu kamen zwischen 1958 und 1966 bei Weltmeisterschaften acht Gold- und vier Silbermedaillen sowie eine bronzene. Mit bei Europameisterschaften errungenen sieben Gold- und sechs Silbermedaillen sowie einer bronzenen ist sie die bis heute erfolgreichste Frau der Sportgeschichte.

Fast wie in einer antiken Tragödie

Zehnkampf-Olympiasieger Willi Holdorf brach nach dem 1500-m-Lauf erschöpft zusammen (oben). Er hatte sich völlig verausgabt. Bei der Siegerehrung konnte er wieder lächeln.

Tokio 1964

LEICHTATHLETIK HERREN

100 m

G	Bob Hayes USA	10,0
S	Enrique Figuerola C	10,2
B	Harry Jerome CDN	10,2

200 m

G	Henry Carr USA	20,3
S	Otis Paul Drayton USA	20,5
B	Edwin Roberts TRI	20,6

400 m

G	Michael Larrabee USA	45,1
S	Wendell Mottley TRI	45,2
B	Andrzej Badenski PL	45,6

800 m

G	Peter Snell NZ	1:45,1
S	William Crothers CDN	1:45,6
B	Wilson Kiprugut EAK	1:45,9

1500 m

G	Peter Snell NZ	3:38,1
S	Josef Odložil CS	3:39,6
B	John Davies NZ	3:39,6

5000 m

G	Robert Schul USA	13:48,8
S	Harald Norpoth D	13:49,6
B	William Dellinger USA	13:49,8

10 000 m

G	William Mills USA	28:24,4
S	Mohamed Gammoudi TN	28:24,8
B	Ronald Clarke AUS	28:25,8

Marathon

G	Bikila Abebe ETH	2:12:11,2
S	Basil Heatley GB	2:16:19,2
B	Kokichi Tsuburaya J	2:16:22,8

110-m-Hürden

G	Hayes Jones USA	13,6
S	Harold Blaine Lindgren USA	13,7
B	Anatoli Michailow SU	13,7

400-m-Hürden

G	Rex Cawley USA	49,6
S	John Cooper GB	50,1
B	Salvatore Morale I	50,1

3000-m-Hindernislauf

G	Gaston Roelants B	8:30,8
S	Maurice Herriott GB	8:32,4
B	Iwan Beljajew SU	8:33,8

4-x-100-m-Staffel

G	USA	39,0
S	Polen	39,3
B	Frankreich	39,3

4-x-400-m-Staffel

G	USA	3:00,7
S	Großbritannien	3:01,6
B	Trinidad	3:01,7

20-km-Gehen

G	Kenneth Matthews GB	1:29:34,0
S	Dieter Lindner DDR	1:31:13,2
B	Wladimir Golubnitschi SU	1:31:59,4

50-km-Gehen

G	Abdon Pamich I	4:11:12,4
S	Paul Vincent Nihill GB	4:11:31,2
B	Ingvar Pettersson S	4:14:17,4

Hochsprung

G	Waleri Brumel SU	2,18
S	John Thomas USA	2,18
B	John Rambo USA	2,16

Stabhochsprung

G	Fred Hansen USA	5,10
S	Wolfgang Reinhardt D	5,05
B	Klaus Lehnertz D	5,00

Weitsprung

G	Lynn Davies GB	8,07
S	Ralph Boston USA	8,03
B	Igor Ter-Owanesjan SU	7,99

Dreisprung

G	Józef Schmidt PL	16,85
S	Oleg Fjedossejew SU	16,58
B	Wiktor Krawtschenko SU	16,57

Kugelstoßen

G	Dallas Long USA	20,33
S	Randy Matson USA	20,20
B	Vilmos Varju H	19,39

Diskuswerfen

G	Al Oerter USA	61,00
S	Ludvik Danek CS	60,52
B	David Weill USA	59,49

Hammerwerfen

G	Romuald Klim SU	69,74
S	Gyula Zsivótzky H	69,09
B	Uwe Beyer D	68,09

Speerwerfen

G	Pauli Nevala SF	82,66
S	Gergely Kulcsár H	82,32
B	Janis Lusis SU	80,57

Zehnkampf

G	Willi Holdorf D	7887
S	Rein Aun SU	7842
B	Hans-Joachim Walde D	7809

LEICHTATHLETIK DAMEN

100 m

G	Wyomia Tyus USA	11,4
S	Edith McGuire USA	11,6
B	Ewa Klobukowska PL	11,6

200 m

G	Edith McGuire USA	23,0
S	Irena Kirszenstein PL	23,1
B	Marilyn Black AUS	23,1

400 m

G	Betty Cuthbert AUS	52,0
S	Ann Packer GB	52,2
B	Judith Amoore AUS	53,4

800 m

G	Ann Packer GB	2:01,1
S	Maryvonne Dupureur F	2:01,9
B	Ann Chamberlain NZ	2:02,8

80-m-Hürden

G	Karin Balzer DDR	10,5
S	Teresa Ciepla PL	10,5
B	Pamela Kilborn AUS	10,5

4-x-100-m-Staffel

G	Polen	43,6
S	USA	43,9
B	Großbritannien	44,0

Hochsprung

G	Iolanda Balaş R	1,90
S	Michele Brown-Mason AUS	1,80
B	Taisija Tschentschik SU	1,78

Weitsprung

G	Mary Rand GB	6,76
S	Irena Kirszenstein PL	6,60
B	Tatjana Schtschelkanowa SU	6,42

Kugelstoßen

G	Tamara Press SU	18,14
S	Renate Garisch DDR	17,61
B	Galina Sybina SU	17,45

Diskuswerfen

G	Tamara Press SU	57,27
S	Ingrid Lotz DDR	57,21
B	Lia Manoliu R	56,97

Speerwerfen

G	Mihaela Peneş R	60,54
S	Márta Rudas H	58,27
B	Jelena Gortschakowa SU	57,06

Fünfkampf*

G	Irina Press SU	5246
S	Mary Rand GB	5035
B	Galina Bystrowa SU	4956

FECHTEN HERREN

Florett

G	Egon Franke PL
S	Jean-Claude Magnan F
B	Daniel Revenu F

Florett, Mannschaft

G	UdSSR
S	Polen
B	Frankreich

Degen

G	Grigori Kriss SU
S	Henry Hoskyns GB
B	Guram Kostawa SU

Degen, Mannschaft

G	Ungarn
S	Italien
B	Frankreich

Säbel

G	Tibor Pézsa H
S	Claude Arabo F
B	Umar Mawlichanow SU

* bestehend aus: 80-m-Hürden, Kugelstoßen, Hochsprung, Weitsprung, 200 m

Zum dritten Mal Diskusgold geholt

Der amerikanische Diskuswerfer Al Oerter brachte 1964 das Kunststück fertig, zum dritten Mal in Folge seinen Wettbewerb zu gewinnen – und das gegen Klasseleute.

SCHWIMMEN: USA WIEDER UNANGEFOCHTEN DIE NR. 1

Der Superstar und vier Kameraden

Der US-Schwimmer Don Schollander (rechts) holte bei Olympia als erster Athlet vier Goldmedaillen im Schwimmen. Die Freude der vier Mitglieder der gesamtdeutschen 4-×-100-m-Freistilstaffel, die sich Silber erkämpfte, war mindestens ebenso groß: Hans-Joachim Klein, Uwe Jacobsen, Frank Wiegand und Horst Löffler (von links).

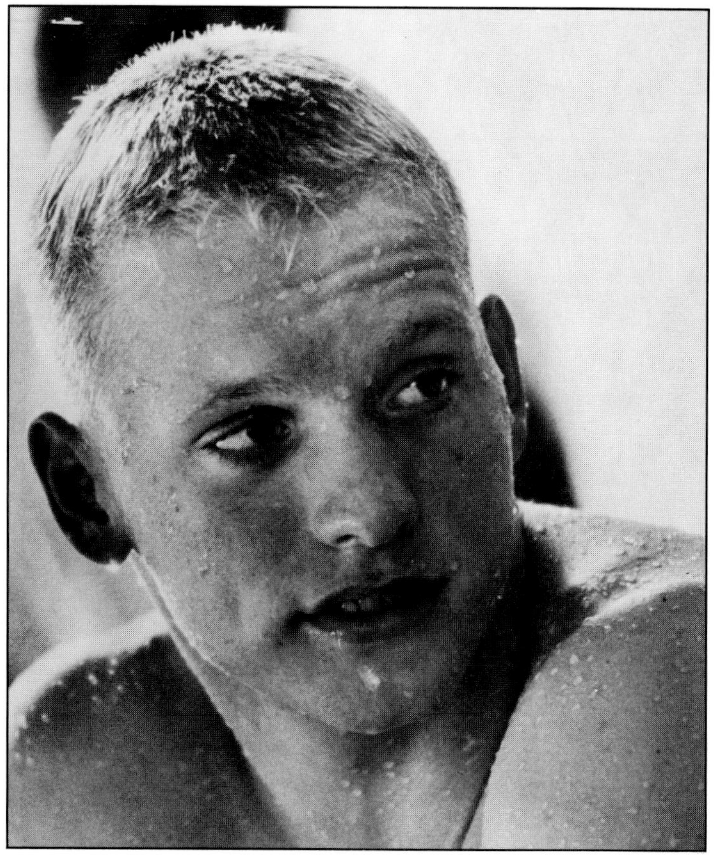

Tokio 1964

Säbel, Mannschaft

G	UdSSR
S	Italien
B	Polen

FECHTEN DAMEN

Florett

G	Ildikó Ujlaki-Rejtö H
S	Helga Mees D
B	Antonella Ragno I

Florett, Mannschaft

G	Ungarn
S	UdSSR
B	Deutschland

SCHWIMMEN HERREN

100-m-Freistil

G	Don Schollander USA	53,4
S	Robert McGregor GB	53,5
B	Hans-Joachim Klein D	54,0

400-m-Freistil

G	Don Schollander USA	4:12,2
S	Frank Wiegand DDR	4:14,9
B	Allan Wood AUS	4:15,1

1500-m-Freistil

G	Robert Windle AUS	17:01,7
S	John Nelson USA	17:03,0
B	Allan Wood AUS	17:07,7

200-m-Rücken

G	Jed Graef USA	2:10,3
S	Gary Dilley USA	2:10,5
B	Robert Bennett USA	2:13,1

200-m-Brust

G	Ian O'Brien AUS	2:27,8
S	Georgi Prokopenko SU	2:28,2
B	Chester Jastremski USA	2:29,6

200-m-Delphin

G	Kevin Berry AUS	2:06,6
S	Carl J. Robie USA	2:07,5
B	Fred Schmidt USA	2:09,3

400-m-Lagen

G	Richard Roth USA	4:45,4
S	Roy Saari USA	4:47,1
B	Gerhard Hetz D	4:51,0

4-×-100-m-Freistilstaffel

G	USA	3:33,2
S	Deutschland*	3:37,2
B	Australien	3:39,1

4-×-200-m-Freistilstaffel

G	USA	7:52,1
S	Deutschland*	7:59,3
B	Japan	8:03,8

4-×-100-m-Lagenstaffel

G	USA	3:58,4
S	Deutschland*	4:01,6
B	Australien	4:02,3

Kunstspringen

G	Kenneth Sitzberger USA
S	Francis Gorman USA
B	Larry Andreasen USA

Turmspringen

G	Robert Webster USA
S	Klaus Dibiasi I
B	Thomas Gompf USA

Wasserball

G	Ungarn
S	Jugoslawien
B	UdSSR

SCHWIMMEN DAMEN

100-m-Freistil

G	Dawn Fraser AUS	59,5
S	Sharon Stouder USA	59,9
B	Kathleen Ellis USA	1:00,8

400-m-Freistil

G	Virginia Duenkel USA	4:43,3
S	Marilyn Ramenofsky USA	4:44,6
B	Terri Lee Stickles USA	4:47,2

* Hier startete eine gesamtdeutsche Mannschaft.

100-m-Rücken

G	Cathy Ferguson USA	1:07,7
S	Christine Caron F	1:07,9
B	Virginia Duenkel USA	1:08,0

200-m-Brust

G	Galina Prosumenschtschikowa SU	2:46,4
S	Claudia Kolb USA	2:47,6
B	Swetlana Babanina SU	2:48,6

100-m-Delphin

G	Sharon Stouder USA	1:04,7
S	Ada Kok NL	1:05,6
B	Kathleen Ellis USA	1:06,0

400-m-Lagen

G	Donna De Varona USA	5:18,7
S	Sharon Finneran USA	5:24,1
B	Martha Randall USA	5:24,2

4-×-100-m-Freistilstaffel

G	USA	4:03,8
S	Australien	4:06,9
B	Niederlande	4:12,0

4-×-100-m-Lagenstaffel

G	USA	4:33,9
S	Niederlande	4:37,0
B	UdSSR	4:39,2

Kunstspringen

G	Ingrid Engel-Krämer DDR
S	Jeanne Collier USA
B	Mary Willard USA

Turmspringen

G	Lesley Bush USA
S	Ingrid Engel-Krämer DDR
B	Galina Aleksejewa SU

BOXEN

Fliegengewicht

G	Fernando Atzori I
S	Artur Olech PL
B	Stanislaw Sorokin SU
B	Robert Carmody USA

Bantamgewicht

G	Takao Sakurai J
S	Shin-Cho Chung SK
B	Juan Fabila Mendoza MEX
B	Washington Rodriguez U

Federgewicht

G	Stanislaw Stepaschkin SU
S	Anthony Villanueva PHI
B	Henz Schulz DDR
B	Charles Brown USA

Leichtgewicht

G	Józef Grudzien PL
S	Welikton Barannikow SU
B	James McCourt IRL
B	Ronald Harris USA

Halbweltergewicht

G	Jerzy Kulej PL
S	Jewgeni Frolow SU
B	Eddie Blay GH
B	Habib Galhia TN

Weltergewicht

G	Marian Kasprzyk PL
S	Ritschardas Tamulis SU
B	Pertti Purhonen SF
B	Silvano Bertini I

Halbmittelgewicht

G	Boris Lagutin SU
S	Joseph Gonzales F
B	Nojim Maiyegun WAN
B	Józef Grzesiak PL

Mittelgewicht

G	Waleri Popentschenko SU
S	Emil Schulz D
B	Franco Valle I
B	Tedeusz Walasek PL

Halbschwergewicht

G	Cosimo Pinto I
S	Aleksej Kisseljow SU
B	Aleksandar Nikolow BG
B	Zbigniew Pietrzykowski PL

BOXER JOE FRAZIER HOLT GOLD IM SCHWERGEWICHT

Deutsche Segler auf Medaillenkurs

Willi Kuhweide, der oben von begeisterten Kameraden durch den Yachthafen Enoshima getragen wird, segelte in der Finn-Dinghi-Klasse zum Olympiasieg. Links überholt er gerade während der letzten Wettfahrt den Australier Colin Ryrie. Für die deutschen Segler gab es außerdem noch eine Silbermedaille.

Tokio 1964

Schwergewicht

G	Joe Frazier	USA
S	Hans Huber	D
B	Giuseppe Ros	I
B	Wadim Jemeljanow	SU

GEWICHTHEBEN

Bantamgewicht

G	Aleksej Wachonin	SU	357,5
S	Imre Földi	H	355,0
B	Shiro Ichinoseki	J	347,5

Federgewicht

G	Yoshinobu Miyake	J	397,5
S	Isaac Berger	USA	382,5
B	Mieczyslaw Nowak	PL	377,5

Leichtgewicht

G	Waldemar Baszanowski	PL	432,5
S	Wladimir Kaplunow	SU	432,5
B	Marian Zielinski	PL	420,0

Mittelgewicht

G	Hans Zdražila	CS	445,0
S	Wiktor Kurentsow	SU	440,0
B	Masashi Ouchi	J	437,5

Leichtschwergewicht

G	Rudolf Plukfelder	SU	475,0
S	Géza Tóth	H	467,5
B	Győző Veres	H	467,5

Mittelschwergewicht

G	Wladimir Golowanow	SU	487,5
S	Louis Martin	GB	475,0
B	Ireneusz Palinski	PL	467,5

Schwergewicht

G	Leonid Schabotinski	SU	572,5
S	Juri Wlassow	SU	570,0
B	Norbert Schemansky	USA	537,5

RINGEN, GRIECHISCH-RÖMISCHER STIL

Fliegengewicht

G	Tsutomu Hanahara	J
S	Angel Keresow	BG
B	Dumitru Pirvulescu	R

Bantamgewicht

G	Masamitsu Ichiguchi	J
S	Wladlen Trostjanski	SU
B	Ion Cernea	R

Federgewicht

G	Imre Polyák	H
S	Roman Rurua	SU
B	Branislav Martinović	YU

Leichtgewicht

G	Kazim Ayvaz	TR
S	Valeriu Bularca	R
B	Dawid Gwantseladse	SU

Weltergewicht

G	Anatoli Kolesow	SU
S	Cyril Todorow	BG
B	Bertil Nyström	S

Mittelgewicht

G	Branislav Simič	YU
S	Jiři Kormanik	CS
B	Lothar Metz	DDR

Halbschwergewicht

G	Bojan Radew	BG
S	Per Svensson	S
B	Heinz Kiehl	D

Schwergewicht

G	István Kozma	H
S	Anatoli Roschtschin	SU
B	Wilfried Dietrich	D

FREISTILRINGEN

Fliegengewicht

G	Yoshikatsu Yoshida	J
S	Chang-Sun Chang	SK
B	Said Aliakbar Haydari	IR

Bantamgewicht

G	Yojiro Uetake	J
S	Hüseyin Akbaş	TR
B	Aidyn Ibragimow	SU

Federgewicht

G	Osamu Watanabe	J
S	Stantscho Iwanow	BG
B	Nodar Chochaschwili	SU

Leichtgewicht

G	Enju Waltschew	BG
S	Klaus-Jürgen Rost	D
B	Iwao Horiuchi	J

Weltergewicht

G	Ismail Ogan	TR
S	Guliko Sagaradse	SU
B	Mohamed-Ali Sanatkaran	IR

Mittelgewicht

G	Prodan Gardschew	BG
S	Hasan Güngör	TR
B	Daniel Brand	USA

Halbschwergewicht

G	Aleksandr Medwed	SU
S	Ahmet Ayik	TR
B	Said Mustafow	BG

Schwergewicht

G	Aleksandr Iwanitski	SU
S	Ljutwi Dschiber	BG
B	Hamit Kaplan	TR

JUDO*

Leichtgewicht

G	Takehide Nakatani	J
S	Eric Hänni	CH
B	Oleg Stepanow	SU
B	Aron Bogoljubow	SU

* Wie beim Boxen werden auch beim Judo zwei Bronzemedaillen vergeben.

Mittelgewicht

G	Isao Okano	J
S	Wolfgang Hofmann	D
B	James Bregman	USA
B	Eui-Tae Kim	SK

Schwergewicht

G	Isao Inokuma	J
S	Alfred Harold Rogers	CDN
B	Ansor Kiknadse	SU
B	Parnaos Tschikwiladse	SU

All-Kategorie

G	Antonius Geesink	NL
S	Akio Kaminaga	J
B	Klaus Glahn	D
B	Theodore Boronovskis	AUS

MODERNER FÜNFKAMPF

Einzel

G	Ferenc Török	H
S	Igor Nowikow	SU
B	Albert Mokejew	SU

Mannschaft

G	UdSSR
S	USA
B	Ungarn

KANU HERREN

Einer-Kajak (1000 m)

G	Rolf Peterson	S
S	Mihály Hesz	H
B	Aurel Vernescu	R

Zweier-Kajak (1000 m)

G	Schweden
S	Niederlande
B	Deutschland

Vierer-Kajak (1000 m)

G	UdSSR
S	Deutschland
B	Rumänien

Tokio 1964

Einer-Canadier (1000 m)

G	Jürgen Eschert DDR	
S	Andrei Igorov R	
B	Jewgeni Penjajew SU	

Zweier-Canadier (1000 m)

G	UdSSR	
S	Frankreich	
B	Dänemark	

KANU DAMEN

Einer-Kajak (500 m)

G	Ljudmila Chwedosjuk SU	
S	Hilde Lauer R	
B	Marcia Jones USA	

Zweier-Kajak (500 m)

G	Deutschland	
S	USA	
B	Rumänien	

RUDERN

Einer

G	Wjatscheslaw Iwanow SU	
S	Achim Hill DDR	
B	Gottfried Kottmann CH	

Doppelzweier

G	UdSSR	
S	USA	
B	ČSSR	

Zweier ohne Steuermann

G	Kanada	
S	Niederlande	
B	Deutschland	

Zweier mit Steuermann

G	USA	
S	Frankreich	
B	Niederlande	

Vierer ohne Steuermann

G	Dänemark	
S	Großbritannien	
B	USA	

Vierer mit Steuermann

G	Deutschland	
S	Italien	
B	Niederlande	

Achter

G	USA	
S	Deutschland	
B	ČSSR	

SEGELN

Soloklasse (Finn-Dinghi)

G	Willi Kuhweide D	
S	Peter J. Barrett USA	
B	Henning Wind DK	

Star

G	Bahamas	
S	USA	
B	Schweden	

Flying Dutchman

G	Neuseeland	
S	Großbritannien	
B	USA	

Drachen

G	Dänemark	
S	DDR	
B	USA	

5,5 m

G	Australien	
S	Schweden	
B	USA	

RADSPORT

Straßenrennen (195 km)

G	Mario Zanin I	4:39:51,63
S	Kjell Åkerström Rodian DK	4:39:51,65
B	Walter Godefroot B	4:39:51,74

100-km-Mannschafts-Zeitfahren (110 km)

G	Niederlande	2:26:31,19
S	Italien	2:26:55,39
B	Schweden	2:27:11,52

1000-m-Zeitfahren

G	Patrick Sercu B	1:09,59
S	Giovanni Pettenella I	1:10,09
B	Pierre Trentin F	1:10,42

1000-m-Sprint

G	Giovanni Pettenella I	13,69*
S	Sergio Bianchetto I	
B	Daniel Morelon F	

2000-m-Tandem

G	Italien	10,75*
S	UdSSR	
B	Deutschland	

* Zeit für die letzten 200 m

4000-m-Einzel-Verfolgungsrennen

G	Jiři Daler CS	5:04,75
S	Giorgio Ursi I	5:05,96
B	Preben Isaksson DK	5:01,90

4000-m-Mannschafts-Verfolgungsrennen

G	Deutschland	4:35,67
S	Italien	4:35,74
B	Niederlande	4:38,99

REITSPORT

Military

G	Mauro Checcoli I	
S	Carlos Moratorio RA	
B	Fritz Ligges D	

Military, Mannschaft

G	Italien	
S	USA	
B	Deutschland*	

Dressur

G	Henri Chammartin CH	
S	Harry Boldt D	
B	Sergej Filatow SU	

Dressur, Mannschaft

G	Deutschland	
S	Schweiz	
B	UdSSR	

Jagdspringen

G	Pierre Jonquères d'Oriola F	
S	Hermann Schridde D	
B	Peter Robeson GB	

Jagdspringen, Mannschaft

G	Deutschland	
S	Frankreich	
B	Italien	

SCHIESSEN

Freies Gewehr (300 m) Dreistellungskampf

G	Gary Anderson USA	
S	Schota Kweliaschwili SU	
B	Martin Gunnarsson USA	

Kleinkaliber Dreistellungskampf

G	Lones W. Wigger USA	
S	Welitschko Christow BG	
B	László Hammerl H	

liegend

G	László Hammerl H	
S	Lones W. Wigger USA	
B	Tommy Pool USA	

Schnellfeuerpistole oder Revolver

G	Pentti Linnosvuo SF	
S	Ion Tripşa R	
B	Lubomir Nacovsky CS	

Beliebige Scheibenpistole (50 m)

G	Väinö Markkanen SF	
S	Franklin Green USA	
B	Yoshihisa Yoshikawa J	

Tontaubenschießen

G	Ennio Mattarelli I	
S	Pawel Senitschew SU	
B	William Morris USA	

TURNEN HERREN

Mehrkampf

G	Yukio Endo J	
S	Shuji Tsurumi J	
S	Wiktor Lisitski SU	
S	Boris Schaklin SU	

Mehrkampf, Mannschaft

G	Japan	
S	UdSSR	
B	Deutschland*	

* Hier startete eine gesamtdeutsche Mannschaft.

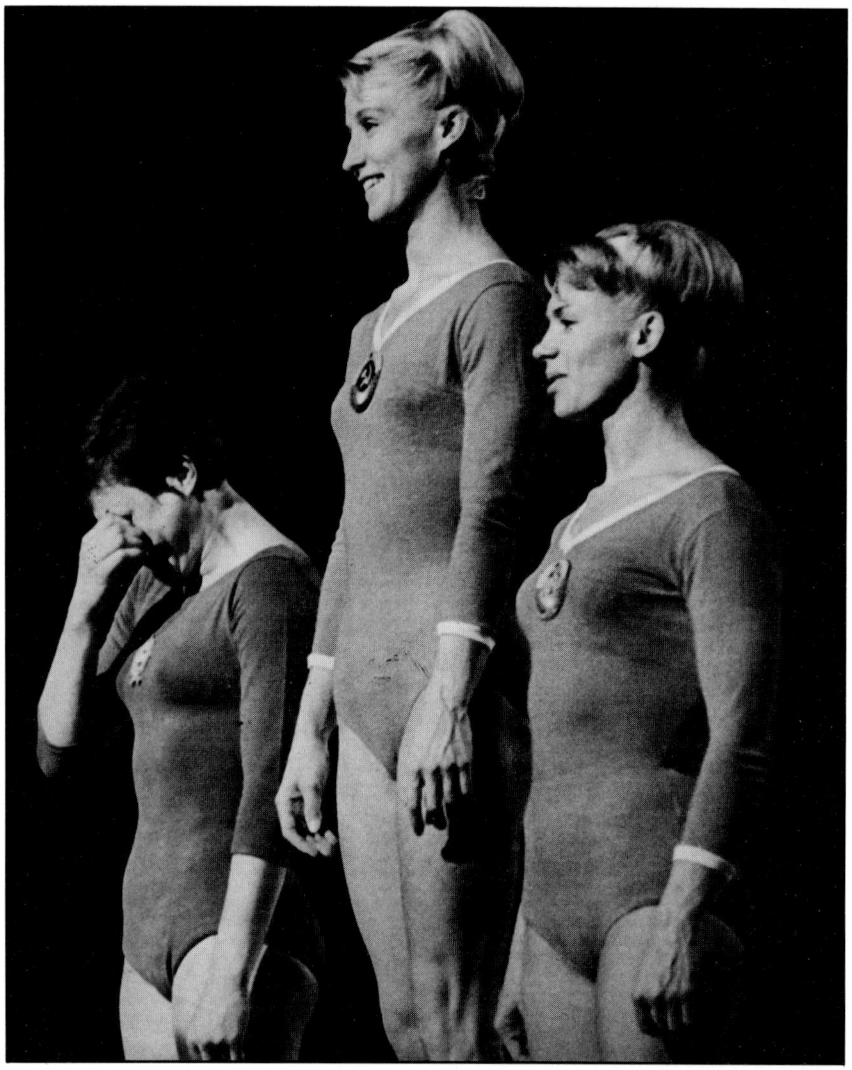

Lächeln und Tränen des Glücks

Siegerehrung nach dem Turnen am Stufenbarren: Die Ungarin Katalin Makray (links) kann die Tränen des Glücks über die gewonnene Silbermedaille nicht zurückhalten. Dagegen scheinen für die Russinnen Polina Astachowa (Mitte) und Larissa Latynina (Bronze) Siegerehrungen schon zur langjährigen Routine zu gehören.

Tokio 1964

Barren

G	Yukio Endo	J
S	Shuji Tsurumi	J
B	Franco Menichelli	I

Boden

G	Franco Menichelli	I
S	Wiktor Lisitski	SU
S	Yukio Endo	J

Pferdsprung

G	Haruhiro Yamashita	J
S	Wiktor Lisitski	SU
B	Hannu Rantakari	SF

Seitpferd

G	Miroslav Cerar	YU
S	Shuji Tsurumi	J
B	Juri Tsapenko	SU

Reck

G	Boris Schaklin	SU
S	Juri Titow	SU
B	Miroslav Cerar	YU

Ringe

G	Takuji Hayata	J
S	Franco Menichelli	I
B	Boris Schaklin	SU

TURNEN DAMEN

Mehrkampf

G	Vera Čáslavská	CS
S	Larissa Latynina	SU
B	Polina Astachowa	SU

Mannschaft, Mehrkampf

G	UdSSR
S	ČSSR
B	Japan

Stufenbarren

G	Polina Astachowa	SU
S	Katalin Makray	H
B	Larissa Latynina	SU

Boden

G	Larissa Latynina	SU
S	Polina Astachowa	SU
B	Anikó Jánosi	H

Pferdsprung

G	Vera Čáslavská	CS
S	Larissa Latynina	SU
B	Birgit Radochla	DDR

Schwebebalken

G	Vera Čáslavská	CS
S	Tamara Manina	SU
B	Larissa Latynina	SU

BASKETBALL

G	USA
S	UdSSR
B	Brasilien

FUSSBALL

G	Ungarn
S	ČSSR
B	DDR

HOCKEY

G	Indien
S	Pakistan
B	Australien

VOLLEYBALL HERREN

G	UdSSR
S	ČSSR
B	Japan

VOLLEYBALL DAMEN

G	Japan
S	UdSSR
B	Polen

In der Heimat kam er groß heraus

Yukio Endo wurde in Tokio erfolgreichster Turner. Nach der Lektion von Rom wurde er Zwölfkampfsieger, holte Mannschaftsgold und Gold am Barren. Nur in einem einzigen Finale war er nicht vertreten – als der Olympiasieger am Seitpferd ermittelt wurde.

XIX. Olympische Sommerspiele
12. bis 27. Oktober 1968 in Mexico City

Zum zweiten Mal nacheinander fanden die Spiele in Übersee statt, dennoch konnte erstmals die Zahl einhundert im Meldeergebnis der Nationen überschritten werden. 6626 Aktive aus 111 Ländern kämpften in der Höhenlage des mittelamerikanischen Staates um die Medaillen, darunter erstmals je ein Team aus der Bundesrepublik und der DDR. Die Sportler aus Mitteldeutschland feierten eine eindrucksvolle Olympiapremiere und erkämpften neun Gold-, neun Silber- sowie sieben Bronzemedaillen und lagen damit vor denen der Bundesrepublik, die es auf fünfmal Gold, elfmal Silber und zehnmal Bronze brachten.

Die Wettkämpfe im 2265 m hoch gelegenen Mexico City setzten vor allem in der Leichtathletik neue Maßstäbe. Neben den durch die Höhenlage begünstigten Fabel-Weltrekorden eines Bob Beamon und der Kurzstreckler (→ Kapitel Leichtathletik) verblüffte das erfolgreiche Auftreten der Aktiven aus den neuen Sporthochburgen Schwarzafrikas. Im Reigen der kaum faßbaren Leistungen ragte eine dennoch heraus, obwohl sie kein Rekordniveau hatte. Der mittlerweile 32jährige Alfred (»Al«) Oerter aus dem US-Bundesstaat New York wurde in Mexico City zum vierten Mal seit 1956 Olympiasieger im Diskuswerfen – ein

Olympia in der Höhenlage eröffnet

Die ersten Olympischen Spiele auf lateinamerikanischem Boden wurden in Mexico City mit einer farbenprächtigen Show eröffnet. Das Olympiastadion bot ein imposantes Bild.

Es wurde eine temperamentvolle Fiesta

Tausende von Tauben und Ballons waren nur ein Attribut der Eröffnungsfeier im Stadion, für die die teilnehmenden Mexikaner vorher in der Stadt vor der Kathedrale geprobt hatten.

einmaliges Geschehen in der Geschichte der Olympischen Spiele. Das Unfaßbare dieses Erfolges dokumentiert die seinerzeit gültige Weltbestenliste im Diskuswerfen, in der Jay Silvester (USA), Ludvik Danek (ČSSR) und Lothar Milde (DDR) um bis zu 5 m vor dem schweigsamen, aber als äußerst nervenstark geltenden Mann aus dem kleinen Ort Astoria lagen. Der als Sohn eines deutschen Vaters und einer tschechischen Mutter am 19. September 1936 geborene spätere Student schleuderte den Diskus in Mexico City auf 64,78 m – so weit wie noch nie in seiner Karriere. Das bedeutete natürlich neuen Olympischen Rekord, aber der Weltrekord seines Landsmannes Jay Silvester, erst kurz vor den Olympischen Spielen aufgestellt, lag bei 68,40 m. Doch der blieb ebenso um Meter hinter seiner Bestleistung zurück wie Danek und Milde – im entscheidenden Moment hatte das Wurfphänomen Al Oerter wieder die besten Nerven gezeigt.

Die bundesdeutsche Bilanz der Leichtathletikwettbewerbe wurde mit einmal Gold durch Ingrid Becker (→ Porträt Leichtathletik), viermal Silber und dreimal Bronze durchaus überzeugend gestaltet, wenn auch nicht alle Blütenträume (Zehnkampf) in Erfüllung gingen. Die DDR konnte hier ebenso mehr erreichen wie im Schwimmen, wo sich die bundesdeutsche Mannschaft mit einer einzigen Bronzemedaille zufriedengeben mußte.

Für die Verbesserung der Gesamtbilanz sorgten wieder Ruderer und Kanuten. Dabei war der erneute Sieg des Zweier-Kajaks mit Roswitha Esser und Annema-

Das letzte und entscheidende Duell

Der abschließende 200-m-Lauf der Fünfkämpferinnen brachte die Entscheidung: Ingrid Becker (rechts) gewinnt Gold, Liese Prokop (links verdeckt) Silber, die Ungarin Annamária Tóth (zweite von rechts) Bronze.

rie Zimmermann eine große Überraschung, da sich Annemarie Zimmermann nach dreijähriger Wettkampfpause erst auf Drängen ihrer Partnerin zum Weitermachen entschlossen hatte. Roswitha Esser hatte in der Zwischenzeit bei Europa- und Weltmeisterschaften fleißig Medaillen gesammelt und war zur erfolgreichsten deutschen Kanutin geworden. Bei der WM 1966 holte sie zweimal Silber, bei der EM 1965 hatte es einen dritten Rang gegeben, 1967 waren einmal Silber und einmal Bronze herausgesprungen. Sie fuhr auch nach Mexiko noch zwei Jahre auf Medaillenkurs und wurde 1969 zweimal Vize-Europameisterin und zum Abschluß ihrer großartigen Karriere 1970 noch einmal Weltmeisterin im Zweier-Kajak.

Im Einer-Canadier erfüllte sich für Detlef Lewe aus Schwerte (Westfalen) endlich der Medaillentraum bei Olympischen Spielen. Seit 1960 war er schon dabei, aber mehr als zwei sechste Ränge in Rom und Tokio – dort im Zweier-Canadier – konnte er nicht schaffen. Der Europameister von 1965 und 1967 und Weltmeister von 1966 – jeweils im Einer-Canadier – fuhr in Mexiko nun zur Silbermedaille.

Die deutschen Sportschützen konnten sich nach acht Jahren Pause wieder über eine Goldmedaille freuen. Diesmal holte sich der 28jährige Bernd Klingner aus Bremervörde den Olympiasieg im KK-Dreistellungskampf, wobei er im knienden Anschlag auch noch Weltrekord schoß. Für ihn war es nach langer Pause wieder ein internationaler Titel. Seine EM-Erfolge datierten schon aus den Jahren 1959 und 1963. Eine Silbermedaille holte sich der Münchener Heinz Mertel mit der Scheibenpistole, während der große Favorit im Skeetschießen, der zweifache Weltmeister (1965 und 1967) und Europameister des Jahres 1968, Konrad Wirnhier aus Pfarrkirchen, mit der Bronzemedaille zufrieden sein mußte.

Im Reitsport sorgte die deutsche Dressurequipe wie bereits 1964 für eine Goldmedaille. Dabei kam der Frankfurter Unternehmer Josef Neckermann, geboren am 5. Juni 1912 in Würzburg, anläßlich seiner dritten Olympiateilnahme zur vierten Medaille. In Rom hatte es mit Asbach zu Bronze im Einzelwettbewerb gereicht, in Tokio gehörte er 1964 mit Antoinette zur Gold-Equipe und wurde Fünfter in der Einzelkonkurrenz, in Mexiko holte er neben Mannschafts-Gold noch Einzel-Silber. Der Vorsitzende der Stiftung deutsche Sporthilfe (seit 1967) war 1966 auch zweifacher Weltmeister (Einzel und Mannschaft) und 1965 Doppeleuropameister (ebenfalls Einzel und Mannschaft) geworden.

Der Schwergewichtsringer Wilfried Dietrich, geboren am 14. Oktober 1933 in Schifferstadt, war in Mexiko sogar schon zum vierten Mal dabei und gewann dort seine fünfte Olympiamedaille. Der als »Kran von Schiffer-

stadt« in die Sportgeschichte eingegangene Pfälzer holte nach Silber 1956, Gold und Silber 1960, Bronze 1964 nun erneut eine Bronzemedaille. Dietrich wurde 1961 auch Weltmeister im freien Stil und 1967 Europameister in der gleichen Kampfart. Bis 1967 hatte er in beiden Stilarten ununterbrochen 26 Deutsche Meisterschaften errungen und damit einen einmaligen Rekord aufgestellt.
Die Turnwettkämpfe der Herren gestalteten sich bei dieser Olympiade zu einer Art Länderkampf zwischen Japan und der UdSSR. Von den 24 zu vergebenden Medaillen gingen 21 an die Aktiven aus diesen Ländern. Lediglich Miroslav Cerar konnte sein Kunststück von 1964 wiederholen und schnappte ihnen eine Goldmedaille weg. Yukio Endo holte noch je einmal Gold und Silber und schraubte seine olympische Gesamtbilanz seit 1960 auf fünf Gold- und zwei Silbermedaillen. Mit Akinori Nakayama stellte Japan wieder ein neues As an den Geräten vor, das mit viermal Gold und je einmal Silber und Bronze einen tollen olympischen Einstand feierte.
Bei den Frauen hieß der Zweikampf UdSSR gegen ČSSR, in den die DDR ab und zu eingreifen konnte. Vera Čáslavská wurde bei ihren insgesamt sechs Medaillengewinnen vom Publikum frenetisch gefeiert, wobei politische Hintergründe wohl auch eine Rolle spielten. Sie zeigte auf jeden Fall noch einmal großartige Übungen und setzte sich mit ihren Medaillen auf den zweiten Platz der ewigen Bestenliste im Frauenturnen. Sie kam bei olympischen Turnwettkämpfen auf sieben Gold- und vier Silbermedaillen, bei Weltmeisterschaften reichte es zu viermal Gold (1962 und 1966), dreimal Silber und einmal Bronze. Bei Europameisterschaften begann sie mit Gold und Silber 1959, zweimal Bronze 1961, um dann 1965 und 1967 alle fünf möglichen Goldmedaillen zu erringen. Somit konnte sie am Ende der Laufbahn 33 Medaillen gegen die 45 von Larissa Latynina stellen. Vera Čáslavská heiratete unmittelbar nach den Wettbewerben in Mexico City ihren Landsmann, den Leichtathleten Josef Odložil, 1964 Silbermedaillengewinner über 1500 m.
Die Spiele 1968 endeten mit einem klaren Gesamterfolg der USA vor der Sowjetunion.

Läufer aus Kenia bekam die Höhenluft

Mexiko brachte den großen Durchbruch der afrikanischen Läufergarde. Im Bild Kipchoge Keino beim Sieg über die 1500 m. Über 5000 m mußte er sich mit der Silbermedaille begnügen.

Mexico City 1968

LEICHTATHLETIK HERREN

100 m

G	Jim Hines USA	9,9
S	Lennox Miller JM	10,0
B	Charlie Greene USA	10,0

200 m

G	Tommie Smith USA	19,8
S	Peter Norman AUS	20,0
B	John Carlos USA	20,0

400 m

G	Lee Evans USA	43,8
S	Larry James USA	43,9
B	Ronald Freeman USA	44,4

800 m

G	Ralph Doubell AUS	1:44,3
S	Wilson Kiprugut EAK	1:44,5
B	Thomas Farrell USA	1:45,4

1500 m

G	Kipchoge Keino EAK	3:34,9
S	Jim Ryun USA	3:37,8
B	Bodo Tümmler D	3:39,0

5000 m

G	Mohamed Gammoudi TN	14:05,0
S	Kipchoge Keino EAK	14:05,2
B	Naftali Temu EAK	14:06,4

10 000 m

G	Naftali Temu EAK	29:27,4
S	Mamo Wolde ETH	29:28,0
B	Mohamed Gammoudi TN	29:34,2

Marathon

G	Mamo Wolde ETH	2:20:26,4
S	Kenji Kimihara J	2:23:31,0
B	Michael Ryan NZ	2:23:45,0

110-m-Hürden

G	Willie Davenport USA	13,3
S	Ervin Hall USA	13,4
B	Eddy Ottoz I	13,4

400-m-Hürden

G	David Hemery GB	48,1
S	Gerhard Hennige D	49,0
B	John Sherwood GB	49,0

3000-m-Hindernislauf

G	Amos Biwott EAK	8:51,0
S	Benjamin Kogo EAK	8:51,6
B	George Young USA	8:51,8

4-×-100-m-Staffel

G	USA	38,2
S	Kuba	38,3
B	Frankreich	38,4

4-×-400-m-Staffel

G	USA	2:56,1
S	Kenia	2:59,6
B	Deutschland	3:00,5

20-km-Gehen

G	Wladimir Golubnitschi SU	1:33:58,4
S	José Pedraza MEX	1:34:00,0
B	Nikolai Smaga SU	1:34:03,4

50-km-Gehen

G	Christoph Höhne DDR	4:20:13,6
S	Antal Kiss H	4:30:17,0
B	Larry Young USA	4:31:55,4

Hochsprung

G	Dick Fosbury USA	2,24
S	Ed Caruthers USA	2,22
B	Walentin Gawrilow SU	2,20

Stabhochsprung

G	Bob Seagren USA	5,40
S	Claus Schiprowski D	5,40
B	Wolfgang Nordwig DDR	5,40

Weitsprung

G	Bob Beamon USA	8,90
S	Klaus Beer DDR	8,19
B	Ralph Boston USA	8,16

Dreisprung

G	Wiktor Sanejew SU	17,39
S	Nelson Prudencio BR	17,27
B	Giuseppe Gentile I	17,22

Kugelstoßen

G	Randy Matson USA	20,54
S	George Woods USA	20,12
B	Eduard Guschtschin SU	20,09

Diskuswerfen

G	Al Oerter USA	64,78
S	Lothar Milde DDR	63,08
B	Ludvik Danek CS	62,92

Hammerwerfen

G	Gyula Zsivótzky H	73,36
S	Romuald Klim SU	73,28
B	Lázár Lovász H	69,78

Speerwerfen

G	Janis Lusis SU	90,10
S	Jorma Kinnunen SF	88,58
B	Gergely Kulcsár H	87,06

Zehnkampf

G	Bill Toomey USA	8193
S	Hans-Joachim Walde D	8111
B	Kurt Bendlin D	8064

LEICHTATHLETIK DAMEN

100 m

G	Wyomia Tyus USA	11,0
S	Barbara Ferrell USA	11,1
B	Irena Szewinska-Kirszenstein PL	11,1

200 m

G	Irena Szewinska-Kirszenstein PL	22,5
S	Raelene Boyle AUS	22,7
B	Jennifer Lamy AUS	22,8

SOWJETS HOLEN IM FECHTEN DREIMAL GOLD

Mexico City 1968

400 m

G	Colette Besson F	52,0
S	Lillian Board GB	52,1
B	Natalja Petschenkina SU	52,2

800 m

G	Madeline Manning USA	2:00,9
S	Ileana Silai R	2:02,5
B	Maria Gommers NL	2:02,6

80-m-Hürden

G	Maureen Caird AUS	10,3
S	Pam Kilborn AUS	10,4
B	Chi Cheng RC	10,4

4-×-100-m-Staffel

G	USA	42,8
S	Kuba	43,3
B	UdSSR	43,4

Hochsprung

G	Miloslava Rezková CS	1,82
S	Antonina Okorokowa SU	1,80
B	Walentina Kosyr SU	1,80

Weitsprung

G	Viorica Viscopoleanu R	6,82
S	Sheila Sherwood GB	6,68
B	Tatjana Talyschewa SU	6,66

Kugelstoßen

G	Margitta Gummel DDR	19,61
S	Maritta Lange DDR	18,78
B	Nadjeschda Tschischowa SU	18,19

Diskuswerfen

G	Lia Manoliu R	58,28
S	Liesel Westermann D	57,76
B	Jolán Kleiber H	54,90

Speerwerfen

G	Angéla Németh H	60,36
S	Mihaela Peneş R	59,92
B	Eva Janko A	58,04

Fünfkampf

G	Ingrid Becker D	5098
S	Liese Prokop A	4966
B	Annamária Tóth H	4959

FECHTEN HERREN

Florett

G	Ion Drimba R
S	Jenö Kamuti H
B	Daniel Revenu F

Florett, Mannschaft

G	Frankreich
S	UdSSR
B	Polen

Degen

G	Györző Kulcsár H
S	Grigori Kriss SU
B	Gianluigi Saccaro I

Degen, Mannschaft

G	Ungarn
S	UdSSR
B	Polen

Da war noch nichts entschieden

Einen harten Kampf lieferten das rumänische und russische Boot dem deutschen Zweier-Kajak der Damen (unten). Am Ende lagen jedoch die Frauen aus Holzheim in Front.

Säbel

G	Jerzy Pawlowski PL
S	Mark Rakita SU
B	Tibor Pézsa H

Säbel, Mannschaft

G	UdSSR
S	Italien
B	Ungarn

FECHTEN DAMEN

Florett

G	Jelena Nowikowa SU
S	Pilar Roldan MEX
B	Ildikó Ujlaki-Rejtö H

Florett, Mannschaft

G	UdSSR
S	Ungarn
B	Rumänien

SCHWIMMEN HERREN

100-m-Freistil

G	Michael Wenden AUS	52,2
S	Ken Walsh USA	52,8
B	Mark Spitz USA	53,0

200-m-Freistil

G	Michael Wenden AUS	1:55,2
S	Don Schollander USA	1:55,8
B	John Nelson USA	1:58,1

400-m-Freistil

G	Michael Burton USA	4:09,0
S	Ralph Hutton CDN	4:11,7
B	Alain Mosconi F	4:13,3

1500-m-Freistil

G	Michael Burton USA	16:38,9
S	John Kinsella USA	16:57,3
B	Gregory Brough AUS	17:04,7

100-m-Rücken

G	Roland Matthes DDR	58,7
S	Charles Hickcox USA	1:00,2
B	Ron Mills USA	1:00,5

200-m-Rücken

G	Roland Matthes DDR	2:09,6
S	Mitchel Ivey USA	2:10,6
B	Jack Horsley USA	2:10,9

100-m-Brust

G	Donald McKenzie USA	1:07,7
S	Wladimir Kossinski SU	1:08,0
B	Nikolai Pankin SU	1:08,0

200-m-Brust

G	Felipe Muñoz MEX	2:28,7
S	Wladimir Kossinski SU	2:29,2
B	Brian Job USA	2:29,9

100-m-Delphin

G	Douglas Russell USA	55,9
S	Mark Spitz USA	56,4
B	Ross Wales USA	57,2

200-m-Delphin

G	Carl Robie USA	2:08,7
S	Martin Woodroffe GB	2:09,0
B	John Ferris USA	2:09,3

200-m-Lagen

G	Charles Hickcox USA	2:12,0
S	Gregory Buckingham USA	2:13,0
B	John Ferris USA	2:13,3

400-m-Lagen

G	Charles Hickcox USA	4:48,4
S	Gary Hall USA	4:48,7
B	Michael Holthaus D	4:51,4

4-×-100-m-Freistilstaffel

G	USA	3:31,7
S	UdSSR	3:34,2
B	Australien	3:34,7

4-×-200-m-Freistilstaffel

G	USA	7:52,3
S	Australien	7:53,7
B	UdSSR	8:01,6

4-×-100-m-Lagenstaffel

G	USA	3:54,9
S	DDR	3:57,5
B	UdSSR	4:00,7

Kunstspringen

G	Bernie Wrightson USA
S	Klaus Dibiasi I
B	James Henry USA

Turmspringen

G	Klaus Dibiasi I
S	Alvaro Gaxiola MEX
B	Edwin Young USA

Wasserball

G	Jugoslawien
S	UdSSR
B	Ungarn

SCHWIMMEN DAMEN

100-m-Freistil

G	Jan Henne USA	1:00,0
S	Susan Pedersen USA	1:00,3
B	Linda Gustavson USA	1:00,3

200-m-Freistil

G	Debbie Meyer USA	2:10,5
S	Jan Henne USA	2:11,0
B	Jane Barkman USA	2:11,2

400-m-Freistil

G	Debbie Meyer USA	4:31,8
S	Linda Gustavson USA	4:35,5
B	Karen Moras AUS	4:37,0

800-m-Freistil

G	Debbie Meyer USA	9:24,0
S	Pamela Kruse USA	9:35,7
B	Maria Teresa Ramirez MEX	9:38,5

100-m-Rücken

G	Kaye Hall USA	1:06,2
S	Elaine Tanner CDN	1:06,7
B	Jane Swagerty USA	1:08,1

200-m-Rücken

G	Pokey Watson USA	2:24,8
S	Elaine Tanner CDN	2:27,4
B	Kaye Hall USA	2:28,9

100-m-Brust

G	Djurdjica Bjedov YU	1:15,8
S	Galina Prosumenschtschikowa SU	1:15,9
B	Sharon Wichman USA	1:16,1

200-m-Brust

G	Sharon Wichman USA	2:44,4
S	Djurdjica Bjedov YU	2:46,4
B	Gal. Prosumenschtschikowa SU	2:47,0

100-m-Delphin

G	Lynette McClements AUS	1:05,5
S	Ellie Daniel USA	1:05,8
B	Susan Shields USA	1:06,2

200-m-Delphin

G	Ada Kok NL	2:24,7
S	Helga Lindner DDR	2:24,8
B	Ellie Daniel USA	2:25,9

200-m-Lagen

G	Claudia Kolb USA	2:24,7
S	Susan Pedersen USA	2:28,8
B	Jan Henne USA	2:31,4

400-m-Lagen

G	Claudia Kolb USA	5:08,5
S	Lynn Vidali USA	5:22,2
B	Sabine Steinbach DDR	5:25,3

4-×-100-m-Freistilstaffel

G	USA	4:02,5
S	DDR	4:05,7
B	Kanada	4:07,2

Mexico City 1968

4-×-100-m-Lagenstaffel

G	USA	4:28,3
S	Australien	4:30,0
B	Deutschland	4:36,4

Kunstspringen

G	Sue Gossick USA
S	Tamara Pogoschewa SU
B	Keala O'Sullivan USA

Turmspringen

G	Milena Duchková CS
S	Natalja Lobanowa SU
B	Ann Peterson USA

BOXEN

Leichtfliegengewicht

G	Francisco Rodriguez YV
S	Yong-Ju Jee SK
B	Harlan Marbley USA
B	Hubert Skrzypczak PL

Fliegengewicht

G	Ricardo Delgado MEX
S	Artur Olech PL
B	Servilio Oliveira BR
B	Leo Rwabwogo EAU

Bantamgewicht

G	Waleri Sokolow SU
S	Eridari Mukwanga EAU
B	Eiji Morioka J
B	Kyou-Chull Chang SK

Federgewicht

G	Antonio Roldan MEX
S	Albert Robinson USA
B	Philip Waruinge EAK
B	Ivan Michailow BG

Leichtgewicht

G	Ronald Harris USA
S	Józef Grudzien PL
B	Calistrat Cutov R
B	Zvonimir Vujin YU

Halbweltergewicht

G	Jerzy Kulej PL
S	Enrique Regueiferos C
B	Arto Nilsson SF
B	James Wallington USA

Weltergewicht

G	Manfred Wolke DDR
S	Joseph Bessala CAM
B	Wladimir Mussalimow SU
B	Mario Guilloti RA

Halbmittelgewicht

G	Boris Lagutin SU
S	Rolando Garbey C
B	John Baldwin USA
B	Günther Meier D

Mittelgewicht

G	Christopher Finnegan GB
S	Aleksej Kisseljow SU
B	Agustin Zaragoza MEX
B	Alfred Jones USA

Halbschwergewicht

G	Dan Posnjak SU
S	Ion Monea R
B	Georgi Stankow BG
B	Stanislaw Dragan PL

Schwergewicht

G	George Foreman USA
S	Ionas Tschepulis SU
B	Giorgio Bambini I
B	Joaquin Rocha MEX

GEWICHTHEBEN

Bantamgewicht

G	Mohammad Nassiri IR	367,5
S	Imre Földi H	367,5
B	Henryk Trebicki PL	357,5

Federgewicht

G	Yoshinobu Miyake J	392,5
S	Dito Schanidse SU	387,5
B	Yoshiyuki Miyake J	385,0

Leichtgewicht

G	Waldemar Baszanowski PL	437,5
S	Parviz Jalayer IR	422,5
B	Marian Zielinski PL	420,0

Mittelgewicht

G	Wiktor Kurentsow SU	475,0
S	Masashi Ouchi J	455,0
B	Károly Bakos H	440,0

Leichtschwergewicht

G	Boris Selitski SU	485,0
S	Wladimir Beljajew SU	485,0
B	Norbert Ozimek PL	472,5

Mittelschwergewicht

G	Kaarlo Kangasniemi SF	517,5
S	Jaan Talts SU	507,5
B	Marek Golab PL	495,0

Schwergewicht

G	Leonid Schabotinski SU	572,5
S	Serge Reding B	555,0
B	Joe Dube USA	555,0

RINGEN, GRIECHISCH-RÖMISCHER STIL

Fliegengewicht

G	Petar Kirow BG
S	Wladimir Bakulin SU
B	Miroslav Zeman CS

Bantamgewicht

G	János Varga H
S	Ion Baciu R
B	Iwan Kotschergin SU

Federgewicht

G	Roman Rurua SU
S	Hideo Fujimoto J
B	Simeon Popescu R

Leichtgewicht

G	Munji Mumemura J
S	Stevan Horvat YU
B	Petros Galaktopoulos GR

Weltergewicht

G	Rudolf Vesper DDR
S	Daniel Robin F
B	Károly Bajkó H

Mittelgewicht

G	Lothar Metz DDR
S	Walentin Olenik SU
B	Branislav Simič YU

Halbschwergewicht

G	Bojan Radew BG
S	Nikolai Jakowenko SU
B	Nicolae Martinescu R

Schwergewicht

G	István Kozma H
S	Anatoli Roschtschin SU
B	Petr Kment CS

FREISTILRINGEN

Fliegengewicht

G	Shigeo Nakata J
S	Richard Sanders USA
B	Surenjav Sukhbaatar MON

Bantamgewicht

G	Yojiro Uetake J
S	Donald Behm USA
B	Abutaleb Gorgori IR

Federgewicht

G	Masaaki Kaneko J
S	Enju Todorow BG
B	Shamseddin Seyed-Abassy IR

Leichtgewicht

G	Abdollah Movahed Ardabili IR
S	Enju Waltschew BG
B	Sereeter Danzandarjaa MON

Weltergewicht

G	Mahmut Atalay TR
S	Daniel Robin F
B	Dagvasuren Purev MON

Mittelgewicht

G	Boris Gurewitsch SU
S	Munkbat Jigjid MON
B	Prodan Gardschew BG

Halbschwergewicht

G	Ahmet Ayik TR
S	Schota Lomidse SU
B	József Csatári H

Schwergewicht

G	Aleksandr Medwed SU
S	Osman Duraljew BG
B	Wilfried Dietrich D

MODERNER FÜNFKAMPF

Einzel

G	Björn Ferm S
S	András Balczó H
B	Pawel Lednew SU

Mannschaft

G	Ungarn
S	UdSSR
B	Frankreich

KANU HERREN

Einer-Kajak (1000 m)

G	Mihály Hesz H
S	Aleksandr Schaparenko SU
B	Erik Hansen DK

Zweier-Kajak (1000 m)

G	UdSSR
S	Ungarn
B	Österreich

Vierer-Kajak (1000 m)

G	Norwegen
S	Rumänien
B	Ungarn

Einer-Canadier (1000 m)

G	Tibor Tatai H
S	Detlef Lewe D
B	Witali Galkow SU

Zweier-Canadier (1000 m)

G	Rumänien
S	Ungarn
B	UdSSR

KANU DAMEN

Einer-Kajak (500 m)

G	Ljudmila Pinajewa Chwedosjuk SU
S	Renate Breuer D
B	Viorica Dumitru R

Glücklich nach harterkämpftem Sieg

Annemarie Zimmermann und Roswitha Esser entschieden den Kampf mit den Athletinnen aus den Ostblockbooten zu ihren Gunsten und wurden Olympiasieger im Zweier-Kajak.

Die Turnkönigin kam aus der ČSSR

Vera Čáslavská setzte den Turnwettbewerben der Damen die Krone auf und wurde zur absoluten Königin der Spiele. Sie brillierte an allen vier Geräten (unsere Bilder).

Mexico City 1968

Zweier-Kajak (500 m)

G	Deutschland	
S	Ungarn	
B	UdSSR	

RUDERN

Einer

G	Henri Jan Wienese	NL
S	Jochen Meißner	D
B	Alberto Demiddi	RA

Doppelzweier

G	UdSSR
S	Niederlande
B	USA

Zweier ohne Steuermann

G	DDR
S	USA
B	Dänemark

Zweier mit Steuermann

G	Italien
S	Niederlande
B	Dänemark

Vierer ohne Steuermann

G	DDR
S	Ungarn
B	Italien

Vierer mit Steuermann

G	Neuseeland
S	DDR
B	Schweiz

Achter

G	Deutschland
S	Australien
B	UdSSR

SEGELN

Soloklasse (Finn-Dinghi)

G	Walentin Mankin	SU
S	Hubert Raudaschl	A
B	Fabio Albarelli	I

Star

G	USA
S	Norwegen
B	Italien

Flying Dutchman

G	Großbritannien
S	Deutschland
B	Brasilien

Drachen

G	USA
S	Dänemark
B	DDR

5,5 m

G	Schweden
S	Schweiz
B	Großbritannien

RADSPORT

Straßenrennen (196 km)

G	Pierfranco Vianelli	I	4:41:25,24
S	Leif Mortensen	DK	4:42:49,71
B	Gösta Pettersson	S	4:43:15,24

100-km-Mannschafts-Zeitfahren

G	Niederlande	2:07:49,06
S	Schweden	2:09:26,60
B	Italien	2:10:18,74

1000-m-Zeitfahren

G	Pierre Trentin	F	1:03,91
S	Niels Fredborg	DK	1:04,61
B	Janusz Kierzkowski	PL	1:04,63

1000-m-Sprint

G	Daniel Morelon	F	10,68*
S	Giordano Turrini	I	
B	Pierre Trentin	F	

* Zeit für die letzten 200 m

Mexico City 1968

2000-m-Tandem

G	Frankreich	9,83*
S	Niederlande	
B	Belgien	

4000-m-Einzel-Verfolgungsrennen

G	Daniel Rebillard F	4:41,71
S	Mogens Frey Jensen DK	4:42,43
B	Xaver Kurmann CH	4:39,42

4000-m-Mannschafts-Verfolgungsrennen**

G	Dänemark	4:22,44
S	Deutschland	4:18,94
B	Italien	4:18,35

REITSPORT

Military

G Jean-Jacques Guyon F
S Derek Allhusen GB
B Michael Page USA

Military, Mannschaft

G Großbritannien
S USA
B Australien

Dressur

G Iwan Kisimow SU
S Josef Neckermann D
B Reiner Klimke D

Dressur, Mannschaft

G Deutschland
S UdSSR
B Schweiz

Jagdspringen

G William Steinkraus USA
S Marion Coakes GB
B David Broome GB

Jagdspringen, Mannschaft

G Kanada
S Frankreich
B Deutschland

SCHIESSEN

Freies Gewehr Dreistellungskampf

G Gary Anderson USA
S Wladimir Kornew SU
B Kurt Müller CH

Kleinkaliber Dreistellungskampf

G Bernd Klingner D
S John Writer USA
B Witali Parchimowitsch SU

liegend

G Jan Kurka CS
S László Hammerl H
B Ian Ballinger NZ

Schnellfeuerpistole oder Revolver

G Józef Zapedzki PL
S Marcel Roşca R
B Renart Suleimanow SU

Beliebige Scheibenpistole (50 m)

G Grigori Kossych SU
S Heinz Mertel D
B Harald Vollmar DDR

Tontaubenschießen (Trap)

G John R. Braithwaite GB
S Thomas Garrigus USA
B Kurt Czekalla DDR

Tontaubenschießen (Skeet)

G Jewgeni Petrow SU
S Romano Garagnani I
B Konrad Wirnhier D

* Zeit für die letzten 200 m
** Die im Finale siegreiche deutsche Mannschaft wurde wegen unerlaubten Anschiebens zunächst disqualifiziert, später aber auf den zweiten Platz gesetzt.

TURNEN HERREN

Mehrkampf

G Sawao Kato J
S Michail Woronin SU
B Akinori Nakayama J

Mehrkampf, Mannschaft

G Japan
S UdSSR
B DDR

Barren

G Akinori Nakayama J
S Michail Woronin SU
B Wladimir Klimenko SU

Boden

G Sawao Kato J
S Akinori Nakayama J
B Takeshi Kato J

Pferdsprung

G Michail Woronin SU
S Yukio Endo J
B Sergej Diomidow SU

Seitpferd

G Miroslav Cerar YU
S Olli Eino Laiho SF
B Michail Woronin SU

Reck

G Michail Woronin SU
G Akinori Nakayama J
B Eizo Kenmotsu J

Ringe

G Akinori Nakayama J
S Michail Woronin SU
B Sawao Kato J

TURNEN DAMEN

Mehrkampf

G Vera Čáslavská CS
S Sinaida Woronina SU
B Natalja Kutschinskaja SU

Mehrkampf, Mannschaft

G UdSSR
S ČSSR
B DDR

Stufenbarren

G Vera Čáslavská CS
S Karin Janz DDR
B Sinaida Woronina SU

Boden

G Larissa Petrik SU
G Vera Čáslavská CS
B Natalja Kutschinskaja SU

Pferdsprung

G Vera Čáslavská CS
S Erika Zuchold DDR
B Sinaida Woronina SU

Schwebebalken

G Natalja Kutschinskaja SU
S Vera Čáslavská CS
B Larissa Petrik SU

BASKETBALL

G USA
S Jugoslawien
B UdSSR

FUSSBALL

G Ungarn
S Bulgarien
B Japan

HOCKEY

G Pakistan
S Australien
B Indien

VOLLEYBALL HERREN

G UdSSR
S Japan
B ČSSR

VOLLEYBALL DAMEN

G UdSSR
S Japan
B Polen

Das Ziel gut anvisiert

... hatte Bernd Klingner im KK-Dreistellungskampf. Er holte eine unerwartete Goldmedaille.

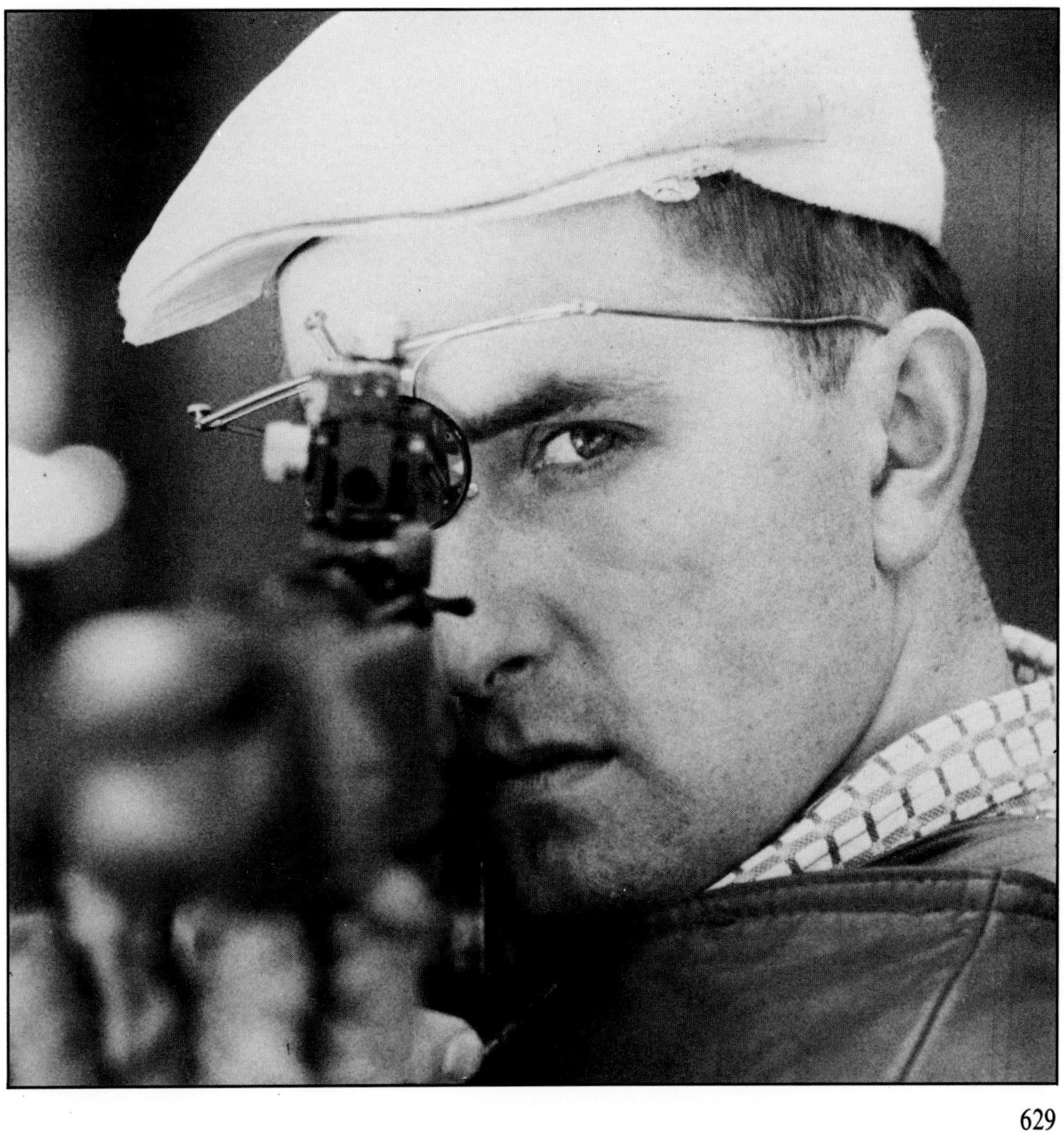

XX. Olympische Sommerspiele
26. August bis 11. September 1972 in München

Das zweite Olympiafest auf deutschem Boden, das mit 7303 Aktiven aus 122 Ländern zur bis dato größten internationalen Sportveranstaltung wurde, ging als Spiele der Heiterkeit und der Trauer in die Geschichte ein. Der Überfall palästinensischer Terroristen auf die israelische Mannschaft, der mit dem Tod von elf Israelis, eines Polizisten und fünf der Attentäter endete, drohte die fröhlichen Spiele von München vorzeitig zu erstikken. Erst die Worte des IOC-Präsidenten Avery Brundage auf der Trauerfeier für die Opfer (»The games must go on«) bewirkten, daß der sportliche Teil dieser Jubiläumsveranstaltung noch erfolgreich zu Ende gehen konnte.
Die bundesdeutschen Teilnehmer wurden von der heimischen Kulisse derart stimuliert, daß sie mehr Goldmedaillen errangen als die gesamtdeutschen Teams der Jahre 1956, 1960 und 1964. Mit dreizehn Gold-, elf Silber- und sechzehn Bronzemedaillen gab es das beste Ergebnis für bundesdeutsche Olympioniken nach dem Zweiten Weltkrieg.
Es wurde jedoch deutlich von der neuen Sportmacht DDR übertroffen, die ihre Medaillenbilanz von 25 (1968) auf nunmehr 66 steigerte und dabei zwanzigmal Gold und je 23mal Silber und Bronze erkämpfte. Damit trug sie wesentlich zu einer in dieser Deutlichkeit erstmals in München zu beobachtenden Tendenz bei, die die Staatsamateure aus dem Ostblock als teilweise überlegene Medaillensammler auswies. Von den 195 Entscheidungen in München, Augsburg (Wildwasser) und Kiel (Segeln) gingen etwas mehr als die Hälfte an die Ostblockstaaten, wobei sich die Sowjetunion eindeutig als stärkste Sportmacht darstellte

Beste Voraussetzungen vorhanden
Für die zweiten Sommerspiele auf deutschem Boden hatte München mit dem Olympiapark (oben) beste Voraussetzungen geschaffen. Das Publikumsinteresse war enorm.

NEUER TEILNAHMEREKORD: 122 LAENDER

Es sollten fröhliche Spiele werden

Beim Programmpunkt »Mariachi« während der Eröffnungsfeier (unteres Bild) dachte noch keiner an Schreckliches. Oben die Trauerfeier für die Opfer des Attentats der Palästinenser.

und die USA auf den zweiten Platz verwies.

Großartiger Höhepunkt dieser Sommerspiele waren die Leichtathletikwettbewerbe. Im Olympiastadion jagte ein Höhepunkt den anderen, wobei die deutschen Frauen mit viermal Gold, zweimal Silber und einmal Bronze ihren Teamkameraden, die es auf zweimal Gold und je einmal Silber und Bronze brachten, den Rang abliefen (→ Kapitel Leichtathletik). Eine der größten Überraschungen vollbrachte dabei der aus Remscheid stammende, aber für Fürth startende Bernd Kannenberg im Wettbewerb über 50 km Gehen. Der in Süddeutschland stationierte Berufssoldat kam mit über zwei Minuten Vorsprung ins Ziel, wurde unterwegs und im Stadion umjubelt und trug sehr viel zur Popularisierung dieser Disziplin bei.

Die deutschen Dressurreiter steuerten diesmal drei Medaillen zur guten Gesamtbilanz bei, mußten sich jedoch in der Mannschaftswertung mit dem zweiten Platz begnügen. Josef Neckermann kam dadurch bei seiner vierten Olympiateilnahme zu einer weiteren Silbermedaille und holte in der Einzelwertung noch eine bronzene mit Venetia. Seit seinen letzten Olympiaerfolgen von Mexiko hatte er noch folgende Titel errungen: Vizeweltmeister mit der Mannschaft 1970, Europameister mit der Mannschaft 1971, Vize-Europameister Einzelkonkurrenz 1971. Nun konnte er sich beruhigt vom internationalen Sport zurückziehen.

Die Goldmedaille der Münchener Einzelwertung fiel an Liselott Linsenhoff aus Kronenberg. Sie hatte bereits seit 1956 Olympiaerfahrung. In Stockholm hatte es zu Silber (Mannschaft) und Bronze (Einzelwertung) gereicht. Nach längerer Pause gehörte sie in Mexiko der Gold-Equipe an und holte sich danach 1969 und 1971 die Europameisterschaft (Einzelwertung) und 1971 zwei Vizeweltmeisterschaften (Einzel- und Mannschaftskonkurrenz).

Die in Mexiko vom Erfolg verwöhnten Schützen mußten bis zum letzten Wettbewerb auf ihre einzige Medaille warten. Diesmal behielt Konrad Wirnhier beim

Skeetschießen die Nerven. Der 35jährige Büchsenmacher aus Pfarrkirchen schoß mit seiner selbstgebauten Waffe die Goldmedaille heraus und krönte somit seine lange Laufbahn. Als Bundestrainer der Schützen gab er später seine Erfahrungen an den Nachwuchs weiter.

Die bundesdeutschen Amateurboxer konnten in München ihren bisher einzigen Olympiasieger feiern. Der Hamburger Halbmittelgewichtler Dieter Kottysch setzte diesen großartigen Höhepunkt, als er sich gegen starke Konkurrenz durchboxte und auch im Finale gegen den Polen Wieslaw Rudkowski die Nerven behielt. Es war sein 250. und letzter Kampf als Amateurboxer ...

Auf der Ringermatte versuchte der mittlerweile 39jährige Wilfried Dietrich, bei seiner fünften Olympiateilnahme erneut eine Medaille zu gewinnen. Im Freistil hätte es fast geklappt: Er verlor zunächst nur gegen den Olympiasieger von Mexiko, Aleksandr Medwed (UdSSR), und trat dann gegen den siebzehn Jahre jüngeren US-Koloß Chris Taylor an. Das »Riesenbaby« aus Omaha brachte vier Zentner auf die Waage und siegte äußerst umstritten. Dietrich wurde am Ende nur Fünfter. Im klassischen Stil gelang ihm zwar gegen Taylor eindrucksvoll die Revanche, aber nach einer umstrittenen Richterentscheidung, über die er sich maßlos ärgerte, gab er das Turnier vorzeitig auf.

Eine vorher nie erwartete Goldmedaille gewann dagegen die deutsche Hockeymannschaft. Sie mußte im gesamten Turnier nur fünf Gegentreffer hinnehmen, stellte die stärkste Abwehr und nach Meinung der meisten Beobachter auch den ideenreichsten Angriff. Geführt von Mannschaftskapitän Carsten Keller, der mit dem Finale sein 133. und letztes Länderspiel bestritt, holte das Team die erste olympische Goldmedaille in jener Sportart nach Deutschland. Dieser Erfolg gab dem Hockeysport im folgenden Jahrzehnt derartigen Auftrieb, daß deutsche Mannschaften sowohl bei Europa- als auch

Doch die Spiele gingen weiter

Trotz des Überfalls der Palästinenser auf die Israelis (oben) gingen die Spiele weiter. Unten kondoliert Bundestagspräsident Kai Uwe von Hassel den Eltern des getöteten Gewichthebertrainers.

Weltmeisterschaften um den Titel mitreden konnten und zu den stärksten Vertretern im Hockey gezählt wurden.
Bei den diesmal weniger erfolgreichen Kanuten holte der mittlerweile 33jährige Oldtimer Detlef Lewe eine Bronzemedaille. Der Metzgermeister aus Schwerte war 1971 noch Doppelweltmeister im Einer-Canadier über 500 und 1000 m gewesen und beendete mit der Münchener Medaille seine seit 1960 andauernde olympische Laufbahn.
Ein anderer früherer Olympiasieger konnte in Kiel ebenfalls Bronze gewinnen. Willi Kuhweide, mittlerweile ins Starboot umgestiegen, segelte mit seinem Vorschotmann Karsten Meyer aus Hannover auf den dritten Platz. Seit der Goldmedaille von Tokio war er noch zweimal Weltmeister im Finn-Dinghi geworden (1966 und 1967).
Die Turnwettkämpfe endeten mit einem triumphalen Erfolg für Japan, dessen Riege mit großem Vorsprung vor der UdSSR siegte und in der Zwölfkampf-Einzelwertung drei Aktive in die Medaillenränge brachte. Überragender Turner war Sawao Kato, der es auf drei Gold- und zwei Silbermedaillen brachte. Am meisten gefeiert wurden aber der zweifache Goldgewinner Akinori Nakayama und Recksieger Mitsuo Tsukahara, die durch Premieren von äußerst schwierigen Übungsteilen neue Maßstäbe im Männerturnen setzten.
Nakayama kam mit seinen Medaillen von 1968 auf sechsmal olympisches Gold und je zweimal Silber und Bronze. Daneben standen in seiner Karriere drei WM-Titel 1966 (Zwölfkampf Mannschaft, Boden und Reck) und vier WM-Titel 1970 (Zwölfkampf Mannschaft, Boden, Ringe und Barren) zu Buche.
Bei den Frauen holten sich die Turnerinnen der UdSSR und DDR sämtliche Einzelmedaillen, lediglich Mannschaftsbronze fiel an eine andere Nation (Ungarn). Die von der Exturnkönigin Larissa Latynina trainierte sowjetische Riege war so jung wie noch nie zuvor. Achtkampfsiegerin Ljudmila Turischtschewa zählte gerade neunzehn Lenze, die dreifache Goldmedaillengewinnerin und der Publikumsliebling in der Halle, Olga Korbut, gar erst siebzehn.

In der Heimat war die Kraft da

Der starke Mann aus Bellenberg, Superschwergewichtler Rudolf Mang, ließ dem fünften Rang von Mexico City in München die Silbermedaille folgen und hob dabei über 600 Kilo.

Der Sieg ließ die Kritik verstummen

Wochenlang hatte es Streit um die Besetzung der 4-×-100-m-Staffel gegeben. Aber Ingrid Mickler-Becker, Christiane Krause, Annegret Richter und Heide Rosendahl machten allen Diskussionen ein Ende.

Konnte nach 50 Kilometern noch lächeln

Bernd Kannenberg kam nach dem 50-km-Gehen lachend ins Ziel. Die Freude über den Olympiasieg ließ alle Strapazen während der langen Strecke vergessen.

München 1972

LEICHTATHLETIK HERREN

100 m

G	Waleri Borsow	SU	10,14
S	Robert Taylor	USA	10,24
B	Lennox Miller	JM	10,33

200 m

G	Waleri Borsow	SU	20,00
S	Larry Black	USA	20,19
B	Pietro Mennea	I	20,30

400 m

G	Vincent Matthews	USA	44,66
S	Wayne Collett	USA	44,80
B	Julius Sang	EAK	44,92

800 m

G	David Wottle	USA	1:45,9
S	Jewgeni Arschanow	SU	1:45,9
B	Mike Boit	EAK	1:46,0

1500 m

G	Pekka Vasala	SF	3:36,3
S	Kipchoge Keino	EAK	3:36,8
B	Rod Dixon	NZ	3:37,5

5000 m

G	Lasse Viren	SF	13:26,4
S	Mohamed Gammoudi	TN	13:27,4
B	Ian Stewart	GB	13:27,6

10 000 m

G	Lasse Viren	SF	27:38,4
S	Emiel Puttemans	B	27:39,6
B	Miruts Yifter	ETH	27:41,0

Marathon

G	Frank Shorter	USA	2:12:19,8
S	Karel Lismont	B	2:14:31,8
B	Mamo Wolde	ETH	2:15:08,4

110-m-Hürden

G	Rodney Milburn	USA	13,24
S	Guy Drut	F	13,34
B	Thomas Hill	USA	13,48

400-m-Hürden

G	John Akii-Bua	EAU	47,82
S	Ralph Mann	USA	48,51
B	David Hemery	GB	48,52

3000-m-Hindernislauf

G	Kipchoge Keino	EAK	8:23,6
S	Benjamin Jipcho	EAK	8:24,6
B	Tapio Kantanen	SF	8:24,8

4-×-100-m-Staffel

G	USA	38,19
S	UdSSR	38,50
B	Deutschland	38,79

4-×-400-m-Staffel

G	Kenia	2:59,8
S	Großbritannien	3:00,5
B	Frankreich	3:00,7

20-km-Gehen

G	Peter Frenkel	DDR	1:26:42,4
S	Wladimir Golubnitschi	SU	1:26:55,2
B	Hans Reimann	DDR	1:27:16,6

50-km-Gehen

G	Bernd Kannenberg	D	3:56:11,6
S	Wenjamin Soldatenko	SU	3:58:24,0
B	Larry Young	USA	4:00:46,0

Hochsprung

G	Juri Tarmak	SU	2,23
S	Stefan Junge	DDR	2,21
B	Dwight Stones	USA	2,21

Stabhochsprung

G	Wolfgang Nordwig	DDR	5,50
S	Bob Seagren	USA	5,40
B	Jan Johnson	USA	5,35

Weitsprung

G	Randy Williams	USA	8,24
S	Hans Baumgartner	D	8,18
B	Arni Robinson	USA	8,03

Dreisprung

G	Wiktor Sanejew	SU	17,35
S	Jörg Drehmel	DDR	17,31
B	Nelson Prudencio	BR	17,05

Kugelstoßen

G	Wladyslaw Komar	PL	21,18
S	George Woods	USA	21,17
B	Hartmut Briesenick	DDR	21,14

Diskuswerfen

G	Ludvik Danek	CS	64,40
S	Jay Silvester	USA	63,50
B	Ricky Bruch	S	63,40

Hammerwerfen

G	Anatoli Bondartschuk	SU	75,50
S	Jochen Sachse	DDR	74,96
B	Wassili Chmelewski	SU	74,04

Speerwerfen

G	Klaus Wolfermann	D	90,48
S	Janis Lusis	SU	90,46
B	William Schmidt	USA	84,42

Zehnkampf

G	Nikolai Awilow	SU	8454
S	Leonid Litwinenko	SU	8035
B	Ryszard Katus	PL	7984

LEICHTATHLETIK DAMEN

100 m

G	Renate Stecher	DDR	11,07
S	Raelene Boyle	AUS	11,23
B	Silvia Chibás	C	11,24

200 m

G	Renate Stecher	DDR	22,40
S	Raelene Boyle	AUS	22,45
B	Irena Szewinska	PL	22,74

400 m

G	Monika Zehrt	DDR	51,08
S	Rita Wilden	D	51,21
B	Kathy Hammond	USA	51,64

800 m

G	Hildegard Falck	D	1:58,6
S	Nijole Sabaite	SU	1:58,7
B	Gunhild Hoffmeister	DDR	1:59,2

1500 m

G	Ljudmila Bragina	SU	4:01,4
S	Gunhild Hoffmeister	DDR	4:02,8
B	Paola Cacchi	I	4:02,9

100-m-Hürden

G	Annelie Ehrhardt	DDR	12,59
S	Valeria Bufanu	R	12,84
B	Karin Balzer	DDR	12,90

4-×-100-m-Staffel

G	Deutschland	42,81
S	DDR	42,95
B	Kuba	43,36

4-×-400-m-Staffel

G	DDR	3:23,0
S	USA	3:25,2
B	Deutschland	3:26,5

Hochsprung

G	Ulrike Meyfarth	D	1,92
S	Jordanka Blagojewa	BG	1,88
B	Ilona Gusenbauer	A	1,88

Weitsprung

G	Heide Rosendahl	D	6,78
S	Diana Jorgowa	BG	6,77
B	Eva Šuranová	CS	6,67

Kugelstoßen

G	Nadjeschda Tschischowa	SU	21,03
S	Margitta Gummel	DDR	20,22
B	Iwanka Christowa	BG	19,35

Diskuswerfen

G	Faina Melnik	SU	66,62
S	Argentina Menis	R	65,06
B	Wassilka Stojewa	BG	64,34

München 1972

Speerwerfen

G	Ruth Fuchs DDR	63,88
S	Jaqueline Todten DDR	62,54
B	Kathy Schmidt USA	59,94

Fünfkampf*

G	Mary Peters GB	4801
S	Heide Rosendahl D	4791
B	Burglinde Pollak DDR	4768

FECHTEN HERREN

Florett

G	Witold Woyda PL
S	Jenö Kamuti H
B	Christian Noël F

Florett, Mannschaft

G	Polen
S	UdSSR
B	Frankreich

Degen

G	Csaba Fenyvesi H
S	Jacques La Degaillerie F
B	Győző Kulcsár H

Degen, Mannschaft

G	Ungarn
S	Schweiz
B	UdSSR

Säbel

G	Wiktor Sidjak SU
S	Péter Maroth H
B	Wladimir Naslymow SU

Säbel, Mannschaft

G	Italien
S	UdSSR
B	Ungarn

FECHTEN DAMEN

Florett

G	Antonella Ragno-Lonzi I
S	Ildikó Bóbis H
B	Galina Gorochowa SU

Florett, Mannschaft

G	UdSSR
S	Ungarn
B	Rumänien

SCHWIMMEN HERREN

100-m-Freistil

G	Mark Spitz USA	51,22
S	Jerry Heidenreich USA	51,65
B	Wladimir Bure SU	51,77

200-m-Freistil

G	Mark Spitz USA	1:52,78
S	Steven Genter USA	1:53,73
B	Werner Lampe D	1:53,99

400-m-Freistil

G	Bradford Cooper AUS	4:00,27
S	Steven Genter USA	4:01,94
B	Tom McBreen USA	4:02,64

1500-m-Freistil

G	Michael Burton USA	15:52,58
S	Graham Windeatt AUS	15:58,48
B	Douglas Northway USA	16:09,25

100-m-Rücken

G	Roland Matthes DDR	56,58
S	Mike Stamm USA	57,70
B	John Murphy USA	58,35

200-m-Rücken

G	Roland Matthes DDR	2:02,82
S	Mike Stamm USA	2:04,09
B	Mitchell Ivey USA	2:04,33

100-m-Brust

G	Nobutaka Taguchi J	1:04,94
S	Tom Bruce USA	1:05,43
B	John Hencken USA	1:05,61

* Anstelle der 80-m-Hürden (1964, 1968) trat der Lauf über 100-m-Hürden.

200-m-Brust

G	John Hencken USA	2:21,55
S	David Wilkie GB	2:23,67
B	Nobutaka Taguchi J	2:23,88

100-m-Delphin

G	Mark Spitz USA	54,27
S	Bruce Robertson CDN	55,56
B	Jerry Heidenreich USA	55,74

200-m-Delphin

G	Mark Spitz USA	2:00,70
S	Gary Hall USA	2:02,86
B	Robin Backhaus USA	2:03,23

200-m-Lagen

G	Gunnar Larsson S	2:07,17
S	Tim McKee USA	2:08,37
B	Steven Furniss USA	2:08,45

400-m-Lagen

G	Gunnar Larsson S	4:31,98*
S	Tim McKee USA	4:31,98*
B	András Hargitay H	4:32,70

4-×-100-m-Freistilstaffel

G	USA	3:26,42
S	UdSSR	3:29,72
B	DDR	3:32,42

4-×-200-m-Freistilstaffel

G	USA	7:35,78
S	Deutschland	7:41,69
B	UdSSR	7:45,76

* Gunnar Larsson entschied das Duell mit Tim McKee um zwei Tausendstelsekunden (!) für sich.

4-×-100-m-Lagenstaffel

G	USA	3:48,16
S	DDR	3:52,12
B	Kanada	3:52,26

Kunstspringen

G	Wladimir Wasin SU
S	Giorgio Cagnotto I
B	Craig Lincoln USA

Turmspringen

G	Klaus Dibiasi I
S	Richard Rydze USA
B	Giorgio Cagnotto I

Wasserball

G	UdSSR
S	Ungarn
B	USA

SCHWIMMEN DAMEN

100-m-Freistil

G	Sandra Neilson USA	58,59
S	Shirley Babashoff USA	59,02
B	Shane Gould AUS	59,06

200-m-Freistil

G	Shane Gould AUS	2:03,56
S	Shirley Babashoff USA	2:04,33
B	Keena Rothhammer USA	2:04,92

400-m-Freistil

G	Shane Gould AUS	4:19,04
S	Novella Calligaris I	4:22,44
B	Gudrun Wegner DDR	4:23,11

800-m-Freistil

G	Keena Rothhammer USA	8:53,68
S	Shane Gould AUS	8:56,39
B	Novella Calligaris I	8:57,46

100-m-Rücken

G	Melissa Belote USA	1:05,78
S	Andrea Gyarmati H	1:06,26
B	Susie Atwood USA	1:06,34

200-m-Rücken

G	Melissa Belote USA	2:19,19
S	Susie Atwood USA	2:20,38
B	Donna Marie Gurr CDN	2:23,22

100-m-Brust

G	Catherine Carr USA	1:13,58
S	Galina Stepanowa SU	1:14,99
B	Beverly Whitfield AUS	1:15,73

200-m-Brust

G	Beverly Whitfield AUS	2:41,71
S	Dana Schoenfield USA	2:42,05
G	Galina Stepanowa SU	2:42,36

Die USA wären fast gestolpert

Um ein Haar hätte Brasiliens Basketballteam den USA den Eintritt ins Finale verbaut. James Brewer (Nr. 11) kann hier einen Korberfolg der Südamerikaner nicht verhindern.

BOXEN: TIÓFILO STEVENSON STARTET SIEGESSERIE

Das »Riesenbaby« auf der Ringermatte

Das Ringerturnier hatte mit dem US-Koloß Chris Taylor seinen Buhmann. »Ringerkönig« Wilfried Dietrich brachte jedoch das Kunststück fertig, den Vier-Zentner-Mann aus Nebraska zu schultern.

München 1972

100-m-Delphin

G	Mayumi Aoki J	1:03,34
S	Roswitha Beier DDR	1:03,61
B	Andrea Gyarmati H	1:03,73

200-m-Delphin

G	Karen Moe USA	2:15,57
S	Lynn Colella USA	2:16,34
B	Ellie Daniel USA	2:16,74

200-m-Lagen

G	Shane Gould AUS	2:23,07
S	Kornelia Ender DDR	2:23,59
B	Lynn Vidali USA	2:24,06

400-m-Lagen

G	Gail Neall AUS	5:02,97
S	Leslie Cliff CDN	5:03,57
B	Novella Calligaris I	5:03,99

4-×-100-m-Freistilstaffel

G	USA	3:55,19
S	DDR	3:55,55
B	Deutschland	3:57,93

4-×-100-m-Lagenstaffel

G	USA	4:20,75
S	DDR	4:24,91
B	Deutschland	4:26,46

Kunstspringen

G	Micki King USA
S	Ulrika Knape S
B	Marina Janicke DDR

Turmspringen

G	Ulrika Knape S
S	Milena Duchková CS
B	Marina Janicke DDR

BOXEN

Leichtfliegengewicht

G	György Gedó H
S	U Gil Kim NK
B	Ralph Evans GB
B	Enrique Rodriguez E

Fliegengewicht

G	Gheorgi Kostadinow BG
S	Leo Rwabwogo EAU
B	Leszek Blazynski PL
B	Douglas Rodriguez C

Bantamgewicht

G	Orlando Martinez C
S	Alfonso Zamora MEX
B	George Turpin GB
B	Ricardo Carreras USA

Federgewicht

G	Boris Kusnjetsow SU
S	Philip Waruinge EAK
B	András Botos H
B	Clemente Rojas CO

Leichtgewicht

G	Jan Szczepanski PL
S	László Orbán H
B	Samuel Mbugua EAK
B	Alfonso Pérez CO

Halbweltergewicht

G	Ray Seales USA
S	Angel Angelow BG
B	Zvonimir Vujin YU
B	Issaka Daborg WAN

Weltergewicht

G	Emilio Correa C
S	János Kajdi H
B	Jesse Valdez USA
B	Dick Tiger Murunga EAK

Halbmittelgewicht

G	Dieter Kottysch D
S	Wieslaw Rudkowski PL
B	Alan Minter GB
B	Peter Tiepold DDR

Mittelgewicht

G	Wjatscheslaw Lemeschew SU
S	Reima Virtanen SF
B	Marvin Johnson USA
B	Prince Amartey GH

Halbschwergewicht

G	Mate Parlov YU
S	Gilberto Carrillo C
B	Janusz Gortat PL
B	Isaac Ikhouria WAN

Schwergewicht

G	Tiófilo Stevenson C
S	Ion Alexe R
B	Peter Hussing D
B	Hasse Thomsén S

GEWICHTHEBEN

Fliegengewicht

G	Zygmunt Smalcerz PL	337,5
S	Lajos Szücs H	330,0
B	Sándor Holczreiter H	327,5

Bantamgewicht

G	Imre Földi H	377,5
S	Mohammad Nassiri IR	370,0
B	Gennadi Tschetin SU	367,5

Federgewicht

G	Norair Nurikjan BG	402,5
S	Dito Schanidse SU	400,0
B	János Benedek H	390,0

Leichtgewicht

G	Mucharbi Kirschinow SU	460,0
S	Mladen Kutschew BG	450,0
B	Zbigniew Kaczmarek PL	437,5

Mittelgewicht

G	Jordan Bikow BG	485,0
S	Mohamed Trabulsi RL	472,5
B	Anselmo Silvino I	470,0

Leichtschwergewicht

G	Leif Jenssen N	507,5
S	Norbert Ozimek PL	497,5
B	György Horváth H	495,0

Mittelschwergewicht

G	Andon Nikolow BG	525,0
S	Atanas Schopow BG	517,5
B	Hans Bettembourg S	512,5

Schwergewicht

G	Jaan Talts SU	580,0
S	Aleksandr Kraitschew BG	562,5
B	Stefan Grützner DDR	555,0

Superschwergewicht

G	Wassili Aleksejew SU	640,0
S	Rudolf Mang D	610,0
B	Gerd Bonk DDR	572,5

RINGEN, GRIECHISCH-RÖMISCHER STIL

Leichtfliegengewicht

G	Gheorghe Berceanu R
S	Rahim Aliabadi IR
B	Stefan Angelow BG

Fliegengewicht

G	Petar Kirow BG
S	Koichiro Hirayama J
B	Giuseppe Bognanni I

Bantamgewicht

G	Rustem Kasakow SU
S	Hans-Jürgen Veil D
B	Risto Björlin SF

Federgewicht

G	Gheorgi Markow BG
S	Heinz-Helmut Wehling DDR
B	Kazimierz Lipień PL

Leichtgewicht

G	Schamil Chisamutdinow SU
S	Stojan Apostolow BG
B	Gian-Matteo Ranzi I

München 1972

Weltergewicht

G Vitezslav Mácha CS
S Petros Galaktopoulos GR
B Jan Karlsson S

Mittelgewicht

G Csaba Hegedüs H
S Anatoli Nasarenko SU
B Milan Nenadić YU

Halbschwergewicht

G Waleri Resantsew SU
S Josip Čorak YU
B Czeslaw Kwieciński PL

Schwergewicht

G Nicolae Martinescu R
S Nikolai Jakowenko SU
B Ferenc Kiss H

Superschwergewicht

G Anatoli Roschtschin SU
S Aleksandr Tomow BG
B Victor Dolipschi R

FREISTILRINGEN

Leichtfliegengewicht

G Roman Dmitrijew SU
S Ognian Nikolow BG
B Ebrahim Javadi IR

Fliegengewicht

G Kiyomi Kato J
S Arsen Alachwerdijew SU
B Gwong-Hyong Kim NK

Bantamgewicht

G Hideaki Yanagida J
S Richard Sanders USA
B László Klinga H

Federgewicht

G Sagalaw Abdulbekow SU
S Vehbi Akdag TR
B Iwan Krastew BG

Leichtgewicht

G Dan Gable USA
S Kikuo Wada J
B Ruslan Aschuralijew SU

Weltergewicht

G Wayne Wells USA
S Jan Karlsson S
B Adolf Seger D

Mittelgewicht

G Lewan Tediaschwili SU
S John Peterson USA
B Vasile Iorga R

Halbschwergewicht

G Ben Peterson USA
S Gennadi Strachow SU
B Károly Bajkó H

Schwergewicht

G Iwan Jarygin SU
S Khorloo Baianmunkh MON
B József Csatári H

Superschwergewicht

G Aleksandr Medwed SU
S Osman Duraljew BG
B Chris Taylor USA

JUDO

Leichtgewicht

G Takao Kawaguchi J
S Bakhaavaa Buidaa* MON
B Yonk Ik Kim NK
B Jean-Jacques Mounier F

* Buidaa wurde nachträglich wegen positiven Dopingbefundes die Silbermedaille aberkannt.

Der Büchsenmacher zielte richtig

Daß auch die deutschen Schützen bei der Olympiade im eigenen Land nicht ohne Gold blieben, dafür sorgte Konrad Wirnhier, der das Skeetschießen gewinnen konnte.

Weltergewicht

G Toyokazu Nomura J
S Antoni Zajkowski PL
B Dietmar Hötger DDR
B Anatoli Nowikow SU

Mittelgewicht

G Shinobu Sekine J
S Seung-Lip Oh SK
B Jean-Paul Coche F
B Brian Jacks GB

Halbschwergewicht

G Schota Tschotschischwili SU
S David C. Starbrook GB
B Chiaki Ishii BR
B Paul Barth D

Schwergewicht

G Wim Ruska NL
S Klaus Glahn D
B Motoki Nishimura J
B Giwi Onaschwili SU

All-Kategorie

G Wim Ruska NL
S Witali Kusnjetsow SU
B Jean-Claude Brondani F
B Angelo Parisi GB

MODERNER FÜNFKAMPF

Einzel

G András Balczó H
S Boris Onischtschenko SU
B Pawel Lednew SU

Mannschaft

G UdSSR
S Ungarn
B Finnland

KANU HERREN

Einer-Kajak (1000 m)

G Aleksandr Schaparenko SU
S Rolf Peterson S
B Géza Csapó H

Einer-Kajak (Slalom)

G Siegbert Horn DDR
S Norbert Sattler A
B Harald Gimpel DDR

Zweier-Kajak (1000 m)

G UdSSR
S Ungarn
B Polen

Vierer-Kajak (1000 m)

G UdSSR
S Rumänien
B Norwegen

Einer-Canadier (1000 m)

G Ivan Patzaichin R
S Tamás Wichmann H
B Detlef Lewe D

Einer-Canadier (Slalom)

G Reinhard Eiben DDR
S Reinhold Kauder D
B Jamie McEwan USA

Zweier-Canadier (1000 m)

G UdSSR
S Rumänien
B Bulgarien

Zweier-Canadier (Slalom)

G DDR
S Deutschland
B Frankreich

KANU DAMEN

Einer-Kajak (500 m)

G Julia Rjabtschinskaja SU
S Mieke Jaapies NL
B Anna Pfeffer H

Einer-Kajak (Slalom)

G Angelika Bahmann DDR
S Gisela Grothaus D
B Magdalena Wunderlich D

Der Liebling des Münchener Publikums

Ein siebzehnjähriges Mädchen aus der Sowjetunion war der Liebling der Zuschauer bei den Turnwettkämpfen. Olga Korbut, nur 1,46 m große Schülerin, gewann drei Goldmedaillen und begeisterte durch ihren mädchenhaften Charme.

Mehrkampfsieg ging an eine andere

Den Sieg im Achtkampf holte sich Olga Korbuts Teamgefährtin Ljudmila Turischtschewa. Sie turnte eleganter und hatte somit – auch nicht zuletzt durch ihr makelloses Auftreten – einen entsprechenden Bonus bei den Kampfrichtern.

München 1972

Zweier-Kajak (500 m)

G	UdSSR
S	DDR
B	Rumänien

RUDERN

Einer

G	Juri Malischew	SU
S	Alberto Demiddi	RA
B	Wolfgang Güldenpfennig	DDR

Doppelzweier

G	UdSSR
S	Norwegen
B	DDR

Zweier ohne Steuermann

G	DDR
S	Schweiz
B	Niederlande

Zweier mit Steuermann

G	DDR
S	ČSSR
B	Rumänien

Vierer ohne Steuermann

G	DDR
S	Neuseeland
B	Deutschland

Vierer mit Steuermann

G	Deutschland
S	DDR
B	ČSSR

Achter

G	Neuseeland
S	USA
B	DDR

SEGELN

Soloklasse (Finn-Dinghi)

G	Serge Maury	F
S	Ilias Hatzipavlis	GR
B	Wiktor Potapow	SU

Star

G	Australien
S	Schweden
B	Deutschland

Flying Dutchman

G	Großbritannien
S	Frankreich
B	Deutschland

Soling

G	USA
S	Schweden
B	Kanada

Tempest

G	UdSSR
S	Großbritannien
B	USA

Drachen

G	Australien
S	DDR
B	USA

RADSPORT

Straßenrennen (182 km)

G	Hennie Kuiper	NL	4:14:37,0
S	Kevin Clyde Sefton	AUS	4:15:04,0
B	Jaime Huelamo*	E	4:15:04,0

100-km-Mannschafts-Zeitfahren

G	UdSSR	2:11:17,8
S	Polen	2:11:47,5
B	Niederlande**	2:12:27,1

* Huelamo wurde wegen positiven Dopingbefundes die Bronzemedaille nachträglich aberkannt.

** Den Niederländern wurde wegen positiven Dopingbefundes die Bronzemedaille aberkannt.

München 1972

1000-m-Zeitfahren

G	Niels Fredborg DK	1:06,44
S	Daniel Clark AUS	1:06,87
B	Jürgen Schütze DDR	1:07,02

1000-m-Sprint

G	Daniel Morelon F	11,25*
S	John Michael Nicholson AUS	
B	Omar Pchakadse SU	

2000-m-Tandem

G	UdSSR	10,52*
S	DDR	
B	Polen	

4000-m-Einzel-Verfolgungsrennen

G	Knut Knudsen N	4:45,74
S	Xaver Kurmann CH	4:51,96
B	Hans Lutz D	4:50,80

4000-m-Mannschafts-Verfolgungsrennen

G	Deutschland	4:22,14
S	DDR	4:25,25
B	Großbritannien	4:23,78

REITSPORT

Military

G	Richard H. Meade GB
S	Alessandro Argenton I
B	Jan Jönsson S

Military, Mannschaft

G	Großbritannien
S	USA
B	Deutschland

Dressur

G	Liselott Linsenhoff D
S	Jelena Petuschkowa SU
B	Josef Neckermann D

Dressur, Mannschaft

G	UdSSR
S	Deutschland
B	Schweden

Jagdspringen

G	Graziano Mancinelli I
S	Ann Moore GB
B	Neal Shapiro USA

Jagdspringen, Mannschaft

G	Deutschland
S	USA
B	Italien

SCHIESSEN

Freies Gewehr Dreistellungskampf

G	Lones W. Wigger USA
S	Boris Melnik SU
B	Lajos Papp H

Kleinkaliber Dreistellungskampf

G	John Writer USA
S	Lanny Bassham USA
B	Werner Lippoldt DDR

liegend

G	Ho Jun Li NK
S	Victor Auer USA
B	Nicolae Rotaru R

Schnellfeuerpistole oder Revolver

G	Józef Zapedzki PL
S	Ladislav Falta CS
B	Wiktor Torschin SU

Beliebige Scheibenpistole

G	Ragnar Skanåker S
S	Dan Iuga R
B	Rudolf Dollinger A

* Zeit für die letzten 200 m

Laufender Keiler

G	Jakow Schelesnjak SU
S	Helmut Bellingrodt CO
B	John Kynoch GB

Tontaubenschießen (Trap)

G	Angelo Scalzone I
S	Michel Carrega F
B	Silvano Basagni I

Tontaubenschießen (Skeet)

G	Konrad Wirnhier D
S	Jewgeni Petrow SU
B	Michael Buchheim DDR

BOGENSCHIESSEN HERREN

G	John Williams USA
S	Gunnar Jervill S
B	Kyösti Laasonen SF

BOGENSCHIESSEN DAMEN

G	Doreen Wilber USA
S	Irena Szydlowska PL
B	Emma Gaptschenko SU

TURNEN HERREN

Mehrkampf

G	Sawao Kato J
S	Eizo Kenmotsu J
B	Akinori Nakayama J

Mehrkampf, Mannschaft

G	Japan
S	UdSSR
B	DDR

Barren

G	Sawao Kato J
S	Shigeru Kasamatsu J
B	Eizo Kenmotsu J

Boden

G	Nikolai Andrianow SU
S	Akinori Nakayama J
B	Shigeru Kasamatsu J

Pferdsprung

G	Klaus Köste DDR
S	Wiktor Klimenko SU
B	Nikolai Andrianow SU

Seitpferd

G	Wiktor Klimenko SU
S	Sawao Kato J
B	Eizo Kenmotsu J

Reck

G	Mitsuo Tsukahara J
S	Sawao Kato J
B	Shigeru Kasamatsu J

Ringe

G	Akinori Nakayama J
S	Michail Woronin SU
B	Mitsuo Tsukahara J

TURNEN DAMEN

Mehrkampf

G	Ljudmila Turischtschewa SU
S	Karin Janz DDR
B	Tamara Lasakowitsch SU

Mehrkampf, Mannschaft

G	UdSSR
S	DDR
B	Ungarn

Stufenbarren

G	Karin Janz DDR
S	Olga Korbut SU
S	Erika Zuchold DDR

Boden

G	Olga Korbut SU
S	Ljudmila Turischtschewa SU
B	Tamara Lasakowitsch SU

Pferdsprung

G	Karin Janz DDR
S	Erika Zuchold DDR
B	Ljudmila Turischtschewa SU

Schwebebalken

G	Olga Korbut SU
S	Tamara Lasakowitsch SU
B	Karin Janz DDR

BASKETBALL

G	UdSSR
S	USA
B	Kuba

FUSSBALL

G	Polen
S	Ungarn
B	UdSSR
B	DDR

HANDBALL

G	Jugoslawien
S	ČSSR
B	Rumänien

HOCKEY

G	Deutschland
S	Pakistan
B	Indien

VOLLEYBALL HERREN

G	Japan
S	DDR
B	UdSSR

VOLLEYBALL DAMEN

G	UdSSR
S	Japan
B	Nord-Korea

Der überwältigende Teamgeist versetzte Berge

Das deutsche Hockeyteam errang mit der Goldmedaille den größten Erfolg in der Geschichte des deutschen Hockeysports. Bundestrainer und Mannschaft waren eine verschworene Gemeinschaft. Hier eine Szene aus dem Endspiel gegen Pakistan.

XXI. Olympische Sommerspiele
19. Juli bis 1. August 1976 in Montreal

Nachdem es bei vorhergegangenen Olympiaveranstaltungen nur gelegentlich politisch motivierte Teilnahmebeschränkungen gegeben hatte (Rhodesien, Taiwan), wurde das Sportlertreffen in der kanadischen Stadt vom ersten großen Olympiaboykott betroffen. Beim Einmarsch zählte man nur noch 6189 Aktive aus 85 Nationen, weil die meisten schwarzafrikanischen Länder aus Protest gegen die Teilnahme Neuseelands nicht antraten. Dessen Rugby-Mannschaft hatte kurz zuvor eine Tournee durch den von Schwarzafrika bekämpften und aus dem IOC ausgeschlossenen Apartheidstaat Südafrika unternommen, und die Afrikaner forderten nun ihrerseits auch den Ausschluß Neuseelands von den Spielen.

Das sportliche Gesamtergebnis wurde dadurch sicher etwas verzerrt, spiegelte aber die bereits in München erkennbare Tendenz der Überlegenheit des Ostblocks deutlich wider. Von den 198 Goldmedaillen gingen diesmal weit über 100 an den Ostblock, allein die UdSSR und die DDR holten fast neunzigmal Gold. Die DDR erwies sich bei den Spielen in der kanadischen Hauptstadt klar als neue zweite Kraft im Weltsport hinter der Sowjetunion, die die erfolgreichste Mannschaft stellte. Die USA kamen erstmals seit 1948 nur auf den dritten Rang, während die bundesdeutsche Mannschaft direkt dahinter auf dem vierten Medaillenrang landete und 39 Medaillen erkämpfte: zehnmal Gold, zwölfmal Silber und siebzehnmal Bronze.

Dabei schnitten die Leichtathleten gegenüber München allerdings eher bescheiden ab. Wenn die Läufe einer Annegret Richter (→ Porträt Leichtathletik) nicht gewesen wären, dann hätte die Bilanz ganz trübe ausgesehen. Ohne die afrikanische Konkurrenz dominierten bei den Männern die USA recht eindeutig, während bei den Frauen die DDR der Sowjetunion klar den Rang ablief.

Die größte Medaillenausbeute gab es für die Bundesrepublik in den Reitsportdisziplinen, wo von Military über Dressur bis zum Springsport (→ Kapitel Reiten) Edelmetall gewonnen wurde. Der Münsteraner Jurist Dr. Rainer Klimke feierte bei seiner fünften Olympiateilnahme seit 1960 seine dritte Goldmedaille mit der Dressurmannschaft. Montreal war aber lediglich eine Zwischenstation auf dem Weg des erfolgreichsten deutschen Dressurreiters, der außer olympischen Medaillen noch fünf Weltmeisterschaften und zehn Europatitel errang. Der am 14. Januar 1936 in Münster geborene Pferdenarr errang seine ersten internationalen Erfolge jedoch nicht in der Dressur. Nachdem er aus Enttäuschung über die Nichtberücksichtigung für die Dressurmannschaft bei den Reiterspielen 1956 in Stockholm zur Military gewechselt war, wurde er 1957 Vize-Europameister und 1959 Europameister mit der Mannschaft in ebendieser Sportart, startete auch in Rom 1960, wo es in der Einzelwertung zu Platz achtzehn reichte (die Mannschaft platzte durch Ausfall eines Aktiven). Ab 1964 war er dann Mitglied der Dressurequipe und kam zu folgenden Titeln: dreimal Mannschafts-Olympiasieger (1964, 1968, 1976), zweimal Einzel-Bronze bei Olympia (1968 und

Erstmals ein großer Boykott

Als die Spiele von Montreal mit der Schlußfeier zu Ende gingen, konnten einige wichtige Sportnationen nicht verabschiedet werden.

Die Flamme erlosch nicht

Trotz der von sportpolitischen Problemen überschatteten Stimmung erlosch die olympische Flamme noch nicht.

1976), dreimal Mannschafts-Weltmeister (1966 in Bern, 1974 in Kopenhagen, 1982 in Lausanne), zweimal Einzel-Weltmeister (1974 und 1982), siebenmal Mannschafts-Europameister (1965 in Rotterdam, 1967 in Aachen, 1969 in Wolfsburg, 1971 in Wolfsburg, 1973 in Aachen, 1981 in Laxenburg, 1983 in Aachen), zweimal Einzel-Europameister (1967 und 1973). Ein Titel fehlt noch in dieser imponierenden Sammlung – der des Einzel-Olympiasiegers, den er wegen des Boykotts 1980 nicht ansteuern konnte. Dieses Ziel peilt der Münsteraner, dessen Erfolge eng mit den Pferden Arcadius, Dux, Mehmed und Ahlerich verbunden sind, nun in Los Angeles an.

Zweimal Gold wie die Reiter holten in Montreal auch Radsportler, Fechter und Segler. Bei diesen lagen in der erstmals bei Olympia durchgeführten 470er-Klasse die beiden Sauerländer Frank Hübner und Vorschotmann Hano Bock vom Segelclub Sorpesee-Iserlohn zum Schluß in Front. Ihr größter Erfolg war bis dahin der dritte Platz bei der EM 1975 gewesen (Hübner war mit dem Vorschotmann Klaus Feldmann 1973 in dieser Bootsgattung schon Vize-Europameister geworden). Erwarteter kam der Sieg der Gebrüder Jörg und Ekkart Diesch im Flying Dutchman, womit die Friedrichshafener die erste Olympiamedaille einer Bodensee-Besatzung holten. Die beiden wahrten in jeder Beziehung eine gewisse Familientradition. Vater Dr. Bruno Diesch, von Beruf Zahnarzt, war vor dem Krieg Europameister in der 30-qm-Schärenklasse geworden und hatte Interesse an Medizin und Segelsport auf seine Söhne vererben können. Jörg Diesch, geboren am 29. September 1951, studierte Allgemeinmedizin, Eckart, geboren am 1. Mai 1954, Zahnmedizin. Sie wurden bereits 1968 Deutsche Jugendmeister im Pirat und Fireball, 1971 Vizeweltmeister im Fireball, 1973 Weltmeister im Pirat und Fireball. 1974 folgte der Sieg in der olympischen Bootsklasse Flying Dutchman (FD) bei der Kieler Woche und der Gewinn des Weltpokals. Bei der Weltmeisterschaft 1975 sprang ein dritter Rang heraus, ebenso bei der Europameisterschaft im Frühjahr 1976.

Die Dieschs segelten auch nach Montreal auf Medaillenkurs und wurden 1977, 1978, 1981 und 1983 Vizeweltmeister im FD, wobei sie sich mit ihren Vettern Albert und Rudolf Batzill spannende Duelle lieferten. Die Batzill-Brüder aus Friedrichshafen wurden 1978 und 1981 FD-Weltmeister, hätten aber 1980 in Moskau den Dieschs den Vortritt lassen müssen. In der Paradeklasse des Deutschen Segler-Verbandes wurden übrigens 1982 zwei Außenseiter Weltmeister: Anton Schwarz (Schondorf) und Peter Fröschl (München). Die Brüder Diesch wurden vor Geelong/Australien Sechste, die Brüder Batzill Zehnte.

Die Fechter profitierten in Montreal von der zielstrebigen Aufbauarbeit ihres Bundestrainers Emil Beck, der von der Fechthochburg Tauberbischofsheim aus zum Sturm auf die Medaillen angesetzt hatte. Mit dem Sieg seiner Degen-Mannschaft und dem zweiten Platz des Florett-Teams bei der Weltmeisterschaft 1973 in Göteborg begann seine Erfolgsserie, die in Montreal einen ersten Höhepunkt hatte. Der von ihm entdeckte Alexander Pusch, geboren am 15. Mai 1955 in Tauberbischofsheim, wurde bereits mit siebzehn Jahren 1973 Deutscher Degenmeister und stand 1974 und 1975 in der Mannschaft, die jeweils Vizeweltmeister wurde. In Budapest gelang ihm 1975 auch die Topsensation, als er – gerade zwanzig Jahre alt – den ersten WM-Titel im Degen-Einzel für Deutschland errang. In Montreal knüpfte er nahtlos an diese Leistungen an und holte sich die Goldmedaille in der Einzelkonkurrenz sowie den zweiten Platz mit seinen Teamkameraden Jürgen Hehn – auch Zweiter im Einzelwettbewerb –, Volker Fischer, Reinhold Behr und Hanns Jana. Alexander Pusch wurde 1978 noch einmal Degen-Weltmeister und, nach längerer Durststrecke, 1983 Europameister.

Das zweite Fechter-Gold erkämpfte in Montreal die Herren-Florett-Mannschaft mit Thomas Bach, Harald Hein, Klaus Reichert, Matthias Behr und Erk Sens-Gorius. Bach, Behr, Hein und Reichert waren bereits 1973 in Göteborg beim Vize-WM-Titel dabei. Die drei Letztgenannten standen dann auch noch in den Teams, die 1977 in Buenos Aires die Weltmeisterschaft erkämpften und 1979 in Melbourne sowie 1981 in Clermont-Ferrand jeweils Bronze holten. Die vom Moskau-Boykott ebenfalls betroffenen zwei Musketiere aus Tauberbischofsheim und der Bonner Reichert feierten 1983 in Wien mit Mathias Gey und Frank Beck erneut eine Florett-Mannschafts-WM. Der 36jährige Zahnarzt Klaus Reichert holte sich dazu noch eine Vize-Europameisterschaft bei den Titelkämpfen in Lissabon im Jahre 1983.

Bei den Turnwettkämpfen hatte man nach langer Zeit wieder eine Medaille für die Bundesrepublik im Visier, die der Künzelsauer Eberhard Gienger auch am Reck erkämpfte. Aber nach seinen vorolympischen Erfolgen war von dem am 21. Juli 1951 geborenen Turner etwas mehr als Bronze erwartet worden. Der Diplomsportlehrer kam immerhin als Vize-Europameister im Kür-Sechskampf, zweifacher Europameister am Reck (1973 und 1975) sowie Reck-Weltmeister (1974 in Varna) nach Montreal, mußte sich aber den Japanern geschlagen geben. Gienger wurde nach Montreal von 1977 bis 1979 dreimal hintereinander Weltcupsieger am Reck und holte sich 1981 sowohl die Europa- als auch die Weltmeisterschaft an diesem Gerät, dazu noch Bronze am Barren. Seine größte Leistung vollbrachte er nach Ansicht aller Experten aber bei der WM 1978, als er Vierter im Zwölfkampf wurde und damit die beste Plazierung eines deutschen Turners seit 1936 erreichte. Daneben gab es zwei Vizeweltmeisterschaften am Reck und Barren. Er trat 1981 zurück, nachdem er 32 Deutsche Meisterschaften errungen hatte.

Die Japaner besiegten in Montreal die UdSSR-Riege erneut im Mannschaftswettkampf, ihr Spitzenmann Sawao Kato mußte jedoch dem wesentlich jüngeren Nikolai Andrianow den Vortritt im Zwölfkampf lassen. Der Japaner kam mit seiner Goldmedaille am Barren dennoch auf eine olympische Gesamtbilanz von achtmal Gold, dreimal Silber und einmal Bronze (seit 1968) und wurde damit bester Turner der olympischen Geschichte. Bei Weltmeisterschaften gab es für ihn nur einen Titel, den mit der Mannschaft 1974.

Der Wettbewerb der Frauen geriet mehr zu einer Jugendmeisterschaft, denn die Spitzenturnerinnen aus dem Ostblock waren noch jünger als in München. Vor allem Rumänien – die neue Turnmacht – stellte eine ganz junge Riege und mit der am 12. November 1961 geborenen Nadia Comaneci auch die neue Turnkönigin dieser Olympiade. Die zierliche Schülerin gewann den Achtkampf sowie weitere zwei Goldmedaillen (Stufenbarren und Schwebebalken) und knüpfte damit an ihre Vorjahrserfolge an – denn als gerade Vierzehnjährige war sie 1975 bei den Europameisterschaften in Norwegen vierfache Medaillengewinnerin gewesen. Ihre Übungen in Montreal waren mit bisher noch nie gesehenen Schwierigkeiten gespickt und ließen die Kampfrichterinnen siebenmal die bis dahin bei Olympischen Spielen noch nicht vergebene – und von allen Turnerinnen erstrebte – Höchstnote 10 ziehen.

Mit dem Degen Gold erfochten

Alexander Pusch – hier im Kampf gegen den Schweden Göran Flodström (links) – errang für den deutschen Sport die erste olympische Goldmedaille im Degenfechten, nachdem er ein Jahr zuvor auch den Weltmeistertitel in dieser Disziplin erringen konnte.

Montreal 1976

LEICHTATHLETIK HERREN

100 m

G	Hasely Crawford TRI	10,06
S	Donald Quarrie JM	10,08
B	Waleri Borsow SU	10,14

200 m

G	Donald Quarrie JM	20,23
S	Millard Hampton USA	20,29
B	Dwayne Evans USA	20,43

400 m

G	Alberto Juantorena C	44,26
S	Fred Newhouse USA	44,40
B	Herman Frazier USA	44,95

800 m

G	Alberto Juantorena C	1:43,50
S	Ivo van Damme B	1:43,86
B	Rick Wohlhuter USA	1:44,12

1500 m

G	John Walker NZ	3:39,17
S	Ivo van Damme B	3:39,27
B	Paul Heinz Wellmann D	3:39,33

5000 m

G	Lasse Viren SF	13:24,8
S	Dick Quax NZ	13:25,2
B	Klaus Peter Hildenbrand D	13:25,4

10 000 m

G	Lasse Viren SF	27:40,4
S	Carlos Lopes P	27:45,2
B	Brendan Foster GB	27:54,9

Marathon

G	Waldemar Cierpinski DDR	2:09:55,0
S	Frank Shorter USA	2:10:46,8
B	Karel Lismont B	2:11:12,6

110-m-Hürden

G	Guy Drut F	13,30
S	Alejandro Casanas C	13,33
B	Willie Davenport USA	13,38

400-m-Hürden

G	Edwin Moses USA	47,64
S	Michael Shine USA	48,69
B	Jewgeni Gawrilenko SU	49,45

3000-m-Hindernislauf

G	Anders Gärderud S	8:08,02
S	Bronislaw Malinowski PL	8:09,11
B	Frank Baumgartl DDR	8:10,36

4-x-100-m-Staffel

G	USA	38,33
S	DDR	38,66
B	UdSSR	38,78

4-x-400-m-Staffel

G	USA	2:58,65
S	Polen	3:01,43
B	Deutschland	3:01,98

20-km-Gehen

G	Daniel Bautista Rocha MEX	1:24:40,6
S	Hans Reimann DDR	1:25:13,8
B	Peter Frenkel DDR	1:25:29,3

Hochsprung

G	Jacek Wszola PL	2,25
S	Greg Joy CDN	2,23
B	Dwight Stones USA	2,21

Stabhochsprung

G	Tadeusz Slusarski PL	5,50
S	Antti Kalliomäki SF	5,50
B	David L. Roberts USA	5,50

Weitsprung

G	Arni Robinson USA	8,35
S	Randy Williams USA	8,11
B	Frank Wartenberg DDR	8,02

Dreisprung

G	Wiktor Sanejew SU	17,29
S	James Butts USA	17,18
B	João Carlos de Oliveira BR	16,90

Kugelstoßen

G	Udo Beyer DDR	21,05
S	Jewgeni Mironow SU	21,03
B	Aleksandr Baryschnikow SU	21,00

Diskuswerfen

G	Mac Wilkins USA	67,50
S	Wolfgang Schmidt DDR	66,22
B	John Powell USA	65,70

Hammerwerfen

G	Juri Sedych SU	77,52
S	Aleksej Spiridonow SU	76,08
B	Anatoli Bondartschuk SU	75,48

Speerwerfen

G	Miklos Nemeth H	94,58
S	Hannu Siitonen SF	87,92
B	Gheorghe Megelea R	87,16

Zehnkampf

G	Bruce Jenner USA	8618
S	Guido Kratschmer D	8411
B	Nikolai Awilow SU	8369

LEICHTATHLETIK DAMEN

100 m

G	Annegret Richter D	11,08
S	Renate Stecher DDR	11,13
B	Inge Helten D	11,17

200 m

G	Bärbel Eckert DDR	22,37
S	Annegret Richter D	22,39
B	Renate Stecher DDR	22,47

400 m

G	Irena Szewinska PL	49,29
S	Christina Brehmer DDR	50,51
B	Ellen Streidt DDR	50,55

800 m

G	Tatjana Kasankina SU	1:54,94
S	Nikolina Schterewa BG	1:55,42
B	Elfi Zinn DDR	1:55,60

1500 m

G	Tatjana Kasankina SU	4:05,48
S	Gunhild Hoffmeister DDR	4:06,02
B	Ulrike Klapezynski DDR	4:06,09

100-m-Hürden

G	Johanna Schaller DDR	12,77
S	Tatjana Anissimowa SU	12,78
B	Natalja Lebedjewa SU	12,80

4-x-100-m-Staffel

G	DDR	42,55
S	Deutschland	42,59
B	UdSSR	43,09

Er wurde »König der Athleten«

Bruce Jenner aus den USA gewann nach dramatischem Duell mit Guido Kratschmer den Zehnkampf. Am Ende hatte er auf seinem Konto 207 Punkte mehr als der Deutsche. Das reichte zur Goldmedaille.

DDR-FRAUEN IN DER LEICHTATHLETIK VORN

Einer aus dem Siegerteam
Dr. Rainer Klimke legte mit diesem Ritt den Grundstein zum deutschen Mannschaftssieg in der Dressur, der eine lange Tradition fortsetzte.

Montreal 1976

4-×-400-m-Staffel

G	DDR	3:19,23
S	USA	3:22,81
B	UdSSR	3:24,24

Hochsprung

G	Rosemarie Ackermann DDR	1,93
S	Sara Simeoni I	1,91
B	Jordanka Blagojewa BG	1,91

Weitsprung

G	Angela Voigt DDR	6,72
S	Kathy McMillan USA	6,66
B	Lidija Alfejewa SU	6,60

Kugelstoßen

G	Iwanka Christowa BG	21,16
S	Nadjeschda Tschischowa SU	20,96
B	Helena Fibingerová CS	20,67

Diskuswerfen

G	Evelin Schlaak DDR	69,00
S	Marija Wergowa BG	67,30
B	Gabriele Hinzmann DDR	66,84

Speerwerfen

G	Ruth Fuchs DDR	65,94
S	Marion Becker D	64,70
B	Kathy Schmidt USA	63,96

Fünfkampf

G	Siegrun Siegl DDR	4745*
S	Christine Laser DDR	4745*
B	Burglinde Pollack DDR	4740

* Da Siegl in drei der fünf Disziplinen besser war als Laser, erhielt sie trotz gleicher Punktzahl die Goldmedaille.

FECHTEN HERREN

Florett

G	Fabio Dal Zotto I
S	Aleksandr Romankow SU
B	Bernard Talvard F

Florett, Mannschaft

G	Deutschland
S	Italien
B	Frankreich

Degen

G	Alexander Pusch D
S	Jürgen Hehn D
B	Gyözö Kulcsar H

Degen, Mannschaft

G	Schweden
S	Deutschland
B	Schweiz

Säbel

G	Wiktor Krowopuskow SU
S	Wladimir Naslymow SU
B	Wiktor Sidjak SU

Säbel, Mannschaft

G	UdSSR
S	Italien
B	Rumänien

FECHTEN DAMEN

Florett

G	Ildikó Tordasi-Schwarczenberger H
S	Consolata Maria Collino I
B	Jelena Bjelowa-Nowikowa SU

Florett, Mannschaft

G	UdSSR
S	Frankreich
B	Ungarn

SCHWIMMEN HERREN

100-m-Freistil

G	Jim Montgomery USA	49,99
S	Jack Babashoff USA	50,81
B	Peter Nocke D	51,31

200-m-Freistil

G	Bruce Furniss USA	1:50,29
S	John Naber USA	1:50,50
B	Jim Montgomery USA	1:50,58

400-m-Freistil

G	Brian Goodell USA	3:51,93
S	Tim Shaw USA	3:52,54
B	Wladimir Raskatow SU	3:55,76

1500-m-Freistil

G	Brian Goodell USA	15:02,40
S	Bobby Hackett USA	15:03,91
B	Stephen Holland AUS	15:04,66

100-m-Rücken

G	John Naber USA	55,49
S	Peter Rocca USA	56,34
B	Roland Matthes DDR	57,22

200-m-Rücken

G	John Naber USA	1:59,19
S	Peter Rocca USA	2:00,55
B	Dan Harrigan USA	2:01,35

100-m-Brust

G	John Hencken USA	1:03,11
S	David Wilkie GB	1:03,43
B	Arvidas Juosaitis SU	1:04,23

200-m-Brust

G	David Wilkie GB	2:15,11
S	John Hencken USA	2:17,26
B	Rick Colella USA	2:19,20

100-m-Delphin

G	Matt Vogel USA	54,35
S	Joe Bottom USA	54,50
B	Gary Hall USA	54,65

200-m-Delphin

G	Mike Bruner USA	1:59,23
S	Steve Gregg USA	1:59,54
B	Bill Forrester USA	1:59,96

400-m-Lagen

G	Rod Strachan USA	4:23,68
S	Tim McKee USA	4:24,62
B	Andrej Smirnow SU	4:26,90

4-×-200-m-Freistilstaffel

G	USA	7:23,22
S	UdSSR	7:27,97
B	Großbritannien	7:32,11

4-×-100-m-Lagenstaffel

G	USA	3:42,22
S	Kanada	3:45,94
B	Deutschland	3:47,29

Kunstspringen

G	Phil Boggs USA
S	Giorgio Cagnotto I
B	Aleksandr Kosenkow SU

Rudererfolge waren dünn gesät

Peter van Roye und Thomas Strauß, die Bronzemedaillengewinner im Zweier ohne Steuermann, jubeln. Im allgemeinen war jedoch von den bundesdeutschen Ruderern wenig Positives zu berichten.

Montreal 1976

Turmspringen

G	Klaus Dibiasi	I
S	Gregory Louganis	USA
B	Wladimir Alejnik	SU

Wasserball

G	Ungarn
S	Italien
B	Niederlande

SCHWIMMEN DAMEN

100-m-Freistil

G	Kornelia Ender	DDR	55,65
S	Petra Priemer	DDR	56,49
B	Enith Brigitha	NL	56,65

200-m-Freistil

G	Kornelia Ender	DDR	1:59,26
S	Shirley Babashoff	USA	2:01,22
B	Enith Brigitha	NL	2:01,40

400-m-Freistil

G	Petra Thümer	DDR	4:09,89
S	Shirley Babashoff	USA	4:10,46
B	Shannon Smith	CDN	4:14,60

800-m-Freistil

G	Petra Thümer	DDR	8:37,14
S	Shirley Babashoff	USA	8:37,59
B	Wendy Weinberg	USA	8:42,60

100-m-Rücken

G	Ulrike Richter	DDR	1:01,83
S	Birgit Treiber	DDR	1:03,41
B	Nancy Garapick	CDN	1:03,71

200-m-Rücken

G	Ulrike Richter	DDR	2:13,43
S	Birgit Treiber	DDR	2:14,97
B	Nancy Garapick	CDN	2:15,60

100-m-Brust

G	Hannelore Anke	DDR	1:11,16
S	Ljubow Russanowa	SU	1:13,04
B	Marina Koschewaja	SU	1:13,30

200-m-Brust

G	Marina Koschewaja	SU	2:33,35
S	Marina Jurtschenja	SU	2:36,08
B	Ljubow Russanowa	SU	2:36,22

100-m-Delphin

G	Kornelia Ender	DDR	1:00,13
S	Andrea Pollack	DDR	1:00,98
B	Wendy Boglioli	USA	1:01,17

200-m-Delphin

G	Andrea Pollack	DDR	2:11,41
S	Ulrike Tauber	DDR	2:12,50
B	Rosemarie Gabriel	DDR	2:12,86

400-m-Lagen

G	Ulrike Tauber	DDR	4:42,77
S	Cheryl Gibson	CDN	4:48,10
B	Becky Smith	CDN	4:50,48

4-×-100-m-Freistilstaffel

G	USA	3:44,82
S	DDR	3:45,50
B	Kanada	3:48,81

4-×-100-m-Lagenstaffel

G	DDR	4:07,95
S	USA	4:14,55
B	Kanada	4:15,22

Kunstspringen

G	Jennifer Chandler	USA
S	Christa Köhler	DDR
B	Cynthia McIngvale	USA

Turmspringen

G	Jelena Waitseschowskaja	SU
S	Ulrika Knape	S
B	Deborah Wilson	USA

BOXEN

Leichtfliegengewicht

G	Jorge Hernández	C
S	Byong-Uk Li	NK
B	Orlando Maldonado	PUR
B	Payao Pooltarat	T

Fliegengewicht

G	Leo Randolph	USA
S	Ramón Duvalón	C
B	Dawid Torosjan	SU
B	Leszek Blazynski	PL

Bantamgewicht

G	Yong-Jo Gu	NK
S	Charles Mooney	USA
B	Patrick Cowdell	GB
B	Wiktor Rybakow	SU

Federgewicht

G	Angel Herrera	C
S	Richard Nowakowski	DDR
B	Leszek Kosedowski	PL
B	Juan Paredes	MEX

Leichtgewicht

G	Howard Davis	USA
S	Simion Cutov	R
B	Wassili Solomin	SU
B	Ace Rusevski	YU

Halbweltergewicht

G	Sugar Ray Leonard	USA
S	Andrés Aldema	C
B	Wladimir Kolew	BG
B	Kazimierz Szczerba	PL

Weltergewicht

G	Jochen Bachfeld	DDR
S	Pedro J. Gamarro	YV
B	Reinhard Skricek	D
B	Victor Zilberman	R

Halbmittelgewicht

G	Jerzy Rybicki	PL
S	Tadija Kačar	YU
B	Wiktor Sawtschenko	SU
B	Rolando Garbey	C

Mittelgewicht

G	Michael Spinks	USA
S	Rufat Riskijew	SU
B	Alec Nastac	R
B	Luis Felipe Martinez	C

Halbschwergewicht

G	Leon Spinks	USA
S	Sixto Soria	SU
B	Costica Dafinoiu	R
B	Janusz Gortat	PL

Schwergewicht

G	Tiófilo Stevenson	C
S	Mircea Simon	R
B	Johnny Tate	USA
B	Clarence Hill	BER

GEWICHTHEBEN

Fliegengewicht

G	Aleksandr Woronin	SU	242,5
S	György Köszegi	H	237,5
B	Mohammad Nassiri	IR	235,0

Bantamgewicht

G	Norair Nurikjan	BG	262,5
S	Grzegorz Cziura	PL	252,5
B	Kenkichi Ando	J	250,0

Federgewicht

G	Nikolai Kolesnikow	SU	285,0
S	Georgi Todorow	BG	280,0
B	Kazamasu Hirai	J	275,0

Leichtgewicht

G	Pjotr Korol	SU	305,0
S	Daniel Senet	F	300,0
B	Kazimierz Czarnecki	PL	295,0

Mittelgewicht

G	Jordan Mitkow	BG	335,0
S	Wartan Militosjan	SU	330,0
B	Peter Wenzel	DDR	327,5

Leichtschwergewicht

G	Waleri Schari	SU	365,0
S	Trendafil Stoitschew	BG	360,0
B	Péter Baczakó	H	345,0

Mittelschwergewicht

G	Dawid Rigert	SU	382,5
S	Lee James	USA	362,5
B	Atanas Schopow	BG	360,0

Schwergewicht

G	Juri Saitsew	SU	385,0
S	Krystjo Semerdschijew	BG	385,0
B	Tadeusz Rutkowski	PL	377,5

Superschwergewicht

G	Wassili Aleksejew	SU	440,0
S	Gerd Bonk	DDR	405,0
B	Helmut Losch	DDR	387,5

RINGEN, GRIECHISCH-RÖMISCHER STIL

Leichtfliegengewicht

G	Aleksej Schumakow	SU
S	Georghe Berceanu	R
B	Stefan Angelow	BG

Fliegengewicht

G	Witali Konstantinow	SU
S	Nicu Ginga	R
B	Koichiro Hirayama	J

Bantamgewicht

G	Pertti Ukkola	SF
S	Ivan Frgić	YU
B	Farchad Mustafin	SU

Federgewicht

G	Kazimierz Lipień	PL
S	Nelson Dawidjan	SU
B	László Réczi	H

Leichtgewicht

G	Suren Nalbandjan	SU
S	Stefan Rusu	R
B	Heinz-Helmut Wehling	DDR

Weltergewicht

G	Anatoli Bykow	SU
S	Vitezslav Mácha	CS
B	Karl-Heinz Helbing	D

Mittelgewicht

G	Momir Petković	YU
S	Wladimir Tscheboksarow	SU
B	Iwan Kolew	BG

Halbschwergewicht

G	Waleri Resantsew	SU
S	Stojan Nikolow	BG
B	Czeslaw Kwieciński	PL

Schwergewicht

G	Nikolai Balboschin	SU
S	Kamen Goranow	BG
B	Andrzej Skrzydlewski	PL

Superschwergewicht

G	Aleksandr Koltschinski	SU
S	Aleksandr Tomow	BG
B	Roman Codreanu	R

FREISTILRINGEN

Leichtfliegengewicht

G	Hassan Issajew	BG
S	Roman Dmitrijew	SU
B	Akira Kudo	J

Fliegengewicht

G	Yuji Takado	J
S	Aleksandr Iwanow	SU
B	Hae-Sup Jeon	SK

Zurück zu den Ursprüngen
Montreal erlebte – wie bereits München – die Wiedergeburt der olympischen Disziplin Bogenschießen. Willi Gabriel aus der Bundesrepublik konnte einen achtbaren sechsten Platz erringen.

Montreal 1976

Bantamgewicht
G Wladimir Jumin SU
S Hans-Dieter Brüchert DDR
B Masao Arai J

Federgewicht
G Jung-Mo Yang SK
S Zeveg Oidov MON
B Gene Davis USA

Leichtgewicht
G Pawel Pinigin SU
S Lloyd Keaser USA
B Yasaburo Sugawara J

Weltergewicht
G Jiichiro Date J
S Mansour Barzegar IR
B Stanley Dziedzic SU

Mittelgewicht
G John Peterson USA
S Wiktor Nowoschilow SU
B Adolf Seger D

Halbschwergewicht
G Lewan Tediaschwili SU
S Benjamin Peterson USA
B Stelica Morcov R

Schwergewicht
G Iwan Jarygin SU
S Russell Hellickson USA
B Dimo Kostow BG

Superschwergewicht
G Soslan Andijew SU
S József Balla H
B Ladislau Simon R

JUDO

Leichtgewicht
G Héctor Rodriguez C
S Eunk-Yung Chang SK
B József Tuncsik H
B Felice Mariani I

Weltergewicht
G Wladimir Newsorow SU
S Koji Kuramoto J
B Patrick Vial F
B Marian Talaj PL

Mittelgewicht
G Isamu Sonoda J
S Waleri Dwoinikow SU
B Slavko Obadow YU
B Yung-Chul Park SK

Halbschwergewicht
G Kazuhiro Ninomiya J
S Ramas Charschiladse SU
B David C. Starbrook GB
B Jürg Röthlisberger CH

Schwergewicht
G Sergej Nowikow SU
S Günther Neureuther D
B Allan Coage USA
B Sumio Endo J

All-Kategorie
G Haruki Uemura J
S Keith Remfry GB
B Schota Tschotschischwili SU
B Jeaki Cho SK

MODERNER FÜNFKAMPF

Einzel
G Janusz Peciak-Pyciak PL
S Pawel Lednew SU
B Jan Bártů CS

Mannschaft
G Großbritannien
S ČSSR
B Ungarn

KANU HERREN

Einer-Kajak (500 m)
G Vasile Diba R
S Zóltán Sztanity H
B Rüdiger Helm DDR

Einer-Kajak (1000 m)
G Rüdiger Helm DDR
S Géza Csapó H
B Vasile Diba R

Zweier-Kajak (500 m)
G DDR
S UdSSR
B Rumänien

Zweier-Kajak (1000 m)
G UdSSR
S DDR
B Ungarn

Vierer-Kajak (1000 m)
G UdSSR
S Spanien
B DDR

Einer-Canadier (500 m)
G Aleksandr Rogow SU
S John Wood CDN
B Matija Ljubek YU

Einer-Canadier (1000 m)
G Matija Ljubek YU
S Wassili Gurtschenko SU
B Tamás Wichmann H

Zweier-Canadier (500 m)
G UdSSR
S Polen
B Ungarn

Zweimal Gold durch die Segler

Zu den erfolgreichen Teilnehmern in Montreal gehörten aus deutscher Sicht die Segler. In der 470er-Klasse (unser Bild) gewann Frank Hübner mit Harro Bode Gold. Dazu kamen noch eine Gold- und eine Bronzemedaille.

Montreal 1976

Zweier-Canadier (1000 m)

G	UdSSR
S	Rumänien
B	Ungarn

KANU DAMEN

Einer-Kajak (500 m)

G	Carola Zirzow DDR
S	Tatjana Korschunowa SU
B	Klára Rajnai H

Zweier-Kajak (500 m)

G	UdSSR
S	Ungarn
B	DDR

RUDERN HERREN

Einer

G	Pertti Karppinen SF
S	Peter-Michael Kolbe D
B	Joachim Dreifke DDR

Doppelzweier

G	Norwegen
S	Großbritannien
B	DDR

Zweier ohne Steuermann

G	DDR
S	USA
B	Deutschland

Zweier mit Steuermann

G	DDR
S	UdSSR
B	ČSSR

Doppelvierer

G	DDR
S	UdSSR
B	ČSSR

Vierer ohne Steuermann

G	DDR
S	Norwegen
B	UdSSR

Vierer mit Steuermann

G	UdSSR
S	DDR
B	Deutschland

Achter

G	DDR
S	Großbritannien
B	Neuseeland

RUDERN DAMEN

Einer

G	Christine Scheiblich DDR
S	Joan Lind USA
B	Jelena Antonowa SU

Doppelzweier

G	Bulgarien
S	DDR
B	UdSSR

Zweier ohne Steuerfrau

G	Bulgarien
S	DDR
B	Deutschland

Doppelvierer mit Steuerfrau

G	DDR
S	UdSSR
B	Rumänien

Vierer mit Steuerfrau

G	DDR
S	Bulgarien
B	UdSSR

Achter

G	DDR
S	UdSSR
B	USA

Montreal 1976

SEGELN

Soloklasse (Finn-Dinghi)

G	Jochen Schümann DDR	
S	Andrej Balaschow SU	
B	John Bertrand AUS	

Flying Dutchman

G	Deutschland	
S	Großbritannien	
B	Brasilien	

Soling

G	Dänemark	
S	USA	
B	DDR	

Tempest

G	Schweden	
S	UdSSR	
B	USA	

Tornado

G	Großbritannien	
S	USA	
B	Deutschland	

470er-Klasse

G	Deutschland	
S	Spanien	
B	Australien	

RADSPORT

Straßenrennen (175 km)

G	Bernt Johansson S	4:46:52
S	Giuseppe Martinelli I	4:47:23
B	Mieczyslaw Nowicki PL	4:47:23

100-km-Mannschafts-Zeitfahren

G	UdSSR	2:08:53
S	Polen	2:09:13
B	Dänemark	2:12:20

1000-m-Zeitfahren

G	Klaus-Jürgen Grünke DDR	1:05,93
S	Michel Vaarten B	1:07,52
B	Niels Fredborg DK	1:07,62

1000-m-Sprint

G	Anton Tkáč CS	10,78*
S	Daniel Morelon F	
B	Jürgen Geschke DDR	

4000-m-Einzel-Verfolgungsrennen

G	Gregor Braun D	4:47,61
S	Herman Ponsteen NL	4:49,72
B	Thomas Huschke DDR	4:52,71

4000-m-Mannschafts-Verfolgungsrennen

G	Deutschland	4:21,06
S	UdSSR	4:27,15
B	Großbritannien	4:22,41

* Zeit für die letzten 200 m

REITSPORT

Military

G	Edmund Coffin USA	
S	John M. Plumb USA	
B	Karl Schultz D	

Military, Mannschaft

G	USA	
S	Deutschland	
B	Australien	

Dressur

G	Christine Stückelberger CH	
S	Harry Boldt D	
B	Reiner Klimke D	

Dressur, Mannschaft

G	Deutschland	
S	Schweiz	
B	USA	

Jagdspringen

G	Alwin Schockemöhle D	
S	Michel Vaillancourt CDN	
B	François Mathy B	

Jagdspringen, Mannschaft

G	Frankreich	
S	Deutschland	
B	Belgien	

SCHIESSEN

Kleinkaliber Dreistellungskampf

G	Lanny Bassham USA	
S	Margaret Murdock USA	
B	Werner Seibold D	

liegend

G	Karlheinz Smieszek D	
S	Ulrich Lind D	
B	Gennadi Luschtschikow SU	

Schnellfeuerpistole oder Revolver (25 m)

G	Norbert Klaar DDR	
S	Jürgen Wiefel DDR	
B	Roberto Ferraris I	

Beliebige Scheibenpistole (50 m)

G	Uwe Potteck DDR	
S	Harald Vollmar DDR	
B	Rudolf Dollinger A	

Laufender Keiler

G	Aleksandr Gasow SU	
S	Aleksandr Kedjarow SU	
B	Jerzy Greszkiewicz PL	

Tontaubenschießen (Trap)

G	Donald Haldeman USA	
S	Armando Silva Marques P	
B	Ubaldesco Baldi I	

Tontaubenschießen (Skeet)

G	Josef Panáček CS	
S	Eric Swinkels NL	
B	Wieslaw Gawlikowski PL	

BOGENSCHIESSEN HERREN

G	Darrel Pace USA	
S	Hiroshi Michinaga J	
B	Giancarlo Ferrari I	

BOGENSCHIESSEN DAMEN

G	Luann Ryon USA	
S	Walentina Kowpan SU	
B	Sebinisso Rustamowa SU	

TURNEN HERREN

Mehrkampf

G	Nikolai Andrianow SU	
S	Sawao Kato J	
B	Mitsuo Tsukahara J	

Mehrkampf, Mannschaft

G	Japan	
S	UdSSR	
B	DDR	

Barren

G	Sawao Kato J	
S	Nikolai Andrianow SU	
B	Mitsuo Tsukahara J	

Boden

G	Nikolai Andrianow SU	
S	Wladimir Martschenko SU	
B	Peter Kormann USA	

Pferdsprung

G	Nikolai Andrianow SU	
S	Mitsuo Tsukahara J	
B	Hiroshi Kajiyama J	

Dritter Platz war zu wenig

Für Deutschlands Reckturner Nummer 1, Eberhard Gienger, war die Bronzemedaille an diesem Gerät eine leichte Enttäuschung.

Montreal 1976

Seitpferd

G Zoltán Magyar H
S Eizo Kenmotsu J
B Nikolai Andrianow SU
B Michael Nikolay DDR

Reck

G Mitsuo Tsukahara J
S Eizo Kenmotsu J
B Eberhard Gienger D
B Henry Boërio F

Ringe

G Nikolai Andrianow SU
S Aleksandr Ditjatin SU
B Danut Grecu R

TURNEN DAMEN

Mehrkampf

G Nadia Comaneci R
S Nelli Kim SU
B Ljudmila Turischtschewa SU

Mehrkampf, Mannschaft

G UdSSR
S Rumänien
B DDR

Stufenbarren

G Nadia Comaneci R
S Teodora Ungureanu R
B Márta Egervári H

Boden

G Nelli Kim SU
S Ljudmila Turischtschewa SU
B Nadia Comaneci R

Pferdsprung

G Nelli Kim SU
S Ljudmila Turischtschewa SU
B Carola Dombeck DDR

Schwebebalken

G Nadia Comaneci R
S Olga Korbut SU
B Teodora Ungureanu R

BASKETBALL HERREN

G USA
S Jugoslawien
B UdSSR

BASKETBALL DAMEN

G UdSSR
S USA
B Bulgarien

FUSSBALL

G DDR
S Polen
B UdSSR

HANDBALL HERREN

G UdSSR
S Rumänien
B Polen

HANDBALL DAMEN

G UdSSR
S DDR
B Ungarn

HOCKEY

G Neuseeland
S Australien
B Pakistan

VOLLEYBALL HERREN

G Polen
S UdSSR
B Kuba

VOLLEYBALL DAMEN

G Japan
S UdSSR
B Süd-Korea

Turnstern Rumäniens ging in Montreal auf

Bei den Turnwettbewerben in der kanadischen Metropole etablierte sich eine neue Kraft neben der UdSSR und der DDR. Rumäniens Mädchen erkämpften Mannschaftssilber und stellten mit Nadia Comaneci die überragende Turnerin dieser Spiele.

XXII. Olympische Sommerspiele
19. Juli bis 3. August 1980 in Moskau

Als Protest gegen den Einmarsch von sowjetischen Truppen in Afghanistan im Dezember 1979 boykottierten fünfzig Nationen die ersten Olympischen Spiele in einem Ostblockland. Nur 81 Länder schickten ihre Sportler nach Moskau. Die Zahl der Athleten wurde zwar nicht offiziell bekanntgegeben, doch Wladimir Popow, stellvertretender Vorsitzender des Organisationskomitees, sprach in einem Interview von 5928 Startern. Unter den Boykottländern waren auch die USA, die Bundesrepublik und Japan.

Viele Resultate dieser Sommerspiele können heute nur relativiert betrachtet werden, weil in zahlreichen Sportarten die besten Athleten fehlten. So konnten auch sehr viele Olympiasieger die Erfolge bei anschließenden internationalen Wettkämpfen nicht bestätigen.

Nur in ganz wenigen Konkurrenzen – etwa beim Frauenturnen – war das Ergebnis nicht durch den Boykott verfälscht. Hier feierte Nadia Comaneci nach zwischenzeitlichen Tiefs ein gelungenes Comeback und holte noch einmal Gold am Schwebebalken und am Boden sowie Silber mit der Mannschaft und im Achtkampf. Ein noch größerer Erfolg wurde durch seltsame Richterentscheidungen verhindert, die fast zum Abbruch der Kämpfe seitens der rumänischen Riege und somit zum Skandal geführt hätten.

1977 bei der Europameisterschaft in Prag hatten die Rumänen genau dies getan; sie wollten sich vom Kampfgericht nicht länger »verschaukeln« lassen. Nadia Comaneci hatte bis dahin schon zwei Goldmedaillen im Kür-Vierkampf und am Stufenbarren gewonnen sowie einmal Silber im Pferdsprung.

Bei der Weltmeisterschaft 1978 in Straßburg zeigte sich eine fraulicher erscheinende siebzehnjährige Nadia, die nach langer Wettkampfpause fast zwanzig Pfund abtrainieren mußte und viel von ihrem großen Namen lebte. Nach Platz vier im Achtkampf brachten ihr die Gerätefinals eine Goldmedaille am Schwebebalken und Silber im Pferdsprung. Mit der Mannschaft reichte es ebenfalls nur zur Silbermedaille. Trainer Karoly konnte bei diesem Sachverhalt wohl kaum von »Mafia« im Zusammenhang mit dem Kampfgericht sprechen.

Moskau feierte trotz des Boykotts

Im umgebauten und erweiterten Lenin-Stadion gestaltete die Sowjetunion trotz des Boykotts zahlreicher Länder die Eröffnungsfeier äußerst farbenprächtig.

Erst recht nicht bei den XII. Europameisterschaften im folgenden Jahr in Kopenhagen. Dort siegte nämlich sein Schützling im Kür-Vierkampf, im Pferdsprung und am Boden. Am Schwebebalken wurde Nadia Dritte, während sie am Stufenbarren beim Versuch eines neuen Übungsteils stürzte. Bei der später in Fort Worth (USA) stattfindenden Weltmeisterschaft startete die rumänische Turnkönigin zwar nicht, doch ihre Teamgefährtinnen holten auch ohne sie den Mannschaftstitel.

Kurz vor den nächsten Welttitelkämpfen, die 1981 wieder in Moskau stattfanden, erklärte sie überraschend ihren Rücktritt – mitten aus dem Training heraus. Beobachter machten den erneut bevorstehenden Nervenkrieg der Kampfrichter um sowjetische oder rumänische Vorherrschaft im Frauenturnen dafür verantwortlich.

Wie für das rumänische Turnmädchen bedeutete Moskau auch für einen anderen Olympiasieger letzte Station. Der zehn Jahre lang stärkste Mann der Welt, der Gewichtheber im Superschwergewicht Wassili Aleksejew, konnte bei den Sommerspielen in der Heimat nicht das erhoffte Comeback feiern. Nach zweijähriger Wettkampfpause, in der Spekulationen Tür und Tor geöffnet waren, trat er zur Konkurrenz an. Der 38jährige Bergbauingenieur, geboren am 7. Januar 1942 als Sohn eines Holzfällers in der Ukraine, scheiterte aber dreimal an der Anfangslast von 180 kg im Reißen und schied vorzeitig aus.

Damit fand die größte Karriere eines Gewichthebers, die zahlreiche Höhepunkte hatte, ein unrühmliches Ende. Der 314 Pfund schwere Aleksejew war zweifacher Olympiasieger 1972 und 1976, Weltmeister von 1970 und 1971, von 1973 bis 1975 sowie 1977. Er stellte in seiner Laufbahn achtzig Weltrekorde auf

Volkskunst begeisterte das Publikum

Eines der Hauptattribute der Eröffnungsfeier waren die Darbietungen der Volkskünstler aus allen Unionsrepubliken der UdSSR. Die imposanten Bilder begeisterten die Zuschauer im Stadion und am Bildschirm.

BRITE ALLAN WELLS SIEGER UEBER 100 METER

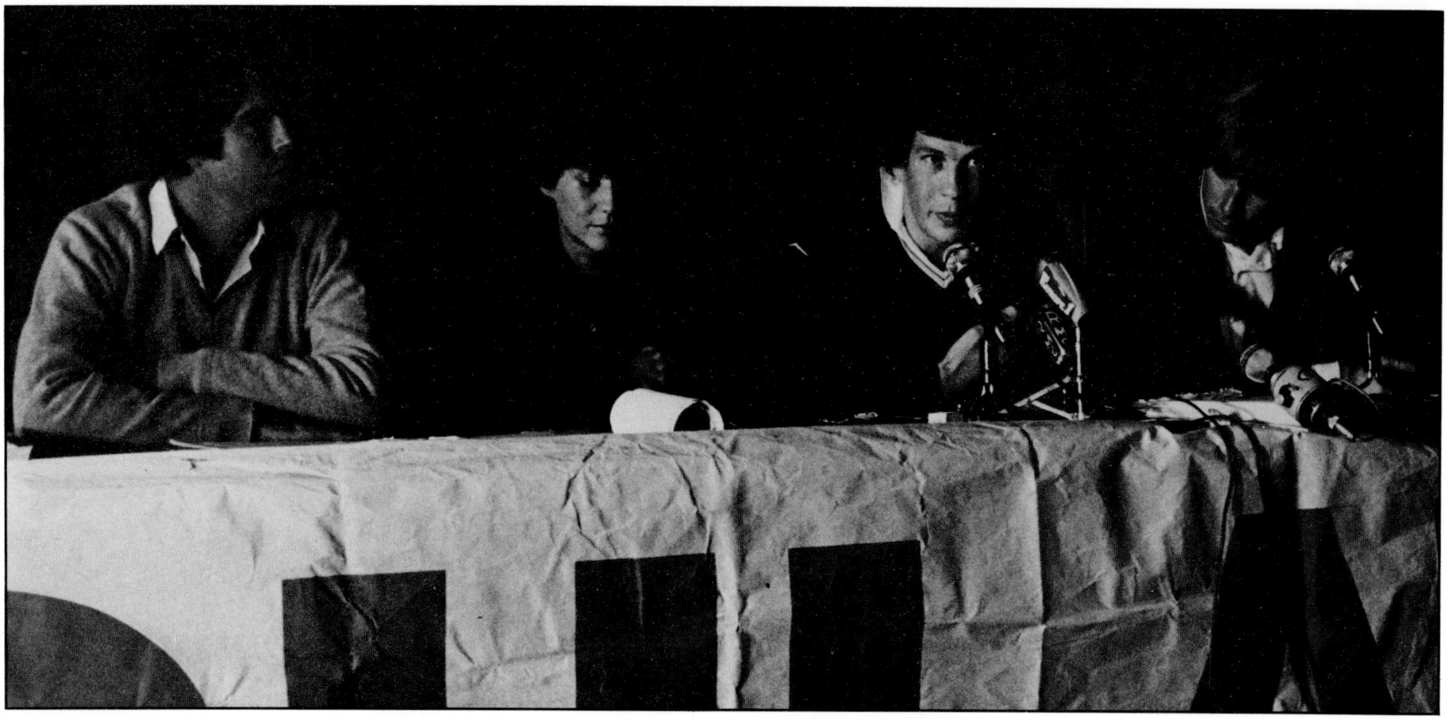

Fruchtlose Diskussion

Das Engagement der westlichen Boykottgegner – zweite von links Cornelia Hanisch – brachte wenig ein. Sie mußten ihre Hoffnungen begraben.

und stieß in neue Dimensionen des Gewichthebens vor. Bereits im April 1970 erreichte er als erster Heber der Welt 600 Kilo im damals noch ausgetragenen Dreikampf; in München brachte er 640 Kilo zur Hochstrecke, in Montreal im Zweikampf 440 Kilo.

Für zahlreiche der vom Boykott betroffenen Sportler bedeutete die Nichtteilnahme in Moskau eine herbe Enttäuschung ihrer sportlichen Hoffnungen. Jahrelange Trainingsarbeit auf dieses Ziel hin war vergeblich gewesen. Den bundesdeutschen Aktiven, die sich in einer auf dem Papier stehenden Olympiamannschaft wiederfanden, blieben nachfolgende Ereignisse wie Welt- und Europameisterschaften, um ihren internationalen Leistungsstandard zu beweisen. Ob sie ihre Medaillenchancen in Moskau hätten wahrnehmen können, muß Spekulation bleiben. Etliche aber wären ernsthafte Anwärter auf olympische Auszeichnung gewesen.

Als ein Beispiel mag der Fall der Fechterin Cornelia Hanisch gelten. Die am 12. Juni 1952 in Frankfurt am Main geborene heutige Realschullehrerin hat vor und nach Moskau jedenfalls nachdrücklich unterstrichen, daß sie in ihrer Disziplin absolute Weltspitze darstellt. Sie ist Mitglied der Offenbacher Fechterschaft, jenes traditionsreichen Klubs, dem schon die 1953 verstorbene Olympiasiegerin, Welt- und Europameisterin Helene Mayer angehörte, und eine würdige Nachfolgerin dieser großen Sportlerin.

Cornelia Hanisch feierte ihren ersten internationalen Erfolg 1977 in Buenos Aires, als sie mit der Florett-Mannschaft den zweiten Platz belegte. Ein Jahr später in Hamburg wiederholte das Damenteam diesen Vize-WM-Titel, und Cornelia Hanisch erkämpfte sich im Einzel-Wettbewerb noch Bronze. Bei den Olympischen Spielen in Montreal hatte es zuvor nur Ehrenplätze (den vierten im Teamkampf, den fünften im Einzel) gegeben. Der große Wurf gelang ihr erstmals 1979 in Melbourne, als die Weltmeisterin im Damenflorett Cornelia Hanisch hieß. Sie wiederholte diesen Titelgewinn 1981 in Clermont-Ferrand und entschied auch das Weltcupfinale 1982 in Turin für sich.

Im gleichen Jahr gewann sie mit ihren Kameradinnen die Bronzemedaille im Mannschaftswettbewerb bei der WM in Rom. 1983 wurde sie dann durch einen Sieg gegen die Vizeweltmeisterin Carola Cicconetti aus Italien erste deutsche Europameisterin seit Helene Mayer.

Moskau 1980

LEICHTATHLETIK HERREN

100 m

G	Allan Wells	GB	10,25
S	Silvio Leonard	C	10,25
B	Petar Petrow	BG	10,39

200 m

G	Pietro Mennea	I	20,19
S	Allan Wells	GB	20,21
B	Donald Quarrie	JM	20,29

400 m

G	Wiktor Markin	SU	44,60
S	Rick Mitchell	AUS	44,84
B	Frank Schaffer	DDR	44,87

800 m

G	Steven Ovett	GB	1:45,40
S	Sebastian Coe	GB	1:45,85
B	Nikolai Kirow	SU	1:45,94

1500 m

G	Sebastian Coe	GB	3:38,40
S	Jürgen Straub	DDR	3:38,80
B	Steven Ovett	GB	3:38,99

5000 m

G	Miruts Yifter	ETH	13:21,0
S	Suleiman Nyambui	EAT	13:21,6
B	Kaarlo Maaninka	SF	13:22,0

10 000 m

G	Miruts Yifter	ETH	27:42,7
S	Kaarlo Maaninka	SF	27:44,3
B	Mohammed Kedir	ETH	27:44,7

Marathon

G	Waldemar Cierpinski	DDR	2:11:03,0
S	Gerard Nijboer	NL	2:11:20,0
B	Satymkul Dschumanasarow	SU	2:11:35,0

110-m-Hürden

G	Thomas Munkelt	DDR	13,39
S	Alejandro Casanas	C	13,40
B	Aleksandr Putschkow	SU	13,44

400-m-Hürden

G	Volker Beck	DDR	48,70
S	Wassili Archipenko	SU	48,86
B	Gary Oakes	GB	49,11

3000-m-Hindernislauf

G	Bronislaw Malinowski	PL	8:09,70
S	Filbert Bayi	EAT	8:12,48
B	Eshetu Tura	ETH	8:13,57

4-x-100-m-Staffel

G	UdSSR	38,26
S	Polen	38,33
B	Frankreich	38,53

4-x-400-m-Staffel

G	UdSSR	3:01,1
S	DDR	3:01,3
B	Italien	3:04,3

20-km-Gehen

G	Maurizio Damilano	I	1:23:35,5
S	Pjotr Potschentschuk	SU	1:24:45,4
B	Roland Wieser	DDR	1:25:58,2

50-km-Gehen

G	Hartwig Gauder	DDR	3:49:24,0
S	Jorge Llopart	E	3:51:25,0
B	Jewgeni Iwtschenko	SU	3:56:32,0

Hochsprung

G	Gerd Wessig	DDR	2,36
S	Jacek Wszola	PL	2,31
B	Jörg Freimuth	DDR	2,31

Stabhochsprung

G	Wladyslaw Kozakiewicz	PL	5,78
S	Konstantin Wolkow	SU	5,65
B	Tadeusz Slusarski	PL	5,65

Weitsprung

G	Lutz Dombrowski	DDR	8,54
S	Frank Paschek	DDR	8,21
B	Waleri Podluschni	SU	8,18

Dreisprung

G	Jaak Uudmäe	SU	17,35
S	Wiktor Sanejew	SU	17,24
B	João Carlos de Oliveira	BR	17,22

Kugelstoßen

G	Wladimir Kisseljow	SU	21,35
S	Aleksandr Baryschnikow	SU	21,08
B	Udo Beyer	DDR	21,06

Diskuswerfen

G	Wiktor Raschtschupkin	SU	66,64
S	Imrich Bugár	CS	66,38
B	Luis Delis	C	66,32

Hammerwerfen

G	Juri Sedych	SU	81,80
S	Sergej Litwinow	SU	80,64
B	Jüri Tamm	SU	78,96

LEICHTATHLETIK: UdSSR VOR DDR

Auch im Stadion gab es eine Demonstration

Die sowjetischen Medien verschwiegen weitgehend den Boykott des Westens. Auch diese Demonstration mit einer »Boykottfahne« wurde im Sowjetfernsehen ausgeblendet.

Moskau 1980

Speerwerfen

G	Dainis Kula SU	91,20
S	Aleksandr Makarow SU	89,64
B	Wolfgang Hanisch DDR	86,72

Zehnkampf

G	Daley Thompson GB	8495
S	Juri Kutsenko SU	8331
B	Sergej Schelanow SU	8135

LEICHTATHLETIK DAMEN

100 m

G	Ljudmila Kondratjewa SU	11,06
S	Marlies Göhr DDR	11,07
B	Ingrid Auerswald DDR	11,14

200 m

G	Bärbel Wöckel DDR	22,03
S	Natalja Botschina SU	22,19
B	Merlene Ottey JM	22,20

400 m

G	Marita Koch DDR	48,88
S	Jarmila Kratochvilová CS	49,46
B	Christina Lathan DDR	49,66

800 m

G	Nadjeschda Olisarenko SU	1:53,43
S	Olga Minejewa SU	1:54,81
B	Tatjana Prowidochina SU	1:55,46

1500 m

G	Tatjana Kasankina SU	3:56,56
S	Christiane Wartenberg DDR	3:57,71
B	Nadjeschda Olisarenko SU	3:59,52

100-m-Hürden

G	Wjera Komissowa SU	12,56
S	Johanna Klier DDR	12,63
B	Lucyna Langer PL	12,65

4-x-100-m-Staffel

G	DDR	41,60
S	UdSSR	42,10
B	Großbritannien	42,43

4-x-400-m-Staffel

G	UdSSR	3:20,2
S	DDR	3:20,4
B	Großbritannien	3:27,5

Hochsprung

G	Sara Simeoni I	1,97
S	Urszula Kielan PL	1,94
B	Jutta Kirst DDR	1,94

Weitsprung

G	Tatjana Kolpakowa SU	7,06
S	Brigitte Wujak DDR	7,04
B	Tatjana Skatschko SU	7,01

Kugelstoßen

G	Ilona Slupianek DDR	22,41
S	Swetlana Kratschewskaja SU	21,42
B	Margitta Pufe DDR	21,20

Diskuswerfen

G	Evelin Jahl DDR	69,96
S	Maria Petkowa BG	67,90
B	Tatjana Lessowaja SU	67,40

Speerwerfen

G	Maria Caridad Colón C	68,40
S	Saida Gunba SU	67,76
B	Ute Hommola DDR	66,56

Fünfkampf

G	Nadjeschda Tkatschenko SU	5083
S	Olga Rukawischnikowa SU	4937
B	Olga Kuragina SU	4875

FECHTEN HERREN

Florett

G	Wladimir Smirnow SU
S	Pascal Jolyot F
B	Aleksandr Romankow SU

Florett, Mannschaft

G	Frankreich
S	UdSSR
B	Polen

Degen

G	Johan Harmenberg S
S	Ernö Kolczonay H
B	Philippe Riboud F

Degen, Mannschaft

G	Frankreich
S	Polen
B	UdSSR

Säbel

G	Wiktor Krowopuskow SU
S	Michail Burtsew SU
B	Imre Gedövári H

Säbel, Mannschaft

G	UdSSR
S	Italien
B	Ungarn

FECHTEN DAMEN

Florett

G	Pascale Trinquet F
S	Magda Maros H
B	Barbara Wysoczańska PL

Florett, Mannschaft

G	Frankreich
S	UdSSR
B	Ungarn

SCHWIMMEN HERREN

100-m-Freistil

G	Jörg Woithe DDR	50,40
S	Per Holmertz S	50,91
B	Per Johansson S	51,29

200-m-Freistil

G	Sergej Kopljakow SU	1:49,81
S	Andrej Krylow SU	1:50,76
B	Graeme Brewer AUS	1:51,60

400-m-Freistil

G	Wladimir Salnikow SU	3:51,31
S	Andrej Krylow SU	3:53,24
B	Iwar Stukolkin SU	3:53,95

1500-m-Freistil

G	Wladimir Salnikow SU	14:58,27
S	Aleksandr Tschajew SU	15:14,30
B	Max Metzker AUS	15:14,49

100-m-Rücken

G	Bengt Baron S	56,63
S	Wiktor Kusnjetsow SU	56,99
B	Wladimir Dolgow SU	57,63

200-m-Rücken

G	Sándor Wladár H	2:01,93
S	Zoltán Verrasztó H	2:02,40
B	Mark Kerry AUS	2:03,14

100-m-Brust

G	Duncan Goodhew GB	1:03,34
S	Arsen Miskarow SU	1:03,82
B	Peter Evans AUS	1:03,96

200-m-Brust

G	Robertas Schulpa SU	2:15,85
S	Albán Vermes H	2:16,93
B	Arsen Miskarow SU	2:17,28

100-m-Delphin

G	Pär Arvidsson S	54,92
S	Roger Pyttel DDR	54,94
B	David López E	55,13

200-m-Delphin

G	Sergej Fessenko SU	1:59,76
S	Phillip Hubble GB	2:01,20
B	Roger Pyttel DDR	2:01,39

400-m-Lagen

G	Aleksandr Sidorenko SU	4:22,89
S	Sergej Fessenko SU	4:23,43
B	Zoltán Verrasztó H	4:24,24

4-x-200-m-Freistilstaffel

G	UdSSR	7:23,50
S	DDR	7:28,60
B	Brasilien	7:29,30

4-x-100-m-Lagenstaffel

G	Australien	3:45,70
S	UdSSR	3:45,92
B	Großbritannien	3:47,71

Kunstspringen

G	Aleksandr Portnow SU
S	Carlos Giron MEX
B	Giorgio Cagnotto I

Turmspringen

G	Falk Hoffmann DDR
S	Wladimir Alejnik SU
B	Dawid Ambartsumjan SU

Wasserball

G	UdSSR
S	Jugoslawien
B	Ungarn

SCHWIMMEN DAMEN

100-m-Freistil

G	Barbara Krause DDR	54,79
S	Caren Metschuck DDR	55,16
B	Ines Diers DDR	55,65

200-m-Freistil

G	Barbara Krause DDR	1:58,33
S	Ines Diers DDR	1:59,64
B	Carmela Schmidt DDR	2:01,44

400-m-Freistil

G	Ines Diers DDR	4:08,76
S	Petra Schneider DDR	4:09,16
B	Carmela Schmidt DDR	4:10,86

Die letzte Krönung fand nicht statt

Wassili Aleksejew, über Jahre der stärkste Mann der Welt, konnte sich in Moskau nicht wie erhofft mit einer Medaille schmücken. Seine Karriere ging in der Heimat fast auf tragische Weise zu Ende.

Moskau 1980

800-m-Freistil

G	Michelle Ford AUS	8:28,90
S	Ines Diers DDR	8:32,55
B	Heike Dähne DDR	8:33,48

100-m-Rücken

G	Rica Reinisch DDR	1:00,86
S	Ina Kleber DDR	1:02,07
B	Petra Riedel DDR	1:02,65

200-m-Rücken

G	Rica Reinisch DDR	2:11,77
S	Cornelia Polit DDR	2:13,75
B	Birgit Treiber DDR	2:14,14

100-m-Brust

G	Ute Geweniger DDR	1:10,22
S	Elwira Wassilkowa SU	1:10,41
B	Susanne Nielsson DK	1:11,16

200-m-Brust

G	Lina Kačiušytė SU	2:29,54
S	Swetlana Warganowa SU	2:29,61
B	Julia Bogdanowa SU	2:32,39

100-m-Delphin

G	Caren Metschuck DDR	1:00,42
S	Andrea Pollack DDR	1:00,90
B	Christiane Knacke DDR	1:01,44

200-m-Delphin

G	Ines Geißler DDR	2:10,44
S	Sybille Schönrock DDR	2:10,45
B	Michelle Ford AUS	2:11,66

400-m-Lagen

G	Petra Schneider DDR	4:36,29
S	Sharron Davies GB	4:46,83
B	Agnieszka Czopek PL	4:48,17

4-×-100-m-Freistilstaffel

G	DDR	3:42,71
S	Schweden	3:48,93
B	Niederlande	3:49,51

4-×-100-m-Lagenstaffel

G	DDR	4:06,67
S	Großbritannien	4:12,24
B	UdSSR	4:13,61

Kunstspringen

G	Irina Kalinina SU
S	Martina Proeber DDR
B	Karin Guthke DDR

Turmspringen

G	Martina Jäschke DDR
S	Serward Emirsjan SU
B	Liana Tsotadse SU

BOXEN

Leichtfliegengewicht

G	Schamil Sabirow SU
S	Hipolito Ramos C
B	Ismail Mustafow BG
B	Byong-Uk Li NK

Fliegengewicht

G	Petar Lessow BG
S	Wiktor Miroschnitschenko SU
B	János Váradi H
B	Hugh Russell IRL

Bantamgewicht

G	Juan Hernández C
S	Bernardo José Pinango YV
B	Michael Anthony GUY
B	Dumitru Cipere R

Federgewicht

G	Rudi Fink DDR
S	Adolfo Horta C
B	Krzysztof Kosedowski PL
B	Wiktor Rybakow SU

Leichtgewicht

G	Angel Herrera C
S	Wiktor Demjanenko SU
B	Richard Nowakowski DDR
B	Kazimierz Adach PL

Moskau 1980

Halbweltergewicht

G	Patrizio Oliva	I
S	Serik Konakbajew	SU
B	Anthony Willis	GB
B	José Aguilar	C

Weltergewicht

G	Andrés Aldama	C
S	John Mugabi	EAU
B	Karl-Heinz Krüger	DDR
B	Kazimierz Szczerba	PL

Halbmittelgewicht

G	Armando Martinez	C
S	Aleksandr Koschkin	SU
B	Detlef Kästner	DDR
B	Ján Franek	CS

Mittelgewicht

G	José Gómez	C
S	Wiktor Sawtschenko	SU
B	Valentin Silaghi	R
B	Jerzy Rybicki	PL

Halbschwergewicht

G	Slobodan Kačar	YU
S	Pawel Skrzecz	PL
B	Herbert Bauch	DDR
B	Ricardo Rojas	C

Schwergewicht

G	Tiófilo Stevenson	C
S	Pjotr Sajew	SU
B	István Levai	H
B	Jürgen Fanghänel	DDR

GEWICHTHEBEN

Fliegengewicht

G	Kanybek Osmonalijew	SU	245,0
S	Bong Chol Ho	NK	245,0
B	Gyong Si Han	NK	245,0

Bantamgewicht

G	Daniel Nuñez	C	275,0
S	Jurik Sarkisjan	SU	270,0
B	Tadeusz Dembończyk	PL	265,0

Federgewicht

G	Wiktor Masin	SU	290,0
S	Stefan Dimitrow	BG	287,5
B	Marek Seweryn	PL	282,5

Leichtgewicht

G	Janko Russew	BG	342,5
S	Joachim Kunz	DDR	335,0
B	Mintscho Paschow	BG	325,0

Mittelgewicht

G	Assen Slatew	BG	360,0
S	Aleksandr Perwi	SU	357,5
B	Nedeltscho Kolew	BG	345,0

Leichtschwergewicht

G	Jurik Wardanjan	SU	400,0
S	Blagoi Blagojew	BG	372,5
S	Dušan Poliačik	CS	367,5

Mittelschwergewicht

G	Péter Baczakó	H	377,5
S	Rumen Aleksandrow	BG	375,0
B	Frank Mantek	DDR	370,0

1. Schwergewicht

G	Ota Zaremba	CS	395,0
S	Igor Nikitin	SU	392,5
B	Alberto Blanco	C	385,0

2. Schwergewicht

G	Leonid Taranenko	SU	422,5
S	Walentin Christow	BG	405,0
B	György Szalai	H	390,0

Superschwergewicht

G	Sultan Rachmanow	SU	440,5
S	Jürgen Heuser	DDR	410,0
B	Tadeusz Rutkowski	PL	407,5

RINGEN, GRIECHISCH-RÖMISCHER STIL

Leichtfliegengewicht

G	Saksylik Uschkempirow	SU
S	Constantin Aleksandru	R
B	Ferenc Seres	H

Fliegengewicht

G	Wachtang Blagidse	SU
S	Lajos Rács	H
B	Mladen Mladenow	BG

Bantamgewicht

G	Schamil Serikow	SU
S	Józef Lipień	PL
B	Benni Ljungbeck	S

Federgewicht

G	Stylianos Migiakis	GR
S	István Tóth	H
B	Boris Kramorenko	SU

Leichtgewicht

G	Stefan Rusu	R
S	Andrzej Supron	PL
B	Lars-Erik Skiöld	S

Weltergewicht

G	Ferenc Kocsis	H
S	Anatoli Bykow	SU
B	Mikko Huhtala	SF

Mittelgewicht

G	Gennadi Korban	SU
S	Jan Dolgowicz	PL
B	Pawel Pawlow	BG

Halbschwergewicht

G	Norbert Nottny	H
S	Igor Kanygin	SU
B	Petre Dicu	R

Schwergewicht

G	Georgi Raikow	BG
S	Roman Bierla	PL
B	Vasile Andrei	R

Superschwergewicht

G	Aleksandr Koltschinski	SU
S	Aleksandr Tomow	BG
B	Hassan Bchara	RL

FREISTILRINGEN

Leichtfliegengewicht

G	Claudio Pollio	I
S	Se Hong Jang	NK
B	Sergej Kornilajew	SU

Fliegengewicht

G	Anatoli Beloglasow	SU
S	Wladyslaw Stecyk	PL
B	Nermedin Selimow	BG

Bantamgewicht

G	Sergej Beloglasow	SU
S	Ho Pyong Li	NK
B	Dugassuren Ouinbold	MON

Federgewicht

G	Magomedgasan Abuschew	SU
S	Micho Dukow	BG
B	Georgios Hatziioanidis	GR

Leichtgewicht

G	Saipullaw Absaidow	SU
S	Iwan Jankow	BG
B	Šaban Sejdi	YU

Weltergewicht

G	Walentin Raitschew	BG
S	Jamtsying Davaajav	MON
B	Dan Karabin	CS

Mittelgewicht

G	Ismail Abilow	BG
S	Magomed Aratsilow	SU
B	István Kovács	H

Eine Superkür am Schwebebalken

Nicht zuletzt wegen umstrittener Wertungen errang Nadia Comaneci nur zwei Goldmedaillen bei den Moskauer Turnwettbewerben. Für ihre Leistung am Schwebebalken erhielt sie jedoch Gold.

RADSPORT: OSTBLOCK DOMINIERT EINDEUTIG

Moskau 1980

Halbschwergewicht
G Sanasar Oganesjan SU
S Uwe Neupert DDR
B Aleksandr Cichoń PL

Schwergewicht
G Ilja Mate SU
S Slawtscho Tscherwenkow BG
B Július Strnisko CS

Superschwergewicht
G Soslan Andijew SU
S József Balla H
B Adam Sandurski PL

JUDO

Superleichtgewicht
G Thierry Rey F
S José Rodriguez C
B Tibor Kincses H
B Arambi Gemisch SU

Halbleichtgewicht
G Nikolai Soloduchin SU
S Tsendying Damdin MON
B Ilijan Nedkow BG
B Janusz Pawlowski PL

Leichtgewicht
G Ezio Gamba I
S Neil Adams GB
B Karl-Heinz Lehmann DDR
B Ravdan Davaadalai MON

Halbmittelgewicht
G Schota Chabareli SU
S Juan Ferrer C
B Bernard Tchoullouyan F
B Harald Heinke DDR

Mittelgewicht
G Jürg Röthlisberger CH
S Isaac Azcuy C
B Detlev Ultsch DDR
B Aleksandr Jatskewitsch SU

Halbschwergewicht
G Robert Van de Walle B
S Tengis Chubuluri SU
B Dietmar Lorenz DDR
B Henk Numan NL

Schwergewicht
G Angelo Parisi F
S Dimitar Saprjanow BG
B Vladimir Kocman CS
B Radomir Kovačević YU

All-Kategorie
G Dietmar Lorenz DDR
S Angelo Parisi F
B András Ozsvár H
B Arthur Mapp GB

MODERNER FÜNFKAMPF

Einzel
G Anatoli Starostin SU
S Tamás Szombathelyi H
B Pawel Lednew SU

Mannschaft
G UdSSR
S Ungarn
B Schweden

KANU HERREN

Einer-Kajak (500 m)
G Wladimir Parfenowitsch SU
S John Sumegi AUS
B Vasile Diba R

Einer-Kajak (1000 m)
G Rüdiger Helm DDR
S Alain Lebas F
B Ion Birladeanu R

Zweier-Kajak (500 m)
G UdSSR
S Spanien
B DDR

Zweier-Kajak (1000 m)
G UdSSR
S Ungarn
B Spanien

Vierer-Kajak (1000 m)
G DDR
S Rumänien
B Bulgarien

Einer-Canadier (500 m)
G Sergej Postrechin SU
S Ljubomir Ljubenow BG
B Olaf Heukrodt DDR

Einer-Canadier (1000 m)
G Ljubomir Ljubenow BG
S Sergej Postrechin SU
B Eckhard Leue DDR

Zweier-Canadier (500 m)
G Ungarn
S Rumänien
B Bulgarien

Zweier-Canadier (1000 m)
G Rumänien
S DDR
B UdSSR

KANU DAMEN

Einer-Kajak (500 m)
G Birgit Fischer DDR
S Wanja Geschewa BG
B Antonina Melnikowa SU

Zweier-Kajak (500 m)
G DDR
S UdSSR
B Ungarn

RUDERN HERREN

Einer
G Pertti Karppinen SF
S Wassili Jakuscha SU
B Peter Kersten DDR

Doppelzweier
G DDR
S Jugoslawien
B ČSSR

Zweier ohne Steuermann
G DDR
S UdSSR
B Großbritannien

Zweier mit Steuermann
G DDR
S UdSSR
B Jugoslawien

Doppelvierer
G DDR
S UdSSR
B Bulgarien

Vierer ohne Steuermann
G DDR
S UdSSR
B Großbritannien

Vierer mit Steuermann
G DDR
S UdSSR
B Polen

Achter
G DDR
S Großbritannien
B UdSSR

RUDERN DAMEN

Einer
G Sanda Toma R
S Antonina Machina SU
B Martina Schröter DDR

Doppelzweier
G UdSSR
S DDR
B Rumänien

Zweier ohne Steuerfrau
G DDR
S Polen
B Bulgarien

Doppelvierer mit Steuerfrau
G DDR
S UdSSR
B Bulgarien

Vierer mit Steuerfrau
G DDR
S Bulgarien
B UdSSR

Achter
G DDR
S UdSSR
B Rumänien

SEGELN

Soloklasse (Finn-Dinghi)
G Esko Rechardt SF
S Wolfgang Mayrhofer A
B Andrej Balaschow SU

Star
G UdSSR
S Österreich
B Italien

Flying Dutchman
G Spanien
S Irland
B Ungarn

Soling
G Dänemark
S UdSSR
B Griechenland

Tornado
G Brasilien
S Dänemark
B Schweden

470-er Klasse
G Brasilien
S DDR
B Finnland

RADSPORT

Straßenrennen (189 km)
G Sergej Suchorutschenkow SU 4:48:28,9
S Czeslaw Lang PL 4:51:26,9
B Juri Barinow SU 4:51:26,9

100-km-Mannschafts-Zeitfahren
G UdSSR 2:01:21,7
S DDR 2:02:53,2
B ČSSR 2:02:53,9

1000-m-Zeitfahren
G Lothar Thoms DDR 1:02,955
S Aleksandr Panfilow SU 1:04,845
B David Weller JM 1:05,241

1000-m-Sprint
G Lutz Heßlich DDR 11,40*
S Yavé Cahard F
B Sergej Kopylow SU

4000-m-Einzel-Verfolgungsrennen
G Robert Dill-Bundi CH 4:35,66
S Alain Bondue F 4:42,96
B Hans-Henrik Örsted DK 4:36,54

* Zeit für die letzten 200 m

4000-m-Mannschafts-Verfolgungsrennen
G UdSSR 4:15,70
S DDR 4:19,67
B ČSSR*

REITSPORT

Military
G Federico Roman I
S Aleksandr Blinow SU
B Juri Salnikow SU

Military, Mannschaft
G UdSSR
S Italien
B Mexiko

Dressur
G Elisabeth Theurer A
S Juri Kowschow SU
B Wiktor Ugrjumow SU

Dressur, Mannschaft
G UdSSR
S Bulgarien
B Rumänien

Jagdspringen
G Jan Kowalczyk PL
S Nikolai Korolkow SU
B Joaquin Pérez de las Heras MEX

Jagdspringen, Mannschaft
G UdSSR
S Polen
B Mexiko

SCHIESSEN

Kleinkaliber Dreistellungskampf
G Wiktor Wlassow SU
S Bernd Hartstein DDR
B Sven Johansson S

liegend
G Károly Varga H
S Hellfried Heilfort DDR
B Petar Saprjanow BG

Schnellfeuerpistole oder Revolver
G Corneliu Ion R
S Jürgen Wiefel DDR
B Gerhard Petritsch A

Beliebige Scheibenpistole
G Aleksandr Melentjew SU
S Harald Vollmar DDR
B Ljubtscho Djakow BG

Laufender Keiler
G Igor Sokolow SU
S Thomas Pfeffer DDR
B Aleksandr Gaskow SU

Tontaubenschießen (Trap)
G Luciano Giovanetti I
S Rustam Jambulatow SU
B Jörg Damme DDR

Tontaubenschießen (Skeet)
G Hans Kjeld Rasmussen DK
S Lars-Göran Carlsson S
B Roberto Castrillo C

BOGENSCHIESSEN HERREN
G Tomi Poikolainen SF
S Boris Ischtschenko SU
B Giancarlo Ferrari I

BOGENSCHIESSEN DAMEN
G Keto Lossaberidse SU
S Natalja Butusowa SU
B Päivi Meriluoto SF

* Das Rennen um die Bronzemedaille wurde nicht beendet, da der Vierer der Italiener disqualifiziert wurde.

ERSTMALS GOLD FUER ZIMBABWE BEI SPIELEN

Handballturnier stark besetzt
Bis auf die Bundesrepublik waren alle starken Handballnationen in Moskau am Start. Hier eine Szene aus dem Spiel der Dänen gegen die Kubaner (30:18).

Gute Leistungen wenig honoriert
Das Intrigenspiel der Kampfrichterinnen brachte Nadia Comaneci um mehr Erfolg. Sie freute sich dennoch über ihre Medaillen.

Moskau 1980

TURNEN HERREN

Mehrkampf

G	Aleksandr Ditjatin SU
S	Nikolai Andrianow SU
B	Stojan Deltschew BG

Mehrkampf, Mannschaft

G	UdSSR
S	DDR
B	Ungarn

Barren

G	Aleksandr Tkatschew SU
S	Aleksandr Ditjatin SU
B	Roland Brückner DDR

Boden

G	Roland Brückner DDR
S	Nikolai Andrianow SU
B	Aleksandr Ditjatin SU

Pferdsprung

G	Nikolai Andrianow SU
S	Aleksandr Ditjatin SU
B	Roland Brückner DDR

Seitpferd

G	Zoltán Magyar H
S	Aleksandr Ditjatin SU
B	Michael Nikolay DDR

Reck

G	Stojan Deltschew BG
S	Aleksandr Ditjatin SU
B	Nikolai Andrianow SU

Ringe

G	Aleksandr Ditjatin SU
S	Aleksandr Tkatschew SU
B	Jiří Tabák CS

TURNEN DAMEN

Mehrkampf

G	Jelena Dawydowa SU
S	Nadia Comaneci R
B	Maxi Gnauck DDR

Mehrkampf, Mannschaft

G	UdSSR
S	Rumänien
B	DDR

Stufenbarren

G	Maxi Gnauck DDR
S	Emilia Eberle R
B	Maria Filatowa SU
B	Steffi Kräker DDR
B	Melita Rühn R

Boden

G	Nadia Comaneci R
G	Nelli Kim SU
B	Natalja Schaposchnikowa SU
B	Maxi Gnauck DDR

Pferdsprung

G	Natalja Schaposchnikowa SU
S	Steffi Kräker DDR
B	Melita Rühn R

Schwebebalken

G	Nadia Comaneci R
S	Jelena Dawydowa SU
B	Natalja Schaposchnikowa SU

BASKETBALL HERREN

G	Jugoslawien
S	Italien
B	UdSSR

BASKETBALL DAMEN

G	UdSSR
S	Bulgarien
B	Jugoslawien

FUSSBALL

G	ČSSR
S	DDR
B	UdSSR

HANDBALL HERREN

G	DDR
S	UdSSR
B	Rumänien

HANDBALL DAMEN

G	UdSSR
S	Jugoslawien
B	DDR

HOCKEY HERREN

G	Indien
S	Spanien
B	UdSSR

HOCKEY DAMEN

G	Zimbabwe
S	ČSSR
B	UdSSR

VOLLEYBALL HERREN

G	UdSSR
S	Bulgarien
B	Rumänien

VOLLEYBALL DAMEN

G	UdSSR
S	DDR
B	Bulgarien

XXIII. Olympische Sommerspiele
28. Juli bis 12. August 1984 in Los Angeles

Zum dritten Mal in Folge gab es Olympische Spiele ohne ein komplettes Teilnehmerfeld. Nach dem Boykott Schwarzafrikas im Jahre 1976 und dem Fernbleiben bedeutender westlicher Sportnationen 1980 in Moskau blieb diesmal der Ostblock mit Ausnahme Rumäniens den Wettkämpfen fern.
Mit dem Vorgehen der Ostblockländer hat die Politik nunmehr endgültig Besitz von Olympia ergriffen. Daß ihre Abwesenheit in den USA eine Retourkutsche für Jimmy Carters Westboykott war, blieb zwar unausgesprochen, aber die offiziellen Argumente – mangelnde Sicherheit für die Sportler der sozialistischen Länder – wirkten fadenscheinig.
Doch der sowjetische Boykott-Aufruf fand noch nicht einmal im eigenen Lager volle Resonanz. Waren Jimmy Carters Bemühungen 1980 immerhin noch 54 Länder gefolgt, blieben der Warschauer Pakt und wenige Satelliten in Asien, Afrika und der Karibik (Kuba) diesmal isolierte Boykotteure. Man bekam am Ende keine zwanzig abseits stehenden Nationen zusammen.
Dafür trat mit den erstmals seit 1952 – damals wohl mehr symbolisch – wieder teilnehmenden Chinesen eine neue Sportmacht auf den Plan, die mit ihrem Abschneiden für Verblüffung sorgte. In Los Angeles konnten 6701 aktive Sportler aus 141 Nationen begrüßt werden – neuer Teilnahmerekord in der Geschichte der Sommerspiele –, darunter auch das mit 412 Aktiven größte bundesrepublikanische Aufgebot seit München 1972. Italien und Kanada schickten sogar mehr Athleten an den Start als bei den Spielen im eigenen Land (1960 bzw. 1976).
Die Spiele von 1984 waren im übrigen die ersten frei finanzierten der Gegenwart und dabei mit Abstand die preiswertesten seit langem. Moskau hatte 9 Milliarden Dollar gekostet, Montreal 1,5 Milliarden; die US-Organisatoren benötigten etwas mehr als 500 Millionen Dollar.
Daß dabei der hemmungslose Kommerz Pate stand, durfte im Land der unbegrenzten Möglichkeiten nicht wundern. Die Masche war einfach und made in USA. Nur wer als offizieller Sponsor der Spiele auftrat, durfte Olympia für seine Werbezwecke

Amerikaner inszenierten farbenprächtiges Schauspiel
Das Coliseum von Los Angeles war zum zweiten Mal nach 1932 Mittelpunkt der Olympischen Sommerspiele. Nachdem Edwin Moses, der überragende Läufer der letzten Jahre über die lange Hürdenstrecke, den olympischen Eid gesprochen hatte, erlebten die Zuschauer bis in den Abend hinein ein farbenprächtiges Schauspiel.

Amerika kam voll und ganz auf seine Kosten

Nie gesehene Zuschauermassen – oben Jubel um Fredy Schmidtke nach seinem Sieg im 1000-m-Zeitfahren – gaben fast allen Veranstaltungen einen begeisternden Rahmen. So besuchten zum Beispiel weit über eine Million Zuschauer das Fußballturnier. Aber auch die Industrie kam auf ihre Kosten.

benutzen – mit entsprechender Gewinnerwartung natürlich. So traten knapp drei Dutzend große Firmen an und finanzierten mit ihren Spenden die Spiele, gaben aber in allen Fällen noch mehr harte Dollars für die Werbung aus.

Die Mineralöl-Gesellschaft Arco gab 9 Millionen für Olympia und 10 Millionen für die Werbung aus. Imbiß-König MacDonalds sponsorte 9 Millionen bei 35 Millionen Werbeetat, Jeans-Hersteller Levi-Strauss ließ 8 Millionen für Olympia fließen, aber 50 Millionen fürs Geschäft, Coca-Cola war mit 15 Millionen für den Sport und 35 Millionen für das eigene Ansehen dabei. Aus den Lizenzgebühren für die Verwendung des Olympia-Maskottchens »Sam – der Adler« zahlten sechzig Firmen an die 30 Millionen Dollar. Das größte Geschäft machte schon vor dem ersten Startschuß die Fernsehgesellschaft ABC, die für 225 Millionen Dollar die Übertragungsrechte gekauft hatte, aber schon 615 Millionen für verkaufte Werbeminuten verbuchen konnte. Dazu kamen die Summen aus dem Verkauf der Rechte an den »Rest der Welt«.

Selbst die olympische Flamme wurde vermarktet – wenn auch für einen guten Zweck. Wer als Fackelträger auftreten wollte, mußte 3000 Dollar pro Kilometer aufbringen – 4000 von 10 000 Kilometern brachte man an den Mann und konnte so zwölf Millionen für karitative Organisationen bereitstellen.

Für die Aktiven stand zunächst der sportliche Wert dieser Spiele im Vordergrund, vom Geld wurde erst hinterher gesprochen. Schließlich wurden Medaillen nicht selten zu Hause über Werbeverträge honoriert. Dabei spielte es keine Rolle, daß in vielen Sportarten durch das Fehlen der Ostblock-Athleten der Glanz des Edelmetalls doch etwas matt war. Im Rudern, Kanu, Gewichtheben, Ringen, Boxen, Schießen, Turnen, im Frauen-Schwimmen und in der Frauen-Leichtathletik standen diesmal oft Außenseiter auf dem Siegertreppchen.

So müssen die folgenden Weltmeisterschaften erweisen, ob die angedeutete Wachablösung in einigen Sparten tatsächlich vollzogen ist. Zum Beispiel durch die Chinesen, die im Gewichtheben die leichten Klassen beherrschten und im Schießen und Turnen durch erstklassige Plazierungen für Aufsehen sorgten. Auch die US-Turner und Turnerinnen stehen demnächst auf einem schweren Prüfstand – erst recht die westlichen Gewichtheber.

Los Angeles 1984

LEICHTATHLETIK HERREN

100 m

G	Carl Lewis USA	9,99
S	Sam Graddy USA	10,19
B	Ben Johnson CDN	10,22

200 m

G	Carl Lewis USA	19,81
S	Kirk Baptiste USA	19,96
B	Thomas Jefferson USA	20,26

400 m

G	Alonzo Babers USA	44,27
S	Gabriel Tiacoh* ELF	44,54
B	Antonio McKay USA	44,71

800 m

G	Joaquim Cruz BR	1:43,00
S	Sebastian Coe GB	1:43,64
B	Earl Jones USA	1:43,83

1500 m

G	Sebastian Coe GB	3:32,53
S	Steve Cram GB	3:33,40
B	José Abascal E	3:34,30

5000 m

G	Said Aouita MA	13:05,6
S	Markus Ryffel CH	13:07,6
B	Antonio Leicao P	13:09,2

10 000 m

G	Alberto Cova I	27:47,55
S	Martti Vainio SF	27:51,10
B	Michael McLeod GB	28:06,22

Marathon

G	Carlos Lopez P	2:09,21
S	John Treacy IRL	2:09,56
B	Charles Spedding GB	2:09,58

110-m-Hürden

G	Roger Kingdom USA	13,20
S	Greg Foster USA	13,23
B	Arto Bryggare SF	13,40

400-m-Hürden

G	Edwin Moses USA	47,75
S	Danny Harris USA	48,13
B	Harald Schmid D	48,19

3000-m-Hindernislauf

G	Julius Korir EAK	8:11,80
S	Joseph Mahmoud F	8:13,31
B	Brian Diemer USA	8:14,06

4-×-100-m-Staffel

G	USA	37,83
S	Jamaika	38,62
B	Kanada	38,70

4-×-400-m-Staffel

G	USA	2:57,92
S	Großbritannien	2:59,13
B	Nigeria	2:59,32

20-km-Gehen

G	Ernesto Canto MEX	1:23,13
S	Raul Gonzales MEX	1:23,20
B	Maurizio Damilano I	1:23,26

50-km-Gehen

G	Raul Gonzales MEX	3:47:26
S	Bo Gustafsson S	3:53:19
B	Sandro Belucci I	3:53:45

Hochsprung

G	Dietmar Mögenburg D	2,35
S	Patrik Sjoeberg S	2,33
B	Jianhua Zhu TJ	2,31

Stabhochsprung

G	Pierre Quinon F	5,75
S	Mike Tully USA	5,65
B	Earl Bell USA	5,60
B	Thierry Vigneron F	5,60

Weitsprung

G	Carl Lewis USA	8,54
S	Gary Honey AUS	8,24
B	Giovanni Evangelisti I	8,24

* ELF = Elfenbeinküste

Dreisprung

G	Al Joyner USA	17,26
S	Mike Conley USA	17,18
B	Keith Connor GB	16,87

Kugelstoßen

G	Alessandro Andrei I	21,26
S	Mike Carter USA	21,09
B	Dave Laut USA	20,97

Diskuswerfen

G	Rolf Danneberg D	66,60
S	Mac Wilkins USA	66,30
B	John Powell USA	65,46

Hammerwerfen

G	Juha Tiainen SF	78,08
S	Karl-Hans Riehm D	77,98
B	Klaus Ploghaus D	76,68

Speerwerfen

G	Arto Härkönen SF	86,76
S	David Ottley GB	85,74
B	Kent Eldebring S	83,72

Zehnkampf

G	Daley Thompson GB	8797
S	Jürgen Hingsen D	8673
B	Siegfried Wentz D	8412

LEICHTATHLETIK DAMEN

100 m

G	Evelyn Ashford USA	10,97
S	Alice Brown USA	11,13
B	Marlene Ottey-Page JM	11,16

200 m

G	Valerie Brisco-Hooks USA	21,81
S	Florence Griffith USA	22,04
B	Marlene Ottey-Page JM	22,09

400 m

G	Valerie Brisco-Hooks USA	48,83
S	Chandra Cheeseborough USA	49,05
B	Kathryn Cook GB	49,42

800 m

G	Doina Melinte R	1:57,60
S	Kim Gallagher USA	1:58,63
B	Fita Lovin R	1:58,83

1500 m

G	Gabriela Dorio I	4:03,25
S	Doina Melinte R	4:03,76
B	Maricica Puica R	4:04,15

3000 m

G	Maricica Puica R	8:35,96
S	Wendy Sly GB	8:39,47
B	Lynn Williams CDN	8:42,14

Marathon

G	Joan Benoit USA	2:24,52
S	Grete Waitz N	2:26,18
B	Rosa Mota P	2:26,57

100-m-Hürden

G	Benita Fitzgerald-Brown USA	12,84
S	Shirley Strong GB	12,88
B	Kim Turner USA	13,06

400-m-Hürden

G	Nawal El Moutawakel MA	54,61
S	Judy Brown USA	55,20
B	Cristina Cojocaru R	55,41

4-×-100-m-Staffel

G	USA	41,65*
S	Kanada	42,77
B	Großbritannien	43,11

* Weltrekord

4-×-400-m-Staffel

G	USA	3:18,30
S	Kanada	3:21,21
B	Deutschland	3:22,98

Hochsprung

G	Ulrike Mayfarth D	2,02
S	Sara Simeoni I	2,00
B	Joni Huntley USA	1,97

Weitsprung

G	Anisoara Stanciu-Cusmir R	6,96
S	Vali Ionescu R	6,81
B	Susan Hearnshaw GB	6,80

Kugelstoßen

G	Claudia Losch D	20,48
S	Mihaela Loghin R	20,47
B	Gael Martin AUS	19,19

Diskuswerfen

G	Ria Stalman NL	65,36
S	Leslie Deniz USA	64,86
B	Florenta Craciunescu R	63,64

Speerwerfen

G	Tessa Sanderson GB	69,56
S	Tiina Lillak SF	69,00
B	Fatima Whitebread GB	67,14

Siebenkampf

G	Glynis Nunn AUS	6390
S	Jackie Joyner USA	6385
B	Sabine Everts D	6363

FECHTEN HERREN

Florett

G	Mauro Numa I
S	Matthias Behr D
B	Stefano Cerioni I

Florett, Mannschaft

G	Italien
S	Deutschland
B	Frankreich

Degen

G	Philippe Boisse F
S	Björn Vaggo S
B	Philippe Riboud F

Degen, Mannschaft

G	Deutschland
S	Frankreich
B	Italien

Säbel

G	Jean-François Lamour F
S	Marco Marin I
B	Peter Westbrook USA

Säbel, Mannschaft

G	Italien
S	Frankreich
B	Rumänien

FECHTEN DAMEN

Florett

G	Ju Lie Luan TJ
S	Cornelia Hanisch D
B	Dorina Vaccaroni I

Florett, Mannschaft

G	Deutschland
S	Rumänien
B	Frankreich

SCHWIMMEN HERREN

100-m-Freistil

G	Rowdy Gaines USA	49,80
S	Mark Stockwell AUS	50,24
B	Per Johansson S	50,31

200-m-Freistil

G	Michael Groß D	1:47,44*
S	Mike Heath USA	1:49,10
B	Thomas Fahrner D	1:49,69

* Weltrekord

Superstar Carl Lewis auf den Spuren des legendären Jesse Owens

Fast fünfzig Jahre nach Jesse Owens' Triumphen von Berlin war es der Farbige Carl Lewis, der den Spielen von Los Angeles seinen Stempel aufdrückte. Doch nicht wenige vermißten bei ihm die Natürlichkeit seines Vorbildes. Es scheint fraglich, ob »Carl der Große« die Popularität haben wird, die Jesse Owens bis zu seinem Lebensende zuteil wurde.

AMERIKANER DOMINIEREN IM SCHWIMMEN

Los Angeles 1984

400-m-Freistil

G	George Dicarlo	USA	3:51,23
S	John Mykkanen	USA	3:51,49
B	Justin Lemberg	AUS	3:51,79

1500-m-Freistil

G	Mike O'Brien	USA	15:05,20
S	George Dicarlo	USA	15:10,59
B	Stefan Pfeiffer	D	15:12,11

100-m-Rücken

G	Rick Carey	USA	55,79
S	David Wilson	USA	56,35
B	Mike West	CDN	56,49

200-m-Rücken

G	Rick Carey	USA	2:00,23
S	Frederic Delcourt	F	2:01,75
B	Cameron Henning	CDN	2:02,37

100-m-Brust

G	Steve Lundquist	USA	1:01,65*
S	Victor Davis	CDN	1:01,99
B	Peter Evans	AUS	1:02,97

200-m-Brust

G	Victor Davis	CDN	2:13,34*
S	Glenn Beringen	AUS	2:15,79
B	Etienne Dagon	CH	2:17,41

100-m-Delphin

G	Michael Groß	D	53,08*
S	Pablo Morales	USA	53,23
B	Glenn Buchanan	AUS	53,85

200-m-Delphin

G	John Sieben	AUS	1:57,04*
S	Michael Groß	D	1:57,40
B	Rafael Vidal Castro	YV	1:57,51

200-m-Lagen

G	Alex Baumann	CDN	2:01,42*
S	Pablo Morales	USA	2:03,05
B	Neil Cochran	GB	2:04,38

400-m-Lagen

G	Alex Baumann	CDN	4:17,41*
S	Ricardo Prado	BR	4:18,45
B	Robert Woodhouse	AUS	4:20,50

4-×-100-m-Freistilstaffel

G	USA	3:19,03*
S	Australien	3:19,68
B	Schweden	3:22,69

4-×-200-m-Freistilstaffel

G	USA	7:15,69*
S	Deutschland	7:15,73
B	Großbritannien	7:24,78

4-×-100-m-Lagenstaffel

G	USA	3:39,30*
S	Kanada	3:43,23
B	Australien	3:43,25

Kunstspringen

G	Greg Louganis	USA
S	Tan Liangde	TJ
B	Ron Merriott	USA

Turmspringen

G	Greg Louganis	USA
S	Bruce Kimball	USA
B	Li Kong Zheng	TJ

Wasserball

G	Jugoslawien
S	USA
B	Deutschland

SCHWIMMEN DAMEN

100-m-Freistil

G	Nancy Hogshead	USA	55,92
G	Carrie Steinseifer	USA	55,92
B	Annemarie Verstappen	NL	56,08

200-m-Freistil

G	Mary Wayte	USA	1:59,23
S	Cynthia Woodhead	USA	1:59,50
B	Annemarie Verstappen	NL	1:59,69

* Weltrekord

400-m-Freistil

G	Tiffany Cohen	USA	4:07,10
S	Sarah Hardcastle	GB	4:10,27
B	June Croft	GB	4:11,29

800-m-Freistil

G	Tiffany Cohen	USA	8:24,95
S	Michelle Richardson	USA	8:30,73
B	Sarah Hardcastle	GB	8:32,60

100-m-Rücken

G	Theresa Andrews	USA	1:02,55
S	Betsy Mitchell	USA	1:02,63
B	Jolanda de Rover	NL	1:02,91

200-m-Rücken

G	Jolanda de Rover	NL	2:12,38
S	Amy White	USA	2:13,04
B	Aneta Patrascoiu	R	2:13,29

100-m-Brust

G	Petra van Staveren	NL	1:09,88
S	Anne Ottenbrite	CDN	1:10,69
B	Catherine Poirot	F	1:10,70

200-m-Brust

G	Anne Ottenbrite	CDN	2:30,38
S	Susan Rapp	USA	2:31,15
B	Ingrid Lempereur	B	2:31,40

100-m-Delphin

G	Mary T. Meagher	USA	59,26
S	Jenna Johnson	USA	1:00,19
B	Karin Seick	D	1:01,36

200-m-Delphin

G	Mary T. Meagher	USA	2:06,90
S	Karen Philips	AUS	2:10,56
B	Ina Beyermann	D	2:11,91

200-m-Lagen

G	Tracy Caulkins	USA	2:12,64
S	Nancy Hogshead	USA	2:15,17
B	Michele Pearson	AUS	2:15,92

400-m-Lagen

G	Tracy Caulkins	USA	4:39,24
S	Suzanne Landells	AUS	4:48,30
B	Petra Zindler	D	4:48,57

4-×-100-m-Freistilstaffel

G	USA	3:43,43
S	Niederlande	3:44,40
B	Deutschland	3:45,56

4-×-100-m-Lagenstaffel

G	USA	4:08,34
S	Deutschland	4:11,97
B	Kanada	4:12,98

Synchronschwimmen, Solo

G	Tracy Ruiz	USA
S	Carolyn Waldo	CDN
B	Miwako Motoyoshi	J

Synchronschwimmen, Duett

G	Candy Costie/Tracie Ruiz	USA
S	Sharon Hambrook/Kelly Kryczka	CDN
B	Saeko Kimura/Miwako Motoyoshi	J

Kunstspringen

G	Silvie Bernier	CDN
S	Kelly McCormick	USA
B	Christina Seufert	USA

Turmspringen

G	Zhou Jihong	TJ
S	Michele Mitchell	USA
B	Wendy Wiland	USA

Auch zwei Deutsche schrieben Olympia-Geschichte

Michael Groß war mit zwei Gold- und zwei Silbermedaillen der überragende Schwimmer in Los Angeles. Sein Teamkamerad Thomas Fahrner (vorn) schrieb, wenn auch ungewollt, ebenfalls Geschichte: Mit der neuntbesten Zeit aus den Vorläufen erreichte er nur das B-Finale über 400-m-Freistil – und schwamm hier schneller als der Olympiasieger.

BOXEN

Leichtfliegengewicht

G	Paul Gonzales	USA
S	Salvatore Todisco	I
B	José Marcelino	YV
B	Keith Mwila	SA*

Fliegengewicht

G	Stephen McCrory	USA
S	Redzep Redzepovski	YU
B	Ibrahim Bilali	EAK
B	Eyup Can	TR

Bantamgewicht

G	Maurizio Stecca	I
S	Hector Lopez	MEX
B	Pedro Nolasco	DOM*
B	Dale Walters	CDN

Federgewicht

G	Meldrick Taylor	USA
S	Peter Konyegwachie	WAN
B	Turgut Aykac	TR
B	Omar Catari Peraza	YV

Leichtgewicht

G	Pernell Withaker	USA
S	Luis Ortiz	PUR
B	Martin Ndongoebanga	CAM
B	Chil-Sung Cun	SK

Halbweltergewicht

G	Jerry Page	USA
S	Dhawee Umponmaha	T
B	Mircea Fulger	R
B	Mirko Puzovic	YU

Weltergewicht

G	Mark Breland	USA
S	Young-Su An	SK
B	Luciano Bruno	I
B	Joni Nyman	SF

Halbmittelgewicht

G	Frank Tate	USA
S	Shawn O'Sullivan	CDN
B	Christophe Tiozzo	F
B	Manfred Zielonka	D

Mittelgewicht

G	Joon-Sup Shin	SK
S	Virgil Hill	USA
B	Aristides Gonzales	PUR
B	Mohamed Zaoui	DZ

Halbschwergewicht

G	Anton Josipovic	YU
S	Kevin Barry	NZ
B	Evander Holyfield	USA
B	Mustapha Moussa	DZ

Schwergewicht

G	Henry Tillman	USA
S	Willie deWit	CDN
B	Angelo Musone	I
B	Arnold Vanderlijde	NL

Superschwergewicht

G	Tyrell Biggs	USA
S	Francesco Damiani	I
B	Salihu Azis	YU
B	Robert Wells	GB

GEWICHTHEBEN

Fliegengewicht

G	Guoqiang Zeng	TJ	235,0
S	Peishun Zouh	TJ	235,0
B	Kazushito Manabe	J	232,5

Bantamgewicht

G	Shude Wu	TJ	267,5
S	Runming Lai	TJ	265,0
B	Masahiro Kotaka	J	252,5

Federgewicht

G	Weiqiang Chen	TJ	282,5
S	Gelu Radu	R	280,0
B	Wen-Yen Tsai	RC	272,5

* SA = Sambia
* DOM = Dominikanische Republik

Los Angeles 1984

Leichtgewicht

G Yao Jingyuan TJ 320,0
S Andrei Socaci R 312,5
B Jouni Gronman SF 312,5

Mittelgewicht

G Karl-Heinz Radschinsky D 340,0
S Jacques Demers F 335,0
B Dragomir Cioroslan R 332,5

Leichtschwergewicht

G Petre Becheru R 355,0
S Robert Kabbas AUS 342,5
B Ryoji Isaoka J 340,0

Mittelschwergewicht

G Nicu Vlad R 362,5
S Dumitru Petre R 360,0
B David Mercer GB 352,5

1. Schwergewicht

G Rolf Milser D 385,0
S Vasile Groapa R 382,5
B Pekka Niemi SF 367,5

2. Schwergewicht

G Norberto Oberburger I 390,0
S Stefan Tasnadi R 380,0
B Guy Carlton USA 377,5

Superschwergewicht

G Dean Lukin AUS 412,5
S Mario Martinez USA 410,0
B Manfred Nerlinger D 397,5

RINGEN, GRIECHISCH-RÖMISCHER STIL

Leichtfliegengewicht

G Vicenzo Maenza I
S Markus Scherer D
B Ikuzo Saito J

Fliegengewicht

G Atsui Miyahara J
S Daniel Aceves MEX
B Dae-Du Bang SK

Bantamgewicht

G Pasquale Passarelli D
S Masaki Eto J
B Haralambos Holidis GR

Federgewicht

G Weon-Kee Kim SK
S Kentolle Johansson S
B Hugo Dietsche CH

Leichtgewicht

G Vlado Lisjak YU
S Tapio Sipila SF
B James Martinez USA

Weltergewicht

G Jouko Salomäki SF
S Roger Tallroth S
B Stefan Rusu R

Mittelgewicht

G Ion Draica R
S Dimitrios Thanopoulos GR
B Sören Claeson S

Halbschwergewicht

G Steven Fraser USA
S Ilie Matei R
B Frank Andersson S

Schwergewicht

G Vasile Andrei R
S Greg Gibson USA
B Jozef Tertelje YU

Superschwergewicht

G Jeffrey Blatnick USA
S Refik Memisevic* YU
B Victor Dolipschi R

* Dem Schweden Thomas Johansson wurde die ursprünglich gewonnene Silbermedaille wegen Dopings aberkannt.

FREISTILRINGEN

Leichtfliegengewicht

G Robert Weaver USA
S Takashi Irie J
B Gab-Do Son SK

Fliegengewicht

G Saban Trstena YU
S Kim Jong-Kyu SK
B Yuji Takada J

Bantamgewicht

G Hideaki Tomiyami J
S Barry Davis USA
B Eui-Kon Kim SK

Federgewicht

G Randy Lewis USA
S Kosei Akaishi J
B Lee Yung-Kiun SK

Leichtgewicht

G Ju-Tak You SK
S Andrew Rein USA
B Jukka Rauhala SF

Weltergewicht

G David Schultz USA
S Martin Knosp D
B Saban Sejdi YU

Mittelgewicht

G Mark Schultz USA
S Hideyoki Nagashima J
B Chris Rinke CDN

Halbschwergewicht

G Ed Buchan USA
S Akira Ota J
B Noel Loban GB

Schwergewicht

G Lou Banach USA
S Joseph Atiyeh SYR*
B Vasile Puscasu R

Superschwergewicht

G Bruce Baumgartner USA
S Bob Molle CDN
B Ayhan Taskin TR

JUDO

Superleichtgewicht

G Shinji Hosokawa J
S Jae-Yup Kim SK
B Neil Eckersley GB
B Edward Liddie USA

Halbleichtgewicht

G Yoshiyuki Matsuoka J
S Jung-Oh Hwang SK
B Marc Alexandre F
B Josef Reiter A

Leichtgewicht

G Ahn Byeong Keun SK
S Ezio Gamba I
B Luis Onmura BR
B Kenneth Brown GB

Halbmittelgewicht

G Frank Wieneke D
S Neil Adams GB
B Mircea Fratica R
B Michel Nowak F

Mittelgewicht

G Peter Seisenbacher A
S Robert Berland USA
B Walter Carmona BR
B Seiki Nose J

Halbschwergewicht

G Hyoung-Zoo Ha SK
S Douglas Vieira BR
B Bjarni Fridriksson IS
B Günter Neureuther D

* SYR = Syrien

Schwergewicht

G Hitoshi Saito J
S Angelo Parisi F
B Mark Berger CDN
B Young-Chul Cho SK

All-Kategorie

G Yasuhiro Yamashita J
S Mohamed Rashwan ET
B Arthur Schnabl D
B Mihai Cioz R

MODERNER FÜNFKAMPF

Einzel

G Daniele Masala I
S Svante Rasmusson S
B Carlo Masullo I

Mannschaft

G Italien
S USA
B Frankreich

KANU HERREN

Einer-Kajak (500 m)

G Ian Ferguson NZ
S Lars-Erik Moberg S
B Bernard Bregedon F

Einer-Kajak (1000 m)

G Alan Thompson NZ
S Milan Janic YU
B Greg Barton USA

Zweier-Kajak (500 m)

G Neuseeland
S Schweden
B Kanada

Zweier-Kajak (1000 m)

G Kanada
S Frankreich
B Australien

Vierer-Kajak (1000 m)

G Neuseeland
S Schweden
B Frankreich

Einer-Canadier (500 m)

G Larry Cain CDN
S Henning Jakobsen DK
B Costica Olaru R

Einer-Canadier (1000 m)

G Uli Eicke D
S Larry Cain CDN
B Henning Jakobsen DK

Zweier-Canadier (500 m)

G Jugoslawien
S Rumänien
B Spanien

Zweier-Canadier (1000 m)

G Rumänien
S Jugoslawien
B Frankreich

KANU DAMEN

Einer-Kajak (500 m)

G Agneta Andersson S
S Barbara Schüttpelz D
B Annemiek Derckx NL

Zweier-Kajak (500 m)

G Schwedem
S Kanada
B Deutschland

Vierer-Kajak (500 m)

G Rumänien
S Schweden
B Kanada

RUDERN HERREN

Einer

G Pertti Karppinen SF
S Peter-Michael Kolbe D
B Robert Mills CDN

Doppelzweier

G USA
S Belgien
B Jugoslawien

Zweier ohne Steuermann

G Rumänien
S Spanien
B Norwegen

Zweier mit Steuermann

G Italien
S Rumänien
B USA

Doppelvierer

G Deutschland
S Australien
B Kanada

Vierer ohne Steuermann

G Neuseeland
S USA
B Dänemark

Vierer mit Steuermann

G Großbritannien
S USA
B Neuseeland

Achter

G Kanada
S USA
B Australien

RUDERN DAMEN

Einer

G Valeria Racila R
S Charlotte Geer USA
B Ann Haesebrouck B

Doppelzweier

G Rumänien
S Niederlande
B Kanada

Zweier ohne Steuerfrau

G Rumänien
S Kanada
B Deutschland

Doppelvierer mit Steuerfrau

G Rumänien
S USA
B Dänemark

Vierer mit Steuerfrau

G Rumänien
S Kanada
B Australien

Achter

G USA
S Rumänien
B Niederlande

SEGELN

Soloklasse (Finn-Dinghi)

G Russel Coutts NZ
S John Bertrand USA
B Terry Neilson CDN

Flying Dutchman

G USA
S Kanada
B Großbritannien

Star

G USA
S Deutschland
B Italien

US-ATHLETEN IM RADSPORT UEBERRASCHEND STARK

Los Angeles 1984

Soling
G	USA
S	Norwegen
B	Brasilien

Tornado
G	Neuseeland
S	USA
B	Australien

470er-Klasse
G	Spanien
S	USA
B	Frankreich

Windglider
G	Stephan van den Berg NL
S	Randall Scott Steele USA
B	Bruce Kendall NZ

RADSPORT HERREN

Straßenrennen (190 km)
G	Alexi Grewal USA	4:59:57
S	Steve Bauer CDN	
B	Dag Otto Lauritzen N	

100-km-Mannschafts-Zeitfahren
G	Italien	1:58,28
S	Schweiz	2:02,38
B	USA	2:02,46

Punktefahren
G	Roger Ilegems B
S	Uwe Messerschmidt D
B	José Manuel Youshimatz MEX

1000-m-Zeitfahren
G	Fredy Schmidtke D	1:06,104
S	Curtis Harnett CDN	1:06,436
B	Fabrice Colas F	1:06,649

1000-m-Sprint
G	Mark Gorski USA	10,49*
S	Nelson Vails USA	
B	Tsutomu Sakamoto J	

4000-m-Einzel-Verfolgungsrennen
G	Steve Hegg USA	4:39,35
S	Rolf Gölz D	4:43,82
B	Leonard Nitz USA	4:44,03

4000-m-Mannschafts-Verfolgungsrennen
G	Australien	4:25,99
S	USA	4:29,85
B	Deutschland	4:25,60

RADSPORT DAMEN

Straßenrennen (70 km)
G	Connie Carpenter-Phinney USA	2:11,14
S	Rebecca Twigg USA	
B	Sandra Schumacher D	

REITEN

Military
G	Mark Todd NZ
S	Karen Stives USA
B	Virginia Holgate GB

Military, Mannschaft
G	USA
S	Großbritannien
B	Deutschland

Dressur
G	Rainer Klimke D
S	Anne-Grethe Jensen DK
B	Otto Hofer CH

Dressur, Mannschaft
G	Deutschland
S	Schweiz
B	Schweden

Jagdspringen
G	Joe Fargis USA
S	Conrad Homfeld USA
B	Heidi Robbiani CH

* Zeit für die letzten 200 m

Jagdspringen, Mannschaft
G	USA
S	Großbritannien
B	Deutschland

SCHIESSEN HERREN

Kleinkaliber Dreistellungskampf
G	Malcolm Cooper GB
S	Daniel Nipkow CH
B	Allan Alister GB

liegend
G	Edward Etzel USA
S	Michel Bury F
B	Michael Sullivan GB

Luftgewehr
G	Philippe Heberle F
S	Andreas Kronthaler A
B	Barry Dagger GB

Schnellfeuerpistole
G	Takeo Kamachi J
S	Corneliu Ion R
B	Rauno Bies SF

Freie Pistole
G	Xu Haifeng TJ
S	Ragnar Skanaker S
B	Yifu Wang TJ

Laufender Keiler
G	Yuwei Li TJ
S	Helmut Bellingrodt CO
B	Shiping Huang TJ

Tontaubenschießen (Trap)
G	Luciano Giovannetti I
S	Francisco Boza PE
B	Daniel Carlisle USA

Tontaubenschießen (Skeet)
G	Matthew Dryke USA
S	Ole Riber Rasmussen DK
B	Luca Scribani-Rossi I

SCHIESSEN DAMEN

Kleinkaliber Dreistellungskampf
G	Xiao Xuan Wu TJ
S	Ulrike Holmer D
B	Wanda Juwell USA

Luftgewehr
G	Pat Spurgin USA
S	Edith Gufler I
B	Xiao Xuan Wu TJ

Sportpistole
G	Linda Thom CDN
S	Ruby Fox USA
B	Patricia Dench AUS

BOGENSCHIESSEN HERREN
G	Darrel Pace USA
S	Richard McKinney USA
B	Hiroshi Yamamoto J

BOGENSCHIESSEN DAMEN
G	Hyang-Soon Seo SK
S	Lin Yuan-Li TJ
B	Jin-Ho Kim SK

TURNEN HERREN

Mehrkampf
G	Koji Gushiken J
S	Peter Vidmar USA
B	Li Ning TJ

Mehrkampf, Mannschaft
G	USA
S	China
B	Japan

Barren
G	Bart Connor USA
S	Noboyuki Kajitani J
B	Mitchell Gaylord USA

Boden
G	Li Ning TJ
S	Yun Lou TJ
B	Koji Sotomura J
B	Philippe Vatuone F

Pferdsprung
G	Yun Lou TJ
S	Li Ning TJ
S	Mitchell Gaylord USA
S	Koji Gushiken J
S	Shinji Morisue

Seitpferd
G	Li Ning TJ
G	Peter Vidmar USA
B	Timothy Daggett USA

Reck
G	Shinji Morisue J
S	Tong Fei TJ
B	Koji Gushiken J

Ringe
G	Li Ning TJ
G	Koji Gushiken J
B	Mitchell Gaylord USA

TURNEN DAMEN

Mehrkampf
G	Mary Lou Retton USA
S	Ecaterina Szabo R
B	Simona Pauca R

Mehrkampf, Mannschaft
G	Rumänien
S	USA
B	China

Stufenbarren
G	Yanhong Ma TJ
G	Julianne McNamara USA
B	Mary Lou Retton USA

Boden
G	Ecaterina Szabo R
S	Julianne McNamara USA
B	Mary Lou Retton USA

Pferdsprung
G	Ecaterina Szabo R
S	Mary Lou Retton USA
B	Lavinia Agache R

Schwebebalken
G	Ecaterina Szabo R
S	Simona Pauca R
B	Kathy Johnson USA

RHYTHMISCHE SPORTGYMNASTIK
G	Lori Fung CDN
S	Doina Staiculescu R
B	Regina Weber D

BASKETBALL HERREN
G	USA
S	Spanien
B	Jugoslawien

BASKETBALL DAMEN
G	USA
S	Süd-Korea
B	China

FUSSBALL
G	Frankreich
S	Brasilien
B	Jugoslawien

HANDBALL HERREN
G	Jugoslawien
S	Deutschland
B	Rumänien

HANDBALL DAMEN
G	Jugoslawien
S	Süd-Korea
B	China

HOCKEY HERREN
G	Pakistan
S	Deutschland
B	Großbritannien

HOCKEY DAMEN
G	Niederlande
S	Deutschland
B	USA

VOLLEYBALL HERREN
G	USA
S	Brasilien
B	Italien

VOLLEYBALL DAMEN
G	China
S	USA
B	Japan

Angeführte Länder

Ägypten	= ET
Algerien	= DZ
Antillen	= ANT
Argentinien	= RA
Äthiopien	= ETH
Australien	= AUS
Bahamas	= BAH
Barbados	= BAR
Belgien	= B
Bermudas	= BER
Böhmen	= BOH
Bolivien	= BOL
Brasilien	= BR
Bulgarien	= BG
Chile	= RCH
Ceylon	= CL
Costa Rica	= CR
ČSSR	= CS
Dänemark	= DK
Deutsche Dem. Rep.	= DDR
Deutschland	= D
Ekuador	= ECU
Estland	= EST
Finnland	= SF
Frankreich	= F
Ghana	= GH
Griechenland	= GR
Großbritannien	= GB
Guyana	= GUY
Haiti	= RH
Indien	= IND
Iran	= IR
Irak	= IRQ
Irland	= IRL
Island	= IS
Israel	= IL
Italien	= I
Jamaika	= JM
Japan	= J
Jugoslawien	= YU
Kamerun	= CAM
Kanada	= CDN
Kenia	= EAK
Kolumbien	= CO
Kuba	= C
Lettland	= LET
Libanon	= RL
Liechtenstein	= FL
Luxemburg	= L
Marokko	= MA
Monaco	= MC
Mongolei	= MON
Mexiko	= MEX
Neuseeland	= NZ
Niederlande	= NL
Nigeria	= WAN
Nord-Korea	= NK
Norwegen	= N
Österreich	= A
Pakistan	= PAK
Panama	= PA
Paraguay	= PY
Peru	= PE
Philippinen	= PHI
Polen	= PL
Portugal	= P
Puerto Rico	= PUR
Rhodesien	= RHO
Rumänien	= R
Rußland	= RUS
Schweden	= S
Schweiz	= CH
Singapur	= SGP
Spanien	= E
Südafrika	= ZA
Süd-Korea	= SK
Taiwan	= RC
Tansania	= EAT
Thailand	= T
Trinidad	= TRI
Tschechoslowakei	= TCH
Tunesien	= TN
Türkei	= TR
UdSSR	= SU
Uganda	= EAU
Ungarn	= H
Uruguay	= U
Venezuela	= YV
Vereinigte Arabische Republik	= VAR
Vereinigte Staaten von Amerika	= USA
Volksrepublik China	= TJ

Abkürzungen der angeführten Länder

A	= Österreich
ANT	= Antillen
AUS	= Australien
B	= Belgien
BAH	= Bahamas
BAR	= Barbados
BER	= Bermudas
BG	= Bulgarien
BOH	= Böhmen
BOL	= Bolivien
BR	= Brasilien
C	= Kuba
CAM	= Kamerun
CDN	= Kanada
CH	= Schweiz
CL	= Ceylon
CO	= Kolumbien
CR	= Costa Rica
CS	= ČSSR
D	= Deutschland
DDR	= Deutsche Dem. Pep.
DK	= Dänemark
DZ	= Algerien
E	= Spanien
EAK	= Kenia
EAT	= Tansania
EAU	= Uganda
ECU	= Ekuador
EST	= Estland
ET	= Ägypten
ETH	= Äthiopien
F	= Frankreich
FL	= Liechtenstein
GB	= Großbritannien
GH	= Ghana
GR	= Griechenland
GUY	= Guayna
H	= Ungarn
I	= Italien
IL	= Israel
IND	= Indien
IR	= Iran
IRL	= Irland
IRQ	= Irak
IS	= Island
J	= Japan
JM	= Jamaika
L	= Luxemburg
LET	= Lettland
MA	= Marokko
MC	= Monaco
MEX	= Mexiko
MON	= Mongolei
N	= Norwegen
NK	= Nord-Korea
NL	= Niederlande
NZ	= Neuseeland
P	= Portugal
PA	= Panama
PAK	= Pakistan
PE	= Peru
PHI	= Philippinen
PL	= Polen
PUR	= Puerto Rico
PX	= Paraguay
R	= Rumänien
RA	= Argentinien
RC	= Taiwan
RCH	= Chile
RH	= Haiti
RHO	= Rhodesien
RL	= Libanon
RUS	= Rußland
S	= Schweden
SF	= Finnland
SGP	= Singapur
SK	= Süd-Korea
SU	= UdSSR
T	= Thailand
TCH	= Tschechoslowakei
TJ	= Volksrepublik China
TN	= Tunesien
TR	= Türkei
TRI	= Trinidad
U	= Uruguay
USA	= Vereinigte Staaten von Amerika
VAR	= Vereinigte Arabische Republik
WAN	= Nigeria
YU	= Jugoslawien
YV	= Venezuela
ZA	= Südafrika

Gewichtsklassen*

Boxen

Leichtfliegengewicht	bis	48	kg
Fliegengewicht	bis	51	kg
Bantamgewicht	bis	54	kg
Federgewicht	bis	57	kg
Leichtgewicht	bis	60	kg
Halbweltergewicht	bis	63,5	kg
Weltergewicht	bis	67	kg
Halbmittelgewicht	bis	71	kg
Mittelgewicht	bis	75	kg
Halbschwergewicht	bis	81	kg
Schwergewicht	bis	90	kg
Superschwergewicht	über	90	kg

Gewichtheben

Fliegengewicht	bis	52	kg
Bantamgewicht	bis	56	kg
Federgewicht	bis	60	kg
Leichtgewicht	bis	67,5	kg
Mittelgewicht	bis	75	kg
Leichtschwergewicht	bis	82,5	kg
Mittelschwergewicht	bis	90	kg
1. Schwergewicht	bis	100	kg
2. Schwergewicht	bis	110	kg
Superschwergewicht	über	110	kg

Ringen

Leichtfliegengewicht	bis	48	kg
Fliegengewicht	bis	52	kg
Bantamgewicht	bis	57	kg
Federgewicht	bis	62	kg
Leichtgewicht	bis	68	kg
Weltergewicht	bis	74	kg
Mittelgewicht	bis	82	kg
Halbschwergewicht	bis	90	kg
Schwergewicht	bis	100	kg
Superschwergewicht	über	100	kg

Judo

Superleichtgewicht	bis	60	kg
Halbleichtgewicht	bis	65	kg
Leichtgewicht	bis	71	kg
Halbmittelgewicht	bis	78	kg
Mittelgewicht	bis	86	kg
Halbschwergewicht	bis	95	kg
Schwergewicht	über	95	kg
All-Kategorie	ohne jegliches Limit		

* Stand 1984

Quellen

Der Sport Brockhaus; Wiesbaden 1977
Jahrbuch der Leichtathletik 1952 ff.; Berlin 1953 ff.
Jahrbuch des Deutschen Boxsports 1959 ff.; Berlin/Frankfurt 1960 ff.
Erich Kamper: Lexikon der 14000 Olympioniken; Graz 1983
Kicker-Sportmagazin; Nürnberg
Munzinger Sportarchiv;
Alfred Petersmann: Sportlexikon; Köln/München 1969
Rudersport Almanach 1983; Minden 1983

Literatur

Max E. Ammann: Buchers Geschichte des Pferdesports; Luzern/Frankfurt 1976
Gianni Clerici: 500 Jahre Tennis; Berlin 1979
Klaus Deutelmoser: Ski alpin; München 1976
Robert Hartmann/Michael Gernandt: Könige der Leichtathletik; München 1977
Robert Hess: Sie kommen nie wieder. Die abenteuerliche Geschichte des Boxsports; Frankfurt 1963
Karlheinz Huba: Fußball-Weltgeschichte von 1846 bis heute; München 1981
Ulrich Kaiser: Tennisstars; Frankfurt 1980
Ulrich Kaiser: Wimbledon. Geschichte eines Tennisturniers; Frankfurt 1981
Oskar Klose: They never come back. Die größten Boxkämpfe des Jahrhunderts; Regensburg 1976
Carl Koppehel: Geschichte des Deutschen Fußballsports; Frankfurt 1954
Wolf Pflesser: Die Entwicklung des Sportschwimmens; Ulm 1980
Hartmut Scherzer: Weltmeister aller Klassen; München 1976
Eckhard Schröder: Das Glück dieser Erde. Leben und Karriere deutscher Springreiter; Hamburg 1977
Helmut Sohre: Meisterschwimmer und Wasserratten; Stuttgart 1968.
Jupp Suttner: Asse im Wasser; München 1978
Lance Tingay: 100 Jahre Tennis; Frankfurt 1973
Heinz Vogel: Bahnbrecher der Leichtathletik; Berlin 1972
Elfriede Werthan: Weiße Piste, Gold und Geld; Reichling/Obb. 1976
Eberhard Wittig: Das eiskalte Geschäft; Frankfurt 1969
Wolfgang Wünsche: Athleten, Duelle, Rekorde; München 1971

Bildnachweis

Agencia »Mundial«, Buenos Aires 396
Archiv für Kunst und Geschichte, Berlin 34 (1), 45, 48, 51 (2), 53 (1), 56 (2), 133 (1), 240, 312 (1), 313 (1), 332 (2), 334 (1), 337 (1), 338 (1), 340 (4), 341 (3), 362 (2), 363 (1), 374 (1), 467 (1), 542/543, 548 (3)
Archiv ms, München 377 (2), 378 (2), 379, 380, 384 (1)
Associated Press, Frankfurt 55 (1), 74, 76
Associated Press, London 568 (1)
Automobilhistorischer Bilderdienst, Braunschweig 94 (4), 95 (3), 96 (1), 100 (1)
BBC Hulton, London 373 (2), 464 (2), 465 (2), 466
Central Press Photos, London 477 (1), 478 (1)
colorsport, London 370 (1), 371 (2), 372 (5)
Grün-Weiß Dankersen 258 (1), 259 (1)
dpa, Frankfurt 19 (1), 20 (2), 21 (2), 68 (1), 69 (2), 75, 84 (1), 85 (1), 86, 88 (1), 89 (2), 90, 133 (1), 134 (1), 135 (1), 140, 145 (1), 157 (1), 157 (1, Peterhafen), 158 (1), 170, 171 (1), 175 (1), 175 (1, Leonhardt), 184 (Bajzat), 194, 195 (1), 196 (Wiesler), 202 (Wiesler), 205, 208 (2), 214 (2), 219 (1), 228, 230, 232 (Leonhardt), 245 (1), 245 (1, Pfeiffer), 252 (1), 274 (1), 280 (Hemann), 285 (1), 316 (1), 397 (1), 398 (1), 402, 403 (1), 406 (1), 410 (1), 411 (1), 415 (1), 480 (1), 484 (1), 489 (1), 492 (1) 493 (1, Rother), 495 (1), 496 (2), 500 (2), 503 (2, Bajzat, EPU), 506 (1, EPU), 618 (2), 621, 625, 626, 631 (1), 634 (1), 642, 645, 647, 649, 654 (Wiesler), 655 (IOPP), 657 (1)
Mary Evans, London 471 (2), 472 (1), 519
FOCUS, Hamburg 6 (3, Jim Anderson, Christian Petit, Larry Schiller), 7 (David Burnett), 8/9 (Jim Anderson), 28, 29, 42/43 (Larry Schiller), 92/93 (Christian Petit), 260/261 (David Burnett)
Fox-Photos, London 588 (1)
Fritz Hack, Bonn/Buenos Aires 386, 387 (2), 389, 390 (1), 393, 395, 397 (1)
Historia-Photo, Hamburg 49, 152, 262 (1), 374 (3), 375 (2), 376 (2), 517, 520 (2), 521 (5), 522, 524 (2), 526 (2), 528 (2), 529 (2), 530 (1), 531 (3), 533 (2), 534 (4), 535 (2), 536 (2), 537 (2), 538 (3), 539 (3), 540 (3), 541 (2), 556 (1), 560
Horstmüller, Düsseldorf 185 (1), 229, 245 (1), 250 (1), 296, 306 (1), 407 (1), 408, 409 (1), 410 (1), 412 (1), 441 (1), 442, 456
Keystone, Hamburg 10 (1), 22 (2), 33, 36, 37 (1), 38 (3), 39 (3), 40, 46 (1), 51 (1), 55 (1), 56 (1), 58 (2), 62, 63 (1), 64, 65, 66, 70, 77, 78, 79, 81, 84 (1), 87, 88 (2), 96 (1), 97 (4), 99 (2), 100 (1), 101 (2), 102 (1), 103 (1), 104 (2), 119 (1), 120 (1), 121 (1), 122 (2), 124, 125 (2), 129 (1), 145 (1), 168 (3), 169 (3), 176 (4), 179 (2), 180, 182, 185 (1), 187 (1), 236 (3), 237, 258 (2), 263 (1), 279, 282 (2), 283 (1), 286, 287, 290 (1), 294 (2), 295 (1), 315 (2), 316 (1), 320, 321 (1), 350 (4), 351 (2), 385, 390 (1), 399, 403 (1), 404 (2), 405 (1), 407 (1), 409 (1), 413 (2), 414 (2), 416, 417 (2), 418, 459, 470 (1), 473 (2), 478 (1), 480 (2), 481 (2), 482 (2), 483 (3), 484 (1), 485 (2), 487 (2), 488 (2), 489 (1), 490 (2), 492 (1), 506 (1), 514 (2), 515 (2), 516, 525 (3), 531 (1), 532, 551, 574 (3), 575 (2), 578 (1), 580 (1), 582 (2), 583 (1), 585 (3), 586 (2), 587 (1), 591 (1), 592 (2), 593 (2), 594 (2), 595 (2), 596 (3), 597 (1), 598 (1), 599 (3), 600 (2), 601, 603, 604, 606, 607 (1), 608 (1), 609, 610 (2), 611 (2), 612, 613, 614 (2), 615 (3), 616 (3), 617, 620, 624, 632 (1), 634 (1), 636, 652
Keystone, London 477 (1)
Metelmann, Hamburg 30
NOP, München 235
Olympic Photo, London 588 (1)
Popperfoto, London 372 (1), 469 (2), 476 (2), 478 (1), 544 (1), 558 (2), 559, 561, 562 (2), 563, 584 (3), 587 (1), 589 (3), 590 (3), 591 (1)
FC Schalke 04 381
Schirner, Berlin 54 (2), 388, 392
Sven Simon, Essen 7 (2), 25, 31, 32, 34 (2), 37 (2), 67, 68 (1), 71, 73, 85 (1), 91, 105 (2), 106, 107 (2), 108 (3), 109 (2), 111 (2), 112, 113 (2), 114 (2), 115 (1), 116 (2), 117 (2), 118, 121 (1), 129 (2), 135 (2), 136 (1), 137 (1), 141 (2), 145 (1), 148, 149 (6), 165 (1), 172, 177 (2), 178 (1), 183, 190 (1), 191 (1), 199, 203 (1), 215, 221 (1), 223 (1), 224, 225, 234, 245 (1), 246, 248, 250 (1), 253, 254 (3), 255 (2), 259 (1), 288 (2), 292 (1), 295 (1), 300/301, 304 (1), 310/311, 319 (1), 321 (1), 322 (1), 323 (1), 331 (2), 342 (3), 343 (1), 347 (1), 352 (2), 353 (1), 355 (3), 358, 359 (2), 361 (3), 367 (1), 419, 420 (2), 422, 424, 435, 447 (1), 449 (3), 450 (2), 451, 452, 453 (1), 499 (1), 504 (1), 506 (1), 508 (1), 510 (2), 511, 630 (1), 631 (1), 637, 638 (2), 639, 643, 646, 653, 658 (2), 659 (2), 660, 661, 663
The Illustrated London News, London 372 (1), 373 (1)
Topham, Kent 370 (1), 371 (1), 470 (1), 472 (1), 542, 543, 544 (3), 545, 546 (2), 547 (2), 549, 556 (1), 566 (2), 567 (3), 568 (1), 569, 570 (2), 571, 583 (1)
Ullstein, Berlin 10 (2), 11, 12, 13, 14, 15, 16 (1), 16 (1, dpa), 17 (2), 18, 19 (1), 34 (1), 44, 46 (3), 47 (2), 50, 51 (1), 52, 53 (1), 57 (2), 59, 60, 61, 63 (1), 80, 82, 83 (2), 95 (1), 96 (1, Publifoto), 101 (2), 102 (1), 103 (1), 103 (1, Bruno Scholz), 119 (1), 119 (1, Gircke), 120 (1, Baumann), 132 (1), 132 (1, Gircke), 133 (1), 134 (4), 135 (1, Schirner), 145 (2, dpa, Schirner), 153, 154 (1), 154 (2, Schirner, Thiedemann), 158 (1), 158 (1, Schirner), 165 (1, Günter Peters), 173 (Schirner), 174 (2, A. P., Horstmüller), 179 (1), 181, 185 (1), 186 (Horstmüller), 187 (Camara Press), 189, 190 (1), 192 (1), 192 (1, dpa), 197, 198 (1), 198 (2, dpa, Schirner), 199 (1, bild & news), 204 (Camara Press), 212 (1), 212 (2, Schirner), 213 (2, Horstmüller), 218, 219 (1), 221 (1, Krohn), 227 (Schirner), 242 (1), 242 (1, dpa), 243 (2, dpa, Schirner), 244 (2, Schirner, Bruno Scholz), 245 (1, Schirner), 251 (2, Schirner, UP), 252 (1), 262 (1), 264 (Schirner), 265 (2), 266, 267 (2), 268 (2), 269, 270 (2), 271 (2), 272, 273 (3), 273 (1, dpa), 275 (1, Horstmüller), 277 (2), 281, 283 (1), 285 (1), 294 (1), 295 (1, Bruno Scholz), 297 (Schirner), 302, 303 (4), 304 (1), 305 (2, dpa), 307 (2, Horstmüller, Schirner), 312 (1), 313 (1), 314 (2), 317 (2, Schirner, v. d. Becke), 324, 325 (2), 326 (2, Baumann, PM), 333 (3), 334 (2), 335 (2, Horstmüller, v. d. Becke), 336 (1), 336 (1, dpa), 337 (1), 338 (1), 339, 345 (Bruno Scholz), 346, 348, 349 (1), 349 (1, Röhnert), 351 (1, A. P.), 353 (1, Sven Simon), 360 (3), 363 (1), 364 (2), 367 (1), 382 (1), 382 (1, Schirner), 384 (1), 391, 394 (2), 398 (1), 400, 401 (2), 405 (1), 406 (1), 411 (1, Schirner), 412 (1, Horstmüller), 414 (1, Schirner), 415 (1, Sven Simon), 467 (1), 468 (3), 474 (2), 475, 479 (2, dpa), 486 (1, A. P.), 493 (1, dpa), 501 (Horstmüller), 523, 527, 530 (1), 550, 552, 553, 554 (2), 555, 557 (2), 564 (2), 565 (2), 572 (2), 573 (2), 575 (1), 576 (2), 576 (1, v. d. Becke), 577 (3), 578 (1), 579, 580 (1), 581, 597 (1, dpa), 598 (1), 600 (1, v. d. Becke), 602, 605 (Schirner), 607 (1, A. P.), 608 (1), 610 (2, UP, v. d. Becke), 619 (2, dpa), 627 (Schirner), 628 (2, dpa, v. d. Becke), 629 (Schirner), 630 (1), 632 (1)
VSW, München 426, 429, 430 (2), 432 (2)
WEREK, München 6 (2), 23 (2), 24, 26, 27, 35, 107 (1), 110, 111 (1), 115 (2), 121 (1), 123 (3), 126, 127 (3), 128, 129 (2), 130/131, 136 (1), 137 (4), 138 (2), 139 (2), 142 (2), 143 (2), 144, 146, 147, 151, 155, 156, 157 (1), 159 (4), 160, 161, 163 (5), 164, 165 (2), 171 (1), 178 (2), 188, 191 (1), 193, 195 (1), 200, 201 (2), 203 (1), 206 (2), 207 (2), 209, 213, 214, 216 (3), 217, 220, 223 (1), 226, 231, 233, 247, 249 (2), 256 (2), 257 (2), 274 (2), 275 (1), 276 (2), 290 (1), 292 (1), 298, 299, 306 (2), 308, 309, 318 (2), 319 (1), 322 (3), 323 (3), 327 (2), 328 (2), 329 (2), 330, 343 (1), 344, 354, 356 (2), 357, 359 (1), 360 (1), 365 (3), 366 (1), 367 (1), 421 (2), 423, 425, 426 (2), 427, 431 (1), 434 (2), 436 (2), 439 (2), 440, 441 (2), 443, 446, 447 (1), 448, 453 (1), 457, 458 (2), 460, 461, 491, 494 (2), 495 (1), 497, 498 (2), 499 (1), 502 (4), 503 (2), 504 (1), 505, 506 (1), 508 (1), 509 (2), 510 (3), 611 (1), 622 (2), 623 (2), 628 (2), 640, 641, 644, 648, 650 (2), 651, 657
Wilfried Witters, Hamburg 6 (1), 7 (1), 166/167, 347 (1), 368/369, 428, 433, 438, 439 (1), 444, 454, 455

Register

Alemannia Aachen 391 ff., 439
VfB 08 Aachen 241
»Abarth« 114
Abebe, Bikila 606, 609, 614
FC Aberdeen 461
Abrahams, Harold 550 f., 554
Abramczik, Rüdiger 435 ff.
Ackermann, Rosemarie 230 ff.
Adam, Karl 306 ff.
Adams, Walter 182, 184
Adamski, Herbert 304 f.
Ademir 397, 445
Adorni, Vittorio 289
Aeffke, Klaus 307
»Aeronauta« 571
Aerts, Jean 289
»Agent« 165
Agostini, Giacomo 121 f., 125–129
Ahlefeldt-Laurvig, Marianne Gräfin 158
»Ahlerich« 162, 641
Ahrens, Thomas 307
Aimar, Lucien 275
»AJS« 129
Akii-Bua, John 200
Alavoine, Jean 268
Albert, Florian 412 f.
Alberto, Carlos 422
Albrecht, Ernst 391
Albright, Tenley 344
Aletter, Karl 303
Alexandra von Großbritannien und Irland 529 f.
Aleksejew, Wassili 651, 654
Alfara, Martinez de 83
Alfa Romeo 94 f., 99 f., 103, 106, 113 f.
Alen, Markku 118
»Ali Baba« 155
Allemandi, Luigi 389, 391
All England Lawn Tennis and Croquet Club 32
Allgemeiner Alster-Club 302
Allofs, Klaus 439, 455
»Alpine-Renault« siehe »Renault«
Alquist, Edwin 65
»Alterline« 155
Altig, Rudi 263, 274 f., 288 f., 297, 299
Altobelli, Alessandro 443
Altonaer Bicycle-Club 262
Altonaer FC 1893 375
Altonaer Turnverein 1892 375
Altweg, Jeanette 344
Amarildo 411 ff.
Ambrosini, Dario 122
Amin, Idi 200
Amonti, Sante 85, 87
Amoros, Manuel 443
Ajax Amsterdam 429 f., 454, 459, 461
RAP Amsterdam 373
RSC Anderlecht 429
Andersen, Greta 585
Andersen, Hjalmar 480
Anderson, Arne 185
Anderson, Brian 91
Anderson, Fergus 125
Anderson, Hugh 120, 129
Andersson, Kent 120
Andrade, José Leandro 387 f.
Andrade, Victor 396
Andre, Geo 550
Andreolo, Michele 393
Andretti, Mario 97, 106
Andrianow, Nikolai 642
Angerer, Peter 509 f.
Anglade, Henri 286
Anquetil, Jacques 263, 273 ff., 286 ff., 291 ff., 299
TSV Ansbach 243 f.
Anscheidt, Hans-Georg 120, 122, 127, 129
Antenen, Meta 228
»Antoinette« 624
Antuofermo, Vito 91
»April Love« 156
»Arcadius« 641
Archambaud, Maurice 271, 284
Arden Hills Swim Club 141
Ardiles, Osvaldo 437
Arend, Dieter 304
Arend, Willi 294
»Arlequin« 155
Arndt, Horst 305 f.
Arrington, Ibar 77
Arthur, Ken 123
Arvidson, Per 148
Asarjan, Albert 607
»Asbach« 624
Ascari, Alberto 95 f., 106
Aschenbach, Hans-Georg 498
Ashe, Arthur 23, 31
Ashford, Evelyn 222 ff.
»Askan« 162 f.
Astachowa, Polina 620
»Aston Martin« 114
Aston Villa 370, 372, 458
Panathinaikos Athen 400
Atik, Celal 587
Atkinson, Sidney 558
»Audi« 117 f., siehe auch »Auto Union«
BC Augsburg 402, 412
FC Augsburg 248
Schwaben Augsburg 391 ff.
August, Bernd 84
Aun, Rein 212
Aussem, Cilly 16 f.
Austin, Henry Wilfred (»Bunny«) 14 ff.
»Australia« 155
»Austro Daimler« siehe »Daimler-Benz«
»Auto Union« 93 f., 100 ff., siehe auch »Audi«
Awilow, Nikolai 217

Babashoff, Shirley 136
»Bacchus« 158
Bach, Thomas 642
Bachler, Reinhold 498
Bachrach, William (»Big Bill«) 133
Bachramow, Tofik 417
»Baden« 155
Bader, Pepi 491, 495
VfL Bad Schwartau 253
Badstübner, Werner 241
EC Bad Tölz 361
Baer, Max 55, 58 ff.
Baert, Dirk 297
Bahamontes, Federico 273, 286 f.
Bahrdt, Fritz 252
Baier, Ernst 337, 348
Bairdsley, Craig 149
Baker, Josephine 388
Balanda, Gilles Bertram de 155
Balas, Iolanda 230
Balbach, Louis 545
Baldini, Ercole 286, 289
Ball, Alan 417, 421
Ball, Helmut 87
Ballangrud, Ivar 470, 473
Ballesteros, Enrique 387
Ballington, Kork 122, 125, 129
Bandholz, Willy 241
Banker, Geo 294
Banks, Gordon 414, 417
Bannister, Roger 185
Bantle, Karlheinz 308
Bantz, Helmut 599, 605
Baran, Ria 348
»Barberry« 164
Español Barcelona 380, 459
FC Barcelona 248, 399, 404, 429, 443, 454, 458, 461
Bardauskiene, Wilma 229
Barlow, Vernon W. 570
Tura Barmen 241
Barnekow, Marten von 153
»Baron III« 153
Baronsky, Peter 243
Barrow, Munroe 59
Bartali, Gino 271 ff., 279, 282 ff.
Bartels, Werner 243, 252
Barthel, Josy 593
Basel, Edgar 595
Basilio, Carmen 80, 90
Basso, Marino 289
Bathe, Walther 132
Battgalin, Giovanni 261
Battiston, Patrick 443
Batzill, Albert 641
Batzill, Rudolf 641
Bauer, Fritz 304 f.
Bauer, Hans 402
Bauer, Ina 341
Baum, Ingo 8
Baumann, Wilhelm 241
Baumgarten, Fritz 376
Baumgärtner, Willy 376
Bäumler, Anni 350
Bäumler, Hans-Jürgen 311, 349–353, 487 f.
Bautz, Erich 271
Bauwens, Peco 378
Bayi, Filbert 187
Beamon, Bob 142, 173, 203 ff., 229, 622
Bearzot, Enzo 443 f.
Beatrix, Prinzessin der Niederlande 615
Beck, Emil 641
Beck, Franz 642
Beck, Harald 203
Beck, Volker 202
Beckenbauer, Brigitte 453
Beckenbauer, Franz 415, 417–422, 425, 427 ff., 432, 434, 446, 449, 451 ff., 459
Becker, Fritz 376
Becker, Heinz 242
Becker, Ingrid siehe Mickler-Becker, Ingrid
Becker, Ruth 218
Beer, Erich 436 f., 451 f.
»Beethoven« 155
Bega, Luis 80
Beheyt, Benoni 289
Behle, Jochen 504
Behr, Matthias 642
Behr, Reinhold 642
Behr, Sepp 484
Behrens, Klaus 307
Beier, Hans 251
Beilschmidt, Rolf 206
Beinhorn, Elly 103
Roter Stern Belgrad 418
Bell, Gregory 600
Bell, Tommy 79
»Bellevue« 155
Bellini 408
Belloumi, Lakthar 441
Bender, Jacob 391
Bender, Paul 80
Bendlin, Kurt 211–215
Benedens, Horst 84
»Benelli« 122
Benham, Stanley 365
Benitez, Wilfredo 81
Bennet, Gordon 94
Bennett, John 600
Benoit, Jean 227
VfL Benrath 389, 391
Bensemann, Walter 374
Berbick, Trevor 72
Berghe von Trips, Wolfgang Graf 96 f.
Tura Bergkamen 250
Bergmann, Horst 611
Bergmann, Wolfgang 214
Bergomi, Giuseppe 443
Askanischer TV Berlin 241
ASK Vorwärts Berlin 243, 251, 305
Brandenburg Berlin 361
Britannia Berlin 375
BSV 92 Berlin 242 ff., 250 ff., 376
Dynamo Berlin 243, 251
HC Charlottenburg Berlin 251
Hertha BSC Berlin 376, 393, 415, 422, 437, 451
Polizei SV Berlin 240 f., 243, 250, 573
Reinickendorfer Füchse Berlin 244, 250, 253, 256
RG Wiking Berlin 303 f.
RR d.Tib. Berlin 304
SC Charlottenburg Berlin 241, 573
SC Rehberge Berlin 251
SG Berlin 241
Tennis Borussia Berlin 376
Berliner RC 303 ff.
Berliner RK Hellas 302 f.
Berliner RV Alemannia 304
Berliner RV Friesen 304 f.
Berliner SC 361
Young Boys Bern 404
Bernabeu, Santiago 458
Bernard, Günter 419
Bernaudeau, Jean-René 261
Berndt, Helmuth 367
Bernhard, Markus 242, 250
Berresford, Jack 304
Berthold, Helmut 241
Bertolini, Luigi 389, 391
Bertoni, Daniel 437
Bertoni, Remo 279
Besselmann, Jupp 81
Bevilacqua, Antonio 284, 297
Beyer, Horst 211 f.
Beyer, Olaf 183, 187
Beyer, Uwe 208 f.
Bianchi, Pierpaolo 120, 129
Biavit, Amadeo 393
Bichelmeyer, Hans 308
Bidot, Marcel 273
Bieberstein, Arno 527, 531
Biebl, Heidi 315 f., 485 f.
Bief, Jacqueline du 344
Biefang, Gerhard 244
FC Biel 439
Biellmann, Denise 344
Bienert, Hanna 237
Biesinger, Ulrich 402
Biland, Rolf 123, 129
Binda, Alfredo 270, 272, 278 f., 281, 285, 289
Birgel, Willy 153
Biringer-Bencze, Lajos 595
TSV Birkenau 244
Bishop, Steele 297
Bittner, Klaus 307
Bjeloussow, Wladimir 491
Bjeloussowa, Ljudmila siehe Protopopow, Ljudmila
Blackburn, Jack 59
Blackburn Olympics 371
FC Blackpool 413
Blankers, Jan 219
Blankers-Koen, Fanny 218 f., 582, 584
Blask, Erwin 207, 573, 578
Blin, Jürgen 84 ff.
Blum, Pepi 383
»BMW« 98, 102, 105 f., 109, 119 f., 123
Bobet, Louison 267, 273, 284 ff., 289
Bock, Hano 641
Böck, Ludwig 468
Bock, Manfred 211
Böckl, Willy 338, 347
Boczkowski, Richard 256
Bode, Hans-Jürgen 252 f.
Bode, Harro 647
Bodell, Jack 86
Boetzelen, Gerhard 303
Bogdan, Iwan 611
Bogner, Willy 316
Bohnsack, Klaus 367
Bohorques, José A. de 155
Boldt, Harry 162
Bolkart, Max 483
AC Bologna 415, 418
Bolotnikow, Pjotr 193
Bolton Wanderers 386, 413
Bonaglia, Michele 82
Bonavena, Oscar 70
Bondue, Alain 297
Bonduel, Frans 270
»Bones« 155
Bongartz, Hannes 451 f.
Bonhof, Rainer 428 ff., 436 f., 452
Boninsegna, Roberto 422
Bonner FV 391
Bonnet, Honoré 317, 325
»Boomerang« 155
Borg, Björn 21, 28–33
Borg, Rune 29
Borkowsky, Rainer 305 f.
Borotra, Jean 12 f.
Borsow, Waleri 175, 634
Böse, Roland 308
Bossis, Maxime 443
Boston, Ralph 203 f.
Bouin, Jean 536
Bowdry, Jesse 88
»Bowjak« 155
Boyd, Belinda 70 f.
Bozsik, Jozsef 399
»Brabham« 97 f., 106, 109, 113
»Brabham-BMW« 105 f., 109, siehe auch »BMW«
»Brabham-Ford« 105 f., siehe auch »Ford«
Brabham, Geoff 105
Brabham, Sir Jack 96 f., 104 ff.
»Brabham-Repco« 105 f.
Brack, Walter 520
Bracke, Ferdinand 297
Braddock, James J. 56, 58 ff.
Bradl, Sepp 333 ff., 480
Bradley, Caroline 155
Brand, Jochen 247, 253
Brand, Heiner 250, 254, 256
Brandner, Hans 367, 499
Brankart, Jean 273
Braselmann, Helmuth 241
Slovan Bratislava 450
Brauchitsch, Hans 93
Braun, Dieter 120, 122, 127
Braun, Georg 383
Braun, Gregor 280, 297, 299
Braun, Hanns 534, 537
Braun, Wolfgang 253
Eintracht Braunschweig 422, 443, 453
Bréard, Lucie 218
Bredow, Reinhard 367
Brehme, Christina 220
Breitensträter, Hans 84
Breitner, Paul 427 f., 430, 435, 442 f., 446, 449 f.
Werder Bremen 252, 418, 422, 430, 437, 443, 449, 453
Bremer RC Hansa 306
Bremse, Deinis 367
Brendel, Jacob 564
AC Brescia 412, 415, 419
RV Wratislava Breslau 305
Sportfreunde Breslau 240
VfB Breslau 556
Bretting, Curt 539
Brewer, James 635
Briegel, Hans-Peter 439, 443, 455
Briel, Theo 600
Brinkmann, Hans-Heinrich (»Miky«) 153
Brinkmann, Wilhelm 241
Brise, Toni 105
Brito, Valdemar de 422, 424
»BRM« 95, 97, 106 f., 124
Bröker, Horst 242
Brooks, Herb 504
Broome, David 155, 165
Brough, Louise 18
Broughton, Jack 44
Brown, Mattie 155
Browne, Mary 13
Brugnon, Jacques (»Toto«) 12 f.
Brülls, Albert 411 f., 415, 419
Brumel, Waleri 205
Brundage, Avery 327, 574, 630
Brüning, Rosemarie 350
Brunner, Karl 367
Brüntgens, Gerd 241
Brusso, Noah 47
Brutscher, Toni 40
Bryans, Ralph 120
Bucher, Peter 253
Buchloh, Fritz 391, 393
Buchner, Annemarie (»Mirl«) 315
Budai, Laszlo 399
Ferencvaros Budapest 404
Honved Budapest 399 f., 403 f.
Budd, Francis 173
TSV Büdelsdorf 243 f., 251
Budge, Donald sen. 14
Budge, Donald 14 ff., 21, 28, 33
Budge, Lloyd 14
Bueno, Maria Esther 33
Boca Juniors Buenos Aires 460
Sturm Buetow 374
»Bugatti« 94 f., 99
Bugner, Joe 74, 86
Buhtz, Herberth 303, 305
Bulla, Max 263
Bülow, Arthur 53
»Bultaco« 120, 127
Bungert, Wilhelm 21, 23
Burdenski, Dieter 437
Burger, Heinrich 348, 527
Burgnich, Tarcisio 422, 448
Burka, Petra 344
Burke, Thomas 516
Burkert, Rudolf 467, 483
Burns, Tommy 47 f.
Busby, Matt 418
Busch, Gundi 340, 344
Busch, Willi 391
Buse, Hermann 269, 281
Button, Richard (»Dick«) 345, 347
Buxton, Alex 86 f.
Buysse, Lucien 269
Buysse, Marcel 267
Buzansky, Jenö 399
Bykowa, Tamara 233

Cabrini, Antonio 443
US Cagliari 422
Cajkowski, Zlatko (»Tschik«) 452 f., 591
Calhoun, Lee 198
Callebout, Nora 218
Calmat, Alain 345 ff., 491
Calzavara, Artemio 86 f.
Cam, Edwin Vasquez 590
Camber, Irene 596
»Cambridge Blue« 164
Campari, Giuseppe 95
Campbell, Keith 125
Campe, Erich 82
Campisteguy, Juan 387
Campos, Rafael C. 589
Capellmann, Kurt 158
Caracciola, Rudolf 94 f., 100 ff.
Carey, Rick 143
Carini, Bruno 271
Carlos, John 174
Borussia Carlowitz 241
Carnera, Primo 57 f., 60, 86
Caron, Patrick 155
Carpenter, Kenneth 577
Carpentier, Georges 13, 50 f., 53, 86
Carruthers, Kel 122
Carter, Jimmy 507
Casanas, Alejandro 199

Čáslavská, Vera 616, 625, 628
Castro, Hector 386 f.
CC Catania 412
Catherwood, Ethel 561
Caulkins, Tracy 138 f.
Causio, Franco 443
Cavanna, Biagio 284
Cavicchi, Franco 65, 84, 86
Cea, Pedro 386 ff.
Cecotto, Johnny 125
Cerar, Miroslaw 616, 625
Cerdan, Marcel 79
Cerne, Rudi 346
Cerutty, Percy 186, 193
»Chalan« 164
Chaplin, John 195
Chapman, Colin 97, 106
Chapot, Frank 155
Charles, Ezzard 60 ff.
Charles, Francis 53
Charles, Pierre 82 f., 86
Charlton, Bobby 417–421
Charlton, Jackie 417
Chataway, Chris 192
Chavoor, Sherman 141
Chico 397
Chiron, Louis 95
Christophe, Eugène 267 f.
Chromik, Martin 261
Chuvalo, George 75
Cicconetti, Carola 652
Cieslarczyk, Hans 408
Clark, Danny 296 f.
Clark, Jim 96 f., 106 f., 109
Clarke, Ron 192 ff.
Clay, Cassius Marcellus 65–70, 78, siehe auch Muhammad Ali
Clements, Bob 123
Clodoaldo 422
Cobb, Randall 77
Cochet, Henri Jean 12 f.
Codolle, Marcel 265
Coe, Peter 183
Coe, Sebastian 182 ff., 187 f.
Coetzee, Gerrie 77
Coghlan, Eamon 187, 197
Cohen, George 417
Colaussi, Gino 393
Colledge, Cecilia 344
Collombin, Roland 331
Collovati, Fulvio 443
Colo, Zeno 480
Comaneci, Nadia 642, 649 ff., 655, 657
Combi, Gian Pedro 389, 391
Conen, Edmund 389, 391
Connors, Gloria 31
Connors, James Scott (»Jimmy«) 8, 20, 31 f.
Conolly, Harold 223
Conolly, Maureen 18, 24, 33
Conolly, Pat 223
»Conte Augusta« 126
Conti, Bruno 439, 443
Cooke, Elwood T. 16
Cooney, Gerry 77
»Cooper« 96, 105
»Cooper-Climax« 96, 106
Cooper, Henry 64 f., 85 f.
Coopmann, Jean Pierre 86
Coppi, Bruno 285
Coppi, Fausto 272 f., 279, 283–287, 289 f., 293, 297, 299
Coppi, Serse 273
Corbett, James J. 44 ff., 53
Instituto Córdoba 438
Corinthians (São Paulo) 424
Cornet, Henri 264
»Cornishman V« 164
Corri, Pietro 54
Corte, Graf Murari della 17
Coster, Cor 454
Cottier, Frederic 155
Coubertin, Pierre Baron de 514 f., 550
»Courage« 162
Court, Barry 24
Court, Margaret 24 f., 33
Craig, James 504, 506
Craig, Ralph Cook 536
Cram, Steve 188
Cramm, Gottfried von 14 ff., 21, 23
Cramm, Lisa von siehe Jaenecke, Lisa
Cranston, Toller 346 f.
Cranz, Christl 314 f., 320, 473 f.
Crapp, Lorraine 134 f.
Crawford, Jack 14 f.
Cream, Arnold Raymond siehe Walcott, Jersey Joe
Cron, Fritz 120, 123
»Crosworth« 97, 106
Cruyff, Johan 429 f., 436, 450, 454, 459
RK Crvenka 249
Csandl, Franz 91
Csernai, Pal 433
Cubillas, Teofilo 423, 438, 445
Cullmann, Bernd 427, 430, 437, 450
Cummings, Floyd 74
Curry, John 347
Cusmir, Anisoara 229
»Cyrano« 153
Czapp, Kurt 53
Czibor, Zoltan 399, 401

»Daddy's Girl« 155
Dagge, Eckhard 91
Dahlinger, Hein 242, 245, 250
Dahlinger, Waltraud 245
»Daimler-Benz« 95, 101, 104, 118, siehe auch »Mercedes« und »Mercedes-Benz«
Dalles, Ronnie 155
D'Amato, Cus 63
Dammann, Frank 255 f.
Damme, Albert van 297
Damme, Luc van 81
Danek, Ludvig 623
Danilin, Sergej 367
Grün-Weiß Dankersen 243 ff., 252 f., 256, 258
Danne, Wolfgang 491
Danneberg, Jochen 498
Danner, Dietmar 451
Danzer, Emmerich 347
Darland, Peter 143
Polizei SV Darmstadt 241
Darrigade, André 289
Dascher, Georg 241
Däuber, Friedl 314
Daume, Willi 500
Daute, Heike 229
Davidson, Bruce 164
Davidson, Owen K. 33
Davis, Dwight F. 10
Davis, Lynn 203
Davis, Otis 176 f.
Dean, Christopher 354 ff.
Deckarm, Joachim (»Jo«) 247 f., 250, 253, 256
Decker, Mary 227
Degner, Ernst 120 f., 127
»Delage« 94
Delarge, Fernand 54
»Deister« 155, 165
Délauney, Henri 446
Delecour, Josseline 170
Delfs, Rudolf 243, 252
Delia, Carlos 155
Demleitner, Elisabeth 367
Dempsey, Estelle siehe Taylor, Estelle
Dempsey, William Harrison (»Jack«) 11, 13, 45, 49–53, 57, 59, 63
Demuysere, Jean 270
Dent, Phil 34
Denton, Steve 26
»Derbi« 120, 127
Derby County 389
TuS Derschlag 246
Derwall, Josef (»Jupp«) 439–443, 455
Descamps, François 51
Desgrange, Henri 263–270, 272, 281 f.
Desmarteau, Etienne 525
Dessau 98 241
Deubel, Max 120, 123, 129
Dewaele, Maurice 269
Deyna, Kazimiercz 429
»Diamant« 154 f.
Dibben, Stanley 123
Didi 408, 410 f., 422
Didrikson, Babe 568
Diekmann, Max 54
Diem, Carl 394, 572
Diener, Franz 54, 84
Dienst, Gottfried 416
Dierickx, André 293
Diesch, Bruno 641
Diesch, Eckart 641
Diesch, Jörg 641
Dietrich, Peter 422
Dietrich, Wilfried 607, 611, 624 f., 632
Dietz, Bernard 435, 437, 452, 455
SG Dietzenbach 242, 253, 256
Dijkstra, Sjoukje 344
Dillard, Harrison 583
»Discutido« 155
Divin, Karol 345
»DKW« 107, 119
Dmitrenko, Walentin 210
Dobelli, Lorenzo 123
Dogs, Michael 253
Doherty, Hugh Laurence 10 f.
Doherty, Reginald Frank 10 f.
Dokes, Michael 77
Dollinger, Marie 576
»Donald Rex« 155, 159
Dor, Karin 208
Dorado, Pablo 387
Dorando, Pietri 527, 530
Dörffeldt, Ilse 576
Dörflinger, Stefan 120
Borussia Dortmund 403, 408, 418, 422 f., 443
Eintracht Dortmund 253
OSC Thier Dortmund 222
RG Dortmund/Witten 308
Dossin, Georg 241
Dott, Lottie 39
Doyle, Anthony 297
»Dozent« 160
Drais, Carl Freiherr von 262
Draves, Vickie 586
Dremmler, Wolfgang 442 f.
SG Friedrichstadt Dresden 415
Dresdner RV 303
Dresdner SC 179, 382, 389, 391, 415
Drobny, Jaroslav 20
Drummond-Hay, Anneli 155
Drut, Guy 199
Duboc, Paul 266 f.
Dudravcic, Sandra 508
Duell, Helmut 252
Dufraisse, André 297
Duisburg 99 391
MSV Duisburg 418, 437, 455
Duke, Geoff 120, 125, 129
Dundee, Angelo 72
Dunn, Richard 77, 86
Duquesne, Lucien 559
Duran, Carlos 90
Duran, José 91
Duran, Roberto 81
Düren 99 408
Durham, Yank 73
»Dürkopp« 101
Fortuna Düsseldorf 379 f., 389, 391 ff., 403, 407 f., 428, 430, 437, 439, 455
Polizei SV Düsseldorf 241
PSV Borussia Düsseldorf 40
RC Germania Düsseldorf 306
SV 04 Düsseldorf 376
Tusa Düsseldorf 40
Düsseldorfer EG 361
»Dux« 162, 641
Dvorak, Charles 524
Dzurilla, Wladimir 360

Eberhardt, Lydia 577
Ebert, Horst 161
Ecclestone, Bernie 105, 109
Eckel, Horst 398, 401 f., 407 f.
Ecker, John 229
Eckstein, Rudolf 304 f.
»Ecole« 155
Eder, Gustav 81 f.
Edström, Ralf 428 f., 432
Edward, Harry 544
Edwards, Guy 108
Egen, Markus 360 f.
Ehret, Arno 250, 256
Ehrhardt, Herbert 402, 407 f., 410
Eichhorn, Willi 304
Eiffler, Paul 241
PSV Eindhoven 428
Ekerold, John 125, 128
FC Elche 460
Elizabeth II., Königin von England 414, 416
Elkjaer-Larsen, Preben 456
Ellegaard, Thorwald 294 f.
Eller, Hans 303
Elliot, Herb 181, 185 f.
Ellis, Jimmy 65, 73 f.
»El Paso« 165
Elvström, Paul 615
Elze, Jupp 90
Emerson, Roy 20–24
Emmerich, Lothar 415, 417, 419, 423
Emrich, Armin 253
Ender, Kornelia 136 ff.
Enderlein, Ortrun 367
Enders, Klaus 120 f., 123, 129
Endo, Yukio 612, 616, 621, 625
Enery, Victor 365
Engel, Matthias 295
Engelhardt, Ralf 121, 123
Engel-Krämer, Ingrid 607, 610, 615
Engelmann, Marina 351
»Enigk« 157 f.
Enke, Karin 508
»Ensign« 109
Eppenhoff, Hermann 380
Epple, Irene 321 f., 503 f.
Epple, Maria (»Marile«) 321
Erhard, Ludwig 351
Eriksen, Stein 479
»Erle« 162
Ernst, Friedrich 160
Errath, Christine 342 ff.
Erskine, Joe 66
Ertl, Harald 108
Eschert, Jürgen 615
Rot-Weiß Essen 382, 403, 407 f.
RR ETUF Essen 304 f.
Tusem Essen 256
Esser, Roswitha 615, 623 f., 627
TB Esslingen 244
Est, Wim van 284
Old Etonians 371
Ettori, Jean-Luc 443
Eusebio 388, 417 f., 445
Evangelista, Alfredo 86
Evans, Lee 177
Evenson, Thomas 567
Everaldo 422
Evert, Jim 26
Evert-Lloyd, Chris 24 ff., 33
FC Everton 372
Ewry, Ray C. 520, 522, 527

Faber, François 265, 267
Fabyan, Sarah 16
Faggin, Leandro 297, 299
»Fahnenkönig« 155
Fahrian, Wolfgang 411 f.
»Fairness« 161
Falck, Hildegard 226, 512
Falck, Ralph 226
Falk, Paul 348
Fallner, Günther 242
Famose, Annie 491
Fangio, Juan Manuel 95 f., 101, 103 f., 106, 108
Farina, Giuseppe 95, 106
Farner, Thomas 149
Fasser, Ekkehard 365
Faßnacht, Hans 145, 229
Fath, Helmut 123
Faust, Willy 123
Feierabend, Fritz 365
Feistmantl, Josef 367
Feldhoff, Jochen 247, 252 f.
Feldmann, Klaus 641
Felix 422
Fellgiebel, Inge 158
Fendt, Josef 367, 499
Feola, Vincente 408
»Ferdl« 158
Fernandez, Lorenzo 387
Ferner, Hans-Peter 183 f.
»Ferrari« 95 ff., 103, 105 f., 108, 113 f., 124
Ferrari, Giovanni 389, 391, 393
Ferraris IV, Attilio 389, 391
Fiasconaro, Marcello 182
»Fiat« 117 f.
Fichtel, Klaus 422
»Fidelitas« 157
»Fidux« 155
Fiedler, Wolfram 367
Figg, James 44
Fillol, Urbaldo 434, 437
Fink, Brigitte 367
Finkelmann, Diethard 244, 253
»Fire« 155, 165
Firpo, Luis Angel 49, 51
Fischer, Annemarie siehe Buchner, Annemarie
Fischer, Josef 269
Fischer, Klaus 435, 437, 441 ff.
Fischer, Philipp Moritz 262
Fischer, Rudolf 362
Fischer, Volker 642
Fiske, William 363
Fittipaldi, Emerson 97, 106
Fitzsimmons, Bob 45 ff.
»Flagrant« 160
»Flambeau« 155
Fleischer, Nat 48 f.
Fleischer, Tilly 573, 575 ff.
Fleischmann, Heiner 119
Fleming, Peter 32
Flemming, Peggy 344
Spfr. Flensburg 242
Fletcher, Ken 24, 33
Flinsch, Walter 303
Flint, Otto 82, 84
Flodström, Göran 642
Flohe, Heinz 430, 435 ff., 451 f.
Floth, Horst 213, 491, 495
Flynn, Jim 49
Fontaine, Just 407 f., 445
Fontan, Victor 265
Forbes, Gordon 33
»Ford« 97 f., 105 ff., 113 f., 117 f.
Förderer, Fritz 376
Foreman, George 43, 68, 71 f., 74 f., 627
Formo, Ivar 499
Fornara, Pasquale 287
Förster, Bernd 442 f.
Förster, Karlheinz 443, 455
Fort Lauderdale Strikers 433
»Fortun« 157
Fosbury, Dick 205 f., 232
Foster, Bob 125
Foster, Greg 200
Frances, Francesco 87
Franco, Francisco 380
Frank, Scott 77
Eintracht Frankfurt 389, 391, 403, 418, 422, 428 ff., 437, 451
FSV Frankfurt 242, 402
Kickers Frankfurt 376
Frankfurter RG Germania 305
Frantz, Nicolas 265, 267, 269
Fraser, Dawn 134 ff.
Fraser, Neale 20
Fratianne, Linda 343 f.
BSG Motor Fraureuth 243
Frazer, Gretchen 476
Frazier, Charlie 173
Frazier, Florence 74
Frazier, Joe 69–76, 619
Freeman-Jackson, Virginia 164
»Freiherr« 159
Freisler, Manfred 249 f., 256
Freitag, Hans 158 f.
Freuler, Urs 297
Frey, Julius 517
Friaca 396
Friedrich, Lothar 273
Frith, Freddy 125
Fromm, Fritz 241
Froni, Alfredo 393
Fröschl, Peter 641
Fuchs, Gilbert 347
Fullmer, Gene 80, 88, 90
SpVg. Fürth 377, 380, 402 f., 408
EV Füssen 361
Fütterer, Heinz 169, 174, 176, 236

Gaber, Ernst 303 f.
Gabriel, Willi 646
Gadocha, Robert 429
Gaines, Rowdy 149
Gaisreiter, Stefan 365 f., 495
Gall, Karl 383
Gallego, Americo 437
»Galoubet« 155
Galvan, Luis 437
Gambetta, Schubert 396
Gardener, Jack 84, 86
Gardères, Dominique 152
Gardner, George 46
»Garelli« 120, 127
Garin, Maurice 264, 277
Garneau, Henry 520
Garner, John L. 86
Garretson, Bob 114
Garrigou, Gustave 263, 265 ff.
Garrincha 408, 411 ff.
Gauchel, Josef 393
Gaul, Charly 273
De Gaulle, Charles 325
Gazzaniga, Silvio 427
Geisler, Ilse 367
Geistdörfer, Christian 117
Gelius, Lisa 218
Gellesch, Rudolf 392 f.
Gentile, Claudio 443
Gento, Francisco 458
FC Genua 373
Georg I., König von Griechenland 514 f.
Georget, Emile 266 f.
Gerhardt, Hans-Jürgen 366
Germar, Manfred 170, 173 f., 197, 236
Germershausen, Bernhard 365 f.
Gerschler, Waldemar 179
Gerschwiler, Hans 347
Gerson 422
Gestido, Alvaro 387
Geweniger, Ute 139
Gey, Mathias 642
Geyer, Ludwig 267
Ghiggia, Alcides 396 f.
Gibbons, Tom 53
Gibson, Althea 34
Giele, Adolf 250 f.
Gienger, Eberhard 642, 648
Gieseler, Dieter 280
Giesemann, Willi 412

Gießen 77 305f.
»Gilera« 129
Giletti, Alain 345, 347
Gilmar 406, 408, 411
Gimondi, Felice 263, 274f., 289ff.
Giobellina, Silvio 365
Girardengo, Constante 278f., 284
Giresse, Alain 443
»Gladstone« 161
Glance, Harvey 171
Glasgow Rangers 14
Queens Park Football Club Glasgow 376
Glass, Bernhard 367
Glaß, Harry 483
Glass, Henry 498
Gleinig, Harald 251
Glockshuber, Margot 491
MSV Glogau 241
Glombek, Jürgen 252
Gnau, Ulrich 249, 256
Göbl, Margret 349f.
Godbold, Lucielle 218
Goddet, Jacques 272, 275
Motor Gohlis Nord 243, 251
Göhr, Marlies 222ff.
Goitschel, Christine 317f., 488f.
Goitschel, Marielle 317f., 488f., 491
Goldbrunner, Ludwig 392f.
»Goldika« 162f.
Gonzales, José Froilan 95
Gonzales, Mathias 396f.
Gonzales, Pancho 31
»Good Mixture« 164
Goolagong, Evonne 24, 26
Frisch Auf Göppingen 242ff., 249–253, 259
Göppner, Traute 218
Gordon-Watson, Mary 164
Gorgon, Jerzy 429
Görtz, Peter 253
Gösmann, Hermann 427
Gould, Rodney 122
Gould, Shane 135f.
»Gowran Girl« 155
Goyoaga, Francisco 155, 158
Grabow, Guido 300
Grabow, Volker 300
Grabowski, Jürgen 419, 422, 427, 429f., 434
Graf, Friedrich 302
Graf, Hermann 251f.
Grafström, Gillis 347
Graham, Leslie 129
Gramlich, Rudolf 389ff.
»Granat« 162
Grasegger, Käthe 473
Graziani, Francesco 443
Greb, Harry 53
Green, Dave 81
Greene, Nancy 318
Gregg, Harry 407
Wissenschaft Greifswald 251
Gren, Gunnar 408
Gretzschel, Fritz 90
Griemer, Selma 218
Griffith, Emile 91
Grill, Gerhard 243, 251f.
Grillo, Gabriela 163
Groddeck, Karl-Heinrich von 305ff.
Groen, Tiemen 297
Grohs, Harald 118
Gröning, Burkard 253
Gros, Piero 328
Grosics, Gyula 369, 399, 402
Groß, Michael 131, 148f.
TV Großwallstadt 243ff., 248f., 256f., 259
Gröttumsbraaten, Johan 468, 470
Ruderzelle Grünau 304
Grunwald, Manfred 123
Grut, Wille 589
Gschweidl, Fritz 383
Guaita, Enrico 389, 391
Guerin, Robert 385
Guerra, Learco 270, 281, 289
Guimard, Cyrille 293
VfL Gummersbach 246ff., 252f., 256, 259
Günnemann, Karl 242
Günther, Detlef 367
Gusenbauer, Ilona 230
Gustav V. 541
Gustmann, Gerhard 304f.

Haan, Arie 436f.
Haas, Christl 488
Haas, Eugen 247f.
Haas, Werner 120ff., 127, 129
Haase, Günter 90
Haase, Helga 485
ATSV Habenhausen 243, 250ff.
Haberhauffe, Hans 243, 251
Hadow, Frank 39
Haege, Gerhard 305
Haegemann, Aimé 152
Hägg, Gunder 185, 191
Hague, Iron 86
Hahn, Archie 520, 522
Hahn, Bernd 367
Hahn, Norbert 367
Hahn, Uli 367
Hahnemann, Wilhelm 393
Haies, Jackson 337
Hailwood, Mike 121f., 124ff., 129
Haines, Georges 140f.
Hainle, Max 517
Hakulinen, Veikko 480, 483, 485
»Halla« 150, 155, 157
Haller, Helmut 411f., 415, 417ff., 421f., 425, 445
Halt, Karl Ritter von 180, 473
Halvorsen, Assi 378
Hämäläinen, Marja-Liisa 508, 510
Hamas, Steve 55
Hamborn 07 242, 258
Alemannia Hamburg 306
Polizei SV Hamburg 241f., 244, 249ff.
Oberalster Hamburg 241
RC Germania Hamburg 302
St. Georg Hamburg 573
Union Hamburg 391
Victoria Hamburg 250f., 376, 391
Hamburger Ruderclub 302
Hamburger SV 253, 376–380, 390f., 403, 407f., 412, 418f., 422, 425, 437, 453, 455–458
Hamill, Dorothy 344
Hamilton, Brutus 547
Hamilton, Scott 346f.
Hammerdeicher RV 309
Hammerich, Gerhard 241
Hammond, Frank 37
Hampson, Thomas 566
Hamrin, Kurre 408
Hanika, Sylvia 27
Hanisch, Cornelia 652
Hannes, Wilfried 443
Deutscher Fußballverein Hannover 370, 376
TB Hannover 244
Hanot, Gabriel 457
Hansen, Hermann 241
Hantze, Karen 25
Happe, Ursula 144, 599
Happe-Krey, Ursula siehe Happe, Ursula
Happel, Ernst 401, 436f.
Harbig, Rudolf 176, 179f., 183f.
Hard, Darlene 33
Harder, Otto (»Tull«) 378
Haringer, Sigmund 391
Haritz, Günther 280
Harlem Globetrotters 205
»Harley-Davidson« 122f., 125
Harper, Ernest 579
Harris, Reginald 295
Harris, Roy 66
Hart, Doris 18
Hart, Marvin 47
Harting, Frank 256
Hartley, John T. 39
Hartmann, Ingrid 607
Hartmann, Rainer 84
Hary, Armin 167, 169ff., 174, 197, 606, 608
Haspinger, Ernst 367
Hass, Manfred 90
Hasse, Kurt 153
Hassel, Kai Uwe von 632
TSG Haßloch 242f.
Hatt, Hilda 218
Hattig, Peter 244
Haug, Thorleif 465
Hausmann, Kriemhild 237
Hauswald, Herbert 271
Havelange, Joao 433
Hawthorn, Mike 96, 104, 106
Hayes, Bob 617
Hayes, John 527
Haymann, Ludwig 84
Hearns, Thomas (»Tommy«) 81
Heaton, Jennison 467
Heaton, John 467
Hebel, Karl 250
Hecker, Stefan 256
Hecht, Gerhard 79, 84, 86
Heeney, Tom 53
Heger, Gunter 252
Hehn, Jürgen 642
Heida, Anton 520
Heidemann, Fredy 242
Heidemann, Günther 595
Heidemann, Matthias 391
Heiden, Eric 504, 507
Heil, Paul 153
Hein, Harald 642
Hein, Karl 207, 573, 578
Heine, Jutta 236, 606f.
Heinhold, Helmut 305
Heino, Viljo 190f., 578
Heins, Johan 155
Heiss, Carol 344
Held, Siegfried (»Sigi«) 415, 417, 419, 421f., 449
Helgesen, Finn 478
Hemmery, David 200
Hempel, Udo 280
Hempel, Walter 376
Henie, Sonja 338ff., 344f., 361
Henie, Wilhelm 338f.
Henkel, Henner 15ff.
Henneberger, Barbi 316f.
Henning, Rüdiger 307f.
Hensel, Gustav 376
Herber, Maxi 337, 348
Herberger, Josef (»Sepp«) 389, 392ff., 398, 400–405, 407f., 410f., 414f., 433
Herkenrath, Fritz 407f.
Westfalia Herne 412
Herrmann, Erich 241
Herrmann, Günter 412
Herrmann, Hans 96
Herrmann, Richard 402
Herse, Hermann 56
Hertel, Peter 307
Herzog, Dieter 428, 430
Herzog, Günter 251
»Hesketh« 108
Hess, Erika 322ff.
Hettich, Urban 499
Hetz, Gerhard 144f.
Heuer, Erwin 244
Heuser, Adolf 56, 83f., 86
Heusghem, Hector 268
Heyle, Fred 32
Heynckes, Josef (»Jupp«) 430, 446, 449f., 460
Hicks, Thomas 521
Hidalgo, Michel 443
Hidekuti, Nandor 399, 404
Hidien, Rudolf 383
Eintracht Hildesheim 244f., 252
Hildgartner, Paul 367
Hill, Bette 106
Hill, Damon 106
Hill, Graham 97, 104ff.
Hill, Phil 96, 106
Hillebrand, Fritz 123
Hiller, Arthur 376
Hinault, Bernard 263, 276, 289, 292f.
Hines, Jim 171ff., 625
Hingsen, Jürgen 215ff.
Hinrichs, Jürgen 251
Hinterseer, Hans 324f.
Hirohito 494, 614
Hirsch, Rudi 243, 251
Hirschfelder, Egbert 308
Hirschmann, Carl A. W. 385
Hitler, Adolf 190, 380, 392, 395, 574
Hoad, Lewis 19f., 22
Höcherl, Hermann 145
SpVg. Hochheide 242
Hocking, Gary 125, 129
Hodge, Percy 544
Hoeck, Horst 303
Hoek, Aad van den 292
Hoeneß, Ulrich (»Uli«) 428ff., 435, 446, 448f., 450ff.
Hoepner, Willy 86f.
Hoff, Hein ten 84, 86
Hoffmann, Heinz 146
Hoffmann, Jan 347
Hoffmann, Jörg 367
Hoffmeister, Gunhild 226, 512
Hofmann, Manfred 249f., 256
TuS Hofweier 250, 256
Hohmann, Karl 389ff.
Holdorf, Willi 211ff., 614, 616
Holecek, Jiri 359f.
Holik, Jiri 359
Hollaus, Rupert 120f.
Holmes, Larry 72f., 76f.
SV Holstein 375
Holzapfel, Brigitte 233
Hölzenbein, Bernd 428ff., 436f., 451f.
»Honda« 120–125, 129
Honnige, Herbert 252
Honz, Karl 178
Hope, Maurice 91
Hopp, Karl-Heinz 306f.
Hoppenberg, Ernst 517
OSV Hörde 180
Hormel, Claus 250, 256
Hörner, Emil 120, 123
Hornig, Heinz 419
Hörnlein, Horst 367
Hornung, Thora 93
Horstkötter, Manfred 243
Horvath, Kathy 27
Hottenrott, Wolfgang 307f.
Höttges, Horst-Dieter 415, 417, 419, 421f., 427, 430, 446, 449
Houseman, René 437
Houser, Bud 562
Hower, Vincent 83f.
Hrubesch, Horst 439f., 442f., 455
Huber, Andreas 123
Huber, Josef 123
Huber, Sebastian 364
Hübler, Annie 527
Hübner, Anna 348
Hübner, Frank 641, 647
Hübner, Werner 241
Hucks, Dieter 82
Hudak, Harald 188
Hue, Hans-Friedrich 243
Hueppe, Ferdinand 374
Hügel, Gustav 347
»Huipil« 155
Hulme, Denis 97, 105f.
Humez, Charles 87f.
Hunsaker, Tunney 68
Hunt, James 97, 106, 108
Hunt, Roger 416f.
Hunter, Frank 11
Hurst, Geoffrey 416ff., 421
Hussing, Peter 75
TV Hüttenberg 253, 256
Hutton, Barbara 16
»Hydrophane Goldstream« 155
Hyman, Dorothy 607f.

Ibar, José Miguel siehe Urtain
»Ichor« 162
Ickx, Jacky 112ff.
»Ideal de la Haye« 155
Dukla Iglau 359
Igorov, Andrei 615
Ilg, Patriz 202f.
Illinois Athletic Club 133
»Ilona« 160
Immel, Eike 443
Impe, Lucien van 287
Innauer, Toni 498
Inoki, Antonio 71
D'Inzeo, Piero 155
D'Inzeo, Raimondo 155
»Iprem« 120
Iriarte, Santos 387
»Irish Cap« 164
Irrgang, Annegret siehe Richter, Annegret
Isberg, Jürgen 242, 255
Segelclub Sorpesee-Iserlohn 641
Ismayr, Rudolf 564, 575
Iso-Hollo, Volmari 567f.
Isser, Maria 367
Itoh, Shigeo 40
MTV Itzehoe 252
Ivy, Bill 120, 129
Iwanow, Walentin 412f.

Jackson, Donald 345, 347
Jackson, Peter 45
Jackson, Tommy 63f.
Jacobs, Helen 17
Jacobs, Joe 54f.
Jacobs, Mike 59f.
Jacobsen, Uwe 618
Jaenecke, Gustav 360f.
Jaenecke, Lisa 360
»Jägermeister« 157
Jairzinho 422f., 445
Jakob, Hans 391ff.
James, Freda 17
James, Larry 177
Jana, Hanns 642
Janes, Paul 379, 389, 391ff.
Jansen, Wim 430, 436
Janssen, Jan 263, 275, 289
Janssens, Marcel 273, 288
Jaschin, Lew 416
Jazy, Michel 186, 194
Jefries, James Jim 46ff.
Jenatzy, Camille 94
Jenkins, Alan 347
Jenkinson, Denis 123
Jenner, Bruce 215, 643
Jensen, Soerre 332
Jerkovic, Dražan 421f.
Jernberg, Sixten 483, 485, 489
Jerzek, Vaclaw 451
»Jet Run« 155
Jewtraw, Charles 465
Jianhua, Zhu 207
Johansson, Bengt 123
Johansson, Ingemar 64ff., 84, 86
Johansson, Sven Tumba 360
Johnson, Bill 509
Johnson, Harold 88, 90
Johnson, Jack 46ff., 61
Johnson, Lloyd 365
Jones, Alan 97, 106
Jones, Bobby 11
Jones, Gene 84
Jongbloed, Jan 430, 436
Jordan, Ernst 376
Jorgoffa, Diana 229
Juantorena, Alberto 177, 182
Junkermann, Hans (»Hennes«) 274, 286
Jurkemik 451f.
Juskowiak, Horst 407f.

Kaelin, Alois 491
Kaers, Karel 289
Kahanamoku, Duke Paoa 534
Kaidel, Willy 304
1. FC Kaiserslautern 376, 402f., 408, 428, 443, 455
Kalauch, Wolfgang 123
Kalbfell, Hans 84, 87
Kalcher, Fritz 347
Kalen, Astrid 158
Kaltz, Manfred 419, 435, 437, 441ff., 455
Kalule, Ayub 81
Kalwitzki, Ernst 380
Kamm, Harry 250
Kannenberg, Bernd 631, 634
Kapellmann, Hans Josef (»Jupp«) 430
Kapus, Franz 365
Kargus, Rudi 437
Karl, Martin 304
Karlsruher FV 375f.
Karlsruher Kickers 374
Karlsruher SC 176, 412
Karppinen, Pertti 309
Karrer, Josef 243ff.
Karst, Michael 203
Käsler, Horst 242, 247, 250f.
Kaspar, Felix 347
CT Hessen-Preußen Kassel 241
FV Kassel 376
Katayami, Tekazumi 125
Kater, Klaus 253
Kato, Sawao 633, 642
Kaufmann, Carl 176f., 606
»Kawasaki« 120, 122, 125, 127f.
Kearns, Jack 50f.
Keegan, Kevin 460
Keimig, Heinrich 241
Keino, Kipchoge 186f., 193ff., 625
Keiter, Hans 241
Kelbassa, Alfred 408
Keleti, Agnes 599
Keller, Carsten 632
Keller, Erhard 491, 493
Keller, Franz 491, 493f.
Kempa, Bernhard 242ff., 250
Kemper, Dieter 298
Kemper, Franz-Josef 182, 184
Kempes, Mario 437f., 445
Kerkhof, René van de 437
Kerkhof, Willy van de 455
Kerr, Robert 531
Kessel, Henk van 120
Keßlau, Norbert 300
Ketchel, Stanley 48
Khalifa, Omar 195
ATV Ditmarsia Kiel 306f.
Holstein Kiel 208
Polizei SV Kiel 243, 252
THW Kiel 242, 245, 250ff.
1. Kieler Fußballverein siehe SV Holstein
Kienzl, Karla 367
Kilian, Gustav 279f., 299
Kilian, Hanns 363ff., 467f., 470f.
Kilius, Leni 350
Kilius, Marika 311, 349–353, 487f.
»Kilkenny« 164
Killoresi, Luigi 99
Killy, Jean-Claude 325f., 331, 491f.
Kilrain, Jake 44f.
Kimobwa, Samson 195
King, Billie Jean 24ff., 33
King, Larry 25
King, Leamon 169
Kinshofer, Christa (»Kinsi«) 322f., 504
Kint, Marcel 289
Kipp, Eugen 376

Kirsch, Rudolf 244
Kirszenstein, Irena siehe Szewinska, Irena
Kitsimow, Iwan 162
Kitzinger, Albin 392f.
Klammer, Franz 325, 329ff., 499, 503
Kleff, Wolfgang 430
Klein, Hans-Joachim 144f., 615, 618
Klein, Herbert 144, 593
Kleine, Theo 600
Kleisl, Sepp 480
Kliefoth, Ingo 307
Klimke, Reiner 162, 640, 643
Kling, Karl 96
Klingler, Alfred 241
Klingner, Bernd 624, 629
Klinkhammer, Hans 460
Klodt, Bernhard (»Bernie«) 400, 402, 407f.
Klose, Oskar 462
Kluge, Ewald 119
Klühspies, Kurt 249f., 256f.
Knautz, Arthur 241
Knecht, Hans 289
Knecht, Werner 244
Knetemann, Gerrie 289
Knörzer, Lothar 236
Kobierski, Stanislaus 389, 391
Koblet, Hugo 263, 299
Koch, Marita 224f.
Kocsis, Sandor 399, 401–405, 445
Köhler, Thomas 367
Kohlmeyer, Werner 401ff., 433
Kohnke, Peter 607, 613
Kolb, Erich 244, 252
Kolbe, Peter-Michael 308f., 647
Kölblin, Arno 83f., 86
Kolehmainen, Hannes 536f., 547
ASV Köln 174, 183, 197, 232
Boxclub Colonia 06 Köln 82
1. FC Köln 403, 407f., 412, 418f., 422, 428, 435, 437, 443, 450, 453, 455
SC 99 Köln 376
Kölner EC 361
Kölner RV 305
»König« 123
PSV Königsberg 573
Konopka, Harald 436f.
Konrads, Ian 140
RV Neptun Konstanz 305
Koof, Norbert 155, 161, 165
Kopa, Raymond 458
Korbut, Olga 633, 638
Körnig, Helmut 169
Korsawe, Siegfried 243
Körvers, Heinz 241
Koslowski, Willi 412
Kother-Gabriel, Rosemarie 137
Kottysch, Dieter 632
Koubkova, Zdena 218
Kowalew, Wladimir 347
Kraenzlein, Alwin 517
Krahwinkel, Hilde siehe Krahwinkel-Sperling, Hilde
Krahwinkel-Sperling, Hilde 15, 17
Kramer, Hans 253
Krämer, Ingrid siehe Engel-Krämer, Ingrid
Kramer, Jack 20
Krämer, Werner (»Eia«) 419
Krankl, Hans 437f.
Kratochvilova, Jarmila 224ff.
Kratschmer, Guido 214ff., 643
Kraus, Engelbert 412
Krause, Barbara 136
Krause, Christiane 634
Krause, Christina 222
Krause, Dieter 607
Krauß, Käthe 218
Preußen Krefeld 361
TV Krefeld-Oppum 252
Krefelder EV 361
»Kreidler« 120, 122, 127
Kreiner, Kathy 321
Kremers, Erwin 446, 449
Kremers, Helmut 430
Kremser, Franzl 481
Kreß, Willibald 389, 391
Kretzschmar, Peter 251
Kreutzberg, Karl 241
Krikis, Aiges 367
Krokowski, Thomas 256
Krol, Ruud 436
Kronberger, Lisette 344
Krüger, Luise 576f.
Kruse, Bernd 307
»Ksar d'Esprit« 155
Kübler, Ferdinand (»Ferdy«) 273, 283–287, 289
Kubsch, Heinz 403
Kuchenbecker, Bernd 242
Kuhlmey-Becker, Siegfried 308
Kuhn, Friedrich 481
Kuhn, Peter 307
Kühnhackl, Erich 361
Kuhnigk, Klaus 256
Kuhnke, Christian 23
Kuhweide, Willi 615, 619, 633
Kuiper, Hennie 289
Kun, Josef 162f.
Kunde, Karl-Heinz 274f.
Kunz, Andreas 491
Kunze, Hansjörg 197
Kupfer, Andreas 392f.
Kurbjuhn, Jürgen 412
Kusch, Walter 147
Kusner, Kathy 155
Kusnjetsow, Wassili 198
Kuts, Wladimir 192
Kuzorra, Ernst 380, 382
Kwiatkowski, Heinrich 403, 407f.

»Laar Court« 155
Laband, Fritz 400, 403
Lachmann, Karen 596
Lacoste, Jean René 11ff.
»Ladalco« 164
Lall, Pramjit 30, 33
Lambot, Firmin 268
LaMotta, Jake 79
Lancaster, Burt 535
»Lancia« 96, 114, 116ff.
EV Landshut 361
Landy, John 185, 598
Lane, Rex 84
Lang, Hermann 95, 101
Lange, Klaus 252
Lange, Paul 607
Langen-Parow, Karl Friedrich Freiherr von 557
Langhendonck, Constant van 152
Langrishe, May 39
Lanig, Hans Peter 486f.
Lantos, Mihaly 399
Lantschner, Gustav 473
Lantschner, Guzzi 314
Lanzi, Mario 180
Lapebie, Roger 271
Lapize, Octave 265, 267
Larned, William 10
Larossa, Omar 437
Larsson, Bo 428
Lato, Grzegorz 429, 431f., 435, 445
Latynina, Larissa 599, 607, 616, 620, 625, 633
Lauda, Niki 97f., 104, 106, 108
Lauder, Polly 53
Laudrup, Michael 456
Lauer, Martin 197ff.
Laufer, Walter 133
Lavado, Carlos 122
»Lavendel« 155
Laver, Rod 20–24, 28, 31, 33f.
Lawson, Eddie 129
Layne, Rex 84
Lazek, Heinz 83f., 86
Lazzarini, Eugenio 120, 129
Lechner, Erika 367
Leconte, Henri 28
Leducq, André 269f., 282
Leeuw, Dianne de 344
Lega, Mario 122
Legard, Charles Percy Digby 570
Lehr, August 294
Akademischer Turnabend Leipzig 538
DHfK Leipzig 243, 251
MSV Leipzig 241
MTSA Leipzig 241
Poseidon Leipzig 133
SC Lok Leipzig 251
Sportfreunde Leipzig 241, 376
VfB Leipzig 375f.
Leitner, Hias 324
Lehner, Ernst 391ff.
Leiningen, Prinz 92
Lemmerer, Günter 376
Lemond, Greg 289
Lenglen, Charles 13
Lenglen, Suzanne 11–15, 549
Lenk, Hans 306f.
Leonard, Ray Charles siehe Leonard, Sugar Ray
Leonard, Sugar Ray 80f.
Leonidas 393, 445
SG Leutershausen 244, 252
Bayer Leverkusen 243
TuS 04 Leverkusen 227, 233, 235
Levinsky, Battling 53
Lewe, Detlef 624, 633
Lewis, Carl 172f.
Liaklev, Reidar 478
Liberati, Libero 129
Liboton, Roland 297
Libuda, Reinhard 421f.
Liddell, Eric 550
Lieber, Elly 367
Liebrich, Werner 401ff.
Liedtke, Herbert 243
Liesche, Hans 539
Lietz, Hans 243
Lightbody, James 526
Lilliehöök, Gösta 541
Linart, Viktor 296f.
Lines, Mary 218
Linginger, Walter H. 520
Linkenbach, Hermann 557
Linsenhoff, Liselott 162f., 631
TuS Lintfort 241f.
Benfica Lissabon 417f., 458
Liston, Charles (»Sonny«) 65–69, 72
Littbarski, Pierre 441ff.
»Little Fellow« 155
Litwinow, Sergej 210
FC Liverpool 460
»Livius« 155
Lloyd, John 26
Locatelli, Ugo 393
Locatelli-Occhini, Giulia 285
LKS Lodz 429
Löffler, Horst 618
Lohmann, Walter 298
Löhr, Johannes (»Hannes«) 421f.
Lomakin, Trofin 594
Lomas, Bill 125
Lomberg, Charles 535
London Athletic Club 168
London, Brian 66
FC Arsenal London 14
Longo, Renato 297
Longwood Cricket Club 10
Looy, Rik van 289
Lopez, Juan 396
Lorant, Gyula 399
Lorenz, Max 419, 422
Lorenzetti, Enrico 122
»Loretto« 154
Loriston-Clarke, Jenny 162
Lörke, Otto 153
Los Angeles Aztecs 454
Los Angeles Tennis Club 25
»Lotus« 96ff., 106, 124
»Lotus-Climax« 97, 106
»Lotus-Ford« 106
Lotzbeck, Eugen Freiherr von 557
Loughram, Beatrix 464
Louis, Joe 54–62, 72, 83
Loukola, Toivo 190
Lövland, Helge 547
Lübecker RG 307
Lübke, Heinrich 417
Lübking, Herbert 243ff., 250, 252f., 259
Lucchinelli, Marco 129
Luck, Karl-Heinz 494
Lüdecke, Kurt 84
Lüdicke, Otto 241
Ludwig, Dariusz 216
Ludwig, Karl 376
Phönix Ludwigshafen 242
Ludwigshafener RV 302, 304, 540
Lueg, Werner 593
Luhn, Ulrich 307
Lukas, Bernd 243, 252
Lunger, Brett 108
Lunn, Arnold 313
Luque, Leopoldo 437f.
Lurz, Dagmar 343f.
Lusis, Janis 207
Lütcken, Eduard von 152
Luther, Peter 155
Lütke-Westhues, Alfons 154f.
FC Lüttich 1896 373
Lutz, Bob 23
Lutz, Friedel 419
Lutz, Hans 280, 299
Lydiard, Arthur 187, 193
Lyle, Ron 75

Machen, Eddie 64, 66
Machon, Max 54
Macken, Eddie 155, 161, 163
Madjer, Rabah 441
»Madras« 162
Atletico Madrid 461
Real Madrid 380, 396, 399f., 417, 428, 430, 443, 455, 457f., 460f.
Maertens, Freddy 289f.
Maes, Sylvère 271f., 291
Magath, Felix 442f., 457
Aufbau Magdeburg 243
1. FC Magdeburg 428
Hellas Magdeburg 132
Polizei SV Magdeburg 241
SC Magdeburg 256f.
Victoria Magdeburg 375f.
Magne, Antonin 269f., 272, 289
Magni, Fiorenzo 284
»Magnor« 155
Magnussen, Karen 344
Mahre, Phil 330, 508
Mahre, Steve 508
Mai, Karl 400ff., 407
Maier, Hans 303f.
Maier, Josef (»Sepp«) 419, 422, 427f., 430, 436f., 446, 449, 452
AC Mailand 397, 418f., 422
Inter Mailand 422, 456
»Main Spring« 155
USC Mainz 208, 214
Mainzer RV 302
Mako, Gene 15f.
Makray, Katalin 620
Malinowski, Bronislaw 203
Malischew, Juri 309
Maminski, Boguslaw 203
Mamola, Randy 129
Manchen, Heinz-Joachim 305
Manchester United 372, 418f.
Mancinelli, Graziano 155
Mandlikova, Hana 27
Mang, Anton (»Toni«) 122f., 125, 127ff.
Mang, Rudolf 632
Mann, Ralph 200
SV Waldhof Mannheim 241, 391ff.
VfR Mannheim 393
Mannheimer ERC 361
Mannheimer RC 304
Mannheimer RV Amicitia 303f.
Manning, Fred 374
Manoliu, Lia 235
Manthey, Felix 270
AC Mantua 415
Maradona, Diego 438, 442
Marble, Alice 16f.
Marchegiano, Rocco Francis siehe Marciano, Rocky
Marciano, Rocky 20, 60ff., 78
Maree, Sydney 188
»Mariano« 162
Marinelli, Jacques 272, 285
Maritschnigg, Günter 611
Markin, Viktor 178
RC Marl-Hüls 306
Marlow, Maria 208
Marsell, Karl-Heinz 298
Marshall, Marty 66
Martin, Steffi 367
Marzohl, Xaver 263
Mascheroni, Ernesto 387
»Maserati« 95f., 99, 103, 105f.
Masetti, Umberto 129
Masopust, Josef 411
Maspes, Antonio 295
Maspoli, Roque 396f.
Mass, Jochen 124
Mastenbroek, Hendrika Wilhelmina 573
Mathieu, Simone 17f.
Mathis, Buster 73
Matilainen, Martti 577
»Matra« 97, 113f.
»Matra-Ford« 106
Matthäus, Lothar 439, 443
Mattheis, Jörg 211
Matthes, Roland 136, 142f.
Matthews, Sir Stanley (»Stan«) 38, 412f.
Matthias, Robert (»Bob«) 582
Mattiolo, Rocco 91
Matuschewski, Manfred 182
Matz, Klaus-Dieter 243, 251
Matz, Michael 155
Mauermayer, Gisela 218, 234, 563
Mauro 411
Maxim, Joey 61, 63, 78, 80
May, Jürgen 182, 194
Maychrzak, Otto (»Atom-Otto«) 244, 250f.
Mayer, Helene 557, 559, 652
Mazzola, Rocco 87
Mazzola, Sandro 448
»MBA« 120
McArthur, Kennedy 535
McDonald, Patrick 534
McEnroe, John 8, 30ff.
McEvoy, Frederick 365
McEvoy, Michèle 155
McGregor, Ken 19, 22, 33
McKane, Kathleen (»Kitty«) 13, 549
McKinley, Chuck 23
»McLaren« 97, 109
»McLaren-Ford« 106
»McLaren-Porsche« 108f.
McMillan, Harry 520
McParland 402
McPherson, Donald 347
Meade, Richard 164
Mead-Lawrence, Andrea 479
Meadows, Earle 576
Meazza, Giuseppe 389, 390f., 393
Mebus, Paul 403
Medwed, Aleksandr 632
Meffle, Arnulf 250, 256
»Mehmed« 162, 641
Meier, Georg (»Schorsch«) 119, 123
Meinhardt, Heini 90
Meisinger, Peter 249, 256
Meisl, Hugo 383f.
Meißner, Jochen 307
Meißner, Paul 384
Meißner, Renate siehe Stecher, Renate
Meißner-Stecher, Renate siehe Stecher, Renate
Mejzlikova, Marie 218
Melnik, Faina 235
Menezes, Ademir Marques de siehe Ademir
Menichelli, Franco 616
Menis, Argentina 235
Menne, Wilhelm 304
Mennea, Pietro 173, 175f.
Menotti, César Luis 437f., 442
»Merano« 155
Meray-Horvath, Otta von 344
»Mercedes« 93f., 96, 99f., 103f., 114
»Mercedes-Benz« 94ff., 100ff., 106, 114, siehe auch »Daimler-Benz«
Merckx, Eddy 30, 263, 275f., 279, 282, 288–293
Meredith, Ted 537
»Merely-a-Monarch« 155
Merkens, Toni 295
Mertel, Heinz 624
Merziano, Arturo 108
Messina, Guido 297, 299
Sportivo Metan 388
Metaxa, Georg von 16
»Meteor« 154f.
Metze, Erich 270, 297f.
Metzger, Erika 40
Meulenberg, Eloi 289
Meyer, Horst 307f.
Meyer, Karsten 633
Meyer, Walter 303
Meyer, Wilfried 253
Meyfarth, Ulrike 232ff.
Michailow, Boris 360
Michard, Lucien 294
Michaux, Ernest 262
Michels, Rinus 429, 454
Michiko, Kronprinzessin von Japan 615
Mickler-Becker, Ingrid 219ff., 228, 623f., 634
Middelkamp, Theo 284, 289
Stal Mielec 429, 431f.
Miethe, Werner 279
Mieto, Juha 503
Miettinen, Rauno 494
»Might Tango« 164
Miguez, Omar 396f.
Mikkola, Hannu 118
TSV Milbertshofen 248
Milburn, Rodney 199
Milde, Lothar 623
Mildenberger, Karl 68, 70, 77, 82, 85f.
Milewski, Jürgen 458
Miller, William 568
Miltenberger, Meinrad (»Auto«) 599, 602
»Minarelli« 120, 127
MSV Hindenburg Minden 241
»Minister« 165
SKA Minsk 246
Mir, Isabelle 491
»Mirage« 113
Mittermaier, Evi 321
Mittermaier, Heidi 320
Mittermaier, Rosi 320ff., 462, 498, 500, 502f.
Moberg, Aina 309
Mock, Hans 393
Moens, Roger 180f.
Moer, Wilfried 455
Moeschter, Kurt 302
Moeskop, Piet 294
Mofitt, Billie Jean siehe King, Billie Jean
Mögenburg, Dietmar 206f., 217
SV Möhringen 251f.
Moir, Gunnar 82, 86

Möller, Erich 297
Möller, Heiner 253
Molterer, Anderl 324, 326
Moltke, Werner von 211
Eintracht Mombach 243
Momm, Harald 153
Borussia Mönchengladbach 376, 412, 419, 422, 428, 430, 437, 443, 447, 449–453, 460
Mond, Paul 82
»Mondial« 120, 122
Mondschein, Irving 583
Monsere, Jean-Pierre 289
Monte, Joe 54
National Montevideo 458
Penarol Montevideo 393, 396
Monti, Eugenio 365
Monti, Luigi 387, 389, 391
Monzeglio, Eraldo 389, 391
Moorcroft, Dave 195 ff.
Moore, Ann 156
Moore, Archie 61 ff., 78 f.
Moore, Bobby 414 f., 417–421
Moore, James 262
Moratorio, Carlos 164
»Morbidelli« 120
Morelon, Daniel 296
Morerod, Lise-Marie 319, 321
Morgan, Ruben 396
»Morini« 126
»Moritz« siehe »Meteor«
Mörken, Gerald 147 f.
Morlock, Max 400–404, 425, 445
Morrow, Bobby 600
Morrow, Suzanne Francis 352
Mortimer, Robert 217
Moser, Francesco 289, 292 f., 297
Moser-Pröll, Annemarie 318 ff., 496, 504
Moses, Edwin 200 ff.
Moses, Myrella 201
ZSKA Moskau 360
Moss, Stirling 96 f., 103 f., 109
»Moto-Bianchi« 99
»Moto Guzzi« 122, 125 f.
Mottram, Buster 30
Mould-Coakes, Marion 155
Mouton, Michele 117 f.
»Mr. Muskie« 155
Muckelt, Ethel 464
Muhammad Ali 30, 43, 63, 67–77, 81, 85 f., 217
Muhammad, Herbert 70
Mühleisen, Bernd 251 f.
RSV Mühlheim 241 f., 252
Muir, Karen 137
Müller, Anna-Maria 367
Müller, Bruno 302
Müller, Dieter 435 ff., 451 f.
Müller, Gerd 418, 421–432, 434, 445 f., 449
Müller, Hans (»Hansi«) 343, 437, 441 ff., 455
Müller, Hein 82, 84, 86
Müller, Heinz 167
Müller, Heinz 273, 289
Müller, Hermann Paul 121 f., 127
Müller, Jürgen 243
Müller, Max 253
Müller, Peter (»De Aap«) 87–91
Müller, Rudolf 241
Müller, Wilhelm 241
Müller-Rüster, Mona 40
Mullins, Gerry 155
Munari, Sandro 118
Bayern München 242, 250, 376, 391 ff., 402, 412, 418 f., 422 f., 428, 430, 432 f., 437, 442 f., 449, 452 ff., 456, 458 f., 461
MTV München 1879 361
SC 06 München 452
TSV München 1860 418, 453
Munck, Bernd 244 f., 252 f.
Mundt, Günter 251
Münzenberg, Reinhold 391 ff.
Murchison, Ira 169
Murphy, John 546
Murray, Erna 133
Musy, Pierre 365
Mussolini, Benito 606
»MV Augusta« 120–126, 129

Naber, John 142 f.
Nachmann, Fritz 367, 491
Nadig, Marie-Theres 496
Nagele, Elisabeth 367
Nakano, Koichi 295 f., 298
Nakayama, Akinori 625, 633
FC Nancy 456
FC Nantes 443
Nasazzi, José 387
Nascimento, Edson Arantes do siehe Pelé
Nastase, Ilie 32
Nau, Dieter 243
Navratilova, Martina 25 ff.
Neckermann, Josef 162 f., 624, 631
Neeskens, Johan 430, 432, 434, 436, 450 f.
Nehemiah, Renaldo 199 f.
Nehmer, Reinhard 365 f.
Nehoda, Zdenek 451 f.
Nejedly, Oldrich 390 f., 445
Nellen, Gerd 242
Németh, Imre 584
Németh, Miklos 584
Nencini, Gastone 274
Nepala, Ondrej 347
Nerz, Otto 382, 389, 392 ff.
TuS Nettelstedt 245, 256 f.
Netzer, Günter 428, 430, 446–450
Neubauer, Alfred 101
Neuberger, Hermann 436, 453
Neudecker, Wilhelm 433, 453
TuS Neuendorf 393
Neuhaus, Heinz 84 ff.
Neuhaus, Peter 253
Neumann, Karlheinz 303 ff.
Neumer, Leopold 393
Neureuther, Christian 321 f.
Neusel, Walter 55, 83 f.
Newcombe, John 20 ff., 31, 33 f.
Cosmos New York 424, 453 f.
New York Giants 535
New Yorker Athletic Club 168
Nieberl, Lorenz 481
Niehusen, Peter 307
Niemeyer, Rainer 256
Nier, Willy 380
Niescher, Wolfgang 243, 251
Nieto, Angel 120, 122, 127, 129
Nigbur, Norbert 430
Nijdam, Henk 297
Ningel, Franz 349 f.
Nishida, Shuhei 568
Nispel, Otto 53
OGC Nizza 380, 408
Noack, Rudolf 390 f.
Nocke, Peter 146
Noll, Helmut 305
Noll, Wilhelm 120, 123
TSV Nördlingen 423
Nordmeyer, Otto 305
Nordquist, Björn 428
Norpoth, Harald 194, 196 f.
Nones, Franco 491
»Norton« 120, 123 ff., 129
Norton, Ken 71 f., 75 ff.
Nottingham Forest 458
Nowak, Hans 411 f.
Noyelle, André 597
»NSU« 120 ff.
Nurmi, Paavo 132, 179, 189 f., 192, 194 f., 290, 542, 550, 553, 559, 592
1. FC Nürnberg 376–380, 403, 412, 453
Tuspo Nürnberg 256
Nürnberg, Herbert 89
Nuthall, Betty 17
Nuvolari, Tazio 99 ff.
Nykänen, Matti 336, 509
TV Nymphenburg 573

Obed, Elisha 91
Oberbeck, Heinz 211
Oberbeck, Willi 274
Obermaier, Ernst 324
»Oberst II« 153
O'Brien, Parry 598
Ocana, Luis 263, 275, 290
Ochoa, Francisco Fernandez 495 f.
Ockers, Stan 284, 289
O'Conner, John J. 520
Ocwirk, Ernst 401
O'Dell, George 123
Odlozil, Josef 625
Oelsner, Marlies siehe Göhr, Marlies
Oergryte 1896 373
Oerter, Alfred (»Al«) 598, 614, 617, 622 f., 633
Kickers Offenbach 412, 449 f.
Offenbacher Fechterschaft 652
Erster Offenbacher Schwimmclub (EOSC) 148
Ohlschläger, Karl 244
Olguin, Jorge 437
Oliver, Eric 120, 123, 129
Olivieri, Aldo 393
Olmedo, Alejandro 33
Olsen, Morten 456
Olson, Carl (»Bobo«) 80
Ondra, Anny 56
Ondrus, Anton 450 ff.
Ono, Takashi 592, 599, 607, 616
Oosterbosch, Bert 297
»Opel« 94, 117 f.
Opel, Georg von 304
Oppelt, Kurt 483
Oppes, Salvatore 155
TV Oppum 244
Orantes, Manuel 23, 31
Oreiller, Henri 476
Oriali, Gabriele 443
»Orient« 155
D'Oriola, Pierre Jonquères 155, 160
Orlando 408
Orsi, Raimondo 389, 391
Ortiz, Oscar 437
Ortmann, Günther 241
Osborne-du Pont, Margaret 18
Osenberg, Gerd 233
Ostler, Andreas (»Anderl«) 364 f., 481
O'Sullivan, Maureen 134
Ott, Nico 308
Ottenbros, Harm 274, 289
Ouden, Willie den 134
Overath, Wolfgang 415, 417, 419, 422, 427 ff., 434
Ovett, Steve 183 f., 187 f., 197
Owanesian, Igor Ter 203
Owens, James Cleveland (»Jesse«) 30, 168 f., 173 f., 203, 219, 290, 573, 575
Owesle, Horst 123

Paar, Franz 241
Pacheci, Ferdie 72
Paddock, Charles William 173, 543
Padge, Willi 307
Pagani, Nello 120
Page, Ferguson 338
Page, Greg 77
»Pagoro« 155
Pak Do Ik 416
»Pandur« 155
Pankoke, Günter 273
Pankonin, Fredy 250 f.
Papp, László 90, 586, 599, 603
Pappusch, Waldemar 243, 251
Paragi, Ferenc 210
Pasarella, Daniel 434, 437 f.
Patrese, Riccardo 118
Patterson, Floyd 63 ff., 70, 73, 78, 595
Patterson, Sid 297
Patton, Melvin 583
Patzke, Bernd 419
Paul, Wolfgang 419
Paulsen, Axel 338
Peacock, Tyke 206
Peffgen, Wilfried 296, 298
Pelé 30, 388, 393, 406 ff., 411 f., 416 f., 420, 422 ff., 445, 453 f.
»Pepe« 155
Pelen, Perrine 503
Pélissier, Charles 268, 270
Pélissier, Francis 268 f.
Pélissier, Henri 268
Peltzer, Otto 179, 190, 553
Penzberger, Toni 365
»Pepel« 162
Perez, Julio 396
Périllat, Guy 491
Perleberg, Günter 607
Peron, Juan 103
Perry, Fred 13 ff.
FC Perugia 444
Pesser, Hans 393
Pessoa, Nelson 155
Peters, Gerrit 297, 299
Peters, Martin 416 f., 421
Petersdorf, Herbert von 517
Petit-Breton, Lucien 263, 267
Petranoff, Tom 210
Petterson, Ronald 360
Petuschkowa, Elena 162
Pezzey, Bruno 436
Pfaff, Alfred 403
Pfaff, Jean-Marie 455
Pfeiffer, Heiner 241
Pfennig, Kurt 241
Pflug, Monika 495
Pfnür, Franz 314, 473 f.
1. FC Pforzheim 376
»Philco« 155
Philis, Tom 120 f.
»Piaff« 162
Pianzda, Francesca 218
Piecha, Barbara 367
Pietzsch, Jochen 367
Pileri, Paolo 120
Pirie, Gordon 192
Pingeon, Roger 291
Piola, Silvio 393
Piontek, Josef (»Sepp«) 456
Pippow, Max 89 f.
Piquet, Nelson 97 ff., 105 f., 109
FK Pirmasens 403
Pirsch, Joachim 304
Pius XII. 283
Pivarnik 452
Pixken, Norbert 216
Plagemann, Jürgen 307
Planckaert, Willy 291
Planicka, František 390 f.
Plank-Szabó, Herma 338, 344, 464
Platini, Michel 443, 455 f.
»Playamar« 164
Plenk, Hans 367
Plötz, Karlheinz 243
Plumb, Michael 164
Podak, Bernd 247
Podolske, Herbert 242, 250
Poële, Georges van de 152
Pollack, Burglinde 228
»Pomone B« 155
Pompey, Yolande 78
Popow, Wladimir 650
Popp, Luitpold 378
Porche, Veronica 71 f.
»Porsche« 96, 108 f., 112 ff., 117 f.
Postl, Esperno 91
Portage, Alfonso Marquis de 113
Porter, Hugh 297, 299
Porzner, Erwin 243 f.
Posipal, Josef (»Jupp«) 401 ff.
Post, Peter 292, 297
Pötzsch, Anett 343 f.
Poulidor, Raymond 263, 274 f., 286, 289
Power, Tyrone 340
Pozzo, Vittorio 390 f., 430
DFC Prag 375 f.
Sparta Prag 391
Prager, Walter 313
Prenn, Daniel 17
Press, Tamara 234
Prey, Christian 307
Priar-Palmer-Greene, Lucinda 164
Proctor, Jerry 203
Prokop, Liesel 624
Prosser, Fritz 241
Protopopow, Ljudmila 311, 349, 351 ff.
Protopopow, Oleg 311, 349, 351 ff.
Prost, Alain 98, 109
Protin, Robert 294
Provini, Tarquinio 120, 122, 129
Purcell, Jeanne 215 f.
Pusch, Alexander 641 f.
Puskas, Ferenc 399 ff., 404 f., 458
Puttemans, Emiel 194
Puttlitz, Jörg 300
Pyrah, Malcolm 155

Quarry, Jerry 70, 73 f.
Queensberry, John Sholto Douglas Marquis of 44
»Quizas« 155
»Quorum« 155

Raas, Jan 261, 289
Radakovic, Petar 411
Rademacher, Erich (»Ete«) 132 f., 147
Rademacher, Pete 64
Radke-Batschauer, Lina 550, 556, 560
Radler-Club Isar 277
Raftl, Rudolf 393
Ragulin, Aleksandr 359
Rahn, Helmut 369, 398, 401 ff., 407 f., 425, 445
Ramsey, Alf 416, 421
RAP 373
Raška, Jiří 491
Rathjen, Uwe 253
Ratzeburger RC 306 f.
Rau, Gustav 155, 158, 160
Rauer, Rudolf 256
Rausch, Emil 520, 526
Rava, Pietro 393
Read, Norman 600
Read, Phil 120, 122, 129
Reagan, Ronald W. 80
EC Recife 397
Recknagel, Helmut 335 f., 485
Redford, Peter 170
Redman, Jim 121 f., 125, 129
Reed, Joseph 569
»Regal Realm« 164
Jahn Regensburg 391 ff.
Reiche, Rüdiger 309
Reichert, Klaus 643
Reichert, Rosa (»Ossi«) 315, 484
Reidpath, Charles 534
Reiff, Gaston 191
Stade Reims 408, 458
Reinders, Uwe 441 ff.
Reinhardt, Edgar 241
Remigino, Lindy 593
Remmert, Karl 123
»Remus« 162
»Renault« 94, 97 f., 117
Renault, Louis 94
Renault, Marcel 94
Rensenbrink, Rob 429, 436, 438, 445, 450
Renz, Dieter 74
Rep, Johnny 432, 436, 445, 455
Resch, Erwin 331
Resch, Lisa 314
Rethemeier, Helmut 164
Revell, Guy 352
ESV Jahn Rheinhausen 244
OSC Rheinhausen 256
TuS Rheinhausen 242
»Richard-Basier« 94
Richards, Robert (»Bob«) 598, 601
Richardson, Dick 66, 85 f.
Richey, Cliff 23
Richter, Albert 295
Richter, Annegret 221 f., 634, 640
Richter, Manfred 222
Richter, Ulrike 137
Rickard, Tex 50–54
Ricketts, Derek 155
Rieder, Josl 324
Riegel, Carl 378
Riehm, Karl-Hans 209 f.
SC Rießersee 361
Rimet, Jules 369, 385, 387, 395, 397, 422, 427
Rinaldi, Giulio 78, 87, 89
Rindt, Jochen 97, 106 f.
Rinn, Hans 367
Risco, Johnny 54
Ritola, Ville 190, 553
Ritschel, Manfred 450
Rittberger, Werner 337 f.
Ritter, Ole 291
Riva, Luigi 422, 448
Rivelino 422, 445
Rivera, Gianni 422
River Plate Buenos Aires 459
Rivers, Steve 88
Rivière, Roger 274, 286, 297, 299
Rivierre, Gaston 277
Rizzi, Andreas 215 f.
Robert, Michel 155
Roberts, Kenny 123 f., 128 f.
Robic, Jean 272, 285, 297
Robinson, Elizabeth 218
Robinson, Horace 77
Robinson, John 123
Robinson, Sugar Ray 79 ff., 90
Robl, Taddäus (»Taddy«) 277 f., 296
Roche, Tony 21
Rochow, Friedrich von 152
»Rockbarton« 155
»Rocket« 155
Rodnina, Irina 353 ff.
Rodriguez, Lucien 86
Rogge, Herbert 253
Röhrl, Walter 117 f.
Roi, Sonji 69 f.
Rom, Anton 304
AS Rom 397, 415, 419
»Roman« 155, 163
»Romanus« 157
Rondeaux, Roger 297
Rono, Henry 195
Ronsse, Georges 281
Roosevelt, Franklin D. 470
Root, Jack 47
Rosario Central 438
Rosberg, Keke 97, 106
Rösch, Hans 365
Rose, Mervyn 19
Rose, Murray 140
Rose, Ralph 534
Rosemeyer, Bernd 94, 100 ff.
Rosemeyer, Elly siehe Beinhorn, Elly
Rosenbloom, Maxie 83
Rosendahl, Gerd 250, 256
Rosendahl, Heide 220 ff., 227 ff., 233, 634
Rosendahl, Heinz 227
Rosenfeld, Fanny 218
SB Rosenheim 361
Rosewall, Ken 19 f., 22, 31
Rösner, Wolf-Dieter 251
Rossi, Paolo 443 ff.
SC Empor Rostock 251
Roth, Franz (»Bulle«) 461
Roth, Gustave 81, 83
Feyenoord Rotterdam 429, 454

Rous, Sir Stanley 433
Rousse, Georges 289
Rowe, Diane 40
Rowe, Rosalind 40
Royal Engineers 373
Roye, Peter van 645
Rudkowski, Wieslaw 632
Rudolph, Ehrenfried 298
Rudolph, Wilma 606 ff.
Rüegg, Alfred 286
Ruff, Hans 242 f.
Ruffo, Bruno 120, 122, 129
Rulffs, Manfred 306 f.
Rummenigge, Karl-Heinz 419, 425, 435 ff., 441, 443 ff., 455 f., 458
Runge, Herbert 578
Russi, Bernhard 331
Rüßmann, Rolf 435 ff.
TV Vorwärts Rüstringen 240
Ruth, Babe 11
Rütt, Walter 294
Rutterford, Peter 123
Ruud, Asbjörn 332 f.
Ruud, Birger 332 ff.
Ruud, Sigmund 332 f.
Ryan, Elizabeth 13, 17
Ryan, Paddy 44
Ryan, Patrick 544
Ryrie, Colin 619
Ryun, Jim 186 f.

1. FC Saarbrücken 247, 412
FV Saarbrücken 391
Saarinen, Jarno 122
Saaristo, Juho Julius 536
Sabie, Camille 218
Sachse, Jochen 210
Sadler, Dick 43
Sailer, Anton (»Toni«) 324 ff., 331, 482, 484 f., 491 f.
Saitschuk, Boris 210
Saitsew, Aleksandr 354 f.
Sakai, Yoshinari 614
Salah, Richard 153
Salchow, Ulrich 347
Salnikow, Wladimir 144
Saltza, Chris von 135
Salvatore 448
Salvesan, Anton 367
Samson-Korner, Paul 84
»Sam Weller« 164
Sanchez, Leonel 412 f.
Sandahl, Gösta 347
Sandberg, Roland 428 f.
Sandberg, Tom 508
Sandford, Cecil 120, 122
Santa Clara Swim Club 141
Santamaria, José 458
Santana, Manuel 23
»Santiago« 164
Santos, Djalma 408, 411
Santos, Nilton 408, 411
FC Santos 424
Saronni, Giuseppe 289, 292
Saß, Klaus 251
Sasse, Hartmut 84
Sauto Maior, Nelson siehe Piquet, Nelson
Sawall, Walter 297
Sawitzki, Günter 412
Scarone, Hector 386 f.
Schaaf, Ernie 57
Schade, Herbert 191, 593
Schädlich, Walter 242
Schaesberg, Richard von 152
Schäfer, Gustav (»Gummi«) 303 f.
Schäfer, Hans 400–404, 407 f., 410, 412, 419, 425
Schäfer, Karl 345, 347
FC Schaffhausen 439
Schaklin, Boris 607, 616
FC Schalke 04 379 ff., 389, 391 ff., 402, 408, 412, 419, 422, 430, 435, 437, 449, 451
Schall, Toni 383
Schaller, Hans 367
Schär, Fritz 286
Schärer, Erich 365
Schärf, Dr. Adolf 488
Scheckter, Jody 97, 106
Scheel, Walter 427
Schelle, Franz 365
Schenk, Sylvia 226
Schepke, Frank 307
Schepke, Kraft 306 f.
Scherens, Joseph (»Jef«) 295
Schreens, Joseph 295
Scherer, Eduard 365
Scherzer, Hartmut 43
Scheurer, Michael 599 f., 602
Schiaffino, Juan 396 f., 405, 445
Schiavio, Angelo 398, 391
Schildhauer, Werner 196 f.
Schillmann, Fritz 252
Schirmer, Friedel 211 f.
Schlidel, Wolfgang 367
Schlögel, Sepp 127 f.
Schmacke, Rüdiger-Felix 252
Schmaus, Willibald 393
Schmeling, Anny siehe Ondra, Anny
Schmeling, Max 53–60, 82 ff., 86 f., 91, 290
Schmid, Harald 184, 201 f.
Schmid, Manfred 367
Schmid, Werner 316
Schmidt, Alfred (»Aki«) 408
Schmidt, Andreas 149
Schmidt, Hans-Günther (»Hansi«) 246 f., 252 f.
Schmidt, Heide 607
Schmidt, Herbert 244
Schmidt, Karl 89
Schmidt, Paul 180–184
Schmidt, Walter 154
Schmidt, Walter 208 ff.
Schmitz, Hans 82
Schnabel, Karl 498 f.
Schnapka, Herbert 162 f., 165
Schneidegger, Fritz 123
Schneidel, Wolfgang 367
Schneider, Hannes 313
Schneider, Thomas 305
Schneider, Walter 123
Schneider, Werner 512
Schnelldorfer, Karl 345
Schnelldorfer, Manfred 345 ff., 488
Schneller, Volker 243 f.
Schnellinger, Karl-Heinz 408, 411 f., 414 f., 417, 419, 421 f.
Schockemöhle, Alwin 155, 158–163, 165
Schockemöhle, Paul 155, 163, 165
Schöler, Eberhard 40
Schollander, Don 140 f., 144, 618
Scholz, Gustav (»Bubi«) 87 ff.
Schön, Adolf 270
Schön, Helmut 400, 412, 414 ff., 421, 427 ff., 435–439, 447–451
Schönau, Horst 365
Schöne, Max 517
Schönrath, Hans 82, 84
Schöppner, Erich 84, 86 f., 89
Schotte, Alberic 284, 289
Schou-Nilsen, Laila 315
Schrader, Hildegard 557
Schramm, Norbert 346 f.
Schramseis, Roman 383
Schranz, Karl 319, 325 ff., 494
Schreyer, Dirk 307 f.
Schridde, Hermann 158, 160
Schröder, Eckhard 150
Schröder, Gerhard 404
Schröder, Jürgen 307
Schröder, Willy 577
Schuba, Beatrix 344
Schuiten, Roy 297
Schuk, Nina 351
Schuk, Stanislaw 351
Schul, Bob 194
Schulberg, Budd 57
Schulte, Gerrit 297
Schulte-Frohlinde, Otto 159
Schulten-Baumer, Uwe 162
Schulz, Willi 412, 415, 417, 419, 421 f.
Schulze, Heinz-Ulrich 212
Schulze, Jens 215 f.
Schumacher, Günther 299
Schumacher, Harald (»Toni«) 443, 455
Schumann, Manfred 365 f.
Schumann, Margit 367
Schuster, Bernd 455
Schuster, Walter 324
Schüttler, Jürgen 167
Schütze, Wolfgang 250
»Schwabensohn« 153
Schwan, Michael 307
Schwan, Robert 453
TV Schwanheim 240
Schwanz, Rudolf 252
Schwarm, Balthasar 367, 499
Schwartz, Hans 391
Schwarz, Anton 641
Schwarz, Elisabeth 483
Schwarzel, Werner 123
Schwarzenbeck, Georg (»Katsche«) 430, 437, 446, 449, 452
Schwarzmann, Alfred 573, 580, 592
Schweinfurt 05 392 f.
Schweinfurter RK Franken 304
Schwenk, Gustav 238
Schwenker, Hinrich 243, 250 ff.
Schwope, Paul 243
Schwotka, Alexander 149
Scirea, Gaetano 443
Scott, Barbara Ann 344
Scott, Phil 57
Sebes, Gustav 399, 433
Sedgman, Frank 19, 22, 24, 33
Sedych, Juri 210
Seeler, Dieter 424
Seeler, Erwin 425
Seeler, Uwe 321, 407 ff., 411 f., 414–417, 419, 421 f., 425, 445
Segal, Abe 33, 38
Segura, Pancho 31, 33
Seixas, Vic 19
Sekyra, Joe 54
Selassi, Kaiser Haile 606
Seligman, Edgar 538
Senff, Wilhelmina 573
Sens-Gorius, Erk 642
Serantoni, Pietro 393
Sercu, Patrick 292, 295, 297, 620
Servo, Marty 79
Sesselmann, Heinz 243
Sexton, Leo 564
Seyfert, Gaby 342, 344
Sharkey, Jack 54 f., 57 f., 60
Sharkey, Tom 47
Sharp, Graham 347
Sheene, Barry 123, 128 f.
Sheffield United 372 f., 377
Sheppard, Melvin 529
Sheridan, Martin 524
Siebert, Jörg 308
Siegel, Alfred 270
Sieloff, Klaus-Dieter 419, 422
»Sieno« 162
Sievers, Heinz-Georg 242
Sievert, Hans-Heinrich 211
Siffling, Otto 389, 391 ff.
Siki, Battling 86
Silva, Eusebio Ferreira da siehe Eusebio
Silva, Leonidas da siehe Leonidas
Silvester, Jay 623
Simeoni, Sara 231 ff.
Simionescu, Mariana 30
Simon, Hugo 155
Simon, Pascal 276
»Simona« 155, 161
Simonds, Dave 120
Simonsen, Allan 456
Simpson, Tom 275, 289
Simpson-Kerr, Barbara 155
Sindelar, Matthias 383 f., 391
Singer, Heinz 242, 244
Singer, Horst 242, 244
Singleton, Gordon 297
Sinsel, Thomas 249
Six, Didier 443
Skamrahl, Erwin 178
Skoblikowa, Lidija 489 f.
Skoglund, Lennart (»Nacka«) 408
Skoumal, Stephan 393
»Slibovitz« 162
Sloothaak, Franke 160
Smallwood, Kathryn 222
Smirnowa, Ljudmila 354
Smistik, Josef 383
Smith, Bobby 459
Smith, Calvin 171 ff.
Smith, Cyril 123
Smith, Harvey 155, 161
Smith, Margaret siehe Court, Margaret
Smith, Stan 23
Smith, Tommie 174 f., 177
Smith, Walker siehe Robinson, Sugar Ray
Snell, Peter 181, 186
Snipes, Reynaldo 77
Snork, Wim 87
SV Sodingen 408
Solingen 98 243
Sollmann, Melitta 367
Söllner, Paul 304
Sommer, Raymond 95
Son, Kitei 579
Sönksen, Sönke 162
Sosulja, Wera 367
Southampton 373
Southwood, Leslie Frank 304
Spalla, Erminio 86
TSV Spandau 240
Sparwasser, Jürgen 428
Speicher, Georges 289
VfB Speldorf 391, 393
Spencer, Freddie 123, 128 f.
Spencer, Willy 279
Spengler, Fritz 241
Spiegelberg, Christine 235
Spillner, Willy 153
Spinks, Kay 75 f.
Spinks, Leon 69, 72, 75 f.
Spinks, Michael 76
Spiridonow, Aleksej 210
Spitz, Mark 141 f., 635
Spremberg, Joachim 303
Sprengler, Horst 253 f., 256
Springel, Thomas 256
Squires, Bill 47
Ssabaite, Nijole 512
Stabile, Guillermo 387 f., 445
Stablinski, Jean 289
Stadler, René 365
Stahl, Rudolf 241
Stahler, Hans 242
Stalder, Josef 582
Stammers, Katharine 17
Stamsnijder, Hennie 297
Stangassinger, Hans 509
Stange, Fritz 611
Starosch, Leo 89
Stastny, Leopold 422
Stecher, Renate 220 ff., 229
Steenbergen, Rik van 279, 284, 286 f., 289
Steenken, Hartwig 155, 159, 161 ff.
Stefano, Alfredo di 418, 458 ff.
Stein, Hans-Gert 243
Steinbach, Klaus 146 f.
Steinbauer, Walter 495
Steinberg, Erna 218
Steinhauer, Ernst 599
Steinhausen, Rolf 123
Steinkraus, William 155
Stenmark, Erik 329
Stenmark, Ingemar 329 f., 502
Stenzel, Vlado 247, 249 f., 254
AS St. Etienne 456
Stevens, Curtis 471
Stevens, Hubert 471
Stevenson, Tiófilo 636
Steward, Mark 107
Steward, Paul 107
Stewart, Jackie 97, 104, 106 f., 109, 111, 113
Stewart, Helen 107
Stiegler, Josef (»Pepi«) 488 f.
Stielike, Ulrich (»Uli«) 442 f., 455
Stiles, Norbert Peter (»Nobby«) 417, 419
Stöck, Gerhard 169, 573
Stock, Leonhard 502
Stockton, Dick 21
Stoik, Roland 210
Stoke City 413
Stokes, Sally 107
Stollenwerk, Georg 407 f.
Stones, Dwight 206
Stöpel, Kurt 269 ff., 280 ff.
Storch, Karl 207
Straub, Jürgen 196 f.
Strauss, Hans 123
Strauss, Hugo 304
Strauß, Thomas 645
Strehl, Heinz 412
Strehler, René 299
Streitle, Jakob 393
Stretz, Hans 79, 85, 90
Stribbling, William Young 54 f., 57
Strillinger, Josef 367
Stroh, Josef 393
»Stroller« 155
Struck, Bernd 252
Struck, Wolfgang 252
Stubbe, Hartmut 251
Stuck, Hans 93 f., 101 f.
Stuck, Hans-Joachim 102, 109
Stückelberger, Christine 162
Stuhlfaut, Heiner 378 f.
Stulle, Peter 256
Sturm, Hans 408, 411 f.
Sportfreunde Stuttgart 376
VfB Stuttgart 412, 418, 428, 437, 443, 453, 455
TuS Sulingen 234
Sullivan, James E. 520
Sullivan, John Lawrence 44 f.
Sulzbacher, Reinhold 367
Sumners, Rosalynn 344
Sumser, Bert 212 f.
»Sundancer« 155
»Sunsalve« 155
»Surtees« 108, 124
Surtees, John 97, 106, 121 f., 124 f., 129
Sussiek, Christina 222
Suter, Paul 297
Sutor, Hans 378
Suurbier, Wim 436
»Suzuki« 120 ff., 126, 128 f.
Swoboda, Herbert 212
Syers, Madge 344
Sys, Karel 84, 86
Szabó, Herma siehe Plank-Szabó, Herma
Szabó, Peter 377
Szarmach, Andrzej 432, 435, 445
Szepan, Fritz 379 f., 382, 389, 391 ff.
Szewinska, Irena 220 f., 224
Szewinska, Janusz 220
Szisi, Ferencz 94
Szüzina, Franz 89
Szymaniak, Horst 407 f., 411 f.

»Talbot« 117
»Talisman« 165
Tancic, Dragan 206
Tandberg, Ole 86
Tarantini, Alberto 437
Tardelli, Marco 443
Tate, John 77
Tauber, Ulrike 137 ff.
Tauer, Ewald 611
Taveri, Luigi 120 f., 129
Taylor, Chris 632, 636
Taylor, Estelle 51
Taylor, Frances 38
Taylor, Jock 123
Taylor, John 430
Taylor, Megan 344
Taylor, Roger 38
Tejera, Eusebio 396
Templeton, Robert 546
Temu, Naftali 193
Terrell, Ernie 70
Thaler, Herbert 367
Thaler, Klaus-Peter 276
Thams, Jacob Tullin 465 ff.
Tharault, Camille 268
»That's Right« 155
Thebault, Bernard 85
Theiling, Hans 241
Thelen, Jupp 90
»The Maverick« 155
»The Poacher« 164
Theodorescu, George 158
Thery, Leon 94
Thevenet, Bernard 275 f.
Thiedemann, Anke 154
Thiedemann, Anneliese 154
Thiedemann, Claus 153
Thiedemann, Fritz 153 ff., 158
Thiel, Andreas 256
Thiele, Wolfgang 222
Thierbach, Oskar 269 ff.
Thoma, Georg 335, 485 f., 491, 493 f.
Thomas, Hugh 164
Thometschek, Dagobert 307
Thompson, Daley 216 f.
Thöni, Georg 328
Thöni, Gustav 328 f., 449
Thorpe, Jim 533 ff.
Thunberg, Clas 465–469, 472
Thurau, Dietrich 261, 276, 280, 292 f.
Thys, Philippe 265, 267
Tichomirowa, Walentina 227
Tichy, Lajos 413, 445
Tiedemann, Paul 251
Tiemann, Werner 243
Tierlich, Petra 367
Tiersch, Günther 308
»Tigre« 155
Tilden, William Tatem (»Big Bill«) 11 f., 17, 28
Tilkowski, Hans 412, 416 f., 419
Timm, Bernd 256
Timoner, Guillermo 295, 298
Tisdall, Robert 567
Tissot-Lefèbvre, Janou 155
Tomaszewski, Jan 429 f.
Toomey, Bill 211
Tormo, Ricardo 120, 129
Toronto Croatians 418
»Torphy« 157 f.
Torstensson, Conny 428
Torvill, Jayne 354 ff.
Tostao 422
Tóth, Annamária 624
Totschnigg, Brigitte 320, 462
Tottenham Hotspur 372 f., 375
Tournadre, Jean-Louis 122, 128
Tourne, Stan 297
»Towerlands Anglezarke« 155
Tränhardt, Carlo 207
Trefz, Johann Friedrich 262
Treiber, Birgit 137
Trentin, Pierre 296
Tresor, Marius 443
Tretjak, Wladislaw 359
Trissino, Graf Gian Giorgio 152
Trittschak, Walter 89
»Troubadour« 155
Truman, Christine 33
Tschammer und Osten, Hans von 380

Tschislenko, Igor 416
Tschukarian, Wiktor 592, 597, 599, 604
Tsukahara, Mitsuo 633
Tsurata, Yoshiyuki 132
Tümmler, Bodo 186, 194
Tunney, James Joseph (»Gene«) 50–54, 57, 59, 62
Tunney, Polly siehe Lauder, Polly
Tuominen, Kaarlo 577
Turek, Anton (»Toni«) 400–404, 433
Juventus Turin 422, 444, 456
Turischtschewa, Ljudmila 633, 638
Turnbull, Wendy 26
Turner, Lesley 33
Turpin, Randolph 79 f.
Tyler, Arthur 365
Tyler, Francis 365
»Tyrrell« 97, 107
»Tyrrell-Ford« 106
Tyrrell, Ken 106

Ubbiali, Carlo 120, 122
Bayer Uerdingen 216
Ukrainczyk, Julius 457
Ulanow, Aleksej 353 f.
Ulbricht, Lutz 307 f.
Ullrich, Frank 506
TSG Ulm 46 412
Ulzheimer, Heinz 593
Uncini, Franco 129
Unsinn, Xaver 361, 501
»Untouchable« 155
Urban, Adolf 380, 392 f.
»URS Fath« 123
Urtain 85 f.
»Uruguay« 155
Utzschneider, Peter 365, 495
Uzcudun, Paolino 54 f., 86

Valdes, Nino 64, 85
FC Valencia 460
Valkama, Jorma 600
»Vanwall« 96
Varela, Obdulio 395 f.
Vasale, Pekka 194
Vasco da Gama 393, 397, 424
Vatanen, Ari 118
Vava 406, 408, 410 ff., 445
Vegesacker RV 305
Velensek, Conny 84
»Velocette« 125
»Venetia« 631
Verderber, Richard 538
Verschueren, Dolf 298
Vervaekke, Felice 271 f.
Vesely, Frantisek 451 f.
»Vespa« 126
Vick, Werner 242, 244, 250
Vietto, René 272
Vignon, Laurent 276
Villa, Walter 122 f., 125, 129
Vinci, Charles 603
Vinci, Leonardo da 262
Vines, Ellsworth 15
Viren, Lasse 194 f.
Visentin, Bruno 90
Vlaeminck, Eric de 297
Vlaemynck, Lucien 272
Vlasto, Didi 13
Vliet, Arie van 295
Vogel, Heinz 167
Vogl, Adolf 383
Vogt, Richard 56
Vogts, Hans-Hubert (»Berti«) 419, 421 f., 430, 436 f., 452, 460
Voik, Klaus 256
Volle, Walter 304 f., 308
Vollmar, Heinz 412
Vollmer, Edwin 251
Vonhof, Peter 299
Vopel, Heinz 279 f.
»Voulette« 155
Vries, Jan de 120
Vrzanova, Alena 344
Vuarnet, Jean 328

Wacker, Reggie 528, 531
Wägli, Christian 181
Wagner, Fritz 393
Wagner, Gerhard 375
Wagner, Rudi 84
Waitisperg, Kurt 123
Waitz, Grete 227
Wajsowna, Jadwiga 218
Walasiewicz, Stanislawa 218
Walcott, Jersey Joe 61 f., 67
Walde, Hans-Joachim 211 f.
Waldegaard, Björn 118
Walker, Georg 91
Walker, Mickey 55
Walker, Reggie 528
Wall, Sir Frederick 371
Wallbrecht, Hans-Jürgen 307
Walnut, Kim 164
Walter, Fritz 321, 369, 398, 400–405, 407 f., 418, 452
Walter, Ottmar 369, 400 ff.
Waltke, Dieter 238, 256
Wanke, Paul 242
Wanner, Rudolf 498
Ward, Holcombe 10
Warm, Siegfried 243
Legia Warschau 429
»Warwick« 159 f.
Wassberg, Thomas 503
Watson, John 164
Weaver, Mike 77
Weber, Hartmut 178
Weber, Wilhelm 526
Weber, Wolfgang 414–417, 419, 422
Weckerling, Otto 270 ff.
Wehling, Ulrich 494, 499, 503, 505
Wehnert, Herbert 253
Weidinger, Joe 86
Weiland, Peter 84 ff.
Weiler, Sepp 480
Weirather, Harti 331
Weislander, Hugo 535
Weiß, Rudi 452
MSV Weißenfels 241
Weissmüller, Johnny 133 f., 550, 552
Weisspflog, Jens 509
Weisweiler, Hennes 422
TuS Wellinghofen 243 f., 253, 256
Wells, Alan 175, 652
Wells, Bombardier 86
Welz, Gerd 253
Wembacher, Franz 509
Wende, Hans-Jürgen 243
Wendel, Reinhold 271
Wengler, Heinz 271
Wentz, Siegfried 215 ff.
Wentzke, Friedhelm 607
Wenzel, Andreas 502 f.
Wenzel, Hanni 319 f., 323, 502 f.
Werner, Bud 316
Werner, Jürgen 412
Wessinghage, Thomas 188, 196 f.
West Bromwich Albion 372
Westebbe, Klaus 253
Westermann, Liesel 234 f.
West Ham United 386, 419
Westphal, Albert 66, 84, 87
Westwood, Alison 155
Weyer, Willi 280
Weymar, Hans 376
Wewers, Heinz 408
Wicki, Jean 365
Wiegand, Frank 618
Admira Wien 380, 383, 393
Altturm Wien 241
Austria Wien 383 f., 393
Engelmann Wien 361
FC Vienna Wien 376, 383, 393
Hertha Wien 384
Polizei Wien 241
Rapid Wien 383, 393
RV Ellida Wien 305
Wacker Wien 383
Wiener AC 383
Wiener EG 361
Wiener SC 383
RG Wiesbaden-Biebrich 305 f.
Wiese, Leo 241
Wilbrandt-Baudius, Auguste 338
Wilden, Leo 412
Wilding, Anthony F. 11
Wilkes, Debbie 352
Will, Herrmann 242
Willard, Jess 49 f.
Willenborg, Louis 159
»Williams« 97
»Williams-Ford« 106
Williams, Charlie 123
Williams, Cleveland 66, 70
Williams, Percy 558
Williams, Willie 169
Wills, Helen siehe Wills-Moody, Helen
Wills-Moody, Helen 13, 15, 17, 34
Wilshaus, Gabriele 159
Wilson, Alexander 566
Wilson, James 544
Wilson, Ray 410, 417
Wiltfang, Gerd 155, 160, 162 f., 165
Wimille, Jean-Pierre 95
Wimmer, Herbert (»Hacki«) 428, 430, 446, 449 ff.
»Wimpel« 159
Winkler, Anton 367, 505
Winkler, Hans Günter 150, 154 f., 157 f., 160 f., 163
Winkler, Konrad 503
Winkler, Wolfgang 367, 491
Wintterlich, Ernst 242
Wirnhier, Konrad 624, 632, 637
Wirnsberger, Peter 503
Wischmann, Benno 215
Witherspoon, Tim 77
Witschas, Rosemarie siehe Ackermann, Rosemarie
Witt, Katarina 342 ff.
TG Witten 243
TG 48 Witten 252
Wittig, Eberhard 311
VfL Wittingen 252
Wittkamp, Jürgen 460
Woellke, Hans 573
Wofford, James 164
Wohlers, Hans-Werner (»Buttje«) 88, 90
Wohlgemuth, Alfred 123
Wohlhuter, Rick 177
Wohlrab, Leopold 241
Woithe, Jörg 131
Wojnar, Jerzy 367
Wolf, Karl 208
Wolfermann, Klaus 207
VfL Wolfsburg 243, 258
Wolfshohl, Rolf 263, 274 f., 297
Wolkow, Sergej 347
Wöller, Klaus 255 f.
Wolter, Horst 422
Wolverhampton Wanderers 372 f.
Wood, Timothy 347
Woodcock, Bruce 86
Wooderson, Sydney 191
Worm, Ronald (»Ronnie«) 437
Woronin, Waleri 416
Wrede, Ludwig 338
Wretman, Marta 218
Wriedt, Günther 243 f.
Wright, Billy 422
Wszola, Jazek 206
Wucherer, Gerhard 236
Wülbeck, Willi 183 f., 187
TB Wülfrath 246
Wunderlich, Erhard 248, 250, 256
Tura Wuppertal 241
Wasserfreunde Wuppertal 146
Wuppertaler SV 407 f.
Rhenania Würselen 439
Würzburger RV 303 f.
»Xanthos« 155

»Yamaha« 120 ff., 125 f., 128 f.
Young, Jimmy 75

Zabala, Juan Carlos 567
Gornik Zabrze 429
Zacharias, Georg 520
Zagalo 408, 411
Medvescak Zagreb 249
Zahn, Melanie 350
Zahn, Werner 350, 365
Zajanc, Miroslav 367
Zakarias, Jozsef 399
Zamora, Jesus 442
Zamora, Ricardo 379 f., 390
Zanon, Lorenzo 86
Zardini, Sergio 365
Zatopek, Emil 190 ff., 219, 582 f., 593
Zatopekova, Dana 192
Zayak, Elaine 344
Zdarsky, Matthias 312
Zech, Gerhard 67, 84
Zech, Peter 85
Zeller, Erich 346, 350
Zeller, Willy 91
Zeman, Walter 401
Zenz, Therese 607
Zervinis, Georgios 569
Zewe, Gerd 437
Zico 444
Ziegler, Karl 288
Zielinski, Paul 391
Ziemann, Sonja 405
Zillibiller, Karl 484
Zimmer, Gerda 154
Zimmerer, Wolfgang 365 f., 495, 498
Zimmermann, Annemarie 615, 624, 627
Zimmermann, Arthur August 294
Zimmermann, Egon 488
Zimmermann, Herbert 436 f.
Zimmermann, Philipp 241
Zischek, Karl 383
Zito 408, 411
Zoff, Dino 443, 448
Zogg, David 313
Zoetemelk, Joop 276, 293
Zöll, Klaus 249
Zoller, Hans 365
Zordo, Nevio de 365
Zozimo 411
Zsengeller, Julius 393, 445
Zsolt, Istvan 408
TuS Zuffenhausen 251 f.
Zukauskas, Joseph Paul siehe Sharkey, Jack
Zurbriggen, Bernadette 321
Grasshoppers Zürich 373
Zürner, Albrecht 527, 531
Zweifel, Albert 297
Zwierkowski, Max 244
Zwilling, David 331

Die überragenden Entscheidungen dieses Jahrhunderts

Motorsport

1900	---
1901	Erstmals Fernfahrt Paris–Berlin durchgeführt.
1902	---
1903	Deutschland gewinnt Gordon-Bennett-Rennen in Dublin.
1904	Erstes Vanderbilt-Cup-Rennen auf Rundkurs bei Long Island.
1905	Leon Thery (Frankreich) gewinnt Gordon-Bennett-Rennen auf Richard-Brasier.
1906	Ungar Ferencz Szisz gewinnt ersten Grand Prix der Rennsportgeschichte.
1907	Auf der Insel Man erste Tourist Trophy veranstaltet.
1908	Victor Héméry (Mercedes) gewinnt erste Fernfahrt Petersburg–Moskau.
1909	Héméry stellt Geschwindigkeits-Weltrekord auf Mercedes mit 202,691 km/h auf.
1910	---
1911	Franzose Rougier Gewinner der ersten Rallye Monte Carlo.
1912	Peugeot Sieger in drei wichtigsten Saisonrennen.
1913	Internationale Motorrad-Sechstagefahrt in England begründet.
1914	Christian Lautenschlager mit Mercedes erneut Sieger im Grand Prix von Frankreich.
1915	---
1916	---
1917	---
1918	---
1919	André Boillot gewinnt erstes großes Nachkriegsrennen (Targa Florio).
1920	E. Walker (USA) stellt Geschwindigkeits-Weltrekord für Motorräder auf: 165,6 km/h.
1921	Erstes Rennen auf der Berliner Avus.
1922	Autodrom von Monza eröffnet.
1923	Französisches Team gewinnt die ersten 24 Stunden von Le Mans.
1924	Alfa Romeo gewinnt Grand Prix von Frankreich und Italien.
1925	Großer Preis von Deutschland für Motorräder erstmals durchgeführt.
1926	Rudolf Caracciola Sieger im ersten Großen Preis von Deutschland.
1927	Peppi Stelzer (D) mit BMW erster Europameister der 750er-Motorradklasse.
1928	Geschwindigkeits-Weltrekord für Automobile zweimal verbessert, jetzt 334,010 km/h.
1929	Bugatti-Doppelsieg beim ersten Grand Prix von Monte Carlo.
1930	Hans Stuck Europa-Bergmeister für Rennwagen.
1931	Malcolm Campbell steigert Geschwindigkeits-Weltrekord in Daytona auf 396,033 km/h.
1932	Ernst Henn (D) steigert Geschwindigkeitsrekord für Motorräder auf 243,2 km/h.
1933	Drei Fahrer beim Grand Prix von Monza tödlich verunglückt.
1934	Hans Stuck auf Auto Union erfolgreichster Grand-Prix-Fahrer der Saison.
1935	Caracciola erster Europameister der Grand-Prix-Fahrer.
1936	Bernd Rosemeyer Grand-Prix-Europameister.
1937	Deutsche Beiwagengespanne holen EM-Titel der 600er- und 1000er-Klasse.
1938	Bernd Rosemeyer bei Rekordversuch tödlich verunglückt.
1939	Hermann Lang Grand-Prix-Europameister
1940	Bäumer/von Hanstein (BMW) gewinnen die Mille Miglia.
1941	500 Meilen von Indianapolis als letztes Rennen während des Krieges ausgetragen.
1942	---
1943	---
1944	---
1945	Erstes Nachkriegsrennen im Bois de Bologne in Paris.
1946	Raymond Sommer (F) letzter Grand-Prix-Europameister
1947	Ferrari schickt erstmals Wagen in Grand-Prix-Rennen.
1948	Achille Varzi beim Grand Prix der Schweiz tödlich verunglückt.
1949	Alberto Ascari holt ersten Grand-Prix-Sieg für Ferrari.
1950	Giuseppe Farina erster Formel-1-Weltmeister.
1951	Wilhelm Herz (D) fährt neuen Geschwindigkeits-Weltrekord für Motorräder: 289,8 km/h.
1952	Ester deutscher Erfolg bei 24 Stunden von Le Mans durch Lang/Riese auf Mercedes.
1953	Werner Haas Motorrad-Doppel-Weltmeister in 125er- und 250er-Klasse.
1954	84 Todesopfer bei Unglück während der 24 Stunden von Le Mans.
1955	Hermann Paul Müller auf NSU Weltmeister der 250er-Klasse.
1956	Wilhelm Noll/Fritz Cron zum zweiten Mal Weltmeister in der Seitenwagen-Klasse.
1957	Juan Manuel Fangio holt seine fünfte Fahrer-Weltmeisterschaft.
1958	Stirling Moss zum vierten Mal Vizeweltmeister.
1959	Edgard Barth auf Porsche Berg-Europameister.
1960	Fath/Wohlgemut Weltmeister in der Seitenwagen-Klasse.
1961	Wolfgang Graf Berghe von Trips in Monza tödlich verunglückt.
1962	Ernst Degner erster Weltmeister der 50er-Klasse.
1963	Craig Breedlove schafft mit »Spirit of America« Geschwindigkeitsrekord von 655,709 km/h.
1964	Deubel/Hörner zum vierten Mal Weltmeister der Seitenwagen-Klasse.
1965	Fahrer-Weltmeister Jim Clark Sieger des Grand Prix von Deutschland.
1966	Vierzigjähriger Jack Brabham zum dritten Mal Fahrer-Weltmeister.
1967	Jacky Ickx erster Formel-2-Europameister.
1968	Jim Clark auf Hockenheimring tödlich verunglückt.
1969	Erster Formel-1-Wagen mit Vierradantrieb von Matra vorgestellt.
1970	Jochen Rindt beim Training in Monza tödlich verunglückt.
1971	Pedro Rodriguez (Nürburgring) und Jo Siffert (Brands Hatch) tödlich verunglückt.
1972	Giacomo Agostini zum siebenten Mal in Folge Weltmeister der 500er-Klasse.
1973	Weltmeister Jackie Stewart als erster Motorsportler »Weltsportler des Jahres«.
1974	Rallye Monte Carlo wegen Ölkrise abgesagt.
1975	Giacomo Agostini zum achten Mal Weltmeister der 500er-Klasse.
1976	James Hunt wird Formel-1-Weltmeister.
1977	Niki Lauda zum zweiten Mal Fahrer-Weltmeister.
1978	Lotus stellt zum sechsten Mal den Wagen des Fahrer-Weltmeisters.
1979	Dieter Ludwig im siegreichen Porsche-Team der 24 Stunden von Le Mans.
1980	Walter Röhrl erstmals Sieger der Rallye Monte Carlo.
1981	Toni Mang wird Motorrad-Doppel-Weltmeister in 250er- und 350er-Klasse.
1982	Jacky Ickx auf Porsche Endurance-Weltmeister.
1983	Nelson Piquet erster Weltmeister, dessen Wagen von einem Turbomotor angetrieben wird.
1984	Röhrl/Geistdörfer gewinnen zum dritten Mal in Folge die Rallye Monte Carlo.

Schwimmen

1900	Ernst Hoppenberg (Bremen) erster deutscher Schwimm-Olympiasieger.
1901	Österreichischer Kaiserpreis als Siegestrophäe gestiftet.
1902	Erstmals Start einer englischen Mannschaft in Deutschland.
1903	DSV zählt 108 Vereine und rund 10 000 Mitglieder.
1904	DSV erringt vier Olympia-Goldmedaillen.
1905	Zoltán von Halmay (H) erster Weltrekordler über 100 m Kraul mit 1:05,8 Minuten.
1906	Australier Cecil Healy führt den modernen Kraulstil in Deutschland ein.
1907	Erster Länderkampf des DSV (Unentschieden gegen England).
1908	Martha Gerstung (Magdeburg) erste Weltrekordlerin über 100 m Kraul in 1:35,0 Minuten.
1909	Oskar Schiele (Magdeburg) erster Weltrekordler über 200 m Rücken in 3:04,4 Minuten.
1910	Walter Bathe (Breslau) schwimmt zweimal Weltrekord über 100 m Brust.
1911	Hermann Pentz (Hannover) verbessert 200-m-Rücken-Weltrekord auf 2:50,6 Minuten.
1912	Kurt Bretting (Magdeburg) wird 100-m-Kraul-Weltrekordler mit 1:02,4 Minuten.
1913	Hermann Pentz schwimmt Weltrekord über 400 m Rücken mit 6:06,0 Minuten.
1914	Willy Lützow (Magdeburg) wird 100-m-Brust-Weltrekordler mit 1:16,8 Minuten.
1915	Fanny Durack (Australien) verbessert 100-m-Kraul-Weltrekord auf 1:16,2 Minuten.
1916	Margarete Rosenberg (Hannover) wird erste Deutsche Meisterin über 100 m Kraul.
1917	Walter Bathe holt seinen zweiten deutschen Meistertitel über 100 m Brust.
1918	Duke P. Kahanamoku (USA) verbessert 100-m-Kraul-Weltrekord auf 1:01,4 Minuten.
1919	DSV veranstaltet erstes Schwimmen »Quer durch Berlin«.
1920	USA gewinnen bei Olympischen Spielen acht Goldmedaillen.
1921	Ete Rademacher (Magdeburg) schwimmt Weltrekord über 400 m Brust: 6:12,8 Minuten.
1922	Ete Rademacher wird auch 200-m-Brust-Weltrekordler in 2:54,4 Minuten.
1923	Johnny Weissmüller (USA) durchbricht Fünf-Minuten-Schallmauer über 400 m Kraul.
1924	Ete Rademacher verbessert 200-m-Brust-Weltrekord auf 2:50,4 Minuten.
1925	Erna Murray (Leipzig) schwimmt Weltrekord über 200 m Brust in 3:20,2 Minuten.
1926	Deutschamerikanerin Gertrud Ederle durchschwimmt als erste Frau den Ärmelkanal.
1927	DSV holt bei zweiter Europameisterschaft fünf Goldmedaillen.
1928	Deutschland wird Wasserball-Olympiasieger.
1929	Hilde Schrader (Magdeburg) schwimmt Weltrekord über 200 m Brust in 2:57,8 Minuten.
1930	Jean Taris (F) erster 800-m-Kraul-Weltrekordler in 10:19,6 Minuten.
1931	Herta Wunder (Leipzig) schwimmt zum 2. Mal 500-m-Brust-Weltrekord: 8:32,0 Minuten.
1932	Erwin Sietas (Hamburg) wird neuer Weltrekordler über 200 m Brust in 2:42,4 Minuten.
1933	Paul Schwarz (Göppingen) schwimmt 500-m-Brust-Weltrekord in 7:33,1 Minuten.
1934	DSV gewinnt vier Goldmedaillen im Kunst- und Turmspringen bei EM in Magdeburg.
1935	Hanni Hölzner (Plauen) schwimmt 100-m-Brust-Weltrekord in 1:24,5 Minuten.
1936	Hendrika Mastenbroek (NL) gewinnt dreimal Olympiagold und einmal Silber.
1937	Ragnhild Hveger (DK) verbessert viermal den 400-m-Kraul-Weltrekord.
1938	Joachim Balke (Bremen) schwimmt 100-m-Brust-Weltrekord: 1:09,5 Minuten.
1939	DSV-Team gewinnt Europa-Wasserballturnier in Doetinchem.
1940	DSV gewinnt Schwimmländerkampf gegen Ungarn.
1941	Anni Kapell (Mönchengladbach) schwimmt 400-m-Brust-Weltrekord in 6:08,2 Minuten.
1942	DSV verliert letzte Schwimmländerkämpfe der Kriegszeit gegen Ungarn und Italien.
1943	Anni Kapell schwimmt 500-m-Brust-Weltrekord in 7:43,4 Minuten.
1944	Alan Ford (USA) stellt neuen 100-m-Kraul-Weltrekord auf: 55,9 Sekunden.
1945	---
1946	Nelly van Vliet (NL) schwimmt zweimal 100-m-Brust-Weltbestzeit für 25-m-Bahnen.
1947	Engländer Thomas Blower durchschwimmt als erster Mensch die Irische See.
1948	Peruaner Daniel Carpio durchschwimmt als erster Mensch die Straße von Gibraltar.
1949	Japaner Hironoshi Furuhashi stellt sechs Kraul-Weltrekorde zwischen 400 und 1500 m auf.
1950	DSV erringt bei Europameisterschaft vier Goldmedaillen.
1951	Herbert Klein (München) stellt neuen 200-m-Brust-Weltrekord auf: 2:27,3 Minuten.
1952	Herbert Klein und Günther Haase gewinnen Bronzemedaillen bei Olympischen Spielen.
1953	Australier O'Neill erster 400-m-Lagen-Weltrekordler mit 5:48,5 Minuten.
1954	Ursula Happe (Dortmund) holt einzigen EM-Titel für DSV.
1955	Masuru Furukawa (Japan) schwimmt drei Brust-Weltkrekorde (100 und 200 m).
1956	Ursula Happe-Krey wird Olympiasiegerin über 200 m Brust.
1957	Wolfgang Baumann (Bremen) verbessert 21 Jahre alten deutschen 100-m-Kraul-Rekord.
1958	Karin Beyer wird erste Weltrekordlerin der DDR (100 m Brust in 1:20,3 und 1:19,6 Minuten).
1959	Ernst Joachim Küppers (Nordhorn) holt seinen ersten von 27 deutschen Meistertiteln.
1960	Wiltrud Urselmann (Krefeld) schwimmt 200-m-Brust-Weltrekord in 2:50,2 Minuten.
1961	Argentinier A. Abertondo gelingt erste Doppeldurchquerung des Ärmelkanals.
1962	Dawn Fraser (AUS) bleibt als erste Frau über 100 m Kraul unter der Minutengrenze.
1963	Gerhard Hetz schwimmt Weltrekord über 400 m Lagen: 4:50,2 Minuten.
1964	Gesamtdeutsche Staffeln erreichen dreimal Olympiasilber.
1965	Ada Kok (NL) verbessert die Weltrekorde auf den Butterfly-Strecken.
1966	Frank Wiegand holt zwei EM-Titel für die DDR.
1967	Internationales Bremer Schwimmfest bringt 34 Landesrekorde.
1968	Debbie Meyer (USA) gewinnt dreimal Olympiagold auf Kraulstrecken.
1969	Hans Faßnacht (Mannheim) schwimmt 400-m-Kraul-Weltrekord: 4:04,0 Minuten.
1970	Erfolgs-EM für DSV: vier Gold-, sechs Silber- und vier Bronzemedaillen.
1971	Hans Faßnacht schwimmt Weltrekord über 200 m Delphin: 2:03,3 Minuten.
1972	Mark Spitz gewinnt sieben Goldmedaillen bei Olympia.
1973	DDR gewinnt dreizehn Goldmedaillen bei erster Schwimm-WM.
1974	DSV holt sechs Goldmedaillen bei EM in Wien.
1975	4-x-200-m-Kraulstaffel des DSV wird Weltmeister in Cali.
1976	Kornelia Ender (DDR) holt in Montreal viermal Gold und einmal Silber.
1977	Peter Nocke (Wuppertal) gewinnt seinen neunten EM-Titel.
1978	Walter Kusch (Bonn) wird Weltmeister über 100 m Brust.
1979	DSV belegt beim Europacup Platz 2 vor der DDR.
1980	Ära von Ute Geweniger (DDR) über Rückenstrecken beginnt.
1981	Michael Groß einziger Europameister des DSV.
1982	Michael Groß holt fünf WM-Medaillen.
1983	Michael Groß feiert Rekord- und Medaillenfestival bei EM.
1984	Erneut Verbesserung des 200-m-Weltrekordes durch Michael Groß: 1:47,55 Minuten.

Die überragenden Entscheidungen dieses Jahrhunderts

Wintersport

1900	Olaf Tandberg (Norwegen) erzielt Skisprung-Weltrekord mit 35,5 m.
1901	---
1902	---
1903	Erstes Skirennen im Schweizer Wintersportort Mürren.
1904	In der Schweiz erster Ski-Landesverband gegründet.
1905	Skipionier Matthias Zdarsky steckt ersten Slalomkurs.
1906	Der Deutsche Gilbert Fuchs wird Weltmeister im Eiskunstlauf.
1907	---
1908	Annie Hübler und Heinrich Burger (Deutschland) erste Olympiasieger im Paarlauf.
1909	---
1910	England wird erster Eishockey-Europameister.
1911	Schwede Ulrich Salchow gewinnt zehnten WM-Titel im Eiskunstlauf.
1912	---
1913	---
1914	Norweger Oscar Mathisen zum dritten Mal in Folge Weltmeister im Eisschnellauf.
1915	---
1916	---
1917	---
1918	Neuer Skisprung-Weltrekord durch Norweger Anders Haugen mit 65 m.
1919	---
1920	Kanada erster Olympiasieger und Weltmeister im Eishockey.
1921	---
1922	Wasalauf – berühmtester Skilanglauf der Welt – hat Premiere.
1923	---
1924	Norweger Thorleif Haug dreifacher Goldmedaillengewinner bei Olympischen Spielen.
1925	---
1926	Schweiz erstmals Europameister im Eishockey.
1927	---
1928	Erstes Arlberg-Kandahar-Skirennen in St. Anton.
1929	---
1930	Deutschland wird Eishockey-Europameister und Vizeweltmeister.
1931	Deutschland holt Welttitel im Zweier- und Viererbob.
1932	Friedl Däuber (Deutschland) wird Slalom-Weltmeister.
1933	---
1934	Deutschland erneut Eishockey-Europameister.
1935	Christl Cranz gewinnt bei alpiner Ski-WM zwei Goldmedaillen.
1936	Sonja Henie zum dritten Mal Olympiasiegerin im Eiskunstlauf.
1937	Birger Ruud zum fünften Mal Weltmeister im Spezialsprunglauf.
1938	Sepp Bradl schraubt Skisprung-Weltrekord auf 107 m.
1939	Gustav Berauer wird Weltmeister in der Nordischen Kombination.
1940	Christl Cranz erringt sogenannte »Kriegsmeisterschaft« der Alpinen.
1941	Rudi Gehring (D) wird neuer Skisprung-Weltrekordler mit 118 m.
1942	---
1943	---
1944	Mirl Fischer (später Buchner) dreifache Deutsche Meisterin der Alpinen.
1945	---
1946	---
1947	Zeno Colo (Italien) Sieger des ersten Arlberg-Kandahar-Rennens nach dem Krieg.
1948	Dick Button gewinnt erste olympische Eislaufmedaille für die USA.
1949	---
1950	Schwede Dan Netzel Sieger der ersten Internationalen Skiflugwoche in Oberstdorf.
1951	Anderl Ostler erstmals Doppel-Weltmeister im Bob.
1952	Ehepaar Falk Olympiasieger im Paarlauf.
1953	Sepp Bradl Sieger der ersten Vierschanzen-Tournee.
1954	UdSSR erstmals Eishockey-Weltmeister.
1955	---
1956	Toni Sailer gewinnt bei Olympischen Spielen drei Goldmedaillen.
1957	Hans Schaller erster deutscher Rodel-Weltmeister im Einsitzer.
1958	Toni Sailer wird dreifacher alpiner Ski-Weltmeister.
1959	Zwei Todesopfer bei alpinen Rennen auf deutschen Pisten.
1960	Heidi Biebl und Georg Thoma Olympiasieger in Squaw Valley.
1961	Joze Slibar (Jugoslawien) steigert Skiflug-Weltrekord auf 141 m.
1962	Helmut Recknagel erster Weltmeister im Skisprung von der Großschanze.
1963	Marika Kilius und Hans-Jürgen Bäumler erstmals Weltmeister im Paarlauf.
1964	Manfred Schnelldorfer Olympiasieger im Eiskunstlauf.
1965	Hans Plenk Weltmeister der Rennrodler.
1966	Georg Thoma Weltmeister in der Nordischen Kombination.
1967	Jean-Claude Killy und Nancy Greene erste Gewinner des neuen Ski-Weltcups.
1968	Franz und Erhard Keller Olympiasieger in Grenoble.
1969	Gaby Seifert (DDR) Eiskunstlauf-Weltmeisterin.
1970	Karl Schranz zum zweiten Mal Weltcup-Gesamtsieger.
1971	Annemarie Pröll gewinnt erstmals den Ski-Weltcup.
1972	Monika Pflug Olympiasiegerin im Eisschnellauf.
1973	DDR holt bei Rodel-WM alle drei Titel.
1974	Wolfgang Zimmerer wird Bob-Doppel-Weltmeister.
1975	Gustav Thöni zum vierten Mal Weltcup-Gesamtsieger.
1976	Rosi Mittermaier zweifache Olympiasiegerin und Weltcup-Gewinnerin.
1977	Meinhard Nehmer holt seine dritte Bob-Weltmeisterschaft.
1978	Maria Epple wird Weltmeisterin im Riesenslalom.
1979	Stefan Gaisreiter Weltmeister im Viererbob.
1980	Eric Heiden gewinnt in Lake Placid alle fünf Eisschnellauf-Goldmedaillen.
1981	Denise Biellmann kreiert bei Weltmeisterschaftssieg ihre berühmte Pirouette.
1982	Norbert Schramm Europameister und Vizeweltmeister im Eiskunstlauf.
1983	UdSSR erreicht mit neunzehnter Eishockey-Weltmeisterschaft Rekordsieger Kanada.
1984	Peter Angerer Olympiasieger im Biathlon.

Fußball

1900	86 Vereine gründen in Leipzig den Deutschen Fußball-Bund.
1901	Deutsche Auswahlmannschaft trägt zwei Spiele in England aus.
1902	Erstes offizielles Länderspiel auf europäischem Festland: Österreich schlägt Ungarn 5:3.
1903	VfB Leipzig gewinnt erste Deutsche Fußballmeisterschaft.
1904	Gründung des Fußball-Weltverbandes FIFA.
1905	Rekordtransfer in England: Middlesbrough zahlt 1000 Pfund für Alf Commons an Sunderland.
1906	Dänemark Sieger des Fußballturniers der sogenannten Zwischen-Olympiade in Athen.
1907	Änderung der Abseitsregel durch FIFA: Abseits nur noch in gegnerischer Hälfte möglich.
1908	Deutschland verliert erstes offizielles Länderspiel gegen die Schweiz 3:5.
1909	Sechstes Länderspiel bringt ersten Sieg für deutsche Nationalelf.
1910	Italien gewinnt erstes offizielles Länderspiel gegen Frankreich 6:2.
1911	Young Boys Bern zum dritten Mal in Folge Schweizer Fußballmeister.
1912	Rapid Wien wird erster Österreichischer Meister.
1913	Britische Football Association (FA) feiert fünfzigjähriges Bestehen.
1914	König Georg V. besucht englisches Cup-Finale.
1915	---
1916	---
1917	---
1918	---
1919	---
1920	Tschechoslowakisches Team im olympischen Finale nach Protestaktion disqualifiziert.
1921	Gelbe Pullover für Torhüter bei internationalen Spielen werden obligatorisch.
1922	Erster deutscher Länderspielsieg gegen Österreich.
1923	Englisches Cub-Finale erstmals im neuen Wembleystadion.
1924	Erster direkt verwandelter Eckball in Länderspiel durch den Argentinier Onzari.
1925	Abseitsregel in heute noch gültiger Form verabschiedet.
1926	Huddersfield Town als erster englischer Klub zum dritten Mal in Folge Landesmeister.
1927	AC Turin Sieger der ersten nationalen Italienischen Meisterschaft.
1928	Neuer Rekordtransfer: Bolton Wanderers erhalten 10 000 Pfund für David Jack von Arsenal.
1929	England verliert erstes Spiel gegen kontinentale Mannschaft: 3:4 gegen Spanien in Madrid.
1930	Uruguay wird erster Fußball-Weltmeister.
1931	Spieler des FC Schalke 04 nach einjähriger Sperre wegen angeblichen Profitums begnadigt.
1932	Stan Matthews mit siebzehn Jahren jüngster englischer Fußballprofi.
1933	Im englischen Cup-Finale tragen die Spieler erstmals Rückennummern.
1934	Italien wird neuer Fußball-Weltmeister.
1935	1. FC Nürnberg erster Deutscher Pokalsieger.
1936	Italien gewinnt das olympische Fußballturnier.
1937	FC Schalke 04 holt als erster deutscher Klub das »Double«: Meisterschaft und Pokal.
1938	Sepp Herberger offiziell zum Reichstrainer ernannt.
1939	Ernst Kalwitzki (Schalke 04) stellt mit fünf Treffern Rekord für deutsche Endspiele auf.
1940	Die zweite deutsche Garnitur schlägt Finnland 13:0.
1941	Rapid Wien wird Großdeutscher Fußballmeister.
1942	FC Schalke 04 holt seine sechste Deutsche Meisterschaft.
1943	Vienna Wien Großdeutscher Pokalsieger.
1944	Dresdner SC letzter Meister vor deutscher Spaltung.
1945	FIFA schließt DFB vom internationalen Spielverkehr aus.
1946	Großbritannien wird erster Fußball-Militär-Weltmeister.
1947	FC Liverpool nach siebenjähriger Spielpause erster englischer Nachkriegs-Meister.
1948	1. FC Nürnberg gewinnt erstes Endspiel nach dem Kriege.
1949	FIFA hebt Spielverbot gegen deutsche Mannschaften auf.
1950	Uruguay zum zweiten Mal Fußball-Weltmeister.
1951	DFB beginnt Spielbetrieb mit einer B-Nationalmannschaft.
1952	Ungarn gewinnt das olympische Fußballturnier.
1953	England wird erstmals auf eigenem Boden geschlagen: 3:6 gegen Ungarn.
1954	Deutschland wird Fußball-Weltmeister.
1955	Zulassung von Flutlichtspielen in England.
1956	Real Madrid erster Europacupsieger der Landesmeister.
1957	Borussia Dortmund in gleicher Aufstellung wie im Vorjahr Deutscher Meister.
1958	Siebzehnjähriger Pelé wird mit Brasilien Weltmeister.
1959	Billy Wright (Wolverhampton) erreicht als erster englischer Spieler 100 Länderspiele.
1960	Real Madrid erster Weltpokalsieger.
1961	AC Florenz erster Europacupsieger der Pokalgewinner.
1962	Brasilien verteidigt auch ohne Pelé den WM-Titel.
1963	100 Jahre Football Association: England schlägt »Rest der Welt« mit 2:1.
1964	1. FC Köln wird erster Meister der im Vorjahr gegründeten Fußball-Bundesliga.
1965	Stan Matthews wird als erster englischer Fußballer geadelt.
1966	England besiegt im WM-Finale Deutschland durch »Tor des Jahrhunderts«.
1967	Gerd Müller erstmals Torschützenkönig der Bundesliga.
1968	Italien wird erster offizieller Europameister.
1969	Pelé erzielt das 1000. Tor seiner Karriere.
1970	Brasilien darf nach dritter Weltmeisterschaft den »Coupe Jules Rimet« behalten.
1971	Bestechungsskandal in der Fußball-Bundesliga aufgedeckt.
1972	Deutschland wird erstmals Europameister.
1973	Rekordtransfer durch FC Barcelona: 6,6 Millionen DM für Johan Cruyff an Ajax Amsterdam.
1974	Deutschland wird zum zweiten Mal Fußball-Weltmeister.
1975	Borussia Mönchengladbach erster deutscher Gewinner des UEFA-Pokals.
1976	Bayern München gewinnt zum dritten Mal in Folge Europacup der Landesmeister.
1977	Franz Beckenbauer wechselt zu Cosmos New York.
1978	Argentinien wird im eigenen Land Fußball-Weltmeister.
1979	Gerd Müller wechselt zu den Fort Lauderdale Strikers in die USA.
1980	Deutschland zum zweiten Mal Europameister.
1981	FC Liverpool zum dritten Mal Europacupsieger der Meister.
1982	Rekordtransfer durch FC Barcelona: 19 Millionen DM für Diego Maradona.
1983	Hamburger SV zum ersten Mal Europacupsieger der Landesmeister.
1984	Karl-Heinz Rummenigge wechselt für 10 Millionen DM zu Inter Mailand.